Routledge Revivals

AN
ENGLISH-CHINESE
DICTIONARY
OF
PEKING COLLOQUIAL

AN ENGLISH-CHINESE DICTIONARY

OF

PEKING COLLOQUIAL

BY

SIR WALTER HILLIER, K.C.M.G., C.B.

NEW EDITION

ENLARGED BY

SIR TRELAWNY BACKHOUSE, BT.

AND

SIDNEY BARTON, C.M.G.
Chinese Secretary to H. B. M. Legation, Peking

First published in 1945 by Kegan Paul, Trench, Trubner & Co., Ltd

This edition first published in 2018 by Routledge
2 Park Square, Milton Park, Abingdon, Oxon, OX14 4RN
and by Routledge
711 Third Avenue, New York, NY 10017

Routledge is an imprint of the Taylor & Francis Group, an informa business

© 1945 Taylor & Francis.

All rights reserved. No part of this book may be reprinted or reproduced or utilised in any form or by any electronic, mechanical, or other means, now known or hereafter invented, including photocopying and recording, or in any information storage or retrieval system, without permission in writing from the publishers.

Publisher's Note
The publisher has gone to great lengths to ensure the quality of this reprint but points out that some imperfections in the original copies may be apparent.

Disclaimer
The publisher has made every effort to trace copyright holders and welcomes correspondence from those they have been unable to contact.
A Library of Congress record exists under ISBN: 43019332

ISBN 13: 978-1-138-55867-0 (hbk)
ISBN 13: 978-1-138-56396-4 (pbk)
ISBN 13: 978-1-315-12210-6 (ebk)

AN
ENGLISH-CHINESE
DICTIONARY

OF

PEKING COLLOQUIAL

BY

SIR WALTER HILLIER, K.C.M.G., C.B.

NEW EDITION

ENLARGED BY

SIR TRELAWNY BACKHOUSE, BT.

AND

SIDNEY BARTON, C.M.G.

Chinese Secretary to H. B. M. Legation, Peking

LONDON:

Kegan Paul, Trench, Trubner & Co. Ltd.
68 Carter Lane, E.C.4

SHANGHAI:

The Kwang Hsüeh Publishing House

1945

INTRODUCTION.

IT will be noticed that many of the tone marks attached to the phonetic rendering of the Chinese words in this volume differ from those assigned to them in the dictionaries. These apparent discrepancies are intentional, the tones being given as they are applied, or appear to the ear of the compiler to be applied, by natives of Peking. Unless the tones here given are adhered to many of the expressions will be unintelligible to a Pekingese, and this affords the answer to a criticism that has already been made, and will doubtless be frequently made, that the value of the book, whatever it may be, is materially reduced by its strictly local character. Apart from the fact that the compiler claims no knowledge of any dialect but the Peking dialect, no dictionary of colloquial Chinese can be correct either in idiom or in tone for more than a limited area. In Tientsin, for instance, some ninety miles distant from Peking, there are many expressions in common use which are not understood by natives of the capital, while hundreds of words are pronounced not only differently but in a different tone to the same words in the metropolitan area, and the farther one goes from what may fairly be considered the centre of the so-called "Mandarin" dialect the more frequently will expressions be met with that are either not known to natives of Peking or are employed by them in another sense. A dictionary of universal Mandarin colloquial is, in short, an impossibility, but none the less there are so many expressions common to all speakers of the official dialect that it is hoped the present work will be of some utility in all places in which that dialect is spoken in some form or another. There is this at least to be said in favour of the Peking dialect that it is probably intelligible over a wider area than any other form of Mandarin, and the speaker of Pekingese will command respectful attention wherever he goes, provided that he speaks correctly.

It will also be noticed that the phonetic rendering attached to a certain number of characters does not agree with that given in the dictionaries. The same explanation holds good of this discrepancy, viz.: that the pronunciation is that given in Peking to the words in question. In a certain number of instances, again, the character employed is merely a phonetic rendering of a word for which no recognised character exists.

An occasional traveller, tourist, or resident in the country who knows no Chinese may be induced to possess himself of this small volume in the hope of making his wants understood by natives of the north. If he wishes to use the book with any measure of success it is essential that he should not only understand the system of romanisation of Chinese sounds herein adopted, but also that he should pronounce the words in the tone assigned to them and treat words joined by hyphens as if they consisted of two or more syllables. The phonetic rendering of the Chinese words follows the system known as the "Wade" system, and the accompanying comparative table of sounds expressed in the Wade system and in the English form of spelling will possibly help the uninitiated to get near the proper pronunciation. As regards the tones, which are indicated by the figures 1, 2, 3, and 4, it should be explained that the Chinese language is restricted in the matter of sounds, of which there are, in the Peking dialect, about four hundred. It follows, therefore, that many words must have the same sound, and in order to reduce the confusion that is obviously caused by the pronunciation of many words in the same way the Chinese multiply the sounds by pitching them in four notes or keys. In the southern dialects there are more than four tones, but in Peking, for colloquial purposes, there are only four. The difference between these four tones is so marked as at once to be apparent to the ear, and a person with a quick ear can pick them up in a very short time, but in default of a human tuning fork to assist in pitching the note it is practically impossible to express their value on paper. They are scientifically known as the "even," "rising," "sinking" and "entering" tones, but that does not convey much to the mind of the person who wants illustration. The following attempt at an illustration cannot but be somewhat wide of the mark and may savour of the ridiculous, but it will probably bring the novice nearer to what he wants to get hold of than a more serious method of exemplification.

FIRST TONE.—A languid young lady at a dance is asked by her partner if she will take an ice. She replies, with a drawl: "*No, thanks.*"

SECOND TONE.—A lady is informed by a friend that Mr. Jones has married his cook. She replies, in a tone of startled surprise: "*What? married his cook?*"

THIRD TONE.—A breakfast table. Mother at one end, father at the other, their little boy Johnnie (who is his mother's darling) at the side. While the father is reading his newspaper and the mother her letters, Johnnie upsets the milk jug. The mother says, in a tone of affectionate remonstrance: "*Oh! Johnnie!*"

FOURTH TONE.—The father says, in a sharp and angry tone: "*Johnnie*, you little *beggar*, why can't you sit *still?*"

In other words:—

1. is represented by a tone of languid assertion.
2. by a tone of startled surprise.
3. by a tone of affectionate remonstrance.
4. by a tone of abuse.

In addition to the tones a further multiplication of sounds is effected by the use of aspirated words, indicated in this volume by an inverted comma, as ch'a, t'an, p'iao. To anyone acquainted with the Irish brogue this aspirate will present no difficulty. Just as the Irishman says ch'air for chair and p'at for pat so does the Chinese say ch'a, p'a, t'an, etc.

Valuable assistance in the compilation of this book has been rendered by Mr. 延子貞, a Manchu graduate, whose experience of local tone variations has been of special service.

WALTER C. HILLIER.

PEKING, June, 1910.

PREFACE TO NEW EDITION.

THE eight years which have elapsed since the first edition of this dictionary was published have witnessed the advent of a Republican régime in China, followed by a development of parliamentary and legal institutions and of the press, all of which events have had a marked effect on the language. New terms have been found necessary in order to enable public and private speakers and writers on the events of the day to convey to their audiences the new ideas connoted by revolution and progress. It was inevitable under the circumstances that, in order to meet this need, recourse should be had in the first instance to the kindred language of the neighbour Japan, where large stocks of expressions coined in recent years to give currency in the East to the ideas of the West were ready at hand. So marked has been the Japanisation of the modern Chinese vocabulary as a result of this borrowing that it is hardly too much to say that a Japanese dictionary has become almost an essential in the study of the language in its present form.

It is too early to judge whether these Japanese expressions imported ready-made as the easiest method of meeting the immediate needs of the moment, will all be permanently incorporated. It may be that some expressions will be replaced by purer forms evolved by Chinese scholars when the latter shall have leisure to devote themselves to the adaptation of the treasures of their native tongue to modern requirements, but for the present the English-speaking student must take the hybrid portions of modern Chinese as he finds them and it is in the hope of facilitating his studies in some small degree that this new edition of the dictionary has been prepared.

Grateful acknowledgement is made of the assistance derived from the "English-Japanese Dictionary" of Messrs. Hobart-Hampden, and Parlett.

PEKING, March, 1918.

TABLE OF SOUNDS.

Wade System.		English Spelling.
a	as in	ah
ai	,,	eye
an	,,	yarn
ang	,,	arng
ao	,,	how
ê	,,	clergy
eh	,,	hay
ên	,,	run
en	,,	hen
êrh	,,	erring
i	,,	believe
ieh	,,	yea
iu	,,	eeoo
j	,,	the French j
o	,,	or
ou	,,	owe
u	,,	choose
ua	,,	ooare
uai	,,	withe
uei	,,	weigh
ui	,,	joey
un	,,	soon
ü	,,	the French u

Of the sounds commencing with a consonant there are five which are difficult to reproduce by any system of spelling.

chih. The nearest approach to this sound will be found in the chi of chirrup.

shih. The first three letters of the word chivalry will give a close reproduction of this sound.

ssŭ. The nearest approach to this sound is to be found in zz of buzz. Leave out the bu and put an s before zz, keeping the mouth shut, the lips open and the tip of the tongue curled downwards and against the lower front teeth.

tzŭ. As in ssŭ, omit the bu in buzz, but put t before zz, keeping the mouth shut, the lips open and the tip of the tongue pointing downwards and against the lower front teeth.

tzŭ. As in *tzŭ*, but put an aspirate after the tz and before the ŭ.

Words ending with the letter n followed by 'rh, such as mên 'rh, jên 'rh, pan 'rh, etc., should be pronounced mêrh, jêrh, parh, as if the n did not exist.

ENGLISH-CHINESE POCKET DICTIONARY
OF
PEKING COLLOQUIAL.

A, An,	} commonly	i²-ko	個 一

The following are among the exceptions:—

	affair	i².chien⁴ shih⁴	事件 一
„	bill	i⁴ pi³ chang⁴	賬筆 一
„	bed	i⁴ chang¹ ch'uang²	床張 一
„	boat	i⁴ chih¹ ch'uan²	船隻 一
„	book	i² pu⁴ shu¹	書部 一
„	„	i⁴ pên³ shu¹	書本 一
„	bridge	i² tao⁴ ch'iao²	橋道 一
„	broom	i⁴ pa³ t'iao²-chou	帚掃把 一
„	buddhist image	i⁴ tsun¹ fo² hsiang⁴	像佛尊 一
„	camel	i¹ t'ou² lo⁴-t'o	駝駱頭 一
„	cannon	i⁴ tsun¹ p'ao⁴	礮尊 一
„	cash	i¹ wên² ch'ien²	錢文 一
„	chair	i⁴ chang¹ i³-tzŭ	子椅張 一
„	clock	i² chia⁴ chung¹	鐘架 一
„	coffin	i⁴ k'ou³ kuan¹ -ts'ai	材棺口 一
„	crack	i² tao⁴ fêng⁴-êrh	兒縫道 一
„	decree	i² tao⁴ shang⁴ yü⁴	諭上道 一
„	despatch	i⁴ chiao³ wên² shu¹	書文角 一
„	dog	i¹ t'iao² kou³	狗條 一
„	donkey	i¹ t'ou² lü²	驢頭 一
„	fan	i⁴ pa³ shan⁴-tzŭ	子扇把 一
„	fish	i⁴ wei³ yü²	魚尾 一
„	flower	i⁴ chih¹ hua¹	花枝 一
„	garment	i² chien⁴ i¹-shang	裳衣件 一
„	guest	i² wei⁴ k'o⁴	客位 一
„	gun	i⁴ kan³ ch'iang¹	鎗桿 一
„	hat	i⁴ ting³ mao⁴-tzŭ	子帽頂 一
„	handkerchief	i¹ t'iao² chüan⁴-tzŭ	子絹條 一
„	horse	i⁴ p'i³ ma³	馬匹 一
„	house	i⁴ chien¹ fang²-tzŭ	子房間 一
„	knife	i⁴ pa³ tao¹-tzŭ	子刀把 一
„	lamp	i⁴ chan³ têng¹	燈盞 一
„	letter	i⁴ fêng¹ hsin¹	信封 一
„	mast	i⁴ kan³ wei² kan¹	杆桅桿 一
„	mat	i⁴ ling³ hsi²	席領 一
„	meal	i² tun⁴ fan⁴	飯頓 一

A—Abate. 2

A, needle	i⁴ chih¹ chen¹	針隻一
,, pagoda	i² tso⁴ t'a³	塔座一
,, pearl	i⁴ k'o¹ chu¹-tzŭ	子珠顆一
,, pen	i⁴ kuan³ pi³	筆管一
,, pencil	i⁴ chih¹ pi³	筆枝一
,, picture	i⁴ chang¹ hua⁴-rh	兒畫張一
,, rain	i¹ ch'ang² yü³	雨場一
,, river	i² tao⁴ ho²	河道一
,, road	i⁴ ku³ .tao⁴-êrh	兒道股一
,, ,,	i¹ t'iao² tao⁴-êrh	兒道條一
,, room	i¹ chien¹ wu¹-tzŭ	子屋間一
,. scissors	i⁴ pa³ chien³-tzŭ	子剪把一
., sedan chair	i⁴ ting³ chiao⁴-tzŭ	子轎頂一
,, sheep	i⁴ chih¹ yang²	羊隻一
,, ship	i⁴ chih¹ ch'uan²	船隻一
,, spear	i⁴ kan³ ch'iang¹	鎗桿一
,, scroll	i¹ chou² hua⁴-êrh	兒畫軸一
,, sword	i⁴ k'ou³ pao³ chien⁴	劍寶口一
,, table	i⁴ chang¹ cho¹-tzŭ	子桌張一
,, temple	i² tso⁴ miao⁴	廟座一
,, theatrical play	i⁴ ch'u¹ hsi⁴	戲齣一
,, thing	i² chien⁴ tung¹-hsi	西東件一
,, thread	i⁴ kên¹ hsien⁴	線根一
,, torpedo	i⁴ k'o¹ yü² lei²	雷魚顆一
,, tree	i⁴ k'o¹ shu⁴	樹顆一
,, trousers	i¹ t'iao² k'u⁴-tzŭ	子褲條一
,. watch	i² k'uai⁴ piao³	表塊一
., wall	i⁴ to³ ch'iang²	墻垛一
,, well	i⁴ yen³ ching³	井眼一
A1 (first rate)	t'ou² têng³	等頭
Aback,	t'ui⁴ hou⁴, tsai⁴ hou⁴	後在 後退
,, to be taken	shih¹ ching¹	驚失
Abacus, an	suan⁴-p'an	盤算
Abaft,	hou⁴ shou³	手後
Abaft,	ch'uan² wei³	尾船
Abandon, to	shê³ ch'ü⁴	去捨
,,	jang⁴	讓
,,	tiu¹-hsia	下丟
,,	ch'i⁴ chüeh²	絕棄
,, a hopeless task	chih¹ nan² êrh² chih³	止而難知
,, oneself to vice	tzŭ pao⁴. tzŭ ch'i⁴	棄自暴自
Abandonment (ease)	tzŭ-jan² chih¹ t'ai⁴	態之然自
Abase, to	chiang⁴ chi²	級降
Abate, to	chien³	減
,, price	chien³ chia⁴	價減

Abbattoir—Abnormal.

Abbattoir,	t'u¹ so³	所居
Abbey,	hsiu¹ tao⁴ yuan⁴	院道修
Abbot, an	fang¹-chang	仗方
Abbreviate, to condense	hsieh³ ta⁴ lüeh⁴	略大寫
Abbreviated (writing)	chien³ hsieh³	寫減
"	chien³ pi³ hsieh³	寫筆減
Abbreviation,	ta⁴ lüeh⁴	略大
"	ta⁴ yao⁴	要大
Abdicated in favour of his son	pa⁴ ta⁴ wei⁴ jang⁴ kei³ êrh²-tzŭ	子兒給讓位大把
Abdomen,	tan¹ t'ien²	田丹
Abduct,	kuai³ mai⁴	賣拐
"	kuai³ ch'ü⁴	去拐
Abed,	ch'uang² shang⁴	上牀
Abberation, mental	ching¹ shên² ts'o⁴ luan⁴	亂錯神精
Abet,	chu⁴; pang¹; tsung³	慫幫助
" an evil-doer	chu⁴ chou⁴ wei² nüeh⁴	虐爲紂助
" an evil behaviour	ch'êng² jên² chih¹ o⁴	惡之人成
" a rebellion	chi¹ luan⁴	亂激
Abetter,	kung⁴ mou²	謀共
"	t'ung² mou² cho	者謀同
Abeyance, leave it in	ch'ieh³ ko¹-cho	着擱且
" in	huan³ pan⁴	辦緩
Abhor,	yen⁴ wu⁴ yuan⁴ hên⁴	恨怨惡厭
Abhorrent,	k'o³ wu⁴	惡可
Abide by regulations	tsun¹ chang¹-ch'êng²	程章遵
" him, I cannot	wo jung²-pu hsia⁴ t'a	他下不容我
" cannot abide (him)	pu hsiang¹ jung²	容相不
Ability,	nêng²-nai	耐能
"	nêng²-kan	幹能
"	ts'ai²-kan	幹才
"	pên³-shih	事本
"	pên³-ling	領本
" a person of	kao¹ shou³	手高
" " "	yu³ ts'ai²-kan	幹才有
" administrative	yu³ ching¹ chi⁴	濟經有
" "	tiao⁴ tu⁴ yu³ fang¹	方有度調
" great natural	t'ien¹-fên kao¹	高分天
Able (can)	nêng²	能
"	hui⁴	會
"	nêng²-kou	彀能
" not (know how)	pu² hui⁴	會不
" not (can)	pu⁴ nêng²	能不
Abnormal,	ko² wai⁴-ti	的外格
"	fa⁴ wai⁴	外法

Abnormal—Absence.

Abnormal,	li⁴ wai⁴	例外
Abode, my humble	hsiao³ shê⁴	小舍
,,	han² shê⁴	寒舍
,,	chu⁴ so³	住所
Abolish, to	ch'ü⁴-tiao	掉去
,,	tso⁴ fei⁴	做廢
Abortion,	hua⁴ t'ai¹	化胎
Abortive,	mou² shih⁴ pu⁴ ch'êng²	謀事不成
About, what are you?	kan⁴ shêm²-mo	幹甚麼
,, to, was just	chêng⁴ yao⁴	正要
,, more or less	shang⁴ hsia⁴	上下
,, knows what he is	t'a hsin¹-li yu³ shu⁴-êrh	他心裏有數兒
,, round	chou¹ wei²	周圍
,, $100.00	i⁴ pai³ k'uai⁴ tso³ yu⁴	一百塊左右
Above,	shang⁴-t'ou	上頭
,, more than	i³ shang⁴	以上
,, exceed	kuo⁴	過
,, for above 2 centuries	êrh⁴ pai³ nien² yu³ yü²	二百年有餘
,, board	chêng⁴ chih²	正直
,, the above plan	i³ shang⁴ chih¹ pan⁴ fa³	以上之辦法
Abreast, walk	hêng²-cho tsou³	橫眼走
,,	ai¹-cho chien¹-rh tsou³	挨著肩兒走
Abridge,	lüeh⁴ chien³ shêng³	略減省
Abridgement,	chai¹ yao⁴	摘要
,,	lüeh⁴ shuo¹	略說
,,	ta⁴ lüeh⁴	大略
,, of time	tuan³ so¹	短縮
Abroad,	tsai⁴ wai⁴	在外
,, go	ch'u¹ wai⁴	出外
,, Chinese residents	hua² chiao²	華僑
,,	hai³ wai⁴	海外
Abrogation, of a law	fei⁴ fa³	廢法
Abrupt,	chien³-tuan	簡斷
,, in manner	ts'u¹-tsao	粗糙
Abruptly,	ts'ang¹ ts'u⁴	倉猝
,,	t'u⁴-jan	突然
,,	mao⁴ mêng³-ti	冒猛的
,,	ch'ou¹-ko lêng³-tzŭ	抽個冷子
Abscess, an	ch'uang¹	瘡
Abscond,	ch'u¹ pên¹	出奔
,, precipitately	i² an⁴ pien⁴ ting³ t'ao² chih¹ yao yao² la	按辦頂逃之咯遙遙
,,	t'ao² tsou³	逃走
Absence, leave of	chia⁴	假
,, ask for	kao⁴ chia⁴	告假

Absence, grant	kei³ chia⁴	給假
„ took advantage of my	ch'ên⁴-cho wo³ mei² tsai⁴ chia¹	趁我着沒在家
Absent, abroad	tsai⁴ wai⁴	在外
„ inattentive	pu⁴ chu⁴ i⁴	不注意
„ from a meeting	ch'ien⁴ hsi⁴	欠席
„ minded	jên² tsai⁴ hsin¹ pu⁴ tsai⁴	人在心不在
„ „	shih¹ shên²	失神
„ „	ju² yu³ so³ shih¹	如有所失
„ „	ch'u¹ shên²	出神
Absolute, opp: to relative	chüeh² tui⁴ ti¹	絕對的
„ perfect	wan² ch'üan²	完全
„ unappealable	ch'üeh⁴ ting⁴	確定
„ judgment	ch'üeh⁴ ting⁴ t'sai² pan⁴	確定裁判
„ government	chuan¹ chih⁴ chêng⁴ chih⁴	專制政治
Absolutely,	chien³ chüeh²-ti	簡決的
„	chüeh²	決
„	chien³ chih²-ti	簡直的
„ correct	ti²-ch'üeh⁴ pu⁴ ts'o⁴	的確不錯
„ impossible	tuan⁴ pu⁴ nêng²-ti	斷不能的
„ not	chüeh² wu²	絕無
„ opposed to, I am	wo³ chüeh² tui⁴ ti¹ fan³ tui⁴	我絕對的反對
„ decline to approve	chi² tuan¹ pu¹ kan³ tsan⁴ t'ung²	極端不敢贊同
Absolution,	shê⁴ mien³	赦免
„	shê⁴ tsui⁴	赦罪
Absolutism,	chuan¹ chih⁴ chu³-yi	專制主義
Absolve,	fang⁴ mien³	放免
Absorb, take up, to	ch'ih¹ chin⁴ ch'ü⁴	吃進去
„ (territory)	ping⁴ t'un¹	併吞
„	hsi¹ shou¹	吸收
„ gradually (territory)	t'san² shih²	蠶食
Absorbed, in profit making	li⁴ yü² hsün¹ hsin¹	利欲薰心
Absorbent,	hsi¹ shou chi⁴	吸收劑
Abstainer from wine, an	chieh⁴ chiu³-ti	戒酒的
Abstemious person, an	chien³-shêng jên²	儉省人
„ at table	yin³ shih² yu³·tu⁴	飲食有度
Abstinence,	k'o⁴ chi³	克己
Abstract, to	chai¹ yao⁴	摘要
„ steal	ch'ieh⁴ ch'ü³	竊取
„ an	chieh² lüeh²	節略
„ in the	ching¹ shên² shang¹	精神上
„ (adj.)	wu² hsing²	無形
„ „	ch'ou¹ hsiang⁴ ti¹	抽象的

Abstruse—Accession. 6

Abstruse,	ao⁴ miao⁴	妙奧
"	shên¹ yi⁴	邃深
Absurd,	k'o³ hsiao⁴	笑可
" how!	ch'i³ yu³ tz'ŭ³ li³	理此有豈
" preposterous	ta³ ha¹-ha-ti shih⁴	事的哈哈打
" (false)	huang³ tan⁴ wu² chi¹	稽無誕謊
Abundant,	fêng¹ shêng⁴	盛豐
Abuse, to	ma⁴	罵
"	ch'iang¹-po	白搶
" curse	chou⁴ ma⁴	罵咒
" coarse	sa⁴ ts'un¹	村撒
" indirect	chih³ sang¹ ma⁴ huai²	槐罵桑指
" to provoke	t'ao³-jên ma⁴	罵人討
" to (misuse)	lan⁴ yung⁴	用濫
" (corrupt practice)	o⁴ hsi²	習惡
Abuses,	pi⁴-ping	病弊
" resulting	liu² pi⁴	弊流
Abusive, to be	sa¹ yeh³	野撒
"	o⁴ yen²	言惡
Academy (school)	hsüeh² hsiao⁴	校學
" military	lu⁴ chün¹ hsüeh² hsiao⁴	校學軍陸
" of music	yin¹ yüeh⁴ hsüeh² hsiao⁴	校學樂音
" (Institution)	k'ao³ wên² yuan⁴	苑文考
Accede,	t'ung² yi⁴	意同
" to the throne	chi² wei⁴	位卽
Acceleration,	chia¹ su² tu⁴	度速加
Accent, speak with a foreign	tai⁴ pên³ kuo² ti yin¹	音的國本帶
" modulation	fa¹ yin¹ chih¹ yi⁴ yang²	樣抑之音發
Accept, to	shou⁴	受
" your kind offer	ling³ ch'ing²	情領
" your kind invitation	tsun¹ ming⁴	命遵
" with thanks	ling³ hsieh⁴	謝領
" (a bill of exchange)	ch'êng² jên⁴	認承
" an invitation	ying¹ chao¹	招應
" reponsibility	fu⁴ tsê²	責負
" he has accepted another post	ling⁴ yu³ kao¹ chiu⁴	就高有另
" a gift	ch'ing³ wei⁴ shang³ shou¹	收賞爲請
Acceptable,	shih⁴ yi²	宜適
Access, no means of	mei² yu³ lu⁴-t'ou	頭路有沒
" to him, cannot get	mei² yu³ t'ai² chieh¹ 'rh	兒階台有沒
" " " "	mei² mên² lu⁴	路門沒
Accession, increase	tsêng¹ chia¹	加增
" to a confederacy	chia¹ mêng²	盟加
" to the throne	chi² wei⁴	位卽

Accession—Accomplished.

Accession, to the throne	chien⁴ tso⁴	踐祚
Accessory,	t'ung² mou² jên²	同謀人
,,	tsung⁴ fan⁴ jên²	從犯人
,,	fu⁴ shu³ p'in³	附屬品
Accident, an	shih¹ shan³	失閃
,, by (let fall)	mei² liu² shên²	沒留神
,, disaster	shih⁴ piên⁴	事變
,,	yi⁴ wai⁴ chih¹ shih⁴	意外之事
,, without	wu⁴ shih⁴	無事
Accidental,	pu⁴ t'u²	不圖
,, homicide	kuo⁴ shih¹ sha¹ jên²	過失殺人
Accidentally, by chance	ou³ jan²	偶然
,, unintentionally	wu⁴-hsin chung¹	無心中
Acclimatize,	fu² shui³-t'u	服水土
Acclivity,	hsieh² p'o¹	斜坡
Accommodate (of people), won't	jung²-pu hsia⁴	容不下
,, to, (e.g. with a loan)	t'ung¹ jung²	通融
,, to, travellers	yi³ piên⁴ hsing² jên²	以便行人
,, to, (differences)	ho² chieh³	和解
,, oneself to circumstances	lin² shih² ying¹ piên⁴	臨時應變
Accommodating,	ch'in¹ ch'ieh⁴	親切
,,	chien⁴ ching³ shêng¹ ch'ing²	見景生情
,,	sui² hsi	隨喜
Accommodation, living, sufficient	chu⁴-tê hsia⁴	住得下
,, insufficient	chu⁴-pu hsia⁴	住不下
,, bill	ch'ien⁴ tan¹	欠單
,, (financial)	chieh⁴ k'uan³	借款
Accompany him, I will	wo³ kên¹-t'a ch'ü	我跟他去
,,	t'ung² hsing²	同行
,, royalty	p'ei ts'ung²	陪從
Accompanied by a translation	fu⁴ sung⁴ yi⁴ wên²	附送譯文
Accomplice, an	huo³ t'ung² i? ch'i⁴	夥同一氣
,,	ch'uan⁴-t'ung i² ch'i⁴	串通一氣
,,	t'ung² mou² chih¹ jên²	同謀之人
,,	kung⁴ fan⁴	共犯
Accomplished,	ch'êng² chiu⁴	成就
,, the object	fa² ch'i¹ mu⁴ ti¹	達其目的
,, of a task	ch'êng² kung²	成功
,,	to¹ nêng²	多能
,, musician, an	yin¹ yüeh⁴ shu² hsi²	音樂熟習

Accomplished—Accounts. 8

Accomplished scholar, an	po² hsüeh² hung² ju²	博鴻學儒
Accomplishment,	ts'ai² nêng²	才能
,,	chi⁴ i⁴	技藝
Accord, not in musical	pu⁴ ho² hsien² 'rh	不合絃兒
,, their opinions, etc., entirely	yen² ho² i⁴ shun⁴	言合意順
,, with my views, in	yü³ wo³ i⁴-ssŭ hsiang¹ ho²	與我意思相合
,,	ho² ho²	和合
,, (musical)	t'ung² yin¹	同音
,, (opinion)	t'ung² i⁴	同意
,, opinion in	yi⁴ chien⁴ fu² ho²	意見符合
,, in......with reason	ho² hu² li³	合乎理
,, of one's own	sui² yi⁴	隨意
Accordance, is in....... with the treaty	yu³ t'iao² yüeh¹ hsiang¹ fu²	與條約相符
According to pattern	chao⁴ yang⁴-tzŭ	照樣子
,, to your statement	chü ni³ shuo¹	據你說
,, to circumstances	k'an⁴ kuang¹-ching	看光景
Accordingly	shih⁴ i³	是以
,,	sui⁴ chiu⁴	遂就
,,	yin¹ tz'ŭ³	因此
,, to my view	i¹ wo³ chih¹ chien⁴	依我之見
Accouchement,	fên¹ mien³	分娩
Accoucheuse,	ch'an³ p'o²	產婆
Account book, an	chang⁴ pu⁴-tzŭ	帳簿子
,, make out an	k'ai¹-ko chang⁴	開個帳
,, place to	chi⁴-shang chang⁴	記上帳
,, work out an	suan⁴ chang⁴	算帳
,, advance on	chih¹ ch'ien²	支錢
,, deposit	ting⁴ ch'i² ts'un² yin²	定期存銀
,, current	wang³ lai² chang⁴	往來帳
,, working	shou¹ chih¹ chang⁴	收支帳
,, on no	ch'ien¹ wan⁴ pieh²	千萬別
,, on his	wei⁴ t'a¹	爲他
,, for, to	chiang¹ li³ yu² shuo¹ ming²	將理由說明
,, with so and so, in	hu⁴ chiao¹ chi⁴ suan⁴	互交計算
,, call to	chieh² tsê²	詰責
,, enter an	têng¹ lu⁴	登錄
,, settle ,,	chieh² suan⁴	結算
,, turn to	li⁴ yung⁴	利用
,, is of no	so³ hsi⁴ chih¹ shih⁴	瑣細之事
Accountable, you are	wei² ni² shih⁴ wên⁴	惟你是問
,, make me	na² wo³ shih⁴ wên⁴	拿我是問
Accountant,	kuei⁴ chi⁴ yuan²	會計員
Accounts,	kuei⁴ chi⁴	會計

9 Accounts—Achievement.

Accounts (news)	hsiao¹ hsi²	消息
,, (of a company)	chi⁴ suan⁴	計算
,, (of proceedings)	shih³ mo⁴ shu¹	始末書
,, ,,	pao⁴ kao⁴ shu¹	報告書
,, they have not settled	t'a¹-mên lia³ shou³ wei³ pu⁴ ch'ing¹	他們倆首尾不清
Accountrements,	chün¹ chuang¹	軍裝
Accredit,	jên⁴ ming⁴	任命
Accredited to British Court	chu⁴ cha² ying¹ kuo²	駐劄英國
Accruing, the interest annually	mei³ nien² chia¹ t'ien¹ chih¹ li⁴	每年添加之利
Accumulate,	tui¹ chi¹	堆積
,, money, to	tsan³ ch'ien²	儹錢
,, debts, to	chi¹ chang⁴	積賬
,, in one place	tsan³ tsai⁴ i² ch'u⁴	儹在一處
Accuracy,	ching¹ chüeh⁴	精確
Accurate,	hsiang² hsi⁴	詳細
,,	chun³	準
,,	tui⁴	對
,, information	ta³-t'ing-ti chên¹-ch'ieh	打聽的真切
Accusation (act of)	kao⁴ fa¹	告發
,, (charge)	tsui⁴ chuang⁴	罪狀
,, involve in random	sui² yi⁴ ch'ien¹ k'ung⁴	隨意牽控
Accuse, to	kao⁴	告
,, falsely	lai⁴	賴
,, ,,	wu¹ kao⁴	誣告
,, ,,	wu⁴ kao⁴	誤告
Accuser,	chieh² nan² chih¹ jên²	詰難之人
,, (legal)	kao⁴ fa¹ jên²	告發人
,, ,,	yüan² kao⁴	原告
Accused,	pei⁴ kao⁴	被告
Accustomed to it, get	shih⁴ wei² ku⁴ ch'ang² kuan⁴-lo	視爲故常慣咯
,, to wear	ch'uan¹ kuan⁴-lo	穿慣咯
,, to the sight of	k'an⁴ kuan⁴-lo	看慣的
Ace of success, failure when within an	kung¹ pai⁴ ch'ui² ch'êng² yao¹	功敗垂成么
,, of, within an	ch'a¹ i⁴ ting¹ tien³ 'rh	差一丁點兒
,, ,, ,,	chi¹ chi¹ hu¹	幾幾乎
,, ,, ,,	fên¹ li² hao² hu¹-êrh-ti	分厘毫忽兒的
Achieve, an excellent result must be achieved	ting⁴ huo⁴ chia¹ kuo³	定獲佳果
,, to	ch'êng² chiu⁴	成就
Achievement, glorious	wei³ lieh⁴ fêng² kung¹	偉烈豐功

Achievement—Acrobat. 10

Achievement,	kung¹ lao²	勞功
,,	hsün lao²	勞勳
Ache, to	t'êng²	疼
Acid,	suan¹	酸
,, an	suan¹	酸
,, carbonic	t'an⁴ suan¹	酸炭
,, nitric	hsiao¹ suan¹	酸硝
Acidify,	suan¹ hua⁴	化酸
Acknowledge,	ch'êng² jên⁴	認承
,, an error	jên⁴ ts'o⁴	錯認
,, admit, to	jên⁴	認
Acknowledgement (receipt)	shou¹ t'iao²	條收
Acme,	chi² tuan¹	端極
Acorn, an	hsiang⁴ tzŭ³	子橡
,, the cup of an	hsiang⁴ wan³-tzŭ	子椀橡
Acoustic nerve	t'ing¹ shên² ching¹	經神聽
Acoustics,	yin¹ hsiang³ hsüeh²	學響音
Acquaint, to	t'ung¹ chih¹	知通
Acquaintance, an	jên⁴-shih-ti jên²	人的識認
,, an old	ku⁴ yu³	友故
,, ,, ,,	chih¹ chi³	己知
,, ,, ,,	chiu⁴ yü³	雨舊
,, an old family	lao³ shih⁴ chiao¹	交世老
,, a casual	chiao¹-ch'ing fan⁴ fan⁴-ti	的泛泛情交
,, a slight	yi² mien⁴ chih¹ chiao¹	交之面
,, with law	fa⁴ lü³ hsüeh² shu³ hsi²	悉熟學律法
,, a large circle of	yu³ wai⁴ ch'ang²	場外有
,, ,, ,, ,,	ying¹-ch'ou ta⁴	大酬應
Acquaintanceship,	yu³ yi²	誼友
Acquainted with English	t'ung ying¹ wên²	文英通
,, with the circumstances, I am not	pu⁴ chih¹ ti³-hsi	細底知不
Acquiesce,	ying⁴ yün³	允應
,, can't possibly	wan⁴ nan² ying¹ yün³	允應難萬
,, in	fu² ts'ung²	從服
Acquiescence, tacit	mo⁴ hsü³	許默
Acquire, to	tê²	得
,, wealth	fa¹ ts'ai²	財發
,, a good name	lao⁴ hao³ ming² shêng¹	聲名好落
Acquirements,	ts'ai² yi⁴	藝才
Acquit,	fang⁴ mien³	免放
,,	shê-mien³	免赦
,, of a charge, to	p'an⁴ tuan⁴ wu² ku¹	辜無斷判
Acrimonious,	chü¹ lieh⁴	烈劇
Acrobat, an	lien⁴ pa³-shih-ti	的式把辣

Across a person, come	p'êng⁴ chien⁴		撞見
,, a river, go	tu⁴ kuo⁴ ho⁴		渡過河
,, a word, come	ou³ chien¹ i¹ tzŭ⁴		偶見一字
,, to walk	tsou³-kuo-ch'ü		走過去
,, to place a board	hêng² ta¹-shang i² k'uai⁴ pan³ 'rh		橫搭上一塊板兒
Act,	hsing² wei²		行為
,,	tung⁴ tso⁴		動作
,, of parliament	fa⁴ ling⁴		法令
,, scene	tuan⁴ lo⁴		叚落
,, commit so unreasonable an	ch'u¹ tz'ŭ³ pu⁴ chin⁴ ch'ing² li³ chih¹ chü³		出此不近情理之舉
,, of God	t'ien¹ tsai¹		天災
,, of a play	tuan⁴		叚
,, of grace	ên¹ tien³		恩典
,, Chinese revolution is divisible into 3 *acts*	chung¹ kuo² ko² ming² k'o¹ fên¹ wei² san¹ tuan⁴ lo		中國革命可分為三叚落
,, of dining when he came, in the	t'a¹ lai² ti¹ shih²-hou 'rh, wo³ chêng⁴ tsai⁴ ch'ih¹ fan⁴		他來的時候兒我正在吃飯
,, to (as medicine)	hsing² tung¹ k'ai¹		行動開
,, up to a promise	chüeh² pu⁴ shih² yen²		決不食言
,, a play, to	yen³ i⁴-ch'u¹ hsi⁴		演一齣戲
,, in a person's stead	t'i⁴ tai⁴		替代
Acting appointment, an	shu⁴ ch'üeh¹		署缺
,, to be	shu⁴ li³		署理
,, consul	shu⁴ ling³-shih kuan¹		署領事官
Action, at law,	su⁴ sung⁴		訴訟
,, against, bring an	t'i² ch'u¹ su⁴ sung⁴		提出訴訟
,, ,, ,,	kao⁴ chuang⁴		告狀
,, battle	chan⁴ chêng¹		戰爭
,, ,,	chiao¹ chan⁴		交戰
,, (military)	k'ai¹ chan⁴		開戰
,, killed in	chên⁴ wang²		陣亡
,, conduct	chü³ tung⁴		舉動
,, (manner of dealing with)	ch'u³ chih⁴		處置
,, chemical	hua⁴ hsüeh² tso⁴ yung⁴		化學作用
,, men of	yu³ wei² chih¹ jên²		有為之人
,, a man of	yu³ tso⁴-wei-ti		有作為的
,, ,, ,,	yu³-i⁴-tien³-'rh tso⁴-wei		有一點兒作為
,, united action	kung⁴-t'ung yün⁴ tung⁴		共同運動
,, ,, ,,	lien² ho² yün⁴ tung⁴		聯合運動
Actions,	hsing²-tung-êrh		形動兒
,,	tso⁴ wei²		作為
,,	hsing² wei²		行為
Actionable,	k'o³ ch'i³ su⁴ chih¹ shih⁴		可起訴之事

Active—Add. 12

Active (of mind)	min³ chieh²	捷敏
„ service	ts'ung² shih⁴ chan⁴ ch'ang²	場戰事從
„ statesman, an	shih² hsing² chêng⁴ chih² chia¹	家治政行實
„ market for	hsiao¹ ch'ang² shên⁴ k'uai⁴	快甚場消
„ remedy, an	shên² su⁴ i¹ yao⁴	藥醫速神
„ in organizing	pên¹ tsou³ pu⁴ hsia²	暇不走奔
„ service, while on	ts'ung² chün¹ chung¹	中軍從
Activity,	huo¹ tung⁴ li⁴	力動活
Actor, an . . .'s airs	na² chiang¹ tso⁴ shih⁴	事作腔拏
„ theatrical	ch'ang⁴ hsi⁴-ti	的戲唱
„ „	yu¹-ling²	伶優
Actress,	nu³ ling²	伶女
Actual condition	hsien⁴ chuang⁴	狀現
„ „	shih² k'uang⁴	況實
„ cost	yüan² chia⁴	價原
„ facts, the	shih² ch'ing²	情實
„ state of the case	ti³-hsi	細底
Actuality,	shih² shih⁴	事實
Actually,	kuo³-jan	然果
„ refrained from attacking them, the troops	ping¹ chên¹ chiu⁴ pu⁴ kan³ tung⁴ tso⁴	作動敢不就眞兵
Actuated by honourable feelings	wei² yi⁴ ch'i⁴ so³ ku³ tung⁴	動鼓所氣義爲
Acumen,	ts'ung¹ ying³	穎聰
Acupuncture,	hsia¹ chên¹ pien³	砭針下
„ to apply	cha¹ chên¹	針扎
Acute,	ching¹ ming²	明精
„ (of hearing)	êrh³ to¹ chien¹	尖朶耳
„	ling² li⁴	俐伶
„ (of disease)	chi² hsing⁴	性急
„ (of pain)	chi² lieh⁴	烈劇
„ angle	jui⁴ chiao²	角銳
A. D.	yeh¹ su¹ chiang⁴ shih⁴	世降穌耶
Adage,	ko² yen²	言格
„	ku³ yü³	語古
Adamant,	chin¹ kang¹ shih²	石剛金
Adapt policy to circumstances	sui² chi¹ ying⁴ pien⁴	變應機隨
Adaptable,	shih⁴ yung⁴	用適
Add, to	fu⁴ chia¹	加附
„	chia¹-shang	上加
„	t'ien¹-shang	上添
„	ch'an¹-shang	上攙
„ water	tui⁴ shui³	水對
„ up	ho² chi⁴	計合

Addendum,	chui¹ chia¹	加追
Addicted to	hao⁴	好
,,	ai⁴	愛
Addition, subtraction, multiplication and division	chia¹ chien³ ch'êng² ch'u²	除乘減加
,, (increase)	tsêng¹ chia¹	加增
,, in	ling⁴ wai⁴	外另
,, rule of	chia¹	加
Additional penalty	fu⁴ chia¹ hsing²	刑加附
Address, to deliver an	yen³ shuo¹	說演
,, (adroitness)	min³ wan⁴	腕敏
,, (testimonial)	sûng⁴ tê³ piao³	表德頌
,, congratulation	chu⁴ tz'ǔ²	辭祝
,, rude method of	shih¹ li³	禮失
,, don't know your	pu¹ chih¹ tsun¹ yü⁴ ho² ch'u⁴	處何寓尊知不
,, book	jên² ming² chu⁴ so³ pu⁴	簿所住名人
,,	chu⁴-ch'u	處住
,,	chu⁴ chih³	址住
Addressee,	shou¹ hsin⁴ jên²	人信收
Adduce,	yin³ yung⁴	用引
,, recondite cases of	yin³ po² yüan³ chêng⁴	證遠博引
Adept at English	shu² hsi² ying¹ wên²	文英習熟
,, an	shu² shou³	手熟
Adequate,	man³ tsu²	足滿
Adhere (to) e.g., an opinion	chü¹ ni²	泥拘
,, wax to the finger	la⁴ chan² shou³ chih³	指手黏蠟
,, obstinately to	chih² mi² pu¹ wu⁴	悟不迷執
,, to a statement	i⁴ k'ou³ yao³ ting⁴	定咬口一
Adherence to, to give in	chia¹ ju⁴	入加
,, to antiquated custom	mo⁴ shou³ chiu⁴ su²	俗舊守墨
Adherent,	tang³ yü⁴	羽黨
Adhesion (to a convention)	chia¹ ju⁴	入加
Adieu, to bid	tz'ǔ² hsing²	行辭
Adjacent country	lin² pang¹	邦鄰
,, ,,	lin² kuo²	國鄰
,, ,,	fu⁴ chin⁴	近附
Adjective, an	hsing²-jung tzǔ⁴	字容形
Adjoin the Legation quarter	yü³ shih³ kuan³ chieh⁴ chieh¹ chin⁴	近接界使館與
Adjoining,	chin³ ai¹-cho	着挨緊
Adjourn (as a discussion), to	chan⁴ huan³	緩暫
,,	yen² ch'i²	期延
,, a meeting	san⁴ hui⁴	會散
,, ,,	yen² hui⁴	會延

Adjournment—Admire. 14

Adjournment to a later date	yen² ch'i²	延期
Adjudicate,	ts'ai² p'an⁴	裁判
,,	p'an⁴ chüeh²	判決
,,	ts'ai² tuan⁴	裁斷
Adjudication,	chüeh² ting⁴	決定
,, of bankruptcy	p'o⁴ ch'an³ hsüan¹ kao⁴	破產宣告
Adjunct,	fu⁴ shu³ wu⁴	附屬物
Adjust (put in order)	chêng³ tun⁴	整頓
,, ,, ,,	chêng³ li³	整理
,, the dress, to	pa⁴ i¹-shang lü³ shun⁴-lo	把衣裳理順了
,, a difference	t'iao²-t'ing	調停
,, (put straight), (as a crooked picture)	tuan¹-hsiang	端相
Adjusted, to be	ch'u³ li³	處理
Adjustment of finance	ts'ai² chêng⁴ chêng³ li³	財政整理
,, legal	ho² hsi²	和息
,,	an¹ chih⁴ t'o³ t'ieh	安置妥貼
Adjutant,	fu⁴ kuan¹	副官
,, general	fu⁴ tu¹-t'ung³	副都統
Admiral,	hai³ chün¹ shang⁴ chiang⁴	海軍上將
,, vice	hai³ chün¹ chung¹ chiang⁴	海軍中將
,, rear	hai³ chün¹ shao⁴ chiang⁴	海軍少將
,,	shui³-shih t'i²-tu	水師提督
Admiralty, Board of	hai³ chün¹ pu⁴	海軍部
,, Court of	hai³ chün¹ ts'ai² pan⁴ so³	海軍裁判所
Administer,	kuan³ li³	管理
,, laws	chih² hsing²	執行
,, a deceased estate	kuan³ li³ yi² ch'an³	管理遺產
,, medicine	chin⁴ yao⁴	進藥
,, relief	shih¹ shê³	施捨
,, an oath	ling⁴ fa¹ shih⁴	令發誓
,, to pleasure	chu⁴ lo⁴	助樂
Administration,	hsing² chêng⁴	行政
,, (the government)	chêng chih⁴	政治
,,	chêng⁴ chih²	政執
,, government, the	chêng⁴ fu³	政府
Administrative court,	hsing² chêng⁴ ts'ai² p'an⁴ so³	行政裁判所
,, system	kuan¹ chih⁴	官制
Admiration,	kan³-fu	感服
,,	shang³ t'an⁴	賞歎
Admire, to	hsien⁴-mu	羨慕
,, (respect)	p'ei⁴-fu	佩服
,, ,,	yang³-mu	仰慕

Admire—Adore.

Admire,	chên¹ chung⁴	珍重
Admissibility of evidence	k'ou³ kung⁴ chih¹ k'o³ na⁴ fou³	口供之可納否
Admission (to membership in a society)	ju⁴ hui⁴	入會
,, except on business, no	hsien² jên² mien³ chin⁴	閒人免進
,, ,, ,,	ch'u³ kung¹ shih⁴ wai⁴ pu⁴ chun³ shan⁴ ju⁴	除公事外不準擅入
,, ticket	ts'an¹ kuan¹ chüan⁴	參觀券
,, ,,	p'ang² t'ing¹ chüan⁴	旁聽券
,, ,,	ju⁴ ch'ang² chüan⁴	入場券
Admit by ticket, to	p'ing² chüan⁴ fang⁴ ju⁴	憑券放入
,, to have been, must	pu⁴ k'o³ wei⁴ fei¹	不可謂非
,, his guilt	chao¹ jên⁴ ch'i² tsui⁴	招認其罪
,, of doubt, does not	pu⁴ jung² i² huo⁴	不容疑惑
,, (to grant)	chun³ yü²	准予
,, to	ch'êng² jên⁴	承認
,, one's self in the wrong	jên⁴ ts'o⁴	認錯
Admixture,	hun⁴ ho²	混合
Admonish,	ching³ chieh⁴	警戒
,,	kao⁴ chieh⁴	告戒
,, each other	pi³ tz'ŭ³ kuei¹ chien⁴	彼此規諫
Admonition,	chien⁴ yen²	諫言
,,	chung¹ kao⁴	忠告
,, earnest	chun¹ chun¹ kao⁴ chieh⁴	諄諄告誡
Ado about nothing, much	hsiao³ t'i² ta⁴ tso⁴ to¹ shih⁴	小題大作多事
Adolescence,	shao⁴ shih²	少時
,, (male)	jo⁴ kuan¹ chih¹ shih²	弱冠之時
,, (of a female)	chi² chi¹ chih¹ shih² wei⁴ ch'êng² nien²	及笄之時未成年
Adonis,	mei³ shao⁴ nien²	美少年
Adopt (by vote)	k'o³ chüeh²	可決
,, the American Constitution	ts'ai³ yung⁴ mei³ chih⁴	採用美制
,, the course of running away	ch'u¹ tz'ŭ³ t'ao² tsou³ chih⁴ chi⁴	出此逃走之計
Adopted son	i⁴ tzŭ³	義子
,, ,,	kan¹ êrh²-tzŭ³	乾兒子
,, child, an	kuo⁴-chi⁴-ti hai²-tzŭ³	過繼的孩子
,, ,, ,,	ning² ting² tzŭ³	螟蛉子
Adoption, son by	ch'êng² chi⁴ tzŭ³	承繼子
Adoptive,	na⁴ wei² chih³ ti¹	納爲己的
Adore,	ch'ung² pai⁴	崇拜

Adore—Advance. 16

Adore,	tsun¹ ching⁴	敬尊
"	ching⁴ pai⁴	拜敬
Adorn (decorate)	hsiu¹ shih¹	飾修
" the character with virtue	i³ tê² jun⁴ shên¹	身潤德以
Adrift,	sui² fêng¹ êrh² liu²	流而風隨
"	p'iao¹ liu²	流漂
Adroit,	ch'iao³	巧
"	chi¹ ch'iao³	巧機
"	min³ chieh⁴	捷敏
Adroitly, act	tso⁴ shih⁴ ling² ch'iao³	巧靈事作
Adroitness,	miao⁴ shou³	手妙
Adult,	ta⁴ jên²	人大
"	chuang⁴ nien²	年壯
" an	ch'êng² jên²-lo	咯人成
Adulterate,	ch'an¹ ho² chia³ huo⁴	貨假和攙
" wine	tsa² tan⁴ chiu³	酒淡雜
" to	ch'an¹ chia³	假攙
Adulterated article	pu⁴ chêng⁴ p'in³	品正不
Adulterer,	chien¹ fu¹	夫姦
"	ch'ing² jên²	人情
Adulteress,	yin³ fu⁴	婦淫
"	chien¹ fu⁴	婦姦
Adulterous,	chien¹ t'ung¹	通姦
"	ssŭ¹ t'ung¹	通私
" generation, an	yin² luan⁴ chih¹ shih⁴	世之亂淫
Adultery, to commit	hsing² chien¹	姦行
" with so and so, commit	yü³ mou³ yu³ ssŭ¹	私有某與
Ad valorem	chao⁴ ku¹ chia⁴	價估照
" " duty	ts'ung² chia⁴ shui⁴	稅價從
Advance in prices	t'êng²-kuei⁴	貴騰
" (military)	ch'ien²-chin⁴	進前
" (progress)	chin⁴ pu⁴	步進
" the date	t'i² ch'ien² jih⁴ ch'i²	期日前提
" in rank	chia¹ chi²	級加
" (on a contract)	ting⁴ yin²	銀定
" wages	yü⁴ chih¹ hsin¹ chin¹	金薪支預
" the price	chia¹ chia⁴	價加
" one's opinion	shên¹ ch'ên² i⁴ chien⁴	見意陳申
" (improvement)	kai³ liang²	良改
" headlong, to	t'u⁴ chin⁴	進突
" money, to	chih¹ ch'ien²	錢支
" "	tien⁴ k'uan³	款墊
" (make progress)	wang³ ch'ien² chin⁴	進前往

Advance straight to the front	chih² chin⁴	進直
,, to the attack	kung¹ chin⁴	進攻
,, guard	ch'ien² tui⁴	隊前
Advanced work in English	kao¹ têng³ ying¹ wên²	文英等高
,, in years	shang⁴ nien² chi⁴ la	了紀年上
,, ,,	nien² mai⁴	邁年
,, ,,	shang⁴ sui⁴ shu⁴	數歲上
,, ,,	ch'un¹ ch'iu¹ yi³ kao¹	高已秋春
Advancement, in life	ch'ien²-ch'êng	程前
,, (progress)	fa¹-ta²	達發
,, of learning, for the	chên⁴ hsing¹ hsüeh² yeh⁴	業學興振
Advantage,	li⁴ i²	益利
,,	i²-ch'u	處益
,, of position, the enemy has the	ti² jên² yu³ ti⁴ shih⁴ chih p'ien² yi²	宜便之勢地有人敵
,, of our (China) internal disturbances, take	li⁴ wo³ nei⁴ luan⁴	亂內我利
,, over us, get an	shêng⁴ kuo⁴ wo³ mên²	們我過勝
,, s and disadvantages of, examine into the	yen² chiu¹ li⁴ hai⁴ tê² shih¹	失得害利究研
,, of, take (turn to account),	li⁴ yung⁴	用利
,, of my being out, took	ch'ên⁴-cho wo³ mei² tsai chia¹	家在沒我着趁
,, of the opportunity, take	ch'êng² chi¹-hui	會機乘
,, ,, ,,	chieh⁴ chin⁴ 'rh	兒勁借
,, get the	chan⁴ p'ien²-i	宜便佔
Advantageous,	fang¹ pien⁴	便方
,, circumstances, in	hao³ ching⁴ yü⁴	遇境好
Advent,	chiang⁴ lin²	臨降
,, (the festival)	chiang⁴ lin² chieh²	節臨降
,, of death	ssŭ³ wang² chih¹ chih⁴	至之亡死
Adventitious,	yu² wai⁴ chia¹ ju⁴	入加外由
,,	ch'u¹ hu² pên³ wei⁴ chih¹ wai⁴	外之位本乎出
Adventure,	mao⁴ hsien³	險冒
,,	ch'i² shih⁴	事奇
,,	ch'ing¹ i⁴ ch'ang² shih⁴	試嘗易輕
,,	fang⁴ tan³ êrh² chin⁴	進而膽放
Adventurer, an (impostor)	ssŭ¹ hsing⁴ chin⁴ chih¹ chia¹	家之進幸思
,, ,, (bold man)	chiang¹ hu² hao³ han⁴	漢好湖江
Adventurous,	ta⁴ tan³	膽大

Adventurous—Advisable. 18

Adventurous,	yung³ kan³	勇敢
Adverb, an	fu⁴ tz'ŭ²	副詞
Adversaria,	ts'ung¹ lu⁴	叢錄
Adversary, an	ti² jên²	敵人
,, personal enemy	ch'ou² jên²	仇人
,,	yüan¹ chia¹	冤家
,,	ch'ou² ti²	仇敵
Adverse wind	ni⁴ fêng¹	逆風
,, current	ni⁴ liu²	逆流
,,	pu⁴ hsiang²	不祥
,, (calamitous)	tsai¹ yang¹	災殃
,, fortune	shuai¹ yün⁴	衰運
Adversity, friend in	huan⁴ nan⁴ chih¹ chiao¹	患難之交
,, comrade in	t'ung⁴ chien¹ kung⁴ nan²	同艱共難
,,	nan⁴	難
,,	k'u³ nan⁴	苦難
Advert, to	t'i² chi²	提及
,, (attend to)	liu² hsin¹	留心
Advertence,	chu⁴ yi⁴	注意
Advertise,		
,, in a newspaper, to	têng¹ pao⁴	登報
,, (make known)	t'ung¹ pao⁴	通報
,, ,, ,,	t'ung¹ chih¹	通知
,,	kuang³ kao⁴	廣告
,, on a notice board	chieh¹ shih⁴	揭示
,, in a paper,	têng¹ kao⁴ pai²	登告白
,, publicly	pu⁴ kao⁴ ta⁴ chung⁴	布告大衆
Advertisement, issue an	ch'u¹ kao⁴ pai²	出告白
,, of reward	shang³ ko²	賞格
,, official	kung¹ kao⁴	公告
,, an	chao¹-p'ai	招牌
Advice,	chung¹ kao⁴	忠告
,, to the government,	chung¹ kao⁴ chêng⁴ fu³	忠告政府
,, (information)	t'ung¹ chih¹	通知
,, letter of	chiao¹ yin² hsin²	交銀信
,, take	ling³ chiao⁴	領敎
,, to ask	ch'ing³ chiao⁴	請敎
,, won't listen to	pu⁴ t'ing¹ ch'üan⁴	不聽勸
,, to yourself, keep your (vulgar)	ta⁴ lo²-po hai² yung⁴ shih³ chiao¹	大蘿蔔還用洗澆
Advices,	pao⁴ kao⁴	報告
,, from Honan, latest	ho² nan² chin⁴ hsün⁴	河南近訊
Advisable to go out at night, not	yeh⁴ chien¹ wai⁴ ch'u¹ shih² fei¹ so³ yi³	夜間外出實非所宜

Advisable—Affairs.

Advisable for you to go to Tientsin to-morrow	ming² t'ien¹ ni³ ying¹ tang hsia⁴ i t'ang⁴ t'ien¹ ching¹	明天你應當一下兒天津
Advisability,	shih⁴ yi²	適宜
Advise,	piao³ ch'i² i⁴ chien⁴	表其意見
,, (inform)	pao⁴ or pao⁴ chih¹	報 報知
,, to	ch'üan⁴	勸
,, you, let me	fêng⁴ ch'üan⁴	奉勸
Advisedly,	ku⁴ i⁴	故意
Advised (informed)	chieh¹ tao⁴ hsiao¹ hsi²	接到消息
,, ill	su¹ hu¹	疏忽
,, well	chin³ shên⁴	謹慎
,, as	tsun¹ ming⁴	遵命
Adviser (attached to a ministry)	ku⁴ wên⁴ kuan¹	顧問官
,, legal	fa⁴ lü⁴ ku⁴ wên⁴	法律顧問
Advisers, responsible (the cabinet)	fu⁴ tsê² jên¹ ti¹ kuo² wu⁴ yuan²	負責任的國務員
Advocacy,	pien⁴ chieh³	辯解
,,	tai⁴ jên² k'ên³ ch'iu² chih¹ shih⁴	代人懇求之事
Advocate, legal	pien⁴ hu⁴ shih⁴	辯護士
,, for peace	p'ai² chieh³	排解
,, of free trade	chu³ chang¹ shang¹ wu⁴ tzŭ⁴ yu²	主張商務自由
Adze, an	pên¹-tzŭ	錛子
Aerated water	ch'i⁴ shui³	汽水
Aerial,	k'ung¹ chung¹ ti¹	空中的
,, (lofty) towers,	ling² yün² kao¹ ko²	凌雲高閣
,, currents	ch'i⁴ chih⁴ liu² t'ung⁴	氣之流通
Aegis of the foreigner, take refuge under the	t'o¹ pi⁴ wai⁴ jên² yü³ hsia⁴	托庇外人字下
Aerolite,	yün³ shih²	隕石
Aeroplane,	hang² k'ung¹ ch'ê¹	航空車
Aeronaut,	k'ung¹ chung¹ yu² hsing² chê³	空中遊行者
Aesthetic,	fêng¹ liu²	風流
Afar,	yuan³ fang¹	遠方
Affable,	jou²-ho²	柔和
,,	yin¹-ch'in	慇懃
,,	ho⁰ al⁰	和諧
Affair, state of	hsing² shih⁴	形勢
,, that's not your	pu¹ kuan¹ ni³-ti shih	不關你的事
Affairs,	shih⁴	事
,,	shih⁴-ch'ing	事情
,, public	kung¹ shih⁴	公事

Affairs—Affidavit.

Affairs, private	ssū¹ shih⁴	私事
„ state of	chü²-mien shih⁴-t'i³	局面 事體
Affect on this . . . ., have	yü² tz'ŭ³ yu³ ying³ hsiang³	於此有影響
„ „ „	yu³ kuan¹ hsi⁴	有關係
„ friendly relations	yü² yu³ yi² yu³ fang¹ ai⁴	於友誼有妨礙
„ the feelings	kan³ tung⁴ jên² hsin¹	感動人心
„ company, does not	pu¹ hao⁴ chiao¹ yu²	不好交遊
„ (incline)	hsin¹ ch'ing¹	傾心
„ (pretend)	chia³ mao⁴	假冒
„ not to want it	chia³ pu¹ chiȟ³ cho¹	假不指着
„ to be clever	nung⁴ ch'iao³	弄巧
„ me, does not	pu¹ kuan² wo³-ti shih⁴	不關我的事
„ the situation, does not	mei² kuan¹-hsi	沒關係
Affectation,	chuang¹ mu² tso⁴ yang⁴	裝模作樣
Affected with disease	jan³ ping⁴	染病
„	ch'ing¹-k'uang²	經狂
„ as by ill news, etc.	hsin¹-li hên³ kan³ shang¹	心裏很感傷
„ by the heat	shou⁴-liao jo⁴-lo	受了熱咯
Affecting the treasury, contracts	kuo² k'u⁴ yu³ fu⁴ tan¹ ch'i⁴ yüeh¹	國庫有負擔之契約
„ public safety, cases	yu³ jên⁴ wei² fang¹ hai⁴ an¹ ning² chih⁴ hsü⁴	有認為妨害安寧秩序
Affection,	ai⁴ ch'ing²	愛情
„ of parents	tz'ŭ ai⁴	慈愛
„ filial	ju² mu⁴	孺慕
„ (disease)	chi² ping⁴	疾病
„ a pulmonary	fei⁴ ping⁴	肺病
„ of the nation, lose the	jên² hsin¹ yi³ ch'ü⁴	人心已去
„ for him, I have a great	wo³ hên³ hsin¹ t'êng²-t'a	我很心疼他
„ for each other, they have	t'a¹ mên lia³ hên³ t'ou² yüan²	他們倆很投緣
Affectionate mother, an	tz'ŭ² mu³	慈母
„ remembrance, in	yung³ shih⁴ pu¹ wang⁴	永矢不忘
„	ch'in¹ ai⁴	親愛
„ foolishly or inordinately	ni⁴ ai⁴	溺愛
Affiance, to	ting⁴ jên² chia¹	定人家
„	ting⁴ ch'in¹	定親
Affidavit,	hsüan¹ shih⁴ shu¹	宣誓書
„	hua⁴ ya³ chih¹ ch'in¹ kung⁴	畫押之親供

Affidavit—After.

Affidavit to make an	li⁴ shih⁴ wên²	立誓文
Affiliate,	ho² ping⁴	合併
Affinity,	kuan¹ hsi⁴	關係
,,	yin¹ yüan²	因緣
,, (in language)	lei⁴ ssŭ⁴	類似
Affirm,	ch'üeh⁴ yen²	確言
,,	shih⁴ yen²	誓言
Affirmation,	tuan⁴ yen²	斷言
Affirmative, in the	yi³ wei² shih⁴	以為是
Affix,	t'ieh¹ fu⁴	貼付
,,	t'ieh¹ yung⁴	貼用
,, a seal	kai⁴ yin⁴	蓋印
Afflict, to be afflicted (by bereavement)	fan² nao³	煩惱
Affliction,	pei¹ ai¹	悲哀
,, physical	ch'ieh⁴ shên¹ chih¹ tsai¹	切身之災
,, (grief)	yu¹ mên⁴	憂悶
Affluence,	fu⁴ kuei⁴	富貴
,,	yin¹ shih²	殷實
,,	fêng¹ fu⁴	豐富
Afford a carriage, cannot	wo³ shuan¹ pu⁴ ch'i³ ma³ ch'ê¹	我拴不起馬車
,, to buy it, cannot	mai³-pu ch'i³	買不起
Afforestation	tsao⁴ lin² shih⁴ yeh⁴	造林事業
Affray,	chêng¹ tou⁴	爭鬪
,,	hsüan hua²	喧嘩
Affront,	hsiu¹ ju⁴	羞辱
Afloat, rumour is	yao² yen³ ssŭ⁴ ch'i³	謠言四起
,, on board ship	tsai⁴ ch'uan² shang⁴	在船上
,, floating	fu² tsai³ shui³ mien⁴	浮在水面
Aforesaid articles, the	ch'ien² k'ai¹ t'iao² k'uan³	前開條款
Afraid,	p'a⁴	怕
,,	k'ung³ p'a⁴	恐怕
,, to be	hai⁴ p'a⁴	害怕
,, to go	pu¹ kan³ ch'ü⁴	不敢去
,, I must go	p'a⁴ tei³ ch'ü⁴	怕得去
,, of everything	wei⁴ shou³ wei⁴ wei³-ti	畏首畏尾的
Afresh, do it	ts'ung² hsin¹ tso⁴	從新做
,,	t'i²-ling tso⁴	提另做
Aft,	ch'uan² hou⁴	船後
After marriage	chêng² chia¹ chih¹ hou⁴	成家之後
,, all	pi⁴ ching⁴	畢竟
,, the day	ti² êrh⁴ t'ien¹	第二天
,, a person, ask	wên⁴ mou² chia³ hao³	問某甲好
,, birth	i² pao¹	遺包

After—Age.

After a picture	fang³ chao⁴ mou³ hua⁴	畫某照倣
,, effects	yü² po¹	波餘
,, life	lai² shih⁴	世來
,, the life	yin¹ chien¹	間陰
,, thought	chui¹ hsiang³	想追
,,	hou⁴	後
,, breakfast	tsao³ fan⁴ hou⁴	後飯早
,, he had gone	t'a¹ tsou³ hou⁴	後走他
,, he had come	t'a¹ lai²-liao i³ hou⁴	後以了來他
,, you follow	ni³ hou⁴-t'ou kên¹-cho	着跟頭後你
,, all	tao⁴ ti³	底到
,, ,,	chiu¹-ching	竟究
,, ,,	tao⁴ liao³-êrh	兒了到
,, this	i³ hou⁴	後以
,, a while	kuo⁴ liao-i hui³ êrh	兒會一了過
,, what are you...?	ni³ kan⁴ shêm²-mo	麼甚幹你
Afternoon,	hou⁴-pan-t'ien	天半後
,, late	wan³-pan shang³-êrh	兒晌半晚
,, ,,	wan³-pan-t'ien¹	天半晚
Afterthought, that was an	na⁴-shih hou⁴ hsiang³-ch'i-lai-ti	的來起想後是那
Afterwards,	hou⁴-lai	來後
,, I'll follow	wo³ sui² hou⁴ ch'ü⁴	去後隨我
Again as you, he is as old	t'a¹ pi³ ni³ ta⁴ i¹ pei⁴	倍一大你比他
,,	tsai⁴	再
,,	yu⁴	又
,, I'll come	wo³ tsai⁴ lai²	來再我
,, he came	t'a¹ yu⁴ lai²-lo	咯來又他
,, and again	tsai⁴ san¹-ti	的三再
Against this, we may say	tzŭ⁴ k'o³ yu¹ i¹ fang⁴ mien⁴ yen² chih¹	之言面方一憂可自
,, to speak	fan³ tui⁴ shuo¹	說對反
,, that, you can set this	chê⁴-ko k'o-i³ chê² na⁴-ko	個那折以可個這
,, me, pushed	wang³ wo³ shên¹-shang chi³	擠上身我往
,, the wall, leaning	k'ao⁴-cho ch'iang²	墻着靠
,, the table, bumped my hand	pa⁴ shou³ p'êng⁴ tsai cho¹-tzŭ-shang	上于棹在碰手把
,, him, I ran up	wo³ p'êng⁴-chien t'a¹-lo	了他見碰我
,, reason	pu⁴ ho² ch'ing² li³	理情合不
,, the stream	ting²-cho liu⁴-êrh	兒溜着頂
Agate,	ma²-nao	瑙瑪
Age, what is your....?	kuei⁴ kêng¹	庚貴
(to comparatively young man)		

Age—Aggrieved.

Age, what is your . . . ? (to man above forty)	kao¹ shou⁴	高壽
„ what is your . . . ? (to a middle-aged man)	tsun¹ chih³	尊齒
„ a child under	wei⁴ chi² sui⁴ ti¹ hsiao³ hai² rh	未及歲的小孩兒
„ is 60, my	hsü¹ tu⁴ liu⁴ shih² sui⁴	虛度六十歲
„ of	ch'êng² nien²	成年
„ of tender	ch'ung¹ nien²	冲年
„ a person's	sui⁴-shu-êrh	歲數兒
„ „ „	nien²-chi	年紀
„ what is his . . . ?	t'a¹ to¹-ta sui⁴-shu-êrh	他多大歲數兒
„ „ „	t'a to¹-ta nien²-chi	他多大年紀
„ of a considerable	yu³ nien²-chi-êrh-ti	有年紀兒的
„ of a horse, what?	ch'ih³-sui k'ou³	幾歲口
„ precedence according to	hsü⁴ ch'ih³	序齒
„ (period)	shih² tai⁴	時代
Aged,	ch'un¹ ch'iu¹ i³ kao¹	春秋已高
Agency (instrumentality)	chou¹ hsüan²	周旋
„ (right to represent)	tai⁴ li³ ch'üan²	代理權
Agent (manager)	chih¹ p'ei⁴ jên²	支配人
„ an	ching¹-shou³ jên²	經手人
„	tai⁴ li³ jên²	代理人
„ middle-man	chung¹ jên²	中人
„ house	lai² jên²-'rh	來人兒
„ „	la¹ fang² ch'ien⁴-ti	拉房錢的
„ or attorney	tai⁴ piao³ jên²	代表人
Aggrandize,	kuang³ ta⁴	廣大
Aggravate, to	jo³	惹
„	tou⁴	鬥
„	chao¹	招
„ a difficulty	huo³-shang chiao¹ yu²	火上燒油
Aggravating,	t'ao³ hsien²-ti	討嫌的
„	t'ao³-jên hsien²	討人嫌
„	chiao² jên²	燈人
Aggregate,	tsung³ chi⁴	總計
„	ho² shu⁴	合數
„ in the	kai⁴ lüeh⁴	概略
Aggression,	kung¹ chi¹	攻擊
„ territorial	ch'in¹ lüeh⁴	侵略
Aggressive person, an	jên² hên³ ch'iang² hêng⁴	人很強橫
Aggressor, you were the	ni³ hsien¹ jo³ t'a¹	你先惹他
„ „ „	ni³ chao³-hsün t'a¹	你找尋他
Aggrieved, to feel	hsin¹ pao⁴ pu¹ p'ing²	心抱不平

Aggrieved—Agricultural. 24

Aggrieved,	yüan¹	冤
„ party, he is the	t'a¹ yüan¹	冤他
Agitate (stir up)	shan⁴ huo⁴	惑煽
„ (politically)	yün⁴ tung⁴	動運
Agitated,	hsin¹ huang¹-lo	咯謊心
„ to be	tung⁴ yao²	搖動
Agitation, reckless	hsin⁴ k'ou³ ku³ huang²	簧鼓口信
Ago, three years	ch'ien¹ san¹ nien²	年三前
Agony,	fan² mên⁴	煩悶
Agrarian laws	t'ien² t'u³ p'ing² fên¹ fa³	法分平土田
Agree,	t'ung¹ yi⁴	意同
„ (correspond)	fu² ho²	合符
„ „	hsiang¹ fu²	符相
„ to, to	ta¹-ying	應答
„ undertake to	ying¹-lo	咯應
„ (friendly)	tui⁴ chin⁴	勁對
„ (alike)	tui⁴	對
„ with my views	ho² wo³-ti i⁴	意的我合
„ I don't	wo³-pu¹ fu²	服不我
„ with me, cucumbers don't	huang²-kua ch'ih¹-cho pu¹ fu²	服不着吃瓜黃
„ (harmonize)	t'iao² ho²	和調
„ that	yi⁴ ting⁴	定議
„ to (a bill)	ch'ieh² ting⁴	定決
„ upon (in consultation)	hsieh² ting⁴	定協
Agreeable to the eye	k'an⁴-cho k'o³ kuan¹	觀可着看
„ no doubt both parties will be	liang⁴ chü¹ lo⁴ ts'ung²	從樂俱諒
„ to the ear	t'ing¹-cho yu³ i⁴-ssǔ	思意有着聽
„ „ taste	ch'ih¹-cho yu³ tzǔ¹-wei	味滋有着吃
„ person, an	jên² hên³ tuan¹-hsiang	詳端很人
„ try and make yourself	ni³ hsi¹-ho cho tien³ 'rh¹ pa	罷兒點着和嬉你
Agreement (between states)	hsieh² ting⁴	定協
„ (convention)	hsieh² yüeh¹	約協
„ by mutual	pi³ tz'ǔ³ ho² yi¹	意合此彼
„ an	ho²-t'ung	同合
„ in perfect	hang³ hsieh⁴ i² ch'i⁴	氣一協沆
„ to express	piao³ t'ung² ch'ing²	情同表
Agriculture,	nung² yeh⁴	業農
„	chung⁴ chuang¹-chia	稼莊種
„	wu⁴ nung²	農務
„ and forestry, ministry of	nung² lin² pu⁴	部林農
Agricultural products,	nung² ch'an³ wu⁴	物產農

Agricultural—Alarm

Agricultural country	nung² ch'an³ kuo²	農產國
Agriculturist,	nung² chia¹	農家
,, an	chuang¹-chia han⁴	莊稼漢
,,	chuang¹-chia lao³-êrh	莊稼老兒
,, (contemptuous)	t'ien²-shê wêng¹	田舍翁
Aground, to get	ch'ien³-chu	淺住
Ague,	fa¹ yao⁴-tzŭ	發瘧子
Aid (an)	chu⁴ shou³	助手
,, ,, intermediary	chou¹ hsüan²	周旋
,, to	pang¹-chu	幫助
,,	hsiang¹ pang¹	相幫
,, a small grant in	tzŭ¹-chu⁴ i tien³ 'rh	資助一點兒
,, and abet	chiao⁴ so¹	教唆
,, ,, ,,	chu⁴ chou⁴ wei² nüeh⁴	助紂為虐
,, ,, ,, don't	pu² yao⁴ chu⁴-cho t'a¹	不要助着他
,, dependent on others for	tsung² chang⁴-cho jên² kung¹-chi³	總仗着人供給
Aide de camp	chung¹-chün¹	中軍
Aim,	mu⁴ ti¹	目的
,,	chi⁴ ts'ê⁴	計策
,, at with a gun	miao²	描
,, take accurate	miao² chun³-lo	描準咯
Aimed at, object	chao⁴ chun³ tien³	照準點
Aiming, at what is he...?	t'u² shêm²-mo	圖甚麼
Aimless,	mei² ting⁴ chien⁴	沒定見
Aimlessly, to walk about	hsin⁴-cho pu⁴-êrh tsou³	信着步兒走
Air (look)	t'ai⁴ tu⁴	態度
,,	ch'i⁴	氣
,,	k'ung¹ ch'i⁴	空氣
,, brake	yung⁴ ch'i⁴ chih⁴ tung⁴ chi¹	用氣制動機
,, shaft	t'ung¹ ch'i⁴ lu⁴	通氣路
,, to	liang⁴-i-liang	晾一晾
,, in the sun	shai¹-i-shai	晒一晒
,, before the fire	hung¹-i-hung	烘一烘
,,s, to put on	tuan¹ chia⁴-tzŭ	端架子
,, ,, ,, (of a child)	ta⁴-mu ta⁴ yang⁴-êrh-ti	大模大樣兒的
,,	na² suan¹ nieh¹ ts'u⁴-ti	拿酸捏醋的
Airing (exercise)	san⁴ pu⁴	散步
,,	hsiao¹ yao²	逍遙
Airship fleet	hang² k'ung¹ hsien⁴ tui⁴	航空艦隊
Ajar, the door is	mên² yen³-cho-ni	門掩着呢
,, set my nerves	tsuan¹ hsin¹ t'ou⁴ ku³-ti	鑽心透骨的
Alarm (instrument)	hsin⁴ hao⁴ ch'i⁴	信號器
,, bell	ching³ chung¹	警鐘

B

Alarm—Alive. 26

Alarm gun	ching³ p'ao⁴	炮驚
Alarmed, people generally	jên² hsin² huang² huang²	惶惶心人
,, much	hên³ shin⁴ hai⁴ p'a⁴	怕害是很
,,	ching¹-lo	咯驚
,,	shou⁴-liao ching¹-lo	咯驚了受
,, me	hsia⁴-hu-wo³-lo	咯我唬嚇
Alarmist,	ch'i³ jên² yu¹ t'ien¹	天憂人杞
,,	ch'i³ yu¹	憂杞
Alas!	wu¹ hu² ai¹ tsai¹	哉哀呼嗚
Albino, an	t'ien¹ lao³-êrh	兒老天
Album, an	ts'ê⁴ yeh⁴	頁册
Albumen,	tan⁴ pai² chih³	質白蛋
Alchemy,	lien⁴ chin¹ shu⁴	術金鍊
Alcohol,	chiu³ ching¹	精酒
,,	chiu³	酒
Alcoholism,	chiu³ tu²	毒酒
Alderman,	shih⁴ ts'an¹ shih⁴ hui⁴ yuan²	員會事參市
Algebra,	tai⁴-shu	數代
Alias,	wei⁴ ming²	名僞
,, of—, took the	i⁴ ming² wei²	爲名易
Alien,	i⁴ kuo² jên²	人國異
,,	t'a¹ kuo² jên²	人國他
,,	wai⁴ kuo² jên²	人國外
Alienate,	chüeh² chiao¹	交絕
,,	li² chien⁴	間離
,, (as property)	jang⁴ ch'ü⁴ chia¹ ch'an³	產家去讓
Alienation (mental)	ching¹ shên² tso⁴ luan⁴	亂錯神精
,, (of property)	ko¹ jang⁴	讓割
,, (of affection)	shih¹ ai⁴	愛失
Alight, wont keep	tien³ pu¹ chu⁴	住不點
Alike,	lei⁴ ssŭ⁴	似類
,, in disposition	i² p'ai⁴-ti p'i²-ch'i	氣脾的派一
,, ,, ,,	i¹ t'uan²-ti p'i²-ch'i	氣脾的團一
,, in face	mu²-yang-êrh hsiang¹ fang³	仿相兒樣模
,, all	tou¹ shih i² ko yang⁴	樣個一是都
Alimentary canal	hsiao¹ hua⁴ kuan³	管化消
Alive,	huo²-ti	的活
,,	huo²-cho	着活
,, still	hai⁴ tsai⁴	在還
,,	hai² huo²-cho	着活還
,, to, fully	tung⁴ jo⁴ kuan¹ huo³	火觀若洞
,, both (my) parents are	fu⁴ mu³ tsai⁴ t'ang²	堂在毋父
,, to the fact	ming chih¹ ch'i² shih⁴	事其知明

All—Alliance.

All,	ch'üan²	全
,,	tou¹	部
,, the whole lot	i² kai⁴	概一
,, right	hao³-lo	咯好
,, ,,	chiu⁴ shih⁴-lo	咯是就
,, the way	i² lu⁴-shang	上路一
,, ,, ,, did you walk?	ni³ ching⁴ tsou³-lai-cho mo²	麼着來走竟你
,, come	lai² ch'i²-lo	咯齊來
,, up, it's	mei² hsiang³-t'ou-lo	咯頭想没
,, the way, it rained	i² lu⁴-ti hsia⁴ yü³	雨下的路一
,, the more, drank	yüeh⁴-fa ho¹-ti to¹	多的喝發越
,, not at (polite)	mei²-shêm-mo	麼甚没
,, that way, not at	ping⁴ pu²-shih na⁴ mo yang⁴-êrh	兒樣麼那是不並
,, complete	tou¹ ch'i² ch'üan	全齊都
,, nations	wan⁴ kuo²	國萬
,, the better	kêng¹ hao³	好更
,, sorts	ko⁴ yang⁴-ti	的樣各
,, I want	so³ yao⁴-ti	的要所
,, whatsoever	so³ yu³-ti	的有所
,, of them	ta⁴-chia huo³-êrh	兒夥家大
,, day	chêng² t'ien¹-chia	家天成
,, night	i² yeh⁴	夜一
,, ,,	chung¹ yeh⁴	夜終
,, one's life	i⁴ shêng¹	生一
,, round	chou¹ wei²	圍週
,, over him	man³ shên¹	身滿
,, ,, the place	man³ ti⁴	地滿
,, of a sudden	hu¹ jan² chien¹	間然忽
Allay thirst, to	chieh³ k'o³	渴解
Allegation of fact	shih² shih⁴ shang⁴	上實事
Allegiance (to a king or nation)	yi⁴ wu⁴	務義
,, return to one's	kuei¹ shun⁴	順歸
,, (e.g., by overthrowing a usurper)	fan³ chêng⁴	正反
,, to China, give in	hsiang¹ shuai⁴ nei⁴ hsiang⁴	嚮內率相
Allegory, an	pi³ yü⁴	喻比
Alleviation (of pain)	ch'ing¹ chien³	減輕
Alleyway, an	chia¹ tao⁴-êrh	兒道夾
Alliance,	t'ung² mêng²	盟同
,, offensive and defensive	kung¹ shou³ t'ung² mêng²	盟同守攻
,, triple	san¹ kuo² t'ung² mêng² mêng²	盟同國三 盟

Alliance—Alone. 28

Alliance make an	li⁴ mêng²	立盟
,, ,,	chieh² mêng²	結盟
Allied (resembling)	lei⁴ ssŭ¹	類似
,, troops	lien² chun¹	聯軍
Allies,	t'ung² mêng²	同盟
Alligator,	ê⁴ yü²	鱷魚
Allot, to	fên¹ kei³	分給
,,	fên¹ p'ai⁴	分派
,,	fên¹ fa¹	分發
Allotment,	fên¹ p'ei⁴ wu⁴	分配物
,, original	yüan² ê² fên¹ p'ei⁴	原額分配
Allow,	ch'êng² jên⁴	承認
,, to	chun³	準
,, ,,	hsü³	許
,, me to do it	jang⁴ wo³ tso⁴	讓我做
Allowance for, make	cho² liang⁴	酌量
,, ,, ,,	pao¹-han cho	包涵着
,, (subsidy)	p'an²-ch'uan chi'ên²	盤川錢
,, a monthly	yüeh⁴-li ch'iên²	月例錢
,, for board, etc.	kung¹-chi ch'ien²	供給錢
Alloy,	hun⁴ ho² wu⁴	混合物
,,	ch'êng²-sê	成色
,, to mix	ch'an¹ chêng²-sê	攙成色
Allude to	t'i²	提
Allure,	yu³ huo⁴	誘惑
Allusion, literary	ku³ tien³	古典
Ally,	t'ung² mêng² kuo²	同盟國
Almanac,	li⁴ shu¹	歷書
,,	huang²-li	皇歷
Almighty (adj.)	ch'üan² nêng²	全能
,, The	shang⁴ ti⁴	上帝
,,	wu² so³ pu⁴ nêng²	無所不能
Almost,	ch'a¹ i⁴ tien³	差一點
,,	chi¹ chi¹ hu¹	幾幾乎
Alms,	i⁴ chüan¹ chin¹	義捐金
Almshouse,	yang³ yü⁴ yuan⁴	養育院
Alone, sit	tu² tso⁴	獨坐
,, proceed	tan¹ ch'i² chih⁴	單騎至
,, stand	ku¹ li⁴	孤立
,,	tan¹	單
,, I	wo³ i²-ko jên²	我一個人
,, you	tu² ni³ i²-ko⁴ jên²	獨你一個人
,, let him	pieh² tou⁴-t'a	別鬭他
,, let it	pieh² tung⁴	別動
,, left (solitary)	lo⁴-liao tan¹ 'rh-lo	落了單兒咯

Along, come	lai²-pa	來罷
,, I said all,	shih³-chung¹ shuo¹-kuo	始終說過
,, the road	yen² tao⁴-êrh	沿道兒
,, with one, carry	tai⁴	帶
Aloof, to stand	chih⁴ shên¹ chü² wai⁴	置身局外
,, stand proudly	ku¹ kao¹ tzŭ⁴ hsü³	孤高自許
Alphabet,	tzŭ mu³-êrh	字母兒
Already,	i³-ching	已經
,,	yeh⁴ i³	業已
Also,	yeh³	也
,,	hai²	還
,,	yu⁴	又
,, moreover	êrh² ch'ieh³	而且
,, ,,	êrh² k'uang⁴	而況
,, ,,	ping⁴ ch'ieh³	並且
Altar, a sacrificial	t'an²	壇
Alter,	pien⁴ kêng¹	變更
,, (revise)	kai³ chêng⁴	改正
,, to	kai³	改
,, one's mind	kai³ chu²-i	改主意
,, as a draft	kai³-mo kai³-mo	改抹改抹
Alteration,	kai³ pien⁴	改變
,, amendment in a law,	hsiu¹ chêng⁴	修正
Altercation,	chêng¹ lun⁴	爭論
,,	chi¹ lun⁴	激論
Alternate days, on	chien⁴ jih⁴	間日
,, days	ko² jih⁴	隔日
Alternately,	tao³-huan-cho	倒換着
Alternation,	hsün² huan²	循環
Alternatives, one must choose one of these two	tz'ŭ³ êrh² cho³ pi⁴ tsê² ch'i² i¹	此二者必擇其一
Although,	sui jan²	雖然
,, that is the case	sui¹-shih na⁴-mo-cho	雖是那麼着
,, it may be that	tsung³-jan	總然
,, no doubt	ku⁴-jan	固然
Altitude,	kao¹ tu⁴	高度
Altogether (of a sum of money)	tsung³ chi⁴	總計
,,	t'ung¹ kung⁴	通共
,,	kung⁴ tsung³	共總
,,	i² kung⁴	一共
,, came	i¹ ch'i² lai-ti	一齊來的
Altogether out of the question	luan⁴-pu hsing²-ti	斷不行的
Altruism,	li⁴ t'a¹ hsin¹	利他心
Alum,	fan²	礬
,,	pai² fan²	白礬

Always—Amenable. 30

Always,	shih³ chung¹	終始
„	yung³ chiu³	久永
„	lao³	老
„ (eternally)	yung³ yüan³	遠永
„ like this	ts'ung²-lai² ju² tz'ŭ³	此如來從
A. M.	wu³ ch'ien²	前午
Am,	shih⁴	是
„ at home	tsai⁴ chia¹	家在
„ here	tsai⁴ chê⁴-li	裏這在
„ ill	ping⁴-lo	咯病
Amalgamate, to	hun³ ho²	合混
„	ts'ou⁴ ho²	合湊
„	hui⁴ ho²	合會
„	ho² ping⁴	併合
„	ho² t'i³	體合
Amass,	hsü⁴ chi¹	積蓄
Amateur,	pên⁴ kung¹	工笨
„ (gratis)	p'iao⁴ yu³	友票
„ theatrical	p'iao⁴ shou³	手票
„ dramatic company	tzu³ ti⁴ pan¹	班弟子
Amaze,	ching¹ yi⁴	異驚
Ambassador,	ta⁴ shih³	使大
„	t'ou² têng³ ch'in¹ ch'ai¹	差欽等頭
„ special	t'ê⁴ shih³	使特
„ extraordinary and plenipotentiary	t'ê⁴ ming¹ ch'üan² ch'üan² ta⁴ shih³	使大權全命特
Amber,	hu³-p'o	珀琥
Ambiguous,	ai⁴ mei⁴	昧曖
„	pu⁴ ming²	明不
„ language	han²-hu hua⁴ 'rh	兒話糊含
„ meaning	i⁴-ssŭ han²-hu	糊含思意
Ambition (bad sense)	yeh³ hsin¹	心野
„ (good sense)	ta⁴ wang⁴	望大
„ „	kung¹ ming² hsin¹	心名功
Ambitious,	hsin¹-hsiung kao¹	高胸心
„	chih⁴-hsiang ta⁴	大向志
„ to become emperor,	yu³ ti⁴ chih⁴ tzŭ⁴ wei² chih¹ hsin¹	心之爲自制帝有
Amble, to	tsou³	走
Ambulance corps	wei⁴ shêng¹ tui⁴	隊生衞
„ waggon	fu⁴ shang¹ ch'ê¹	車傷負
Ambush, to lie in	mai²-fu	伏埋
Ameliorate,	kai³ liang⁴	良改
„	kai³ chêng⁴	正改
Amenable,	fu² ts'ung²	從服

Amenable to ordinary methods, this matter is not	ch'u³ chih⁴ tz'ŭ³ shih⁴ pu¹ tê² chao⁴ p'ing² ch'ang² shou³ hsü⁴ pan⁴ li³	處置此事不得平常照手續辦理
Amend an institution	kai³ ko²	改革
,, ,,	kai³ chêng⁴	改正
,, a law	hsiu¹ chêng⁴	修正
,, his errors, eager to	yung³ yü³ kai³ kuo⁴	勇于改過
,, a disease	ch'ing¹ chien³	輕減
Amends,	p'ei² ch'ang²	賠償
Amendment, move a motion for	fa¹ hsiu⁴ chêng⁴ an⁴ chih¹ tung⁴ yi⁴	發修正案之動議
,, subject to	huo²-tung hua⁴	活動話
American,	mei³-kuo	美國
Amiable,	wên¹-hou	溫厚
,, (easy to control)	hên³ fu²-ts'ung	很服從
Amicable	yu³ yi²	友誼
,, arrangement	ho² t'an²	和談
,, settlement	ho² chieh³	和解
Amiss if I say, don't take it	pieh² kuai⁴ wo³ shuo¹	別怪我說
,, he took it very much	t'a¹ hên³ fan⁴ ssŭ¹-liang	他很犯思量
Amity and mutual confidence	chên¹ hsin¹ chiang³ hsin⁴ hsiu¹ mu⁴	眞心講信修睦
,, treaty of peace and	chiao¹ ho² t'iao² yüeh¹	交利條約
Ammunition,	tan⁴ yao⁴	彈藥
,,	tzŭ³ yao⁴	子藥
,,	ch'iang¹ tzŭ³ yao⁴	槍子藥
Among them	tsai⁴ li³-t'ou	在裏頭
,, was	li³-t'ou yu³	裏頭有
,, ,,	tsai⁴ ch'i² nei⁴	在其內
Amongst them	tsai⁴ nei	在內
,, ,, distribute	fên¹-kei-t'a-mên	分給他們
Amount of loss	sun³ shih¹ ê²	損失額
,, (number)	shu⁴-êrh	數兒
,, (price)	chia⁴-êrh	價兒
,, of, such an	na⁴-mo hsieh¹-ko	那麼些個
,, total	tsung³ shu⁴-êrh	總數兒
,, to anything, it does not	pu⁴ suan⁴ shêm-mo	不算甚麼
,, to five hundred, it does not	pu⁴ tao⁴ wu³ pai³	不到五百
Amounts altogether to five thousand	kung⁴ ho² wu³ ch'ien¹	共合五千
Amour,	ssŭ¹ t'ung¹	私通
Ample,	ch'ung¹ fên⁴	充分
,,	tsu² kou⁴	足彀

Ample—Ancestry. 32

Ample capacity for	ch'o⁴ yu³ yü² li⁴	力餘有綽
Amplify,	yin³ shên¹ ch'ien² i⁴	議前伸引
,, the details	shuo¹ ming² hsiang² hsi⁴ ch'ing² hsing²	形情細詳明說
,, to	t'ui¹ kuang³	廣推
Amputate,	ch'ieh¹ tuan⁴	斷切
Amulet,	hu⁴ fu²	符護
Amuse a child, to	hung³	哄
,, oneself	chieh³ mên⁴ 'rh	兒悶解
,, ,,	hsien²-san	散閒
,, ,,	san³-tan	淡散
,, ,,	san³-hua	化散
,, ,,	hsiao¹-ch'ien	遣消
,, himself at my expense	na² wo³ hsing³ p'i²	脾醒我拿
Amusement, places of	yu² hsi⁴ ch'ang³	場戲遊
Amusing,	hsing¹ wei⁴	味興
,,	yu³ ch'ü⁴-êrh	兒趣有
Anaemia,	hsüeh³ k'uei¹	虧血
Anaesthesia,	shih¹ ch'ü⁴ chih¹ chüeh²	覺知去失
Anaesthetic, an	ma² yao⁴	藥麻
Analogy, reasoning by	chiao³-liang-cho k'an⁴-ch'i-lai	來起看着量較
,, between them, no	liang³ pu⁴ hsiang⁴ hsiang⁴	像相不兩
,, on this	i³ tzŭ³ pi³ pi³	彼比此以
,, literary	t'ung² yü³ lei⁴	類語同
,, forced	fu⁴ hui⁴	會附
Analysis,	fên¹ chieh³	解分
,, logical,	t'ui¹ yuan²	原推
,, table of	hsi⁴ piao³	表細
Analytical aspect, from the	tzŭ⁴ ch'i² fên¹ hsi¹ ti¹ hsien⁴ hsiang⁴ kuan¹ chih¹	之觀象現的析分其自
Anarchical,	wu² chêng⁴ fu³	府政無
Anarchist,	wu² chêng⁴ fu³ tang² yuan²	員黨府政無
,,	wu² chün¹ tang³	黨君無
Anarchy, in a state of	wu² chêng⁴ fu³ chih¹ ti⁴ wei⁴	位地之府政無
Anatomy,	chieh³ p'ou³ shu⁴	術剖解
Ancestors,	hsien¹ tsu³	祖先
Ancestral tablets	shên² chu³	主神
,, temple	tsung¹ tz'ŭ²	祠宗
,, hall	tz'ŭ²-t'ang	堂祠
Ancestry,	tsu² p'u³	譜族
,, (good birth)	mên² fa²	閥門

33 Ancestry—Angle.

Ancestry, a common	t'ung² tsung¹	同宗
„ (lineage)	hsüeh³ t'ung³	血統
Ancestral worship,	chi⁴ tsu³	祭祖
Anchor, an	mao²	錨
„ let go	hsia⁴ mao³	下錨
„ raise	ch'i³ mao²	起錨
„ at	wan¹-cho	灣着
„ to	wan¹ ch'uan²	灣船
Anchorage dues,	t'ing⁴ po⁴ shui⁴	碇泊稅
Ancient,	ku³	古
„	ku³ hsi¹	古昔
„ and modern times	ku³ chin¹	古今
„ monuments	ku³ chi⁴-êrh	古蹟兒
„ family, of	shih⁴-chia tzŭ³ ti⁴	世家子弟
„ times	ku³ shih²-hou-êrh	古時候兒
„ „ from	tzŭ⁴ ku³	自古
„ „ „	ts'ung² ku³	從古
„ „ „ it was so	ku³ lai² ju² tz'u³	古來如此
Anciently,	ku³ lai²	古來
And I, you	ni³ wo³	你我
„ „ both you	lien² ni³ tai⁴ wo³	連你帶我
„ I said	wo³ chiu⁴ shuo¹	我就說
„ so	so³ i³	所以
„ then he left	t'a¹ chê⁴ chiu⁴ tsou³-lo	他這就走咯
„ I are the same age, he	t'a¹ kên¹ wo³ shih⁴ t'ung² sui⁴	他跟我是同歲
Anecdote,	ch'i² t'an²	奇談
„ an	ku⁴-shih-êrh	故事兒
Aneurism,	mo⁴ liu²	脈瘤
Angel, an	t'ien¹ shih³	天使
Anger,	ch'i⁴	氣
„	nu⁴	怒
„	nu⁴-ch'i	怒氣
„ in furious state of	nu⁴ ch'i⁴ ch'ung¹ kuan¹	怒氣衝冠
„ full of	man³ tu⁴-tzŭ ch'i⁴	滿肚子氣
„ subsided	ch'i⁴ hsiao¹-lo	氣消咯
„ don't rouse his	pieh⁰ ch'u⁴ t'a¹-ti nu⁴	別觸他的怒
„ to bottle up	tu³ tu³ ch'i⁴	賭賭氣
Angle,	chiao³ êrh	角兒
„ acute,	jui⁴ chiao³	銳角
„ of deflection	p'ien¹ yi³ chiao³	偏倚角
„ „ fire	shê³ chiao³	射角
„ „ depression	fu³ chiao³	俯角
„ „ elevation	yang³ chiao³	仰角
„ reflection	fan³ shê⁴ chiao³	反射角

Angle—Anniversary. 34

Angle, right	chih² chiao³	角直
„ obtuse	tun⁴ chiao³	角鈍
„ to	tiao⁴ yü²	魚鈎
„ an inner	nei⁴ chiao³-êrh	兒角內
„ an outer	wai⁴ chiao³-êrh	兒角外
Angry, to get	shêng¹ ch'i⁴	氣生
„ to be	yu³ ch'i⁴	氣有
„ without cause	hsia¹ shêng¹ ch'i⁴	氣生瞎
„ „ „	pai² shêng¹ ch'i⁴	氣生白
Angularity (of temper)	wan² kêng³	硬頑
Animadvert,	p'in³ p'ing²	評品
„	pien³	貶
„	i⁴ jên² ch'ang² tuan³	短長人議
Animal,	ch'u⁴-shêng	牲畜
„ food	jou⁴ shih²	食肉
„ kingdom	tung⁴ wu⁴ chieh⁴	界物動
„ spirits	hsueh³ ch'i⁴	氣血
„ an	sh'êng¹-k'ou	口牲
„ wild	yeh³ shou⁴	獸野
„ four-footed	tsou³ shou⁴	獸走
Animate,	yu³ shêng¹ ch'i⁴ ti¹	的氣生有
Animated conversation	shuo¹-ti kao¹ hsing⁴	興高的說
„ in appearance, etc.	huo² p'o⁴	潑活
Animation, wanting in	t'i² pu⁴ ch'i³ ching¹ shên²	神精起不提
Animosity,	yuan⁴ nên⁴	恨怨
„	ch'ou²	仇
„ bear	huai² ch'ou²	仇懷
„ keep up	chi⁴ ch'ou²	仇記
Animus,	i² hên⁴	恨遺
Ankle,	huai²-tzŭ ku³	骨子踝
Annals,	nien² piao³	表年
Annex,	ho² ping⁴	併合
„ to	ch'in¹ t'un¹	吞侵
„ „	ch'in¹ chan⁴	佔侵
Annexe, an	fu⁴ shu³ wu¹	屋屬附
„	hu³ tso⁴-êrh	兒坐廒
Annexed documents,	fu⁴ shu³ wên² shu¹	書文屬附
Annihilate,	mieh⁴ wang²	亡滅
Annihilated,	yen³-mo-lo	咯沒掩
Annihilation,	hsiao¹ wang²	亡消
Anniversary,	chi⁴ nien⁴ jih⁴	日念紀
„	chou¹ sui⁴	歲週
„ (birthday)	shou⁴ ch'ên²	辰壽
„ (festival)	chou¹ nien² chi⁴	祭年周

Anniversary (death) chi⁴ ch'ên² 辰忌
 ,, of their wedding, chin¹ t'ien¹ shih⁴ t'a¹-mên
  to-day is the na⁴-i⁴ nien² pan⁴ hsi³ shih⁴-
   ti jih⁴-tzǔ
   今天是他一那們年辦喜事的日子
Annotate, chu⁴ chieh³ 註解
 ,, to hsia⁴ chu⁴ chieh³ 下註解
Announce, to kao⁴ 告
 ,, pao⁴ 報
 ,, pao⁴ chih¹ 報知
 ,, kung¹ pu⁴ 公布
 ,, publicly pu⁴ kao⁴ 布告
 ,, (report) pao⁴ kao⁴ 報告
 ,, that he has left the hsüan¹ kao⁴ ch'u¹ tang³ 宣告出黨
  party, must
Announced, whenever mei³ fêng² hsia⁴ jên² ch'uan²
  another was p'ien⁴ tzǔ chin⁴ lai²
   每逢下人傳片子進來
Announcement of policy, ju² yü³ chi⁴ hua⁴ pi yü³ t'iao²
  issue an explicit li³ chêng⁴ ts'ê⁴ chih¹ fa¹
   kao⁴ 如有計畫必有條理政策之發告
 ,, preliminary yü⁴ kao⁴ 預告
Annoy him, don't pieh² chao¹ t'a¹ 別招他
 ,, ,, pieh² chiao³ t'a 別慼他
 ,, me, he said it to shuo¹-cho ch'êng² 說著成
   hsin¹ ch'i⁴ wo³ 心氣我
Annoyance, k'un⁴ k'u³ 困苦
Annoyed, lao² sao¹ 牢騷
Annoying, yu³ ch'i⁴-lo 有氣咯
 ,, t'ao³-êrh hsien² 討兒嫌
 ,, t'ao³-jên² hsien² 討人嫌
 ,, I've lost it, it's most pu² ts'ou⁴ ch'iao³, tiu¹-lo
   不湊巧丟咯
Annual, nien² nien²-ti 年年的
 ,, (plant) pu⁴ yin⁴ kên¹-ti hua¹ 'rh
   不隆根的花兒
 ,, expenditure sui⁴ ch'u¹ 歲出
 ,, expenses nien² fei⁴ 年費
 ,, trade report shang¹ yeh⁴ nien² pao⁴ 商業年報
Annuity ch'ang² nien² chih¹ k'uan³
   常年支款
 ,, an nien²-fên ch'ien² 年分錢
Annul, to fei⁴ 廢
 ,, tso⁴ fei⁴ 做廢
 ,, ch'ü³ hsiao¹ 取消
 ,, hsiao¹ ch'ü⁴ 消去
Annular, huan² hsing² 環形
Annulled, contract was ho² t'ung² tso⁴ fei⁴ 合同作廢
Annum, 1% per ch'ang² nien² yi¹ fên¹ hsing²
   hsi² 常年一分行息

Anomalous—Antedate. 36

Anomalous,	p'o⁴ ko²	破格
"	pu⁴ kuei¹ tsê²	不規則
"	li⁴ wai⁴	例外
Anomaly,	fan³ ch'ang² chih¹ shih⁴	反常之事
"	ch'i² kuan¹	奇觀
Anonymous,	wu² ming²-ti	無名的
" placard, an	ni⁴ ming² chieh⁴ t'ieh³	匿名揭帖
Another,	pieh²-ti	別的
" day	t'a¹ jih⁴	他日
" "	kai³-t'ien	改天
" find	chao³ pieh²-ti	找別的
" "	tsai⁴ chao³ i-ko	再找一個
" " instead	ling⁴ chao³ i-ko	另找一個
" instead, make	ling⁴ tso⁴ i-ko	另做一個
" one after	i²-ko ai¹-cho i²-ko	一個挨着一個
" one	pi³ tz'ŭ³	彼此
" standpoint, viewed from	i⁴ ti⁴ êrh² lun⁴	易地而論
Answer (legal)	ta¹ pien⁴	答辯
" definite	ch'üeh⁴ ta¹	確答
" the purpose	shih⁴ tang¹	適當
" (to his name as a dog)	shih² chiao⁴	實叫
" to	ta¹-ying	答應
" to a letter	hui² hsin⁴	回信
" back	huan² tsui³	還嘴
" give an	kei³ hui² hsin⁴	給回信
" send an	sung⁴-ko hui² hsin⁴	送個回信
" a verbal	hui² hua⁴	回話
" won't	pu⁴ ch'êng²	不成
" gave a decisive	shuo¹ chun³-lo	說準了
" from him, get a decisive	pa⁴-t'a wên⁴ chun³-lo	把他問準了
" gave a vague	hu²-luan ta¹-ying-liao	胡亂答應了
Answerable to, to be	fu⁴ tsê² jén⁴	負責任
Ant, an	ma³ i³	螞蟻
Antagonism,	fan³ tui⁴	反對
"	ti³ k'ang⁴	抵抗
Antagonist, an	tui⁴-t'ou	對頭
"	ti³ shou³	敵手
Antagonistic,	tzŭ⁴ hsiang¹ mao² tun⁴	自相矛盾
" in tastes, etc.	fêng¹ ma³ niu²	風馬牛
Antarctic,	nan² chi²	南極
Antecedents,	lai²-li	來歷
" of doubtful	lai²-li pu⁴ ming²	來歷不明
Antedate.	yü⁴ chi⁴	預記

Antennae,	hsü¹	鬚
Anterior,	i³ ch'ien²	以前
Anthem, national	kuo² ko¹	國歌
Anthology,	ching¹ hua² lu⁴	精華錄
Anthrax,	t'an⁴ chü¹	炭疽
Anthropology,	jên² lei⁴ hsüeh²	人類學
Anti	fan³ tui⁴	反對
,, government party	chêng⁴ fu³ fan³ tui⁴ tang³	政府反對黨
,, foreign and missionary outbreaks	ch'ou² yang² nao⁴ chiao⁴ chih¹ an⁴	仇洋鬧敎之案
,, foreign	p'ai² wai⁴	排外
,, Manchu	p'ai² man³	排滿
,, foot-binding society	t'ien¹ tsu² hui⁴	天足會
,, opium society	chin⁴ yen¹ hui⁴	禁烟會
Anticipate,	wei⁴ yü³ ch'ou² miu⁴	未雨綢繆
,,	yü⁴ liao⁴	預料
,, his purpose	ni⁴ chih¹ ch'i² chi⁴	逆知其計
,, the date for carrying out something	t'i¹ ch'ien² kan³ pan⁴	提前趕辦
,,	hsiang³ tao⁴	想到
,,	yü⁴ hsien¹ liao⁴ tao⁴	預先料到
Anticipated me, he	t'a¹ ch'iang³ wo³ hsien¹ 'rh-lo	他搶我先兒喀
,, this long ago, I	wo³ chiu³ liao⁴ tao⁴ tz'ŭ³	我久料到此
Anticlimax,	yu² kao¹ chi² pei¹ chih¹ tz'ŭ³	由高及卑之詞
Antidote,	chieh³ tu² chi⁴	解毒劑
Antimony,	t'i¹	銻
,, regulus	ch'un² t'i¹	純銻
,, ore	t'i¹ sha¹	銻沙
Antipathy,	hsien² wu⁴	嫌惡
,,	o⁴ kan³ ch'ing²	惡感情
,,	hsien² chi⁴	嫌忌
Antipodes,	fan³ tui⁴ pan⁴ ch'iu²	反對半球
,,	ti⁴ ch'iu² fan³ tui⁴	地球反對
Antipyretic,	hsiao¹ jo⁴	消熱
Antiquarian,	hao⁴ ku³ chia¹	好古家
Antiquated,	ku³ fêng¹	古風
,,	fei⁴ shih³	廢弛
Antique,	chiu⁴ shih⁴ ti¹	舊式的
Antiquities,	ku³ chi⁴-êrh	古跡兒
Antiquity,	ku³ tai⁴	古代
Antiseptic,	fang² fu³ yao⁴	防腐藥
Antithesis,	tui⁴ yü³	對語
,,	tui⁴ chü⁴	對句

Anus—Ape.   38

Anus,	kang¹ mên²	肛門
,,	p'i⁴-ku yen³ 'rh	屁股眼兒
Anvil,	t'ieh³ chên¹-tzŭ	鐵砧子
Anxious, about the situation,	kuan¹ hsin¹ shih²-chü²	關心時局
,, about me, I know you are	chih¹ kuan¹ chin³ chu⁴	知關注厪
,,	tien⁴-chi-cho	惦記着
,,	pu² fang⁴ hsin¹	不放心
,, continually	chih²-pu fang⁴ hsin¹	直不放心
,, don't be too	pieh² t'ai⁴ hsin¹ chi²	別太心急
,, about	kua⁴-nien-cho	掛念着
,, ,,	hsüan² hsin¹	懸心
,, about it, don't be too	pieh² to¹ lü⁴	別多慮
Any, have you?	yu³ mei-yu³	有沒有
,, letters, are there?	yu³ hsin⁴ mei²-yu	有信沒有
,, don't want	pu² yao⁴	不要
,, of them, don't want	i² kai⁴ pu-yao⁴	一概不要
,, one	shêm²-mo jên²	甚麼人
,, ,, no matter who	pu⁴ chü¹ shui²	不拘誰
,, time, at	pu⁴ chü¹ shêm²-mo shih²-hou 'rh	不拘甚麼時候兒
,, ,,	na³ i² shih⁴	那一事
,, thing	shêm²-mo	甚麼
,, thing will do	shêm²-mo tou¹ hsing²	甚麼都行
Anyhow,	tso³ yu⁴	左右
,, I will come	pu⁴ p'a⁴ tsêm³ mo yang⁴ wo³ lai²	不怕怎麼樣我來
,, there are sure to be some for you	hêng²-shih yu³ ni³-ti chiu⁴ shih⁴-liao	恆是有你的就是咯
,, I wont give in	wo³ tsung³ shih⁴ pu⁴ fu² ti¹	我總是不服的
,, the strong look after themselves	fan³ chêng⁴ shih⁴ ta⁴ ti¹ ho² shih⁴	反正是大的合式
Anywhere	na³ 'rh	那兒
Apace,	chi² su⁴	急速
Apart, stand a little	yün² k'ai¹ tang¹ êrh	勻開當兒
,, to set	ko¹-k'ai	擱開
,, from that	ch'u²-lo na⁴-ko pu² suan⁴	除了那個不算
,, to live	fên¹ chia¹	分家
,, tie up (the horses) at a distance	yün² k'ai¹ tang¹ rh shuan¹ cho	勻開當兒拴着
Apartments, women's	kuei¹ fang²	閨房
Apathetic	wu² ching¹ ta³ ts'ai³-ti	無精打彩的
Apathy,	lêng³ tan⁴	冷淡
Ape, an	hou²-êrh	猴兒

Ape—Appeal.

Ape, an	ta⁴ ma³ hou²	大馬猴
,, to	hsiao²	學
Aperient,	ta³ tu⁴ tzŭ yao⁴	打肚子藥
,, mild	ch'ing¹ hsieh⁴ chi⁴	輕瀉劑
,, an	ta³ yao⁴	打藥
Apex,	ting³ shang⁴	頂上
	chüeh² ting³	絕頂
,, of the lungs	fei⁴ chih¹ chien¹ tuan¹	肺之尖端
Aphasia,	yen² yü³ pu¹ sui²	言語不隨
Aphorism	ko² yen²	格言
Aphrodisiac,	ts'ui¹ yin² yao⁴	催淫藥
Apocalypse,	mo⁴ shih⁴ lu⁴	默示錄
Apologize for his error	pai⁴ fu² jên⁴ ts'o⁴	拜服認錯
	yin³ tsui⁴	引罪
Apology, issue a public	hsia⁴ hui³ tsui⁴ chuang⁴	下悔罪狀
,,	hui³ kuo⁴ shu¹	悔過書
,, to make an	jên⁴ ts'o⁴	認錯
,, ,, ,,	p'ei² pu²-shih	賠不是
Apoplexy,	chung⁴ fêng¹	中風
Apostacy,	pien⁴ hsin¹	變心
	ch'i⁴ chiao⁴	棄教
Apostate (from a party)	t'o¹ tang³ cho³	脫黨者
Aposteriori	hou⁴ t'ien¹ ti¹	後天的
Apostle, an	mên¹ t'u²	門徒
,,	shih³ t'u²	使徒
Apostrophise	chuan³ kao⁴	轉告
Apothecary	yao⁴ fang²	藥房
Apotheothis,	fêng¹ shên²	封神
Appalling,	k'o³ ching¹-ti	可驚的
,,	hsia⁴-ssŭ jên²	嚇死人
Appanage	ch'in¹ wang² chih¹ fêng¹ t'u⁴	親王之封土
Apparatus,	chi¹-ch'i	機器
,,	ch'i⁴-chü	器具
,, heating	nuan³ fang² ch'i⁴	煖房器
Apparel,	i¹-shang	衣裳
Apparent	p'an⁴ jan²	判然
,,	hsien³ jan²	顯然
,, heir	huang² t'ai⁴ tzŭ³	皇太子
,, to be	hsien³-ch'u-lai	顯出來
,, very	hsien³-êrh i⁴ chien⁴-ti	顯而易見的
Apparently	hsien³ hsi⁴	顯係
,, true but really wrong	ssŭ⁴ shih⁴ êrh² fei	似是而非
Apparition	yao¹ kuai⁴	妖怪
Appeal, make frantic	tso⁴ ch'in¹ t'ing² chih¹ k'u¹	作秦廷之哭

Appeal—Appendix. 40

Appeal, to (the supreme court)	shang⁴ kao⁴	上告
,, (from court of first instance)	k'ung⁴ su⁴	控訴
,, to the throne	k'ou⁴ hun¹	叩閽
,, to the nation's patriotism	su⁴ yü² kuo² min² chih¹ ai⁴ kuo² hsin¹	訴於國民之愛國心
,, to public opinion	ch'ing³ tuan⁴ yü² kung¹ lun⁴	請斷於公論
,, to arms	tung⁴ kan¹ ko²	動干戈
,, petition of	k'ung⁴ su⁴ chuang⁴	控訴狀
,, against sentence of death, an	ch'u³ i³ ssŭ³ hsing² pu¹ fu² shang⁴ kao⁴ an⁴	處以死刑不服上告案
,, to, to	yang¹-kao	央告
,, to a court of appeal	shang⁴ kao⁴	上告
,, on behalf of	t'ao³ ch'ing²	討情
Appear	ch'u¹ t'ou²	出頭
Appearance	mu²-yang-êrh	模樣兒
,,	hsing²-hsiang	形像
,,	ching³ k'uang	景况
,, put in an	chao¹-ko mien⁴ 'rh	照個面兒
,, ,, ,,	ta³-ko hua⁴ hu² shao⁴	打個胡花哨
,, outward	wai⁴-mien⁴-ti yang⁴-tzŭ	外面的樣子
,, ,,	wai⁴ mien⁴ 'rh-ti chia⁴-tzŭ	外面兒的架子
,, sake, for	ying¹-ko ching³-êrh	應個景兒
,, (of disease)	fa¹ shêng¹	發生
,, outward	wai⁴ kuan¹	外觀
,, ,,	wai⁴ piao³	外表
Appearances, judging from	k'an⁴ kuang¹-ching	看光景
,, to keep up	wei² kou⁴ na¹ ko⁴ chü² mien¹	爲敷那個局面
,, ,, ,,	wei² ch'ih² t'i³ mien⁴	維持體面
Appears to be	ssŭ⁴-hu	似乎
,, ,,	hao³-hsiang shih⁴	好像是
,, ,,	ch'iao²-cho shih⁴	瞧着是
Appellant	k'ung⁴ su⁴ jên²	控訴人
Appellation	ming² ch'êng¹	名稱
,,	ming² mu⁴	名目
Append	chui¹ chia¹	追加
Appendage	fu⁴ chia¹ wu⁴	附加物
,,	fu⁴ shu³ p'in³	附屬品
,, useless	chui⁴ wu⁴	贅物
Appendix	chui¹ chia¹	追加
,,	fu⁴ lu⁴	附錄

Appertain—Apply.

Appertain to	kuan¹ hsi⁴	關係
Appetite entirely, lost his	lien² fan⁴ tou¹ pu¹ hsia⁴ ch'ü⁴ yin³ shih² ta⁴ chien³	連飯都不下去飲食大減
,, loss of	k'ou³-wei	口味
,, ,,	pu⁴ hsiang³ ch'ih¹	不想吃
,, no	ch'ih¹-ti hsiang¹	吃的香
,, a good	k'ou³ wei kao¹	口味高
,, ,,	tsêng¹ chin⁴ shih² liang⁴	增進食量
,, increase one's	yin³ shih² to¹ chin⁴	飲食多進
,, improvement of	ho¹ ts'ai³	喝采
Applaud,	p'ai¹ shou³	拍手
,, by clapping	p'ai²-ch'ang	拍巴掌
,,	ch'êng¹ tsan⁴	稱讚
,,	chiao⁴ hao³-êrh	叫好兒
,, to	tsan⁴ mei³	讚美
Applause,	ch'i² shêng¹ ho¹ ts'ai³	齊聲喝采
,, unanimous	p'ing² kuo³	蘋菓
Apple, an	sha¹ kuo³	梁菓
Appliance,	ch'i⁴ chü⁴	器具
Applicable,	shih⁴ yung⁴	適用
Applicant,	ch'ing¹ ch'iu² chê³	請求者
,,	chih⁴ yuan⁴ jên²	志願人
,, (for shares)	ying mu⁴	應募
,, to a court of law	shên¹ ch'ing³ jên²	申請人
Application,	shih⁴ yung⁴	適用
,, (study)	chuan¹ hsin¹	專心
,, (petition)	ch'ing³ yuan⁴	請願
,, (request)	ch'ing³ ch'iu²	請求
,, is rejected, his	so³ ch'ing³ cho³ pu⁴ chun³ hsing²	所請着不准行
,, is granted, his	ying¹ chun³ so³ ch'ing³	應准所請
,, for external	wai⁴ yung⁴ yao⁴	外用藥
,, practical (of science)	ying¹ yung⁴	應用
Applied chemistry	ying¹ yung⁴ hua⁴ hsüeh²	應用化學
Apply to him for	kên¹ t'a¹ yao⁴	跟他要
,, one's mind	chui¹ ch'iu	追求
,, ,, ,,	cho² i⁴	着意
,, (carry out) rules	shih¹ hsing²	施行
,, (for an object)	shih³ yung¹	使用
,, (rules) strictly	li⁴ hsing²	勵行
,, till the new one is enforced, the old law is bound to	hsin¹ fa³ lü⁴ wei⁴ pan¹ hsing² chiu⁴ fa³ lü⁴ yu³ shih⁴ yung⁴ chih¹ pi⁴ yao⁴	新法律未頒行舊法律有適用之必要

Apply—Approximate. 42

Apply, the money for government purposes	ts'un² ch'ung¹ kung¹ hsiang⁴	項公充存
" for	ch'ing³ ch'iu²	求請
Appoint to a post	p'ai⁴	派
" a day	ting⁴-ko jih⁴-tzŭ	子日個定
" (to office)	jên⁴ ming⁴	命任
Appointment, has an official	yu³ kuan¹ ch'ai¹	差官有
" a substantive	shih² ch'üeh¹	缺實
" an acting	shu⁴ ch'üeh¹	缺署
" with beforehand, to make an	yü⁴ hsien¹ yüeh¹-hsia	下約先預
" have an	yu³ yüeh¹ hui⁴ 'rh	兒會約有
" and dismissal	jên⁴ mien³	免任
" take up an	chiu⁴ jên⁴	任就
Appointments of a table, etc.	p'ai²-ch'ang	場排
Apportion,	fên¹ p'ei⁴	配分
Apposite,	shih⁴ tang¹	當適
Appraise,	p'ing² chia⁴	價評
"	ku¹ chia⁴	價估
Appreciate, (of price)	t'êng² chia⁴	價騰
" (be grateful for) to	kan³-hsin	心感
Apprehend,	tai⁴ pu³	捕逮
" (fear)	hsüan² nien⁴	念懸
Apprentice,	chiu⁴ yeh⁴ shêng¹	生業就
" an	t'u²-ti	弟徒
" novice	li⁴-pên-'rh	兒笨力
Approach, (in place)	chieh¹ chin⁴	進接
" (in time)	ch'ieh⁴ po⁴	迫切
" another government)	hsiang . . . chiao¹ shê⁴	治交…向
Approbation (consent)	t'ung² i⁴	意同
(praise)	tsan⁴ mei³	美讚
Appropriate public funds	kan¹ mo⁴ kung¹ k'uan³	款公沒干
"	ho² i²	宜合
"	ch'ia⁴-tang	常恰
" annex, to	chan⁴-lo-ch'ü-lo	咯去了佔
Appropriated by so and so, public funds were	kung¹ k'uan³ wei⁴ mou³ hsi² chüan³ êrh² ch'ü⁴	公款爲某席捲而去
Approve,	tsan⁴ ch'êng²	成讚
"	ts'ai³ yung⁴	用採
" (officially)	jên⁴ k'o³	可認
" to	ta¹-ying	應答
" permit	chun³	準
Approximate,	pu⁴ shên⁴ ch'u¹ ju⁴	入出甚不
"	pu⁴ shang⁴ hsia⁴	下上不
"	ta⁴ t'ung² hsiao³ i⁴	異小同大

Approximate—Archery.

Approximate,	chin⁴-yü	近於
Appurtenance,	fu⁴ shu³ wu⁴	附屬物
Apricot,	hsing⁴ 'rh	杏兒
April,	ssŭ⁴ yüeh⁴	四月
A priori,	hsien¹ t'ien¹ ti¹	先天的
Apron,	wei² ch'ün²	圍裙
A propos, an a propos quotation	ho² t'i² ku³ tien³	合題古典
,, (by the way)	chih⁴ yü²	至於
,, (opportune)	shih⁴ tang¹ chih¹ chuang⁴	適當之狀
Apt,	hsing⁴ shih³ jan² ti¹	性使然的
,, to get damp	i⁴ fa¹ ch'ao²	易發潮
,, (scholar)	shan⁴ tu⁴	善讀
,, to	ai⁴	愛
Aptitude, a boy of remarkable	shên² t'ung²	神童
Aquarium,	shui³ tsu² kuan³	水族館
Aquatic plant	shui³ ts'ao³	水草
Aqueduct,	yin³ shui³ kuan³	引水管
Arable land	kêng¹ tso⁴ ti⁴	耕作地
Arbitrament,	ts'ai² tuan⁴	裁斷
	ch'ü³ chüeh² yü² wu³ li⁴	取決於武力
,, of war, resort to the	jên⁴ hsing⁴	任性
Arbitrariness,	jên⁴ i⁴	任意
,,	pa⁴ tao⁴	霸道
,,	shan⁴ tzŭ⁴ êrh² hsing²	擅自而行
,,	tu² tuan⁴	獨斷
Arbitrary,	hêng⁴ hsing² pa⁴ tao⁴	橫行霸道
,, (violent)	t'iao²-t'ing	調停
Arbitrate (or mediate), to	chung⁴ ts'ai²	仲裁
Arbitration,	chung⁴ ts'ai² chüeh² ting⁴ shu¹	仲裁決定書
,, award	jang⁴ t'a¹ t'iao²-t'ing	讓他調停
,, submit to his	chung⁴ ts'ai² jên²	仲裁人
Arbitrator,	chung⁴ chien jên²	仲間人
,,	liang² t'ing²	涼亭
Arbour, an	ku¹ hsien⁴	弧線
Arc,	kung³ chieh²	拱街
Arcade,	hsüan⁴ mên²	楦門
Arch, an	p'ai²-fang	牌坊
,, a memorial	kung³-cho yao¹-êrh	拱著腰兒
,, the back, to	ku³ chi⁴ hsüeh²	古跡學
Archaeology,	ku³ yü³	古語
Archaic,	ta⁴ chu³ chiao⁴	大主教
Archbishop,	kung¹ chien⁴	弓箭
Archery,	shih² chien⁴	射箭

Archipelago—Arithmetic. 44

Archipelago,	ch'ün² tao³	島羣
Architect, an	chien⁴ tsao⁴ shih¹	師造建
Architecture,	chien⁴ chu² shu⁴	術築建
Archives,	ts'un² an⁴	案存
,,	an⁴ chüan⁴	卷案
,, (documents)	chi⁴ lu⁴	錄記
Archway,	mên² tung⁴-êrh	兒洞門
,,	tung⁴-êrh	兒洞
Arctic Ocean,	pei³ ping¹ yang²	洋冰北
Area,	ti⁴-mien	面地
Ardent,	jo⁴ hsin¹	心熱
,,	mêng³ lieh⁴	烈猛
Ardour,	yung³ ch'i⁴	氣勇
Arduous,	k'un⁴ nan²	難困
Area,	mien⁴ chi¹	積面
,, of a country	fu² yüan²	員幅
,, of land, purchase large	kou⁴ mai³ ta⁴ tsung¹ ti⁴ mu⁵	畝地宗大買購
Arena of debate	shê² chan⁴ ch'ang²	場戰舌
,, political	chêng⁴ chieh⁴	界政
,, of competition	ching⁴ tsou³ ch'ang²	場走競
Argue, began to	ch'i³ k'ou³ chih⁴ pien⁴	辯致啓
,,	chêng¹ lun¹	論爭
,,	i⁴ lun⁴	論議
,, that	chu³ chang¹	張主
,, (contradict), to	pien⁴ tsui³	嘴辯
,, (discuss)	pien⁴ lun⁴	論辯
,, (dispute)	fên⁴-chêng	爭分
,, ,,	tou⁴ k'ou³ ch'ih³	齒口鬪
,,	chiang⁴ tsui³	嘴犟
,, with you, I will not venture to	wo³ pu⁴ kan³ ch'iang³	强敢不我
,, from every point of view, to	lun⁴ lai² lun⁴ ch'ü⁴	去論來論
Argument, perpetual	shuo¹ ch'ang² lun³ tuan³	短論長說
,, basis of	lun⁴ chü⁴	據論
,, cannot get the better of him in	shuo⁴-pu-kuo t'a¹	他過不說
Argumentative man	i⁴ lun⁴ chia¹	家論議
Arise, to	ch'u¹ shih⁴;	世出
,,	fa¹	發
,, a doubt arose in his mind	hsin¹ chung¹ ch'i³ i²	疑起中心
Aristocratic looking	chang³-ti k'uei²-wei	偉魁的長
Arithmetic,	suan⁴-hsüeh	學算

Arm—Army.

Arm (of offence)	wu³ ch'i⁴	武器
,, (of a burglar)	hsiung¹ ch'i⁴	兇器
,, the	ko¹-pei	胳臂
,, to	pei⁴ chün¹ ch'i⁴	備軍器
,, of a chair	fu²-shou	扶手
,, to carry under the	chia¹-tsai ko¹-chih wo¹	挾在胳肢窩
,, in arm, to walk	chia⁴-cho tsou³	架着走
Armament,	wu³ pei⁴	武備
,, of a ship	ping¹ hsien⁴ chih¹ chün¹ chuang¹	兵艦之軍裝
Armchair, an	tsui⁴ wêng¹ i³	醉翁椅
,, ,,	chüan⁴ i³	倦椅
Armed party	wu³ chuang¹ tui⁴	武裝隊
Armistice, an	t'ing² chan⁴	停戰
,,	hsieh¹ ping¹	休兵
,,	hsiu¹ chan⁴	休戰
Armour,	k'uei¹ chia³	盔甲
,, plating	chia³ t'ieh³ pan³	甲鐵板
Armoured cruiser	chia³ chuang¹ hsün² yang³ hsien⁴	甲裝巡洋艦
,, train	wu³ chuang¹ huo³ ch'ê¹	武裝火車
Armourer,	ch'iang¹ chiang⁴	槍匠
Armpit,	ko¹-chih wo¹	胳肢窩
Arms,	ping¹-ch'i	兵器
,,	chün¹-ch'i	軍器
,, to present	shuang² shou³ chü³ ch'iang¹	雙手舉槍
,, to shoulder	t'o¹ ch'iang¹	托槍
,, to fold the	ch'ao¹ shou³-êrh	抄手兒
,, to carry in the	pao⁴	抱
,, to fold in the	lou³	摟
,, ,, ,,	pao⁴-tsai huai²-li	抱在懷裏
,, (force of)	ping¹ li⁴	兵力
,, look on with folded,	hsiu⁴ shou³ p'ang² kuan¹	袖手旁觀
,, take up	chih² kan¹ ko²	執干戈
Army,	lu⁴ chün¹	陸軍
,, corps	chün¹	軍
,, ,,	chün¹ t'uan²	軍團
,, division	shih¹ t'uan²	師團
,, list	wu³ chin⁴ shên¹ lu⁴	武縉紳錄
,, medical corps	chün¹ i¹ tui⁴	軍醫隊
,, transport corps	tzŭ¹ chung⁴ tui⁴	輜重隊
,, ordnance corps	chün¹ hsieh⁴ tui⁴	軍械隊
,, besieging	kung¹ ch'êng² chün¹	攻城軍
,, division, commander of an	shih¹ t'uan² chang³	師團長

Army—Arrears. 46

Army, main	pên³ chün¹	軍本
„ order	hao⁴ ling⁴	令號
„ standing	ch'ang² pei⁴ chün¹	軍備常
„ enter the	t'ou² chün¹	軍投
Aroma,	hsiang¹ ch'i⁴	氣香
Around, all	ssŭ⁴ chou¹ wei²	圍週四
„ „	ssŭ⁴ fang¹	方四
„ „	ssŭ⁴-hsia-li	裏下四
„ „	ssŭ⁴ mien⁴	面四
Arouse,	huan⁴ ch'i³	起喚
„	huan⁴ hsing³	醒喚
„ the age	ching⁴ shih⁴	世警
„ suspicion, to	ch'i³ hsien² i²	疑嫌起
„ the feelings	kan³-tung hsin¹	心動感
„ one's energies	tou³ sou³ ching-shên	神精擻抖
„ one's anger	tung⁴ ch'i⁴	氣動
„ „ „	jo³ ch'i⁴	氣惹
„ „ „	chao² jên² nu⁴	怒人着
Arrange, to	pan⁴	辦
„ (spread out)	pai³	擺
„ the necessary procedure for him	tai⁴ wei⁴ fên¹ li³ shou³ hsü⁴	續手理分爲代
„ in order	p'ai²-lieh⁴	列排
„ with them,	yü¹ t'a¹ mên chieh¹ hsia²	洽接們他與
„ (set in order)	lü³-i-lü³	理一理
„ „ „	kuei¹-cho kuei¹-cho	着歸着歸
„ „ „	shih²-to shih²-to	掇拾掇拾
„ a difference	shuo¹-ho	合說
„ evenly, to	pi³ ch'i²-lo	喀齊比
Arranged, terms can easily be	t'iao² chien⁴ i⁴ yü² ch'êng² chiu⁴	就成於易件條
Arrangement (in advance)	yü⁴ ting⁴	定預
„ (put in order)	chêng³ tun⁴	頓整
„ (settlement)	cho² ting⁴	訂酌
„ an	pan⁴ fa³	法辦
Arrangements, to make	pan⁴ li³	理辦
„	shê⁴ fa³	法設
Arrant knave, an	chu⁴ ming² kuang¹ kun⁴	棍光名著
„ rogue, an	chi² o⁴ jên²	人惡極
Array of troops, an	lin² li⁴ chih¹ ping¹	兵之立林
„ of swell carriages, an	hua¹ ch'ê¹ tsai¹ lu⁴	路載車花
„ in battle	chên⁴ shih⁴	勢陣
„ to set out in	pai³ lieh⁴	列擺
„ in goodly	ta³-pan-ti p'iao⁴-liang	亮漂得扮打
Arrears of work	chi¹-hsü-ti kung¹-k'o	課工的蓄積

Arrears with rent, to be in	ch'ien⁴ fang²-ch'ien	欠房錢
,,	yen² chih⁴	延滯
,,	t'o¹ ch'ien⁴	拖欠
,, accumulated	chi¹ ch'ien⁴ chih¹ k'uan³	積欠之欵
Arrest, to	tai⁴ pu³	逮捕
,,	chin⁴ ku¹	禁錮
,,	tai³	得
,,	na²	拿
,, send under	ya¹ sung⁴	押送
,, keep under	k'an⁴ shou³	看守
,, warrant of	tai⁴ pu³ chuang⁴	逮捕狀
Arrive, to	tao⁴	到
,,	lai² tao⁴	來到
,, when will he?	chi³ shih² lai²	幾時來
Arrived, just	kang¹ tao⁴-lo	剛到咯
,,	ts'ai² tao⁴-lo	纔到咯
Arrogant,	ao⁴-man	傲慢
,,	ao⁴ hsing⁴	傲性
,,	chiao¹ ao⁴	驕傲
Arrogate authority, to	lan³ ch'üan²	攬權
,, merit to oneself	tzŭ⁴ chü yu³ kung¹	自居有功
,,	chien⁴ yueh⁴	僭越
Arrow, an	chien⁴	箭
,, to shoot an	shih² chien⁴	射箭
,, the notch in the end of an	chien⁴ tsui³	箭嘴
,, ,, ,, ,,	chien⁴ k'ou⁴-tzŭ	箭扣子
,, the feathers of an	chien⁴ ling²-tzŭ	箭翎子
Arrowroot,	ou³ fên³	藕粉
Arsenal,	ch'iang¹ p'ao⁴ ch'ang³	鎗礮廠
,,	tsao⁴ ping¹ so³	造兵所
Arsenic,	p'i¹-shuang	砒霜
,, is both a poison and a healing medicine	p'i¹ nêng³ sha¹ jên² ping⁴ k'o³ ch'i³ ping⁴	砒能殺人並可起病
Arson,	fang⁴ huo³	放火
Art,	mei³ shu⁴	美術
,,	i⁴-shu	藝術
Arts and crafts	chi⁴-shu	技術
,, ,,	chi⁴ i⁴	技藝
Artery, an	hsieh³ ching¹	血經
,,	hsieh⁰ kuan³-tzu	血管子
Artery of traffic in and out of the city, an important	ch'u¹ ju⁴ ch'êng² yao¹ sai¹	出入城要塞
Artful,	kuei³ cha⁴	詭詐
,,	chiao³ hua²	狡猾

Article—As. 48

Article (contribution to a journal)	t'ou² shu¹	書投
,, of a treaty	t'iao² k'uan³	款條
,, an	tung¹-hsi	西東
,, (clause)	t'iao²	條
,, in a newspaper	lun⁴ shuo¹	說論
Articles (clauses)	t'iao² k'uan³	款條
,, (things)	wu⁴-chien	件物
,, five	wu³ chien⁴	件五
,, of war	chün¹ lü⁴	律軍
,, few	chien⁴ shu⁴ shao³	少數件
Artifice, an	ch'iao³ chi⁴	計巧
,, ,,	kuei³ mou²	謀詭
,, to adopt an	nung⁴ ch'iao³ chao¹-êrh	兒著巧弄
Artificial (false)	chia³	假
,, made	tsao⁴-ti	的造
,, doesn't look	lou⁴-pu-ch'u ch'uan¹-tso lai²	來鑿穿出不露
Artillery,	p'ao⁴	礮
,, park	p'ao⁴ ch'ang³	廠砲
,, garrison	yao⁴ sai⁴ p'ao⁴ tui⁴	隊砲塞要
,, field	yeh³ cnan⁴ p'ao⁴ tui⁴	隊砲戰野
,, mountain	shan¹ p'ao⁴ tui⁴	隊砲山
,, siege	wei² kung¹ p'ao⁴ tui⁴	隊砲攻圍
,, a battery of	p'ao⁴ tui⁴	隊礮
Artisan, an	chiang⁴-jên²	人匠
	kung¹-chiang	匠工
Artist, an	mei³ shu shih⁴	士術美
,, (generally)	chi⁴ shih¹	師技
Artistic,	chên¹-shih chiang⁴ hsin¹	心匠是眞
Artless,	yü² chih²	直愚
As if	hao³ hsiang⁴	像好
,, ,,	ju²-t'ung	同如
,, a matter of fact	ch'i² shih²	實其
,, he walked, read	i⁴ pien¹ 'rh tsou³ i⁴ pien¹ 'rh k'an⁴	看兒邊一走兒邊一
,, he said it, he laughed	shuo¹-cho chiu⁴ hsiao⁴-lo	略笑就着說
,, you said	chiu⁴ hsiang⁴ ni³ shuo¹-ti	的說你像就
,, to regard	i³-wei	爲以
,, much, I thought	wo³ chiu⁴ na⁴-mo hsiang³	想麼那就我
,, I said	chao⁴ wo³ shuo¹-ti	的說我照
,, well, I am going	lien² wo³ yeh³ ch'ü⁴	去也我連
,, well for you to go, it would be	ni³ mo⁴ jo⁴ ch'ü⁴ hao²	好去若莫你
,, (since)	chi⁴	旣

As—Ask.

As	you want it	ni³ chi⁴ yao⁴	你旣要
,,	,, please	sui² ni³	你隨
,,	,, ,,	sui² ni³-ti pien⁴	你隨的便
,,	much as that	na⁴-mo to¹	那麽多
,,	much as you want, take	yao¹ to¹ shao³ na² to¹ shao³	要多少多長拿多少
,,	regards	chih⁴-yü²	至於
,,	far as, will see you	pa⁴ ni³ sung¹ tao⁴	把你送到
,,	usual	chao⁴ ch'ang²	照常
,,	before	chao⁴ chiu⁴	照舊
,,	soon as I heard	wo³ i⁴ t'ing¹	我一聽
,,	black as a crow	lao³-kua shih⁴-ti na⁴-mo hei¹	老鴰似的那麽黑
Asbestos,		pu⁴ hui¹ mu⁴	不灰木
Ascend, to		têng¹	登
Ascendant, luck in the		yün⁴-ch'i wang⁴	運氣旺
Ascension day		shêng¹ t'ien¹ jih⁴	升天日
Ascent, a steady		pu⁴ pu⁴ rh kao¹	步步兒高
Ascertain, to		ta³-t'ing ming²-pai	打聽明白
,,		ch'a² ming²-pai	查明白
Ascetic,		kua³ yü⁴	寡慾
Ascribe, to		kuei¹	歸
Ashamed,		hai⁴ sao⁴	害臊
,,	to be	mei² lien³	沒臉
,,	of you, I am	t'i⁴ ni³ hai⁴ sao⁴	替你害臊
,,	are you not?	ni³ pu sao⁴-ti-huang mo²	你不臊的慌麽
,,	to tell you, am	tui⁴-pu-chu⁴ ni³	對不住你
,,	of in that, what is there to be?	chê⁴ yu³ shêm²-mo sao⁴-ch'u	這有甚麽臊處
Ash-tray, an		yen¹ hui¹ kang¹-êrh	煙灰缸兒
,, ,,		yen¹ tieh² 'rh	煙碟兒
Ashes,		hui¹	灰
,,	from a stove	lu² hui¹	爐灰
,,	reduce to	fu⁴ i² chü⁴	付一炬
Ashore, to go		shang⁴ an¹	上岸
,,	to run	ch'ien³ chu⁴-lo	嗙住嘍
Asia,		ya³-si-ya³	亞西亞
Aside, to put		ko¹-tsai i⁴ pien¹ 'rh	擱在一邊兒
,, ,,		shou¹ ch'i lai	收起來
,,	stand	shan³-k'ai	閃開
,,	the curtain of mystery, lay	hei¹ mu⁴ chieh¹ k'ai¹	黑幕揭開
Ask (enquire), to		wên⁴	問
,, ,,		ta³-t'ing	打聽

Ask—Assemble. 50

Ask	(invite)	ch'ing³	請
"	him in	jang⁴-t'a chin⁴-lai	來進他讓
"	(demand)	yao⁴	要
"	may I?	ch'ing³ wên⁴	問請
"	for something to be given	hsin²	尋
"	after	wên⁴-hou	候問
Askance, to look		hsieh² yen³ ch'iao²	瞧眼斜
"		na² yen³-ching p'iao¹	膘睛眼拿
Askew,		wai¹-lo	咯歪
"		hsieh²-lo	咯斜
Asleep,		shui⁴ chiao⁴-lo	咯覺睡
"	fast	shui⁴ chao²-lo	咯著睡
"	sound	shui⁴ shu²-lo	咯熟睡
"	(of the foot, etc.)	ma²-lo	咯痲
Asparagus,		lung² hsü¹ ts'ai⁴	菜鬚龍
Aspect,		hsiang⁴-mao	貌像
"		mu²-yang⁴-êrh	兒樣模
"	a south	hsiang⁴ nan²	南向
"	of affairs	chü²-mien	面局
"	"	ching³ k'uang⁴	況景
Asphalt,		ti⁴ li⁴ ch'ing¹	青瀝地
Asphyxiated,		hsün¹-ti	的薰
Aspirate, an		ch'u¹-ch'i	氣出
Aspiration,		pao⁴ fu⁴	負抱
Aspirations, to realize		ch'êng² wang⁴	望承
"	vain	pai² chih³-wang-êrh	兒望指白
"	a person with	ming² li⁴ kuan¹ hsin¹-ti	的心關利名
"	presumptuous	lai⁴ ha²-ma hsiang³ ch'ih¹ t'ien¹ o² jou⁴	肉鵝天吃想蟆蝦癩
Aspire, to		jo⁴ wang⁴	望熱
Assail, to		kung¹ chi¹	擊攻
Assassin, an		tz'ŭ⁴ k'o⁴	客刺
"		hsiung¹ shou³	手兇
Assault, to		kung¹ chi¹	擊攻
"	(strike)	ou¹ ta³	打毆
"	(n.) resulting in death	ou¹ ta³ chih⁴ ssŭ³	死致打毆
Assay,		fên¹ hsi¹ shih⁴ yen⁴	驗試析分
"		jung² shih⁴	試鎔
"	office, an	fên¹ chin¹ tso⁴	作金分
Assemblage,		chi² hui⁴	會集
"		ch'ün² chi²	集羣
Assemble, to		hui⁴	會
"		chü⁴ tsai-i k'uai⁴ 'rh	兒塊一在聚
"		hui⁴ ch'i²-êrh	兒齊會

Assembled—Associates.

Assembled, all	hui⁴ ch'i²-lo	會齊咯
Assembly, an	hui⁴	會
" law regarding assemblies and associations	chi²⁻ hui⁴ chieh² shê⁴ fa⁴	集會結社法
" room	hui⁴ ch'ang²	會場
" public	kung¹ hui⁴	公會
" hall, an	hui⁴ t'ang²	會堂
Assent,	yün³	允
" to receive the royal (or imperial)	fêng⁴ chih³ i¹ i⁴	奉旨依議
" to	ta¹-ying	答應
Assert,	chu³ chang¹	主張
Assess, to	ku¹-liang	估量
Assessment, basis of (of a tax)	k'o⁴ shui⁴ piao¹ chun³	課稅標準
Assessor,	p'ei² shên³ kuan¹	陪審官
Assets,	ts'ai² ch'an³	財產
Assiduous,	yin¹-ch'in	慇懃
Assign, to	chiao¹	交
"	chiao¹-fu	交付
"	chih³ ting⁴	指定
"	fên¹ p'ei⁴	分配
Assist, to	pang¹	幫
"	pang¹-chu	幫助
" a poor person with money	chou¹-chi	周濟
" with money in aid	kung¹-chi	供給
Assistance from Britain, seek	ch'iu² yüan² yü³ ying¹	求援於英
Assistant,	chu⁴ shou³	助手
" an	pang¹-pan	幫辦
" in a bank, first	ta⁴ hsieh³	大寫
" " " second	êrh⁴ hsieh³	二寫
" in a shop	huo³-chi	夥計
" "	huo³ yu³	夥友
" consular	shu¹-chi kuan¹	書記官
Assize, the autumn	san¹ ts'ao²	三曹
" "	ch'iu¹ shên³	秋審
Associate with, to	chiao¹-chieh	交接
" with friends	chiao¹ p'êng²-yu	交朋友
Associated in the government, to be	ts'an¹ yü³ kuo² chêng⁴	參與國政
" with, never been	wei⁴ ch'ang² kung⁴ shih	未嘗共事
Associates,	t'ung² shih⁴-ti	同事的
"	t'ung² liao²	同僚
"	t'ung² yin²	同寅
"	chiao¹ hao³-ti	交好的

Association—At. 52

Association (of persons)	t'uan² t'i³	團體
,, commercial	shang¹ hui⁴	商會
,, of ideas	kuan¹ nien⁴ lien² ho²	觀念聯合
,, an	hui⁴	會
,, to join an	ju⁴ hui⁴	入會
,, a benevolent	shan⁴ hui⁴	善會
Assort,	fên¹ lei⁴	分類
Assortment, an	ko⁴ yang⁴	個樣
,, of goods, a varied	tsa² huo⁴	雜貨
Assuage thirst	chieh² k'o³	解渴
Assume,	i⁴ tuan⁴	臆斷
,, (consider) to	i³-wei	以為
,, responsibility	fu⁴ ch'i² tsê² jên⁴	負其責任
,, entire control	wan² ch'uan chu³ ch'ih²	完全主持
,, office	chieh¹-jên⁴	接任
Assuming that	chia³ jo⁴	假若
,,	shê⁴ jo⁴	設若
Assumption,	hsiang³ hsiang⁴	想像
Assurance,	pao³ chêng⁴	保證
,, (confidence)	hsin⁴ yung⁴	信用
Assured of victory, who can be	shui² ts'ao¹ pi⁴ shêng⁴ chih ch'üan²	誰操必勝之權
Astern,	ch'uan² wei³	船尾
Asthma,	ch'uan³ ping⁴	端病
Astonished,	ch'a⁴ i⁴	詫異
Astonishing,	kuai⁴	怪
,,	chiao⁴-jên² ch'a⁴-i⁴	教人詫異
,,	ching¹ t'ien¹ tung⁴ ti⁴-ti	驚天動地地
Astonishment, to my utter	po⁴ ssǔ¹ pu⁴ chieh³ wan⁴ hsiang³ pu⁴ tao⁴	百思不解萬想不到
Astray, some of the correspondence has gone	hu⁴ chi⁴ hsin⁴ chien⁴ chien⁴ yu³ tiu¹ shih¹	互寄信件間有丟失
,, to lead	yin³ yu⁴	引誘
Astride, to sit	ch'i²-cho tso⁴	騎著坐
Astringent medicine	shou¹ lien⁴ yao⁴	收斂藥
Astrologer, an	hsing¹ shih⁴	星士
Astrology,	suan⁴ kua⁴	算卦
Astronomy,	t'ien¹ wên²	天文
Astute methods, adopt	yung⁴ min³ huo² chih¹ shou³ wan⁴	用敏活之手腕
Asylum, a foundling	yü⁴ ying¹ t'ang²	育嬰堂
,, a blind	ku³ mu⁴ yüan⁴	瞽目院
,, a lunatic	fêng¹ jên² yüan⁴	瘋人院
At	tsai⁴	在
,, home	tsai⁴ chia¹	在家

At	first	ch'i³ ch'u¹	初起
,,	last	tao⁴ liao³-êrh	兒了到
,,	once	li⁴ k'o⁴	刻立
,,	once, will go	chiu⁴ ch'ü⁴	去就
,,	,, ,, ,,	chê⁴-chiu ch'ü⁴	去就這
,,	the time	tang¹ shih²	時當
,,	present	hsien⁴ chin¹	今現
,,	the moment	mu⁴ hsia⁴	下目
,,	last, finished!	k'o³ wan²-liao	了完可
,,	the least	chih⁴ shao³	少至
,,	least he said so	ch'i²-shih² t'a na⁴-mo shuo¹-lai-cho	著來說麼那他實其
,,	ease, stand	shao³ hsi²	息稍
,,	stationed (British Minister...Peking)	(Ying¹ kuo²) chu⁴ (ching¹ kung¹ shih³)	使公京駐國英
Atheism,		wu² shên² lun⁴	論神無
Athletics,		yu²-hsi t'i³-ts'ao¹	操體戲游
Athletic sports		yün⁴ tung⁴ hui⁴	會動運
Atlantic ocean		ta⁴ hsi¹ yang²	洋西大
Atlas, an		ti⁴ t'u² ts'ê⁴	册圖地
Atmosphere,		ch'i⁴	氣
,,		k'ung¹ ch'i⁴	氣空
Atmospheric pressure		ch'i⁴ ya¹	壓氣
Atom,		wei¹ fên⁴ tzŭ	于分微
Atomic theory		yuan² tzŭ³ shuo¹	說于原
Atonement,		shu² tsui⁴	罪贖
Atrocious,		chi² o⁴	惡極
,,		ts'an² k'u¹	酷殘
Atrocity,		pao⁴ nüeh⁴	虐暴
Attach importance to preservation of order		i³ ti⁴ mien⁴ chih⁴ an¹ wei² chung⁴	重爲安治面地以
,,	importance to railway policy	ts'ung² t'ieh³ tao⁴ shang chêng⁴ ts'ê⁴ chao² yen³	眼着策政上道鐵從
,,	weight, to	k'an¹ chung⁴	重看
,,	a seal, to	kai⁴ yin⁴	印蓋
,,	a signature	hua⁴ ya³	押畫
Attaché, an		sui² yüan²	員隨
,,	military	lu⁴ chün¹ ts'an¹-tsan	贊參軍陸
,,	naval	hai³ chün¹ ts'an¹-tsan	贊參軍海
,,	commercial	shang¹ wu⁴ ts'an¹-tsan	贊參務商
Attached to (fond of)		ai⁴-hsi	惜愛
,,	to (e.g., an institution)	so³ shu³	屬所
,,	to a ministry)	tsai⁴ mou³ pu⁴ hsing² tsou³	走行部某在

Attached—Attend. 54

Attached,	lien⁴	戀
,, (appended)	hsü⁴-tsai hou⁴-t'ou	頭後在續
,, himself to me, he	t'a nien²-shang wo³-lo	咯我上黏他
,, together	lien²-tsai i² k'uai⁴ 'rh	兒塊一在聯
,, to one another, greatly	lien⁴ lien⁴ pu¹ wang⁴	忘不戀戀
,, to the suite of	sui² yuan²	員隨
Attack, to	kung¹	攻
,,	kung¹ chi⁴	擊攻
,, of illness	nao⁴-liao i² chên⁴ ping⁴	病陣一了鬧
,, of the piles, he had an	t'a ti¹ chih⁴ ch'uang¹ chêng⁴ fa¹ tso⁴ ti li⁴ hai⁴	害利得作發正瘡痔的他
,, of (a disease), first	ch'u¹ ch'i³ chih¹ chêng⁴	症之起初
,, flank	ts'ê⁴ mien⁴ kung¹ chi	擊攻面側
,, advance to the	kung¹ chin⁴	進攻
,, reputation, to	hui³ jên² ming² yü²	譽名人毀
Attain, to	tê²	得
,,	tê²-chao	著得
,, the object of his desires	tê²-ch'i so³ wang⁴	望所其得
,, by study	hsüeh²-êrh tê²-chih	之得而學
,, to his object	ta² ch'i² mu⁴ ti¹	的目其達
Attainments, of literary	yu³ ts'ai²-hsüeh	學才有
Attempt, to	shih⁴-i-shih	試一試
,, to humbug me, don't you	ni³ pieh² shih⁴-cho pu⁴-êrh hu⁴-nung wo³	我弄胡兒步著試別你
,, at suicide	tsŭ⁴ sha¹ pu¹ sui⁴	遂不殺自
Attempted murder	mou² sha¹ pu¹ kuo³	果不殺謀
Attend school for two years	shang⁴ erh nien² shu¹ fang²	房書年二上
,, a patient and prescribe	lin² chêng⁴ k'ai¹ fang¹	方開症臨
,, to state documents (as the president)	p'i¹ lan³ chêng⁴ tu²	牘政覽披
,, a meeting	ch'u¹ hsi²	席出
,, cabinet meeting	lieh⁴ hsi² kuo² wu⁴ hui⁴ i⁴	議會務國席列
,, (as an inferior)	sui² hsing²	行隨
,, (as a nurse)	k'an⁴ hu⁴	護看
,, (of royalty)	lin² yü⁴	御臨
,, to	chu⁴ i⁴	意注
,, upon a visitor	p'ei² k'o⁴	客陪
,, (of an official) at his office	shih⁴ shih⁴	事視
,, upon, to	tz'ŭ⁴-hou	候伺
,, ,,	fu²-shih	侍服
,, to ,, what is said	t'ing¹ hua⁴	話聽

Attend—Attractive.

Attend, why don't you	tsêm³-mo-pu yung⁴ hsin¹ t'ing¹	怎麽不用心聽
Attendance (on royalty)	kung¹·fêng⁴	共奉
., on the sick, science of	k'an⁴ hu⁴ ping⁴ jên² chih¹ hsüeh²	看護病人之學
Attendants,	kên¹ jên²	跟人
,,	sui² ts'ung² jên²	隨從人
Attention,	chu⁴ i⁴	注意
,, is concentrated on, the national	ch'üan² kuo² shih⁴ hsien⁴ chih¹ so³ chu⁴	全國視線之所注
,, (civility)	yu¹ tai⁴	優待
,, to pay	liu² hsin¹	留心
,, ,,	liu² shên²	留神
,, paid no	chih²-pu li³	直不理
,, ,,	tang⁴ êrh³ p'ang² fêng¹-lo	當耳旁風咯
,, concentrate the	ting⁴-ting shên² 'rh	定定神兒
Attentive,	yin¹ ch'in²	殷勤
Attest,	pao³ chêng⁴	保證
,, a signature, to	hua⁴-ko chêng⁴-chien ya²	畫個證見押
Attire,	i¹ fu²	衣服
Attitude,	ch'i⁴-p'ai	氣派
,,	shên²-ch'i	神氣
,,	kuei¹-mo	規模
,, (of support or opposition)	hsiang⁴ pei⁴	向背
,, strike an	chia³ chuang¹	假裝
Attorney,	tai⁴ piao³ jên²	代表人
,,	pien⁴ hu⁴ shih⁴	辯護士
,, power of	tai⁴ li³ wei³ jên chuang⁴	代理委任狀
,, ,, ,,	wei³ jên⁴ chuang⁴	委任狀
,, ,, ,,	shou³ ch'üan² shu¹	授權書
,, General	chien³ shih⁴ tsung³ chang³	檢事總長
Attract dust badly	tsui⁴ jo³ ch'ên² t'u³	最惹塵土
,, foreigner's attention	yin³ ch'i³ wai⁴ jên² chih¹ chu⁴ i⁴	引起外人之注意
,, attention, to	chao¹ jên² êrh³ mu⁴	招人耳目
Attraction,	yin³ li⁴	引力
,, of gravitation	hsi¹ li⁴	吸力
,, ,, ,, of earth,	ti⁴ chih¹ hsi¹ yin³	地之吸引
,, magnetic, etc.	hsi¹ li⁴	吸力
,,	hsiang¹ hsi¹	相吸
Attractive,	chao¹ jên²	招人
,,	k'o³ hsin¹	可心
,,	k'o³ ch'in¹	可親
,,	k'o³ ai⁴	可愛

Attribute—Austere. 56

Attribute to	kuei¹ yü²	歸於
,, (an)	t'ê⁴ chih³	特質
Auction, to sell by	p'ai¹ mai⁴	拍賣
,,	chiao⁴ mai⁴	叫賣
,, bought at	chiao⁴ mai³-ti	叫賣的
Audacious conduct	p'ang² jo⁴ wu² jên²	傍若無人
,, person, an	hao³ ying⁴ lien³-ti jên²	好硬臉的人
,, ,,	hao³ ta⁴ tan³-tzŭ	好大膽子
Audience, the	p'ang² t'ing¹ jên²	傍聽人
,, ,,	ts'an¹ kuan¹-ti jên²	參觀的人
,, (e.g., of the president)	yeh⁴ chien⁴	謁見
,, of the sovereign, to have	chao¹ chien⁴	召見
,, to grant	chao¹ chien⁴	召見
,, of foreign representatives (under the monarchy)	chin³ chien⁴	覲見
Audit department	shên³ chi⁴ yüan⁴	審計院
,, of accounts	chi² ch'a² chang⁴ mu⁴	稽查賬目
,, accounts, to	ch'a² tui⁴ chang⁴ mu⁴	查對賬目
Augment,	tsêng¹ chia¹	增加
Augury,	chên⁴ chao⁴	朕兆
,,	chan¹ pu³	占卜
August,	wei¹ yen²	威嚴
,, (of a sovereign)	chih⁴ tsun¹	至尊
,, (month)	pa¹ yüeh⁴	八月
Aunt, father's elder brother's wife	ta⁴ ma¹	大媽
,, father's younger brother's wife	shên³-niang	嬸娘
,, father's elder sister	ku¹-ma	姑媽
,, father's younger sister	niang²-êrh	娘兒
,, mother's married sisters	i²-ma¹	姨媽
,, mother's unmarried sisters	i²-êrh	姨兒
• (The Manchus have some different terms)		
Auricle,	hsin¹ êrh³	心耳
Auspicious,	chi²	吉
,,	chi²-hsiang	吉祥
,, omen, an	chi² chao⁴	吉兆
Austere,	k'o¹ k'u¹	苛酷
,,	yen²	嚴
,,	yen²-chin	嚴緊

Austria,	ao⁴-kuo	奧國
Authentic,	ch'üeh⁴ shih²	確實
,, history	hsin⁴ shih³	信史
Authenticate,	chêng⁴ chü⁴	證據
,,	ch'a² ming² chên¹ chia³	查明眞假
Authenticity	hsin⁴ shih²	信實
Author,	chu⁴ tso⁴ chia¹	著作家
,, of a proposal	fa¹ ch'i³ jên²	發起人
Authorities, executive	hsing² chêng⁴ kuan⁴	行政官
,, local	ti⁴ fang¹ kuan¹	地方官
,, the	yu³ ssŭ¹	有司
,, to quote from the	yin³ ching¹ chü⁴ tien³	引經據典
Authority (order)	ming⁴ ling⁴	命令
,, (power)	ch'üan²	權
,, ,,	ch'üan²-ping	權柄
,, who gave you?	shui² chun³ ni³	誰準你
,, speaks with	yu³. chü⁴ yu³ tui⁴	有據有對
,, to exceed one's	yüeh⁴ ch'üan²	越權
,, to be in	tang¹ ch'üan²	當權
Authorization,	shou⁴ ch'üan²	受權
Authorize,	wei³ jên⁴	委任
,,	jên⁴ k'o³	認可
Autobiography,	tzŭ⁴ chuan⁴	自傳
Autocracy,	chuan¹ chih⁴ chih¹ ch'üan²	專制之權
,,	chuan¹ chih⁴ chêng⁴ t'i³	專制政體
Autograph,	ch'in¹ pi³	親筆
,, an	ch'ih¹ pi³ hsieh³-ti	親筆寫的
,, an imperial	yü⁴ pi³	御筆
Automatic,	tzŭ⁴ tung⁴-ti	自動的
,,	tzŭ⁴ hsing²-ti	自行的
Automaton,	tzŭ tung⁴ chi¹	自動機
Automobile,	tzŭ tung⁴ ch'ê¹	自動車
Autonomy,	tzŭ⁴ chih⁴ chih¹ ch'üan²	自治之權
,, tariff	shui⁴ ch'üan³	稅權
Autopsy,	yen⁴ shih¹	驗屍
,,	chien³ shih¹ fa⁰	驗屍法
,,	ssŭ³ ti³ chieh³ p'ou³	死體解剖
Autumn,	ch'iu¹-t'ien	秋天
,,	ch'iu¹-ching-t'ien 'rh	秋景天兒
Autumnal equinox	ch'iu¹ fên¹	秋分
Auxiliary,	pu³ chu⁴	補助
,, coin	pu³ chu⁴ huo⁴ pi⁴	補助貨幣
Avail themselves of this excuse able to	chieh⁴ tz'u³ wei⁴ k'ou³ shih²	藉此爲口實

c

Avail—Award. 58

Avail oneself of	li⁴ yung	利用
„ myself of the opportunity	ch'ên⁴ chi¹-hui	趁機會
„ myself of your kindness	ling³ ch'ing²	領情
„ of a pretext	chieh⁴ tuan¹	借端
„ of no	wang³ jan²	枉然
Available,	yu³ hsiao⁴	有效
„ for the day	tang¹ jih⁴ yu³ hsiao⁴	當日有效
„ (valid)	t'ung¹ yung⁴	通用
„ time	t'ung¹ yung⁴ ch'i² hsien⁴	通用期限
Avaricious,	sê⁴-k'o	嗇刻
„ (covetous)	t'an¹	貪
„	li⁴ hsin¹ chung⁴	利心重
„	lin⁴-hsi	吝惜
Avenge,	pao⁴ fu⁴	報復
„	pao⁴ ch'ou³	報讎
Average,	p'ing² chün¹	均平
„ contribution	fên¹ tan¹ ê²	分擔額
„ general	kung⁴ t'ung² hai³ sun³	共同海損
„ above the	fei¹ fan²	非凡
„ about the	p'ing² fan²	平凡
„ take an	chün¹ yün² suan⁴	均勻算
„ „	chün¹-pei-la¹ suan⁴	均背拉算
„ only	p'ing² ch'ang³	平常
Aviator,	fei¹ hsing² chia¹	飛行家
Avoid (get away from), to	to³	躱
„ „	to³-pi	躱避
„ (escape from)	mien³	免
„ unwholesome things, etc.	chi⁴-hui	忌諱
Avoided me, he	t'a shan³-k'ai wo³-lo	他閃開我咯
„	t'a¹ to³-k'ai wo³-lo	他躱開我咯
Avow,	piao³ ming²	表明
Avowedly,	kung¹ jan²	公然
„	ming²-jan	明然
Await, to	têng³	等
„	hou⁴	候
„	têng³ hou⁴	等候
„ the good news	chuan¹ wang⁴ chia¹ yin¹	專望佳音
Awake, to	ching³ hsing³ (figuratively	驚醒
„ to	hsing³-lo	醒咯
„ a person	chiao⁴ hsing³-lo	叫醒咯
„ to the fact	wu⁴-hui	悟會
Award to	ts'ai² tuan⁴	裁斷

Award,	p'an⁴ chüeh²	判決
„ an	chüeh² ting⁴ shu¹	判決書
Away, go!	ch'ü⁴-pa	去罷
„ gone	ch'ü⁴-lo	去咯
„ „	tsou³-lo	走咯
„ take	na²-lo-ch'ü	拿了去
„ take	na²-ch'ü	拿去
„ with, to do	fci⁴	廢
„ to run	ch'u¹ pên¹	出奔
„ the tea things, etc., take	ch'ê⁴ chia¹-huo	撤傢伙
„ put	shou¹-hsia	收下
„ send him	ta¹-fa-t'a ch'ü⁴	打發他去
Awe inspiring	wei¹ fêng¹	威風
Awful,	li⁴-hai	利害
„	k'o³ p'a⁴	可怕
Awfully good	hao³-ti li⁴-hai	好的利害
„ painful	t'êng²-ti li⁴-hai	疼的利害
Awhile,	chan⁴ shih²	暫時
Awkward a position, place China in too	shih³ chung¹ kuo² t'ai⁴ nan² wei² ch'ing²	使中國太難爲情
„ (clumsy)	pên⁴	笨
„ to manage	nan² pan⁴	難辦
„ that's	na⁴ k'o³ lei²-chui	那可累贅
Awl, an	chui¹	錐
Awning, an	t'ien¹ p'êng²	天棚
„ put up an	ta¹ t'ien¹ p'êng²	搭天棚
Awry,	wai¹-lo	歪咯
Axe, an	fu³-tzŭ	斧子
Axiom,	ko² yen²	格言
Axis,	chou²	軸
Axis of the earth	ti⁴ chou²	地軸
Axle,	ch'ê¹ chou²	車軸
„ of a Chinese cart, the projecting	chou² t'ou²-êrh	軸頭兒
Azimuth,	fang¹ wei⁴ ching¹ yi²	方位經儀

B

Baby, a	wa² wa	娃娃
„ name	ju³ ming²	乳名
Bacchus,	tu⁴ k'ang¹	杜康
Bachelor, a	kuang¹ kun⁴-tzŭ	光棍子
„ „	k'uang⁴ fu¹	曠夫
Back on his promise, go	hsü³ êrh² hui³ fu⁴	許而悔復

Back—Bad. 60

Back	on your word, take care not to go	liu² shen² fan³ ta³ wa³	留神打反了話
,,	the whole sum, receive	ju² shu⁴ ling³ hui³	如數領回
,,	(as a document), to	ch'ien¹ ming²	簽名
,,	a horse, to	po² mou³ ma³ pi⁴ shêng⁴	博某馬必勝
,,	,, ,,	kua⁴ i ko⁴ ma³	掛一個馬
,,	hands behind the	pei⁴-cho shou³-êrh	背著手兒
,,	you up, I'll	wo³ hou⁴-t'ou ch'iang⁴ cho ni	我後頭鎗著你
,,	,, ,,	wo³ pang¹ ch'ên⁴-cho tien³ 'rh	我幫襯著點兒
,,	on his promise, went	pei⁴-liao t'a¹-ti yüeh¹	背了他的約
,,	come	hui²-lai	回來
,,	the	chi²-niang	脊梁
,,	carry on the	pei¹-shang	背上
Backbite, to		pei⁴ hou⁴ ti³ hui³	背後詆譭
Backgammon,		shuang¹ liu⁴	雙陸
Background, retire into		so¹ t'ou² so¹ nao³ pu¹ kan³ hsiang⁴ ch'ien² rh	縮頭縮腦不敢向前兒
,,	for present, keep in	chan⁴ shih² pi⁴ pi⁴ ti¹ hao³	暫時避避的好
,,	prefer to keep in	pu⁴ k'ên³ ch'u¹ t'ou² lou⁴ mien⁴	不肯出頭露面
,,	of a picture	hua⁴ chih¹ hou⁴ ching³	畫之後景
,,	a white	pai² ti⁴-êrh	白地兒
,,	retire into the	k'ao⁴ hou⁴	靠後
Backside, the		p'i⁴-ku	屁股
Backward nation		hou⁴ chin⁴ kuo²	後進國
,,	(of an industry)	pu¹ fa¹ ta²	不發達
Backwards, go		wang³ hou⁴	往後
,,	the reverse way	tao³-huan-cho	倒換著
,,	written	tao⁴-cho hsieh³-ti	倒著寫的
,,	and forwards like a pendulum, to move	lai² hui²-ti huang⁴	來回的晃
,,	and forwards, to walk	lai² hui²-ti ta³ chuan⁴ 'rh	來回的打轉兒
,,	to walk	t'ui⁴-cho tsou³	退著走
Bacon,		hsien² chu¹-jou	鹹猪肉
Bacteriology,		wei¹ chün⁴ hsüeh²	徹菌學
Bad for health		yü² wei⁴ shêng¹ yü³ hai⁴	於衛生有害
,,	omen	pu⁴ chi² chih¹ chao⁴	不吉之兆
,,	government	nüeh⁴ chêng⁴	虐政
,,		pu⁴-hao³	不好
,,	of tainted food	huai⁴-lo	壞咯
,,	manners	mei² kuei¹-chü	沒規矩
,,	job, that's a	na⁴ k'o³ tsao¹-lo	那可糟咯

Bad—Ball.

Bad lot, he's a	na⁴-ko jên² t'ai⁴ tsao¹ kao¹	
		糕糟太人個那
Badge, a	hao⁴ t'ou² 'rh	兒頭號
"	p'ai²	牌
" the queue is the Manchu	pien⁴ fa³ nai³ man³ ch'ing¹ fu² hao⁴	號符清滿乃髮辮
Badger,	huan¹	獾
Badly, behaved	p'in³ hsing² pu¹ hao³	好不行品
Baffle,	shih¹ pai⁴	敗失
Bag, a	k'ou³-tai	袋口
"	ta¹-lien	褳褡
" hand	p'i² pao¹	包皮
Baggage,	hsing²-li	李行
Bail,	pao³ shih⁴ chin¹	金釋保
" (surety)	pao³ chêng⁴ jên²	人釋保
Bailiff for Imperial or prince's lands	huang² liang² chuang¹-t'ou	頭莊糧皇
" for ordinary people	tien⁴ hu⁴-êrh	兒戶佃
Bait on a journey, to	ta³ chien¹	尖打
" for a hook	tiao⁴ yü² ch'ung²-êrh	兒蟲魚釣
Bake, to	k'ao³	烤
"	shao¹	燒
Balance,	fu⁴-yü	餘敷
"	hsia⁴ shêng⁴	賸下
" (scales)	t'ien¹ p'ing²	平天
" in my favour, a	yu³ wo³-ti yü² fu⁴-êrh	兒敷餘的我有
" one's self on one leg	chin¹ chi¹ tu²-li⁴	立獨雞金
" a stick, etc.	shua³-ko i² chu⁴ hsiang¹-êrh	兒香挂一個耍
" (figuratively)	ch'üan² hêng²	衡權
" of power	chün¹ shih⁴	勢均
" "	ch'üan² li⁴ p'ing² chün¹	均平力權
" (equally), to	liang³ tê² ch'i² p'ing²	平其得兩
" fluctuate between opinions	hsin¹ pu¹ ting⁴	定不心
" "	ssu¹ i² tso³ yu⁴	右左疑異
" one's accounts, to	shou¹ chih¹ shih⁴ ho²	合適支收
" " "	ju⁴ nêng³ ti² ch'u¹	出抵能入
" of account due, the	so³ ch'ien⁴ chih¹ wei² shu⁴	數尾之欠所
" sheet	ch'u¹ ju⁴ piao³	表人出
Balcony, a	lan²-kan	杆欄
Bald,	t'u¹-lo	咯禿
Bale water, to	k'uai³ shui³	水筲
Ball, a	ch'iu²-êrh	兒毬
" of the eye	yen³ chu¹-êrh	兒珠眼

Ball—Banks. 62

Ball of worsted	i⁴ t'uan² jung² hsien⁴	一團絨線
,, cartridge	shih² tan⁴	實彈
Balloon, a	ch'i⁴ ch'iu²	氣毬
Ballot,	t'ou² p'iao⁴	投票
,, of the members, the Speaker shall be elected by closed	i⁴ yuan⁴ i⁴ chang³ yu² i⁴ yüan yung⁴ chi⁴ ming² t'ou² p'iao⁴ fa³ hu² hsuan³ chih¹	
	議院議長由議員用記名投票法互選之	
,, box	t'ou² p'iao⁴ kuei³	投票匭
,, unsigned	wu² chi⁴ ming² t'ou² p'iao⁴	
	無記名投票	
Balsam plant,	chih¹-chia ts'ao³-êrh	指甲草兒
,, ,,	fêng⁴-hsien hua¹-êrh	鳳仙花兒
Balustrade,	lan² kan¹ 'rh	欄干兒
Bamboo,	chu²-tzŭ	竹子
,, shoots	chu² sun³	竹笋
Bar.,	chin⁴ chih⁴	禁制
Banana,	pa¹-chiao chiao³-êrh	芭蕉角兒
,,	hsiang¹ chiao¹	香蕉
,, tree	pa¹-chiao shu⁴	芭蕉樹
Band (belt)	tai⁴-tzŭ	帶子
,, of music	yüeh⁴ tui⁴	樂隊
,, of robbers	i⁴ huo³ tsei²	一夥賊
,, ,, ,,	i⁴ tang³ tsei	一黨賊
,, of robbers, a large	ta⁴ pang¹ ming² huo³	大明帮火
,, a mourning	wei² i³ hei¹ sha¹	圍以黑紗
,, (small parties banded together)	san¹ wu³ ch'êng² ch'ün²	三五成羣
,, together, to	t'uan² chieh²	團結
Bandage, a	tai⁴-tzŭ	帶子
,,	pu⁴ t'iao²-tzŭ	布條子
Bandbox, looked as if he had come out of a	shih⁴ lien³ hsi³ tê pai² êrh² yu⁴ pai² pien⁴ tzŭ ta³ tê kuang¹ êrh² yu⁴ kuang¹	
	是臉洗得白而又白辮子打得而又光光	
Bandolier,	chiu³ lung² tai⁴	九龍帶
Bandoline (for the hair)	fei²-t'ou tzŭ³-êrh	肥頭子兒
Bandy-legged,	lo²-ch'üan t'ui³ 'rh	羅圈腿兒
Bangles,	cho²-tzŭ	鐲子
Banishment,	t'u² tsui⁴	徒罪
Bank (dyke)	ti¹	堤
,, (a mound)	p'o¹-tzŭ	坡子
,, of a river	ho² pien 'rh	河邊兒
,, savings	chu³ hsü⁴ yin² hang²	貯蓄銀行
,, industrial	shih² yeh⁴ yin² hang²	實業銀行
Banks, opposite	tui⁴ an⁴	對岸

Bank—Bargain.

Bank note	yin² hang² chih³ pi⁴	銀行紙幣
,, ,,	yin² p'iao⁴	銀票
,, a money	yin² hang²	銀行
,, cheque	yin² tan¹	銀單
,, ,,	chih¹ p'iao⁴	支票
Bankrupt,	tao³-lo	倒了
,,	kuan¹-pi-lo	關閉了
,,	p'o⁴ ch'an³	破產
Bankruptcy, adjudication of	p'o⁴ ch'an³ hsüan¹ kao⁴	破產宣告
Banner, a funeral	ling³ fan¹	靈旛
Banners, the eight	pa¹ ch'i²	八旗
,, of a commander-in-chief	ch'i² t'u²	旗纛
Banns,	chieh² hun¹ yü⁴ kao	結婚預告
Banquet, a	yen⁴ hui⁴	宴會
,, guests assembled for	ch'i² chi² hsi² chien¹	齊集席間
Baptize, to	hsing² hsi³ li³	行洗禮
Baptism,	shêng⁴ hsi³ li³	聖洗禮
Bar (musical)	hsiao³ chieh²	小節
,, (prisoner's)	fan⁴ jên² chan⁴ so³	犯人站所
,, (legal)	pien⁴ hu⁴ shih⁴	辯護士
,, of public opinion	yü² lun⁴ chih¹ p'an⁴ tuan⁴	輿論之判斷
,, across a door	mên² shuan¹	門門
,, river	sha¹ t'an¹	沙灘
,, iron	t'ieh³ t'iao²	鐵條
,, liquor	chiu³ kuei⁴	酒櫃
Barb of a hook	kou¹ hsü¹-êrh	鉤鬚兒
Barbarian,	yeh³ man²	野蠻
Barbarous,	wu² li³ i⁴ ti¹	無禮義的
,,	feng¹ ch'i⁴ wei⁴ k'ai¹	風氣未開
,, (cruel)	ts'an² jên³	殘忍
,, custom	lou⁴ hsi²	陋習
Barber, a	li³ fa³ shih¹	理髮師
,,	t'i¹ t'ou²-ti	剃頭的
Barber's shop	chien³ fa³ ch'u⁴	剪髮處
,,	t'i⁴ t'ou² p'êng²	剃頭棚
Bare,	kuang¹-lo	光咯
,, backed	kuang¹-cho chi²-niang	光着脊梁
Barefaced,	wu² lien⁰ ch'ih³ ti¹	無廉恥的
Barely enough to live upon	t'ung³ kung i suan¹ mei³ yüeh⁴ ts'ai²-chêng⁴ i¹ hu² ts'u⁴ ch'ien²	統共一算每月財政一壼醋錢
,, escape	hsien³ i hsien-rh⁴	險一險兒
Bargain (contract)	mai³ mai⁴ ch'i⁴ yüeh¹	買賣契約

Bargain—Base. 64

Bargain, get a	chan⁴ p'ien²-i	宜便佔
,, ,,	shang⁴ suan⁴	算上
,, money	ting⁴-ch'ien	錢定
,, bought it at a	mai³-ti p'ien²-i	宜便的買
Bargained for, you'll get more than you	ch'ih¹-pu liao³ tou¹-cho tsou³	走着兜了不吃
Bark, to	yao³	咬
,,	wang¹-wang	唔唔
,,	chiao⁴-huan	喚叫
,, of trees	shu⁴ p'i²-tzŭ	子皮樹
,, the skin off, to	ts'êng⁴-liao yu² p'i²-êrh	兒皮油了蹭
Barley,	ta⁴ mai⁴	麥大
Barometer, a	fêng¹ yü³ piao³	表雨風
Baron,	nan² chüeh²	爵男
Baroness,	nan² chüeh² fu¹ jên	人夫爵男
Baronet,	tsung⁴	從
Bars of a stove, etc.	t'ieh³ pi⁴-tzŭ	子箄鐵
,, the lower	lu² t'iao²	條爐
Barracks,	ying²-p'an	盤營
,,	ying² fang²	房營
,,	ping¹ ying²	營兵
Barrel, a	t'ung³-tzŭ	子桶
,, of a gun	ch'iang¹ t'ung³	筒槍
Barren land	huang¹ ti	地荒
,, ,,	pu¹ mao²	毛不
,, woman	lo²-tzŭ shên¹	身子騾
,, (unprofitable)	wu² i²	益無
Barricade,	tsu³ sai⁴	塞阻
Barrier,	chieh⁴ hsien⁴	線界
,, tax	kuan¹	關
,, collect tickets at the	cha² k'ou³ chien³ p'iao⁴ shou¹ p'iao⁴	票收票剪口柵
,, a	cha²-tzŭ	子柵
,,	cha²-lan	欄柵
Barrister,	pien⁴ hu⁴ shih⁴	士護辯
,, a	lü⁴ shih¹	師律
Barrow, a	hsiao³ ch'ê¹-tzŭ	子車小
,, to wheel	t'ui¹ hsiao³ ch'ê¹-tzŭ	子車小推
Barter,	chiao¹ huan⁴	換交
,,	chiao¹ i⁴	易交
Base, a naval	hai³ chün¹ kên¹ chü⁴ ti⁴	地據根軍海
,, (chief ingredient in a compound), the	chi¹ chih³	質基
,, of a pillar	chu⁴ chiao³	脚柱
,, ,,	chu⁴ ting³ shih²	石項柱

Base of a triangle	chi¹ hsien⁴	線基
,, (adj.)	pei¹ lieh⁴	劣卑
Based upon	i³... wei²...chü⁴	據..為..以
,, ,, the accepted principles of the international law	pên³ yü² kuo² chi⁴, fa⁴ chih¹ t'ung¹ i⁴	義通之法際國於本
Base-born,	ssŭ¹ shêng¹ ti	的生私
,, ,,	ch'u¹ shên¹ pei¹ chien⁴	賤卑身出
Baseless,	wu² kên¹	根無
Basement,	ti⁴ hsia⁴ shih⁴	室下地
Basis,	chi¹ ch'u³	礎基
,,	kên¹ chü⁴	據根
,, a	kên¹ pên³	本根
,, of national policy	kuo² shih⁴ piao¹ chun³	準標是國
,, of credit	hsin¹ yung⁴ chih¹ chi¹	基之用信
,, of negotiation	ts'o² shang¹ chih¹ ti⁴	地之商磋
,, of discussion	shang¹-liang ti⁴-pu-êrh	兒步地量商
Bashful,	mien³ t'ien³	愧忝
,,	hsiu¹-hsiu¹ ch'ieh⁴ ch'ieh⁴-ti	的怯怯羞羞
,,	hsiu¹-sê	澀羞
,, don't be	pieh² fa¹ ch'u⁴	怵發別
Basin, a	p'ên²	盆
,, wash	hsi³ lien³ p'ên²	盆臉洗
Bask in the sun, to	shai⁴ nuan³ 'rh	兒暖晒
,, to (figuratively)	chan¹ jih⁴ chao⁴ chih¹ ên¹	恩之照日沾
Basket, a	k'uang¹-tzŭ	子筐
,, with handle	lan²-tzŭ	子籃
,, (crate or hamper)	lou³-tzŭ	子簍
,, for feeding horses	p'o³-lo	蘿笸
,, holding grain, etc.	tou³-tzŭ	子斗
Bastard, a	ssŭ¹ hai²-tzŭ	子孩私
Bastinado,	chang⁴ tsê²	責杖
Bastion,	to² k'ou³	口垜
Bat, a	yen⁴-pien hu³	虎蝙雁
Bath tub, a	hsi³ tsao³ p'ên²	盆澡洗
,, water	hsi³ tsao³ shui³	水澡洗
,, ,, bring	ta³ hsi³ tsao³ shui³	水澡洗打
Bathe, to	hsi³ tsao³	澡洗
Baton, a policeman's	chih³-hui kun⁴	棍揮指
,, field-marshal's	yüan² shuai⁴ chang⁴	杖帥元
Battalion,	ying²	營
Batten, a	chia¹ pan³ 'rh	兒板夾
Battering ram	ch'ung¹ ch'ê¹	車衝
Battery of artillery	p'ao⁴ tui⁴	隊礮

Battery—Bear.

Battery (assault)	ou¹ ta³	打毆
,, electric	tien⁴ ch'ih²	池電
,, field	yeh³ p'ao⁴ t'ai²	臺砲野
,, storage	hsü⁴ tien⁴ ch'ih²	池電蓄
Battle formation	chan⁴ tou⁴ tui⁴ hsing²	形隊鬭戰
,, decisive	chüeh² chan⁴	戰決
,, to join	chiao¹ chan⁴	戰交
,, in the thick of the	ch'iang¹ lin² p'ao⁴ yü³ chih¹ chung¹	中之雨砲林鎗
,, lose a	pai⁴ pei³	北敗
,, decide issue of	chüeh² fên¹ shêng⁴ fu⁴	負勝分決
,, to the death	ssŭ³ chan⁴	戰死
,, drawn	shêng⁴ fu⁴ wei⁴ ting⁴	定未負勝
,, killed in	chên⁴ wang²	亡陣
,, ship	chan⁴ tou⁴ hsien⁴	艦鬭戰
,, fight a	ta³ chang⁴	仗打
,, field	chan⁴ ch'ang²	場戰
,, to give	chieh¹ chang⁴	仗接
Battlements,	to³-k'ou	口垛
Bawl, to	han³	喊
,,	chiao⁴ han	喊叫
Bay, a	wan¹-tzŭ⁴	子灣
Bayonet, a	ch'iang¹ tz'ŭ⁴	刺鎗
,, to, into submission	i³ ch'ung⁴ ch'iang¹ pi¹ wo³ shun⁴ ts'ung²	從順我逼鎗銃以
Bazaar,	shih⁴ ch'ang²	場市
,,	ch'ên² lieh⁴ so⁵	所列陳
,, industrial	ch'üan⁴ kung¹ ch'ang²	場工勸
Beach,	hai³ an⁴	岸海
Beacon light, a	têng¹ kan⁴-tzŭ	子杆燈
,, leading marks	yin³ lu⁴ chuang¹-tzŭ	子椿路引
,, inland	fêng¹ huo³ t'ai²	台火烽
Beads,	chu¹-tzŭ	子珠
Beak,	tsui³	嘴
Beam, a	liang²	梁
,, of light	i⁴ t'iao² hsien⁴ kuang¹-êrh	兒光線條一
,, supporting	kuo⁴ mu⁴	木過
Beancurd,	tou⁴ fu³	腐荳
Beans, French	pien³-tou	豆扁
,, broad	yün²-tou	豆芸
,, black	hei³ tou	豆黑
Bear, a	hsiung²	熊
,, hard to	nan² shou⁴	受難
,, with	tan¹-tai	待擔

Bear—Because.

Bear it, can't	jên³-pu-tê	忍不得
,, ,,	nai⁴-pu-tê	耐不得
,, ,, the weight, can't	pu⁴ nai⁴ fan²	不耐煩
,, in mind	ch'ih²-pu chu⁴	持不住
,, the blame, I'll	chi⁴ tsai hsin¹ shang	記在心上
,, interest, to	wo³ tan¹-tai	我擔待
,, ,,	shêng¹ hsi²	生息
,, to see it, couldn't	hsing² hsi²	行息
,, fruit	wo³ jên³-pu-tê k'an⁴	我忍不得看
,, ,,	chieh² kuo³-tzŭ	結果子
,, children	shêng¹ kuo³-tzŭ	生果子
,, The Great	shêng¹ hai²-tzŭ	生孩子
Beard, or moustache	pei³ tou³	北斗
,, to grow a	hu²-tzŭ	鬍子
Bearer, chair	liu² hu²-tzŭ	留鬍子
,, payable to	chiao⁴-fu	轎夫
,, standard	pu⁴ chi⁴ ming² shih⁴	不記名式
Bearing,	ch'i² shou³	旗手
,, magnetic	chü³ tung⁴	舉動
Beast of burden or cattle	tz'ŭ² li⁴ fang¹ wei⁴	磁力方位
,, wild	shêng¹-k'ou	牲口
,, animal	yeh³ shou⁴	野獸
,, he's a	ch'u⁴-shêng	畜生
	t'a¹ ch'in² shou⁴-chih hsing²	他禽獸之行
,, (abusive)	ch'u⁴ shêng¹	畜生
Beat, to	ta³	打
,, off	ta³ k'ai¹-lo	打開咯
,, (win)	ying²	贏
,, (thump)	ch'ui²	捶
,, about the bush	jao⁴ wan¹ 'rh	繞灣兒
,, to windward	p'o⁴ fêng¹ li⁴ tsou²	破風力走
,, of pulse	mo⁴ t'iao⁴	脈跳
,, ,,	mo⁴ pu¹	脈搏
,, clothes in the wash	ch'ui²	槌
,, to death (officially), to	li⁴ pieh⁴ chang² hsia⁴	立斃杖下
,, of a policeman	hsün² lo²	巡羅
Beautiful,	hao³ k'an⁴	好看
,, day, what a!	to¹ hao³ t'ien¹	多好天
,, view	mei³ ching³	美景
,, woman, a	lang² ts'ai² nü³ mao⁴	郎才女貌
,, ,,	shih² fên¹ mei³ tsu²	十分美足
,, ,,	mei³ jên²	美人
Beaver,	hai³ lo²	海騾
Because,	yin¹-wei	因為

Because—Before. 68

Because of this	wei⁴ chê⁴-ko	為這個
Bêche-de-mer,	hai³ shên¹	海參
Beckon, to	chao¹	招
,,	chao¹ shou³-êrh	招手兒
Become, to	ch'êng²	成
,, an invalid	ch'êng²-lo ping⁴ jên²-lo	成了病人咯
,, of parties if the nation perishes? what will	kuo² chih¹ pu⁴ ts'un², tang³ chiang¹ yen¹ fu⁴	國之不存黨將焉附
Becoming,	hsiang¹ tang¹	相當
,, of dress	ch'ên⁴-ti hao³ k'an⁴	稱的好看
Bed, a	i⁴ chang¹ ch'uang²	一張床
,, go to	shui⁴ chiao⁴-ch'ü	睡覺去
,, make the	p'u¹ ch'uang²	鋪床
,, the rattan frame of a	ch'uang² mien⁴-tzŭ	床面于
,, boards of a	p'u⁴ pan³	鋪板
,, so must one lie in it, as one makes one's	ts'ai⁴ li⁴ ch'ung² êrh ts'ai⁴ li³ ssŭ³	裏栽蟲兒裏栽死
,, the rivers overflow their beds,	ho² ch'u¹ ts'ao²	河出槽
,, clean the river	shua¹ hsi³ ho² shên¹	刷洗河身
,, flower	hua¹ ch'ih² tzu	花池子
Bedchamber,	ch'in³ shih⁴	寢室
Bedding,	p'u¹-kai	鋪蓋
Bedroom, a	wo¹ fang²	臥房
,,	shui⁴ chiao⁴ wu¹-tzŭ	睡覺屋子
Bee, a	mi⁴ fêng¹-êrh	蜜蜂兒
,, hive	fêng¹ wo¹	蜂窩
Beef,	niu²-jou	牛肉
,, steak	niu²-jou p'a¹	牛肉趴
,, roast	k'ao³ niu² jou	烤牛肉
,, salt	hsien² niu²-jou	鹹牛肉
Beer,	pieh⁴ 'rh chiu³	啤兒酒
Bees, swarm of	i⁴ wo¹ fêng¹	一窩蜂
Beeswax,	mi⁴-la	蜜蠟
Beetle, a	ch'ung²-tzŭ	蟲子
Beetroot,	hung² ts'ai⁴ t'ou²	紅菜頭
Befall, to (of misfortune)	tsao¹ yü⁴	遭遇
Befog, to	hun¹ mi²	昏迷
Befool,	yü² lung⁴	愚弄
Before (in front)	ch'ien²-t'ou	前頭
,, ,,	t'ou²-li	頭裏
,, (previously)	i³ ch'ien²	以前
,, ,,	t'ou²-li	頭裏
,, ,,	i³ hsien¹	以先
,, as	chao⁴ chiu⁴	照舊

Before—Beginning.

Before, as	jêng² chiu⁴	舊仍
,, a hostile army, as much in terror as if	ts'ang¹ huang² ching¹ch'ü⁴ jo⁴ lin² ta⁴ ti²	敵大臨若懼驚惶倉
,, one's face	mien⁴ ch'ien²	前面
,, (under jurisdiction of . . . .)	tsai⁴ . . . chih⁴ hsia⁴	下治…在
,, them; where to choose." " the world was all	"t'ien¹ hsia⁴ kuang³ ta⁴, jên⁴ ch'i² tsê² ting⁴"	定擇其任大廣下天
,, (sooner than)	tsao³ yü²	於早
Beforehand,	yü⁴ hsien¹	先預
,,	hsien¹ t'ou²-li	裏頭先
Beg off	t'ao³ ch'ing²	情討
,, ,,	t'ao³ jao⁴	饒討
,, to	ch'iu²	求
,, earnestly	k'ên³-ch'iu	求懇
,, pardon, to	ch'ing³ wei⁴ yüan² liang⁴	諒原爲請
,, a question, to	chia³ ting⁴	定假
,, a favour	ch'iu² ch'ing² yü² jên²	人於情求
Began to speak, directly he	t'a¹ i⁴ k'ai¹ k'ou³	口開一他
Beget,	shêng¹	生
Beggar, a	hua¹-tzŭ	子花
,,	yao⁴ fan⁴ 'rh-ti	的兒飯要
,,	ch'i⁴ kai⁴	丐乞
,, a professional	ta³ hsien² rh	兒閒打
,, description, to	pu¹ k'o³ ming² chuang⁴	狀名可不
Beggary, to live by	ch'i⁴ shih² tu⁴ jih⁴	日度食乞
Begin,	ch'i³-lai	來起
,, to eat	ch'ih¹-ch'i-lai	來起吃
,, (set to work)	tung⁴ shou³	手動
,, on a job	k'ai¹ kung¹	工開
,, ,,	cho² shou³	手著
,, a journey	chi'³ ch'êng³	程起
,, ,,	ch'i³ shên¹	身起
,, by, to . . . to continue by . . . to end by . .	shih³ tsê² i³, chi⁴ tsê² i³, chung¹ tsê² i³	以則終．以則繼…以則始
Beginner, a	li⁴-pên 'rh	兒笨力
,, ,,	ch'i³ mêng²-ti	的蒙啟
Beginning,	k'ai¹ shih³	始開
,,	fa¹ tuan¹	端發
,, in the	t'ang¹ ch'i² ch'u¹	初其當
,,	ch'uang⁴ shih³	始創
,, to rain	hsia⁴-ch'i yü³-lai-lo	咯來雨起下
,, from the	ch'i³ t'ou²-êrh	兒頭起
,, ,,	ta³ t'ou² êrh	兒頭打

Beginning—Being.	70

Beginning, from the	ts'ung² t'ou²-êrh	從頭兒
,, to get well	hao³-ch'i-lai-lo	好起來了
Beguile, to	ku³ huo³	蠱惑
,, (the time)	hsiao¹ ch'ien	消遣
Behalf of, on	tai⁴ t'i⁴	代替
,, (in the name) of so and so	yung⁴ mou³ chih¹ ming² i⁴	用某之名義
Behave towards, to	tai⁴	待
,, rudely	man⁴-tai	慢待
,, properly	shou³ kuei¹-chü	守規矩
Behaved child, a well-	chê⁴ hai²-tzŭ ting³ ssŭ-wên	這孩兒頂斯文
Behaviour,	hsing²-wei	行爲
,,	p'in³-hsing²	品行
,,	chü³-tung-êrh	舉動兒
,, be on your good	yao⁴ lao³-shih tien³ 'rh	要老實點兒
Behead, to	chan³	斬
,,	k'an³ t'ou²	砍頭
,,	k'an³ nao³-tai	砍腦袋
,,	shên¹ shou³ i⁴ ch'u⁴	身首異處
Beheading,	chan³ tsui⁴	斬罪
,, he won't escape	to³ pu¹ kuo⁴ chê⁴ ko⁴ k'an³ tsui⁴	躱不過這個砍罪
,, penalty of	tiao⁴ nao³-tai-ti tsui⁴-kuo-êrh	掉腦袋的罪過兒
Behest of the late emperor, received the dying	shou⁴ hsien¹ ti⁴ chih¹ ku⁴ ming⁴	受先帝之顧命
,, of one's family, received the earnest	shou⁴ chia¹ shih⁴ ting¹ ning² chih¹ chu³	受家室叮嚀之囑
Behind,	hou⁴-t'ou	後頭
,, drop	lo⁴ tsai hou⁴-t'ou	落在後頭
,, others, fall	lo⁴ tsai hou⁴-t'ou	落人後步
,, one's back	pei⁴ hou⁴	背後
,, ,, ,,	pei⁴ ti⁴-li	背地裏
,, you, just	i¹ hui²-shou³-êrh chiu⁴ shih⁴	一回手兒就是
,, the other, one	i³-êrh ting³ i³-êrh-ti tsou³	尾兒頂尾兒的走
,, to walk	kên¹-cho i³-êrh tsou³	跟着尾兒走
,, his words, meaning	i⁴ tsai⁴ yen² wai⁴	意在言外
Behindhand,	k'ao⁴ hou⁴-lo	靠後咯
,, (in arrears)	t'o¹ ch'ien⁴	拖欠
Behold, to	chu⁴ mu⁴	注目
Behoves him to act so, it	li³ ying¹ ju² tz'ŭ³	理應如此
Being, come into	ch'êng² li⁴	成立

Belabour,	luan⁴ ta³	打亂
Belated measures	lin² k'o³ chüeh² ching³	臨渴掘井
Belch, to	ta³ pao³ ko²-êrh	打飽呃兒
Belfry, a	chung¹ lou²	鐘樓
Belgium,	pi³ kuo²	比國
Belief,	hsin⁴ yung⁴	信用
,, religious	hsin⁴ yang³	信仰
Believe, to	hsin⁴	信
,, in	hsin⁴-fu	信服
,, ,,	hsiang¹ hsin⁴	相信
,, firmly that, to	ch'üeh⁴ hsin⁴	確信
Believed it was his, I	wo³ i³-wei-shih t'a¹-ti	我以為是他的
Believer,	hsin⁴ t'u²	信徒
Bell, electric	tien⁴ ling²	電鈴
,,	tien⁴ chung¹	電鐘
,, signal	hao⁴ chung¹	號鐘
,, a large	chung¹	鐘
,, small	ling²-tang	鈴鐺
,, ring the	la¹ ling²-tang	拉鈴鐺
,, strike the	ta³ chung¹	打鐘
,, on pagodas, etc.	t'ieh³ ma³ 'rh	鐵馬兒
Belle,	mei³ jên²	美人
Belles-lettres,	wên² chang¹	文章
Bellicose,	t'iao¹ chan⁴	挑戰
Belligerent,	chiao¹ chan⁴ kuo²	交戰國
Bellows,	fêng¹ hsiang¹	風箱
Belly, the	tu⁴-tzŭ	肚于
,, out, to	ku³-ch'u-lai	鼓出來
Belong to, to (is a part of)	fu⁴ shu³	附屬
,, (to be a native of)	chi²	籍
Belongings,	chia¹ shu³	家屬
,,	so³ yu³ p'in³	所有品
Belongs to	kuei¹	歸
,, ,, his department	kuei¹ t'a¹ pan⁴	歸他辦
,, ,, him	shih⁴ t'a¹-ti	是他的
Beloved,	ch'ung³ ai⁴	寵愛
Below,	ti³-hsia	底下
,, (the under side)	hsia⁴-pien	下邊
,, ,, ,,	hsia⁴-mien	下面
,, a certain number	i⁰ hsia⁴	以下
,, (in hell)	yin¹ chien¹	陰間
,, (in a document)	ju² tso³	如左
,, (inferior in rank)	chü¹ hsia⁴ wei⁴	居下位
Belt, a	tai⁴-tzŭ	袋子
Bench,	têng⁴-tzŭ	櫈子

Bench—Berth.

Bench,	pan³-têng	板凳
" of judges	fa⁴ kuan¹	法官
" "	ts'ai² p'an⁴ kuan¹	裁判官
" (judge's seat)	p'an⁴ shih⁴ hsi²	判事席
" of bishops	chu³ chiao¹ hui⁴	主教會
Bend (as wire), to	wei¹-kuo-lai	喂過來
" " "	wan¹-kuo-lai	彎過來
" to	wan¹	彎
" over (as in writing)	chiu⁴-ho-cho	就合着
" down	wan¹ yao¹ 'rh	彎腰兒
" forward	t'an⁴ shên¹ 'rh	探身兒
" a	wan¹-tzŭ	彎子
Beneath,	hsia⁴-t'ou	下頭
"	ti³-hsia	底下
Benediction, received the (Lama pontiff's)	shou² mo² ting³	受摩頂
Benefactor, a	ên¹ jên²	恩人
"	ên¹ chu³-êrh	恩主兒
" to his countrymen, a	shih³ ssŭ¹ min² t'ung² têng¹ yü² jên² shou⁴ chih¹ yü⁴	使斯民同登仁壽之域
Beneficial,	yu³ i²	有益
Benefit, not without some	wei⁴ shih³ wu² i²	未始無益
" (advantage)	li⁴ i²	利益
" (kindness)	ên¹ tsê²	恩澤
" (performance)	chu¹ chên⁴ hsi⁴	助賑戲
" to the people	ên¹ jun⁴ min² shêng¹	恩潤民生
" by, to	huo⁴ i²	獲益
Benefits,	i²-ch'u	益處
"	hao³-ch'u	好處
Benevolence,	ên¹	恩
"	ên¹ i⁴	恩義
Benevolent,	tz'ŭ² hsin¹	慈心
" society, a	tz'ŭ² shan⁴ hui⁴	慈善會
Bent,	wan¹-lo	彎了
" upon going, was	chih² i⁴ yao⁴ ch'ü⁴	執意要去
" on retirement	ch'ü⁴ chih⁴-shên⁴ chueh²	決志去甚身
" on studying	yu³ hsin¹ hsiang⁴ hsüeh²	有心向學
" (a)	fang¹ hsiang⁴	方向
Bequeathed,	i²-hsia-lai-ti	遺下來的
Bequest,	i² tsêng⁴	遺贈
Bereave,	sang⁴	喪
Berth (situation)	wei⁴ chih⁴	位置
" (sleeping)	ch'uang² wei⁴	牀位
" (of a ship)	ting⁴ po⁴ so²	碇泊所

Beseech—Better.

Beseech, to	yang¹-kao	央告
,,	fêng⁴ ch'iu²	奉求
,,	ai¹-ch'iu	哀求
Beside,	tsai⁴ p'ang² pien¹	在旁邊
,, him, sit	ai¹-cho-t'a tso⁴	挨他坐
Besides (in addition)	ling⁴ wai⁴	另外
,, (moreover)	k'uang⁴ ch'ieh³	况且
,, ,,	êrh² ch'ieh⁰	而且
Besiege, to	kung¹ wei²	攻圍
Besieging army	k'ung¹ ch'êng² chün¹	攻城軍
Bespeak,	yü⁴ ting⁴	預定
Best,	tsui⁴ hao³	最好
,,	ting³ hao³	頂好
,, not to go	hai²-shih pu² ch'ü⁴ hao³	還是不去好
,, in the circumstances, do the	tui⁴-fu-cho pan⁴	對付着辦
,, ,, ,,	chiang¹-chiu-cho pan⁴	將就着辦
,, let's hope for the	yü⁴ yüan²	預緣
Bestir oneself, to	fa¹ fên⁴	發憤
Bestow, to	shang³	賞
,,	tz'ŭ⁴	賜
Bestride, to	k'ua⁴	跨
,,	ch'i²-cho tso⁴	騎着坐
Bet money, to	tu³ ch'ien²	賭錢
,, make a	tu³-ko tung¹-êrh	賭個東兒
,, on the black horse	kua⁴ hei¹ ma³	掛黑馬
Betoken, to	piao³ chi⁴	表記
,, it...s good fortune	chia¹ chao⁴	佳兆
Betelnut,	ping¹-lang	梹榔
Betray one's country, to	mai⁴ kuo²	賣國
,,	nei⁴ ying⁴	內應
,,	ssü¹ t'ung¹ ti² jên²	私通敵人
,, confidence	ku¹ fu⁴	辜負
,, a secret	hsieh¹ lou⁴ pi⁴ mi¹	洩漏祕密
,, (seduce)	kou¹ yin³	勾引
Betrayed them, some one	yu³ jên² kei³ t'ung¹ la	有人給通了
Betrayal,	shih¹ hsin⁴	失信
Betroth a girl, to	t'i² ko⁴ jên² chia¹	提個人家
Betrothed,	hsü³-liao jên²-lo	許了人咯
,,	yu³-liao jên² chia¹ 'rh lo	有了人家兒咯
,, before birth	chih³ fu⁴ wei² hun¹	指腹爲婚
Better not to pull down (the place), would it not have been	yü⁴ ch'i² pu⁴ ch'ai¹ hao³ pu⁴ hao³ ni	與其不拆不好好呢

Better—Big. 74

Better in health, a little	hao³ hsieh¹ 'rh	好些兒
,, a little	hao³-i-tien	好一點
,, than that	pi³ na⁴-ko ch'iang²	比那個強
,, not to go	hai²-shih pu² ch'ü⁴ hao³	還是不去好
,, the more the	yüeh⁴ to¹ yüeh⁴ hao³	越多越好
,, to do it this way than that	yü³-ch'i na⁴-mo pan⁴ mo⁴ jo⁴ chêm-mo-cho-pa	與其這麼辦麼那若怎麼着罷
,, of me, he got the	t'a¹ yao⁴-liao wo³-ko ch'iang²-êrh	他要了我個強兒
,, still, that will be	na⁴ yüeh⁴-fa hao³-lo	那越發好咯
Between, to place	chia¹-tsai chung¹ chien⁴ 'rh	夾在中間兒
,, them, divide it	fên¹-kei t'a-mên	分給他們
,, the second and third moon	tsai⁴ êrh⁴ san⁴ yüeh⁴ chung¹ chien⁴	在二三月中間
Beware of	ti¹-fang	隄防
Bewildered the people by conflicting orders, they	chên¹ pa³ kuo² min² kei³ chih³ shih³ tê hu² li³ hu² t'u² ti la	真把國民給指使得糊裏糊塗的了
,,	huang¹-lo	慌了
,,	mi²-huo-lo	迷惑了
Bewitch, to	yung⁴ hsieh² shu⁴ huo jên²	用邪術惑人
Beyond,	i³ wai⁴	以外
,, the river	ho² na⁴-pien 'rh	河那邊兒
,, my powers	tsai⁴ ch'üan² wai⁴	在權外
,, the time	kuo⁴-lo shih²-hou	過了時候
,, one's income, live	ju⁴ pu⁴ fu¹ ch'u¹	入不敷出
,, count	nan² i³ shu³ chi⁴	難以數計
,, expectation	i⁴ wai⁴	意外
,, scope of	fan⁴ wei² wai⁴	範圍外
Bias,	p'ien¹ chung⁴	偏重
,,	p'ien¹ hsin¹	偏心
,,	p'ien¹ p'i³	偏辟
Biassed view	p'ien¹ chien⁴	偏見
Bible, the	shêng⁴ shu¹	聖書
Bicycle, a	chiao³ t'a⁴ ch'ê¹	腳踏車
,,	tzŭ⁴ hsing² ch'ê¹	自行車
Bid (order), to	fên¹-fu	吩咐
,,	chiao⁴	叫
,,	chu³-fu	囑咐
,, at an auction	chiao⁴ mai³	叫賣
,, ,, ,,	ho¹-ch'u chia⁴-êrh lai²	喝出價兒來
Bide one's time, to	tai⁴ shih² êrh² tung⁴	待時而動
Bier, a	kang⁴	槓
Big,	ta⁴	大

Big—Binding.

Big, grow	chang³ ta⁴	大長
,, to talk	k'ung¹ k'ou³ shuo¹ ta⁴ hua⁴	話大說口空
,, to talk big without the least result	k'ung¹ k'ou³ shuo¹ ta⁴ hua⁴ chên¹ chêng⁴ hsia¹ liao²	聊瞎是眞話大說口空
Bigger, a little	ta⁴-i tien³ 'rh	兒點一大
,, than that	pi³ na⁴-ko ta⁴	大個那比
,, still	hai² ta⁴	大還
,, ,,	kêng¹ ta⁴	大更
Bigamy,	ch'ung² hun¹	婚重
Bigoted,	wan² ku⁴	固頑
,,	ni⁴-yü ch'êng² chien⁴	見成於泥
,,	ku⁴-chih	執固
,,	yü-k'uo	闊迂
Bile,	tan³ chih²	汁膽
Bill, a	i⁴ pi³ chang⁴	賬筆一
,, make out a	k'ai¹ chang⁴	賬開
,, put it in the	chi⁴-shang chang⁴	賬上記
,, to owe a	kai¹ chang⁴	賬該
,, to draw a	ch'ü³ k'uan³ p'iao⁴	票款取
,, of exchange	hui⁴ p'iao⁴	票匯
,, of lading	tsai³ huo⁴ tan¹	單貨載
,, ,,	t'i² huo⁴ tan¹	單貨提
,, of entry	pao⁴ shui¹ tan¹	單稅報
,, of health	wu² ping² chêng⁴ tan¹	單證病無
,, of divorce	li² hun¹ shu¹	書婚離
,, of fare	t'sai¹ tan¹	單菜
,, (parliamentary)	i⁴ an⁴	案議
,, for revision of a law	hsiu¹ chêng⁴ an⁴	案正修
,, a treasury	kuo² k'u⁴ ch'üan⁴	券庫國
Billet,	wei⁴ chih⁴	置位
Billiards, to play	ta³ t'ung³ ch'iu²-êrh	兒球桶打
Bi-metallism,	fu⁴ pên³ ti⁴ wei⁴	位地本複
Bind, to	kuo³-shang	上裹
,,	chi⁴-shang	上繫
,,	pang³-shang	上綁
,,	shuan¹-shang	上拴
,, a book	ting¹ shu¹	書釘
,, a strongly bound book	chuang¹ ting⁴ chieh¹ shih²	實結訂裝
,, was bound by the police	pei⁴ hsün² ching³ kei³ k'un³ ch'i³ lai²	來起梱給警巡被
Binding (edging)	pien¹ 'rh	兒邊
,, put on a	yen²-ko pien¹ 'rh	兒邊個沿

Binoculars—Birthplace. 76

Binoculars,		shuang¹ t'ung³ ch'ien¹ li³ yen³	眼里千筒傳
Biography, a		ch'uan⁴	傳
,,		ming² jên² chuan⁴	傳人名
Bird, a		niao³-êrh	兒鳥
,,	cage	niao³-êrh lung²-tzŭ	子籠兒鳥
Birds,		ch'iao³-niao-êrh	兒鳥雀
,,	of a feather flock together	t'ung² lei⁴ hsiang¹ chü⁴	聚相類同
,,	with one stone, kill two	i⁴ chü³ liang³ tê²	得兩舉一
Bird's eye view		ch'üan² t'u²	圖全
,, ,,		ch'üan² ching³	景全
Bird's nest, a		niao³-êrh wo¹	窩兒鳥
,, ,,	edible	yen⁴ wo¹	窩燕
Birth, at		lao⁴ ts'ao³-êrh-ti shih²-hou 'rh	兒候時的兒草落
,,		fên¹ mien³	娩分
,,		ch'u¹ shêng¹	生出
,,		ch'an³	產
,,	good,	mên² fa²	閥門
,,	(lineage)	mên² ti⁴	第門
,,	premature	hsiao³ ch'an³-lo	咯產小
,,	to a child, give	shêng¹ ch'an³ i-ko hai²-tzŭ	子孩個一產生
,,	exact hour of one's	shên²-mo shih² hou⁴ shêng¹ jên²	人生候時麼甚
,,	exact date and time of	nien² yüeh⁴ jih⁴ shih² so³ shêng¹	生所時日月年
,,	anti-foreign by	hsing⁴ shêng¹ shih⁴ p'ai² wai⁴ ti⁴	的外排是生性
,,	(origin)	yüan² shih³	始元
,,	of an empire	ti⁴ kuo² fa¹ shêng¹	生發國帝
,,	of a nation, new	shan¹ ho² tsai⁴ tsao⁴ jih⁴ yüeh⁴ ch'ung² kuang¹	光重月日造再河山
Birthday,		shêng¹-jih	日生
,,		shêng¹-jih	辰生
,,	celebrate a	kuo⁴ shêng¹-jih	日生過
,,	presents	shou⁴ li³	禮壽
,,	of a sovereign	wan⁴ shou⁴	壽萬
,,	many happy returns of your	chu⁴ nin² shou⁴ hsi³	喜壽您祝
,,	of an empress consort	ch'ien¹ ch'iu¹	秋千
Birthplace,		ku⁴ hsiang¹	鄉故
,,		sang¹ tzŭ³	梓桑

Birthright—Blame.

Birthright,	sheng¹ erh² tê² chih¹ ch'üan² 生而得之權
Biscuits,	kan¹ po¹-po 乾餑餑
,,	kan¹ ping³-êrh 乾餅兒
,,	kan¹-liang 乾糧
,,	ping³ kan¹ 餅乾
Bisect,	chieh² wei² liang³ tuan⁴ 截為兩段
Bishop,	chu³ chiao⁴ 主教
Bismuth,	hsiao¹ suan¹ 硝酸
Bit (horse's)	chíao²-tzŭ 嚼子
,, (piece)	i² k'uai⁴ 一塊
Bitch,	mu³ kou³ 母狗
Bite, to	yao³ 咬
,, of food, have a	ch'ih¹-i-k'ou³ fan⁴ 吃一口飯
Bitter,	k'u³ 苦
,, (acrid)	la⁴ 辣
Bivouac,	lou⁴ yü yeh³ 露於野
,,	lou⁴ ying² 露營
Blab, to	la¹ shê² 拉舌
Black,	hei¹ 黑
,, clothes	ch'ing¹ i¹-shang 青衣裳
,, death	hei¹ ssŭ³ ping⁴ 黑死病
,, board	hei¹ pan³ 黑板
Blackguard, a	ts'ang³-tzŭ 駔子
Blacking,	shua¹ hsüeh¹-tzŭ hei¹ 刷靴子黑
Black-lead,	hei¹ ch'ien¹ 黑鉛
Black-mail, to levy	na² t'a ch'üeh¹ chiao³ wan⁴-êrh o² ch'ien 拿他缺腳兒訛錢
,, money attained by	ch'iao² cha⁴ chih yin² 敲詐之銀
Blacksmith, a	t'ieh³-chiang 鐵匠
Bladder, a	sui¹-p'ao 尿胞
Blade of a knife	tao¹ jên⁴ 'rh 刀刃兒
,, of grass	i⁴ kên¹ ts'ao³ 一根草
,, ,,	ts'ao³ miao²-êrh 草苗兒
Blame, I am not to	kuai⁴-pu-tê wo³ 怪不得我
,, to	kuai⁴ 怪
,,	tsê²-pei 責備
,, him, don't	pieh² kuai⁴-t'a 別怪他
,, on his shoulders, put the	pa³ ts'o⁴ 'rh ko¹-tsai t'a¹ shên¹-shang 把錯兒擱在他身上
,, him (verbally)	shuo¹-t'a 說他
,, I'll take the	wo³ tan¹-tai 我擔代
,, on him, don't put the	pieh² lai⁴ t'a¹ 別賴他
,, for another, bear the	tai⁴ jên² shou⁴ kuo⁴ 代人受過
,, on one man, put all the	tsui⁴ kuei¹ i¹ jên² 罪歸一人

Bland—Blind.

Bland,	jou² ho²	梁和
Blandish, to	ch'an³ mei⁴	諂媚
Blandishment,	yeh³ juug²	冶容
Blank, (n.)	ko² shìh⁴	格式
,, (a.) look	fa¹ tai¹	發呆
,,	wu² shêng¹ ch'i⁴ ti¹	無生氣的
,, cheque, a	k'ung¹ pai² yin² tan¹	空白銀單
,, form	k'ung¹ pai² tan¹-tzŭ	空白單子
Blanket, a	chan¹-tzŭ	毡子
Blankly,	mang² jan²	芒然
Blasphemy,	fan⁴ shêng⁴ chih¹ yü³	犯聖之語
Blast,	ch'ung¹ fêng¹	衝風
,, to	p'o⁴ lieh⁴	破裂
Blast-furnace,	ch'ung¹ fêng¹ lu²	衝風爐
Blaze,	huo³ yen⁴	火焰
,, burst into a	wang³ shang⁴ hung¹-lo	往上烘咯
,, of a fire	huo³ miao²-êrh	火苗兒
Blazing sun, in the	pao⁴ t'ai⁴-yang ti⁴-li	爆太陽地裏
Blazoned abroad, (as a famous man's name)	ju² pao⁴ lei² chên⁴ êrh²	如暴雷震耳
Bleach, to	p'iao³	漂
Bleed, to	liu² hsieh³	流血
Blemish, a	mao²-ping	毛病
,, a slight	yu³-i tien³ rh hsiao³ tz'ŭ¹	有一點兒小玼
Blend, to	ch'an¹-ho	攙和
,, mercy with justice, to	ên¹ wei¹ ping⁴ yung⁴	恩並威用
,, leniency with severity	k'uan¹ mêng³ hsiang¹ chi⁴	寬猛相濟
Blending of interests	ching¹ wei² ho² lin²	涇渭合流
Blessing,	hsing⁴ fu²	幸福
,, what a!	ho² hsing⁴ ju² chih¹	何幸如之
Blessings,	fu²-ch'i	福氣
,, to invoke	chu⁴ fu²	祝福
Blind,	yen³ hsia¹-lo	眼瞎了
	hsia¹-liao yen³-ti	瞎了眼的
,, man, a	hsia¹-tzŭ⁴ (a blind man is always addressed as hsien¹-shêng)	瞎子
,, ,,	ku³ jên²	瞽人
,, ,,	sang⁴ ming²	喪明
,, man's buff	mo¹ hsia¹ 'rh	摸瞎兒
,, (of reeds, etc.)	lien²-tzŭ	簾子
,, to expect further official protection, they must be	jo⁴ tsai⁴ chih³ wang⁴ kuan¹ fu³ pao³ hu⁴ chien² chih² ti¹ shih⁴ hsia¹ la hsin la¹!	若再指望官府保護簡直的是瞎了心啦!

Blind of one eye	ku³ i² mu⁴	瞽一目
,, attachment	ni⁴ ai⁴ pu¹ ming²	溺愛不明
,, ditch	an⁴ kou¹	暗溝
,, wall	wu² ch'uang¹ chih¹ ch'iang²	無窗之牆
,, alley	tuan⁴ hsiang⁴	斷巷
,, ,,	ssŭ³ hu² t'ung rh	死胡同兒
,, drunk	ta⁴ tsui⁴	大醉
,, to the cause of one's ruin	shou⁴ ch'iung² pu¹ hsing³ ch'iang¹	受窮不腥醒
,, the one-eyed is king, in the realm of the	tz'ŭ³ ti⁴ wu²chu¹ sha¹ hung² t'u³ wei² kuei⁴	此地無珠砂紅土爲貴
Blindfold, to	mêng²-shang yen³-ching	蒙上眼睛
,, could go there	wo³ pi⁴-cho yen³-ching chiu⁴ ch'ü⁴-lo	我閉著眼睛就去咯
Bliss,	t'ien fu²	天福
Blister, a	p'ao⁴-êrh	泡兒
,, raised by burning	liao² chiang¹ p'ao⁴	燎漿泡
,, blood	hsieh³ p'ao⁴-êrh	血泡兒
,, raise a	ch'i³ p'ao⁴-êrh	起泡兒
Block pulley, a	hua²-tzŭ	滑子
,, ,,	hua² ch'ê¹-tzŭ	滑車子
,, (obstruct), to	tang³	擋
,, for chopping	ts'ai⁴ tun¹-tzŭ	菜墩子
,, up a hole	tu³-shang	堵上
,, printing	mu⁴ pan³	木板
, system	t'ieh³ tao⁴ chu⁴ tuan⁴ hsin¹ hao⁴ fa³	鐵道逐段信號法
,, headsman's	tuan⁴ t'ou² chan¹	斷頭砧
Blocked (by crowds), the roads were	t'n² wei⁴ chih¹ sai¹	途爲之塞
Blockade, to	fêng¹ so⁸	封鎖
,, a	so³ chiang³	鎖港
Blocked up	tu³-shang-lo	堵上咯
Blockhead, a	pên⁴ chia¹-huo 'rh	笨傢伙兒
,, ,,	ch'un³ wu⁴-êrh	蠢物兒
Blood,	hsieh³	血
,, relations	pên³ chia¹	本家
,, is thicker than water	ou¹ pu⁹ chien⁴ ch'in¹	疏不間親
,, stains	hsüeh³ chi⁴	血跡
,, was up, my	wo³ fa¹ ta⁴ nu⁴	我發大怒
,, royal (ex-imperial)	tsung¹ shih⁴	宗室
,, (pure bred horse), a	shun² chung³	純種
,, bad	pu¹ ho²	不和
Blood vessels	hsüeh³ kuan³	血管
Blooded, cold	liang² hsüeh³ ti¹	涼血的
Bloom, to	k'ai¹ hua¹	開花

Bloom, a	hua¹ to³ 'rh	花朵兒
Blot, a	mo⁴ tien³ 'rh	墨點兒
,, on the Republic at its birth, this is a great	Chung¹ hua² min² kuo² i² k'ai¹ p'i⁴-chi² mêng² chê⁴ mo i¹ ta⁴ wu¹ tien³	中華民國開卽蒙這一大污點
,, the one, (amari, aliquid)	mei³ chung¹ pu¹ tsu²	美中不足
Blots of despotism, remove the foul	ti³ tang⁴ chuan¹ chih⁴ chih¹ hsia² wei⁴	滌蕩專制之瑕穢
Blotted,	mo⁴ tsang¹-lo	墨髒咯
Blotting-paper,	ch'ih¹ mo⁴ chih³	吃墨紙
Blow up with gunpowder	na² huo³ yao⁴ hung¹	拿火藥轟
,, ,,	p'o⁴ lieh⁴	破裂
,, ,, (reprimand)	shuo¹-t'a i² tun⁴	說他一頓
,, (of wind), to	koa¹ fêng¹	颳風
,, with the mouth	ch'ui¹	吹
,, strike a	ta³-i-hsia 'rh	打一下兒
,, the nose	hsing³ pi²-ting	醒鼻丁
,, ,,	hsing³ pi²-tzŭ	醒鼻子
,, the wind blew his hat off	fêng¹ ch'ui¹ tiao⁴-liao mao³-tzŭ	風吹掉了帽子
Blow-pipe, a	ch'ui¹ huo³ t'ung³	吹火筒
Blue,	lan²	藍
Bluebottle fly, a	lü⁴ tou⁴ ying²	綠豆蠅
Blue-book,	lan² p'i² shu¹	藍皮書
Blue-peter,	ch'u¹ fan¹ ch'i²	出帆旗
Bluff, (n.)	hsü¹ tso⁴ shêng¹ shih⁴	虛作聲勢
Blunder,	shih¹ ts'ê⁴	失策
Blunders in writing	ts'o⁴ lo⁴	錯落
,, in reckoning, etc.	ts'o⁴-êrh	錯兒
Blunt,	tun⁴-lo	鈍了
,,	kêng³ chih²	梗直
Blurred,	ma² hu-lo	蔴胡咯
,,	mi²-hu-lo	瞇胡咯
,,	ying³ ying³ ch'o⁴ ch'o⁴-ti	影影綽綽的
Blush,	mien⁴ ch'ih⁴	面赤
,, to	hung²-lo lien³	紅了臉
Blustering behaviour	p'ao²-hsiao-ti yang⁴-tzŭ	咆哮的樣子
,,	ts'u¹-ts'ao	粗糙
Boar, a wild	yeh³ chu¹	野猪
Board, a	pan³-tzŭ	板子
,, a ship, go on	shang⁴ ch'uan²	上船
,, (bureau)	pu⁴	部
,, (keep)	huo³ shih²	伙食
Boarder,	chi⁴ hsiu³ jên²	寄宿人

Boast, to	shuo¹ tsui³	說嘴
,,	k'ua¹ k'ou³	誇口
,,	shuo¹ ta⁴ hua⁴	說大話
Boat, a	i⁴ chih¹ ch'uan²	一隻船
,, house	ch'uan² wu⁴	船塢
,, man	ch'uan²-chia	船家
Bodied, large	shên¹-k'uang-êrh ta⁴	身匡兒大
Body, the	shên¹-tzŭ	身子
,, (association)	t'uan² t'i³	團體
,, main (troops)	pên¹ chün¹	本軍
,, diplomatic	wai⁴ chiao¹ t'uan²	外交團
,, consular	ling³ shih⁴ t'uan²	領事團
,, whole of one's	man³ shên¹	滿身
Bodyguard,	hu⁴ wei⁴ ping	護圍兵
Bogus,	chia³ ti¹	假的
Boil, to	chu³	煮
,, a	ko¹-ta	疙疸
Boiled hard	chu³ lao³-lo-ti	煮老咯的
,, soft	chu³ nên⁴-lo-ti	煮嫩咯的
Boiler, a	ch'i⁴ kuo¹	氣鍋
,, water tube	shui³ kuan³ shih⁴ ch'i⁴ kuo¹	水管式氣鍋
Boiling water	k'ai¹ shui³	開水
Boils, to suffer from	chang³ ko¹-ta	長疙疸
Boisterous weather	fêng¹ yü³ ta⁴ tso⁴	風雨大作
,, wind	k'uang² fêng¹	狂風
Bold,	yung³	勇
,, very	hao³ ta⁴ tan³-tzŭ	好大胆子
Bolster, a	ch'ang² chên³	長枕
Bolt, a	ch'a¹-kun 'rh	插棍兒
,, to	ch'a¹-shang ch'a¹-kun 'rh	插上插棍兒
,, (flour, etc.)	lo²-i-lo²	羅一羅
,, one's food	chih² t'un¹ chêng³ yen⁴	直吞整咽
,, from the blue, a	ch'ing¹ t'ien¹ p'i¹ li⁴	青天霹靂
,, (abscond), to	shu³ ts'uan⁴ êrh² ch'ü⁴	鼠竄而去
,,	ch'u¹ pên¹	出奔
Bomb,	cha⁴ tan⁴	炸彈
,, a	cha⁴ p'ao⁴	炸砲
Bombard, to	p'ao⁴ chi¹	砲擊
Bombast,	kao¹ lun⁴	高論
Bonâfide,	hsin⁴ shih²	信實
,,	chên¹ ch'üeh⁴	真確
Bond,	chêng⁴ shu¹	證書
Bond (recognizance)	kan¹ chieh²	甘結
,, give a	chü⁴ pao³ chieh²	具保結

Bond, moral	tao⁴ tê² shang⁴ chih¹ i⁴ wu⁴	道德上之義務
,, goods placed in	ts'un² fang¹ kuan¹ chan⁴ chih¹ huo⁴	存放棧關之貨
,, bearing interest at 5%	wu³ li² hsing² hsi² chih¹ chai⁴ p'iao⁴	五行息之值票
,, holder	ku³ tung¹	股東
,, (debenture)	ku³ p'iao⁴	股票
,, (loan)	ch'ai⁴ p'iao⁴	債票
Bonded goods	huo⁴ tai⁴ na⁴ shui⁴ fang¹ chun³ t'i² ch'ü⁴	貨待納稅方准提去
,, warehouse	pao³ shui⁴ kuan¹ chan⁴	保稅關棧
Bone,	ku²-t'ou	骨頭
,, chilled to the	fêng¹ ch'ui¹-ti t'ou⁴ ku³	風吹的透骨
,, of contention, a	chêng¹ tien³	爭點
,, ,, ,,	t'ou² ku³ yü² ti⁴ chung⁴ ch'üan³ chêng¹ chih¹	投骨於地眾犬爭之
,, the wound penetrated to the	shên¹ chih⁴ ku³	深至骨
Bone-setter,	chieh¹ ku³	接骨
Bonus, a	ch'ou² lao²	酬勞
,,	ê² wai⁴ ching¹ t'ieh	額外津貼
,,	kung¹ chi¹ yü² li⁴	公積餘利
,,	hua¹ hung² yin²	花紅銀
Bonze, a	ho²-shang	和尚
Book, a	shu¹	書
,, (single volume)	i⁴ pên³ shu¹	一本書
,, (whole work)	i² pu⁴ shu¹	一部書
,, register or note	pu⁴-tzŭ	簿子
,, cover	shu⁴ t'ao⁴	書套
Books than believe all their contents, better have no	chin⁴ hsin⁴ shu¹ pu⁴ ju² wu² shu¹	盡信書不如無書
Bookcase, a	shu¹ ko²-tzŭ	書格子
,,	shu¹ chia⁴-tzŭ	書架子
,, marker	shu¹ ch'ien¹ 'rh	書籤兒
Booking office, a	mai¹ p'iao⁴ so³	賣票所
Book-collector,	ts'ang² shu¹ chia¹	藏書家
Book-keeping,	pu⁴ chi⁴ fa³	簿計法
,, ,, by single entry	tan¹ shih⁴ pu⁴ chi⁴	單式簿計
,, ,, double ,,	fu⁴ shih⁴ pu⁴ chi⁴	複式簿計
Book-shop,	shu¹ p'u⁴	書舖
Book-worm,	tu² shu³ p'i³	讀書癖
,, (insect)	tu⁴ yü²-tzŭ	蠹魚子
,, (student)	shu¹ tai¹ tzŭ	書獃子

Boom (in trade), a	hsiao¹ lu⁴ hu¹ kuang³	廣忽路消
Boorish,	yeh³ man²	蠻野
,, (untaught)	shao³ t'iao² shih¹ chiao⁴-ti	的教失調少
Boot,	hsüeh¹-tzŭ	子靴
,, trees or lasts	hsüan⁴-t'ou	頭楦
,, lace	hsüeh¹ tai⁴ tzŭ	子帶靴
,, maker	tso⁴ hsüeh¹-tzŭ-ti	的子靴做
Booth, a	p'êng²	棚
Booty,	tsang¹	贓
Borax,	p'êng² sha¹	砂硼
Border (frontier)	pien¹-chieh	界邊
,, (edge)	pien¹ 'rh	兒邊
,, on the improper	chin⁴-yü huang¹-t'ang	唐荒於近
,, (of a journal), appear	ssŭ⁴ fang¹ chia¹ ts'u¹ pei¹	
with a mourning	hsien⁴ pien¹	邊線黑粗加方四
Bore a hole, etc., to	tsuan¹	鑽
,, of a gun	k'ou³ ching⁴	徑口
,, (nuisance), a	kuai⁴ hsü⁴-fan-ti	的煩絮怪
,, a	t'ao³ hsien²	嫌討
,, what a!	chê⁴-ts'ai² ni⁴-fan-ni	呢煩膩纔這
Bored with listening	t'ing-ti ni⁴-fan	煩膩的聽
,, sitting still	tso⁴-ti yen⁴-fan	煩厭的坐
Born, to be	shêng¹	生
,, and bred	shêng¹ chang³	長生
,, directly he was	i² lao⁴ p'ao¹ t'ai¹	胎胞落一
,, so	t'ien¹ shêng¹-ti	的生天
Borrow, to	chieh⁴	借
,, for one's own extravagances, to	t'ao¹ k'u¹ lung chih¹ tsui³	嘴之窿窟掏
Borrowed nominally	ming² wei² chia³ chieh¹	借假爲名
Bosh!	hu² shuo¹-ti	的說胡
Bosom, the	huai²	懷
,,	hsiung¹ p'u²-tzŭ	子脯胸
Bosom-friend,	chih¹ chi³ chih¹ yu³	友之己知
Boss over me, don't come the	pieh² ho wo³ ch'ung¹-ch'i chu³-tzŭ lai²	來子主起充我和別
Botany,	chih²-wu hsüeh²	學物植
Both,	liang³-ko	個兩
,,	tou¹	都
,, young and old	lien³ lao³ tai⁴ shao⁴	少帶老連
,, of us	ni³ wo³ tou¹	都我你
,, good and cheap	yu⁴ hao³ yu⁴ p'ien²-i	宜便又好又
,, sides, losses on	liang³ pai⁴ chü¹ shang¹	傷俱敗兩
,, parties	liang³ fang¹	方兩
,, ,,	shuang¹ fang¹	方雙

Bother—Bow. 84

Bother (importune), to	lo¹-so	索 勒
,, me, don't	pieh² ch'an³ wo³	我 攙 別
,,	pieh² chiao³ wo³	我 攪 別
,, what a!	chê⁴-ts'ai² ni⁴-fan	煩 膩 纔 這
Bothering thing, I don't want the	pu² yao⁴ chê⁴ lang⁴ tung¹-hsi	西 東 混 這 要 不
Bottle, a	p'ing²-tzŭ	子 瓶
,, to	kuan⁴-tsai p'ing²-tzŭ-li	裏 子 瓶 在 灌
Bottom,	ti³	底
,, sank to the	ch'ên²-tao ti³-hsia-lo	咯 下 底 到 沈
,, reach to the	ting³ tao⁴ ti⁴ rh	兒 地 到 頂
,, (of an action), be at the	chu³ tung⁴	勒 主
,, (ship's), double	ch'ung² ti³	底 重
Bottomry,	i³ ch'uan² ya¹ yin²	銀 押 船 以
Bough, a	shu⁴ chih¹-tzŭ	子 枝 樹
Bounce (as a ball), to	pêng⁴	迸
Bound, a	chi⁴ hsien⁴	限 際
,, at one	i³ yüeh⁴ êrh² chih⁴	至 而 躍 一
,, (participle)	fên⁴ so³ tang jan²	然 當 所 分
,, to accept, felt	i⁴ pu¹ jung² tz'ŭ²	辭 容 不 義
,, for, place one is	mu⁴ ti¹ ti⁴	地 的 目
,, (jump), to	pêng⁴	迸
,,	t'iao⁴	跳
,, by rules	hsien⁴-yü chang¹-ch'êng	程 章 於 限
,, to happen	pi⁴ ting⁴ shih⁴ na⁴-mo-cho	着 麼 那 是 定 必
,, to go, am	pu⁴ nêng² pu⁴ ch'ü⁴	去 不 能 不
Boundary-line,	ching⁴ chieh⁴ hsien⁴	綫 界 境
,, mark	ching⁴ chieh⁴ piao¹	標 界 境
Boundless,	wu² hsien⁴	限 無
Bounds to it, no	mei² ch'iung² chin⁴	盡 窮 沒
,, (of a country)	ching⁴ chieh⁴	界 境
,, ambition has no	yeh³ hsin¹ wei⁴ pao³	飽 未 心 野
,, liberty must be within legal	tzŭ¹ yu² ying¹ yu² fa⁴ lü⁴ wei² fan⁴ wei²	圍 範 爲 律 法 由 應 自
,, of propriety, exceeds the	yüeh⁴ li³	禮 越
Bounty,	ên¹	恩
,,	ên¹-tien	典 恩
Bow to public opinion	ch'ü¹ fu² yü² yü² lun⁴ chih¹ hsia⁴	下 之 論 輿 於 服 屈
,, the head	ti¹ shou³	首 低
,, to make a	ha¹-ha yao¹-êrh	兒 腰 合 哈
,,	tso⁴ i¹	揖 作
,, a	kung¹	弓

Bow—Branch

Bow, draw a	la¹ kung¹	拉弓
Bowels,	ch'ang²-tzǔ	腸子
,,	wu³ tsang⁴	五臟
,, obstruction of	ta⁴ pien⁴ pi⁴ chieh²	大便閉結
Bowl, a	wan³	碗
,, finger	ching⁴ shou³ wan³	淨手碗
Bowlegged,	lo²-ch'üan t'ui³ 'rh	羅圈腿兒
Bow-shot, within	i³ chien⁴ yüan³	一箭遠
Box, a large	hsiang¹-tzu	箱子
,, a small	hsia²-tzǔ	匣子
,, ,,	ho²-tzǔ	盒子
,, on the ear	êrh³ kua¹-tzǔ	耳刮子
,, to	ta³ ch'üan²-t'ou	打拳頭
Boxers, the	ch'üan² fei³	拳匪
,,	i⁴ ho² ch'üan²	義和拳
Boxes on the face, gave him a couple of (vulgar)	ching⁴ la liang³ ko⁴ kuo¹ t'ieh¹ 'rh	敬了兩個鍋貼兒
Boy, a	hai²-tzǔ	孩子
,,	hsiao³-tzǔ	小子
,,	hsiao³ t'ung²	小童
Boycott, to	ti³ chih⁴	抵制
Brace up one's spirits	t'i¹ ch'i³ ching¹ shên²	提起精神
,, up one's energy	chên⁴ shua ching¹ shên²	振刷精神
Bracelet, a	cho²-tzǔ	鐲子
Braces,	pei¹ tai⁴-tzǔ	背袋子
Bracket to support shelf, etc.	yü²-tzǔ	舁子
Bradawl, a	chui¹	錐
Brag, to	shuo¹ tsui³	說嘴
,,	shuo¹ ta⁴ hua⁴	說大話
,,	k'ung¹ kou³ shuo¹ ta⁴ hua⁴	空口說大話
Braggart language	chuang⁴ jên² chuang⁴ yü³	壯人壯語
Braid,	t'ao¹-tzǔ	絛子
Brain, concussion of	nao³ t'i³ chên⁴ chuang⁴	腦體震撞
,, power	nao³ li⁴	腦力
Brains,	nao³-tzǔ	腦子
Brake, a	chih⁴ tung⁴ chi¹	制動機
,, ,,	ch'ê¹ tang⁰	車擋
,, air	ch'i⁴ chih⁴ tung⁴ chi¹	氣動制機
,, van	chih⁴ tung⁴ ch'ê¹	制動車
,, ,,	huan³ chi² ch'ê¹	緩急車
Bran,	fu¹-tzǔ	麩子
Branch of a tree	shu⁴ chih¹-tzǔ	樹枝子
,, of a family	chih¹-tzǔ	枝子
,, ,,	chih¹ p'ai⁴	支派
,, bank	fên⁴ hang²	分行

Branch—Break. 86

Branch road	ch'a⁴ tao⁴	岔道
,, station (e.g., police)	ch'u¹ chang¹ so³	派出所
,, ,, ,,	p'ai⁴ ch'u¹ so³	派出所
,, of a firm	chih¹ tien⁴	支店
,, line	chih¹ hsien⁴	支線
,, ,,	chih¹ lu⁴	支路
,, of study	hsüeh k'o¹	學科
,, of river	chih¹ liu²	支流
,, root and	lien² kên¹ tai⁴ chih	連根帶枝
Brand, to	ta³ huo³ yin⁴	打火印
,, new	chan³ hsin¹-ti	斬新的
Brandish, to	lun¹	掄
,,	shua³	耍
Brandy,	po-lan-ti chiu³	百蘭的酒
Brass,	t'ung²	銅
Brave,	ta⁴ tan³-tzŭ	大膽子
,,	yung³	勇
Bray, to	chiao⁴-huan	叫喚
Brawl,	hsüan¹ hua²	喧嘩
Brazen-faced,	t'ien² pu¹ wei⁴ kuai⁴	恬不爲怪
,,	hou⁴ p'i² hou⁴ lien³	厚皮厚臉
Brazier, a	lu²	爐
,,	t'an⁴ lu²	炭爐
Breach, a	k'ou³-tzŭ	口子
,, made a	k'ai¹-liao k'ou³-tzŭ	開了口子
,, of covenant, etc.	wei¹-pei	違背
,,	wei¹	違
,, of the law	fan⁴ fa³	犯法
,, of etiquette	fan⁴ kuei¹-chü	犯規炬
,, of friendly relations	p'o⁴ lieh⁴	破裂
,, of contract	wei¹ yüeh¹	違約
,, of peace	fang¹ hai² chih⁴ an¹	妨害治安
,, of prison	t'o¹ yü⁴	脫獄
Bread,	mien⁴ pao¹	麵包
,, Chinese steamed	man²-t'ou	饅頭
Breadth,	k'uan¹ chai³	寬窄
,,	k'uan¹ tu⁴	寬度
,, within a hair's	chien⁴ pu¹ jung² fa³	間不容髮
Break (smash), to	ta³ p'o⁴-lo	打破咯
,, in a horse	p'ai² ma²	排馬
,, open	ta³-k'ai	打開
,, (snap)	shê²	折
,, off the marriage	chiang¹ ch'in¹ shih⁴ tso⁴ pa⁴	將親事作罷
,, out (epidemic)	fa¹ shêng¹	發生

Break—Breed.

Break out (of a fire)	shih¹ huo³	失火
,, up	san⁴ hui	散會
,, with, to	chüeh² chiao¹	絕交
,, a promise	pei⁴ yüeh¹	背約
,, ,,	shih¹-lo yüeh¹-lo	失了約略
,, destroy)	p'o⁴ huai⁴	破壞
,, a seal	k'ai¹ fêng¹	開封
,, ground (engineering)	k'ai¹ kung¹	開工
,, off negotiations	t'an² p'an⁴ p'o⁴ lieh⁴	談判破裂
,, friendship	chüeh² chiao¹	絕交
,, up a camp	pa² ying²	拔營
,, precedent	p'o⁴ li⁴	破例
,, wind	fang⁴ p'i⁴	放屁
,, engagement	shih¹ yüeh¹ hui rh	失約會兒
Breakfast,	tsao³ fan⁴	早飯
,, ready, is?	fan⁴ hao³-lo ma	飯好了嗎
Break-neck speed, drive at	chi² ch'ü¹	疾驅
Break-up (e.g., of China)	wa³ chieh³	瓦解
,, likely to break up	yu³ wa³ chieh³ chih¹ shih⁴	有瓦解之勢
,, cabinet is *breaking-up*	nei⁴ ko² shih⁴ chiang¹ wa³ chieh³	內閣勢將瓦解
Break, no danger of any (of policy)	wu² chuang¹ tao⁴ pien⁴ kêng¹ chih¹ lü⁴	無中道更張之慮
Break-water,	fang² po¹ ti¹	防波堤
,,	lan¹ chiang³ pa⁴	攔港壩
Breast, the	hsiung¹ p'u²-tzŭ	胸脯子
,, lay up in one's	chih¹ yü² hsiung¹ chung¹	置於胸中
,, of, make a clear	k'ai¹ hsin¹ chien⁴ ch'êng²	開心見誠
Breasts,	nai³ p'ang¹-tzŭ	奶胖子
Breast-work	ying² lei³	營壘
Breath,	ch'i⁴	氣
,, out of	ch'uan³ ch'i⁴	喘氣
,, not to be mentioned in same (with so and so	pu⁴ k'o³ t'ung² jih⁴ erh² lun⁴	不可同日而論
,, (an instant)	shun⁴ hsi²	瞬息
,, stirring, not a	ch'iao¹ ya¹ wu² shêng¹	悄鴉無聲
,, hold the	chih¹ ch'i⁴	制氣
Breathe (exhale), to	ch'u¹ ch'i⁴	出氣
,, (inhale)	hsi¹ ch'i⁴	吸氣
,, on glass, etc.	ha¹-i-ha	哈一哈
Breech,	t'un²	臀
,, of a gun	hou⁴ tu¹	後都
,, ,,	hou⁴ t'ang²	後膛
,, loading gun	hou⁴ t'ang² ch'iang¹	後膛鎗
Breed, mixed	tsa² chung³	雜種

Breed—Bright.

Breed (as animals, pets, etc.)	yang³	養
Breeding,	chiao⁴ yü⁴	育教
,,	li³ i²	儀禮
,,	li³ mao⁴	貌禮
Breeze, a	fêng¹	風
,, light	ch'ing¹ fêng¹	風輕
Brevet rank	hsien²	銜
,, of the second rank	êrh⁴ p'in³ hsien²	銜品二
Brevity,	chien³ tan¹	單簡
Brew, to	niang⁴	釀
,,	niang⁴ tsao⁴	造釀
Bribe, a	hui⁴-lu	賂賄
,, to give	hsing² hui⁴-lu	賂賄行
,, to receive	shou⁴ hui⁴-lu	賂賄受
Bribes, give	hsing² hui⁴	賄行
,, purchase by	hui⁴ mai³	買賄
Brick, a	chuan¹ t'ou²	頭磚
,, tea	chuan¹ ch'a²	茶磚
Brickbats, a heap of	sui⁴ chuan¹ i² p'ien⁴	片一磚碎
Bricklayer, a	wa³-chiang	匠瓦
Bricks,	chuan¹	磚
,, to lay a floor of	man⁴ chuan¹	磚墁
,, in layers, to lay	ch'i⁴ chuan¹	磚砌
Bride,	hsin¹ jên²	人新
,,	hsin¹ hsi²-fu-êrh	兒婦媳新
,,	hsin¹ ku¹-niang	娘姑新
Bridegroom, a	hsin¹ lang²	郎新
,,	hsin¹ ku¹-yeh	爺姑新
Bridge, a	i² tao⁴ ch'iao²	橋道一
,, floating	fu² ch'iao²	橋浮
,, suspension	lien⁴ ch'iao²	橋鍊
,, of the nose	pi² liang²-êrh	兒梁鼻
,, of a guitar	hsien² tzŭ ma³-êrh	兒馬子絃
,, of a steamer	wang⁴ t'ai²	台望
,, to	chien⁴ ch'iao²	橋建
Bridle (head-stall)	lung²-t'ou	頭籠
,, (reins)	ch'ê²-shou	手扯
,, put on a	t'ao⁴-shang chiao²-tzŭ	子嚼上套
Brigade,	lü³	旅
,, a	hsieh²	協
,, mixed	hun⁴ ch'êng² lü³	旅成混
Brigadier,	lü³ chang³	長旅
Brigand,	(ma³) tsei²	賊 (馬)
Bright,	liang⁴	亮
,, to be	fa¹ liang⁴	亮發

Brilliance—Broach.

Brilliance,	kuang¹ ts'ai³	彩光
Brilliant,	kuang¹-liang	亮光
,,	kuang¹-jun	潤光
,,	ming²-liang	亮明
,,	hsien³-cho	著顯
,, (of flowers, etc.)	hsien¹ yen⁴	豔鮮
,, inspiration, he had a	ch'i² hsiang³ t'ien¹ k'ai¹	開天想奇
,, achievement	hsien³ ho⁴ chih¹ kung¹	功之赫顯
Brim, full to the	man³-tao pien¹ 'rh-shang	上兒邊到滿
Brimstone,	liu²-huang	黃磺
Bring, to	na²...lai²	來...拿
,, to (colloquially na² 拿 of inanimate things carried in the hands: tai⁴ 帶 of persons)		
,, him here	pa⁴ t'a wan³-liao lai²	了挽他把來
,, breakfast, dinner, etc.	k'ai¹ fan⁴	飯開
,, up a child	yang³	養
,, with, *brought* so and so with me	wo³ pa⁴ mou³ tai⁴ lai² la	我把某帶來了
,, he *brought* the horse	t'a¹ la¹ ma³ lai² la	他拉馬來了
,, about	chih⁴ yu³	有致
,, back	ch'ü³ hui²	回取
,, an action	ch'i³ su⁴	訴起
,, to light	fa¹ ch'u¹	出發
,, forward	t'i² ch'u¹	出提
,, in (import)	yün⁴ ju⁴	入運
,, rice to Peking	yün⁴ mi³ lai² ching¹	京來米運
,, on	shou³ ch'i³	起首
,, ,, (aid)	chu⁴ chang³	長助
,, over	kan³ hua⁴	化感
,, out (a book)	ch'u¹ pan³	板出
,, up a matter	t'i² ch'i³ hua⁴ t'ou² rh	兒頭話起提
,, word	pao⁴ jên² chih¹	知人報
,, to life again	tsai⁴ tsao⁴	造再
,, with one	hsieh² tai⁴	帶攜
,, a letter with one (e.g., pa⁴ hsin⁴ shao¹ lai² to oblige another and not owing to being specially sent for the purpose)		來捎信把
Bringal,	ch'ieh²-tzŭ	子茄
Brisk,	huo² p'o¹	潑活
,,	shuang³-k'uai	快爽
Bristles, hog's	chu¹ tsung¹	鬃猪
Brittle,	ts'ui⁴	脆
,, material	ch'i² chih³ ts'u¹ ts'ui⁴	脆粗質其
Brittle, society is very	shê⁴ hui⁴ chih⁴ ts'ui⁴	脆至會社
Broach, to	k'ai¹ yen²	言開

D

Broach—Brougham. 90

Broach, to	t'i² ch'i³	起揑
Broad,	k'uan¹	寬
,, gauge	ku'an¹ kuei³	軌寬
,, cloth	ta⁴ ni²	呢大
,, daylight	pai² chou⁴	晝白
,, views	wu² chen³ yü⁴ chih¹ p'ien¹ chien⁴	見偏之域畛無
,, minded	ta⁴-ch'i	器大
,, ,,	ta⁴-fang	方大
Brocade,	chin³	錦
Broiling hot	yen² jo⁴	熱炎
Broil, to	chien¹	煎
Broken,	p'o⁴-lo	了破
,, to pieces	sui⁴-lo	咯碎
,, to harness	p'ai²-lo-ti	的了排
Brokerage,	yung⁴ ch'ien	錢用
,,	chien¹ k'o⁴ chung¹ fei⁴	費中客肩
,,	chung¹ fei⁴	費中
,,	shou³ shu⁴ liao⁴	料數手
Broker, a	ching¹-shou jên²	人手經
,,	ya²-tzŭ	子牙
,,	ching¹-chi	紀經
Bronze,	hung² t'ung²	銅紅
,,	t'ung²	銅
Brood, a	i⁴ wo¹	窩一
Brook, a	shan¹ hsi¹	溪山
Broom, a	t'iao²-chou (sao⁴-chou)	箒掃
Broth,	t'ang¹	湯
Brothel,	chi⁴ nü³ kuan³	館女妓
,, a	yao²-tzŭ	子窰
Brothels, to frequent	kuang⁴ yao² tzu	子窰逛
Brother, elder	ko¹-ko	哥哥
,, younger	hsiung¹-ti	弟兄
Brothers,	ti⁴-hsiung	兄弟
,, have you, how many?	kuei⁴ k'un¹-chung chi³ wei⁴	位幾仲昆貴
Brother-in-law (elder sister's husband)	chieh³ fu¹	夫姐
,, (younger sister's husband)	mei⁴ fu¹	夫妹
,, (husband's brother, elder)	ta⁴ pai³-tzŭ	子伯大
,, ,, younger	hsiao³-shu-tzŭ	子叔小
Brougham, a	yang² ma³ ch'ê¹	車馬洋
,,	ssŭ⁴ lun² ch'ê¹	車輪四

Brown,	tsung¹-sê	色棕
,,	li⁴-sê	色栗
Brows,	o²	額
,, (forehead)	nao³ mên²-tzŭ	子門腦
,, to knit the	chou⁴ mei²	眉縐
Bruise, a	shang¹ hên²	痕傷
Bruised,	p'êng⁴ ch'ing¹-lo	略青砰
,,	ta³ ch'ing¹-lo	略青打
Brunt of, bear the	ch'ung¹ fêng¹	鋒衝
,, of the negotiation, bear the	tang¹ t'an² p'an⁴ chih¹ ch'ung¹	衝之判談當
Brush, a	shua¹-tzŭ	子刷
,, feather	tan³-tzŭ	子撣
,, to	shua¹-i-shua	刷一刷
,, for applying cosmetics	min³-tzŭ	子抿
,, for copying press	p'ai² pi³	筆排
Brutal,	hsin¹ hên³	狠心
,,	ts'an² jên²	忍殘
Brutally, to treat	nüeh⁴ tai⁴	待虐
Brute at heart, he's a	jên² mien⁴ shou⁴ hsin¹	心獸面人
,, courage	p'i³ fu¹ chih¹ yung³	勇之夫匹
Bubble, a	p'ao⁴ 'rh	兒泡
,, up, to	wang³ shang⁴ yung³	湧上往
Bubonic plague	hei¹ ssŭ³ ping⁴	病死黑
Buck up, to	t'i² ch'i³ ching¹ shên²	神精起提
Bucket, a	t'ung³-tzŭ	子桶
,, a mere drop in the	chüan ai² wu² pu³	補無埃涓
,, wicker well	liu³-kuan	罐柳
Buckle, a	ts'an¹-tzŭ	子鏾
Buckwheat,	ch'iao² mai⁴	麥蕎
Bud, a	hua¹ ku¹-to 'rh	兒朶骨花
,, to	fa² ya² 'rh	兒芽發
,, to be in	han² pao¹-êrh-lo	略兒苞含
Buddha,	fo²	佛
,,	fo²-yeh	爺佛
Buddhism,	fo² chiao⁴	教佛
Buddhist priest, a	ho²-shang	尚和
,, temple	ho²-shang miao⁴	廟尚和
Budding signs of repentance	hui³ hsin¹ chih¹ mêng²	萌之心悔
Budge an inch, will not	i¹ pu⁴ pu¹ jang⁴	讓不步一
Budget	yü⁴ suan⁴ an⁴	案算預
,,	t'ung³ chi⁴ piao³	表計統
,, supplementary	chui¹ chia¹ yü⁴ suan⁴	算預加追
Budgets, pass the	i⁴ chüeh² chêng⁴ fu³ chih¹ yü⁴ suan⁴ chüeh² suan⁴	算決算預府政決議

Buffalo—Bully.

Buffalo, a water	shui³ niu²	水牛
Buffoon, he's a regular	chien³ chih² shih ch'ou³-êrh	真是丑儿
Bug, a	ch'ou⁴-ch'ung	臭虫
Bugle, a	hao⁴ t'ung³	號筒
,, to blow a	ch'ui¹ hao⁴ t'ung³	吹號筒
Bugler, a	hao⁴ ping¹	號兵
Build a house, to	kai¹ fang²-tzŭ	蓋房子
,, (a vessel or railway)	chien⁴ tsao⁴	建造
,, hsiu¹, 修 is a general word for building; ch'i⁴ 砌 used for a wall		
,, up again (the national fortunes)	tsai⁴ hsing¹	再興
,, (n.)	shên¹ ko²	身格
Builder,	chien⁴ chu² jên²	建築人
Building, a	i² ch'u⁴ chai²-tzŭ	一處宅子
,,	i⁴ so³-êrh fang²-tzŭ	一所兒房子
Buildngs, a row of	i² liu⁴ fang²-tzŭ	一溜房子
Built, English	ying¹ tsao⁴ hsing² shih⁴ ti¹	英造形勢的
,, on the same lines as that	t'ung² na⁴-ko shih i²-ko kao³-tzŭ	同那個是一個稿子
Bulb, a	ko¹-ta	紇縫
Bulge out, to	ku³-ch'u-lai	鼓出來
Bulk,	jung² chi¹	容積
Bulkhead, a	ko² pi⁴	隔壁
,,	pan³ pi⁴	板壁
,,	cha² pan⁵	閘板
Bull, a	kung¹ niu²	公牛
Bullet,	ch'iang¹ tan⁴	鎗彈
,, a	ch'iang¹ tzŭ³ 'rh	鎗子兒
,, stray	liu² tan⁴	流彈
Bulletin (doctor's)	ping¹ k'uang⁴ jih chih⁴	病況日誌
Bullion,	yüan² pao³	元寶
,,	chin¹ yin²	金銀
,, government	hsiang³ yin²	餉銀
Bull's-eye of a target	yüeh⁴-tzŭ	月子
Bully, a	o⁴ pa⁴	惡霸
,,	pa⁴-ch'i	霸氣
,,	pa⁴-tao	霸道
,,	hêng² hsing² pa⁴ tao⁴-ti	橫行霸道的
,,	tu² pa⁴ i⁴ fang¹	獨霸一方
,,	ch'i¹ juan³ p'a⁴ ying⁴	欺軟怕硬
,, to	wei¹ pi⁴	威逼
,, me into doing it, you can't	ni³ pu⁴ nêng² ch'iang³ ning⁴-cho wo³ tso⁴	你不能強擰着我做

Bullying pressure	ssŭ⁴ i⁴ yao⁴ hsieh²	挟罢意肆
manners	ch'ui¹ hu² tzŭ³ têng⁴ yen⁴	眼瞪子鬍吹
Bump, to	p'êng⁴	碰
,, one article against another, to	k'o¹-p'êng	碰磕
,, up against	ch'ung¹-chuang	撞衝
Bumpkin, a	hsiang¹ hsia-lao³ 'rh	兒老下鄉
,,	chuang¹-chia han⁴	漢家庄
,, an ignorant	wu² i⁴ shih⁴ ti¹ hun² jên²	人渾的識意無
Bunch, a	tu¹-lu 'rh	兒嚕嘟
Bundle, a	pao¹-êrh	兒包
,,	pao¹-fu	袱包
Bungle, to	cho¹ lieh⁴ kung¹ tso¹	作工劣拙
Bungled it, you've	nao⁴-liao-ko ma³ yang³ jên² fan¹	翻人仰馬個了閙
,, ,, ,,	nao⁴-liao-ko hsi¹-la hua-la¹-ti	的拉嘩拉稀個了閙
Bunker, a coal	mei¹ ts'ang¹	艙煤
Bunting,	yü³ mao² pu⁴	布毛羽
Buoy up (hope), to	fu³ wei⁴ jên²	人慰撫
,, a	piao¹	標
Buoyancy,	shui³ chih¹ fu² wu⁴ li⁴	力物浮之水
,, (figurative)	kao¹ hsing	興高
Burden (load on two poles)	t'iao¹-tzŭ	子挑
,, I must bear the	wo³ tei³ tan¹ jên⁴	任擔得我
,, a ship's	tun⁴ shu⁴	數噸
,, of a tax	fu⁴ tan¹	擔負
,, of responsibility	tsê² jên⁴	任責
,, heavy	chung⁴ jên⁴	任重
,, of taxation not evenly distributed	fu⁴ tan⁴ pu⁴ kung¹ p'ing²	平公不擔負
,, share so and so's	fên¹ lao²	勞分
Bureaus, divide into	fên¹ shê⁴ ko⁴ ssŭ¹	司各設分
,, (office)	chü²	局
Bureaucracy,	kuan¹ liao² p'ai⁴	派僚官
Burglar, a	ch'iang²-tao	盗弶
Burglars,	liang² shang⁴ chün¹ tzŭ	子君上梁
,,	ta³ chia¹ chieh² shê⁴	舍规家打
Burglary,	ming² huo	火明
Burgomaster,	shih⁴ chang³	長市
Burial,	hsia⁴ tsang⁴	葬下
Burial certificate, a	yang¹ pang³	榜殃
,, convey to	ch'u¹ pin⁴	殯出
Burn, to	shao¹	燒
,, a	shao¹ shang¹	傷燒

Burn—Busy. 94

Burn, your fingers, you'll	p'êng⁴ ting¹-tzŭ	碰釘子
" long, the coal doesn't	pu¹ chin⁴ shao¹	不禁燒
" to (purposely)	fang⁴ huo³	放火
Burning question, mix oneself up in this	t'ou² shên¹ yü² tz'ŭ³ wên⁴ t'i² chih¹ shao¹ tien³	投身於此問題燒點
Burnt (of food)	hu²-lo	煳咯
Burrow, to	tsuan¹	鑽
Burst, to	ch'ung¹-p'o⁴	冲破
"	pêng⁴-lo	迸咯
" (of a firework, etc.)	cha⁴ p'o⁴	炸破
" into a room, to	ch'uang³ chin lai²	闖進來
" open the door, to	pa⁴ mên² ch'uai-k'ai	把門踹開
" of passion	fên⁴ chi¹	憤激
" into, to	luan⁴ ju⁴	亂入
" "	ch'uang³ ju⁴	闖入
" with longing, the sight makes one's eyes	wang⁴ tê² jên² yen³ yao⁴ ch'uan¹	望得人眼要穿
Bury, to	mai²	埋
" a corpse	hsia⁴ tsang⁴	下葬
" alive, to	huo² mai²	活埋
Business,	shih⁴	事
" official	kung¹ shih⁴	公事
" he has started a broking	t'a¹ k'ai¹-liao-ko ching¹-chi ying²-shêng	他開了個經紀營生
" (trade)	mai³-mai	買賣
" mind your own	kuan³ ni³-ti	管你的
" organization, principles of	shang¹ yeh⁴ tsu³ chih¹ kang¹ yao⁴	商業組織綱要
" methods, improper	fei¹chêng⁴ tang¹ ying² veh⁴ chih¹ pan⁴ fa³	非正當營業之辦法
" (matter)	shih⁴ chien⁴	事件
" hours	pan⁴ shih⁴ shih² chien¹	辦事時間
" of yours, no	yü³ ni³ wu² kan¹	與你無干
" no admission except on	hsien² jên² mien³ chin⁴	閒人免進
" with him, never done	wei⁴ ch'ang² kung⁴ shih⁴	未共事
" urgent	chi² wu⁴	急務
" circles	shang¹ chieh⁴	商界
" like	yu³ t'iao² li²	有條理
Bushel, a Chinese	tou³	斗
Bustling,	jo⁴-nao	熱鬧
Bustling place, a	fan² shêng⁴ chih¹ ch'u⁴	繁盛之處
Busy,	mang²	忙
" street, a	jo⁴ nao⁴ chieh²	熱鬧街
" brain, a	to¹ mou² chih¹ jên¹	多謀之人

Busy—By.

Busy oneself with books, to	ch'in³ k'uei shu¹ chung¹	中書饋寢
Busy-body, a	to¹ shih⁴-ti	的事多
But,	k'o³	可
,, I think	wo³ k'o hsiang³	想可我
,, nevertheless	jan² êrh²	而然
,,	tan⁴ tzŭ⁴	自但
,, I, all went	ch'u²-liao wo³ tou¹ ch'ü³-lo	了去都我了除
,, for the army's prowess, how should the revolution have succeeded?	jo² ts'o⁴ kuo² shih⁴ chün¹ jên² ti¹ li⁴ liang⁴, yen² nêng² ko² ming⁴ ch'êng² kung¹	功成命革能焉量力的人軍是過錯若
Butcher, a pork	t'u²-hu	戶屠
,, a mutton and beef	tsai³ niu² yang²-ti	的羊牛屠
Butchery,	nüeh⁴ sha¹	殺虐
Butt of me, made a	ch'ih³-hsiao wo³-lo	咯我笑恥
,, ,, ,,	na² wo³ ch'ü³ hsiao⁴ 'rh	兒笑取我拿
,, of a gun, the	ch'iang¹ tu¹	鄙鎗
,, with the horns, to	ting⁴ jên³	人頂
,, a water	shui³ kang¹	缸水
Butter,	huang² yu²	油黃
Butterfly, a	hu² t'ieh³ 'rh	兒蝶蝴
Buttocks, the	p'i⁴-ku	股屁
Button, a	niu³-tzŭ	子鈕
,, to sew on a	ting¹ niu³-tzŭ	子鈕釘
,, (of a cupboard, etc.)	hua²-tzŭ	子划
,, hook	niu³ kou¹-tzŭ	子釣鈕
,, to	k'ou⁴-shang	上扣
,, of rank	ting³-tai⁴	戴頂
Buttress,	to³-k'ou	口垛
Buy, to	mai³	買
,, cannot afford to	mai⁴-pu ch'i³	起不買
,, as required, to	hsien⁴ yung⁴ hsien⁴ mai³	買現用現
,, up the members of parliament, to	mai³ shou¹ i⁴ yuan²	員議收買
Buyer, a	mai³ chu³	主買
Buzz of mosquitoes, the	wên² shêng¹ ju² lei²	雷如聲蚊
By, to pass	kuo⁴	過
,, the door, to pass	ta³ mên²-k'ou³-êrh' kuo⁴	過兒口門打
,, means of	yu²	由
,, and bye	man⁴ man¹-ti	的慢慢
,, ,,	chiang¹ lai²	來將
,, chance	k'o³ ch'iao³	巧可
,, ,,	ch'ia⁴ ch'iao⁴	巧恰
,, the dog, bitten	chiao⁴ kou³ kei³ yao³-lo	了咬給狗敎

By oneself, sit	tu² tso⁴	坐獨
,, year, year	li⁴ nien²	年歷
,, a good rule to go	k'o³ tsun¹ hsing² chih¹ liang⁴ fa³	法良之行尊可
., land	yu² lu⁴ lu⁴	路陸由
,. bulk	lun⁴ t'ui⁴ mai³	賣推論
,, the pound, sell	lun⁴ chin¹ ch'u¹ mai⁴	賣出斤論
,, heaven, swear	chih³ t'ien¹ li⁴ shih⁴	誓立天指
,, one, one	chu⁴ i¹	一逐
,, degrees	chien⁴ chien⁴	漸漸
Bye-law,	kuei⁴ tsê²	則規
By-election,	pu³ ch'ien⁴ hsüan³ chü³	舉選欠補
Bygone days, in	tsao³ nien²	年早
,,	tang¹ nien²	年當
,,	wang³ jih⁴	日往
Bygones be bygones, let	chi⁴ wang³ pu² chiu⁴	咎不往既
By-path,	chien⁴ tao⁴	道間
By-road,	hsiao³ tao⁴ 'rh	兒道小
Bystander,	p'ang² kuan¹	觀旁
,, a	p'ang² pien¹ 'rh jên²	人兒邊旁
By-word, has become a	hsün⁴ t'ou⁴ lo ch'êng²-lo hua⁴ pa⁴ 'rh-lo	咯透燻 咯兒把話了成
., his reputation for dishonesty is a	t'an¹ ch'ien²-ti ming²- shêng-êrh hsün⁴ t'ou⁴-lo	咯透燻兒聲名的貪
,, become a	i² jên² i³ k'ou³ shih²	實口以人遺

C

Cab on a stand, a	p'ao³ hai³-ti ch'ê¹	車的海跑
,, jobbed at livery	chan⁴ k'ou³ 'rh-ti ch'ê¹	車的兒口站
Cabal,	tang³ yü⁴	與黨
Cabbage, a	pai² ts'ai⁴	菜白
Cabin of a ship	ch'uan² ts'ang¹	艙船
,,	k'o⁴ ts'ang¹	艙客
Cabinet,	kuo² wu⁴ yuan⁴	院務
,, (old name) nei⁴ ko² 內閣 still used in phrases like 趙內閣 the Chao Cabinet		
., ministers	kuo² wu⁴ yüan²	員務國
,, (council)	kuo² wu⁴ yuan⁴ hui¹ i⁴	議會院務國
., (cupboard)	kuei⁴-tzŭ	子櫃
,, maker	hsiao³-ch'i tso¹	做器小
Cable (hawser), a	lan³	纜
.. submarine	ka²-ka	接海
Cackle, to	hai³ hsien⁴	嘎嘎

Cadence—Caligraphy.

Cadence,	i⁴ yang²	揖抑
Cadet, a military	wu³ pei⁴ hsüeh²-shêng	生學備武
,, a naval	hai³ chün¹ hsüeh²-shêng	生學軍海
Cage, a	lung²-tzŭ	子籠
Caisson,	ch'ien² shui³ han²	函水潛
Cajole, to	ch'an³ mei⁴	諂媚
,,	hung³	哄
Cake (of all kinds)	kao¹	糕
,,	tien³-hsin	心點
,,	ts'ao² kao¹	糕槽
,,	ping³	餅
,, sponge	chi¹ tan¹ kao¹	糕蛋雞
Calabash, a	hu²-lu-êrh	兒蘆葫
Calamity,	tsai¹	災
,,	huan⁴	患
Calculate, to	suan⁴	算
,,	ho²-suan	算核
,,	suan⁴-chi	計算
,,	ku¹-mo	估摸
,, the consequences	tien¹-to	掂掇
,, an eclipse of the sun	t'ui¹ suan⁴ jih⁴ shih²	蝕日算推
Calculated to deceive, methods	yü⁴ tu⁴ ch'i¹ jên² chih¹ shou³ tuan⁴	段手之人欺度預
Calculating,	chien¹ chih⁴	智奸
Calculation,	chi⁴ mou²	謀計
,,	yü⁴ liao⁴	料預
,, quite beyond my	fei¹ ni⁴ liao⁴ so³ chi²	及所料逆非
Calculus, differential	wei¹ fên¹ suan⁴ fa	法算分微
,, integral	chi¹ fên¹ suan⁴ fa	法算分積
,, (in the bladder)	shih² lin²	淋石
Calendar, a	li⁴ shu¹	書歷
,,	jih⁴ li⁴	歷日
,, solar	yang² li⁴	歷陽
,, lunar	yin¹ li⁴	歷陰
,, ,,	chiu⁴ li	歷舊
,, the Chinese	hua² li⁴	歷華
,, the foreign	hsi¹ li⁴	歷西
Calf, a	niu² tu²-erh	兒犢牛
,, of leg	t'ui⁸ tu⁴-tzŭ	子肚腿
Calibre (mental)	nêng² li⁴	力能
,,	ch'i⁴ liang⁴	量器
,, (of a gun)	k'ou³ ching⁴	徑口
Calico,	yang² pu⁴	布洋
California,	chiu⁴ chin¹ shan¹	山金舊
Caligraphy,	shan⁴ pi³	筆善

Caligraphy—Camera.

Caligraphy,	pi³ fa³		法筆
Call, to	chiao⁴		叫
,, out	chiao⁴-han		喊叫
,, to mind	hsiang³ tao⁴		到想
,, wares	yao¹-ho		喝唉
,, pay a	pai⁴		拜
,, ,,	pai⁴ hui⁴		會拜
,, return a	hui² pai⁴		拜回
,, (assemble)	chao¹ chi²		集召
,, to order	chiu³ chêng⁴		正料
,, (convoke)	chü⁴ chi²		集聚
,, the roll	tien³ ming²		名點
,, (from sleep)	chiao⁴ hsing³		醒叫
,, in (accounts)	shou¹ chang⁴		帳收
,, upon a friend	fang³		訪
,, upon (to perform an act)	ts'ui¹ kao⁴		告催
,, for help	hu² chiu⁴		救呼
Called, what is it?	chiao⁴ shêm²-mo		麼甚叫
,, (styled, termed)	chiao⁴-tso		做叫
Calling, a	shih⁴ yeh⁴		業事
Callous,	t'ieh³ ch'ang²		腸鐵
,,	wu² ch'ing²		情無
,,	lêng³ tan¹		淡冷
,, skin of the hand	shou³ chiang³ tzŭ		子繭手
Callow,	ju³ ch'ou⁴		臭乳
Calm (of mind)	an¹ hsin¹		心安
,,	hsin¹ ting⁴		定心
,, (of sea)	p'ing²		平
,, calmed himself	pa⁴ ch'i⁴ fang⁴ ho² p'ing²	平和放氣把
,, one's wrath	hsi² nu⁴		怒息
,, one's excitement	p'ing² hsin¹ ching⁴ ch'i⁴	氣靜心平
,, sea	hai³ p'ing² lang⁴ ching⁴	靜浪平海
,, view, took a	i² jan² shih⁴ chih¹	之視然夷
Calmly to his death (of a virtuous man), went	ts'ung² jung² chiu⁴ i⁴	義就容從
Calumniate,	hui³ pang⁴		謗毀
,,	wu¹ kao⁴		告誣
Calumnies, baseless	p'ing² k'ung¹ nieh¹ tsao⁴	造捏空憑
Cambric,	hsi¹ pu⁴		布細
Camel, a	lo⁴-t'o		駱駝
,, driver, a	la¹ lo⁴-t'o-ti		的駝駱拉
Camellia, a	ch'a² hua¹		花茶
Camera, a	chao⁴ hsiang⁴ hsia²-tzŭ	子匣像照
,, meeting in	pi⁴ mi⁴ hui⁴		會密秘

Camp, a military	ying²	營
,,	ying²-p'an	營盤
,, out, to	ta³ yeh⁸ p'an²	打野盤
,, pitch a	cha¹ ying²	扎營
,, to strike	pa² ying²	拔營
Campaign,	chan⁴ i⁴	戰役
,, plan of	tso⁴ chan⁴ chi⁴ hua⁴	作戰計畫
,, take part in a	ts'ung⁹ chün¹	從軍
Camphor,	ch'ao²-nao	潮腦
,, wood	chang¹ mu⁴	樟木
Can,	nêng² (implies more proficiency than hui⁴)	能
,, (able)	hui⁴	會
,,	nêng²-i	能以
,, a	kuan⁴-tzŭ	罐子
,, it be done?	k'o³ tso⁴-ti mo	可做的麼
,, ,, ,, ,,	tso⁴-tê lai²-mo	做得來麼
Canal, the Grand	yün⁴-liang ho²	運糧河
,, a	shui³ tao⁴	水道
,,	yün⁴ ho²	運河
Canard,	ê³ ch'uan²	訛傳
Canary bird, a	pi³ i⁴ niao³ 'rh	比翼鳥兒
Cancel, to	hsiao¹	銷
,,	ta³ hsiao¹	打消
,, (obliterate) to	mo¹ shai⁴	抹殺
,, (strike out) to	shan¹ ch'ü⁴	刪去
,, an agreement	tso⁴ fei⁴	作廢
,, a debt	hsiao¹ chang⁴	銷賬
,, this prohibition, to	hsiao¹ ch'u² tz'ŭ³ chin⁴	消除此禁
Cancer,	yung¹	癰
Candareen, one	i⁴ fên¹ yin²-tzŭ	一分銀子
Candid,	chung¹ chêng⁴	忠正
Candidate,	chih⁴ yuan⁴ cho	志願者
,, for examination	ying⁴ shih⁴ jên²	應試人
,, ,, office	hou⁴ pu³	候補
Candidature, application for	chih⁴ yuan⁴ shu¹	志願書
Candle, a	i⁴ chih¹ la⁴	一隻蠟
,,	la⁴ chu⁵	蠟燭
,, light a	tien³ la⁴	點蠟
,, power	chu² li⁴	燭力
,, game is not worth the	kung¹ pu⁴ chih² lao²	功不直勞
Candlelight,	chu² kuang¹	燭光
Candlestick, a	la⁴ t'ai²	蠟台
Candour,	kung¹ ming²	公明
,,	wu² ssŭ¹	無私

Cane—Capital.

Cane,	t'êng²-tzŭ	藤子
, bottomed	t'êng² t'i⁴-tzŭ	藤屉子
,, ,,	t'êng²-tzŭ hsin¹-'rh-ti	藤心兒的
Cangue, to wear the	k'ang² chia¹	扛枷
Canister, a	kuan⁴-tzŭ	鑵子
Cannibal race	shih² jên² tsu²	食人族
Cannon (gun)	p'ao⁴	砲
,,	i⁴ tsun¹ p'ao⁴	一尊砲
,, ball	p'ao⁴ tan⁴	砲彈
,, noonday (for fixing time)	hsin¹ p'ao⁴	信砲
Canon, a	tien³	典
Canonical,	ching¹ tien³	經典
Canopy,	t'ien¹ kai⁴	天蓋
Canter, to	lou¹	嘍
Canton,	kuang³-chou	廣州
Canvas,	ts'u¹ pu⁴	粗布
Canvass high officials, to	pên¹ tson³ tang¹ tao⁴	奔走當道
Canvasser,	ch'üan⁴ yu³ yüan³	勸誘員
Canvassing-tour,	yu² shuo¹	遊說
Cap, a	i⁴ ting³ mao⁴-tzŭ	一頂帽子
,,	hsiao³ mao⁴-tzŭ	小帽子
,, wear a	tai⁴ mao⁴-tzŭ	戴帽子
,, take off a	chai¹ mao⁴-tzŭ	摘帽子
,, ,,	t'o¹ mao⁴	脫帽
,, (military)	chün¹ mao⁴	軍帽
,, (police)	ching³ mao⁴	警帽
,, percussion	t'ung³ mao⁴-tzŭ	銅帽子
Capable,	yu³ nêng²-nai	有能耐
,,	yu³ wei²	有爲
,,	shou³ tuan⁴ min³ chieh²	手段敏捷
Capability,	ts'ai² nêng²	才能
Capacity, what is its ?	ch'êng² to¹ shao³	盛多少
,, (ability)	nêng²-kan	能幹
,,	nêng² li⁴	能力
,, (space)	jung² liang⁴	容量
,,	jung² chi¹	容積
,, (in which one acts)	tzŭ¹ ko²	資格
,, (understanding)	ch'i⁴ liang⁴	器量
Cape (hood), a	tou³-p'êng	斗篷
,, geographical	t'u³ chiao³	土角
,, ,,	ti⁴ chiao³	地角
Capital (money)	pên³-ch'ien	本錢
,, ,,	tzŭ¹ pên³	資本
,, fixed	ku⁴ ting⁴ tzŭ¹ pên³	固定資本

Capital—Cardinal.

Capital subscribed	ying¹ mu⁴ tzǔ¹ pên³	應募資本
,, tradesmen with small	hsiao³ pên³ 'rh shang¹ min²	小本商兒民
,, (excellent)	hao³ chi²-lo	好極咯
,, ,,	miao⁴ chi²-lo	妙極咯
,, ,,	tsui⁴ shang⁴	最上
,, plan	hao³ fa²-tzǔ	好法子
,, hand at, a	hao³ shou³	好手
,, (metropolis)	ching¹ ch'êng²	京城
,, ,,	ching¹ tu¹	京都
,, to Nanking, remove	ch'ien¹ tu¹ nan² ching¹	遷都南京
,, provincial	shêng³ ch'êng²	省城
,, punishment	ssǔ³ tsui⁴	死罪
,, penalty is the way to restore order out of anarchy, the	chih⁴ luan⁴ kuo² yung⁴ chung⁴ tien³	治亂國用重典
Capitalist,	tzǔ¹ pên³ chia¹	資本家
Capitation tax	jên² t'ou² shui⁴	人頭稅
Capitulate,	hsiang² fu²	降服
Capricious,	mei² chun³ chang¹-ch'êng²	沒準章程
,,	fan¹-fu-pu-ting⁴	翻覆不定
,,	hsing⁴ pu⁴ ch'ang²	性不常
Capsicum,	ch'in² chiao¹	秦椒
Capstan, a	wan⁴ li⁴	萬力
Captain of a merchant vessel	ch'uan²-chu³	船主
,, of a man-of-war	hsien⁴ chang³	艦長
,, naval	hai³ chün¹ ta⁴ tso³	海軍大佐
,, military	lu⁴ chün¹ ta⁴ wei⁴	陸軍大尉
,, ,,	chêng⁴-chün hsiao¹	正軍校
Captivate,	tê² jên² hsin¹	得人心
Captive, a	fu² chiu²	俘囚
,, taken	pei⁴ ch'in²	被擒
,, to take	shêng¹ ch'in²	生擒
Capture, to	na²-huo	拿獲
,,	pu³ huo⁴	捕獲
,,	kung¹ p'o⁴	攻破
,, of Peking, the	pei³ ching¹ shih¹ shou³	北京失守
Car, dining	fan⁴ ch'ê¹	飯車
,, sleeping	ch'in³ ch'ê¹	寢車
,, electric	tien⁴ ch'ê¹	電車
Carbuncle,	yung¹	癰
Carcase of a sheep, etc.	ssǔ³ yang²	死羊
Cardinal number	yuan² shu⁴ tzǔ⁴	原數字
,, points	ssǔ⁴ fang¹	四方
,, points of policy	kên¹ pên³ chih¹ chi⁴ hua⁴	根本之計畫

Cardinal—Caricature.

Cardinal virtues	wu³ lun²	五倫
Card, a visiting	ming² p'ien⁴	名片
,, ,,	shou³ pên³	手本
,, ,,	chih⁴-ming	職名
,, hand in a	ti⁴ ming² p'ien⁴	遞名片
,, cotton, to	t'an² mien²-hua	彈棉花
Cards, playing	chih³ p'ai²	紙牌
,, well, play one's	shan⁴ tzŭ⁴ wei² mou²	善自為謀
,, to show one's	hsieh⁴ chi⁴ yü² chung⁴	洩於計衆
Care (anxiety)	hsüan² hsin¹	懸心
,, ,,	hsin¹ lao²	心勞
,, ,,	hsüan² nien⁴	懸念
,, don't	pu⁴ kuan³	不管
,, take	hsiao³-hsin	小心
,, ,,	chu⁴ i⁴	注意
,, of, take	chao⁴-ying	照應
,, of one's health or safety, take	pao³ chung⁴	保重
,, he slipped under (the locomotive), through lack of	i⁸ ko⁴ mei² liu² shen² shih¹ chiao³ lao⁴ hsia⁴	一個沒留神失腳落下
,, removed from ..... s of state	ta⁴ yu³ li³ luan⁴ pu⁴ chih¹ chih¹ i⁴	大有理亂不知之意
,, he ......s for no one	chih⁸ wei⁴ chi³ chi⁴	只為己計
,, ,, ,,	pu¹ ku⁴ pieh² jên²	不顧別人
Career,	lü⁸ li	履歷
,, to look out for a	t'ou²-ko mên² lu⁴	投個門路
,, before him, a promising	ch'ien² t'u² shên⁴ k'o³ wang⁴	前途甚可望
Careful,	yung⁴ hsin¹	用心
,, be	liu² hsin¹	留心
,, ,,	tzŭ³-hsi i tien³ 'rh	仔細一點兒
Carefulness,	chin³ shên⁴	謹愼
Careless,	ts'ao³-shuai	草率
,,	pu⁴ liu² shên²	不留神
,, (neglectful)	su¹-hn	疏忽
,, about health	pu¹ yang³ shêng¹	不養生
Caress (embrace)	fu³ pao⁴	撫抱
,, (kiss)	chieh¹ wên³	接吻
Cargo,	huo⁴	貨
,, boat	po¹ ch'uan²	搬船
Caricature,	hsi⁴ hua⁴	戲畫
,,	ku³ chi¹ t'u² hua⁴	滑稽圖畫
,, to draw a	hua⁴-ko ch'ou⁸-êrh hsing²-jung	畫個丑兒形容

Carnage,	t'u¹ sha¹	屠殺
Carnal connection	chiao¹ kou⁴	交媾
,, (sensual)	yin² yü⁴	淫慾
Carouse,	ch'ang⁴ yin⁸	暢飲
Carp (fish)	li³ yü²	鯉魚
Carpenter, a	mu⁴-chiang	木匠
Carpet, a	t'an³-tzŭ	毯子
,,	ti⁴ t'an³	地毯
Carriage, a	i² liang⁴ ch'ê¹	一輛車
,, pair horse	êrh⁴ t'ao⁴ ch'ê¹	二套車
,, ready, get the	t'ao⁴ ch'ê¹	套車
,, dismount from a	hsia⁴ ch'ê¹	下車
,, (charge for)	yün⁴ fei⁴	運費
,, of goods by water	shui³ chiao³	水腳
,, (deportment)	t'ai⁴ tu⁴	態度
,, ,,	jung² chih³	容止
Carrion,	fu³ jou⁴	腐肉
Carrot, a	hung² lo²-po	紅胡蘿蔔
,,	hu² lo²-po	胡蘿蔔
Carry on the back, to	pei¹-shang	背上
,, on the shoulder	k'ang²	扛
,, at two ends of a pole	t'iao¹	挑
,, between two men	t'ai²	抬
,, in the hand (as a bag)	ti¹-liu-cho	提着
,, in the apron	tou¹-cho	兜着
,, in the arms	pao⁴-cho	抱着
,, circled with the arms	lou³-cho	摟着
,, under the arm	chia²-cho	挾着
,, on the head	ting³-cho	頂着
,, (as a burden on a pack animal)	t'o² to⁴-tzŭ	馱子
,, with one	tai⁴	帶
,, infection to another person	ch'uan² tao⁴ pieh²-jên	傳到別人
,, to	yün⁴ pan¹	運搬
,, news	sung⁴ hsin⁴	送信
,, away	hsieh¹ ch'u⁴	携去
,, a point	shêng⁴	勝
,, off the prize	huo⁴ shang³	獲賞
,, a city	to² ch'êng²	奪城
,, all before one	ch'êng² chiu⁴	成就
,, ,,	wu² wang³ pu¹ li⁴	無往不利
,, off (under arrest)	chiu¹ sung	揪送
,, on (continue)	chi⁴ hsü⁴	繼續
,, out (a contract)	li³ hsing²	履行

Carry—Case.

Carry out (put in execution)	chih² hsing³	行執
,, ,, ,,	shih² hsing²	行實
,, ,, his aim	tê² wei² so⁸ yü⁴ wei²	爲欲所爲得
,, ,, the terms of their agreement, must	shuo¹ tao⁴ na⁴ li³ tei³ pan⁴ tao⁴ na⁴ li⁸	裏那到辦得裏那到說
,, ,, the capital penalty on all of them	t'ung² chih⁴ yü² yen² hsing² hsün⁴ fa⁴ chih¹ hsia¹	下之法嚴刑於監同
,, a matter through	k'ai¹ wu⁴ ch'êng² wu⁴	物成物開
,, the day	chan¹ shêng⁴	勝占
,, (the bill) was *carried*	tê² to¹ shu⁴ tsan⁴ ch'êng²	成贊數多得
Carrying pole, a	pien³-tau	擔扁
Cartage,	yün⁴ fei⁴	費運
Carte blanche	wu² hsien⁴ chih¹ ch'üan²	權之限無
Cart, a	i² liang⁴ ch'ê¹	車輛一
Carter, a	kan³ ch'ê¹-ti	的車趕
Cartload, by the	ch'êng² ch'ê¹-ti	的車成
,, a	i⁴ ch'ê¹-tzŭ	子車一
Cartoon,	fêng⁴ tz'ǔ⁴ hua⁴	畫刺諷
Cartridge, a	ch'iang¹ yü²-tzŭ	子彈槍
,, blank	k'ung¹ tan¹	彈空
Carve, to	tiao¹-k'o	刻剮
,, meat	ch'ieh¹ jou⁴	肉切
Cascade, a	pao⁴ pu⁴	布瀑
Case, a	t'ao⁴-tzŭ	子套
,,	t'ao⁴ 'rh	兒套
,, card, Chinese	hu⁴-shu	書護
,, ,, foreign	ming² p'ien⁴ chia¹-tzŭ	子夾片名
,, at law	an⁴	案
,, civil	min² shih⁴ su⁴ sung⁴	訟訴事民
,, criminal	hsing² shih⁴ su⁴ sung⁴	訟訴事刑
,, to try a	shên³ an⁴	案審
,, documents relating to	an⁴ chüan⁴	卷案
,, (precedent)	li⁴	例
,, in point, a	shih⁴ li⁴	例適
,, a strange	ch'i² shih⁴	事奇
,, in that	na⁴-mo-cho	着麼那
,, further complications will ensue, in that	jo⁴ êrh³, tsê² yu⁴ shêng¹ po¹ chê²	折波生又則爾若
,, I should forget, in	p'a⁴ wang⁴-lo	了忘怕
,, in no	wan⁴ wan⁴ pu¹ k'o³	可不萬萬
,, to put a	pi³ ju²	如比
,, of Peking, take only the	i³ pei³ ching³ chê⁴ i² ch'u⁴ shuo¹	說處一這京北以
,, (state)	ching⁴ yü⁴	遇境
,, ,,	kuang¹-ching³	景光

Cases of plague, six	huan⁴ shu³ chêng⁴ chê³ liu⁴ jên²	患鼠症者六患人
Cash,	ch'ien²	錢
,, copper	t'ung² ch'ien²	銅錢
,, ready	hsien⁴ ch'ien²	現錢
,, note	p'iao⁴-tzǔ	票子
,, 1,000	i² tiao⁴ ch'ien²	一吊錢
,, a note, to	i³ p'iao³ tui⁴ yin²	以票兌銀
Cashier, a	kuei⁴ chi⁴ yüan²	會計員
,,	ssǔ¹ yin² ch'ien²-ti	司銀錢的
Cashiered, to be	ko² chih²	革職
Cask, a	mu⁴ t'ung³-tzǔ	木桶子
Cassation, court of	ta¹ li³ yüan⁴	大理院
Cast in a mould, to	chu⁴	鑄
,, a shoe	chang³ tiao⁴-lo	掌掉了
,, light, to	fa¹ kuang¹	發光
,, a horoscope	suan⁴ ming⁴	算命
,, for a play	p'ai⁴ ting⁴ chueh² sê⁴	派定角色
,, away	fei⁴ ch'i⁴	廢棄
,, down	lo⁴ tan³	落膽
,, ,,	sang⁴ hsin¹	喪心
,, anchor	t'ou¹ mao²	投錨
,, up	chi¹ suan⁴	計算
,, lots	nien² chiu¹	拈鬮
,, is elected, the one receiving more than half of total votes·	i³ tê² p'iao³ man³ t'ou² p'iao³ tsung³ shu⁴ chih¹ pan⁴ chê³ wei² tang¹ hsüan³	以得票滿投票總數之半者為當選
Castaway,	wu² lai⁴	無賴
Caste,	chung³ tsu²	種族
Casting-vote of speaker	i⁴ chang³ chih¹ ts'ai³ chüeh² ch'üan²	議長之採決權
Castles in the air	k'ung¹ chung¹ lou² ko²	空中樓閣
Castanets,	p'ai¹ pan³	拍板
Castrate, to	shan¹	刪
,, to	ko¹ shih⁴	割勢
Cast-steel,	chu⁴ kang¹	鑄鋼
Casual person, a	p'i² man jên²	疲慢人
,, expenses	lin² shih² fei⁴	臨時費
Casualty,	fu⁴ shang¹	負傷
,, returns	ssǔ² shang¹ piao³	死傷表
Casualties (in battle)	ssǔ³ shang¹ shu⁴	死傷數
Casuistry,	ch'ü¹ chieh⁸	曲解
Cat, a	mao¹	貓
,, s and dogs, rain	ta⁴ yü⁴ ch'ing¹ p'ên²	大雨傾盆
Catalogue, a	mu⁴-lu	目錄

Catalogue—Cause.　106

Catalogue, a book	t'u² shu¹ hui⁴ pao⁴	圖書彙報
,,	tan¹-tzǔ	單子
Catamite,	pi⁴ t'ung²	嬖童
Catamites,	hsiang⁴ kung¹	相公
Catarrh,	kan³ mao⁴	感冒
Catastrophe, a	tsai¹	災
,, beyond the wit of man to conceive, a	pu⁴ k'an¹ shê⁴ hsiang³ chih¹ ch'i² huo⁴	不堪設想之奇禍
Catch a ball, to	chieh¹ ch'iu²	接毬
,, (a moth, etc.)	p'u¹	撲
,, a cold	chao² liang²	著涼
,, ,,	shang¹ fêng¹	傷風
,, up	kan³-shang	趕上
,, a train	kan³ shang huo³ ch'ê¹	趕上火車
,, caught in the law's meshes	kan³ shang⁴ fa⁴ wang³	趕上法網
,, fire	chao² huo³	著火
,, ,,	shih¹ huo³	失火
,, ,,	tsou³ shui³	走水
,, ,, lest it should	p'a⁴ chao²-lo	怕著咯
,, a complaint, to	ch'uan² jan³	傳染
,, his meaning	ling³ hui⁴	領會
,, in a padlock	so³ huang²	鎖簧
,, of a lock	ts'ao²-êrh	槽兒
Catchwords,	k'ou³ t'ou² ch'an²	口頭禪
Categorical,	ch'üeh⁴ shih²	確實
,, reply	chüeh² ta²	決答
Category,	chung³ lei⁴	種類
Caterpillar, a hairy	mao² mao² ch'ung²	毛毛蟲
,, smooth	jou⁴ ch'ung²-tzǔ	肉蟲子
Catholic, Roman	t'ien¹ chu³ chiao⁴-ti	天主教的
,, church, holy	shêng⁴ kung¹ hui⁴	聖公會
Cattle,	shêng¹-k'ou	牲口
Catty, one	i⁴ chin¹	一斤
Catspaw of me, make a	na² wo³ tang⁴ t'i⁴-ssǔ kuei³ 'rh	你拿我當替死鬼兒
,, ,, ,,	pei² jên² yü²-nung	被人愚弄
Catspaws of the foreigner	shou⁴ yang²-jên² chih¹ yü²	受洋人之愚
Cauliflowers,	pai² ts'ai⁴ hua¹	白菜花
Cause,	yuan²-ku	緣故
,,	shih⁴ yu²	事由
,,	li³ yu²	理由
,,	yuan² yin¹	原因
,, first	kên¹ pên³	根本
,, ,,	fa¹ tuan¹	發端

Cause, proximate	chin⁴ yin¹	近因
,, remote	yuan³ yin¹	遠因
,, and effect	yin¹ kuo³	因果
,, and a firm will, a good	li³ chih² ch'i⁴ ch'uang⁴	理直氣壯
,, of the revolution, die in the	ch'i³ i⁴ ssŭ³ nan⁴	起義死難
,, of everything bad? (ironical) was the Manchu dynasty the	fan² shih⁴ pu⁴ hao³ ch'üan² kuei¹ tsai⁴ ch'ien² ch'ing¹ shang⁴ mo¹	凡事不好全歸在前清上麼
,, with, common	hsieh² hsin¹ t'ung² li⁴	協力同心
,, ,, ,,	kung⁴ t'ung² i² cnih⁴	共同一致
,, to	shih³	使
,, ,,	chiao⁴	叫
,, ,,	ling⁴	令
,, death, to	chih⁴ ssŭ	致死
,, them to be issued, he may issue orders or	tê² fa¹ pu⁴ ming⁴ ling⁴ ping⁴ shih³ fa¹ pu⁴ chih¹	得發布命令並使發布之
,, people to feel uncomfortable	shih³ jên² pu⁴ an¹ hsin¹	使人不安心
,, misery	chao¹ huo⁴	招禍
Causeway, a	yung³-lu	埇路
Caution,	yung⁴ hsin¹ shên⁴ hsi⁴	用心甚細
,, money	pao³ chêng⁴ chin¹	保證金
,, a person, to	ching³-chieh	警戒
,, ,, ,,	ch'üan⁴-chieh	勸戒
,, to proceed with	ti¹-faug-cho	提防着
Cautionary words	chung¹ kao⁴	忠告
Cautious,	hsiao³-hsin	小心
,, be a little	chin³-shên tien³ 'rh	謹慎點兒
,, to be	ch'ü¹ chi² pi⁴ hsiung¹	趨吉避凶
Cavalry,	ma³ tui⁴	馬隊
,,	ma³ ping¹	馬兵
,, colonel of	ch'i² ping¹ shang⁴ hsiao⁴	騎兵上校
,, light	ch'ing¹ ch'i² ping¹	輕騎兵
Cave, a	tung⁴-tzŭ	洞子
,,	shan¹ tung⁴-tzŭ	山洞子
Cavil, to	ch'iang² pien⁴	強辯
,,	ch'ui¹ mao² ch'iu² tz'ŭ¹	吹毛求疵
Cavity, a	wo¹-êrh	窩兒
,,	k'êng¹-êrh	坑兒
,,	wa¹ k'êng¹-êrh	凹坑兒
Caw, to	ka¹	嘎
Cayenne pepper,	ch'in²-chiao mien⁴ 'rh	秦椒麵兒
Cease (lapse), to	hsiao¹ mieh⁴	消滅

Cease—Centilitre.

Cease (stop), to	t'ing² chih²	止停
,, to take interest in his business	fang⁴ cho mai² mai² pu¹ hac² hao³ 'rh ti¹ tso⁴	作的兒好好不賣買着放
,, work, to	hsieh¹ kung¹	工歇
Ceaseless,	pu⁴ i³	已不
,,	pu⁴ tuan⁴	斷不
,, chatter	lao¹ lao² pu⁴ hsiu¹	休不勞勞
Cede, to	jang⁴	讓
,, to him	jang⁴-kei t'a¹	他給讓
,, territory, to	k'o¹ jang⁴	讓割
Ceiling,	p'êng²	棚
,,	ting³ p'êng²	棚頂
Celebrate a birthday, to	pan⁴ shêug¹ jih⁴	日生辦
,,	chü³ hsing²	行舉
Celebrated,	yu³ ming²-ti	的名有
,,	ch'u¹ ming²-ti	的名出
,,	chu⁴ ming²	名著
,, person, a	kao¹-ming jên²	人名高
Celebration,	chu⁴ tien³	典祝
,, day, national	kuo² ch'ing⁴ jih⁴	日慶國
Celebrity,	ming² jên²	人名
Celerity,	hsün⁴ su¹	速迅
Celery,	ch'in² ts'ai⁴	菜芹
Celibacy,	tu² shên¹	身獨
Cellar, a	ti⁴ yiu¹-tzŭ	子窖地
Cells, police	liu² chih¹ so³	所留拘
Cement,	yang² hui¹	灰洋
Cemetery,	fên² ti⁴	地墳
Censer, a	hsiang¹ lu²	鑪香
Censor, a	yü⁴-shih	史御
Censorship (of the press)	chien³ kao³	稿檢
Censure, to	shu³-lo	嗦數
,,	pien³ tsê²	責貶
,,	p'i¹ p'ing²	評批
,,	fei¹ nan⁴	難非
,, vote of	pu⁴ hsin⁴ jên⁴ chüeh² i⁴	議決任信不
Census,	hu⁴ k'ou³ ts'ê⁴-tzŭ	子冊口戶
,,	jên² k'ou³ piao³	表口人
,, take the	tiao⁴ ch'a² jên² k'ou²	口人查調
Cent, one	i⁴ fên¹ ch'ien²	錢分一
,, ,,	i²-ko tzŭ³-êrh	兒子個一
,, five per	chih² po² ch'ou¹ wu³	五抽百值
Centenary,	pai³ nien² chih¹ chu⁴ tien⁴	典祝之年百
Centigramme,	hsin¹ lei²	累新
Centilitre,	hsin¹ shao²	勺新

Centimetre,		hsin¹ fên¹	分新
Centipede, a		wu²-kung	蚣蜈
Central,		chung¹ hsin¹	心中
,,	position, occupied a	ch'i² ti⁴ tang¹ chung¹ hsin¹ tien³	
			點心中當地其
,,	situation	shih⁴ chung¹ ch'u⁴	處中適
,,	spot, a	jên² hsin¹ 'rh so³-tsai⁴	在所兒心人
,,	money market of the world, London is the	shih⁴ chich⁴ chin¹ jung² shih⁴ ch'ang² i³ lun² tun¹ wei² chung¹ hsin¹ tien³	
			點心中爲敦倫以場市融金界世
,,	government, the	chung¹ yang chêng⁴ fu³ (or simply) chung¹ yang¹	央中 or 府政央中
,,	,, telegraph representations to the	tien⁴ ch'êng² chung¹ yang¹	央中呈電
,,	government's order, in obedience to the	ch'êng² chung¹ yang¹ chih¹ ling⁴	
			令之央中承
Centralization,		chung¹ yang¹ chi² ch'üan² chu³ i⁴	
			義主權集央中
Centralize,		chi² yü² chung¹ yang¹	央中於集
Centre,		chung¹ chien⁴ 'rh	兒間中
,,		hsin¹	心
,,		shih⁴ chung¹ chih¹ ti⁴	地之中適
,,		chü¹ chung¹	中居
,,	in the	tang¹ chung¹ chien⁴ 'rh	兒間中當
,,	(e.g., hanging a picture), is it right in the	ch'ü³ chung¹ pu⁴ ch'ü³ chung¹	
			中取不中取
,,	of an army	chung¹ chün¹	軍中
,,	of trade	shang¹ wu⁴ yao⁴ ti⁴	地要物商
,,	,,	t'ung¹ shang¹ yao⁴ k'ou³	口要商通
,,	of gravity	chung⁴ hsin¹ tien³	點心重
Centrifugal force		li² hsin¹ li⁴	力心離
,,		yuan³ hsin¹ li⁴	力心遠
Centripetal,		chung¹ hsin¹ li⁴	力心中
Cents, ten		i¹ mao² ch'ien²	錢毛一
Century,		shih⁴ chi⁴	紀世
Cereal,		ku³ lei⁴	類榖
Ceremonial observance		i² chu⁴ ta⁴ tien³	典大注儀
Ceremonies, master of		chang³ i² yüan²	員儀掌
Ceremonious,		k'o⁴-ch'i	氣客
,,		chü¹ ni² yü² li³	禮於泥拘
Ceremony,		li³ shih⁴	式禮
,,		li³ shih⁴	式禮
,,	stand on	k'o⁴-ch'i	氣客
,,	don't stand on	pieh² chü¹-ni	泥拘別
,,	closing (of parliament)	pi⁴ hui⁴ li³	禮會閉

Ceremony—Chair. 110

Ceremony, opening	k'ai¹ mu⁴ li³	開 幕 禮
,, ,, (of a railway)	k'ai¹ t'ung¹ li³	開 通 禮
Certain	ch'üeh⁴ shih²	確 實
,, that, it is	chun³-shih	準 是
,, ,,	i² ting⁴ shih⁴	一 定 是
,, ,,	ti¹-ch'üeh shih⁴	的 確 是
,, person, a	mou³ jên²	某 人
Certainly,	pi⁴ ting⁴	必 定
,, (of course)	tzŭ⁴ jan²	自 然
,, be done, the thing can	wei⁴ chien⁴ pan⁴ tê² pu¹ tao⁴	未見辦得不到
Certificate, a	p'ing²-chü	憑 據
,,	p'ing² tan¹	憑 單
,,	chih²-chao	執 照
,,	chêng⁴ ming² shu¹	證 明 書
,, medical	chên³ tuan⁴ shu¹	診 斷 書
,, coast trade duty exemption	hai³ kuan¹ shou¹ pan⁴ chuï⁴ tan¹	海關收辦稅單
,, drawback	ts'un² ti³ tan¹	存 底 單
,, of health	wu² chêng⁴ p'ing¹ tan¹	無 症 憑 單
,, of character	p'in³ ko² chih¹ k'ao³ yü³	品格之考語
Certified copy,	chêng⁴ pên³	正 本
Certify (authenticate)	li⁴ chêng⁴ chü⁴	立 證 據
,,	jên⁴ chêng⁴	認 證
Cessation,	t'ing² chih³	停 止
Cession,	ko¹ jang⁴	割 讓
Chafe, to	mo²	磨
,,	chi¹ nu⁴	激 怒
Chaff (husks of wheat, etc.)	k'ang¹	糠
,, (cut straw)	cha² ts'ao³	剉 草
,, (make fun of), to	chi¹-tz'ŭ	譏 刺
,, ,, ,,	ta³-ch'ü	打 趣
,, ,, ,,	hui¹ hsieh²	詼 諧
,, ,, ,,	hsiao⁴ t'an²	笑 談
Chagrin,	fan² mên⁴	煩 悶
Chain, a	so³ lien⁴-tzŭ	鎖鍊子
,, of mountains	lien² shan¹	連 山
,, ,,	shan¹ ling³	山 嶺
Chair, a	i³-tzŭ	椅 子
,,	i⁴ pa³ i³-tzŭ	一把椅子
,, easy	t'ai⁴-shih i³	太 師 椅
,, ,,	k'ao⁴ i³	靠 椅
,, sedan	chiao⁴-tzŭ	轎 子
,, bearers	chiao⁴-fu	轎 夫

Chair bearers	chiao⁴ pan¹ 'rh	轎班兒
,, to take the	shêng¹ tso⁴	升座
Chairman of a company	hui⁴ chang³	會長
,, for the occasion	lin² shih² chu³·hsi²	臨時主席
,, of committee	wei³ yüan² chang³	委員長
,, ,, assembly	i⁴ chang³	議長
Challenge, a	t'iao¹ chan⁴ chih tz'ǎ⁴	挑戰之詞
,, a juryman, to	ch'i⁴ pi⁴	忌避
,, a statement	po² chi¹	駁擊
,, a person to fight	t'iao¹ chan⁴	挑戰
,, (as a sentry)	wên¹¹ shui² ho²	問誰何
, (demand)	yao¹ ch'iu²	要求
,, (to question)	i²	疑
Chalk,	pai² fên³	白粉
Chamber, a bed	ch'in³ shih⁴	寢室
,, ,,	wo⁴ fang²	臥房
,, of a gun	yao⁴ shih⁴	藥室
,, (of an assembly)	i⁴ shih⁴ hui⁴	議事會
,, of commerce	shang¹ wu⁴ i⁴ hui⁴	商務議會
Chamberlain (under Manchu régime)	yü⁴ ch'ien² ta⁴ ch'ên²	御前大臣
Chamber-pot, a	yeh⁴ hu²	夜壺
Champion,	ying¹ hsiung²	英雄
,,	hsüan³ shou³	選手
Championship flag	yu¹ shêng⁴ ch'i²	優勝旗
Chance,	chi¹ hui⁴	機會
,,	shih² yün⁴	時運
,, meeting, a	ou³ yü⁴	偶遇
,, it, I'll	p'êng⁴ ch'iao³-êrh-pa	碰巧兒罷
,, by	ou³ jan²	偶然
,, ,, ...	shih⁴ yu³ ...	適有 ....
,, if by any possible	wan⁴ i¹	萬一
,, (fortune)	yün⁴ ch'i⁴	運氣
,, for life, a	i² hsien⁴ chih¹ shêng¹ lu⁴	一線之生路
,, seekers after the main	shê⁴ li⁴ chih¹ t'u²	射利之徒
Chancellor (of university)	ta⁴ hsiao⁴ chang³	大校長
Change, to	huan⁴	換
,, one thing for another	kêng¹ huan⁴	更換
,, (alter)	kai³	改
,, to	kai³ pien⁴	改變
,, into	pien⁴-ch'êng	變成
,, one's mind	kai³ chu²-i	改主意
,, ,,	pien⁴ la k···⁴	變了卦
,, colour	pien⁴ sê⁴	變色
,, residence	kêng¹ i²	更栘

Change—Characterised.

Change for the better	kai³ kuo⁴ tzŭ⁴ hsin¹	改過自新
,, ,, ,, worse	pien⁴ hsin¹	變心
,, complete	ta⁴ kai³ chiu⁴ kuan¹	大改舊觀
,, of air	huan⁴ i² huan⁴ ch'i⁴	換一換氣
,, ,, conduct (for the better)	t'ung⁴ kai³ ch'ien² fei¹	痛改前非
,, of policy	pien⁴ ch'i² fang¹ chên¹	變其方針
,, in the national mind, radical	kên¹ pên³ shang⁴ kai³ ko⁰ kuo² min² chih¹ shih⁴	根本上改革國民知識
,, (balance)	chao³ ch'ien²	找錢
,, small	ling² ch'ien²	零錢
Changes, constant	wan⁴ chung³ pien⁴ ch'ien¹	萬種變遷
,, extraordinary	ts'ang¹ hai³ pien⁴ sang¹ tien²	滄海變桑田
Changeable,	pu¹ ting⁴	不定
,,	hsing⁴ pu¹ ch'ang²	性不常
,, weather	shih² ling⁴ pu¹ chêng⁴	時令不正
Channel, a	shui³ tao⁴	水道
,, (strait)	hai³ yao¹	海腰
,,	hai³ hsia²	海峽
,, marks	fu² piao	浮標
,, (figuratively)	lu⁴ ching⁴	路徑
Chant a religious service, to	fêng³ ching¹	唪經
Chaos,	hun⁴ t'un⁴	渾沌
Chapel, a	li³-pai t'ang²	禮拜堂
Chapped hands	shou³ ts'un¹-lo	手皴略
Chapter of a book	chang¹	章
,, of a novel	hui²	回
,, and verse for	yu³ chang¹ yu³ tsê²	有章有則
Character, the written	tzŭ⁴	字
,, he doesn't know a	mu⁴ pu⁴ shih⁴ ting¹	目不識丁
,, disposition	ping³ hsing⁴	禀性
,, ,,	hsing⁴-ch'ing	性情
,, ,,	p'in³-hsing⁴	品性
,, (good)	tê² hsing⁴	德性
,, to injure one's	huai⁴ jên² shêng¹ ming²	壞人聲名
,, attack private	kung¹ chi¹ ssŭ¹ tê²	攻擊私德
,, (of a servant)	t'ui¹ chien⁴ chuang⁴	推薦狀
,, ,,	p'in³ hsing chêng⁴ ming² shu¹	品行證明書
,, in history, so and so is a great	mou³ tsai⁴ li⁴ shih³ shang⁴ nai³·i¹ ta⁴ jên² wu⁴	某在歷史上乃一大人物
,, institution of a public	kung¹ t'ang² chih¹ hsing¹ chih³	公堂之性質
Characterised throughout by	i² wei⁴-ti	一昧的

Characteristic,	t'ê⁴ chih³	特質
,,	t'ê⁴ hsing⁴	特性
,,	t'ê⁴ sê⁴	特色
,, a national	kuo² fêng¹	國風
,, of the man, that is	chê⁴ chiu⁴ hsing²-jung-ch'u t'a¹-ti p'i²-ch'i lai⁴-liao	這就他出容形氣脾的來了
Characterizes so and so, cunning	chien¹ cha⁴ wei² mou³ chih¹ t'ê⁴ chih³	奸詐為某之特質
Characters, written	wên² tzŭ⁴	文字
Charcoal,	t'an⁴	炭
Charge (price)	chia⁴ chih²	價值
,, (to account of)	têng¹ ju⁴ chang⁴ nei⁴	登入賬內
,, ,, ,,	hsieh³ chang⁴	寫賬
,, what do you?	yao⁴ to¹-shao ch'ien²	要多少錢
,, ,, ,,	shêm² mo chia⁴-ch'ien	甚麼價錢
,, (accuse), to	kao⁴ fa¹	告發
,, ,,	k'ung⁴ kao⁴	控告
,, (accusation)	ch'i³ su⁴	起訴
,, (attack)	chin⁴ chi¹	進擊
,, ,,	hsi² chi¹	襲擊
,, ,,	ch'ung¹ fêng¹	衝鋒
,, a gun	chuang¹ ch'iang¹	裝槍
,, of electricity	chi¹ tien⁴	積電
,, of, place in	chiao¹-fu	交付
,, ,, ,,	chiao¹-kei	交給
,, of an affair, put so and so in	chiang¹ tz'ŭ³ shih⁴ wei² t'o¹ mou³ jên²	將此事委託某人
,, take over	ch'êng² kuan³	承管
,, with a duty	wei³ jên⁴ i¹ wu⁴	委任義務
,, person in	chu³ jên⁴	主任
,, on oneself, take a responsible	fu⁴ chung⁴ jên⁴	負重任
,, responsible for affairs under their	tui⁴ yü² chu³ kuan³ shih⁴ wu⁴ fu⁴ ch'i² tsê²	對於主管事務負其責
,, of particular business, each in	fên¹ chang³ shih⁴ wu⁴	分掌事務
,, give so and so in	pa⁴ mou³ chiao¹ hsün² ching³ chiu¹ sung⁴	把某交巡警究送
Chargé d'Affaires,	shu¹ li³ ch'in¹ ch'ai¹	署理欽差
,, ,,	shu¹ li³ kung³ shih³	署理公使
Charges, telegraph	tien⁴ pao⁴ fei⁴	電報費
,, (fee), medical	chên¹ ch'a⁴ liao⁴	診察料
,, (on estates)	tsu¹ shui⁴	租稅
,, miscellaneous	tsa² fei⁴	雜費
Charger,	chün¹ ma³	軍馬

Charitable—Chastisement. 114

Charitable (benevolent)	jên² hui⁴	惠仁
,, (disposition)	tz'ŭ² hsin¹	心慈
,, ,,	tz'ŭ² shan⁴ hsin¹	心善慈
,, person, a	tz'ŭ²-pei jên²	人悲慈
,, ,,	hao⁴ shan⁴ chih¹ shih⁴	士之善好
,, (in one's judgements)	k'uan¹ jên² ta⁴ tu⁴	度大仁寬
,, ,, ,,	k'uan¹ ta⁴	大寬
Charity,	jên² tê²	德仁
,,	ts'ê⁴ yin³ chih¹ hsin¹	心之隱惻
,,	tz'ŭ² ai⁴	愛慈
,, (alms)	shih¹ wu⁴	物施
,, ,,	chou¹ chi⁴	濟周
,, ,,	fang⁴ chên⁴	賑放
,, refrain from (exposing him) out of	shao³ ts'un² chung¹ hou⁴	厚忠存稍
,, hospital	tz'ŭ² shan⁴ ping⁴ yüan⁴	院病善慈
,, performance (of plays)	i⁴ wu⁴ hsi⁴	戲務義
Charlatan (quack)	yung¹ i¹	醫庸
Charm,	mi² li⁴	力迷
,, (amulet), a	hu⁴ shên¹ fu²	符身護
Charming,	k'o³ hsi³-ti	的喜可
,,	k'o³ ai⁴-ti	的愛可
Chart, a	t'u²	圖
,,	ti⁴ t'u³	圖地
,,	hai³ t'u²	圖海
Charter, a	t'ê⁴ hsü³ chêng⁴	證許特
,,	chuan¹ li⁴ chih¹ chuang⁴	狀之利專
,, (grant)	t'ê⁴ chun³	准特
,, party, a	lin⁴ ch'uan² ch'i⁴	契船賃
Chase, to	chui¹	追
,,	chui¹-shang	上追
,, the	hsing² lieh⁴	獵行
Chassis,	tien¹ ch'ê¹ tso⁴	坐車電
Chaste,	chieh²	節
,,	chieh² lieh⁴	烈節
,,	chên¹-chieh	節貞
Chasten,	ch'êng³ chih⁴	治懲
,,	chiao³ chêng⁴	正矯
Chastise (with arms), to	chêng¹ t'ao³	討征
,, rebels and reward the loyal	chiang³ shun⁴ t'ao³ ni⁴	逆討順獎
,, to	ch'êng³ fa²	罰懲
,, God ......s the guilty	t'ien¹ t'ao³ yu³ tsui⁴	罪有討天
Chastisement for his crime, death would not be a sufficient	tsui⁴ pu⁴ jung² yü² ssŭ³	死於容不罪

Chastity—Chemical.

Chastity, to preserve	shou³ chieh²	守節
Chat, to	hsien² t'an²	閒談
,,	t'an² hsiao⁴	談笑
Chattels,	tung⁴ ch'an³	動產
,, goods and	chia¹ chü⁴	家具
Chatter, to	chi¹-la-chua-la	唧啦抓啦
,,	tao¹-tao	叨叨
,,	to¹ yen²	多言
,, (of the teeth)	ta³ chan⁴ 'rh	打戰兒
Chatterbox, a	lao² lao² tao¹ tao¹-ti	唠唠叨叨的
,,	hua⁴ hsia²-tzŭ	話匣子
Cheap,	p'ien²-i	便宜
,,	chien⁴	賤
,,	lien² chia⁴	廉價
,, (of little worth)	pei¹ lieh⁴	卑劣
,, (of small value)	hsia⁴ chien⁴	下賤
Cheapen,	chê² chia⁴	折價
Cheat, a	pêng¹-tzŭ shou³ 'rh	拼子手兒
,, to	p'ien⁴	騙
,, a	k'êng¹ pêng¹ kuai³ p'ien⁴ mêng²	坑繃拐騙朦
,,	kuei³ pien⁴ chih¹ jên²	詭變之人
Check (tally), a	hao⁴ p'ai²-tzŭ	號牌子
,, (e.g., for baggage)	chêng⁴ fu²	證符
,,	hsing² li³ p'ai²	行李牌
,, (tally), to	tien⁴-i tien³ shu⁴ êrh	點一點數兒
,, ,,	tui⁴-i-tui	對一對
,, (hinder), to	fang¹ hai⁴	妨害
,, (accounts)	ch'a² tui⁴	查對
,, (chess)	kung¹ chiang⁴ chün¹	攻將軍
,, (restrain)	chin⁴ chih³	禁止
,, hold the enemy in	tsu³ chih⁴ ti² chün¹	阻制敵軍
Checkmate,	sha¹ chiang⁴	殺將
,, (figurative)	t'ung² kuei¹ yü² chin⁴	同歸於盡
Cheerless,	fan² mên⁴	煩悶
Cheeky (in a kindly sense)	ta⁴-mo ta⁴ yang⁴	大模大樣
,, (in hostile sense)	hsi¹ p'i² hsiao⁴ lien³	嘻皮笑臉
Cheer (applaud), to	ho¹ ts'ai³	喝采
Cheerful,	kao¹ hsing⁴	高興
,,	shuang³-k'uai	爽快
Cheese,	nai³ ping³	奶餅
Cheese-paring,	(See Economy.)	
Chef d'oeuvre,	miao⁴ tso¹	妙作
Chemical (adj.)	hua⁴ hsüeh² shang⁴ '	化學上
,, analysis	hua⁴ hsüeh² fên¹ hsi²	化學分析

Chemical—Chief.

Chemical combination	hua^4 hsüeh^2 ho^1 ho^2	合和學化
,, changes	hua^4 pien^4	變化
,, apparatus	hua^4 hsüeh^2 i^2 ch'i^4	氣器學化
Chemicals,	yao^4-ts'ai	材藥
,,	hua^4 hsüeh^2 yao^4 p'in^3	品藥學化
Chemist's shop,	yao^4 p'u^4	舖藥
Chemistry,	hua^4 hsüeh^2	學化
,, inorganic	wu^2 chi^1 hua^4 hsüeh^2	學化機無
,, organic	yu^3 chi^1 hua^4 hsüeh^2	學化機有
Cheque, a bank	chih^1 p'iao^4	票支
,, ,,	shou^3 p'iao^4	票手
,, ,,	yin^2 tan^1	單銀
,, book, a	chih^1 p'iao^4 pu^4-tzŭ	子簿票支
Cherish resentment, to	huai^2 ch'ou^2	仇懷
,, ,,	han^2 yüan^1	冤含
,, treasonable designs	pao^1 ts'ang^2 huo^4 hsin^1	心禍藏包
,, (love)	tz'ŭ^2 ai^4	愛慈
,, (nourish)	fu^3 yü^4	育撫
Cherry, a	ying^1-t'ao	桃櫻
Chess,	ch'i^2	棋
,,	ta^4 ch'i^2	棋大
,,	wei^2 ch'i^2	棋圍
,, to play	hsia^4 ch'i^2	棋下
,, board	ch'i^2 p'an^2	盤棋
,, man	ch'i^2 tzŭ^3	子棋
,, a game of	i^1 p'an^2 ch'i^2	棋盤一
Chest, the	hsiung^1 p'u^2-tzŭ	子脯胸
Chestnut, a	li^4-tzŭ	子栗
,, colour	li^4 shai^3	色栗
Cheval de frise	hsia^2-han^3 mu^4	木罕轄
Chew,	chiao^2	嚼
,, cannot	chiao^2-pu tung^4	動不嚼
,, the cud	fan^3 chiao^2	嚼反
Chicanery,	chiao^3 hua^3 shou^3 tuan^4	段手猾狡
Chicken, a	hsiao^3 chi^1-tzŭ	子雞小
,, hearted	chi^1 hsin^1 hsiao^3 tan^3'rh-ti	的兒膽小心雞
,, ,,	chi^1 tan^3 tzŭ	子膽雞
Chide, to	tsê^2 pei^4	備責
Chief, a	t'ou^2 'rh	兒頭
,,	t'ou^2-mu	目頭
,,	t'ung^3 ling^3	領統
,,	shou^3 ling^3	領首
,, (master)	chu^3 jên^2	人主
,, (of a tribe, contemptuous)	chiu^1 chang^3	長酋

Chief—Chin.

Chief (of robbers)	chü⁴ k'uei²	魁巨
,, (adj.)	tsui⁴ yao⁴	要緊
,, ,,	tsui⁴ kuan¹ chin³ yao⁴	要緊關緊
,, object, the	t'ou³ i⁴ tsung¹	宗一頭
,, ,,	ti⁴ i¹ yao⁴ chü³	舉要一第
,, ,,	chu² i⁴	意主
,, examiner	chu³ k'ao³	考主
,, seat	shang⁴ tso⁴	座上
,, secretary	pi⁴ shu¹ chang³	長書秘
Chiefly,	ta⁴ pan⁴	半大
,,	to¹ pan⁴	半多
Chilblain, a	tung⁴ ch'uang¹	瘡凍
Child, a	hai²-tzŭ	子孩
,, by a wife proper	ti² ch'u¹-ti	的出嫡
,, by a concubine	shu⁴ ch'u¹-ti	的出庶
,, a male	hsiao³-tzŭ	子小
,, a female	hsiao³ nü³-êrh	兒女小
,, ,,	êrh² t'ung²	童兒
,, be with	huai² yün⁴	孕懷
Childbed,	fên¹ mien³	娩分
Childhood,	yu⁴ nien²	年幼
,, second	lung² chung¹	鍾龍
Childish,	hai²-ch'i	氣孩
,,	êrh² hsi	戲兒
Child's play, it's not	pu¹ shih wan² 'rh-ti	的兒玩是不
,,	fei¹ t'ung² êrh² hsi⁴	戲兒同非
Chill, catch a	chao² liang²	涼著
,, ,,	kan³ mao⁴	冒感
,, came over the assembly	li⁴ hui⁴ chê³ han² hsin¹	心寒者會蒞
,, (depress), to	sang³ ch'i⁴	氣喪
Chilled to the bone	fêng¹ ch'ui¹-ti t'ou⁴ ku³	骨透的吹風
,, ,,	t'ou⁴ hsin¹ 'rh liang²	涼兒心透
Chilly,	kuai⁴ liang²-ti	的涼怪
,, (manner)	lêng³ tan⁴	淡冷
Chime (accord), to	t'iao² ho²	和調
,, in	sui² shêng¹ fu⁴ ho²	和附聲隨
,, in with	i² ch'ang⁴ po⁴ ho²	和百唱一
Chimera,	wang⁴ hsiang³	想妄
Chimney, a	yen¹-t'ung	筒煙
,, a smoky	mao⁴ yen¹	煙冒
,, of a lamp	têng¹ p'ao⁴-tzŭ	子泡燈
Chimney piece, a	lu² t'ai²	臺爐
Chin, the	hsia⁴-pa	巴下
,,	hsia⁴-pa k'o¹ 'rh	兒頦巴下

China.--Cholera.

China,	chung¹ kuo³	中國
,,	chung¹ hua²	中華
,, ware	tz'ǔ²-ch'i	磁器
,, old	ku³ tz'ǔ¹	古磁
Chinese literature	han⁴ wên²	漢文
,, people	han⁴ jên²	漢人
,, policy of the British government	ying¹ chêng⁴ fu³ so³ ch'ih² tui⁴ hua² chih¹ fang¹ chên¹	英政府所持對華之方針
Chink, a	fêng⁴ êrh	縫兒
Chip of the old block, a	yu³ tz'ǔ³ fu⁴ pi⁴ yu³ tz'ǔ³ tzǔ³	有此父必有此子
Chipped,	k'o¹-lo	磕咯
Chips,	mu⁴ p'ien⁴ 'rh	木片兒
,, of matting	hsi² min³ 'rh	席蔑兒
Chiromancy,	hsiang⁴ shou³ fa³	相手法
Chiropodist, a	hsiu¹ chiao³-ti	修脚的
Chirp (of birds),	ch'ao¹-ch'a	嘈喳
Chisel, a	tsan⁴-tzǔ	鏨子
,, to	tsao²	鑿
Chit (letter), a	shuo¹ t'ieh³ 'rh	說帖兒
,, ,,	hsin⁴ p'ien⁴ 'rh	信片兒
,, book	hsin⁴ pu⁴-tzǔ	信簿子
Chivalrous,	hsia² ch'i⁴	俠氣
Chivalry,	i⁴ ch'i⁴	義氣
,,	i⁴ hsia¹ hsin¹	義俠心
Choice,	hsüan³ tsê²	選擇
,, take your	sui² pien⁴ t'iao¹	隨便挑
,, of two evils	to³ chung⁴ chiu⁴ ch'ing¹	躲重就輕
,, according to one's (discrimination)	jên⁴ t'a¹ chien³ tsê² shên⁴ hsüan³	任他揀擇慎選
,, ,,	chia¹ yi⁴ hsüan³ tsê²	加意選擇
,, goods	mei³ huo⁴	美貨
,, in the matter, no	wu² k'o³ ju² ho²	無可如何
,, no particular	wu² k'o³ wu² pu¹ k'o³	無可無不可
,, ,, ,,	liang³ k'o³ chih¹ chien¹	兩可之間
Choke, to	ch'iang¹-lo	嗆咯
,,	o⁴ hou²	扼喉
,,	hou² kuan³ pi⁴ sai¹	喉管閉塞
Choked (by something sticking in the throat)	yeh¹-chu-lo	噎住咯
,, (stopped up)	tu³-chu-lo	堵住咯
Cholera,	chuan⁴ t'ui³ tu⁴-tzǔ	轉腿肚子
,,	huo³ luan⁴	霍亂
,,	hu³ lieh⁴ la¹ (often used for huo³ luan⁴	虎烈拉

119 Cholera—Chrysalis.

Cholera belt	wei² yao¹ êrh	圍腰兒
Choleric,	chi² hsing⁴	急性
Choose (pick out), to	chien³	揀
,, ,,	hsüan³	選
,, ,,	t'iao¹	挑
,, don't pick and	pieh² t'iao¹ san¹ t'iao¹ ssŭ⁴-ti	別挑三挑四的
,, as you	yu³ ni³	由你
,, ,,	sui² ni³	隨你
,, ,,	p'ing²-ni³	憑你
,, to	hsüan³ tsê²	選擇
,, a lucky day	tsê³ chi² jih⁴	擇吉日
,, the best course	tsê² shan⁴ êrh² ts'ung²	從而善擇
,, but . . ., cannot	pu⁴ nêng² pü⁴	不 . . . 不能
,, the least of two ills	liang³ hai⁴ pi⁴ tsê² ch'i² ch'ing¹	兩害必擇其輕
Chop, to	ch'ieh¹	切
,, wood	k'an³ mu⁴-t'ou	砍木頭
,, mutton	yang² p'ai²-ku	羊排骨
,, (seal)	ch'o¹-tzŭ	戳子
,, put on a	ta³ ch'o¹-tzŭ	打戳子
,, (trade mark)	tzŭ⁴-hao	字號
Chopsticks,	k'uai⁴-tzŭ	筷子
Chord,	hsieh² ho² yin¹	諧和音
,,	ho² tsou⁴	合奏
Christ,	chi¹-tu	基督
Christen, to	shih¹ hsi³ li³	施洗禮
Christendom,	chi¹ tu¹ chiao⁴ kuo²	基督教國
Christian religion, the	chi¹-tu chiao⁴	基督教
Christians,	chiao⁴ min²	教民
Christmas,	yeh¹-su¹ chiang⁴ shêng¹-ti jih⁴-tzŭ	耶穌降生的日子
	yeh¹-su shêng⁴ tan⁴	耶穌聖誕
Chronic illness,	lao³ ping⁴	老病
,, ,,	nien² chiu³ chih¹ chêng⁴	年久之症
,, has become	ch'êng²-liao ku⁴ chi¹	成了痼疾
Chronicle,	chi⁴ lu⁴	記錄
,,	chi⁴ shih⁴	記事
,,	pien¹ nien² shih³	編年史
,, to	pien¹ tsuan³	編纂
Chronology,	nien² tai⁴ chi⁴	年代記
Chronometer,	li⁴ nien² piao³	歷年表
	ch'uan² piao³	船表
Chrysalis,	ching¹-kang	金蛹
,,	jung³-tzŭ	蛹子

Chrysanthemum—Circle.

Chrysanthemum, a	chü²-hua	菊花
Chuckle, a	lêng³ hsiao⁴	冷笑
,, to	fa¹-ko lêng³ hsiao⁴	發個冷笑
Church of any denomination, a	li³ pai⁴ t'ang²	禮拜堂
,, Roman Catholic	t'ien¹ chu³ t'ang²	天主堂
,, the	chiao⁴ hui⁴	教會
,, and state was the result, opposition between	sui² chih⁴ cheng⁴ chih⁴ yü³ tsung¹ chiao⁴ ch'eng² fan³ tui⁴ pu⁴ hsiang¹ jung² chih¹ shih⁴ 遂致政治與宗教反對不相容之勢	
Churching of women :		
the Buddhist service	hsüeh³ p'ên² ching¹	血盆經
,, Anglican ,,	fên¹ mien⁸ hou⁴ hsieh⁴ wên²	分娩後謝文
Churl,	ts'u¹ lu³	粗魯
Churn,	chiao³ ju³ ch'i⁴	攪乳器
Cicada, a	kuo¹-kuo¹-'rh	蜩蟟兒
,, the tree	chi² liao²-êrh	吉了兒
Cicatrix, a	pa¹-la	疤瘌
Cigar, a	lü³-sung yen¹	呂宋煙
Cigar-end,	yen³ chüan³ rh t'ou²	煙捲兒頭
Cigarette, a	chih³ yen¹ chüan³ 'rh	紙煙捲兒
Cinematograph,	tien⁴ ying 'rh huo² tung⁴ hsieh⁴ chên¹ ch'i⁴	電影兒 活動寫眞器
Cinders,	lu² hui¹	爐灰
,,	mei² hui¹	煤灰
Cinnabar,	chu¹ sha¹	硃砂
Cinnamon,	jou⁴ kuei⁴	肉桂
Circle, a	ch'üan¹ tzŭ	圈子
,,	yüan² ch'üan¹ 'rh	圓圈兒
,,	huan² hsien⁴	環線
,,	yüan² hsing²	圓形
,, centre of a	chung¹ hsin¹	中心
,, diameter of a	chih² ching⁴	直徑
,, radius of a	pan⁴ ching⁴	半徑
,, draw a	hua⁴ ch'üan¹-'rh	畫圈兒
,, around, to draw a	ch'üan¹ ch'üan¹-'rh	圈圈兒
,, (series)	hsün² huan²	循環
,, set in a	huan² tso⁴	環坐
,, of friends, wide	chiao¹ yu² shên⁴ k'uan¹	交遊甚寬
,, argue in a	hsün² huan² t'ui¹ lun⁴	循環推論
,, events moving inevitably in a series of...s	hsün² huan² wang³ fu⁴ wu⁴ li³ i² jan²	循環往復物理宜然
,, (a round body)	ch'iu²	球

Circle—Circumstances.

Circle, to		hsüan² chuan³	轉旋
Circles, in government		chêng⁴ chieh⁴	界政
,, in military		chün¹ chieh⁴	界軍
Circuit,		chou¹ wei²	圍週
,, make a		jao⁴-ko chou¹ tsao¹ 'rh	兒遭週個繞
,, make a complete		jao⁴ pien⁴-lo	咯遍繞
,, (division of a country)		tao⁴	道
,, (of a judge)		hsün² lo²	邏巡
,, (of electric current)		hui² hsien⁴	線回
,, closed (electric)		pi⁴ sai¹ hui² hsien⁴	線回塞閉
,, open ,,		k'ai¹ fang⁴ hui² hsien⁴	線回放開
Circuitous,		yü¹ yüan³	遠迂
,,		ch'ü¹ ch'ü¹ wan¹ wan¹-ti	的灣灣曲曲
,, route, take a		jao⁴-cho tsou³	走着繞
Circulate, to		ch'uan²	傳
,,		hsuan² chuan³	轉旋
,, (of capital)		jung² t'ung²	通融
,, (of money)		t'ung¹ yung⁴	用通
,, (of news)		liu² ch'uan²	傳流
,, (of blood)		liu² hsing²	行流
,, ,,		liu²-t'ung	通流
,, does not		liu²-t'ung-pu k'ai¹	開不通流
,, (distribute)		san⁴ pu⁴	布散
Circulating decimal		hsün² huan² hsiao³ shu⁴	數小環循
,, medium		t'ung² hsing² pi⁴	幣行通
Circulation, has a large		ch'ü⁴ hsiang⁴ ta⁴	大向去
,, only a small		hsiao¹'lu⁴ wu² to¹	多無路小
,, to increase the		i³ k'uo⁴ ch'i² hsiao¹	消其擴以
,, of the blood		hsüeh² chih¹ liu² t'ung¹	通流之血
,, (currency)		huan² fa³	法環
,, put in		fa¹ hsing²	行發
Circumcision,		tuan⁴ shih⁴ p'i²	皮勢斷
,,		ko¹ li³	禮割
Circumference,		yüan² pien¹ 'rh	兒邊圓
,,		chou¹ hsien⁴	線周
Circumlocution,		yü¹ yüan³ chih¹ tz'ŭ²	辭之遠迂
Circumscribe, to		chih⁴ hsien⁴	限制
Circumspect,		hsi⁴ hsin¹	心細
,, be		chin³-shên-i tien³ 'rh	兒點一愼謹
,, ,,		chan¹ ch'ien² ku⁴ hou⁴	後顧前瞻
,, here, you must be		chê⁴-shih ch'ih⁴-tsun ti⁴-fang-êrh	兒方地寸尺是這
Circumstances,		ch'ing²-hsing	行情
,,		an⁴ ch'ing²	情案
,, act according to		ch'iao²-cho pan⁴	辦著瞧

E

Circumstances—Civil.

Circumstances, act according to	cho²-liang-cho pan⁴	辦著量酌
,, ,, ,,	chien⁴ ching³ shêng¹ ch'ing²	情生景見
,, ,, ,,	sui² chi¹ ying⁴ pien⁴	變應機隨
,, judging from the	k'an⁴ kuang¹-ching	景光看
,, be guided by	sui² shih² sui² shih⁴	勢趨時隨
,, from the nature of the	k'an⁴ shih⁴ li³	理耶看
,, in these	chê-mo-cho	著麼這
,, of a case	an⁴ yu² êrh	兒由案
,, that all depends upon	na⁴ tou¹ k'an⁴ kuang¹-ching	景光看都那
,, whatever must you, under no	ch'ien¹ wan⁴ pieh²	別萬千
,, forced by	wei⁴ shih⁴ so³ po⁴	迫所勢為
,, according to	yin shih² chih⁴ i²	宜制時因
,, favourable	shun⁴ ch'ing²	情順
,, do the best in the (condition)	wei³ ch'ü¹ ch'iu ch'üan² ching³ k'nang⁴	全求曲委 況景
,, be in good	ching⁴ yü⁴ shên⁴ chia¹	佳甚遇境
Circumstantial,	hsiang² hsi⁴ ti⁴	的細詳
,,	wei² ch'ü¹	曲委
,, evidence	ch'ing² k'uang⁴ chêng⁴ chü⁴	據況情
Circumvent so and so, to	i³ chi⁴ hsien¹ mou³	某陷計以
Circus, a	ma³ hsi⁴ ch'ang⁻	場戲馬
,,	p'ao³ ma³ hsieh⁴	獬馬跑
Cistern, a	shui³ kuei⁴	櫃水
,,	shui³ kang¹	缸水
Citation,	ch'uan² p'iao⁴	票傳
,, (quotation)	yin³ tien³	典引
,, of facts	ch ên² shu⁴ shih⁴ shih²	實事述陳
Cite, to	cn uan² t'i²	提傳
Citizen, a	kung¹ min²	民公
,,	kuo² min²	民國
,, a fellow	t'ung² ch'êng²-ti	的城同
,, of a town	shih⁴ min²	民市
Citizenship,	kuo² chi²	籍國
,,	kuo² min² chih¹ tzŭ¹ ko²	格資之民國
,,	kung¹ min² ch'üan²	權民公
City, a walled	ch'êng²	城
,, capital	ching¹ ch'êng²	城京
,, provincial	shêng³ ch'êng²	城省
,, outside the	ch'êng² wai⁴	外城
,, inside the	ch'êng² li³	裡城
,, wall	ch'êng² ch'iang²	牆城
Civic assembly	shih⁴ hui⁴	會市
Civil officer	wên² kuau¹	官文

Civil case (law)	min² shih⁴ su⁴ sung⁴	民事訴訟
,, case, relating to a	min² shih⁴ shang⁴	民事上
,, administration (in a province), chief of the	min² chêng⁴ chang³	民政長
,, engineer	kung¹ ch'êng² shih¹	工程師
,, law	min² fa⁴	民法
,, rights, forfeit all their	ch'ih¹-to² ch'üan² pu⁴ kung¹ ch'üan²	褫奪全部公權
,, service examinations	jên⁴ kuan¹ k'ao³ shih⁴	任官考試
,, ,, regulations	wen² kuan¹ jên⁴ yung⁴ ling⁴	文官任用令
,, war	nei⁴ luan⁴	內亂
,, list (of the ex-dynasty)	huang² shih⁴ fei⁴	皇室費
,, (courteous)	ho² ch'i⁴	和氣
Civility, treat with	yu¹ tai⁴	優待
Civilization,	chiao¹ hua⁴	教化
,,	k'ai¹ hua⁴	開化
,,	wên² ming²	文明
,, a similar standard of	wên² ming² ch'êng² tu⁴ ta⁴ chih⁴ hsiang¹ t'ung²	文明程度大致相同
Civilized state, a	wên² ming² chih¹ kuo² li³ i⁴ chih¹ pang¹	文明之國禮義之邦
Claim, to	yao⁴	要
,, a	yao¹-ch'iu	要求
,, (demand as due), to	ch'ing³ ch'iu² (less strong than yao¹ ch'iu²)	請求
,, (maintain)	chu³ chang¹	主張
,, right of	ch'ing³ ch'iu² ch'üan²	請求權
,, for damages	sun³ hai⁴ yao¹ ch'ang²	損害要償
Claimant,	ch'ing³ ch'iu² chê³	請求者
,,	yao¹ ch'iu² chê³	要求者
Claims,	yao⁴ k'uan³	要欵
,,	yao¹-ch'iu	要求
,,	tao³ k'uan³	討欵
,, for indemnity	ch'ang² k'uan³	償欵
,,	p'ei² k'uan³	賠欵
,, of relationship	ch'in¹ shu³-chih ch'ing²	親屬之情
Clamour,	hsüan¹ nao⁴	喧鬧
Clan, a	tsu²	族
,, of the same	t'ung² tsu²	同族
,, ex-imperial	ch'ien² ch'ing¹ tsung¹ shih⁴	前清宗室
,, (faction)	tang³ p'ai⁴	黨派
,, (family)	i¹ mên².	一門
,, cabinet (ruling family)	kuei⁴ tsu² nei⁴ ko²	貴族內閣
Clandestine,	yin³ mi⁴	隱密

Clandestine—Classify. 124

Clandestine,	pi⁴ mi⁴	秘密
,,	yin² mou²	陰謀
,, intercourse	ssŭ¹ hsia⁴ wang³ lai²	私下往來
,, practices	ch'ing² pi⁴	情弊
Clansman, an ex-imperial	huang² tai⁴ tzŭ	黃帶子
,, ,, (sarcastic)	yao¹ li³ tai⁴ yen² sê⁴	腰裏帶顏色
,, ,, collateral	hung² tai⁴ tzŭ	紅帶子
Clap the hands, to	p ai¹ shou³	拍手
,, ,,	p'ai⁴ pa¹ chang³	拍巴掌
,, of thunder	i² chên⁴ p'i¹ lei²	一陣霹靂
,, (applaud), to	ho¹ ts'ai³	喝采
Clapper of a bell, the	chung¹ shê²	鐘舌
Claret,	hung² chiu³	紅酒
Clash, to	chü³ wo³	龃龉
,,	ti³ ch'u¹	抵觸
,, (of interests)	ch'ung¹ t'u⁴	衝突
Clasp a	k'ou⁴ tzŭ	扣子
,, another person's hand	wo⁴ shou³	握手
,, the hands together, to	ch'a¹ shou³	又手
,, the hands, to	ho² chang³	合掌
,, of a girdle	tai⁴ k'ou⁴-tzŭ	帶扣子
Class,	têng³	等
,,	lei⁴	類
,, (grade)	têng³ chi¹	等級
,, (kind)	chung³ lei⁴	種類
,, of people, a	i² tsung⁴ jên²	一種人
,, ,, ,, the same	i² p'ai⁴ jên² wu⁴	一派人物
,, first	t'ou² têng³	頭等
,, second	êrh⁴ têng³	二等
,, (at school)	pan¹	班
,, (science)	pu⁴	部
,, ,,	mên²	門
Classes, the lower	hsia⁴ têng³ jên²	下等人
,, ,,	hsiao³ min²	小民
,, ,,	hsia⁴ têng³ shê⁴ hui⁴	下等社會
,, middle	chung¹ liu² shê⁴ hui⁴	中流社會
,, the four	ssŭ⁴ min²	四民
Classics,	ching¹	經
,,	ching¹ tien³	經典
,, the five	wu³ ching¹	五經
Classification,	lei⁴ pieh²	類別
,,	hui⁴ lei⁴ ta³	彙類法
,, assign places by	fên¹ têng³ ting⁴ ch'ü³	分等定取
Classify, to	fên¹ lei⁴	分類
,,	fên¹ mên² pieh² lei⁴	分門別類

Classify—Clear.

Classify in examination	p'ing².ting⁴ chia³ i¹	評定甲乙
Clause, a	t'iao²	條
,,	k'uan³	款
,, (article)	t'iao² k'uan³	條款
,, (composition)	chü⁴	句
,, most favoured nation	tsui⁴ hui⁴ kuo² t'iao² k'uan³	最惠國條款
Claw, a	chao³	爪
,,	chua³ tzŭ	爪子
,, of a crab	chia³-tzŭ	夾子
,, to	chua¹-chu	抓住
Clay,	chiao¹ ni²	膠泥
,, image, a	ni² hsiang⁴	泥像
Clean,	kan¹-ching	乾淨
,,	ch'ing¹ chieh²	清潔
,, ,,	chieh²-ching	潔淨
,, water	ching⁴ shui³	淨水
,, to make	nung⁴ kan¹-ching-lo	弄乾淨咯
,, to rub	ts'a¹ kan¹-ching-lo	擦乾淨咯
,, out (as a drain, etc.)	t'ao² kou¹	淘溝
,, gone	hua⁴ wei² huang² hao²	化爲烏有
,, mind, a	ch'ing¹ hsin¹	清心
,, morally)	ch'ing¹ pai²	清白
,, breast of, make a	p'ou³ hsin¹	剖心
,, ,, ,,	piao³ hsin¹ i⁴	表心意
,, (without defects), e.g., timber	wu² tz'ŭ¹ chih¹ mu⁴ liao⁴	無疵之木料
Cleaned out, treasury	kuo² k'u⁴ ju² hsi³	國庫如洗
,, out, quite	i⁴ p'in² ju² hsi³	一貧如洗
,, out (at gambling), quite	ting³ niu² 'rh shu¹ la hua¹ la¹ chia¹ 'rh ching⁴	頂牛兒輸啦花啦家兒淨
Cleanse your hearts	ching¹ pai² nai³ hsin¹	精白乃心
Clear,	ch'ing¹	清
,,	hsien¹ ming²	鮮明
,, (evident)	ming²-pai	明白
,, ,,	ch'ing¹-ch'u	清楚
,, ,,	hsien³ jan	顯然
,, out (as a stopper drain), to	su¹-t'ung¹ k'ai¹	疏通開
,, (transparent)	t'ou⁴ kuang¹	透光
,, away (dishes, etc.)	ch'ê⁴ chia¹-huo	撤傢伙
,, away rubbish	ts'o¹-liao-ch'ü	撮了去
,, ,,	sao³ ch'u²	掃除
,, (weather)	ch'ing¹ lang³	清朗
,, ,,	ch'ing² t'ien¹	晴天

Clear—Clever.   126

Clear (meaning)	ming² pai²	明白
,, ,, not quite	i⁴ ssŭ¹ pu⁴ shên⁴ hsien³	意思不甚顯
,, at a glance	i² mu⁴ liao³ jan²	一目瞭然
,, my conscience is	wên⁴ hsin¹ pu⁴ k'nei⁴	問心不愧
,, (suspicions), to	ping¹ chieh³	冰解
,, (a ship)	tê² ch'u¹ chiang³ chih¹ jên⁴ k'o³	得出港之任可
,, an account	ch'ing¹ ch'ien⁴	清欠
,, profit (after expenses paid)	ching⁴ huo⁴	淨獲
,, expenses	shou¹ chih¹ hsiang¹ ti³	收支相抵
,, from a charge	p'an⁴ tuan⁴ wu² tsui⁴	判斷無罪
,, off (a mortgage)	shu¹	贖
,, off (debts)	huan² ch'ing¹	還清
,, (of bandits)	sao³ tang⁴	掃蕩
,, up	chieh³ shih⁴	解釋
,, the weather has ..ed	t'ien¹ fang⁴ ch'ing² la	天放晴了
Clearance, a port	hung² tan¹	紅單
,, (ship), permit	ch'u¹ chiang³ chih² chao⁴	出港執照
Clearing,	k'ung¹ ti⁴	空地
,, house	yin² hang² chiao¹ huan² so³	銀行交換所
Clearly defined, not	pu⁴ fên¹ ming²	不分明
,,	hsien³ jan²	顯然
Clearsighted,	ts'ung¹ hui⁴	聰慧
Cleave, to	p'i¹-k'ai	劈開
Clemency,	k'uan¹ ta⁴	寬大
,,	k'uan¹ jên²	寬仁
,, (to a criminal), exercise of	fa⁴ wai⁴ shih¹ jên²	法外施仁
,, (of weather)	wên¹ ho²	溫和
Clench the fist, to	tsuan⁴ ch'üan²-t'ou	攥拳頭
,, the teeth	yao³ ya²	咬牙
Clepsydra, a	t'ung² hu² ti¹ lou⁴	銅壺滴漏
Clergyman, a Roman Catholic	shên²-fu	神父
,, Protestant	mu⁴-shih	牧師
Clerical order, Buddhist	chieh⁴ tieh²	戒牒
,, error	wu⁴ tzŭ¹	誤字
Clerk, an official	shu¹-pan	書辦
,, ,,	shu¹-chi	書記
,, (in a foreign firm, etc.)	ta⁴ hsieh³	大寫
,, ,,	êrh⁴ hsieh³	二寫
,, (in a ministry), senior	ch'ien¹ shih	僉事
Clever,	ling²	靈
,,	ming²-pai	明白
,,	y'u³ ts'ai²-kan	有才幹

Clever—Clodhopper.

Clever	(sharp)	chi¹-ling	伶機
,,	(intelligent)	ts'ung¹-ming	明聰
,,	by half, too	lung⁴ ch'iao³ ch'êng² cho¹	拙成巧弄
Client,		i¹ lai⁴ jên²	人賴依
,,	(of a great man)	mên² shêng¹	生門
Clientèle (of a physician)		ping⁴ chia¹	家病
Cliff,		shan¹ yen²	巖山
Climacteric,		k'an³ 'rh	兒坎
Climate,		shui³ t'u³	土水
,,		ch'i⁴ hou⁴	候氣
Climatology, department for science of		ch'i⁴ hsiang⁴ k'o¹	科象氣
,,		ch'i⁴ hou⁴ hsüeh²	學候氣
Climax,		ting³ shang⁴	上頂
,,		chi² tu⁴	度極
,,		chi² tien³	點極
,,		chüeh² ting³	頂絕
,,	(rhetoric)	chieh¹ shêng¹ ta³	法升階
,,	has reached a	tao⁴ chi²-ch'u-lo	略處極到
Climb (of a creeper), to		wang³ shang⁴ pa¹	扒上往
,,		wang³ shang⁴ p'a²	爬上往
,,	to	têng³ kao¹	高登
,,	a hill	têng³ shan¹	山登
Cling to an object (as a child resisting removal)		ta³ tso⁴ p'o¹	坡坐打
,,	to a treasured possession, etc.	lien⁴ lien⁴ pu⁴ shê³	捨不戀戀
,,	to one's opinion	chih² chi³ chih¹ chien⁴	見之己執
,,	obstinately to an error	chih² mi² pu⁴ wu⁴	悟不迷執
,,	closely to (in affection)	chiao¹ ch'i¹ hsiang¹ t'ou²	投相漆膠
Clinical,		lin² ch'uang² shang⁴	上牀臨
Clip, to		chiao³	鉸
,,	one's words, to	yao³ shê² tzŭ	子舌咬
,,	a ticket, to	ta³ yen³	眼打
Cloak, a		tou³-p'êng	篷斗
,,		hsü¹ t'o¹	托虛
,,		t'o¹ tz'ŭ²	辭託
,,	(pretext)	k'ou³ shih²	實口
,,	room	chu⁴ i¹ so³	所衣貯
,,	one's offence, to	yen³ chi³ tsui⁴	罪己掩
Clock, a		i² chia⁴ chung¹	鐘架一
,,		shih²-ch'ên chung¹	鐘辰時
,,	alarm	nao⁴ chung¹-êrh	兒鐘鬧
,,	a striking	ta³ shih²-ch'ên chung¹	鐘辰時打
Clodhopper,		nung² fu¹	夫農

Clog—Closed.   128

Clog, a	chang⁴ ai⁴ wu⁴	物碍阻
,, to	sai¹ chih⁴	滑塞
Cloisonne,	fa⁴ lan²	琺瑯
Close, to	kuan¹	關
,, the eyes	pi² yen³-ching	睛眼閉
,, (a letter), to	fêng¹ shang⁴	上封
,, a book, to	pa⁴ shu¹ ho²-shang	上合書把
,, of last year, at the	ch'ü¹ nien² mo⁴ wei³ 'rh	兒尾末年去
,, the gates of the assembly (from visitors), to	fêng¹ pi⁴ i⁴ ch'ang²	塲議閉封
,, the shops all *closed* (in panic)	p'u⁴ hu⁴ shang⁴ pan³ 'rh	兒板上戶鋪
,, (near)	chin⁴	近
,, ,,	i¹-cho	着挨
,, ,,	ai¹-cho	着挨
,, (of weather)	mên¹ jo⁴	燒悶
,, together, sit	chi³-cho tso⁴	坐着擠
,, (intimate)	ch'in¹ mi⁴	密親
,, (mean)	lin⁴ sê¹	嗇吝
,, (reticent)	ch'ên² mo⁴	默沈
,, connection	mi⁴ ch'ieh¹ kuan¹ hsi⁴	係關切密
,, season	chin¹ lieh⁴ ch'i²	期獵緊
,, to (of time)	wei² shih² s' ên⁵ po⁴	迫甚時爲
,, resemblance	hsiang¹ ssŭ⁴ ti¹	的似相
,, struggle	shih¹ chün¹ li⁴ ti² chih· ching· chêng¹	爭競之敵力均勢
,, by	chin⁴ tsai⁴ chih³ ch'ih³	尺咫在近
,, (alley)	ch'iung² hsiang⁴	巷窮
,, carriage	nuan³ ch'ê¹	車暖
,, confinement	yen² mi⁴ chien¹ chin⁴	禁監密嚴
,, (conclusion)	chung¹ chü²	局終
,, ,,	shou¹ ch'ang²	塲收
,, of session	pi⁴ hui⁴	會閉
Closed, to be (of a country)	so³ kuo²	國鎖
,, (of a shop, on holidays)	hsiu¹ yeh⁴	業休
,, (of a shop, permanently)	kuan¹ pi⁴	閉關
,, (of ports)	so³ chiang³	港鎖
,, to end	chung¹	終
,, ,,	chih³	止
,, to coalesce	shou¹ k'ou⁵	口收
,, (an agreement)	i⁴ ting⁴	定議
,, with (agree to)	yün³ hsing²	行允

Closed (for loans, owing to war, etc.) the money market of Europe will be — ou¹ chou¹ chin¹ shih⁴ pi⁴ chih⁴ fêng¹ so³ 鎖封致必市金洲歐

Closer examination, on — tzŭ⁸ hsi⁴ i² k'an⁴ 仔細一審

Closet (w. c.) — mao²-fang 茅房
,, ,, — mao²-ssŭ 茅厠

Closing at 2 p.m., early — chiang¹ kuan¹ mên² shih² chien¹ t'i² ch'ien⁹ liang⁸ hsia⁴ chung¹ 將關門時間提前兩下鐘

Clot of blood, a — i² k'uai⁴ ning² hsieh³ 一塊凝血

Cloth, cotton — pu⁴ 布
,, grass — hsia⁴ pu⁴ 夏布
,, broad — to¹-lo ni² 哆囉呢

Clothe, to — cho² i¹ 著衣
,, oneself on, not enough to — ku⁴ pu⁴ shang⁴ ch'uan¹ 穿不上夠

Clothes, — i¹-shang 衣裳
,, — i¹-fu 衣服
,, under — hsiao³ i¹ 小衣
,, dress — li³ fu² 禮服
,, shop, second-hand — ku¹ i¹ p'u⁴ 估衣舖
,, a suit of — i²-t'ao⁴ i¹-shang 一套衣裳
,, bed — pei⁴ ju⁴ 被褥
,, plain — pien⁴ i¹ 'rh 便衣兒

Cloud (political) — fêng¹ yün² 風雲
,, be under a — shih¹ ch'ung³ 失寵
,, under a — wei⁴ chung⁴ ts'ai³ i² 為眾猜疑
,, in the Balkans — pa¹ êrh³ kan¹ chih¹ fêng¹ yün² 巴耳干之風雲

Clouds, — yün²-ts'ai 雲彩
Cloudy day, a — yin¹ t'ien¹ 陰天
Cloves, — ting¹-hsiang 丁香
Clown in a theatre, a — ch'ou³ 'rh 丑兒
,, — ku³ chi¹ chê⁹ 滑稽者

Club, — chü¹ lo⁴ pu⁴ 俱樂部
,, house, a — hui⁴ kuan³ 會館
,, wooden — mu¹ pang⁴ 木棒
,, for washing clothes — pang¹-ch'ui 棒棰

Clue, there is no — mei²-yu t'ou²-hsü 沒有頭緒
Clump of grass, a — i² ta⁴ p'u¹-lu ts'ao³ 一大舖路草
,, (or cluster) of flowers — i² ts'u⁴ hua¹ 一簇花

Clumsy, — pên⁴ 笨
,, — ch'un⁵ pên⁴ 蠢笨
,, appearance — hsing² shih⁴ cho⁴ pên⁴ 形式拙笨

Cluster, a — i⁴ tu¹ lu 一嘟嚕

Cluster—Coat		130	
Cluster, to	ch'ün² chi²		簇聚
Clustered round him	tsung¹-shang t'a¹-lo	咯他上簇	
Clutch, to	chua¹-chu		住抓
,,	chiu¹-hu		住揪
Clutches, fell into his	hsien⁴-tsai t'a¹-ti shou³-chung	中手的他在陷	
,, ,, ,,	lao⁴-tsai t'a¹ shou³-li	裏手他在落	
Coach, a four-horse	ssŭ⁴ t'ao¹ ch'ê¹		車套四
Coached him up	chiao¹-kei-t'a i² t'ao⁴ hua⁴	話套一他給教	
Coachman, a	kan³ ch'ê¹-ti		的車趕
,,	yü⁴ fu¹		夫馭
Coadjutor,	chu⁴ shou³		手助
Coagulate,	ning² chieh²		結凝
Coal,	mei²		煤
,, to	chuang¹ mei²		煤裝
,, anthracite	ying⁴ mei²		煤硬
,, bituminous	yen¹ 'rh mei²	兒	煤烟
,, mine	mei² k'uang⁴		礦煤
,, ,,	mei² yao²		窰煤
,, balls	mei² ch'iu²-êrh	兒球	煤
,, dust	mei² mo⁴-tzŭ	子末	煤
,, put on	t'ien¹ mei²		煤添
Coalesce, to	ho² erh² wei² i¹		爲而合
Coaling-station,	chu⁴ mei² so³		所煤貯
Coalition cabinet	hun⁴ ho² nei⁴ ko²		閣內合混
,,	lien² ho² nei⁴ ko²		閣內合聯
Coals to Newcastle	t'u² lao²		勞徒
Coarse,	ts'u¹		粗
,,	ts'ao¹		糙
,, (of rope, etc.)	han¹		憨
,, talk	ts'un¹ hua⁴		話村
,, ,,	sa¹ ts'un¹		村撒
,, (rude)	ts'u¹ lu³		魯粗
,, food	ts'u¹ shih²		食粗
Coast, the sea	hai³ yen⁴ 'rh	兒	沿海
,, ,,	hai³ an⁴		岸海
,, ,,	hai³ pien¹		邊海
,, along the	yen² hai³		海沿
,, artillery	hai³ an⁴ p'ao⁴ tui⁴	隊砲	岸海
,, battery	hai³ an⁴ p'ao⁴ t'ai²	臺砲	岸海
,, defence	hai³ fang²		防海
Coasting-trade,	yen² hai³ mao⁴ i⁴		易貿海沿
Coat, a	i² chien⁴ kua⁴ ...		子掛件一
,, an over	wai⁴ t'ao⁴ 'rh	兒	套外

Coat—Code.

Coat, a long Chinese	pu⁴ shan³ 'rh	布彩兒
,, of paint, put on a	shang⁴-i ts'êng² yu³	上一層油
,, to shed the	t'o¹ mao²	脫毛
,, dress	ta⁴ li³ fu²	大禮服
,, turn one's	pien⁴ t'o¹	變脫
Coated with dust	lao⁴-liao i¹ ts'êng² t'u³	落了一層土
,, ,,	jang²-liao i¹ ts'êng² t'u³	攘了一層土
,, pill, a silver	yin² i¹ yao⁴ wan⁹-tzǔ	銀衣藥丸子
Coax, to	hung³	哄
,,	t'ien² yen² yu³ jên²	甜言誘人
Cobbler, a	p'i²-chiang	皮匠
Cobweb, a	chu¹ chu¹ wang³	蛛蛛網
Coccyx,	wei³ lü³ ku³	尾閭骨
Cochineal insect	yen¹ chih¹ ch'ung²	胭脂虫
Cock, a water	huang²	簧
,, ,,	lo²-ssǔ	螺絲
,, turn on a	ning² huang²	拧簧
,, a	kung¹ chi¹	公雞
,, the comb of a	chi¹ kuan¹-tzǔ	雞冠子
,, spur of a	chi¹ ch'ü²	雞距
,, crow, at	chi¹ ming²-ti sl h²-hou 'rh	雞鳴的時候兒
,, fighting	tou⁴ chi¹	鬥雞
,, a-whoop	tê² i⁴ yang² yang²-ti	得意洋洋的
,, eyed	hsieh² yen³ 'rh	斜眼兒
,, sure, don't be too	pieh² pan³-shang ting⁴ ting¹	別板上釘釘
,, and bull story	wu² chi¹ chih² t'an²	無稽之談
Cocked hat, a	chê² tieh² ju² i⁴ chih¹ kao¹ mao⁴	折疊如意之高帽
Cockroach, a	yu²-cha tou⁴ 'rh	油炸豆兒
Cockscomb.	chi¹ kuan¹	雞冠
Cocoa-nut,	yeh²-tzu	椰子
,, shell, a ladle made of	ping¹-lang p'iao²-êrh	椰瓢兒
Cocoon, silk	ts'an² chien⁸ 'rh	蠶繭兒
Code (cypher)	tzǔ⁴ ma³ 'rh	字碼兒
,, private	an⁴ ma³ 'rh	暗碼兒
,, address	lüeh⁴ hao⁴	略號
,, of laws	lü⁴ li⁴	律例
,, ,,	fa⁴ tien³	法典
,, civil	min² fa⁴	民法
,, commercial	shang¹ fa⁴	商法
,, criminal	hsing² fa⁴	刑法
,, of civil procedure	min² shih⁴ su⁴ sung⁴ fa⁴	民事訴訟法
,, of criminal procedure	hsing² shih⁴ su⁴ sung⁴ fa⁴	刑事訴訟法

Co-defendant,	kung⁴ t'ung² pei⁴ kao⁴	共同被告
Codicil,	i² shu¹ chih¹ chui¹ chia¹	遺書之追加
Codify,	pien¹ tsuan³	編纂
Cod liver oil	yü² kan¹ yu²	魚肝油
Coerce,	hsieh² po⁴	脅迫
,,	lo¹ pi⁴	勒逼
,, obedience	lo¹ ling⁴ fu² ts'ung³	勒令服從
Coercion,	ch'iang² chih⁴	強制
,,	pa⁴ tao⁴	霸道
Coffee,	ka¹-fei	咖啡
Coffer,	yin² kuei⁴	銀櫃
Coffin, an empty	kuan¹-ts'ai	棺材
,, to place in the	ju⁴ lien⁴	入殮
,, with a corpse in	ling⁷	靈
,, ,, ,,	ling² chiu¹	靈柩
,, materials for a	shou⁴ mu⁴	壽木
Cog of a wheel	ch'ih³-tzŭ	齒子
,, wheel, a	tai⁴ ch'ih³'rh-ti lun²-tzŭ	帶齒兒的輪子
Cogent,	yu³ li⁴	有力
Cogitate,	ch'ên² ssŭ¹	沈思
,,	ssŭ¹ so³	思索
Cognate,	t'ung² lei⁴	同類
,,	t'ung² chung³	同種
,,	hsüeh³ tsu²	血族
Cognizance,	chih¹ shih⁴	知識
,, (judicial)	jên⁴ ting⁴	認定
,, (jurisdiction)	shên³ an⁴ chih¹ ch'üan²	審案之權
Cohabit, to	t'ung² ch'in²	同衾
Co-heir,	kung⁴ t'ung² hsiang¹ hsü⁴ jên²	共同相續人
Cohere,	nien³ ho²	黏合
,,	lien² hsü⁴	聯續
Coherency,	shun¹ li³	順理
Coherent,	lien² lo⁴	聯絡
,, discourse	tz'ŭ² i⁴ lien² lo⁴	辭意聯絡
Cohesion,	chieh² li⁴	結力
,, (physics)	ning² chü⁴ li⁴	凝聚力
Coiffure,	chuang¹-shu	妝梳
Coil of rope, a	i¹ p'an²-shêng²-tzŭ	一盤繩子
,, up, to	p'an²-shang	盤上
,, round	p'an² jao³	盤繞
Coin,	ch'ien²	錢
,,	huo⁴ pi⁴	貨幣
,, counterfeit	wei⁴ tsao⁴ huo⁴ pi⁴	偽造貨幣
, pay one back in his own	ju² shu⁴ hsiang¹ ch'ang¹	如數相償

Coin, to manufacture	chu⁴ ch'ien²	鑄錢
Coinage,	huo⁴ pi⁴	貨幣
Coincide with one's wish	ho² i⁴	合意
Coincidence,	fu² ho²	符合
" an unfortunate	pu⁴ ts'ou⁴ ch'iao³	不湊巧
" of opinion	i⁴ chien⁴ hsiang¹ t'ou³	意見相投
" of events	t'ung² shih² ch'u¹ hsien⁴	同時出現
" it was only a	pu⁴ kuo⁴ ts'ou⁴ ch'iao³	不過湊巧
" it is a curious	kuai⁴ ts'ou⁴ ch'iao³-ti	怪湊巧的
Coincides with what I said	ho² wo³-ti hua⁴	合我的話
Coiner,	tsao⁴ wei⁴ pi⁴ chê³	造僞幣者
Coir,	tsung¹	棕
Coition,	chiao¹ chieh¹	交接
" of animals	ta¹-p'ei	搭配
Cold,	lêng³	冷
" to catch	chao² liang²	著涼
" "	kan³ mao⁴	感冒
" have a	shang¹ fêng¹	傷風
" water	liang² shui³	涼水
" (in behaviour)	lêng²-ch'ing	冷情
" (indifferent)	lêng³ tan⁴	冷淡
" left out in the	shêng¹-su	生疏
" " "	lêng³ lo⁴	冷落
" be left out in the	hsiang⁴ yü²	向隅
" he feft being left out in the	pao⁴ hsiang⁴ yü² chih¹ han⁴	抱向隅之憾
" to suffer hunger and	ai¹ o⁴ shou⁴ tung⁴	挨餓受凍
" shoulder, give him the	lêng³ tan⁴ chih¹ k'uan³ tai⁴	冷淡之款待
Cold-blooded,	lêng³ hsüeh³ ti¹	冷血的
" animal	lêng³ hsüeh³ tung⁴ wu⁴	冷血動物
Cold-hearted,	pao² ch'ing²	薄情
" treatment	pao² tai⁴	薄待
Colic,	tu⁴-tzŭ t'êng²	肚子疼
Co-litigant,	kung⁴ t'ung² su⁴ sung⁴ jên²	共同訴訟人
Collaborate,	t'ung² tso⁴	同作
Collaboration by A and B, written in	chia³ yü³ i¹ kung⁴ chu⁴	甲與乙共著
Collapse, (fig.)	wa³ chieh³	瓦解
"	t'u³ pêng¹ wa³ chieh³	土崩瓦解
" (medical)	ping⁴ shih⁴ wei¹ tu³	病勢危篤
" (of a plan)	shih¹ pai⁴	失敗
" (of a building), to	t'a¹-lo	塌落
" the house collapsed	fang² wu¹ lao⁴ chia⁴	房屋落架

Collar—College.

Collar, a	ling³-tzŭ	領子
,, of a coat	ling³ t'iao²-êrh	領緣兒
,, horse	t'ao⁴ pao¹-tzŭ	套包子
,, bone	p'i²-pa ku³	琵琶骨
,, of bells round an animal's neck	ch'uan⁴-ling²-'rh	串鈴兒
Collate,	chiao⁴ k'an⁴	校勘
,,	chiao⁴ tui⁴	校對
,,	pi³ chao⁴	此照
Collateral (subordinate)	fu⁴ sui² ti¹	附隨的
,, (subsidiary)	fu³ chu⁴	輔助
,, family	chih¹ ch'in¹	支親
,, ,,	t'ung² tsu³ ti¹	同祖的
,, security	fu⁴ chia¹ ti³ tang	附加抵當
Collation,	ch'a² tien³	茶點
Colleague,	t'ung² shih⁴ ti¹	同事的
,, an official	t'ung² liao²	同僚
,, ,,	t'ung² yin²	同寅
Colleagues, worthy	t'ung² yeh⁴ kao⁴ shang⁴ chê³	同業高尚者
Collect, to	ts'ou⁴	湊
,, (as postage stamps, etc.)	ts'un²	存
,, (as taxes)	na⁴ shui⁴	納稅
,, together	chü⁴-tsai i² k'uai⁴ 'rh	在一塊兒
,, adherents	hao² chao¹ tang³ yü⁴	招黨與
,, together to cause trouble	t'ung² chieh² shêng¹ shih⁴	同結生事
,, bills	shou¹ chang'	收帳
,, (assemble)	chü⁴ chi²	聚集
,, (literary material)	sou¹ chi²	蒐集
,, (Anglican church)	chu⁴ wên²	祝文
,, a crowd to see the fun	wei² cho k'an⁴ jo⁴ nao⁴ êrh hên³ to¹	圍着看熱鬧兒很多
,, place where men	fu² ts'ou⁴ chih¹ ch'ü¹	輻輳之區
Collected,	tzŭ⁴ jo⁴	自若
,, memorials of Li Hung-chang	li³ wên² chung· tsou⁴ i⁴ chi²	李文忠奏議集
Collection of stamps, a	sou¹ chi² yu² p'iao⁴	蒐集郵票
,, of taxes	chêng¹ shou¹	徵收
,, of money for charity	chüan¹ chin¹	捐金
Collector (of curios)	shou¹ ts'ang² chê³	收藏者
,, (taxes)	shou¹ shui⁴ kuan¹	收稅官
College, a	hsüeh² yuan⁴	學院
,,	hsüeh² hsiao⁴	學校
,, normal	shih¹ fan⁴ hsüeh² hsiao⁴	師範學校

College, military	chün¹ kuan¹ hsüeh² hsiao⁴	軍官學校
Collide with	ch'ung¹ t'u⁴	衝突
,, (fig.)	ti⁸ ch'u¹	抵觸
Collision, at moment of	ch'ung¹ chuang⁴ chih¹ shih²	衝撞之時
,, come into	hsiang¹ p'êng⁴	相碰
,, ,,	hsiang¹ chuang⁴	相撞
,, ,,	hsiang¹ chi⁴	相擊
Colloquial,	su²-hua	俗話
Collusion, in	t'ung¹ ch'i⁴ 'rh	通氣兒
,,	ch'uan⁴-t'ung¹ i² ch'i⁴ 'rh	串通一氣兒
,,	kou¹-t'ung	勾通
,,	i² ch'i⁴-êrh-ti	一氣兒的
,,	kung⁴ mou²	共謀
,, with low characters, in	kou¹ ch'uan⁴ hsia⁴ têng³ jên²	勾串下等人
,, of troops and ruffians, purchased the	mai³ ch'uan⁴ ping¹ fei³	買串兵匪
Colon,	chung⁴ tien⁸	重點
,,	ta⁴ ch'ang²	大腸
Colonel of infantry	pu⁴ ping¹ shang⁴ hsiao⁴	步兵上校
,, lieutenant	chung¹ hsiao⁴	中校
Colonial,	chih² min² ti⁴	殖民地
,,	shu⁸ ti⁴	屬地
,, office	chih² min² pu⁴	殖民部
Colonist,	chih² min²	殖民
Colonization,	k'ai¹ k'en⁸	開墾
,,	k'ai¹ chih¹	開拓
Colony, a	shu³ ti⁴	屬地
,, in London, the Chinese	liu² lun² hua² ch'iao²	留倫華僑
Colour,	yen²-sê¹	顏色
,, the same	t'ung² shai³	同色
,, to change	pien⁴ shai³	變色
,, blind	mu⁴ pu shih⁴ wu³ sê⁴	目不識五色
,, (of age in curios)	ku³ sê⁴	古色
Colouring and tints, print an exact fac-simile of	an⁴ sê⁴ ts'ai³ chih¹ ch'ien⁸ shên¹ nung² tan² shua¹ yin⁴	按着色彩之深淺濃淡刷印
,, of tea	chao² sê⁴ ch'a² yeh⁴	着色茶葉
Colourless,	wu² sê⁴	無色
Colours, flying	ta⁴ chang¹ ch'i² chih¹	大張旗幟
,, imperial	huang² ch'i²	皇旗
,, regimental	chün¹ ch'i²	軍旗
,, salute the	chün¹ ch'i² ching⁴ li³	軍旗敬禮
,, troops serving with	ch'ang² pei⁴ ping¹	常備兵
Colt, a	chü¹-tzŭ	駒子

Column—Come. 136

Column (pillar), a	chu⁴-tzŭ	柱子
,, ,,	yüan² chu⁴	圓柱
,, of figures, etc.	i⁴ hang² tzŭ¹	一行字
,, of a newspaper	lan²	欄
,, of troops	i⁴ p'ai² ping¹	一排兵
,, ,,	tsung⁴ tui⁴	縱隊
,, single (naval)	tan¹ lieh⁴ tsung⁴ chên⁴	單列縱陣
Comatose,	hun¹ shui⁴	昏睡
Comb, a	mu⁴-shu	木梳
,, tooth	pi⁴-tzŭ	篦子
,, the hair, to	shu¹ t'ou²	梳頭
Combat,	chiao¹ chan⁴	交戰
,, (oppose)	ti³ k'ang⁴	抵抗
,, (an argument)	fan³ tui⁴	反對
Combatants,	liang³ chün¹	兩軍
,,	chün¹ jên²	軍人
,, (private)	chêng¹ tou⁴ chih¹ jên²	爭鬥之人
Combative,	hao⁴ tou⁴	好鬥
Combination, chemical	hua⁴ hsueh² ti¹ chieh² ho²	化學的結合
,, (persons)	chieh² ho²	結合
,, ,,	t'ung² mêng²	同盟
,, ,,	kung⁴ t'ung²	共同
,, ,,	lien² ho²	聯合
,, ,,	i² chih⁴	一致
,, (mathematics)	pien⁴ shu⁴ fa³	變數法
,, of members (in a party)	fên⁴ tzŭ¹ chih¹ chieh² ho²	分子之結合
,, intimate (for bad purposes)	li³ ying⁴ wai⁴ ho²	裏應外合
Combine, to	hui⁴ t'ung²	會同
,,	ho²-cho pan⁴	合着辦
,, together	lien² lo⁴	聯絡
,, ,,	chi² ho² ch'i³ t'uan² t'i³	集合起團體
,, in partnership	ho²-cho huo³	合着夥
,, these two parts, how can he ?	tsʻŭ¹ êrh⁴ ch'üch¹ tsên³· mo chien¹ tsʻ² lai²	此二缺怎麼能得來
,, talent with good reputation	ts'ai² wang⁴ chien¹ yu¹	才望兼優
,, with lawless persons	yü³ t'u³ fei³ ho² ch'êng² i⁴ t'i³	與土匪合成一體
Combustible,	jan² huo³ chih⁸ wu⁴	燃火之物
Come,	lai²	來
,, (arrive)	lai² tao⁴	來到
,, in	chin⁴ lai²	進來
,, back	hui² lai²	回來

Come out	ch'u¹ lai²		出來
,, forward	ch'u¹ t'ou²		出頭
,, into fashion	shih² hsing¹-ch'i-lai		興起來
,, to (after a faint)	hsing³-kuo-lai		醒過來
,, to, what does it?	ho² to¹ shao³		合多少
,, to (total)	tsung³ chi⁴		總計
,, together	chü⁴-ho-tsai i² k'uai⁴ 'rh		聚合在一塊兒
,, about, how did it?	shih tsĕm³-mo nung⁴-ti		是怎麼弄的
,, out (as a secret), to	lou⁴-ch'u-lai		露出來
,, ,, (as a rash)	fa¹-ch'u-lai		發出來
,, to blows	ta³-chi-lai		打起來
,, short	pu⁴ tsu²		不足
,, short of the proper amount	ch'üeh¹ ê²		缺額
,, off (fall off)	tiao⁴-hsia-lai		掉下來
,, off (succeed), did not	mei² ch'êng²		沒成
,, to (reach)	ti³		抵
,, by	huo⁴ tê		獲得
,, home to (any one)	shên¹ kan³		深感
,, home (reach the mark)	shih⁴ chung¹		適中
,, in (fashion)	liu² hsing²		流行
,, ,, (income)	shêng¹ li⁴		生利
,, into an agreement	ju⁴ mêng²		入盟
,, on	ch'ien² chin⁴		前進
,, round	kai⁴ pien⁴ tsung¹ chih³		改變宗旨
,, ,, (recover)	fu⁴ yüan²		復元
,, up with	chui¹ tao⁴		追到
,, up to (standard)	ho² ko²		合格
Comely,	yu³ chi¹ fên¹ tzŭ¹-sê		有幾分姿色
Comet, a	sao⁴-chou hsing¹		掃帚星
Comestibles,	shih² wu⁴		食物
Comfort, to	wei⁴ wên⁴		慰問
,,	an¹-i		安逸
,,	an¹ wei⁴		安慰
,, breeds mischief.	pao³ nuan³ shêng¹ shih⁴		飽暖生事
Comfortable,	shu¹-tu		舒服
,,	shu¹-t'an		舒坦
,, make one	shih³ jên² shu¹ fu²		使人舒服
Comfortably off	shêng¹ chi⁴ k'uan¹ ch'o		生計寬綽
Comfortless,	pu¹ an¹ chih¹ chuang⁴		不安之狀
Comical,	ku³ chi¹		滑稽
Coming and going	lai² wang³		來往
Comity,	yu³ i²		友誼
	chiao¹ i²		交誼

Comity—Commence.　138

Comity, international	pang¹ chiao¹	邦交
Comma, a	i⁴ tien³	一點
,, put a	tien³ tien³ 'rh	點點兒
,, inverted	yin³ yung⁴ tien³	引用點
,, (the sense of " " is given by yün yün 云云 at the end of the sentence quoted)		
Command, a	ling⁴	令
,,	ming⁴ ling⁴	命令
,, word of	hao⁴-ling	號令
,, ,,	k'ou³ hao⁴	口號
,, officer in	t'ung³-tai kuan¹	統帶官
,, ,,	chih⁸ hui¹ kuan¹	指揮官
,, ,,	ssŭ¹ ling⁴ kuan¹	司令官
,, second in	fu⁴ ssŭ¹ ling⁴ kuan¹	副司令官
,, to	chih³ hui¹	指揮
,, ,,	kuan³ li	管理
,, oneself	tzŭ⁴ chien³	自檢
,, (dominate)	lin² shih⁴	臨視
,, Britain *commands* the sea	hai³ shang⁴ ch'üan² yü² ying¹ kuo² chang³ wu⁴	海上權由英國掌握
Commandant,	t'ung³ ling³	統領
Commander in chief	yüan² shuai⁴	元帥
,, ,, of the navy	hai³ chün¹ tsung³ ssŭ¹ ling⁴	海軍總司令
,, ,,	lu⁴ chün¹ tsung³ ssŭ¹ ling⁴	陸軍總司令
,, regimental	piao¹ t'ung³	標統
,, of a battalion	kuan³-tai	管帶
,, of a company	tui⁴ kuan¹	隊官
,, (a general)	ta⁴ chiang⁴	大將
,, (naval rank)	shao⁴ tso³	少佐
,, in chief of the army and navy, the president is	tsung³ t'ung³ t'ung³ shuai⁴ ch'üan² kuo² hai³ lu⁴ chün¹ tui⁴	總統統帥全國海陸軍隊
Commanding,	wei¹ fêng¹	威風
,, (position)	o⁴ yao¹	扼要
,, appearance, of	k'uei²-wei	魁偉
Commandments, the ten	shih² chieh⁴	十戒
Commemorate, to	chi⁴-nien	紀念
Commemoration service, a	ssŭ⁴ lieh⁴ shih⁴	祀烈士
Commence, to	ch'i³	起
,,	k'ai¹ shih³	開始
,,	chao² shou³	著手
,, a new dynasty or era	ting⁴ ting³	定鼎
,, to rain	hsia⁴-ch'i yü³-lai-lo	下起雨來了

Commence—Commission.

Commence a piece of work	k'ai¹ kung¹	開工
,, to speak	k'ai¹ k'ou³	開口
Commencement,	fa¹ tuan¹	發端
,,	lan⁴ shang¹	濫觴
,, at the	ch'i⁸ ch'u¹	起初
,, at the (followed by a clause, e.g., he was proud but was humble later) shih³ êrh² (chiao¹ chi⁴ êrh² shun⁴)		
		始而(驕而繼順)
,, from the very	tsui⁴ ch'u¹	最初
Commend (entrust), to	t'o¹-fu	託付
,,	wei³ t'o¹	委託
,, (introduce)	chieh⁴ shao⁴	介紹
,, (praise)	tsan⁴ mei³	讚美
,, ,,	ch'êng¹ shang³	稱賞
,, (recommend)	t'ui¹ chü³	推舉
Commendation, letter of	chien⁴ shu¹	薦書
Commensurable,	t'ung² liang⁴	同量
Comment upon in speech or writing, to	p'i¹-p'ing	批評
,, must be withheld (e.g., while *sub judice*)	tzŭ¹ pu⁴ pien⁴ yu³ so³ i⁴ lun⁴	自不便有所議論
Commentary, a	chu⁴ chieh³	註解
Commerce,	t'ung¹ shang¹	通商
,,	mao⁴ i⁴	貿易
,,	chiao¹ i⁴	交易
,, Board of	shang¹ pu⁴	商部
,, Chamber of	shang¹ wu⁴ hui⁴	商務會
,, treaty of	t'ung¹ shang¹ t'iao² yüeh¹	通商條約
Commercial matters	shang¹ wu⁴	商務
,, traveller	lan³ mai³-mai-ti	攬買賣的
,, attaché	shang¹ wu⁴ ts'an¹ tsan⁴	商務參贊
Commingle,	hun⁴ ho²	混合
Commiseration,	ts'ê⁴ yin² chih¹ hsin¹	惻隱之心
Commissariat	liang² t'ai²	糧台
,,	huo³ shih²	伙食
,,	chün¹ liang² chü²	軍糧局
Commission (percentage)	hua¹-hsiao	花銷
,, ,,	ti⁸-tzŭ	底子
,, ,,	yung⁴ ch'ien	用錢
,, average	p'ing² chün¹ ching¹ shou³ fei⁴	平均經手費
,, sale on	wei³ t'o¹ fan⁴ mai⁴	委託販賣
,, sell ,,	chi⁴ mai⁴	寄賣
,, warrant	chao⁴	照
,, ,,	p'ing² chao⁴	憑照

Commission—Common. 140

Commission military	cha²-tzŭ	札子
„ (to officer)	wei³ jên⁴ chuang⁴	委任狀
„ of appointment	pu⁴ chao⁴	部照
„ examination for a	chiang⁴ hsiao⁴ k'ao³ shih⁴	將校考試
„ a person to buy	t'o¹ jên² mai³	託人買
„ of offence	fan⁴ tsui⁴	犯罪
Commissioned officer	chiang⁴ hsiao⁴	將校
Commissioner of Customs	shui⁴-wu⁴-ssŭ¹	稅務司
„ deputy	fu⁴ shui⁴-wu⁴ ssŭ¹	副稅務司
„ Imperial	ch'in¹ ch'ai¹	欽差
„ of Police	ching³ ch'a² tsung³ chien⁴	警察總監
„ special	ch'a² pan⁴ shih⁴ chien⁴	查辦事件
Commit a crime	fan⁴ tsui⁴	犯罪
„ adultery	hsing² chien¹	行姦
„ suicide	tzŭ⁴ chin⁴	自盡
„ robbery	ch'iang² tao⁴	強盜
„ to memory	an⁴ chi⁴	暗記
„ (entrust)	wei³ t'o¹	委託
Committee, a	hui⁴	會
„	wei³ yüan²	委員
„ chairman of	wei³ yuan² chang³	委員長
„ standing	ch'ang² chih⁴ wei³ yüan²	常置委員
„ referred back to	tsai³ fu⁴ shên³ ch'a²	再付審查
„ of whole house	wei³ yuan² hui⁴	委員會
„ of management	ssŭ¹ shih⁴ jên²	司事人
Commode, a	ma¹ t'ung³	馬筒
Commodious,	k'uan¹ ta⁴	寬大
„	k'uan¹ ch'o	寬綽
Commodities,	huo⁴-wu	貨物
„ local	t'u³ huo⁴	土貨
„ „	t'u³ i²	土宜
Commodity,	shang¹ p'in³	商品
Common, a	kung¹ ti⁴	公地
„ in	kung⁴ t'ung²	共同
„ for use in	t'ung¹ yung⁴	通用
„ „	kung⁴ yung⁴	共用
„ owned in	kung⁴ yu³	共有
„ lands	kung¹ ti⁴	公地
„ law	ch'ang² li⁴	常例
„ custom	ch'ang² kuei¹	常規
„ people	pu⁴ i¹	布衣
„ soldier	ping¹ tsu²	兵卒
„ saying	su² yü³	俗語
„ (inferior)	chien⁴	賤
„ (frequent)	ch'ang²	常

Common—Commute.

Common (general)	p'u³ t'ung¹	普通
,, (ordinary)	fan² su²	凡俗
,, ,,	su² ch'i⁴	俗氣
,, (rude)	ts'u¹ lu³	粗魯
,, out of the	fei¹ fan²	非凡
,, out of the (as a curio)	chên¹ ch'i²	珍奇
Commonly,	p'ing² ch'ang²	平常
,,	hsün² ch'ang²	尋常
,,	p'ing² shêng¹	平生
Commonplace,	fan⁴ fan⁴-ti	泛泛的
,,	ch'ên² fu³	陳腐
Commons, House of	hsia⁴ i⁴ yüan⁴	下議院
,, ,,	chung⁴ i⁴ yüan⁴	衆議院
Commonsense, a person of	chien⁴-chieh kao¹	見解高
Commonwealth,	kung⁴ ho² chêng⁴ chih⁴	共和政治
,, (confederation)	lien² pang¹	聯邦
Commotion,	jao³ luan⁴	擾亂
Commune,	shih⁴ ch'ü¹	市區
,, with oneself, to	fan³ hsing³	反省
,, ,, one's conscience at night	ch'ing¹ yeh⁴ mên¹ hsin¹	清夜捫心
Communicable disease	ch'uan² jan³ chih¹ chêng⁴	傳染之症
Communicate, to	chih¹-hui	知會
,,	t'ung¹ ta²	通達
,,	t'ung¹ chih¹	通知
,,	pao⁴ chih¹	報知
,, directly with the street	chih² chieh¹-ch'u ta⁴ chieh¹	直接出大街
Communication,	chiao¹ tung¹	交通
,, no	pu⁴ t'ung¹	不通
,, with him, do not hold	han¹-t'a mei² lai² wang³	和他沒來往
Communications, Ministry of	chiao¹ t'ung¹ pu⁴	交通部
,, to a newspaper	t'ou² shu¹	投書
,, (tidings)	hsiao¹ hsi¹	消息
,, interrupted	shang⁴ hsia⁴ pu⁴ t'ung¹	上下不通
,, corrupt good manners evil	chin⁴ chu¹ tsê² ch'ih⁴ chin⁴ mo⁴ tsê² hei¹	近朱則赤近墨則黑
Communion, Holy	shêng⁴ ts'an¹	聖餐
Communist,	kung⁴ ch'an³ tang³	共產黨
Community, the general	kung¹ chung⁴	公衆
,, of sentiment	t'ung² ch'ing²	同情
,, (state)	kuo² min²	國民
,, foreign	chü¹ liu² wai⁴ jên²	居留外人
,, (of a tribe)	pu⁴ lo⁴	部落
Commute, to	chê²	拆

Commute—Comparison.   142

Commute,	chê² pien⁴	變折
„ into money	chê²-ch'êng ch'ien²	錢成折
„ the death penalty	mien³ ch'i² chih² hsing² ssŭ³ hsing²	刑死行執其免
„ punishment	chien³ hsing²	刑減
Compact, a	yüeh¹	約
„	yüeh¹ ting⁴	定約
„	ch'i⁴ yüeh¹	約契
„ make a	li⁴ yüeh⁴	約立
„ (solid)	chien¹ shih²	實堅
„ „	chien¹ ku⁴	固堅
„ (discourse)	chien³ ming²	明簡
Companion, a	pan⁴ 'rh	兒伴
„ be a	tso⁴ pan⁴	伴做
Companions together, summon their boon	hu² p'êng³ yin³ lei⁴	類引朋呼
Companionable,	k'o³ ch'in¹	親可
Company,	pin¹ k'o⁴	客賓
„ he has	hui⁴ cho k'o⁴	客着會
„ to join	lien² pan⁴	伴聯
„ to part	fên¹ shou³	手分
„ bear a person	tso⁴ p'ei²	陪作
„ military	tui⁴	隊
„ theatrical	hsi⁴ pan¹ 'rh	兒班戲
„ a public	kung¹-ssŭ	司公
„ „	shang¹ hui⁴	會商
Comparable,	pi³ chiao	較比
Comparative administrative law	pi³ chiao hsing² chêng⁴ fa⁴	法政行較比
Comparatively,	pi³ chiao ti¹	的較比
„ unsuccessful	pi³ chiao ti¹ wu² hsiao⁴	效無的較比
Compare, to	pi³-i pi³	比一比
„	pi³-chiao-ch'i-lai	來起較比
„	hsiang¹ pi³	比相
„	pi³ chiao ch'i² i⁴ t'ung²	同異其較比
Comparison, beyond	wu² shuang¹	雙無
„ with the former age of despotism when the people did not possess the precious right of participation in government, an immense advance in	chiao⁴ chu¹ ts'ung² ch'ien² ti⁴ chêng⁴ shih² tai⁴ jên² min² pu⁴ chih¹ ts'an¹ chêng⁴ ch'üan² chih¹ pao³ kuei⁴ chê³ ho² chih³ i² jih⁴ ch'ien¹ li³	憺政參知不民人代時政帝前從諸較 里千日一只何者貴寶之

Comparison—Compensation.

Comparison with the present moment, in	pi² chiao·yen³ hsia⁴	比較眼下
,, with, will not bear	pu⁴ k'o³ t'ung² jih⁴ êrh² lun⁴	不可同日而論
,, degree of	pi³ chiao chi²	比較級
Compartment in a train	ko²-tuan chien¹	隔斷間
,, water-tight	fang² shui³ chieh² pi⁴	防水隔壁
Compass, mariner's	ting⁴ nan² chên¹	定南針
,, ,,	lo² p'an²	羅盤
,, surveyor's	ts'ê⁴ liang⁴ yung⁴ lo² chi⁴ i²	測量用羅計儀
,, four points of the	ssŭ⁴ fang¹	四方
,, in small	so¹ hsiao³	縮小
,, a business, to	ch'êng² chiu⁴	成就
,, a plot	mou²	謀
Compassionate,	fa¹ lien² min³ chih¹ hsin¹	發憐憫之心
Compasses,	hua⁴ yüan² ch'uan¹-'rh-ti kuei¹-chü¹	畫圓圈兒的規矩
,,	liang³ chiao³ kuei¹	兩脚規
Compassion,	tz'ŭ²-pei	慈悲
,, (sympathy)	t'i³-liang	體諒
,, ,,	lien²-hsü	憐恤
,, ,,	lien² min³	憐憫
,, for the aged,(etc.)	hsi¹ lao³ lien² p'in²	惜老憐貧
Compatible,	shih⁴ ho²	適合
,, not	pu⁴ ho²	不合
,, ,,	pu⁴ fu²	不符
,, with regulation, not	yü³ chang¹-ch'êng² pu⁴ fu²	與章程不符
Compatriot,	t'ung² p'ao¹	同胞
Compel, to	lo² ling⁴	勒令
,,	pi⁴ p'o⁴	迫逼
,,	ch'iang³ pi⁴	強逼
,, me against my wish, cannot	niu²-êrh pu⁴ ho¹ shui³ pu⁴ nêng² ch'iang³ ên⁴ t'ou²	扭兒不喝水不能強按頭
Compelled to..., to be	pu⁴ nêng² pu⁴	不能不
,, ,, ,, ,,	pu⁴ tê² pu¹	不得不
Compendious,	chien³ lüeh⁴	簡畧
Compendium,	kang¹ ling³	綱領
,, of law	ta⁴ lü⁴ ta⁴ yao⁴	法律大要
Compensate to	p'ei²	賠
,,	p'ei² ch'ang²	賠償
Compensation,	ch'ou² tzŭ¹	酬資
,,	tu³ hsü⁴ yiu²	撫恤銀
,,	p'ei² ch'ang² chin¹	賠償金

Compensation—Complete. 144

Compensation, to demand	t'ao³ p'ei²	討賠
Compete, to	sai⁴	賽
,,	ching⁴ chêng¹	競爭
,, with each other	tui⁴ sai⁴	對賽
,, with foreign banks	yü³ wai⁴ kuo² yin² hang² hsiang¹ k'ang⁴ hêng²	與外國銀行相抗衡
,, for contract	ching⁴ chêng¹ pao¹ pan⁴	競爭包辦
Competence,	shih⁴ ho²	適合
,,	hsiang¹ tang¹	相當
,, (of a court)	kuan³ hsia² chih¹ ch'üan²	管轄之權
,, (of subsistence)	hsiao³ k'ang¹	小康
Competent,	tsu² i³ shêng¹ jên⁴	足以勝任
,, person, a	nêng² jên²	能人
,, not ,,	yu³ nêng² yu³ wei²	有能有為
,, ,,	wu² nêng²	無能
,, ,,	pan⁴-pu liao³	辦不了
Competition progress is impossible, without ,,	wu² ching⁴ chêng¹ wu² chin⁴ pu⁴	無競爭無進步
,, successful in a	chung⁴ hsüan³	中選
Competitive examination, a	pa² k'ao³	拔考
,,	ching⁴ chêng¹ shih⁴ yen⁴	競爭試驗
Compile a book, to	tsuan³-ch'êng shu¹	纂成書
,,	pien¹ chih⁴	編製
Complacent,	tê² i⁴	得意
Complain, to	pao⁴-yüan	抱怨
,,	tzŭ⁴ tê²	自得
,,	su⁴ yüan¹	訴冤
,, (legally)	k'ung⁴ kao⁴	控告
Complainant,	yuan² kao⁴	原告
Complaint,	chi² ping⁴	疾病
,, (legal)	su⁴ sung⁴	訴訟
,, persons suffering from this	yu³ tê² chê⁴ chung³ chêng⁴ hou¹ ti¹	有得這種症候的
Complaisance,	li³ mao⁴	禮貌
,,	sui² ho²	隨和
Complement,	ch'üan² ê²	全額
,,	ch'üan² shu⁴	全數
,,	jên² shu⁴ ch'ung¹ tsu²	人數充足
Complementary,	pu³ ch'ien⁴	補欠
Complete,	ch'üan²	全
,,	ch'êng²-ch'üan	成全
,,	wan² ch'üan²	完全
,, victory	ch'uan² shêng⁴	全勝
,, not very	pu⁴ shên⁴ wan² ch'üan²	不甚完全
,, policy, a	chi⁴ ch'u¹ wan² ch'üan	計出完全

Complete stranger	su⁴ pu⁴ hsiang¹ shih⁴	素不相識
,, to	kao⁴ ch'êng²	告成
,,	kao⁴ ch'ün⁴	告竣
,, the work of one's predecessors	ching⁴ ch'ien² jên² chih¹ kung¹	竟前人之功
,, an edifice	lo⁴ ch'êng²	落成
,, recovery	ch'üan² yü⁴	痊癒
,, work	ch'êng² kung¹	成功
Completely,	chin⁴	盡
Completion (of a period)	man³ ch'i²	滿期
,, (of a work)	chiao¹ kung¹	交工
Complex	fan² tsa²	煩雜
,,	jung³ tsa²	冗雜
,,	chia¹ tsa²	夾雜
,,	fu⁴ tsa²	複雜
Complexion,	ch'i⁴-sê	氣色
,,	jung² sê⁴	容色
Compliant,	shun⁴ ts'ung	順從
Complicated,	ma²-fan	麻煩
,,	fu⁴ tsa²	複雜
,, very	shên⁴ fei⁴ yen² chiu¹	甚費研究
Complication,	ko¹ t'êng²	葛藤
,,	fên¹ jao³	紛擾
Complications are expected, further	k'ung³ yu³ yu³ i⁴ fan¹ po¹ chê²	恐又有一番波折
Complimentary, you are too	kuo⁴ chiang³	過獎
,, ticket	yu¹ tai⁴ chüan⁴	優待卷
Compliments,	ch'ing²	情
,, give him my	t'i⁴-wo ch'ing³ an¹ wên⁴ hao³	替我請安問好
,, accept	ling³ ch'ing²	領情
,, empty	k'ung⁴-t'ou ch'ing²	空頭情
Complicity in a crime, confess one's	ch'êng² jên⁴ pang¹ hsiung¹ pu' hui	承認幫兇不諱
Comply,	t'ung² i⁴	同意
Component,	tsu³ ch'êng²	組成
Compose,	ch'êng² tso⁴	成作
,, an essay, etc., to	tso⁴ wên²-chang	作文章
,, one's mind	an¹ hsin¹	安心
Composed in mind	hsin¹ an¹	心安
,, of the Chinese people, is	yu² chung¹ hua² jên² min² tsu³ chih¹ chih¹	由中華人民組織之
,, this document for him? who	ho² jên² cho¹ tao¹	何人捉刀
Composite,	chi² ho²	合集

Composite—Compulsory. 146

Composite carriage	hun⁴ ho² ch'ê¹	混合車
Composition,	wen³ chang¹	文章
,,	t'i³ ts'ai²	體裁
,, with creditors	ta³-ko chê²-t'ou	打個折頭
,, (of a court)	tsu³ chih¹	組織
,, (construction)	ho² ch'êng²	合成
,, literary	tso⁴ wên²	作文
Compositions,	kao³ chien⁴	稿件
,, among them, several fine	ch'i² chung¹ pu⁴ fa² ming² tso¹	其中不乏名作
Compositors,	shou³ min²	手民
Composure,	p'ing² ch'i⁴	平氣
Compound,	ho² ch'êng² wu⁴	合成物
,, (enclosure)	yüan⁴-tzŭ	院子
,, for	chê² jang⁴ liao³ shih⁴	折讓了事
,, medicine, etc., to	p'ei⁴ yao⁴	配藥
,, interest	li⁴ shang⁴ chia¹ li⁴	利上加利
,, ,,	li⁴ kun³ li⁴	利滾利
,, ,,	ch'ung² li	重利
,, engine	fu⁴ shih⁴ chi¹ ch'i⁴	復式機器
Compradore, a	mai³-pan	買辦
Comprehend, to	tung³	懂
,,	wu⁴-hui	悟會
,,	liao³ jan²	瞭然
,,	t'ung¹ hsiao³	通曉
,, (include)	pao¹ han²	包含
Comprehension, perfect	ming² pai⁴ hsiao³ ch'ang⁴	明白曉暢
,, power of	li³ hui⁴ li⁴	理會力
Comprehensive,	lung²-t'ung	統體
,, very	hên³ pao¹-k'uo	很包括
Compress, to	chi³	擠
,,	ya¹	壓
Compressed air engine	yung⁴ ya¹ ch'i⁴ chi¹ ch'i⁴	用壓氣機器
Comprised in	pao¹-k'uo-tsai li³-t'ou	包括在裏頭
Compromise, to	t'ung¹-jung	通融
,, one's character, to	lien² lei³ sheng¹ ming²	連累聲名
,, another	yen³ chi² pieh² jên²	延及別人
,, a reasonable	che² chung¹ chih² li³	折衷直理
,, of views	che² chung¹ shuo¹	折衷說
,, settle by	hu⁴ jang⁴ liao³ shih⁴	互讓了事
,, arrange a	p'ai² chieh³	排解
Compulsion,	ch'iang³ po⁴	強迫
,, prevent signing (e.g. a petition) under	tu⁴ lo¹ ch'ien¹ chih¹ pi⁴	杜勒簽之弊
Compulsory education	ch'iang³ po⁴ chiao⁴ yü⁴	強迫教育

Compulsory execution	ch'iang² chih⁴ chih² hsing²	強制執行
,, subject (in examination)	pi⁴ shih⁴ k'o¹ mu⁴	必試科目
Compunction,	chui¹ hui³	追悔
,, die without	ssŭ³ êrh² wu³ hui⁵	死而無悔
Computation,	chi⁴ suan⁴	計算
,,	t'ui¹ ts'ê⁴	推測
Comrade, a	pan⁴	伴
,,	huo³-chi	夥計
,, (colleague)	t'ung² liao²	同僚
Comrades in misfortune	huan⁴ nan² t'ung² chou¹	患難同舟
Con, to	wên¹ hsi²	溫習
Concave,	wa¹	凹
Conceal, to	ts'ang²	藏
,, a fact	man²	瞞
Concealment,	yin³ pi⁴	隱蔽
,, about it, no	hao² pu¹ pi⁴ hui⁴	毫不避諱
Concede, to	jang⁴	讓
,,	ko¹ jang⁴	割讓
,, (admit)	ch'êng² jên⁴	承認
Conceited,	tzŭ⁴ ta⁴	自大
,,	ai⁴ tai⁴ kao¹ mao⁴-tzŭ	愛戴高帽子
,,	tzŭ⁴ k'ua¹	自誇
,,	tzŭ⁴ man³	自滿
,,	tzŭ⁴ tsu²	自足
Conceive, beyond the wit of man to	pu⁴ k'an² shê¹ hsiang³	不堪設想
,, beyond our power to	pu⁴ k'o³ ssŭ¹ i⁴	不可思議
,, an idea	ch'i³ i⁴	起意
,, (become pregnant)	huai² yün⁴	懷孕
Concentrate,	chi² ho²	集合
,,	chi² chung¹	集中
,, all one's attention	ning² shên² k'u⁵ ssŭ¹	凝神苦思
Concentration,	ch'üan² fu⁴ ching¹ shên²	全副精神
,,	chuan¹ nien⁴	專念
,, mental	nien⁴ tzŭ¹ tsai⁴ tzŭ¹	念兹在兹
Conception,	hsiang³ hsiang⁴ li⁴	想像力
,, beyond one's	fei¹ ni² liao⁴ so³ chi²	非逆料所及
Concern myself about other people's affairs, I don't	wo² pu⁴ kan¹-yü t'a¹ jên² shih⁴	我不干於他人事
,, a matter of grave	chung⁴ ta⁴-ti shih⁴	重大的事
,, you, does not	pu⁴ kuan¹ ni³-ti shih⁴	不關你的事
,, ,,	yü³ ni³ pu⁴ hsiang¹ kan¹	與你不相干
,, you, that does not	yü³ ni³ wu² kan¹	與你無干
Concerned, the local officials	kai¹ ti⁴ mien⁴ kuan¹	該地面官

Concerned—Conclusive. 148

Concerned about (See Anxious.)	hsin¹-li nan² shou⁴	憂雜裏心
Concerning the	kuan¹ yü²	.... 於關
Concert, in	hui⁴-t'ung	同會
,, act in	yu³ chü³ ssŭ¹ ying⁴	應斯舉有
,, a	lien² ho²	合連
,, to	hsieh² i⁴	議協
,,	hsieh² ting⁴	定協
,,	i⁴ chüeh²	決議
,, a (musical)	yin¹ yüeh⁴ hui⁴	會樂音
Concerted.	kung⁴ t'ung²	同共
,, action	lien² ho² yün⁴ tung⁴	動運合連
,, ,,	lien² tai⁴ hsing² tung⁴	動行帶聯
,, and simultaneous action	t'ung shih² ping⁴ chü³	舉並時同
Concession,	t'ê⁴ hsü³	許特
,, make a	jang⁴	讓
,, a foreign	tsu¹ chieh⁴	界租
,, mining	ts'ai³ k'uang⁴ ch'üan²	權礦採
,, settlement	chü¹ liu² ti⁴	地留居
,, railway	fu¹ shê⁴ ch'üan²	權設敷
Concessions, make	jang⁴ pu⁴	步讓
Conciliate,	tiao² ho²	和調
Concise,	chien³ chüeh²	決簡
,,	chien³ chieh²	捷簡
,, language	chien³ tuan³ chih¹ tz'ŭ²	辭之短簡
Conclave,	mi⁴ hui⁴	會密
Conclude,	t'i⁴ chieh²	結締
,,	liao³ chieh²	結了
,, a treaty	t'i⁴ chieh² t'iao² yüeh¹	約條結締
,, a treaty of peace, to	ting⁴ ho² yüeh¹	約和定
,, peace	yen² kuei¹ yü² hao⁴	好於歸言
,, an agreement, to	shuo¹ ch'êng²-lo	略成說
,, (infer)	t'ui¹ tuan⁴	斷推
Conclusion,	chieh² chü²	局結
,,	chung¹ wei³	尾終
,,	chung¹ chieh²	結終
,, of the banquet, leave before	wei⁴ nêng² chung¹ hsi² chi² hsing¹ tz'ŭ² êrh² ch'ü⁴	去而辭興即席能未
Concluded that, I	wo³ i³-wei-shih	是爲以我
,, the matter is	shih⁴-ch'ing chieh²-lo	略結情事
Conclusive, that's	mei²-tê shuo¹-lo	略說得沒
,,	ming² ch'üeh⁴	確明
,, proof	ch'üeh⁴ chê̤	證確

Concoct a scheme	chi⁴ mou²	計謀
,, baseless rumours	nieh¹ tsao⁴ wang⁴ yen²	捏造妄言
Concomitant,	fu⁴ sui² ti¹	附隨的
Concord,	ho²-mu	和睦
,,	ho²-ch'i	和氣
,,	t'ung² hsin¹	同心
,,	i² chih⁴	一致
,, between both parties, absolute	shuang¹ fang¹ i⁴ chien⁴ shên⁴ wei² jung² hsia⁴	雙方意見甚爲融洽
Concordance,	pien⁴ lan³	便覽
Concourse,	ch'ün² chi²	羣集
,, of pleasure seekers	yu² jên² ju² yün²	遊人如雲
Concrete,	ning⁴ chieh²	凝結
,,	chieh² ch'êng²	結成
,,	ku⁴ chieh²	固結
,,	yu³ hsing² ti¹	有形的
,, (opposed to abstract)	chü⁴ t'i³ ti¹	具體的
Concubine, a	ch'ieh⁴	妾
,,	i²-niang	姨娘
,,	êrh⁴ fang²	二房
,,	i² nai³-nai³	姨奶奶
,, to take a	t'ao³ hsiao³ lao³ p'o²	討小老婆
,, of a prince	ts'ê⁴ fu¹-chin	側福晉
Concupiscence,	yin² yü⁴	淫慾
Concur,	hsieh² li⁴	協力
,,	t'ung² hsin¹	同心
,, in opinion	t'ung² i⁴	同意
Concurrence,	tsan⁴ ch'êng²	贊成
,, of parliament, with	ching¹ kuo² hui⁴ chih¹ t'ung² i⁴	經國會之同意
Concurrent,	t'ung² shih²	同時
Concurrently,	lien²-cho	連着
,,	t'ung²-shih²	同時
,, (of a sentence)	ping⁴ ho² tsui⁴	併合罪
Concussion,	chên⁴ tung⁴	震動
,, of brain	nao³ chih¹ shou⁴ chên⁴	腦之受震
Condemn to death, to	ting⁴ ssŭ³ tsui⁴	定死罪
,, (pronounce sentence)	hsüan¹ kao⁴	宣告
,, a ship (prize)	chiang¹ ch'uan² ch'ung¹ kung¹	將船充公
Condensation,	ning⁴ so¹	凝縮
,, (style)	chien³ lüeh⁴	簡畧
Condensed (of moisture on a window, etc.)	ha¹ ch'i⁴	哈氣
,, water	lin⁴ ch'i⁴ shui³	淋氣水

Condescend—Conducted. 150

Condescend, to	fu³ chiu⁴	就俯
,,	ch'ü¹ tsun¹	尊屈
,, to speak to him, I would not	fan⁴-pu shang⁴ han⁴-t'a shuo¹ hua⁴ 話說他和上不犯	
,, (to visit inferiors)	ch'ü¹ chia⁴	駕屈
,, to men of low estate	chê² chieh² hsia⁴ chiao¹	交下節折
Condescending compassion	ch'ui² lien²	憐悝
Condign,	hsiang¹ tang·	當相
Condition,	t'iao² chien⁴	件條
,, (state)	chuang⁴ k'uang⁴	況狀
,, ,,	hsing² shih⁴	勢形
,, (status)	shên¹ fên⁴	分身
,, of present affairs	shih² chü²	局時
,, his fault lay in not ascertaining the people's	ch'i² kuo⁴ tsai¹ pu⁴ chih¹ hsia⁴ ch'ing² 情下知不在過其	
,, make it a	shuo¹ ming²-pai	白明說
,, (of a horse), in good	shang⁴ piao¹-lo	膘上
Conditions, actual	shih² tsai⁴ ch'ing² hsing²	形情在實
Conditional, make it	liu²-ko huo² hua⁴ 'rh	兒話活個留
,,	ting⁴ hsien⁴	限定
,,	she⁴ jo⁴ ti¹	的若設
Conditions,(of a contract, etc.)	yüeh¹ fa³	法約
,, to impose three	li⁴ san¹-ko hsien⁴-chih	制限個三立
Condole, to	tao⁴ fan²-nao	惱煩道
,,	tiao⁴ yen⁴	唁弔
,, (on occasion of death)	tiao⁴ sang¹	喪弔
Condolence mission, special	tiao⁴ yen⁴ chuan¹ shih³	使專唁弔
Conducive,	chu⁴ ch'êng²	成助
,, to health	yü³ wei⁴-shêng yu³ i⁴	益有生衛與
Conduct,	hsing²-wei	為行
,,	chü³-tung	動舉
,,	tso⁴-wei	為作
,,	p'in³ hsing	行品
,, register, a	kung¹ kuo⁴ piao³ pu⁴	簿表過功
,, to	tai⁴ ling³	領帶
,, ,,	kuan³ li³	理管
,, ,,	chih¹ p'ei⁴	配支
,, ,,	ch'u³ fên¹	分處
,, (escort)	hu⁴ sung⁴	送護
,, (guiding)	hsiang⁴ tao³	導嚮
,, (management)	ch'u³ li³	理處
,, ,,	chih² hsing²	行執
Conducted by local ruffians, they were	yu² t'u³ fei³ yin³ hsien	線引匪土由

Conducted publicly, meetings hui⁴ i⁴ hsü¹ kung¹ k'ai¹ chih¹
　　shall be 之開公須議會
Conductor, hsiang⁴ tao³ cho 者導嚮
　,,　of a train ch'ê chang³ 長車
　,,　a lightning fang² tien⁴ hsien⁴ 線電防
　,,　of heat tao³ t'i³ . 體導
　,,　(physics) yin³ tien⁴ wu⁴ 物電引
Cone, a chien¹ yüan² 圓尖
　,, chui¹ pa¹ 'rh hsing²-êrh 兒形兒把錐
　,, yüan² chui¹ hsing²-êrh 兒形錐圓
Confectioner's shop, a po¹-po p'u⁴ 鋪餑餑
Confectionery, kao¹ tien³ 點糕
Confederacy, mêng² yüeh¹ kuo² 國約盟
　,,　(bad sense) t'u² tang³ 黨徒
　,,　(league) t'ung² mêng² 盟同
　,,　(states) lien² pang¹ 邦聯
　,,　to enter into a ch'nan⁴ mou² 謀串
　,,　　　　　　,, chieh² tang³ 黨結
Confederate, t'ung² tang³ 黨同
　,,　a t'ung² tang³ 黨同
　,,　,, t'ung² huo³ 夥同
　,,　,, t'ung² mou² cho³ 者諸同
　,,　states t'ung² mêng² kuo² 國盟同
Confer upon tz'ŭ⁴ 賜
　,,　(give), to shou⁴ 授
　,,　rank fêng¹ chüeh³ 爵封
　,,　rewards hsing² shang³ 賞行
　,,　together, to hsiang¹ t'an² 談相
　,,　　　,, t'an² p'an² 判談
　,,　　　,, shang¹-i 議商
　,,　　　,, hui⁴ i⁴ 議會
　,,　　　,, hsieh² i⁴ 議協
Conference, hsieh² i⁴ hui⁴ 會議協
　,, shang¹-i hui⁴ 會議商
　,,　Hague Peace hai³ ya² p'ing² ho² hui⁴ 會和平牙海
Confess, to jên⁴ 認
　,, chao¹ 招
　,, ch'êng² jên⁴ 認承
　,, ch'êng² chao¹ 招承
　,, chao¹ jên⁴ 認招
　,, tzŭ⁴ shou⁴ 首自
Confession, extort a lo² ch'i² kung¹ jên⁴ 認供其勒
Confessional, ch'an⁴ hui⁴ so³ 所悔懺
Confidant, hsin¹ fu 腹心
　,, hsin¹ yu³ 友信
Confide in, to hsin⁴-fu 服信

Confide—Confiscate. 152

Confide, to	i¹ lai⁴	賴依
,,	chu³ t'o¹	託囑
,,	chiao¹ t'o¹	託交
,, (trust)	hsin⁴ jên⁴	任信
Confidence,	chien¹ hsin⁴	信堅
,,	tzŭ⁴ hsin⁴	信自
,, lose	shih¹ hsin⁴	信失
,, self	tzŭ⁴ shih⁴	恃自
,, (in government) want of	pu⁴ hsin⁴ jên⁴	任信不
Confidences,	hsin¹-fu hua⁴	話腹心
,,	mi⁴ yü³	語密
Confident,	tzŭ⁴ fu⁴	負自
,, of victory	tzŭ⁴ yen² pi⁴ shêng⁵	勝必言自
,, that	ch'üeh⁴ hsin⁴ i³ …	… 以信確
Confidential talk	chi¹-mi hua⁴	話秘機
,, statement, a	mi⁴ hua⁴	話密
,, matter	chi¹-mi shih⁴	事密機
,, (on a letter)	ch'in¹ ch'ai¹ (after the name)	拆親
,, letter	ch'in¹ chan³ shu¹	書展親
Confine,	ch'ü⁴ yü⁴	域區
,,	hsien⁴ ting⁴	定限
,, to	chü¹ chin⁴	禁拘
,, ,,	chüan¹ chin⁴	禁圈
,, (shut up), to	chüan¹-ch'i-lai	來起圈
,, (morally)	chih⁴ hsien⁴	限制
,, (border)	ching⁴ chieh⁴	界境
Confined to be	hsien⁴ yü³	於限
,, of a child	ch'an³ hsiao³ hai² rh	兒孩小產
Confinement,	yu¹ chü¹	居幽
,,	chin⁴ ku⁴	錮禁
,, minor	ch'ing¹ pi⁴	閉輕
,, put him in	chiang¹ mou³ shou¹ chin⁴	禁收某將
,, solitary	mi⁴ shih⁴ chüan¹ chin⁴	禁圈室密
,, shortly expecting her	k'uai⁴ yao⁴ lin² p'ên²	盆臨要快
Confirm (make certain)	ch'üeh⁴ ting⁴	定確
,, (ratify)	ch'üeh⁴ jên⁴	認確
,, my statements, he can	t'a¹ k'o-i tui⁴-chêng wo³-ti hua⁴	話的我對以可他
Confirmation, the rite of	chien¹ chên⁴ li³	禮振堅
,, to receive	ling³ chien¹ chên⁴ li³	禮振堅領
,, (ratification)	tzŭ⁴ jên⁴	認自
,, (recognition)	jên⁴ chêng⁴	證認
Confiscate,	ju¹ kuan¹	官入
	mo⁴ shou¹	收沒

Confiscate—Confuse.

Confiscate property, to	ch'ao¹ chia¹	抄家
,, smuggled articles	ch'a² ssŭ¹ ch'ung¹ kung¹	查私充公
Conflagrations, a plethora of (figurative)	huo³ t'ou² t'ai⁴ to¹	火頭太多
Conflict, in	hu⁴ hsiang¹ mao² tun⁴	互相矛盾
,,	hsiang¹ chêng¹	相爭
,,	chan⁴ tou⁴	戰鬥
,,	ch'ung¹ t'u⁴	衝突
,,	ti³ ch'u¹	抵觸
,, of opinions	i⁴ chien⁴ pu¹ ho²	意見不合
Conflicting reports	ch'uan² shuo¹ pu¹ i¹	傳說不一
,, arguments	i⁴ lun⁴ fen¹ fen¹ mo⁴ chung¹ i¹ shih⁴	議論紛紛莫衷一是
Confluence,	ho² liu²	合流
Conform,	fu² ho²	符合
,, to	tsun¹	遵
,, ,,	chin³ shou³	謹守
,, ,,	tsun¹ shou³	遵守
,, ,, rules	shou³ fa³	守法
Conformation (of ground)	ti⁴ hsing²	地形
Conformity with, in	chao⁴	照
,, ,, ,,	shih⁴ ho²	適合
,, ,, ,, these general principles, in	i¹ chü⁴ pen³ t'ung¹ tse²	依據本通則
,, with custom, in	chao⁴ kuei¹-chü	照規矩
Confound,	tien¹ tao⁴	顛倒
,, right and wrong	tien¹ tao⁴ shih⁴ fei¹	顛倒是非
,, (mistake for some one else)	jen⁴ ts'o⁴	認錯
,, astonish)	ching¹ hsieh²	驚駭
,, one thing with another, to	chang¹ kuan¹ li³ tai⁴	張冠李戴
Confounded in argument, to be	wu² tz'ŭ² k'o³ ta²	無詞可答
Confront, to	tui⁴	對
,, two witnesses	tui⁴ chih⁴	對質
,, each other	liang³ hsiang¹ tui⁴ chih⁴	兩相對質
,, each other, plaintiff and defendant	yüan² pei⁴ tui⁴ chih⁴	原被對質
Confucianism,	ju² chiao⁴	儒教
Confucius,	k'ung³ tzŭ³	孔子
,,	k'ung³ shêng⁴-jên	孔聖人
,,	k'ung³-fu tzŭ³	孔夫子
Confuse,	fen¹ luan⁴	紛亂
,,	jao³ luan⁴	擾亂
,, me, don't	pieh² kên-wo kuo³ luan⁴	別跟我攪亂

F

Confused—Conjecture.   154

Confused in mind	hsin¹ luan⁴	亂心
,, ,,	hsin¹-li mi²-huo-lo	咯糊迷裏心
Confusion, in	luan⁴	亂
,,	luan⁴-ch'i pa¹ tsao¹-ti	的糟八七亂
,,	mei² t'ou² mei² wei⁸-ti	的尾沒頭沒
,, throw into	nung⁴ luan⁴-lo	咯亂弄
,, in dire	lang² pei⁴ wan⁴ chuang⁴	狀萬狽狼
,, act with	shou² mang² chiao³ luan⁴	亂脚忙手
Confutation,	pien⁴ po²	駁辨
Confute, to	pi⁴ k'ou³ wu² yen²	言無口閉
Confuted, he was utterly	yü⁸ wei⁴ chih¹ sai¹	塞之爲語
Confuting, documentary evidence is	yu³ chang⁴ suan⁴ tao³ jên²	人倒算賬有
Congé, get one's	mien³ chih²	職免
,, ,,	chieh³ chih²	職解
,, take one's	tz'ǔ² hsing²	行辭
Congeal,	ping¹ chieh²	結冰
Congealed,	ning¹-lo tung⁴-êrh-lo	咯兒凍咯凝
Congee,	chou¹	粥
Congenial,	tui⁴ chin⁴	勁對
,,	t'ung² ch'ing²	情同
,, climate	shui³ t'u³ hsiang¹ i²	宜相土水
Congested (of blood)	ch'ung¹ hsieh³	血充
,, (traffic)	t'u² wei¹ chih¹ sai¹	塞之爲途
Congestion of brain	nao³ ch'ung¹ hsieh³	血充腦
Conglomerate,	chieh² ho²	合結
Congratulate, to	tao⁴ hsi³	喜道
,,	ho⁴ hsi³	喜賀
,, on a birthday	pai⁴ shou⁴	壽拜
,, on the new year	pai⁴ nien²	年拜
,, a superior	k'ou⁴ ho⁴	賀叩
,, one another	ê² shou³ hsiang¹ ch'ing⁴	慶相手額
Congratulations, to offer	tao⁴ ho⁴	賀道
,, to offer birthday	tao⁴ shou⁴ hsi³	喜壽道
,, to offer New Year's	tao⁴ hsin¹ hsi³	喜新道
,, (written)	chu⁴ tz'ǔ²	辭祝
Congratulatory telegram	chu⁴ tien⁴	電祝
Congregate, to	chü⁴-tsai i² k'uai⁴ 'rh	兒塊一在聚
Congregation,	chü⁴ chi²	集聚
Congress,	i⁴ yüan⁴	院議
,,	hui⁴ i⁴	議會
Conical,	yüan² chui¹ hsing²	形錐圓
Conic section	yüan² chui¹ ch'ü¹ hsien⁴	線曲錐圓
Conjecture, to	ku¹-mo	摸估
,,	ts'ai¹-to	度猜

Conjecture, to	ch'uai³-mo	揣摸
,,	t'ui¹ liang²	推量
,,	t'ui¹ ts'e⁴	推測
,, mere	pu² kuo⁴ hsüan² ch'uai⁸	不過懸揣
,, ,,	ch'uai³ mo² chih tz'ŭ²	揣摩之詞
Conjoint,	lien² ho²	連合
Conjointly,	hui⁴ t'ung²	會同
Conjugal union	fu¹ ch'i¹ hao⁴ ho²	夫妻好合
,, harmony	ch'in² se⁴ t'iao² ho²	琴瑟調和
Conjugate,	pien⁴ hua⁴	變化
Conjunction,	hui⁴ ho²	會合
Conjure,	chou⁴	呪
,, (implore)	k'en³ ch'iu²	懇求
Conjuror, a	pien⁴-hsi fa³-êrh-ti	變戲法兒的
Connect, to	lien²-shang	連上
,,	chieh¹-shang	接上
,,	lien² chieh²	連結
Connected,	hsiang¹ lien²-ti	相連的
,, we are	wo³-mên yu³ kua¹-ko	我們有瓜葛
,, with so and so	yü³ mou³ yu³ kuan¹ hsi⁴	與某關係
,, policy, a	i² kuan¹ chu⁸ chang¹	一貫主張
,, with the loan, expenses	kuan¹ yü² chieh⁴ k'uan³ chih¹ ching¹ fei⁴	關於借欵經費
Connecting with the street, a door	t'ung¹ chieh²-ti mên²	通街的門
,, line	lien² lo⁴ lü⁴ hsien⁴	連絡路綫
,, train	lien² lo⁴ huo³ ch'e¹	連絡火車
Connection (relative), a	ch'in¹-ch'i	親戚
,, (communication)	chiao¹ t'ung¹	交通
,, with Tungchow, has a close	yü³ t'ung¹ chou¹ yu⁸ ch'ieh¹ fu¹ chih¹ kuan¹ hsi⁴	與通州有切膚之關係
,, (social intercourse)	chiao¹ chi⁴	交際
Connections (e.g., in trade), wide	chiao¹ chi⁴ shen⁴ kuang³	交際甚廣
Conning tower	ssŭ¹ ling⁴ t'a³	司令塔
Connive at, to	pei⁴ hou⁴ chih¹ ch'ing²	背後知情
,,	tsung⁴ jung	縱容
,,	mo⁴ hsü³	默許
Connoisseur, a	hang²-chia	行家
	ko¹ chung¹ jên²	個中人
Connubial,	fu¹ fu⁴	夫婦
Conquer, to	shêng⁴	勝
,,	ping⁴ t'un¹	併吞
,,	cheng¹ lüeh⁴	征略
,,	cheng¹ fu²	征服

Conquest—Consequence. 156

Conquest,	sheng⁴ chang⁴	伐 勝
Consanguinity,	hsüeh³ t'ung³	統 血
Conscience,	liang²-hsin	心 瓦
,, commune with one's	fu³ chung¹ tzŭ⁴ wen⁴	問 自 裏 撫
,, liberty of	hsin⁴ yang³ tzŭ⁴ yu²	由 自 仰 信
Conscientious,	shun²-liang	瓦 純
,,	shou³ liang²-hsin	心 瓦 守
,,	cheng⁴ chih²	直 正
Conscious of it, was not	mei¹ li³ hui⁴	會 理 沒
,, of right on one's side, to be	li³ chih² ch'i⁴ chuang⁴	壯 氣 直 理
,, (aware)	chih¹ chüeh²	覺 知
,, not	pu¹ hsing³ jên² shih⁴	事 人 省 不
Consciousness of, have a	tzŭ⁴ chüeh²	覺 自
,, ,,	chüeh²-cho	著 覺
,, lost	pu⁴ tzŭ⁴ chih¹	知 自 不
Conscription,	cheng¹ ping¹ chih⁴	制 兵 徵
Conscriptional age	cheng¹ ping¹ shih⁴ ling² che³	者的適兵齡徵
Consecrate, to	hsien⁴ chi⁴	祭 獻
Consecutive,	lien²-cho	著 連
,,	lien² jih⁴	日 連
,, days, on	lien² t'ien¹-ti	的 天 連
Consecutively,	i⁴ lien²	連 一
Consent, to	ta¹-ying	應 答
,,	yün³ chun³	准 允
,,	i¹ yün³	允 依
,,	ying¹	應
,, with one	i⁴ hsin¹	心 一
,, first, must obtain his	hsien¹ tei³ wên⁴·t'a-ko chun³ 'rh	兒 準 個他 問 得 先
,, I cannot	wo³-pu kan³ wên² ming⁴	命 問 敢 不 我
,, invite their	ch'iu² ch'i² t'ung² i⁴	意 同 其 求
Consented to, he willingly	k'ai² jan² i³ ts'ung²	從 以 然 慨
Consequence,	chieh² kuo³	果 結
,, (result of)	yüan²-ku	故 緣
,, was, the	so³-i³	以 所
,, of, in	yin¹-wei	為 因
,, of objections, cancelled in	yin¹ mou³ pu⁴ k'en³ ch'eng² jen⁴ shih³ te² ch'ü¹ hsiao¹	消取得始認承肯不某因
,, of no	pu² suan⁴-shêm-mo	麽 甚 算 不
,, that's of no	na⁴-tao pu²-yao chin³	緊 要 不 倒 那
,, a matter of no	hsi⁴ ku	故 係
,, will be serious, the	yin¹ kuo³ pu⁴ ch'ing¹	輕 不 果 因
,, ,,	fei¹ t'ung² hsiao³ k'o³	可 小 同 非

Consequences of his own acts, chang⁴ fu¹ tsao¹ shih⁴ shen¹ tsao¹
    the great man ac- shen¹ tang¹ 當身造身耶造夫丈
    cepts the

Conservancy, forest	sen¹ lin² pao³ ha⁴	護保林森
Conservative party, the	shou³ chiu⁴ tang³	薦舊守
,, ,,	pao³ shou³ tang³	薦守保
Conservatory, a	yang³ hua¹ ko²	閣花養
,, underground	hua¹ 'rh chiao⁴	窖兒花
Consider, to	chên¹-cho	酌斟
,, (regard as)	i³ wêi²	爲以
,, (take into account)	cho² liang²	量酌
,, petitions (as parlia-	shou⁴ li³ jên² min² chih¹ ch'ing³	
ment does), receive	yüan⁴	願請之民人理受
and		
Considerable,	pu⁴ shao³	少不
,,	chiao³ to¹	多較
,,	pu⁴ ch'ing¹	輕不
,, learning, of	p'o¹ yu³ hsüeh² wen²	問學有頗
,, importance, of	kuan¹-hsi-pu ch'ing¹	輕不係關
Considerate,	k'uan¹-hou	厚寬
Consideration, mature	shu² ssŭ¹.	思熟
,, leave out of	chih⁴ yü² tu⁴ wai⁴	外度於置
,, without due	shuai⁴ jan²	然率
,, (legal)	pao⁴ ch'ou²	酬報
,, take into	chên¹-cho	酌斟
,, not worth	pu⁴ tsu² i² suan⁴	算一足不
,, requires further	hai² yao⁴ san¹ ssŭ¹	思三要還
,, their past services,	lun⁴ kung¹ ssŭ¹ yu³ k'o³ yüan²	
one should take into		原可有似功論
Considerations,	li³ yn²	由理
Considering that	chi⁴-shih	是既
,, he is a foreigner he	i³ wai⁴ jên² lun⁴ t'a¹ ching¹ t'ung¹	
knows Chinese well	han⁴ wen²	文漢通精他論人外以
Consign, to	chiao¹ fu⁴	付交
,, goods	chi⁴ huo⁴	貨寄
Consignee, a	shou⁴ k'o⁴	客受
Consignor, a	chiao⁴ k'o⁴	客交
Consist in, to	tsai⁴	在
,,	tsai⁴-hu	乎在
Consistency of policy, no	chao¹ ling⁴ hsi² kai³	改夕令朝
Consistent,	tzŭ⁴ yüan² ch'i² shuo¹	說其圓自
,,	heng² chiu³	久恆
,,	ch'ien² hou⁴ kuan⁴ t'ung¹	通貫後前
,, policy	i¹ ting⁴ fang¹ chen¹	針方定一
,, throughout	shih³ chung¹ pu⁴ kai³	改不終始

Consistent—Consternation. 155

Consistent with your promise,	yü³ ni³ so⁸ ying¹-ti pu⁴ fu²	與你所應的不符
,, not		
Consists of four varieties	fên¹ ch'êng² ssŭ⁴ yang⁴ 'rh	分成四樣兒
,, of five ingredients	i³ wu⁵ liao⁴ êrh² ch'êng²	以五料而成
Console, to	an¹-wei	安慰
,,	k'uan¹-wei	寬慰
Consolidate,	ho² ping⁴	合併
,,	ch'iang² ku⁴	強固
,,	lien² ho² wei² i¹	聯合爲一
,, friendly relations	tun¹ mu⁴ i²	敦睦誼
Consolidation,	chien¹ ku⁴	堅固
Consols,	kuo² chai⁴ p'iao⁴	國債票
,,	cheng⁸ li³ kung¹ chai⁴	整理公債
Consonance of opinion	i⁴ chien⁴ i¹ chih⁴	意見一致
Consonant,	tzŭ⁸ yin¹	子音
Consort,	p'ei⁴ ou⁸	配偶
,, of a king	huang² hou⁴	皇后
,, to	chiao¹ chi⁴	交際
,, with, to	hsiang¹ p'ei²	相陪
Conspicuous,	hsien³-jau	顯然
,,	pa² ch'ün²	拔群
,,	hsien³ chu⁴	顯著
,, figure in politics, a	cheng⁴ chieh¹ chih¹ hao² chieh²	政界之豪傑
,, make one's self	chao¹ shêng¹-ch'i	招聲氣
,, not	pu⁴ hsien⁸	不顯
Conspiracy, a	yin³ mou²	隱謀
,,	mou² fan³	謀反
,, (legal)	kung⁴ mou²	共謀
,, enter into a	chieh² tang³	結黨
Constable, a	hsün³-pu	巡捕
,,	pu³ i⁴	捕役
,, (police runner)	ma³ k'uai⁴	馬快
,, plain clothes	wei¹ fu² ching³ hsün²	微服警巡
Constancy of purpose	hêng² hsin¹	恆心
Constant,	ch'ang²	常
,,	pu¹ tuan⁴	不斷
,,	hêng² ch'ang²	恆常
,, employment	ch'ang² huo¹	常活
Constantly,	ch'ang²	常
,,	p'ing² sheng¹	平生
,,	shih³ chung¹	始終
Constellation,	hsing¹ hsü¹	星宿
Consternation,	ching¹ hsieh²	驚駭
,, the court was in	chü⁸ ch'ao² chen⁴ k'ung³	舉朝震恐

159 Constipated—Consul.

Constipated,	tu⁴ nei⁴ kan¹ tsao⁴	肚內乾燥
,,	pien⁴ pi⁴	便秘
Constituency,	hsüan⁸ chü³ ch'ü¹	選舉區
Constituent,	pen³ chih⁸	本質
,,	yuan² su⁴	元素
Constituents,	hsüan³ chü³ ch'ü¹ min²	選舉區民
Constitute,	she⁴ li⁴	設立
,,	kou⁴ ch'eng²	構成
,,	chih⁴ ting⁴	制定
Constitution,	t'i³ chih³	體質
,, a good	shên¹ t'i³ ch'iang² chuang⁴	身體強壯
,, ,,	t'i³ ch'i⁴ su⁴ ch'iang²	體氣素強
,, ,,	shên¹-tzŭ chieh¹-shih	身子結實
,, a bad	yuan² ch'i⁴ pu¹ tsu²	元氣不足
,, a weak	shên¹ t'i³ juan³ jo⁴	身體軟弱
,, political	hsien⁴ chêng⁴	憲政
,, (government)	cheng⁴ t'i³	政體
,, written	hsien⁴ fa⁴	憲法
,, (e.g., of a court)	kou⁴ ch'eng² fa⁴	構成法
Constitutional,	sheng¹ lai²	生來
,, infirmity	i² ch'üan² ping⁴	遺傳病
,, (political)	hsien⁴ fa⁴ ti¹	憲法的
,, government	li⁴ hsien⁴ cheng⁴ t'i³	立憲政體
Constrain,	ch'iang² chih⁴	強制
Constraint,	chih⁴ hsien⁴	制限
Constriction,	shou¹ so¹	收縮
Construct, to	tsao⁴	造
,,	chien⁴ tsao⁴	建造
,,	chu² tsao⁴	築造
Construction, any portions of the line especially difficult of	ch'i² yu³ lu⁴ kûng¹ kuo⁴ nan² chih¹ ch'u⁴	其有路工過難之處
,, (inference)	t'ui¹ tuan⁴	推斷
,, (interpretation)	chieh³ shih⁴	解釋
,, wrong	wu⁴ chieh³	誤解
,, (of a bridge)	chia⁴ she⁴	架設
,, (of a company)	tsu³ chih¹	組織
,, (of a railway)	fu¹ she⁴	敷設
Constructive works	chien⁴ she⁴ shih⁴ yeh⁴	建設事業
,, (positive)	chi¹ chi² ti	積極的
Construe,	chieh⁸ shih⁴	解釋
Consul, a	ling³-shih kuan¹	領事官
,, general	tsung³ ling³-shih kuan¹	總領事官
,, vice-	fu⁴ ling³-shih kuan¹	副領事官
,, senior	ling³ hsiu⁴ ling³ shih⁴	領袖領事

Consular—Contaminate. 160

Consular corps	ling³ shih⁴ t'uan²	團事領
Consulate, a	ling³ shih⁴ kuan³	管事領
Consult, to	shang¹-liang	量商
,,	shang¹-i	議商
,,	hsiang¹ t'an²	談相
,,	hsieh² i⁴	議協
,, (a book)	k'ao³ ch'a²	查考
,, counsel	ts'o¹ shang¹ pien⁴ hu⁴	護辯商礎
,, a lawyer	ch'ing³ wen⁴ lü⁴ shih¹	師律問請
,, one's own interests	ku⁴ chi³	己顧
Consultation,	hui⁴ i⁴	議會
,, hours (doctor's)	chen³ ch'a² shih² chien¹	間時察診
Consultations (lawyer's)	wei³ jen⁴ chih¹ chien⁴	件之任委
Consulting engineer	ku⁴ wen⁴ kung¹ ch'eng² shih¹	師程工問顧
Consume,	hsiao⁴ hao⁴	耗消
,,	hao⁴ fei⁴	致耗
,,	yung⁴	用
,, too much oil	fei⁴ yu²	油致
,, ,, coal	fei⁴ mei²	煤致
Consumed with anxiety about	chiao¹ ssŭ¹ chi¹ lü⁴	慮積思焦
Consumer (of goods)	fei⁴ hsiao¹ che³	者消費
Consummate villain, a	o⁴ kuan⁴ man³ ying²	盈滿貫惡
,, scholar	hung² hsüeh² po⁴ ju²	儒博學鴻
Consummation,	wan² ch'üan²	全完
,,	ch'eng² chiu⁴	就成
Consumption (phthisis)	lao² ping⁴	病癆
,, daily	jih⁴ yung⁴	用日
,, (of goods)	hsiao⁴ fei⁴	致消
,, tax	hsiao¹ ch'ang² shui⁴	稅場消
,, articles in large	ta⁴ hsiao¹ hao⁴ p'in³	品耗消大
Contact,	chieh¹ ch'u¹	觸接
,, point of	chieh¹ tien³	點接
,, with him, don't often come in	pu² ta⁴ ch'ang² yü⁴	遇常大不
Contagious disease	ch'uan² jan² ping⁴	病染傳
Contain,	han² yu³	有含
,, no room to	ch'eng² pu¹ k'ai¹	開不盛
,, water, to	ch'eng² shui³	水盛
,, water, leaks and won't	lou⁴-liao pu⁴ neng² ch'eng² shui³	水盛能不了漏
Contains clothes, the box	hsiang¹-tzŭ ch'eng² i¹-shang	裳衣盛于箱
Contaminated with	jan³-ch'eng	成染
Contaminate,	wu¹ jan³	染汙

Contemn—Contest.

Contemn,	mieh⁴ shih⁴	蔑視
Contemplate (intend), to	yü³ hsiang⁸	預想
,, a journey abroad, to	yu³ ch'u¹ wai² chih¹ i⁴	有出外之意
,, (look at closely), to	shu² shih⁴	熟視
Contemplated by, not	fei¹ tsai⁴ i⁴ chung¹	非在意中
Contemplative faculties	ssŭ¹ hsiang³ li⁴	思想力
Contemporary,	t'ung² shih²	同時
,, school-fellow, a	t'ung² ch'uang¹	同窗
,, official	t'ung² yin²	同寅
,, (in age)	tung² kêng¹	同庚
Contempt,	ch'ing¹ wu³	輕侮
,,	ch'ing¹ k'an⁴	輕看
,, of court	wu³ ju⁴ kuan¹ li⁴	侮辱官吏
,, to treat with	miao⁸-shih	藐視
,, I regard him with	chih² mei ch'iao³ ch'i³-t'a	直沒瞧起他
Contemptible,	hsia⁴ chien⁴	下賤
,, person, what a	chê⁴-ko jên² to¹ hsiao³-ch'i	這個人多小器
Contemptuous,	ao² man⁴	傲慢
Contemptuously, laugh at	p'ieh¹ tsui⁸ i¹ hsiao⁴	撇嘴一笑
Contend that......	chu² chang¹	主張
,, to	hsiang¹ chêng¹	相爭
,, in argument	chêng¹ lun⁴	爭論
,, for the mastery	chêng¹ shêng⁴	爭勝
,, for precedence	chêng¹ hsien¹	爭先
Content,	hsin¹ tsu²	心足
,,	tzŭ⁴ tsu²	自足
,,	man³ i⁴	滿意
,,	hsin¹-man³ i⁴ tsu²	心滿意足
Contented,	chih¹ tsu²	知足
Contention,	ching⁴ chêng¹	競爭
Contentious,	hao⁴ sung⁴	好訟
Contents, I don't know the	pu⁴ chih¹ chuang¹-ti shêm²-mo	不知裝的甚麼
,, of a letter	nei⁴-li hsieh³-ti	內裏寫的
,, (of the paper) related to the financial situation, the	ch'i² nei⁴ jung² hsi⁴ kuan¹ yü² ts'ai² chêng⁴ wên⁴ t'i²	其內容係關於財政問題
,, table of	mu⁴ lu⁴	目錄
,, (ayes) to use a white ticket, the	t'ung² i⁴ chê³ yung⁴ pai² p'iao⁴	同意者用白票
Contest, a	chan⁴ chêng¹	戰爭
,,	chiao¹ chan⁴	交戰
,, a seat in parliament	ching⁴ chêng¹	競爭
,, a position in battle	chêng¹ shêng⁴	爭勝

Contest, a bloody	ssŭ³ chan⁴	戰死
,, in argument, to	pien⁴ lun⁴	辯論
Context, the	shang⁴ hsia⁴ wên²	上下文
Contiguous,	ai¹-cho	挨着
,,	hsiang¹ chieh¹-ti	相接的
,,	chieh¹ chin⁴	接近
Continence,	tzŭ⁴ chih⁴	自制
Continent,	chieh² yü¹	節慾
,, a	ta⁴ la⁴	大陸
Continental system, in imitation of the European	fang³ chao⁴ ou¹ chou¹ chih¹ lu⁴ chih⁴	仿照歐洲之陸制
Continents, the five	wu³ ta⁴ chou¹	五大洲
Contingency, a	pu² ts'ê⁴	不測
,,	i⁴ wai⁴-ti shih⁴	意外的事
,,	pu¹ liao⁴ chih¹ shih⁴	不料之事
Contingent, a	fen¹ ch'ien⁸ tui⁴	分遣隊
Continual,	ch'ang²	常
,,	wu² chien⁴	無間
Continually,	ch'ang² ch'ang²-êrh-ti	常常兒的
,,	shih² ch'ang²	時常
,,	wang³ wang³	往往
,,	mei³ i³	每以
,, happens that no quarters being available to rent in the settlement they reside all over the (Chinese) city, it	mei³ i³ tsu¹ chieh⁴ wu² wu¹ k'o³ tsu¹ tsa² chü¹ ch'eng² nei⁴	每以租界無屋可租雜居城內
,, asking for money	lao³ yao⁴ ch'ien²	老要錢
,, this can't go on	chê⁴ pu²-shih ch'ang² fa³-'rh	這不是長法兒
Continuance,	yung³ ts'un²	永存
,, or cessation is a public matter	ch'i¹² hsing¹ ch'i¹² fei⁴ chün¹ yu³ kung¹ kung⁴ chu³ chang¹ chih¹ hsing⁴ chih³	其興其廢均有公共主張之性質
Continuation,	lien² hsü⁴	連續
,, (from a previous issue)	hsü⁴	續
Continue the ceremonies, decide to	ting⁴ i⁴ hsü⁴ hsing² tien³ li³	定議續行典禮
,, unchecked, if this be allowed to	chang³ tz'ŭ³ pu¹ mou²	長此不謀
Continues to be	jêng² jan²	仍然
,,	hai² shih⁴	還是
,, his father's calling	chi¹ fu⁴ yeh⁴	繼父業
Continuity,	ch'ien² hou⁴ i² kuan⁴	前後一貫
,, in	lien² san¹ ping⁴ ssŭ⁴-ti	連三並四的

Continuity—Contrary.

Continuity, no break in	mei² yu³ chien⁴-tuan⁴	沒有間斷
Continuous,	chieh¹ lien² pu² tuan⁴	接連不斷
,, rain	lien² yü³	連雨
,, ,,	lien² mien²-ti yü³	連綿的雨
Continuously,	shih³ chung¹	始終
Contour,	chou¹ wei²	周圍
,, of the face	mien⁴ mang²-êrh	面厖兒
Contraband goods	fan¹ chin⁴-ti huo⁴	犯禁的貨
,, ,,	chin⁴ chih⁴ p'in³	禁制品
,, of war	chan⁴ shih² chin⁴ chih⁴ p'in³	戰時禁制品
Contract, a	ho²-t'ung	合同
,,	ch'i⁴ yüeh¹	契約
,, breach of	wei¹ yüeh¹	違約
,, to do by	pao¹ pan⁴	包辦
,, work	pao¹ kung¹	包工
,, by the month	pao¹ yüeh⁴	包月
,, put out to	pao¹-ch'u-ch'ü	包出去
,, draw up a	li⁴ ho²-t'ung	立合同
,, (shorten), to	so¹ tuan³	縮短
,, (get smaller), to	wang³ li³ so¹	往裏縮
,, a marriage	chieh¹ ch'in¹	結親
,, an illness	tê² ping⁴	得病
Contractor, a	ling³ tso¹-êrh-ti	領作兒的
,,	pao⁴ kung¹ chê³	包工者
,,	ch'eng² pan⁴	承辦
Contradict, to	po²	駁
,,	k'ang⁴ pien⁴	抗辨
,,	fan³ tui⁴	反對
,,	pien⁴-po	辨白
,, me, don't	pieh² pien⁴-po wo³	別辨駁我
Contradictory,	pu⁴ fu²	不符
,,	hsiang¹ fan³	相反
,, statements	hsiang¹ fan³-ti hua⁴	相反的話
,, ,,	hu⁴ hsiang¹ mao² tun⁴	互相矛盾
,, language, self-	ch'i² tz'ŭ² chih¹ mao² tun⁴	其詞之矛盾
Contrary, on the	fan³ tao⁴	倒反
,, quite the	tao⁴ hsiang¹ fan³-ti	倒相反的
,, convinced to the	pao³ ch'i² pi⁴ wn²	保其必無
,, to his wishes, quite	p'o¹ fei¹ so³ yüan⁴	頗非所願
,, ,, my ,,	fei¹ yü² chih² pen³ i⁴	非予之本意
,, winds	ni⁴ feng¹	逆風
,, to constitutional principles	yü² li⁴ hsien⁴ chih¹ t'u² pei⁴ ch'ih²	於立憲之途背馳
,, (in contravention of)	wei¹ pei⁴	違背

Contrast—Control.

Contrast,	pi³ chiao	較比
,, (comparison)	tui⁴ chao⁴	照對
,, (opposition)	hsiang¹ wei¹	違相
,, a great	ch'a to¹-lo	咯多差
,, the two	liang³ liang³ hsiang¹ tui⁴	對相兩兩
Contrasting,	tui⁴ chih³	峙對
Contravene,	wei¹ pei⁴	背違
Contravention of a regulation	fan⁴ chang¹	章犯
,, of police regulations	fan⁴ ching³ chang¹	章警犯
Contretemps, an unexpected	pu² ts'ê⁴-ti shih⁴	事的測不
Contribute a share	t'an¹ fen¹	分攤
,, in equal shares	t'an¹ p'ai⁴	派攤
,, in a joint deal	chün¹ t'an¹ yün² san⁴	散匀攤均
,, ("chip in")	t'ien¹ ch'ien²	錢添
,, (to funeral or wedding expenses, etc.)	ts'ou⁴ fên⁴-tzŭ	資份湊
,, (towards public institutions, etc.)	chüan¹ ch'ien²	錢捐
,, their wealth to assist public emergencies	shu¹ ch'i² ts'ai² i³ tso³ kung¹ chia¹ chih¹ chi²	急之家公佐以財其輸
,, to the army's needs	chu⁴ chün¹ hsü¹	需軍助
Contribution, a	chüan¹-hsiang	項捐
,, to a wedding, etc.	fên⁴-tzŭ	資份
,, in aid, give a	tzŭ¹-chu	助資
,, (to a journal)	t'ou² shu¹	書投
Contributory,	ho² li⁴	力合
Contrite,	tzŭ⁴ hui³	悔自
,,	hou⁴ hui³	悔後
Contrivance,	chi⁴ hua⁴	畫計
,, an ingenious	ch'iao³-miao fa³ 'rh	兒法妙巧
,, ,, ,,	ch'iao³ fa³-tzŭ	子法巧
Contrive, to	hsiang³ fa³-tzŭ	子法想
,, to	chi⁴ mou²	謀計
,, for a post	mou² ti⁴ wei⁴	位地謀
,, somehow, we will	t'ung¹-jung-cho pan⁴	辦著融通
Control,	chih¹ p'ei⁴	配支
,,	ch'u³ li³	理處
,, oneself	tzu⁴ chih⁴	制自
,, (have charge of)	kuan³	管
,, (keep in check)	yüeh¹-shu	束約
,, to exercise general	tsung³ li³	理總
,, ,, ,,	t'ung³ li³	理統
,, ,, ,,	t'ung³ kuan³	管統
,, ,, ,,	tsung³ kuan³	管總
,, under his	tsai⁴ t'a¹ chih⁴ hsia⁴	下治他在

Control—Conventional.

Control, comes under his	kuei¹ t'a¹ kuan³	管他節
,, he has supreme	kuei¹ t'a¹ t'ung² hsia²	轄統他階
,, direct	chih² hsia²	轄直
,, will not submit to	pu⁴ fu² yüeh¹-shu	束約服不
,, him, cannot	hsiang²-fu-pu chu⁴-t'a	他住不服降
,, (as a horse), beyond	lei² pu¹ chu⁴	住不勒
,, one's self	shou³ chi³	己守
,, ,, temper	yang³ ch'i⁴	氣養
,, over one's self, to lose	shên² hun² shih¹ chü⁴	據失魂神
Controlled by custom	shou⁴ hsi² kuan⁴ chih¹ chü¹ shu⁴	
		束拘之慣習受
Controversialist,	k'ang⁴ pien⁴ che³	者辨抗
Controversy,	hsiang¹ chêng¹	爭相
Contumacious,	niu⁴-hsing	性拗
,,	k'ang⁴ ni⁴	逆抗
,,	wan² kêng³	硬頑
Contumelious,	ju⁴ ma⁴	罵辱
Contumely,	wu³ man⁴	慢侮
Conundrum, a	têng¹ mi²-êrh	兒謎燈
,,	têng¹ hu³-êrh	兒虎燈
,, guess a	ts'ai¹ mi²-êrh	兒謎猜
Convalescence,	chien⁴ yü⁴	愈漸
Convalescent,	chien⁴ hao³	好漸
Convene,	chi² ho²	合集
Convenience, suit your	tê² pien⁴	便得
,, ,,	sui² ni³-ti pien⁴	便的你隨
,, consult one's own	ku⁴ chi³	己顧
,, ,, others'	shê³ chi³ ts'ung² jên²	人從己舍
,, please send me at your early	tsao³ wei⁴ jeng¹ hsia⁴	下擲爲早
Convenient,	pien⁴-tang	當便
,,	fang¹-pien	便方
,, opportunity, take a	ch'ên⁴ pien⁴	便乘
,, for use	pien⁴ yung⁴	用便
,, ,, both	liang³ pien⁴	便兩
Convent, a Buddhist	ni²-ku-êrh an¹	菴兒姑尼
,, a Taoist	tao⁴-ku-êrh miao⁴	廟兒姑道
Convention,	t'iao² yüeh¹	約條
,,	hsieh²-yüeh¹	約協
,,	hsieh² ting⁴	定協
,, (meeting)	chi² hui⁴	會集
Conventional talk	t'ung¹ t'ao⁴ hua⁴	話套通
,, to be	chü¹-ni	泥拘
,, phrases	ch'êng² wên³	文成
,, ,,	t'ao⁴ yü³	語套

Conventional—Convey. 166

Conventional phrases	su² t'ao⁴ hua⁴	話套俗
,, (of custom)	hsi² kuan⁴	慣習
,, tariff	hsieh² ting⁴ shui⁴ shuai⁴	率稅定協
Conventionalities,		
,, to observe	hsün² kuei¹ tao⁴ chü³	矩蹈規循
Converge,	ts'ou⁴ hui⁴	會湊
,, to one point	kuei¹-tao i² ch'u⁴	處一到歸
Conversant with	shu² hsi²	習熟
Conversation,	yen² tz'ŭ²	詞言
,,	hui⁴ hua⁴	話會
,,	liang³-hsia-li shuo¹-ti hua⁴	話的說裏下倆
,, tone of	k'ou³-ch'i	氣口
,, in the course of	hsien³ t'an²-ti shih³-hou	候時的談閒
,, ,, ,,	yen² tz'ŭ²-chih chung¹	中之詞言
,, turned the	na³ pieh²-ti hua⁴ ch'a⁴-kuo-ch'ü-lo	咯去過岔話的別拿
,, ,,	yung⁴ hua⁴ ch'a⁴-k'ai-lo	咯開岔話用
,, engaged in close	chü⁴ shou³ t'an² hsin¹	心談首聚
,, dropped the	pa³ hua⁴ yen³-chu-lo	咯住掩話把
,, prohibited (in parliament to visitors)	pu¹ te² hu⁴ hsiang¹ t'an² hsiao⁴	笑談相互得不
,, lack of subjects for	k'u³ yü² ch'üeh¹ ch'ien¹ hua⁴ liao⁴	料話欠缺於苦
Converse,	chuan³ huan⁴	換轉
,, (logic)	huan⁴ wei⁴ chih¹ ming⁴ t'i²	題命之位換
,, ratio	fan³ pi³ li⁴	例比反
Conversely,	fan³-cho shuo¹	說着反
,,	fan³ mien⁴ 'rh shuo¹	說兒面反
Conversion,	pien⁴ hua⁴	化變
,, (religious)	kai³ tsung¹	宗改
,,	ko² mien⁴ hsi³ hsin¹	心洗面革
,,	kuei cheng⁴	正歸
,,	kan³ hua⁴	化感
,, of public funds to one's own use	kung¹ k'uan³ ssŭ¹ yung⁴	用私欵公
Convert, a	chiao⁴ min²	民教
,,	chiao⁴ yu³	友教
,, into	pien⁴-ch'êng	成變
,, to one's own use	kai³ wei² chi³ yung⁴	用己為改
,, into dollars	tui⁴ huan⁴ yang² ch'ien²	錢洋換兌
Convertible paper currency	tui⁴ huan⁴ chih³ pi⁴	幣紙換兌
,, terms	hu⁴ yung⁴ chih¹ tzŭ⁴	字之用互
Convex,	ku³	凸
Convey a message, to	shao¹ hsin⁴	信捎

Convey a message, to	ch'uan² hsin⁴	信傳
,, (carry) a message, to	tai⁴ hsin⁴	信帶
,, goods	chuang¹ yün⁴	運裝
,, the remains to Peking	pan¹ yün⁴ ling² chiu⁴ lai² ching¹	京來柩靈運搬
,, under guard	hu⁴ sung⁴	送護
Conveyance (document)	chiao¹ fu⁴ shu¹	書付交
,,	chuan³ ch'an³ ch'i⁴ chüan⁴	券契產轉
Convict, a	chien¹ fan⁴	犯監
,,	ch'iu² fan⁴	犯囚
Convicted of a crime	wên⁴-ch'êng-lo tsui⁴-ming	名罪了成問
,, legally	i¹ fa⁴ lü⁴ shou⁴ hsing² fa⁴ hsüan¹ kao⁴	告宣法刑受律法依
Conviction, without any	wu² i¹ ting⁴ chih¹ chien⁴	見之定一無
Convince,	lun⁴ p'o⁴	破論
,,	chüeh² i²	疑決
,, him, I cannot	tsung³ pu nêng² chiao⁴-t'a hsin¹ fu² k'ou³ fu²	服口服心他叫能不總
Convinced that	hsin¹-li chun³ chih¹-tao	道知準裏心
,, ,,	ch'üeh⁴ hsin⁴	信確
,, ,, I have made no serious mistake	tzŭ¹ hsin⁴ wei⁴ yu³ ta⁴ kuo⁴	過大有未信自
Convincing proof	ch'üeh⁴ chêng⁴	證確
,, argument	ch'üeh⁴ lun⁴	論確
Conviviality,	yen⁴ lo⁴	樂宴
Convoke,	chao¹ chi²	集召
,, conduct and adjourn its own meetings (of parliament)	tzŭ⁴ hsing² chi² hui⁴ k'ai¹ hui⁴ pi⁴ hui⁴	會閉會開會集行自
Convolvulus,	ch'in² niang² tzŭ³	子娘勤
Convoy, to	hu⁴ sung⁴	送護
,, a military	wei⁴ ping¹	兵衛
,, (escort of supplies)	tzŭ¹ chung⁴ hu⁴ sung⁴	送護重輜
Convulse,	chen⁴ tung⁴	動震
Convulsed with laughter	lo⁴-ti chih²-pu ch'i³ yao¹-erh lai²	來兒腰起不直的樂
,, the ancestral temple was	tsung¹ miao⁴ chen⁴ tung⁴	動震廟宗
Convulsions,	ch'ou¹ fêng¹	風抽
Cook, a	ch'u³-tzŭ	子廚
,, (accounts), to	hsü¹ pao⁴	報虛
Cooked food	shou² ts'ai⁴	菜熟
Cookery book	ts'ai⁴ p'u³	譜菜
Cooking, good	hao³ shao³-k'ou 'rh	兒口勺好
,, (generally)	chien¹ ch'ao³	炒煎

Cool—Copying. 168

English	Romanization	Chinese
Cool,	liang² -k'uai	快涼
,, to	liang⁴-i-liang⁴	涼一涼
,, (fresh)	liang² shuang²	爽涼
,, off, to	ch'êng⁴ liang²-êrh	兒涼乘
,, (in manner)	tai⁴ jên² lêng³ tan⁴	淡冷人待
,, (calm)	p'ing² ch'i⁴	氣平
,, ,,	tzŭ⁴ jo⁴	若自
Coolie (*Coolie*, 力苦, is a foreign word in origin), a	kung¹ jên²	人工
,,	ta³ tsa² 'rh-ti	的兒雜打
,,	mai⁴ k'u³ li⁴-ch'i-ti	的氣力苦賣
Cooling prescription	ch'ing¹ jo⁴ fang¹	方熱淸
Coop, a chicken	chi¹ lung²	籠鷄
,, to	chüan¹-ch'i-lai	來起圈
Cooper, a	ku¹ t'ung²-ti	的桶箍
Co-operate, secretly	au⁴ ti⁴ fu³ chu⁴	助輔地暗
Co-operation,	ho² li⁴	力合
,,	hsieh² li⁴	力協
,, cordial	ho² chung¹ kung⁴ chi⁴	濟共衷和
Co-operative system	hsiang¹ hu⁴ tsu³ chih¹	織組互相
Co-ordinate,	t'ung² teng³	等同
Co-owner,	kung⁴ yu³ che³	者有共
Co-partnership,	sun³ i² fen¹ tan¹	擔分益損
Cope with	ti² tui⁴	對敵
Coping,	ch'iang² ting³-tzŭ	子頂牆
Copious,	hsü³ to¹	多許
Copper,	t'ung²	銅
,, wire	t'ung² ssŭ¹	絲銅
Copse, a	shu⁴ lin²-tzŭ	子林樹
Copulate,	chiao¹ ho²	合交
,, animals	ta¹ p'ei⁴	配搭
Copy (writing), to	ch'ao¹ hsieh³	寫抄
,, ,, ,,	t'êng³ hsieh³	寫謄
,, out	t'êng² ch'u-lai⁴	來出謄
,, (a drawing, etc.)	ch'ao¹	抄
,, (imitate a person)	hsiao² jên²-ti yang⁴-tzŭ	子樣的人學
,, book, a	ying³ ko² 'rh	兒格影
,, ,, ,,	hsi² tzŭ⁴ t'ieh²	帖字習
,, from a pattern	fang³ tsao⁴	造倣
,, ,, ,,	fang³ tso⁴	做倣
,, (noun)	ch'ao¹ pen³	本抄
,, (MS.)	yüan² kao³	稿原
,, certified	cheng⁴ pen³	本正
,, rough	ts'ao³ kao³	稿草
Copying paper	fu⁴ hsieh³ chih³	紙寫覆

Copying press	fu⁴ hsieh³ ch'i⁴	複寫器
Copyist,	shu¹ shou³	書手
,,	kung¹ shih⁴	供事
Copyright,	pan³ ch'üan²	板權
,,	chu⁴ tso⁴ ch'üan²	著作權
Coquette,	yeh¹ jung² sung⁴ mei⁴	冶容送媚
Coral,	shan¹ hu³	珊瑚
Cord,	shêng²-tzŭ	繩子
,, thick	han¹ shêng²-tzŭ	憨繩子
,, fine	hsi⁴ shêng²-tzŭ	細繩子
,, (for tying scaffolding, etc.)	lien² 'rh shêng²	連兒繩
,, whip	tzŭ³ 'rh shêng⁴	子兒繩
Cordial,	yin¹-ch'in	慇懃
,,	k'en³ ch'ieh¹	懇切
,,	ho²-mu	和睦
,, reception to, give a	chao¹ tai⁴ chi² yin¹ ch'in²	招待極慇懃
,, (medical)	ch'iang² chuang⁴ chi⁴	強壯劑
Cordon,	shou⁴ chang¹	綬章
Core (of an apple, etc.)	hu² 'rh	核兒
Corea,	ch'ao²-hsien	朝鮮
Cork,	juan³ p'i²	軟皮
,, a	sai¹-tzŭ	塞子
,, to	sai¹-shang	塞上
,, tight	sai¹ chu⁴	塞住
Corkscrew, a	chiu³ tsuan⁴	酒鑽
Cormorant, a	hai³ ying¹	海鷹
Corn, a	chi¹-yen	雞眼
,, (grain)	liang²-shih	糧食
,, (maize)	yü⁴-mi	玉米
Cornelian (or agate)	ma²-nao	瑪瑙
Corner, a	chi¹ chiao³ 'rh	犄角兒
,, (of a room, etc.)	ka¹ la² 'rh	旮旯兒
Corner in, make a	lung³ tuan⁴	壟斷
,, forced into a	fu⁴ yü²	負隅
Cornered beast, a	k'un⁴ shou⁴	困獸
Corners, four	ssŭ⁴ lêng²-êrh	四稜兒
Corona,	chin¹ huan²	金環
Coronation,	chia¹ mien³	加冕
Coroner, a	wu³-tso	仵作
Coronet,	pao³ kuan¹	寶冠
Corporal, a	fu⁴ mu³	副牧
,,	wu³ chang³	伍長
,, punishment	jou⁴ hsing²	肉刑
Corporate,	ho² t'i³	合體

Corporation—Corridor. 170

Corporation, a	hui⁴	會
,,	kung¹ hui⁴	公會
,,	kung¹ ssǔ¹	公司
,, municipal	shih⁴ hui⁴	市會
Corporeal,	yu³ t'i³ ti⁴	有體的
Corps, a	tui⁴	隊
,, an army	chün¹	軍
,, diplomatic	kung¹ shih³ t'uan²	公使關
,, ,,	wai⁴ chiao¹ t'uan²	外交關
,, consular	ling³ shih⁴ t'uan²	領事關
Corpse, a	shih¹-shou	尸首
,,	ssǔ³ shih¹	死尸
,, to lay out a	chuang¹-kuo	裝裹
Corpuscle,	wei fen⁴ tzǔ	微分子
Correct,	tui⁴-lo	對略
,,	ti³-ch'üeh	的確
,, absolutely	ti³-ch'üeh pu³ ts'o⁴	的確不錯
,, ,,	ssǔ¹ hao⁹ pu² ts'o⁴	絲毫不錯
,, statement, absolutely	chen¹ ch'ing² shih² hua⁴	真情實話
,, (discipline), to	ch'êng³-chih	懲治
,, in conduct	p'in³ hsing fang¹ cheng⁴	品行方正
,, (an exercise), to	kai³-cheng kai³-cheng	改正改正
,, (a document), to	keng¹ cheng⁴	更正
,, (amend)	hsiu¹ cheng⁴	修正
,, (conduct)	chiao³ cheng⁴	矯正
,, (proofs)	chiao⁴ cheng⁴	校正
Correction(in a paper), make a	cheng⁴ wu⁴	正誤
,, (discipline)	ch'eng³ chih⁴	懲治
Correctly,	ch'ing¹ ch'üeh⁴	精確
,, make his remarks	tzǔ⁴ yüan² ch'i² shuo¹	自圓其說
Correspond (communication)	t'ung¹ hsin⁴	通信
,, to	hsiang¹ tang¹	相當
,, ,,	fu² ho²	符合
,, do not	liang³-pu hsiang¹ ho²	兩不相合
Correspondence,	lai² wang³ shu¹ hsin⁴	來往書信
,, (relation)	kuan¹ hsi	關係
,, to..., has sent the whole	chiang¹ wang³ lai² ko⁴ han² ch'üan² hsing² chien³ sung⁴ mou³..... .....某送檢行函各來往將	
Correspondent, a newspaper	pao⁴ kuan³ fang³ yüan² chi⁴ che³	報館訪員記者
,, ,,	chi⁴ che³	記者
,, war	ts'ung² chün¹ chi⁴ che³	從軍記者
Corresponding number, the	tui⁴ hao⁴ ma³ 'rh	對號碼兒
Corridor, a	ch'uan¹ t'ang²-êrh	穿堂兒
,, (verandah)	tsuan¹ shan¹ 'rh	鑽山兒

Corroborate. | cheng⁴ shih² ch'i² yen² | 曾其實證
  ,, me, he can | t'a¹ nêng² chih²-tui wo | 我對實能他
Corroboration, | cheng⁴ shih² chü⁴ | 據實證
Corrode, to | tsao¹ chien⁸-lo | 咯鹼聢
  ,, | ch'i³ hsiu⁴ | 銹起
Corrugated iron | tai⁴ wa³ lung³-êrh-ti ch'ien¹ pan³ | 板鉛的兒壟瓦帶

Corrupt, (a.) | pu¹ cheng⁴ | 正不
  ,, | t'an¹ tsang¹ | 臟貪
  ,, (bribe), to | hui⁴ lu⁴ | 賂賄
  ,, ,, | hsing² hui⁴ | 賄行
  ,, (pervert) | yu³ huo⁴ | 惑誘
  ,, morals | pai⁴ huai⁴ feng¹ su² | 俗風壞敗
  ,, ,, | tiao¹ feng¹ | 風刁
  ,, practices | pu¹ cheng⁴ hsing² wei | 爲行正不
  ,, official, a | chien¹ kuan¹ | 官奸
  ,, morals, to | shang¹ fêng¹ pai⁴ su² | 俗敗風傷
  ,, mind, a | hsieh² hsin¹ | 心邪
Corruption, | fu³ pai⁴ | 敗腐
Corsets, | lei¹ yao¹ | 腰勒
Cortège (imperial) | lu³ pu⁴ | 簿鹵
  ,, ,, | hu⁴ tsung⁴ | 從扈
Corvée, | kung¹ i⁴ | 役公
Cosine, | yü² hsien² hsien⁴ | 線弦餘
Cosmetic, | chih¹ fen³ | 脂
Cosmopolitan outlook | shih⁴ chieh⁴ ti¹ kuan¹ nien⁴ | 念觀的界世
  ,, ,, | shih⁴ chieh⁴ chih¹ chih¹ shih⁴ | 識知之界世
Cosmopolitan views | i¹ shih⁴ t'ung² jen² | 仁同視一
Cosmos, | yü³ chou⁴ | 宙宇
  ,, | t'ien¹ ti⁴ | 地天
Cost, | chia⁴-ch'ien | 錢價
  ,, estimate the | ku¹-liang chia⁴-ch'ien | 錢價量估
  ,, of no trouble, huge profit at | pu¹ lao² eih² huo⁴ ta⁴ li⁴ | 利大獲而勞不
  ,, price | yuan² chia⁴ | 價原
Costive, | ta⁴ pien⁴ chieh² tsao⁴ | 燥結便大
Costly, | kao¹ chia⁴ | 價高
  ,, a business | p'o⁴ ch'an⁸ chih¹ chih⁴ | 事之產破
Costs, law | sung⁴ fei⁴ | 費訟
  ,, (legal) | su⁴ sung⁴ fei⁴ yung⁴ | 用費訟訴
  ,, (criminal case) | ts'ai² p'an⁴ fei⁴ yung⁴ | 用費判裁
Costume, | i¹-fu⁴ | 服衣
  ,, | ta⁸-pan | 扮打
  ,, style of | fu² chih⁴ | 制服

Costume—Countenance.   172

Costume, adopt European	huan⁴ fu² sê	換服色
,, European	hsi¹ fu²	四服
Coterie,	shê¹ yu³	社友
Cottage, a	mao² wu¹	茅屋
,,	ts'ao³ fang²-tzǔ	草房子
Cotton,	mien²-hua	棉花
,, wool	mien²-hua	棉花
,, plant	mien²-hua yang¹-êrh	棉花秧兒
,, thread	mien² hsien⁴	棉線
.. cloth	pu⁴	布
Couch, a	i⁴ chang¹ ch'uang²	一張牀
,,	t'ang³ ch'uang²	躺牀
Cough, to	k'o²-sou	咳嗽
,. mixture	chih⁴ k'o²-sou yao⁴ shui³ rh	治咳嗽藥水兒
Council,	hui⁴ i⁴	會議
., the Grand	chün¹-chi	軍機
,, a member of the Grand	chün¹-chi ta⁴ ch'ên²	軍機大臣
,, Municipal	shih⁴ hui⁴	市會
,, in the presence of the sovereign	yü⁴ ch'ien² hui⁴ i⁴	御前會議
,, of war	chün¹ shih⁴ hui⁴ i⁴	軍事會議
,, privy	shu¹ mi⁴ yuan⁴	樞密院
Counsel,	chung¹ kao⁴	忠告
,, (legal)	pien⁴ hu⁴ shih⁴	辯護士
,, keep one's	pu¹ hsüan¹ chi³ i⁴	不宣己意
,, (advise)	ch'üan¹ chieh⁴	勸戒
,, ,,	chih³ tao³	指導
,, war	chu³ chan⁴	主戰
Count, a	po⁴ chüeh²	伯爵
,, (reckon), to	suan⁴	算
,, the number	shu³ shu⁴ 'rh	數數兒
,, that doesn't	suan⁴-pu-liao shêm-mo	不算了甚麼
,, on the fingers	ch'ü¹ chih³ suan⁴	屈指算
,, one's change in presence of the cashier, not allowed to	pu¹ chun³ tang¹ mien⁴ 'rh kuo⁴ shu⁴ erh	不准當面過數兒
,, the house was *counted* out	yin¹ pu¹ tsu² fa⁴ ting⁴ shu⁴ san⁴ hui⁴	因不足法定數散會
,, *counts* it as one character (*e.g.*, in a cable)	tso⁴ i¹ tzǔ⁴ chi⁴ suan⁴	作一字計算
,, upon ....., to	i³ lai⁴	倚賴 .....
Countenance, a	jung² mao⁴	容貌
,,	hsiang⁴ mao⁴	相貌
.. change	pien⁴ se⁴	變色

173 Countenance—Country.

Countenance, in	ts'ung². jung² tzŭ⁴ jo⁴	從容自若
,, out of	hsiu¹ k'uei⁴	羞愧
,, to	mo⁴ hsü³	默許
Counter, a	kuei⁴	柜
Counteract, to	ti²	敵
,,	ti³ k'ang⁴	抵抗
Counteraction,	fan³ tui⁴ tso⁴ yung³	反對作用
Counterattract,	fan³ chi⁴	反擊
Counterbalance, to	ti²-kuo-lai	敵過來
,,	tui⁴ ti³ li⁴	對抵方
Countercase,	pien⁴ po² shu¹	辨駁書
Counterfeit,	chia³	假
,, a name	chia³ mao⁴ hsing⁴ ming²	假冒姓名
,, sickness	cha⁴ ping⁴	詐病
,, an article	chia³ tsao⁴	假造
,, virtue	wei⁴ shan⁴	偽善
Counterfoil, a	tui⁴-k'ou	對口
,,	p'iao⁴ kên¹ 'rh	票根兒
,,	fu² chieh²	符節
Countermand, to	t'ui⁴-lo	退咯
,,	shou¹ hui² ch'eng² ming⁴	收回成命
,,	kai³ ling⁴	改令
Countermarch,	i⁴ chün¹ wei⁴	易軍位
,,	fan¹ tien¹ t'ou²	翻顚頭
,, (back)	t'ui⁴ hsing²	退行
,, (metaph.)	kai³ ts'ê⁴	改策
Countermovement,	fan³ tui⁴ yün⁴ tung⁴	反對運動
Counterpane, a	pei⁴-wo	被窩
Counterpart,	fu² ho²	符合
Counters,	ch'ou² ma³ 'rh	籌碼兒
Countersign, a	k'ou³ hao⁴	口號
,,	an⁴ hao⁴-êrh	暗號兒
,, orders, to	fu⁴ shu³ ming⁴ ling	副署命令
Countersignature, a precedent must not be created for appointments not bearing	wu² fu⁴ shu³ chih¹ jen⁴ ming⁴ li⁴ pu¹ k'o³ k'ai¹	無副署之任命例不可開
Countinghouse,	kuei⁴ chi⁴ fang²	會計房
Countless,	wu² shu⁴	無數
Countrified,	ts'u¹ su⁰ tl¹	粗俗的
Country, a	kuo²	國
,, foreign	wai⁴ kuo²	外國
,, (the state)	pang¹ kuo²	邦國
,, ,,	pang¹ chia¹	邦家
,, ,,	kuo² chia¹	國家
,, the whole	chü³ kuo²	舉國

Country—Course.   174

Country, my native	pen³ kuo²	國本
,, (as distinct from city)	hsiang¹ yeh⁸	野鄉
,, ,,	hsiang¹-hsia	下鄉
Countryman, a fellow	t'ung² hsiang¹-ti	的鄉同
,, ,, ,,	t'ung² kuo²-ti	的國同
,, (yokel)	hsiang¹-hsia jên²	人下鄉
Coup d'etat,	cheng⁴ pien⁴	變政
Couple, a	i² tui⁴	對一
,, (married)	fu¹ fu⁴	婦夫
,, ,,	p'ei⁴ ou⁸	偶配
,, to	chieh² ho²	合結
,, together	hsiang¹ t'i² ping⁴ lun⁴	論併提相
,, pair (that cannot be broken)	i⁴ shuang¹	雙一
Couplets, antithetical	tui⁴ lien²	聯對
Coupon,	li⁴ p'iao⁴	票利
Courage,	tan³-liang	量膽
,,	tan³-ch'i	氣膽
,,	yung⁸ kan⁸ chih¹ ch'i⁴	氣之敢勇
,, brace up one's	fen⁴ yung³	勇奮
,, pluck up the	cha⁴-cho tan⁸-tzŭ	子膽着乍
,, great	hao⁸ ta⁴ tan³-liang	量膽大好
Courageous,	yung⁸ kan³	敢勇
Courier, a	p'ao⁸ hsin⁴-ti	的信跑
,, government	p'ao⁸ pao⁴-ti	的報跑
,, (travelling)	ch'ien² chan⁴	站前
Course,	hsing² wei²	為行
,, (direction)	fang¹ hsiang⁴	向方
,, (of a malady)	ching¹ kuo⁴	過經
,, a race	p'ao³ ma⁸ ch'ang³	場馬跑
,, at dinner, a	i² tao⁴ ts'ai⁴	菜道一
,, *courses* of a meal	shih² p'in⁸ chih¹ tz'ŭ⁴	次之品食
,, proper	cheng⁴ tang¹ chih¹ pan³ fa³	法辦之當正
,, let things take their	fang⁴ jen⁴ chu⁸ i⁴	意主任放
,, let him take his own	yu² cho t'a¹ pan⁴	辦他着由
,, is not to come, the best	i³ pu¹ lai² wei² i²	宜為來不以
,, tends towards national ruin, it is plain to the eye that our	yen³ cheng¹ cheng ti¹ wo² men ching⁴ shang⁴ wang² kuo² nu² ti¹ tao⁴ 'rh shang⁴ p'ao³	跑上兒道的奴國亡竟我們的睜睜眼
,, of action	pan⁴ fa³	法辦
,, ,, study	k'o¹ ch'eng²	程科
,, ,, time, in	nien² ch'ên² jih⁴ chiu³	久日隨年
,, ,, conversation, in	shuo¹ hua⁴ chien¹	間話說

Course—Courtyard.

Course of the month, in the	yüeh⁴-chien	月間
,, ,, preparation, in	tsai⁴ chun³ pei⁴ chung¹	在準備中
,, ,, speech, in	t'an² tz'ŭ⁴	談次
,, ,, his address, in	yin³ shuo¹ chung¹	演説中
,, ,, nature (e.g., death), in	i¹ wan⁴ wu⁴ chih¹ li³	依萬物之理
,, in due	sui² hou⁴	隨後
,, ,,	i¹ tz'ŭ⁴	依次
,, matter of	tang¹ jan²	當然
,, of	tzŭ⁴ jan²	自然
,, ,,	ku⁴ jan²	固然
,, ,,	ku⁴ shih⁴	因是
,, (as blood through veins), to	hsün² huan²	循環
Court, a	yüan⁴-tzŭ	院子
,, (Imperial), the	ch'ao²-t'ing	朝廷
,, go to	shang⁴ ch'ao²	上朝
,, dress	ch'ao² i¹	朝衣
,, be received at	chao⁴ chien⁴	召見
,, of justice	kung¹ t'ang²	公堂
,, ,,	shen³ p'an² t'ing⁴	審判廳
,, high	kao¹ teng³ fa⁴ yüan⁴	高等法院
,, of appeal, supreme	ta⁴ li³ yüan⁴	大理院
,, bring into	ch'i³ su⁴	起訴
,, of justice, high	kao¹ teng³ shen³ p'an⁴ t'ing¹	高等審判廳
,, ,, local	ti⁴ fang¹ shen³ p'an⁴ t'ing¹	地方審判廳
,, (flatter), to	fêng⁴-ch'êng	奉承
,, disaster, to	chao¹ huo¹	招禍
,, destruction, to	lao² hu³ tsui³ shang⁴ pa² hu² tzŭ	老虎嘴上拔鬍子
,, one's own ruin	tzŭ⁴ chao³ ch'i² huo⁴	自找其禍
Courteous,	ch'ien¹-kung	謙恭
,,	ch'ien¹ jang⁴	謙讓
Courtesan,	chi¹ nü³	妓女
Courtesy,	li³ i²	禮儀
,, to treat with	yu¹ tai⁴	優待
,, ,, ,,	k'uan³ ch'ia⁴	款洽
,, ,, ,,	i³ li³ hsiang¹ tai⁴	以禮相待
,, want of	shih¹ li³	失禮
,, ,,	ch'ien⁴ li³	欠禮
Courtly,	wei¹ i² chih¹ chuang⁴	威儀之狀
Courtmartial,	chün¹ fa⁴ hui⁴ i⁴	軍法會議
Courtyard, a	yüan⁴-tzŭ	院子

Courtyards—Covetous. 176

Courtyards,	yüan⁴-lo	院落
Cousins (children of paternal uncles)	t'ang² hsing¹ ti⁴	堂兄弟
,, (,, ,,)	t'ang² chieh³ mei⁴	堂姐妹
,, (,, ,,)	shu¹-po hsiung¹ ti⁴	我伯叔兄弟
,, (children of maternal uncles)	ku¹ piao³ hsiung¹ ti⁴	姑表兄弟
,, (children of paternal or maternal aunts)	ku¹ piao³ hsiung¹ ti⁴	姑表兄弟
,, (both the foregoing also called)	ku¹ chiu⁴ ch'in¹	姑舅親
,, (children of mother's sisters)	liang³ i² hsiung¹ ti⁴	兩姨兄弟
,, (,, ,,)	liang³ i² chieh³ mei⁴	兩姨姐妹
Covenant,	meng² yüeh¹	盟約
Cover, to	kai⁴-shang	蓋上
,, a	kai⁴-tzŭ	蓋子
,, put on the	kai⁴-shang kai⁴-'rh	蓋上蓋兒
,, up	chê¹-shang	遮上
,, over	yen³-shang	掩上
,, of a book	shu¹ p'i²-êrh	書皮兒
,, ,, set of books	shu¹ t'ao⁴-êrh	書套兒
,, chair	i³ ta¹-'rh	椅搭兒
,, of a stool	t'ao⁴-tzŭ	套子
,, (protection)	yen³ hu⁴	掩護
,, under cover of night	ch'êng² yeh⁴ êrh² hsing²	乘夜而行
,, up (in bad sense)	yin³ pi⁴	隱蔽
,, from rain, under	pi⁴ yü³	避雨
,, one item of expenditure, this month's revenue is insufficient to	pên³ yueh⁴ ying¹ tê² chih¹ shou¹ ju⁴ pu⁴ ti² i¹ hsiang⁴ chih¹ k'ai¹ chih¹	本月應得之收入不敵一項之開支
Covered with dust	i⁴ ts'êng² ch'ên² t'u³	一層塵土
,, with mud	i⁴ shên¹ ni²	一身泥
,, ,, ,,	hun² shên¹ ni² shui³	渾身泥水
,, with shame	man³ lien³-ti hsiu¹-ch'i	滿臉的羞氣
,, way, a	yu²-lang	遊廊
Coverlet, a	pei⁴-wo	被窩
Covert,	pi⁴ hu⁴ so³	庇護所
Covertly,	an⁴ cho	暗着
Covet, to	t'an¹	貪
,,	ch'ui² hsien²	垂涎
,, the sight of	yen³ ch'an²	眼饞
,, the taste of	tsui³ ch'an²	嘴饞
Covetous,	t'an¹ yü⁴	貪慾
,, person, a	t'an¹ hsin¹ jên²	貪心人

Covetous person, a	t'an¹ hsin¹ pu⁴ tsu³	貪心不足
Cow, a	mu³ niu²	母牛
,, to milk a	chi³ nai³	擠奶
Coward, a	fa² jên²	乏人
,,	mei² tan³-tzŭ	沒膽子
Cowardly,	tan³-ch'ieh	膽怯
,,	pei¹ lieh⁴	卑劣
,, bully, a	i³ ch'iang² ya¹ jo⁴	以強壓弱
Coxswain, a	to⁴-kung	舵工
,,	chang³ to⁴-ti	掌舵的
Cozen,	ku³ huo⁴	蠱惑
Crab, a	p'ang²-hsieh	螃蟹
,, apple	hai³-t'ang kuo³	海棠果
Crack (of a whip)	pien¹-tzŭ hsiang³	鞭子響
,, (of a gun)	pao⁴ lieh⁴ chih¹ sheng¹	爆裂之聲
,, a whip, to	ta³ hsiang³ pien¹-tzŭ	打響鞭子
,, (in wood, etc.)	lieh⁴ fêng⁴ 'rh	裂縫兒
,, (in porcelain, etc.)	lieh⁴ wên⁴ 'rh	裂墨兒
Cracked, (of wood, etc.)	k'ai¹-lo fêng⁴-tzŭ-lo	開了縫子略
,, (of porcelain, etc.)	yu³ lieh⁴ wên⁴ 'rh-lo	有裂璺兒略
Cracker, a fire	pien¹	鞭
,, to let off a	fang⁴ pien¹	放鞭
Crackers (biscuits)	ping³ kan¹ 'rh	餅乾兒
Cradle, a	yao² ch'ê¹ 'rh	搖車兒
,, of liberty	tzŭ⁴ yu² chu² i⁴ chih¹ yuan² tsu³	自由主義之元祖
Craft (calling), a	shou³-i	手藝
Crafty,	chiao³ hua²	狡猾
,,	hua²	猾
,,	kuei³ cha⁴	詭詐
Cram into (as a bag, or the mouth), to	t'ien²	塡
Crammed,	sai¹ man³-lo	塞滿略
Cramp,	ch'ou¹ chin¹	抽筋
,,	chuan³ chin¹	轉筋
,, to	chü¹ shu⁴	拘束
Cramped circumstances, in	k'un⁴-chu-lo	困住略
Crane (bird), a	hsien¹ hao²	仙鶴
,, (for lifting weights)	ch'i³ chung⁴ chi¹-ch'i	起重機器
Crank, a	ch'ü¹ kuai³	曲拐
Crash, fall with a	hua² la¹-ti tao³-lo	嘩啦的倒略
Crater,	p'ên¹ huo³ k'ou³	噴火口
Crave (solicit), to	k'êu³ ch'iu²	懇求
,, for food	k'ung⁴-ti hsiang³ ch'ih¹	空的想吃
Craving, a	yin³	癮

Craving—Credit. 178

Craving strong	p'i³	癖
„ (for opium)	fa¹ yin³	發癮
Crawl, to	p'a²	爬
„	p'u² fu⁴	匍匐
Crayfish, a	ta⁴ hsia¹-mi	大蝦蟆
Craze (fashion)	ta⁴ liu² hsing²	大流行
Crazy,	fêng¹-lo	瘋咯
„	fa¹ k'uang²	發狂
Creak (of a door, etc.), to	tzŭ-niu hsiang³	啞妞響
Creaking,	tzŭ¹ tzŭ¹ niu¹ niu¹-ti hsiang³.	
		啞啞妞妞的響
Cream,	nai³ p'i²-tzŭ	奶皮子
„ ice	ping¹-chi ling²	冰吉淩
Crease, a	chê³-tzŭ	摺子
Creased,	chê²-lo	摺咯
„ in a fold	chih⁴-lo	緻咯
Create,	fa¹ ming²	發明
„ (a right)	shê⁴ ting⁴	設定
„ (bring into existence)	ch'uang³ tsao⁴	創造
„ trouble, to	shêng¹ shih⁴	生事
„ a precedent	k'ai¹ li⁴-lo	開例咯
„ a title	fêng¹ chueh²	封爵
Creation,	wan⁴ wu⁴	萬物
„	wan⁴ shêng¹	萬生
„	t'ien¹ ti⁴ k'ai¹ p'i⁴	天地開闢
Creator, the	wan⁴ wu⁴ tsao⁴ hua⁴-chih chu³	萬物造化之主
Creature, dumb	ch'u⁴ sheng¹	畜生
„ you clumsy	pên⁴ tung¹ hsi	笨東西
Creatures, living	chung⁴ shêng¹	衆生
„ all	shih⁴ chieh⁴ wan⁴ wu⁴	世界萬物
Credence,	hsin⁴ yung⁴	信用
„ in, to place	hsin⁴-fu	信服
„ a letter of	kuo² shu¹	國書
„ present letters of	ti⁴ kuo² shu¹	遞國書
Credentials,	wên² p'ing²	文憑
„	wei³ jên⁴ p'ing²	委任憑
„ (of an envoy)	hsin⁴ jên⁴ chuang⁴	信任狀
„ (of an official)	wei³ jên⁴ chuang⁴	委任狀
Credible,	k'o³ k'ao⁴	可靠
Credit,	hsin⁴ yung⁴	信用
„ (esteem)	chung⁴ wang⁴	衆望
„ side of an account	tai⁴ fang¹	貸方
„ (opposite to debit)	shou¹ chang¹	收帳
„ give no	pu⁴ shê¹	不賒

Credit — Crime.

Credit,	give me on	shê¹-kei-wo	賒給我
,,	given in no circumstances	kao¹ ti¹ pu¹ shê¹ chang⁴	高低不賒賬
,,	letter of	hui⁴ p'iao⁴	匯票
,,	,,	chi³ yin² hsin⁴	給銀信
,,	buy on	shê¹-cho	賒着
,,	business, a	shê¹ chang⁴-ti mai³ mai³	賒賬的買賣
,,	it is greatly to his	chê⁴-shih t'a-ti tê⁹-hsing shih⁴	這是他的德行事
,,	to the family, do	tsêng¹ mên² ti¹ chih¹ kuang¹ jung²	增門第之光榮
,,	for other people's work, to get	mao⁴ jên²-chia-ti kung¹	冒人家的功
Creditable,		k'o³ i³-ti	可以的
,,	(passable), very	hên³ hsia⁴-tê ch'ü⁴	很下得去
,,		tsêng¹ kuang¹	增光
Creditor, a		chang⁴ chu³-tzŭ	賬主子
,,		chai⁴ chu³-êrh	債主兒
Credulous,		êrh³-to juan³	耳朶軟
,,		ch'ing¹ hsin⁴	輕信
Creed,		chiao⁴	教
,,	the apostle's	shih³ t'u² hsin⁴ ching¹	使徒信經
,,	(political)	chu³ i⁴	主義
,,	,,	chêng⁴ kang¹	政綱
,,	(religious)	hsin⁴ yang³ chih¹ tiao²	信仰之條
Creep, to		p'a²	爬
,,	on tiptoe	nieh⁴ shou³ nieh⁴ chiao³-ti	躡手躡脚的
,,	along slowly or unwillingly	i² pu⁴ no²-pu liao³ san¹ chih³	一步挪不了三指
,,	makes one's flesh	jang⁴-jên² jou⁴ ma²	讓人肉麻
Cremate, to		huo³ tsang⁴	火葬
Crenellated wall, a		nü³-êrh ch'iang²	女兒墻
Crepuscular (evening)		huang² hun¹	黃昏
,,	(morning)	li² ming²	黎明
,,	,,	fu⁴ hsiao³	拂曉
Crescent,		yüeh⁴-ya² rh⁴	月牙兒
,,	moon	o² mei² yüeh⁴	蛾眉月
Crest,		hui¹ chang¹	徽章
,,	fallen	sang⁴ tan³	喪膽
Crew of a ship		ch'uan²-shang shui³ shou³	船上水手
Cricket, a		ch'ü¹-ch'ü 'rh	蛐蛐兒
Crickets, to fight		tou⁴ ch'ü¹-ch'ü 'rh	鬬蛐蛐兒
Crime,		tsui⁴	罪
,,	to commit a	fan⁴ tsui⁴	犯罪
,,	to involve oneself in	tzŭ⁴ ch'ü⁴ chiu³ li⁴	自取咎戾

Crime—Criticism.

Crime, atone for a	shu² tsui¹	贖 罪
,, locality of a commission of a	fan⁴ tsui⁴ ti⁴	犯 罪 地
Criminal, a	tsui⁴ jên²	罪 犯
,,	fan⁴ jên²	犯 人
,, case, a	hsing² an⁴	刑 案
,, ,,	hsing² shih⁴ su⁴ sung⁴	刑 事 訴 訟
,, a great	tsui⁴ ta⁴ o⁴ chi²	罪 大 惡 極
,, (opposite to civil)	hsing² shih⁴ shang⁴	刑 事 上
,, code	hsing² fa⁴	刑 法
,, procedure, code of	hsing² shih⁴ su⁴ sung⁴ fa⁴	刑 事 訴 訟 法
Crimson,	tzŭ³ hung²	紫 紅
Cringe, to	ch'an³-mei	諂 媚
,,	yao² wei³ ch'i³ lien²	搖 尾 乞 憐
,, for mercy	tiao² wei³ ch'i⁴ lien²	掉 尾 乞 憐
,, ,,	fu² juan³ 'rh	服 軟 兒
Crinkled,	yu³ chou² wên² 'rh	有 皺 紋 兒
Cripple, a	yu³ ts'an²-chi	有 殘 疾
,,	ts'an² fei⁴ jên²	殘 廢 人
Crisis, matters have reached a dangerous	shih⁴ chü² tao⁴-liao wei¹ ch'i²	事 局 到 了 危 期
,, has passed, the	chê⁴-ko kuan¹-k'ou kuo⁴-lai-lo	這 個 關 口 過 來 了
,, (political)	wei¹ chi²	危 急
,, ,,	wei¹ chi² ts'un² wang²	危 急 存 亡
,, (disease)	pêng⁴ chih¹ chuan³ chi¹	病 之 轉 機
Crisp,	ts'ui⁴	脆
Criterion,	piao¹ chun³	標 準
Critic,	chien⁴ ting⁴ chê³	鑒 定 者
,, literary	p'i¹ p'ing² chia¹	批 評 家
Critical condition, in a	chêng⁴ tsai⁴ ch'ui² wei¹	正 在 垂 危
,,	wei¹ chi²	危 急
,, (illness)	ping⁴ shih⁴ wei¹ tu³	病 勢 危 篤
,, moment, a	ts'un² wang² kuan¹ t'ou²	存 亡 關 頭
,, ,,	wei¹ hsien³ chih¹ chi⁴	危 險 之 際
,, (find fault)	ch'ui¹ mao² ch'iu² tz'ŭ¹	吹 毛 求 疵
Criticise, to	p'i¹-p'ing²	批 評
,,	p'ing² lun⁴	評 論
,,	pao¹ pien³	褒 貶
,, (an argument)	pien⁴ po²	辯 駁
Criticism,	chien⁴ ting⁴ shu⁴	鑒 定 術
,, both written and spoken (unfavourable)	k'ou³ chu¹ pi³ fa²	口 誅 筆 伐
,, provoke	chao¹ wu⁴ i⁴	招 物 議
,, ,, unfavourable	chao¹ chi¹ i⁴	招 譏 議

Criticism, subject of much	to¹ pu¹ li⁴ yü² jên² k'ou³	口人於利不多
,, unjust	wang⁴ chia¹ yüeh⁴ tan⁴	旦月加妄
,, is inevitable	tzŭ⁴ pu¹ mien³ yu³ so³ ping² lun⁴	論評所有免不自
Croak (as a frog), to	kua¹ kua¹-ti chiao⁴	叫的呱呱
Crockery,	tz'ŭ²-ch'i	器磁
,,	wa³ ch'i⁴	器瓦
Crocodile, a	chiao¹	蛟
Crone,	lao³ p'o²	婆老
Crook, by hook or by	pu¹ i³ cheng⁴ pi⁴ i³ hsieh²	邪以必正以不
Crooked,	wai¹-lo	咯歪
,,	pu¹ cheng⁴	正不
,, (oblique)	hsieh²-lo	咯斜
,, all	wai¹ wai¹ niu³ niu³-ti	的扭扭歪歪
Crop of a bird, the	su⁴-tzŭ	子嗉
,, up, to	hsien⁴ ch'u¹	出現
Crops,	chuang¹-chia	稼莊
,, good	feng¹ nien²	年豐
,,	hao³ shou¹ cheng²	成收好
,, bad	lien⁴ shou¹	收歉
Crosier, a	ch'üan² chang⁴	杖權
Cross, to be	nao⁴ p'i²-ch'i	氣脾鬧
,, ,,	fan⁴ p'i²-ch'i	氣脾犯
,, a	shih²-tzŭ chia⁴	架字十
,, Society, the Red	hung² shih²-tzŭ hui¹	會字十紅
,, make the sign of the	tso⁴ shih² tzŭ chia⁴	架字十作
,, roads	shih²-tzŭ lu⁴	路字十
,, (thwart), to	po²-lan-cho	著攔駁
,, one leg over the other, to	ch'iao¹-cho t'ui³ 'rh	兒腿著翹
,, over to	kuo⁴	過
,, the imperial procession (and incur penalty), to	ch'ung¹ i⁷ chang⁴	仗儀衝
,, out	t'u² mo¹	抹塗
,, action	fan³ su⁴	訴反
,, bred	tsa² chung³	種雜
Cross-bow, a	nu³ kung¹	弓弩
Cross-examination,	fan³ tui⁴ hsün⁴ wen⁴	問訊對反
,,	fan³ tui⁴ chieh¹ wen⁴	問詰對反
Cross-eyed,	tou⁴ yen³ 'rh	兒眼鬥
Cross-fire,	chiao¹ she⁴	射交
Cross-grained,	hu² chüeh¹ mên⁴ sang⁴	喪悶倔呼
,,	chüeh² ch'iang²	強倔
Cross-legged, to sit	p'an²-cho t'ui³ tso⁴	坐腿著盤

Cross-purposes,	mao² tun⁴	盾 矛
Cross-question,	chieh² wen⁴	問 詰
Crossed cheque	hsien⁴ yin³ chih¹ p'iao⁴	票之引線
Crossly, to speak	sang⁴ shêng¹ wai¹ ch'i⁴-ti	的氣歪聲喪
Crosswise, to place	hêng² fang⁴	放 橫
Crotchety,	ku³ kuai⁴	怪 古
Crouch, to	p'a¹-fu tsai¹ ti⁴	地在伏趴
Crow, a	lao³-kua	鴰 老
,, (of a cock), to	ta³ ming²-êrh	兒鳴打
Crowbar, a	t'ieh³ t'iao²	條鐵
Crowd, a	ch'ün² chi²	集群
,,	ta⁴ chung⁴	衆大
,, (rabble)	hsia⁴ liu² she⁴ hui⁴	會社流下
,, above the common	ch'u¹ ch'ün²	群出
,, the common	chung⁴ shu⁴	庶衆
,, a stationary	i¹ tsui¹ jên²	人堆一
,, a moving	i¹ ch'ün² jên²	人群一
,, to	yung³ chi³	擠擁
,, ,,	ch'ün² chi²	集群
,, noisily together	tsa² t'a⁴	沓雜
,, in	yung³ ju⁴	入擁
Crowded,	lin² lin² tsung³ tsung³	總總林林
,, too	chi³-ti-huang	慌的擠
,, (e.g., with carriages), the streets	t'ien² ch'ü² sai¹ hsiang⁴	巷塞衢填
,, (of buildings)	ch'ou² mi⁴	密稠
,, city, a	jên² yen¹ ch'ou² mi⁴	密稠煙人
Crowds of spectators	kuan¹ che³ ju² tu³	堵如者觀
,, of passengers	hsing² jên² chung⁴ to¹	多衆人行
,, in	fen¹ chih¹ t'a⁴ lai²	來沓至紛
Crown,	ti⁴ kuan¹	冠帝
,, of a hill	chüeh² ting³	頂絕
,, of the head, the	nao³ ting³	頂腦
,, a royal	mien³	冕
,, of difficulties, to regain people's confidence is the	yü⁴ wan³ jên² hsin¹ nan² shang⁴ nan²	難上難心人挽欲
,, lands, a farmer of	huang² liang² chuang¹-t'ou	頭莊糧皇
,, colony	chih² hsia² chih² min² ti⁴	地民殖轄直
,, to	chia¹ mien³	冕加
,, (finish)	ch'eng² kung¹	功成
,, with success	fan² shih⁴ sui⁴ yüan⁴	願遂事凡
,, ,, ,,	tsou⁴ hsiao⁴	效奏
Crown prince,	huang² t'ai⁴ tzŭ³	子太皇
Crucible, a	lien² yin² wan³-tzŭ	子碗銀煉
Crucify, to	ting¹-tsai shih²-tzŭ chia⁴	架字十在釘

Crude—Cry.　　183

Crude,	ts'u¹ chih⁴	粗製
,, affair, a	wei⁴ ch'eng² chih¹ shih⁴	未成之事
Cruel person, a	hên³ hsin¹ jên²	很心人
,, ,,	tu² hên³ jên²	毒很人
,,	ts'an² jên²	殘忍
,, to excess	kuei³ k'u¹ shên² hao²-ti ts'an³	鬼哭神嚎的慘
,, acts of plunder and arson	jên³ hsin¹ hai⁴ li³ ch'iang³ shao¹ shang¹ min²	忍心害理搶燒商民
Cruelty,	nüeh⁴ tai⁴	虐待
Cruetstand, a	ch'i¹ hsing¹ kuan⁴	七星罐
Cruise, to	hsün² hai³	巡海
Cruiser, a	hsün² ch'uan²	巡船
,, ,,	hsün² hai³ chien⁴	巡海艦
,, ,,	hsün² yang² hsien⁴	巡洋艦
,, armoured	hsün² yang² chia³ t'ieh³ hsien⁴	巡洋甲鐵艦
,, first class	i¹ teng³ hsün² yang² hsien⁴	一等巡洋艦
Crumb of bread, the	mien⁴-pao hsin¹ 'rh	麪包心兒
Crumble away, to	chien³-lo	喇咯
Crumbled away, the brick has	chuan¹ su¹ la	磚酥了
Crumbs,	mo⁴-tzŭ	末子
,, of bread	man²-t'ou cha¹-'rh	饅頭渣兒
Crumbly (as new bread), not	ssŭ¹ pu¹ k'ai¹	撕不開
Crumple into a ball, to	ts'o¹ ch'êng ch'iu²-êrh	搓成球兒
Crumpled,	t'uan²-lo	團咯
Crusade,	shih² tzŭ⁴ chün¹	十字軍
,, make a, against	kung¹ chi⁴	攻擊
Crush (of a hat, etc.), to	ya¹	壓
,, (under heavy weight)	ya⁴	軋
,, (to push)	chi³	擠
,, (under a press)	tsa¹	搾
,, out	p'u¹ mieh⁴	撲滅
,, ,,	ya¹ tao³	壓倒
Crushed by the locomotive, both his feet were	pei⁴ huo³ ch'e⁴ chiang¹ shuang¹ chiao³ ya⁴ tuan⁴ la	被火車將雙腳軋斷了
,, (as oppressive government)	ya¹ cheng⁴	壓政
Crutch, a	kuai³	柺
,, lean on a	chu³ kuai³	柱柺
,, ,,	chia⁴ kuai³	架柺
Crux,	nan² tien³	難點
Cry, to	k'u¹	哭
,, (loud weeping)	hao² t'ao² ta⁴ k'u¹	號咷大哭
,, out	chiao⁴-han	叫喊

Cry—Cultivate.

Cry (of a bird, etc.)	shêng¹-êrh	聲兒
,, wares	yao¹-hu	呼吆
Crying at? what are you	k'u¹ shêm²-mo	麽甚哭
Crystal,	shui³-ching	晶水
,, (chemical)	chieh² ching¹	晶結
Crystalline,	t'ou⁴ ming²	明透
Crystallisation,	chieh² ching⁴	晶結
Cub, a	tsai³-tzŭ	子崽
Cube, a	liu⁴ fang¹-ti	的方六
,,	li⁴ fang¹	方立
,,	li⁴ fang¹ t'i³	體方立
Cube-root,	li⁴ fang¹ ken¹	根方立
,,	san¹ ch'eng² ken¹	根乘三
Cubic equation	san¹ tz'ŭ⁴ fang¹ ch'eng² shih⁴	式程方次三
Cuckoo, a	k'o³-ku	咕可
,,	pu⁴ ku³	榖布
,, (other expressions vulgar)	tu⁴ chüan¹	鵑杜
Cucumber,	huang²-kua	瓜黃
,, or melon seeds	kua¹ tzŭ³-êrh	兒子瓜
Cud, to chew the	tao³ chiao⁴	嚼倒
Cudgel, a	mu⁴ pang⁴-tzŭ	子棒木
,, one's brains	po⁴ ssŭ¹ pu¹ chieh³	解不思百
Cudgels for, take up the	pien⁴ hu⁴ chia¹ shih⁴	勢加護辨
Cue, a	t'ou²-hsü	緒頭
Cuff, a	hsiu¹ k'ou³ 'rh	兒口袖
,, a turned up	hsiu¹ t'ou²-êrh	兒頭袖
,, to	kei² i⁴ pa¹-chang	掌巴一給
,, ,,	ta³ i⁴ pa¹-chang	掌巴一打
,, and kick	ch'üan² ta³ chiao³ t'i¹	踢脚打拳
Cul-de-sac, a	ssŭ³-hu t'ung⁴-êrh	兒同胡死
Culinary,	liao³ li³ shu⁴	術理料
Cull (from a book)	pa² ts'ui⁴	萃拔
,, honey	ts'ai³ mi⁴	蜜採
Culminate (astron.)	tzŭ³ wu³ hsien⁴	線午子
,,	chung¹ chi²	極終
,,	chi² tuan¹	端極
Culmination,	chi² tien⁵	點極
Culpable,	tsui⁴ yu³ ying¹ te³	得應有罪
Culprit, a	tsui⁴ jên²	人罪
,, the chief	tsui⁴ k'uei²	魁罪
Cultivate, to	chung⁴	種
,,	hsiu¹ yeh⁴	業修
,,	tsai¹ p'ei²	培栽

Cultivate the soil	keng¹ t'ien²	耕田
,, study	ch'iu² chìn⁴ pu⁴	求進步
,, morals	hsiu¹ shen¹	修身
,, so and so's society	yü³ mou⁹ chiao¹ yu⁸	與某交友
,, friendly relations	hsiu¹ mu⁴ i²	修睦誼
,, bring under	k'ai¹ k'eu¹	開墾
Culture,	chiao⁴ hua⁴	教化
,, man of	ssŭ¹-wên jên¹	斯文人
,, (microbe)	p'ei² yang³	培養
,, physical	t'i³ yü⁴	體育
Culvert, a	an⁴ kou¹	暗溝
Cumbersome,	pên⁴	笨
,,	pen⁴ chung⁴	笨重
Cumulative evidence	fu⁴ cheng⁴	復證
Cunning,	kuei³ cha⁴	詭詐
,,	hua²	滑
,,	tsei²	賊
,,	chien¹	奸
,,	chiao⁸ hua²	狡猾
,, methods	shou³ tuan⁴ yuan² hua²	手段圓滑
,, sharp and	chien¹ ch'iao³ hua² k'uai⁴	奸巧滑快
,, and accomplished swindling	p'ien⁴ shu⁴ shou³ tuan⁴ chih¹ ta⁴ êrh² ch'ieh³ la⁴	騙術手段之大而且辣
,, policy	fang¹ fa³ chih¹ ch'iao³ êrh² kung¹	方法之巧而工
Cup, a	pei¹	杯
,, of tea	i⁴ wan³ ch'a²	一碗茶
,, for rinsing the mouth	shu⁴ k'ou² yü²-êrh	漱口盂兒
Cupboard, a	kuei⁴-tzŭ	櫃子
,, (whatnot)	ch'n⁸	櫥
,, love	chung¹ ch'ing²	鍾情
,, ,,	chiu³ jou⁴ pin¹ p'eng²	酒肉朋賓
Cupidity,	t'an¹ hsin¹	貪心
Curb bit, a	pan¹ chiao²-tzŭ	搬嚼子
,, (restrain)	chi¹ p'an⁴	羈絆
Curdled,	pien⁴-lo	變了
Cure, to	chih⁴	治
,,	chih⁴ hao³	治好
,,	liao³ chih⁴	療治
,, like by like, to	i³ huo³ chih⁴ huo³	以火制火
,, ,, ,,	i³ tu³ kung¹ tu²	以毒攻毒
Cured,	fu⁴ yüan²	復元
,,	ch'üan² k'o³	可痊
Curio, a	ku³ wan²	玩古
,, a	ku³ tung³-êrh	古董兒

G

Curio—Current.

Curio shop	ku³ wan² p'u⁴	古玩舖
Curiosity, a	hsi¹ han³ wu⁴-êrh	希罕物兒
,,	hsi¹ ch'i² han³ 'rh	希奇罕兒
,, full of	t'ai⁴ hao⁴ ch'a² shih⁴	太好察事
,, (rarity)	ch'i² wu⁴	奇物
Curiosities,	ku³ tung³ p'in³	古董品
,, of a place	ti⁴ fang¹ chih¹ ch'i² kuan¹	地方之奇觀
Curious,	ch'i²-kuai	奇怪
,, (strange)	ku³-kuai	古怪
,, ,,	hsin¹ ch'i²	新奇
,, ,,	ch'i² i⁴	奇異
,, (inquisitive)	hao⁴ shih⁴	好事
,, ,,	hao⁴ ch'i² hsin¹	好奇心
,, (of workmanship)	miao⁴ kung¹	妙工
,, story	ch'i² t'an²	奇談
,, ,,	chih⁴ i⁴	志異
Curiously (of work)	ching¹ ch'iao³	精巧
Curl up, to	chüan³-ch'i-lai	捲起來
,, (as paper)	chou⁴-chou-lo	縐縐咯
,, ,,	ch'ou¹-ch'ou-lo	抽抽咯
,, (undulation)	chüan³ ch'ü¹	捲曲
Curly hair	chüan³ t'ou²-fa	捲頭髮
,, beard, a	chüan² mao²-êrh hu²-tzŭ	捲貓兒鬍子
Currency,	huan² fa³	圜法
,, system	pi⁴ chih	幣制
,, metal	t'ung¹ yung⁴ huo⁴ pi⁴	通用貨幣
,, paper	chih³ pi⁴	紙幣
Current,	liu² t'ung¹	流通
,, a	liu⁴	溜
,, with the	shun⁴ liu⁴	順溜
,, against the	ting³ liu⁴	頂溜
,, an adverse	ni⁴ liu⁴	逆溜
,, gossip, is	ch'uan²-shuo pien⁴-lo	傳說徧咯
,, not (of coin)	pu⁴ t'ung¹	不通
,, electric	tien⁴ liu²	電流
,, (fashionable)	liu² hsing	流行
,, (present)	hsien⁴ chin¹	現今
,, expression	t'ung¹ hsing²	通行
,, month	pen³ yueh⁴	本月
,, price	shih² chia⁴	時價
,, cross	heng² liu²	橫流
,, account passbook	fu² ts'un² che³ chü⁴	存摺據
,, ,,	huo² ts'un² chih¹ k'uan³	活存之款

Current report	feng¹ shuo¹	說風
Curriculum,	k'o⁴ ch'eng²	程課
Curry favour with, to	fêng⁴-ch'êng	承奉
,, ,,	yao² wei³ ch'i⁴ lien²	憐乞尾搖
Curse, to	ma⁴ jên²	人罵
,, (call down imprecations)	chou⁴ jên²	人咒
,, (,, ,, ,,)	chou⁴	咒
,, to the people and a weakening of the state, a	ping⁴ min² jo⁴ kuo²	國弱民病
Cursed,	shen² jên² kung⁴ fen⁴	憤共人神
Cursive hand	hsing² shu¹	書行
Cursory (glance)	tsou³ ma³ kuan¹ pei¹	碑觀馬走
,,	ts'ang¹ ts'u⁴	卒倉
Curt,	t'ang² t'u⁴	突唐
Curtail,	chieh² chien²	減節
,,	so¹ tuan³	短縮
Curtains,	chang⁴-tzŭ	子帳
,, large	man⁴ chang⁴	帳幔
,, mosquito	wen² chang⁴	帳蚊
,, draw the	pa⁴ chang⁴-tzŭ yen³-shang	上掩子帳把
,, a *curtain* of condolence sent on occasions of death	wan³-chang⁴	幛挽
Curvature, degree of	ch'ü¹ tu⁴	度曲
Curve, a	i³-ko wan¹ 'rh	兒彎個一
,, to make a (as a road)	kuai³-ko wan¹ 'rh	兒彎個拐
,,	ku¹ hsien⁴	線弧
Curved,	wan¹-cho	著彎
,,	wan¹-ti	的彎
,, line, a	ch'ü¹ hsien⁴	線曲
Cushion, a	tien⁴-tzŭ	子墊
Cuspidor, a small	t'u⁴-mo ho² 'rh	兒盒沫唾
,, ,,	t'an² yü²-tzŭ	子盂痰
,, large	t'an² t'ung³	筒痰
Custodian,	kuan³ li³ jên²	人理管
Custody,	chien¹ shou³	守監
,,	pao³ kuan³	管保
,, place in	ch'¹ ts'un²	存寄
,, take into	tai⁴-lo tsou³-lo	略走了帶
,, keep under	k'an¹ shou³	守看
,, detain in	chü¹ lin²	留拘
,, keep in	chü¹ liu²	留拘
Custom,	kuan⁴ hsi²	習慣
,, (rule)	kuei¹-chü	矩規
,, (habit)	fêng¹-su	俗風
,, give me your	chao⁴-ku chao⁴-ku	顧照顧照

Custom—Cut.

Custom, bound by	wei⁴ kuei¹ chü k'un⁸ chu⁴ la 了住捆炬規爲
Customary,	an⁴ kuei¹-chü 炬規接
,,	t'ung¹ li⁴ 例通
,,	t'ung¹ ch'ang² 常通
Customer, a	chu³-ku 顧主
,,	mai³ chu⁸ 主買
,,	chao⁴-ku chu³-êrh 兒主顧照
Customs, Maritime	hai³ kuan¹ 關海
,, Native	ch'ao⁴ kuan¹ 關鈔
,, station, a	shui⁴ kuan¹ 關稅
,, Inspector General of	tsung³ shui⁴-wu ssŭ¹ 司務稅總
,, Commissioner of	shui⁴-wu ssŭ¹ 司務稅
,, Deputy ,, ,,	fu⁴ shui⁴-wu ssŭ¹ 間務稅副
,, Assistant ,, ,,	shui⁴-wu pang¹ pan⁴ 辦幇務稅
,, Superintendent of	hai³-kuan chien¹-tu 督監關海
,, Taotai	hai³-kuan tao⁴ 道關海
,, duties	hai³ kuan¹ shui⁴ 稅關海
,, tariff	hai³ kuan¹ shui⁴ tse² 則稅關海
,, stations	shui⁴ k'o⁴ ssŭ¹ 司課稅
,, at home with the northerners' habits and	yü² pei³ fang¹ fêng¹ t'u³ jên² ch'ing² chün¹ i³ kuan⁴ hsi² 習慣已均情人土風方北於
,, bad	o⁴ hsi² 習惡
,, ,,	pi⁴ hsi² 習弊
Cut with a knife, to	la² 剌
,, with scissors	chiao³ 鉸
,, with a sword or axe	k'an³ 砍
,, out patterns	t'i¹ yang⁴-tzŭ 子樣剔
,, ,, clothes	ts'ai² i¹-shang 裳衣裁
,, nails	hsiao¹ chih¹-chia 甲指削
,, a canal	k'ai¹ tsao² 鑿開
,, a dash	hsien³ ch'u¹ k'uo⁴ lai² 來闊出顯
,, a pencil	hsiao¹ pi³ 筆削
,, a person	yang²-cho lien³ 'rh kuo⁴-ch'ü 去過兒臉著揚
,, wages	p'ao² kung¹-ch'ien 錢工刨
,, grass	ko¹ ts'ao³ 草割
,, paper	ts'ai² chih³ 紙裁
,, glass, to	ts'ai² po-li 璃玻裁
,, down a tree	k'an³-hsia-lai 來下砍
,, off (sever)	chüeh²-tuan 斷絕
,, ,, (by a party wall, etc.)	chieh²-tuan-kuo-lai-ti 的來過斷隔
,, open	p'ou³-k'ai 開剖

Cut off a retreat	chieh² lu⁴	截路
,, a short	chieh² ching⁴	捷徑
,, ,,	ch'ao¹ tao⁴-êrh	超道兒
,, to take a short	hsieh²-cho liu³-êrh-ti tsou³	斜著溜兒的走
,, of three li, by going through this gap one makes a short	yu² tz'ŭ³ huo¹ k'ou³ k'o³ ch'ao¹ chin⁴ san¹ li³ ti⁴	由此豁口可抄近三里地
,, into a conversation	ch'a² tsui³	岔嘴
,, one's own throat	tzŭ⁴ wên³	自刎
,, connection with so and so	ko¹ hsi²	割席
,, down (expenses)	chieh² chien³	節減
,, up (criticism)	k'u¹ p'ing²	酷評
Cutaneous disease	p'i² fu¹ ping⁴	皮膚病
Cutting (of a canal)	k'ai¹ tsao²	開鑿
,, (of a paper)	chai¹ tuan⁴	摘段
Cuttle-fish, a	wu¹ tsei²	烏賊
Cycle, a	i²-ko chia³ tzŭ³	一個甲子
Cyclopaedia,	pai³ k'o¹ ch'üan² shu¹	百科全書
Cylinder, a	t'ung³-tzŭ	筒子
,,	ch'ang² yuan² hsing²	長圓形
,,	yuan² t'ung³	圓筒
Cymbals,	ch'a³	鑔
,,	nao² po²	鐃鈸
,, to beat	ta³ ch'a³	打鑔
Cynosure of every eye, the	ch'üan² kuo³ shih⁴ hsien⁴ so³ chi²	全國視線所集

D

Dab, to	chan³-i chan³	湛一湛
,, mud on	to¹ shang⁴ ni²	垛上泥
Dabble,	lüeh⁴ k'uei¹ men² ching⁴	略窺門徑
,, with	she⁴ lieh⁴	涉獵
Daddy,	tieh¹-tieh¹	爹爹
Dagger, a	i⁴ pa³ hsiao³ tao¹	一把小刀
,,	yao¹ tao¹	腰刀
,,	nang³-tzŭ	攮子
Dahlia,	hai¹ fang¹ lien²	西方蓮
Daily,	t'ien¹ t'ien¹	天天
,,	chien⁴ t'ien¹	見天
,, increasing sale	hsiao¹ lu⁴ jih⁴ sheng	消路日升
,, paper	jih⁴ pao⁴	日報
,, use, in	jih⁴ yung⁴-ti	日用的

Daily—Dandelion. 190

Daily improvement	i² jih⁴ hao³ ssŭ⁴ i² jih⁴	日一似好日一
Dainties,	mei³ wei⁴	味美
Dainty, about food	t'iao¹ shih²	食挑
,, elegant	yu³ hsiu⁴-ch'i	氣秀有
,, ,,	hua² she¹	奢華
,, he is not	t'a tsui³ pu⁴ ch'an²	饞不嘴他
,, and lazy	lan³ shên¹ ch'an² tsui³	嘴饞身懶
,, (agreeable to taste)	mei³ wei⁴	味美
Dais, a	t'ai² chieh¹	堦台
Dalliance,	t'iao¹ hsi⁴	戲挑
Dally, to	yu² shou³ hao⁴ hsien²	閒好手遊
Dam, a	pa⁴	壩
,, to	tu³ chu⁴	住堵
,,	yung¹-shang	上壅
,,	yung¹ sai¹	塞壅
,, to construct a	chu² pa⁴	壩築
Damage, to	sun³	損
,,	tsao¹-t'a	蹋蹧
,, suffer	shou⁴ shang¹	傷受
,, one's reputation	pai⁴ ming²	名敗
Damages,	p'ei² k'uan³	款賠
,,	sun³ huai⁴	壞損
,, demand compensation for physical and pecuniary	yao¹ ch'iu² shen¹ t'i³ shang⁴ chi² ts'ai² ch'an³ shang⁴ chih¹ p'ei² ch'ang²	償賠之上產財及上體身求要
Damaging to national reputation	yü² kuo² t'i³ yu³ ai⁴	礙有體國於
Damask,	tuan⁴ pu⁴	布緞
Dame, a	t'ai⁴-t'ai	太太
,,	lao fu¹-jên²	人夫老
,, a missionary or school	shih¹ mu³	母師
Damned fool,	hun² tan⁴	蛋渾
,, ,, you are a	ni³ chên¹-shih hun⁴-chang kao¹-tzŭ	子羔賬混是眞你
Damp,	ch'ao² ch'i⁴	氣潮
,, to be	fa¹ ch'ao²	潮發
,, ,,	shih¹-lo	咯溼
,, (by spurting water on), to	p'ên¹	噴
,, to	nung⁴ shih¹-lo	咯溼弄
Damsel, a	t'ung² nü³-êrh	兒女童
Dance, to	t'iao⁴	跳
,, ,,	t'iao⁴ wu³	舞跳
,, a	t'iao⁴ wu³ hui⁴	會舞跳
Dandelion,	p'u² kung¹ ying¹	英公蒲

Dandelion,	ch'ê¹ ch'ien² ts'ao³	草前車
Dandle, to	tien¹-ho	淊顚
Dandruff,	t'ou² fu¹-p'i	皮麩頭
Dandy, a	hao⁴ tao³-ch'ih	持叨好
Danger,	hsien²	險
,, no	pu² p'a⁴	怕不
,, imminent	wei¹ chi²	急危
,, in ,,	chao¹ pu¹ pao⁰ hsi³	夕保不朝
,, to incur	mao⁴ hsien²	險冒
,, to run into	wang³ lao²-hu tsui³ 'rh-li sung⁴	送裏兒嘴虎老往
,, of his life, no	wu² hsing⁴ ming⁴ chih¹ yü¹	虞之命性無
Dangerous,	yu³ hsien³	險有
,,	hsien³	險
,,	wei¹ hsien³	險危
,, customer, a	san¹ chiao³-'rh yen³-ching-ti	的睛眼兒角三
,, illness	hsien³ chêng⁴	症險
,, road, a	hsien³ lu⁴	路險
,, (condition of a sick man)	wei¹ tu³	篤危
Dangle (as a bit of string), to	lun¹-tê lun¹-tê	得掄得掄
Dare,	kan³	敢
,, (have the audacity to)	tan⁸ kan³	敢膽
,, you, how?	ni³ tsêm³-mo tan³ kan³	敢膽麼怎你
,, devil, a	wu² chü⁴ wu² lü⁴-ti	的慮無懼無
,, ,,	mao⁴ hsien³ chê³	者險冒
,, ,,	kan³ ssü³ chih¹ shih⁴	士之死敢
,, not wait upon I would, letting I	yu⁴ ch'ih¹ yu⁴ p'a⁴ t'ang⁴	燙怕又吃又
,, disobedience, could I?	kan³ pu¹ ch'in¹ tsun¹	遵欽不敢
Daring,	yu³ tan³-liang	量膽有
,,	yu³ tan³-tzŭ	子膽有
,, person	yung³ mêng³-ti jên²	人的猛勇
,, very	hao³ ta⁴ tan³-tzŭ	子膽大好
Dark,	hei¹	黑
,	ta¹ hei¹	黑發
,, in the	hei¹ ti⁴-li	裏地黑
,, at	hei¹-hsia	下黑
,, night	an⁴ yeh⁴	夜暗
,, pitch	ch'i¹ hei¹-ti	的黑漆
,, behind one's back in the	an⁴ ti⁴-li	裏地暗
Darling,	kuai¹-kuai¹	乖乖

Darn—Dawdle. 192

Darn, to	chih¹-shang	上 橓
,,	chih¹ pu³	補 橓
Dart, a	hsiu⁴ chien⁴	箭 袖
Darted by	ts'uan¹-kuo-ch'ü	去 過 竄
,,	shan³-kuo-ch'ü-lo	略 去 過 閃
Dash by, to	ts'uan¹-kno-ch'ü	去 過 竄
,, water (as on the face)	wang³ lien³-shang chi¹	激 上 臉 往
,, of, add a	ti¹-shang i⁴ ti¹	滴 一 上 滴
,, on the ground	shuai¹-tsai ti⁴-hsia	下 地 在 捽
,, against, to	ch'ung¹-chuang	撞 衝
,, (noun)	jui⁴ chi⁴	氣 銳
Dashing,	yung³ kan³	敢 勇
Data,	ts'ai² liao⁴	料 材
Date,	jih⁴-tzŭ	子 日
,,	jih⁴-ch'i	期 日
,, (begin)	shih³ tso⁴	作 始
,, block	yüeh⁴-fên p'ai²	牌 分 月
,, out of	pu⁴ shih⁴ hsing¹-ti	的 興 時 不
,, fix a	ting⁴-ko jih⁴-ch'i	期 日 個 定
,, failure to pay at	ch'ien¹ ch'i² pu¹ chiao¹	交 不 期 愆
,, complete by	k'o⁴ ch'i² wan² chün⁴	竣 完 期 剋
,, of opening (railway)	k'ai¹ t'ung¹ ch'i²	期 通 開
,, ,, (parliament)	k'ai¹ hui⁴ ch'i²	期 會 開
,, to	chi⁴ jih⁴	日 紀
,, insufficient to meet the service of the loan at due	pu¹ fu¹ fu⁴ huan² chieh⁴ ch'i² chih¹ chieh⁴ k'uan³ pen³ li⁴ 利 本 欵 借 之 期 屆 還 付 敷 不	
,, (Chinese fruit)	tsao³-êrh	兒 棗
,, soaked in honey	mi⁴ tsao³-êrh	兒 棗 蜜
Dates, table of	nien² piao³	表 年
Daub, to	mo³-shang	上 抹
Daubed with mud, face	mo³-liao i⁴ lien³-ti ni²	泥 的 臉 一 了 抹
Daughter, a	nü³-êrh	兒 女
,,	nü³ hai²-tzŭ	子 孩 女
,,	ku¹-niang	娘 姑
,, in-law	êrh² hsi²-fu	婦 媳 兒
,, step-	ch'ien² ch'i¹-ti ku¹-niang	娘 姑 的 妻 前
,, my	wo²-mên-ti hsiao³ nü³ 'rh 兒 女 小 的 們 我	
,, your	ling⁴ ai⁴	愛 令
,, his	t'a¹-ti ku¹-niang	娘 姑 的 他
,, an eldest	chang³ nü³	女 長
,, a second	êrh⁴ ku¹-niang	娘 姑 二
Davits,	shan¹ pan³ t'iao¹	跳 板 舢
Dawdle, to	tai¹ lien³ 'rh	兒 臉 呆

Dawdle—Day.

Dawdle, to		ts'êng⁴-têng	蹭蹬
,,		man¹-han	頇顢
,,	on the way, don't	pieh²-tsai tao⁴-êrh-shang ch'ih²-tun	頓遲上兒道在別
Dawn,		mêng¹-mêng liang⁴-êrh	兒亮曚曚
,,		li² ming²-ti shih²-hou 'rh	兒候時的明黎
,,		t'ien¹ liang⁴	亮天
,,		t'ien¹ ming¹	明天
Day, a		jih⁴-tzŭ	子日
,,		t'ien¹	天
,,	to-	chin¹-t'ien	天今
,,	after to-morrow	hou⁴-t'ien	天後
,,	before yesterday	ch'ien²-t'ien	天前
,,	of the week	hsing¹-ch'i	期星
,,	of the month, what is the?	chin¹ 'rh chi³ 'rh	兒幾兒今
,,	by the	lun⁴ t'ien¹	天論
,,	all	chêng³ t'ien¹-chia	家天整
,,	,,	chung¹ jih⁴	日終
,,	on the same	tang¹ t'ien¹	天當
,,	one	yu³-i t'ien¹	天一有
,,	every	t'ien¹ t'ien¹ 'rh	兒天天
,,	,,	chien⁴ t'ieh¹ 'rh	兒天見
,,	,,	mei³ jih⁴	日每
,,	,, other	chieh²-i t'ien¹	天一隔
,,	,, ,,	chien⁴ jih⁴	日間
,,	,, third	ko² liang³ jih⁴	日兩隔
,,	and night	chou⁴ yeh⁴	夜晝
,,	time	pai²-jih	日白
,,	a lucky	chi² jih⁴	日吉
,,	a fine	t'ien⁴ hao³	好天
,,	New Year's	yüan² tan⁴	旦元
,,	came on the appointed	ting⁴ jih⁴ lai²-ti	的來日定
,,	come another	kai³-jih lai²	來日改
,,	select a	tsê²-ko jih⁴-tzŭ	子日個擇
,,	by day, worse	jih⁴ chung¹ i² jih⁴	日一重日
,,	the other	na⁴-i-t'ien	天一那
,,	or two, in a	jih⁴ nei⁴	內日
,,	Rome was not built in a	ch'ien¹ chin¹ chih¹ ch'iu² fei¹ i¹ hu² ch'ien¹ yeh⁴	腋之狐一非裘之金千 日一
,,	the next	ch'i² ti⁴ erh⁴ jih⁴	日二第其
,,	,,	ch'i² i² jih⁴	日翌其
,,	the present	tang¹ shih²	時當
,,	officer of the	chih⁴ jih⁴	日值

Day—Deadly.   194

Day, officer of the	tang¹ jih⁴ chiang⁴ hsiao⁴	當日將校
Daylight, before	t'ien¹ wei⁴ ming²	天未明
" (of evil deeds committed openly), in broad	kuang¹ t'ien¹ hua⁴ jih⁴ chih¹ hsia⁴	光天化日之下
Days of the ex-dynasty, in the	ch'ien² ch'ing¹ tang¹ yang² chih¹ jih⁴	前清當陽之日
" of month, first ten	shang⁴ hsün²	上旬
" " second ten	chung² hsün²	中旬
" " last "	hsia⁴ hsün²	下旬
Dazed,	meng⁴ chung¹	夢中
Dazzle, to	huang³ yên³-ching	熀眼睛
Dazzling,	huang³-ti-huang	熀的慌
"	yao⁴ yen³ chêng¹ kuang¹	耀眼爭光
Deacon, a	chih² shih⁴	執事
"	fu³ chi⁴	輔祭
Dead (deceased)	ssŭ-lo	死了
" "	pu² tsai-lo	不在了
" "	kuo⁴-ch'ü-lo	過去了
" "	ch'ü⁴ shih⁴-lo	去世了
" "	ch'ang² shih⁴	長逝
" (of a flower or tree)	ssŭ³-lo	枯死咯
" tree, a	k'u¹ shu⁴	枯樹
" branch	k'u¹ chih¹-tzŭ	枯枝子
" letter, a	k'ung¹ wên²	空文
" "	fei⁴ hua⁴	廢話
" " (unclaimed)	wu² fa³ t'ou² ti⁴ chih¹ hsin¹	無法投遞之信
" lock, a	chin⁴ t'ui⁴ liang³ nan²	進退兩難
" "	chung¹ chih	中止
" sea, the	ssŭ³ hai³	死海
" beat	lei⁴-ssŭ-lo	累死咯
" "	pu¹ fen¹ sheng⁴ fu⁴	不分勝負
" of night	yeh⁴ ching⁴	夜淨
" "	yeh⁴ ching⁴ keng¹ shen¹	每更淨夜深
" " in the	hei¹ yeh⁴-chih chung¹	黑夜之中
" drunk	ming² ting¹ ta⁴ tsui⁴	酩酊大醉
" "	yao⁴ tsui⁴-ssŭ-lo	要醉死咯
" sleepy	k'un⁴-ssŭ	困死
" and wounded	ssŭ³ shang¹ che³	死傷者
" his greed is not	t'an¹ hsin¹ wei⁴ ssŭ³	貪心未死
" not quite	mei² ssŭ³ chiu⁴ la	沒死就了
" level	p'ing² yüan²	平原
" shot	po⁴ fa¹ po⁴ chung⁴	百發百中
" to be	chin⁴ t'ui⁴ wei² ku³	進退維谷
Deadly,	yao⁴ ming⁴-ti	要命的

Deadly—Death.

Deadly disease	chi⁴ ping⁴	病劇
,, poison	mei² chih⁴ 'rh-ti tu³	毒的兒治沒
,, wound, a	chih⁴ ming⁴-shang¹	傷命致
,, hatred	pu¹ kung⁴ tai⁴ t'ien¹	天戴共不
Deaf,	lung²	聾
,,	êrh³ lung²	聾耳
,,	êrh³ ch'ên²	陳耳
,, man, a	lung²-tzŭ	子聾
,, (sarcastic), are you?	mo¹ fei¹ ni³ shih⁴ lung² tzŭ mo¹	麽子聾是你非莫
Deafening noise, a	k'ao⁴-êrh³-ti shêng¹-yin	音聲的乐聒
Deal, a	hu⁴ yüeh¹	約互
,, with you, do a	tso⁴-ko chêng³ ch'ing²	情整個作
,, with (a business)	ch'u³ fen¹	分處
,, with by special legislation	pieh² i³ fa⁴ lü⁴ ting⁴ chih¹	之定律法以別
,, hard to say how his case will be *dealt* with	ju² ho² fa² lo⁴ pu¹ te² erh² chih¹	知而得不落罰何如
,, out cards	fên¹ p'ai²	牌分
,, (wood)	sha¹ mu⁴	木杉
,, ,,	sung¹ mü⁴	木松
Dealer, a horse	ma³ 'an⁴-tzŭ	子販馬
,, a double	erh⁴ hsin¹ che³	者心二
,, wholesale	ta³ tun³ 'rh mai⁴	賣兒躉打
,, ,,	fa¹ hang²-ti	的行發
,, retail	ling² mai⁴-ti mai³-mai	賣的賣零
Dealings with him, no	han⁴-t'a mei² lai²-wang	往來沒他和
,, with foreigners, best to have **no** commercial	pu¹ ken¹ wai¹ kuo² jên² chiao¹ ts'ai² kung⁴ shih⁴ kung⁴ mai³ mai⁴	不跟外國人交財共事共買賣
Dear, (expensive)	kuei⁴	貴
,, me!	ai¹ ya¹	唉呀
,, ,,	chê⁴-hai liao²-tê	這還了得
,, ,,	hai¹	咳
,, friend, a	ai⁴ yu³	愛友
,, to hold	kuei⁴-chung	貴重
Dearly, to love	ch'ung⁰ ai⁴	寵愛
,, ,, ,,	t'êng² ai⁴	疼愛
Dearth,	huang¹ tsai¹	荒災
,, a year of	huang¹ nien²	荒年
Death, to send an announcement of	sung⁴ fu⁴ wên²	送訃聞
,, to cause	chih⁴ ssŭ³	致死
,, untimely	yao³ wang²	夭亡
,, ,,	yao³ shou⁴	夭壽

Death—Debit.		
Death, on the point of	lin² ssŭ³	臨死
„ at point of	lin² chung¹	臨終
„ died a natural	ping⁴ ssŭ³-ti	病死的
„ pass sentence of	ting⁴ ssŭ³ tsui⁴	定死罪
„ sentenced to	hsüan¹ kuo⁴ ssŭ³ hsing²	宣告死刑
„ a violent	hêng⁴ ssŭ³	橫死
„ of me, you'll be the	k'êng¹ ssŭ wo³-lo	坑死我了
„ a crime worthy of	tsui⁴ pu¹ jung² yü² ssŭ³	罪不容於死
„ after	shen¹ hou⁴	身後
„ comes, when	chi² wu² ch'ang² lai² tao⁴	及無常來到
„ cause of	ssŭ³ yin¹	死因
„ bed, he is on his	k'ung³ chiang¹ pu¹ ch'i³	恐將不起
„ struggle	pei⁴ ch'eng² chih¹ chan⁴	背城之戰
„ warrant	chih² hsing² ssŭ³ hsing² chih¹ ming⁴ ling¹	執行死刑之命令
„ grip, holds us in a	chüeh² wo³ ming⁴ mo⁴	絕我脈
Debacle,	wa³ chieh³	瓦解
Debase oneself	tzŭ⁴ ju⁴	自辱
Debased coinage	chia¹-liao ch'êng²-sê	加了成色
„ „	ch'êng²-sê pu⁴ tsu²	成色不足
Debatable matter	i² wen⁴	疑問
Debate,	t'ao³ lun⁴	討論
„ (discuss), to	i⁴-lun	議論
„ „	pien⁴-lun	辯論
„ (deliberate), to	chên-cho	斟酌
„ „	cho²-liang	酌量
„ a parliamentary	i⁴ shih⁴	議事
Debater, not a skilled	fei¹ pien⁴ ts'ai² wu² ai⁴ chih¹ shih⁴	非才辯無礙之士
Debauchee, a	huang¹-t'ang jên²	荒唐人
„	sê⁴ kuei³	色鬼
„	chiu³ kuei²	酒鬼
Debauchery,	chiu³ se	酒色
Debenture,	chai⁴ chüan⁴	債券
„	ku³ p'iao⁴	股票
„	chai⁴ p'iao⁴	債票
Debility,	fa¹ juan³	發軟
„	fa¹ jo⁴	發弱
„	hsü¹ jo⁴	虛弱
Debit, to	chi⁴-shang chang⁴	記上賬
„ side	fu⁴ fang¹	負方
„ „ „	wai⁴ chang⁴	外賬
„ „ of an account	shang⁴ shou³-êrh	上手兒
„ to place to	ju⁴ chang⁴	入賬

Debit—Deceitful.

Debit note, a	ch'ien⁴ tan¹	欠單	
,,	fu⁴ chai⁴	負債	
Debris,	lan⁴ sui⁴ wu⁴	爛碎物	
,, of a feast	tsa²-huo ts'ai⁴	雜燴菜	
Debt,	chai⁴	債	
,,	chang⁴	賬	
,, (claim)	chai⁴ ch'üan²	債權	
,, to be in	ch'ien⁴ chang⁴	欠賬	
,, ,, ,,	kai¹ ch'ien²	該錢	
,, ,, collect a	shou¹ chang⁴	收賬	
,, ,, dun for a	t'ao³ chang⁴	討賬	
,, ,, cancel a	hsiao¹ chang⁴	消賬	
,, ,, repay a	huan² chang⁴	還賬	
,, national	kuo² chai⁴	國債	
Debtor, a	ch'ien⁴ chai⁴-ti	欠債的	
Decade, a	shih² nien²	十年	
,,	i⁴ hsün²	一旬	
,, of the month, the first	shang⁴ hsün²	上旬	
,, the second	chung¹ hsün²	中旬	
,, ,, third	hsia⁴ hsün²	下旬	
Decadence,	shuai¹ wei¹	衰微	
Decagramme,	hsin¹ ch'ien²	新錢	
,,	hsin¹ shu¹	新銖	
Dec litre,	hsin¹ tou³	新斗	
Decametre,	hsin¹ chang⁴	新丈	
Decamped,	t'ao² tsou³-lo	逃走咯	
,,	t'ao² p ao³-lo	逃跑咯	
,,	chüan³ hsi²-êrh t'ao²	捲席而逃	
Decanter, a	po¹-li kuan⁴ 'rh	玻璃罐兒	
Decapitate, to	chan³	斬	
Decapitation, death by	chan³ tsui⁴	斬罪	
Decayed,	shuai¹-lo	衰咯	
,,	shuai¹-pai-lo	衰敗咯	
,, animal matter	ch'ou⁴ lan⁴-lo	臭爛咯	
,, vegetable matter	lan⁴-lo	爛咯	
,, (of vegetation)	ts'an²-lo	殘咯	
,, ,, ,,	hsiu³-pai-lo	朽敗咯	
,, (,, teeth)	ya² chien³-lo	牙齦咯	
,, wood	k'u¹ mu⁴	枯木	
Deceased,	wang²-ku-lo	亡故咯	
,,	ku⁴-ch'ü-lo	故去咯	
,, wife, a	hsien¹ fu⁴	先婦	
,, father (my)	hsien¹ k'ao³	先考	
,, statesman	ku⁴ ch'en²	故臣	
Deceitful,	hua²	滑	

Deceitful—Decipher. 198

Deceitful,	kuei³ cha⁴	詐鬼
Deceive, to	man²	瞞
,,	hung³	哄
,,	ch'i¹-fu	負欺
,,	p'ien⁴	騙
,,	hung³ p'ien⁴	騙哄
,, people	hu⁴-nung jên²	人弄胡
,, one's self	yen³ êrh³ tao⁴ ling²	鈴盜耳掩
December,	shih² erh⁴ yüeh⁴	月二十
Decent (seemly)	chêng⁴-p'ai	派正
,, ,,	chêng⁴ chih²	直正
,, ,,	ho² i²	宜合
,, to be	shou³ kuei¹-chü	矩規守
,, ,,	shou³ li³	禮守
,, behaviour, not (of women)	pu² hai⁴ hsiu¹	羞害不
,, behaviour, not (of men)	pu⁴ chü²-ch'i	氣拘不
Decently clad by day and warmly covered at night	chou⁴ yu³ i³ chang¹ shen¹ yeh⁴ yu³ i³ fu⁴ t'i³	體覆以有夜身章以有晝
Decentralisation,	ti⁴ fang¹ fên¹ ch'üan²	權分方地
Deceptive,	k'an⁴-cho shih² k'o³-shih hsü¹	虛是可實着看
,, statements are unworthy of so and so	ch'i¹ jên² chih¹ yü³ ssŭ⁴ fei¹ mou³ so³ i² ch'u¹	出宜所某非似語之人欺
Decide, to	ting⁴-kuei	規定
,,	chüeh² ting⁴	定決
,, against (a motion)	fou³ chüeh²	決否
,, in favour of	k'o³ chüeh²	決可
,, upon (in assembly)	i⁴ chüeh²	決議
,, a disputed point	tuan⁴-i-tuan	斷一斷
,, a case at law	p'an⁴ tuan⁴	斷判
,, ,, ,,	ts'ai² p'an⁴	判裁
Decimal,	hsiao³ shu⁴-êrh	兒數小
,, point, a	fên¹ tien³ 'rh	兒點分
,, a recurring	hsün² huan² hsiao³ shu⁴-êrh	兒數小環循
,, system, the	shih² chin⁴ fa³	法進十
,, principle, reckoned on the	ch'i² chi⁴ suan⁴ i³ shih² wei² chin⁴ t'ui⁴	退進為十以算計其
Decimetre,	hsin¹ ts'un⁴	寸新
Decipher a telegram, to	ch'a²-tui hao⁴ ma³ 'rh i⁴ ch'ŭ¹ lai²	兒碼號對查來出譯
,, ,, hand writing cannot	k'an⁴-pu ch'ing¹	清不看

199 Decipher—Decorate.

Decipher, a	i⁴-ch'u-lai-ti ma³-êrh	兒碼的來出譯
Decision,	chüeh² tuan⁴	斷決
,,	kuo³ tuan⁴	斷果
,, has been come to, no	mei² ting⁴ chü²	局定沒
,, to parliament, leave the	ch'ü³ chüeh² kuo² hui⁴	會國決取
Decision (judgment)	p'an⁴ chüeh²	決判
,, (ruling)	chüeh² ting⁴	定決
,, ,,	chüeh² ting⁴ shu¹	書定決
,, final (law)	chung¹ chü² ti¹ ts'ai² p'an⁴	判裁的局終
Decisive (abrupt)	chien³-tuan	斷簡
,, answer	chüeh² ta²	答決
,, battle, a	chüeh² chan⁴	戰決
,, opinion, give a	hsia⁴ tuan⁴ yü³	語斷下
,, proof	ch'üeh⁴ chü⁴	據確
Deck of a ship	ch'uan² mien⁴	面船
Decks, upper	shang⁴ chia³ pan³	板甲上
,, tween	chung¹ chia³ pan³	板甲中
Declaration, make a	pu⁴ kao⁴	告布
,, (written)	ch'en² shu⁴	述陳
,, (affidavit)	hsüan¹ shih⁴ cheng⁴ ming² shu¹	書明證誓宣
,, (notification)	pu⁴ kao⁴	去布
,, of opinion	fa¹ piao³ i⁴ chien⁴	見意表發
,, of war, a	hsüan¹ chan⁴	戰宣
Declare, to	shuo¹ ming²	明說
,, itself (of disease)	fa¹ sheng¹	生發
,, positively	tuan⁴ yen²	言斷
Declared value of goods	ch'en² kao⁴ huo⁴ chia⁴	價貨告陳
Declination (of compass)	li² cheng⁴	正離
,, ,,	p'ien¹ ch'a¹	差偏
Decline (refuse), to	tz'ü²	辭
,, ,,	tz'ü²-t'ui	退辭
,, of health	ching¹ li⁴ chien⁴ shuai¹	衰漸力精
,, ,, price	lao⁴-liao chia⁴-êrh-lo	咯兒價了落
,, ,, life	nien² mai⁴	邁年
,, ,, strength	li⁴ shuai¹	衰力
,, with thanks	tz'ü² hsieh⁴	謝辭
Decompose (chem.)	fen¹ chieh⁸	解分
Decomposed,	ch'ou⁴-lo	咯臭
Decomposition,	shih¹ pien⁴	變尸
,,	fu³ pai⁴	敗腐
Decorate, to	kua⁴ ts'ai³-tzŭ	子彩挂
,,	chieh² ts'ai⁸	彩結
,,	kua⁴ hung²	紅挂

Decorate—Deed. 200

Decorate (embellish)	chuang¹-shih	裝飾
Decoration,	hsün¹ chang¹	勳奬
Decorations,	hua¹ ts'ai³	花彩
,, (order)	pao³ hsing¹	寶星
Decorous,	chêng⁴-p'ai	正派
,,	shou³ li³ i⁴	守禮義
Decorum,	li³ i²	禮儀
,, show a little	tsun¹ chung-cho-hsieh-êrh	尊重着些兒
Decoy, to	yin³	引
,,	yin³ yu⁴	引誘
Decrease,	chien⁴ shao³	減少
,,	chien³ shao³	減少
,,	chien⁴ shao³	漸少
Decree, an imperial	i¹ tao⁴ shang⁴ yü⁴	一道上諭
,, ,,	yü⁴ chih³	諭旨
,, a presidential	ming⁴ ling⁴	命令
,, of a court	p'an⁴ wên²	判文
,, ,,	chüeh² ting⁴	決定
,, to receive a	fêng⁴ chih³	奉旨
,, ,, issue a	hsia⁴ shang⁴ yü⁴	下上諭
Decrepit,	ching¹-shên shuai¹-pai	精神衰敗
Dedicate, to	fêng⁴ hsien⁴	奉獻
,,	kung⁴ hsien⁴	供獻
Deduce,	yen³ i⁴	演繹
,, from	tzŭ⁴ i¹ t'ui¹ wan⁴	自一推萬
,, too wide a conclusion	chü³ ch'i² i¹ tuan¹ i³ kai⁴ ch'üan² t'i³	舉其一端以概全體
Deduct, to	ch'u²	除
,,	p'ao² ch'u²	刨除
,,	p'ao²-ch'u-lai	刨出來
,,	k'ou⁴	扣
Deed (document), a	ho²-t'ung ch'i⁴	合同契
,, an unstamped	pai² ch'i⁴	白契
,, a stamped	hung² ch'i⁴	紅契
,, ,,	cheng⁴ shu¹	證書
,, of mortgage	tien³ ch'i⁴	典契
,, ,,	ya¹ ch'i⁴	押契
,, of sale	mai⁴ ch'i⁴	賣契
,, (title of a house, etc.)	fang² ch'i⁴	房契
,, (action)	so³ hsing²-ti	所行的
,, ,,	so³ wei²-ti	所爲的
,, done in secret, a good	yin¹-chih	陰騭
,, good, a	shan⁴ shih⁴	善事

Deed—Defence.

Deed, to perform a good	hsing² shan⁴	善行
,, will atone, etc., one good	i² shan⁴ kai⁴ po² o⁴	一善蓋百惡
Deeds inconsistent with words	yen² pu ku⁴ hsing²	言不顧行
,, illustrious	kung¹ chi¹	功績
Deem,	jen⁴ ting⁴	認定
Deep,	shên¹	深
,, (as a wound)	shên¹ t'ou⁴ nei⁴	深透內
,, laid	shen¹ yüan³	深遠
,, five	wu⁸ lieh¹	五列
Deer, a	i⁴ chih¹ lu⁴	一隻鹿
Deface (as a postage stamp), to	hsiao¹-mo-lo	消磨咯
De facto,	shih⁴ shih² shang	事實上
Defalcations,	k'uei¹-k'ung	虧空
,,	shih⁸ hei¹ ch'ien²	使黑錢
,,	chien¹ shou⁸ tzŭ⁴ tao⁴	監守自盜
Defamation of character	hui³ pang⁴	毀謗
Defame,	sun⁸ jên² ming² yü⁴	損人名譽
Default of payment at due date	chieh⁴ ch'i² t'o¹ ch'ien⁴ pu¹ huan²	屆期拖欠不還
,, judgment by	ch'ien⁴ hsi² p'an⁴ chüeh²	欠席判決
Defaulter,	shih¹ ts'ai² chan³ shang¹ chih¹ hsin¹ yung⁴	失財產上之信用
,,	t'ao² chai⁴	逃債
,, (at court of law)	k'ang⁴ ch'uan²	抗傳
,, is a	k'uei¹-k'ung-lo	虧空咯
Defeat,	pai⁴ pei³	敗北
,, (at law)	pai⁴ su⁴	敗訴
,, a scheme, to	p'o⁴ chi⁴	破計
,, at election	lo⁴ hsüan³	落選
,, to	kei³ ta³ pai⁴-lo	給打敗咯
,, to suffer	pai⁴-lo	敗咯
,, ,,	ta³ pai⁴ chang⁴	打敗仗
,, (in games), to	ying²	贏
,, ,, ,, suffer	shu¹-lo	輸咯
Defect, a	mao²-ping	毛病
,,	ch'üeh¹ tien³	欠點
,, in the arrangements, great	she⁴ pei⁴ shang⁴ chih¹ i¹ ta⁴ ch'üeh¹ tien⁸	設備上之一大缺點
Defection (party)	t'o¹ tang³	脫黨
Defective,	ch'üeh¹-i-tien	缺一點
,,	ch'üeh¹-lo	缺咯
,,	pu⁴ ch'üan²	不全
Defence,	shou³ pei⁴	守備
,,	fang² wei⁴	防衛

Defence—Defile. 202

Defence (law)	ta² pien⁴	答辯
,, counsel for the	pien⁴ hu⁴ shih	辯護士
,, national	kuo² fang²	國防
,, self	tzŭ⁴ wei⁴	自衛
,, ,,	cheng⁴ tang¹ fang² yü⁴	正當防禦
Defences, coast	yen² an⁴ fang² yü⁴	沿岸防禦
Defend, to	shou³	守
,,	wei⁴-ku	衛顧
,, one's self	tzŭ⁴ wei⁴	自衛
Defendant in a court of law	pei⁴ kao⁴	被告
Defensive, act on the	fang² yü⁴ wei⁴ chih⁴	防禦位置
,, alliance	fang² shou³ t'ung² meng²	防守同盟
,, ,, offensive and	kung¹ shou³ t'ung² meng²	攻守同盟
Defer,	yen² ch'i²	延期
,, a day	t'ui¹ hsia⁴ i⁴ jih⁴	推下一日
,, a few days	huan³ chi³ t'ien¹	緩幾天
,, ,, ,,	ch'ih²-huan-liang-jih	遲緩兩日
,, ,, ,,	ch'ih²-yen-liang-t'ien 'rh	遲延兩天兒
,, it, let's	tsai⁴ shuo¹-pa	再說罷
,, to your opinion	tsun¹ ming⁴	遵命
,, ,, ,,	ching⁴ tsun¹ t'ai² ming⁴	敬遵台命
Deference, to treat with	ching⁴	敬
,,	kung¹-ching	恭敬
Deferential,	ch'ien¹-kung	謙恭
,,	ch'ien¹-hsün	謙遜
Defiance, to set at	ch'ien¹ hsün⁴	抗逆
,, ,,	k'ang⁴	抗
,, ,,	k'ang⁴ ni⁴	抗逆
,, ,,	k'ang⁴ chü⁴	抗拒
,, ,,	k'ang⁴ ti²	抗敵
,, ,,	k'ang⁴ wei¹	抗違
Defiant,	yen³ chu¹-êrh-li mei² jên²	眼珠兒裏沒人
, of public opinion	ao⁴ shih⁴	傲世
Deficiency,	pu¹ tsu²	不足
Deficient,	ch'üeh¹	缺
,,	ch'üeh¹ shao³	缺少
,, in intelligence	ch'ien⁴ ts'ung¹-ming	欠聰明
Deficit,	pu¹ tsu² e²	不足額
,,	ch'üeh¹ ê²	缺額
,,	k'uei¹-k'ung	虧空
,,	ch'ien⁴-hsieh-ko	欠些個
,,	pu⁴ fu² shu⁴-êrh	不敷數兒
,,	pu² kou⁴ shu⁴-êrh	不夠數兒
Defile, a	k'ou³-tzŭ	口子

Defile—Degree.

Defile, to	wu¹-hui	污穢
,,	tso²-chien	作踐
Define,	chih³ ting⁴	指定
,, (explain)	chieh³ shuo¹	解說
,, boundaries or limits, to	hua⁴ ch'ing¹ chieh⁴ hsien⁴	劃淸界限
,, ,, ,,	ting⁴ hsien⁴-chih	定限制
,, ,, ,,	fên¹ ming² ssŭ chih⁴ 'rh	分明四址兒
Definite,	hsiang²-hsi	詳細
,,	ming²-pai	明白
,,	ch'ing¹-ch'u	淸楚
,,	ch'üeh⁴ shih²	確實
,,	ch'üeh⁴	確
,, answer, give a	chieh³ chüeh² hui² fu⁴	解決回復
,, news	ch'üeh⁴ pao⁴	確報
,, ,,	chen¹ ch'ieh¹ hsiao¹ hsi²	眞切消息
Definition,	ting⁴ i⁴	定義
,,	chieh³ shih⁴ tzŭ⁴ i⁴	解釋字義
Definitive,	ting⁴ chü²	定局
,,	tsui⁴ hou⁴	最後
Deflected,	p'ien¹ hsieh²	偏斜
,,	p'ien¹-lo	偏咯
Deflection,	p'ien¹ i³	偏倚
Deformed person, a	ts'an²-fei jên²	殘廢人
,, ,,	yu³ ts'an²-chi	有殘疾
Defraud (cheat), to	hu⁴-nung jên²	胡弄人
,, (of money, etc.)	p'ien⁴	騙
,, ,,	k'uang¹	誆
,, of one's rights	ch'in¹ hai⁴ ch'üan² li⁴	侵害權利
Defray,	chih¹ fu⁴	支付
,, expenses, to	ch'u¹ ch'ien²	出錢
,, ,, let me	wo³ hou⁴-pa	我候罷
Deft,	shou³ ch'iao³	手巧
Defy,	ti³ k'ang⁴	抵抗
Degenerate,	hsia⁴-liu	下流
,,	hsia⁴-tso	下做
,, a	lao³ ta⁴	老大
Degeneration,	t'ui⁴ hua⁴	退化
,, (medical)	pien⁴ hsing⁴	變性
Degrade in rank, to	chiang⁴ chi²	降級
,, (deprive of office)	mien⁰ chih²	免職
Degraded,	pei¹ lieh⁴	卑劣
Degrading work	hsia⁴ chiao³-tzŭ huo²	下腳子活兒
,, conduct	hsia⁴-liu chü³-tung êrh	下流舉動兒
Degree (a geographical)	tu⁴	度
,, ,,	tu⁴-shu	度數

Degree—Deliberate. 204

Degree	(of longitude)	ching¹ hsien⁴	經線
,,	(of latitude)	wei³ hsien⁴	緯線
,,	(academical)	hsüeh² wei⁴	學位
,,	(university), holder of	tsu² yeh⁴ shêng¹	卒業生
,,	,, ,,	pi⁴ yeh⁴ shêng¹	畢業生
,,	diploma, a	pi⁴ yeh⁴ wên² p'ing²	畢業文憑
,,	(relationship)	ch'in¹ têng³	親等
,,	to an extreme	tao⁴ t'ou²-êrh	到頭兒
Degrees, by		i¹ lai² erh⁴ ch'ü⁴ ti¹	一來二去的
,,	,,	chien⁴ chien⁴-ti	漸漸的
,,	,,	chien⁴ tz'ŭ⁴	漸次
Deify, to		fêng¹ wei² shên²	封爲神
Deign to accept it, will you?		hsia⁴ ku⁴ shên³ shou¹ mên⁴	下顧哂收悶
Dejected,		hsin¹ mên⁴	心悶
,,		fa¹ ch'ou²	發愁
,,		ch'ui² t'ou² sang⁴ ch'i⁴	垂頭喪氣
,,		so³-jan wu² wei⁴	索然無味
,,		lo⁴ p'o⁴	落魄
Delay, to		tan¹-wu	耽悮
,,	a telegram	ch'ih² chih⁴	遲滯
,,	many days	yen² tang⁴ to¹ jih⁴	延宕多日
,,	transport of goods	liu² nan² so³ yün¹ shu¹ chih¹ huo⁴ wu⁴	留唯所運輸之貨物
Delayed (hindered)		wu⁴-lo	悮咯
,,	in case of trains being	fan² yü⁴ yu³ huo³ ch'e¹ yin¹ shih⁴ ku⁴ ch'ih² tao⁴	凡遇有火車因事故遲到
,,	(postponed)	huan³-lo	緩咯
,,	it for a few days	tsai⁴ huan³ chi³ t'ien¹	再緩幾天
,,	(stopped in the middle)	yen¹-ch'ên chu⁴-lo	淹沈住咯
Delegate,		wei³ jen⁴	委任
,,		wei³ yuan²	委員
,,	(at a conference)	tai⁴ piao³	代表
,,	(parl.), government	cheng⁴ fu³ wei³ yüan²	政府委員
Delete,		mo³ shai⁴	抹殺
,,		hsiao¹ ch'u²	消除
Deleterious,		yu³ nai⁴	有害
,,		yu³ tu²	有毒
Deliberate,		cheng⁴ chung⁴	鄭重
,,	and decide	i⁴ chüeh²	議决
,,		i⁴ ting⁴	議定
,,	together	hsieh² i⁴	協議
,,	(consider)	chên¹-cho-chên-cho	斟酌斟酌
,,	(intentional)	yu³ i⁴	有意

Deliberate—Delivery.

Deliberate (intentional)	t'ê⁴ i⁴	意特
,, (not flustered)	t'an³ hsiao⁴ tzŭ⁴ jo⁴	若自笑談
Deliberations, secret	mi⁴ i⁴	議密
Delicacies,	chên¹ hsiu¹ mei³ wei⁴	味美饈珍
Delicacy (fine work)	mei³ miao⁴	妙美
,, (dainty)	mei³ wei⁴	味美
Delicate constitution	shên¹-tzŭ chiao¹-nên	嫩嬌子身
,, (fragile)	chiao¹ nên	嫩嬌
,, flavour, a	hao³ tzŭ¹-wei	味滋好
,, ,,	wei⁴-tao hao³	好道味
,, (work)	ching¹ ch'iao³	巧精
,, point, a	nan² wen⁴	問難
,, topics, avoid	tang¹-cho ts'o² jên² pieh² shuo¹ tuan³ hua⁴	話短說別人燁著當
Delicious,	mei³ wei⁴	味美
,,	chi² hao³-ti tzŭ¹-wei	味滋的好極
,,	p'o¹ yu³-ko ch'ih¹-t'ou 'rh	兒頭吃個有頗
Delight,	lo⁴	樂
Delighted,	lo⁴ i⁴	意樂
,,	hsin¹ jan² yu³ hsi³ se	色喜有然欣
,,	hsi³-huan-tao yün² yen³ 'rh ch'ü-lo	咯去兒眼雲到歡喜
,, inexpressibly	mei³ fei¹ se⁴ wu³	舞色飛眉
,, only too	lo⁴ tê²-ti	的得樂
.. very	pu² shêng⁴-ti huan¹-hsi	喜歡的勝不
Delightful,	yü² k'uai⁴	快愉
Delimitation of frontier	ching⁴ chieh⁴ hua⁴ ting⁴	定劃界境
Delinquencies,	tuan³-ch'u	處短
Delirium,	shuo¹ chan¹ yü³	語譫說
,, tremens	sa¹ chiu³ fêng¹-êrh	兒瘋酒撒
,, ,,	chung⁴ chin³ lei⁴ nao³	惱累酒中
,, of fever	wen¹ chêng⁴ fa¹ shao¹ man³ k'ou³ hu² shuo¹	說糊口滿燒發症瘟
Deliver,	chiao¹ fu⁴	付交
,,	chiao¹-kei	給交
,, a speech	yen³ shuo¹	說演
,, a message	kei³-ko hsin⁴	信個給
,, a petition, to	ti⁴ ch'êng²-tzŭ	子呈遞
,, goods	chiao¹ huo⁴	貨交
,, (rescue)	chiu⁴	救
,, ,,	chiu⁴ yüan²	救援
Delivery,	shou⁴ shou⁴	授受
,, to take	shou⁴	受
,, ,,	ch'i³ huo⁴	起貨

Delivery—Demon. 206

Delivery of, call for the	so⁸ ch'ü⁸ wu⁴ chien⁴	索取物件
,, postal	t'ou² ti⁴ hsin⁴ chien⁴	投遞信件
,, difficult (childbirth)	nan² ch'an³	難產
,, near her	yüeh⁴ fen⁴ i³ shen¹	月分已深
Delta, a	san¹ ch'a⁴ chou¹	三汊洲
,,	san¹ chiao⁸ chou¹	三角洲
Delude,	ku³ huo⁴	蠱惑
Deluge, a	hung² shui³	洪水
Delusion,	mi² hsiang³	迷想
Delusive notions	wang⁴ nien⁴	妄念
Demagogue,	chien¹ hsiung²	奸雄
Demand, to	yao⁴	要
,,	t'ao³	討
,, for (goods), great	shih² hsing² huo⁴	時行貨
,, and supply	ch'iu² kung¹ chih¹ fan³ pi³ li⁴	求供之反比例
,, ,,	hsü¹ yao¹ kung¹ chi³	需要供給
,, supply to meet a	kung¹ jên² chih¹ ch'iu²	供人之求
,, payable on	chien⁴ p'iao⁴ chi² tui⁴	見票卽兌
,, a special train, to	so³ k'ai¹ chuan¹ ch'e¹	索開專車
,, (payment)	ts'ui¹ ts'u⁴	催促
Demanded by the situation, what is	pan⁴ yü² shih² shih⁴ chih² yao¹ ch'iu²	伴於時勢之要求
Demands,	yao¹-ch'iu	要求
,, make unreasonable	yao¹ ch'iu² kuo⁴ she¹	要求過奢
,, exactly what the situation	cheng⁴ shih⁴ ho¹ hsien⁴ tsai⁴ shih² shih⁴ so³ ch'iu²	正適合於現在時勢所求
Demarcation, a line of	hua⁴ ting⁴ chieh⁴ hsien⁴	劃定界限
Demean myself by talking to him, will not	pu⁴ chih² kên¹-t'a shuo¹	不值跟他說
,, myself by noticing him, will not	fan⁴-pu shang⁴ ch iao² t'a	犯不上瞧他
Demeanour,	chü³ chih³	舉止
,, correct	tuan¹ fang¹ ch'i⁴ hsiang⁴	端方氣象
Demise (of royalty)	peng¹ yü⁴	崩御
Demobilize,	ch'ien³ san⁴	遣散
,,	san⁴ ping¹	散兵
Democratic party, the	min² chu³ tang³	民主黨
,, principles	min² chih⁴ chu⁸ i⁴	民治主義
Democracy,	min² chêng⁴	民政
,,	min² chu³ cheng⁴ t'i⁸	民主政體
,,	min² ch'üan² cheng¹ chih⁴	民權政治
Demolition,	p'o⁴ huai⁴	破壞
Demon, a	kuei³	鬼
,,	mo²-kuei	魔鬼

Demon—Density.

Demon, a	o⁴ kuei³	惡鬼
Demons (evil spirits)	hsieh² sui⁴	邪祟
,, to exorcise	sung⁴ sui⁴	送祟
Demonstrate,	pien⁴ ming²	辯明
,,	pien⁴ ming² liao³	瞭辯明
,,	piao³ ming²	明表
,,	piao³-po	表白
,, purity of motive	i³ pai² hsin¹ . chih¹ wu² ta¹	以其非他無之心白
Demonstrated by? is this not	fei¹ ch'i² tso³ cheng⁴ mo¹	麼證左
Demonstration,	cheng⁴ ming²	證明
,, military	shih⁴ wei¹ yûu⁴ tung⁴	示威運動
Demoralisation,	pai⁴ huai¹ feng¹ su²	敗壞風俗
Demoralised,	huang¹-liao hsin¹-lo	慌了心略
Demoralising,	sang⁴ liang²-hsin	喪良心
Demur, to	pu⁴ i¹	不依
,,	pu⁴ fu²	不服
,,	i⁴ ¹⁴	異議
,, there was no	ping⁴ wu² i⁴ i⁴	並無異議
,, to that statement, I must	pu⁴ kan² wên² ming⁴	不敢聞命
Demurrage,	chi⁴ liu² fei⁴	寄留費
Den, a	wo⁴	窩
,,	wo¹ ch'ao²	窩巢
Denial,	fou³ ting⁴	否定
,, self	k'o⁴ chi³	克己
Denials, meet with repeated	lü³ shou⁴ chü⁴ chüeh²	屢受拒絕
Denmark,	tan¹ kuo²	丹國
Denominate,	chih³ ming²	指名
Denomination,	ming² ch'eng¹	名稱
,, (kind)	chung³ lei⁴	種類
,, (classification)	lei⁴ pieh²	類別
,, (religious)	tsung¹ men²	宗門
,, ,,	chiao⁴ p'ai⁴	教派
Denominator (arith.)	fen¹ mu³	分母
Denounce,	fei¹ nan²	非難
,, (inform against)	kao⁴ fa¹	告發
,, to a superior	ts'an¹	參
,, a treaty	fei⁴ ch'i⁴	廢棄
,, oneself to authorities	tzŭ⁴ shou⁴	自首
Dense (of foliage)	mi⁴	密
,, (,, fluid)	nung²	濃
,, (,, mist)	ch'ên²	沈
,, (,, population)	jên² yen¹ ch'ou² mi⁴	人煙稠密
Density, absolute	pen³ mi⁴ shuei⁴	本密率

Density, relative	pi³ mi⁴ shuai⁴	比密率
Dent, a	k'êng¹-êrh	坑兒
Dented,	k'o¹-lo k'êng¹-êrh-lo	磕了坑兒咯
Dentist, a	ya²i¹	牙醫
,,	i¹ ya² shêng¹	醫牙生
,,	hsiang¹ ya²-ti	鑲牙的
Denunication (of a treaty)	fei⁴ ch'i⁴	廢葉
Deny, to	pu⁴ ch'êng² jên⁴	不承認
,,	lai⁴	賴
,,	k'ang⁴ pien⁴	抗辨
,,	pu¹ jen⁴ chang⁴	不認帳
Deodorise,	hsiao¹ tu²	消毒
Depart,	ch'u¹ fa¹	出發
,,	t'ui⁴ ch'ü⁴	退去
,, from custom	pu¹ ts'ung² feng¹ su²	不從風俗
Departed (dead)	hsien¹	先
,, father, my late	hsien¹ fu⁴	先父
Department (ministry)	pu⁴	部
,, sub	chü²	局
Departmental work (opposed to contract)	tien³ kung¹	點工
,, notice	pu⁴ ling⁴	部令
Departure, I must take my	kao⁴ tz'ǔ²	告辭
,, (of a ship)	ch'u¹ chiang³	出港
Depend (rely on), to	chang⁴-cho	仗着
,, ,,	i¹ lai⁴	依賴
,,	k'ao⁴-cho	靠着
,,	i³ k'ao⁴	倚靠
,, on friends	hsin⁴ k'ao⁴ p'eng² yu³	信靠朋友
,, on him, all	chung⁴ wang⁴ so³ t'o¹	衆望所託
,, on (contingent on)	kuan¹ hsi⁴	關係
Depending to the end on so and so's backing	ssǔ³ p'an¹ mou³ chih¹ chu⁴ li⁴	死攀某之助力
,, for existence on foreign loans, cannot be always	tuan⁴ wu² ch'ang² shih⁴ wai⁴ chai⁴ i³ wei² sheng¹ huo² chih¹ li³	斷無常恃外債以爲生活之理
Dependency,	shu³ kuo²	屬國
,,	ling³ ti⁴	領地
Dependent on each other, friends are	p'eng² yu³ hsiang¹ i¹ ju² shou³ tsu²	朋友相依如手足
Depends, that all	na⁴ tou¹ k'an⁴	那都看
Depletion,	ch'üeh¹ fa²	缺泛
Deplorable,	ch'ing² hsing² k'o³ ai¹	情形可哀
Deplore,	pei¹ tung⁴	悲痛
,,	t'ung⁴ hsin¹ chi² shou³	痛心疾首

Deploy,	chan³ k'ai¹	開展
Deponent,	cheng⁴ jên²	證人
Depopulate,	hsiao¹ mieh⁴ jên² k'ou³	消滅人口
Deportment,	fêng¹ ts'ai³	丰采
,,	ch'i⁴-tu	氣度
Depose,	kung¹ ch'eng¹	供稱
,, (a sovereign)	fei⁴ wei⁴	廢位
,, ,,	i⁴ ta⁴ wei⁴	易大位
Deposed emperor	fei⁴ ti⁴	廢帝
Deposit (place with)	chi⁴-fang	寄放
,, goods	chi⁴ t'o¹	寄託
,, in a Bank	chi⁴ ts'un²	寄存
,, ,, pawn	tang⁴ wu⁴	當物
,, leave a money	liu² ting⁴-ch'ien	留定錢
,, note, a	hsing² li⁴ chüan⁴ ch'e²	行利劵摺
,, place on fixed	ts'un² fang⁴ shêng¹ hsi²	存放生息
,, (sediment)	cha¹-tzŭ	澄子
Deposition, a	k'ou³-kung	口供
,,	ch'en² shu⁴ shu¹	陳述書
,, from office	mien³ chih²	免職
Depositor,	ts'un² hu⁴	存戶
Depot, a	chü²	局
,,	chu⁴ ts'ang² so³	貯藏所
,, (mil.)	pen³ ying²	本營
,, central	tsung³ chü²	總局
Depravity,	hsieh² hsin¹	邪心
,,	o⁴ fêng¹	惡風
Depraved,	huang¹-t'ang	荒唐
Depreciate in value, to	chia⁴-ch'ien wei¹-lo	價錢微咯
,, ,,	lao⁴ chia⁴	落價
Depreciation (of securities)	tieh¹ chia⁴	跌價
Depress,	pu¹ ehen⁴	不振
,, value	che² chia⁴	折價
Depressed,	mên⁴	悶
,,	fa¹ mên⁴	發悶
,,	fa¹ ch'ou³	發愁
Depression (of trade)	chien⁶ se⁴	減色
,, ,,	shang¹ wu⁴ pu¹ ta¹ ta²	商務不達連發
,, (atmosphere)	ti¹ ch'i⁴ ya¹	低氣壓
Deprive of office, to	ko² chih²	革職
,, ,, territory	ko¹ ti⁴	割地
,, ,, honours	po¹ to²	剝奪
Depth,	shên¹ ch'ien³	深淺
,, of disappointment	shih¹ wang⁴ chih¹ chih⁴	失望之至

Deputation—Desert.

Deputation, a	tai⁴ piao⁸-ti jên²	代表的人
Depute, to	wei³ p'ai⁴	委派
,, (entrust)	t'o¹	託
,, ,,	t'o¹-fu	託付
Deputy, an official	wei³ yüan	委員
,, cannot be done by	pu¹ te² chia³ shou³ yü² jên²	不得假手於人
,, for more important business	tai⁴ p'ao²	代庖
,, for petty matters, private	t'i⁴ kung¹	替工
Derail,	t'o¹ hsien⁴	脫軌
Derangement, mental	ching¹ shen² ts'o⁴ luan⁴	精神錯亂
Derelict, a	p'iao¹ liu² ch'uan²	漂流船
Dereliction,	hsieh¹ tai⁴	懈怠
Deride,	ch'ao² lung⁴	嘲弄
Derivation,	ken¹ yüan²	根元
,, of a quotation	ch'u¹-ch'u	出處
,, ,, custom	ch'u¹-ch'u	出處
Derive,	ch'ü³ te²	取得
Derives its validity from …	yin¹ … sheng¹ hsiao⁴ li⁴	因…生效力
Derogate from	sun³	損
Descendants,	hou⁴ tai⁴	後代
,,	hou⁴-pei	後輩
,,	hou⁴-jên	後人
,, lineal	tsung¹ chih¹	宗支
,, ,,	cheng⁴ t'ung³	正統
Descent, lineal	i² mo⁴ hsiang¹ ch'uan²	一脈相傳
,, ,,	hsüeh³ t'ung³	血統
,, a man of high	kuei⁴ chou⁴ chih¹ tzŭ³	貴胄之子
,, (genealogy)	hsi⁴ t'u²	系圖
,, (of a god)	chiang⁴ lin²	降臨
Describe an object, to	shuo¹-ch'u mu²-yang-êrh lai²	說出模樣兒來
,, cannot exactly	shuo¹-pu hên³ hsiang²-hsi	說不很詳細
Description, beggars	pu¹ k'o³ ming² chuang⁴	不可名狀
,, beyond	ch'ing⁴ chu² nan² shu¹	罄竹難書
,, from your	t'ing¹ ni³ shuo¹	聽你說
,, give a general	shuo¹-ko ta⁴ kai⁴	說個大概
Desecrate,	ch'in¹ fan⁴ shen² sheng⁴	侵犯神聖
Desert, a	sha¹ mo⁴	沙漠
,, waste	huang¹ ti⁴	荒地
,, to	t'o¹ tsou³	脫走

Desert, to	t'ao² wang²	逃亡
,, from the army	t'ao² chün¹	逃軍
Desert his post	shan⁴ li² chih² shou³	擅離職守
,, one's family	p'ieh¹-liao chia¹	撇了家
Deserted streets	chieh¹ mien⁴ 'rh-shang hsiao¹-so	街面兒上蕭索
Deserter, a	t'ao² ping¹	逃兵
Deserts, get his	yu³ la⁴ pao⁴ ying⁴	有了報應
,, (good sense)	kung¹ chi¹	功績
,, above one's	kuo⁴ fen⁴	過分
Deserve it, you	ho² kai¹	合該
,, ,,	kai¹ tang¹-ti	該當的
,, your commendation, do not	pu⁴ kan³ tang¹	不敢當
Deservingly,	tang¹ jan²	當然
Deshabille, in	hsieh⁴-liao chuang¹-lo	卸了妝略
Design,	chi⁴ hua⁴	計畫
,,	ching¹ ying²	經營
,, (pattern), a	t'u²-yang	圖樣
,, (plot), to	mou²	謀
,, (idea)	chi¹-kuan.	機關
Designs (bad)	yeh³ hsin¹	野心
,, on the throne	hsin¹ huai² pu⁴ ch'en²	心懷不臣
Designate, to	chih³-ch'u-lai	指出來
,,	chih³ ting⁴	指定
Designation,	ming² ch'eng¹	名稱
Designing,	yin¹ hsien³	陰險
Desire, to	yao⁴	要
,,	hsiang³	想
,,	hsi¹ wang⁴	希望
,, such is my cherished of my heart, the	yü² shih² yü³ hou⁴ wang⁴ yen¹ hsin¹-li so³ yü⁴-ti	予實有厚望焉 心裏所欲的
,, (bad sense)	yü⁴ hsin¹	慾心
Desires, evil	hsieh² yü⁴	邪慾
Desisted after much entreaty, he only	ching¹ t'a¹ men k'u³ yang¹ kao hou⁴ to'ai° suan⁴ chu⁴ shou³	經他們苦央告後才算住手
,, when the police appeared, . . . only	yu³ ching³ kan³ tao⁴ . . . fang¹ ts'ai⁰ chu⁴ shou³	有警趕到方 . . . 才住手
Desk, a	hsieh³ tzŭ⁴ cho¹-êrh	寫字桌兒
Desolate (forlorn)	chi⁴-mo	寂寞
,, place, a	huang¹-p'i ti⁴	荒僻地
Despair, in	chüeh²-lo wang⁴-lo	決了望略

Despairing—Destitute. 212

Despairing and faint hearted persons take refuge in religion	tsung¹ chiao⁴ shih⁴ jên² chien¹ hui¹ hsin¹ tuan³ ch'i⁴ che³ chih¹ so³ kuei¹	宗教是人間心灰短氣者之所歸
Despatch, a	i² tao¹ wên²-shu	一道文書
,, (yamên), received a	chieh¹ tao⁴ kung¹ shih⁴	接到公事
,, to	p'ai⁴	派
,, send	ta³-fa	打發
,, him to Honan, to	wei³ ch'i² fu⁴ yü⁴	委其赴豫
,, for duty	p'ai⁴ ch'ien³	派遣
,, troops	ch'u¹ ping¹	出兵
,, boat	pao⁴ chih¹ hsien⁴	報知艦
Desperate,	chi² tao⁴ t'ou² 'rh-lo	急到頭兒咯
,,	chiu³ ssǔ³ i¹ sheng¹	九死一生
,,	pu¹ k'o³ wan³ hui²	不可挽回
,, quite	ch'iung² hsin¹ mi² cho yen³	窮心迷着眼
,, resistance	pei⁴ ch'eng² chieh⁴ i¹	背城借一
,, illness	mi² liu²	彌留
,, fellows	wang² ming⁴ chih¹ t'u²	亡命之徒
Desperation, adopt this course in	ch'u¹ yü¹ wu² ch'i⁴ nai²	出於無奈既
,, ,, (e.g., pulling a ricsha from stress of poverty)	hsiang³ ch'u¹ che⁴ tsung¹ wo¹ nang² chu² i⁴ lai²	想出這宗窩囊主意來
Despicable,	pei¹ lieh⁴	卑劣
Despise, to	ch'iao²-pu ch'i³	瞧不起
,,	miao³-shih	藐視
,, him, don't	pieh² hsiao³ ch'iao² t'a	別小瞧他
Despondent,	sang⁴-ch'i	喪氣
,,	lao⁴ tan³	落胆
,,	hsin¹-li-pu t'ung⁴ k'uai	心裏不痛快
Despot,	chuan¹ chih⁴ chün¹ chu³	專制君主
Despotism,	chuan¹ chih⁴	專制
,, enlightened	k'ai¹ ming² chuan¹ chih⁴	開明專制
Destination,	mu⁴ ti¹ ti⁴	目的地
Destine for	yü⁴ ting⁴	預定
Destined one is a bald head, I shall have to marry him (one can't escape destiny), if the	ming⁴ li³ shih⁴ hsiao³ t'u¹ erh i¹ ting⁴ shih¹ hsiao³ t'u¹ rh chiu⁴ chieh² la¹	命裏是定一兒小禿是就結咧
Destiny,	ming⁴	命
,,	ming⁴-yün	命運
Destitute,	mei² lao⁴-tzǔ	沒落子

Destitute — Deteriorate

Destitute,	wu² tzŭ¹ li⁴	無資力
,,	wu² kao⁴	無告
,, become	ling² lo⁴	零落
,, of shame	sang⁴ hsin¹ ping⁴ k'uang²	喪心病狂
Destitution,	p'in² k'un⁴	貧困
Destroy, to	hui³	毀
,,	hui³ huai⁴	毀壞
Destruction,	p'o⁴ huai⁴	破壞
,, (extirpation)	ch'ü¹ ch'u²	除貙
Destructive work	p'o⁴ huai⁴ shih⁴ yeh⁴	破壞事業
,, (opposed to constructive)	hsiao¹ chi² ti¹	消極的
Desultory conversation	hsien² t'an²	閑談
,, talk	tsa² hua³	雜話
,, manner, in a	wu² tz'u⁴ hsü⁴	無次序
Detach,	ch'u¹ chang¹	出張
,, to	fên¹-p'ai	分派
,, for duty	p'ai⁴ ch'ien³	派遣
Detached (building)	ssŭ⁴ pu¹ k'ao⁴	四不靠
,, palace	li² kung²	離宮
Detail, in	hsiang²-hsi	詳細
,, ,,	chu⁴ i¹	逐一
,, explain in	i¹ i¹ shuo¹ ming²	一一說明
Detailed report	hsiang² pao⁴	詳報
Details, petty	so³-sui shih⁴	瑣碎事
,,	wei³ hsi⁴	委細
Detain,	chü¹ liu²	拘留
,, to	liu²	留
,, (seize)	k'ou⁴ liu²	扣留
,, forcibly	ch'iang³ liu²	強留
Detained by business	chiao⁴ shih⁴-ch'ing pan⁴-chu chiao³-lo	教事情絆住腳咯
Detect,	fa¹ chüeh²	發覺
,, the author of this crime	p'o⁴ huo⁴ tz'ŭ³ an⁴	破獲此案
Detected by the guard (as a bandit), he was	ching¹ ch'ê¹ shou³ k'an⁴ p'o⁴	經車守看破
Detection,	fa¹ hsien³	發顯
Detective work, in a burglary, clever	ch'iao³ p'o⁴ t'ao⁴ an⁴	巧破套案
Detective, a	t'an⁴ fang³-ti	探訪的
Detention, house of	chü¹ liu² so³	拘留所
Deteriorate, in strength, to	chin⁴ 'rh shao³-lo	勁少兒咯
,, in flavour	wei⁴ 'rh shao³-lo	味少兒咯
,, ,, character	t'ui⁴ hua⁴-lo	退化咯

Determination—Developed. 214

Determination,	chüeh² tuan⁴	斷決
,,	chüeh² hsin¹	心決
,, (of character)	chih⁴-ch'i	氣志
Determine, to	ting⁴	定
,,	ting⁴-kuei	規定
,, (cease)	hsiao¹ mieh⁴	滅消
,, (decide)	chüeh²-tuan	斷決
Determined (of character)	chih⁴-hsing ta⁴	大性志
,, on success	chih⁴ tsai⁴ pi⁴ te²	得必在志
,, to carry out	chih⁴ tsai⁴ pi⁴ hsing	行必在志
,, ,, find out	pi⁴ ting⁴ yao⁴ ch'a²-ch'u-lai	來出察要定必
,, ,, learn	ch'iu² hsueh¹ chih¹ chih¹ shen⁴ chien¹	堅甚志之學求
,, way, in a	tuan⁴ jan²	然斷
Detest, to	tsêng⁴-hsien	嫌憎
,,	hsien²	嫌
,,	hên⁴	恨
,,	yên⁴-wu	惡厭
,, cordially, to	hên⁴-ti wo³ ya² to¹ ch'ang²	長多牙我的恨
Detestable,	k'o² wu⁴	惡可
Dethrone,	fei⁴ ti⁴	帝廢
Dethronement,	fei⁴ wei⁴	位廢
Detonator,	lei² kuan³	管雷
Detour,	chuan¹ wan²	彎轉
Detract from a man's merit	pien³ jên² kung¹ lao²	勞工人貶
Detrimental,	yu³ fang¹-ai	礙妨有
,,	yu³ ai⁴	礙有
Deuce (of dice), the	êrh⁴	二
Devastate, to	chiao³-luan	亂攪
,,	jou² lin⁴	躙蹂
Develop, a negative, to	hsi³ hsiang⁴ p'ien⁴ 'rh	兒片像洗
,, (change into)	pien⁴ ch'êng²	成變
,, (grow into)	chang³ ch'êng²	成長
,, resources and reduce wastage	k'ai¹ yüan² chieh² liu²	流節源開
,, talent	ts'ao⁴ chiu⁴ jên² ts'ai²	才人就造
,, (exploit)	k'ai¹ fa¹	發開
,, (progress)	fa¹ ta²	達發
,, ,,	fa¹ chau³	展發
,, ,,	fa yü⁴	育發
,, (disease)	fa¹ sheng¹	生發
Developed into a beauty	mu²-yang-êrh ch'u¹-t'o-ti hao³ k'an⁴	看好的脫出兒樣模

Developed—Dialect.

Developed (improved greatly)	hên³ ch'u¹-hsi-lo	哝息出猂
Development? (in prevailing decadence), how can one expect religious	an¹ neng² wang⁴ tsung¹ chiao⁴ chih¹ yu³ ch'i³ se tsai¹	哉色起有之教宗召能安
,, of government, a wider (expansion)	hsin¹ cheng⁴ chih¹ fa¹ chan³ k'uang⁴ chang¹	展發之政新 張擴
,, naval	hai³ chün¹ k'uang⁴ chang¹	張擴軍海
Developments,	pien⁴ chin⁴	進變
,, (of situation)	chan³ k'ai¹	開展
Deviation,	shih¹ fang¹ hsiang⁴	向方失
Device, a	fa³-tzǔ	子法
,,	fa⁴-shu	術法
,,	chi⁴ lüeh⁴	畧計
,,	chi⁴ ts'e⁴	策計
Devil, a	kuei³	鬼
,, to play the	tiao⁴ kuei³	鬼掉
Devil his due, give the	pu¹ mo⁴ o⁴ jên² chih¹ shan⁴	善之人惡沒不
,, was sick, etc., when the	p'ing³ jih⁴ pu¹ fen² hsiang¹ lin² shih² pao⁴ fo² chiao³	脚佛抱時臨香焚不日平
Devise (by will)	i² tseng⁴	贈遺
Devoid of selfishness	wu² ssǔ¹	私無
Devoted to the republic	jo¹ hsin¹ kung⁴ ho²	和共心熱
,, oneself to	i¹ hsin¹	心一
,, ,, study	i¹ hsin¹ tu² shu¹	書讀心一
Devotee,	ch'ien² ch'eng² che³	者誠虔
Devotion, his single-hearted	ch'i² k'u³ hsin¹ ku¹ i⁴	詣孤心苦其
Devout,	ch'ien²-ch'êng²	誠虔
,, people	shan⁴ nan² hsin⁴ nü³	女信男善
Dew,	lu⁴	露
,,	lu⁴ shui³	水露
Dexterous,	ch'iao³ miao⁴	妙巧
Diabetes,	t'ang² sui¹ ping⁴	病尿糖
Diagnose,	chen³ tuan⁴	斷診
Diagnosis, a written	mo⁴ an⁴	案脈
Diagonal,	tui⁴ chiao⁰ hsien⁴	綫角對
,, lines	hsieh² t'ang⁴-êrh	兒趟斜
Diagram,	t'u²	圖
Dial, a sun	jih⁴ kuei¹	晷日
,, of a watch	piao³ p'an²	盤表
,, ,, clock	chung¹ p'an²	盤鐘
Dialect,	t'u³ hua⁴	話土
,,	t'u³ yin¹	音土
,,	fang¹ yen²	言方

Diameter—Difference.

Diameter, five inches in	wu³ ts'un⁴ ching⁴	五寸徑
Diametrically opposed	pei² ch'ih²	背馳
Diamond, a	chin¹ kang¹ tsuan⁴ 'rh	金鋼鑽兒
Diaphoretic,	fa¹ han⁴ chi⁴	發汗劑
Diaphram,	ko² mo⁴	隔膜
Diarrhoea,	hsieh⁴ tu⁴-tzŭ	瀉肚子
Diary, a	jih⁴ chi¹-êrh	日記兒
,, pocket	hsiu⁴ chen¹ jih⁴ chi⁴	袖珍日記
Diathesis,	su⁴ yin¹	素因
Diatribe,	t'ung⁴ lun⁴	痛論
Dice,	shai²-tzŭ	骰子
,, to throw	chih¹ shai²-tzŭ	擲骰子
,, box, a	shai²-tzŭ ho²-êrh	骰盒子兒
Dictate, to	shuo¹-ch'u-lai	說出來
,,	nien⁴-ch'u-lai	念出來
,,	chih³ hui¹	指揮
,, to me, don't	pieh² chu³-fu wo³-lo	別囑附我咯
Dictation,	lu⁴ hsieh³	錄寫
Dictator,	tu¹ ts'ai² chu³ ch'üan²	獨裁主權
Dictatorial,	mu⁴ chung⁴ wu² jên²	目中無人
Dictatorship, military	wu³ jên² chuan¹ cheng⁴ chih¹ chü² 武人專政之局	
Diction, elegant	wen² ya³ chih¹ tz'ŭ²	文雅之辭
Dictionary, a	tzŭ⁴ tien³	字典
,, small	tzŭ⁴ hui⁴	字彙
Dictum,	ko² yen²	格言
Die, a	i²-ko ya⁴ ch'o¹-tzŭ	一個戳子
(See Dead.)		
,, (polite), to	ch'ang² shih⁴	長逝
,, (of a bonze)	yuan² chi⁴	圓寂
,, (as a great name), will never	ch'ien¹ ku³ pu¹ hsiu³	千古不朽
,, in battle	chen⁴ wang²	陣亡
,, out (epidemic)	hsiao¹ mieh⁴	消滅
Diet,	i⁴ hui⁴	議會
,, of meat	ch'ih hun¹-ti	吃葷的
,, ,, vegetables	ch'ih¹ su⁴-ti	吃素的
Differ,	pu¹ t'nng² i⁴	不同意
Difference,	hsiang¹ wei¹	相違
,, (distinction)	tz'ŭ¹ pieh²	差別
,, ,,	ch'ü¹ pieh²	區別
,, (dispute)	cheng¹ lun⁴	爭論
,, marked	p'an⁴ jan² pu¹ t'ung²	判然不同
,, only a slight	so³ ch'a¹ wu² chi³	所差無幾
,, cannot see any	fên¹-pu-ch'u lai²	分不出來

Difference, very little | ta⁴ t'ung² hsiao³ i⁴ | 異小同大
,, what is the? | ch'a¹ shêm²-mo | 麼甚差
,, not much | pu⁴ ch'a¹-shêm-mo | 麼甚差不
,, ,, ,, | ch'a¹-pu to¹ | 多不差
,, in the world, all the | t'ien¹ ti⁴ hsüan² ko³ | 隔懸地天
Differences, | i⁴ t'ung² | 同異
Different, | ch'a¹ | 差
,, | pu⁴ t'ung² | 同不
,, as chalk from cheese | t'ien¹ jang³ hsiang¹ pieh² | 別相壤天
,, matter, is a | ling⁴-shih i²-chien shih⁴ | 事件一是另
,, people, like two | p'an⁴ jo⁴ erh⁴ jên² | 人二若判
,, tale, each telling a | yen² jên² jên² shu¹ | 殊人人言
Differing from anticipation | fei¹ ni⁴ liao² so³ chi² | 及所料逆非
,, in quality (of goods) | liang² chien⁴ pu¹ i¹ | 一不賤貴
,, ,, spite of opinions | i⁴ ch'ien⁴ sui¹ yu³ tz'ǔ¹ ch'ih² |
 | | 池差有雖見意
,, two days from date fixed | yü³ yü⁴ ting⁴ jih¹ ch'i² ts'o⁴ chih⁴ erh⁴ jih⁴ chih¹ to¹ | 多之日二至錯期日定預與
Difficult, | nan² | 難
,, question, a | nan² wen⁴ | 問難
Difficulties, to raise | ta³ po²-lan 'rh | 兒攔殷打
,, can be overcome by effort | t'ien¹ hsia⁴ wu² nan² shih¹ chih³ p'a¹ yu³ hsin¹ jên² | 人心有怕只事難無下天
Difficulty (obstacle) | chang⁴ ai⁴ | 碍障
,, to tide over a | chih¹-t'êng kuo⁴-ch'ü | 去過膯支
,, is, the | ch'i so³ i³ nan² tsai⁴ | 在難以所其
,, what is the? | yu³ shêm²-mo nan²-ch'u | 處難麼甚有
,, puts me in a | chiao⁴-wo wei² nan² | 難爲我敎
,, run away from a | t'ao² chu¹ nan² kuan¹ | 關難出逃
,, to solve or get over a | p'ai¹-chieh³ | 解排
Diffidence, | yüan³ lü⁴ | 慮遠
Diffident, | t'ui⁴-so | 縮退
Diffuse properly (as medicine undiluted), won't | hsieh⁴ pu¹ k'ai¹ | 開不瀉
,, (wordy) | ch'ang³ p'ien¹ lei³ tu² | 廣累篇長
Dig a hole, to | p'ao² k'êng¹ | 坑创
,, a ditch | wa¹ kou¹ | 溝挖
,, at him, was having a | ch'iao¹-cho t'a¹ shuo¹-ti | 的說他着敲
Digest, to | hsiao¹-hua | 化消
,, cannot | hsiao¹-hua-pu k'ai¹ | 開不化消
Digestible, | k'o²-hua-ti tung⁴ | 動的化对
Digestion by exercise, to promote | liu⁴ shih²-êrh | 兒食遛
Digestive apparatus | hsiao¹ hua⁴ ch'i⁴ | 器化消

H

Digestive—Diminishing.

Digestive function	hsiao¹ hua⁴ chi¹ neng²	消化機能
Digit,	shu⁴ tzǔ¹	數字
Dignified,	yu³ wei¹-yen	有威嚴
,,	t'ang² t'ang²-ti yang⁴-êrh	堂堂的樣兒
,,	tuan¹-chuang yang⁴-êrh	端莊樣兒
Dignitary,	hsien³ kuei⁴	顯貴
Dignity,	t'i³-t'ung	體統
,, (bearing)	wei¹ i²	威儀
,, impair one's	hsieh⁴ tsun¹	褻尊
,, to offend one's	shang¹ t'i²-t'ung	傷體統
,, national	kuo² t'i³	國體
,, to assert one's	pa⁴ wei¹-fêng tou³-i-tou	把威風抖一抖
,, (rank)	p'in³ chi²	品級
,, (mien)	t'ang² t'ang²	堂堂
Digress,	li² t'i²	離題
Dike,	ti¹	隄
Dilapidated (of a building)	t'an¹ t'a¹	坍塌
,, ,,	shih¹ hsiu¹	失修
,, (out of repair)	p'o⁴ lan⁴	破爛
Dilate upon, needless to	pu¹ yung⁴ hsi⁴ yen²	不用細言
,, upon (at unnecessary length)	fu¹ yen³	敷衍
Dilation,	k'uang⁴ chang¹	擴張
Dilatory,	man¹-han	顢頇
,,	ts'êng⁴-têng	蹭蹬
Dilemma (local)	shuang¹ kuan¹ lun² fa³	雙關論法
,, in a	liang³ nan²	兩難
,, ,,	chin⁴ t'ui⁴ liang³ nan²	進退兩難
,, ,,	wu² chi⁴ k'o³ shih¹	無計可施
,, ,,	shih¹ ch'u³ liang³ nan²	勢處兩難
,, ,,	shih⁴ ch'êng² ch'i² hu³	勢成騎虎
Diligent,	ch'in²	勤
,,	yung⁴ kung¹	用功
Dilly-dally,	yin¹ hsün²	因循
Dilute, to	tui⁴ shui³	對水
,,	ch'an¹ shui³	攙水
Dim,	mi²-hu	瞇糊
,,	pu² liang⁴	不亮
,, of eye-sight	yen³ hua¹-lo	眼花了
,, light of dawn	mêng¹-mêng liang⁴-êrh	矇矇亮兒
Dimensions,	ta⁴ hsiao³	大小
,,	mien⁴ chi¹	面積
Diminish,	chien³	減
,, (of a swelling)	hsiao¹	消
Diminishing, daily	jih⁴ chien⁴ ch'i² shao³	日見其少

Diminishing, means of livelihood	sheng¹ chi⁴ jih⁴ chai³	生計日窄
,, local government powers, no objection to	wu² fang¹ so¹ hsiao³ ti⁴ fang¹ chih¹ ch'üan²	無妨縮小地方之權
Dimple, a	hsiao⁴ wo¹ 'rh	笑窩兒
,,	chiu¹ k'êng¹-êrh	酒坑兒
Dine, to	ch'ih¹ fan⁴	吃飯
,,	ch'ih¹ wan³ fan⁴	吃晚飯
Dined, thanks, I have	p'ien¹-liao nin²-na	偏了您納
Dining-room, a	fan⁴ t'ing¹	飯廳
Dining-car,	fan⁴ ch'e¹	飯車
Dinner,	wan³ fan⁴	晚飯
,, invite a person to	ch'ing³ jên²-chia ch'ih¹ fan⁴	請人家吃飯
,, of welcome, a	chieh¹ fêng¹	接風
,, a farewell	sung¹ hsing²	送行
Dinners, to attend a round of	ch'ih¹-ko p'an²-tzŭ hui⁴	吃個盤子會
Dint of perseverance, by	i³ jên³ nai⁴ chih¹ kung¹	以忍耐之功
Diocese,	chu³ chiao⁴ chih¹ hsia⁴	主教治下
Dip into water, to	chan⁴ shui³	蘸水
,, ,, the cloth, to	na² ts'a¹ pu⁴ chan⁴ shui³	拿擦布蘸水
Diploma, a	pi⁴ yeh⁴ wên² p'ing²	畢業文憑
,,	tsu² yeh⁴ cheng⁴ shu¹	卒業證書
Diplomacy,	wai⁴ chiao¹	外交
,, (figuratively)	ch'üan² shu⁴	權術
Diplomat,	wai⁴ chiao¹ chia¹	外交家
,,	wai⁴ chiao¹ kuan¹	外交官
,, a good	ch'i² jên² wai⁴ chiao¹ shou³ wan⁴ huo² min³ i⁴ ch'ang²	其人外交手腕活敏異常
Diplomatic corps	kung¹ shih³ t'uan²	公使團
,,	wai⁴ chiao¹ t'uan²	外交團
Dipsomaniac, a	chiu³ kuei³	酒鬼
Direct,	i⁴ chih²-ti	一直的
,, road, the	chih² tao⁴-êrh	直道兒
,, sleeping car, a	chih² ta² wo⁴ ch'e¹	直達臥車
,, export	chih² shu¹ ch'u¹	直輸出
,, tax	chih² chieh¹ shui⁴	直接稅
,, statement	chih² yen²	直言
,, to go	chih² hsing²	直行
,, (opp. to collateral)	cheng⁴ ch'uan³	正傳
,, to	fên¹-fu	吩咐
,,	chu³-fu	囑附
,, (supervise)	chih³ hui¹ chien¹ tu¹	指揮監督

Direction—Disadvantage. 220

Direction,	fang¹-hsiang	向方
,, an easterly	hsiang⁴ tung¹	東
,, did he go, in what?	hsiang⁴ na³-li-ch'ü-lo	咯去裏那向
,, of union, now moving in the	i³ ch'ü¹ yü² t'ung³ i¹ chih¹ fang¹ mien⁴	面方之已統於趨已
,, (order)	ming⁴ ling⁴	令命
Directions for use	shih³ yung⁴ fa³	法用使
,, gave detailed	hsiang² hsi⁴ chih³ tao³	導指細詳
,, to go in different	fên¹ t'ou² ch'ü⁴	去頭分
Directly,	chih² chieh¹	接直
,,	chiu⁴	就
,,	i⁴-lui³ 'rh	兒會一
,, I am going	chê⁴-chiu ch'ü⁴	去就這
,, I heard	wo³ i⁴ t'ing¹-chien-lo	咯見聽一我
Director, a	tsung³ shih⁴-wu chang³	長務事總
,,	tsung³ tung³	董總
,,	chih¹ pei⁴ jên²	配支
,,	tu¹ pan⁴	辦督
,, of the Mint	tsao⁴ pi⁴ chü² chang³	長局幣造
Dirt,	ni²	泥
,,	ni² t'u³	土泥
,, covered with	man³ shên¹-ti ni² t'u³	土泥的身滿
,, ,,	ts'êng⁴-liao i⁴ shên¹-ti ni² t'u³	土泥的身一了蹭
Dirty,	ang¹-tsang	髒骯
,, (of a watch, etc.)	yu³ yu² ni²	泥油有
,, hands	hei¹ t'an⁴ t'iao² 'rh shih⁴-ti	的似兒條炭黑
,, clothes	tsang¹ i¹-shang	裳衣髒
,, linen at home, wash your	ko¹-pei shê²-liao wang³ hsiu⁴-tzŭ-li ts'ang²	藏裏子袖往了折臂胳
,, work to do, leave me all the	che⁴ ko⁴ yü² t'ou² jang⁴ wo³ chai¹	摘我讓頭魚個這
Disability,	wu² tzŭ¹ ko²	格資無
Disabilities, removal of religious	ch'u² ch'ü⁴ tsung¹ chiao⁴ shang⁴ ko⁴ chung³ pu¹ tzŭ¹ yü² chih¹ chang⁴ ai⁴	礙障之由自種各上教宗去除
Disabled,	sun³ shang¹	傷損
,, (crippled)	fei⁴ chi²	疾廢
,, (of a ship)	shih¹ ch'i² yün⁴ chuan³ tzŭ⁴ yu²	由自轉運其失
Disabuse,	p'o⁴ mi²	迷破
Disadvantage,	pu¹ pien⁴	便不
.. took me at a	chua¹ wo³ i-ko lêng³ k'ung⁴-tzŭ	子空冷個一我抓

221 Disadvantageous—Disastrous

Disadvantageous,	yu³ sun³ ch'u⁴	處損有
Disaffection,	pu¹ fu²	服不
,,	huai² erh⁴ hsin¹	心二懷
Disagree,	i⁴ chien⁴ pu¹ ho²	合不見意
,,	shao³ yu³ i⁴ chien⁴	見意有稍
,, in opinion, to	i⁴-chien pu⁴·t'ung²	同不見意
,, in temperament	pu² tui⁴ chin⁴	勁對不
,, (of food)	pu⁴ ho⁷ wei⁴	胃合不
Disagreeable remarks	k'o⁴-po hua⁴	話薄尅
,, say something	shuo¹ chü⁴ pu¹ chung⁴ t'ing¹ ti¹ hua⁴	話的聽中不句說
Disagreement,	pu¹ ho²	和不
,,	cheng¹ tuan¹	端爭
Disappear, to	hsiao¹ mieh⁴	滅消
,,	mei²-lo	咯沒
,,	mei² ying³-êrh-lo	咯兒影沒
,,	shih¹ tsung¹	踪失
,,	ch'ü⁴-ti wu² ying³ wu² tsung¹	踪無影無的去
,, appear and	ch'u¹ mo⁴	沒出
Disappearance (of an article)	wu² i⁴ erh² fei¹	飛而翼無
,,	hua⁴ wei² huang² hao²	鶴黃爲化
,, (of a person)	shih¹ tsung²	踪失
,, ,,	kuei¹ yü² wu¹ yu³	有烏於歸
Disappointed,	shih¹-liao wang⁴-lo	咯望了失
,, man, a	shih¹ i⁴ jên²	人意失
,, much	ta⁴ shih¹ so³ wang⁴	望所失大
Disappointment,	fei¹ pen³ i⁴	意本非
Disapprove, to	fei¹ nan²	難非
,,	pu¹ tsan⁴ ch'eng²	成贊不
,,	pu⁴ ta¹-ying	應答不
,,	pu⁴ fu²	服不
,,	pu⁴ ying¹	應不
Disarm (disband) troops	chieh³ san⁴ ping¹	兵散解
Disarmament,	chieh³ ping¹ pei⁴	備兵解
Disarranged my plans	pa⁴ wo³ ta³-suan-ti shih⁴ tou¹ ch'ao³-lo	咯吵都串的算打我把
Disaster,	tsai¹	災
,,	huo⁴	禍
,, locality of a	tsao¹ nan² ti⁴	地難遭
,, occurred, suddenly an appalling	ch'i¹ yang¹ ts'u⁴ jan² fa¹ chien⁴	見發然猝殃奇
,, to court	chi¹ tan⁴ wang³ shih²-t'ou-shang p'eng⁴	碰上頭石往蛋雞
Disastrous,	pu¹ hsing⁴	幸不

Disavow—Disclaimer. 222

Disavow, to	pu² jên⁴	認不
,,	pu⁴ ch'êng² jên⁴	認承不
,,	lai⁴	賴
Disband,	chieh³ ping¹	兵解
,, troops, to	ch'ien³-san⁴	散遣
Disbursed (owing to lack of funds), sums due cannot be	ying¹ fa¹ ko⁴ k'uan³ uan² i⁵ chih¹ fu⁴	付支以難欵各發應
Disbursement,	chih¹ ch'u¹	出支
Disbursements,	ch'u¹-hsiang	項出
Disc of the sun	jih⁴ lun²	輪日
,, ,, moon	yüeh⁴ lun²	輪月
Discard, to	jêng¹	扔
,,	ch'ü⁴-tiao-lo	掉去
,,	ch'i⁴-ch'ü	去棄
Discern,	shih⁴ pieh²	別識
,,	pien⁴ pieh²	別辨
,,	t'ung¹ hsiao³	曉通
,, at a glance	i² mu⁴ liao³ jan²	然了目一
Discerning,	hsien¹ chien⁴	見先
Discernment,	chen¹ pieh²	別甄
Discharge a debt	huan² chai⁴	債還
,, a gun	fa¹ she⁴	射發
,, a prisoner	fang⁴ mien³	免放
,, ,,	shih¹ fang⁴	放釋
,, (dismiss), to	tz'ŭ²	辭
,, ,,	san⁴	散
,, (from a wound, etc.)	liu² nêng²	膿流
,, pus	liu² neng²	膿流
,, one's duty	chin⁴ ch'i² i⁴ wu	務其盡
,, ,,	shou³ pen³ fen	分本守
,, one's duties, unable to	pu¹ te² shih⁴ shih⁴	事視得不
Discharged soldiers	ch'ien³ san⁴ ping¹	兵散遣
Disciple (apprentice)	t'u²-ti	弟徒
,, (pupil)	mên²-shêng	生門
,, biblical	mên²-t'u²	徒門
Disciplinary committee	ch'eng³ fa² wei³ yüan³	員委罰懲
Discipline,	ch'eng³ fa²	罰懲
,,	kuei¹-chü	炬規
,, military	chün¹ kuei¹	規軍
,, ,,	chi⁴ lü⁴	律紀
,, not amenable to	pu² shou⁴ kuan³	管受不
,, cannot maintain	pu⁴ nêng² yüeh¹· shu	束約能不
,, to	ch'ü⁵ ti⁴	締取
Disclaim authority	sheng¹ ming² pu¹ fu²	服不明聲
Disclaimer,	fei¹ jen⁴	認非

Discomfit, — p'o⁴ chi⁴ — 破計
,, (defeat) — pai⁴ pei⁸ — 敗北
Discomfiture, end in — chung¹ chih⁴ shih¹ wang⁴ — 終致失望
Discomfort. — pu⁴ shu¹-t'an — 不舒坦
,, — pu³ tzŭ⁴-tsai — 不自在
,, mental — hsin¹-li yü⁴-chieh-pu¹ shu¹ — 心裏鬱結不舒
Disconcert, — pai⁴ chi⁴ — 敗計
Disconcerted, — shan³ shan³-ti — 閃閃的
Disconnected, — fen¹ li² — 分離
,, talk — san³ man⁴ wu² chi¹ — 散漫無稽
Discontented, — pu¹ chih⁴ tsu² — 不知足
,, — pu⁴ man³ i⁴ — 不滿意
Discontinuance, — fei⁴ chih⁸ — 廢止
Discontinue, to — t'ing² — 停
,, — t'ing² chih⁸ — 停止
,, — chung¹ chih⁸ — 中止
,, work — hsieh¹ kung¹ — 歇工
,, intercourse — chüeh² chiao¹ — 絕交
Discord, — pu¹ t'iao² ho² — 不調和
Discordant, — ni⁴ êrh⁸ — 逆耳
Discount, — chê²-k'ou — 折扣
,, — t'ieh¹ shui⁸ — 貼水
,, a bill, to — t'ieh¹ hsi² ch'i¹ p'iao⁴ — 貼息期票
,, rate of — che² k'ou⁴ chih¹ shuai⁴ — 折扣之率
,, what so and so says — pu¹ chi⁴ chi² — 不計及
Discountenance, — pu¹ tsan⁴ ch'eng² — 不贊成
Discourage, — shih³ shih¹ i⁴ — 使失意
Discouraged, — pai⁴-liao hsing⁴-lo — 敗了興略
Discouragement, — ts'o⁴ che² — 挫折
Discourse (lecture) — chiang³ i⁴ — 講義
,, (conversation) — t'an² hua⁴ — 談話
Discourteous, — man⁴ tai⁴ — 慢待
,, — ch'ing¹ man⁴ — 輕慢
,, — chien³ man⁴ — 簡慢
,, — shih¹ ching⁴ — 失敬
,, treatment — tai⁴ yü⁴ chih¹ shih¹ li⁸ — 待遇之失禮
Discover a secret — hsieh⁴ lou⁴ chi¹ mi⁴ — 洩漏機密
,, a plan — ch'ou² chi⁸ — 籌計
,, (a new country) — fa¹ chien⁴ — 發見
,, to — ch'a²-ch'u-lai — 查出來
Discoverer, — fa¹ chien⁴ che³ — 發見者
,, — t'an² hsien³ che⁸ — 探險者
Discovery, a new — hsin¹ fa¹ ming² — 新發明

Discovery—Discussion. 224

Discovery by their consuls they will be arrested and punished, on	jo⁴ wei⁴ kai¹ kuan³ ling³ shih⁴ fang³ cho yeh³ shih⁴ cho¹ ch'ü⁴ ch'eng³ pan⁴	辦懲去捉是也着訪事領管該爲若
Discredit, to	shih¹ ch'i² hsin⁴ yung⁴	用信其失
,, in	pu¹ hsin⁴ yung⁴	用信不
Discreditable,	shih¹ t'i³ t'ung	統體失
,, most	shen⁴ shu³ wu² wei⁴	謂無屬甚
,, to one's reputation	la¹ hsia⁴ lien³ lai² tiu¹ jên²	人丟來臉下拉
Discreet,	chin³ shen⁴ hsiao³ hsin¹	心小愼謹
Discrepancy, a	ch'a¹-ts'o	錯差
,, from the report usually given, a slight	yü³ wai⁴ chien¹ so³ ch'uan² wei¹ yu³ pu¹ t'ung²	同不有微傳所間外與
Discrepancies,	ts'en¹ tz'ǔ¹ fu⁴ nan²	難復差參
Discretion, act with	chin³-shên-i-tien	點一愼謹
,, at	jên¹ ch'i² hsüan³ tse²	擇遇其任
,, fix at one's	jen⁴ i⁴ kuei¹ ting⁴	定規意任
,, of, left to the	yu³ ch'ü³ she³ chih¹ ch'üan²	權之舍取有
,, surrender at	wu² t'iao² k'nan³ chih¹ hsiang² fu²	服降之欵條無
Discriminate, to	fen¹-pieh	別分
,,	pu¹ i¹ li⁴ hsiang¹ tai⁴	待相例一不
,, between	pien⁴ i⁴	異辨
,, ,, good and bad, cannot	kou³ yao³ lü³ tung⁴ pin¹	賓洞呂咬狗
,, (unfairly)	fen¹ chen³ yü⁴	域畛分
Discriminating between the old and new foreign loans as to conditions (e.g., of security), are	tui⁴ yü² hsin¹ chiu⁴ wai⁴ chai⁴ hsien³ yu³ hou⁴ pao²	薄厚有顯債外舊新於對
Discrimination,	ch'ü¹ pieh²	別區
,,	pu¹ chün¹ i¹ chlh¹ tai⁴	待之一均不
,, without	ch'ing¹ hung² pu⁴ fên¹	分不紅青
Discuss, to	i⁴-lun⁴	論議
,, ,,	t'ao³ lun⁴	論討
,, ,,	shang¹-liang	量商
,, (argue)	pien⁴-lun	論辯
Discussion (parl.)	t'ao³ lun⁴	論討
,, (argument)	i⁴ lun⁴	論議
,, (negotiation)	t'an² p'an⁴	判談
,, heated	chi¹ lun⁴	論激
,, still under	tsai⁴ shen³ i⁴ chung¹	中議審在

Discussion, subject of	i⁴ t'i²	題 議
Disdain,	wu³ man⁴	慢 侮
,,	mieh⁴ shih⁴	視 蔑
,, (not condescend to)	fan⁴-pu shang⁴	上 不 犯
,, (look down on)	ch'ing¹ k'an⁴	看 輕
Disease,	ping⁴	病
,,	chêng⁴-hou	候 症
,, acute	chi² chêng⁴	症 急
,, an incurable	hao³-pu liao³-ti chêng⁴-hou	候症的了不好
,, with him, has become a	ch'êng²-liao p'i³-lo	咯 辟 了 成
,, hereditary	i² ch'uan² ping⁴	病 傳 遺
,, root of a	ping⁴ ken¹	根 病
,, second attack of a	chiu³ ping⁴ fu⁴ fa¹	發 復 病 久
Disembark, to	hsia⁴ ch'uan²	船 下
,,	shang⁴ an⁴	岸 上
,,	hsia⁴ ti⁴	地 下
Disembarkation,	shang⁴ lu⁴	陸 上
Disembowelment,	ko¹ fu⁴	腹 割
Disenchant,	chieh³ mi²	迷 解
Disengaged,	hsien²-cho	着 閒
,,	yu³ hsien² k'ung⁴-êrh	兒 空 閒 有
Disestablishment, church	cheng⁴ chiao⁴ fen¹ li⁴	立 分 教 政
Disfavour, fall into	shih¹ ch'ung³	寵 失
Disfranchise,	hsiao¹ to² ts'an¹ cheng⁴ ch'üan²	權政參奪消
,,	hsiao¹ to² hsüan³ chü³ ch'üan²	權舉選奪消
Disgorge,	t'u⁴ huan² tsang¹ wu⁴	物 贓 還 吐
,, his gains	tsêm³ mo chih¹ ti¹ tsêm³ mo t'u⁴	吐麼怎的吃麼怎
Disgrace,	chih³ ju⁴	辱 恥
,, the whole family, to	nung⁴-ko ch'üan² chia¹ pu⁴ t'i³-mien	面體不家全個弄
,, (of a child), in	tan¹-liao pu²-shih-lo	咯 是 不 了 擔
,, national	kuo² ju⁴	辱 國
Disgraceful reputation	ch'ou³ ming² tsai⁴ wai⁴	外 在 名 醜
,, talk	ch'ou³ hua⁴	話 醜
,, action	ch'ou³ shih⁴	事 醜
Disguise (pretend), to	chia³ chuang¹	裝 假
,, ,,	chia³ pan⁴	扮 假
,, travel in	wei¹ fu² ch'u¹ wai⁴	外 出 服 微
,, one's intentions, to	chia³ t'o¹	託 假
Disguised as a	chia³ chuang¹-cho	着 裝 假

Disguised—Dismount.　　226

Disguised his annoyance	pa⁴ ch'i⁴ chê¹-shih-kuo-ch'ü	把氣飾遮過去
Disgusting (annoying)	k'o³ wu⁴	可惡
,,	t'ao³ yen⁴	討厭
,, (abominable)	kuai⁴ ch'ou³-ti	怪醜的
Dish, a	p'an²-tzŭ	盤子
,, of oranges, a	i⁴ p'an² chü²-tzŭ	一盤橘子
,, up, to	ch'êng²-yang-ch'i-lai	盛樣起來
Disheartened,	sao⁴-liao hsing⁴-lo	臊了興咯
Dishevelled hair	p'êng²-t'ou²	蓬頭
Dishonest, pecuniarily	ai⁴ chuan⁴ ch'ien²	愛賺錢
Dishonour to oneself through the ages	i² ch'ou⁴ wan⁴ nien²	遺臭萬年
,, a bill	pu¹ jen⁴ chih² p iao⁴	不認支票
Disinfectant,	hsiao¹ tu² yao⁴	消毒藥
Disinfection, carry out	chih² hsing² hsiao¹ tu²	執行消毒
Disinherit,	to² ch'ü⁴ cheng² yeh⁴	奪去承業
Disintegration,	fen¹ lieh⁴	分裂
Disinterested,	kung¹ ping² wu² ssŭ¹	公平無私
,, advice, etc.	i³ kung¹ wei² kung¹	以公爲公
,, person	chü² wai⁴-ti jên²	局外的人
Disjointed,	pu¹ hsiang¹ lien² ti¹	不相連的
Dislike,	hsien²-hsi	嫌疾
,, to	hsien²	嫌
Dislocate,	t'o¹ chieh²	脫節
Dislodge,	ch'ü¹ chu¹	驅逐
Disloyal,	huai² êrh⁴ hsin¹	懷二心
,,	pu¹ chung¹ i⁴	不忠義
Dismantle,	ch'ai¹	折
Dismay,	sang⁴ tan²	喪胆
Dismemberment,	fen¹ lieh⁴	分裂
,,	wa³ chieh³	瓦解
,,	kua¹ fen¹	瓜分
Dismiss, to	tz'ŭ²	辭
,,	pu² yao⁴	不要
,,	san⁴	散
,, (a meeting)	chieh³ san⁴	解散
,, an appeal	ch'i⁴ ch'üeh⁴	却棄
,, from school	t'ui⁴ hsiao⁴	退校
Dismissed for misconduct, troops	ko² ch'ü⁴ chih¹ lieh⁴ ping¹	革去之劣兵
,, from office, suddenly	i¹ chao¹ te² tsui⁴ pa⁴ chih¹ kuei¹ t'ien²	一朝得罪罷職歸田
Dismount (from horseback)	hsia⁴ ma³	下馬
,, (from a conveyance)	hsia⁴ ch'e¹	下車

Dismount a gun	ch'ai¹ hui³ p'ao⁴ ch'e¹	拆毀砲車
Disobedient,	pu¹ hsiao⁴	不孝
,,	pu⁴ t'ing¹ hua⁴	不聽話
Disobey,	wei¹ pei⁴	違背
Disobliging,	wang⁴ ch'ing²	忘情
Disorder,	luan⁴	亂
,,	fen¹ luan⁴	紛亂
,,	pai⁴ huai⁴ chih⁴ hsü⁴	敗壞秩序
,,	pu¹ shun⁴ hsü⁴	不順序
,, in	tsa²-luan	雜亂
,, ,,	luan⁴ ch'i¹ pa¹ tsao¹-ti	亂七八糟的
,, (of an assembly)	chih⁴ hsü⁴ ta⁴ luan⁴	秩序大亂
Disorderly persons	pao⁴ hsing² jên²	暴行人
,, manner, enter in a	luan⁴ ju⁴	亂入
Disorganization,	p'o⁴ huai⁴ t'i³ chih⁴	破壞體制
Disparity between..., great	hsiang¹ ch'a¹ t'ai⁴ chü⁴	相差太鉅
Disparage,	pien³	貶
Dispassionate reflection	p'ing² hsin¹ ching⁴ ch'i⁴	平心靜氣
Dispel misunderstandings	p'o⁴ ch'u² wu⁴ hui⁴	破除誤會
,, suspicions	i² t'uan² ping¹ chieh³	疑團冰解
Dispensary, a	yao⁴ fang²	藥房
Dispensation (of laws)	chih² hsing²	執行
Dispense for railway reforms, so and so can't be *dispensed* with	cheng³ li³ lu⁴ cheng⁴ tzŭ⁴ jan² shao³ pu¹ te² mou³	整理路政自然少不得某
Disperse,	chieh³ san⁴	解散
,, (of a meeting)	san⁴ hui⁴	散會
Dispirited,	sang⁴ ch'i⁴	喪氣
Displacement,	p'ai² shui³ liang²	排水量
,, (in tons)	p'ai² shui³ tun⁴ shu⁴	排水噸數
Display (fuss on his departure), did not want a	pu¹ yüan⁴ chang¹ yang²	不願張揚
,, fond of	ai⁴ pai³ chia⁴-tzŭ	愛擺架子
,, (make a show of diligence)	hsien⁴ ch'in² 'rh	獻勤兒
,, (set out exhibits)	ch'en² lieh⁴	陳列
,, emotion at a members' speech (is forbidden to spectators)	tui¹ mou³ i⁴ yuan² yen² lun⁴ piao³ shih⁴ k'o³ fou³	對某議員言論表示可否
Displeased,	pu⁴ hsi³-huan	不喜歡
,,	pu² yüeh⁴	不悅
Displeasure,	shen⁴ tzŭ¹ pu¹ yüeh⁴	甚滋不悅
Disposal (of articles)	ch'en² lieh⁴	陳列
,, (method of dealing with)	ch'u³ fen¹	處分

Disposal, at your	yu² ni³ tso⁴ chu³	主作你由
Dispose,	p'ei⁴ chih⁴	置配
,, of	ch'u¹ mai⁴	賣出
,, man proposes and God disposes	mou² shih⁴ tsai⁴ jên² ch'eng² shih⁴ tsai⁴ t'ien¹	天在事成人在事謀
Disposition,	hsing⁴-ch'ing	情性
,,	pen³ hsing⁴	性本
,,	ping³ hsing⁴	性秉
Dispossess,	chu⁴ ch'u¹	出逐
Disproportionate,	kuo⁴ fen⁴	分過
,,	pi³ li⁴ pu¹ chün¹	均不例比
Disprove,	fan³ cheng⁴	證反
Dispute, to	fên¹-chêng	爭分
,,	t'ai² kang⁴	扛抬
,, an account	po²	駁
,, ,,	pu² jên⁴ chang⁴	賬認不
,, facts in	so³ cheng¹ shih⁴ shih³	實事爭所
,, point in	cheng¹ tien³	點爭
Disqualification,	wu² tzŭ¹ ko²	格資無
,,	pu¹ ho² ko²	格合不
Disquieting,	pu¹ wen³	穩不
Disregard consequences	pu¹ ku⁴ kuan¹ hsi⁴	係關顧不
,, one's duty	i⁴ pu¹ fan³ ku⁴	顧反不義
Disreputable,	pei¹ lieh⁴	劣卑
,, affair	hsieh²-p'i shih⁴	事僻邪
,, person, a	hsieh²-p'i jên²	人僻邪
,, man, a	sheng¹ ming² lang² chi⁴ chih¹ jên²	人之籍狼名聲
Disrespect,	shih¹ ching⁴	敬失
Disrespectful,	shih¹ li³	禮失
,,	pu⁴ kung¹-ching	敬恭不
Dissatisfaction,	pu¹ man³ tsu²	足滿不
Dissect,	chieh³ p'ou³	剖解
Dissemble,	chia³ t'o¹	託假
Dissembler,	hsü¹ shih¹	飾虛
Disseminate,	liu² pu⁴	布流
,, infection, things which	mei² chieh⁴ wu⁴	物介媒
Dissemination,	po³ pu⁴	布播
Dissension,	cheng¹ lun⁴	論爭
Dissensions,	fen¹ i⁴	議紛
Dissent,	pu¹ t'ung² i⁴	意同不
,,	i⁴ i⁴	議異
Dissentient votes, only two	pu¹ t'ung² i⁴ che⁴ chin³ erh⁴ p'iao⁴	不同意者僅二票
Dissimilarity,	i⁴ t'ung²	同異

Dissimilarity, points of	hsiang¹ wei¹ chih¹ tien³	相違之點
Dissimulation,	chia³ mao⁴	假冒
Dissipate,	lang⁴ fei⁴	浪費
,, dullness	chieh³ men⁴ 'rh	解悶兒
Dissipated,	huang¹-t'ang	荒唐
Dissolute,	fang⁴ tzŭ¹	放恣
Dissolution,	chieh³ san⁴	解散
,,	san⁴ chü²	散局
Dissolve, to	hsiao¹	消
,,	hua⁴	化
,, on the day, shall be *dissolved*	i³ .... chih¹ jih⁴ chieh³ san⁴.	以.....之日散解
Dissuade, to	ch'üan⁴-chieh	勸戒
,, him from taking up arms	ch'üan⁴ tsu³ ch'i³ ping¹	勸阻起兵
Distance,	chü⁴ li²	距離
,,	li³ shu⁴	里數
,,	yüan³ chin⁴	遠近
,, from	li²	離
,, no	pu⁴ yuan³	不遠
,, have come a vast	yüan³ shê⁴ ch'ung² yang²	遠涉重洋
,, in the far	t'iao² yao²-ti	迢遙的
,, lends enchantment to the view	k'o³ yüan² kuan¹ pu⁴ k'o³ chin⁴ wan²	可遠觀不可近玩
,, telephone, long	ch'ang² chü⁴ li² tien⁴ hua⁴	長距離電話
,, race, long	ch'ang² chü⁴ li² ching⁴ tsou³	長距離競走
,, mean	p'ing² chün¹ chü⁴ li²	平均距離
,, away from him (from fear as to his intentions), keep a good	to³ t'a¹ yüan yüan³ 'rh ti¹	躲他遠遠兒的
,, away he would first ask if . . . ., while still at some	yüan yüan³ 'rh ti¹ tsung³ shih⁴ hsien⁴ wen⁴ k'o³ shih⁴	遠遠兒的總是先問可是....
,, to (so and so)	ch'ao¹ ch'u¹	超出
Distant,	yüan³ ko²	遠隔
,,	yüan³	遠
,, from	li²	離
,, terms, on	shêng¹-su	生疏
,, date, at no	jih⁴ nei⁴	日內
,, view	yüan³ ching³	遠景
Distention,	p'êng² chang⁴	膨脹
Distil spirits, to	chêng¹ chiu³	蒸酒
,, water	lin⁴ shui³	淋水
Distinct,	ch'ing¹-ch'u	清楚
,, question, a	ling⁴ i¹ wen⁴ t'i²	另一問題

Distinct—Distrust.   230

Distinct things, two quite	chieh² jan² liang³ shih⁴	事兩然截
,, day and evening (dress) must naturally be	jih⁴ chien¹ so³ yung⁴ tzŭ⁴ pu¹ te³ pu¹ yü³ wan³ yung⁴ hsiang⁴ pieh²	別相用晚與不得不自用所間日
Distinction, no	mei²-yu fên¹-pieh	別分有沒
,, so as to show a	i³ shih¹ ch'ü¹ pieh²	別區示以
Distinctions, to make no	pu¹ fen¹ ni³ wo³	我你分不
,, to make no invidious	pu¹ fen¹ chen³ yü⁴	咸賤分不
Distinctive,	t'e⁴ se⁴	色特
Distinguish, to	fên¹-pieh	別分
,, cannot	fên¹-pu-ch'u lai²	來出不分
,, the one person from other, cannot	lia³ jên² hsing²-jung-pu-ch'u lai²	來出不容形人倆
Distinguished (actions)	hsien³ chu⁴	著顯
,, looking	pu¹ su² ch'i⁴	氣俗不
,, person, a	kao¹-ming jên²	人明高
,, ,,	yu³ ming²-ti	的名有
,, ,,	ch'u¹ ming²-ti jên²	人的名出
,, in the revolution	ch'i³ i⁴ yu³ kung¹	功有義起
Distorted views	p'ien¹ chien⁴	見偏
Distracted (with worries, etc.)	hsin¹ sui⁴-lo	了碎心
Distress,	ch'iung² k'u³	苦窮
,, of mind	hsin¹-li nan² shou⁴	受難裏心
,, (poverty)	ch'iung² k'u³	苦窮
,, vessel in	tsao¹ nan² chih¹ ch'uan²	船之難遭
Distribute,	fên¹ p'ei⁴	配分
,, amongst	fên¹-kei t'a-mên	們他給分
,, among the crowd	fên¹ san⁴ ta⁴ chung⁴	衆大散分
,, equally	chün¹ fên¹	分均
,, (spread out)	po¹-k'ai	開撥
Distributing centre	chi² san⁴ chih¹ ch'ang²	場之散集
Distribution of wealth, equal	p'ing² chün¹ p'in² fu⁴	富貧均平
,, insufficient for	pu¹ fu¹ fên¹ yung⁴	用分敷不
,, (at various points)	p'ei⁴ chih⁴	置配
,, (printing)	chieh³ pan³	版解
District,	ti⁴-fang	方地
,, (area)	i² tai⁴ ti⁴-fang	方地帶一
,, (sphere of jurisdiction)	kuan³ hsia² ti⁴	地轄管
,, court	ti⁴ fang¹ shen³ p'an⁴ t'ing¹	廳判審方地
,, recruiting	cheng¹ ping¹ ch'ü¹	區兵徵
,, magistrate (old)	chih¹ hsien⁴	縣知
,, ,, (new)	chih¹ shih⁴	事知
Distrust,	i² nien⁴	念疑

Distrust—Divided.

Distrust, harbour	huai² i²	疑惰
Disturb him, don't	pieh² chiao³ t'a	他攪別
,, ,, ,,	pieh² ching¹-tung t'a	他動驚別
,, everybody, to	ching¹ shih¹ tung⁴ chung⁴	衆動師驚
Disturbance,	pao⁴ tung⁴	動暴
,, (rebellion)	shu⁴ jao³	擾淑
,, keep up a constant	ch'ao³ nao⁴ pu¹ hsiu¹	休不鬧吵
,, make a	nao⁴ shih⁴	事鬧
,, made a	nao⁴ hung⁴ la pan⁴ t'ien¹	天半了哄鬧
Disturbances, caused constant	lü³ ch'i³ feng¹ ch'ao³	潮風起屢
Disunion,	fen¹ lieh⁴	裂分
Disunited,	pu¹ i² chih⁴	致一不
Ditch, a	i² tao⁴ kou¹	溝道一
,,	ni³ kou¹	溝泥
Ditto,	t'ung² shang⁴	上同
Diuretic,	li⁴ sui¹ chi⁴	劑尿利
Dive, to	cha¹ meng³-tzŭ	子猛扎
Diver,	ch'ien² shui¹ fu¹	夫水潛
Diverge,	ch'i² i⁴	異岐
,, (of two roads), to	fen¹ tso⁴ liang³ ch'a⁴ 'rh	兒岔兩作分
Divergence of opinion	mo⁴ chung¹ i¹ shih⁴	是一衷莫
,, between the market rate and that previously fixed, a large	shih⁴ chia⁴ yü³ kuei¹ ting⁴ chia⁴ ko² ch'a¹ e² kuo⁴ ta⁴	大過額差格價定規與價市
Diverging branches (of a family tree)	chih¹ p'ai⁴	派支
Diversion,	yu² hsi⁴	戲遊
Divert (as a stream), to	yin³	引
,, a person's attention	yin³ jen²-ti hsin¹	心的人引
,, (from one fund to another)	t'ung¹ jung² i⁴ chu⁴	注挹融通
Divest of rank	ko² chih²	職革
Divide, to	fen¹	分
,, booty	fen¹ fei²	肥分
,, up	fen¹ ko¹	割分
,, ,, their spheres of influence	hua⁴ ch'u¹ fan⁴ wei²	圍範出劃
,, by six	i³ liu⁴ knei¹ fen¹	分歸六以
,, into three classes	kung¹ fen¹ san¹ teng³	等三分共
,, ,, five portions	fen¹ wu³ fen⁴ 'rh	兒分五分
,, ,, separate provinces	hua⁴ she⁴ hsing² sheng¹	省行設劃
Divided opinions pro and con, equally	tsan⁴ fou³ ts'an¹ pan⁴	半參否贊

Divided—Do.

Divided only by the Yalu River	chin³ wei² ya¹ lu chiang¹ i¹ shui³ so³ ko²	隔所水一江綠鴨爲僅
Divides them is really immaterial, the point which	so³ ch'a¹ chih¹ tien³ hsing² shih⁴ shang⁴ pu¹ shen⁴ hsüan² shu¹	殊懸甚不上式形點之差所
Dividend,	ku³ hsi²	息股
Dividends,	yü² li⁴	利餘
Divination,	chan¹ kua⁴	卦占
,,	wên⁴ pu³	卜問
,,	fu² luan²	鸞扶
Divine,	shên²	神
,, to	hsien¹ chien⁴	見先
,, judgments	t'ien¹ ming⁴	命天
Diviner,	chan¹ pu³ chê³	者卜占
Divinity,	shên² hsüeh²	學神
Division,	fên¹ p'ei⁴	配分
,, (parliament)	t'sai¹ chüeh³	決採
,, (electoral)	ch'ü	區
,, (disunion)	fên¹ lieh⁴	裂分
,, of labour	fên¹ yeh⁴	業分
Divisions may be caused, provincial	sheng¹ ch'ü¹ tz'ŭ³ chiang¹ pi³ chieh⁴	界彼疆此出生
Divorce,	li² hun¹	婚離
,, a wife, to	hsiu¹ ch'i¹	妻休
Divorcement, a writing of	hsiu¹ shu¹	書休
Divulge,	fa¹ piao³	表發
,, to	lou⁴-ch'u-lai	來出露
,, ,,	hsieh⁴-lou-ch'u-lai	來出漏洩
Dizzy,	yün⁴	暈
,, to feel	fa¹ yün⁴	暈發
Do, to	tso⁴	做
,,	tso⁴	作
,, one's best	chin⁴ li⁴ erh² wei²	爲而力盡
,, good	hsing² shan⁴	善行
,, away with	fei⁴ chih³	止廢
,, how do you	ch'i³ chü¹ ju² ho²	何如居式
,, it will	ho² shih⁴	式合
,, that will	hsing²-lo	咯行
,, ,,	tê²-lo	咯得
,, ,,	k'o-i³-lo	咯以可
,, won't	pu⁴ hsing²	行不
,, ,,	pu⁴ ch'êng²	成不
,, must make it	chih³ hao³ tui⁴-fu-cho-pa	罷着服對好只
,, ,,	chih³ hao³ chiang¹-chiu	就將好只
,, well to	hsiao k'ang¹	康小

Docile—Domestic.

Docile,	hsün² liang²	馴良
Dock, a	ch'uan² wu⁴	船塢
,, dry	kan¹ ch'uan² ch'ü²	乾船渠
,, enter	ju⁴ ch'ü²	入渠
,, prisoner's	hsing² shih⁴ pei⁴ kao⁴ lan²	刑事被告欄
Dockyard,	tsao⁴ ch'uan² so³	造船所
Doctor, a	i¹-shêng	醫生
,,	tai⁴-fu	大夫
,, call the	ch'ing³ tai⁴-fu	請大夫
Doctor's consulting office	chen³ ch'a² so³	診察所
Doctrine,	tao⁴-li	道理
,, ethics	tao⁴-hsüeh	道學
,, the Monroe	men² lo chu² i⁴	門羅主義
Document,	wen² shu¹	文書
,, (records)	chi⁴ lu⁴	記錄
,, authenticated	kung⁴ cheng⁴ cheng⁴ shu¹	公正證書
,, is always valid, a signed	ch'ien¹ nien² ti¹ tzŭ⁴ chü⁴ hui⁴ shuo¹ hua⁴	千年的字據會說話
Documentary,	hsieh³ tsai⁴ chih³ shang⁴	寫在紙上
,, evidence	wen² cheng⁴	文證
Dodge, a	ch'iao³ fa²-tzŭ	巧法子
,, a blow, to	shan³-k'ai	閃開
,, that's a good	na⁴-shih-ko hao³ pa³-shih	那是個好把式
Dodges, use his old	yung⁴ ts'ung² ch'ien² ti¹ ku⁴ chih⁴	用從前的故智
Dog, a	kou³	狗
,,	i⁴ t'iao² kou³	一條狗
,, days	shu³ jo⁴ t'ien¹ 'rh	暑熱天兒
Dogged him like his shadow	hsing² ying³ hsiang¹ sui²	形影相隨
Doggerel,	wai¹ shih¹	歪詩
Dogma,	tu¹ tuan⁴ ting⁴ chien⁴	獨斷定見
,,	chiao⁴ t'iao²	教條
,,	chiao⁴ chih³	教旨
Dogmatic,	tzŭ⁴ shih⁴ tzŭ hsin⁴	自是自信
Doings,	so³ wei²	所為
Dollar,	yang² ch'ien²	洋錢
,, one	i² k'uai⁴ yang² ch'ien²	一塊洋錢
Domain,	ling³ ti⁴	領地
,, public	kung¹ ti⁴	公地
Domestic affairs	chia¹-t'ing shih⁴-wu	家庭事務
,, ,,	chia¹ wu⁴	家務
,, calamity (internal)	nei⁴ yu¹	內憂
,, education	chia¹ t'ing¹ chiao⁴ yü⁴	家庭教育
,, exhibition	kuo² nei⁴ po⁴ lan³ hui⁴	國內博覽會

Domestic—Door. 234

Domestic produce	t'u³ ch'an³	產土
Domicile,	chu⁴ so³	所主
,, place of	chi²-kuan	貫籍
,, original	yüan² chi²	籍原
Domiciliary search	chia¹ chai² sou¹ so³	索搜宅家
Dominated entirely by these three great parties, the assembly is	i⁴ hui⁴ wei² t'zǔ³ san¹ ta⁴ tang³ chih¹ taug³ yüan² so³ chan⁴ chin⁴	盡佔所員黨之黨大三此爲會議
Domineer,	pa⁴ hu⁴	扈跋
Domineering way, act in a	yüeh⁴ wu³ yang³ wei¹	威揚武躍
Dominion,	ling³ ti⁴	地領
,,	ling³ t'u³	土領
,, (sovereignty)	chu³ ch'üan²	權主
Dominions,	t'ung³ hsia²	轄統
Dominoes,	ku³ p'ai²	牌骨
,, play at	tou¹ ku³ p'ai²	牌骨鬭
Donation (to charity)	i⁴ chüan¹ chin¹	金捐義
Done, cannot be	tso⁴-pu.liao³	了不做
,, must not be	tso⁴-pu-tê	得不做
,, finished	tê²-liao	了得
Donkey (see Jackass), a	i⁴ t'ou² lü²	驢頭一
,, a young	mao² lü²	驢毛
,, a female	ts'ao³ lü²	驢騲
,, boy	fang⁴ chiao³ ti¹	的脚放
Doom (fate)	yün⁴-ming⁴	命運
,, (punishment)	hsing² fa²	罰刑
Door, a	mên²	門
,, folding	liang³ shan⁴ mên²	門扇兩
,, main	ta⁴ mên²	門大
,, side	chiao³ mên² 'rh	兒門角
,, keeper	k'an¹ mên²-ti	的門看
,, sill	mên² k'an³	檻門
,, post or frame	mên² k'uang⁴	框門
,, plate	mên² p'ai²	牌門
,, way	mên² k'ou³	口門
,, (means of approach)	mên² lu⁴	路門
,, space inside a	mên² tung⁴-êrh	兒洞門
,, bar of a	mên² shuan¹	閂門
,, shut the	kuan¹ mên²	門關
,, open the	k'ai¹ mên²	門開
,, upon him, shut his	pi⁴ mên² erh² pu¹ na¹	納不而門閉
,, sent notice from door to	ai¹ mên² sung⁴ hsin⁴	信送門挨
,, "the open"	k'ai⁴ fang mên² hu⁴	戶門放開
,, to, next	chieh² pi³ 'rh	兒壁隔

Door—Down.

Door, what can I do with a cheque on a bank which has closed its *doors?*	che⁴ ko⁴ kuan¹ mên² ti¹ p'iao⁴ ni⁸ chiao⁴ wo⁸ shang⁴ na³ 'rh ch'ü³ mo¹	麼取兒那上我叫你票的門關個這
,, the fault lies at his	tsui⁴ kuei¹ yü² t'a¹	他於歸罪
Dormant (of disease)	ch'ien² fu²	伏潛
,,	yin¹ fu²	伏陰
,, partner	ni⁴ ming² tsu⁸ ho² yнan²	員合租名匿
Dormitory,	chi⁴ hsiu³ she⁴	舍宿寄
Dose, a	i² chi⁴ yao⁴	藥劑一
,, (a horse), to	kuan⁴ yao⁴	藥灌
,, take a	ch'ih¹ yao⁴	藥吃
Dot, a	i⁴ tien³	點一
,, make a	tien³ tien³ 'rh	兒點點
Dotage,	lao⁸ pei¹-hui-lo	咯晦背老
Double entry, book keeping by	fu⁴ shih⁴ pu⁴ chi⁴	記簿式複
,, track	shuang¹ kuei⁸	軌雙
,, breasted	tui⁴ chin¹	衿對
,, duties, no time for	chien¹ ku⁴ pu¹ hsia⁴	下不顧兼
,, dealing	erh⁴ hsin¹ chih² hsing² wei	爲行之心二
,, ,,	yen² hsing² pu¹ fu²	符不行言
,, to fold	p'ing² chüa¹ chê²-shang	上摺均平
,, quantity, a	liang³ pei⁴	倍兩
,, (not single)	shuang¹-ti	的雙
Doubt, to	i²-huo	惑疑
,, of mind	i² hsin¹	心疑
,, whatever, no	huo² wu² i² i⁴	義疑無毫
,, ,, but that (the information) was divulged from the inside, no	shih⁴ ko⁴ chung¹ jên² hsieh⁴ ch'u¹ hao² wu² i² i⁴	義疑無毫出洩人中個是
,, resolve all *doubts*	chüeh² i²	疑決
,, arises, if any	ju² yu³ i² nan⁴ chih¹ ch'u⁴	處之難疑有如
Doubtful,	ai⁴ mei⁴	昧曖
,, point is if Ting will consent, the only	so³ tai⁴ yen² chin¹ che³ Ting¹ shih⁴ fou⁸ ch'eng² jen³	認凖否是丁者究研待所
Doubtless,	pi⁴ jan²	然必
Dough,	shih¹ mien⁴	麵濕
,, to mix	huo² mien⁴	麵活
,, to knead	huo⁴ mien⁴	麵擩
Dove, a	pan¹ chiu¹	鳩班
Dovetail, a	yin² ting⁴ k'on⁴	扣錠銀
Dowry,	chia⁴ chuang¹	粧嫁
Down,	han²-mao	毛䎃

Down—Drag.　　　　　　236

Down, cast	lo⁴ tan³	胆落
,, to throw	jêng¹-hsia	下扔
,, ,, lie	t'ang⁸-hsia	下躺
,, ,, fall	tiao⁴-hsia-ch'ü	去下掉
,, ,, put	ko¹-hsia	下擱
,, ,, press	ên⁴-hsia	下按
,, ,, go	hsia⁴-ch'ü	去下
,, ,, knock a person	ta³ t'ang⁸-hsia-lo	咯下躺打
,, stairs	lou² ti³-hsia	下底樓
,, walk up and	lai² hui²-ti tsou⁸	走的回來
,, hill all the way	man³ liu¹ p'o¹ 'rh	兒坡溜滿
,, with the ship, one thousand persons went	sui² ch'uan² erh² tsang⁴ che³ i ch'ien¹ jên²	人千一者葬而船隨
Downpour,	ta⁴ yü³ ch'ing¹ p'ên³	盆傾雨大
Down train,	hsia hsing² ch'ê¹	車行下
Downtrodden, to be	shou⁴ ya¹ chih⁴	制壓受
Downwards,	i³ hsia⁴	下以
Downy,	p'ei² sung	送陪
Doze, to	ch'ung⁴ tun⁸ 'rh	兒盹沖
Doyen,	ling³ hsiu⁴	袖領
,, of diplomatic corps	ling³ hsiu⁴ kung¹ shih⁸	使公袖領
Dozen, a	i⁴ ta²	打一
,, of the other, six of one and half a	chao¹ san¹ mu⁴ ssŭ⁴	四暮三朝
Draft, a	ti³-tzŭ	子底
,,	kao³-tzŭ	子稿
,, a money	hui⁴ p'iao⁴	票滙
,, amendment	hsiu¹ cheng⁴ an⁴	案正條
,, rough	ts'ao³ kao³-êrh	兒稿草
,, prepare a	ta⁸ ti³-êrh	兒底打
,, of a law	ts'ao³ an⁴	案草
,, of revision	kai⁸ cheng⁴ an⁴	案正改
,, original	yüan² an⁴	案原
,, to	li⁴ an¹	案立
,, (milit.)	fen¹ ch'ien⁸ tui⁴	隊遣分
Drafted, to be	t'o¹ kao⁸	稿脫
Drafting committee	ch'i⁸ an⁴ wei⁸ yüan⁸	員委案起
Drag, to	la¹	拉
,, in	la¹-shang lo	咯上拉
,, me into the trouble, don't	pieh² tai⁴-lei wo⁸-lo	咯我累帶別
,, ,, ,,	pieh² kua¹-la-shang wo⁸	我上拉刮别

Drag—Drawing

Drag, *dragged* in the dust, reputation	t'i⁸ mien⁴ sao³ ti⁴	地掃面體
,, *drags* interminably on, the case	chieh² an⁴ wu² ch'ï²	期無案結
Dragoman (official)	t'ung¹ i⁴ kuan¹	官譯通
,, (private)	t'ung¹ shih⁴	事通
Dragon, a	i⁴ t'iao² lung²	龍條一
,, boat festival	tuan¹ wu³ chieh⁸	節午端
Dragonfly, a	ma¹-lang	蜋螞
,,	lao³ liu²-li	璃琉老
Drain, a	i² tao⁴ kou¹	溝道一
,, off, to	têng⁴ shui³	水澄
,, away, to	pa⁴ shui³ hsieh⁴-hsia-ch'ü	去下瀉水把
,, off water from a cooking pot	têng⁴-ch'u-ch'ü	去出澄
,, (out flow) abroad (as of specie)	wai⁴ i²	溢外
Drainage,	su¹ shui³	水疏
Drastic,	ken³ pen⁸ shang⁴	上本根
,, changes	ken⁸ pen⁸ shang⁴ kai³ ko²	革改上本根
,, action, too	kuo⁴ chi¹ hsing² wei²	爲行激過
Draught, a	kuo⁴ t'ang² fêng¹	風堂過
,, don't sit in a	pieh²-tsai fêng¹ k'ou⁸-li tso²-cho	着坐裏口風在別
,, forced	ch'iang⁸ ya¹ t'ung¹ feng¹	風通壓強
,, (of a ship)	p'ai² shui³	水拚
Draw (drag), to	la¹	拉
,, a picture	hua⁴ hua⁴ 'rh	兒畫畫
,, (out of a box, etc.)	ch'ou¹-ch'u-lai	來出抽
,, (a nail, etc.)	pa²-ch'u-lai	來出拔
,, salary for a sinecure	tso⁴ ling³ kan¹ hsiu¹	修乾領坐
,, him, tried to	shih⁴ i¹ t'an⁴ ch'i² k'ou³ ch'i⁴	氣口其探一試
,, on the loan proceeds for payment	tsai⁴ chieh⁴ k'uan³ hsiang¹ hsia⁴ hua⁴ fu⁴	付劃下項欵借在
,, up in line	p'ai² lieh⁴	列排
,, up a document	ch'i¹ kao³	稿起
,, money	t'i² k'uan³	欵提
,, ,, on account, to	chih¹ ch'ien²	錢支
,, back	t'ui¹ hui²	回退
,, ,,	chang⁴ hai⁴	害障
,, ,, is that . . ., the	so³ pu¹ li⁴ che⁸ . . .	. . . 者利不所
,, (dead heat), a	pu¹ fen¹ sheng⁴ fu⁴	負勝分不
Drawer, a	ch'ou¹-t'i	屜抽
Drawing,	hua⁴ hsüeh²	學畫

Drawing—Drink. 238

Drawing, freehand	tzŭ⁴ tsai⁴ hua⁴	靈在目
,, of bonds	ch'ou¹ ch'ien¹	截搞
,, ,,	pien³ chiu¹	圓拈
Drawing-room, a	k'o⁴ t'ing¹	廳客
Drawn, the numbers	ch'i² ch'ou¹ ch'u¹ che³	者出抽其
,, at daggers	shui³ huo³ chih¹ ch'ing²	情之火水
Dreadful,	li⁴-hai	害利
,,	liao³-pu-tê	得不了
Dream, a	i² tso⁴ mêng⁴	夢做一
,,	mêng⁴	夢
,, to	tso⁴ mêng⁴	夢作
,, about, to	mêng⁴-chien	見夢
Dredger,	chün⁴ ni² chi¹	機泥濬
Dregs,	cha¹-tzŭ	子渣
Drenched,	lün² t'ou⁴-lo	咯透淋
Dress, to	ch'uan¹ i¹-shang	裳衣穿
,, fond of	hao⁴ ta³-pan	扮打好
,, clothes	ch'ing¹ i¹-shang	裳衣青
,, court	ch'ao² i¹	衣朝
,, full	ta⁴ li³ fu²	服禮大
,, morning	li³ fu²	服禮
,, night	shui⁴ i¹	衣睡
,, shoes	li³ shih⁴ hsieh²	鞋式禮
,, wounds	hsi³ ch'uang¹ fu¹ yao⁴	藥敷瘡洗
Dressed, well	ta³-pan-ti hao³	好的扮打
Dressing,	peng⁴ tai⁴	帶繃
,, case, a	ching⁴-chih¹ 'rh	兒摺鏡
,,	shu¹ t'ou² hsia² 'rh	兒匣頭梳
,,	ching⁴ tun¹ 'rh	兒墩鏡
,, down, to give a person a	ch'u³-chih	治處
Dribble from the mouth, to	liu² han² la¹-tzŭ	子啦含流
Dried fruits	kan¹ kuo³-tzŭ	子果乾
Drift, to	p'iao¹	漂
,, of an argument	yao¹ ling³	領要
,, ,,	ta⁴ i⁴	意大
Drill, a	tsuan⁴	鑽
,, a hole, to	tsuan⁵-ko yen³ 'rh	兒眼個鑽
,, to	ts'ao¹-yen	演操
,, physical	t'i³ ts'ao¹	操體
Drink, to	ho¹	喝
,, given to	ai⁴ ho¹	喝愛
,, ,,	t'an¹ chiu³	酒貪
,, of water, a	i⁴ k'ou³ shui⁴	水口一
,, a capacity for	chiu³-liang ta⁴	大量酒

Drink—Drowsiness

Drink, have a thorough good	ch'ih¹-ko ho³ ku⁴ hai³ kan¹	吃個河潤海乾
Drip, to	wang³ hsia⁴ ti¹-ta	往下滴搭
,, with blood	hsien¹ hsieh³ chih² liu²	鮮血直流
Drive a carriage	kan³ ch'ê¹	趕車
,, away	hung¹-k'ai	鬨開
,, a nail	ting¹ ting¹-tzŭ	釘釘子
,, sheep, etc.	hung¹ yang²	鬨羊
,, to extremities	wu² lu⁴ k'o³ t'ou²	無路可投
,, ,,	t'ing³ erh² tsou³ hsien³	挺而走險
,, me too hard, you	chên¹-shih pi⁴ ming⁴	眞是逼命
,, a hard bargain, to	jao⁴ p'ien²-i	饒便宜
,, driven by poverty	wei⁴ p'in² k'u³ so³ po⁴	爲貧苦所迫
,, ,, ,,	yin¹ p'in² ch'i³ i⁴	因貧起意
,, ,, for a living (to some low occupation)	pei⁴ sheng¹ chi⁴ so³ po⁴	被生計所迫
Drivel, to talk	shuo¹ nien²-hsien hua⁴	說涎黏話
Drizzle, to	fei¹ yü³ hsing¹ erh	飛雨星兒
,,	hsia⁴ mêng²-sung yü³	下濛鬆雨
,,	hsia⁴ hsiao³ yü³	下小雨
,,	niu² mao² hsi⁴ yü³	牛毛細雨
Droop (of flowers), to	nien¹-lo	涅咯
Drop of water, a	i⁴ tien³ shui²	一點水
,,	i⁴ ti¹-ta shui³	一滴搭水
,, to, (as water)	wang³ hsia⁴ ti¹-ta	往下滴搭
,, down below, to	tiao⁴-hsia ch'ü⁴	掉下去
,, from above	tiao⁴-hsia lai²	掉下來
,, don't let it	pieh² nung⁴ tiao⁴-lo	別弄掉咯
,, I've let the matter	wo³ liao⁴-liao shou³-lo	我撂了手咯
,, for the time being, have let it	chê⁴-i ch'êng²-tzŭ tiu¹-k'ai-lo	這一程子丟開咯
,, the scheme from fear of municipal opposition	i³ k'ung³ ai⁴ shih⁴ min² chih¹ i⁴ erh² chih³	以恐碍市民之意而止
,, in so and so's reputation, a sad	mou³ chih¹ chia⁴ chih³ chui¹ lo⁴ ch'ien¹ chang⁴	某之價值墜落千丈
,, in the bucket, a	i⁴ pei¹ chih¹ shui³ chung¹ nan² kuang³ tu⁴	一杯之水中難廣渡
,, ,,	pei¹ shui³ ch'e¹ hsin¹	杯水車薪
Dross (of lead, silver, etc.)	ch'ien¹ p'i²-tzŭ	鉛皮子
,, of iron	cha¹-tzŭ	渣子
Drought,	han⁴	旱
Drove of cattle, etc., a	i⁴ ch'ün² niu²	一羣牛
Drown, to	yen¹-ssŭ	淹死
Drowsiness, to shake off	hun⁴-kuo k'un⁴	混過困

Drowsy—Dull. 240

Drowsy,	fa¹ k'un⁴	困發
Drugs,	yao⁴-ts'ai	材藥
Drum, a	ku³	鼓
,,	i² mien⁴ ku³	鼓面一
,, stick	ku³ ch'ui²-tzŭ	子槌鼓
,, to beat a	lei² ku³	鼓擂
,, to shake a pack man's	yao² po¹-lang ku³	鼓浪撥搖
Drunk,	tsui⁴-lo	喀醉
,,	ho¹ tsui⁴-lo	喀醉喝
,, dead	ming² ting¹ ta⁴ tsui⁴	醉大酊酩
Drunkard along, teaching is like helping a	chiao⁴ hsüeh² che³ ju² fu² tsui⁴ jên²	人醉扶如者學教
Dry,	kan¹	乾
,, (of weather)	han⁴	旱
,, (of manner)	leng³ tan⁴	淡冷
,, (as a book)	wu² ch'ü⁴ wei⁴	味趣無
,, cold	kan¹ leng	冷乾
,, heat	tsao⁴ jo⁴	熱燥
,, in the sun, to	shai⁴-i-shai	曬一曬
,, ,, air, to	liang⁴-i-liang	晾一晾
Dual control	liang³ kuo² kuan³ li³	理管國兩
,, principles of nature	liang³ i²	儀兩
Dualism of nature	yin¹ yang²	陽陰
Dubious,	ai⁴ mei⁴	昧曖
Duck, a	i² chih¹ ya¹-tzŭ	子鴨隻一
,, wild	yeh⁴ ya¹-tzŭ	子鴨野
Duct, lachrymal	lei⁴ kuan³	管淚
Due form, in	cheng⁴ shih⁴	式正
,, for payment	ying¹ fu⁴	付應
,, repayable when	chieh⁴ shih² huan² ch'ing¹	清還時屆
,, yesterday (steamer) was	tso² jih⁴ ying¹ tao⁴	到應日昨
,, to (caused by)	ch'i² yüan² yin¹	. . 因原其
,, (proper)	hsiang¹ tang¹	當相
,, west	cheng⁴ hsi¹ fang¹ mien⁴	面方西正
Duel,	chüeh² tou⁴	鬬決
Dues,	fu⁴ shui⁴	稅賦
,, harbour	ju⁴ chiang³ shui⁴	稅港入
Duffer, a	hu²-t'u jên²	人塗糊
Duke, a	kung¹	公
,,	kung¹-yeh	爺公
Dull,	wu² liao²	聊無
,, (in spirits)	fa¹ nien²	粘發
,,	mên⁴-te-huang	慌得悶
,,	mên⁴	悶

Dull (of trade)	pu¹ fa¹ ta²	不發達
,, ,,	sheng¹ i⁴ hsiao¹ t'iao²	生意蕭條
,, demand for (an article)	hsiao¹ lu⁴ pu¹ kuang³	銷路不廣
,, (market)	ch'en² ching⁴	沈靜
,, (lonely)	lêng³-ch'ing	冷清
,, (uninteresting)	mei² i⁴-ssŭ	沒意思
,, weather	yin¹ t'ien¹	陰天
Dumb person, a	ya³-pa	啞吧
Dumbfounded,	ya³ jan² ta⁴ ching¹	啞然大驚
Dummy, a	chung¹ k'an⁴ pu⁴ chung¹ ch'ih¹	中看不中吃
,,	yin²-yang⁴ la⁴ ch'iang¹ t'ou²	鴛鴦蠟槍頭
Dumpling, a	chiao³-tzŭ	餃子
Dun, to	ts'ui¹ t'su⁴	催促
,, a	p'ao³ chang⁴-ti	跑賬的
,, keep off the *duns*	t'ang² chang⁴	搪賬
,, for money, to	ts'ui¹ t'ao³ ch'ien⁴ chia⁴	催討欠債
Dunce, a	pên⁴ jên²	笨人
Dung,	fên⁴	糞
,, of men and carnivorous animals	shih³	屎
Duplex,	erh⁴ ch'ung²	二重
Duplicate,	fu⁴ pên³	複本
,,	fu⁴ hsieh³	複寫
,,	ch'ung²-ti	重的
,,	ch'ung²-lo	重咯
,, in	liang³ fên⁴ 'rh	兩分兒
Durable,	nai⁴ ch'ang²	耐長
Duration, period of......	i³..... nien² wei³ ch'i³	以......年爲期
During,	chung¹	中
,, (after the object referred to)	shih²	時
,, the revolution	ko² ming⁴ chung¹	革命中
Dust,	t'u³	土
,,	ch'ên² t'u³	塵土
,, to	tan⁰-i-tan	撣一撣
,, in the eyes, throw	mi² huo⁴	迷惑
,, ,, ,,	mo¹ hsi¹ ni²	抹稀泥
,, in my eyes, you can't throw	yen³-li jou²-pu-hsia sha¹-tzŭ-ch'ü	眼裏揉不下沙子去
Duster, a feather	tan³-tzŭ	撣子
,, cloth	ts'a¹ pu⁴	擦布
Dust-pan, a	po¹-ch'i	簸箕
Dutch,	ho²-lan² kuo²	荷蘭國

Dutiable—Dyspepsia. 242

Dutiable,	yu³ shui⁴	稅有
Duties, perform one's	fu² wu²	務服
,, of one's position, perform the	tso¹ i¹ t'ien¹ ho² shang⁴ chuang⁴ i¹ t'ien¹ chung¹	鐘天一撞尙和天一作
Dutiful (to parents)	hsiao⁴	孝
,,	hsiao⁴-shun	順孝
Duty,	i⁴ wu⁴	務義
,,	pên³-fên	分本
,,	shen¹ fên	分身
,, (office)	chih² wu⁴	務職
,, of a post	jen⁴ wu⁴	務任
,, on	chih⁴ pan¹	班值
,, to come on for	kai¹ pan¹	班該
,, off	hsia⁴ pan¹	班下
,, resume or take up	kung¹ chih²	職供
,, (police), while on	c̔an⁴ kang³ chih² shih²	時之崗站
,, shirk one's	kou³ ch'ieh t'ou¹ an¹	安偷且苟
,, not part of my	pu²-shih wo³ fên⁴ nei⁴-ti shih⁴	事的內分我是不
,, required (only did) what	chih² shou³ shih³ jan²	然使守職
,, means, know not what the word	pu¹ chih¹ kuo² min² pen⁵ fen wei² ho² wu⁴	物何爲分本民國知不
,, customs	shui⁴	稅
,, to pay	na⁴ shui⁴	稅納
,, free	mien³ shui⁴ p'in⁵	品稅免
Dwarf, a	ts'o²-tzŭ	子矬
,,	ai³ ts'o²-tzŭ	子矬矮
,, plants	tun¹ k'o¹ 'rh shu⁴	樹兒棵墩
Dwelling house	chü¹ chai²	宅居
Dwindling away	hsiao¹ t'iao²	條蕭
Dye, to	jan³	染
,, house	jan³ fang¹	坊染
Dyes,	jan³ liao⁴	料染
Dyke, a	t'u³ pa⁴	壩土
,,	ti¹	堤
Dynamics,	tung⁴ li⁴ hsüeh²	學力動
Dynamo, a	mo² tien⁴ chi¹-ch'i⁴	器機電磨
,,	fa¹ tien⁴ chi¹	機電發
Dynasty, a	ch'ao²	朝
,, the Ch'ing	ch'ing¹ ch'ao²	朝清
,, the (late) Manchu	ch'ien² ch'ing¹	清前
Dysentery,	li⁴-chi	疾痢
Dyspepsia,	wei⁴ jo⁴	弱胃
,,	hsin¹ k'ou³ t'êng²	疼口心

E

Each,	mei³	每
,, one	mei³ i²-ko	個一每
,, (every) one	mei³ i² ko⁴	個一每
,, ,,	ko⁴ ko⁴ 'rh	兒各各
,, person	ko⁴ jên²	人各
,, ,,	mei³-i-ko jên²	人個一每
,, give one to	mei²-i-ko jên² kei³ i²-ko	個一給人個一每
Eager,	chi²	急
,,	hsin¹ chi²	急心
,, to catch a sight of him	i³ wang⁴ chien⁴ yen² sê wei² jung²	榮爲色顏見望以
,, for war	i⁴ tsai⁴ k'ai¹ chan⁴	戰開在意
Eagerness to subscribe (to a loan)	shên⁴ wei⁴ yung³ yüeh⁴	躍踴爲甚
Eagle, an	tiao¹	鵰
Ear, the	êrh³-to	朶耳
,, lobe of the	êrh³-to ch'ui² 'rh	兒垂朶耳
,, drum of the	êrh³ ku³	鼓耳
,, caps	êrh³ mao⁴-êrh	兒帽耳
,, rings	êrh³ huan²-tzŭ	子環耳
,, all *ears*	chin⁴ hsin¹ chu⁴ i⁴	意注心盡
,, like talking to deaf	ju² êrh³ p'ang² fêng¹	風傍耳如
,, that, it has come to my	chin¹ wên²	聞近
,, ,, ,, ,,	ts'ê⁴ wên²	聞側
,, reached his	ch'ui¹-tao t'a êrh³-to-li	裏朶耳他到吹
,, a box on the	ta³-liao-ko êrh³ kua¹-tzŭ	子刮耳個了打
Earl, an	po² chüeh²	爵伯
Early,	tsao³	早
,,	tsao³-ch'i	起早
,, very	i⁴ ch'ing¹ tsao³	早淸一
,, ,,	tsao³ tsao³-êrh	兒早早
,, to rise and late to bed	ch'i³ tsao³ shui⁴ wan³	晚睡早起
Earn one's living	ying² shêng¹	生營
,, money by trade, to	chuan⁴ ch'ien²	錢賺
,, by labour	chêng⁴ ch'ien²	錢掙
Earnest,	jo⁴ hsin¹	心熱
,,	jo⁴ ch'êng²	誠熱
,, give most .... consideration to	k'ai³ ch'ieh¹ shu² shang¹	商熱切剴
,, in, are they genuine and ?	kuo³ fou³ ch'êng² wei⁴	僞誠否果

Earnest—Easy.   244

Earnest (sincere)	shih²-ch'êng	誠實
,, (emphatic)	k'ên³-ch'ieh	切懇
,, (a pledge)	chêng¹ hsin⁴ wu⁴	物信徵
,, money	ting⁴ yin¹	銀定
Earnestly desire	hou⁴ wang¹	望厚
Earnings,	so³ tê²	得所
,,	shou¹ ju⁴	入收
,, labour	chêng¹-hsiang	項掙
,, trade	chuan⁴-hsiang	項賺
Earshot, not within	êrh³ yin¹ ta²-pu tao⁴	到不達音耳
Earth,	t'u³	土
,,	ni²t'u³	土泥
,, the	ti⁴ ch'iu²	球地
,, (the world)	shih⁴ chieh⁴	界世
Earthen,	t'u³ chih¹	製土
Earthenware,	wa³-ch'i	器瓦
Earthly (in Buddhist sense)	fu² shih⁴	世浮
,,	hsien¹ shih⁴	世現
Earthquake, an	ti⁴ chên⁴	震地
Earth-work,	t'u³ kung¹	工土
Earth-works,	t'u³ ch'ia³-tzŭ	子卡土
Earth-worms,	ch'ü²-shan	蟮蚯
Earwig, an	yu²-yen	蜒蚰
Ease, to be at	tzŭ⁴-tsai	在自
,,	an¹-i	逸安
,, feel at	wu² yüan³ lü⁴	慮遠無
,, pain	chih³ t'êng²	疼止
,, mind at	hsin¹-an¹	安心
,, stand at	shao³ hsi¹	息少
,, one's self	ch'u¹ kung¹	恭出
,, ,,	tsou³-tung	動走
,, short toil to win long	i¹ lao² yung³ i⁴	逸永勞一
East,	tung¹	東
,, north	tung¹ pei³	北東
,, south	tung¹ nan²	南東
,, far	chi² tung¹	東極
,, ,,	yüan³ tung¹	東遠
Easter,	yeh¹-su fu⁴ huo² jih⁴	日活復穌耶
Eastern countries	tung¹ fang¹	方東
,, question	tung¹ yang² wên⁴ t'i²	題問洋東
Easy,	jung²-i	易容
,, -going	sa³-t'o	脫灑
,, ,,	p'ing²-ching	靜平
,, go a bit	hsiao¹ hsiao¹ t'ing¹ t'ing¹-êrh-ti-pa	罷的兒停停消消

Easy—Economise.

Easy, make your mind	fang⁴ hsin¹	放心
,, take life, to	nan² ch'uang¹ kao¹ wo⁴	南高臥
,, ,,	kao¹ chên³ wu² yu¹	高枕無憂
,, the market is	yin² shih¹ k'uan¹ shu	銀市寬舒
,, course, follow the *easiest*	shun⁴ shui³·t'ui¹ chou¹	順水推舟
,, the Mongol situation is *easier*	mêng³ shih⁴ i³ yü³ chuan³ chi¹	蒙事已有轉機
Eat, to	ch'ih¹	吃
,, good to	ch'ih¹-tê	吃得
,, not good to	ch'ih¹-pu-tê	吃不得
Eatables,	ch'ih¹-shih	吃食
Eating house (common class)	fan⁴ p'u⁴	飯舖
Eaves,	fang² yen²	房簷
Eaves-drop,	shu³ êrh³ yü² yüan²	屬耳于垣
Eaves-dropper, an	t'ing¹ tsei² hua⁴ 'rh-ti jên²	聽賊話兒的人
Ebb tide	lao⁴ ch'ao²	落潮
Ebullition,	fei⁴ t'êng²	沸騰
,, of wrath	p'o⁴ jan² ta⁴ nu⁴	怒然大怒
Eccentric,	yü³ chung⁴ pu¹ t'ung²	與衆不同
,,	ch'i² i⁴	奇異
,, person, an	tso³-hsing jên²	左性人
,, ,,	ko²-tzŭ yang⁴-êrh ti	各樣兒的
,, ,,	kuai¹-p'i jên²	乖僻人
Eccentricity (of orbit)	p'ien¹ hsin¹ shuai⁴	偏心率
Echelon, advance in	t'i¹ chin⁴	梯進
Echo,	fan³ hsiang³	反響
,, (in open air)	shan¹ yin¹	山音
,, (in a room)	t'ang² yin¹	堂音
Eclat (of an entertainment)	shêng⁴ hui⁴	盛會
Eclectic,	chê² chung¹	折衷
Eclipse, annular	chin¹ huan² shih²	金鐶蝕
,, of the sun	jih⁴ shih²	日蝕
,, of the moon	yüeh⁴ shih²	月蝕
Ecliptic,	huang² tao⁴	黃道
Economical,	chien³-shêng	儉省
,,	chieh² chien³	節儉
,, (of economics)	ching¹ chi⁴ shang⁴	經濟上
Economics,	cheng¹ chi⁴ hsueh⁵	經濟學
Economise,	chien³ yüeh¹	儉約
,, to	shêng³ chien²	省錢
,, labour, etc.	shêng³ shih⁴	省事
,, in expenditure	tsun³-chieh²	撙節
,,	chieh²-shêng	節省

Economy—Effect. 246

Economy, political	li³ ts'ai² hsüeh²	理財學
" strict	k'o³-cho t'ou² tso⁴ mao⁴-tzŭ	可着頭做帽子
" "	k'o³-cho ch'ih¹-ti tso⁴	可着吃的做
" "	k'o³-cho p'i⁴-ku ts'ai² chieh¹-tzŭ	可着屁股裁截子
Ecstasy,	ch'u¹ shên²	出神
"	hsi³ pu⁴ tzŭ⁴ shêng¹	喜不自勝
Eddy, an	shui³ wo¹ 'rh	水窩兒
Edge away from	chien⁴ li²	漸離
" up to a person	ts'ou⁴-shang-lai	凑上來
" of a table, etc.	lêng²-êrh	棱兒
" " knife, etc.	tao¹ jên⁴-'rh	刀刃兒
" " bank, etc.	pien¹-'rh	邊兒
" teeth on	t'ing¹-cho ya²-ch'ên	硌着牙齦
Edge-tool,	li⁴ ch'i⁴	利器
Edict,	pu⁴ kao⁴	布告
" Imperial	shang⁴ yü⁴	上諭
" an Imperial	i² tao⁴ shang⁴ yü⁴	一道上諭
Edification,	chiao³ tao³	教導
Edit,	pien¹ chi⁴	編輯
Edition, first	ch'u¹ pan³	初板
" second	êrh⁴ pan⁸	二板
Editor,	pien¹ chi⁴ jên²	編輯人
" chief	chu³ pi³	主筆
Editorial,	lun⁴ shuo¹	論說
Educate, to	chiao⁴	教
"	t'ao² yeh³	陶冶
" public opinion	chuan³ i² yü² lun⁴	轉移輿論
" in books and manners	chiao⁴-hsün	教訓
Educated person, an	ju² ya³ jên²	儒雅人
" well	wên² mo⁴ t'ung¹	文墨通
" at university	mou³ ta⁴ hsüeh² hsiao¹-yeh⁴ shêng¹	某大學校畢業生
" people half	pan⁴ t'ung¹ chih¹ t'u²	半通之徒
Education,	chiao⁴-yü	教育
" a liberal	ching¹-chi hsüeh²-wên	經濟學問
" complete	ch'êng² chiu⁴ wan² ch'üan²	成就完全
" Ministry of	chiao⁴ yü⁴ pu⁴	教育部
" compulsory	ch'iang³ po⁴ chiao⁴ yü⁴	强迫教育
Educationist,	chiao⁴ yü⁴ chia¹	教育家
Eel, an	shan⁴ yü²	鱔魚
Efface,	t'u² mo	塗抹
"	mo³ shai⁴	抹殺
Effect of, the	yüan²-ku	緣故

Effect—Effort.

Effect that ...., he spoke to the	ch'i² ta⁴ chieh⁴ tsê² wei⁴ ...... 其大致剛鋼
,, (consequence)	chieh² kuo³ 結果
,, (fruit)	hsiao⁴ yen⁴ 效驗
,, (result)	ying³ hsiang³ 影響
,, cause and	yin¹ kuo³ 因果
,, of a medicine, good	kung¹ hsiao⁴ 功效
,, (validity)	hsiao⁴ li⁴ 效力
,, (impression)	kan³ ying⁴ 感應
,, of no	wu² hsiao⁴ 無效
,, come into (law)	shih¹ hsing² 施行
,, to, give	chih² hsing² 執行
,, ,, ,, (a law)	shih¹ hsing² 實行
,, completion	kao⁴ ch'êng² 告成
,, for	p'u¹ chang¹ 鋪張
,, to	ch'êng² chiu⁴ 成就
,, a business, to	yü⁴ ch'eng² ch'i² shih⁴ 玉成其事
Effected his own ruin instead of other people's, only	tsung⁴ huo³ tzŭ⁴ fên² 縱火自焚
Effective,	yu³ hsiao⁴ 有效
Effects,	ch'i⁴ chü 器具
,,	tung⁴ ch'an³ 動產
,, of wine by eating a cold dish, take off the	liang² liang² 'rh ti¹ shih⁴ ko⁴ hsia⁴ chiu³ ti¹ ts'ai⁴ 'rh 凉凉兒的是個下酒的菜兒
Effectual,	yu³ hsiao⁴ 有效
Effeminate,	jou² jo⁴ 柔弱
,,	p'o²-p'o ma¹ ma¹-êrh ti 婆婆媽媽的兒
Effervesce, to	fei⁴ t'êng² 沸騰
,,	mao⁴ p'ao⁴-êrh 冒泡兒
Effete,	shuai¹ wei¹ 衰微
Efficacious,	yu³ hsiao⁴-yen 有效驗
Efficacy,	ling² yen⁴ 靈驗
,, (of prayer, etc.)	yu³ kan³-ying 有感應
Efficiency,	hsiao⁴ li⁴ 效力
Efficient army, an	chün¹ jung² chêng³ chih⁴ 軍容整飭
Effigy,	ou³ hsiang⁴ 偶像
Effluvium,	ch'ou⁴ ch'i⁴ 臭氣
Effort,	li⁴ 力
,,	nu³ li⁴ 努力
,, for another, to make	ch'u¹ li⁴ 出力
,, for one's self	yung⁴ li⁴ 用力
,, use every	chin⁴ li⁴ êrh² wei² 盡力而爲
,, under compulsion	mien³ ch'iang³ 勉強
,, make a strong	fa¹ fên⁴ 發憤

Effort—Elaborate. 248

Effort (struggle), to make an	cha²-chêng-cho		着掙扎
,, of a sick person	ta²-ch'i ching¹-shên-lai	來神精	起打
,, to save	shêng³ chin⁴ 'rh		兒勁省
Effrontery,	lien³ p'i² 'rh hou		厚兒皮臉
Effusion,	lin³ ch'u¹		出流
Egg, an	chi¹ tzŭ³-êrh		兒子雞
,,	chi¹ tan⁴		蛋雞
,, lay an	hsia⁴ tan⁴		蛋下
,, yolk of an	chi¹ tan⁴ huang²-êrh	兒黃蛋雞	
,, white of an	chi¹ tan⁴ ch'ing¹-êrh	兒清蛋雞	
,, boiled	chu³ chi¹ tzŭ³-êrh		兒子雞煑
,, hard-boiled	chu³ lao³-lo-ti		的咯老煑
,, soft-boiled	chu³ nên⁴-lo-ti		的咯嫩煑
,, poached	wo⁴ chi¹ tzŭ³-êrh		兒子雞臥
,, fried	chien¹ chi¹ tzŭ³-êrh		兒子雞煎
,, scrambled	huo⁴-lung chi¹ tzŭ³-êrh	兒子雞弄攪	
,, of an insect	tzŭ³		子
,, plant	ch'ieh²-tzŭ		子茄
,, on, to	t'iao²-so		唆調
,, ,,	sung³ yung³		恿慫
Egoism,	li⁴ chi³ chu² i⁴	義主己利	
Egotism,	tzŭ⁴ fu⁴		負自
,,	tzŭ⁴ tsun¹		尊自
,,	tzŭ⁴ ming⁴ pu⁴ fan²	凡不命自	
Egotistical,	chu³ wo³ ti¹		的我主
,,	shih¹ hsin¹ tzŭ⁴ yung⁴	用自心師	
Egregious,	ch'ao¹ hu² ch'ün² chung⁴	衆乎羣超	
Egypt,	ai¹-chi kuo²		國及埃
Eight,	pa¹		八
,, number	ti⁴ pa¹		八第
Eighth,	ti⁴ pa²-ko		個八第
Eighty,	pa¹ shih²		十八
Either,	huo⁴		或
,,	liang³ fang¹		方兩
,, will do	liang³-ko tou¹ hsing²	行都個兩	
,, ,,	liang³ k'o³ chih¹ chien¹	間之可兩	
,, one or the other	huo⁴ pi³ huo⁴ tz'ŭ	此或彼或	
Eject,	fang⁴ chu⁴		逐放
,, blood	t'u⁴ hsieh³		血吐
Ejection,	ch'ü¹ chu⁴		逐驅
Elaborate,	hsi⁴ mi⁴		密細
,,	ching¹ ch'iao³		巧精
,, to	hsi⁴ shuo¹		說細
,, (complicated)	hsi⁴		細
,, ,,	ma²-fan		煩蔴

Elaborate—Electric.

Elaborate arrangement (to put something through), made	yün⁴ tung⁴ t'ieh³ t'ung³ hsiang¹ ssŭ⁴	運動鐵桶相似
Elapse,	ching¹ kuo⁴	經過
Elastic,	shen⁴ so¹ tzŭ⁴ tsai⁴	伸縮自在
,,	shu⁴ chiao¹	樹膠
,, band	shu⁴ chiao¹ tai⁴-tzŭ	樹膠帶子
Elasticity,	tzŭ¹ lu⁴ hsiang⁴	自復性
Elbow, to	to² jen² chih¹ wei⁴	奪人之位
,, the	ko¹-pei chou³-êrh	絡臂肘兒
,, one's way to the front, to	ch'iang³-shang-lai	搶上來
,, out at *elbows*	cho¹ chin¹ chien⁴ chou³	捉襟見肘
,, on the table, to sit with	p'a¹-tsai cho¹-tzŭ-shang	趴在桌子上
E'der of the two, he is the	t'a¹ ta⁴	他大
,, ,,	t'a¹ chü¹ chang³	他居長
,, a village	hsiang¹ shên¹	鄉紳
,, brother	ko¹-ko	哥哥
,, sister	chieh³-chieh	姐姐
Elders of his family	chia¹ chang³	家長
Eldest, the	chü¹ chang³	居長
Elect, to	chü³	舉
,,	hsüan³ chü³	選舉
Elected, be	tang¹ hsüan³	當選
,, from the judges of the supreme court	yu² tsui⁴ kao¹ fa⁴ yüan⁴ ch'üan² yüan⁴ shên³ p'an⁴ kuan¹ hu⁴ hsüan³	由最高法院全院審判官互選
Election (public)	kung¹ hsüan³	公選
,, bye	pu³ ch'üeh¹ hsüan³ chü³	補缺選舉
,, general	tsung³ hsüan³ chü³	總選舉
Electioneer,	chou¹ hsüan²	周旋
Electioneering tour	hsüan³ chü³ yu² shuo¹	選舉遊說
Elector,	hsüan³ chü³ jen²	選舉人
Electorate,	hsüan³ chü³ yu³ ch'üan² chê³	選舉有權者
Electricity,	tien⁴ ch'i⁴	電氣
,, conductor of	tao³ tien⁴ t'i³	導電體
,, galvanic	shih¹ tien⁴ ch'i⁴	濕電氣
,, negative	yin¹ tien⁴ ch'i⁴	陰電氣
,, positive	yang² tien⁴ ch'i⁴	陽電氣
Electric, power	tien⁴ li⁴	電力
,, station	mo² tien⁴ li⁴ ch'ang³	磨電力廠
,, force	tien⁴-ch'i	電氣
,, battery	tien⁴ hsia²-tzŭ	電匣子
,, wire	tien⁴ hsien⁴	電線

I.

Electric—Eligible. 250

Electric current	tien⁴ liu²	電流
,, light	tien⁴ kuang¹	電光
,, lamp	tien⁴ têng¹	電燈
,, switch	tien⁴ têng¹ huang²	電燈鎖
,, ,, to turn on	pan¹ têng¹ huang²	電燈搬
Electrify (fig.)	kan³ tung⁴	感勁
Electro-magnetism	tien⁴ tz'ǔ² ch'i⁴	電磁氣
Electrotype,	tien⁴ pan³	電版
Electroplated,	tu⁴ yin²-ti	鍍銀的
Elegant,	hsiu⁴-ch'i	秀氣
,,	fêng¹-liu	風流
,,	hua² li⁴	華麗
,, (language)	wên² ya³	文雅
,, ,,	kao¹ shang⁴	高尚
,, (of composition)	tz'ǔ² tsao³ hao³	詞藻好
Elegy,	ai¹ ko¹	哀歌
Element (nature)	yüan² su⁴	原素
,,	yüan² chih³	原質
,, stopped him, the more reputable	wei¹ ch'i² chung¹ nêng² shih⁴ ta⁴ t'i³ chê³ so³ tsu³ chih¹	爲其能識大體者所阻止
,, he is in his	tê² i⁴	得意
,, in, essential	yao¹ su⁴	要素
Elementary,	ch'u¹ hsüeh²	初學
,,	ch'u¹ chi²	初級
,, (simple)	tan¹ shun²	單純
Elements,	yüan² li³	原理
,, the five	wu³ hsing²	五行
,, constituting a state, the judicature is one of the most important	ssǔ¹ fa⁴ hsing² chêng⁴ wei² li⁴ kuo² yao² su⁴ chih¹ i¹ ta⁴ pu⁴ fên¹	司法行政爲立國要素之一大部分
Elephant, an	hsiang⁴	象
Elevate, to	chü³-ch'i-lai	舉起來
,, (to office)	têng¹ yung⁴	登用
,, in both hands	p'êng³	捧
Elevation (gunnery)	yang³ chüeh²	仰角
,, character	kao¹ shang⁴	高尚
Elevator, an	shêng¹ t'i¹	升梯
Eleven,	shih-i¹	十一
,, number	ti⁴ shih-i¹	第十一
Eleventh,	ti⁴ shih-i²-ko	第十一個
Elicit by argument	t'ui¹ ch'u¹	推出
,, the truth	shui³ lo⁴ shih² ch'u¹	水落石出
Eligible,	ho² ko²	合格

Eligible to vote	yu³ hsüan³ chü³ chih¹ tzŭ¹ ko²	有選舉之資格
,, for election to parliament	i⁴ yuan² hsüan³ chü³ ch'üan²	議員選舉權
Eliminate,	shan¹ ch'u²	刪除
,, self-interest	p'o⁴ ch'u² ssŭ¹ chien⁴	破除私見
,, favouritism	p'o⁴ ch'u² ch'ing² mien⁴	破除情面
Ellipse, an	ch'ang² yüan²	長圓
,,	t'o³ yüan²	椭圓
Elliptical orbit	t'o³ yüan² kuei³ tao³	椭圓軌道
Elm tree, an	yü² shu⁴	榆樹
Elocution,	yen³ shuo¹ fa³	演說法
,,	shan⁴ shuo¹ fa³	善演說
Elope,	ch'u¹ pên¹	出奔
Eloquence,	pien⁴ ts'ai²	辯才
Eloquent,	hua¹ yen² ch'iao³ yü³-ti	花言巧語的
Eloquently,	liu² ch'ang⁴	流暢
Else, is there anything	hai² yu³ shêm² mo	還有甚麼
,, for it, there is nothing	mei² yu³ pieh²-ti fa³-tzŭ	沒有別的法子
,, ,, ,,	mei²-yu fa²-tzŭ	沒有法子
,, ,, ,,	wu² k'o³ nai⁴ ho²	無可奈何
,, or	pu⁴ jan²	不然
Elsewhere,	t'a¹ ch'u⁴	他處
Elucidated,	chieh³ shih⁴	解釋
,, clearly	tung⁴ jo⁴ kuan¹ huo³	洞若觀火
Eluded his creditors over the fifth moon festival, he has	ch'e⁴ tuan¹ chieh² ti chang⁴ mu⁴ tsung³ shih⁴ to³ kuo⁴ ch'ü la	這端節的賬目總是躲過去了
Emaciated,	shou⁴	瘦
Emaciation,	hsiao¹ shou⁴	消瘦
Emanate,	fa¹ ch'u¹	發出
Emancipate,	shih⁴ fang⁴	釋放
Emasculate,	ko¹ shih⁴	割勢
,,	shan¹ ch'ü⁴	刪去
,, (coarse language)	kung¹ hsing²	宮刑
Emasculated (unmanly)	hsü¹ mei² chin¹ kuo¹	虛沒巾幗
Embalm a corpse, to	na² shui³ yin² chên⁴ shih¹-shou	拿水銀振尸首
Embankment, an	ti¹	堤
Embargo,	fêng¹ chiang² k'ou³	封港口
,,	chin⁴ chih³	禁止
Embark, to	shang⁴ ch'uan²	上船
,,	ch'êng² ch'uan²	乘船
,, rashly on war	mao⁴ mei² k'ai¹ chan⁴	冒昧開戰
Embarrass me	chiao⁴-wo wei² nan²	叫我為難

Embarrass—Emergency. 252

Embarrass a person, to	nan²-wei jên²	人爲難
,, (government), finances *embarrassed*	ts'ai² chêng⁴ chih¹ ch'u¹	絀支政財
,, for a reply ,,	ho² tz'ŭ² i³ tui⁴	對以辭何
,, (hinder)	fang¹ hai⁴	害妨
Embarrassing,	lei²-chui	贅累
,,	wei² nan²	難爲
,,	chieh²-chü¹	据拮
,,	chê²-shou-ti wo³ kuo⁴-i-pu ch'ü⁴ 去不意過我的受折	
Embarrassment (pecuniary)	chieh² chü¹	据拮
Embassy (mission)	shih³ chieh²	節使
,,	ta⁴ shih³ kuan³	館使大
Embellish, to	tien³-chui	綴點
,,	hsiu¹ shih¹	飾修
,, his speech *embellishes*	p'ing³ t'a¹ shuo¹ lien² hua¹ hsien⁴ 現花蓮說他憑	
Embezzle, (See Defraud, Cheat.)		
,,	ssŭ¹ yung⁴ kung⁴ k'uan³	欵公用私
Embezzlement,	chien¹ shou³ tao⁴	盜守監
Emblem, an	chao⁴	兆
,,	chi⁴ hao⁴	號記
,,	piao¹ chang¹	章標
Embodiment,	ho² t'i³	體合
Embody opinions	piao³ shih⁴	示表
Embossed pattern, an	ku³ hua¹-yang	樣花凸
Embrace (include), to	pao¹-k'uo	括包
,, (to fold in the arms)	lou³	摟
,, the whole question, not wide enough to	pu¹ tsu² i³ pao⁴ k'uo⁴ ch'üan² t'i³ 體全括抱以足不	
,, all *embracing*	wu² wei¹ pu¹ chih⁴	至不微無
Embrasure, an	p'ao⁴ yen³	眼炮
Embroider, to	hsiu⁴	繡
Embroidery,	hsiu⁴ huo⁴	貨繡
Embroil,	chiao³ luan⁴	攪亂
Embryo,	p'i¹ t'ai¹	胎胚
,, (first stage of)	yu⁴ ch'i²	期幼
Emend,	kai³ chêng⁴	正改
,,	chêng wu⁴	誤正
Emerald, an	lü⁴ pao³ shih²	石寶綠
Emergency,	shih⁴ pien⁴	變事
,, for use in	pei⁴ chi²	急備
,, ,,	yü⁴-pei yü⁴ chi²-êrh-ti	的兒急遇備預
,, ,,	i³ chiu⁴ chiao¹ mei² chih¹ chi²	急之眉焦救以

Emergency—Employ.

Emergency funds	chi² hsiang³	餉急
,, ,,	yü⁴ pei⁴ chin¹	金備預
,, measures	lin² chi¹ chih¹ ch'u³ chih⁴	置處之機臨
Emetic,	t'u⁴ chi⁴	劑吐
Emigrant,	i² min²	民移
,,	ch'iao² min²	民僑
Eminence,	hsien³ ta²	達顯
,, rise to	fei¹ huang² t'êng² ta²	達騰皇飛
Eminent,	yu³ ming²-ti	的名有
,, person, an	kao¹-ming jên²	人明高
,, (above his fellows)	ming² wang⁴ kao¹ ch'u¹ shih² liu²	流時出高望名
,, services	ho⁴ ho⁴ yu³ kung¹	功有赫赫
,, of rank	kao¹ wei⁴	位高
Emissary,	shih³ chê³	者使
,, (spy)	chien⁴ tieh²	諜間
Emission,	fa¹ shê⁴	射發
,, of notes	fa¹ hsing²	行發
Emit,	fa¹ hsing²	行發
Emoluments,	pao⁴ ch'ou²	酬報
,,	fêng⁴	俸
,,	ch'ou² tzŭ¹	資酬
Emotion,	kan³ ch'ing²	情感
,,	ch'ing² hsü⁴	緒情
Emperor,	huang²-shang	上皇
,,	huang² ti⁴	帝皇
,,	tsun¹ chü² chiu³ wu³	五九居尊
,, of Japan, death of	jih⁴ huang² kao¹ tsu³	祖皇皇日
,, the reigning	tang¹ chin¹ huang² ti⁴	帝皇今當
Emphasis,	yü³ shih⁴	勢語
,, on a word, to put	nien⁴ chung⁴ yin¹	音重念
,, ,, no	nien⁴ ch'ing¹ yin¹	音輕念
Emphasize,	chung¹ tu²	讀重
Emphatic (forcible)	k'ên³ ch'ieh¹ chih¹ tz'ŭ²	辭之切懇
Emphatically,	tuan⁴ yen²	言斷
Empire	ti⁴ kuo²	國帝
,,	ling³ ti⁴	地領
,, with good officials they would not have lost the	yu³ hao³ kuan¹ tiu¹ pu¹ liao³ chiang¹ shan¹	山江了不丟官好有
Empirical,	ching¹ yen⁴ ti¹	的驗經
Employ, to	yung⁴	用
,,	shih³	使
,,	li⁴ yung⁴	用利
,, one's self on	ts'ung² shih⁴	事從

Employer—Encounter.   254

Employer, an	tung¹-chia	東家
,,	chü¹ t'ing² chu³ jên²	居停主人
,, (polite)	chü¹ t'ing²	居停
Employment,	shih⁴ yeh⁴	事業
,,	chih² yeh⁴	職業
,, has	yu³ huo² tso⁴	有活做
,, out of	mei² huo² tso⁴	沒活做
,, what is his?	t'a¹ yu³ shêm²-mo ch'ien²-ch'eng²	他有甚麼前程
Empower,	shou⁴ ch'üan²	授權
Empress,	huang² hou⁴	皇后
,, Dowager	huang² t'ai⁴ hou⁴	皇太后
,, ,,	t'ai⁴-hou	太后
Empty,	k'ung¹	空
,, to	tao⁴ k'ung⁴-cho	到空着
,, handed	k'ung¹ shou³ ch'ih⁴ ch'üan²	空手赤拳
,, handed, go back	k'ung¹ shou³ hui²-ch'ü	空手回去
,, for the right man, keep the place	hsü¹ tz'ǔ³ hsi² i³ tai⁴	虛此席以待
,, (vain)	wu² hsiao⁴	無效
,, talk	k'ung¹ t'an²	空談
Emulate, impossible to	ch'i³ uêng² wang⁴ ch'i² chien¹ pei⁴	豈能望其肩背
Emulation, spirit of	ching⁴ chêng¹ hsin¹	競爭心
Enable,	shou⁴ ch'üan⁴	授權
Enact,	chih⁴ ting⁴	制定
Enactment,	fa⁴ ling⁴	法令
Enamel,	lan² liao⁴	藍料
,, to	shao¹ lan²	燒藍
Encamp (military), to	cha¹ ying²	扎營
,, put up tent	ta¹ chang⁴-fang	搭帳房
Encampment (military), a	ying²-p'an	營盤
,, to pitch an	cha¹ ying²-tzǔ	扎營子
Enceinte,	yu³ yün⁴	有孕
,,	yu³-liao hsi³-lo	有了喜咯
,,	shên¹ huai² lu⁴ chia³	身懷六甲
Enchant,	i³ yao¹ shu⁴ mi² huo⁴	以妖術迷惑
Enchanting,	hsiao¹ hun²	消魂
Enclose, to	wei²-shang	圍上
,, (letter)	fêng¹ ju⁴	封入
,, (polite)	fu⁴ ch'êng²	附呈
Enclosure in a despatch	chan² tan¹	粘單
Encounter (fight)	ch'ung¹ t'u⁴	衝突
,,	chan⁴ tou⁴	戰鬪
,, (danger)	tsao¹ yü⁴	遭遇

Encounter — End.

Encounter	a chance	wu⁴ ta³ wu⁴ chuang⁴	撞慣打慣
,,	the greatest difficulty	fei⁴ chin⁴ ch'ien¹ hsin¹ wan⁴ k'u³	苦萬辛千盡費
,,	opposition may be en-countered	i⁴ shêng¹ fan³ k'ang⁴	抗反生易
,,	decisive	chüeh² shêng⁴ fu⁴	負勝決
,,	dangers	mao⁴ wei¹ lü³ hsien³	險履危冒
Encourage, to		ch'üan⁴	勸
,,		chên⁴ hsing¹	興振
,,		chi¹ ch'üan⁴	勸激
,,		chiang³ li⁴	勵獎
,,	him, don't	pieh² hsing¹-cho t'a	他着興別
,,	schemes of ruining by false accusations	ch'i³ pieh² jên² wu¹ hai¹ ti¹ hsin¹	心的害誣人別啟
,,	patriotic feelings	yu³ ch'i² jo⁴ hsin¹ kuo² shih⁴	事國心熱其誘
,,	the loyal and chastise the disloyal	chiang³ shun⁴ t'ao³ ni⁴	逆討順獎
,,	husbandry	ch'üan⁴ nung²	農勸
,,	exertion	ch'üan⁴ mien³	勉勸
Encouraging,		yu³ ch'êng² kung¹ chih¹ wang⁴	望之功成有
Encouragement of industry, rules for the		shih² yeh⁴ chiang³ li⁴ kuei¹ tsê²	則規勵獎業實
Encroach, to		chan⁴	佔
,,		ch'in¹ chan⁴	佔侵
,,		ch'in¹ hai⁴	害侵
,,		ts'an² shih²	食蠶
Encroachments, open and secret		ch'iang² ch'in¹ ying⁴ ch'ü³	取硬侵強
Encumbered by other loans or mortgages, not		wu² ch'ien¹ lien² pieh² hsiang⁴ chieh¹ k'uan³ chi² ti² ya¹ ch'ing² shih⁴	事情押抵及欠借項別連牽無
Encumbrance (on property)		chiao¹ ko²	轕轇
,,	(legal)	ch'an³ chih¹ chai⁴ fu⁴	負債之產
,,	(a drone), an	ta⁴ fan⁴ t'ung³	桶飯大
Encyclopedia, an		po⁴ k'o¹ ch'üan² shu¹	書全科百
End,		chung¹ chü²	局終
,,		tsui⁴ hou⁴	後最
,,	to	chung¹ chieh²	結終
,,	(object)	mu⁴ ti¹	的目
,,	(of a string, etc.)	t'ou²	頭
,,	(of story or chapter)	mo⁴ wei³	尾末
,,	(of good government) is the national weal and the public good, the	tang¹ i³ kuo² li⁴ min² fu² wei² ch'ien² t'i²	提前爲福民利國以當

End—Endorse. 256

End, you will come to a bad! (*i.e.*, be dragged out dead through the hole in the Board of Punishments prison)	chiang¹ lai² ni³ pi⁴ chieh³ lao² yen³ 'rh la¹ ch'u¹ lai²	將來必你來拉兒眼牢出來	
,, of it all, the (*e.g.*, a period in history)	hsia⁴ ch'ang²	下場	
,, may be found, in Buddha an	kuei¹ yü² fo² wei² chiu¹ ching⁴	歸於爲佛究竟	
,, to it, there would never be an	yung³ wu² i³ shih²	永無已時	
,, no knowing where it will	pu¹ chih¹ i³ yü² hu² ti³	不知已於胡底	
,, is to please, his	ch'i² i⁴ yü⁴ t'ao³ jên² huan¹ hsin¹	其意欲討人歡心	
,, crowns all, the	shih⁴ ch'êng² ch'üan² chü² chung¹	事成全局終	
,, he who accepts a trust must carry it to the	shou⁴ jên² chih¹ t'o¹ pi⁴ liao³ jên² chih¹ shih⁴	受人之託必了人之事	
,, of the month	yueh⁴ ti³	月底	
,, of it to be, where's the?	na³-shih-ko liao²-shou	那是個了手	
,, in the	tao⁴ liao³-êrh	到了兒	
,, from beginning to	shih³ chung¹	始終	
,, with fright, hair stood on	t'ou²-fa kên¹ 'rh i⁴ cha¹-sha-liao	頭髮根兒一扎殺了	
,, hair on	cha¹-sha-ch'i-lai-lo	扎殺起來了	
,, set one's hair on	ling¹ jên² fa³ chih³	令人髮指	
,, at an	wan²-liao	完了	
,, nearly at an	chin⁴-shang-lai-lo	盡上來了	
,, all things have an	mei² yu³ pu² san⁴-ti yen²-hsi	沒有不散的筵席	
,, by getting a bad name besides the ruin of his work, he *ended*	pu¹ tan⁴ ch'ien² kung¹ chin⁴ fei⁴ fan³ lao⁴ la ko⁴ ch'ou⁴ ming²	不但前功盡廢反落了個臭名	
Endanger one's life, to	chih⁴ hsing⁴ ming⁴ yü¹ wei¹ ti⁴	置性命於危地	
Endeavour,	chin¹ li⁴	盡力	
,, make every	po⁴ fang¹ chin⁴ li-	百方盡力	
,, to arrange	hsiang³ fa²-tzŭ pan⁴	想法子辦	
,, ,,	tui⁴-fu-cho pan⁴	對付着辦	
Endemic,	fêng¹ t'u³ ping⁴	風土病	
Endless,	lao² lao²-pu hsiu¹	勞勞不休	
,,	wu² chiang¹	無疆	
Endorse, to	p'i¹	批	
,, a voucher, etc.	p'i¹ p'iao⁴	批票	

Endorse—Engage.

Endorse (an opinion)	piao³ t'ung² i⁴	意同表
Endorsement,	chui¹ ya³ chi⁴ 'rh	兒記押追
,, on a cheque, etc.	ya³ chi⁴	記押
,, this cheque requires	tz'ŭ³ p'iao⁴ pi⁴ hsü ch'ien¹ tzŭ⁴ fang¹ nêng² ch'ü³ yin²	銀取能方字簽須必票此
Endowed with	shêng¹ êrh² yu³ chih¹	之有而生
,, with intelligence	shêng¹-tê ts'ung¹-ming	明聰得生
Endowment, of a cemetery	chi⁴ t'ien²	田祭
,, of a temple	hsiang¹-huo ti⁴	地火香
,, of an institution	kung¹ ch'an³	產公
,, policy of insurance	yang³ lao³ pao³ hsien³	險保老養
Ends, both	liang³ t'ou² 'rh	兒頭兩
,, meet, can't make	chieh¹-chi-pu shang⁴	上不濟接
,, serve one's private	chia³ kung¹ chi⁴ ssŭ¹	私濟公假
,, so as to gain their base	chieh⁴ ch'êng² chien¹ mou²	謀奸逞藉
Endure, to	nai⁴	耐
,,	jên³ nai⁴	耐忍
,, the pain, cannot	ao²-pu-kuo t'êng²	疼過不熬
,, hunger and cold gladly to catch a sight of so and so	jên³ chi¹ nai⁴ han² i³ i¹ k'uei² ch'i² mien⁴ mu⁴ wei² k'uai⁴	快為目面其窺一以寒耐饑忍
Endways,	shun⁴-cho	着順
Endwise,	chih² li⁴	立直
Enema,	kuan⁴ ch'ang² chi⁴	劑腸灌
Enemy, an	ch'ou² jên²	人讐
,, the	ti² jên²	人敵
,, ,,	ti² chün¹	軍敵
,, ,, enemy's position	ti² chên⁴	陣敵
,, communicate secretly with the	nei⁴ ying⁴	應內
Energetic,	jui⁴ ch'i⁴	氣銳
,,	ts'ao¹-ch'ih	持操
,,	fa¹ fên⁴	憤發
,,	yu³ hsing⁴-t'ou	頭興有
Energy,	li⁴	力
,, (phys.)	huo² tung⁴ li⁴	力動活
Enervation,	shuai¹ pai⁴	敗衰
Enforce,	shih² hsing³	行實
,,	chih² hsing²	行執
,, strictly	li⁴ hsing²	行勵
,, a rule, etc.	shih¹ hsing²	行施
Enfranchise,	hsüan³ chü³ ch'üan²	權舉選
Engage (a servant), to	ku⁴	僱
,, (a teacher, etc.)	ch'ing³	請

Engage—Enigma. 258

Engage (polite)	p'in⁴	聘
,, ,,	yüeh¹ p'in⁴	聘約
,, in	ts'ung² shih⁴	事從
,, attention	chu⁴ i⁴	意注
Engaged to be married (of the female)	chieh² ch'in¹ shang⁴ wei⁴ kuo⁴ mên²	結親尚未過門
,, ,, ,,	yu³ jên² chia¹ 'rh-lo	有人家兒咯
,, busy	yu³ shih⁴	有事
Engagement,	ch'i⁴ yueh¹	契約
,, (appointment), have an	yu³ yüeh¹-hui	有約會
,, prior	hsien¹ yüeh¹	先約
,, break an	pu¹ shou³ hsin⁴ yüeh¹	不守信約
,, with him, accepted an	ying⁴-liao t'a-ti p'in⁴	應了他的聘
,, is fixed (marriage), after the	ting⁴ t'o³ ch'in¹ shih⁴ chih¹ hou⁴	定妥親事之後
,, (battle)	chiao¹ chan⁴	交戰
Engender strife	ch'i³ hsin⁴	起釁
Engine, an	chi¹-ch'i¹	機器
,,	chi¹ kuan¹	機關
,, railway	huo³ ch'ê¹ t'ou²	火車頭
,, fire	shui³ lung²	水龍
,, ,,	hsiao¹ huo³ ch'i⁴	消火器
,, condensing	ning² so¹ chi¹	凝縮機
,, driver	ssŭ¹ chi¹-ti	司機的
,, hydraulic	ya¹ shui³ chi¹	壓水機
,, high pressure	kao¹ ya¹ tu⁴ ch'i⁴ chi¹	高壓度氣機
,, reversing	fan³ yung⁴ ch'i⁴ chi¹	反用氣機
,, rotary	chuan³ hsing² ch'i⁴ chi¹	轉行氣機
Engineer (figurative), to	chu³ mou² ch'êng² kung¹	主謀成功
,, artificer	chi¹-ch'i¹ chiang⁴	機器匠
,, mechanical	chi¹-ch'i¹ shih¹	機器師
,, civil	kung¹-ch'êng shih¹	工程師
,, corps of *engineers*	kung¹ ping¹ t'uan²	工兵團
Engineering, hydraulic	chih⁴ shui³ kung¹ hsüeh²	治水工學
England,	ying¹ kuo²	英國
English,	ying¹ kuo²	英國
,, translate into	i⁴ ch'u¹ ying¹ wên²	譯出英交
Engrave, to	k'o⁴	刻
Engraved with a pattern	tsan⁴ hua¹ 'rh-ti	鏨花兒的
Engraving (picture), an	shih² yin⁴ hua⁴ 'rh	石印畫兒
Engross goods (to corner)	lung³ tuan⁴ chü¹ ch'i²	壟斷居奇
Engrossed in	chuan¹ hsin¹ chih⁴ chih⁴	專心致志
Enigma,	yin³ yü³	語
,, a perfect	ling⁴ jên² mi² huo⁴	令人迷惑

Enigma (mystery)	ai⁴ mei⁴	曖昧
Enjoin,	kao⁴ chieh⁴	誥誡
,, to	chu³-fu	囑咐
,, upon	ting¹-ning	叮嚀
Enjoy one's self, to	ch'ü³ lo⁴-'rh	取樂兒
,,	sui²-hsi sui²-hsi	隨喜隨喜
,, (rights)	hsiang³ yu³	享有
,, liberty	hsiang³ yu³ tzŭ yu² ch'üan²	享有自由權
Enjoyable,	yü² k'uai⁴	愉快
,,	yu³-ko ch'ü⁴-êrh	有個趣兒
Enjoyment in, no	mei² i⁴-ssŭ	沒意思
,, ,, ,,	mei² ch'ü⁴-êrh	沒趣兒
,, ,, take no	tso⁴-ti pu⁴ tê² t'i³	做的不得體
Enlarge, to	shêng¹ ta⁴	生大
,,	k'uang⁴ chang¹	擴張
,,	k'uo⁴ ch'ung¹	擴充
,,	fang⁴ ta⁴	放大
,, upon, needless to	pu¹ tai⁴ chui⁴ hsü⁴	不待贅叙
Enlarged to double the size	chia¹ pei⁴ fang⁴ ta⁴	加倍放大
Enlighten,	chiao⁴ hua⁴	教化
,,	chün⁴ yu³ min² chih⁴	濬瀹民智
Enlightened person, an	yu³ chih¹-shih-ti	有知識的
Enlightenment,	wên² mêng²	文明
Enlist troops, to	chao¹ ping¹	招兵
,, ,,	chêng¹ mu⁴	徵募
,, in, to	ts'ung² jung²	從戎
,, ,,	t'ou² chün¹	投軍
Enlivened,	k'uai⁴ huo²	快活
Enmity,	ch'ou²	讐
,,	i² hên⁴	遺恨
Ennoble,	shou⁴ chüeh²	授爵
Ennui,	wu² liao³	無聊
Enormity,	hsiung¹ o⁴	凶惡
Enormous,	hên³ ta⁴	很大
,,	chi² ta⁴	極大
,,	kuo⁴ tu⁴	過度
,,	chü⁴ ta⁴	巨大
Enough,	kou⁴	彀
,, quite	tsu² kou⁴	足彀
,, just	chin³ kou⁴	僅彀
Enquire, to	ta³-t'ing	打聽
,,	fang³ ch'a²	訪察
,, I *enquired* of you	wo³ chi'ng³ chiao⁴ kuo⁴ ni³	我請教過你
Enquiries, thanks for kind	ch'êng² wên⁴	承問

Enraged—Entice. 260

Enraged,	nu⁴ ch'i⁴ ch'ung¹ kuan¹	怒氣衝冠
Enroll,	têng¹ chi⁴	登記
,, oneself in a party	kua⁴ ming² tang³ chi²	掛名簿籍
En route,	t'u² chung¹	途中
Enshrine,	pi⁴ ts'ang²	秘藏
Enslave,	i⁴ jên²	役人
,, oneself to another	kan¹ chü¹ jên² hsia⁴	甘居人下
Ensnare,	lung² lo⁴	籠絡
Ensued, quiet at once	hsüan² chi⁴ an¹ ching⁴	旋即安靜
Ensuing year	lai² nien²	來年
,, ,,	tz'ǔ⁴ nien²	次年
Entail,	liu² wei² hêng² ch'an³	留爲恆產
,, evil on posterity	i² hai⁴ hou⁴ jên²	遺害後人
Entangled (caught)	pan⁴-chu-lo	絆住咯
,, (dragged in)	lien²-lei-shang	連累上
Entente,	hsiu¹ hao⁴	修好
Enter, to	chin⁴	進
,,	ju⁴	入
,,	chin⁴-lai	進來
,,	chin⁴-ch'ü	進去
,, (transitive)	chia¹ ju⁴	加入
,, ,,	têng¹ chi⁴	登記
,, one's name	pao⁴ ming²	報名
,, (in a register, etc.)	têng¹ pu⁴-tzŭ	登簿子
,, into an agreement	i⁴ ting² ho² t'ung²	議訂合同
,, school	ju⁴ hsüeh²	入學
,, the priesthood	ch'u¹ chia¹	出家
Enterprise,	ta⁴ tan³	大膽
,, hazardous	mao⁴ hsien³ shih⁴ yeh	冒險事業
Enterprising,	yung³ kan³	勇敢
Entertain a guest, to	p'ei² k'o⁴	陪客
,, ,,	k'uan³ tai⁴	欵待
,, ,,	chieh¹ tai⁴	接待
,, idea of overturning republic	yao⁴ tso⁴ t'ui¹ fan¹ kung¹ ho² ti¹ hsiang³ yü⁴	要作推翻共和的想欲
,, a complaint	shou⁴ li³	受理
,, a suggestion	ts'ai³ yung⁴	採用
,, a request	yün³ ju² so³ ch'ing³	允如所請
Entertainment,	yen⁴ hui⁴	宴會
,, a successful	shêng⁴ hui⁴	盛會
Enthusiasm,	jo⁴ hsin¹	熱心
,,	hsing¹ wei⁴ hsin¹	興味心
Enthusiastically,	fa¹ fên⁴	發奮
Entice, to	yin³	引
	yin³-yu	誘引

Entice—Envoy.

Entice, to	kou¹ yin³	勾引
Entire,	ch'üan²	全
,,	wan² ch'üan¹	完全
,, horse	êrh² ma³	兒馬
Entirely,	ch'üan²	全
,,	ch'üan² t'i³	全體
Entitle,	ying¹ hsiang³	應享
,, (give a name to)	ming¹ ming²	命名
Entitled to, not	mei² yu³ wo³-ti fên⁴ 'rh	沒有我的分兒
,, to invitations, those	yu³ chao¹ tai⁴ chih¹ tzŭ¹ ko²	有招待之資格
Entity,	hsien⁴ ts'un² wu⁴	現存物
Entomology,	k'un¹ ch'ung² hsüeh²	昆蟲學
Entrails,	tsang⁴ fu³	臟腑
,,	ch'ang²-tzŭ	腸子
Entrance, an	mên²	門
,, main	ta' mên²	大門
,, to a lane	hu²-t'ung k'ou³ 'rh	衚衕口兒
,, force an	ch'iang³-chin-ch'ü	搶進去
,, (money at an exhibition)	ju⁴ ch'ang² tzŭ¹	入場資
,, fee	ju⁴ hui⁴ chin¹	入會金
Entreat, to	ch'iu²	求
,,	yang¹-kao	央告
,,	yang¹-ch'iu	央求
,,	k'en³ ch'iu²	懇求
Entrée (to have the)	chin⁴ ju⁴ tzŭ⁴ yu²	進入自由
Entrenchment,	wei³ kou'	圍濠
Entrust, to	t'o¹-fu	託付
,,	wei³ jên⁴	委任
Entry (in a book)	chi⁴ tsai⁴	記載
,,	têng¹ chi⁴	登記
,, of ship's papers at customs	pao⁴ kuan¹	報關
Enumerate,	chu⁴ i¹ chi⁴ suan⁴	逐一計算
,,	lieh⁴ chü³	列舉
Enunciate, to	shuo¹ ming²	說明
,,	hsüan¹ yen²	宣言
Enunciation, clear	shêng¹-yin ch'ing¹-ch'u	聲音清楚
Envelop, an	fêng¹ t'ao⁴-êrh	封套兒
,,	hsin⁴ fêng¹-êrh	信封兒
,, to	pao⁴ wei²	包圍
Environment,	ching⁴ yü⁴	境遇
Environs (e.g., of Peking)	ssŭ chiao¹	四郊
Envoy (special)	chuan¹ shih²	專使

Envoy—Equality. 262

Envoy, peace	chiang³ ho² shih³	講和使
Envy, to	chi⁴-tu	嫉妒
,, excites	chao¹-jên² chi⁴-tu	招人嫉妒
Epaulets,	chien¹ chang¹	肩章
Epicure, an	ch'ih¹-ti yao⁴ ching¹-chih	吃的要精緻
Epidemic, an	wên¹ ping⁴	瘟病
,,	liu² hsing² ping⁴	流行病
Epigram,	ts'un⁴ t'ieh³ yü³	寸鐵語
Epilepsy,	yang² chüeh² fêng¹	羊角風
,,	yang² chien² fêng²	羊癇風
Epilogue,	po⁴ wên²	跋文
Epistolary (of style)	ch'ih³ tu² t'i³	尺牘體
Epitaph, an	pei¹ ming²	碑銘
,,	chi⁴ wên²	祭文
Epitome,	kêng³ kai⁴	梗概
,,	yao¹ lüeh⁴	要畧
Epitomise, to	chien³ shuo¹	簡說
Epoch,	shih² tai⁴	時代
,,	chi⁴ yüan²	紀元
Epsom salts,	hsieh⁴ yen²	瀉鹽
Equable,	p'ing² ho²	平和
Equal,	ping⁴ chia⁴ ch'i² ch'ü¹	並駕齊驅
,, Europe and America (in greatness)	chia⁴ mei³ ch'i² ou¹	駕美齊歐
,, in rank	t'ung² p'in³	同品
,, ,,	p'ing² hsing²	平行
,, in status	ping⁴ chien¹	並肩
,, in size	i⁴ pan¹ ta⁴	一般大
,, in quantity, etc.	i⁴ pien¹ 'rh yün²	一邊兒勻
,, to the strain, not	chih¹-ch'ih-pu chu⁴	支持不住
,, to the task, not	li⁴ shao³ jên⁴ chung⁴	力少任重
,, number of the new and old school (in the government)	i³ hsin¹ chiu⁴ ts'o⁴ tsa² chih¹ shu⁴ hsiang¹ têng³	以新舊錯雜之數相等
,, men are all	jên² min² i² lü⁴ p'ing⁴ têng³	人民一律平等
,, all men, rich and poor, wise and foolish, are	p'in² fu⁴ chih⁴ yü² ch'üan² p'ing² têng³	貧富智愚全平等
,, of a beggar, not even the	ts'êng² ch'i⁴ jên² chih¹ pu¹ jo⁴	曾乞人之不若
,, labourers' day	p'ing² ch'ün¹ lao² tung⁴ shih² chien¹	平均勞動時間
,, is the world, no	shih⁴ wu⁴ ch'i² p'i³	時無其匹
Equality,	p'ing² têng³	平等

Equality of social status	lai² wang³ p'ing² hsing²	行平往來
Equally,	wu² tz'ǔ¹ pieh²	別差無
Equanimity,	p'ing² ch'i⁴	氣平
Equation,	fang¹ ch'êng² shih⁴	式程方
,, cubic	san¹ ch'êng⁴ fang¹ ch'êng² shih⁴	式程方乘三
,, quadratic	tzǔ⁴ ch'êng⁴ fang¹ ch'êng² shih⁴	式程方乘自
Equator,	ch'ih⁴ tao⁴	道赤
,, the	jo⁴ tu⁴	度熱
Equestrian,	ma³ shang⁴	上馬
,, feats	ma³ shang⁴ chih¹ shu⁴	術之上馬
Equidistant,	t'ung² chü⁴ li²	離距同
Equilateral,	têng³ pien¹	邊等
,, triangle	têng³ pien¹ san¹ chiao³ hsing²	形角三邊等
Equilibrium,	p'ing² hêng²	衡平
,,	ch'üan² hêng²	衡權
,,	ch'ün¹ shih⁴	勢均
,, of power	chün¹ shih⁴ chu² i⁴	義主勢均
Equinox,	chou⁴ yeh⁴ hsiang¹ p'ing²	平相夜晝
,, spring	ch'un¹ fên¹	分春
,, autumn	ch'iu¹ fên¹	分秋
Equip,	chêng³ pei⁴	備整
Equipment,	shê⁴ pei⁴	備設
,, of an army	chün¹ chuang¹	裝軍
,, of a soldier	chün¹ hsü¹	需軍
Equitable,	kung¹-tao	道公
,,	kung¹ yün³	允公
,,	pu¹ p'ien¹	偏不
Equitably,	kung¹ p'ing²	平公
Equity (law)	hêng² p'ing² fa⁰	法平衡
,,	kung¹ tao⁴	道公
Equivalent to	ju²-t'ung	同如
,,	hsiang¹ têng³	等相
,, to give a fair	i³ hsiang¹ tang¹ chih¹ tai⁴ chia⁴	價代之當相以
Equivocal,	ai⁴ mei⁴	昧曖
,,	liang³ han² hu	糊含兩
Equivocate, to	yung⁴ shuang¹-kuan tz'ǔ²	詞關雙用
Era, an	chi¹ yüan²	元紀
,, new	hsin¹ chi⁴ yüan²	元紀新
,, during the Ch'ienlung	ch'ien² lung² nien² chien¹	間年隆乾
,, of Tungchih and Kuanghsü	t'ung² kuang¹ chih¹ chien¹	間之光同

Eradicate—Escape. 264

Eradicate, to	pa² ch'u¹	拔出
,, the mischief	chien³ ts'ao³ ch'u² kên¹	剪除草根
Erase (blot out), to	t'u²-lo	塗咯
,, (strike out)	ch'ü⁴-lo	去咯
Erect,	chien⁴ li⁴	建立
,, to	li⁴	立
,, to stand or walk	hu³ pei⁴ hsiung² yao¹-ti	虎背熊腰的
,, military telegraphs	chia⁴ shê⁴ chün¹ yung⁴ hsien⁴	架設軍用線
Erection,	chien⁴ chu²	建築
Ermine,	yin² shu⁴	銀鼠
Erosion,	ch'in¹ shih²	侵蝕
Err,	wu⁴ chieh³	誤解
,, on side of lenience	shih¹ yü² t'ai⁴ k'uan¹	失於太寬
Errand, have sent him on an	ta³-fa-t'a ch'ü⁴-lo	打發他去咯
Errata,	ts'o⁴ tzŭ⁴	錯字
,, list of	chiao⁴ k'an⁴ piao³	校勘表
Erratic,	fan³-fu-pu ting⁴	反覆不定
,,	ch'ou²-ch'u-pu ting⁴	躊躇不定
Erroneous,	wu⁴ miu⁴	誤謬
Error,	ts'o⁴	錯
,,	ch'a¹-ts'o	差錯
,,	kuo⁴ shih¹	過失
,, clerical	pi³ wu⁴	筆誤
,, typographical	lu³ yü² hai⁴ shih⁴	魯魚亥豕
,, of one's ways, amend the	kai³ kuo⁴ ch'ien¹ shan⁴	改過遷善
,, propagate	i³ ê² ch'uan² ê²	以訛傳訛
,, amend one's former errors	t'ung⁴ kai³ ch'ien² fei¹	痛改前非
Eructation,	ta³ pao³ ko² 'rh	打飽嗝兒
Erudite,	po⁴ hsüeh²	博學
Eruption, volcanic	fa¹ huo³	發火
,, ,,	mao⁴ huo³	冒火
,, skin	fa¹ pan¹ tien³	發斑點
Erysipelas,	tan¹ tu²	丹毒
Escape, to	t'ao²	逃
,,	t'ao² p'ao³	逃跑
,, avoid	mien³	免
,, cannot	t'o¹-pu liao³	脫不了
,, had a narrow	hsien³ tsao¹ pu¹ ts'ê⁴	險遭不測
,, lucky	hsing⁴ mien³	幸免
,, pipe	t'o¹ ch'i⁴ kuan³	脫氣管
,, (as a fluid from a vessel)	lou⁴ ch'u¹	漏出

Escort — Estate.

Escort,	hu⁴ sung⁴	護送
„ (as prisoners), to send under	ya¹ chieh⁴	解押
Escutcheon,	hui¹ chang¹	徽章
Esoteric,	pi⁴ ch'uan²	祕傳
Esophagus,	shih² kuan³	食管
Especially,	yu²-ch'i	尤其
„	kêng⁴	更
„ made for you	t'ê i⁴-êrh wei⁴ ni³ tso⁴-ti	特意做你為兒的
Espionage,	chên¹ t'an⁴	偵探
„	chien⁴ tieh²	間諜
Espouse,	chieh² hun¹	結婚
Esprit de corps,	t'ung² yeh⁴ ch'ing² i²	同業情誼
„ „ lack of	shang¹ t'ung² chou¹ kung⁴ chi⁴ chih² i²	傷同舟共濟之誼
Essay, an	i⁴ p'ien¹ wên²-chang	一篇文章
„	i² tao⁴ lun⁴	一道論
Essayist,	lun⁴ wên² chia¹	論文家
Essence,	ching¹	精
„	yüan² ching¹	元精
„	lu³-tzŭ	滷子
„ (material)	pên³ chih³	本質
„ of national civilization	kuo² ts'ui⁴	國粹
„ of politness	li³ chih¹ pên³ i⁴	禮之本意
Essential,	chih⁴ yao⁴	至要
„	yao⁴ chien⁴	要件
„ that all shall be made to realize..., it is	wu⁴ shih³ jên² jên² hsiao² jan² yü²...	務使人人曉然於
„ absolutely	po¹ kuan¹ chin³ yao⁴	頗關緊要
„ element	yao¹ su⁴	要素
„ points	yao¹ tien³	要點
Essentially (naturally)	t'ien¹ jan²	天然
Establish, to	li⁴	立
„	shê⁴ li⁴	設立
„ a fact	ch'üeh⁴ ting⁴	確定
„ a new (organization)	ch'uang¹ li¹	創立
„ reputation	li⁴ ming²	主名
„ merit	chien⁴ li⁴ kung¹ hsün¹	建立功勳
„ the good, remove the evil and	ch'ü⁴ o⁴ li⁴ shan⁴	去惡立善
„ *established* fact	chi⁴ ting⁴ shih⁴ shih²	既定事實
Estate,	so³ yu³ ti⁴	所有地
„ (deceased)	i² ch'an³	遺產
„ ruin an	ch'ing¹ chia¹ tang⁴ ch'an³	傾家蕩產

Estate—Europe. 266

Estate, real	pu¹ tung⁴ ch'an³	不動產
Esteem,	chên¹ chung⁴	珍重
,,	kuei⁴ chung⁴	貴重
,, very much *esteemed*	hên³ tsun¹-chung-ti	很尊重的
Estimate, to	ho²-suan	合算
,,	ku¹-liang	估量
,,	ku¹-i-ku	估一估
,,	yü⁴ suan⁴	預算
,, (value)	ku¹ chia⁴	估價
,, rough	ĸai⁴ suan⁴	概算
,, army *estimates*	lu⁴ chün¹ yü³ suan⁴	陸軍預算
,, public ,,	yü⁴ suan⁴ piao³	預算表
Estrange,	li² chien⁴	離間
Estranged,	lêng³ tan⁴	冷淡
,,	chiao¹-ch'ing shêng¹-su	交情生疎
Estuary, an	ho² k'ou³	河口
,,	hai³ ch'a⁴-tzŭ	海汊子
Etcetera,	yün² yün²	云云
,,	têng³ lei⁴	等類
Eternal,	yung³	永
,,	yung³ yüan³	永遠
,,	yung³ chiu³	永久
,,	pu¹ hsiu³	不朽
Eternity, for all	yung³ yüan³	永遠
Ether,	ching¹ ch'i⁴	精氣
Ethical,	hsiu¹ shên¹	修身
,,	lun² li³	倫理
Ethics,	tao⁴-hsüeh	道學
,,	lun² li³ hsüeh²	倫理學
Ethnology,	jên² chung³ hsüeh²	人種學
Etiquette,	li³ i²	禮儀
,, (ceremony)	li³	禮
., (custom)	kuei¹-chü	規矩
,, breach of	ts'o⁴ kuei¹-chü	錯規矩
,, ,,	fan⁴ kuei¹-chü	犯規矩
,, ,, minor	la⁴-liao-ko kuo⁴ chieh² 'rh	邋了個過節兒
Etymology,	yü³ yüan² hsüeh²	語原學
Eulogise,	sung⁴ tsan⁴	頌讚
Eulogy,	sung⁴ tz'ŭ²	頌詞
Eunuch, a	t'ai⁴ chien	太監
,,	nei⁴-chien	內監
,, (vulgar)	lao³-kung	老公
Europe,	ou¹-lo pa¹	歐羅巴
,, and America	ou¹ mei³	歐美

Evacuate (troops)	ch'ê⁴ ch'ü⁴	去撤
,, ,,	ch'ê⁴ t'ui⁴	退撤
,, (from the bowels)	p'ai² hsieh⁴	洩排
Evacuations ,, ,,	p'ai² hsieh⁴ wê⁴	物洩排
Evade (get out of the way of)	to³	躲
,, (avoid)	mien³	免
,, taxes	lou⁴ shui⁴	稅漏
,, (shirk) duty	t'ou¹ hsien² 'rh	兒閑偷
,, ,,	t'o³-lan³ 'rh	兒懶脫
Evangelize,	ch'üan² tao⁴	道傳
Evaporate, to	fa¹ san⁴	散發
,,	hua⁴-ch'êng ch'i⁴	氣成化
Evasion (of an argument)	tun⁴ tz'ŭ²	辭遁
Even (flat)	p'ing² t'an³	坦平
,, (level)	p'ing²	平
,, (in colour)	yün²	勻
,, numbers	shuang¹ shu⁴-êrh	兒數雙
,, and odd	chi¹ ou³	偶奇
,, with, get	fu⁴ ch'ou²	讐復
,, I don't know	lien² wo³ tou¹-pu chih¹-tao	
		道知不都我連
,, if	tsung³ jan²	然總
,, if it is intended for convenience of transport	chi⁴ shih⁴ wei⁴ wang³ lai² pien⁴ li⁴ ch'i³ chien⁴	見起利便來往爲是旣
,, though he speaks eloquently, no one believes him	chiu⁴ shih⁴ t'a¹ shuo¹ ti¹ t'ien¹ hua¹ luan⁴ chui⁴ jên² chia¹ tsung³ shih⁴ i³ wei² chia³ ti¹	的假爲以是總家人墜亂花天的說他是就
,, though our sovereign rights are unimpaired yet......	chiu⁴ ling⁴ pu¹ ch'in¹ wo³ chu³ ch'üan êrh²......	......而權主我侵不令就
,, protect themselves, how will they protect you? they can't	t'a¹ mên² ch'ieh³ pu¹ nêng² tzŭ⁴ pao³, na³ nêng² pi⁴ hu⁴ ni³	你護庇能那保自能不且們他
Evening,	wan³-shang	响晚
,,	wan³-pan shang³-êrh	兒响半晚
,, of life	wan³ nien²	年晚
,, yesterday	tso² wan³	晚昨
Evenness,	ch'i² chêng⁴	正齊
,, of temper	p'ing² ch'i⁴	氣平
Event, past	wang³ shih⁴	事往
,, wise after the	wang² yang² pu³ lao²	牢補羊亡
,, ,, ,,	tsei² ch'ü⁴ kuan¹ mên²	門關去賊
,, of ....., in the	yü⁴ yu³......	......有遇

Event—Every.   268

Event of the club committee wishing to realise the property, in the	kuo³ hsi⁴ chang³ kuan³ chih⁴ nien² tsan⁴ ch'êng² pien⁴ mai⁴	賣變成贊年值館掌係果	
,, at all *events*	wu² lun⁴ ju² ho²	何如論無	
,, anticipate *events* before they occur	hsien¹ shêng² to² jên²	人奪聲先	
,, have occurred, many *events*	ch'u¹-liao to¹-shao shih⁴-chi	跡事少多了出	
Eventful times	to¹ shih⁴ chih¹ ch'iu¹	秋之事多	
Eventuality, a possible	wan⁴ i¹	一萬	
,, to guard against *eventualities*	fang² pei⁴ wan⁴ i¹	一萬備防	
Eventually,	tsui⁴ hou⁴	後最	
,,	tao⁴ liao³-êrh	兒了到	
,,	shih³ chung¹	終始	
Ever, for	wan⁴ tai⁴	化萬	
,, (always)	lao³	老	
,, did you!	ch'i³-yu-tz'ŭ li³	理此有豈	
,, saw, the biggest, etc., I	chê⁴-ts'ai t'ou² i² mo⁴ 'rh	兒莫一頭纔這	
Evergreen,	tung¹ hsia⁴ pu⁴ tiao¹	彫不夏冬	
,,	tung¹ hsia⁴ ch'ang² ch'ing¹	青長夏冬	
Everlasting,	yung³ yuan³	遠永	
,,	yung³	永	
,,	wan⁴ shih⁴ pu⁴ hsiu³	朽不世萬	
Every,	mei³	每	
,, body	jên² jên²	人人	
,, ,,	ko⁴ jên²	人各	
,, (each one)	mei³-i-ko	個一每	
,, day	t'ien¹ t'ien¹	天天	
,, ,,	chien⁴ t'ien¹	天見	
,, one knows	jên² jên² tou¹ chih¹-tao	道知都人人	
,, thing	shêm²-mo tou¹	都麼甚	
,, ,,	wan⁴ tuan¹	端萬	
,, where	ch'u⁴ ch'u⁴	處處	
,, ,,	ko⁴ ch'u⁴	處各	
,, ,,	chu¹ fang¹	方諸	
,, ,,	tsai⁴ so³ chieh¹ shih⁴	是皆所在	
,, time	mei³ hui²	回每	
,, ,, whenever	mei³ fêng²	逢每	
,, way, in	wan⁴ pan¹	般萬	
,, where, (in every place)	p'ien⁴ ti⁴	地遍	
,, day use, articles in	jih⁴ yung⁴ ch'ang² hsing² ti¹ wu⁴ chien⁴	件物的行常用日	
,, thing, it is the same with	fan² shih⁴ mo⁴ pu¹ chieh¹ jan²	然皆不莫事凡	

Evict—Exactly.

Evict,	chu⁴ ch'u¹	出逐
Evidence (due)	shih⁴ chi⁴	跡事
,, verbal	k'ou³-kung	供口
,, (proof)	p'ing²-chü	據憑
,, ,,	chêng⁴-chü	據證
,, corresponded	k'ou³ kung¹ hsiang¹ fu²	符相供口
,, (against a criminal) lest they lose merit in the next world, refuse to give	niu³ yü² yin¹ tê² chih¹ shuo¹ pu¹ k'ên³ wei² chêng⁴	證爲肯不說之德陰於狃
Evident, that is	ming²-shih	是明
,, (manifest)	hsien³-jan	然顯
Evil,	o⁴	惡
,, person, an	huai⁴-hsin jên²	人心壞
,, (depraved) person, an	yin² hsin¹ jên²	人心淫
,, designs, to harbour	huai² kuei² t'ai¹	胎鬼壞
,, thoughts	hsieh² nien⁴	念邪
,, influences	hsieh² mo² wai⁴ sui⁴	祟外魔邪
,, resulting is that it causes . . ., the worst	tsui⁴ lieh⁴ ti hai⁴ ch'u⁴ chiu⁴ shih⁴ shih³	. . . . . . 使是就處害的烈最
,, minded	pao¹ ts'ang² huo⁴ hsin¹	心禍藏包
,, practice	o⁴ pi⁴	弊惡
,, tidings	hsiung¹ pao⁴	報凶
,, root of all	wan⁴ o⁴ chih¹ kên¹	根之惡萬
Evince sincerity	piao³ ch'i² ch'êng² hsin¹	心誠其表
Evolution,	fa¹ ta²	達發
,,	chin⁴ hua⁴	化進
,, doctrine of	chin⁴ hua⁴ lun⁴	論化進
Evolutions,	ts'ao¹ lien⁴	練操
Evolve,	chin⁴ hua⁴	化進
,,	yin³ yung⁴	用引
Exact, to	shou¹ lien⁴	斂收
,,	ching¹ hsi⁴	細精
,, (precise)	yen² chung⁴	重嚴
,, (of the time)	chun³	準
,, not	pu² ch'üeh⁴	確不
Exacting,	ta³ hsi⁴ suan⁴-p'an	盤算細打
,,	fên¹ chin¹ pai¹ liang³-ti	的兩掰金分
,,	ting¹-tzŭ mao³-tzŭ-ti	的子卯子丁
Exactions,	lo¹ so³	索勒
Exactly,	chêng⁴	正
,, so	k'o⁴-pu-shih-mo	麼是不可
,, ,,	k'o³ shuo¹-ti no	哪的說可

Exactly—Example. 270

Exactly so	chê⁴-pu chieh²-lo.	咯結不過
,, enough	kang¹ kang²-êrh kou⁴ lo	咯毅兒剛剛
,, cannot say	shuo¹-pu chun³	準不說
,, that's it	shih⁴ chi²	極是
,, as if appointed by foreigners	ya³ sai¹ shih⁴ wai⁴ jên² wei³ jên⁴	任委人外是亞
Exaggerate,	chang¹ ta⁴ ch'i² tz'ŭ²	詞其大張
Exaggerated,	t'ai¹ li²-kuang-lo	咯光離太
,,	t'ai¹ kuo⁴ huo³-lo	咯火過太
Exaggeration,	chang¹ yang²	揚張
Exalted (rank)	kao¹ kuei⁴	貴高
,, (nature)	kao¹ shang⁴	尙高
,, with pride	yang² yang² tê² i⁴	意得揚揚
Examination, an	k'ao³ k'o⁴	課考
,,	shih⁴ yen⁴	驗試
,, (legal)	shên³ wên⁴	問審
,, (of a subject)	tiao⁴ ch'a²	查調
,, of goods	yen⁴ huo⁴	貨驗
,, hall	chü³ ch'ang³	場舉
,, go up for	ju⁴ k'ao⁴	考入
,, civil service	têng¹ yung⁴ shih⁴ yen⁴	驗試用登
,, competitive	chêng⁴ chêng¹ shih⁴ yen⁴	驗試爭競
,, medical	chien³ yen⁴ shên¹ t'i³	體身驗檢
,, preliminary	yü⁴ pei⁴ shih⁴ yen⁴	驗試備預
,, pass in an	chi² ti⁴	第及
,, fail in an	lo⁴ ti⁴	第落
,, ,,	lo⁴ sun¹ shan¹	山孫落
,, written	pi³ chi⁴ shih⁴ yen⁴	驗試記筆
, oral	k'ou³ t'ou² shih⁴ yen⁴	驗試頭口
Examine (a patient)	chên³ ch'a²	察診
,, (a subject)	tiao² ch'a²	查調
,, (witnesses)	hsün⁴ wên⁴	問訊
,, ,,	chih² tui⁴	對質
,, under torture	hsing² hsün⁴	訊刑
,, into, to	ch'a²-tui	對查
,, ,,	ch'a²	查
,, ,,	k'ao³-ch'a	查考
,, (scrutinise)	yen²-chiu	究研
,, goods	yen⁴ huo⁴	貨驗
Examiner, an	k'ao³ kuan¹	官考
,,	shih⁴ yen⁴ wei³ yüan²	員委驗試
Example, an	pang³-yang	樣榜
,,	piao¹ chun³	準標
,,	yin¹ chien⁴	鑑股

Example (precedent)	hsien¹ li⁴.	先例
,, set an	k'ai¹ tsung¹ ming² shih³	開宗明始
,, ,,	tso⁴-ko pang³-yang	做個榜樣
,, ,,	tso⁴-ko piao³-shuai	作個表率
,, to inferiors, superiors set an	shang⁴ hsing² hsia⁴ hsiao⁴	上行下效
,, of him, make an	na² t'a¹ tso⁴ fa³-tzŭ´	拿他做法子
,, all depends on the influence of	ch'üan² tsai⁴ piao³ shuai⁴ tê² jên² pu¹ tê² jên²	全在表率得人 不得人
,, for	p'i⁴ ju²	譬如
,, of his slippery methods, an	ch'i² shou³ tuan⁴ yüan² hua² k'o³ chien⁴ i¹ pan¹	其手段圓滑可見一班
,, warned by	chien⁴ yü¹ ch'ien² chü¹	鑑於前車
,, some obvious *examples*	yen³ ch'ien² yu³ chi³ ko⁴ pi³ fang¹	眼前有幾個比方
Exasperate, to	jo³	惹
,,	chao¹	招
,,	fên⁴ nu⁴	憤怒
Exasperating,	t'ao³-jên² hsien²	討人嫌
,,	k'o³ wu⁴	可惡
Excavate, to	wa¹	挖
,,	k'ai¹ tsao²	開鑿
Exceed, to	kuo⁴	過
,, one's power or duty	yüeh⁴ fên⁴	越分
,, not *exceeding*	pu¹ tê² kuo⁴ ...	不得過 ...
Exceedingly,	i⁴ ch'ang²	異常
Excel, eager to	yao⁴ ch'iang²	要強
Excellence,	yu¹ têng³	優等
Excellent,	hao³ chi²	好極
,,	miao⁴ chi²	妙極
,,	hao³-chih-chih⁴	好之至
Except,	ch'u²-lo	除咯
,,	ch'u² .... wai⁴	除 .... 外
,, raising a loan, no method	shê³ chieh¹ k'uan³ wai⁴ wu⁴ t'a¹ fa³	舍借欵外無他法
,, in accordance with law, shall not be arrested	fei¹ i¹ fa⁴ lü⁴ pu¹ tê² tai⁴ pu³	非以法律不得逮捕
Exception, an	li⁴ wai⁴ chih¹ shih⁴	例外之事
,, (objection)	i⁴ i⁴	異議
,, to (a juror), take	ch'i¹ pi⁴	忌避
,, in a person's favour, make an	p'o⁴ ko²	破格
,, should constitute an	ying¹ tso⁴ li⁴ war	應作例外
,, cannot be made for Manchus, an	ch'i² jên² pu¹ tê² tu. t⁰	旗人不得獨異

Exceptional—Exclaim. 272

Exceptional respect by passers-by, soldiers walking on the streets are shown	chün¹ jên² hsing² tsai⁴ chieh¹ shang⁴ lu⁴ jên² fên⁴ wai⁴ kung¹ ching⁴	軍人行在街上路人分外恭敬
Exceptionally,	ko² wai⁴	格外
Excess,	kuo⁴ fên⁴	過分
,, baggage	hsing² li³ yü² ting⁴ chang¹ chih¹ shu⁴	行李逾定章之數
,, charges for telegrams	fu² shou¹ pao⁴ fei⁴	浮收報費
,, (e.g., expenditure over revenue)	ch'ao¹ kuo⁴	超過
,, (indulgence)	fang⁴ i⁴	放逸
,, drink to	yin³ chiu³ kuo⁴ tu⁴	飲酒過度
Excessive,	kuo⁴ tu⁴	過度
,,	kuo⁴-yü	過於
,, apprehension	kuo⁴ lü⁴	過慮
,, proposals	kuo⁴ chi¹ chih¹ chu³ chang³	過激之主張
Exchange, to	huan⁴	換
,, ,,	chiao¹ huan⁴	交換
,, ,,	tui⁴ huan⁴	兌換
,, of views	chiao¹ huan⁴ i⁴ chien⁴	交換意見
,, banks	hui⁴ yeh⁴ yin² hang²	滙業銀行
,, Stock	ku³ fên¹ chiao¹ i⁴ so³	股分交易所
,, cards with so and so	yü³ mou³ huan⁴ ming⁴ t'zŭ⁴	與某換名剌
,, rate of	hang²-shih	行市
,, ,,	hui⁴ tui⁴-ti hang²-shih	滙兌的行市
,, loss by	hui⁴ tui⁴ chih¹ sun³ hao⁴	滙兌之損耗
,, bill of	hui⁴ p'iao⁴	滙票
,, documents simultaneously, to	tui⁴ shou³ huan⁴	對手換
Excise,	kuo² ch'an³ shui⁴	國產稅
Excite, to	chao¹	招
,, (in bad sense)	shan⁴ huo⁴	煽惑
,, the feelings	tung⁴ ch'ing²	動情
,, the suspicion of the world	t'iao¹ tung⁴ ko⁴ kuo² ts'ai² chi⁴	挑動各國猜忌
Excited,	hsin¹ chi²	心急
,,	chi²-lo	急咯
Excitement,	fên⁴ fa¹	發奮
,, in the neighbourhood, caused	hung¹ tung⁴ chieh¹-fang	哄動街坊
Exclaim, to	hu¹ shuo¹	忽說
,, sadly	hai¹ shêng¹ t'an⁴ ch'i⁴	唉聲歎氣

Exclude—Execute.

Exclude, to	ch'u² ch'ih⁴	斥除
,,	ch'ü⁴-tiao	掉去
,,	p'ai² ch'ih⁴	斥排
,, visitors	chü⁴ k'o⁴	客拒
Exclusion,	p'ai² ch'ih⁴	斥排
Exclusive,	tu¹ yu³	有獨
,, of	ch'u²-liao	了除
,, use	chuan¹ yung⁴	用專
,, rights	chuan¹ ch'üan²	權專
,, in the matter of acquaintances	pu² lan⁴ chiao¹	交濫不
Excrement,	shih³	屎
,,	p'ai² hsieh⁴ wu⁴	物泄排
Excrescence,	chui⁴ wu⁴	物贅
Excruciating,	k'u³ ch'u³	楚苦
Exculpate,	pien⁴ hu⁴	護辯
Excursion, make an	kuang⁴	逛
,, ,,	ch'u¹-ch'ü kuang⁴-ch'ü	去逛去出
,, take a boating	tso⁴ fan chou¹ chih¹ yu²	遊之舟泛作
,, ticket	yu² li⁴ p'iao⁴	票歷遊
Excuse,	t'o¹ tz'ŭ²	辭託
,, (bad)	k'ou³ shih²	實口
,, (good)	pien⁴ chieh³	解辯
,, me (upon breaking off a conversation, to read a letter, etc.)	k'uang¹ chia⁴	駕誑
,, (to a host upon leaving)	kao⁴ tz'ŭ²	辭告
,, (when addressing a stranger)	chieh⁴ kuang¹	光借
,, (when wanting to pass a person, etc.)	chieh⁴ kuang¹	光借
,, you must kindly (when obliged to leave a guest)	pu⁴ nêng² fêng⁴ p'ei²	陪奉能不
,, me, kindly	hsing⁴ wu² chien⁴ tsê²	責見勿幸
,, omission of (formal) invitation (to a funeral or wedding)	shu¹ ch'ing³ pu¹ chou¹	周不請恕
,, himself for his absence	t'o¹ ku⁴ pu¹ tao⁴	到不故託
,, me for keeping you waiting till my meal was finished (said to a caller)	hsien¹ p'ien¹ nin²	您偏先
,, (pardon), to	jung²-liang	諒容
Excuses, to make	chih¹-wu	吾支
,, full of specious	man³ tsui³-ti tun⁴ tz'ŭ²	詞遁的嘴滿
Execration,	tsêng¹ wu⁴	惡憎
Execute (kill), to	sha¹	殺

Execute—Exertion. 274

Execute (put to death)	chih² hsing² ssǔ³ hsing²	刑死行執
,, a deed	li⁴ ho²-t'ung	同合立
,, ,,	ch'ien¹ tzǔ⁴ kai⁴ yin¹	印盖字簽
,, a bond	chü⁴ chieh²	結具
,, a judgment	chih² hsing²	行執
,, (an intention)	ch'eng² chiu⁴	就成
Execution,	shih¹ hsing²	行施
,, (of a contract)	li³ hsing²	行履
,, (of one's promise)	chien⁴ yen²	言踐
,, (manufacture)	chih⁴ tso⁴	作製
,, (workmanship)	hsi⁴ kung¹	工細
,, of a judgment	chih² hsing² ts'ai² p'an⁴	判裁行執
,, ,, warrant	chih² hsing² ling⁴ chuang⁴	狀令行執
,, place of	hsing² hsing² ch'ang²	塲刑行
Executioner, an	kuei⁴-tzǔ shou³	手子劊
,,	ssǔ³ hsing² chih² hsing² jên²	人行執刑死
Executive (adj.)	hsing² cheng⁴ shang⁴	上政行
,, right of petitioning the	yu³ ch'ên² su⁴ yü² hsing² cheng⁴ kuan¹ shu³ chih¹ ch'üan²	權之署官政行於訴陳有
Executor,	chih² hsing² i² chu³	囑遺行執
Exemplary,	ch'êng³ chieh⁴	戒懲
,, (punishment as a warning)	ch'êng³ chien² pi⁴ hou⁴	後㢲前懲
,, ,, ,,	i³ chao¹ chiung³ chieh⁴	戒炯昭以
Exempt, to	mien³	免
,,	chüan¹ mien³	免蠲
,, from military service	mien³ i⁴	役免
Exercise (lesson)	k'o⁴ ch'êng²	程課
,, an educational	kung¹-k'o	課功
,, to take	huo²-tung shên¹ t'i³	體身動活
,, physical	yün⁴ tung⁴	動運
,, ,,	jou²-juan t'i³ ts'ao¹	操體軟柔
,, a horse	ya¹ ma³	馬壓
,, walking	san⁴ pu⁴	步散
,, sword	chien⁴ shu⁴	術劍
,, (of functions)	chih² hsing²	行執
,, authority	chih¹ p'ei⁴	配支
,, sovereignty	hsing² shih³ t'ung³ chih⁴ ch'üan²	權治統使行
Exert,	chin⁴ li⁴	力盡
,,	pên¹ tsou³	走奔
,, one's mind, etc.	ta²-ch'i ching¹-shên	神精起打
Exertion,	mien³ li⁴	力勉

Exhale—Existence

Exhale, to	ch'u¹ ch'i⁴	氣出
Exhaust, to	chin⁴	盡
,, every argument	shê² pi⁴ ch'un² chiao¹	焦唇敝舌
Exhausted every effort	ts'ai² chin⁴ li⁴ chieh²	竭力盡才
,, very	lei⁴ ta⁴-fa lo	咯發大累
,, ,,	lang²-pei-pu k'an¹	堪不狼狼
,, the conversation	shuo¹-ti tz'ŭ² ch'iung²-lo	咯窮詞的說
Exhausting,	hao⁴ shên²	神耗
Exhaustion,	hsiao¹ hao⁴	耗消
Exhaustive,	chou¹ tao⁴	到周
,, auditing, an	ch'ê⁴ ti³ ch'ing¹ ch'a²	查清底澈
Exhaustiveless,	wu² ch'iung² chin⁴	盡窮無
Exhaustively with the matter, dealt	i³ ching¹ shuo¹ ti¹ chih⁴ i³ chin¹ i³	矣盡矣至的說經已
Exhibit,	ch'ên² lieh⁴ p'in³	品列陳
,, (in court)	chêng⁴ chü⁴ p'in³	品據證
Exhibition, an	ch'ên² lieh⁴ so³	所列陳
,,	po⁴ lan³ hui⁴	會覽博
,,	po²-wu hui⁴	會物博
,, an industrial	ch'üan⁴ yeh⁴ hui⁴	會業勸
,, of oneself, make an	tiu¹ jên² ti¹ hsien⁴ yen³	眼現的人丟
,, of yourself, don't make an	pieh² na⁴-mo tso⁴ huang³-tzŭ	子幌做麼那別
,, ,, ,,	pieh² ch'u¹ ch'ou³	醜出別
,, ,, ,,	pieh² ta³ tsui³ hsien⁴ shih⁴	世現嘴打別
,, disgraceful, make a	ch'u¹ t'ou² fang² ch'ou⁴	臭放頭出
Exhilarated,	ch'ang⁴ k'uai⁴	快暢
Exhort, to	ch'üan⁴	勸
,,	ch'üan⁴-chieh	解勸
,,	chien⁴ yen²	言諫
Exhortation,	chung¹ kao⁴	告忠
Exigency,	wei¹ chi²	急危
,, to meet an	chiu⁴ chi²	急救
,, extraordinary	fei¹ ch'ang² chin³ chi² pi⁴ yao⁴ shih²	時要必急緊常非
Exile (punishment)	t'u² hsing²	刑徒
Exiled to Hsinchiang	yin¹ tsui⁴ fa¹ p'ei⁴ hsin¹ chiang¹	疆新配發罪因
Exist, to	tsai⁴	在
,,	ts'un² tsai⁴	在存
,,	shêng¹ ts'un²	存生
Existing treaties	hsien⁴ hsing² t'iao² yüeh¹	約條行現
Existence,	shêng¹ huo²	活生
,, affects our very	kuan¹ hsi⁴ ts'un² wang²	亡存係關
,, (as a treaty), come into	ch'êng² li⁴	立成

Exit—Expedient. 276

Exit,	t'ui⁴ ch'ang²	退場
Ex-officio,	ch'u¹ tzŭ⁴ chih² ch'üan²	出自職權
Exonerate,	mien³ tsui⁴	免罪
Exorbitant,	t'ai⁴ kuo⁴-yü	太過於
,, demand	so⁵ ch'ü³ t'ai⁴ kuo⁴	索取太過
Exorcising texts	pi⁴ hsieh² ching¹	避邪經
Exotic,	wai⁴ lai² wu⁴	外來物
Expand, to	wang³ wai⁴ chang'	往外漲
,,	chang⁴-ch'i-lai	漲起來
,,	shên¹ chang¹	伸張
,,	k'uo⁴ ch'ung¹	擴充
Expanse,	miao³ mang¹	渺茫
Expansibility,	p'êng² chang⁴ chih³	膨脹之
Expansion of trade	shang¹ yeh⁴ fa¹ ta²	商業發達
,, of a country	k'uo⁴ chang¹	擴張
,, and contraction	shên¹ so¹	伸縮
,, triple	san¹ ch'ung² lien² kuan¹ shih⁴	三重聯關式
Ex parte,	i² mien⁴ chih² tz'ŭ²	一面之辭
Expatriate,	fang⁴ chu⁴	放逐
,, oneself	ch'u¹ pên¹ t'a¹ kuo²	出奔他國
Expect he will come, I	p'a⁴-t'a yao⁴ lai²-pa	怕他要來罷
,, ,, ,,	kuang¹-ching yao⁴ lai²	光景要來
,, ,, ,,	kuan³ mo yao⁴ lai²	管保要來
,, he will give you	kuang¹-ching yao⁴ kei³ ni³	光景要給你
,, you on that day, I shall	p'an⁴ ju² ch'i² lai²	盼如期來
,, better than I expected	yüeh⁴ kuo⁴ wo³ hsiang³ t'ou²	越過我想頭
,, (hope for), to	hsin¹-li chih³-wang	心裏指望
Expectation,	hsi¹ wang⁴	希望
Expectations (prospects)	ch'ien² t'u²	前途
,, fulfil my	fu⁴ yü² chih¹ wang⁴	副余之望
,, high	shê¹ wang⁴	奢望
Expectorate, to	ts'ui⁴ t'u⁴-mo	啐唾沫
Expediency,	pien⁴ li⁴	便利
,,	ho² i²	合宜
Expedient,	fang¹ fa³	方法
,,	shou³ tuan⁴	手段
,,	fang¹ lüeh⁴	方署
,,	fang¹-pien	方便
,, to be	pien⁴ i²	便宜
,, temporary	ch'üan² mou²	權謀
,, to follow what is	hsing² ch'üan²	行權
,, ,,	ts'ung² ch'üan²	從權

Expedition (haste)	chi² su¹	速急
,, ,,	shên² su¹	速神
,, (military)	yüan³ chêng¹	征遠
,, (punitive)	chêng¹ fa²	伐征
Expeditionary force	yüan³ chêng¹ chün¹	軍征遠
Expel, to	hung¹-ch'u-ch'ü	去出閧
,,	nien³-ch'u-ch'ü	去出攆
,,	ch'ü¹ chu⁴	逐驅
,, (from school)	t'ui⁴ hsñeh²	學退
Expend, to	fei⁴	殳
,, great energy	fei⁴ hsü³ to¹ ti¹ ch'i⁴ li⁴	力氣的多許殳
Expenditure,	hua¹-fei	費花
,,	yung⁴-fei	費用
,,	fei⁴-yung	用費
,, household	chiao²-yung	用嘺
,, ,,	chiao² kuo	過嘺
,, miscellaneous	tsa² fei⁴	費雜
,, annual	sui⁴ ch'u¹	出歲
,, current	ching¹ fei⁴	費經
,, extraordinary	lin² shih² fei⁴	費時臨
,, receipts and	shou¹ chih¹	支收
,, of effort, vast	hsin¹ hsüeh³ yung⁴ chen⁴	盡用血心
,, publish account of the	chiang¹ yung⁴ t'u² k'ai¹ ch'u¹	出開途用將
Expense,	fei⁴ yung⁴	用費
,, put you to	chiao⁴-nin hua¹ ch'ien²	錢花您教
Expenses of his retinue	fu¹ ma³ kung¹ ying	應供馬夫
,, after allowing for all	ch'u² i ch'ieh¹ k'ai¹ chih¹ wai⁴	外支開切一除
Expensive,	kuei⁴	貴
,,	pu⁴ fei²	菲不
Experience,	chien⁴-shih	識見
,, acquired by	ching¹ yen⁴ chung¹ tê² lai²	來得中驗經
,, the lessons of	pu⁴ ching¹ i² shih⁴ pu⁴ chang³ i² chih⁴	智一長不事一經不
,, limited	ching³ ti³ wa¹	蛙底井
,, he has had	t'a¹-shih kuo⁴ lai² jên³	人來過是他
,, ask a person of	yü⁴ chih¹ shan¹ ch'ien² lu⁴ hsü¹ wên⁴ kuo⁴ lai² jên⁰	人來過須路前山知欲
,, the result of so many years accumulated	chi¹ chi³ hsu³ nien² ts'an³ tan³ ching¹ ying² chih¹ hsiao⁴ kuo³	果效之營經淡慘年許幾積
Experienced,	lao³ ch'êng² lien⁴ ta²	達練成老
,,	ching¹-lien-kuo-ti jên²	人的過練經
,,	yu³ ching¹-lien	練經有

Experienced—Exploit. 278

Experienced statesman	chêng⁴ chieh⁴ lao³ shou³	政界老手
Experiment,	shih⁴ yen⁴	試驗
,, make the	shih⁴-i-shih	試一試
,, make rash *experiments*	ch'ing¹ wei⁴ ch'ang² shih⁴	輕為嘗試
Experimental,	shih⁴ pan⁴	試驗
Expert,	chuan¹ mên²	專門
,, an	shu² shou³	熟手
,, ,,	hang²-chia	行家
,, (connoisseur)	chien⁴ ting⁴ chia¹	鑒定家
,, opinion	chien⁴ ting⁴ shu¹	鑒定書
,, in forestry	yü² lin² hsüeh² yu³ hsin¹ tê²	於林學有心得
,, chief technical (on a ministry)	chi⁴ chêng⁴	技正
,, technical	chi⁴ shu⁴ kuan¹	技術官
,, ask advice from an	wên⁴ yü² chih¹ ching¹	問於知津
Expiate an offence, to	shu² tsui⁴	贖罪
,, ,, (Buddhist)	ch'an⁴-hui	懺悔
Expiration,	man³ ch'i²	滿期
,, of	hsien⁴ man³-lo	限滿咯
,, of the time, at the	chieh⁴ ch'i²	屆期
Expired, he had already	ch'i⁴ chüeh² shên¹ ssŭ³	氣絕身死
Explain, to	shuo¹ ming²-pai	說明白
,,	chiang³ ming²-pai	講明白
,,	chiang³ chieh³	講解
,, in detail	shuo¹ hsiang²-hsi	說詳細
Explanation,	chu⁴ shih⁴	註釋
,, (reconciliation)	ho² hao⁴ ju² ch'u¹	和好如初
,, vindication	pien⁴ chieh³	辯解
,, of signs, etc., in a book	fan² li⁴	凡例
,, demand an	chieh² wên⁴	詰問
,, with *explanations* (as a text book)	ping⁴ chia¹ shuo¹ ming²	並加說明
Explanatory statement	shuo¹ ming² shu¹	說明書
,, ,,	li³ yu² shu¹	理由書
Explicit,	p'an⁴ jan²	判然
,,	hsiang²-hsi	詳細
Explode, to	hung¹	轟
,,	p'o⁴ lieh⁴	破裂
,, cause a bomb to	shih¹ fang⁴ cha⁴ t'an⁴	施放炸彈
,, with laughter	p'u¹ ch'ih¹-ti lo⁴-lo	噗嗤的樂樂
Exploit,	hsün¹ kung¹	勳功
,, to	li⁴ yung⁴	利用
,, (a new country)	k'ai¹ chih⁴	開拓

Exploit, his great *exploits*   chüeh² kung¹ shên⁴ wei³   厥功甚偉
Explore, to   t'an⁴ fang³   探訪
,,   t'an⁴ hsien³   探險
Explorer,   t'an⁴ hsien³ chia¹   探險家
Explosive shell   pao⁴ lieh⁴ tan⁴   爆裂彈
,, power   pao⁴ fa¹ li⁴   爆發力
,, elements latent beneath the surface   mai² fu² pao⁴ lieh⁴ chih¹ fên⁴ tzŭ   埋伏暴烈之分子
Export, to   yün⁴-ch'u-ch'ü   運出去
,, duty   ch'u¹ k'ou³ shui⁴   出口稅
Exports,   ch'u¹ k'ou³ huo⁴   出口貨
Expose, to   lou⁴ ch'u¹   露出
,, publicly for sale (as an illegal article)   ming² ch'u¹ ta⁴ mai⁴   明出大賣
,, one's life   p'in⁴ ming⁴   拚命
Exposed the person (indecently)   ch'ou³ t'i³   醜體
,, to the weather   chieh² fêng¹ mu⁴ yü³   櫛風沐雨
Exposition,   chieh³ shih⁴   解釋
Ex post facto recognition   shih⁴ hou⁴ ch'êng² jên⁴   事後承認
Expostulate,   ch'üan⁴ chieh³   勸解
Exposure (of crime)   shui¹ lo⁴ shih² ch'u¹   水落石出
,, of the dead (by digging up graves)   pai² ku³ pao⁴ lou⁴   白骨暴露
Express, to   piao³ shih⁴   表示
,, (newspaper extra), an   hao⁴ wai⁴   號外
,, train, an   k'uai⁴ ch'ê¹   快車
,, letter   chi² hsin⁴   急信
,, ,, send an   chi⁴ k'uai⁴ hsin⁴   寄快信
,, messenger   t'ê⁴ shih³   特使
,, himself clearly, could not   pu¹ nêng² ch'ang⁴ so³ yü⁴ yen²   不能暢所欲言
,, in words, not easy to   wei⁴ i⁴ i³ yen² yü³ hsing² jung²   未易以語言形容
,, what I mean, cannot   ch'uan²-pu-ch'u shên² 'rh lai²   傳不出神兒來
,, approval and disapproval audibly (as a spectator at parliamentary debates)   tso⁴ tsan⁴ fou³ shêng¹   作贊否聲
Expression, an   tzŭ-chü   字句
,, a common   k'ou³-t'ou yü²   口頭語
,, "treaties" includes ....., the   so³ wei⁴ t'iao² yüeh¹ têng³ tzŭ pao¹ han²   所謂條約等字包含
,, under a republic, not a proper   tuan⁴ fei¹ min² chu³ shih² tai⁴ chih¹ hua⁴ t'ou²   斷非民主時代之話頭
,, facial   lien³-shang-ti shên²-ch'i   臉上的神氣

Expression—Extenuate. 280

Expression, has a happy	tai⁴ hsi³ hsiang⁴	帶喜像
Expressive,	i⁴ wei⁴	意味
Expressly,	t'ê⁴ wei⁴	.... 爲特
Expulsion from a clan	ch'u² chi²	除籍
Expunge,	hsiao¹ ch'u²	消除
Exquisite,	tsui⁴ shang⁴	最上
,, (to the taste)	mei³ wei⁴	美味
,, (workmanship)	ching¹ chiao³	精巧
Extant,	hsien⁴ ts'un²	現存
Extemporaneous,	chi² hsi²	卽席
,,	lin² shih² yen³ shuo¹	臨時演說
Extend (amplify), to	t'ui¹ kuang³	推廣
,, a date	yen² ch'i²	延期
,, the time	chan³ hsien⁴	展限
,, (spread), to	po¹ chi²	波及
,, expand	wang³ wai⁴ t'ui¹	往外推
,, openings to official life	kuang³ k'ai¹ têng¹ chin⁴	廣開登進
,, sphere of influence	shên¹ chang¹ shih⁴ li⁴ fan⁴ wei²	伸張勢力範圍
,, powers of central government	shên¹ chang¹ chung¹ yang¹ chih¹ ch'üan²	伸張中央之權
Extended a battle in order	san⁴ k'ai¹ chan⁴	散開戰
Extension of railway	yen² ch'ang² hsien⁴	延長線
,, of three li nearer, an	chan³ chin⁴ san¹ li⁸	展進三里
,, of education	chiao⁴ yü⁴ p'u³ chi²	敎育普及
Extensive,	ta⁴	大
,,	k'uo⁴	闊
,,	k'uan¹ k'uo⁴	寬闊
,, learning	hsüeh²-wên shên¹	學問深
Extent,	ch'êng² tu⁴	程度
,,	mien⁴ chi¹	面積
,, (scope)	fan⁴ wei²	範圍
,, to a great	ta⁴ pan⁴	大牛
,, to the fullest	chih¹ chih⁴	之至
,, of his pain, does not know the	pu¹ chih¹ tao⁴ t'a¹ t'êng² ti¹ chên¹ tzŭ¹ wei⁴	不知道他的疼眞滋味
,, sufficient for the annual service of the loan, to an	i³ tsu² fu¹ an⁴ nien² ying¹ huan² pên³ hsiang⁴ chieh⁴ k'uan³ chih¹ shu⁴ wei² tu⁴	以足敷按年應還本項借欵之數爲度
Extenuate,	chien³ ch'ing¹	減輕
,,	chien³ têng³	減等
,, remit punishment on ground of *extenuating* circumstances	yüan² ch'ing² shu⁴ tsui⁴	原情恕罪

Extenuate, reduction of a penalty for *extenuating* circumstances — cho² liang² chien³ hsing² 酌減量刑

Exterior,	wai⁴ pu⁴	外部
,,	wai⁴-mien	外面
Exterminate, to	chiao³ mieh⁴	剿滅
,,	chiao³ chüeh²	剿絕
External,	wai⁴-mien	外面
	wai⁴-mien p'i²-êrh	外面皮兒
,, relations	wai⁴ chiao¹	外交
,, application only, for	chuan¹ wei⁴ wai⁴ fu¹	專為外敷
Externals,	wai⁴ piao³	外表
Extinction,	mieh⁴ wang²	滅亡
,, of hope	chüeh² wang⁴	絕望
Extinguish, to	mieh⁴	滅
,, (put an end to)	chin⁴ chüeh²	禁絕
Extirpate,	p'u¹ mieh⁴	撲滅
,,	kên¹ chu¹ chin⁴ chüeh²	根株盡絕
Extol,	shang⁵ tsan⁴	賞讚
Extort,	chui¹ ch'iu²	追求
Extortion,	ch'iang² to²	強奪
,,	so³ ch'ien²	索錢
Extortionate to travellers, over	kuo⁴ yü² ping⁴ k'u³ hsing² jên²	過於病苦行人
Extra, an	ling⁴ wai⁴-ti	另外的
,, care, take	ko² wai⁴ liu² shên²	格外留神
,, good	tsui⁴ shang⁴ têng³	最上等
,, quality	wu⁴ shang⁴ chih¹ p'in³	無上之品
,, advance (from a shop to an employé)	ch'ang² chih¹	長支
,, (of a newspaper)	hao⁴ wai⁴	號外
,, penalty	fu⁴ chia¹ hsing²	附加刑
,, journey to and from necessary? why is this	ho² pi⁴ to¹ tz'ŭ³ wang³ fan³	何必多此往返
Extract, an	chai¹-ch'u-lai-ti	摘出來的
,, (essence)	ching¹ ch'i⁴	精氣
,, (from a book)	pa² ts'ui⁴	拔萃
,, a tooth	chai¹ ya²	摘牙
Extraction (birth)	hsüch³ t'ung³	血統
Extradition,	chieh⁴ t'ao² fan⁴ hui² pên⁵ kuo²	解逃犯回本國
,, treaty	fan⁴ tsui⁴ jên² yin⁴ tu⁴ t'iao² yüeh¹	犯罪人引渡條約
,, demand	ch'ing³ ch'iu² yin³ tu⁴	請求引渡
Extraneous,	wai⁴ lai²	外來

K

Extraordinary—Extremity. 282

Extraordinary,		fei¹ ch'ang²	非常
,,		fei¹ fan²	非凡
,,		tu⁴ wai⁴	度外
,,		ch'i²-kuai	奇怪
,,	(genius)	pa² ch'ün²	拔羣
,,	(strange)	pu¹ k'o³ ssŭ¹ i⁴	不思議
,,	affair	han³ shih⁴	罕事
,,	(especial)	ko² wai⁴-ti	格外的
,,	,,	chiung³ i⁴	迥異
,,	meeting	lin² shih² hui⁴	臨時會議
,,	expenditure (if you want to be within your income), don't incur a lot of	pieh² ch'u¹ p'ang² ch'a ti¹ shih³ hsiang⁴	別出旁岔的使項
Extraterritoriality,		chih⁴ wai⁴ fa⁴ ch'üan²	治外法權
Extravagance (behaviour)		wang⁴ hsing²	妄行
,,	indulge in	jên⁴ ch'ing² hui¹ huo	任情揮霍
Extravagant,		shê¹-ch'ih	奢侈
,,		hui¹-huo	揮霍
,,		hao⁴-fei	耗費
,,		p'o⁴-fei	破費
,,		yu²-cho hsing⁴-êrh hua¹ ch'ien²	由着性兒花錢
,,	hopes	ts'un² fei¹ fên¹ chih¹ hsi¹ wang⁴	存非分之希望
Extreme,		chi²	極
,,		chi² tu⁴	極度
,,		chi² tuan¹	極端
,,	cold	yen² han²	嚴寒
,,	heat	chi² jo⁴	極熱
,,	orient	chi² tung¹	極東
,,	to an	tao⁴ t'ou⁴	到頭
,,	point, to an	ta² yü² chi² tien³	達於極點
,,	reach this	chih⁴ yü² tz'ŭ³ chi²	至於此極
,,	section (of a party)	chi¹ lieh⁴ p'ai⁴	激烈派
,,	measures, resort to	i³ tsui⁴ hou⁴ chih¹ shou³ tuan⁴ tui⁴ tai⁴	以最後之手段對待
Extremities		liang² t'ou²-êrh	兩頭兒
,,	of the body	ssŭ⁴ chih¹	四肢
,,	reduced to	ch'iung²-tao t'ou²-êrh	窮到頭兒
,,	driven to	jên² chi² tsao⁴ fan³ kou³ chi² t'iao⁴ ch'iang²	人急造反狗急跳墻
Extremity		ch'iung² po⁴	窮追
,,		chi² ch'ü⁴	極處
,,	take advantage of people's	ch'êng² jên² yü² wei¹	乘人於危

Extricate--Eyewitness.

Extricate himself (from a situation), just vainly endeavoring to	chêng⁴ ts'ai⁴ yü⁴ pa⁴ pu¹ nêng² chih¹ chi⁴	正在欲不能之際
Exuberance,	fêng¹ fu⁴	豐富
Exuberant delight	k'uang² hsi³-pu chin⁴	狂喜不禁
Exude,	liu² ch'u¹	流出
Exult,	hsin¹ hsi⁸	欣喜
Eye, an	i⁴ chih¹ yen³-ching	一隻眼睛
,, of a needle	chên¹ yen³ 'rh	針眼兒
, ball	yen³ chu¹-êrh	眼珠兒
, brows	mei²-mao	眉毛
,, lash	yen³-chih mao²	眼睫毛
,, lid	yen³ p'i²-êrh	眼皮兒
,, pupil of the	t'ung² jên² 'rh	瞳人兒
,, socket of the	yen³ k'uang⁴	眼眶
,, can reach, farther than the	yen³ kuang¹ ta²-pu tao⁴	眼光達不到
,, a black	nao³ yen³ 'rh ch'ing¹	腦眼兒青
,, to, (eyed him arrogantly)	chiu⁴ shih⁴ li⁴ yen³	就勢力眼
,, of the law all men are equal, in the	fa⁴ lü⁴ yen³ chung¹ wu² fên¹ kuei⁴ chien⁴	法律眼中無分貴賤
,, on, have one's	chu⁴ mu⁴·	注目
,, of Britain, under the protecting	tsai⁴ ying¹ kuo² chih¹ yü³ hsia⁴	在英國之宇下
,, -ball (one's views remain the same), you can't change the shape of your	yen³ chu¹ 'rh yeh³ pu¹ nêng² pien⁴ yang⁴ 'rh	眼珠兒也不能變樣兒
Eyes right!	wang⁴ yo⁴ k'an⁴	望右看
,, at, make	ch'iu¹ po¹	秋波
,, to close the	pi⁴ yen³-ching	閉眼睛
,, ,, open the	chêng¹-k'ai yen³-ching	睜開眼睛
,, raise the	chü³ mu⁴ k'an⁴	舉目看
,, tries the	fei⁴ yen³ kuang¹	費眼光
,, before my very	yen³ chêng¹ chêng¹-êrh-ti	眼睜睜兒的
,, ,,	ming² mu⁴ chang¹ tan³	明目張膽
,, out, wept his	pa⁴ yen³ k'u¹ hsia¹ la	把眼哭瞎了
Eyeservice,	yen⁴ ch'ien² kuang¹	眼前光
Eyesight,	yen³-li	眼力
,, quick	mu⁴ hsia⁴ shih² hang²	目下十行
,, short	chin⁴-shih yen³	近視眼
,, long	yüan³-shih yen³	遠視眼
,, weak from age	yen³ hua¹-liao	眼花咯
Eyewitness,	chien⁴ chêng⁴ jên²·	見證人

Fable—Facilitate. 284

F

Fable,	yü⁴ yen²	寓言
,, (fabrication)	hsü¹ tan⁴	虛誕
Fables (tales)	p'ing² k'ung¹ chieh² chuan⁴	平空捏撰
,, attach importance to	chü⁴ ying³ hsiang³ chih¹ tz'ŭ²	據影響之詞
Fabric,	ts'ai²-liao	材料
,,	chieh² kou⁴	結搆
,, (of society)	tsŭ⁵ chih¹	組織
Fabricate canards	nieh¹ tsao⁴ wang⁴ yen²	捏造妄言
,, rumours, to	tsao⁴ yao²-yen	造謠言
Fabrication,	chih⁴ tsao⁴	製造
,, a	chia³ tsao⁴-ti	假造的
,, a pure	ch'üan² shu³ tzŭ³ hsü¹	全屬子虛
Fabulous (period)	li⁴ shih³ i³ ch'ien²	歷史以前
Face (anatom.)	mien⁴ pu⁴	面部
,, the	lien⁸	臉
,, contour of the	mien⁴ mang²-êrh	面龐兒
,, to lose	tiu¹ lien³	丟臉
,, ,,	lien³ shang⁴ wu² kuang¹	臉上無光
,, to give	shang³ lien³	賞臉
,, (surface)	mien⁴-tzŭ	面子
,, of it, on the	mien⁴-tzŭ-shang	面子上
,, cannot look one in the	pu⁴ kan³ tui¹ lien³ 'rh	不敢對臉兒
,, cannot	tui⁴-pu ch'i³	對不起
,, said it to my	tu⁸-cho mien⁴ 'rh shuo¹-ti	觀著面兒說的
,, to his	tang¹ mien⁴	當面
,, to face	mien⁴ tui⁴ mien⁴	面對面
,, met him face to	chuang⁴-liao-ko tui⁴ mien⁴ 'rh	撞了個對面兒
,, before one's	yen³ ch'ien²	眼前
,, value	ê² mien⁴ chia⁴	額面價
,, ,,	hsü¹ shu⁴	虛數
,, of difficulty, in	mao⁴ hsien⁸	冒險
,, to, have the	tan³ kan³	膽敢
,, so as to save so and so's	wei³ fu¹ yen³ mou³ mien⁴ tzŭ⁴	為敷衍某面子
,, us, they run, when the enemy	ti² jên² wang⁴ fêng⁴ êrh² pai⁴	敵人望風而敗
Facetious,	shan⁴ hsi⁴ nüeh⁴	善戲謔
Facilitate matters, will	shih⁴-ch'ing-chiu shuang³ shou³-lo	事情就爽手咯

Facility (skill)	ch'iao³ shou³	手巧
,, (of travel)	li⁴ pien⁴	便利
Facing,	ying²-cho mien⁴ 'rh	兒面著迎
,, me	tui⁴-cho wo³-ti mien⁴ 'rh	兒面的我着對
,, north	hsiang⁴ pei³	北向
Facsimile (make a)	lin² fa³ t'ieh	帖法臨
Fact,	shih⁴ shih²	實事
,, in	ch'i² shih²	實其
,, it is a	ti¹ ch'üeh⁴ shih⁴	是確的
,, as a matter of	shih⁴ shih² shang⁴	上實事
,, however, is the	tan⁴ shih⁴ i¹ chieh²	節一是但
,, was...., the	kan³ tsê² shih⁴....	是則敢
,, accomplice before the	pang¹ hsiung¹	兇帮
,, an accomplished	shêng¹ mi³ tso⁴-chêng shu² fan⁴	飯熟成做米生
Faction,	tang³ p'ai⁴	派黨
Factitious,	hsü¹ kou⁴	構虛
Factor (mathem.)	pei⁴ shu⁴	數倍
,, (element)	yao¹ su⁴	素要
,, (steward)	tsung³ kuan³ jên²	人管總
,, (steward of an estate)	kuan³ ch'ien²-liang fang²-ti	的房粮錢管
,, principal	yüan² yin¹	因原
,, in society towards human progress, religion is an important	tsung¹ chiao⁴ tsai⁴ shê⁴ hui⁴ shih² wei² jên² lei⁴ chang³ chin⁴ chih¹ i¹ yao⁴ chien⁴	件要一之進長類人爲實會社在教宗
Factory, a	tso¹-fang	房作
,,	kung¹ ch'ang³	廠工
,, regulation	kung¹ ch'ang³ t'iao² ling⁴	令條廠工
Facts, the	shih² ch'ing²	情實
,,	ch'ing²-hsing	形情
,,	shih⁴ hsiang⁴	項事
,,	tien¹ mo⁴	末顛
Faculty,	nêng² li⁴	力能
Fad,	chih⁴ hao⁴	好嗜
Fade (as energy)	shuai¹ wei¹	微衰
,, away	hsiao¹-lo	咯消
,, (of flowers)	nien¹-lo	咯涅
,, (of colour), to	pien⁴ yen²-shai	色顏變
Fagot, a	i⁴ k'un³ ch'ai²-huo	火柴綑一
Fahrenheit,	hua² shih⁴	氏華
Fail,	shih¹ pai⁴	敗失
,, (in an action at law)	pai⁴ su⁴	訴敗
,, to (of a project, etc.)	lo⁴ ti⁴	第落

Fail—Faithful.

Fail, without	pu² wu⁴	不惧
,, you, shall not	wu⁴-pu liao⁶	了不惧
,, in an engagement	shuang³ yüeh	爽約
,, ,, examination	lo⁴-liao ti⁴-lo	落了第喀·
,, in one's duties	shih¹ chih²	失職
,, irrespective of weather, the play will be presented without	fêng¹ yü⁸ wu² tsu³ chün³ yen³ pu¹ huang³	風雨無阻準演不謊
,, to . . . ., how should we	ho² huan⁴ pu¹ nêng²	何患不能 . . . .
,, sight fails	sang⁴ ming²	喪明
Failing, a	ch'üeh¹ tien³	缺點
,,	tuan³ ch'ü⁴	短處
Failure (business)	p'o⁴ ch'an³	破產
,, of crops	chien⁴ shou¹	歉收
,, of the attempt, on	shih¹ pai⁴ chih¹ hou⁴	失敗之後
Faint, to	hun¹-kuo-ch'ü	昏過去
,, to feel	fa¹ hun¹	發昏
,, of colour	tan⁴	淡
,, or startling colours	sê⁴ ts'ai² chih¹ nung² tan⁴	色彩之濃淡
,, or distant sound, a	yin⁸ yin³-ti shêng¹ yin¹	隱隱的聲音
Fainthearted,	wei² chü⁴	畏懼
Fair (market), a	chi²-ch'ang	集塲
,, (of weather)	ch'ing² t'ien¹	晴天
,, (passable)	pa⁴-liao	罷了
,, (just)	kung¹-tao	公道
,, how can this be?	ch'i³ jên² ch'ing² chih¹ p'ing² tsai¹	豈人情之平哉
,, and proper	tang¹ jan²	當然
,, wind	shun⁴ fêng¹	順風
,, chance of success	k'o³ wang² ch'êng⁸ kung¹	可望成功
Fairy, a	shên²-hsien	神仙
Fait accompli,	i³ ch'êng² shih⁴ shih²	已成事實
Faith,	hsin⁴	信
,, (religious)	hsin⁴ yang⁸	信仰
,, good	hsin⁴ i⁴	信義
,, in, to put	hsin⁴-fu	信服
,, ,,	hsin⁴ yung	信用
,, breach of	wei¹ pei⁴ hsin⁴ yung⁴	違背信用
,, to break	shih¹ hsin⁴	失信
Faithful,	shih²-ch'êng	誠實
,,	chung¹ i⁴	忠義
,, the	hsin⁴ chê³	信者
,, servant (used also of a horse), a	t'ien² hua² jên³	甜花人

Faithless - Familiar

Faithless,	pu¹ shih²	實不
Falcon, a	ying¹	鷹
Falconry,	fang⁴ ying¹	鷹放
Fall,	shih¹ wei⁴	位失
,, (ruin)	wa³ chieh³	解瓦
,, (of price)	hsia⁴ lo⁴	落下
,, (prices), great	pao⁴ lo⁴	落暴
,, (of a town)	hsien⁴ lo⁴	落陷
,, ,,	shih¹ shou³	守失
,, back	t'ui⁴ ch'üeh⁴	却退
,, back on	i¹ lai⁴	賴依
,, into the foreigners' trap	chêng⁴ chung⁴ wai⁴ jên² chih¹ kuei³ chi⁴	計詭之人外中正
,, in one's circumstances	ling² lo⁴	落零
,, in with (agree)	piao³ t'ung² i⁴	意同表
,, short of	pu¹ tsu²	足不
,, under	kuei¹	歸
,, in	chi² ho²	合集
,, out in argument, to	lia³-jên shuo¹ ch'a²-lo	咯岔說人倆
,, from above	tiao⁴-hsia lai²	來下掉
,, down	tiao⁴-hsia ch'ü⁴	去下掉
,, from a horse	ta³ ma³-shang shuai¹-hsia-lai-lo	咯來下摔上馬打
,, let	nung⁴ tiao⁴-lo	咯掉弄
,, of leaves	lo⁴ yeh⁴	葉落
,, off (as a business)	hsiao¹-hao	耗銷
Fallacious,	li³ ch'ü¹	屈理
Fallacy,	miu¹ chien⁴	見謬
Fallow land	hsieh¹ ti⁴	地歇
False,	chia³	假
,,	hsü¹	虛
,,	wei⁴	偽
,, report	hsü¹ pao⁴	報虛
,, accusation	wu¹ kao⁴	告誣
,, pretences, obtain goods on	cha⁴ wei⁴ ch'ü³ huo⁴	貨取偽詐
Falsehood,	huang³ hua⁴	話謊
,, to propagate	i³ o² ch'uan² o²	訛傳訛以
Falsetto,	chia³ sang⁰-tzŭ	子嗓假
Falsify,	yen⁴ tsao⁴	造贗
,, (by mutilation)	shan¹ kai³	改刪
,, accounts	ssŭ¹ kai³ chang⁴ mu⁴	目帳改私
Fame,	ming² yü²	譽名
Familiar,	shu²	熟

Familiar—Fancy. 288

English	Romanization	Chinese
Familiar face, a	mien⁴ shan⁴	善面
,, with	t'ung¹ hsiao³	曉通
,, don't be too	pieh² nien²-chua	抓粘別
Familiarity,	pu¹ chü¹ chü¹ yü² li³ chieh²	節禮於拘拘不
Family.	chia¹	家
,,	chia¹ t'ing¹	庭家
,,	chia¹ t'ing¹ hsi² kuan⁴	慣習庭家
,,	chia¹-li-ti jên²	人的裏家
,, the	chia¹ shu³	屬家
,, ,,	chia¹-chüan	眷家
,, (relations)	ch'in¹ tsu²	族親
,, (botanical)	shu³	屬
,, of old	shih⁴ chia¹	家世
,, good	shih⁴ chia¹	家世
,, property	chia¹ tzŭ¹	資家
,, members of a	chia¹ k'ou³	口家
,, of nine members, a	chia¹-li-yu chiu³ k'ou³ jên²	人口九有裏家
,, branches of a	chih¹-p'ai	派支
,, characteristics vary	i⁴ lung² chiu³ chung³	種九龍一
,, council	chia¹ tsu² hui⁴ i⁴	議會族家
,, disagreement	ku³ jou⁴ wu² ch'ing²	情無肉骨
,, of the imperial	fên⁴ shu³ i⁴ ch'in¹	親懿屬分
,, affection, none is devoid of	t'ien¹ lun² chih¹ lo⁴ jên² chieh¹ yu³ chih¹	之有皆人樂之倫天
Famine,	chi¹ chin³ tsai¹	災饉饑
Famished, looks	o⁴ ti¹ yen³ lan²	藍眼的餓
Famous,	yu³ ming²-ti	的名有
,,	ch'u¹ ming²-ti	的名出
,, physician	ming² i¹	醫名
Fan, a	i⁴ pa³ shan⁴-tzŭ	子扇把一
,, one's self, to	shan¹ shan⁴-tzŭ	子扇搧
,, a folding	chê² shan⁴	扇摺
,, a round	t'uan² shan⁴	扇團
,, sticks of a	shan⁴ ku³-tzŭ	子股扇
Fanatic,	tsung¹ chih³ k'uang² ch'i⁴	氣狂旨宗
Fancier,	hao⁴ shih⁴ chia¹	家事好
Fancy,	hsiang³ hsiang⁴ li⁴	力像想
,, according to	sui² i⁴	意隨
,, ,,	sui² hsin¹	心隨
,, just suits my	k'o³ liao³ hsin¹ la	了心了可
,, oneself over much	mu⁴ k'ung¹ ssŭ⁴ hai³	海四空目
,, that!	chê⁴-shih tsêm³-mo-hui shuo¹-ti	的說會麼怎是這

Fancy—Fashion.

Fancy, nothing takes my	mei²-yu k'an⁴-tê-shang yen³-ti	沒有看得上眼的
Fantastic,	huan⁴ hsiang³	幻想
Far,	yüan³	遠
,,	yüan³ fang¹	遠方
,, east	yüan³ tung¹	遠東
,, how?	to¹ yüan³	多遠
,, too	kuo⁴-yü tiao⁴-yüan	過於窎遠
,, inferior to	yüan³ pu¹ chi²...	....遠不及
,, from apologising he glared angrily at him, so	pu¹ tan⁴ pu¹ jên⁴ ts'o⁴ 'rh fan³ tao⁴ têng⁴ cho liang³ chih¹ ta⁴ yen³	不但不認錯反倒瞪着兩隻大眼
Farce (metaph.)	chih³ ko⁴ hsi⁴ chü²	只個戲局
,, (child's play)	êrh² hsi⁴	兒戲
Fare (rail)	ch'ê¹ fei⁴	車費
,, (food)	huo³ shih²	伙食
,, bill of	ts'ai⁴ tan¹	菜單
Farewell address	sung⁴ pieh² yen³ shuo¹	送別演說
,, dinner	sung⁴ pieh² yen⁴	送別宴
,, present	chien⁴ pieh²	餞別
Farfetched,	ch'ien¹ ch'iang² fu⁴ hui⁴	牽強附會
Farm, market garden	yüan²-tzŭ	園子
,, (for crops generally)	han⁴ ti⁴	旱地
,, labourer	chuang¹-chia han⁴	庄稼漢
,, experimental	nung² shih⁴ shih⁴ yen⁴ ch'ang²	農事試驗場
,, to another, to	chao¹ jên² ch'êng² pan⁴	招人承辦
Farmer,	nung² fu¹	農夫
,, a	chuang¹-chia chu³ 'rh	庄稼主兒
Farming,	nung² yeh⁴	農業
Farrier, a	ting¹ ma³ chang³-ti	釘馬掌的
Farsighted,	yüan³ lü⁴ ti¹	遠慮的
,, (lit.)	yüan³ shih⁴ yen³	遠視眼
Farther, a little	yüan³-i tien³ 'rh	遠一點兒
,, much	yüan³ to¹-lo	遠多咯
,, how much?	hai²-yu to¹ yüan³	還有多遠
Farthest, at the	chih⁴ yüan³	至遠
Fascinate,	k'o⁴ chih⁴	尅制
	mi²-huo⁴	迷惑
Fash yourself, don't	pieh² tan¹ hsin¹	別耽心
Fashion,	liu² hsing²	流行
,, the	shih² hsing¹-ti	時興的
,, not in the	pu⁴ hsing¹ shih²	不興時
,, able to change the *fashions*	yu³ chuan³ i² fêng¹ su² chih¹ ch'üan²	有轉移風俗之權

Fashionable—Fatherland.

English	Romanization	Chinese
Fashionable,	shih²-tao yang⁴-êrh	時道樣兒
,, a (famous) man can make a neighbourhood	jên² nêng² hsing¹ ti⁴	人能興地
Fast, to	tuan⁴ shih²	斷食
,,	ch'ih¹ chai¹	吃齋
,, (quick)	k'uai¹	快
,, (conduct)	fang⁴ tang⁴	放蕩
,, hold	na⁴ chu⁴	拿住
,, train	chi² hsing² ch'ê¹	急行車
,, and loose, to play	hao³-i chên⁴ tai³-i chên⁴-ti	好一陣歹一陣的
Fasten up	pao¹ kuo³ ch'i³ lai²	包裹起來
Faster,	k'uai⁴-i tien³ 'rh	快一點兒
Fastidious about diet	hao⁴ ch'ih¹ tsui³	好吃嘴
Fat (of a man)	p'ang⁴	胖
,, (of meat)	yu²	油
,, (of an animal)	piao¹	膘
,, ,,	fei²	肥
,, ,, grown	shang⁴-lo piao¹-lo	上膘了咯
,, (of a man), ,,	fa¹-lo fu²-lo	發福了咯
Fatal,	chih⁴ ssŭ³ ti	致死的
,, disease	pu¹ chih⁴ chih¹ chêng⁴	不治之症
Fatalist, a	t'ing¹ t'ien¹ yu² ming⁴-ti	聽天由命的
Fatalities,	ssŭ³ wang² shu⁴	死亡數
Fate,	t'ien¹ ming⁴	天命
,, ordained by	ming⁴	命
,, good or bad	ming⁴-yün	命運
,, such is	ming⁴ kai¹ ju² tz'ŭ³	命該如此
,, of China depends on this, the	chung¹ kuo² ts'un² wang² kuan¹ t'ou² tsai⁴ tz'ŭ³	中國存亡關頭在此
,, he won't escape that	chiu⁴ to³ pu¹ kuo⁴ chê i¹ kuan¹ ch'ü¹	就躲不過這一關去
Fated, to be	ming⁴ li³ so³ tsao⁴	命裏所遭
Father,	fu⁴-ch'in	父親
,, foster	i⁴ fu⁴	義父
,, -in-law (husband's father)	kung¹-kung	公公
,, ,, (wife's father)	chang⁴-jên	丈人
,, my	chia¹ yen²	家嚴
,, ,,	chia¹ fu⁴	家父
,, ,, late	hsien¹ fu⁴	先父
,, your	ling⁴ tsun¹	令尊
,, resigned owing to *father's* illness	yin¹ ch'in¹ ping⁴ tz'ŭ² chih²	因親病辭職
Fatherland,	tsu³ kuo²	祖國

Fathom—Favour.

Fathom,	hsün²	尋
,, (penetrate)	k'an⁴ p'o⁴	破看
,, the ocean	ts'ê⁴ hai³ chih¹ shên¹	深之海測
,, his motives cannot be *fathomed*	ch'i¹ hsin¹ nan² ts'ê⁴	測難心其
Fatigue,	lei⁴	累
,,	lao² k'u³	苦勞
Fatigued,	fa²-lo	咯乏
,, very	lei⁴-lo	咯累
,, extremely	lei⁴-tê-huang	慌得累
,, ,,	lei⁴ ta⁴-fa-lo	咯發大累
Fault,	ts'o⁴ 'rh	兒錯
,,	kuo⁴ shih¹	失過
,, to find	chao³ ts'o⁴ 'rh	兒錯找
,, ,, (pick holes)	chao³ ch'a² 'rh	兒碴找
,, it is his own	chiu⁴ yu² tzŭ⁴ ch'ü³	取自由咎
,, always finding	lao³ hên¹-to jên²	人恨哏老
,, ,,	lao³ ch'ên¹-cho jên²	人嗔嗟老
,, ,,	lao³ shu³-lo	落數老
,, ,,	lao³ nieh¹ ts'o⁴ 'rh	兒錯捏老
,, ,,	ching⁴ t'iao¹-ch'ih	筋挑竟
,, with this statement, one cannot find much	shih⁴ shuo¹ wei¹ k'o³ hou⁴ fei¹	非厚可未說是
Faulty,	pu¹ wan² ch'üan²	全完不
Favour,	ên¹ hui⁴	惠恩
,, to ask a	t'o¹-jên ch'ing²	情人託
,, to curry	fêng⁴-ch'êng	承奉
, to solicit a	fêng⁴ ch'iu²	求奉
,, repay a	ch'ou² pao⁴	報酬
,, confer a	shou⁴ tz'ŭ⁴	賜授
,, does not find	pu¹ ch ih¹ hsiang¹	香吃不
,, of the Manchu court, lose the	shih¹ ch'ung³ ch'ing¹ t'ing¹	廷淸寵失
,, with him, found	chien⁴ chih¹ yü² t'a¹	他於知見
,, with so and so, in high	fei¹ ch'ang² chih¹ chih¹ yü⁴	遇知之常非
,, from the empress Tz'ŭ Hsi, received high	shou⁴ chih¹ ch'in¹ hou⁴	后欽知受
,, I am in receipt of your (*i.e.*, letter)	chich¹ tao⁴ tsun¹ han²	函尊到接
,, of (of a suit), result in	shêng⁴ su⁴	訴勝
,, ,, ,,	ying² la kuan² ssŭ¹	司官了贏
, of this view, etc., may say, in	tzŭ¹ k'o³ hsi³ i¹ fang¹ mien⁴ yen² chih¹	之言面方一喜可自
,, the country (**voters**) at expense of municipal	yu¹ hsiang¹ erh² ch'ing¹ shih⁴ min²	民市輕而鄉右

Favour—Fee. 292

Favour of a second reading, in	chu³ chang¹ k'ai¹ êrh⁴ tu² hui⁴	主張開二讀會
„ from him, will not accept *favours*	wo³-pu shou⁴-t'a-t'i hui⁴	我不受他的惠
Favourable wind	shun⁴ fêng¹	順風
„ opportunity	hao³ chi¹ hui⁴	好機會
„ time, wait for a	têng³ shih² chi¹	等時機
Favoured by your visit, I am	ch'êng² hui⁴ ku⁴	承惠顧
„ nation clause, the most	tsui⁴ hui⁴ kuo² t'iao² k'uan³	最惠國條款
Favourite child	tê² i⁴-ti hai²-tzŭ	得意的孩子
„ of, make a	tai⁴-t'a ch'ing²-fên hou⁴	待他情分厚
Favouritism,	p'ien¹-hu	偏護
„ flagrant	lan⁴ yung⁴ ssŭ¹ jên²	濫用私人
„ and procrastination are now not permissible, the former	pu¹ nêng² ssŭ⁴ ts'ung² ch'ien² na⁴ pan¹ chan¹ hsün² fu¹ yen³	不能似從前那般瞻徇敷衍
Fawn on those with money	liu¹ fei² kou¹ tzŭ	溜肥溝子
„ on superiors and spurn inferiors	ch'an³ shang⁴ chiao¹ hsia⁴	諂上驕下
Fawning,	kou³ tien¹ p'i⁴-ku ch'ui²-êrh-ti	狗顛屁股鎚兒的
Fear, to	p'a⁴	怕
„ full of	man³ hsin¹ ching¹ k'ung³	滿心驚恐
„ friends from	p'a⁴ hao³ 'rh	怕好兒
„ and trembling, in	nieh¹-cho i⁴ pa³ han⁴ 'rh	捏着一把汗兒
Feasible,	i⁴ ch'êng² chih¹ shih⁴	易成之事
„ is it	k'o³ fou³ ch'êng² kung¹	可否成功
Feast, a	i⁴ cho¹ hsi²	一桌席
„	yen⁴ hui⁴	宴會
„ of lanterns	têng¹ chieh² 'rh	燈節兒
Feather, a	i⁴ kên¹ ling²-mao-êrh	一根翎毛兒
„ eyed peacock's	hua¹ ling²	花翎
„ not eyed „	lan² ling²	藍翎
„ in high	i⁴ ch'i⁴ yang² yang²	意氣揚揚
„ one's nest	tzŭ⁴ fei²	自肥
Feature, the leading	kang¹ ling³	綱領
Features, the	wu³ kuan¹	五官
„	mien⁴ mang²-êrh	面厐兒
„	jung²-mao	容貌
„	mien⁴-mu	面目
„	mu²-yang-êrh	模樣兒
„ of a scheme, the main	ta⁴ t'i³	大體
Federal,	lien² pang¹	聯邦
Fee, a	kuei¹ fei⁴	規費

Fee—Fellow.

Fee, to ask a	yao⁴ kuei¹ fei⁴	要規費
,,　 doctor's	ma³ ch'ien²	馬錢
,,　 expert	chien⁴ ting⁴ liao⁴	鑑定料
Fees,	hsieh⁴ li³	謝禮
,,　 no doctors' consultation	pu¹ ch'ü³ chen¹ ch'a² liao⁴	不取診察料
Feed, to	wei⁴	喂
,,　 a fire	t'ien¹ huo³	添火
Feeder for a railway (as a branch line)	p'ei² yang³ hsien⁴	培養線
Feel with the fingers, to	mo¹	摸
,,　 cold	chüeh²-cho liang²	覺著涼
,,　 ill	chüeh²-cho-pu shu¹-t'an	覺著不舒坦
,,　 sorry	hên³ hsin¹ t'êng²	很心疼
,,　 resentment	pao⁴ yüan⁴	抱怨
,,　 hatred	huai² hên⁴	懷恨
Feeler, made this move as a	ku¹ wei² ch'ang² shih⁴ chih¹ chi⁴	姑爲嘗試之計
Feeling bad	o⁴ kan³ ch'ing²	惡感情
,,　 is very strong, popular	min² ch'i⁴ shen⁴ sheng⁴	民氣甚盛
Feelings,	ch'ing²	情
,,　 move the	tung⁴ hsin¹	動心
,,　 you will hurt his	ts'ang¹-liao t'a-ti mien⁴-tzŭ	傷了他的面子
,,　 I cannot enter into your	ni³-ti i⁴-ssŭ wo³ t'i³-t'ieh-pu chao²	你的意思我體貼不着
Feign innocence, to	chuang¹ han¹-'rh	裝憨兒
,,　 ignorance	chia³ tso⁴ pu¹ chih¹	假作不知
,,　 indifference	chia⁴ pu¹ chih³ cho	假不指着
Feint,	ch'ien¹ chih⁴ yün⁴ tung⁴	牽制運動
Felicitation,	chu⁴ ho⁴	祝賀
Felicity,	hsing⁴ fu²	幸福
Fell a tree, to	chü⁴ shu⁴	鋸樹
,,　 timber	chü⁴ tuan⁴ shu⁴ mu⁴	鋸斷樹木
Fellow (to pair)	ou³	偶
,,　 (of a society)	ming² yü² hui⁴ yüan²	名譽會員
,,　 student	t'ung² ch'uang¹	同窗
,,　 creature	jên² chien¹ t'ung² shih⁴	人間同士
,,　 workman	t'ung² pan⁴ huo³ yu³	同伴夥友
,,　 countryman	t'ung² kuo²-ti	同國的
,,　 townsman	t'ung² hsiang¹-ti	同鄉的
,,　 graduates	nien²-i	年誼
,,　 ,,	nien² hsiung¹ ti⁴	年兄弟
,,　 a good	hao³ han⁴-tzŭ	好漢子
,,　 a reckless	ssŭ³ shih⁴	死士

Fellow—Feverish. 294

Fellow, a slipper	chien¹ hua² chih¹ t'u²	鞋之滑奸
,, a base	pu¹ ch'êng² chih¹ t'u²	徒之逞不
Felon,	tsui⁴ chung² jên²	人重罪
Felt,	chan¹-tzŭ	子毡
Female singing house	lao⁴ tzŭ kuan³ 'rh	兒舘子落
,, mimes	k'un¹ chiao³ 'rh	兒角坤
Females, of animals	p'in³-ti (colloquially pronounced mu³-ti)	的牝
Feminine (womanish)	p'o²-p'o ma-ma¹ 'rh-ti	的兒媽媽婆婆
Fence, a	li²-pa	笆籬
,, a wattle or trellis	hua¹ chang⁴-êrh	兒障花
,, with (argument), to	shan⁴ pien⁴	辯善
,, sit on the	ch'i² ch'iang²	牆騎
Fencing,	chien⁴ shu⁴	術劍
Ferment,	chiao⁴ mu³	母酵
,, to	fa¹-lo	咯發
,, ,,	fei⁴ t'êng²	騰沸
,, (of spirits)	niang⁴ chiu³	酒釀
,, (agitation)	tung⁴ yao²	搖動
,, the empire is in a	t'ien¹ hsia⁴ ting³ fei⁴	沸鼎下天
Ferocious,	mêng³	猛
Ferrule, a	t'ung² t'ou²-'rh	兒頭銅
,,	tieh³ ting³-êrh	兒頂鐵
Ferry, a	pai³-tu	渡擺
,, across, to	tu⁴-kuo-ch'ü	去過渡
Fertile land	fei² ti⁴	地肥
Festered,	hui⁴ nêng²-lo	咯膿潰
Fertility,	fêng¹ jao²	饒豐
Fertilizer,	fei² liao⁴	料肥
Festival, a	chieh²	節
,,	chieh²-ch'i	節節朝
,, a court	ch'ao² ho⁴	期賀朝
,, national	kuo² ch'ing⁴ jih⁴	日慶國
Fetch, to	ch'ü³	取
,,	na²-lai	來拿
Fête, a	kuo² ch'ing⁴ jih⁴	日慶國
Fetter, to	chü¹ shu⁴	束拘
Fetters,	liao¹-tzŭ	鐐子
Fetus,	t'ai¹	胎
Feud, a	ch'ou²	仇
Feudal system	fêng¹ chien⁴ chih⁴ tu⁴	度制建封
,, times	fêng¹ chien⁴ shih² tai⁴	代時建封
Fever,	jo⁴ ping⁴	病熱
,,	shang¹ han²	寒傷
Feverish,	fa¹ shao¹	燒發

Few,		shao³	少
,,	days, in a	jih⁴ nei⁴	日內
,,	years, after a	kuo⁴-liao chi³ nien²	過幾年
,,	(scarce)	hsi¹ shao³	稀少
Fiasco,		shih¹ pai⁴	失敗
,,	result in a	chung¹ kuei¹ shih¹ pai⁴	終歸失敗
Fickle,		wu² ting⁴ chien⁴	無定見
,,		yen⁴ ku⁴ hsi³ hsin¹	厭故喜新
,,		fan³ fu⁴ wu² ch'ang²	反復無常
Fiction,		hsiao¹ shuo¹	小說
,,	(fabrication)	tu⁴ chuan⁴	杜撰
,,	,,	chia³ t'o¹ chih¹ shih⁴	假託之事
Fiddle, a		hu²-ch'in 'rh	胡琴兒
,,	to play the	la¹ hu²-ch'in 'rh	拉胡琴兒
Fide, bona		chung¹ i⁴	忠義
Fidelity,		shan⁴ i⁴	善意
Fidget, to		t'ao²-ch'i	淘氣
,,	always in a	hsien² pu¹ chu⁴	閒不住
Fidgetty,		ai⁴ t'ao²-ch'i	愛淘氣
Fief,		fan²	藩
,,		fêng¹ t'u³	封土
Field, a		i² k'uai⁴ t'ien² ti⁴	一塊田地
,,	(of politics)	pu⁴ mien⁴	部面
,,		chêng⁴ chieh⁴	政界
,,	of battle	chan⁴ ch'ang²	戰場
,,	of operations	tso⁴ chan⁴ ti⁴	作戰地
,,	post	yeh³ chan⁴ yu² chêng⁴	野戰郵政
,,	take the	ch'u¹ chên⁴	出陣
,,	day	lien⁴ ping¹ jih⁴	練兵日
,,	hospital	yeh³ chan⁴ ping⁴ yuan⁴	野戰病院
,,	marshal	yüan² shuai⁴	元帥
,,	works	p'ao⁴ lei³	砲壘
Fierce,		hsiung¹	凶
Fifteen,		shih² wu³	十五
Fifteenth, the		ti⁴ shih² wu³ ko⁴	第十五個
Fifty,		wu³ shih²	五十
Fig, a		wu² hua¹ kuo³	無花菓
,,	for, not care a	pu¹ chih² i² hsiao⁴	不值一笑
Fight, to		ta³ chia⁴	打架
,,	a battle	ta³ chang⁴	打仗
,,	cocks, to	tou⁴ chi¹	鬥雞
,,	hand to hand	chieh¹ chan⁴	接戰
,,	street	hsiang⁴ chan⁴	巷戰
,,	in him, plenty of	ta⁴ yu³ tou⁴ chih⁴	大有鬥志
,,	(resist), against	ti³ k'ang⁴	抵抗

Fighting—Finance.　　296

Fighting man, only a	i⁴ yung³ chih¹ fu¹	一勇之夫
Figurative.	hsing² jung² ti¹	形容的
Figure, the	ku³ ko²	骨格
,, (numbers)	shu⁴ tzŭ⁴	數字
,, (be conspicuous), to	ch'u¹ sê⁴	出色
,, (diagram)	t'u²	圖
,, (in art)	jên² wu⁴	人物
,, of the heavens	t'ien¹ t'i³ i²	天體儀
,, of speech	pi³ yü	比喻
,, head	tso⁴ yung³ hsü¹ wei⁴	坐擁虛位
,, ,, nothing better than a	pên³ shu³ i¹ fu⁴ t'ou² hsien² êrh² i³	本屬一副頭銜而己
,, head (of a ship)	p'o⁴ lang⁴ shên²	破浪神
Figured,	tai⁴ hua¹-ti	帶花的
Figures (numerals)	tzŭ⁴ ma³-'rh	字碼兒
File,	ts'un² an⁴	存案
,, to	na² ts'o⁴-tzŭ ts'o⁴	拿銼子銼
,, a petition	ch'êng² ping³	呈稟
,, walk in single	ting¹-cho i³-êrh tsou³	頂著一兒走
Filial,	hsiao⁴-shun	孝順
Fill out (as a balloon, etc.,) to	ku³ ch'i-lai⁴	鼓起來
,, with horror	ling⁴ jên² fa³ chih³	令人髮指
,, with water	tao⁴ man³-lo shui³	倒滿了水
,, ,, materials	chuang¹ man³	裝滿
,, ,, ,,	ch'êng² man³	盛滿
,, the post of	tang¹	當
,, up with earth	na² t'u³ t'ien²-shang	拿土填上
Fillip with the fingers, to	t'an² i⁴ chih²-t'ou	彈一指頭
Filter, to	lin⁴	淋
,, a	lin⁴ shui³ chi¹-ch'i	淋水機器
Filtered water	lin⁴ shui³	淋水
Filthy,	wu¹-ch'ou	污臭
,, thing, a	cho² wu⁴-êrh	濁物兒
Fin,	ch'ih⁴-tzŭ	翅子
,, shark's	yü² ch'ih⁴	魚翅
Final,	tsui⁴ hou⁴	最後
,, judgment	chung¹ chü² ts'ai² p'an⁴	終局裁判
,, become	ch'üeh⁴ ting⁴	確定
Finally,	tao⁴ liao³-êrh	到了兒
,, decide upon European method	tsu² i³ hsi¹ fu³ ting⁴ i⁴	卒以西法定議
Finance	ts'ai² chêng⁴	財政
,,	li³ ts'ai²	理財
,, a foreign power controlling the country's	chai⁴ ch'üan² kuo²	債權國

Finance—Finish   297

Finance, minister of	ts'ai² cheng⁴ tsung³ chang³	長總政財
Finances, national	kuo² t'ang³·	帑國
Financial world	ching¹ chi⁴ chieh⁴	界濟經
Financier,	tzŭ¹ pên³ chia¹	家本資
Find, to	chao³	找
,,	chao³ cho³	着找
,, cannot	chao³-pu chao²	着不找
,, out all about it	t'ao⁴-ch'u yuan² wei³ lai²	來委原出套
,, ,,	fa¹ chüeh²	覺發
,, ,, a plot	p'o⁴ yin¹ mou²	謀陰破
,, that (recognize)	jên⁴ ting⁴	定認
Finding (legal)	p'an⁴ ting⁴	定判
,, ,,	chüeh² ting⁴ shu¹	書定決
Fine,	hsi⁴	細
,, arts	mei³ shu⁴	術美
,, weather	t'ien¹ hao³	好天
,, woman	mei³ nü³	女美
,, a	fa² chin¹	金罰
,, ,,	shu² tsui⁴ chin¹	金罪贖
,, to	fa²	罰
Fineness (of metal)	shun² ching¹	精純
Finesse,	ts'ê⁴ lüeh⁴	畧策
,,	chi¹ min³	敏機
Finger, a	chih²-t'ou	頭指
,, first	êrh⁴ chin³	指二
,, second	chung¹ chih³	指中
,, third	wu² ming² chih³	指名無
,, little	hsiao³ chih³	指小
,, game, play the	hua² ch'üan²	拳豁
,, prints	shou³ yin⁴ 'rh	兒印手
,, ,, to make	ên⁴ tou³-chi	記斗按
,, marks on the	lo² wên² 'rh	兒紋羅
,, nails	chih¹-chia	甲指
,, in the profits, allow everyone to have a	shih³ ta⁴ chia¹ chan¹ jun⁴	潤沾家大使
,, in the pie, have a	jan³ chih³	指染
,, of praise at him, lift the	lien² shuo¹ tai⁴ k'ua¹ wai⁴ tai⁴ cho t'iao¹ ta⁴ mu chih² t'ou³	頭指墲人執着帶外誇帶說連
Fingers, count on the	chih³ tien³	點指
,, ,,	ch'ia¹-cho chih²-tou 'rh suan⁴	算兒頭指着掐
Finish to	wan²	完
,,	tso⁴ wan²-lo	咯完做
,,	tso⁴ tê²-lo	咯得做

Finished—Firm.   298

Finished,	wan²-lo	喇完
,,	tê²-lo	喇得
Finishing touch, it wants only the	kung¹ k'uei¹ i¹ k'uei⁴	簣一虧功
Finite,	yu³ hsien⁴	限有
Fir tree, a	i⁴ k'o¹ sung¹ shu⁴	樹松棵一
,, cone	sung¹ hua¹ 'rh	兒花松
,, ,,	sung¹ t'a³ 'rh	兒塔松
,, seeds	sung¹ tzŭ³-êrh	兒子松
Fire,	huo³	火
,, to light a	shêng¹ huo³	火生
,, to poke the	po¹ huo³	火撥
,, ,,	t'ung¹-i-t'ung huo³	火通一通
,, to catch	chao² huo³	火着
,, to put out a	mieh⁴ huo³	火滅
,, fly, a	huo³ ch'ung²-êrh	兒蟲火
,, engine	shui³ lung²	龍水
,, occurred, a	chu⁴ jung² wei² nüeh⁴	虐爲融祝
,, ,,	tsao¹ hui² lu⁴	祿回遭
,, ,,	tsou³ shui³	水走
,, incendiary	fang⁴ huo³	火放
,, accidental	shih¹ huo³	火失
,, stamp out a	p'u¹ mieh⁴	.....滅撲
,, and water, go through	fu⁴ t'ang¹ tao⁴ huo³	火蹈湯赴
,, brigade	hsiao¹ fang² tui⁴	隊防消
,, proof safe	fang² huo³ chin¹ kuei⁴	柜金火防
,, and light	kao¹ huo³	火膏
,, works	hua¹	花
,, ,, exploding	p'ao⁴-chu	竹爆
,, crackers	pien¹	鞭
,, a gun, to	fang⁴ ch'iang¹	槍放
,, ball cartridge, to	fa¹ shê⁴ shih² tan⁴	彈實射發
,, blank ,,	fa¹ shê⁴ k'ung¹ tan⁴	彈空射發
,, off by accident (of fire arms)	tsou³ ch'iang¹	鎗走
,, miss	pu¹ fa¹	發不
,, volleys	i¹ ch'i² fa¹ shê⁴	射發齊一
,, direct	chih² shê⁴	射直
Firewood,	p'i³-ch'ai	柴劈
Firing practice	yen³ hsi² fang⁴ p'ao⁴	砲放習演
,, sound of	p'ao⁴ shêng¹	聲砲
Firm belief	ch'üeh⁴ hsin⁴	信確
,, and unshaken, stand	li⁴ tsu² chien¹ ting⁴ pu¹ wei² so³ yao²	搖所爲不定堅足立
,, to stand	chan⁴ wên³	穩站

Firm (steady)	wên³-tang	當穩
,, (of jelly, etc.), set	ning⁴-shang-lo	咯上凝
,, in character	kêng³-chih²	直梗
,, ,,	yu³ chih⁴-ch'i	氣志有
,, of purpose	yu³ hêng⁴ chin⁴ 'rh	兒勁橫有
,, the hero's resolution is *firmer* than a sword	nan² êrh² ch'i⁴ chieh² kang¹ yü² chien⁴	劍於剛節氣兒男
,, a foreign	yang² hang²	行洋
Firmness,	chüeh² tuan⁴	斷決
First, the	t'ou² i²-ko	個一頭
,, in order	shou³ hsien¹	先首
,, class	shang⁴ têng³-ti	的等上
,, class seats, etc.	shang⁴ têng³ tso⁴-êrh	兒座等上
,, to last, from	shih³ chung¹	終始
,, of the month	ch'u¹ i¹	一初
,, aid	ying⁴ chi² chih¹ chun³ pei⁴	備準之急應
,, place .... in the second place...., in the	i¹ tse² .... êrh⁴ tse²	....則二....則一
,, year of (a new era)	yüan² nien²	年元
,, strive to be	chêng¹ ch'ien² k'ung³ hou⁴	後恐前爭
,, at	tsui⁴ hsien¹	先最
,, mortgage, as a	tso⁴ wei² chin³ hsien¹ chih¹ ti³ ya¹	押抵之先儘爲作
,, rate	ti⁴ i¹ liu²	流一第
,, ,,	hao³ chi²-lo	咯極好
Fiscal policy	ts'ai² chêng⁴ chêng⁴ ts'ê⁴	策政政財
,, year	kuei⁴ chi⁴ nien² tu⁴	度年計會
Fish, a	yü²	魚
,,	i⁴ wei³ yü²	魚尾一
,, to	tiao⁴ yü²	魚釣
,, hook	tiao⁴ yü² kou¹-êrh	兒鉤魚釣
,, up	ta³-lao-ch'i-lai	來起撈打
,, as wet as if he had been *fished* out of a river	chih² fang³ fu t'sai² ts'ung² ho² li³ p'a² ch'u¹ lai² ssǔ⁴ ti¹	的似來出爬裏河從才彷直
Fisherman, a	yü² wêng¹	翁魚
,,	tiao⁴ yü²-ti	的魚釣
Fishery,	yü² yeh⁴	業漁
,, (place)	yü² ch'ang²	塲漁
,, areas, extend	k'ai¹ chih yü² yü⁴ chih¹ pan³ t'u²	圖版之域漁拓開
,, deep sea *fisheries*	yüan³ yang² yü² yeh⁴	業漁洋遠
Fishing rod, a	tiao⁴ yü² kan¹ 'rh	兒杆魚釣
Fishy taste or smell, a	yü² hsing¹ wei¹ 'rh	兒味腥魚
Fissure,	lieh⁴	裂

Fist—Flag. 300

Fist, the	ch'üan²-t'ou	拳頭
,, clench the	tsuan⁴ ch'üan²-t'ou	攥拳頭
Fistula in ano	chih⁴ lou⁴	痔瘻
Fit,	hsiang¹ tang¹	相當
,,	fu² ho²	符合
,, (of clothes), to	ho² shên¹ 'rh	合身兒
,, made to	k'o³-cho tso⁴-ti	可着做的
,, in, will just	ch'iao³ chi²-lo	巧極略
,, to (worthy to), not	pu² p'ei⁴	不配
,, ,, (equal to), not	ch'ing²-shou-pu liao³	擎不受了
,, ,, go, not	ch'ü⁴-pu-tê-lo	去不得略
,, an epileptic	yang²-chüeh fêng¹	羊角瘋
,, of ague	i⁴-ch'ang² yao⁴-tzŭ	一場瘧子
,, up completely	wan² pei⁴	完備
,, out an expedition	yüan³ ching¹ chih¹ chun³ pei⁴	遠征之準備
,, not *fitted* for the arduous duties of diplomacy	wai⁴ chiao¹ chung⁴ jên⁴ pên³ fei¹ so³ shêng¹	外交重任本非所勝
Fittings,	fu⁴ shu³ p'in³	附屬品
Five,	wu³	五
,, number	ti⁴ wu³	第五
Fix, to	chih³ ting⁴	指定
,, a time	ting⁴-ko shih²-hou	定個時候
,, in a	liang³ nan²	兩難
Fixed (not movable)	ssŭ³-ti	死的
,, (prearranged)	yü⁴ ting⁴	豫定
,, (settled)	ting⁴-kuei-lo	定規略
,, capital	ku⁴ ting⁴ tzŭ¹ pên³	固定資本
,, number	chun³ shu⁴-êrh	準數兒
,, price	ting⁴ chia⁴ 'rh	定價兒
,, salary	yu³ ting⁴ chun³ shu⁴ mu⁴ ti¹ ch'ien²	有定準數目的錢
,, vacation of thirty days, annual	mei³ nien² chi³ ting⁴ chia⁴ chih san¹ shih² jih⁴	每年給假定之三十日
,, rate, at a	an⁴ kuei¹ ting⁴ chia⁴ ko²	按規定價格
,, date	ting⁴ yu³ chun³ ch'i²	定有準期
, thus, even though no one comes forward to prosecute, the law must be	chiu⁴ shih⁴ mei² jên² lai² k'ung⁴ kao⁴ yeh³ yao⁴ chê⁴ yang⁴ ting⁴ jü⁴ ti¹	就是沒人來控告也要這麼定律的
,, determination	chüeh² hsin¹	決心
,, light	pu⁴ tung⁴ têng¹	不動燈
,, star	hêng² hsing¹	恆星
Flag, a	i⁴ kan³ ch'i²-tzŭ	一桿旗子

Flag—Flat.

Flag, to hoist a	kua⁴ ch'i²-tzǔ	掛旗子
,, staff	i⁴ kên¹ ch'i² kan¹	一根旗杆
,, of truce	t'ing² chan⁴ ch'i²	停戰旗
,, house	hang² ch'i²	行旗
,, of independence, raise the	yang² tu¹ li⁴ chih¹ ch'i²	揚獨立之旗
,, national	kuo² ch'i²	國旗
,, signalling	hsin⁴ hao⁴ ch'i²	信號旗
,, yellow (quarantine)	chien³ i⁴ ch'i²	檢疫旗
,, trade follows the	shang¹ yeh⁴ sui² kuo² ch'i²	商業隨國旗
,, captain	ts'an¹ mou³ ta⁴ tso³	參謀大佐
,, lieutenant	ts'an¹ mou³ ta⁴ wei⁴	參謀大尉
,, the spirits of the troops	chün¹ ch'i⁴ sang⁴ shuai¹	軍氣喪衰
Flagrant,	chung⁴ ta⁴	重大
,, crime	tsui⁴ ta⁴ o⁴ chi²	罪大惡極
Flagrante delicto,	tang¹ ch'ang²	當場
,, ,,	chên¹ tsang¹ shih² fan⁴	眞贓實犯
Flags (rushes)	p'u²-tzǔ	蒲子
Flail, a	ch'a¹-pa	杈耙
Flakes of snow, large	hsüeh³ p'ien⁴ 'rh	雪片兒
,, ,, small	hsüeh³ hua¹ 'rh	雪花兒
Flame,	huo³ miao²-êrh	火苗兒
,, force of *flames*	huo³ shih⁴	火勢
Flank,	hêng² mien⁴	橫面
,, left	tso³ i⁴	左翼
,, outer	wai⁴ i⁴	外翼
,, attack	ts'ê⁴ mien⁴ kung¹ chi⁴	側面攻擊
Flannel,	hsiao³ yang² ni²	小洋呢
Flap the wings, to	shan¹ ch'ih⁴ pang³-êrh	搧翅膀兒
,, in the wind	p'iao¹-yao	飄颻
Flare up (rage)	chi¹ nu⁴	激怒
Flash, a	i² tao⁴ kuang¹-êrh	一道光兒
,, of lightning	i² tao⁴ shan³	一道閃
,, light	shê⁴ yen³ têng¹	射眼燈
,, light, signalling by	têng¹ kuang¹ t'ung¹ hsin⁴	燈光通信
Flashing eye	mu⁴ kuang¹ ju² tien⁴	目光如電
,, ,,	mu⁴ kuang¹ shan³ shan³ ju² tien⁴	目光閃閃如電
,, in the light	shan³ shuo⁴	閃爍
Flask, a	kuan⁴-tzǔ	罐子
Flat,	pien³	扁
,, (road)	p'ing² t'an³	平坦
,, (market)	pu⁴ chên⁴	不振
,, iron, a	yün⁴-t'ou	熨斗

Flat—Fling. 302

Flat, refusal	tuan⁴ pu¹ néng² yün³	允能不斷
Flatter, to	ch'an³-mei	媚諂
,,	fêng⁴ ch'êng²	承奉
,, superiors and browbeat inferiors	mei² shang⁴ ling⁴ hsia⁴	下凌上媚
Flattery, gross	p'êng³ ch'ou⁴ chiao⁵	脚臭捧
Flattering, too	kuo⁴-chiang	獎過
Flatulent,	fan³ wei⁴	胃反
Flavour,	wei⁴-tao	道味
,,	wei⁴ 'rh	兒味
,, (specially of fruit)	k'ou³ t'ou²	頭口
Flavoured, not too highly	k'ou³ ch'ing¹	輕口
Flavouring,	tso²-liao 'rh	兒料做
,, is best (in cuisine) for the health, slight	tan⁴ shih² yu³ i² wei⁴ shêng⁴	生衛益有食淡
Flavourless,	wu² tzŭ¹ wei⁴	味滋無
,,	chiao² la⁴ wu² wei¹	味無蜆嚼
Flaw, a	mao²-ping	病毛
,,	ch'ien⁴ tien³	點欠
,, slight (or original)	ko¹-hsing 'rh	兒星胢
Flax,	ma²	蔴
Flea, a	ko⁴-tsao	蚤屹
Fledged, newly	ch'u¹ fei¹ 'rh-ti	的兒飛初
Fledgling, a	ch'u²-êrh	兒雛
Flee,	t'o¹ tsou³	走脫
Fleece, to	cha⁴ ch'ü³	取詐
,, of wool, a	i¹ tui¹ yang² mao¹	毛羊堆一
,, the people	po¹ hsiao¹ jên² min²	民人削剝
Fleeting,	pai² chü¹ kuo⁴ ch'i⁴	隙過駒白
,,	su⁴ hu¹	忽倏
Flesh,	jou⁴	肉
Flexible,	huo²-juan	軟活
Flicker, to	pai³-yao	搖擺
,, of an expiring light	yin¹ yin¹ ts'an³ ts'an³-ti	的慘慘陰陰
Flight,	t'ao² wang²	亡逃
,, of the sovereign	ch'êng¹ yü² ch'u¹ shou⁴	狩出輿乘
,, ,,	t'ien¹ tzŭ³ meng² ch'ên²	塵蒙子天
,, of steps, a	i² ko¹ t'ai² chieh¹ 'rh	兒堦台個一
Flighty,	ch'ing¹ fu²	浮輕
,, inattentive	fu²-p'ing ts'ao³ shih⁴-ti	的似草萍浮
Flimsy (argument)	k'ung¹	空
Flinch, to	fa¹ ch'u⁴	怵發
,,	p'i⁴ i⁴	易辟
Fling away with violence, to	jêng³-lo	咯扔
,, ,, (discard)	jêng¹-lo	咯扔

Fling down	shuai¹-lo	摔咯
,, ,,	shuai¹-hsia-ch'ü	摔下去
Flint,	huo³ shih²	火石
Flippant,	yu² k'ou³ ti¹	油口的
,,	fu²-tsao	浮躁
Flirt, a	ch'ing¹-k'uang jên²	輕狂人
Flit (as a butterfly, etc.), to	lai² hui²-ti p'ai² huai²	來回的徘徊
Float, to	p'iao¹	漂
,, a	p'iao¹-êrh	漂兒
,, a new loan	chao¹ mu⁴ hsin¹ chieh⁴ k'uan³	招募新借欵
Flock, a	i⁴ ch'ün²	一羣
,, together	ch'ün² chi²	羣集
Flog, to	ta³	打
,, with a whip	ch'ou⁴	抽
Flogging,	ch'ih¹ hsing²	笞刑
Flood, in	chang⁴ shui³	漲水
,, damage by	shui³ tsai¹	水災
,, gate	shui¹ kuan¹	水關
,, the great	ta⁴ hung² shui³	大洪水
Flooded,	lao⁴-lo	潦咯
Flotsam,	p'iao¹ liu² wu⁴	漂流物
Floor, on the	ti⁴-hsia	地下
,, a boarded	i⁴ ts'êng ti⁴ pan³	一層地板
,, anyone	pi¹ ch'i² k'ou³	閉其口
Florid style	hua² shih¹ chih¹ chü⁴	華飾之句
Floss, silk	jung²	絨
Flounce,	shou³ tsu² wu³ tung⁴	手足舞動
Flour, wheat	pai² mien⁴	白麫
,, meal	mien⁴ fên³	麫粉
Flourish,	fan² ch'ang¹	繁昌
,, (as a stick), to	wu³ tung⁴-ch'i-lai	舞動起來
Flourishing,	hsing⁴-wang	興旺
,, of vegetation	mao⁴-shêng	茂盛
,, state	t'san³ lan⁴ chuang¹ yen² chih¹ kuo²	燦爛莊嚴之國
,, trade	shih⁴ mien⁴ fêng¹ kuang¹	市面風光
Flow, to	liu²	流
,, over	man⁴-kuo-ch'ü	滿過去
,, of nonsense	hu² yün² i ch'i⁴	胡云一氣
Flower, a	hua¹	花
,,	i⁴ chih¹ hua¹	一枝花
,,	i⁴ to³ hua¹	一朶花
,, in, or to	k'ai¹ hua⁴	開花
,, pot	hua¹ p'ên·	花盆

Flower—Foal.　　　304

Flower, artificial	tui¹-sha hua¹ 'rh	堆紗花兒
,, ,, in a pot	p'ên² ching³ 'rh	盆景兒
,, of, the	ching¹ hua²	精華
,, of an army	ching¹ hsüau⁵ chih¹ ping¹	精選之兵
,, of his youth, in the	jo⁴ kuan¹ nien² hua²	弱冠年華
,, of eloquence and sincerity, *flowers*	shuo¹ ti¹ t'ien¹ hua¹ luan¹ chui⁴ tzŭ⁴ shih⁴ chên¹	說的天花亂墜字字是眞
Flowery,	hua² mei³	華美
Fluctuate in health, to	hao³ tai³ pu⁴ ch'ang²	好歹不常
,, (as a barometer)	hu¹ shang⁴ hu¹ hsia⁴	忽上忽下
,, in opinion, etc.	yu²-i	猶豫
,, exchange constantly *fluctuates*	yin² shih⁴ man⁴ wu² piao¹ chun³	銀市漫無標準
Fluctuation in price (of shares)	chia⁴ ko² chih¹ pien⁴ tung⁴	價格之變動
,, violent *fluctuations*	luan⁴ kao¹ hsia⁴	亂高下
Fluent repartee	tui⁴ ta² ju² liu²	對答如流
,, in conversation	shuo¹-ti li⁴-lo	說的俐落
Fluff,	jung³ mao²-êrh	毛茸兒
Fluid,	shui³	水
Fluke, a	mêng¹ chao²-êrh	懵着兒
Flurried,	huang¹-lo	慌咯
Flurry,	lang² pei⁴	狼狽
Flush,	ch'ih⁴ mien⁴	赤面
,, (a drain, etc.), to	ch'ung-i-ch'ung	冲一冲
Flushed,	lien³ hung²-lo	臉紅咯
,, to the roots of his ears	mien⁴ hung² kuo⁴ êrh³	面紅過耳
Flustered,	huang¹-lo	慌咯
Flute, a	i⁴ chih¹ ti²-tzŭ	一隻笛子
,, to play the	ch'ui¹ ti²-tzŭ	吹笛子
Fluted,	wa³ lung³-êrh hsing²-êrh-ti	瓦壟兒形兒的
Fluttering in the wind	pai³-yao	擺搖
,, (as a butterfly)	ch'an⁴-wei	顫巍
Fly, a	ts'ang¹-ying	蒼蠅
,, (of trousers)	ch'ien² tang¹	前襠
,, brush	ts'ang¹-ying shua¹ 'rh	蒼蠅刷兒
,, to	fei¹	飛
,, a kite, to	fang⁴ fêng¹-chêng	放風箏
,, a horse	hsia³-mêng	瞎矇
,, blind, a	sha¹ t'i⁴-tzŭ	紗屜子
Flying machine	fei¹ hsing² chi¹	飛行機
Foal, a	chü¹	駒
,, in	yu³ chü¹	有駒

Foam—Following.

Foam,	mo⁴-tzŭ	沫子
„ at the mouth, to	tsui³ ch'i³ mo⁴-tzŭ	嘴起沫子
Focus,	shao¹ tien³	燒點
„	chung¹ hsin¹ tien³	中心點
Fodder,	ts'ao³ liao⁴	草料
Foetus, a	t'ai¹	胎
Fog,	wu⁴	霧
Foggy,	hsia⁴ wu⁴	下霧
Fogy, old	mu⁴ ch'i⁴ shên⁴ shên¹	暮氣甚深
Foil,	p'o⁴ pai⁴	破敗
Foisted from his place by a stranger, the owner	hsüan¹ pin¹ to² chu³	喧賓奪主
Fold, a	chê³-tzŭ	摺子
„ up, to	tieh²-ch'i-lai	搨起來
„ „	chê²-shang	摺上
„ up one's trousers (outside sock)	pa⁴ k'u⁴ tzŭ⁴ mien² shang¹	把褲子綿上
„ up one's trousers (inside sock)	pa⁴ k'u⁴ tzŭ⁴ yeh¹ shang⁴	把褲子椰上
„ in the flesh of a fat person, a	jou⁴ ch'ü²-liu-êrh	肉屈邋兒
„ look on with folded hands	hsiu⁴ shou³ p'ang² kuan¹	袖手傍觀
Folk,	jên²-chia	人家
Folklore,	i⁴ shih³	逸史
Follow, to	kên¹	跟
„ up (a clue)	sou¹ so³	搜索
„ the main road	shun⁴-cho ta⁴ tao⁴ tsou³	順着大道走兒
„ the crowd	sui² ch'ün² 'rh	隨羣兒
„ precedent	yen² hsi² ch'êng² li⁴	沿襲成例
„ a frowzy Tartar custom	ts'ung² hsing¹ shan¹ chih¹ su²	從腥羶之俗
„ one's father's profession	shao⁴ chi¹ ch'iu²	紹箕裘
„ have accordingly agreed as follows	yüan² shang¹ ting⁴ ju² hsia⁴	爰商訂如下
„ followed him to...	kên¹ tsung¹ chih⁴...	跟蹤至
„ his example in removing the queue, many eagerly followed	kên¹ cho chien³ ti¹ shih⁴ chi² ch'i² yung³ yo⁴	跟着剪的是其踊躍
Follower,	tsung⁴ chê³	從者
„	mên² jên²	門人
Followers,	kên¹ jên²	跟人
„ a small retinue of	ch'ing¹ ch'i² chien³ tsung⁴	輕騎減從
Following day	tzŭ jih⁴	次日

Following—Footing. 306

Following day		ch'i² ti⁴ êrh⁴ t'ien¹	其第二天
,, rights		tso³ lieh⁴ ko⁴ hsiang⁴ chih¹ tzŭ yu² ch'üan²	左列各項之自由權
Foment,		shan⁴ tung⁴	煽動
,, to		t'êng¹-i-t'êng	謄一謄
,, sedition		niang⁴ ch'êng² luan⁴ shih⁴	釀成亂事
Fond of		ai⁴-hsi	愛惜
,,		ai⁴	愛
,,		ch'ung³ ai⁴	寵愛
,, devotedly		ai⁴ ju² chên¹ pao³	愛如珍寶
,, ,,		ming⁴ kên¹-tzŭ shih⁴-ti	命根子似的
,, (admire, to)		ai⁴-mu	愛慕
Food,		ch'ih¹-ti	吃的
,,		ch'ih¹-shih	吃食
,,		shih² p'in³	食品
,, (of animals)		wei⁴ yang³	餵養
,, (victuals)		ts'ai⁴	菜
,, poor		pu⁴ fêng¹ chih¹ p'in³	不豐之品
Fool, a		sha³-tzŭ	傻子
,,		hun² jên²	渾人
,, as that, not such a		yeh³ sha³-pu-tao chê⁴-ko fên⁴ 'rh-shang	也傻不到這個分兒上
,, of, make a		yü² lung⁴	愚弄
		min² fei¹ chin⁴ yü² wan⁴ pu¹ k'o³ ch'i¹	民非盡愚萬不可欺
,, all the people, you can't		mao⁴ mei⁴ ts'ung² shih⁴	冒昧從事
Foolhardy,		ssŭ³-hsin yen³ 'rh	死心眼兒
Foolish (shortsighted)		chiao³	腳
Foot, the		pu⁴ ping¹	步兵
,, (soldiers)		ch'an² tsu²	纏足
,, binding		i⁴ ch'ih³	一尺
,, a		i⁴ kan³ ch'ih³	一杆尺
,, measure, a		chiao³ ta¹ 'rh	腳搭兒
,, stool, a		chiao³ têng⁴-tzŭ	腳櫈子
,, marks		chiao³ yin⁴ 'rh	腳印兒
,, go on		pu⁴-hsia tsou³	步下走
,, path		yu²-yen tao⁴ 'rh	有沿道兒
,, ,,		jên² tao⁴	人道
,, pace, go at a		ta¹-han pu⁴-êrh tsou³	搭頷步兒走
,, ball, play at		t'i¹ hsing²-t'ou	踢行頭
,, how can you catch him? you're on		ni³ mên² pu⁴ hsia⁴ yen¹ nêng² chui¹ tê shang⁴ t'a¹	你們步下焉能追得上他
Foothold, no		wu² li⁴ tsu² chih¹ ti⁴	無立足之地
Footing,		li⁴ chiao³ ti⁴	立腳地
		tzŭ¹ ko²	資格

Footing — Force

Footing,	ti⁴ wei⁴	位 地
,, (basis)	chi¹ ch'u³	礎 基
,, on same	t'ung² têng³	等 同
,, peace	p'ing² shih² pien¹ chih⁴	制 編 時 平
,, war	chan⁴ shih² pien¹ chih⁴	制 編 時 戰
Footnote (to a diagram)	pei² k'ao³	考 備
Footpad,	p'iao⁴ tao⁴	盜 票
Footpassenger,	hsing² jên²	人 行
Footstep,	tsu² chi⁴	跡 足
,, untrodden by human	jên² chi⁴ wei⁴ chih⁴ chih¹ ti⁴	地 之 至 未 跡 人
,, sound of *footsteps*	chiao³ pu⁴ hsiang³	響 步 脚
Footwarmer,	chiao³ lu²	爐 脚
Fop, a	yang² mei² t'u³ ch'i⁴-ti	的 氣 吐 眉 揚
For (on behalf of)	t'i⁴	替
,, ,,	tai⁴	代
,, (because)	wei⁴	爲
,, (on account of)	wei⁴-ti-shih	是 的 爲
,, nothing	pai²	白
,, me, is that?	na⁴-shih kei³ wo³-ti-ma	嗎 的 我 給 是 那
,, you, will buy it	wo³-kei-ni mai³	買 你 給 我
,, two days past, I have been watching him	kên¹ t'a¹ liu² liang³ t'ien¹ shên²	神 天 兩 留 他 跟
,, Tientsin arrived, the train	k'ai wang³ t'ien¹ ching¹ huo³ ch'ê¹ lai² tao⁴	到 來 車 火 津 天 往 開
,, love of gain, men die	jên² wei⁴ ts'ai² ssŭ³	死 財 爲 人
,, a dog, mistake a wolf	jên⁴ lang² wei² ch'uan³	犬 爲 狼 認
,, all his faults he is a good man	sui¹ yu³ kuo⁴ shih¹ pu¹ shih² wei² lao³ ch'êng² jên²	人 誠 老 爲 失 不 過 有 雖
Forage,	ts'ao³ liao⁴	料 草
Foraging party	chêng¹ fa¹ tui⁴	隊 發 徵
Forbearing magnanimity	ta⁴ tu⁴ pao¹ jung²	容 包 度 大
Forbid, to	chin⁴ chih³	止 禁
,,	chin⁴ chih⁴	制 禁
,, (prevent)	tsu³ chih³	止 阻
,, a person the horse	tu⁴ chüeh	絕 杜
Forbidding,	t'ao³ yen⁴	厭 討
Force,	li⁴	力
,,	pi⁴-cho	着 逼
,,	lo¹ ling⁴	令 勒
,, to exert	yung⁴ li⁴	力 用
,, (to compel)	li⁴ pi⁴	逼 力
,, one's self	mien³ ch'iang³	強 勉
,, down the throat (as medicine), to	kuan⁴	灌

Force—Foregather. 308

Force majeure	ch'iang² ch'üan²	強權
,, of circumstances, by the	shih² shih⁴ shih³ jan²	然使勢時
,, of events, the	tzŭ⁴ jan² chih¹ chieh² kuo³	果結之然自
,, of numbers	kua³ pu⁴ ti² chung⁴	衆敵不寡
,, the codes in	hsien⁴ hsing² chih⁴ fa¹ tien³	典法之行現
,, put in	shih¹ hsing²	行施
,, irresistible	p'o⁴ chu² chih¹ shih⁴	勢之竹破
,, large	ta⁴ ping¹	兵大
,, combined	lien² chün¹	軍聯
,, repayment	pi⁴ po⁴ t'ui⁴ huan²	還退迫逼
,, him to keep silence	ch'iang³ p'ai¹ t'a¹ pa¹ tz'ŭ²	詞能他派強
,, his way into the house	ch'uang³ mên² ju⁴ shih⁴	室入門闖
Forced arguments	ch'iang² tz'ŭ² to² li³	理奪詞強
, marches	chi² hsing¹ chün¹	軍行急
,, draught	ch'iang² ya¹ t'ung¹ fêng¹	風通壓強
,, labour	kung¹ i⁴	役公
,, to be	ch'u¹-yü wu² nai⁴	奈無於出
,, me to	pi⁴-cho-wo tso⁴-ti	的做我着逼
,, by circumstances	shih² shih⁴ so³ yao¹ ch'iu²	求要所勢時
,, upon me, was absolutely	yüan² ch'u¹ yü² wan⁴ pu⁴ tê² i³	已得不萬於出原
,, when absolutely	chi⁴ shih⁴ pu⁴ tê² i³ ti¹ shih² hou⁴	候時的已得不是旣
Forceps,	nieh⁴-tzŭ	子鑷
Forcible,	ch'iang⁸ hsing²	行強
,, (argument)	shih⁴ ch'ieh¹	切適
,, entry	ch'in¹ ju⁴ chia¹ chai²	宅家入侵
,, execution	ch'iang² chih⁴ chih² hsing²	行執制強
,, methods	ch'iang³ ying⁴ shou³ tuan⁴	段手硬強
,, solution, no occasion for a	wu² yung⁴ wu³ li⁴ chieh³ chüeh² chih¹ pi⁴ yao⁴	要必之決解力武用無
Ford, to	t'ang¹-kuo-ch'ü	去過䠀
,, a	t'ang¹ shao¹ kuo⁴-ch'ü-ti ti⁴-fang	方地的去過涉䠀
Forearm, the	êrh⁴ pang⁴-tzŭ	子棒二
Forebode,	yü⁴ chih¹	知預
Forecast,	yü⁴ ting⁴	定預
,, weather	t'ien¹ ch'i⁴ yü⁴ pao⁴	報預氣天
Foreclose on property, to	shou¹ ti⁴	地收
,,	shou¹ fang²	房收
Forefathers,	hsien¹ tsu³	祖先
Forefinger, the	êrh⁴ chih³	指二
Foregather, to	tou¹-ta	搭兜
,,	ho² ch'ün² 'rh	兒羣合

Forego,	hsieh⁴ chüeh²	絕謝
,, pleasures, to	pa⁴ kao¹ hsing⁴-ti shih⁴ tou¹ chüan¹-lo	略鋦都事的興高把
Foregoing paragraph	ch'ien² hsiang²	項前
,, the	i³ shang ti¹	的上以
Foregone conclusion	yü¹ ting⁴ chih¹ chieh² kuo³	果結之定預
Foreground,	ch'ien² ching³	景前
Forehead, the	nao⁰ mên²-tzŭ	子門腦
Foreign,	wai⁴ kuo²	國外
,,	yang²	洋
,,	hsi¹-kuo	國西
,, policy	tui⁴ wai⁴ chih¹ fang¹ chên¹	針方之外對
,, office	wai⁴ chiao¹ pu⁴	部交外
,, merchandise	yang¹ huo⁴	貨洋
, civilization	wai⁴ lai² wên² ming²	明文來外
,, to this question	pu⁴ kuan¹ tz'ŭ³ shih⁴	事此關不
Foreigner,	wai⁴ jên²	人外
(preferable to yang² jên² 人洋)		
Forelock of a horse	nao³ mên² tsung¹	鬃門腦
,, take time by the	ch'êng² chi¹	機乘
Foreman, a	chien¹ kung¹-ti	的工監
,,	liao³ shih⁴-ti	的事料
Foremost item or point, the	t'ou²-i chien⁴	件一頭
,, ,, ,,	t'ou²-i tsung¹	宗一頭
,, (first)	t'ou²-i ko⁴	個一頭
,, place, takes the	tsai⁴ hsien¹	先在
Forenoon,	shang⁴-pan-t'ien	天半上
Forerunner,	ch'ien² chao⁴	兆前
,,	ch'ien² chan⁴	站前
Foresee, to	yü⁴ ts'ai²	預猜
,,	yü⁴ suan⁴	預算
,,	yü⁴ hsien¹ liao⁴ tao⁴	到料先預
Foreshore rights	hai³ an⁴ ch'üan²	權岸海
Foresight,	hsien¹ chien⁴	見先
,,	hsien¹ chien⁴ chih¹ ming²	明之見先
Foreskin,	hêng² pao¹	包莖
Forest, a	shu⁴ lin²-tzŭ	子林樹
,,	sên¹ lin²	林森
Forestall (to corner)	lung³ tuan⁴	斷壟
,,	chü¹ wei² ch'i² huo⁴	貨奇爲居
,,	yü⁴ liao⁴ t'o³-lo	略妥料預
Forestry,	lin² cheng⁴	政林
,, (science of)	lin² i⁴	藝林
Foretell, to	yü⁴ yen²	言預
,,	yü⁴ hsien¹ shuo¹	說先預

Foretold—Form.   310

Foretold his fate long ago, I	kei³ t'a¹ tuan⁴ chiu⁴	就斷他給
Forethought,	yu³ jih⁴ ssŭ¹ wu² jih⁴	日無思日有
Forfeit, to	p'ei²	賠
,, property	chi² mo⁴	沒籍抵
,, one's life	ti³ ming⁴	命抵
,, ,,	ti³ ch'ang²	償
,, a right	sang⁴ shih¹ ch'i² ch'üan²	權其失喪
Forfeits, the game of drinking	hsing² chiu³ ling⁴-êrh	兒令酒行
Forge iron, to	ta³ t'ieh³	鐵打
,, a blacksmith's	tieh³-chiang p'u⁴	舖匠鐵
,, a signature, to	chia³ tso⁴ hua¹-ya	押花做假
,, a name	chia³ mao⁴ pi³ chi⁴	跡筆冒假
Forged decree, a	wei⁴ yü⁴	諭僞
Forgery,	wei⁴ tsao⁴ tsui⁴	罪造僞
Forget, to	wang⁴	忘
,,	wang⁴-chi	記忘
,, I can never	pu¹ nêng² wang⁴ huai²	懷忘能不
,, ,,	wu² lun⁴ ho² shih² so³ pu⁴ nêng² wang⁴	忘能不所時何論無
Forgetful,	mei chi⁴-hsing	性記沒
,,	mei êrh³-hsing	性耳沒
,,	shan⁴ wang⁴	忘善
,,	wang⁴ hsing⁴ ta⁴	大性忘
Forgive, to	jao²	饒
,,	shu⁴	恕
,,	jao²-shu	恕饒
,, me	ch'iu² wei⁴ chien⁴ liang⁴	諒見爲求
,, ,, for saying so	mao⁴ mei⁴ tê² hên³	狠得昧冒
,, ,, when possible	tê² jao² jên² ch'u⁴ ch'ieh³ jao² jên²	人饒且處人饒得
Forgot, entirely	ko¹-tsai po²-tzŭ hou⁴-t'ou-lo	咯頭後子脖在擱
,,	wang⁴-lo	了忘
,,	wang⁴-chi-lo	咯記忘
Fork (for eating), a	i¹ pa³ ch'a¹-tzŭ	子叉把一
,, of a tree	shu⁴ ch'a⁴-tzŭ	子杈樹
,, up, to	ch'a¹-shang	上叉
Forked road, a	ch'a⁴ tao⁴	道岔
,, stream	ch'a⁴ ho²	河岔
Forlorn (solitary)	chi⁴-mo	寞寂
Form,	hsing²-hsiang	像形
,,	hsing²-shih	式形
,,	hsing² jung²	容形
,,	ch'êng² shih⁴	式程

Form (a class)	hsüeh² pan¹	學班
,, a blank	k'ung¹ pai² tan¹ tzǔ	空白單子
,, for filling up	piao³ shih⁴	表式
,, not proper	pu⁴ ch'êng² shih¹ t'i³	不成事體
,, empty *forms*	hsü¹ li³	虛禮
,, of an oath	hsüan¹ shih⁴ shih⁴	宣誓式
,, of government	chêng⁴ t'i³	政體
,, in due	chêng⁴ shih⁴	正式
,, (as credentials), in good and due	liang² hao³ t'o³ hsieh²	良好妥協
,, feel in good	chüeh² cho shuang³ k'uai¹	覺着爽快
,, to	shê⁴ li⁴	設立
,, a new cabinet	kai¹ tsao⁴ nei⁴ ko²	改造內閣
,, a ministry	tsu³ chih¹ nei⁴ ko²	組織內閣
,, (an army corps)	pien¹ chih⁴	編制
,, (arrange)	p'ai² lieh⁴	排列
Formal,	chü¹-ni	拘泥
,,	chêng⁴ shih⁴	正式
,,	piao³ mien⁴ ti¹	表面的
,,	hsing² shih⁴ shang⁴	形式上
,, (enquiry)	i¹ fa⁴ ti¹	依法的
,, conversation	t'ung¹ t'ao⁴ hua⁴	通套話
,, conventional	ming² t'ang² chêng⁴ tao⁴	明堂正道
Formality,	fang¹ shih⁴	方式
,, observe the *formalities*	yen² shou³ li³ chieh²	嚴守禮節
Formation (naval)	chên⁴ hsing²	陣形
,, (military)	tui⁴ hsing²	隊形
,, single column	tan¹ lieh⁴ ts'ung² chên⁴	單列從陣
,, (organization)	tsu³ chih¹	組織
,, (shape)	kou⁴ tsao⁴	構造
Formed, of fruit	chieh¹-lo kuo³-tzǔ	結了果子
Former,	i³ ch'ien²	以前
Formerly,	ts'ung² ch'ien²	從前
,,	nang² hsi²	曩昔
Formula,	fang¹ shih⁴	方式
,,	ko² shih⁴	格式
Formulate a proposal	i³ chêng⁴ shih⁴ t'i² i⁴	以正式提議
Fornication,	ssǔ¹ t'ung¹	私通
Forswear,	chieh⁴ ch'u²	戒除
Fort, a	p'ao⁴ t'ai²	礮臺
Forth, and so	yün² yün²	云云
,, set	ch'i³ ch'êng²	起程
Forthwith,	li⁴ k'o⁴	立刻
Fortification (art)	chu² lei³ shu⁴	築壘術

Fortifications—Foul. 312

Fortifications,	yao¹ sai¹	要塞
Fortified port	chün¹ chiang³	軍港
,, zone	yao¹ sai⁴ ti⁴ tai⁴	要塞地帶
Fortify, to	chu² t'ai²	築臺
,, the mind	chien¹ ting⁴	堅定
Fortitude,	chien¹ jên⁸	堅忍
Fortnight,	liang³ hsing¹ ch'i²	兩星期
Fortress,	yao¹ sai¹	要塞
,, artillery	yao¹ sai¹ p'ao⁴ ping¹	要塞砲兵
Fortuitously,	pu⁴ t'u²	不圖
Fortunate,	yu³ yün⁴-ch'i	有運氣
,,	yu³ tsao⁴-hua	有造化
,, encounter, a	ch'iao³ yü⁴	巧遇
,, (lucky)	ch'iao⁸	巧
,, result	chia¹ kuo⁸	佳果
Fortunately,	k'o³ ch'iao⁸	可巧
,,	hsing⁴ êrh³	幸爾
,,	hsing⁴-k'uei	幸虧
Fortune,	ming⁴-yün	命運
,,	yün⁴-ch'i	運氣
,, a man of	ts'ai² chu³	財主
,, unexpected	chiao³ hsing	僥倖
,, the favours of	t'ien¹ ts'ung² jên² yüan⁴	天從人願
,, by the face, tell one's	hsiang⁴ mien⁴	相面
,, teller, a	ts'ê⁴ tzŭ⁴-ti	測字的
,, ,,	suan⁴ ming⁴-ti	算命的
,, ,,	chan¹ kua⁴-ti	占卦的
Forum,	ts'ai² p'an⁴ so³	裁判所
Forward, to go	shang⁴ ch'ien²	上前
,,	chin⁴ ch'ien²	進前
,, person, a	p'ai⁴-lai wu⁴-êrh	懶物兒
,, date, advance to a	t'i² ch'ien² jih⁴ ch'i²	提前日期
,, his views	chu⁴ ch'êng² ch'i² chih⁴	助成其志
Forwarded by	chuan³ ti⁴	轉遞
Forwarding agency	yün⁴ sung⁴ kung¹ ssŭ¹	運送公司
Forwards, backwards and	lai² hui²-ti	來回的
Fossil, a	hua⁴ shih²	化石
Foster mother, a	nai³ ma	奶媽
,,	ju³ mu³	乳母
,, brothers	nai³ hsiung¹ ti⁴	奶兄弟
,, child	i⁴ tzŭ³	義子
,, to	yang³ yü⁴	養育
,, ,,	p'ei² yang³	培養
,, (trade)	chiang³ li⁴	獎勵
Foul old custom, abandon a	ti² chiu⁴ jan³ chih¹ wu¹	汙染之舊港

Foul language	wei⁴ yü³	穢語
,, wind	ni⁴ fêng¹	逆風
Foulplay,	pao⁴ hsing²	暴行
,, suspicion of	pei⁴ sha¹ chih¹ hsien² i²	被殺之嫌疑
Found,	ch'uang³ li⁴	創立
,,	chien⁴ chi¹	建基
,, establish, to	li⁴	立
,, the proposed terms were *founded* on the old agreement	so³ t'i² chih¹ t'iao³ chien⁴ hsi⁴ kên¹ chiu⁴ yüeh¹	所提之條件係根舊約
,, if really *founded* on this principle	kuo³ jan² pên³ cho chê⁴ chung³ li³ hsiang³	果然本着這種理想
,, difficulty of *founding* a new order	ti⁴ tsao⁴ chih¹ chien¹	締造之艱
Foundation,	chi¹ ch'u³	基礎
,, of a building	ti⁴-chi	地基
,, (base)	kên¹ pên³	根本
,, (origin)	lai²-t'ou	來頭
,, ,,	yüan²-t'ou	源頭
,, stone, lay the	chü³ hsing² chien⁴ shih⁴ tien³ li³	舉行建石典禮
,, (endowment fund)	chi¹ pên³ chin¹	基本金
,, without	wu² kên¹	無根
,, for this statement, unaware of the	pu¹ chih¹ ho² so³ chü⁴ êrh² yün² jan²	不知何所據而云然
,, for introducing provincial administration, as a	i³ wei² chien¹ li⁴ hsing² shêng³ chih¹ ch'üan² yü²	以爲建立行省之權輿
Founder (of a sect)	tsu³ shih¹	祖師
,,	hsien¹ shih¹	先師
,, of a dynasty	t'ai⁴ tsu³	太祖
Founder's shares	fa¹ ch'i³ jên² ku³ fên	發起人股分
Foundling hospital, a	yü⁴ ying¹ t'ang²	育嬰堂
,, ,,	yang³ shêng¹ t'ang²	養生堂
Foundry, a	chu⁴ t'ieh³ ch'ang³	鑄鐵廠
Fountain, a	tao⁴ liu²-êrh	倒流兒
,, of all executive power	tsung³ lan³ chêng⁴ ch'uan²	總攬政權
Fountain-head,	pên³ yüan²	本源
Fountain-pen,	wan⁴ nien² pi³	萬年筆
Four,	ssŭ⁴	四
Fourth, the	ti⁴ ssŭ⁴ ko⁴	第四個
,, of the month	ch'u¹ ssŭ⁴	初四
Fowling-piece,	niao³ ch'iang¹	鳥鎗
Fowls,	hsiao³ chi¹-êrh	小鷄兒
Fox, a	hu²-li	狐狸

L

Fraction—Free.   314

Fraction, a	ling²-êrh	零兒
,, a mere	i⁴ hsing¹ pan⁴ tien³ 'rh	一星半點兒
,, decimal	hsiao³ shu⁴	小數
Fractions,	fên¹-shu-êrh	分數兒
Fractious,	sa¹ chiao¹-êrh	撒嬌兒
Fracture,	tuan⁴ ku³	斷骨
Fragile,	chiao¹-nên	嬌嫩
Fragment,	sui⁴ p'ien⁴	碎片
,, (extract)	tsa² lu⁴	雜錄
,, ,,	chai¹ chü⁴	摘句
,, of porcelain, a	sui⁴ tz'ŭ² wan³ 'rh	碎磁碗兒
Fragrance,	hsiang¹ wei⁴ 'rh	香味兒
Fragrant,	hsiang¹	香
,, name, leave a	fang¹ ming² wan⁴ ku³	芳名萬古
Frail constitution	ch'i⁴ t'i³ su⁴ jo⁴	氣體素弱
Frailty of age (See Vigour.)	lao³ chien⁴ ch'un¹ han² ch'iu¹ hou⁴ jo⁴	老健春寒秋後熱
Frame, a	chia⁴-tzŭ	架子
,, (physical)	t'i³ ko²	體格
,, of a picture, etc.	k'uang⁴-êrh	框兒
,, to	hsiang¹-shang k'uang⁴-êrh	上框兒
France,	fa⁴ kuo²	法國
Franchise,	t'san¹ chêng² ch'üan²	參政權
,, (electoral)	hsüan³ chü³ ch'üan²	選舉權
,, eligible for the	tang¹ jan² yu³ hsüan³ chü³ ch'üan²	當然有選舉權
Frank,	kêng³-chih	耿直
,,	kuang¹ ming² lei³ lo⁴	光明磊落
Frankly,	chin¹ huai² t'an³ pai²	襟懷坦白
,, to, talk	wei² fu⁴ hsin¹ chih¹ t'an²	爲腹心之談
Frantic,	k'uang² wang⁴	狂妄
Fratricidal strife	t'ung² shih⁴ ts'ao¹ ko¹	同室操戈
Fraternal,	ju² shou³ tsu² ti¹	如手足的
Fraternity,	t'ung² yeh⁴	同業
Fraternal affection	hsiung¹ ti⁴-chih ch'ing²	兄弟之情
Fraud, to obtain by	p'ien⁴-liao lai-ti	騙了來的
,, ,,	kuai³-p'ien-liao ch'ü⁴	拐騙了去
,, was discovered, his	wei⁴ ch'ing² p'o⁴ lou⁴	僞情破露
Fraudulently, to obtain	cha⁴ ch'ü³	詐取
Freak of nature	kuai⁴ wu⁴	怪物
Freckles,	ch'iao¹-pan	雀斑
Free,	tzŭ⁴ yu²	自由
,, to set	fang⁴	放
,, to (as you please)	sui² pien⁴	隨便
,, to, you are	yu² ni³	由你

Free pass, a	mien³ p'iao⁴	免票
,, of duty	mien³ shui⁴	免稅
,, (gratis)	wu² tai⁴ chia⁴	無代價
,, (unrestricted)	wu² chih⁴ hsien⁴	無制限
,, and easy	wu² yüan³ lü¹	無遠慮
,, goods	wu² shui⁴ p'in³	無稅品
,, trade	tzǔ¹ yu² mao⁴ i⁴	自由貿易
,, will, of one's	jên⁴ i⁴	任意
Freedom of action	tzǔ¹ yu²	自由
,, ,,	tzǔ⁴ chu³	自主
,, too much	mei² lung²-t'ou-ti ma³	沒籠頭的馬
Freehold,	tzǔ⁴ yu² pao³ yu³ cl.'an³	自由保有產
Freely, to speak	chih² shuo¹	直說
,, speak too	hsin¹ k'ou⁰ hu² shuo¹	信口胡說
,, ,,	ta⁴ fang⁴ hsien² hua⁴	大放閒話
Freemason,	kuei¹ chü hui⁴ yüan²	規矩會員
Freeze,	ping¹ chieh²	冰結
,, to	shang⁴-liao tung⁴-lo	上了凍咯
,, frozen	tung⁴-shang-lo	凍上咯
Freezing point,	ping¹ tien³	冰點
Freight,	tsai⁴-ti huo⁴	載的貨
,, charges	ch'uan² chiao³	船脚
,, (charge)	yün⁴ fei⁴	運費
,, vast quantities of	po⁴ huo⁴ yün⁴ chi²	百貨運集
French,	fa⁴-kuo	法國
Frenzied,	tien¹ k'uang²	癲狂
Frequent,	ch'ang²	常
,, always frequenting brothels	jih⁴ chêng¹ chu⁴ yü² chi⁴ nü³ kuan³ chih¹ chien¹	日徵住於妓女館之間
,, he seldom frequents the legations	yü³ shih³ shu³ shao³ so³ wang³ huan²	與使署少所往還
Frequently,	shih² ch'ang²-ti	時常的
,,	ch'ang² ch'ang²-êrh ti	常常兒的
,,	lü² tz'ǔ⁴-ti	屢次的
,,	p'in² fan²	頻繁
Fresh,	hsin¹-hsien	新鮮
,, fruit	hsien¹ kuo³-tzǔ	鮮菓子
,, water	hsin¹ ta³-ti shui³	新打的水
,, ,, (not salt)	t'ien² shui³	甜水
Fret, to	chao² chi²	着急
,,	fa¹ tsao⁴	發躁
Fretful,	mo² jên²	磨人
,, from illness	ping⁴ mo²-ti	病磨的
Frets on a stringed instrument	hsien² hui¹	絃徽

Fretwork—From. 316

Fretwork,	ko² tzŭ mu¹ yang⁴	格子模樣
Friction between them ensued	p'o¹ shêng¹ chiao¹ ko²	破生磨輵
Friday,	hsing¹-ch'i wu³	星期五
,,	li³-pai wu³	禮拜五
Friend, a	p'êng²-yu	朋友
,, an intimate	hsiang¹ hao³-ti	相好的
,, a bosom	chih¹ chi³-ti	知己的
,, ,,	ju² chiao¹ ssŭ⁴ ch'i¹	如膠似漆
,, in need, a	hsia² k'o⁴	俠客
Friendly,	ho²-ch'i	和氣
,,	yu³ i²	友誼
,, power	chiao¹ chi⁴ kuo²	交際國
,, powers, the nationals of all	fan² wei² yü⁴ kuo² chih¹ min²	凡與國之民
,, attitude to China, have evinced a and pacific policy in foreign relations, a	tui⁴ tai⁴ chung¹ kuo² ch'ing² i² fei¹ pu¹ hou⁴ wai⁴ chiao¹ shang⁴ hao³ ti¹ p'ing² ho² ti¹ chi⁴ hua⁴	對待中國情誼非不厚外交上好的和平的計畫
Friendship,	chiao¹-ch'ing	交情
,, to sever	liao⁴-k'ai shou³	撂開手
Fright,	ching¹	驚
,, get a	shou⁴ ching¹-lo	受驚咯
Frighten, to	hsia⁴-hu	嚇唬
Frightened,	shou⁴-lo ching¹-lo	受了驚咯
,, got	hai⁴-ch'i p'a⁴ lai-lo	害起怕來咯
Frigid,	lêng³ tan⁴	冷淡
,,	wu² jên² ch'ing²	無人情
,, zone	han² tai⁴	寒帶
Fringe, a	pien¹ 'rh	邊兒
,, a tasseled	hua¹ pien¹ 'rh	花邊兒
Frisky (of a horse or child)	sa¹ huan¹ 'rh	撒歡兒
Fritter away (energy)	hsiao¹ mo²	消磨
Frittered away the money	pa⁴ ch'ien² jang²-lo	把錢攘咯
,, the time	pa⁴ shih²-k'o huang¹-fei-lo	把時刻慌廢咯
Fritters, apple	cha² p'ing² kuo³	炸蘋果
Frivolous,	ch'ing¹-k'uang	輕狂
,, (question)	pu¹ tsu² chieh⁴ i⁴	不足介意
Fro, to and	lai² wang³	來往
Frog, a	ha²-ma	蛤蟆
,, (rail)	chê² ch'a¹	轍叉
,, the edible	t'ien² chi¹	田鷄
,, of a hoof	chang¹ hsin¹	掌心
From,	ts'ung²	從

From—Frying pan.

From,	ta³	打
,, the time that	tzŭ⁴	自
,, ,,	tzŭ⁴ ts'ung²	從自
,, beginning to end	ts'ung² t'ou² chih⁴ wei³	尾至頭從
,, Russia, purchased	kou⁴ tzŭ⁴ o⁴ kuo²	國俄自購
,, here to there	ta³ chê¹ 'rh tao⁴ na⁴ 'rh	兒那到兒這打
,, China, came	yu² chung¹-kuo lai²-ti	的來國中由
,, ,, ,,	ta³ chung¹-kuo lai²-ti	的來國中打
,, where did it come?	ta³ na³ 'rh lai²	來兒那打
Front,	ch'ien²	前
,, in	ch'ien²-t'ou	頭前
,, door	ta⁴ mên²	門大
,, face	chêng⁴ mien⁴	面正
,, side upwards	chêng⁴ mien⁴ ch'ao² shang⁴	上朝面正
Frontal attack	chêng⁴ mien⁴ kung¹ chi	擊攻面正
Frontier,	pien¹-chieh	界邊
,,	chiao¹ chieh⁴	界交
,, guard the	chên⁴ shou³ pien¹ chiang¹	彊邊守鎮
,, the neutral strip of territory at a	ou¹ t'o¹	脫區
Fronting,	tui⁴ mien⁴	面對
,,	tui⁴-cho	著對
,, east	ch'ao² tung¹	東朝
Frontlet (worn by women)	mao⁴ t'iao²-êrh	兒條帽
Frost, hoar	shuang¹	霜
,, there is a white	hsia⁴-liao shuang¹-lo	咯霜了下
,, a black	shang⁴-liao tung⁴-lo	咯凍了上
Frostbite,	tung⁴ shang	傷凍
Frosty,	chien⁴ ping¹-lo	咯冰見
Froth,	mo⁴-tzŭ	子沫
Frown, to	chou⁴ mei²	眉皺
Frozen,	tung⁴-shang-lo	咯上凍
Frugal,	chien³-shêng	省儉
,,	chien³ yüeh¹	約儉
Fruit,	kuo³-tzŭ	子菓
,, fresh	hsien¹ kuo³-tzŭ	子菓鮮
,, dried	kan¹ kuo³-tzŭ	子菓乾
,, the pulp of	jang²-tzŭ	子瓤
,, (figurat.)	chieh² kuo³	果結
,, bear	tsou⁴ hsiao⁴	效奏
Fruitless of result	tsu² wu³ chieh³ kuo³	果結無卒
Frustrate,	shih¹ pai⁴	敗失
Fry (with gravy), to	chien¹	煎
(with lard, etc.)	cha²	炸
Frying pan. a	ch'ao³ shao²	勺炒

Frying pan—Function. 318

Frying pan into the fire, out of the	ch'u¹-liao p'o³-lo t'iao⁴-liao k'êng¹	出了坑鑊進跳了出
Fuel,	jan² liao⁴	料燃
,,	yeh⁴ t'i³ jan² liao⁴	料燃體液
,, to the flame, add	yung⁴ huo³ shang⁴ chiao¹ yu² shou³ tuan⁴	段手油澆上火用
,, (kindling)	ch'ai²-huo	火柴
,, to the fire, to add	huo³-shang chia¹ yu²	油加上火
Fugitive,	t'ao² wang² jên²	人亡逃
,, (in war)	pai¹ pei³ che³	者北敗
,, (not fixed)	i⁴ yü² hsiao¹ mieh⁴	滅消於易
Fulfil,	li⁴ chien⁴ so³ yen²	言所踐力
,, requirements of duty	ch'ing² chih⁴ i⁴ chin⁴	盡義至情
,, (as predictions), to	ying⁴-yen	驗應
,, one's duty	chin⁴ ch'i² tse²	責其盡
,, can't all have their wishes *fulfilled*	pu⁴ nêng⁴ ko⁴ tê² so³ yü⁴ ch'i³ pu¹ man³ pi³ chih¹ so³ ta⁴ yü⁴	欲所得各能不 欲大所之彼滿不
Fulfilment of his heart's desire		
Full,	man³	滿
,, grown	chang³ ch'êng²-lo	咯成長
,, pour it	tao⁴ man³-lo	咯滿倒
,, packed	chuang¹ man³-lo	咯滿裝
,, moon	yüeh⁴ yüan²	圓月
,, of Confucianism, always	tsung³ shih⁴ man³ k'ou³ li³ chiao⁴	教禮口滿是總
,, pay over in	chih¹ yung⁴ ching⁴ chin⁴	盡淨用支
,, dress	ta⁴ li³ fu²	服禮大
,, number	ting⁴ ê²	額定
,, to be (as of cargo)	man³ tsai⁴	載滿
,, (as a theatre)	man³ ch'ang²	塲滿
Fully equipped (of arrangements)	kuei¹ mo² mei³ pei⁴	備美模規
,, (detailed)	wei³ hsi⁴	細委
Fulsome,	pei¹ ch'ü¹	屈卑
Fumble,	hsia¹ mo¹	摸瞎
Fumigate, to	hsün¹	熏
Fun of, to make	hsi¹-lo jên²	人落奚
,, ,,	ta³-ch'ü jên²	人趣打
,, all in	tou⁴-cho wan² 'rh-ti	兒玩着鬬
,, to spoil the	sao⁴-liao hsing⁴	興了掃
,, what!	chê⁴-ts'ai ch'ü³ lo⁴-êrh	兒落取趣這
Function,	tso⁴ yung⁴	用作
,,	chi¹ nêng²	能機
,, (duty)	chih² fên	分職

Function (duty)	jên⁴ wu⁴	任務
,, (public)	tien³ li³	典禮
Functional (disease)	kuan¹ nêng² ping⁴	官能病
Fundamental,	chi¹ ch'u³	基礎
,,	kên¹ pên³ ti¹.	根本的
,, rule	yuan² tsê²	原則
,, idea, the	pên³ chih¹	本旨
Funds, capital	tzŭ¹ pên³	資本
,, to raise	ts'ou⁴ tzŭ¹ pên³	凑資本
,, (government bonds)	kung¹ chai⁴	公債
,, reserve	chun³ pei⁴ chin¹	準備金
,, sinking	ch'ang² huan² kuo² chai⁴ chun³ pei⁴ chin¹	償還國債準備金
Funeral,	tsang⁴ li³	葬禮
,, public	kuo² tsang⁴	國葬
,, arrangements, make	pan⁴ sang¹ shih⁴	辦喪事
,, to attend a	sung⁴ pin⁴	送殯
,, banners (or curtains)	chi⁴ chang⁴	祭幛
,, a	ch'u¹ pin⁴	出殯
Fungus,	mu⁴ êrh³	木耳
Funk, in a deadly	nieh¹-cho i⁴ pa³ han⁴	捏着一把汗
Funnel, a	t'ung³-tzŭ	筒子
,, (of a steamer)	yen¹ t'ung	煙筒
Funny,	k'o³ hsiao⁴	可笑
,,	hua² chi¹	滑稽
,, thing! what a	chên¹ chiao⁴ kuai⁴	眞叫怪
,, bone	ma² chin¹ 'rh	麻筋兒
Fur,	mao²	毛
,, (on tongue)	t'ai¹	苔
,, with skin attached	p'i²-tzŭ	皮子
Furious,	ta⁴ fa¹ lei² t'ing²	大發雷霆
Furlough,	chia⁴ ch'i²	假期
Furnace, a	lu² tsao⁴	爐竈
Furnish to	kung¹ kei³	供給
Furniture,	chia¹-huo	傢伙
Furrier, a	fan⁴ p'i² huo⁴ ti	販皮貨的
Furrow, a	i⁴ t'iao² lung³	一條壟
Further (See Farther.)		
,, opposed, he	chin⁴ êrh² fan³ tui⁴	進而反對
, to	tsan⁴ chu⁴	贊助
,, reference to, make no	pu¹ ch'ung² t'i² chi²	不再提及
Furthermore,	tsai⁴ chê³	再者
,,	k'uang⁴ ch'ieh³	況且
Fury,	mêng³ lieh⁴	猛烈
Fuse,	jung² chieh³	溶解

Fuse—Gain.   320

Fuse, a	yin³ huo³ hsien⁴	線火引
Fuss about trifles, to	hsiao³ t'i² ta⁴ tso⁴	作大題小
,, you began by making a great	ch'i³ ch'u¹ ni³ chêng⁴ nao⁴ tê yu³ chin⁴	勁有得鬧正你初起
,, about, not worth making a	shui² yeh³ fan⁴ pu¹ shang⁴ ta³ chê⁴ ko⁴ ma fan	煩麻個這打上不犯也誰
Fussy, you are too	ni³ t'ai⁴ lao²-tao	叨勞太你
,, person, a	wu²-shih mang²-êrh	兒忙事無
Futile,	wu² i²	益無
,, efforts	t'u² lao²	勞徒
,, ,,	lao² êrh² wu² kung¹	功無而勞
Future, in	chiang¹ lai²	來將
,, ,,	hou⁴-lai	來後
,, ,,	i³ hou⁴	後以
,, generations	hou⁴ pei⁴	輩後
,, make provision for the	ch'ou²-hua chiang¹ lai²	來將畫籌
,, no hope for the	wu² so³ wang⁴ yü¹ chiang¹ lai²	來將於望所無
,, of China	chung kuo² ch'ien² t'u²	途前國中
,, rather than a present possibility, an aspiration for the	k'o³ wang⁴ yü² chiang¹ lai² êrh² fei¹ so³ ch'i² yü² chin¹	今於期所非而來將於望可
,, is my chief care, the country's	i³ kuo² chia¹ ch'ien² t'u² wei² chung⁴	重爲途前家國以
Fuze,	tao³ huo³ kuan³	管火導
,, time	ting⁴ shih² hsin¹ kuan³	管信時定

G

Gabble,	to¹ yen²	言多
,, to	ch'i¹-ch'i ch'a¹ ch'a¹-ti	的渣喳喧喊
Gable, a	fang² shan¹	山房
Gad about, to	ch'uan⁴ mên²-tzŭ	子門串
,, ,,	p'ai² hui²	徊徘
,, ,,	tung¹ mên² 'rh ch'u¹-lai hsi¹ mên² 'rh chin⁴-ch'ü	去進兒門西來出兒門東
Gag, to	tu³-shang tsui³	嘴上堵
Gaiety, join in the pursuit of	chêng¹ chu⁴ yü² hua¹ t'ien¹ chiu³ ti⁴ chih¹ ch'ang²	場之地酒天花於逐徵
Gain (a)	li⁴ i²	益利
,, ground	chin⁴ pu⁴	步進
,, ,,	chin⁴ ch'ü³	取進
,, over	lung² lo⁴	絡籠

Gain—Game.

Gain over	yin³ jên² kuei¹ chi³	己歸人引
,, confidence	tê² hsin⁴ yung⁴	用信得
,, people's affection	tê² jên² hsin¹	心人得
,, possession of China	ju⁴ chu³ chung¹ kuo²	國中主入
,, time (as a watch)	wang⁴ ch'ien² kan³	趕前往
,, an advantage, to	tê² p'ien²-i	宜便得
,, to seek after	t'u² li⁴	利圖
Gains,	chuan⁴-hsiang	項賺
,, ill gotten	pu² i⁴ ts'ai²	財義不
Gainsay, cannot	nan² i³ po² chêng⁴	正駁以難
Gait,	tsou³-hsiang-êrh	兒像走
Gaiters,	kuo³-t'ui	腿裹
Gale,	mêng³ fêng¹	風猛
,, a	i² chên⁴ ta⁴ fêng¹	風大陣一
,, to blow a	kua⁴ ta⁴ fêng¹	風大颳
Gall, to	mo²	磨
,, bladder	tan³ nang²	囊膽
,, ox	niu² tan³ shui³ 'rh	兒水膽牛
Gallant,	yung³ ch'i⁴	氣勇
,, (courteous)	i² jung² k'o³ chü²	掬可容儀
,, looking	yu³ ch'i⁴ p'ai	派氣有
Gallery,	yu² lang²	廊遊
,, picture	hui⁴ hua⁴ ch'ên² lieh⁴ so³	所列陳畫繪
,, of a theatre	lou²-shang tso⁴-êrh	兒座上樓
Gallop, to	p'ao⁴ ma³	馬跑
,, ,, (vulgar)	ta⁴ lou¹-êrh	兒摟大
Gallows,	chiao³ shou³ t'ai²	臺首絞
Galvanic,	liu² tien⁴ ch'i⁴	氣電流
,, battery	liu² tien⁴ ch'ih²	池電流
Galvanised iron	ch'ien¹ pan³	板鉛
Gamble, to	shua³ ch'ien²	錢耍
,,	tu³ ch'ien²	錢賭
Gambler ultimately turns thief, the	ch'iu⁴ tu³ pi⁴ t'ou¹	偸必賭久
Gamblers,	shua³ chia¹ 'rh	兒家耍
Gambling house, a	shua³ ch'ien² ch'ang³	廠錢耍
,, ,,	pao³ chü²	局寶
,, ,, kept a	su⁴ i⁶ ko¹ tu³ wei² yeh⁴	業爲賭擱以素
,, ,, open a	k'ai¹ pao³ chü² tu³	賭棐寶開
,, spirit	hsiug⁴ tê⁹ chih¹ hsin¹	心之得倖
,, at the height of the	tu³ la ko⁴ t'ing³ huan¹	歡挺個了賭
Game is played out, the	yen³ ch'i² hsi² ku³	鼓息旗掩
,, to look on at a	kuan¹ chü²	局觀
,, (as a forfeit), put out of the	fa² ling⁴ ch'u¹ chü²	局出令罰

Game—Gash. 322

Game, of course I see through his	ho² ch'ang² k'an⁴ pu¹ t'ou⁴ ch⁴ pu⁴ ch'i²	何嘗看透不出棋步
,, it's only a	pên³ yü² hsi⁴ chih¹ shih⁴	事之戲遊本
,, of, make	yü² lung⁴	愚弄
Games, to play at	wan² shua³	玩耍
Gamut,	yin¹ chieh²	音階
Gander, a	kung¹ o²	公鵝
Gang,	ssŭ³ tang³	死黨
,, a	i⁴ huo³	一夥
,, (in an opprobrious sense)	i⁴ tang³	一黨
Gang plank, a	t'iao⁴ pan³	跳板
Ganglion,	shên² ching¹ chieh²	神經節
Gangrene,	fu³ jou⁴	腐肉
Gangway ladder, a	ch'uan² t'i¹	船梯
Gaol,	lao² yü⁴	牢獄
,,	chien¹ yü⁴	監獄
Gaoler,	chien¹ shou³	監守
Gap, a	k'ou³-tzŭ	口子
,, between, there is a	tuan⁴-chieh-lo	斷截咯
,, between, a vast	hsiang¹ ch'ü⁴ hsüan² shu¹	相去懸殊
Gape (yawn), to	ta³ ha¹-hsi	打哈息
,, (gaze stupidly)	tai¹ lêng⁴	獃愣
Garbage,	lan⁴ ts'ai⁴ pang-tzŭ	爛菜幫子
,,	ch'ên² chieh⁴	塵芥
Garden, a flower	hua¹ yüan² tzŭ	花園子
,, vegetable	ts'ai⁴ yüan²-tzŭ	菜園子
,, public	kung¹ yüan²	公園
,, party	yu² yüan² hui⁴	遊園會
Gardener, a	hua¹ 'rh chiang⁴	花兒匠
Garment,	i¹ fu²	衣服
Gargle, to	tsai⁴ tsui³-li shu⁴	在嘴裏漱
Garlic,	suan⁴	蒜
Garrison,	shou³ pei⁴ ping¹	守備兵
,,	wei⁴ shu⁴ ping¹	衛戍兵
,, a	ping¹ ying²	兵營
Garrotter, a	ta³ kang⁴-tzŭ	打杠子
Garrulous,	sui⁴ tsui³-tzŭ	碎嘴子
Garters,	t'ui³ tai⁴-tzŭ	腿帶子
Gas, coal	mei² ch'i⁴	煤氣
,, lamp	mei² ch'i⁴ têng¹	煤氣燈
,, pipe	mei³ ch'i⁴ kuan³	煤氣管
,, works	mei² ch'i⁴ chih⁴ tsao³ so³	煤氣製造所
Gash, to cut a	la²-i-ko k'ou³-tzŭ	剌一個口子

Gash, made a	kei³-liao i⁴ tao¹	刀一了給
Gasometer,	liang² ch'i⁴ piao³	表氣量
Gasp, to	ch'uan³ ch'i⁴	氣喘
,, at his last	tao² ch'i⁴	氣倒
,, ,,	ts'an² ch'uan³	喘殘
,, ,,	i¹ ssŭ¹ chih¹ ch'i⁴	氣之絲一
Gastric artery	wei⁴ tung⁴ mo⁴	脈動胃
,, juice	wei⁴ yeh⁴	液胃
Gastronomy,	mei³ shih² chu³ i⁴	義主食美
Gate, a	mên²	門
,, post	mên² k'uang⁴	框門
,, way, covered	mên² tung⁴-êrh	兒洞門
,, house	mên² fang²-êrh	兒房門
,, money (squeeze)	mên²-ch'ien	錢門
,, a side	êrh³ mên²	門耳
Gather, to	shou¹	收
,,	chao¹ chi²	集招
,, a crowd of bloods together	chao¹ chi² hsü³ to¹ k'uo⁴ jên² 'rh	兒人潤多許集招
,, (pick up)	ts'ai³	採
,, flowers	ch'ia¹ hua¹ 'rh	兒花招
,, fruit	chai¹ kuo³-tzŭ	子菓摘
,, (infer)	t'ui¹ liang²	量推
,, (fester)	hui² nêng²	膿潰
Gathering (assembly)	chi² hui⁴	會集
Gaucherie,	lu³ tun⁴	鈍魯
,,	cho¹ lieh⁴	劣拙
Gaudy,	hsü¹ shih¹	飾虛
Gauge, a steam	ch'i⁴ piao³	表氣
,, (measure)	ts'ê⁴ liang² ch'i⁴	器量測
,, broad (line)	k'uan¹ kuei¹ tao⁴	道規寬
,, rain	yü³ liang² chi⁴	計量雨
,, so and so's capacity, to	liang² ch'i² ts'ai² chih⁴	智才其量
Gauze, fine	sha¹	紗
,, ,,	ssŭ¹ lo²	羅絲
,, coarse	lêng³ pu⁴	布冷
Gay (merry)	k'uai⁴-huo	活快
,, (bustling)	jo⁴-nao	鬧熱
,, ,,	fan² hua	華繁
,, (bright coloured)	kuang¹ hua	華光
,, ,,	hua¹ shao²	梢花
,, (dissipated)	fang⁴ tang⁴	蕩放
,, life, a	ao² yu² hua¹ t'ien¹ chiu³ ti⁴	地酒天花遊遨
Gaze at, to	ch'ou³	瞅

Gaze—General.   324

Gaze at, to	têng⁴-cho yen³ 'rh ch'iao²	瞪着眼兒瞧
Gazette (under the Empire), the Peking	ching¹ pao⁴	京報
,, ,,	ti³ pao⁴	邸報
,, ,,	ti³ ch'ao¹	邸抄
,, an appointment, omit to	lou⁴ wei⁴ kung¹ pu⁴	漏未公布
Gear,	chuang¹ chih⁴	裝置
,, reversing	fan³ tung⁴ chi¹	反動機
,, starting	ch'i³ hsing² chi¹	起行機
Gearing,	lien² tung⁴ chi¹	聯動機
Geld, to	shan⁴	騸
Gelding, a	shan⁴ ma³	騸馬
Gems,	chu¹ pao³ yü⁴-ch'i	珠寶玉器
Gendarme,	hsien⁴ ping¹	憲兵
Gendarmerie,	hsien⁴ ping¹ tui⁴	憲兵隊
Gender, neuter	chung¹ hsing⁴	中性
Genealogical,	hsi⁴ p'u³	系譜
,, table	shih⁴ hsi⁴ t'u²	世系圖
Genealogy,	hsüeh³ t'ung³	血統
,,	hsi⁴ t'ung³	系統
,, family	chia¹ p'u³	家譜
General, a	chêng⁴-tu t'ung³	正都統
,,	shang⁴ chiang⁴	上將
,, Brigadier	hsieh²-tu t'ung³	協都統
,,	lü³ t'uan² chang³	旅團長
,, Lieutenant	fu⁴-tu t'ung³	副都統
,, ,,	chung¹ chiang⁴	中將
,, Major	shao⁴ chiang⁴	少將
,, staff	ts'an¹ mou² pu⁴	參謀部
,, in	ta⁴ t'i³ ti¹	大體的
,, provisions	t'ung¹ tsê²	通則
,, election	tsung³ hsüan³ chü³	總選舉
,, trade, do a	ying² p'u³ t'ung¹ shang¹ yeh⁴	營普通商業
,, rule	t'ung¹ li⁴	通例
,, meeting	tsung³ hui⁴	總會
,, manager	tsung³ kuan³	總管
,, ,,	tsung³ pan⁴	總辦
,, name	tsung³ ming²	總名
,, idea	ta⁴ chih⁵	大旨
,, purport	ta⁴ kai⁴	大概
,, meaning	ta⁴ i⁴	大意
,, (usual)	hsün² ch'ang²	尋常
,, ,,	t'ung¹ ch'ang²	通常

General--Gentlemanly

General or particular application? has it a	shih⁴ chih³ t'ung² jên² ch'üan² t'i³ êrh² yen² shih⁴ chih³ i¹ jên² êrh² yen¹ hu²	是指同人全體而是指一人言乎
Generalissimo,	ta⁴ yüan² shuai	大元帥
Generalize,	t'ui¹ lun⁴	推論
Generally,	t'ung¹ li⁴	通例
,,	p'u³ t'ung¹	普通
,, speaking	ta⁴ kai⁴ shuo¹	大概說
,, (usually)	p'ing² ch'ang²	平常
Generate, to	shêng¹	生
Generation, the younger	wan³ pei⁴	晚輩
,, past	ch'ien² tai⁴	前代
,, ,,	ch'ien² pei⁴	前輩
,, male organ of	yang²-wu	陽物
,, female ,,	yin¹ wu⁴	陰物
,, (procreation)	shêng¹ chih²	生殖
Generations, successive	li⁴ tai⁴	歷代
,, future	hou⁴ pei⁴	後輩
Generative organs	shêng¹ chih² ch'i⁴	生殖器
,, power	yüan² tung⁴ li⁴	原動力
Generic name, a	tsung³ ming²	總名
Generous,	ta⁴-fang	大方
,,	k'uan¹ jên²	寬仁
,, treatment	yu¹ tai⁴	優待
Genial,	ho²-ch'i	和氣
,,	wên¹-ho	溫和
,,	jou²-ho	柔和
Genie,	hsien¹ jên²	仙人
Genitals,	yin¹ yang² chü⁴	陰陽具
Genius, a	ts'ai² tzŭ	才子
,,	ts'ai² shih⁴	才士
,,	ch'i² ts'ai²	奇才
,, infant	shên² t'ung²	神童
Genteel,	pu⁴ su² ch'i⁴	不俗氣
Gentile,	i⁴ tsu²	異族
Gentle,	wên¹-jou	溫柔
,, horse	hsün² ma³	馴馬
,, reader!	k'an⁴ kuan	看官
Gentleman, a	ssŭ¹-wên jên²	斯文人
,,	wên² ya³ jên³	文雅人
,,	chün¹-tzŭ	君子
,,	wang⁴ tsu²	望族
,, all you	lieh⁴ wei⁴	列位
,, you two *gentlemen*	ni³-mên liang³ wei⁴	你們兩位
Gentlemanly manners	li³ i²	禮儀

Gently—Get. 326

Gently,	man⁴ man¹ 'rh-ti	慢慢兒的
,,	ch'ing¹ ch'ing¹-êrh-ti	輕輕兒的
,, break it	shuo¹ k'uan¹-huan-hsieh	說寬緩些
Gentry (literati)	shên¹-shih	紳士
,,	shên¹ tung³	紳董
Genuine,	shih²	實
,, (real)	chên¹	眞
,, in character	shih²-ch'êng	誠實
,, (pure)	shun² ts'ui⁴	純粹
Genuineness, must examine into the	ch'a² ch'i² chên¹ wei⁴	查其眞僞
Genus,	chung³ lei⁴	種類
Geography,	ti⁴ li³	地理
Geological,	ti⁴ chih³	地質
,, bureau	ti⁴ chih³ chü²	地質局
Geology,	ti⁴ hsüeh²	地學
Geomancer, a	fêng¹-shui hsien¹-shêng	風水先生
,,	k'an¹ yü² chia¹	堪輿家
Geomancy	fêng¹-shui	風水
Geometry,	chi³ ho² hsüeh²	幾何學
Geranium,	yang² hsiu¹ ch'iu²	洋綉球
Germ,	yüan² shih³	原始
,, (fig.)	yüan² li³	原理
,, of disease	ping⁴ kên¹	病根
,, theory	p'i¹ chung³ fa¹ ta² lun⁴	胚種發達論
,, of rebellion, so as to suppress the *germs*	i³ o⁴ luan⁴ mêng²	以遏亂萌
German,	tê²-kuo	德國
Germany,	tê²-kuo	德國
Germination,	fa¹ ya²	發芽
Gesticulate, to	shou³ wu³	手舞
,,	pai³ shou³-êrh	擺手兒
,,	chih³ shou³ hua⁴ chiao³-ti	指手畫脚的
Gesticulations, excited	shou³ wu³ chiao³ tao⁴	手舞脚蹈
,, energetic	chih³ t'ien¹ hua⁴ ti⁴	指天畫地
Get, to	tê²	得
,, cannot	tê²-pu chao²	得不着
,, a beating	ai¹ ta³	挨打
,, angry	shêng¹ ch'i⁴	生氣
,, away!	ch'ü⁴-pa	去罷
,, (fetch)	ch'ü³	取
,, down	hsia⁴-lai	下來
,, into a carriage	shang⁴ ch'ê¹	上車
,, out of a ,,	hsia⁴ ch'ê¹	下車
,, up	ch'i³-lai	起來

Get—Gimlet.

Get	the advantage	tê² p'ien²-i-lo	得便宜咯
,,	the better of	tê²-liao shang⁴ fêng¹-lo	得了上風咯
,,	better, will	hao³-tê liao³	好得了
,,	ready	yü⁴-pei-hsia	預備下
,,	,,	yü⁴ pei⁴	預備
,,	at the real facts	tê² ch'i² chên¹ hsiang⁴	得其真像
,,	up from bed and walk about	ch'i³ ch'uang² san⁴ pu⁴	起牀散步
,,	together	chao¹ chi²	招集
,	into other hands (than the owner's)	lao⁴ yü² pieh² jên² chih¹ shou³	落於別人之手
,,	under (a fire)	chên⁴ huo³	鎮火
,,	by heart	pei⁴	背
,,	among	chia¹ ju⁴	加入
,,	clear (of debt)	chiang¹ chai⁴ huan² ch'ing²	將債還清
,,	on with study	hsüeh² yu³ chin⁴ pu⁴	學有進步
,,	into favour	tê² ch'ung³	得寵
,,	on in the world	li⁴ shên¹	立身
Getting, better		chien⁴ hao³	漸好
,,	fat (of a person)	fa¹-liao fu²-lo	發了福咯
Geyser,		fei⁴ t'êng² ch'üan²	沸騰泉
Ghastly,		ssŭ³ sê	死色
Ghost, a		mo² kuei³	魔鬼
,,		yu¹ ling²	幽靈
,,		ku¹ hun²	孤魂
,,	(goblin)	yao¹-kuai	妖怪
,,	,,	sui⁴-huo	祟禍
,,	,,	hsieh² sui⁴	邪祟
Giant, a		ta⁴ ko⁴-êrh jên²	大個兒人
,,	(figur.)	wei³ jên²	偉人
Gibe,		ch'ao² lung⁴	嘲弄
Giddy,		fu² tsao⁴	浮躁
,,	get	fa¹ yün⁴	發暈
Gift, a ceremonial		li³ wu⁴	禮物
,,	it was a	jên²-chia sung¹-ti	人家送的
,,	from a superior	shang³-ti	賞的
,,	to a temple	pu⁴ shih¹	布施
Gifted,		t'ien¹ fu⁴ chih¹ ts'ai²	天賦之才
Ciggle, to		sha³ lo⁴	傻樂
Gild, to		tu⁴ chin¹	鍍金
,,		pao¹ chin¹	包金
Gills,		sai¹-chieh	顋頰
Gilt,		tu⁴ chin¹-ti	鍍金的
Gimlet, a		tsuan⁴	鑽
,,	awl	chui¹-tzŭ	錐子

Ginger, chiang¹ 薑
,, dry kan¹ chiang¹ 乾薑
,, fresh hsien¹ chiang¹ 鮮薑
,, preserved t'ang² chiang¹ 糖薑
Ginseng, jên²-shên 人參
Giraffe, pao¹ t'o² 豹駝
Girdle, a tai⁴-tzŭ 帶子
Girl, a nü³ hai² 'rh 女孩兒
,, ku¹-niang 姑娘
,, niu¹-êrh 妞兒
Girth, chou¹ wei² 周圍
,, saddle tu⁴-tai 肚帶
,, a man of great yao¹ ta⁴ shih² wei² 腰大十圍
Gist of, the ta⁴-kai⁴ ch'i² 大概齊
,, ta⁴ yao¹ 大要
,, chü³ tien³ 主點
Give to kei³ 給
,, present sung⁴ 送
,, (complimentary) fêng⁴ sung⁴ 奉送
,, bestow shang³ 賞
,, way to him ch'êng²-shun t'a 承順他
,, ,, against one's in- ch'ü¹ i⁴ ch'êng² shun⁴ 屈意承順
clination
,, ,, neither will liang³-pu hsiang¹ hsia⁴ 兩不相下
,, ,, ,, side will hsiang¹ ch'ih² pu⁴ hsia⁴ 相持不下
,, away shê³ 捨
,, ,, a secret kei hsieh⁴-lou-lo 給洩漏咯
,, up chiao¹-ch'u-lai 交出來
,, ,, smoking chieh⁴ yen¹ 戒煙
,, of his best chin⁴ ch'i² mei² 盡其美
,, and take policy shuang¹ fang¹ pien⁴ i² chih¹ chi⁴ hua⁴ 雙方便宜之計畫
,, ,, ,, li⁴ i² chiao¹ huan⁴ chih¹ ts'ê⁴ lüeh⁴ 利彼此交換之策略
,, ,, ,, pi³ tz'ŭ³ t'ui⁴ jang⁴ 彼此退讓
,, audience yeh⁴ chien⁴ 謁見
,, off (heat) fang⁴ shê⁴ 放射
,, oneself up (to justice) tzŭ⁴ shou⁴ 自首
,, ,, (surrender) t'ou² hsiang¹ 投降
,, place to jang⁴ 讓
,, up (a plan) tuan⁴ nien⁴ 斷念
,, in to hsiang² fu² 降服
,, ,, (accept) ts'ai³ yung⁴ 採用
Gizzard of a fowl, the chi¹ chên¹-ko-êrh 雞珍格兒
Glacis, hsieh² ti¹ 斜堤

Glacis—Glitter.

Glacis, slope of	hsieh² ti¹ mien⁴	斜堤面
Glad,	hsi³-huan	喜歡
,,	hsin¹ jan²	欣然
,,	lo⁴	樂
,, to	lo⁴-i	樂意
,, to see you	ni³ lai²-ti hao²	你來的好
,, to, only too	pa¹-pu nêng² kou⁴-êrh-ti	巴不能彀兒的
Gladly,	lo⁴ tê²-ti	樂得的
,,	lo⁴ i⁴-ti	樂意的
,, consented	hsin¹-jan ta²-ying-lo	欣然答應咯
Glance, a	i⁴ ch'iao²	一瞧
,, see at a	i² mu⁴ liao³ jan²	一目了然
,, a hasty	lüeh⁴ wei¹ i⁴ ch'iao²	畧微一瞧
,, can be seen at a	pu⁴ nan² i¹ chien⁴ êrh² chih¹	不難一見而知
Gland,	ch'üan²	腺
Glanders,	ma³ sang³	馬顙
Glare at, to	nu⁴ mu⁴ k'an⁴	怒目看
,,	hu³ shih⁴ tan¹ tan¹	虎視耽耽
,, of the sun	t'ai⁴-yang kuang¹-êrh	太陽光兒
,, a great	huang³-ti-huang	煌的煌
Glaring (notorious)	hsien³ jan²	顯然
,,	chao¹ chang¹	昭彰
Glass,	po¹-li	玻璃
,, ware	liao⁴ huo⁴	料貨
,, a wine	chiu³ pei¹	酒盃
,, tumbler	po¹-li pei¹	玻璃盃
,, looking	i² mien⁴ ching⁴-tzŭ	一面鏡子
,, look at oneself in the	chao⁴ chao⁴ ching⁴ tzŭ	照照鏡子
,, field *glasses*	shuang¹ yen³ ching⁴	雙眼鏡
Glaze (on porcelain)	tz'ŭ² yu⁴-tzŭ	磁釉子
Glazed tiles	liu²-li wa³	玻璃瓦
Gleam of light, a	shan³ kuang¹-êrh	閃光兒
,,	i² tao⁴ kuang¹-êrh	一道光兒
Glebe land	hsiang¹ huo³ ti⁴	香火地
Glib,	ling² ya² li⁴ ch'ih³ ti	怜牙俐齒的
,,	k'ou³ ju² hsüan² ho²	口如懸河
,,	shan⁴ pien⁴	善辯
Glide away, to	i² liu⁴ yen¹ 'ih tsou⁰-lo	一溜烟兒走咯
,,	liu¹-liao-ch'ü-lo	遛了去咯
Glimpse,	p'ieh¹ chien⁴	瞥見
,, of, catch a	i⁴ huang³-êrh ch'iao²-chien	一晃兒瞧見
Glisten, to	chao⁴ yen³ tsêng¹ kuang¹	照眼增光
Glitter, to	chao⁴ yen³ tsêng¹ kuang¹	照眼增光
,, glisten or flash	shan³ shuo⁴	閃爍

Glittering—Gnat.　330

Glittering,	kuang¹-jun	光潤
Gloaming,	huang² hun¹	黃昏
Gloat,	han² ch'ing² chu⁴ shih⁴	含情注視
Globe, the	ti⁴ ch'iu²	地珠
,, (the instrument)	ti² ch'iu² i²	地球儀
,, celestial	t'ien¹ ch'iu² i²	天球儀
,, trotter	man⁴ yu² chê³	漫遊者
,, glass for lamps	po¹-li chao⁴-êrh	玻璃罩兒
,, ,, for fish	po¹-li kang¹-êrh	玻璃缸兒
Gloom, in the	i⁴ ts'a¹ hêi¹ 'rh	一擦黑兒
Gloomy,	yü⁴ mên⁴	鬱悶
,,	yin³ ch'i⁴	陰氣
,,	yen⁴ shih⁴ hsing⁴	厭世性
,, weather	yin¹ t'ien¹	陰天
,, side of things, always looks at the	lao³ hsiang³-pu k'ai¹	老想不開
Glorious,	kuang¹ jung²	光榮
,,	hsien³ ta²	顯達
Glory, heavenly	t'ien¹ kuang¹	天光
,, distinction	kung¹ hsün¹	功勳
,, national	kuo² wei¹	國威
Gloss,	pao³ kuang¹	寶光
,,	chu⁴ shih⁴	註釋
,, over	wên⁴ shih¹	文飾
Glossary, a	tzŭ⁴ hui⁴	字彙
,,	tan¹ yü³ p'ien¹	單語篇
Glossy,	ch'i³ pao³ kuang¹	起寶光
,,	kuang¹-jun	光潤
,,	kuang¹-liang	光亮
Gloves, a pair of	i² fu⁴ shou³ t'ao⁴-êrh	一副手套兒
Glow of a fire, the	huo² kuang¹	火光
,, to	fa¹ hung²	發紅
,, with heat(of the body)	man³ shên¹ fa¹ nuan³	滿身發暖
Glowing,	i⁴ ch'i⁴ yang² yang²	意氣揚揚
Glow-worm, a	huo³ ch'ung²-êrh	火蟲兒
Glue,	yü² piao⁴	魚鰾
,, to	chan¹-shang	粘上
Glut,	ch'ung¹ i²	充溢
Glutinous,	nien²	黏
,,	fa¹ nien²	發黏
Glutton, a	chiu³ nang² fan⁴ tai⁴	酒囊飯袋
,,	o⁴ ko²	餓膈
Gnash the teeth, to	yao³ ya²	咬牙
,, one's teeth in rage	yao³ ya² ch'ieh¹ ch'ih¹	咬牙切齒
Gnat, a	ni⁴-ch'ung	蠛蠓

Gnat, a	mêng³ ch'ung²-êrh	兒蟲蠓	
Gnaw, to	k'ên³	啃	
Go, to	ch'ü⁴	去	
,, away!	ch'ü⁴-pa	罷去	
,, he wants to, or *is going*	t'a¹ yao⁴ tsou³-lo	咯走要他	
,, on	tsou³	走	
,, to bed	shui⁴ chiao⁴-ch'ü	去覺睡	
,, to sleep	shui⁴ chiao⁴	覺睡	
,, back	hui²-ch'ü	去回	
,, ,, on a bargain	ta³ t'ui⁴	退打	
,, ,, ,,	ta³ p'a²	爬打	
,, ,, a compact	shih¹ yüeh¹	約失	
,, there	shang⁴ na⁴ 'rh-ch'ü	去兒那上	
,, to blazes	kei-wo kun³-pa	罷滾我給	
,, forward	shang⁴ ch'ien² tsou³	走前上	
,, on reading	wang³ hsia⁴ nien⁴	念下往	
,, he has *gone* off with it for good and all	jou⁴ pao¹ tzŭ ta³ kou³ i¹ ch'ü⁴ pu¹ hui² t'ou²	頭回不去一狗打子包肉	
,, ahead	chin⁴ hsing²	行進	
,, into operation	shih² hsing²	行實	
,, off (explode)	p'o⁴ lieh⁴	裂破	
,, over (a museum)	tsung⁴ lan³	覽縱	
,, through (a bill)	t'ung¹ kuo⁴	過通	
,, ,, with	kao⁴ chung¹	終告	
,, with	t'ung² hsing²	行同	
,, well with	po⁴ shih⁴ heng² t'ung¹	通亨事百	
,, with the stream	ch'ü¹ yen² fu⁴ shik⁴	勢附炎趨	
Goad on	shan⁴ tung⁴	動煽	
Goal,	mu⁴ ti⁴	的目	
,,	chüeh¹ shêng⁴ tie³	點勝決	
,, by different roads, reach the same	shu¹ t'u² t'ung² kuei¹	歸同途殊	
Goat, a	i⁴ chih¹ shan¹ yang²	羊山隻一	
Goaty smell, a	shan¹ wei⁴ 'rh	兒味羶	
Gobble down food, to	p'a² la fan⁴	飯拉爬	
Gobetween,	chou¹ hsüan² jên²	人旋周	
,,	chung¹ jên²	人中	
,, (in reconciliation)	chung¹ ts'ai² jên²	人裁仲	
,, (for marriage)	mei² jên²	人媒	
Goblin, a	yao¹-kuai	怪妖	
,,	yeh⁴-ch'a	叉夜	
God,	shang⁴ ti⁴	帝上	
,,	t'ien¹ chu³	主天	
,,	lao³-t'ien yeh²	爺天老	

God—Good. 332

God, the voice of the people is the voice of	t'ien¹ t'ing¹ tzǔ⁴ wo³ min² t'ing¹	天自我民聽 聽
Goddess of small-pox	tou⁴ chên³ niang²-niang	痘疹娘娘
,, childbirth	ts'ui¹ shêng¹ ,, ,,	,, ,, 催生
,, offspring	sung⁴ tzǔ³ ,, ,,	,, ,, 送子
,, children	tzǔ⁵ sun¹ ,, ,,	,, ,, 子孫
,, eruptions	pan¹ shêng¹ ,, ,,	,, ,, 瘢生
,, eyesight	yen³ kuang¹ ,, ,,	,, ,, 眼光
,, cholera	sha¹ shên² ,, ,,	,, ,, 痧神
,, sickness	t'ien¹ hsien¹ ,, ,,	,, ,, 天仙
,, the sea	t'ien¹ fei¹ ,, ,,	,, ,, 天妃
,, mercy	kuan¹-yin p'u²-sa	觀音菩薩
Godly,	hsin⁴ hsin¹	信心
Godown,	huo⁴ k'u⁴	貨庫
Godsend,	t'ien¹ fu⁴	天賦
Going, I am	wo³ tsou³-lo	我走咯
,, where are you?	shang⁴ na³-li ch'ü⁴	上那裡去
,,	pên¹ na³ 'rh ch'ü⁴	奔那兒去
Gold,	chin¹	金
,,	chin¹-tzǔ	金子
,, standard	chin¹ huo⁴ pên³ wei⁴	金貨本位
,, ,, adopt a	shih² hsing² chin¹ pên³ wei⁴	實行金本位
Golden-rod,	chin¹ hua¹	金花
Goldfish,	chin¹ yü²	金魚
Goldleaf,	chin¹ yeh⁴-tzǔ	金葉子
Gone,	ch'ü⁴-lo	去了
,,	tsou³-lo	走咯
,, (dead)	kuo⁴-ch'ü-lo	過去了
,, out	ch'u¹-ch'ü-lo	出去咯
Gong, a	i² pang⁴ lo²	一棒鑼
,, strike the (ta³ 打 also used)	ming² lo²	鳴鑼
Gonorrhoea,	lin² chêng⁴	淋症
Good,	hao³	好
,,	shan⁴ liang²	善良
,, (noun)	tê² hsing	德行
,, (profit)	li⁴ i²	利益
,, and talented	ts'ai² tê² chien¹ mao⁴	才德兼茂
,, ,,	p'in³ hsüeh² chien¹ yu¹	品學兼優
,, make	p'ei² ch'ang²	賠償
,, as his word, as	chien⁴ yen²	踐言
,, and all	yung³ chiu³	永久
,, public	kung¹ i²	公益
,, will	yu³ i²	友誼

Good	will, win so and so's	tê² jên² chih¹ huan¹ hsin¹	心歡之人得
,,	,, of a business	tê² i⁴	意得
,,	morning (or evening)	hao³-ah	啊好
,,	bye	ch'ing³	請
,,	,, I must say	kao⁴ tz'ŭ²	辭告
,,	,, (au revoir)	tsai⁴ chien⁴	見再
,,	,, his son went to say	ch'i² tzŭ³ wang⁸ pieh²	別往子其
,,	for nothing	pu⁴-chung yung⁴	用中不
,,	,, ,, (to a child)	hun⁴ hsing¹ tzŭ	子星混
,,	fellow, a	hao³ han⁴-tzŭ	子漢好
,,	many, a	hao³ hsieh¹-ko	個些好
,,	looking	hao³ k'an⁴	看好
,,	spirits	kao¹ hsing⁴	興高
,,	tempered	ho²-p'ing	平和
,,	natured chap, a	han¹ t'ou² lang²	耶頭憨
,,	,, ,,	han¹-hou jên²	人厚憨
,,	luck, I wish you	kei³ nin² nien⁴ fo²	佛念您給
,,	results, to show	chien⁴ hsiao⁴	效見
,,	,, ,,	yu³ hsiao⁴-yen	驗效有
,,	and bad	hao³ tai³	歹好
,,	,,	yu¹ lieh⁴	劣優
,,	works, to do	hsing² shan⁴	善行
,,	,, done in secret	yin¹-kung	功陰
,,	enough to, he was	ch'êng²-t'a-ti ch'ing²	情的他承
,,	,, is not	pu² tui⁴ lu⁴	路對不
,,	turn, to do a	chou¹-chi	濟周
,,	old age, he reached a	k'o⁴ hsiang³ ch'ang² ling²	齡長享克
,,	,, ,, ,,	ch'i⁴ shih² san¹ pa¹ shih² ssŭ⁴ yen⁴ wang² pu⁴ chiao⁴ tzŭ⁴ chi³ ch'ü⁴	去已自叫不王閹四十八三十七
Goods,		huo⁴-wu	物貨
,,	traffic expanding	tsai⁴ yün² chih¹ fa¹ ta²	達發之運載
,,	European	yang² huo⁴	貨洋
,,	stolen	tsang¹ wu⁴	物賍
,,	train	huo⁴ ch'ê¹	車貨
Goose, a		i⁴ chih¹ o²	鵝隻一
,,	wild	yen⁴	雁
Gorge, a		shan¹ k'ou³-tzŭ	子口山
,,	to	chih² t'un¹ chêng³ yen⁴	咽整吞直
Gorgeous,		hua² li⁴	麗華
Goshawk,		ts'ang¹ ying¹	鷹蒼
Gospel,		fu² yin¹	音福
Gossamer,		hsü⁴	絮
Gossip,		hsien² t'au²	談閒

Gossip—Grace. 334

Gossip, a	ch'ang² shê² fu⁴	長舌婦
,, put an end to	ya¹-fu k'ou³ shê²	壓服口舌
,, empty	yao²-yen	謠言
,, to	liu⁴ kuo² fan⁴ lo⁴-t'o	六國販駱駝
,, ,,	la¹ lao³-p'o shê²-t'ou	拉老婆舌頭
,, street	tao⁴ t'ing¹ t'u² shuo¹ chih¹ hsin¹ wên²	道聽途說之新聞
,, states, so	chieh² t'an² ju² shih⁴	街談如是
Got out, the affair has	fan¹-fan-ch'u-lai-lo	翻翻出來咯
Gourd, a	kua¹	瓜
,, a bottle	hu²-lu	葫蘆
Gourmet,	mei³ shih² chê³	美食者
Gout,	t'ung⁴ fêng¹	痛風
Govern, to	chih⁴	治
,,	chih¹ p'ei⁴	支配
,,	kuan³ hsia	管轄
,,	chih⁴ li³	治理
,, the temper, etc.	shou³ chi³	守己
Governess, a nursery	chiao⁴ yin³ mo² mo²	教引嬤嬤
Government (abstract)	chêng⁴ chih⁴	政治
,, the	chêng⁴ fu³	政府
,, (after a regency), assumption of the	ch'in¹ ts'ai² ta⁴ chêng⁴	親裁大政
,, to the emperor (of a regent), hand over	kuei¹ chêng⁴	歸政
,, constitutional	li⁴ hsien⁴ chêng⁴ t'i⁸	立憲政體
,, democratic	min² chêng⁴	民政
,, (in compounds)	kuan¹	官
,, official	kuan¹ li⁴	官吏
Governor of a province	hsün² an⁴ shih³	巡按使
,, ,, ,, (old name)	hsün²-fu	巡撫
,, general (,,)	tsung³-tu	總督
,, general (of foreign dependencies or dominions)	tsung³ tu¹	總督
Gown (lawyers)	fa⁴ i¹	法衣
Grab, to	chua¹	抓
,,	chua¹-chu	抓住
Grace,	ên¹	恩
,,	ên¹-tien	恩典
,, days of	ên¹ hui⁴ jih⁴	恩惠日
,, elegance	yu¹ mei³	優美
,, (to criminals)	shê⁴	赦
,, with a good	ch'in¹ ch'ieh⁴ ch'i⁴	親切氣
,, imperial	t'ien¹ ên¹	天恩
,, as an act of	k'ai¹ ên¹	開恩

Graceful—Granite.

Graceful,	piao¹-chih	標緻
,, (style)	wên² ya³	文雅
Gracious,	yin¹ ch'in²	殷懃
,, (of a sovereign)	yu¹ wu⁴	優渥
Gradation,	tz'ŭ ti⁴	次第
Grade (rank)	p'in³ chi²	品級
,, (degree)	têng³	等
Gradient,	ch'ing¹ hsieh² chih¹ tu⁴	傾斜之度
Gradual,	chien⁴	漸
Gradually,	chien⁴ chien⁴-ti	漸漸的
,,	chu⁴ tz'ŭ	逐次
Graduate, a	pi⁴ yeh⁴ shêng¹	畢業生
,, to	pi⁴ yeh⁴	畢業
Graft, to	chieh¹-shang	接上
,,	i² hua¹ chieh¹ mu⁴	移花接木
Grain,	liang²-shih	粮食
,,	ku³ wu⁴	穀物
,, (minute particle)	hsiao³ fên⁴ tzŭ	小分子
,, of wood	mu⁴ ssŭ¹ 'rh	木絲兒
,, ,,	mu⁴ wên² 'rh	木紋兒
,, against the	hêng²-cho ssŭ¹ 'rh	橫着絲兒
,, ,, (figur.)	ni⁴ hsing⁴	逆性
,, with the	shun⁴-cho ssŭ¹ 'rh	順着絲兒
Gramaphone, a	hua⁴ hsia²-tzŭ	話匣子
Grammar,	wên² fa³	文法
Grand people	an¹ fu⁴ tsun¹ jung²-ti	安富尊榮的
,, ,,	hên³ jung²-yüeh·	很榮耀
,, ,,	lieh⁴ lieh⁴ hung¹ hung¹-ti	烈烈轟轟的
,, father	tsu³ fu⁴	祖父
,, ,,	yeh²-yeh	爺爺
,, mother	tsu³ mu³	祖母
,, ,, on mother's side,	wai⁴ tsu³ mu³	外祖母
,, ,, ,,	lao³-lao	姥姥
,, son (son's son)	sun¹-tzŭ	孫子
,, son (daughter's son)	wai⁴ sun¹-tzŭ	外孫子
,, daughter (son's daughter)	sun¹-nü-êrh	孫女兒
,, daughter (daughter's daughter)	wai⁴ sun¹-nü-êrh	外孫女兒
,, council (old style)	chün¹-chi	軍機
,, (appearance)	wei¹ yen²	威嚴
,, (of character)	hung² ta⁴	宏大
Grandeur,	wei¹ wang⁴	威望
Grandiloquent	kao¹ lun⁴	高論
Granite,	hua¹ kang¹ shih¹	花崗石

Grant—Gratuitous.

Grant (concede)	ch'êng² jên⁴	承認
,, ,,	t'ê⁴ hsü³	特許
,, (an application of counsel)	ts'ai³ yung⁴	採用
,,	yün³ chun³	允准
,, in aid, a	kung¹-chi ch'ien²	供給錢
,, his request	chun³ ju² so³ ch'ing³	准如所請
Grantor,	jang⁴ yü³ chê³	讓與者
Grapes,	p'u²-t'ao	葡萄
,, a bunch of	i⁴ tu¹-lu-êrh p'u²-t'ao	一嘟嚕兒葡萄
Grape-vine, a	i² chia⁴ p'u²-t'ao	一架葡萄
Graphic,	hsieh³ shih² ti¹	寫實的
Graphite,	hei¹ chien¹	黑鉛
Grapple with it, can't	mei² na²-shou	沒拿手
Grasp,	li³ chieh³ li⁴	理解力
,, to	chua¹-chu	抓住
,,	tsuan⁴-chu	攥住
,,	pa¹-chu	扒住
,, (power)	chang³ wu	掌握
,, (in mind)	t'ung¹ hsiao³	通曉
Grasping,	tê-lung³ wang⁴ shu³	得隴望蜀
,,	t'an¹ to¹ chiao²-pu lan⁴	貪多嚼不爛
,,	t'an¹ yü⁴	貪慾
Grass, a blade of	i⁴ kên¹ ts'ao³	一根草
,, plot	ts'ao³ ch'ih²-tzu²	草池子
,, hopper	ma⁴-cha	蚂蚱
,, cloth	hsia⁴ pu⁴	夏布
Grasshand,	ts'ao³ shu¹	草書
Grate, a	lu²-tzŭ	爐子
,, bars of a	lu² t'iao²	爐條
,, to	ts'o⁴	銼
,, on the ear	shêng¹-yin ni⁴ êrh³	聲音逆耳
Grateful, to be	kan³-chi	感激
Gratification,	man³ tsu²	滿足
Gratify one's passions	jên⁴ i⁴ tsung⁴ yü⁴	任意縱慾
,, one's revenge	kan¹ hsin¹	甘心
Grating, an iron	t'ieh³ pi⁴-tzŭ	鐵箅子
,, water gate	shui³ mên²-tzŭ	水門子
Gratis,	pai²	白
,,	wu² tai⁴ chia⁴	無代價
Gratitude,	kan³ ch'ing²	感情
Gratuitous,	pai²	白
,,	wu² tuan¹	無端
,, (voluntary)	jên⁴ i⁴	任意
,, assertion	wu² chi¹ chih¹ yen²	無稽之言

Gratuitous—Great.

Gratuitous (without cause)	wu² ku⁴-ti·	無故的
Gratuity, a	shang³ fêng¹-êrh	賞封兒
,,	shang³-ch'ien	賞錢
Grave in manner	tuan¹ chung⁴	端重
,, ,,	chuang¹ yen²	莊嚴
,, (weighty)	chung⁴	重
,, (tomb)	i² tso⁴ fên²	一座墳
,, ,,	fên²-mu	墳墓
,, the	huang¹ ch'üan²	黃泉
,, to worship at a	shang⁴ fên²	上墳
,, ,, ,,	hsing³ mu⁴	省墓
,, yard	fên² ti⁴	墳地
,, stone	mu⁴ pei¹	墓碑
,, ,,	mu⁴ chih⁴	墓誌
,, ,,	shên² tao⁴ pei¹	神道碑
,, clothes	shou⁴ i¹	壽衣
,, illness	ping⁴ shih⁴ wei¹ tu³	病勢危篤
Gravel,	hsiao³ shih²-t'ou tzŭ³-êrh	小石頭子兒
,, (disease)	shih² lin²	石痳
Gravitation,	tung⁴ li⁴	動力
,,	yin¹ li⁴	引力
Gravity (of an affair)	chung⁴ ta⁴	重大
,, (physics)	chung⁴ li⁴	重力
,, specific	pi³ chung⁴	比重
,, centre of	chung⁴ hsin¹	重心
,, of the crime, according to the	an⁴ tsui⁴ chih¹ ch'ing¹ chung⁴	按罪之輕重
Gravy,	t'ang¹	湯
,,	chiang⁴	醬
,,	chih¹-shui 'rh	汁水兒
Graze, to	k'ên³ ch'ing¹ ts'ao³	啃青草
, turn a horse out to	fang⁴ ma³	放馬
,, ,, ,, ,,	fang⁴ ch'ing¹	放青
,, the skin	ts'êng⁴-liao yu² p'i² 'rh	蹭了油皮兒
Grease,	yu²	油
,, to	shang⁴ yu²	上油
,,	yu²-i yu²	油一油
Greasy,	yu³ yu² ni²	有油泥
Great,	ta⁴	大
,,	cho¹ yüeh⁴	卓越
,, coat	wai⁴ t'ao⁴ 'rh	外套兒
,, Wall, the	wan⁴ li³ ch'ang² ch'êng²	萬里長城
,, granddaughter, on son's side	ch'ung² sun¹-nü-êrh	重孫女兒
,, grandson on son's side	ch'ung² sun¹	重孫

Great—Grievance. 338

Great granddaughter on daughter's side	wai⁴ ch'ung² sun¹-nü-êrh	外重孫女兒
,, grandson ,, ,,	wai⁴ ch'ung² sun¹	外重孫
,, grandfather	lao³ tsu³-êrh	老祖兒
,, ,, mother	lao³ tsu³ mu³	老祖母
,, man can save a country, only the	an¹ wei¹ hsü¹ chang⁴ ch'u¹ ch'ün² ts'ai²	安危須仗出羣材
,, man is unscathed by calumny, the	yu¹ yu chih¹ k'ou³ wu² sun³ yü² jih⁴ yüeh¹ chih¹ ming²	悠悠之口無損於日月之明
,, an adept at fawning on the	wei² jên² ming² yü² ch'ü¹ shih⁴	爲人明於趨勢
,, majority	ta⁴ to¹ shu⁴	大多數
,, pity	shu¹ wei² k'o³ hsi¹	殊可爲惜
Greatness,	kao¹ shang⁴	高尙
Greaves,	hu⁴-hsi	護膝
Greece,	hsi¹-la kuo²	希臘國
Greed of gain	t'an¹ li⁴	貪利
Greedy,	tsui³ ch'an²	嘴饞
,,	yen³ ch'an² tu⁴-tzǔ pao³	眼饞肚飽
,,	mao²-shan 'rh ch'ang²	毛彩兒長
Greek,	hsi¹-la kuo² ti	希臘國的
Green,	lü⁴	綠
,, duck egg	ya¹ tan⁴ ch'ing¹	鴨蛋靑
,, (of grass)	ch'ing¹	靑
,, (inexperienced)	pu⁴ ching¹ yen⁴	不經驗
,, ,,	shao⁴ wei⁴ kêng¹ shih⁴	少未更事
Greenhorn,	ju³ ch'ou⁴ êrh	乳臭兒
,, (newcomer), a	ch'ieh⁴ shao²	怯杓
Greetings, give him my	t'i⁴ wo³ wên⁴ hao³	替我問好
,,	t'i⁴ wo³ shao¹-ko hao³-êrh	替我捎個好兒
Gregarious animal, a	ch'ün² chü¹ tung⁴ wu⁴	羣居動物
Grey,	hui¹-sê	灰色
,, hair	pan¹ po² fa³	斑白髮
Greyhound, a	hsi⁴ kou³	細狗
Gridiron, a	t'ieh³ pi⁴-tzǔ	鐵箅子
Grief,	pei¹ ai¹	悲哀
,, overwhelms me	pei¹ ts'ung² chung¹ lai²	悲從中來
,, (sorrow)	yu¹ mên¹	憂悶
,, at death of kinsfolk	fan² nao³	煩惱
,, excessive	kuo⁴-yü ai¹-t'ung	過于哀痛
,, (vexation)	chao² chi²	著急
,, come to	shih¹ pai⁴	失敗
Grievance, have a	yu³ wei³-ch'ü	有委屈

Grievance, have a	pao⁴ pu⁴ p'ing²	抱不平
,, complain of a	su⁴ yüan¹	訴冤
Grieved for him	hsin¹ t'êng²-t'a-lo	心疼他咯
Grievous crimes	chung⁴ tsui⁴	重罪
Griffin, a	ch'ih¹ hu³-êrh	螭虎兒
Grill, to	ch'ao³	炒
Grilled beef	t'ieh³ p'a¹ niu² jou⁴	鐵鈀牛肉
Grilling hot	tsao⁴ jo⁴	燥熱
,,	yen² jo⁴	炎熱
Grimace, make a	nu³ tsui³ chi³ yen³ 'rh	努嘴擠眼兒
Grimaces, makes	man³ lien³-ti mao²-ping	滿臉的毛病
Grim,	chüeh⁴-sang	倔傖
Grime of coal dust	mei² hei¹-tzŭ	煤黑子
Grin, to	lieh⁴ tsui³ hsiao⁴	裂嘴笑
Grind, to	mo²	磨
,, in a mortar, or as ink	yen²	研
,, stone	mo² tao¹ shih²	磨刀石
,, ,, for grain	nien³-tzŭ	碾子
,, ,, to push the	t'ui¹ nien³-tzŭ	推碾子
Grip, to	tsuan⁴-chu	揝住
,,	chang³ wu	掌握
,, have us in their	wan² yü² chang³ ku³ chih¹ shang⁴	玩於掌股之上
,, get a	yu³ pa³ ping³	有把柄
,, of poverty	p'in² k'u³ chiung³ po⁴	貧苦窘迫
,, of, have a	liao³ chieh³	了解
,, got him in his	pa⁴-t'a na²-fang chu⁴-lo	把他拿防住咯
Gripes,	tu⁴-tzŭ t'êng²	肚子疼
Gristle,	jou⁴ chin¹ 'rh	肉筋兒
Grit,	sha¹ tzŭ	砂子
,,	chien¹ jên³	堅忍
,, (courage)	yung³ ch'i⁴	勇氣
Groan, to	hêng¹-hêng	哼哼
Groin,	chê² wo¹	折窩
,,	shu³ hsi¹	鼠蹊
Groom, a	ma³-fu	馬夫
,,	ma³ nao²-tzŭ	馬撓子
,, (of royalty)	nci² t'ing¹ chih³ shih⁴ jên⁰	內廷執事人
,, a horse, to	shua¹ ma²	刷馬
Groove, a	i² tao⁴ ts'ao²-êrh	一道槽兒
,, in the same	i¹ yang⁴ hu² lu² chiu⁴ kuan¹	依樣葫蘆舊觀
,, follow the old	jêng² kuei¹ chiu⁴ chê² 'rh	仍歸舊轍兒
,, get into a	ch'êng²-liao ko²-chü	成了格局

Groove—Grow.

Groove (monotonous existence), get into a	yu³ ssǔ³ p'u³-êrh	有譜死兒
Grope in the dark, to	hsia¹ mo¹	瞎摸
Grope, for	hu² mo¹	胡摸
,, for something in the dark	an⁴ chung¹ mo¹ so⁸ u⁴ chien⁴	暗中摸索物件
Gross,	ts'u¹	粗
,,	pei¹ su²	卑俗
,, amount	tsung³ chi⁴	總計
,, expenditure	tsung³ chih¹ ch'u¹	總支出
,, weight	tsung³ liang⁴	總量
,, in the	tsung³ k'uo⁴	總括
Grotesque,	ch'i² i⁴	奇異
Ground,	ti⁴	地
,, work	kên¹-pên	根本
,, ,,	kên¹-chi	根基
,, ,,	chi¹ ch'u³	基礎
,, nut	lo⁴-hua shêng¹	落花生
,, swell	ti³ po¹	底波
,, on the	ti⁴ hsia⁴	地下
,, rent	ti⁴ tsu¹	地租
,, back-	hou⁴-pien	後邊
,, fore-	ch'ien²-pien	前邊
,, colour	t'ao⁴ shai³	套色
,, (foundation) for	yuan² yin¹	原因
,, ,, ,,	li³ yu²	理由
,, fall to the	chin⁴ ch'êng² hua⁴ ping³	盡成畫餅
,, break	shih³ ch'uang¹	始創
,, lose	t'ui⁴ so¹	退縮
,, hang up a horizontal board with white characters on red	hsüan² i¹ hung² ti⁴ pai² tzǔ⁴ chih¹ hêng² p'ai²	懸一紅地白字之橫牌
Groundless,	hsü¹ wang⁴	虛妄
,, reports	pu³ fêng¹ cho¹ ying³	捕風捉影
Grounds (dregs)	cha¹-tzǔ	渣滓
Group,	chi² ho²	集合
,, to	p'ei¹ ho²	配合
,, of islands	ch'ün² tao³	羣島
,, of people, a	i¹ tsui¹ 'rh jên²	一堆兒人
Grouping of material	fên¹ p'ei¹ ts'ai² liao⁴	分配材料
Groups, in small	san¹ wu³ ch'êng² ch'ün²-ti	三五成羣的
Grouse, sand	sha¹ chi¹	沙鷄
Grove, a	shu⁴ lin²-tzǔ	樹林子
Grovel, to	yao² wei³ ch'i³ lien²	搖尾乞憐
Grow, to	chang³	長

Grow—Guard.

Grow flowers, etc.	chung⁴ hua¹ 'rh	種花兒
,, a beard	liu² hu²-tzû	留鬍子
,, up	chang³ ta⁴	長大
,, ,,	ch'êng² jên²	成人
,, ,,	shêng¹ chang³	生長
,, daily worse	jih⁴ shên⁴ i¹ jih⁴	日甚一日
,, (as a parasite)	chi⁴ shêng¹	寄生
Growl, to	wu¹-wu	嗚嗚
Grown up	chang³ ch'êng²-lo	長成咯
Growth,	chin⁴ pu⁴	進步
Grub, a	ti⁴ ch'ü¹	地蛆
,, with the nose (as a pig)	kung³	頓
Grudge (against), have a	yu³ hsien²-hsi	有嫌隙
,, ,, ,,	pao⁴ hên⁴	抱恨
,, to	shê³-pu-tê kei³	捨不得給
,, large sums, not to	pu⁴ hsi¹ chü⁴ k'uan³	不惜巨欵
Gruel,	chou¹	粥
Gruff look	yen² sê⁴	嚴色
Grumblingly whined	tsui³ nien⁴ chiung² yang¹ ti¹ shuo¹ tao⁴	嘴念窮樣的說道
Grumble, to	pao⁴-yüan	抱怨
Grunt, to	hêng¹	哼
,, to give a	hêng¹-i-shêng	哼一聲
Guarantee, to	pao³	保
,, to be	tso⁴ pao³	作保
,, a written	pao³ tan¹	保單
,, draw up a	chü⁴ pao³	具保
Guarantor, a	pao³ jên²	保人
Guard, to	k'an¹ shou³	看守
,, body	liu⁴ shên¹ ping¹	護身兵
,, against	fang² fan⁴	防範
,, ,,	fang² pei⁴	防備
,, ,,	fang² yü⁴	防禦
,, ,,	chin³ fang²	謹防
,, off one's	lou⁴ k'ung⁴	漏空
,, to be on one's	ti¹-fang-cho	提防着
,, over him, set a	shê⁴ ping¹ k'an¹ shou³	設兵看守
,, ,, ,,	ching³ wei⁴	警衛
,, of the train	ch'ê¹ shou³	車守
,, change the	wci⁴ ping¹ chiao¹ tai⁴	衛兵交代
,, take advantage of his being off his	ch'êng² ch'i² pu¹ pei⁴	乘其不備
,, against him, every one is on his	jên² chia¹ t'ung¹ t'ung¹ tou¹ yao⁴ yen² mi⁴ fang² fan⁴ ti¹	人家通通都要嚴密防範的

Guard—Guilt. 342

Guard against disturbances	fang² luan⁴	亂防
Guardedly,	chin³ shên⁴	愼謹
Guardhouse (Manchu)	chu¹ ch'ê¹	硃車
Guardian,	chao⁴ liao⁴ jên²	人料照
,,	t'o¹ ku¹ chih¹ jên²	人之孤託
Guards, officer of the Ex-Imperial	yü⁴ ch'ien² shih⁴-wei	衞侍前御
,, Regiment (Imperial)	chin¹ wei⁴ chün¹	軍衞禁
,, ,, (Republican)	kung⁴ wei⁴ chün¹	軍衞共
Guerilla,	jên² tzǔ⁴ wei² chan⁴	戰爲自人
Guess, to	t'sai² chung⁴	中猜
,,	t'sai² chao²	着猜
,,	ts'ai¹	猜
,, at lessons, etc.	hu² ts'ai¹	猜胡
,, riddles	ts'ai¹ mên⁴-'rh	兒悶猜
,, at, to	mêng¹	懵
,, correctly, to	mêng¹ tui⁴-lo	咯對懵
,,	kua⁴ pu² ts'o⁴	錯不卦
,, I can't	suan⁴ chi⁴ pu⁴ tao⁴	到不計算
,, work	i⁴ ts'ê⁴ chih¹ tz'ǔ²	詞之測意
,, made a pretty good	nêng² liao⁴ ku¹ ko ta⁴ kai⁴ ch'i²	齊概大個估料能
,, merely a	ch'uai³ mo⁴ chih¹ tz'ǔ²	詞之抹揣
Guest, a	k'o⁴	客
,, room	k'o⁴ t'ing¹	廳客
,, is a	k'o⁴ chü¹	居客
,, at home, make a	pin¹ chih⁴ ju² kuei¹	歸如至賓
Guide the way, to	ling³ tao⁴	道領
,, (instruct)	chiao⁴-tao	導教
,, a	tai⁴ tao⁴-ti	的道帶
,, ,, for sight-seeing	tai⁴ tao⁴-êrh-ti	的兒道帶
,, book	yu² li⁴ chih³ nan²	南指歷遊
,, post	tao⁴ piao¹	標道
,, (e.g., an almanac), a daily	jih⁴ yung⁴ p'in³	品用日
Guild, a	hui⁴	會
,, house	hui⁴ kuan³	館會
Guile,	kuei³ cha	詐詭
,, in whose mouth is no	k'ou³ wu² shih⁴ fei¹	非是無口
Guillotine,	chan⁴ shou³ chi¹	機首斬
Guilt,	tsui⁴	罪
,, not sufficient penalty for his	pu⁴ tsu² pi⁴ ku¹	辜蔽足不
,, dependent on the fact of his	i³ tsui⁴ chih¹ yu³ wu² wei² tuan⁴	斷爲無有之罪以

Guilt, confess one's	fu³ tsui⁴	服罪
Guilty,	yu³ tsui⁴	有罪
,, to be found	p'an⁴ chüeh² yu³ tsui⁴	判決有罪
Guise,	wai⁴ mao⁴	外貌
Guitar, a	hsien²-tzŭ	絃子
,, play the	t'an² hsien²-tzŭ	彈絃子
Gulf,	hai³ wan¹	海灣
,, of Chihli	p'o¹ hai³	渤海
Gull, a sea	pai² ou¹	白鷗
Gullet,	yen¹ hou²	咽喉
,,	shih² kuan³	食管
Gullible,	kei³-ko pang⁴-ch'ui chiu⁴ jên⁴ chên¹ 給個棒槌就認針	
Gulp down, to	t'un¹-hsia-ch'ü	吞下去
Gum,	chiao¹	膠
Gums, the	ya² ch'uang²-tzŭ	牙床子
Gun, a	i⁴ kan³ ch'iang¹	一桿鎗
,, fire a	fang⁴ ch'iang¹	放鎗
,, breech loading	hou⁴ chuang¹ p'ao⁴	後裝砲
,, double barrelled	êrh⁴ lien² ch'iang¹	二連鎗
,, ,,	shuang¹ t'ung³ 'rh ch'iang¹	雙筒兒鎗
,, field	yeh³ chan⁴ p'ao⁴	野戰砲
,, machine	chi¹ kuan¹ p'ao⁴	機關砲
,, quickfiring	su⁴ shê⁴ p'ao⁴	速射砲
,, midday	wu³ p'ao⁴	午砲
,, boat	p'ao⁴ hsien⁴	砲艇
,, deck	chuang¹ p'ao⁴ chia³ pan⁶	裝砲甲板
Gunner, a	p'ao⁴ shou³	砲手
Gunnery,	p'ao⁴ shu⁴	砲術
Gunpowder,	huo³ yao⁴	火藥
Gunshot,	tan³ ch'eng²	彈程
Gust of wind, a	i² chên⁴ fêng¹	一陣風
Gut, blind	mang² ch'ang²	盲腸
Guttering of a candle	chu² lei⁴	燭淚
,, ,, ,,	la⁴ liu² yu²-êrh	蠟流油兒
Guttural,	hou² yin¹	喉音
Gymnastics,	t'i³ ts'ao¹	體操
Gyrate,	hsüan² chuan³	旋轉

H

Habeas Corpus,	hu⁴ shên¹ lü⁴	護身律
,, ,, writ of	hu⁴ shên¹ chuang⁴	護身狀
Habit,	hsi²-ch'i	習氣
,, of, makes a	kuan⁴-lo	慣咯
,, become a	hsi² kuan⁴ ch'êng²-tzǔ jan⁹	習慣成自然
,, ,,	pien⁴-ch'êng su² t'ao⁴-tzǔ	變成俗套子
,, of body	t'i³ chih³	體質
Habitat,	ch'an³ ti⁴	產地
Habitations of citizens shall not be entered forcibly (except in accord with law)	jên² min² chih¹ chia¹ chai¹ pu⁴ tê² ch'in¹ ju⁴	人民之家宅不得侵入
Habits (of a people)	fêng¹ su²	風俗
Habitual thief	kuan⁴ tsei²	慣賊
,, to become	ch'êng²-liao hsi²-ch'i	成了習氣
Habitually,	p'ing² ch'ang²	平常
Habituated to	ssǔ¹ k'ung⁴ chien⁴ kuan⁴	司空見慣
Hack, to	k'an³	砍
,, (carriage), a	p'ao³ hai³-ti ch'ê¹	跑海的車
Hackneyed,	ch'en² fu³	陳腐
Hades,	yin¹-chien	陰間
,,	huang² ch'üan⁴	黃泉
,,	chiu⁸ yuan²	九原
Haggle, to	po² chia⁴	駁價
Hague Conference, the	hai³ ya² ho² p'ing² hui⁴	海牙和平會
Hail,	pao²-tzǔ	雹子
,, to	hsia⁴ pao²-tzǔ	下雹子
,, stones	pao² tzǔ³ 'rh	雹子兒
,, a person, to	han³	喊
,, fellow well met	jên² hên³ huo² p'o⁴	人很活潑
Hair,	mao²	毛
,, of the head	t'ou²-fa	頭髮
,, to put up the	shu¹-shang t'ou¹	梳上頭
,, to let down the	ch'ai¹ t'ou²	拆頭
Hair-dresser doesn't know his business, if your	li³ fa³ shih¹ tsai⁴ i¹ wai⁴ hang²	理髮師再一外行
Hair-dresser's shop	li³ fa³ so³	理髮所
Hairsbreadth,	chien⁴ pu⁴ jung² fa	間不容髮
,,	wei¹ chi¹ i¹ fa³	危機一髮
Hairpin, a	tsan¹-tzǔ	簪子
Hale,	chuang⁴ chien⁴	壯健
,, old man	ch'üeh shuo¹	矍鑠
Half,	pan⁴	半

Half, a		i² pan⁴	半一
,,	moon	pan⁴ lun² yüeh⁴	半輪月
,,	price	pan⁴ chia⁴	半價
,,	and half	i² pan⁴ 'rh i² pan⁴ 'rh-ti	一半兒一半兒的
,,	mast	hsia⁴ pan⁴ ch'i²	下半旗
,,	dead	pan⁴ ssǔ³ pan⁴ shêng¹	半死半生
,,	grown lads	pan⁴ ta⁴ hsiao³ tzǔ⁴	半大小子
,,	hearted	lêng³ tan⁴	冷淡
,,	holiday	pan¹ hsiu¹ chia⁴	半休假
,,	length	pan⁴ shên¹	半身
,,	moon (shape)	pan⁴ yüeh⁴ hsing²	半月形
,,	pay	pan⁴ fêng⁴	半俸
,,	year dividend	pan⁴ nien² p'ei⁴ tang¹ chin¹	半年配當金
,,	as cheap again, more than	chien¹ i¹ pan⁴ 'rh to¹	賤一半兒多
,,	per cent, one and a	i¹ li² wu³ hao²	一厘五毫
Half-bred,		kên¹ ti³ pu⁴ ch'ing¹	根底不清
,, (rude)		tsa² chung²	雜種
Half-way, stop		pan⁴ t'u² êrh² fei⁴	半途而廢
,, on the road		pan⁴ lu⁴ t'u² chung¹	半路途中
Hall, a		t'ang²	堂
,,		ch'uan¹ t'ang²	穿堂
,, of audience		tien⁴	殿
,, dining		shih² t'ang²	食堂
,, lecture		chiang³ t'ang²	講堂
Hallowed spot		chên⁴ kuo² shên² shê⁴	鎭國神社
Halo round the moon		fêng¹ ch'uan¹	風圈
,, ,, ,,		yüeh⁴ lan²	月闌
Halt, to		t'ing²-chu	停住
,,		hsiu¹ hsi²	休息
,, bring troops to a		an⁴ ping¹ pu⁴ fa¹	按兵不發
,, in walking, to		i⁴ ch'üeh² i⁴ tien³-ti tsou³	一瘸一點的走
Halter, a		lung²-t'ou	龍頭
Halting place (milit.)		hsing² chün¹ ying²	行軍營
Halve, to		fên¹ tso⁴ liang³ pan⁴ 'rh	分做兩半兒
Ham,		huo³ t'ui³	火腿
Hammer, a		ch'ui²-tzǔ	錘子
,, to		tsa²	砸
,, of a gun		ch'iang¹ chi¹-tzǔ	鎗機子
Hamper, to		ch'ê⁴ chou³	掣肘
,,		ch'ien¹ ch'ê⁴	牽掣
,, every step		pu⁴ tê² huo² tung⁴ i¹ pu⁴	不得活動一步
,, a		k'uang¹-tzǔ	筐子
Hampered by press of business		wei⁴ su² jung³ so³ ch'an²	爲俗冗所纏
Hand, a		i⁴ chih¹ shou³	一隻手

Hand—Handily. 346

Hand, an old	lao³ shou³	老手
,, shake	wu³ shou³	握手
,, take in	chao² shou³	着手
,, lend a	chu³ ch'êng²	助成
,, clean	liang³ hsiu⁴ ch'ing¹ fêng¹	兩袖清風
,, cart	ti⁴ p'ai³ tzŭ ch'ê¹	地爬子車
,, off (without delay)	li⁴ k'o⁴	立刻
,, ,,	i³ ma³ li⁴ ch'êng²	倚馬立成
,, book, an annual	shih⁴ chieh⁴ nien² chien⁴	世界年鑑
,, punishments are ready at	tien³ hsing² chieh¹ ts'un²	典刑皆存
,, with (fig.), go hand in	t'i² hsieh²	提攜
,, down one's name to posterity	liu² ming² hou⁴ tai⁴	留名後代
,, handed over, he has completely	i² chiao¹ ch'ing¹ ch'u³	移交清楚
,, ..., on the one hand ...., on the other	i¹ mien ....., i¹ mien⁴	一 ... 面一 ... 面
,, over hand	shou³ shou³ hsiang¹ chieh¹	手手相接
,, ,, to justice	t'i² chiao¹ fan⁴ jên²	提交犯人
,, ,, did not wait to	pu⁴ hou⁴ chiao¹ tai⁴	不候交代
,, to mouth, from	chao¹ pu⁴ pao³ hsi²	朝不保夕
,, ,, lives from	tê² kuo⁴ ch'ieh³ kuo⁴	得過且過
,, in hand	shou³ la¹-cho shou³ 'rh	手拉着手兒
,, to me	ti⁴-kei wo³	遞給我
,, down (transmit), to	ch'uan²-hsia-lai	傳下來
,, palm of the	shou³ hsin¹	手心
,, carry in the	ti¹-liu-cho	提溜着
,, bag	p'i² pao¹	皮包
,, baggage	hsieh² tai⁴ p'in³	攜帶品
,, I'll take him in	wo³ pa⁴-t'a t'iao²-li hao³-lo	我把他調理好了
,, -kerchief	shou³ p'a⁴	手帕
,, ,,	shou³-chin	手巾
,, lay on with a heavy	hsia⁴ hên³ shou³	下狠手
,, bill, a	chao¹ t'ieh³ 'rh	招帖兒
Handcuffs,	shou³ p'êng³-tzŭ	手捧子
,,	shou³ liao⁴	手鐐
Handful,	i⁴ pa³-tzŭ	一把子
,, he's a	t'a kou⁴-ko jên² ch'an²-ti	他個毀人的
Handicap,	fang¹ ai⁴	妨碍
,,	pu¹ li⁴ chih¹ ti⁴ wei⁴	不利之地位
Handicraft,	shou³-i	手藝
Handily,	miao⁴ shou³	妙手
,,	chin⁴ pien⁴	近便

Handle--Happen.

Handle,	pa³ ping³	柄把
,,	pa³ wu⁴	握把
,, of a knife, etc.	pa⁴ êrh	兒把
,, of a basket	t'i² liang²-êrh	兒梁提
,, ,,	shou³ liang² 'rh	兒梁手
,, of a door	mo²-ku t'ou²-êrh	兒頭菇蘑
,, ,,	mên² hua² tzŭ	子滑門
,, for rumours and disturbances, give a	shou⁴ i³ tsao⁴ yao² shêng¹ shih⁴ chih¹ ping³	柄之事生謠造以授
,, to	ch'u³-chih⁴	諸處
,, ,,	ching¹ shou⁸	手經
,, well	shan⁴ yung⁴	用善
Hands, behind the back	pei⁴-cho shou³-êrh	兒手着背
,, folded	ch'a¹-ch'o shou³-êrh	兒手着叉
,, look on with folded	hsiu⁴ shou³ p'ang² kuan¹	觀傍手袖
,, of a watch	piao⁸ chên¹	針表
,, to shake	la¹-la shou³-êrh	兒手拉拉
Handsome,	hao³-k'an	看好
,,	mei³	美
Handwriting,	pi³-chi	跡筆
Handy,	ling²-pien	便靈
,,	pien⁴ li⁴	利便
,,	ch'i⁴ yung⁴	用器
,, (ready to hand)	sui² shou⁸-ê_h	兒手隨
Hang up, to	kua⁴-ch'i-lai	來起掛
,, ,,	tiao⁴-ch'i-lai	來起吊
,, one's-self, to	shang⁴ tiao⁴	吊上
,, down (depend), to	ch'ui²-hsia-lai	來下垂
,, ,, (as a dog's tail)	ta¹-la-cho	拉着垂
,, the head, to	ch'ui² t'ou²	頭垂
,, dog appearance	wei¹ wei¹ sui¹ sui¹-ti	的甤甤葳葳
Hangar, a	liang² fang²	房樑
Hanger on, a	chi⁴ shêng¹	生寄
,, ,,	i¹ lai⁴ jên²	人賴依
Hanging lamp, a	hsüan² têng¹	燈懸
,, death by	chiao³ tsui⁴	罪絞
,, nail	tao⁴ liu² tz'ŭ⁴	刺留倒
,, on to people, always	ching⁴ kou¹-ta jên²	人搭勾竟
Hank of thread, a	i² kua⁴ 'rh hsien*	綫兒掛一
Hanker after, to	t'an¹	貪
,, ,,	k'o³ hsiang⁸	想渴
Haphazard,	ou⁸ jan²	然偶
Happen, how did it?	tsêm⁸-mo ch'u¹-ti	的出麼怎
,, to him, should anything	t'ang³ yu³ hao³ tai⁸	歹好有倘

Happen—Hard. 348

Happen, bound to	chieh²-shu ying¹ tang¹-ti	的當應數刼
,, to her, she is to have funeral of an imperial concubine should anything	t'ang³ shih⁴ ch'u¹ i¹ ch'ieh¹ li³ i² chao⁴ kuei⁴ fei¹ hsing² 行妃貴照儀禮切一出事儻	
Happened to see	p'êng⁴ ch'iao³ k'an⁴-chien-lo	了見看巧碰
,, discuss what had	hu⁴ lun⁴ so³ yü⁴	過所論互
,, to be the time that I was not at home	chêng⁴ chih² wo³ mei² tsai⁴ chia¹	家在沒我值正
Happens, I shan't lose my money whatever	hao² tai³ ch'ien² tiu¹-pu liao³	了不丟錢歹好
Happily,	hsing⁴ êrh²	而幸
,,	hsing⁴-k'uei	虧幸
,,	so³ hsing⁴ chê³	者幸所
Happiness,	hsi³	喜
,,	hsing⁴ fu²	福幸
,, supreme	hsi³-huan-ti tsuan¹ t'ien¹ 'rh-lo	咯兒天鑚的歡喜
,, shown in the face	hsi³ hsien⁴-yü mien⁴	面於見喜
,, enjoy	hsiang³ fu²	福享
,, give to the people	tsao⁴ fu² yü² t'sang¹ shêng¹	生蒼於福造
Happy, to be	hsi³-huan	歡喜
,,	hsin¹-li k'uai⁴-huo	活快裏心
,, in good spirits	kao¹ hsing⁴	興高
,, (pleased) to	lo⁴ i⁴	意樂
,, only too	lo⁴ tê²-ti	的得樂
,, event, a	ch'ing⁴ shih⁴	事慶
,, expedient, a	ch'iao³ chi⁴	計巧
,, life, a	i¹ shêng¹ an¹ hsiang³	享安生一
,, reply, a	ts'o⁴ tz'ǔ² chung⁴ k'ên³	肯中詞措
,, omen, a	chi² chao⁴	兆吉
,, returns of the day, I wish you	kei³ nin² k'ou⁴ shou⁴ hsi³	喜壽叩您給
Harangue an army	shih⁴ shih¹	師誓
Harass,	k'un⁴ nao³	惱困
Harbour, a	chiang³ k'ou³	口港
,, works	chu² chiang³ kung¹ ch'êng²	程工港築
,, master	li³ ch'uan² t'ing¹	廳船理
,, (conceal)	yin³ ni⁴	匿隱
,, evil designs	pao⁴ ts'ang² huo⁴ hsin¹	心禍藏包
,, resentment, to	chi⁴ ch'ou²	仇記
Hard,	ying⁴	硬
,, coal	ying⁴ mei²	煤硬
,, to bear	nan² shou⁴	受難

Hard—Harmonize.

Hard hearted	hên³ hsin¹	心狠
,, headed	lien³ ying⁴	硬臉
,, to get	nan² tê²	得難
,, of attainment and something to be proud of	nan² nêng² k'o³ kuei⁴	貴可能難
,, gambling *harder* than ever	shua³ tê kêng⁴ huan¹	歡更得耍
,, of hearing	chung⁴ t'ing¹	聽重
,, problem	nan² wên⁴ t'i²	題問難
,, winter	yen² han²	寒嚴
,, heart	t'ieh³ shih² chih¹ hsin¹	心之石鐵
,, up	shou³ chin³	緊手
,, nut to crack	mên⁴ hu² lu²	蘆葫悶
,, times	shih² shih⁴ chien¹ nan²	難艱事時
,, working	ch'in²	勤
,, on petty officials who are out of the frying pan into the fire	k'u³ la ch'u³ hsien³ ju⁴ wei¹ ti¹ wei¹ yüan² mo⁴ li⁴	吏末員微的危入險出了苦
Harden the heart, to	hêng²-liao hsin¹	心了橫
Hardly (only just)	chin³	僅
,, ,,	chin³ chin³-ti	的僅僅
,, escaped	chin³ mien³	免僅
,, to be wondered at	nan² kuai⁴	怪難
Hardship,	k'u³	苦
,,	nan⁴	難
,, (wrong)	yüan¹ wang³	枉冤
,, ,,	wei³-ch'ü	曲委
Hardy,	chieh¹-shih	實結
Hare, a	yeh³ mao¹	貓野
,,	shan¹ mao¹	貓山
,, lip	huo¹ ch'un³-tzǔ	子唇豁
Harem,	kuei¹ ko²	閣閨
Harm,	shang¹	傷
,, to suffer	shou⁴ shang¹	傷受
,, in, no	pu⁴ fang¹	妨不
,, done, no	pu² ai⁴	礙不
,, (injury)	fang¹-ai	礙妨
,, what is the?	ho² fang¹	妨何
,, in his belonging to the party, no	wu² hai⁴ ch'i² wei² t'ung² tang³	黨同爲其害無
Harmonious co-operation	ho² hsieh²	諧和
,, ,,	i¹ chih⁴ t'ung² hsing³	行同致一
Harmonium, a	fêng¹ ch'in²	琴風
,, to play the	ên⁴ fêng¹ ch'in²	琴風按
Harmonize,	p'ei⁴ ho²	合配

Harmonize—Hasty. 350

Harmonize,	t'iao² ho²	調和
Harmony,	hsieh⁴ ho²	協和
Harness,	ma³ chia¹-huo	馬傢伙
,, the horse	t'ao⁴ ch'ê¹	套車
,, ,, ,,	t'ao⁴-shang ma³	套上馬
,, always in	chin³-ku-êrh chou⁴	緊籠兒咒
,, ,,	lien² chou²-êrh chuan⁴	連軸兒轉
Harrow, a	p'a²-li	耙犁
,, to	p'a² ti⁴	耙地
,, teeth of a	p'a² ch'ih³ 'rh	耙齒兒
Harsh,	yen²	嚴
,, to the ear	ni⁴ êrh⁸	逆耳
,, to the taste	fa¹ sê⁴	發澀
,, measures, too	shou³ tuan⁴ kuo⁴ la⁴	手段過辣
,, conditions	yao¹ ch'iu² t'iao² chien⁴ chih¹ k'o¹ k'u¹	要求條件之刻酷
Harshness, to treat with	chê²-mo jên²	折磨人
,, ,, ,,	jou²-ts'o jên²	揉搓人
Harvest,	shou¹-ch'êng	收成
,, good	fêng¹ shou¹	豐收
,, a good	hao³ nien²-ch'êng	好年成
,, bad	nien²-ch'êng-pu hao³	年成不好
,, to gather	shou¹ chuang¹-chia	收莊稼
,, (reward)	pao⁴ ch'ou²	報酬
,, moon	chung¹ ch'iu¹ yüeh⁴	中秋月
Hasp, a	liao⁴ tiao⁴-êrh	鐐銱兒
,,	ch'ü¹-hsü 'rh	屈戍兒
Hassock, a rush	p'u² tien⁴ 'rh	蒲墊兒
,, ,,	p'u² t'uan²	蒲團
Haste,	mang²	忙
,, make	k'uai⁴ tien³ 'rh	快點兒
,, ,, (hurry up)	ma²-li-i tien³ 'rh	麻利點兒
,, (impetuosity)	chi²	急
,, the King's business requires	wang² shih⁴ k'ung³ chi²	王事孔亟
,, in great	ts'ang¹ huang-	倉皇
Hasten,	k'uai⁴ k'uai¹-ti	快快的
,,	kan³ mang²-ti	趕忙的
Hastily better to get wet, rather than move	ning² k'o³ shih¹ i¹ pu⁴ mai⁴ luan⁴ pu⁴	寧可濕衣不邁亂步
Hastiness (of temper)	chi² hsing⁴	急性
Hasty disposition	hsing⁴ chi²	性急
,, too	t'ai⁴ chi²	太急
,, (impetuous)	chi² tsao⁴	急躁
,, language	i¹ shih² ch'i⁴ fên⁴ chih¹ yü³	一時氣憤之語

Hasty language	shuai⁴ êrh³ chih¹ yen²	率爾之言
Hat, a	i⁴ ting³ mao⁴-tzŭ	一頂帽子
,, official	kuan¹ mao⁴ 'rh	官帽兒
,, summer	liang² mao⁴ 'rh	涼帽兒
,, winter	nuan³ mao⁴ 'rh	暖帽兒
,, take off the	chai¹ mao⁴-tzŭ	摘帽子
,, put on the	tai⁴-shang mao⁴-tzŭ	戴上帽子
,, wear a	tai⁴ mao⁴-tzŭ	戴帽子
,, please take off your	shêng¹ kuan¹	陞冠
Hatch eggs, to	pao⁴ wo¹	菢窩
,, plots	mou² lüeh⁴	謀略
,, out	fu hua⁴	孵化
Hatchet, a	i⁴ pa³ fu³-tzŭ	一把斧子
Hatchway, a	ts'ang¹ k'ou³	艙口
Hate, to	hên⁴	恨
,,	tsêng⁴-wu	憎惡
Hateful,	k'o³ wu⁴	可惡
,,	k'o³ hên⁴	可恨
,,	k'o³ hsien²	可嫌
Hatred,	hên⁴	恨
Haughty,	ao⁴-man	傲慢
,,	ku¹ kao¹ tzŭ⁴ hsü³	孤高自許
,,	tso²-chien jên²	作賤人
,,	mu⁴-chung wu² jên²	目中無人
,,	ch'iao²-pu ch'i³ jên²	瞧不起人
,, manner	chih³ kao¹ ch'i⁴ yang²	趾高氣揚
Haul, to	la¹	拉
,, up	ch'ê³	扯
,, ,,	ch'ê³-ch'i-lai	扯起來
,, down	tao²-hsia-lai	搗下來
Haunt of (in bad sense)	ch'u¹ mo⁴ chih¹ ch'ü⁴	出沒之區
,, of a deity	ch'u¹ hsien⁴	出現
Haunted,	nao⁴ kuei³	鬧鬼
,,	nao⁴ hsieh² sui⁴	鬧邪祟
Haunts of vice	hua¹ chieh² liu³ hsiang⁴	花街柳巷
Have,	yu³	有
Havoc,	jou² lin	蹂躪
Haw, a	shan¹-li hung²	山裏紅
,,	shan¹ cha	山楂
Hawk, a	i² chia⁴ ying¹	一架鷹
,,	t'u⁴-hu	兔鶻
,, (clear the throat), to	k'a³ t'an²	嘎痰
Hawker,	fan⁴ fu¹	販夫
,,	hsia⁴ chieh' tso² mai³-mai-ti	下街作買賣的

Hawker—Heading. 352

Hawker, the cry of a	yao¹-ho	喝吆
Hawking, to go	fang¹ ying ch'ü⁴	去鷹放
Hawser, a	i⁴ kên¹' lan⁸ shêng²	繩纜根一
Hay,	kan¹ ts'ao³	草乾
Hazard one's life	p'in¹ ming⁴	命拚
,, (venture)	ch'ang² shih⁴	試嘗
Hazardous in the extreme	wei¹ ju² lei³ luan³	卵累如危
,, ,, ,,	hu² k'ou³ ch'ü³ shih²	食取口虎
,, enterprise	mao⁴ hsien³ shih⁴ yeh⁴	業事險冒
Hazy,	miao³ mang²-pu chên¹	眞不眛眇
He,	t'a¹	他
,,	i¹	伊
Head, the	nao³-tai	袋腦
,,	t'ou²	頭
,, (medical)	t'ou² pu⁴	部頭
,, of a river	ho² yüan²	源河
,, ,, bureau	chü² chang³	長局
,, ,, table	chu³ hsi²	席主
,, of rebels	ch'ü² k'uei²	魁渠
,, (fig.), lose one's	shih¹ ts'o⁴	措失
,, come to a	ch'êng² shu²	熟成
,, over ears in debt	chou¹ shên¹ chai⁴	債身周
,, (decapitated)	shou³ chi²	級首
,, to stand on one's	shu⁴ chih²-li-êrh	兒立直豎
,, downward	tao⁴ ch'in⁴ cho	著搇倒
,, ache	t'ou² t'êng²	疼頭
,, stall	lung²-t'ou	頭韃
,, man	t'ou²-mu	目頭
,, ,,	t'ou²-êrh	兒頭
,, wind	ting³ fêng¹	風頂
,, ,,	ni⁴ fêng¹	風逆
,, dress	shu¹-chuang	粧梳
,, over work, to bend the	k'ung⁴-cho t'ou²	頭著控
,, hang the	ch'ui² t'ou²	頭垂
,, duck the	ti¹ t'ou²	頭低
,, nod the	tien³ t'ou²	頭點
,, gone over my	yüeh⁴-kuo wo³ i⁴ t'ou²	頭一我過越
,, won't remain on his shoulders (vulgar), his	t'a¹ na⁴ ko⁴ hsiang¹ lu² chan¹ pu¹ chu⁴	住不佔爐香個那他
,, (item)	hsiang⁴ mu⁴	目項
,, *heads* of states	yüan² shou³	首元
,, bloodshed and broken *heads*	hsüeh³ wei⁴ chih¹ ch'u¹ t'ou² wei⁴ chih¹ p'o⁴	破之爲頭出之爲血
Heading, a	t'i²-mu	目題
,,	kang¹ mu⁴	綱目

Heading, a	piao³ t'i²	題表
Headlong,	mao⁴ mei⁴	昧冒
Headman	pao³ chêng	正保
,,	shou³ ling³	領首
Headmaster.	chiao⁴ wu⁴ chang³	長務教
Head office,	pên³ chü²	局本
,,	hsiao⁴ chang³	長校
Headquarters,	pên³ ying²	營本
,,	ssŭ¹ ling⁴ pu⁴	部令司
Headstrong,	ku⁴ chih²	執固
,,	ning⁴ hsing⁴	性擰
Heal, to	chih⁴	治
,,	chih⁴ hao³	好治
Healed, the sore has	ch'uang¹ p'ing²-fu-lo	咯復平瘡
,, ,, ,,	ch'üan²-yü-lo	咯愈痊
Health,	wei⁴ shêng¹	生衞
,, in excellent	t'i³ shên⁴ chien⁴ shih⁴	適健甚體
,, in good	ching¹-shên hao³	好神精
,, preservation of	shê⁴ shêng¹	生攝
,, restored to	fu⁴ yüan²	元復
,, take care of your	pao³-chung shên¹-tzŭ	子身重保
,, to neglect the	shih¹-yü t'iao² yang³	養調於失
,, to drink a person's	ching⁴ i⁴ pei¹ chiu³	酒盃一敬
,, ,, ,,	chu⁴ shou⁴	壽祝
,, to enquire after a person's	wên⁴-hou	候問
,, Board of	wei⁴ shêng¹ chü⁴	局生衞
,, officer	chien³ i⁴ kuan¹	官疫檢
,, bill of	chien⁴ k'ang¹ chêng⁴ shu¹	書證康健
Healthy,	ying⁴-lang	期硬
,,	chieh¹-shih	實結
,,	k'ang¹ chien⁴	健康
,,	ching¹-shên hao³	好神精
Heap, a	i⁴ tui¹	堆一
,, up	tui¹-shang	上堆
,, pile up	lo⁴-ch'i-lai	來起摞
Hear, to	t'ing¹	聽
,, (a suit)	shên³ wên⁴	問審
,, I hear!	chin³ t'ing¹	聽謹
Hearers,	p'ang² t'ing¹ jên¹	人聽傍
Hearing,	shên³ wên⁴	問審
,, date fixed for	k'ai¹ t'ing¹ jih⁴ ch'i²	期日廷開
,, not good	êrh³-to-pu ling²	靈不朶耳
Heard,	t'ing¹-chien	見聽
Hearsay,	fêng¹ wên²	聞風

Hearse—Heathen. 354

Hearse,		tsang⁴ shih⁴ ma³ ch'ê¹	車馬式葬
,,	(bier), a	i¹ huo³ kang⁴	槓夥一
,,	bearers of the	i¹ huo³ tzŭ t'ai² kang⁴	槓抬子夥一
Heart, the		hsin¹	心
,,	disease	hsin¹ tsang⁴ ping⁴	病臟心
,,	failure	hsin¹ tsang⁴ ma² pei¹	痺痲臟心
,,	with the whole	jui⁴ i⁴ chuan¹ hsin¹	心專意銳
,,	upon, to set the	chih⁴ tsai⁴ pi⁴ tê²	得必在志
,,	cut to the	ju² luan⁴ chien⁴ ts'uan² hsin¹	
			心攢箭亂如
,,	,, ,,	hsin¹-li ju² chên¹ cha¹ shih⁴-ti	
			的似扎針劄裏心
,,	in the business, lose	mei² ch'ien² chin⁴ chih¹ hsin⁴	
			心之進前沒
,,	did not take it to	mei² wang hsin³ li³ ch'ü⁴	去裏心往沒
,,	to make holiday, haven't the	mei² hsin¹ ch'ang⁴ kuo⁴ chieh²	
			節過腸心沒
,,	to act so? how have they the	ch'i³ k'o³ jên³ hsin¹ ch'u¹ tz'ǔ³ mo¹	
			麼此出心忍可豈
,,	to rejoice, have not the	mei² yu³ k'o³ ch'ing⁴ chih¹ hsin¹ ch'ang²	
			腸心之慶可有沒
,,	felt utterance	chih⁴ ch'êng² yu² chung¹ chih¹ yen²	
			言之衷由誠至
,,	rending	tuan⁴ ch'ang²	腸斷
Heartburn,		hsin¹-k'ou t'êng²	疼口心
Hearted, hard		hsin¹ hên³	狠心
,,	broken	tuan⁴-liao ch'ang²-tzŭ-lo	咯子腸了斷
Heartless,		pu⁴ chin⁴ jên² ch'ing²	情人近不
,,		wu² ch'ing² chih¹ chih⁴	至之情無
Hearty,		ch'in¹ ch'ieh⁴	切親
,,		jo⁴ hsin¹	心熱
,,	(strong)	ying⁴-lang	朗硬
,,	(sincere)	ch'êng² hsin¹-ti	的心誠
Heat,		jo⁴	熱
,,		jo⁴ ch'i⁴	氣熱
,,		jo⁴ tu⁴	度熱
,,	(weather)	shu³ ch'i⁴	氣暑
,,	severe	k'u¹ jo⁴	熱酷
,,	torrid	tsao⁴ jo⁴	熱燥
,,	damp and close	mên¹ jo⁴	熱悶
,,	to	jo⁴-i jo⁴	熱一熱
,,	to go away to escape the	pi⁴ shu³	暑避
Heated argument		chi¹ lun⁴	論激
Heathen,		i⁴ chiao⁴ jên²	人教異

Heave up with a lever, to	ta³-ch'i chien⁴ lai²	來䦺起打
Heaven,	t'ien¹	天
,,	lo⁴ yüan²	閬榮
,, born	t'ien¹ shêng¹-ti	的生天
,, sent	t'ien¹ jan²-ti	的然天
,, on earth	chi² lo⁴ shih⁴ chieh⁴	界世樂極
,, kingdom of	t'ien² t'ang²	堂天
,, *heavenly* bodies	t'ien¹ t'i³	體天
Heavy,	chung⁴	重
,,	ch'ên²	沉
,,	ch'ên² tien¹ tien¹-ti	的顚顚沉
,, rain	ta⁴ yü³ ch'ing¹ p'ên²	盆傾雨大
,, baggage	chung⁴ tsai¹ wu⁴ p'in³	品物載重
,, responsibility	chung⁴ jên⁴	任重
Hectogramme,	kung¹ liang³	兩公
,, litre	kung¹ shih	石公
Hedge, a	li²-pa	笆籬
,, bamboo	chu² li²	籬竹
,, wattle	li²-pa chang⁴-êrh	兒隙笆籬
,, to	ch'i² ch'iang²	墻騎
Hedgehog, a	tz'ǔ⁴-wei	蝟刺
Heed (notice), to	li³ hui⁴	會理
,, ,,	li³	理
,, ,,	liu² i⁴	意留
,, he pays no	t'a¹ pu⁴ t'ing¹	聽不他
,, to this question, pay special	chu⁴ shih⁴ hsien¹ yü² shih⁴ wên⁴ t'i²	題問是於綫視注
Heedless,	pu⁴ chu⁴ i⁴	意注不
Heel, the	chiao³ kên¹-tzǔ	子跟脚
,,	chiao⁴ hou⁴ kên¹	根後脚
,, of a boot	hsüeh¹ hou⁴-kên 'rh	兒跟後靴
,, over, to	chai¹-wai	歪摘
Height,	kao¹ ai³	矮高
,, the	tsui⁴ shang⁴	上最
,, of a tall person	shên¹-liang kao¹	高量身
,, of medium ,,	chung¹.têng² shên¹-liang	量身等中
,, of the excitement, at	jo⁴ nao⁴ chung¹ chien¹	間中鬧熱
Heinous,	chi² o⁴	惡極
Heir,	hsiang¹ hsü⁴ jên²	人續相
,, he is the	t'a¹ ch'êng² hsi²	嗣承他
,, he has no	t'a¹ wu² ssǔ⁴	嗣無他
,, apparent	huang² t'ai⁴ tzǔ³	子太皇
,, ,,	ch'u²	儲
,, ,,	ta⁴ a⁴-ko	哥阿大
Heirloom, an	i² pao³	寶遺

Heirs—Hen.   356

Heirs (posterity)	ssŭ⁴-hsü	續嗣
Heliograph,	hui² kuang¹ t'ung¹ hsin¹ chi¹	機信通光回
,, message	chao⁴ kuang¹ hsin⁴ hao⁴	號信光照
Hell,	ti⁴ yü⁴	獄地
,, the ruler of	yen² wang	王閻
,, awaits such as he, the doom of	ti⁴ yü⁴ chih¹ sung⁴ chêng⁴ wei⁴ ssŭ¹ jên²	人斯爲正訟之獄地
Helm, a	ch'uan² to⁴	舵船
,, to take the	chang³ to⁴	舵掌
,, amidships	chung¹ to⁴	舵中
,, port the	li³ to⁴	舵裡
,, starboard the	wai⁴ to⁴	舵外
Helmet, a	i⁴ ting³ k'uei¹	盔頂一
Helmsman, a	to⁴-kung	工舵
Help, to	pang¹	幫
,,	hsiang¹ pang¹	幫相
,,	pang¹-chu	助幫
,, up	fu² ch'i-lai	來起扶
,, for it, no	mei²-yu fa²-tzŭ	子法有沒
,, ,,	wu² k'o³ nai⁴ ho²	何奈可無
,, ,,	pu⁴ tê² pu⁴ ju² shih⁴	是如不得不
,, ,,	kan¹ mei² fa² tzŭ	子法沒乾
,, ! he shouted	ta⁴ han³ chiu⁴ jên²	人救喊大
,, feeling sorry, could not	wei² mien³ hsin¹ t'êng²	疼心免未
,, (involuntarily), ,,	pu⁴ yu²-ti	的由不
,, with money, to	tzŭ¹-chu	助資
,, (further so and so's business)	chou¹ hsüan²	旋周
,, (second)	chu⁴ shih⁴	勢助
,,	chia¹ shih⁴	勢加
,, to wine	chên¹ chiu³	酒斟
Helping hand, lend a	pang¹-ko mang²-êrh	兒忙個幫
,, ,, with money, etc.	chou¹-chi	濟周
Helpless against him	wu² nai⁴ t'a¹ ho²	何他奈無
Helpmate, a	pang³-pei	臂幫
Helter-skelter, fled	ssŭ⁴ san⁴ pên¹ p'ao³	跑奔散四
Hem, to	ch'iao¹-ko pien¹ 'rh	兒邊個繰
Hemisphere,	pan⁴ ch'iu³	球半
Hemiplegia,	pan¹ shên¹ pu⁴ sui²	隨不身半
Hemorrhage,	ch'u¹ hsüeh³	血出
Hemorrhoid,	chih⁴ ch'uang¹	瘡痔
Hemp,	ma²	麻
Hen, a	mu³ chi¹	雞母
,, a sitting	pao⁴ wo¹ chi¹	雞窩抱

Hen—Hero.

Hen, a broody	yao⁴ p'a¹ wo¹-lo	要窝趴咯
Hence,	yin¹ tz'ŭ³ chih¹ ku⁴	因此之故
,, six months	tsai⁴ kuo⁴ liu⁴-ko yüeh⁴	再過六個月
Henceforward,	ts'ung² tz'ŭ³	從此
,,	tz'ŭ³ chin¹ i³ wang³	自今以往
Henpecked,	chü⁴ nei⁴	懼內
Her,	t'a¹	他
,, (her's)	t'a¹ ti	他的
Herald,	tsan⁴ li³ kuan¹	贊禮官
,,	hsien¹ ch'ü¹	先驅
,, of the revolution	ko² ming⁴ chih¹ ti⁴ i¹ sheng¹	革命之第一聲
Herbs,	hua¹ ts'ao³ 'rh	花草兒
,, sweet	hsiang¹ ts'ao³ 'rh	香草兒
Herculean,	ch'iang² ta⁴ wu² p'i³	強大無匹
Herd, a	i⁴ ch'ün²	一羣
,, together, to	ho² ch'ün² 'rh	合羣兒
Here,	chê⁴-li	這裡
,,	chê¹ 'rh	這兒
,, and there, only	pu⁴ k'o³ to¹ tê²	不可多得
,, to-day, there to-morrow	p'ing² tsung¹ wu² ting⁴	萍踪無定
Hereafter,	i³ hou⁴	以後
,,	chiang¹ lai²	將來
Hereditary,	shih⁴ hsi²-ti	世襲的
,,	hsiang¹ ch'uan² ti¹	相傳的
,, disease	i² ch'uan² ping⁴	遺傳病
Heredity,	i² ch'uan² hsing⁴	遺傳性
Hereinafter,	hsia⁴ wên²	下文
,,	tso³ lieh⁴	左列
,, before	shang⁴ wên² so³-k'ai¹	上所開文
Heresy,	hsieh² tao⁴	邪道
,,	i⁴ chiao⁴	異教
Heretic,	i⁴ tuan¹ jên²	異端人
Heretical,	hsieh² tsung¹ ti¹	邪宗的
,, statements	yao¹ yen² hsieh² shuo¹	妖言邪說
Heretofore,	hsiang⁴ lai²	向來
Heritage,	tsu³ pei⁴ liu² ti¹	祖輩留的
Hermaphrodite,	yin¹ yang² liang³ hsing⁴	陰陽兩性
Hermit,	yin³ chü¹ shih⁴	隱居士
Hero, a	hao² chieh	豪傑
,,	ying¹-hsiung	英雄
,,	lieh⁴ shih⁴	烈士
,,	ta⁴ chang² fu¹	大丈夫
,, worship	ch'ung² pai⁴ ying¹ hsiung²	崇拜英雄

Hero in courage and character, a perfect	jên² chih⁴ i⁴ chin⁴ chih⁴ yung³ ch'ien¹ ch'üan² chih¹ ta⁴ ying¹ hsiung	雄英大之全銓勇智盡義至仁
,, noble *hero*es	shêng⁴ tzŭ³ shên² sun¹ k'o⁴ yü³ ch'i² tê²	德其有克孫神子聖
Heroine,	lieh⁴ fu⁴	婦烈
Heroism,	yung³ ch'i⁴	氣勇
Heron (or crane), a	lu⁴-ssŭ	鷥鷺
Hesitate, to	na²-pu ting⁴ chu²-i	意主定不拿
,,	hsin¹-li yu²-i	豫猶裡心
,,	hsin¹-li ch'ou²-ch'u	躕躇裡心
,,	yu² yü⁴	豫猶
,, owing to lack of funds	i³ hsiang³ hsiang⁴ wei² nan² 雛爲項餉以	
Hesitation,	so¹ hsün²	巡逡
,,	ch'ih² chu⁴	躇跙
,, (stammer)	k'ou³ nu⁴	吶口
Heterodox,	hsieh²	邪
Heterodoxy,	i⁴ tuan¹	端異
Heterogeneous elements	i⁴ fên⁴ tzŭ	子分異
Hew (of wood), to	k'an³ shu⁴	樹砍
,, (of stone)	tsao² shih²-t'ou	頭石鑿
Hexagon, a	liu⁴ chiao³-êrh-ti	的兒角六
Hexagonal,	liu⁴ lêng²-êrh-ti	的兒楞六
Hiatus,	t'o¹ wên²	文脫
Hibernate, to	pi⁴ su⁴	宿閉
Hibernating animals	chê² shou⁴	獸蟄
Hiccup, to	ta³ ko²-têng	鐙膈打
Hide, to	ts'ang²	藏
,,	yin³ pi⁴	蔽隱
,, away	ts'ang² ch'i-lai	來起藏
,, ,,	mei⁴-hsia	下昧
,, and seek, to play	ts'ang²-mêng ko¹-êrh wan² 'rh 兒玩兒格矇藏	
Hidebound,	pi⁴ sai¹	塞閉
Hidden losses	an⁴ chung¹ chih¹ sun³ hao⁴	耗損之中暗
Hideous,	kuai⁴ ch'ou³-ti	的醜怪
Hides,	p'i² pan³ 'rh	兒板皮
Hieroglyph,	hsiang⁴ hsing² tzŭ⁴	字形象
High,	kao⁴	高
,, spirited	kao¹ hsing⁴	興高
,, reward	ch'ung² pao⁴	報崇
,, seas	kung¹ hai³	海公
,, ,, on the	ling³ hai³ chih¹ wai⁴	外之海領
,, and low	kuei⁴ chien⁴	賤貴

High—Hint.

High price		kao¹ chia⁴	高價
,,	pressure	kao¹ ch'i⁴ ya¹	高氣壓
,,	handed	chuan¹ hêng²	專橫
,,	,,	chuan¹ tuan⁴	專斷
,,	treason	kuo² shih⁴ fan⁴	國事犯
,,	official	ta⁴ yüan²	大員
,,	rank	kao¹ wei⁴	高位
,,	class	shang⁴ p'in³	上品
,,	court	kao¹ têng³ shên³ p'an⁴ t'ing¹	高等審判廳
,,	society	shang⁴ liu² shê⁴ hui⁴	上流社會
,,	(in character)	kao¹ shang⁴	高尚
,,	minded person, a	kao¹-ch'ao jên²	高超人
,,	principle, a man of	yu³ i⁴-ch'i-ti	有義氣的
,,	place, those in	chü¹ yao⁴ ching¹ che³	居要津者
,,	type of man	jên² ko² kao¹ shang⁴	人格高尚
..	an opinion of oneself, too	tzŭ⁴ shih⁴ t'ai⁴ kao¹	自視太高
Highness, Your		tien⁴ hsia⁴	殿下
High priest,		chi¹ ssŭ¹ chang⁸	祭司長
Highway,		kuan¹ tao⁴	官道
Highwayman, a		ch'iang² tao⁶	強盜
Hilarity,		yü² k'uai⁴	愉快
Hill, a		i² tso⁴ shan¹	一座山
Hillock, a		t'u³ p'o¹ 'rh	土坡兒
Hilly,		ch'i² ch'ü¹	崎嶇
,,	country	shan¹ ti⁴	山地
Hilt of a sword		tao¹ pa⁴ 'rh	刀把兒
Hind, a		mu³ lu⁴	母鹿
Hinder, to		fang¹ ai⁴	妨礙
,,		chang⁴ ai⁴	障礙
,,		lan²	攔
,,		tan¹-wu	耽誤
Hindrance, a		yu³ tsu³ ai⁴	有阻礙
,,		yu³ tsu³-chih	有阻窒
,,		ch'ê⁴ chou³	掣肘
,,	he's only a	t'a¹ ching¹ ai⁴ shou³ ai⁴ chiao³-êrh ti	他竟礙手礙脚兒的
Hinge, a		ho² yeh⁴	樞葉
,,	it is on credit that our liberty to borrow *hinges*	hsin⁴ yung wei² tzŭ⁴ yu² chieh⁴ chai⁴ chih¹ kuan¹ chien⁴	信用為自由借債之關鍵
Hint,		t'i² ch'i³	提起
,,		t'i² hsing³	提醒
,,	at	fêng⁴ shih⁴	諷示

Hint—Hold.

Hint, give a	wan³-chuan-cho shuo¹	婉轉著說
Hip bones, the	k'ua⁴ ku³	骼骨
Hips, the	lia³ k'ua⁴ ku³	俩骼骨
Hire for short periods, to	ku⁴	雇
,, for longer periods	lin⁴	賃
,, to let out on	ch'u¹ lin⁴	出賃
Hireling,	yung¹ jên²	傭人
His	t'a¹-ti	他的
Hiss, to	ssŭ¹	嘶
,, (of a cat)	fu¹-ch'ih	咈哧
Historian,	li⁴ shih³ chia¹	歷史家
Historic sense	shih³ ts'ai²	史才
Historical,	li⁴ shih³ shang⁴	歷史上
History,	shih³	史
,,	shih³-chi	史記
,,	yen² ko²	沿革
,, (record)	chi⁴ lu⁴	記錄
,, (experiences)	ching¹ li⁴	經歷
,, books of	shih³ shu¹	史書
,, of it, the whole	yüan² wei³	原委
,, unauthenticated	yeh³ shih³	野史
Hit, to	ta³	打
,, the mark	chao²-lo	著咯
,, ,, ,,	ta³ chung⁴-lo	打中咯
,, ,, ,, in conversation	hua⁴ hên³ t'ou² chi¹	話很投機
,, 'off (in description)	hsü⁴ shu⁴ tê² tang¹	敘述得當
Hitch,	tsu² chih⁴	阻滯
Hitherto,	hsiang⁴ lai²	向來
,,	ts'ung² lai²	從來
Hive, a	fêng¹ fang²	蜂房
Hoard money, to	tsan³ ch'ien²	攢錢
Hoarse,	sang³-tzŭ yɔ³	嗓子啞
Hobble an animal, to	pan⁴-shang	絆上
,, along, to	ts'êng⁴-cho tsou³	蹭著走
Hobby, a	p'i³	癖
Hoe, a	i⁴ pa³ ch'u²	一鎒鋤
,, weeds, to	p'ang³ ts'ao³	耪草
Hog, a	i⁴ k'ou³ chu¹	一口豬
Hoist, to	la¹-ch'i-lai	拉起來
,, a	ch'i³ chung⁴ chi¹-ch'i	起重機器
Hold, to	na²	拿
,,	chang³ wu⁴	掌握
,, fast	na² chu⁴	拿住
,, tight	na² chu⁴	拿牢
,, of a ship	ts'ang¹	艙

Hold— Home.

Hold in a horse, to	lei¹-chu	住 勒
,, ,, ,,	t'i² chin³-cho-i tien³ 'rh	兒點著緊提
,, won't	ch'ih¹-pu chu⁴	住不吃
,, (contain) water	ch'êng² shui²	水 盛
,, (maintain)	wei² ch'ih²	持 維
,, (a ceremony)	chih² hsing²	行 執
,, the reins	chih² p'ei⁴	轡 執
,, one's own	chih¹ ch'ih²	持 支
,, a title	pei¹ fêng¹	封 被
,, to one's opinion	ku⁴ chih² chi³ chien⁴	見 己 執 固
,, fast to one's opinion	ping³ ting⁴ chi³ chien⁴	見 己 定 秉
,, on life (=the wicked live long), a good of him and I'll send a few bricks in his direction, let me get	suan⁴ t'a¹ huo² ti¹ chieh² shih² yü¹ tao⁴ wo³ shou³ ti³ hsia⁴ wo³ chiu⁴ ching⁴ t'a¹ chi³ chuan¹ t'ou²	實結的活他算 到我手底下我 就敬他幾轉磚 頭
Holder of, the	ch'ih² yu³ jên²	人 有 持
Holding, a	ch'ih² ti⁴ so	所 地 持
Hole, a	k'u¹-lung	窿 窟
,, in the ground	k'êng¹	坑
,, put me in a	k'êng¹-lo-wo-lo	咯我了傾
Holes, to pick	chao³ ch'a² 'rh	兒 鑕 找
Holiday,	chi⁴ nien⁴ jih⁴	日 念 記
,,	hsiu¹ ch'i²	期 休
,, from school, a	fang⁴ hsüeh²	學 放
,, ,, ,,	san⁴ hsueh²	學 散
,, to take a	hsiu¹-hsi	息 休
,, ,,	hsiao¹-ch'ien	遣 消
Holidays (school), summer	shu³ chia⁴	假 暑
Holiness,	shên² shêng⁴	聖 神
Hollow,	k'ung¹	空
,, (professions, etc.)	hsü¹	虛
,, out, to	wan¹-ch'u-lai	來 出 刓
Hollyhock,	shou²-chi hua² 'rh	兒 花 檵 蜀
Holograph,	tzŭ⁴ pi³	筆 自
Holy,	shêng⁴	聖
,, Spirit, the	shêng⁴ ling²	靈 聖
Homage,	ch'ung² pai⁴	拜 崇
,, (subjection	fu² ts'ung⁸	從 服
Home,	chia¹	家
,,	ku⁴ hsiang¹	鄉 故
,, go	hui² chia¹	家 回
,, day, at	ying⁴ chieh¹ jih⁴	日 接 應
,, make a guest at	pin¹ chih¹ ju² kuei¹	歸如至賓
,, ,, yourself at	pu² yao⁴ wai⁴-tao	道 外 要 不

Home—Honour. 362

Home pleasures	tê² chia¹ t'ing¹ chih¹ lo⁴	得家庭之榮
,, of his ancestors, the	po⁴ shih⁴ an¹ chü¹	百世安居
,, forsake their *homes* to wander	po³ ch'ien¹ liu² yü⁴	播遷流寓
,, orphan	ku¹ êrh² yüan⁴	孤兒院
,, and abroad	chung¹ wai⁴	中外
,, coming, regard death as a	shih⁴ ssŭ³ ju² kuei¹	視死如歸
,, office, the	nei⁴ wu⁴ pu⁴	內務部
,, to, bring	kuei¹ yü²	歸於
,, return to one's	kuei¹ li³	歸里
,, grown	nei⁴ ti⁴ ch'an³	內地產
,, -less	liu² wang²	流亡
,, go to one's long	ju⁴ huang² ch'üan²	入黃泉
,, rule	tzŭ⁴ chih⁴	自治
Homesick,	hsiang³ chia¹	想家
,, often	shih² tung⁴ hsiang¹ ssŭ¹	時動鄉思
Homicide,	ming⁴ an⁴	命案
,, accidental	wu⁴ sha¹	誤殺
,, intentional	ku⁴ sha¹	故殺
Homily,	mien⁴ mao⁴ pu¹ yang²	面貌不揚
Homogeneous,	t'ung² hsing⁴	同性
Homogeneity in the procedure adopted by all nations	ko⁴ kuo² chih¹ t'ung¹ li⁴ kung⁴ ch'ü¹ i¹ chih⁴	各國之通例共趨一致
Hone, a	mo² tao¹ shih²	磨刀石
Honest,	shih²-ch'êng	實誠
,,	p'u²-shih	樸實
,,	chung¹-hou	忠厚
,, official, enjoy the reputation of an	su⁴ yu³ lien² li⁴ chih² yü²	素有廉吏之譽
Honey,	fêng¹ mi⁴	蜂蜜
,, comb	fêng¹ mi⁴ t'ung³-êrh	蜂蜜筒兒
,, combed	ching⁴ ch'ung² yen³	竟蟲眼
Honeyed words	t'ien² yen² mi⁴ yü³-ti	甜言蜜語的
,, ,,	t'ien² tsui³ mi⁴ shê²-ti	甜嘴蜜舌的
Honeysuckle,	chin¹ yin² hua¹	金銀花
Hong, a	hang²	行
Hongkong,	hsiang¹ chiang³	香港
Honorarium,	hsieh⁴ li³	謝禮
Honorary members	ming² yü² hui⁴ yüan²	名譽會員
,, patron	ming² yü tsan⁴ ch'êng² yüan³	名譽贊成員
Honorific,	hui¹ hao⁴	徽號
Honour (fame)	ming²-yü	名譽
,, (rank)	shên¹-fên	身分

Honour—Hope.

Honour to	tsun¹-chung	尊重
,, ,,	ching⁴-chung	敬重
,, of entertaining you, have the	fêng⁴ p'ei²	奉陪
,, to be present at your meeting, have the	t'ien³ lieh⁴ chia¹ hui⁴	忝列嘉會
,, of the president's birthday, in	so³ i³ chu⁴ ta⁴ tsung³ t'ung³ chih¹ shou⁴	所以祝大總統之壽
,, hold his name in high	yang³ wang⁴ fêng¹ ts'ai³	仰望風采
,, to accept, bound in	i⁴ pu¹ jung² tz'ü²	義不容辭
Honours,	hsü⁴ hsün¹	敘勳
,, government	jung² tien³	榮典
,, strip of	po¹ to² kuan¹ wei⁴	剝奪官位
Honourable,	kuei⁴	貴
,,	tsun¹	尊
,,	tsun¹ kuei	尊貴
Hood (for rain)	yü³ mao⁴	雨帽
,, (for wind)	fêng¹ mao⁴	風帽
Hoodwink, to	man²	瞞
,,	yin³ man²	隱瞞
,,	ch'i¹ pi⁴ kuo² jên² êrh³ mu⁴	欺蔽國人耳目
Hoof, a	t'i²-tzŭ	蹄子
,, show the cloven	lou⁴ ma³ chiao³	露馬腳
Hook, a	kou¹-tzŭ	鉤子
,, to	k'ou⁴-shang	扣上
Hoop of a cask, etc.	t'ung³ ku¹	桶箍
,, ,, ,,	ku¹-tzŭ	箍子
,, to trundle a	ta³ ch'üan¹ 'rh	打圈兒
Hoot at, to	ch'i³ hung⁴	起鬨
Hop on one leg, to	ko²-têng	跕踜
,, (or jump)	pêng⁴	迸
Hope,	wang⁴	望
,, to	p'an⁴	盼
,, ,,	p'an⁴-wang	盼望
,, no	mei² hsiang³-t'ou	沒想頭
,, ,,	mei² wang⁴-êrh	沒望兒
,, to give up	ssŭ³-liao hsin¹-lo	死了心咯
,, ,, ,,	chüeh² wang⁴	絕望
,, much from you, I	so³ wang⁴ yü² ni³ che³ shên¹ hou⁴	所望於你者甚厚
,, absolutely no	shih² tsai⁴ mei² yu³ i¹ hao² chih² wang⁴	實在沒有一毫指望
,, forlorn	mao⁴ hsien³ tui⁴	冒險隊
,, for, some	yu³ la p'an⁴ 'rh la	有了盼兒了

Horary—Hospital. 364

Horary characters	shih² êrh⁴ chih¹	十二支
Horde, a	i⁴ tang³	一簜
,,	i⁴ tang³-tzǔ jên²	一簜子人
,,	ta⁴ chung⁴	大衆
,, in bad sense	wu¹ ho² chih¹ chung⁴	烏合之衆
Horizon, the	t'ien¹ pien¹ 'rh	天邊兒
,,	ti⁴ p'ing² hsien⁴	地平綫
,, (sea)	shui³ p'ing² hsien⁴	水平綫
Horizontal,	hêng²	橫
Horn,	chi¹-chiao	犄角
,, lamp, a	niu²-chüeh têng²	牛角燈
,, rhinoceros	hsi¹ niu² chüeh²	犀牛角
Hornblende,	chüeh² shan¹ shih²	角山石
Hornet, a	niu² fêng¹	牛蜂
Horoscope,	suan⁴ pa¹ tzǔ 'rh⁴	算八字兒
,,	shih² êrh hsü¹ chih¹ t'u²	十二宿之圖
Horrible,	êrh³ pu⁴ jên³ wên²	耳不忍聞
,,	pu⁴ k'an¹ ju⁴ mu⁴	不堪入目
,,	ts'an³ pu⁴ k'o³ yen²	慘不可言
,, to hear	t'ing¹-cho hên³ nan² kuo⁴	聽着很難過
Horse, a	i⁴ p'i¹ ma³	一匹馬
,, back	ma³ shang⁴	馬上
,, shoe	ma³ chang³	馬掌
,, soldier	ch'i² ping¹	騎兵
,, manship	ma³ shu⁴	馬術
,, dealer	ma³ fan⁴-tzǔ	馬販子
,, power	ma³ li⁴	馬力
,, ,, (indicated)	shih² ma³ li⁴	實馬力
,, ,, (nominal)	hsü¹ ma³ li⁴	虛馬力
,, put cart before	kuan¹ li³ tao² chih⁴	冠履倒置
,, near side of a	li³ shou³	裏手
,, breeding	ch'an³ ma³ shih⁴ yeh⁴	產馬事業
,, to saddle, a	pei⁴ ma³	備馬
,, to the water but can't make him drink, you can bring a	niu² êrh pu⁴ ho¹ shui³ pu⁴ nêng² ch'iang³ ên⁴ t'ou²	牛兒喝不水能不強按頭
Horsehair (tail)	ma³ i³-êrh	馬尾兒
,, (mane)	ma³ tsung¹	馬騣
Horticulture,	yüan² i⁴ shu⁴	園藝術
Hose, fire	shui³ kuan³-tzǔ	水管子
Hospitable,	jou² yüan³ jên²	柔遠人
,,	ts'ung² yu¹ k'uan³ tai⁴	從優欸待
Hospital, a	ping⁴ yuan⁴	病院
,, infectious	ch'uan² jan³ ping⁴ yüan⁴	傳染病院
,, receive into	shou¹ jung² ping⁴ yüan⁴	收容病院

Hospitality—House.

Hospitality, I have trespassed on your	tsao¹-jao nin²-na	納您擾遭
Host, a	chu³	主
,,	tung¹-chia	家東
,,	chu³ hsi²	席主
,, of, a	i⁴ ch'ün²	軍一
,, of people	jên² shan¹ jên² hai³	海人山人
,, sacramental	shêng⁴ t'i³	體聖
,, ,,	shêng⁴ ping³	餅聖
Hostage, detain as a	liu² tso⁴ ya¹ chih⁴	質押作留
Hostile towards	yu³ ch'ou²	仇有
,,	hsia² p'o⁴-huai hsin¹	心壞破挾
,, feeling	ti² k'ai⁴ hsin¹	心慨敵
,, (opposed to)	fan³ tui⁴	對反
Hostilities,	chan⁴ tuan¹	端戰
,, commencement of	chan⁴ tou⁴ k'ai¹ shih³	始開鬬戰
,, during	chiao¹ chan⁴ chung¹	中戰交
,, suspension of	hsiu¹ chan⁴	戰休
Hot,	jo⁴	熱
,, blazing	yen² jo⁴	熱炎
,, scalding	kun³ jo⁴	熱滾
,, tempered	chi² hsing⁴-tzŭ	子性急
,, argument	chi¹ lun⁴	論激
,, spring	wên¹ ch'üan²	泉溫
Hotel, an	i² tso⁴ fan⁴ tien⁴	店飯座一
,,	k'o³ tien⁴	店客
,,	k'o⁴ yü⁴	寓客
,,	lü³ tien⁴	店旅
Hothouse, a	nuan³ tung⁴-tzŭ	子洞煖
Hotbed, .	fêng¹ ch'i³ chih¹ ti⁴	地之起逢
,,	yang³ ch'êng² so³	所成養氣
Hot-tempered,	ch'i⁴ shêng⁴	盛氣
Hour, one	i⁴ tien³ chung¹	鐘點一
,, glass	sha¹ lou⁴-tzŭ	子漏沙
,, hand of a watch	shih²-ch'ên chên¹ 'rh	兒針辰時
Hours, business	ying² yeh⁴ shih² chien¹	間時業當
,, long	tsao³ tao⁴ wan³ san⁴	散晚到早
House, a	i⁴ so³ 'rh fang²-tzŭ	子房所一
,,	i² ch'u⁴ fang²-tzŭ	子房處一
,, my	shê⁴ hsia⁴	下舍
,, your	fu³ shang⁴	上府
,, of representatives	chung⁴ i⁴ yüan⁴	院議衆
,, of parliament	kuo² hui⁴	會國
,, (parl.), whole	man³ ch'ang²	塲滿
,, private	ssŭ¹ chai²	宅私

House—Huddled. 366

House, move	kêng¹ i²	更 移
,, to house inspection	ai¹ hu⁴ chien³ ch'a²	挨 戶 檢 查
,, search the	sou¹ so³ chia¹ chai²	搜 索 家 宅
,, of five chien	wu³ chien¹ fang²-tzŭ	五 間 房 子
,, hold	i⁴ chia¹-tzŭ	一 家 子
,, ,, all the	ho² chia¹	闔 家
,, warming	ho⁴ fang²	賀 房
,, a country	pieh² shu³	別 墅
,, to forbid a person the	tu⁴-chüeh pu⁴ chien⁴	杜 絕 不 見
Household (ex) imperial	nei⁴ wu³ fu³	內 務 府
,, ,, ,, (now called)·	Ch'ing¹ Hwang² shih⁴ pan⁴ shih⁴ ch'u⁴	清 皇 室 辦 事 處
,, furniture	chia¹ chü⁴	家 具
Householder,	hu⁴ chu³	戶 主
Housekeeping, do the	tang¹ chia¹	當 家
Houses, a row of	i² liu⁴ fang²-tzŭ	一 溜 房 子
House-tax, municipal	shih⁴ shui⁴ chia¹ wu¹ shui⁴	市 家 屋 稅 稅
Hover, to	ta³ hsüan² 'rh	打 旋 兒
,, of a butterfly	fan¹-fan	翩 翩
How,	tsêm³-mo	怎 麼
,, do you do?	hao³-ah	好 啊
,, far	to¹ yüan³	多 遠
,, much or many	to¹ shao³	多 少
,, can I venture to?	ch'i³ kan³	豈 敢
,, can that be permitted?	na⁴ ju² ho² shih³-tê	那 如 何 使 得
,, can you say that ...	ho² tê² wei²	何 得 謂 ....
,, much more so under a republic! if this be so under a despotism	chuan¹ chih⁴ shih² tai⁴ ju² shih⁴ ho² k'uang⁴ kung⁴ ho² shih² tai⁴	專 制 時 代 如 是 何 況 共 和 時 代
,, do you feel about the matter?	tsun¹ i⁴ ju² ho²	尊 意 如 何
However,	jan² êrh²	然 而
,, much you beg	jên⁴ p'ing² ni³ tsêm³-mo ch'iu²	任 憑 你 怎 麼 求
,, ,, you want it	ni³ na³-p'a to¹-mo yao⁴	你 那 怕 多 麼 要
,, ,,	wu² lun⁴ ju² ho²	無 論 如 何
Howitzer,	yeh³ chan⁴ liu² tan⁴ p'ao⁴	野 戰 榴 彈 砲
Howl, to	hao²	嘷
Hub of a wheel, the	ch'ê¹ chiao¹-tzŭ	車 轂 子
Hubbub, incessant	kua¹ niao³ pu¹ hsiu¹	聒 噪 不 休
Huddled together for warmth	chi³-cho nuan³-ho	擠 着 暖 和
,, up, to sit	tui¹-sui-cho tso⁴	堆 隨 着 坐
,, together, sitting	tsai⁴ i² ch'u⁴-êrh chi³-cho tso⁴	在 一 處 兒 擠 着 坐

Huff—Humor

Huff, go away in a	nao³-cho tson³-lo	恼着走咯
,, went off in a	fu⁴ i¹ ching⁴ ch'ü⁴	拂衣竟去
Hug, to	lou³	搂
Huge,	chü⁴ ta⁴	巨大
Hulk, a	tun³ ch'uan²	蠢船
Hull, ship's	ch'uan² t'i³	船體
Hum a tune, to	hêng¹-hêng-cho ch'ang⁴	哼着唱
,, of a top	jêng¹-jêng	朋朋
,, of bees or flies	wêng¹-wêng	嗡嗡
,, of mosquitoes	hêng¹ hêng¹	哼哼
,, of conversation	wu¹-nang	唔嚷
Human,	jên² chien¹	人間
,, beings	jên²	人
,, ,,	jên² lei⁴	人類
,, ,,	wei² jên²-ti	爲人的
,, (work)	jên² wei² ti¹	人爲的
,, affairs	jên² shih⁴	人事
,, face but a beast at heart	jên² mien⁴ shou⁴ hsin¹	人面獸心
Humane,	ch'ing² ai⁴	情愛
,,	tz'ǔ² hsin¹	慈心
Humanity,	jên² tao⁴ chu² i⁴	人道主義
,, disgrace to	jên² lei⁴ chung¹ chih¹ pai⁴ t'u²	人類中之敗徒
,, respect for	tsun¹ chung⁴ jên² tao⁴	尊重人道
,, contrary to	yu³ shang¹ jên² tao⁴	有傷人道
,, a great misfortune for	jên² tao⁴ chih¹ tsui⁴ pu¹ hsing⁴	人道之最不幸
,, (kindness)	jên² tz'ǔ²	人慈
Humanize,	kan³ hua⁴	感化
Humble,	ch'ien¹ hsün⁴	謙遜
,, (subservient)	ch'ien¹-kung	謙恭
,, (mean)	hsia⁴ chien⁴	下賤
,, (lowly)	pei¹	卑
,, circumstances, in	chai³	窄
,, folk	su² têng³ jên² chia¹ 'rh	俗等人家兒
Humbug, to	hu⁴-nung	胡弄
,, a	hsü¹ chang¹ shêng¹ shih⁴-ti	虛張聲勢的
,, all	hu⁴-nung chü²	胡弄局
Humdrum,	wu² wei⁴ chih¹ tu⁴ jih⁴	無味之度日
Humidity,	ch'ao² ch'i⁴	潮氣
Humiliating,	ch'ih³ ju⁴	恥辱
Humility,	ch'ien¹-kung	謙恭
Humor,	p'i² ch'i⁴	脾氣

Humor—Hurt.

Humor,	hsing¹ ch'ing²	性情
,, bad	shih³ hsing⁴	使性
,, so and so	sui² jên² hsin¹ i⁴	隨人心意
Humorous,	ku³ chi¹	滑稽
,, person, a	hui⁴ shuo¹ ch'ü³-hsiao¹ hua⁴	會說取笑話
,, ,,	hao⁴ wan² hsiao⁴	好玩笑
Hump on a camel	jou⁴ an¹-tzŭ	肉鞍子
Hump-backed,	lo² kuo¹ 'rh	鑼鍋兒
Hundred, a	i⁴ pai³	一百
,, thousand, a	shih² wan⁴	十萬
,, number a	ti⁴ i⁴ pai³	第一百
Hundredth, the	ti⁴ i⁴ pai³ ko⁴	第一百個
,, one	pai³ fên¹ chih¹ i¹	百分之一
Hunger,	o⁴	餓
,,	chi¹ o⁴	饑餓
,, to suffer	ai² o⁴	挨餓
,, in last stage of	o⁴ pu⁴ ch'i³	餓不起
Hungry,	o⁴-lo	餓咯
,, to wait (till a later hour), too	o⁴ pu⁴ tao⁴	餓不到
Hunt game, to	ta³ lieh⁴	打獵
,, for	chao³	找
,, ,,	chao³-hsün	找尋
Hunter, place	ying² ch'iu³ chê³	營求者
Hunting-ground for the Powers' (ambitions), is an ideal	wei² ko¹ kuo² wei² i¹ chih¹ chu⁴ lu⁴ ch'ang²	為各國唯一之逐鹿場
Hurrahs! loud	sung¹ hu² wan⁴ sui⁴	嵩呼萬歲
Hurricane, a	i² chên⁴ k'uang² fêng¹	一陣狂風
Hurried,	huang¹ mang²	慌忙
Hurry, be in a	mang²	忙
,, in a great	mang² mang² lu⁴ lu⁴-ti	忙忙碌碌的
,, what's your?	mang² shêm²-mo	忙甚麼
,, don't be in a	pieh² mang²	別忙
,, in a devil of a	kuei³ kan³-ti shih⁴-ti	鬼趕的似的
,, always in a	chi² chiao³ kuei³	急腳鬼
,, could not articulate clearly, in his	ts'ang¹ huang² chih¹ chien¹ yü³ pu⁴ shên⁴ hsi¹	倉皇之間語不甚晰
,, into a policy of repression	tung⁴ chê i³ ping¹ li⁴ ya¹ chih⁴	動輒以兵力壓制
Hurt,	shang¹	傷
,, to be	shou⁴ shang¹	受傷
,, it does not	pu⁴ t'êug²	不疼
,, feelings	shang¹ kan³ ch'ing²	傷感情

Hurt—Hypocrite.

Hurt his feelings, will	ts'ang¹-liao t'a-ti mien⁴-tzǔ	傷了他的面子
,, me, it won't	hai⁴-pu chao² wo³	害不着我
Husband, a	chang⁴-fu	丈夫
,,	nan²-jên	男人
,, your	ni³-mên ta⁴-jên	你們大人
,, ,,	ni³-mên lao³-yeh	你們老爺
,, my	chia¹ chün¹	家君
,, ,,	wo³-mên ta⁴-jên	我們大人
,, ,,	wo³-mên lao³-yeh	我們老爺
,, and wife	fu¹ fu⁴	夫婦
,, of a princess	fu⁴ ma³	駙馬
,, to (resources)	chieh² yung⁴	節用
,, time	ai⁴ hsi¹ kuang¹ yin¹	愛惜光陰
Husbandry,	nung² yeh⁴	農業
Hush,	ssǔ¹ ho²	私合
,, money	hei¹ ch'ien²	黑錢
,, a child to sleep, to	pa⁴ pu³	卜哺
,, up, to	yen³-mieh-lo	掩滅咯
,, ,, a crime	ssǔ¹ ho²-lo	私合咯
,, he has probably hushed up the matter	ta⁴ pan⁴ shih⁴ tzǔ⁴ chi³ chiu⁴ mi² fêng la	大半是自己就彌縫了
Husks,	k'o² 'rh	殼兒
Hussar,	ch'ing¹ chuang¹ ch'i² ping¹	輕裝騎兵
Hustle (shove about), to	t'ui¹ chi³	推擠
Hustled him off	pa⁴-t'a t'ui¹ yung³ ch'ü⁴-lo	把他推擁去咯
Hut, a	i⁴ chien¹ mao² shê⁴	一間茅舍
Hybrid,	tsa² chung³	雜種
Hydrant,	ch'i³ shui³ t'ung³	起水筒
Hydraulic press, an	shui³ ya¹ kuei⁴	水壓櫃
,, pressure	shui³ ya¹ li⁴	水壓力
Hydrogen,	shui³ su⁴	水素
Hydrocephalus,	nao³ shui³ chung³	腦水腫
Hydrophobia,	k'ung³ shui³ ping⁴	恐水病
Hygiene,	wei⁴ shêng¹ fa³	衛生法
,, science of	wei⁴ shêng¹ hsüeh⁵	衛生學
Hymn, a	i⁴ chang¹ shêng⁴ ko¹	一章聖歌
Hypnotism,	ts'ui¹ mien² shu⁴	催眠術
Hypochondria,	yu¹ yü⁴ ping⁴	憂鬱病
Hypochondriacal,	t'ai⁴ chiao¹-nên	太嬌嫩
Hypocrisy,	piao³ li³ fan³ fu⁴	表裏反覆
Hypocrite, a	hsiang¹ yüan⁴	鄉愿
,,	wei³ chün¹-tzǔ	偽君子
,,	chia³ mao⁴ wei² shan⁴	假冒為善

Hypocrite—Idea. 370

Hypocrite,	lao² hu³ tai⁴ su⁴ chu¹ êrh chia³ shan⁴ jên² 老虎帶素珠兒假善人
Hypercriticism,	waug⁴ p'ing² 妄評
,,	wang⁴ chia¹ yüeh⁴ tan⁴ 妄加月旦
Hypocritical,	chin⁴ wên²-kung chüeh²-êrh-pu chêng⁴ 晉文公譎而不正
and the reverse	ch'i² huan²-kung chêng⁴-êrh-pu chüeh² 齊桓公正而不譎
Hypodermic syringe, a	yao⁴ chên¹ 藥針
Hypothecate,	ti³ tang¹ 抵當
,, already *hypothecated*	yeh⁴ ching¹ ch'u¹ ti² 業經出抵
,, one's income, to	yin¹ nien² yung⁴-liao mao³ nien²-ti 寅年用了卯年的
Hypothetical,	chia³ ting⁴ 假定
,, evidence, condemn on	i³ mo⁴ hsü¹ yu³ san· tzŭ⁴ ch'êng² yü⁴ 以莫須有三字成獄
Hysterics,	k'u¹-ko ssŭ³ ch'ü⁴ huo² lai² 哭個死去活來

I

I,	wo³ 我
,, (used by M.Ps.)	pen³ hsi² 本席
,, ,, ,,	pen³ yüan² 本員
,, of an orator	pu⁴ ning⁴ 不佞
,, the president	pên³ ta⁴ tsung³ t'ung³ 本大總統
,, the emperor	chên⁴ 朕
,, ,,	chên⁴ kung¹ 朕躬
Ice,	ping¹ 冰
,, to	ping¹-shang 冰上
,, ,,	chin⁴ tsai⁴ ping¹ shang 在冰上
,, chest	ping¹ hsiang¹-tzŭ 冰箱子
,, house	ping¹ chiao⁴ 冰窖
,, ,,	ping¹ shih⁴ 冰室
,, something	yung⁴ ping¹ pa⁴ t'a¹ chên⁴ shang 用冰把他振上
,, free port	pu⁴ tung⁴ chiang³ 不凍港
Iceberg, an	ping¹ shan¹ 冰山
Icicle, an	ping¹ chui¹-tzŭ 冰錐子
Icy cold,	ping¹ liang²-ti 冰涼的
,, reception	lêng³ yü³ 冷遇
,, treatment	lêng³ yen³ k'an⁴ tai⁴ 冷眼看待
Idea, an	i⁴-chien 意見
,,	ssŭ¹ hsiang³ 思想
,,	hsiang³ hsiang⁴ 想像

Idea—Idiot

Idea (philos.)	kuan¹ nien⁴	觀念
,, in my	i¹ wo³ chih¹ chien⁴	依我之見
,, ,,	wo³ yü² cho¹ che⁴ mo hsiang²	我愚拙這麼想
,, in his mind	ming⁴ i⁴ chih¹ so³ tsai⁴	命意之所在
,, *ideas* of youth	ch'ing¹ nien² ssǔ¹ hsiang³	青年思想
,, a unique	li³ hsiang³ chih¹ t'ê⁴ pieh²	理想之特別
,, that's a good	chê⁴-ko chu²-i hao³	這個主意好
,, I have no	mo¹-pu ch'ing¹	摸不清
,, what is your?	nin² kao¹ chien⁴ tsêm³-mo yang⁴	您高見怎麼樣
,, a person of one	lao³ wan²-ku	老頑固
,, ,,	chiao¹ chu⁴ ku³ sê⁴	膠柱鼓瑟
Ideal,	mu² fan⁴ ti¹	模範的
,, method, an	pu⁴ êrh¹ fa⁴ mên²	不二法門
,, (imaginary)	li³ hsiang⁴ ti¹	理像的
,, world	li³ hsiang⁴ ching⁴	理像境
,, the	chin⁴ shan⁴ chin⁴ mei³	盡善盡美
,, policy	shang⁴ ts'ê⁴ chung¹ chih¹ shang⁴ ts'ê⁴	上策中之上策
,, that would be the	shih³ shu³ mo⁴ shan⁴ chih¹ shih⁴	實屬莫善之事
Idealist,	huan⁴ hsiang³ chê³	幻想者
Idealism,	wei² hsin¹ lun⁴	唯心論
Idealize,	li³ hsiang³ ti¹	理想的
Identical,	hsiang¹ t'ung⁰	相同
,,	wu² i⁴	無異
Identify, to	chih³-ch'u-lai	指出來
,, (make the same)	ho² êrh² wei² i¹	合而為一
,, one's self with	t'i³-liang	體量
,, oneself with (a party)	t'i² hsieh²	提攜
,, ,, (an object)	tsan⁴ t'ung²	贊同
,, property	jên⁴ ling³	認領
Ideograph, Chinese	han⁴ tzǔ⁴	漢字
Ideographic character	hsiang⁴ hsing² tzǔ⁴	象形字
Idiocy,	lu³ tun⁴	魯鈍
Idiom,	fang¹ yen²	方言
,, a local	t'u³ hua⁴	土話
Idiomatic expression, an	ch'êng² tz'ǔ²	成詞
Idiosyncracies, has certain	yu³-hsieh ch'ih¹-ch'u t'ê⁴ chih³	有些癡處特質
Idiosyncracy,		
Idiot, an	sha¹-tzǔ³	傻子
,,	tai¹-tzǔ	獃子
,, as to, I am not such an	wo³ yu⁴ pu⁴ fêng¹	我又不瘋

Idiot—Ignore. 372

Idiot, you are an	ni³ chên¹-shih-ko sha³-tzŭ	你是個眞傻子
Idiotic,	fêng¹-fêng tien¹ tien¹-ti	瘋瘋顛顛的
Idle,	lan³-to⁴	懶惰
,,	hsien² san⁴	閒散
,, to	t'o¹ lan³ 'rh	脫懶兒
,, chatter	ta³ ya² shuan⁴ tsui³ 'rh	打牙涮嘴兒
,, talk	hsü¹ shuo¹	虛說
,, away the time in sloth	kou³ ch'ieh³ t'ou¹ an¹	苟且偷安
,, life, lead an	hsü¹ tu⁴ kuang¹ yin¹	虛度光陰
,, loafer	wu² yeh⁴ yu² min²	無業遊民
Idler, an	ta³ hsien² 'rh ti¹	打閒兒的
,,	yu² shou³ hao⁴ hsien²-ti	游手好閒的
Idol, an	ou³ hsiang⁴	偶像
,,	t'u³ ni² mu⁴ ou²	土泥木偶
,,	i⁴ tsun¹ hsiang⁴	一尊像
,,	fo² hsiang⁴	佛像
,,	ni² hsiang⁴	泥像
Idolatrous,	pai⁴ ou³ hsiang⁴ ti¹	拜偶像的
Idolize,	ch'ung³ ai⁴	寵愛
If,	jo⁴	若
,,	jo⁴-shih	若是
,,	ju² kuo³	如果
,,	t'ang³ jo⁴	儻若
,,	ju² jo⁴	如若
Ignis fatuus	kuei³ huo³	鬼火
Ignite,	tien³ huo³	點火
Ignoble,	hsia⁴ chien⁴	下賤
Ignominious,	tao³ mei²-ti shih⁴	倒楣的事
Ignominy,	wu³ ju⁴	侮辱
Ignoramus,	mu⁴ pu⁴ shih⁴ ting¹	目不識丁
,,	hun² jên²	渾人
Ignorance,	wu² chih¹	無知
,, to feign	chuang¹ ch'iang¹	裝腔
Ignorant,	pu⁴ chih¹	不知
,, and inexperienced	mo⁴ hsüeh² kua³ shih⁴	末學寡識
Ignore to	k'an⁴-ti mei² shih⁴ i² ta⁴ tui¹	看的沒事一大堆
,,	chih⁴ jo⁴ pu⁴ chien⁴	置若不見
,,	chih⁴ jo⁴ wang³ wên²	置若罔聞
,, protests	pu⁴ hsü⁴ jên² yen²	不恤人言
,, rights of case	pu⁴ ku⁴ li³ chih¹ shih⁴ fei¹	不顧是之理非
,, cannot be *ignored*	pu⁴ tê² ch'ing¹ i⁴ fang⁴ kuo⁴	不得輕易放過

Ill—Illiterate

Ill, to be	yu³ ping⁴	有病
,, do not take it	pieh² kuai⁴	别怪
,, mannered	yeh³ man²	野蠻
,, tempered	yu³ p'i²-ch'i	有皮氣
,, treat, to	pao⁴-nüeh	暴虐
,, will bear him no	kên¹-t'a mei² hsien²-hsi	跟他沒嫌隙
,, starred	nieh⁴ kên¹	孽根
,, ,, (misfortune)	huo¹ t'ai¹	禍胎
,, it fell out	pu⁴ hsing⁴	不幸
,, advised	shih⁴ pu⁴ chiu¹ shou⁰	事不就手
,, bred	ssŭ¹ lü⁴ shih¹ tang¹	思慮失當
	shih¹ ching⁴	失敬
Illegal,	fan⁴ fa³-ti	犯法的
,,	fan⁴ chin⁴-ti	犯禁的
,,	pu⁴ fa⁴	不法
,,	wei⁴ fa⁴	違法
,, behaviour	fei¹ fa⁴ ti¹ hsing² wei¹	非法的行為
,, trade, carry on an	tso⁴ fan⁴ fa⁴ ying² shêng¹	作犯法營生
Illegible,	mu²-hu	模糊
,,	mu²-mu hu¹ hu²-ti	模模糊糊的
,, writing	tzŭ⁴ chi⁴ mu² hu pu⁴ nêng² jên² shih⁴	字跡模糊不能認識
,, (inscription)	tzŭ¹ li³ hang² chien¹ pu⁴ nêng² chü⁴ pien⁴	字裏行間不能辨
Illegitimate,	ssŭ¹	私
,, (figurat.)	pu⁴ chêng⁴	不正
,, ,,	pu⁴ chêng⁴ tang¹	不正當
,, child	ssŭ¹ hai²-tzŭ	私孩子
Ill-fame, house of	chi⁴ nü³ kuan³	妓女館
Ill-feeling,	o⁴ kan³ ch'ing²	惡感情
Ill-gotten gains,	wu² i⁴ chih¹ ts'ai²	無義之財
,, gains, acquire	fa¹ la i¹ ku³ tzŭ hsieh² ts'ai²	發了一股子邪財
,, ,, never prosper	huo⁴ pei¹ êrh² ju⁴ chê⁵ i⁴ pei¹ êrh² ch'u¹	貨悖而入者亦悖而出
Illiberal,	hsiao³ ch'i⁴	小器
Illiberality,	ch'i⁴ liang chai³	器量窄
Illicit,	ssŭ¹	私
,, intercourse	ssŭ¹ ch'ing⁷	私情
,, ,,	chien¹ t'ung¹	姦通
,, take this *illicitly* earned money	shih³ chê⁴ pi³ mei⁴ hsin¹ ch'ien²	使這筆昧心錢
Illimitable,	miao³ mang²	渺茫
Illiterate,	pu⁴ shih² tzŭ⁴	不識字
,,	lou⁴ êrh² wu² wên²	陋而無文

Illiterate—Imagination. 374

Illiterate,	mu⁴ pu⁴ shih⁴ ting¹	目不識丁
,, an	yu³ pei² wu² wên²	有無碑文
Ill-judged,	cho¹ lieh⁴	拙劣
Ill-nature,	o⁴ hsing⁴	惡性
Ill-natured,	tso³-hsing	左性
,,	tso⁸ p'i²-ch'i	左脾氣
Ill-omened,	sang⁴-ch'i	喪氣
,,	pu⁴ chi²-hsiang	不吉祥
,,	t'ui²-sang	頹喪
Illness, serious	ping⁴ chung⁴	病重
,, recovered from	hsi³ chan¹ wu² yao⁴	喜占勿藥
Ill-treat,	nüeh⁴ tai⁴	虐待
Illuminations,	hsüan² têng¹	懸燈
,,	kua⁴ ts'ai³-tzŭ	掛彩子
Illusory hopes	ching⁴ hua¹ shui³ yüeh⁴-ti hsiang³-t'ou	鏡花水月的想頭
Illustrate (explain), to	chiang³-chieh	講解
,, (demonstrate)	piao³ ming²	表明
,, a book	hua⁴ t'u²	畫圖
,, ,,	ch'a¹ hua⁴	插畫
Illustrated paper, an	hua⁴ pao⁴	畫報
Illustration,	hui⁴ t'u²	繪圖
,,	t'u² chieh³	圖解
,, (of the point), one need not search for an	pu⁴ pi⁴ p'ang² chêng¹ yüan¹ lü⁴	不必旁徵遠慮
,, (demonstration), I give you an	wo³ hsiao²-ko ni ch'iao²	我個學你瞧
,, ,,	wo³ kei³-ni-ko p'i⁴-yü	我給你個譬喻
Illustrious,	chu⁴ ming²	著名
,,	yu³ ming²-ti	有名的
,,	ming²-wang	名望
,, so and so, the	p'ing² jih⁴ hung¹ hung¹ lieh⁴ lieh⁴ ti¹ mou³	平日烘烘烈烈的某
Ill-will	i² hên⁴	遺恨
Image, an	i⁴ tsun¹ hsiang⁴	一尊像
,, (mental)	hsin¹ hsiang⁴	心像
,, of, the living	huo² t'o¹-êrh-ti hsiang⁴	活脫兒的像
,, ,,	t'o¹-liao-ko ying³-êrh shih⁴-ti	脫了個影兒似的
Imaginable,	hsiang³ hsiang⁴	想像
Imaginary,	hu² hsiang³-ti	胡想的
,,	k'ung¹ hsiang³	空想
,, line	hsiang³ hsiang⁴ hsien⁴	想像線
Imagination,	ssŭ¹ hsiang³ li⁴	思想力
,, pure	hu² hsiang³-ti	胡想的

375 Imagination—Immediate.

Imagination, pure	wu² chung¹ shêng¹ yu³	有生中無
Imagine it is, who do you?	ni³ ta³ liang shih⁴ shui²	誰是是打你
,, ,, ,,	ni³ tang³-shih shui²	誰是當你
,, just	ni³ pai² hsiang³-i-hsiang	想一想白你
,, it, cannot	chên¹-shih ch'i² hsiang³ t'ien¹ k'ai¹	開天想奇是眞
,, (reflect)	t'ui¹ hsiang³	想推
,,	ku¹-mo-cho	着摸估
Imbecile,	nao³ li⁴ shuai¹ jo⁴	弱衰力腦
,, an	pan⁴ fêng¹ êrh	兒瘋半
,, ,,	sha³-tzŭ	子儍
Imbibe,	hsi¹ shou¹	收吸
Imbroglio,	ko² t'êng²	藤葛
Imbue,	kan³ jan³	染感
Imbued with morality and culture	shou⁴ tao³ tê² chiao⁴ yü⁴ hsün¹ t'ao²	陶薰育教德道受
,, with favour	mu⁴ ên¹	恩沐
,, ,, heresy	wei⁴ hsieh² shuo¹ so³ jan³	染所說邪爲
,, ,, virtue	jun⁴ i³ tê²	德以潤
Imitate ancestors	fa³ tsu³	祖法
,, a person, to	hsiao² jên²	人效
,, an article	hsiao²-cho tso⁴	做着效
,, the good	hsiao⁴ fa³ shan⁴ jên²	人善法效
,, Japan in most directions	to¹ shu⁴ fa³ jih⁴ pên³	本日法數多
,, (counterfeit)	wei⁴ tsao⁴	造僞
,, ,,	mu⁴ tsao⁴	造模
Imitation,	yen⁴ tsao⁴ p'in³	品造贗
,, a spurious	yü² mu⁴ hun⁴ chu¹	珠混目魚
,, ,,	i³ chia³ luan⁴ chên¹	真亂假以
Imitative,	i³ ssŭ¹ hsing⁴	性似擬
Imitator,	i³ ssŭ⁴ chê³	者似擬
Immaculate,	ch'ing¹ pai²	白清
Immaterial	pu⁴ chü¹	拘不
,,	pu⁴ hsiang¹ kan¹	干相不
,,	wu² hsing²	形無
,,	wu² shih² t'i³	體實無
,,	wu² kuan¹ chin³ yao⁴	要緊關無
,, (disembodied)	t'o¹ shên¹ ti¹	的身脫
,, world	wu² hsing² chieh⁴ chung¹	中界形無
Immaterialism,	wei² hsin¹ lun⁴	論心唯
Immature,	pu⁴ shu²	熟不
Immeasurable,	wu² liang²	量無
Immediate (direct)	chih² chieh¹	接直

Immediate—Immune. 376

Immediate despatch of business	ying¹ pan⁴ shih⁴ chien⁴ sui² tao⁴ sui² pan⁴	應事件隨到隨辦
Immediately,	li⁴ k'o⁴	立刻
,,	chi² k'o⁴	卽刻
,,	ma³-shang	馬上
,, he is coming	t'a¹ chê¹-chiu lai²	他這就來
,, I heard it	wo³ i¹ t'ing¹-chien	我一聽見
,, the order appeared	ming⁴ ling⁴ fu³ hsia⁴ chih¹ jih⁴	命令甫下之日
,, can't be done	fei¹ i¹ shih² so³ nêng² kao⁴ chün⁴	非一時所能告竣
Immemorial antiquity	shang⁴ ku³	上古
,, from time	tzŭ¹ ku³ i³ lai²	自古以來
Immense,	hung² ta⁴	洪大
,,	chi² ta⁴-ti	極大的
,,	ting³ ta⁴-ti	頂大的
,,	chüeh² ta⁴-ti	絕大的
,, blessing	mo⁴ ta⁴ chih¹ hsing⁴	莫大之幸
Immensity,	wu² pien¹	無邊
Immigrant,	i² min²	移民
Imminent,	mu⁴ ch'ien²	目前
,, danger, ran	ch'u² shêng¹ ju⁴ ssŭ³ chi³ ching¹ wei¹ tai⁴	出生入死幾經危殆
Immobile,	pu⁴ tung⁴	不動
,,	ku⁴ ting⁴	固定
Immoderate,	kuo⁴ tu⁴	過度
,,	pu¹ chieh² chih⁴	不節制
,,	t'ai⁴ kuo⁴-yü	太過愈
Immodest,	pu⁴ ch'ing¹ chieh²	不清潔
,,	t'ai⁴-pu hai⁴ sao⁴	太不害臊
Immodesty,	wu² ch'ih³	無恥
Immolation,	hsi¹ shêng¹	犧牲
Immoral,	fang⁴ tang⁴	放蕩
,,	p'in³ hsing pu⁴ tuan¹	品行不端
,,	ni⁴ ch'ing² li³	逆情理
,,	pu²-shih jên² hsing²	不是人行
,, talk	pu⁴ t'i³-mien hua⁴	不體面話
Immortal,	pu⁴ ch'iu³	不朽
Immortality,	ch'ang² shêng¹	長生
,,	ch'ang² shêng¹ pu⁴ lao³	長生不老
,,	hsiang³ yung³ shêng¹-chih fu²	享永生之福
Immortalize,	yang² ming² wan⁴ tai⁴	揚名萬代
Immovable property	pu⁴ tung⁴ ch'an³	不動產
Immune,	chien¹ chin⁴	監禁

Immunity—Impenitent

Immunity,	mien³ ch'u²	免除
,, from taxes	chüan¹ mien³ na⁴ shui⁴	捐免納稅
,, *immunities*	t'ê⁴ ch'üan²	特權
,, ,,	fang² sun³	防損
Immutable,	pu⁴ k'o³ i² i⁴	不可移易
,, fixed and	hêng² chiu³ pu⁴ pien⁴	恆久不變
Imp, an	yao¹-ching	妖精
Impact,	ch'ung¹ t'u⁴	衝突
Impair the maintenance of peace	yu³ ai⁴ ho² chü²	有碍和局
Impairment of sovereign rights, no	wu² sun³ shih¹ kuo² ch'üan² chih¹ ch'u⁴	無損失國權之處
Impalpable,	hsi⁴ wei¹	細微
Impart (teaching)	chiao⁴ shou⁴	教授
Impartial,	kung¹ p'ing²	公平
,,	ping³ kung¹	秉公
,,	t'ieh³ mien⁴ wu² ssŭ¹	鐵面無私
,,	mei² p'ien¹-hsiang	沒偏向
Impassable,	kuo⁴-pu⁴ ch'ü⁴-ti	過不去的
,,	pu⁴ t'ung¹	不通
Impassive,	pu⁴ hsing² yü² sê⁴	不形於色
Impatient,	pu⁴ nai⁴ fan²	不耐煩
,,	mei² nai⁴ hsin¹ fang¹ 'rh	沒耐心方兒
,,	chi²-ti jo⁴ ti⁴ yu² yen²	急的地蜒蝣
,,	hsin¹ chi²	心急
,,	hsing⁴ chi²	性急
Impeach, to	ts'an¹	叅
,,	t'an² ho²	彈劾
,, be *impeached*	shou⁴ t'an² ho²	受彈劾
Impecunious,	chieh² chü¹	拮据
Impede,	fang¹ ai⁴	妨碍
Impediment,	tsu³ chih⁴	阻滯
,, that is a	na⁴-shih-ko tsu³ ko²	那是個阻隔
,, ,,	na⁴-shih-ko tz'ŭ¹-lei	那是個疵累
,, in speech	shuo¹ hua⁴ chieh¹-pa	說話結巴
,, put *impediments* in the way of	liu² nan²	留難
,, ,, ,,	lan² tsu³	攔阻
Impel,	t'ui¹ chin⁴	推進
Impending,	yen³ ch'ien²	眼前
Impenetrable,	t'ou⁴-pu t'ung¹	透不通
Impenetrability (physics)	pu⁴ k'o³ ju⁴ hsing⁴	不可入性
Impenitent,	pu⁴ chih¹ hui³	不知悔
,,	pu⁴ chih¹ hui² kai³	不知悔改
,,	hu⁴ o⁴ pu⁴ ch'üan²	怙惡不悛

N

Imperative—Impervious. 378

Imperative,	shih⁴ so³ pi⁴ tsun¹	遵必所勢
„ that......,	wu⁴ pi⁴.....	.....必務
„ that is	wu⁴ pi²-ti	的必務
Imperceptible,	hsi⁴ wei¹	微細
„	ch'iao²-pu-ch'u lai²-ti	的來出不瞧
„	pu⁴ hsien²	顯不
Imperceptibly,	pu⁴ chih¹ pu⁴ chüeh²-ti 的覺不知不
Imperfect,	pu⁴ ch'üan²-ho	合全不
„	pu⁴ ch'i²-ch'üan	全齊不
„	pu⁴ wan² ch'üan	全完不
Imperial,	huang²	皇
„ use, for	yü⁴ yung⁴	用御
„ edict	shang⁴ yü⁴	諭上
„ commands	shêng⁴ chih³	旨聖
„ writing	yü⁴ pi³	筆御
„ palace	huang² kung¹	宮皇
„ commissioner	ch'in¹ ch'ai¹	差欽
„ clansman	huang² tai⁴-tzŭ	子帶黃
„ physician	yü⁴ i¹	醫御
„ face	lung² yen²	顏龍
„ road	yü⁴ lu⁴	路御
„ tombs	huang² ling²	陵皇
„ city	huang² ch'êng²	城皇
„ house (Manchu)	ch'ing¹ huang² shih⁴	室皇清
„ „	ti⁴ kuo²	國帝
„ anger	shêng⁴ nu⁴	怒聖
„ guard	chin⁴ wei⁴ chün¹	軍衛禁
„ family	huang² tsu²	族皇
„ cortage	i² chang⁴	仗儀
„ visit	lin² yü⁴	御臨
Imperialism,	ti⁴ kuo² chu³ i⁴	義主國帝
Imperil the nation's existence	wei¹ kuo² chia¹ shêng¹ tsun²	存生家國危
Imperious (urgent)	chin³ chi²	急緊.
Imperishable	yung³ ts'un²	存永
Impersonal,	wu² jên² ko² ti¹	的格人無
Impersonate,	chia³ chuang¹	裝假
„ (on stage)	pan⁴	扮
Impertinent,	fan⁴ shang⁴	上犯
„	shih¹ li³	禮失
„ (not pertinent)	wu² kuan¹ shê⁴	涉關無
Imperturbable,	tzŭ⁴ jo⁴	若自
„	pu² tung⁴ shêng¹-sê⁴	色聲動不
Impervious to light	pu⁴ t'ou⁴ kuang¹	光透不
„ „ water	pu⁴ t'ung¹ shui³	水通不

379　　Impetuous—Importance.

Impetuous,	chi²	急
,,	hsin¹ chi²	急心
,,	chi²-tsao	躁急
,,	i² k'uai⁴ pao⁴ t'an⁴	炭爆塊一
,, avoid being too	pu⁴ i² ts'ao⁴ tz'ŭ⁴	次造宜不
Impetuosity,	pan⁴ shih⁴ ts'ao¹ ch'ieh¹	切操事辦
Impetus,	tung⁴ li⁴	力動
,,	tz'ŭ⁴ chi¹	激刺
Impiety,	pu⁴ hsin¹ yang³	仰信不
,, (filial)	pu⁴ hsiao⁴	孝不
Impinge,	ch'ung¹ t'u⁴	突衝
Implacable enmity	ssŭ³ ch'ou²	仇死
Implements,	chia¹-huo	伙傢
,,	chi¹-ch'i	器機
,,	ch'i⁴-chü⁴	具器
,, of war	ping¹-ch'i	器兵
Implicate, to	la¹-lung	攏拉
,,	lien²-lei	累連
,, me	pa⁴ wo³ ch'ien¹-ch'ê-shang-lo	咯上扯牽我把
Implication,	an⁴ chih³	指暗
,,	yen² wai⁴	外言
Implicit confidence	shên¹ hsin⁴	信深
,, obedience	chin³ tsun¹	遵謹
,, assent	mo⁴ hsü³	許默
Implied,	pu⁴ yen² êrh² yü⁴	喻而言不
,, a good deal	hua⁴ pao¹-ts'ang-ti to¹	多的藏包話
Implore, to	ch'iu²	求
,,	fêng⁴ ch'iu²	求奉
,,	ai¹ ch'iu²	求哀
,,	k'ên³ ch'iu²	求懇
Imply,	yin³ han²	含隱
Impolite,	chien³-man	慢簡
,,	ch'ing¹-man	慢輕
,,	pu⁴ chih¹-tao kuei¹-chü	矩規道知不
Impolitic,	shih¹ ts'ê⁴	策失
,,	pu² pien⁴	便不
,,	fei¹ chi⁴ chih² tê²	得之計非
Import,	ohu¹ ju⁴	入輸
,,	shu¹ ju⁴ p'in	品入輸
,, to	wang³ li³ yün⁴	運裏往
,, tariff	shu¹ ju⁴ shui⁴ shuai⁴	率稅入輸
,, (meaning)	i⁴ i⁴	義意
Importance, to assume an air of	t'ing³ hsiung¹ tieh² tu⁴	肚疊胸挺

Importance—Impoverished. 380

Importance to, to attach	chên¹-chung	珍重
,, to be of	yu³ kuan¹-hsi	有關係
,, relative	ch'ing¹ chung⁴	輕重
,, to husbandry, attach	chung⁴ nung²	重農
Important,	yao⁴ chin³	要緊
,, words	yao⁴ yen²	要言
,, office	chung⁴ jên⁴	重任
,, select the most	tsê²-ch'i chin³ yao⁴	擇其緊要
Imports,	chin¹ k'ou³ huo⁴	進口貨
Importunate,	tu⁴ ch'ing³	瀆請
,, requests	mao⁴ tu⁴	冒瀆
Importune, to	fan²-so	煩瑣
,,	ssŭ³ yang¹-kao	死央告
,,	tu⁴ tu⁴ pu⁴ hsiu¹	瀆瀆不休
Impose duty	chêng¹ shui⁴	征稅
,, (enjoin)	chu³	囑
,, silence	chin⁴ chih³ hsüan¹ hua²	禁止喧嘩
,, upon (deceive), to	ch'i¹-fu	欺負
,, ,,	hung³ p'ien⁴	哄騙
,, ,, strangers	ch'i¹ shêng¹	欺生
,, oneself	tzŭ⁴ ch'i¹	自欺
Imposing,	wei¹-yen	威嚴
Imposition,	hêng⁴ chêng¹	橫徵
,,	fa⁴ wai⁴ chih¹ k'o¹ ch'iu²	法外之苛求
,,	ch'i¹ p'ien⁴	欺騙
Impossible,	pu⁴ hsing²	不行
,,	pu⁴ ch'êng²	不成
,,	tuan⁴-pu hsing²-ti	斷不行的
,, to say	wan⁴-pu nêng² hsing²	萬不能行
,,	nan² shuo¹	難說
,, one cannot accomplish the	ch'iao³ hsi²-fu-erh tso⁴-pu-ch'u mei² mi³-ti fan⁴ lai²	巧媳婦做不出沒米的飯來
,, position, forced him into an	lung¹ tê¹ mou⁴ k'u¹ pu⁴ tê² hsiao⁴ pu⁴ tê²	弄得哭不得笑不得
Impossibility, a practical	shih⁴ shih² shang⁴ so³ pu⁴ k'o³ nêng²	事實上所不可能
Impostor,	mao⁴ ming² chuang⁴ p'ien⁴	冒名撞騙
,, an	pêng¹-tzŭ shou³-êrh	掤子手兒
,, he is an	t'a¹-shih-ko chuang⁴ p'ien⁴	他是個撞騙
Impotence (physiological)	yang² shih⁴ pu⁴ chü³	陽事不舉
,,	shuai¹ t'ui¹	衰頹
Impotent (,, ,,)	yang² wei³ pu⁴ ch'i³	陽痿不起
Impound,	k'ou⁴ ti³	扣抵
,,	yi¹ shou¹	押收
Impoverished.	ts'ai² chieh¹	財竭

381   **impoverished—Improper.**

Impoverished,	shêng¹ chi⁴ p'in² fa²	乏貧計生
Impracticable,	pu⁴ tê² shih² hsing²	行實得不
Imprecations, solemn	chih³ t'ien¹ hua⁴ ti⁴	地盡天指
,,	chou⁴ yü³	語呪
Impregnable,	kung¹ ta³-pu k'ai¹	開不打攻
,,	chin¹ ch'êng² t'ang¹ ch'ih²	池湯城金
,, position, hold an	li⁴ yü² pu⁴ pai⁴ chih¹ ti⁴	地之敗不於立
Impregnate,	shou⁴ t'ai¹	胎授
Impregnated with salt	kua⁴-shang hsien² wei⁴ 'rh	兒味鹹上挂
Impress,	kan¹ fu²	服感
,, (enjoin upon), to	chu³-fu	咐囑
,, (into service)	ch'iang³ pi⁴ tso⁴ i⁴	役作逼強
,, itself on my mind	kan¹ ch'u¹ yü² nao³ chung¹	中腦於觸感
Impressed by his remarks	t'ing¹ la ko⁴ chên¹ ch'ieh¹	切真個了聽
,, ,, ,,	yin⁴ yü² nao³ chung¹	中腦於印
,, the audience, his cogent arguments deeply	yen² che³ ching¹ ching¹ t'ing¹ che³ shên² wang³	往神者聽津津者言
Impression (of a book)	pan³	版
,, (of a seal)	kai⁴ yin⁴	印蓋
,, ,,	yin⁴ hsing²	形印
,, that..., be under the	liao⁴ i³...	...以料
,, that, I have an	wo³ hao³ hsiang⁴ chi⁴-tê	得記像好我
,, on him, made an	hsin¹-li yu³ tien³ 'rh huo²-tung-lo	咯動活兒點有裏心
,, ,, ,,	yu³ i⁴ tien³ 'rh hui² hsin¹ chuan³ i⁴	意轉心回兒點一有
,, left on the mind, indelible	liu² ts'un² yü² nao³ chung¹ êrh² pu⁴ k'o³ mo² mieh⁴	滅磨可不而中腦於存留
Impressive, his speech was	ch'i² yen² yu³ tsu² fa¹ jên² shên¹ hsing³	省深人發足有言其
Imprint of the sign of cross on his forehead	ê² yu³ shih² tzŭ⁴ wên²	紋字十有額
Imprisonment,	**chin⁴ yü⁴**	獄禁
,,	chien¹ chin⁴	禁監
,, five years'	wu³ nien² chien¹ chin⁴	禁監年五
,, for life	wu² ch'i² chien¹ chin⁴	禁監期無
Improbable,	pu² chih⁴-yü	於至不
,,	wei⁴ pi⁴	必未
,,	pu² hsiang⁴	像不
Impromptu,	chi¹ hsi²	席即
,, speech	chi² hsi² yen³ shuo¹	說演席即
,, remarks	ch'ung¹ k'ou³ êrh² ch'u¹	出而口充
Improper,	ou⁴ tang¹	當不

Improper—Impulse.. 382

Improper,	pu⁴ i²	不宜
,,	pu⁴ kai¹	不該
,,	pu⁴ ho² kuei¹-chü	不合規炬
,,	pu⁴ t'i³-mien	不體面
,,	shu¹ fei¹ so³ i²	殊非所宜
,, language	pu⁴ tuan¹ chih¹ yen²	不端之言
,, talk, that's	ni³ pu² p'a⁴ ya²-ch'ên-ma	你不怕牙磣嗎
Impropriety,	fei¹ li³ chih¹ chü³	非禮之舉
Improve,	kai³ liang²	改良
,,	chin⁴ pu⁴	進步
,, (of illness), to	ch'ing¹-sung-lo	輕鬆咯
,, ,, ,,	chien⁴ hao³	見好
,, its appearance, that will	na⁴-chiu hsien³ yen³ lo	那就顯眼咯
,, the opportunity	ch'êng⁴ chi¹-hui	乘機會
,, the occasion	li⁴ yung⁴ chi¹ hui⁴	利用機會
Improved (developed), has	ch'u¹-hsi-lo	出息咯
Improvement,	chin⁴-i	進益
,, on last time, an	chê⁴ chiu⁴ shih⁴ pi³ ts'ung² ch'ien² chin⁴ la pu⁴ la	這就是比從前進了步不了
,, marked (in a disease)	ta⁴ yu³ chuan³ chi¹	大有轉機
,, ever seeking further	ching¹ i² ch'iu² ching¹	精益求精
Improving (as business), much	chien⁴ huo² tung⁴	見活動
Improvident,	hao⁴-fei	耗費
,,	pu² lü⁴ hou⁴	不慮後
,,	yin² nien² yung⁴-liao mao³ nien²-ti	寅年用了卯年的
,,	tsuan¹ t'ou² pu² ku⁴ wei³	鑽頭不顧尾
,,	tê² kuo⁴ ch'ieh³ kuo⁴	得過且過
Improvisation,	chi² hsi² chih¹ tso¹	卽席之作
Imprudent,	t'ai⁴ pu⁴ liu² shên²	太不留神
,,	ta⁴-i	大意
,,	pu⁴ chin³-shên	不謹愼
Impudent.	tsui³ ying⁴	嘴硬
,,	hou⁴ yen² ti¹	厚顏的
,, fellow	wu² ch'ih³ chih² t'u¹	無恥之徒
,, ,,	mu⁴ wu² tsun¹ chang³	目無尊長
Impugn,	po² chieh²	駁詰
,,	ts'un² i²	存疑
Impulse,	chên⁴ fa¹	振發
,, of poverty	yin¹ p'in² ch'i³ i⁴	因貧起意
,, of moment	jên⁴ ch'i⁴ so³ chih⁴	任氣所致
,, give the	chu³ tung⁴	主動
,, to act on	jên⁴ hsing⁴	任性

Impulsive,	ch'êng² i¹ shih² chih¹ ch'i⁴	氣之時一逞
Impunity, escape with	t'ao² t'o¹	脫遁
,, commit crimes with	lou⁴ wang³	網漏
Impure,	pu² ching⁴	淨不
,,	pu⁴ chieh²-ching	淨潔不
,, desires	yin² yü⁴	慾淫
Impurity (of ingredient)	hun⁴ ho² wu⁴	物合混
Imputation (of crime to)	kuei¹ tsui⁴ yü²	....於罪歸
Impute,	chia⁴ huo⁴ yü²	....於禍嫁
In, consist	tsai⁴	在
,, ,,	tsai⁴-hu	乎在
,, not (at home)	pu² tsai⁴ chia¹	家在不
,, case	ju² kuo³	果如
,, accordance with	an⁴-cho	着按
,, the event of	ju² kuo³	果如
,, succession	ai¹-cho tz'ǔ⁴-hsü	序次着挨
,, order to	i³-wei	爲以
,, ,,	wei¹-ti-shih	是的爲
,, come	chin⁴-lai	來進
,, throw (add)	t'ien¹-tao li³-t'ou	頭裏到添
,, the name of	i³ ... chih¹ ming² i⁴	義名之...以
,, as much	chi¹ jan²	然既
,, China, organ managed by British	chung¹ kuo² ying¹ jên² ching¹ ying² chih¹ pao⁴	中國英人經營之報
Inability to attend, notify his	ch'üeh¹ hsi² chih¹ t'ung¹ chih¹	缺席之通知
Inaccuracy,	shih¹ ts'o⁴	錯失
,,	pu⁴ ching¹ ch'üeh⁴	確精不
,, many *inaccuracies*	shih¹ to¹ shih¹ shih²	實失多事
Inaccurate,	pu² tui⁴	對不
Inaction,	pu⁴ huo² tung⁴	動活不
,, (of matter)	pu⁴ tung⁴ tso	作動不
,, (rest)	hsiu¹ hsi²	息休
Inactivity, masterly	wu² wei²	爲無
,, he adopts an attitude of masterly	ch'i² shou³ tuan⁴ tsai⁴ pu⁴ chi² pu⁴ li² chih¹ chien¹	其手段在不即不離之間
Inadequate,	pu⁴ tsu²	足不
Inadmissible (evidence)	pu⁴ tê² ts'ai³ yung⁴	用採得不
,, ,,	pu⁴ ohih⁴ fa⁴	法適不
Inadvertence,	pu⁴ chu⁴ i⁴	意注不
Inadvertently,	wu² i⁴-ti	的意無
,,	wu²-hsin chung¹	中心無
,,	wu⁴-hsin chung¹	中心悞
Inalienable,	pu⁴ ko¹ jang⁴	讓割不
Inanimate object	ssǔ³ wu⁴	物死

Inanition—Incessant. 384

Inanition,	tzŭ¹ yang³ pu⁴ tsu²	足不養滋
Inapplicable,	pu⁴ ying⁴ yung⁴	用應不
Inappropriate,	pu⁴ lun² pu² lei⁴-ti	的類不倫不
,,	pu⁴ ho²	合不
,,	pu⁴ ch'ia¹	恰不
Inarticulate,	pu⁴ ming² liang⁴	亮明不
Inasmuch as	chi⁴-jan	既然
Inattentive,	pu⁴ liu² hsin¹	心留不
,,	pu⁴ liu² shên² 'rh	兒神留不
Inaugural,	chiu⁴ jên⁴	任就
,, ceremony	jên⁴ kuan¹ shih⁴	式官任
,, ,,	chiu⁴ jên⁴ shih⁴	式任就
Inaugurate,	ch'i³ yeh⁴	業起
,,	ch'uang³ li⁴	立創
Inauguration,	tsu³ chih¹ shih⁴	式織組
,,	k'ai¹ yeh⁴ shih⁴	式業開
Inauspicious,	pu⁴ chi²	吉不
,,	pu⁴ chi² li⁴	利吉不
Inborn,	shêng¹ ch'êng²-ti	的成生
,,	shêng¹ êrh² yu³ chih¹	之有而生
,,	t'ien¹ jan²	然天
Incalculable,	pu⁴ k'o³ chi⁴ i⁴	議計可不
Incandescent light	pai⁴ sê⁴ tien⁴ têng¹	燈電色白
Incapable,	wu² nêng²	能無
,,	juan³ jo⁴ wu² nêng²	能無弱軟
,,	wu² tzŭ¹ ko²	格資無
,, person, an	wu² nêng² chih fei⁴ jên²	人廢之能無
Incapacitate,	to² ch'ü³ tzŭ¹ ko²	格資取奪
Incarnate,	chiang⁴ shêng¹	生降
,,	hua⁴ shên¹	身化
,, Buddha	tzŭ⁴ tsai¹ fo²	佛在自
,, devil	o⁴ kuei³ hou⁴ shên¹	身後鬼惡
Incarnation,	ch'üan² hua⁴	化權
,, of the Living Buddha	huo² fo² chuan² shih⁴	世轉佛活
Incendiarism,	fang⁴ huo³	火放
Incense,	hsiang¹	香
,, to burn	shao¹ hsiang¹	香燒
,, burner	hsiang¹ lu²	爐香
,, a stick of	i² chu⁴ hsiang¹	香炷一
Incensed,	tung⁴ nu⁴	怒動
Incentive,	chi¹ fa¹	發激
,, (bad sense)	yu³ yin³	引誘
Incessant,	wu² chien⁴ tuan⁴	斷間無
,,	pu² tuan⁴-ti	的斷不
,,	chieh¹ lien² pu² tuan⁴-ti	的斷不聯接

Incessant—Inclined.

Incessant disputes	chêng¹ tuan⁴ pu⁴ hsiu¹	争斷不休
,, (occurrence)	p'in² fan²	頻繁
Incessantly,	shih² shih² k'o⁴ k'o⁴-ti	時時刻刻的
Inception,	fa¹ tuan¹	發端
,,	lan⁴ shang¹	濫觴
,,	ch'üan² yü²	權輿
Incest,	luan⁴ lun²	亂倫
,,	chü⁴ yu¹-chih ch'iao⁴	聚麀之誚
,,	hsüeh³ shu³ t'ung¹ chien¹	血屬通姦
Inch, an	i² ts'un⁴	一寸
,, take an ell, given an	tê² lung³ wang⁴ shu³	得隴望蜀
,, ,, ,, ,,	tê²-i pu⁴ chin⁴-i pu⁴	得一步進一步
,, of territory, not allow the loss of an	pu⁴ shih³ ling³ t'u³ shao³ yu³ ch'ih³ ts'un⁴ chih³ shih¹	不使領土少有尺寸之失
Incidence (of taxation)	fu⁴ tan¹	負擔
,, of angle	t'ou² shê⁴ chiao³	投射角
Incident,	pu⁴ i⁴ chih¹ shih⁴	不意之事
Incidental,	fu⁴-shu³	附屬
,,	lin² shih²	臨時
,, expenses	lin² shih² fei⁴	臨時費
,, ,,	ê² wai⁴ chih¹ fei⁴	額外之費
Incipient,	ch'u¹ fa¹	初發
,,	tuan¹ i²	端倪
,,	chên⁴ chao⁴	朕兆
Incisive,	jui⁴ li⁴	銳利
Incite, to	ch'üan⁴ yu³	勸誘
,,	ku³ wu³	鼓舞
,,	t'iao²-so	調唆
,,	chao¹	招
Inciter,	shan¹ tung⁴ chê²	煽動者
Incivility,	shih¹ li³	失禮
Inclemency,	ts'an³ k'u¹	慘酷
Inclination,	p'ien¹ hsiang⁴	偏向
,, (slope)	hsieh² tu⁴	斜度
,, against the Throne's personal	fei¹ ch'ao² t'ing¹ chih¹ pên³ i⁴	非朝廷之本意
,, to follow the inclinations	sui² hsin¹ so³ yü⁴	隨心所欲
Incline towards	p'ien¹ chung⁴ . . . . . i¹ fang¹ mien⁴	偏重 . . . 一方面
Inclined surface, an	hsieh² mien⁴	斜面
,, ,,	chiang¹ ts'a¹ 'rh	蹉跹兒
,, towards	p'ien¹	偏
,, to study	hsiang⁴ hsüeh² chih¹ chih⁴	向學之志

Inclined—Incomplete. 386

Inclined to believe, not	p'ien¹-cho pu² hsin⁴-ti fên⁴ 'rh to¹	偏多兒分的信不着
Include,	han² yu³	有含
,,	suan⁴ ju⁴	入算
,, his name among the five	ju⁴ yü² wu¹ jên² chih¹ nei⁴	入於五人之內
Included, are	pao¹ k'uo tsai⁴ nei⁴	包闊在內
,, are all	tou¹ lung³ chao⁴ tsai⁴ nei⁴	都籠罩在內
,, is	tsai⁴ nei⁴	在內
,, this clause will certainly be	k'o³ pao³ tz'ŭ³ t'iao² chih¹ pi⁴ ju⁴	可保此條之必入
Including .....,	ch'i² chung¹ han² yu³	其中含有
Incognito,	wei¹ hsing²	微行
,, travel	wei¹ fu² ch'u¹ yu²	微服出游
Incoherent,	mao² tun⁴	矛盾
,, talk	wang⁴ yen²	妄言
Incoherently,	pu⁴ lien² kuan⁴	不連貫
Income,	chin⁴-hsiang	進項
,,	ju⁴-hsiang	入項
,,	shou¹ ju⁴	收入
,, tax	so³ tê² shui⁴	所得稅
,, big *incomes* mean big expenditure	shu⁴ ta⁴ yin¹ liang² 'rh ta⁴	樹大陰涼兒大
,, the enterprising man is always ready to add to his	hao³ han⁴ pu⁴ chêng⁴ yu³ shu⁴ ti¹ ch'ien² ch'ien² ti ch'ien² ti ch'ien² ti ch'ien² ti ch'ien² ti ch'ien² ti ch'ien² ti²...	好漢不溪有擇數兒的錢
Incommode, to	tsao¹ jao³	騷擾
Incomparable,	wu² p'i³	無匹
,,	wu² lun²	無倫
,,	wu² fang¹	無方
,,	wu² shuang¹	無雙
,,	hao² wu² k'o³ pi³	毫無可比
,, infatuation	huang¹ miu chüeh² lun²	荒謬絕倫
Incompatible,	pu⁴ t'ou² ho²	不投合
,,	shang⁴ hsia⁴ mao² tun⁴	上下矛盾
,, substances	hsiang¹ k'o⁴ chih¹ wu⁴ chih³	相剋之物質
,, bring *incompatibles* together	yü¹ shih² t'ung² chia⁴ niu² chi⁴ i¹ ts'ao²	玉石同架牛驥一槽
Incompetence,	pu⁴ shêng¹ jên⁴	不勝任
,,	pu⁴ ho² tzŭ¹ ko²	不合資格
Incomplete,	pu⁴ pei⁴	不備
,,	pu⁴ ch'üan²	不全
,,	pu⁴ ch'i²-ch'üan	不齊全
,,	pu⁴ wan² ch'üan²	不完全

Incomplete—Increase.

Incomplete,	wei⁴ chin⁴ ch'üan² pao⁴	未盡全豹
Incomprehensible,	pu⁴ k'o³ chieh³-ti	不可解的
Inconceivable,	pu⁴ k'o³ ssŭ² i⁴	不可思議
Inconclusive,	wei⁴ tê² yao¹ ling³	未得要領
Incongruous,	pu⁴ hsiang¹ ying⁴	不相應
,,	pu⁴ lun² pu² lei⁴-ti	不倫不類的
Inconsequent,	ch'ien² hou⁴ pu⁴ fu²	前後不符
,, talk	pu⁴ ching¹-chih t'an²	不經之談
Inconsiderable,	hsi⁴ wei¹	細微
Inconsiderate,	su¹-man	疏慢
,,	pu⁴ chih¹ t'i³ liang⁴	不知體諒
,,	hsin¹-li mei² pieh²-jên	心裏沒別人
,,	t'ai⁴ mei² yen⁵-sê 'rh	太沒眼色兒
Inconsistent,	pu⁴ fu²	不符
,,	chü³ wu⁴	齟齬
Inconspicuous,	pu⁴ ch'u¹ mu⁴	不觸目
Inconstant,	pu⁴ ting⁴	不定
Incontinence,	yin² luan⁴	淫亂
,, of urine	i² niao⁴	遺尿
,, ,,	hsiao³ pien⁴ shih¹ chin⁴	小便失禁
Inconvenient,	pu² pien⁴	不便
,,	lei²-chui	累贅
Inconvertible,	pu⁴ tui⁴ huan⁴	不兌換
Incorporate,	pien¹ ju⁴	編入
,,	ho² ping⁴	合併
,,	t'uan² chieh²	團結
Incorporeal,	wu² hsing² ti¹	無形的
Incorrect,	pu² tui⁴	不對
,, most	hên³ pei⁴-miu	很悖謬
Incorrigible,	ku⁴ chih² pu⁴ i²	固執不移
Incorrupt,	lien² chêng⁴	廉正
Incorruptible,	shou³ chêng⁴ wu² ssŭ¹	守正無私
,,	liang³ hsiu⁴ ch'ing¹ fêng¹	兩袖清風
,, (honest)	t'ieh³ mien⁴ wu² ssŭ¹-ti	鐵面無私的
Increase (add) to	chia¹	加
,,	chia¹-shang	加上
,,	t'ien¹	添
,,	tsêng¹	增
,,	tsêng¹ chia¹	增加
,, (of price)	t'êng² kuei⁴	騰貴
,, in price	chang³ chia⁴	長價
,, ,, size	wang³ ta⁴-li chang³	往大裏長
,, and decrease	tsêng¹ chien³	增減
,, (and multiply)	fan² chih²	繁殖
,, ,,	tzŭ¹ shêng¹	滋生

Increased—Indefatigable. 388

Increased taxation	chia¹ shui⁴	加稅
,, daily *increasing* influence	chin¹ chin¹ jih⁴ shaug⁴	駸駸日上
Incredible,	hsin⁴-pu-tê	信不得
,,	huang¹-t'ang-ti pu⁴ k'o³ k'ao⁴	荒唐的不可靠
Increment tax	shou¹ i² shui⁴	收益稅
Incriminate,	hsien⁴ yü² tsui⁴	陷於罪
Incubation,	fu² hua⁴	孵化
,, (of disease), period of	ch'ien² fu² ch'i²	潛伏期
Incubus,	chung⁴ lei⁴	重累
Inculpate,	lien² lei³	連累
Incumbent on	fên⁴ nei⁴	分內
,,	ying¹ fu⁴ ch'i² tsê²	應負其責
Incumbrance,	fu⁴ tan¹	負擔
,, (on land)	hsien¹ ch'ü⁴ ch'üan²	先取檔
,, free from *incumbrances*	wu² t'o¹ ch'ien⁴	無拖欠
Incur penalty	kan¹ fa²	干罰
,, misfortune	chao¹ huo⁴	招禍
Incurable,	chih⁴-pu liao³-ti	治不了的
,,	wu² k'o³ chiu⁴ yao⁴	無可救藥
,, disease, an	pu² chih⁴-chih chêng⁴	不治之症
,, ,,	i¹ ping⁴ pu⁴ ch'i³	一病不起
Incursion,	ch'in¹ ju⁴	侵入
Indebted, a person to whom one is	ên¹ jên²	恩人
Indebtedness,	fu⁴ chai⁴	負債
Indecent,	yeh³-tiao	野刁
,,	wu¹ wei⁴	污穢
,, language	yen² yü³ pu⁴ k'an¹ ju⁴ êrh³	言語不堪入耳
Indecipherable cable code words	tien⁴ ma³ pu⁴ ming²	電碼不明
Indecision,	ch'ou² ch'u²	躊躇
Indecisive (battle)	pu⁴ fên¹ shêng⁴ fu⁴	不分勝負
,, in mind	hu² i² pu⁴ chüeh²	狐疑不決
Indecorous,	shih¹ li³ chih¹ chü³	失禮之舉
Indeed (really)	shih²-tsai	實在
,, oh! oh!	kan³ ch'ing²	敢情
,, yes	k'o³-pu-shih¹-mo	可不是麼
,, (truly)	chên¹	眞
,, if	kuo³ jan²	果然
Indefatigable,	lao² shên²	勞神
	sha⁴ fei⁴ k'u³ hsin¹	煞費苦心

Indefensible (of a post)	fei¹ yao¹ hai²	害覅非
Indefinite,	pu² ting⁴	定不
,,	k'uan¹-fan	泛寬
,,	ts'ang² t'ou² lou⁴ wei³	尾露頭藏
,,	mei² chun³ 'rh	兒準沒
,,.	pu¹ chun³-ch'êng	成準不
,,	han²-hu	糊含
,,	wu² ch'i²	期無
,, statements	wu² chi⁴ hsien⁴	限際無
,, ,,	mo⁴ hsü¹ yu³ chih¹ tz'ŭ²	詞之有須莫
Indelible wrong, an	pu⁴ ch'ên² chih¹ yüan¹	寃之沈不
Indelicate,	mei² ch'ih³	恥沒
,,	mei² lien³	臉沒
Indemnity,	p'ei² k'uan³	欵賠
,,	ch'ang² k'uan³	欵償
,, the whole sum	ju² shu⁴ p'ei² ch'ang²·	償賠數如
Indent,	li⁴ yüeh¹	約立
Indented,	k'o¹-ch'êng k'êng¹-êrh-lo	咯兒坑成硌
Indenture,	yüeh¹ ting⁴ shu¹	書定約
Independence,	tu¹ li⁴	立獨
,,	tzŭ⁴ li⁴	立自
,, day of	tu¹ li⁴ jih⁴	日立獨
,, spirit of	tu¹ li⁴ hsin¹	心立獨
Independent,	tzŭ⁴ chu³	主自
,,	tzŭ⁴ yu²	由自
,, means	t'i¹-hsi	己體
,, ,,	tsu² i³ tui⁴ chi⁴	給自以足
,, ,,	chia¹ tzŭ¹ hsiao² k'ang¹	康小資家
,, of others	tao⁴ ch'u⁴ pu⁴ ch'iu² jên²	人求不處到
,, line, adopt an	pao⁴ yu³ tu¹ chien⁴	見獨有抱
,, judges shall be	fa⁴ kuan¹ tu¹ li⁴ shên³ p'an⁴	判審立獨官法
,, *independents*	tu¹ li⁴ p'ai⁴	派立獨
Independently of each other, act	ko⁴ tzŭ⁴ wei² mou³	謀為自各
Indescribable,	pu⁴ k'o³ chi⁴ chi²	楖紀可不
,,	pi⁵ nan² hsing² jung²	容形難筆
,, beauty	mei³ pu⁴ k'o³ yen²	言可不美
Indestructible,	pu⁴ mieh¹ hsing⁴	性滅不
Indeterminate,	pu⁴ ting⁴	定不
Index,	so³ yin³	引索
,, to	chih³ piao¹	標指
,, of a logarithm	tui⁴ shu⁴ chih³ shu⁴	數指數對
,, an	mu⁴-lu	錄目
India,	yin⁴-tu	度印

India—Indirect. 390

India rubber	shu⁴ chiao¹	膠
,,	hsiang⁴ p'i²	皮
Indicate,	chih³ ting⁴	定
Indication (disease)	ping⁴ chêng¹	徵
,, of measles, an	chên³-tzŭ-ti chao⁴-t'ou	頭兆的子
,,	shih⁴-t'ou	斯
,,	lai²-p'ai	派
Indicator,	chih² ya¹ ch'i⁴	器壓
,,	piao³ shih⁴ ch'i⁴	器示
Indict,	k'ung⁴ kao⁴	告
Indictment,	ch'i³ su⁴ chuang⁴	狀訴
Indifference,	lêng³ tan⁴	淡
,, lapse of time breeds	jih⁴ chiu³ wan² shêng¹	生玩久日
,, to feign	têng⁴ ch'ing¹-êrh	兒清
,, to treat with	tai⁴ jên² lêng³-tan	淡冷人待
Indifferent (poor)	pu² chien⁴ tsêm³-mo yang⁴	樣怎見不
,, to	pu⁴ li³	理不
,,	pu⁴ kuan³	管不
,,	pu² chieh⁴ i⁴	意介不
,,	tso⁴ shih⁴ pu⁴ li³	理不視事
,, to, utterly	kai¹ pu⁴ kuan¹ hsin¹	心關不槪
,, to so small a matter	tz'ŭ³ têng³ hsiao³ shih⁴ ho² ch'ang² fang⁴ tsai⁴ hsin¹ shang⁴	上心在放嘗何事小等此
,, to money, a soldier makes it his principle to be	chün¹ jên² i³ tan⁴ yü² chin¹ ch'ien² wei² yao¹ su⁴	素要爲錢金於淡以人軍
Indifferentism,	chü² wai⁴ chu³ i⁴	義主外居
Indigence,	p'in² fa²	乏貧
Indigenous,	t'u³ i²	宜土
,,	kuo² ch'an³	產國
Indigestible,	pu⁴ hsiao¹ hua⁴	化消不
,,	hsiao¹-hua-pu k'ai¹	開不化消
,,	k'o²-hua-pu liao³	了不化克
Indigestion,	wei⁴ jo⁴	弱胃
,,	shih² chih⁴	滯食
Indignant,	fên⁴ nu⁴	怒憤
,,	nao³-lo	咯惱
Indignation, cherish	huai² hên⁴	恨懷
Indignity,	wu³ ju⁴	辱侮
Indigo,	tien¹	靛
,,	lan² tien⁴	靛藍
Indirect,	pu⁴ chih²	直不
,,	chien⁴ chieh¹	接間
,, way, tell him in an	shê⁴ tz'ŭ² kao⁴-su-t'a	他訴告詞設

Indirect—Induce.

Indirect abuse	chih³ sang¹ shuo¹ huai²	指桑說槐
Indirectly, to get at	chuan³-ko wan¹ 'rh shuo¹	轉個彎兒說
Indiscreet,	t'ai⁴-pu tzŭ³-hsi	太不仔細
,,	mei² yen³-sê 'rh	沒眼色兒
,, talk	shuo¹ hua⁴ mao⁴-chuang	說話冒撞
Indiscretion,	pu⁴ chin³ shên⁴	不謹慎
Indiscriminate,	wu² tz'ŭ¹ pieh²	無差別
,, massacre	lan¹ sha¹	濫殺
Indispensable,	pi⁴ yao⁴	必要
,,	shao³-pu-tê-ti	少不得的
,,	tuan³-pu liao³-ti	短不了的
,,	pu⁴ k'o³ wu²	不可無
,, article	pu⁴ k'o³ shao³ shih¹ wu⁴	不可少失之物
Indisposes one to study, love of pleasure	tan¹ yü² chiu³ sê wu² Hsin¹ tu¹ shu¹	耽於酒色無心讀書
Indisposed,	ts'ai³ hsin¹ chih¹ yu¹	採薪之憂
,, frequently	ch'ang² yu³ pu⁴ shih⁴	常有不適
,, (not well)	pu² shou⁴-yung	不受用
,, ,,	pu² tzŭ⁴-tsai	不自在
Indisposition,	wei² yang⁴	微恙
Indissoluble,	pu⁴ tê² fên¹ li²	不得分離
,, friendship	chiao¹ ch'i¹ hsiang¹ t'ou²	膠漆相投
Indistinct,	ai⁴ mei⁴	曖昧
,,	mo¹ mo¹ hu² hu²-ti	模模糊糊的
,,	pu⁴ ch'ing¹-ch'u	不清楚
Indistinctly, to hear	t'ing¹-pu chên¹	聽不眞
Individual,	ko⁴ tzŭ⁴	各自
,,	ko⁴ jên² ti¹	各人的
,, self, he alone	tu² t'a¹ i²-ko	獨他一個
Individualism,	li⁴ chi³	利己
Individuality,	t'ê⁴ chih³	特質
Individually,	ku¹ li⁴	孤立
,, he himself	t'a¹ pêu³ jên²	他本人
,, one by one	i² ko⁴-i ko⁴-ti	一個一個的
Indolent,	yu² to⁴	遊惰
,,	tai⁴-to⁴	怠惰
Indomitable,	po⁴ chê² pu⁴ nao²	百折不撓
Indoors,	wu¹-li	屋裏
Indorse,	jên⁴ k'o³	認可
,,	tsan⁴ ch'êng²	贊成
,, (a bill)	ya¹ chu⁴	押註
Indorsement (certificate)	chêng⁴ ming²	證明
Indubitable,	chao¹ chu⁴	昭著
Induce,	yu³ yin³	引誘
,, to	shih³	使

Induce—Inevitable.

Induce,		chao¹	招
„	immorality, seductive looks	yeh³ jung² hui⁴ yin²	冶容誨淫
„	hoarded treasure *induces* robbery	man⁴ tsang⁴ hui⁴ tao⁴	慢藏誨盜
„	the emperor to change his mind	wan³ hui³ t'ien¹ i⁴	挽回天意
Inducement, no particular		mei² yu³ to¹ ta⁴ i⁴ ssŭ	沒有多大意思
Induction,		t'ui¹ li³	推理
„	(log.)	kuei¹ na⁴ fa³	歸納法
Indulge as a child, to		tsung⁴-jung	縱容
„	„	yu²-cho hsing⁴-êrh	由着性兒
„	(as propensities)	fang⁴-tsung	放縱
Indulgence,		ku¹ jung²	姑容
„	fosters vice	ku¹ hsi² yang³ chien¹	姑息養奸
Industrial,		shih² yeh⁴	實業
„	arts	kung¹ i⁴	工藝
„	exhibition	ch'üan⁴ yeh⁴ po⁴ lan³ hui¹	勸業博覽會
Industrious,		ch'in²	勤
„		yung⁴ kung¹	用功
Industry, sugar		t'ang² yeh⁴	糖業
„	(the quality)	tzŭ¹ tzŭ¹ pu⁴ chüan⁴	孜孜不倦
„	pursuit	kung¹ yeh⁴	工業
„	„	shou³ i⁴	手藝
Inebriate,		ming² ting¹	酩酊
Ineffectual,		wu² hsiao⁴	無效
Ineffectually,		t'u² jan²	徒然
Inelegant,		pu⁴ ya³	不雅
Ineligible for election		wu³ pei⁴ hsüan³ chü³ chih¹ tzŭ ko²	無被選舉之資格
Ineptitude,		yü² wang⁴	愚妄
Inequality in taxes and services		fu⁴ i⁴ pu⁴ chün¹	服役不均
Ineradicable,		lao² pu⁴ k'o³ p'o⁴	牢不可破
Inert,		wu² tzŭ⁴ tung⁴ li⁴	無自動力
Inertia, magnetic		tz'ŭ² kuan⁴ hsing⁴	磁慣性
Inevitable,		mien³-pu-tê	免不得
„		mien³-pu liao³-ti	免不了的
„		mien³-pu tiao⁴-ti	免不掉的
„		shih⁴ so³ pi⁴ jan²	事所必然
„	became	ch'êng² pi⁴ jan² chih¹ chü²	成必然之局
„	there must be circumstances which rendered his resignation	ch'i² chung¹ pi⁴ yu³ pu⁴ tê² pu⁴ tz'ŭ² chih¹ shih⁴	其中必有不得不辭之勢

Inexcusable,	chüeh² pu⁴ nêng² k'uan¹ t'ai⁴	貸寬能不夬
,,	shu⁴-pu-kuo ch'ü⁴	去過不恕
,,	mei²-tê shuo¹-ti	的說得沒
Inexhaustible,	wu² ch'iung² chin⁴	盡窮無
Inexorable,	t'ieh² mien⁴ wu² ch'ing²	情無面鐵
Inexpedient,	pu² pien⁴	便不
Inexpensive,	lien² chia⁴	價廉
Inexperienced,	shêng¹ shou³	手生
,,	shao⁴ wei⁴ kêng¹ shih⁴	事更未少
,,	mei² k'ai¹-kuo yen³	眼過開沒
,,	mei² chien⁴-kuo ta⁴ chên⁴-chang-êrh	兒仗陣大過見沒
,,	mei² chien⁴-kuo shih⁴ mien⁴	面世過見沒
,,	pu⁴ chih¹ shih⁴ wu⁴	務世知不
,,	mei² ching¹-lien-kuo	過練經沒
Inexplicable,	po⁴ ssŭ¹ pu⁴ chieh³	解不思百
Inexpressible,	shuo¹-pu-ch'u lai²-ti	的來出不說
Inextricable confusion of internal government	nei⁴ chêng⁴ fên³ luan² ju² ssŭ¹•	絲如亂紛政內
Infallible,	tsao tsao² k'o³ chü⁴	據可鑿鑿
,, remedy	lü³ ching¹ shih⁴ yen⁴ po⁴ wu² i¹ shih¹	失一無百驗試經屢
Infamous,	ch'ou³ hsing	行醜
Infamy,	o⁴ ming²	名惡
Infancy, the nation is still in the stage of	kuo² min² shang⁴ tsai⁴ yu⁴ chih shih² chien¹	間時稚幼在尙民國
,, law in China is still in its	chung¹ kuo² fa⁴ lü⁴ shang⁴ tsai⁴ yu⁴ chih shih² tai⁴	代時稚幼在尙律法國中
Infant,	hsiao³ êrh²	兒小
,, in arms	huai⁴ pao⁴ 'rh	兒抱懷
,, ,,	hai² t'i² chih¹ t'ung²	童之提孩
,, (legal)	wei² ch'êng² ting¹ che³	者丁成未
,, his family are all infants	chia¹ wu² ch'êng² t'ung²	童成無家
Infanticide,	ni⁴ nü³	女溺
Infantry,	pu⁴ ping¹	兵步
,, mounted	ch'i² ma³ pu⁴ ping¹	兵步馬騎
Infatuated presumption	sang⁴ hsin¹ ping¹ k'uang²	狂病心喪
Infectious,	ch'uan² jan³-ti	的染傳
,, diseases	wên¹ ping⁴	病瘟
,, ,, hospital	ko² li² ping⁴ yüan⁴	院病離隔
Infelicitous,	pu⁴ hsing⁴	幸不
Infer.	lei⁴ t'ui¹ êrh² tê²	得而推類

Inference—Inflate. 394

Inference,	t'ui¹ lun⁴	推論
,, draw an	t'ui¹ ts'ê⁴	推測
Inferior,	tz'ŭ⁴	次
,, quality	tz'ŭ⁴ têng³	次等
,, position, in an	chü¹ hsia⁴ wei⁴	居下位
,, articles mixed with good ones	li³-t'ou yu³ ts'ang² yeh¹-ti	裏頭有攙藏的
,, quality	hsia⁴ p'in³	下品
,, ,,	lieh⁴ têng³	劣等
,, to my wishes	pu⁴ ch'êng⁴ ching⁴ i⁴	不成敬意
(polite phrases from host to his guests when latter thank him for hospitality)		
,, to, during the revolution, the press correspondents' activity is not	hsin¹ wên² chi² chê³ pên¹ tsou³ chih¹ mâng² pu⁴ jang⁴ ch'i³ i⁴ shih²	新聞記者奔走之忙不讓起義時
Inferiors,	hsia⁴-jên	下人
,,	hsia⁴ pei⁴	下輩
,, injustice to	tai⁴ hsia⁴ pu⁴ kung¹	待下不公
Infernal arts	hsieh² shu⁴	邪術
,, regions	yin¹ chien	陰間
,, ,,	huang² ch'üan²	黃泉
Infest (figurative)	chan² jan³	沾染
,, the mountains, tigers	shan¹ yu³ hu³ huan⁴	山有虎患
Infidel,	pu⁴ hsin⁴ hsin¹ chê³	不信心者
Infidelity,	pu⁴ i⁴	不義
,,	shih¹ hsin⁴	失信
Infiltrate,	chin¹ ju⁴	浸入
Infiltration of education	chiao⁴ yü⁴ p'u³ chi²	教育普及
Infinite,	kuang³ ta⁴ wu² pien¹	廣大無邊
,,	wu² hsien⁴ wu² ch'iung²	無限無窮
Infinitely grateful for your kindness	kan³ ên¹ yü² wu² chi² i³	感恩於無極矣
Infinitesimal,	chi² wei¹	極微
,,	i⁴ ssŭ¹ pan⁴ lü³-ti	一絲半縷的
Infirm,	hsü¹ jo⁴	虛弱
,,	ping⁴ shên¹	病身
Infirmity,	ch'ien⁴ tien³	欠點
,, pitying his age	min³ ch'i² shuai¹ lao³	憫其衰老
,, mental	ching¹ shên² hsü¹ jo⁴	精神虛弱
Inflame,	shan¹ tung⁴	煽動
Inflamed,	hung² chung³-lo	紅腫咯
Inflammable,	i⁴ yin³ huo³	易引火
Inflammatory,	fa¹ nu⁴	發怒
Inflate, to	ch'ui¹ ch'i-lai	吹起來

Inflate the currency	p'êng² chang⁴ pi⁴ huo⁴	貨幣膨脹
Inflated (prices)	pao⁴ t'êng⁴	暴騰
Inflection of voice	i² yang² yin¹ t'iao²	調音揚抑
Inflexible,	wan² ku⁴	頑固
,,	kang¹ hsing⁴	剛性
Inflict wound	chih⁴ shang¹	致傷
,, punishment	chia¹ hsing²	加刑
Influence,	ying³ hsiang³	影響
,, power	shih⁴-li	勢力
,, sphere of	shih¹ li⁴ fan⁴ wei²	勢力範圍
,, to bear, bring every	nung⁴ shên² nung⁴ kuei³	弄神弄鬼
,, of surroundings, the	chin⁴ chu¹ chê³ ch'ih⁴ chin⁴ mo⁴ chê³ hei¹	近朱者赤近墨者黑
,, to invoke	t'o¹ ch'ing²	託情
,, him, cannot	hua⁴-tao-pu liao³-t'a	他化不導了
,, (move the feelings)	kan³ tung⁴	感動
,, avail oneself of others'	chieh⁴ chung⁴ t'a¹ jên²	借重他人
,, by example	i³ fêng¹ kan³ jên²	以風感人
,, lacking	k'u³ wu² mên² ching¹	苦無門徑
,, of one another's example, good	pi³ tz'ŭ³ kuan¹ mo² êrh² ch'êng²	彼此觀摩而成
,, Japanese civilization has *influenced* China	jih⁴ pên³ wên² hua⁴ kuan⁴ shu¹ yü² chung¹ kuo²	日本文化灌輸於中國
Influential friends	yu³ i² chih¹ yu³	有益之友
,, friend, an	la¹-ch'ê jên²-ti p'êng²-yu	拉扯的人朋友
,, introductions, obtain	tê² shih⁴ yao⁴ chieh⁴ shao⁴	得勢要介紹
Influenza,	liu² hsing² kan³ mao⁴	流行感冒
Influx,	liu² ju⁴	流入
,, of wealth into a country	ts'ai² yüan² i⁴ ju⁴	財源溢入
Inform, to	pao⁴ kao⁴	報告
,,	t'ung¹ chih¹	通知
,,	kao⁴-su	告訴
,,	chih¹-hui	知會
Informal,	fei¹ chêng⁴ shih⁴ ti¹	非正式的
,, dinner, an	pien⁴ cho²	便酌
,, ,,	pien⁴ fan⁴	便飯
Informality,	pu⁴ ho⁷ ku⁷ shih⁴	不合格式
Information, give full	k'ai¹ ch'êng² hsiang¹ kao⁴	開誠相告
,, they may possess on the matter, forward duly any	ko⁴ chü³ so³ chih¹ sui² shih² hui⁴ chi¹	各舉所知隨時彙寄
,, after the event, lay an	shih⁴ hou⁴ kao⁴ fa¹	事後告發
,, for their	i³ pei⁴ ts'an¹ k'ao³	以備參考
,, have no	mei² t'ing¹-chien hsin⁴	沒聽見信

Informer—Inherit. 396

Informer,	kao⁴ fa¹ jên²	告發人
,, (spy), an	yên³-hsien	眼線
Infraction,	wei¹ fan⁴	違犯
,, treaty	wei¹ yüeh¹	違約
,, of a regulation	fan⁴ tsê²	犯則
Infringe (a right)	kan¹ fan⁴	干犯
,, ,,	ch'in¹ hai⁴	侵害
,, regulations, to	wei¹ pei⁴ chang¹-ch'êng	違背章程
,, police regulations	fan⁴ ching³ chang¹	犯警章
Infuriate,	chi¹ tung⁴	激動
Ingenious,	ch'iao³	巧
,,	ling²	靈
,,	ling²-pien	靈便
,,	min³ chieh²	敏捷
Ingenuity, use all one's	yung⁴ chin⁴ la hsin¹ chi¹	用盡了心機
Ingenuous,	kung¹ ming² chêng⁴ ta⁴	公明正大
Ingloriously to life, cling	kou³ ch'ieh³ t'u² ts'un¹	苟且圖存
Ingraft,	chieh¹ shu⁴	接樹
Ingratiate,	t'ao³ hao⁸	討好
,, with ...	chien⁴ hao³ yü⁴ ...	見好於 ...
,, one's self, to	mai³-ko hao³-êrh	買個好兒
Ingratitude,	fu⁴ i⁴ wang⁴ ên¹	負義忘恩
,, gross	nien⁴ wan² ching¹ ta³ ho² shang⁴	念完經打和尚
Ingredient,	yüan² su⁴	元素
,, change the flavouring and not the *ingredients* of the medicine (merely nominal change of treatment)	huan⁴ t'ang¹ pu⁴ huan⁴ yao⁴	換湯不換藥
Inhabit,	chu⁴ chü¹	住居
Inhabitants,	chu⁴ min²	住民
,,	chü¹ min²	居民
Inhale, to	hsi¹	吸
,,	hsi¹ shou¹	吸收
,,	hsi¹-chin-ch'ü	吸進去
Inharmonious,	pu⁴ t'iao² ho²	不調和
Inherent,	ku⁴ yu³	固有
,, (right)	t'ien fu⁴	天賦
,, ,,	shêng¹ êrh² yu³ chih¹	生而有之
,, disposition	pên³ hsing⁴	本性
Inherit,	hsiang¹ ch'uan²	相傳
,,	hsiang¹ hsü⁴	相繼
,, (property)	i² ch'an³	遺產
., from his family a fine scholarship tradition	chia¹ hsüeh² yüan² yuan² yu² lai² yu³ tzŭ⁴	家學淵源由來有自

Inheriting property, system of	ts'ai² ch'an³ hsiang¹ hsü⁴ chih⁴ tu⁴	財產相續制度
Inheritance,	chi⁴ ch'êng²	繼承
,, of the throne	ta⁴ t'ung³	大統
Inherited,	i²-hsia-lai-ti	遺下來的
,, of a title	shih⁴ hsi²-ti	世襲的
,, property	hsien¹ tsu³-ti chi¹ yeh⁴	先祖的基業
Inheritor,	hsiang¹ hsü⁴-jên²	相續人
Inhospitable,	man⁴ tai⁴	慢待
Inhuman,	mieh⁴ jên² tao⁴	滅人道
,,	pu⁴ chin⁴ jên² ch'ing²	不近人情
,,	jên² mien⁴ shou⁴ hsin¹	人面獸心
,, conduct	wu² jên² hsin¹ chih¹ chü³	無人心之舉
,, person, an	hên³ hsin¹ jên²	狠心人
Inimical,	fan³ tui⁴	反對
,, act	pu⁴ yu³ chih¹ chü³	不友之舉
Inimitable,	wu² shuang¹	無雙
,,	shih⁴ wu² ch'i² p'i³	世無其匹
Iniquitous,	pu⁴ i⁴	不義
Iniquity,	o⁴	惡
,,	tsui⁴ o⁴	罪惡
Initial,	tsui⁴ ch'u¹	最初
,,	yüan² shih³	原始
,,	shou³ tzŭ⁴	首字
,, an agreement	ch'ien¹ chi¹ hao⁴	簽紀號
,, stage	shih⁴ shu³ ch'uang³ chü²	事屬創舉
Initiate,	fa¹ jên⁴	發軔
,,	yin³ ju⁴	引入
,, to	chiao⁴ ch'u¹ pu⁴	教初步
,, reforms	ch'uang³ pan⁴	創辦
,,	chü³ pan⁴ hsin¹ chêng⁴	舉辦新政
,, one of the *initiated*	ko⁴ chung¹ jên²	個中人
Initiation,	ju⁴ hui⁴ shih⁴	入會式
Initiative,	ch'i³ shou³	起首
,,	fa¹ i⁴ ch'üan²	發議權
Inject, to	chu⁴ shê⁴	注射
,,	wang³ li³ tzŭ¹	往裏潰
Injection,	chu⁴ shê⁴ yao⁴	注射藥
,, (enema)	kuan² ch'ang² yao⁴	灌腸藥
Injudicious,	ta⁴-i	大意
Injunction,	chin⁴ chih³ chih¹ ming⁴ ling⁴	禁止之命令
Injure,	sun³ huai⁴	損壞
,,	shang¹	傷
,, seriously	wei² hai⁴ pu⁴ ch'ien³	為害不淺

Injure—Innocence.

Injure the reputation	yu³ sun³ ming² yü⁴	有損名譽
Injured,	shou⁴-lo shang¹	受了傷
,, party	pei⁴ hai⁴ chê³-	被害者
Injurious,	yu³ hai⁴	有害
,,	yu³ fang¹ ai⁴	有妨礙
,, to morals	shang¹ fêng¹ pai⁴ su²	傷風敗俗
Injury,	hui³ sun³	毁損
,, add insult to	pien⁴ pên³ chia¹ li⁴	變本加厲
,, to inflict an indirect	chieh⁴ chien⁴ sha¹ jên²	借劍殺人
,, did not suffer the slightest	wên² ssǔ¹-êrh mei² tung⁴	紋絲兒沒動
Injustice,	pu⁴ i⁴	不義
,,	wei³-ch'ü	委曲
,,	yüan¹	寃
,, to suffer	shou⁴ wei³-ch'ü	受委曲
Ink, Chinese	mo⁴	墨
,, fluid	mo⁴ shui³	墨水
,, stone	yen⁴-t'ai	硯台
,, stand	mo⁴ ho² 'rh	墨盒兒
,, to rub	yen² mo⁴	研墨
Inkling,	an⁴ shih⁴	暗示
Inlaid with silver	yin²-tzǔ hsiang¹ ch'ien⁴-ti	銀子鑲嵌的
Inland,	nei⁴ ti⁴	內地
Inmate,	t'ung² chü¹ jên²	同居人
Inmost thoughts, like seeing his	ju² chien⁴ ch'i² fei⁴ fu³ jan²	如見其肺腑然
Inn,	lü³ kuan³	旅館
,,	k'o⁴ tien⁴	客店
,, keeper	chang³ kuei⁴-ti	掌櫃的
Innate,	ku⁴ yu³	固有
,,	hsien¹ t'ien¹ ti¹	先天的
Inner,	li³	裏
,,	li³-mien	裏面
,,	nei⁴ li³-ti	內裏的
,,	nei⁴ pu⁴	內部
,, circumstances (opposed to outward—piao³ mien⁴ 表面)	ku³ tzǔ nei⁴	骨子內
,, history of the business	ko⁴ chung¹ ch'ing⁵ hsing²	個中情形
,, history of the business (still undivulged), there's an	shang⁴ yu³ nei⁴ mu⁴ ts'un² hu² ch'i² chung¹	尚有內幕存乎其中
Innocence (crime)	wu² tsui⁴	無罪
,, (harmless)	wu² hai⁴	無害
,, prove his	ming² chi³ chih¹ wu³ ch'i² shih⁴	明己之無其事

Innocence—Inscription.

Innocence (of heart)	ch'ing¹ pai² nai³ hsin¹	清白乃心
,, to feign	t'ui¹ kan¹ ching⁴-êrh	推乾淨兒
,, the days of childish	hun⁴-tun shih²-hou-'rh	混沌時候兒
Innocent,	wu² tsui⁴	無罪
,,	p'ing² pai² wu² ku⁴	平白無辜
,, as a little child, as	pu⁴ shih¹ ch'i² ch'ih⁴ tzǔ³ chih¹ hsin¹	不失其赤子之心
,, man is he who is not found out, the	pu⁴ fan⁴ shih⁴ hao³ shou³	不犯是好手
Innovation,	kai³ ko²	改革
,,	kai³ pien⁴	改變
Innumerable,	wu² suan⁴	無算
,, cases of	hsing¹ lo² ch'i² pu⁴ kêng¹ p'u¹ nan² shu³	星羅棋布更僕難數
,,	wu² shu⁴-ti	無數的
,,	pu⁴ k'o³ shêng¹ shu³	不可勝數
Inoculate,	chung⁴ miao²	種苗
,, for smallpox, to	chung⁴ tou⁴-tzǔ	種痘子
,, ,, ,, ,,	chung⁴ hua¹ 'rh	種花兒
Inoperative,	wu² hsiao⁴	無效
Inorganic,	wu² chi¹	無機
,, chemistry	wu² chi¹ hua⁴ hsüeh²	無機化學
Inquire into	tiao⁴ ch'a²	調查
Inquiry (judicial)	shên³ wên⁴	審問
,, committee of	shên³ ch'a³ wei³ yüan² hui⁴	審查委員會
Inquest, hold an	yen⁴ shih¹	驗尸
Inquisitive,	hao⁴ shih⁴ chê³	好事者
,,	hao⁴ ch'a² shih⁴	好查事
Inroad,	hsi² chi	襲擊
,,	ch'in¹ lüeh⁴	侵畧
,, of disease	po⁴ ping⁴ ch'êng² hsü¹ êrh² ju⁴	百病乘虛而入
Ins and outs of a matter	shih⁴-ch'ing-ti yüan² wei³	事情的原委
Insane,	fa¹ k'uang²	發狂
,,	ching¹ shên⁹ ts'o⁴ luan¹	精神錯亂
Insanity, due to temporary	yin¹-i¹ shih² fan⁴ la shên² ching¹ ping⁴ so³ chih⁴	因一時犯了神經病所致
Insanitary,	yu⁸ ai⁴ wei⁴ shêng¹	有礙衛生
Insatiable,	t'an¹ hsin¹ wei⁴ yen³	貪心未饜
,,	tê² lung³ wang⁴ shu³	得隴望蜀
Inscribe one's name	ch'ien¹ ming²	簽名
,, on the mind	ming² kan³ wu³ nei⁴	銘感五內
Inscription, to write an	hsieh³-ko tzǔ⁴ chi⁴	寫個字跡
,,	lao⁴ko k'uan³	洛個欵

Inscrutable—Insignificant. 400

Inscrutable,	pu⁴ k'o³ ssŭ² i⁴	不可思議
Insect in my eye, I have got an	fei¹ tê wo³ yen³ li³ ko ch'ung² 'rh	飛得我眼裏個虫兒
Insects,	ch'ung²-tzŭ	虫子
Insecure,	pu⁴ wên³	不穩
,,	wei¹ hsien³	危險
Insecurity,	yü² hsin¹ pu⁴ an¹	於心不安
Insensible,	ssŭ³-kuo ch'ü⁴-lo	死過去略
,, to be	pu⁴ chüeh²	不覺
,, to impression	hsin¹-li lêng²	心裏冷
Insensibility,	lêng³ tan⁴	冷淡
,,	mo⁴ jan² yü² hsin¹	漠然於心
,,	pu⁴ hsing³ jên² shih⁴	不省人事
Inseparable,	ju² chiao¹ ssŭ⁴ ch'i¹	如膠似漆
,,	ch'ing² i⁴ ch'an² mien²	情意纏綿
,, (of husband and wife)	pi³ mu⁴ yü²	比目魚
,, ,, ,,	pi³ i³ niao³	比翼鳥
,, ,, ,,	lien² li³ chih¹	連理枝
,, interests	fu³ ch'ê¹ hsiang¹ i¹	輔車相依
,, connection	ch'un² wang² ch'ih³ han²	骨亡齒寒
,, (of affection)	ch'ien⁴ chüan⁴	繾綣
,, accomplices (in bad sense)	p'o² yu³ lang² pu¹ li² pei⁴ chih¹ shih⁴	頗有狼狽不離之勢
Insert,	ch'a¹ ju⁴	插入
,, (stick in), to	ch'a¹-tsai li³-t'ou	插在裏頭
,, (place between two)	chia¹-tsai li³-t'ou	挾在裏頭
,, (tuck in)	yeh¹-tsai li³-t'ou	掖在裏頭
,, in a newspaper	têng¹ tsai⁴ pao⁴ tuan¹	登在報端
,, he had a slip of paper *inserted* at his side	shên¹ pien¹ yeh⁴ cho i⁴ chang¹ tzŭ⁴ t'ieh³ 'rh	身邊掖着一張字帖兒
Inside news	ko⁴ chung¹ hsiao¹ hsi²	個中消息
,,	li³-t'ou	裏頭
,, the	li³ mien⁴	裏面
Insidious (of a person)	chiao³ hua²	狡猾
,, disease	yin³ jan² wei¹ tu³ chih¹ chêng⁴	隱然危篤之症
Insight,	tung⁴ chien⁴	洞見
,,	tung⁴ chu²	洞燭
Insignia,	hui¹ chang¹	徽章
,,	chih²-shih	執事
Insignificant,	miao³ hsiao³	藐小
,,	wei¹ hsiao³	微小
,,	pu⁴ tsu² suan⁴	不足算
,,	miao³-mo ai²-ti shih⁴	渺沒挨的事
,,	pu⁴ tsu² ch'ing¹ chung⁴	不足輕重

Insignificant—Inspect.

Insignificant part in the negotiation (self depreciatory), take an	ts'an¹ yü⁴ mo⁴ i⁴	議末與叅
Insincere,	pu² shih²-ch'êng	誠實不
,,	kuai¹-chüeh	譎乖
,,	hsü¹ hsin¹ chia³ i⁴	意假心虛
,,	chin⁴ wên²-kung chüeh²-êrh-pu ch'êng⁴	正不而譎公文盡
Insinuate,	an⁴ chih⁸	指暗
,,	yin³ chih⁸	指隱
,, oneself into favour	ch'ü³ ch'iao³ yüeh⁴ jên²	人悅巧取
,, ,, ,,	i³ kuei³ mei² tê² ch'ung³	寵得媚詭以
Insinuation,	fêng⁴ yen²	言諷
Insipid,	wu² wei⁴	味無
,,	wu² hsing¹ ch'ü⁴	趣興無
Insist,	chu³ chang¹	張主
,, upon, to	pi⁴ yao⁴	要必
,, ,,	wu⁴ pi²-ti	的必務
,, (force)	lo² ling⁴	令勒
,, on, absolutely	chien¹ ch'ih² tao⁴ ti³	底到持堅
,, on suppressing the movement by force	chu³ chang¹ ping¹ li⁴ ts'ung² shih⁴	事從力兵張主
,, upon an interview	ch'iang² yao⁴ mou² mien⁴	面謀要強
,, on their being natives of the province (before giving them official employment), no need to	pu⁴ pi⁴ chü⁴ ting⁴ ch'i² pên³ shêng³ jên²	人省本其定拘必不
Insistence, excessive	chien¹ chih² kuo⁴ shên⁴	甚過執堅
Insolent,	shih¹ ching⁴	敬失
,,	shêng⁴ ch'i⁴ ling² jên²	人凌氣盛
,,	ao⁴-man	慢傲
,, language	k'ou³ ch'u¹ pu¹ hsün⁴	遜不出口
Insolvency,	wu² tzŭ¹ li⁴	力資無
Insolvent,	k'uei¹-k'ung-lo	略空虧
Insomnia,	shih¹ mien²	眠失
,, suffer from	pu⁴ mien² chêng⁴	症眠不
,,	shih¹-lo chiao⁴-lo	略覺略失
Insist on seats without payment	ch'iang² so³ tso⁴ wei⁴	位座索強
Inspect,	chien³ ch'a²	查檢
,,	chien³ tien³	點檢
,,	ch'a²-tui	對查
,, (look over)	kuo⁴-kuo mu⁴	目過過
,,	chien¹-ch'a	察監
,, (scrutinise)	tuan¹-hsiang	詳端
,, troops, etc.	yüeh⁴ ping¹	兵閱

Inspect—Instance.　　　402

Inspect goods	yen⁴ huo⁴	驗貨
Inspection, tour of	hsün² shih⁴	巡視
,, criticize over harshly on a casual	i³ i shih⁴ kuan¹ ch'a² wang⁴ hsia⁴ p'i¹ p'ing²	以一時觀察妄下批評
Inspector, an	chien¹-tu	監督
,, general (of police)	tsung³ chien¹	總監
,, school	shih⁴ hsüeh² kuan¹	視學官
Inspiration,	shên² t'o¹	神託
,,	shêng⁴ kan³	聖感
,, (influence)	kan³ tung⁴	感動
,, of air	hsi¹ ju⁴	吸入
,, of a movement, be the	chu³ ch'ang⁴	主倡
Inspiring,	t'ien¹ ch'i³	天啟
,,	ling² kan³	靈感
Inspires the life of the progressive powers, based on the idea which	hsiao⁴ fa³ lieh⁴ ch'iang² hsien¹ chin⁴ chih¹ ching shên²	效法列強先進之精神
Inspirit,	ku³ wu³	鼓舞
,,	chên⁴ shua¹ ching¹ shên²	振刷精神
Instability,	wu² ch'ang²	無常
,, of human affairs	jên² shih⁴ shêng⁴ shuai¹	人事盛衰
,, ,, ,,	jên² shih⁴ fu² ch'ên²	人事浮沈
Instal in office	chiu⁴ chih²	就職
,, (an apparatus)	shê⁴ pei⁴	設備
Installation ceremony	chiu⁴ jên⁴ shih⁴	就任式
,, of electric light	chuang¹ chih⁴ tien⁴ têng¹	裝置電燈
,, will be effected in order of application	i³ pao⁴ kao⁴ chih hsien¹ hou⁴ wei² an¹ shê⁴ chih¹ tz'ŭ⁴ ti⁴	以報告之先後為安設之次第
Instalment, pay by	t'an¹ huan²	攤還
,, the first	t'ou² ch'i³-êrh	頭起兒
,, ,,	ch'i² ti⁴ i¹ p'i¹	其第一批
Instalments, pay in	tai⁴ huan²	帶還
,,	tai⁴-cho shou³-êrh huan²	帶着手兒還
,, pay by monthly	an⁴ yüeh⁴ fên¹ fu⁴	按月分付
,, arrive in	ling²-sui lai²	零碎來
Instance,	li⁴	例
,,	shih⁴ li⁴	事例
,, for	p'i⁴-ju	譬如
,,	cho²-pi shuo¹	着比說
,, (suggestion) at so and so's	yin¹ mou³ chih¹ chih³ shih³	因某之指使
,, in the first	shou³ hsien¹	首先
,, to	li⁴ chêng⁴	例證
,, (example)	pi³ li	比例

Instance—Instruct.

Instance first (legal)	ti⁴ i¹ shên³	審一第
,, of than one can imagine, more *instances*	pu⁴ chih¹ fan² chi³	幾凡知不
Instant,	chi² shih²	時即
,, (danger)	jan² mei²	眉燃
,, business	tang¹ wu⁴ chih¹ chi¹	急之務當
,, (month)	pêṇ³ yüeh⁴	月本
,, ,,	chin¹ yüeh⁴	月今
,, (urgent)	huo³·chi²	急火
,, (moment)	hsü¹ yü²	臾須
Instantaneous,	chi² hsi²	席即
,, death	chi² ssŭ³	死即
,, results, expect	chi² ch'iu² chin⁴ kung¹	功近求急
Instantly,	li⁴ k'o⁴	刻立
Instead, come another day	kai³ jih⁴ tsai⁴ chih⁴	至再日改
,, (of in place of)	tai⁴	代
,, ,, ,,	t'i⁴	替
,, of doing, it would be better not to do it	yü³-ch'i tso⁴ mo⁴ jo⁴ pu² tso⁴	做不若莫做其與
Instep, the upper	chiao³ mien⁴	面腳
,, the under	chiao³ hsin¹	心腳
Instigate,	chiao⁴ so¹	唆教
	shan⁴ tung⁴	動煽
Instigation, at so and so	yu² mou³ chu³ tung⁴	動主某由
Instigator,	fa¹ ch'i³ jên²	人起發
Instinct,	t'ien¹ hsing⁴	性天
,,	shêng¹ lai²-ti hsing⁴-ch'ing	情性的來生
,, human	jên² hsing⁴	性人
Instinctive,	tzŭ¹ jan² ti¹	的然自
,,	pu⁴ yu² tzŭ⁴ chi³	己自由不
Institute, an	chü²	局
,,	chü² so³	所局
,, to	shê⁴	設
,, ,,	li⁴	立
,, ,,	shê⁴ li⁴	立設
,, ,,	shih¹ shê⁴	設施
,, prosecution	ch'i³ su⁴	訴起
,, an action	t'i² ch'i³ su⁴ sung⁴	訟訴起提
,, of international law	kuo² chi⁴ fa⁴ hsüeh² hui⁴	會學法際國
Institution,	chih⁴ tu⁴	度制
	ch'êng² kuei¹	規成
Instruct, to	hsün⁴ ling⁴	令訓
,,	chih³ hui¹	揮指
	chiao⁴ tao³	導教

Instruct—Insure. 404

Instruct, to	chiao⁴	教
,,	chiao⁴-hsün	訓教
,, a lawyer	wei³ t'o¹ lü⁴ shih¹	師律託委
Instructions from the president, ask for,	ch'ing³ shih⁴ ta⁴ tsung³ t'ung³	統總大示請
,, to the clerk, gave hurried	t'sang¹ ts'u shou⁴ i⁴ shu¹ chi⁴	飢書意授猝倉
Instructor (in official college)	chiao⁴ yüan²	員教
Instrument (agent)	mei² chieh⁴	介媒
,, (commercial)	chêng⁴ chüan⁴	卷證
,, (means)	shou³ tuan⁴	段手
,, of others, as the	wei¹ jên² tso⁴ chia⁴	嫁作人爲
,, use as an	ch'i⁴ shih³	使器
Instrumental,	chu¹ i³ ch'êng² kung¹	功成以助
Instrumentality,	tso⁴ yung⁴	用作
Instruments,	i² ch'i⁴	器儀
,,	ch'i⁴-hsieh	械器
,,	ch'i⁴-chü	具器
,,	ch'i⁴ min³	皿器
,, musical	yüeh⁴-ch'i	器樂
Insubordinate,	pu² shou⁴ kuan³	管受不
,,	pu⁴ fu² yüeh¹-shu	束約服不
Insufficient,	pu⁴ tsu²	足不
,,	pu² kou⁴	彀不
,,	pu² kou⁴ yung⁴-ti	的用彀不
,, to resist aggression but are more than enough to cause rebellion, (Chinese troops) are	yü¹ wu³ pu¹ tsu² tso⁴ luan⁴ yu³ yü²	餘有亂作足不禦禦
,, number (of stamps), affix an	t'ieh¹ pu⁴ tsu² shu⁴	數足不貼
Insulate (electric)	chüeh² ssŭ¹	絲絕
Insult,	wu³ ju⁴	辱侮
,, a verbal	ch'i¹-fu jên²-ti hua⁴	話的人負欺
,, to	ch'i¹-fu	負欺
,, took as a great	yin³ wei² ta⁴ ju⁴	辱大爲引
Insulting demeanour (to rub the finger across the lip is a gross *insult*)	hêng² ta³ pi² liang² 'rh	兒梁鼻打橫
Insurance, company an	pao³ hsien³ kung¹-ssŭ	司公險保
,, policy	pao³ hsien³ ch'i⁴ yüeh¹	約契險保
,, marine	hai³ shang⁴ pao³ hsien³	險保上海
,, rates, war	chan⁴ shih² pao² hsien³ shuai⁴	率險保時戰
Insure one's life, to	pao³ shou⁴ hsien³	險壽保
,, generally, to	pao³ hsien³	險保
,, against fire	pao³ huo³ hsien³	險火保

Insured, the sum	pao³ hsien³ chin¹ ê²	保險金額
Insurgents,	pao⁴ t'u²	暴徒
,,	mou² p'an⁴ jên²	謀叛人
,,	fan³-p'an	反叛
Insurrection,	fan³ luan⁴	反亂
,,	pao⁴ tung⁴	暴動
,,	tsao⁴ fan³	造反
,, in the bud, nip	o⁴ luan⁴ mêng²	遏亂萌
Intact,	ch'üan²	全
,, keep one's money	pa⁴ ch'ien² kei³ k'an¹ shou³ tê chu⁴	把錢給看守得住
Integral calculus	chi¹ fên¹ hsüeh²	積分學
Integrity,	fang¹ chêng⁴	方正
,,	shan⁴ liang²	善良
,,	kung¹ ming² chêng⁴ ta⁴	公明正大
,, (of an empire)	pao³ ch'üan²	保全
,, in the state's service	chieh² chi³ fêng⁴ kung¹	潔己奉公
Intellect,	chih⁴ li⁴	智力
,,	ling³-hsing	靈性
,, of a high order	hsin¹ chiao³ pi³ kan¹ to¹ i² ch'iao⁴	心比干多一竅
Intellectual,	li³ hsin¹ shang⁴	理心上
,,	t'ung¹ hsiao³ li⁴	通曉力
Intelligence,	hsiao¹ hsi²	消息
,,	t'ung¹ hsin⁴	通信
,, new	hsin⁴-hsi	信息
,, animal	t'ung¹ ling²-hsing	通靈性
,, human	ling²-hsing	靈性
Intelligent,	ts'ung¹-ming	聰明
,,	t'ung¹ ta²	通達
,,	ling² li⁴	伶俐
,,	ying³ wu⁴	頴悟
,, most	ts'ung²-ming-pu kuo⁴-ti	聰明不過的
,, (of animals)	ling²	靈
Intelligible,	ming²-pai	明白
,, easily	i⁴ yü² so³ chieh³	易於索解
Intemperate,	mei²-yu chieh²-chih	沒有節制
,, language	pao⁴ yen²	暴言
Intend,	ni³	擬
,,	chi⁴ hua⁴	計畫
,, to	ta³-suan	打算
Intense,	chi²	極
Intent on (a good object)	jo⁴ hsin¹	熱心
,, self improvement	chuan¹ hsin¹ tzŭ⁴ hsiu¹	專心自修
,, (purpose)	i⁴ hsiang⁴	意向

Intent—Interest. 406

Intent (purpose)	mu⁴ ti¹	目的
,, malicious	o⁴ i⁴	惡意
Intention,	chu³-i	主意
,,	i⁴-ssǔ	意思
,, (meaning)	i⁴ i⁴	意義
,, fixed	hêng² hsin¹	恆心
,, long cherished	su⁴ chih⁴	素志
,, of going out, with the	i⁴ yü⁴ ch'u¹ mên²	意欲出門
,, real *intentions*	chên¹ hsiang⁴	真相
,, one's ,, are manifest from one's conduct	chi⁴ tsai⁴ chiang¹ pien¹ chan⁴ pi⁴ yu² wang⁴ hai³ hsin¹	既在江邊站必有望海心
Intentional, perhaps not	hsü³ shih⁴ wu² hsin¹	許是無心
Intentionally,	t'ê⁴ i⁴-ti	特意的
,,	ku⁴ i⁴-ti	故意的
Intercalary moon	jun⁴ yüeh⁴	閏月
Intercede for, to	shuo¹-ko ch'ing³	說個情
,,	shuo¹ ch'ing²-êrh	說情兒
,,	t'ao³ ch'ing²	討情
,,	t'ao³ jao²-êrh	討饒兒
,,	chiang³ ch'ing²	講情
,,	chung⁴ ts'ai²	仲裁
,, for him, please write and	ch'ing³ su¹ lai² han² shuo¹ ch'ing²	請速來函說情
Intercept, to	chieh²-chu	截住
,,	chê¹ tuan⁴	遮斷
Intercessor,	chung⁴ jên²	仲人
Interchange,	chiao¹ i⁴	交易
,,	hsiang¹ chiao¹	相交
,, of views, frank	chin⁴ ch'ing² chiao¹ huan⁴ i⁴ chien⁴	盡情交換意見
,, of credentials, official	chêng⁴ shih⁴ chiao¹ huan⁴ kuo² shu¹	正式交換國書
Intercommunication,	wang⁸ fu⁴	往復
,,	t'ung¹ hsin¹ wang³ lai²	通信往來
Intercourse,	lai²-wang	來往
,,	chiao¹-chieh	交結
,, sexual	chiao¹ kou⁴	交媾
,, ,,	yün² yü³	雲雨
,, (state)	chiao¹ chi⁴	交際
,, (communication)	chiao¹ t'ung²	交通
,, with foreigners	yü³ wai² jên² chou¹ hsüan²	與外人周旋
,, commercial	t'ung¹ shang¹	通商
Interdict,	chin⁴ chih⁴	禁制
Interest, on money	li⁴-ch'ien	利錢

Interest—Interesting.

Interest, one per cent.	i⁴ fên¹ li⁴	一分利
,, at eight per cent. p.a.	pa¹ li² ch'ang² nien² hsi²	八釐常年息
,, ,, ,, ,,	an¹ nien² pa¹ li²	按年八釐
,, put out at	fang⁴ li⁴-ch'ien	放利錢
,, pay	ch'u¹ hsi²	出息
,. compound	li⁴-shang chia¹ li⁴	利上加利
,, and principal	pên³ li⁴	本利
,, coupons	hsi² p'iao⁴	息票
,, in, have a financial	yu³ ku³-fên	有股分
,, in him, no one takes an	mei² yu³ chih lêng³ chih¹ jo⁴-ti jên²	沒有知冷知熱的人
,, to	kan³ tung⁴	感動
,, to solicit a person's	t'o¹ ch'ing²	託情
,, me, does not	wo⁴ pu⁴ cho² i⁴	我不著意
,, in passing events, lose	wu² hsin¹ shih⁴ shih⁴	無心世事
,, in the matter, take no (participation in)	ju² tui⁴ an¹ kuan¹ huo⁸ kuan¹ hsi⁴	如對岸觀火關係
,, ,, ,,	li⁴ hai⁴ yu¹ kuan¹	利害攸關
,, (excitement)	hsing¹ wei⁴	興味
,, ,, in politics	chêng⁴ chih⁴ hsing¹ wei²	政治興味
,, (profit)	li⁴ i²	利益
,, in national affairs	liu² hsin¹ kuo² shih²	留心國事
,, in naval ,,	hai³ chün¹ ssŭ¹ hsiang³	海軍思想
,, public	kung¹ i²	公益
,, certainly in the public	shih² wei² kung¹ pien⁴	實為公便
,, are alienated when they have got all they wanted, those becoming friends from	i³ li⁴ chiao⁴ chê³ li⁴ chin⁴ tsê² li²	以利交者利盡則離
,, on so and so's own	wei² mou³ ko⁴ jên² chi⁴	為某各人計
,, in one's own *interests*	i³ li⁴ hai⁴ ch'ieh⁴ chi³	以利害切己
,, earnestly consider the *interests* of the general situation	yin¹ yin¹ i³ ch'üan² chü² wei² chi⁴	殷殷以全局為計
Interested person, an	ko⁴-chung jên²	個中人
,, all are	ta⁴-chia tou¹ kuan¹-ch'ieh	大家都關切
,, parties	li⁴ hai⁴ kuan² hsi¹ jên²	利害關係人
,, oneself in	pên¹ tsou³	奔走
,, in the Boxer indemnity, the Powers	ch'üan² fei² p'ei² k'uan³ kuan¹ hsi chih¹ ko⁴ kuo²	拳匪賠欸關係之各國
Interesting,	yu⁸ i⁴-ssŭ	有意思
,,	yu⁸-hsieh ch'ü⁴-wei	有些趣味
,,	hsing¹ wei⁴	興味
,, way, talk in an	shuo¹ hua⁴ chiao⁴ jên² ai⁴ t'ing¹	說話叫人愛聽

Interesting—Intermittent.　　408

Interesting point if it (the bill) will pass	nêng² t'ung¹ kuo⁴ yü³ fou¹ i¹ chi² yu³ ch'ü⁴ wei⁴ chih¹ wên⁴ t'i²	能通過一否有極趣味之問題
Interfere,	kan¹ yü⁴	干預
,, with	fang¹ hai⁴	妨害
,, progress	tsu³ chin⁴ pu⁴	阻進步
,, with them, no one dares to	shui² yeh³ pu⁴ nêng² tung⁴ t'a¹ mên²	誰也不能動他們
,, verbally, to	ch'a¹-cho tsui³ shuo¹	插着嘴說
,, actively	ch'a¹-chŏ shou³-êrh pan⁴	插着手兒辦
,, with, will not	ai⁴-pu chao²	礙不著
Interference, principle of	kan¹ shê⁴ chu³ i⁴	干涉主義
,, in the quarrel	kên¹ cho pang¹ ch'iang¹ 'rh	跟着幫腔兒
,, of higher officials, shall not be subject to	pu⁴ shou⁴ shang⁴ chi² kuan¹ t'ing¹ chih¹ kan¹ shê⁴	不受上級官廳之干涉
Interfering,	t'ai⁴ mang³-chuang	太莽撞
Interim, chargé d'affaires ad-	lin² shih² tai⁴ li³ kung¹ shih³	臨時代理公使
Interior, inland	nei⁴ ti⁴	內地
,, inside	li³-mien	裏面
,, minister of the	nei⁴ wu⁴ tsung³ chang³	內務總長
,, ministry ,,	nei⁴ wu⁴ pu⁴	內務部
Interleave, to	ch'ên⁴ chih³	襯紙
Interline with annotations, to	chia¹ p'i¹	夾批
Interlocked (as boundaries)	ch'üan³ ya² hsiang¹ ts'o⁴	犬牙相錯
Interloper,	ch'uang³ ju⁴ chê³	闖入者
Interlude,	tsou⁴ yüeh⁴	奏樂
Intermarriage,	ch'in² chin¹ chih¹ hao⁴	秦晉之好
Intermediary,	chung¹ jên²	仲人
,,	chü¹ chung¹ t'iao² t'ing²	居中調停
,, (coll.)	chung¹ jên²	中人
,, came forward to settle the dispute, an	yu³ chung¹ jên² ch'u¹ lai² t'iao² t'ing²	有中人出來調停
,, of, through the	ching¹ yu² mou³	經由某
,, to act as an	chiu⁴ chung¹ wei² ch'ih²	就中為持
,, ,, ,,	ts'ung² chung¹ shuo¹-ho	從中說合
,, not continuous	chien⁴ tuan¹	間斷
Intermediate,	chieh⁴ tsai⁴	介在
Intermeddle,	chü¹ chien	居間
Interminable,	chung¹ wu² chih³ chü²	終無止局
Intermingle,	hun¹ ho²	混合
Intermission,	chien⁴ tuan⁴	間斷
Intermittent fever	chien⁴ hsieh¹ jo⁴	間歇熱

Intermittent—Interrupted.

Intermittent fever and ague	fa¹ yao⁴-tzǔ	發瘖子
Intern,	chü¹ liu² nei⁴ ti⁴	拘留內地
Internal,	kuo² nei⁴	國內
,,	nei⁴ ti⁴	內地
,, use	nei⁴ yung⁴	內用
,, disease	nei⁴ chêng⁴	內症
,, anarchy	nei⁴ luan⁴	內亂
International,	chiao¹ chi⁴ shang⁴	交際上
,, affairs.	ko⁴ kuo² chiao¹ shê⁴ shih⁴ chien⁴	各國交涉事件
,, law	kuo² chi⁴ fa⁴	國際法
,, ,,	wan⁴ kuo² kung¹ fa⁵	萬國公法
,, relations	pang¹ chiao¹	邦交
,, trade	t'ung¹ shang¹	通商
Internecine,	hu⁴ hsiang¹ mieh⁴ wang²	互相滅亡
Interpellations to members of the (cabinet), introduce	t'i² ch'u¹ chih³ wên⁴ shu¹ yü² kuo² wu⁴ yüan²	提出質問書於國務員
Interpose,	chung⁴ ts'ai²	仲裁
,, every obstacle	po⁴ chi⁴ tsu³ nao⁴	百計阻撓
,, in what doesn't concern him? who wants to	shui² k'ên¹ ch'u¹ lai² kuan⁶ chê⁴ têng³ hsien² shih⁴	誰肯出來管這等閒事
Interposition,	kan¹ shê⁴	干涉
Interpret (expound)	chu⁴ shih⁴	註釋
,, explain	chieh³ shih⁴	解釋
,,	t'ung¹ i⁴	通譯
,, (translate), to	fan¹-i	繙譯
,,	i⁴-ch'u-lai	譯出來
,, verbally	ch'uan² hua²	傳話
Interpretation, according to my	i¹ wo³ chih¹ chieh³ shih⁴	依我之解釋
Interpreter, an official	fan¹-i kuan¹	繙譯官
Interpreter,	t'ung¹ i⁴ kuan¹	通譯官
,, private	t'ung¹-shih	通事
,, ,,	ch'uan² hua⁴-ti	傳話的
Interrogate,	chieh² wên⁴	詰問
,,	hsün⁴ wên⁴	訊問
Interrogation, note of	i² wên⁴ tien³	疑問點
Interrupt,	t'ing⁰ chih³	停止
,,	tsu³ chih³	阻止
,, a conversation, to	ch'a¹ tsui³	插嘴
,, ,, ,,	ts'ung² chung¹ ch'a¹ tsui³	從中插嘴
,, (break continually)	tuan⁴ ch'i² lien² hsü⁴	斷其連續
,, in an occupation	chiao²	攪
Interrupted,	chien⁴-tuan-lo	間斷咯

O

Interrupted—Intimate.   410

Interrupted,	ko²-k'ai-lo	隔開咯
,, of telegraphic communication	chieh²-chu-lo	截住咯
,, of railway communication	tuan⁴-lo	斷咯
Intersect, to	hêng² kuo⁴	橫過
,,	hêng² tuan⁴	橫斷
Intersection, point of	chiao¹ tien³	交點
Interval, an	chien⁴ ch'i⁴	間隙
,,	i⁴ hui³-êrh	一會兒
,, during this	chê⁴-ko chia¹-têng-êrh	這個夾當兒
,, at a play	sha¹-lo t'ai²	煞了臺
Intervals, at	i⁴ chieh² 'rh-i chieh²-'rh-ti	一節兒一節兒的
,, to place at	ch'a⁴-hun k'ai¹-lo	差混開了
,, ,, ,,	ts'o⁴-k'ai-cho fang⁴	錯開着放
Intervene, to	chü¹ chung¹	居中
,,	chung⁴ ts'ai²	仲裁
,,	kuo⁴-lai wên⁴	過來問
,,	kuo⁴-lai ch'üan⁴	過來勸
Intervention (in a suit)	ts'an¹ chia¹	參加
,, avail oneself ot neither side's	ch'êng² liang³ pu¹ kuan³ chih¹ chi⁴	乘兩不管之際
Interview,	mien⁴ t'an²	面談
,,	hui⁴ chien⁴	會見
,, to	mien⁴ chien⁴	面見
,, grant an	tz'ŭ⁴ chien⁴	賜見
,, (with a high person)	chin⁴ yeh⁴	進謁
,, between the two emperors	liang³ huang² chih¹ wu⁴ shou³	兩皇之握手
,, fail to secure an	pu⁴ huo⁴ i¹ chien⁴	不獲一見
,, with Reuter's representative	yü⁴ lu⁴ t'ou² tai⁴ piao³ i¹ hsi² hua³	與路透代表一席話
Interviewer,	mien⁴ wu⁴ chê³	面晤者
Intestate,	mei² liu² i² shu¹	沒留遺書
Intestinal strife	t'ung² shih⁴ ts'ao¹ ko¹	同室操戈
,, worms	hui² ch'ung²	蛔蟲
Intestine, large	ta⁴ ch'ang²	大腸
Intestines,	wu³ tsang⁴	五臟
Intimacy, on terms of	hsi¹ hsi¹ ha¹ ha¹ ti	嘻嘻哈哈的
Intimate,	ch'in¹-mi	親密
,	ch'in¹-chin	親近
,,	lai² wang³ ch'in¹-jo	來往親熱
,, to be well acquainted with	hên³ shu²-hsi	很熟悉

intimate—Introduce.

Intimate connection	ch'un² ch'ih³ hsiang¹ i¹	唇齒相依
,, ,,	mi⁴ chieh² kuan¹ hsi	密切關係
,, talks	t'su⁴ hsi¹ hsiang¹ t'an¹	促膝相談
,, relations daily more	ch'in¹ chiao¹ jih⁴ mi⁴	親交日密
,, with a great teacher, eager to become	i⁸ chiu⁴ chin⁴ ming² shih¹ wei² hsing⁴	以就近名師為幸
,, too early in life, (sexually)	p'o⁴ shên¹ t'ai⁴ tsao⁵	破身太早
,, to	yin³ shih⁴	隱示
,, ,,	kao⁴ chih⁴	告知
Intimation, receive	chieh¹ tao⁴ t'ung¹ chih¹	接到通知
Intimidate, to	hsia⁴-hu	嚇唬
,,	hsieh² po⁴	脅迫
,,	wei¹-ho	威嚇
Intimatory action	shih⁴ wei¹ yün⁴ tung⁴	示威運動
Into, enter	chin⁴	進
,, turn	pien⁴-ch'êng	變成
,, feelings, enter	t'i³-liang	體諒
,, grow	chang⁸-ch'êng	長成
Intolerable,	jên³-pu-tê	忍不得
,,	nai⁴-pu-tê	耐不得
,,	shou⁴-pu-tê	受不得
Intolerant,	p'ien¹ chih²	偏執
,,	pu⁴ jung² jên²	不容人
Intonation,	yin¹ chih¹ i⁴ yang²	音之抑揚
In toto,	ch'üan² jan²	全然
Intoxicated,	ming² ting¹ ta⁴ tsui⁴	酩酊大醉
,, foul language while	chieh⁴ tsui⁴ sa¹ fêng¹	借醉撒風
Intractable,	wan² ku⁴	頑固
,,	pu⁴ kung¹ shun⁴	不恭順
Intrench on	ch'in¹ hai⁴	侵害
Intrenchment,	fang² yü⁴ kung¹ shih⁴	防禦工事
Intrenchments, line of	shê⁴ pao³ hsien⁴	設堡線
Intrepid,	yung⁵ mêng³	勇猛
Intricate,	fên¹ tsa²	紛雜
,,	fu⁴ tsa²	複雜
,,	ma²-fan	麻煩
,,	t'ou²-hsü to¹	頭緒多
Intrigue, to	yin³ mou²	隱謀
,,	kou¹ ch'uan⁴	勾串
,, a fine centre of (immoral)	hao³ i¹ yün⁴ tung⁴ ch'ang² chien¹ t'ung¹	好一運動場姦通
Intrinsic,	chên¹ chêng⁴	真正
,,	t'ien¹ jan²	天然
Introduce, to	chieh⁴ shao⁴	介紹

Introduce—Invalid. 412

Introduce, to	tao³ ju⁴	入導
,,	yin³-chien	見引
,, (an instrument, e.g., a catheter)	yin³ ju⁴	入引
,, at an Audience	tai⁴ ling³ yin³ chien⁴	見引領帶
,, the officer to the premier	wei⁴ chün¹ kuan¹ chieh⁴ shao⁴ yü² tsung³ li³	理總於紹介官軍爲
,, bills to parliament	t'i² ch'u¹ fa⁴ lü⁴ an⁴	案律法出提
,, unless *introduced* through their legations, cannot be received (by officials)	wei⁴ ching¹ kai¹ shih³ kuan³ shao⁴ chieh⁴ chê³ kai⁴ pu⁴ chieh¹ tai⁴ 待接不概者介紹館使該經未	
,, you, let me	kei³-ni-mên yin³-chien yin³-chien 見引見引們你給	
Introducer,	chieh⁴ shao⁴ jên²	人紹介
Introductory remarks	hsü⁴ yen²	言序
Introspection,	nei⁴ hsing³	省內
Introduction, a letter of	chieh⁴ shu¹	書薦
,, to a book	hsü⁴	序
Intrude,	ch'uang³ ju⁴	入闖
,, I won't	wo³ pu⁴ chiao³ jao³	擾攪不我
,,	t'a¹ lai² chiao³-lai-lo	咯來攪來他
,, remarks, to	mao⁴-chuang	撞冒
,, I will not venture to	pu⁴ kan³ t'ang²-t'u	突唐敢不
,, ,, ,,	pu⁴ kan³ mang³-chuang	撞莽敢不
Intrust,	wei³ t'o¹	托委
Intuition,	chih² chüeh² li⁴	力覺直
,, had an	liao⁴-chao-lo	咯着料
Intuitive,	hsien¹ t'ien¹ ti¹	的天先
Inuendoo, to speak by	chih³ sang¹ shuo¹ huai²	槐說桑指
Inundate,	fan⁴ lan⁴	濫氾
Inundated,	lao⁴-lo	咯潦
Inure,	hsi² kuan⁴	慣習
Invade, to	ju⁴ k'ou⁴	寇入
,,	ch'in¹ lüeh⁴	略侵
,,	kung¹	攻
,,	ch'in¹	侵
Invador not coming but be prepared to meet him when he comes, do not depend on the	wu² shih⁴ ti² chih¹ pu⁴ lai² shih⁴ wu² yu³ i³ tai⁴ chih¹ 之待以有吾恃來不之敵恃無	
Invalid,	wu² hsiao⁴	效無
,, an	ping⁴ jên²	人病
,, ,,	ch'ang² ping⁴	病常
,, worthless	fei⁴-lo	咯廢

Invalided—Investigation.

Invalided home	yin¹ ping⁴ kuei¹ kuo²	因病歸國
Invalidate,	shih³ ch'i² wu² hsiao⁴	使其無效
Invaluable,	chih⁴ kuei⁴ chih⁴ pao³	至貴至寶
,,	wu² chia⁴ chih¹ pao³	無價之寶
Invariable,	pu⁴ i⁴	不易
,,	pu⁴ kai³	不改
Invariably friendly	lao³-shih ho²-p'ing	老是和平
Invective	fei¹ nan²	非難
,,	ju⁴ ma⁴	辱罵
Inveigh against	t'ung⁴ ma⁴	痛罵
Inveigle, to	kou¹ yin³	鉤引
,,	k'uang¹-cho	誆着
,,	k'uang¹-hung	誆哄
,, me into it	pa⁴ wo³ yüan¹-shang-lo	把我冤上咯
,, ,,	pa⁴ wo³ kou¹-yin-ch'ü-lo	把我鉤引去咯
Invent,	fa¹ ming²	發明
,, a new name	tu⁴ chuan⁴ ming² tzǔ²	杜撰名詞
,, (a story, etc.), to	hu² tsao⁴	胡造
,, (think of), to	ch'uang⁴ tsao⁴	創造
,, ,, ,,	ch'uan¹-tso	穿鑿
Invention, an	tu⁴ tsao⁴	杜造
,, new	hsin¹ fa¹ ming²	新發明
,, a pure	nieh⁴ tsao⁴-ch'u-lai-ti	捏造出來的
,, ,,	shun⁴ k'ou³-êrh hu² tsou¹-ti	順口兒胡謅的
Inventive,	hsiang³ hsiang⁴ li⁴	想像力
Inventor,	fa¹ ming² chê³	發明者
Inventory, an	ch'ing¹ tan¹	清單
,, make an	k'ai¹-i-ko ch'ing¹ tan¹	開一個清單
Inverse,	fan³ tui⁴	反對
,, ratio	fan³ pi³ li⁴	反比例
Invert, to	tao⁴-kuo-lai	倒過來
,,	tao⁴-kuo-ch'ü	倒過去
Invertebrate,	wu² chi² ch'ui² ti¹	無脊椎的
Invest, to	shêng¹-hsi ch'u¹-ch'ü	生息出去
,, capital in China	t'ou² tzǔ¹ chung¹ kuo²	投資中國
,, so and so (with power)	wei³ jên⁴	委任
Investigate, to	chien⁸ ch'a²	檢查
,,	k'ao³-ch'a	考察
,, the matter, I must	wo³ tei³ yen²-chiu yen²-chiu	我得研究研究
,, a matter	p'an² chiu⁴	盤究
Investigation,	shih⁴ ch'a²	視察
,,	tiao⁴ ch'a²	調查

Investigations—Involuntarily. 414

Investigations (detective), make secret	mi⁴ t'an⁴ t'sai³ fang³	訪探探密
Investiture,	shou⁴ chüeh² shih⁴	式爵授
Investment,	fang⁴ tzŭ¹	資放
,,	tzŭ¹ pên³ chin¹	金本資
Inveterate servility	nu² hsing⁴ t'ai⁴ shên¹	深太性奴
,, custom	hsiang¹ yên² ch'êng² fêng¹	風成沿相
,, disease	ku⁴ chi²	疾痼
,, abuse	su⁴ pi⁴	弊宿
,, desire for revenge	mieh⁴ tz'ŭ³ chao¹ shih² chih¹ hsin¹	心之食朝此滅
Invidious distinctions, make	fên¹ chên³ yü⁴	域畛分
Invidiously, to treat	p'ien¹ tai⁴	待偏
Invigorating medicine	pu³ li⁴ chih¹ yao⁴	藥之力補
Invincible army	ch'ang² shêng⁴ chün¹	軍勝常
Inviolable,	shên² shêng⁴	聖神
Inviolatibity,	pu⁴ k'o³ ch'in¹ ch'üan²	權侵可不
Invisibility, the grass of	yin³ shên¹ ts'ao³-êrh	兒草身隱
Invisible,	ch'ou³-pu chien⁴	見不瞅
,,	ch'iao²-pu chien⁴	見不瞧
,,	k'an⁴-pu chien⁴	見不看
,, handicaps, suffer	shou⁴ wu² hsing² chih¹ tsu³ o⁴	遏阻之形無受
Invitation (to dinner, etc.), to send an	hsia²-ko ch'ing³ t'ieh³	帖請個下
,, to receive	chieh¹-lo-ko ch'ing³ t'ieh³	帖請個了接
,, I accept your	pi⁴ jao³	擾必
,, I cannot accept your	fêng⁴ tz'ŭ²	辭奉
,, issue *invitations* to each	i¹ i¹ chien³ yüeh¹	約柬一一
,, admission on presentation of this	ch'ing³ hsieh² tz'ŭ³ han² i³ p'ing² ju⁴ ch'ang²	請攜此以函入憑場
Invite, request, to	ch'ing³	請
,, to dinner	ch'ing³-ch'ih fan⁴	飯吃請
,, criticism	jang⁴-jên p'i¹-p'ing	評批人讓
,, (attract)	chao¹	招
,, the Dalai to (Peking)	chao¹ chih⁴ ta² lai⁴	賴達致招
,, him to the provincial capital	hsiang¹ yüeh¹ lai² shêng³	省來約相
Invitation,	ch'i² tao³	禱祈
Invoice, an	huo⁴ tan¹	單貨
,,	ch'ing¹ chang⁴	賬清
Invoke aid	hu² ch'iu² pang¹ chu⁴	助幫求呼
Involuntarily,	pu⁴ ... pên³ i⁴	意本...不
	pu⁴ yu²-ti	的由不

Involve—Irreclaimable.

Involve in suits	ch'ien¹ lien² shê⁴ sung⁴	訟涉連牽
,, you in ruin, they only	wu² fei¹˙ shih³ ni³ mên tzǔ¹ chia¹ chao³ ssŭ³	死找家自們你使非無
,, two ministries, the matters	ch'ien¹ lien² êrh⁴ pu⁴	部二連牽
,, animosity	ch'ien¹ jo³ o⁴ kan³	感惡惹牽
,, drag into, to	lien²-lei	累連
,,	kua⁴-wu-shang-lo	略上誤罣
,,	la¹-shang-lo	咯上拉
,,	la¹-ch'ê-shang-lo	略上扯拉
,,	ch'ien¹-lien-shang-lo	略上連牽
Involved in debt	fu⁴ chai⁴	債負
,, I was not	wo³ mei² kan¹-lien	連干沒我
Inwardly,	nei⁴ pu⁴	部內
Inwardness,	chên¹ hsiang⁴	像眞
Inwards, to open	wang³ li³ k'ai¹	開裏往
I. O. U.,	chieh⁴ chüan⁴	券借
Irascible,	tuan³ ch'i⁴	氣短
Irate,	fên⁴ nu⁴	怒憤
Iridescent,	wu³ ts'ai³ kuang¹-êrh	兒光彩五
Irksome,	yên⁴ fan²	煩厭
Iris of the eye	hei¹ yen³ chu¹-êrh	兒珠眼黑
Iron,	t'ieh³	鐵
,, cast	chu⁴ t'ieh³	鐵鑄
,, wrought	ta³ t'ieh³	鐵打
,, ,,	shu² t'ieh³	鐵熟
,, rolled	tien⁴ t'ieh³	鐵鍊
,, pig	shêng¹ t'ieh³	鐵生
,, ore	t'ieh³ chih⁴	質鐵
,, a flat	lao⁴-t'ieh	鐵烙
,, a tailor's	yün⁴-tou	斗熨
,, to	yün⁴-i-yün	熨一熨
,, ,,	lao⁴-i-lao	烙一烙
,, ,,	p'ing²-i-p'ing	平一平
,, clad	t'ieh³ chia³ ch'uan²	船甲鐵
,, hoop	t'ieh³ ku¹	箍鐵
,, sheet	t'ieh³ pan³	板鐵
,, ware	t'ieh³ huo⁴	貨鐵
,, ,,	t'ieh³ ch'i⁴	器鐵
,, founder	t'ieh³ kung¹	工鐵
,, foundry	chih⁴ t'ieh³ so³	所鐵製
Ironical,	fêng⁴ tz'ǔ¹	刺諷
Irrational,	huang¹ t'ang² wu² chi¹	稽無唐荒
,,	pu⁴ chin⁴ li³	理近不
Irreclaimable,	pu⁴ tê² ch'ü³ hui²	回取得不

Irreclaimable—Irreverent. 410

Irreclaimable,	hu⁴ o⁴ pu¹ ch'üan²	悛不惡怙
Irreconcilable (enemies)	p'o⁴ fei⁴ t'iao² t'ing²	停調致頗
,, points	yu³ pei⁴-miu-ch'u	處謬背有
,,	yu³ mao²-tun-ch'u	處盾矛有
Irreconcilable enmity	yu³ pu⁴ nêng² liang³ li⁵ chih¹ shih⁴	勢之立兩能不有
,, terms, parliament and government on	i⁴ yüan⁴ tui⁴ yü² chêng⁴ fu³ yu³ chi¹ pu¹ hsiang¹ nêng² chih¹ shih⁴	勢之能相不積有府政於對院議
Irredeemable,	pu⁴ tui⁴ huan⁴	換兌不
Irregular,	pu⁴ ch'i²	齊不
,,	pu⁴ kuei¹ tsê	則規不
,, (vicious)	wu² fa⁴	法無
,, (uneven)	pu⁴ p'ing²-chêng	正平不
,, lengths	ch'ang² tuan³ pu⁴ ch'i²	齊不短長
,, order	ts'ên¹ tz'ŭ⁴ pu⁴ ch'i²	齊不差參
,, intervals	mei² chun³-'rh	兒準沒
,, (against rule)	fan⁴ kuei¹-chü	矩規犯
,, (serrated or jagged)	huo¹ ya² lou⁴ ch'ih³-ti	的齒露牙豁
,, (of appetite)	yin³ shih² pu⁴ t'iao²	調不食飲
,, ,,	ch'ih¹-ti pu⁴ t'iao²-yün	勻調不的吃
,, (of seasons)	shih²-ling pu⁴ t'iao²-ho	和調不令時
Irregularity of menses	yüeh⁴ ching¹ pu⁴ t'iao²	調不經月
Irrefutably proved	ch'üeh⁴ yu³ so³ chü¹ ssŭ¹ hao² pu⁴ shuang³	爽不毫絲據所有確
Irrelevant,	chih¹ chih¹ chieh² chieh²	節節枝枝
,,	wên⁴ t'i² wai⁴	外題問
,, conversation	hua⁴-pu fang² t'ou²	頭防不話
,, ,,	hua⁴-pu t'ou² chi¹	機投不話
Irremediable,	wu² fa³ wan³ hui²	回挽法無
Irremovable,	ssŭ³-ti	的死
,,	no²-pu tung⁴-ti	的動不挪
Irrepressible flood (e.g., of revolution)	ta¹ yu³ i¹ wang³ mo⁴ o⁴ chih¹ shih⁴	勢之遏莫往一有大
Irresolute,	chu³ i⁴ pu⁴ ting⁴	定不意主
,,	i¹ wei¹ liang³ k'o³ chih¹ hsin¹	心之可兩違依
,, (wavering)	yu²-yü	豫猶
,, (undecided)	hsin¹-ssŭ-pu ting'	定不思心
,, ,,	yu²-yü-pu ting⁴	定不豫猶
Irresolution,	pu⁴ chüeh² tuan⁴	斷決不
Irresponsible,	pu⁴ tan¹ ch'ên²-chung êrh	兒重沉擔不
Irretrievable,	wan³-pu hui lai²-ti	的來回挽不
Irreverence,	pu⁴ ching⁴	敬不
Irreverent,	hsieh⁴ man⁴	慢褻

Irrevocable—Issue.

Irrevocable,	wan³-pu-hui lai²-lo	挽不回來咯
,,	yü⁴ shan¹ ch'ing¹ tao³ tsai⁴ nan² fu²	玉山倾倒再離扶
,,	i⁴ yen² ch'u¹ k'ou³ ssŭ⁴ ma³ nan² chui¹	一言出口駟馬難追
Irrigate, to	chiao¹	澆
,,	kuan⁴ kai⁴	灌溉
Irrigation ditch or channel,	lung³ kou¹-êrh	壟溝兒
Irritant (med.)	tz'ŭ⁴ chi³ yao⁴	刺戟藥
Irritate, to	chao¹	招
,,	tou⁴	鬬
,,	jo³	惹
,, the skin, to	cha¹ jou⁴ p'i²-tzŭ	扎肉皮子
Irritated (annoyed)	yu³-hsieh pu² fên⁴-chih i⁴	有些不忿之意
Irritating (annoying)	t'ao³-jên hsien²-ti	討人嫌的
Irritation,	fên⁴ nu⁴	忿怒
Is,	shih⁴	是
,, there?	yu³ mei-yu	有沒有
,, there	yu³	有
Island (in the sea), an	hai³ tao³	海島
,, (in a river), etc.	kan¹ t'u³ ti¹-êrh	乾土地兒
Islander,	tao³ min²	島民
Isobar,	t'ung² ya¹ hsien¹	同壓線
Isolate, to	ko²-k'ai	隔開
,,	ku¹ li¹	孤立
,, (chemical)	fên¹ ch'ai¹	分拆
,, (infection)	ko² li²	隔離
Isolated peak, an	ku¹ feng¹	孤峰
,, house, an	ku¹-ling ting¹-êrh-ti fang²-tzŭ	孤零丁兒的房子
,, position, in an	shih⁴ ku¹ li⁴ tan¹	勢孤力單
,, cases (e.g., of robbery)	chieh² san¹ t'iao¹ ssŭ⁴	隔三挑四
Isolation,	chiao¹ t'ung¹ chê¹ tuan⁴	交通遮斷
Issue, to	fa¹ ch'u¹	發出
,, a warrant, etc., to	ch'u¹ p iao⁴	出票
,, an imperial edict	hsia⁴ shang⁴ yü⁴	下上諭
,, come from, to	ch'u¹	出
,, await the	têng³-cho ch'iao²	等着瞧
,, what was the	tsêm³-mo-ko chieh⁰-chü	怎麼個結局
,, of public loans	kung¹ chai⁴ chih¹ mu⁴ chi²	公債之募集
,, price 95	fa¹ chia⁴ chiu³ wu³	發價九五
,, wholesale	fa¹ hang²	發行
,, notes	fa¹ hang² chih³ pi⁴	發行紙幣
,, (result)	chieh² kuo³	結果

Issue—Jackal.　　　　418

Issue (result)	chieh² chü²	局結
,, point at	chêng¹ tien³	點爭
,, (progeny)	tzŭ³ sun¹	孫子
,, no	wu² tz'ŭ² (ssŭ⁴)	嗣無
,, ,	hsi¹-hsia wu² êrh²	兒無下膝
,, (victory or defeat)	shêng⁴ fu⁴	負勝
,, with, join	fei¹ t'ung² i⁴	意同非
,, from date of	tzŭ⁴ fa¹ pu⁴ jih⁴	日布發自
,, instructions to local authorities	fa¹ yü¹ ling⁴ yü² ti⁴ fang¹ kuan¹	官方地於令諭發
,, of orders	fa¹ hao² shih¹ ling¹	令施號發
,, cheques, persons having accounts (with banks)	ko⁴ fu⁴ k'uan³ chia¹ ch'ien¹ fa¹ yin² p'iao⁴	票銀發簽家欵附各
Isthmus,	ti⁴ hsia²	峽地
,,	ti⁴ kêng³	頸地
It,	ch'i²	其
,, away, take	na²-liao-ch'ü	去了拿
Italian,	i⁴-kuo-ti	的國義
Italy,	i⁴-ta-li ya³	亞利大義
Itch, to	yang³-yang	癢癢
,, to scratch an	chua¹ yang³-yang-'rh	兒癢癢抓
,, the	chang³ chieh⁴	疥長
,, with longing	k'o³ wang⁴	望渴
Item,	tien³	點
,,	k'uan³ mu⁴	目欵
,,	t'iao² k'uan³	欵條
,, in an account, an	i⁴ pi³ ch'ien²	錢筆一
Itemized inventory of accounts	chu⁴ hsiang⁴ kou¹ chi¹	稽鈎項逐
Iteration,	fan³ fu⁴	復反
Itinerant,	chou¹ yu²	遊周
,, bonze	hua⁴ yüan²	緣化
Itinerary,	lü³ hsing² lu⁴	錄行旅
Itself,	tzŭ⁴-chi ko³-êrh	兒各己自
,, grew of	tzŭ⁴ ko³ 'rh chang³-ti	的長兒各自
,, moves of	tzŭ⁴ jan²-êrh² tung⁴	動而然自
Ivory,	hsiang⁴ ya²	牙象

J

Jabber, to	tao¹ tao¹	叨叨
,,	hsü⁴ hsü⁴ tao¹ tao¹-ti	的叨叨絮絮
Jack in office, a	na² ch'iang¹ tso⁴ shih⁴-ti	的勢做腔拿
Jackal.	ch'ai²	豺

Jackal (or catspaw), his	shih t'a¹-ti ying¹ ch'üan³	犬黨的他是	
Jackass, a	chiao⁴ lü²	驢叫	
Jacket, a	i² chien⁴ ma³ kua⁴-'rh	兒褂馬件一	
,,	hsiao³ ao³-êrh	兒襖小	
,, without sleeves	pei¹-hsin-'rh	兒心背	
Jade,	yü⁴	玉	
,, transparent green	fei³ t'sui⁴	翠翡	
,, green	pi⁴ yü⁴	玉碧	
,, ware	yü⁴-ch'i	器玉	
Jail, a	chien¹ lao²	牢監	
,,	chien¹ yü⁴	獄監	
,, put in	shou¹-tsai chien¹ lao²-li	裏牢監在收	
Jailer, a head	lao² t'ou²	頭牢	
,, a	chin⁴-tzŭ	子禁	
Jam,	kuo³-tzŭ chiang⁴	醬子果	
,,	t'ang² kuo³-tzŭ	子果糖	
,, one's finger	ya shang¹ shou³ chih²	指手傷軋	
January (new style)	yi⁴ yüeh⁴	月一	
Japan,	jih⁴ pên³	本日	
Jar, a	kuan⁴-tzŭ	子罐	
,, a water	shui³ kang¹	缸水	
,, a wine	chiu³ t'an² tzŭ	子罈酒	
,, to	chên⁴	振	
Jar (of strife)	hsiang³ chên⁴	震響	
,, ,,	ya⁴ li⁴	轢軋	
Jargon,	hang² hua⁴	話行	
Jasmine,	mo⁴ li	莉茉	
Jaundice,	huang² tan⁴	疸黃	
Jaunt,	hsiao¹ yao²	遙逍	
,, go for a	kuang⁴-i-kuang	逛一逛	
Jaw,	sai¹-chia	頰顋	
,, bone	sai¹ pang¹-tzŭ	子梆顋	
,, at a person, to	tiao¹-êrh tiao¹-êrh-ti shuo¹	說的兒叼兒叼	
Jealous, got	fan⁴ ch'i³ suan¹ lai²	來酸起犯	
,, (of a child)	ch'i¹ lunai²	懷㱘	
,, (of one's honour)	shên⁴ pao³ ch'i² ming²	名其保慎	
,, (of a woman)	ch'ih¹ ts'u⁴	醋吃	
,, (of a man)	tu'u⁴ chin⁴	勁醋	
,, envious	chi⁴-tu	妒嫉	
,, woman, a	ts'u⁴ kuan⁴-tzŭ	子罐醋	
Jealousy, to excite	chao¹ ch'i⁴-k'o	刻忌招	
,, complications through	ts'u⁴ hai³ shêng¹ po¹	波生海醋	
,, looks like a case of	ssŭ⁴ yu³ ts'u⁴ i⁴	意醋有似	
Jeer at, to	ch'ao² lung⁴	弄嘲	

Jeer at, to	chi¹-ch'iao	譏誚
Jehovah,	yeh²-ho hua²	耶和華
Jelly,	tung¹-tzǔ	凍子
Jeopardize,	chih⁴ shên¹ wei¹ ti⁴	置身危地
Jericho, go to!	ni³ kun³-tao kua¹-wa kuo²-ch'ü-pa	你滾到瓜窪國去罷
,,	ni³ kun³ k'ai chê³ 'rh pa	你滾開這兒罷
Jerk, to	ch'ên¹-i-ch'ên	襯一襯
,, macaroni, to	ch'ên¹ mien¹	襯麪
Jersey, a	hsiao³ chin³-tzǔ	小緊子
Jest (see Joke), to	shuo¹ wan² 'rh hua⁴	說玩兒話
Jesus,	yeh¹-su	耶穌
Jet,	t'au⁴ tan³	炭膽
,,	p'ên¹ ch'u¹	噴出
Jettison,	t'ou² ch'i⁴	投棄
Jetty, a	ma³-t'ou	碼頭
Jeunesse dorée,	wan² k'u⁴ chih¹ shao⁴ nien²	紈袴之少年
Jew, a	yu²-t'ai jên²	猶太人
Jewel,	chên¹ pao³	珍寶
,, she is my	ai⁴ chih¹ ju² chên¹	愛之如珍
Jewels,	pao³ shih²	寶石
Jilt,	hsien¹ ku³ hou⁴ chin⁴	先慇後斬
Jingle a bell, to	yao² ling²-êrh	搖鈴兒
,, of a bell, etc., the	hua¹-lêng hsiang³	嘩啷響
,, knock together	p'êng⁴-ti hsiang³	碰的響
,, strike ,,	ch'iao¹-cho hsiang³	敲著響
Jinrickshaw,	yang² ch'ê¹	洋車
,, a	jên²-li ch'ê¹	人力車
,,	tung¹-yang ch'ê¹	東洋車
Job, ask for a	ch'ing³ ch'iu² p'ai⁴ shih⁴	請求派事
,, look for a	chao³-ko shih⁴-êrh	找個事兒
,, would not undertake the	pu⁴ k'ên³ lan³	不肯攬
,, for you, I'll undertake the	wo³ kei-ni ch'êng² pan⁴	我給你承辦
,, given me a difficult	nung⁴-liao-ko yü²'t'ou² lai² chiao⁴-wo chai²	弄了個魚頭來叫我擇
,, for him, not the right	yung⁴ fei¹ ch'i² ts'ai²	用非其才
,, he won't lose his	fan¹ wan³ pu⁴ tung⁴	飯碗不動
,, for a person (in sense of patronage), make a	yin¹ jên² shê shih⁴	因人設事
Jog to	p'êng⁴	碰
,, the memory	t'i²-ko hsing³-êrh	提個醒兒
,, trot, to go at a	tien¹-ho-cho tsou³	趈和著走

Join—Joke.

Join,		chia¹ ju⁴	入加
,,	a party	ju⁴ tang³	黨入
,,	together, to	lien²-shang	上連
,,	,, ,,	chieh¹-shang	上接
,,	in, with money	ts'ou⁴-ko fên⁴-tzǔ	子分個湊
,,	in partnership	ho² huo³	夥合
,,	,, ,,	ta¹ huo³	夥搭
,,	cannot	chieh¹-pu shang⁴	上不接
,,	I have never *joined* a political party	ming² wei⁴ kua⁴ tang³ jên² chih¹ chi²	籍之人黨掛未名
,,	he has *joined* the Chinputang	kua⁴ ming² chin² pu² tang⁴	黨步進名掛
,,	a large crowd *joined* in	kên⁴ shou³ 'rh yu⁴ yu³ hsü³ to¹ jên²	人多許有又兒手跟
,,	in subscribing	ho² li⁴ ch'u¹ tzǔ¹	資出力合
,,	battle	chiao¹ chan⁴	戰交
,,	all the provinces *joined* in	ko⁴ shêng³ i¹ ch'i² hsiang³ ying⁴	應響齊一省各
,,	the Postal Union	chia¹ ju⁴ ko⁴ kuo² yu² chêng⁴ hui⁴	會政郵國各入加
,,	the omnibus anywhere on route	sui² ti⁴ ta¹ kung¹ ma³ ch'ê¹	車馬公搭地隨
,,	in the management	hui⁴ pan⁴	辦會
,,	,, ,, ,,	hsieh² li³	理協
,,	in marriage	chieh² ch'in⁴	親結
,,	(a recruit)	ju⁴ wu³	伍入
,,	(connect)	lien² lo⁴	絡連
Joint,		kung⁴ yu³ ti¹	的有共
,,		kung⁴ yu³ chê³	者有共
,,	a	kuan¹ chieh²	節關
,,	measures, adopt	ts'ai³ kung⁴ t'ung² hsing² tung⁴	動行同共採
,,	a limb out of	ts'o⁴-lo ku²-fêng-êrh	兒縫骨了錯
,,	note	lien² ming² chao⁴ hui⁴	會照名連
,,	responsibility	lien² tai¹ tsê² jên⁴	任責帶連
,,	stock	ho² pên²	本合
,,	,, ,, company	ho² pên² kung¹ ssǔ¹	司公本合
,,	*jointly* and severally	lien² tai¹	帶連
Joints,		ku⁰-t'ou chieh⁰-'rh	兒節頭骨
Jointure,		hua¹ yeh¹ yü³ ch'i¹	妻與業劃
Joke, to		shuo¹ hsiao⁴-hua 'rh	兒話笑說
,,		ts'ou⁴ hsiao⁴-êrh	兒笑湊
,,		ku³ chi¹	稽滑
,,	a	wan² 'rh hua⁴	話兒玩
,,	a practical	o⁴ tso⁴ chi⁴	劇作惡

Joke—Judge.

Joke is a joke, a	shuo¹-shih shuo¹ hsiao⁴-shih hsiao⁴	笑是笑說是說
,, of a person, make a	shua³-hsi jên²	人戲耍
,, ,, ,,	ch'ü³-hsiao jên²	人笑取
Joking, you are	ni³-chê-shih ta³ ha¹-ha	哈哈打是這你
,, don't imagine I am	pieh² i³ wei² wo³ chê⁴ shih⁴ hsiao⁴ t'an²	談笑是這我爲以別
Jolly,	k'uai⁴ lo⁴	樂快
Jolting,	tien¹-ti-huang	慌的趯
Joss, a	i⁴ tsun¹ fo² hsiang⁴	像佛尊一
,, stick, a	i² chu⁴ hsiang¹	香炷一
,, paper	chih³ ma³-êrh	兒馬紙
Jostle, to	chi³	擠
,,	ch'uang⁴	闖
Jot,	tien³	點
,,	chi⁴ tsai⁴	載記
Journal, a	jih⁴ chi⁴	記日
,, (newspaper)	jih⁴ pao⁴	報日
Journey, to	lü³ hsing²	行旅
,,	kuei¹ t'u²	途歸
,, over seas, a long	yüan³ shê⁴ ch'ung² y ng²	洋重涉遠
,, to you, a prosperous	i² lu⁴ p'ing³ an¹	安平路一
,, ,, ,,	i⁴ fan¹ fêng¹ shun⁴	順風帆一
,, to go on a	ch'u¹ wai⁴	外出
,, itinerary	lu⁴-ch'êng	程路
,, on the	tao⁴-êrh-shang	上兒道
,, start on a	ch'i³ shên¹	身起
,, money in proportion to distance	an⁴ lu⁴ ch'êng² chih¹ yüan³ chin⁴ chi³ fu⁴ ch'uan¹ tzŭ¹ chih¹ to¹ kua³	寡多之資川付給近遠之程路按
Journeyman carpenter, a	hsia⁴ chieh¹-ti mu⁴-chiang	匠木的街下
Jovial,	ch'ang⁴-k'uai	快暢
Joy,	hsi²	喜
,, extreme	huan¹ t'ien¹ hsi³ ti⁴	地喜天歡
,, ,,	k'uang² hsi³-pu chin⁴	禁不喜狂
,, and sorrow blended	pei¹ hsi³ chiao¹ chi²	集交喜悲
,, an expression of	hsin¹ jan² yu³ hsi³ sê⁴	色喜有然欣
,, must have an end, all	mei²-yu-pu san⁴-ti yen²-hsi²	席筵的散不有沒
Joyful in appearance	ho² yen² yüeh⁴ sê-ti	的色悅顏和
,, news	hsi³ hsin⁴	信喜
Joyfully agreed	hsin¹-jan ta¹-ying-lo	咯應答然欣
Jubilee,	chu⁴ tien³	典祝
Judge, a (old expression)	an⁴-ch'a shlh³	使察按
,, (,, ,,), provincial	nieh⁴-t'ai	台臬

Judge, a	ts'ai² p'an⁴ kuan¹	裁判官
,, (High Court)	ssǔ¹ fa³ kuan¹	司法官
,, (connoisseur)	chien⁴ ting⁴ chia¹	鑒定家
,, (at an exhibit)	p'ing² ting⁴ yüan²	評定員
,, presiding	ts'ai² p'an⁴ chang³	裁判長
,, ,,	chien¹ tu¹ t'ui¹ shih⁴	監督推事
,, character by the face	hsiang⁴ mien⁴	相面
,, a man by his clothes	i¹ mao⁴ nien⁴	衣帽念
,, from present appearances	chiu⁴ ch'i² mu⁴ ch'ien² kuan¹ chih¹	就其目前觀之
Judgment (sentence)	hsüan¹ kao⁴	宣告
,, (faculty)	p'an⁴ tuan⁴ li⁴	判斷力
,, (philosophical)	tuan⁴ ting⁴	斷定
,, give a	p'an⁴ tuan⁴	判斷
,, a written	p'an⁴ wên²	判文
,, a verbal	p'an⁴ yü³	判語
,, written	p'an⁴ chüeh² shu¹	判決書
,, reserve-	yên² ch'i² p'an⁴ chüeh²	延期判決
,, by default	ch'ien¹ hsi² p'an⁴ chüeh²	欠席判決
,, final	ch üeh⁴ ting⁴ ts'ai² p'an⁴	確定裁判
,, (of the court), submit to the	shou⁴ ch'i² shên³ p'an⁴	受其審判
,, to decide if right or not, I leave it to your	shih⁴ fou³ yü³ tang¹ ch'u¹ yü² chün¹ ts'ai²	是否有當出於鈞裁
,, in my	i¹ wo³ chih¹ chien⁴	依我之見
,, according to my	chü¹ wo³ k'an⁴ lai²	據我看來
,, to act on one's own	tzǔ¹ tso⁴ chih³ i¹	自做己意
,, of heaven is inevitable	t'ien¹ wang³ k'uei¹ k'uei¹ su¹ êrh² pu⁴ lou⁴	天網恢恢疏而不漏
Judicature,	fa⁴ yuan⁴	法院
Judicial,	ts'ai² p'an⁴ shang	裁判上
,, functions	ssǔ¹ fa⁴ chih⁴ wu⁴	司法職務
Judiciary,	ssǔ¹ fa³	司法
Judicious,	ming² chê²	明哲
Jug, a	kuan⁴ 'rh	罐兒
Juggler, a	pien⁴-hsi fa³ 'rh ti	變戲法兒的
Jugular vein	kêng³ pu⁴ tung⁴ mo⁴	頸部動脈
Juice,	shui³ 'rh	水兒
,, gastric	wei¹ yeh⁴	胃液
,, expressed	chih¹-êrh	汁兒
Jumbled together	ch'an¹-tsai i² k'uai⁴-'rh	一在塊兒
,, ,,	tsa²-luan-lo	雜亂咯
Jump over, to	t'iao⁴-kuo-ch'ü	跳過去
,, about	pêng⁴	迸
, over a person's head	yüeh⁴-kuo t'a-ti t'ou²	越過他的頭

Junction—Just.   424

Junction,	lien² lo⁴ so³	所絡連
,,	chieh¹ hsü¹ tien³	點續接
,,	chiao¹ ch'a¹ tien³	點义交
Juncture, a	chi⁴-yü	遇際
,,	shih² chü²	局時
,,	shih² chi¹	機時
,,	chia¹-tang-êrh	兒當夾
,, at this	chêng⁴ tsai⁴ tz'ŭ³ .... chi⁴	際 .... 此在正
Junior,	hou⁴ chin⁴	進後
,, is	tsai⁴ hou⁴	後在
,, in place	pan¹-tz'ŭ tsai⁴ hou⁴	後在次班
Juniors,	wan³ pei⁴	輩晚
,, in office	pan¹-tz'ŭ tsai⁴ hsia⁴	下在次班
,, in standing	shao⁴ nien² hsin¹ chin⁴	進新年少
Juniper,	tu⁴ sung¹ shu⁴	樹松杜
Junk,	min² ch'uan²	船民
,, a	i⁴ chih¹ ch'uan²	船隻一
,, old rope	ma²-tao	刀蔴
Jupiter,	mu⁴ hsing¹	星木
Jurisdiction,	ts'ai² p'an⁴ ch'üan⁴	權判裁
,,	ssŭ¹ fa⁴ ch'üan⁴	權法司
,,	kuan³ hsia² ch'üan²	權轄管
,, (authority)	chih¹ p'ei⁴	配支
,, consular	ling³ shih⁴ ts'ai² p'an⁴ ch'üan²	權判裁事領
,, in my	shu³ wo³ kuan³ hsia²	轄管我屬
,, over, no	pu⁴ tsai⁴ kuan³ hsia²	轄管在不
Jurisprudence,	fa⁴ hsüeh²	學法
Jurist,	fa⁴ lü⁴ chia¹	家律法
Juror,	p'ei² shên³ kuan¹	官審陪
Jury (at an exhibition)	p'ing⁴ ting⁴ wei³ yüan²	員委定評
Just,	chêng⁴ tang¹	當正
,, fair	kung¹-tao	道公
,, ,,	kung¹-p'ing	平公
,, as	chêng⁴ tsai⁴	在正
,, about to	kang¹ yao⁴	要剛
,, consider!	shih⁴ hsiang³	想試
,, in the middle	chêng⁴ tang¹-chung chien⁴ 'rh	兒間中當正
,, going, I was	chêng⁴ yao⁴ tsou²	走要正
,, come	kang¹ lai²-lo	咯來剛
,, ,,	ts'ai² lai²-lo	咯來纔
,, the time	chêng⁴-shih shih²-hou 'rh	正是時候兒
,, so	so³ i³-lo	了以所

Just—Keep		
Just enough, only	kang¹ kang²-êrh-ti kou⁴-lo	剛剛兒的殼咯
,, arrangement, a very	p'o¹ tê² ch'i² p'ing²	頗其得平
,, established	fu³ ching¹ ch'êng² li²	立成經福
,, now (and has left again), he was here	t'a¹ kang¹ ts'ai² tsai⁴ chê⁴ 'rh	他剛才在這兒
,, cause has public opinion behind it, a	kung¹ li³ tzŭ³ tsai⁴ jên² hsin¹	公理自在人心
Justice,	kung¹-tao	公道
,, (abstract)	kung¹ i⁴	公義
,, to act with	ping³ kung¹ pan¹	秉公辦
,, (equity)	t'iao² li³	條理
,, court of	shên³ p'an⁴ t'ing¹	審判廳
,, ministry	ssŭ¹ fa⁴ pu⁴	司法部
,, of High Court of Chihli, chief	chih¹ li⁴ kao¹ têng³ shên³ p'an¹ t'ing¹ chang³	直隸高等審判廳長
Justifiable homicide	chêng⁴ tang¹ sha¹ jên²	正當殺人
Justified,	fên¹ so³ tang¹ jan⁵	分所當然
,, the means, the end	mu⁴ ti¹ wei² shou² tuan¹ chih¹ pien⁴ hu⁴	目的為手段之辯護
Justly (by them), may feel that one has acted	shih² ts'ŭ² i³ ch'a¹ kao¹ wu² tsui⁴	實足以差告無罪
Jut out	t'u⁴ ch'u¹	突出
Juxtaposition,	ping⁴ chih⁴	並設

K

Kalends, the greek	lü² nien² ma³ yüeh⁴	驢年馬月
,, ,,	t'ieh³ shu⁴ k'ai¹ hua¹	鐵樹開花
Karma,	yin¹ kuo³ ying⁴ pao⁴	因果應報
Keen,	jo⁴ hsin¹	熱心
,,	jui⁴ li⁴	銳利
,, blade	li⁴ tao¹	利刀
,, (intellect)	min³ chieh²	敏捷
,, eye	yên³ chien¹	眼尖
,, on study	hsiang⁴ hsüeh² chih¹ chih⁴	向學之志
Keener they are to lend us (China) money, the more they really realisc repayment is impossible the	yüeh⁴ chih¹ tao⁴ .... pu⁴ nêng² huan² yüeh⁴ shang⁴ kan³ cho chieh¹ kei³ tsa⁷ men shih⁰	越知道不...能還越上趕著借給咱們使
Keenness to underwrite shares	ch'êng² kou⁴ yung² yüeh⁴	承購踴躍
Keep to (maintain)	shan¹ yang²	贍養
,, (of pets, etc.)	yang³-huo	養活
,, ,,	wei⁴ yang³	餵養

Keep—Key.   426

Keep (of people)	hu³ k'ou³	口糊
,, will give him his	kuan³-t'a fan⁴	飯他管
,, detain	liu²	留
,, ,,	liu²-chu	住留
,, in order	kuan²-chiao	教管
,, in the background	lien⁴ chi⁴	跡歛
,, the festival	kuo⁴ chieh²	節過
,, things going, just	fu¹ yên³ ts'an² chü²	局殘衍敷
,, women	liu² chi⁴ chu⁴ hsiu³	宿住妓留
,, up a long time in the water	ch'iu² shui³ ch'ang² li⁴	力長水浸
,, absolutely "mum"	yên³ ju² mang² ya³	啞盲如啞
,, on assenting	chin⁴ kuan³ ta¹ ying⁴	應答管盡
,, out of way of odium	hui² pi⁴ hsien² i²	疑嫌避廻
,, a carriage	shuan¹ ch'ê¹	車拴
,, (preserve)	pao⁶ ts'un²	存保
,, (a promise)	lü³ hsing²	行履
,, (take charge)	hu⁴ wei⁴	衞護
,, good time	shih² chien¹ chih¹ ch'üeh⁴ ting⁴	定確之間時
,, back (news)	chien¹ mo⁴	默緘
,, down	ya¹ chih⁴	制壓
,, in mind	chi⁴ i⁴	憶記
,, out	pi⁴ mên² pu⁴ na⁴	納不門閉
,, one's room	shou³ ping⁴	病守
,, off	ti² yü¹	禦抵
,, ,, cold	t'ang² han²	寒搪
,, one's powder dry	shih⁴ tsai² hsien²	弦在矢
,, over night, it won't	pu⁴ chieh² yeh⁴	夜隔不
,, their heads	i³ lêng² ching⁴ ti¹ t'ou² nao³	腦頭的靜冷以
Keeper,	k'an¹ shou³ jên²	人守看
Keeping in with	wên³ ho²	合吻
,, ,, ,,	hsiang¹ fu²	符相
Keepsake,	chi⁴ nien⁴ wu⁴	物念耙
,, a	nien⁴-hsin-'rh	兒心念
Kennel, a	kou³ wo¹	窩狗
Kerchief (for the head), a	pao¹-t'ou	頭包
Kernel, a	ho²-êrh	兒核
,, of an apricot	hsing⁴ jên²-rh	兒仁杏
Kerosene,	mei² yu²	油煤
Kettle, a	shui³ hu²	壺水
Key, a	i⁴ pa² yao⁴-shih	匙鑰把一
hole	yao⁴-shih mên²-rh	兒門匙鑰
stone of an arch	ho² lung² shih²	石龍合

Keys,	custodian of the (palace)	ssŭ¹ yao⁴ chang³	司鑰長
,,	(of a position)	yên⁴ hou² ti⁴	咽喉地
,,	,,	chien⁴ kuan¹	關鍵
,,	of East Asia, the Upper Yangtse is the	ch'ang² chiang¹ shang⁴ yu² wei² tung¹ ta⁴ lu⁴ chih¹ so³ yao⁴	長江上游為東大陸之鎖鑰
Keynote of his reply		ta¹ fu⁴ chih¹ chang¹ pên³	答復之張本
,,	of freedom to borrow is credit, the	tzŭ⁴ yu² chieh⁴ chai⁴ chih¹ kuan¹ chien¹ shih hsin¹ yung⁴	自由借債之關鍵是信用
Kick, to		t'i¹	踢
,,	up the heels	liao¹ chüeh³-tzŭ	撩蹶子
,,	in the stomach, a	wo¹ hsin¹ chiao³	窩心脚
,,	on the shins, to	wang⁴ ying² mien⁴ ku³-shang i⁴ t'i¹	往迎面骨上一踢
,,	up a row	nao⁴	鬧
Kid, a		shan¹ yang³ kao¹-êrh	山羊羔兒
,,	skin	yang² kao¹ p'i²	羊羔皮
Kidnap,		kuai³	拐
Kidney,		shên² tsang⁴	腎臟
,,		nei⁴ shên	內腎
Kidneys (of animals)		yao¹-tzŭ	腰子
Kill, to		sha¹	殺
,,	animals	tsai²	宰
,,	time	hsiao¹ shih²	消時
,,	me with laughing	hsiao⁴-ssŭ wo³	笑死我
Kiln, a		i³ tso⁴ yao²	一座窰
,,	brick	chuan¹ yao²	磚窰
Kin,		ch'in¹ ch'i⁴	親戚
,,		ch'in¹ tsu²	親族
,,		hsüeh² t'ung³	血統
Kind (sort)		yang⁴-tzŭ	樣子
,,	,,	yang⁴-êrh	樣兒
,,	category	lei⁴	類
,,	the same	t'ung² chung³	同種
,,	amiable	ho²-ch'i	和氣
,,	person, a	tz'ŭ²-shan jên²	慈善人
,,	intentions, thanks for	hsin¹ ling³-lo k'ên³ ch'ieh	心領懇切
,,	enquiries	wei⁴ wên⁴	慰問
,,	hearted	tz'ŭ² hsin¹	慈心
,,	,,	hao³ hsin¹ yen³-'rh	好心眼兒
,,	has so far made no reply of any	shang⁴ wei⁴ ju² ho² têng³ chih¹ hui² ta²	尚未如何等之回答

Kind—Kingfisher. 428

Kind heart (often) ruins the possessor, a	tz'ŭ² hsin¹ shêng¹ huo⁴ hai⁴	慈心生禍害
Kindergarten,	yu⁴ chih⁴ yüan²	幼稚園
Kindle,	tien³	點
,, sparks *kindled* afresh	ssŭ³ hui¹ fu⁴ jan²	死灰復燃
Kindly,	hou⁴ i⁴	厚意
,, will you	lao² nin² chia⁴	勞您駕
,, ,,	fei¹ nin² hsin¹	費您心
,, ,,	fan² nin²	煩您
,, ,,	fêng⁴ k'ên³ nin²-na	奉懇您納
Kindness,	ch'ing²-i	情義
,, with rancour, it is a human attribute to repay	i³ yüan⁴ pao⁴ ên¹ jên² !ei⁴ t'ê⁴ hsing⁴	以怨報恩人類特性
,, to treat with	tai⁴ t'a² yu³ ch'ing²-i	待他有情義
,, do me a	t'êng²-ku wo³	疼顧我
,, please thank so and so for all his—	i¹ ch'ieh¹ kao¹ ch'ing² to¹ hsiang⁴ mou³ tao⁴ hsieh⁴	一切高情多向某道謝
,, and favour	shên¹ jên² hou⁴ tsê²	深仁厚澤
,, extreme	jên² chih³ i⁴ chin⁴	仁至義盡
Kindred,	ch'in¹-ch'i	親戚
,,	ch'in¹ tsu²	親族
,, kith and one's own	tzŭ¹-chia ku²-jou	自家骨肉
,, spirit	hsin t'ung² shên¹ i⁴	心同身異
,, spirits	hao³ yüan¹-chia	好寃家
,, (imperial)	i⁴ ch'in¹	懿親
Kinds, all	ko⁴ yang⁴-êrh	各樣兒
,,	chu¹ pan¹	諸般
,,	yang⁴ yang⁴-êrh	樣樣兒
,,	ko⁴ shih¹ ko² yang⁴-êrh-ti sê⁴ sê⁴	各式各樣兒的色色
Kinematograph a	tien⁴ ying³-êrh	電影兒
,,	huo² tung⁴ hsieh³ chên¹ ch'i⁴	活動寫眞器
King, a	kuo² huang²	國皇
,, of England	ying¹ huang²	英皇
King's evil	lo³ li¹	瘰癧
,, evidence	ch'u¹ shou⁴	出首
Kingdom, a	kuo²	國
,,	pang¹	邦
,, animal	tung⁴ wu⁴ chieh⁴	動物界
,, united	lien² ho⁴ wang² kuo²	聯合王國
Kingfisher, a	ts'ui⁴ ch'iao³-êrh	翠雀兒
,, feathers	ts'ui⁴ hua¹-'rh	翠花兒
,, ,, decorated with	tien³ ts'ui⁴	點翠

Kingly,	wei¹ yên²	威嚴
Ki k,	kuai⁴ hsiang³	怪想
,, has a	shang⁴-liao chin⁴-lo	上了勁咯
,, in the character	shang⁴-liao ning⁴ chin⁴-lo	上了擰勁咯
Kiosk,	t'ing²	亭
Kiss, to	ch'in¹ tsui³-'rh	親嘴兒
,,	yao⁴ tsui³-'rh	要嘴兒
,,	chieh¹ wên³	接吻
,, demand s	yao⁴ kuai¹-kuai	要乖乖
Kitchen, a	ch'u² fang²	厨房
,,	p'ao² ch'u²	庖厨
,, garden	ts'ai⁴ yüan²-tzǔ	菜園子
,, god of the	tsao⁴-wang yeh²	竈王爺
Kite, a	fêng¹-chêng	風筝
,, to fly a	fang⁴ fêng¹-chêng	放風筝
,, (bird)	yao⁴-ying	鷂鷹
Kitten, a	hsiao³ mao¹-êrh	小猫兒
Kittens, have	hsia⁴ hsiao³ mao⁴-êrh	下小猫兒
Kleptomania,	ch'ieh⁴ wu⁴ p'i³	竊物癖
Knack,	chi¹ min³	機敏
,,	shou³ shu⁴	手術
,, of it, has the	yu³ na⁴ ling²-chi	有那靈機
Knave is usually a fool, the	hsiao³ jên² chih¹ tso⁴ o⁴ hsin¹ cho¹	小人之作惡心拙
Knavish trick	chien¹ shu⁴	奸術
Knead flour, to	ch'uai¹-mien⁴	揣麵
Knee, the	po¹-lêng kai⁴-êrh	波稜盖兒
,, cap	po¹-lêng kai⁴-êrh	波稜盖兒
,, to go on with one	ta³ ch'ien¹-'rh	打千兒
,, bend the	ch'ü¹ hsi¹	屈膝
,, reaching to the *knees* (as a frockcoat)	ch'ang² yü³ hsi¹ ch'i²	長與膝齊
,, crawl on the *knees*	kuei⁴ p'a²-cho tsou³	跪着爬走
Kneel, to	kuei⁴	跪
,, down	kuei⁴-hsia	跪下
,, on one knee	ta³ ch'ien¹-'rh	打千兒
,, to entreat	kuei⁴ ti⁴ ai¹ ch'iu²	跪地哀求
Knick-knacks (ornaments)	pai³-shê-'rh	擺設兒
Knife, a	hsiao³ tao¹-tzǔ	小刀子
,,	i¹ pa³ tao¹-tzǔ	一把刀子
,, a pocket	chê² tao¹ 'rh	折刀兒
,, sharpen a	mo² tao¹	磨刀
,, to open a	ta³-k'ai tao¹-tzǔ	打開刀子
,, shut a	pa⁴ tao¹-tzǔ pin⁴-shang	把刀子並上
Knight,	hsia² k'o⁴	俠客

Knightly—Know. 430

Knightly,	i⁴ ch'i⁴	義氣
Knit, to	pien¹	編
,,	chih¹	織
,, the brows	chou⁴ mei²	縐眉
,, his brows together	ch'ou³ so³ shuang¹ mei²	縐鎖雙眉
,, friendship	chieh² chin¹ lan² chih¹ ch'i⁴	結金蘭之契
,, together (as broken bones)	t'ung² chang³	同長
Knob, a	ko¹ ta	紇縫
,, of a door	mên² hsüan³	門旋
Knock against, to	p'êng⁴	碰
,, at the door	chiao⁴ mên²	叫門
,, ,, ,, to	k'ou⁴ mên²	扣門
,, over, to	p'êng⁴ t'ang³-hsia	碰倒下
,, under	hsiang² fu²	降服
,, he can't stand knocking about	pu⁴ chin¹ chê² t'êng²	不禁折騰
Knoll, a	t'u³ p'o¹-êrh	土坡兒
Knot, a	ko¹-ta	紇縫
,,	k'ou¹ 'rh	扣兒
,, a fast	ssŭ³ k'ou⁴ 'rh	死扣兒
,, a slip	huo² k'ou¹ 'rh	活扣兒
,, tie a	chieh¹ ko¹-ta	接紇縫
,, undo a	chieh³ ko¹-ta	解紇縫
,, in wood	chieh¹-tzŭ	結子
,, hair done in a	wan³-cho tsuan³-'rh	挽着纂兒
,, (or silk button on a cap), the	chieh²-tzŭ	結子
,, (nautical)	hai³ li³	海里
,, cut the Gordian	k'uai⁴ tao¹ chan³ luan⁴ ma²	快刀斬亂麻
,, tie the matrimonial	chieh² li²	結褵
Knotty point	nan² wên¹ ti²	難問題
Know, to	chih¹-tao	知道
,,	hsiao³-tê	曉得
,, be acquainted with	jên⁴-shih	認識
,, ,, ,, ,,	jên⁴-tê	認得
,, a word or character	jên⁴-tê	認得
,, too much of his past	i³ chi³ so³ tso⁴ so³ wei² li⁴ li⁴ tsai⁴ ch'i² mu⁴ chung¹	以所作所為歷歷在其目中
,, you are wrong, then reform, if you	chih¹ kuo⁴ pi⁴ kai³	知過必改
,, the details, I don't	pu⁴ chih¹ ti³ hsi⁴	不知底細
,, one self	yu³ tzŭ⁴ chih¹ chih¹ ming²	有自知之明

Know—Labourer

Know of (when names suppressed), the person you	ch'ien² t'u²	前途
,, those who	shih⁴ chê³	識者
,, thoroughly	t'ung¹ hsiao³	通曉
Knowledge,	chih¹ shih⁴	知識
,,	chih⁴-chao-êrh	智著兒
,, of finance, absolutely no	hao² wu² ts'ai² chêng⁴ shang¹ chih¹ hsüeh² shih⁴	毫無財政上之學識
,, (theoretical)	hsüeh² li³	學理
,, (in law, *i.e.*, guilty knowledge)	chih¹ ch'ing²	知情
Knows something about it, at least	mei² ch'ih¹-kuo chu¹ jou⁴ yeh³ k'an⁴-chien-kuo chu¹ p'ao³	沒吃過豬肉也看見過豬跑
Knuckle,	chih³ chieh² 'rh	指節兒
,, under to him, I won't	wo³-pu jang⁴-t'a hsiang²-fu wo³	我不讓他降伏我
Kotow, to	k'o¹ t'ou²	磕頭
,,	k'ou⁴ t'ou²	叩頭

L

Label, a	ch'ien¹-tzǔ	籤子
,,	piao¹ ch'ien¹	標籤
,, a book	kua⁴ ch'ien¹	掛籤
,, put on a	fei¹-shang ch'ien¹-tzǔ	飛上籤子
Laboratory,	shih⁴ yen⁴ so³	試驗所
Laborious,	ch'in² lao²	勤勞
Labour,	˙kung¹	工
,,	lao² i⁴	勞役
,,	lao² li⁴	勞力
,, hard	k'u³ kung¹	苦工
,, division of	fên¹ lao²	分勞
,, party	lao² tung⁴ tang³	勞働黨
,, capital and	tzǔ¹ pên¹ chia¹ . . . . lin⁴ yung¹ chia¹	資本家 . . . . 賃傭家
,, and capital on nothing, waste	ch'ing¹ ch'i⁴ kung¹ pên³	輕棄工本
,, only ends with life	ch'ih¹ pu⁴ wan² ti¹ fan⁴ pan² pu⁴ wan² ti¹ shih⁴	吃不完的飯辦不完的事
,, woman in	ch'an³ fu⁴	產婦
,, this point, no need to	pu⁴ yung¹ hsi⁴ yen²	不用細書
Labourer,	min² fu¹	民夫
,, a	kung¹-jên²	工人

Labourer—Lament. 432

Labourer, master	ta⁴ kung¹	大工
,, mate	hsiao³ kung¹	小工
,, exclusion of *labourers*	chin⁴ chih⁴ k'ung¹ jên²	禁制工人
Lace, a	i kên¹ tai-tzǔ	一根帶子
,, a boot	hsüeh¹ tai⁴-tzǔ	靴帶子
,, a boot, to	chi⁴-shang tai⁴-tzǔ	繫上帶子
Laceration,	lieh⁴ shang¹	裂傷
Lache,	t'o¹ lou¹	脫漏
Lachrymal duct	lei⁴ kuan³	淚管
Lack of thought	wei⁴ chia¹ ssǔ¹ so³	未加思索
,, funds	k'uan³ hsiang² pu¹ tsu²	款項不足
Lackadaisical,	niu³-niu nieh⁴ nieh⁴-ti	扭捏捏的
Lacquer,	ch'i¹	漆
,, to	shang⁴-ch'i¹	上漆
Lad, a	hsiao³ t'ung³-êrh	小童兒
,, wanton	wan² t'ung²	頑童
Ladder, a	t'i¹-tzǔ	梯子
,, mount a	shang⁴ t'i¹-tzǔ	上梯子
,, ,, ,,	têng¹ t'i¹-tzǔ	登梯子
,, ,, ,,	p'a³-shang t'i¹-tzǔ	爬上梯子
,, rungs of a	t'i¹-tzǔ têng⁴-êrh	梯子瞪兒
Laden with	ta¹ tsai⁴	搭載
Lading bill of	t'i² huo⁴ tan¹	提貨單
Ladle, a	i⁴ pa³ shao²-tzǔ	一把杓子
,, out water, etc., to	k'uai³ shui³	舀水
Lady, a	i² wei⁴ t'ang²-k'o	一位堂客
,,	t'ai⁴-t'ai	太太
,, (wife of high official)	ming⁴ fu⁴	命婦
,, of high rank (also politely of any one's wife)	fu¹ jên²	夫人
Lady's maid, a	kuan³ shu¹ t'ou²-ti	管梳頭的
Lag behind, to	lao⁴ tao hou⁴-t'ou	落到後頭
Lair, a	wo¹	窩
,,	wo¹ ch'ao²	窩巢
Laisser faire,	fang⁴ jên⁴	放任
Laity,	su² jên²	俗人
,, return to the	huan² su²	還俗
Lake, a	hu²	湖
Lakh,	shih² wan⁴	十萬
Lama,	la³-ma	喇嘛
Lamb, a	yang³ kao¹-êrh	羊羔兒
Lame,	ch'üeh²-lo	瘸了
,, person, a	ch'üeh²-tzǔ	瘸子
Lament, to	ai¹ k'u¹	哀哭
	ai¹ t'ung⁴	哀慟

Lament,		pei¹ t'an⁴	歎悲
Lamp, a		i⁴ chan³ têng¹	盞一
,,	a street	fêng¹ têng¹	燈風
,,	,,	lu⁴ têng¹	燈路
,,	a sanctuary	hai³ têng¹	燈海
,,	an oil	yu² têng¹	燈油
,,	a gas	ch'i⁴ têng¹	燈氣
,,	an electric	tien⁴ têng¹	燈氣
,,	a band	pa⁴-êrh têng¹	燈兒把
,,	on a post (or stand)	ch'o¹ têng¹	燈跥
,,	light a	tien³ têng¹	燈點
,,	put out a	ch'ui¹ têng¹	燈吹
,,	wick	têng¹ nien³-tzǔ	子撚燈
,,	chimney	têng¹ chao⁴-tzǔ	子罩燈
,,	oil	têng¹ yu²	油燈
,,	shade	têng¹ mao⁴-tzǔ	子帽燈
,,	post	têng¹ t'ai²	台燈
,,	,,	têng¹ kan¹-tzǔ	子杆燈
Lamplight,		têng⁴ kuang¹-êrh	兒光燈
,,	by	têng¹ ti³-hsia	下底燈
Lamplighter, a		têng¹ fu¹	夫燈
Lance, a		i⁴ kan³ ch'iang¹	槍杆一
Lancer,		ch'iang¹ ch'i² ping⁴	兵騎槍
Land,		ti⁴	地
,,	arable	t'ien² ti⁴	地田
,,	pasture	mu⁴ yang² ti⁴	地養牧
,,	dry	han⁴ ti⁴	地旱
,,	waste	huang¹ ti⁴	地荒
,,	government	kuan¹ ti⁴	地官
,,	private	min² ti⁴	地民
,,	,,	ssǔ¹ ch'an³	產私
,,	tax	ti⁴-ting	丁地
,,	,,	t'ien² fu⁴	賦田
,,	,,	ti⁴ shui⁴	稅地
,,	lord	ti⁴ chu²-êrh	兒主地
,,	,,	fang² chu³ êrh	兒主房
,,	ownership of	ti⁴ chu³ ch'üan²	權主地
,,	buy	chih⁴ ch'an³	產置
,,	by	yu² lu⁴ lu¹	路陸由
,,	,,	yu² han⁴-lu tsou³	走路旱由
,,	to	shang⁴ an⁴	岸上
,,	lies, see how the	shih⁴-i-shih fêng¹-t'ou k'an⁴	看頭風試一試
Landing,		têng¹ an⁴	岸登
,,	party (naval)	lu⁴ chan⁴ tui¹	隊戰陸

Landmark, ching⁴ chieh⁴ piao¹ 標界境
Landscape, shan¹ shui³ 水山
,, ching³-chih 緻景
,, gardening t'ing² yüan² shu⁴ 術園亭
Landslip, shan¹ pêng¹ 崩山
Lane, a hu²-t'ung¹-êrh 兒同胡
Language, hua⁴ 話
,, written wên² hua⁴ 話文
,, spoken su² hua⁴ 話俗
,, coarse ts'u¹ hua⁴ 話粗
,, abusive ma⁴ jên²-ti hua⁴ 話的人罵
,, national kuo² yü 語國
,, violent pao⁴ yen² 言暴
,, the gentleman does chün² tzŭ pu⁴ ch'u¹ o⁴ shêng¹
not use bad 聲惡出不子君
,, disreputable yü³ to¹ shih¹ chien³ 檢失多語
Languid, to feel fa¹ chüan⁴ 倦發
Languish, shuai¹ wei¹ 微衰
Lantern, a têng¹-lung 籠燈
,, procession t'i² têng¹ hui⁴ 會燈提
Lanterns, Feast of têng¹ chieh² 'rh 兒節燈
,, are not allowed in the jih⁴ ju⁴ hou⁴ pu¹ ch'ih²' têng¹ huo³
street after sunset, chê³ pu¹ chun³ tao⁴ lu¹ hsing²
persons without tsou³ 走行路准不者火燈持後入日
Lap, sit in the tso⁴-tsai t'ui³-shang 上腿在坐
,, hold on the pao⁴-cho 着抱
,, to (as a dog) ta²-la 拉達
Lappet of a coat ta⁴ chin¹ 襟大
Lapse of time shui⁴ to¹ mêng⁴ ch'ang² 長夢多睡
,, ,, limit yü² hsien⁴ 限逾
,, ,, in the nien³ ch'ên² jih⁴ chiu³ 久日陳年
,, ,, has brought in hsing² chih¹ nien³ chiu³ po⁴ pi¹
many defects ts'ung¹ shêng¹ 生叢弊百久年之行
,, of right shih¹ ch'üan² 權失
Lapsed, chu⁴ hsiao¹ 消注
,, hsiao¹ mieh⁴ 滅消
Lapsus linguæ ts'o⁴ wu⁴ 誤錯
,, calami pi³ wu⁴ 誤筆
Larceny, ch'ieh⁴ tao⁴ fan⁴ 犯盜竊
Larch, lo⁴ yeh⁴ sung¹ 松葉落
Lard, hog's chu¹ yu² 油豬
Large, ta⁴ 大
,, hearted k'uan¹-hou 厚寬
,, minded chü⁴ yen³-ti jên² 人的眼巨
,, majority ta⁴ to¹ shu⁴ 數多大

Large---Late.

Large capitalists, eminent	chu⁴ ming² yin¹ fu⁴ chih¹ tzǔ¹ pên³ chia¹	著名殷富之資本家
,, scale, do things on a	fang⁴ shou³ tso⁴ shih⁴	放手作事
Larvae,	hsiang³ tzǔ³	蟓子
Lascivious glances, to cast	mi¹-hsi-cho yen³-'rh ch'iao²	眯嘻著眼兒瞧
,, men	sê chung¹ o⁴ kuei³	色中餓鬼
Lash, of a whip	pien¹ shao¹-êrh	鞭梢兒
,, him with the	ch'ou¹-t'a i⁴ pien¹-tzǔ	抽他一鞭子
Lassitude,	fa¹ chüan⁴	發倦
,,	chüan⁴ tai⁴	倦怠
,,	li⁴ chüan⁴ shên² p'i²	力倦神疲
Lasso, a	t'ao⁴ ma³ kan¹-tzǔ	套馬杆子
Last,	tsui⁴ hou⁴	最後
,, the	mo⁴ wei³-ti	末尾的
,, at	tao⁴ liao³-rh	到了兒
,, finished at	k'o³ tê²-liao	可得了
,, month	shang⁴ yüeh⁴	上月
,, week	shang⁴ li³ pai⁴	上禮拜
,, year	ch'ü⁴ nien²	去年
,, time	shang⁴ hui²	上回
,, ,, the	ti⁴ mo⁴ hui²	第末回
,, cannot	ch'ang²-pu liao³	常不了
,, long, cannot	pu⁴ nêng² nai⁴ chiu³	不能耐久
,, from first to	shih³ chung¹	始終
,, days of the Manchu dynasty	ch'ien² ch'ing¹ chih¹ mo⁴ tsao⁴	前清之末造
,, ,, ,, ,,	ch'ien² ch'ing¹ chih¹ mo⁴ yeh⁴	前清之末葉
,, will and testament	tsui⁴ hou⁴ chih¹ i² ming¹ shu¹	最後之遺命書
Last (for boots)	hsüan⁴-t'ou	楦頭
Latch, a	hsiao¹-hsi-êrh	削息兒
,, lift the	t'i² hsiao¹-hsi-êrh	提削息兒
Late,	wan³	晚
,, it's getting	t'ien¹ hao³-tsao wan³ 'rh lo	天好早晚兒咯
,, a little	ch'ih²-i tien³ 'rh	遲一點兒
,, don't be	yao⁴ k'an⁴ tsao³ wan³ 'rh-lo	要看早晚兒咯
,, defer one's action till too	wang² yang² pu⁴ lao³ chien⁴ t'u⁴ ku⁴ ch'üan³	亡羊補牢見兔顧犬
,, (deceased) father	hsien¹ fu⁴	先父
,, wife	wang² ch'i¹	亡妻
,, (of an office)	ch'ien² jên⁴	前任

Late— Laughter. 435

Late (of an office)	hsien¹ ên²	先任
,, (former) premier	ch'ien² tsung³ li³	前總理
,, (deceased) ,,	ku¹ tsung³ li⁴	故總理
,, friend Mr., my	wang² yu³ mou³	亡友某
,, in life	wan³ nien²	晚年
,, of	chin⁴ lai²	近來
,, return home at night	kuei¹ chia¹ hsü¹ chih¹ shên¹ ching¹	歸家須至深更
Lately,	chin⁴ lai²	近來
,,	hsin¹ chin⁴	新近
Latent period	ch'ien² fu² ch'i²	潛伏期
Later than, not	tsung³ pu² kuo⁴	總不過
,, sooner or	tsao³ wan³	早晚
Latest news	tsui⁴ chin⁴ hsiao¹ hsi	最近消息
,, at the	chih⁴ ch'ih²	至迎
Lath, a	mu⁴-t'ou t'iao²-êrh	木條兒
Lathe, a	hsüan⁴ ch'uang²-tzǔ	鏇牀子
,, to turn on a	na² hsüan⁴-t'ou hsüan⁴	拿鏇頭鏇
Lather,	mo⁴-tzǔ	沫子
,, to make a	ts'o¹-ch'u mo⁴-tzǔ lai	搓出沫子來
Latitude, a degree of	wei² hsien⁴ tu⁴	緯綫度
,, (freedom)	tzǔ⁴ yu²	自由
,, (,, in bad sense)	fang⁴ tsung⁴	放縱
Latrine, a	chung¹-tzǔ 'rh	中厠兒
,,	mao²-fang	茅房
,, public	kuan¹ ssǔ¹	官厠
Latterly,	hsin¹ chin⁴	新近
,,	chin⁴ lai²	近來
,,	chê¹-i-ch'êng-t/ǔ	這一程子
Lattice, work	ssǔ¹ fang¹ têng⁴-êrh	四方櫺兒
,, ,,	hsieh² têng⁴-êrh	斜櫺兒
,, fence, a	hua¹ chang⁴-êrh	花障兒
Laudable,	ch'i² t'ê⁴	奇特
,,	p'o¹ k'an¹ chia¹ chiang³ lo⁴	頗堪嘉獎樂
Laugh, to	hsiao⁴	笑
,, (or smile)	shan³ hsiao⁴	訕笑
,, a sheepish		
,, at people	hsiao⁴-hua jên²	笑話人
Laughable,	k'o³ hsiao⁴	可笑
Laughed at him, just	fu⁴ chih¹ i¹ hsiao⁴ êrh² i³	付之一笑而已
,, and wept by turns, the audience	wên² chê³ k'u¹ hsiao⁴ pu⁴ tê²	聞者哭笑不得
Laughing, burst out	p'u¹ ch'ih¹-ti hsiao⁴-lo	撲哧的咲咯
Laughter, a burst of	i² chên⁴ h-iao⁴ shêng¹	一陣笑聲
,, could not control their	chang⁸-pu chu⁴ hsiao⁴-lo	不住笑咯

Laughter— Lawabiding

Laughter, shouts of	hung¹ t'ang² ta⁴ hsiao⁴	笑大堂鬨	
,, forced	lêng³ hsiao⁴	笑冷	
,, when he sees you, the foreigner will die with	chê⁴ chiao⁴ wai⁴ jên⁴ ch'iao² chien⁴ kuan³ pao³ hsiao¹ tiao³ la ta⁴ ya⁴	牙大了掉笑保管見瞧人外叫這	
Launch, a steam	hsiao³ huo³-lun ch'uan²	船輪火小	
,, a ship	chin⁴ shui³	水進	
,, to	hsia⁴ shui³	水下	
Laundry, to	chiang¹-hsi	洗漿	
,, man	hsi³ i-shang-ti	的裳衣洗	
Lavatory,	pien⁴ so³	所便	
Lavish,	shê¹-ch'ih	侈奢	
,,	p'o⁴-fei	費破	
,, expenditure	hui¹ huo	霍揮	
,, scale, does things on a	shou³ pi³ k'uo⁴ ta⁴	大闊筆手	
Law,	fa³	法	
,,	wang² fa³	法王	
,, of the land	kuo² fa⁴	法國	
,, the	fa³ lü⁴	律法	
,, civil	min² fa⁴	法民	
,, criminal	hsing² fa⁴	法刑	
,, military	chün¹ fa³	法軍	
,, maritime	hai³ shang⁴ fa⁴	法上海	
,, unwritten	pu¹ wên² chih¹ lü⁴	律之文不	
,, complete collection of *laws* and regulations	fa⁴ ling⁴ ch'üan² shu¹	書全令法	
,, international	wan⁴ kuo² kung¹ fa¹	法公國萬	
,, adviser	fa⁴ lü⁴ ku⁴ wên⁴ kuan¹	官問顧律法	
,, what he says is	t'a¹ shuo¹ i¹ shih⁴ i¹ shuo¹ shih⁴ êrh⁴	二是二說一是一說他	
,, break the	fan⁴ fa³	法犯	
,, infringement of the	fan⁴ li⁴	例犯	
,, of gravitation	chung⁴ li⁴ fa⁴	法力重	
,, of nature	tzŭ⁴ jan² fa⁴	法然自	
,, ,,	wan⁴ wu⁴ tzŭ¹ jan² chih¹ li³	理之然自物萬	
,, go to	ta³ kuan¹-ssŭ	司官打	
,, if you object, we can go to	yao¹ shih¹ pu⁴ fu⁰ ni² yu⁰ ti¹ shih⁴ kuan¹ mien⁴ 'rh	兒面官是的有呢服不是要	
Lawabiding,	liang² min²	民良	
,, till discovered breaking the law, reckoned	chia¹ chia¹ mai⁴ ssŭ¹ chiu³ pu⁴ fan⁴ shih⁴ hao³ shou³	手好是犯不酒私賣家家	

Lawabiding—Lead.   438

Lawabiding, obtain the protection of the	tê² shou⁴ fa⁴ lü⁴ shang⁴ chih² pao³ chang⁴	得受法律上之保障
Lawful,	ho² fa⁴ ti¹	合法的
Lawless,	pu⁴ fa³	不法
,, persons	pu⁴ ch'êng² chih¹ t'u²	不逞之徒
Lawlessness,	wu² fa⁴ chih¹ chü³	無法之舉
Lawn, a	ts'ao³ ch'ih²-tzŭ	草池子
Lawsuit, a	i⁴ ch'ang² kuan¹-ssŭ	一官司
,, to engage in a	ta³ kuan¹-ssŭ	打官司
Lawyer, a	lü⁴ shih¹	律師
,,	pien⁴ hu⁴ shih⁴	辯護士
Lawyers engaged in a case	wei⁴ jên⁴ lü⁴ shih¹	委任律師
Laxative,	ch'ing¹ hsieh⁴ yao⁴	輕瀉藥
Laxity,	ch'ih² huan³	弛緩
Lay aside, to	ko¹-cho	擱着
,, on one side	ko¹-tsai i⁴ pien¹ 'rh	擱在一邊兒
,, by	ko¹ ch'i³-lai	擱起來
,, ,, money	tsan³ ch'ien²	攢錢
,, down	fang⁴-hsia	放下
,, ,,	tz'ŭ²	辭
,, ,, arms	hsiang² fu²	降服
,, ,, ,, both sides	liang³ pa⁴ kan¹ ko¹- shang⁴ yen²-shai	兩罷干戈
,, on colour		上顏色
,, to heart	ko¹-tsai hsin¹-shang	擱在心上
,, eggs	hsia⁴ tan⁴	下蛋
,, ,, (of insects, etc.)	hsia⁴ tzŭ³	下子
,, the table	pai³ t'ai²	擺臺
,, hold of	na² chu⁴	拿住
,, ,, nothing to	mei² na²-shou	沒拿手
,, (a railway)	fu¹ shê⁴	敷設
,, line, a well laid	lu⁴ chien¹ kuei³ wên²	路堅軌穩
,, bare	hsien³ lou⁴	顯露
,, before	ch'êng² shang⁴	呈上
,, to (a ship)	t'ing² ch'uan²	停船
,, name is Wang, my	su² hsing⁴ wang²	俗姓王
Layer, a	i⁴ ts'êng²	一層
Layers, in	i⁴ ts'êng²-i ts'êng²-ti	一層一層的
Laying apparatus (gunnery)	chao⁴ chun³ chi¹	照準機
Layman,	su² jên²	俗人
Lazy,	lan³	懶
,,	lan³-to	懶惰
Lead, to	yin³	引
,, to take the	ling³-cho t'ou²-êrh	領着頭兒
,, up to	na² hua⁴ 'rh yin³-cho	拿話兒引着
,, the way	tai⁴ tao⁴-êrh	帶道兒

Lead on	kou¹ yin³	引勾
,,	chao¹	招
,, a party of his own	tu¹ shu⁴ i chih⁴	幟一樹獨
,, the opposition (to a measure)	shou³ hsien¹ k'ang⁴ i⁴	議抗先首
Lead, metal	ch'ien¹	鉛
,, pencil	ch'ien¹ pi³	筆鉛
Leader, a	shou³ ling³	領首
,,	t'ou-êrh²	兒頭
,,	ling³ t'ou²-êrh-ti	的兒頭領
,,	k'ai¹ tuan¹	端開
Leader,	tai⁴ t'ou²-ti	的頭帶
,,	ling³ hsiu⁴ jên²	人袖領
,,	fa¹ ch'i³ jên²	人起發
,, (commander)	ssǔ¹ ling⁴ kuan¹	官令司
,, of a tandem	pang¹ t'ao⁴-ti	的套幫
Leading,	shou³ ch'ü¹ i¹ chih³	指一屈首
,, article	lun⁴ shuo¹	說論
,, spirit	hsiang⁴ tao³ chê³	者導嚮
,, strings, in	lai¹ jên² t'i² hsieh²	攜提人賴
,, ,, still in	hai²-tsai hai²-tzǔ tui¹ 'rh li³-t'ou	頭裏兒堆子孩在還
Leaf, of a tree	shu⁴ yeh⁴-tzǔ	子葉樹
,, coming into	fang⁴ yeh⁴ 'rh	兒葉放
,, ,, folding door	i² shan⁴ mên²	門扇一
,, of a book	shu¹ p'ien¹ 'rh	兒篇書
,, ,, ,, turn over a	fan¹ shu¹ p'ien¹ 'rh	兒篇書翻
,, turn over a new	kai³ kuo⁴ tzǔ¹ hsin¹	新自過改
,, ,, ,, ,,	ko² mien⁴ hsi³ hsin¹	心洗面革
League,	t'uan² chieh²	結團
,, a	mêng²	盟
,, enter into	lien² mêng²	盟聯
,, of the same (allies)	t'ung² mêng²	盟同
,, together, in	ch'uan⁴-t'ung i² ch'i⁴	氣一通串
,, with, in secret	an⁴ t'ung¹ shêng¹ hsi²	息聲通暗
,, Navy	hai³ chün¹ hsich² hui⁴	會協軍海
Leak, to	lou⁴	漏
,, out (of news)	lou⁴-lo hsin⁴-lo	咯信了露
,, ,,	lou⁴ hsieh¹	洩漏
,, ,,	hsieh⁴-lou-lo	咯漏洩
,, ,,	fa¹ chüeh²	覺發
,, the news *leaked* out	tsou³ lou⁴ fêng¹ shêng¹	聲風漏走
Leakages (of illicit pickings)	t'ung² hu² ti¹ lou⁴	漏滴壺銅
,, of (national) wealth, to stop	tu⁴ i¹ ch'ieh chih¹ lou⁴ chih¹	巵漏之切一杜

Lean—Leave.   440

Lean on	i¹ lai⁴	賴 依
,, against, to	k'ao⁴-cho	著 靠
,, ,,	i³-cho	著 倚
,, ,, the door	i³-cho mên² 'rh	兒 門 著 倚
,, upon	chang⁴-cho	著 仗
,, rely upon	i³ pang⁴	傍 倚
,, towards	p'ien¹-cho	著 偏
Lean (thin)	shou⁴	瘦
Leaning,	ch'ing¹ hsiang⁴	向 傾
,, to old custom	p'ien¹ hsiang⁴ chiu⁴ kuei¹	規 舊 向 偏
Leap about, to	pêng⁴	迸
Leap in the air	pêng⁴-ch'i-lai	來 起 迸
,, over	t'iao⁴-kuo-ch'ü	去 過 跳
,, ,, (as order)	lieh⁴ têng³	等 躐
,, year	jun⁴ nien²	年 閏
,, ,,	yu³-ko jun⁴ yüeh⁴	月 閏 個 有
,, for joy	ch'iao³ yüeh⁴	躍 雀
,, look before you	t'ou² shu³ chi⁴ ch'i⁴	器 忌 鼠 投
Learn, to	hsüeh²	學
,,	hsüeh² hsi	習 學
,,	hsi²-hsüeh²	學 習
Learned,	po⁴ hsüeh²	學 博
,,	yu³ hsüeh²-wên	問 學 有
,,	hsüeh²-wên yuan¹ po²	博 淵 問 學
Learner,	ch'u² hsüeh² chê³	者 學 初
Lease, a	ho²-t'ung	同 合
,, let by	chao¹ tsu¹	租 招
,, let on	ch'u¹ tsu¹	租 出
,, (of territory)	tsu² chieh⁴	界 租
,, term of	tsu¹ ti⁴ ch'i² hsien¹	限 期 地 租
,, to	tsu¹ kei jên²	人 給 租
,, deed of	tsu¹ ch'i¹	契 租
Least, at the	chih⁴ shao³	少 至
,, smallest	tsui⁴ hsiao³-ti	的 小 最
,, at the very, must give me	tsêm³-mo yang⁴-êrh yeh³ tei³ kei³ wo	我 給 得 也 兒 樣 麼 怎
,, lack of attention (from her daughter-in-law), if the mother-in-law receives the	p'o² p'o shao³ wei¹ tz'ih⁴ hou⁴ ti¹ pu¹ chou¹	周 不 的 候 何 微 稍 婆 婆
Leather,	p'i²-tzŭ	子 皮
Leave (permission)	yün³ hsü³	許 允
,,	jên⁴ k'o³	可 認
,, to ask for	wên⁴ chun³-pu chun³	準 不 準 問
,, French	pu⁴ tz'ŭ² êrh² hsing	行 而 辭 不
,, of absence, to ask	kao⁴ chia⁴	假 告

Leave—Lecture

Leave	of absence, ask for a few days	t'ao³ chi³ t'ien¹ chia⁴	假天幾討
,,	go home on	ch'ing³ chia⁴ hui² li³	里囘假請
,,	to give	kei³ chia⁴	假給
,,	time for	fang⁴ chia⁴-ti jih⁴-ch'i	期日的假放
,,	of you, must take	kao⁴ tz'ŭ²	辭告
,,	taking	kao⁴ pieh²	別告
,,	of, too hurried to take	ts'ung¹ ts'ung¹ pu⁴ chi² tsou³ tz'ŭ²	辭走及不匆匆
,,	to (depart)	ch'u¹ fa¹	發出
,,	,, (a party)	t'o¹ li²	離脫
,,	the party	t'o¹ ch'u² tang³ chi²	籍篶陳脫
,,	alone	pieh² tung⁴	動別
,,	him alone (don't heed)	pieh² li³-t'a	他理別
,,	,, (,, tease)	pieh² chao¹-t'a	他招別
,,	behind (intentionally)	liu²-hsia	下留
,,	,, (unintentionally)	la⁴-hsia	下落
,,	behind, as not wanted	p'ieh¹-hsia	下撇
,,	out	lou⁴-lo	咯露
,,	,,	la⁴-lo	咯落
,,	,, dispense with	chüan¹-lo	咯蠲
,,	off work	hsieh¹ kung¹	工歇
,,	,, (as clothes)	t o	脫
,,	off a habit	chieh⁴	戒
,,	it to him to manage	p'ing² t'a¹ pan⁴	辦他憑
,,	it to his option	t'ing⁴ ch'i² pien⁴	便其聽
,,	his punishment to heaven	t'ou² chih¹ yü² hao²	昊於之投
,,	he has left no savings behind	tzŭ¹ wu² yü² hsü¹	蓄餘無資
,,	by your	chieh⁴ kuang¹	光借
,,	has the train for Peking *left* Fêngt'ai yet	chin⁴ ching¹ ti¹ ch'ê¹ ts'ung² fêng¹ t'ai ch'i³ shên¹ la mei³ yu³	有沒了身了起台豐從車的京進
Leaven, to		wu¹ jan³	染汚
Leavings, I won't take your		pu⁴ chien³ ni³-ti shêng⁴ ti	的賸你揀不
,,	of food	shêng⁴ fan⁴	飯賸
,,	,,	tsan² wu⁴	物殘
Lecherous man, a		chiao¹ lü²	驢叫
,,	woman, a	nien² hua¹ jo³ ts'ao³ 'rh-ti	的兒草惹花拈
Lecture, a		chiang³ i⁴	義講
,,	hall	chiang³ t'ang²	堂講
Lecture, to give a		yen³ shuo¹	說演

P

Ledge—Legal.   442

Ledge, a	t'ai²-êrh	台兒
,, of a window	ch'uang¹-hu t'ai²-êrh	窗戶台兒
Ledger, a	pu⁴-tzŭ	簿子
,,	t'ai² chang⁴	臺賬
Lee, of the wind	pei¹ fêng¹-ti ti⁴-fang	避風的地方
Leech, a horse	ma³ pieh¹	馬鼈
Leek, a	chiu³ t'sai⁴	韮菜
Leer,	yin² shih⁴	淫視
Lees,	cha¹-tzŭ	渣滓
Left,	tso³	左
,, and right of ancestral tablets, etc.	chao¹ mu⁴	昭穆
,, out by mistake	i²-lou-hsia-lo	遺漏下咯
,, behind	la⁴-hsia-lo	搬下了
,, hand, the	tso³ shou³	左手
,, handed	tso³ p'ieh³-tzŭ	左撇子
,, ,, compliment	ssŭ¹ chiang³ shih² wu³	似獎實侮
,, ,, screw	fan³ lo²-ssŭ	反螺絲
,, about turn	tso³ wang³ hou⁴ chuan⁴	左往後轉
,, the main body	tiu¹-hsia chung¹ jên²-lo	丟下衆人咯
,, if he doesn't pay you'll get	ko²-pu chu⁴ t'a¹ pu⁴ kei² ch'ien²	擱不住他不給錢
Leg, a	i⁴ t'iao² t'ui³	一條腿
,, of mutton	yang² t'ui³	羊腿
,, of a table	cho¹ t'ui³ 'rh	桌腿兒
,, of a boot	hsüeh¹ t'ung³-êrh	靴桶兒
,, tired	t'ui³ suan¹	腿酸
,, to stand on one	chin¹ chi¹ tu² li⁴	金鷄獨立
,, over another, to cross one	ch'iao¹-cho t'ui³ 'rh	翹著腿兒
,, to pull one's	wan² lung	玩弄
,, to stand on, haven't a	mei³-yu li⁴ tsu²-chih ti⁴	沒有立足之地
,, ,, ,, ,,	mei² yu³ chan⁴-chiao liang²-êrh	沒有站脚樑兒
,, a stiff	chih² t'ui³-tzŭ	直腿子
Legacy,	i² wu⁴	遺物
,, duty	i² ch'an³ shui⁴	遺產稅
,, a	i²-liu-hsia lai²-ti	遺留下來的
,, of evil or misfortune, a	i² hai⁴-yü jên²	遺害於人
Legal,	li⁴ chun³-ti	例準的
,, question, a	fa⁴ lü⁴ shang⁴ chih¹ lun⁴	法律上之論
,, fees	sung⁴ fei⁴	訟費
,, matter	kuan¹ yü² fa⁴ lü⁴ shih⁴ chien⁴	關於法律事件
,, tender	fa⁴ ting⁴ huo⁴ pi⁴	法定貨幣

Legal—Lend.

Legal, representative	fa⁴ ting⁴ tai⁴ li³ jên²	法定代理人
Legation, a	shih³ kuan³	使館
,, ,,	kung³ shih³ kuan³	公使館
,, Jones has the entrée into the *legations*	ting¹ mou³ yu³ tzǔ yu³ chin⁴ ju⁴ shih³ kuan³ chih ch'üan²	丁某有自由進入使館之權
Legalisation,	kung¹ jên⁴	公認
Legend, a	ch'uan²-shuo-ti	傳說的
,,	ku³ ch'uan²	古傳
,,	ku³-jên tz'ǔ²	古人詞
Leggings (Chinese)	t'ao⁴-k'u	套褲
,, gaiters	kuo²-t'ui	裹腿
Legible (distinct)	chên¹-cho	眞着
,, ,,	ch'iao²-tê-ch'u lai²	瞧得出來
Legislative bureau	fa⁴ chih⁴ chü²	法制局
,, power is exercised by parliament	li⁴ fa⁴ ch'üan² i³ kuo² hui⁴ ting⁴ chih¹	立法權以國會定之
Legislature,	li⁴ fa⁴ yüan⁴	立法院
Legitimate,	ho² fa³-ti	合法的
,,	chêng⁴ ch'u¹	正出
,, act	i¹ fa⁴ chih¹ hsing²	依法之行
Legitimatist,	chu³ chang¹ chêng⁴ t'ung³	主張正統
Legs, on his last	yao⁴ hsien⁴-lo	要陷咯
,, ,, ,,	chao¹ pu⁴ pao³ hsi²	朝不保夕
,, put him on his	la¹-pu-t'a i⁴ pa³ 'rh	拉他一把兒
Leisure,	hsien² k'ung⁴-êrh	閒空兒
,, at, unoccupied	hsien²-cho	閒着
,, when you are at	tê² hsien²-ti shih²-hou	得閒的時候
,, enjoy a full	t'ui³ ch'u³ k'uan¹ hsien²	退處寬閒
,, hours, an amusement for	ch'a² yü³ fan⁴ hou⁴ chih¹ hao³ hsiao¹ ch'ien³	茶餘飯後之好消遣
,, never a moment of	jih⁴ wu² hsia² kuei³	日無暇晷
Leisurely	ts'ung² jung²	從容
,,	yu¹ jan²	悠然
,,	ts'ung¹-ts'ung jung² jung²-ti	從從容容的
,,	hsiao¹-hsiao t'ing² t'ing²-ti	消消停停的
,,	yu¹ yu¹ tang⁴ tang⁴-ti	悠悠蕩蕩的
,,	k'nan³ k'uan³ ti	欵欵的
,, to walk	k'uan³-pu-êrh tsou³	欵步兒走
Lemon, a	hsiang¹ t'ao²	香桃
,, tree	ning² mêng⁴ shu⁴	檸檬樹
Lend, to	chieh⁴-kei	借給
,, a hand	pang¹ mang²	幫忙

Lend—Lessor.   444

Lend an ear	ch'ing¹ êrh³ êrh² t'ing¹	聽而耳傾
,, to at interest	fang⁴ li⁴ ch'ien²	錢利放
Lender, a	chieh⁴ chu³-êrh	兒主借
,, the	fang⁴ ch'ien² chu³	主錢放
Length,	ch'ang² tuan³	短長
,, of a dynasty	kuo² tso⁴ mien² ch'ang²	長棉面作國
,, and breadth	tsung¹ hêng²	橫縱
,, at (detail)	chü⁴ hsi⁴	細巨
,, ,,	yuan² wei³	委原
,, proceed to any lengths	wu² so³ pu⁴ yung⁴ ch'i² chi²	極其用不所無
Lengthen,	shên¹ ch'ang²	長伸
Lengthwise, to place	shu⁴-cho ko¹	擱着豎
Lengthy,	ch'ang² shih² chien¹	間時長
Lenient,	k'uan¹-hou	厚寬
,, with him, be	pao¹-han-cho tien³-'rh	兒點着含包
Leniently as possible, as	ts'ung² k'uan¹	寬從
Lens, a	i² mien⁴ ching⁴-tzǔ	子鏡面一
Lent, the season of (Protestant)	ch'un¹ chi⁴ ta⁴ chai¹	齋大季春
,, (Roman Catholic)	shou⁴ nan⁴ ta⁴ chai¹	齋大難受
Lentils,	lü⁴ tou⁴	荳綠
Leopard, a	pao⁴-tzǔ	子豹
Leper, a	ma²-fêng	瘋痲
Leprosy,	ma²-fêng ping⁴	病瘋痲
Lèse-majesté,	ta⁴ pu⁴ ching⁴ tsui⁴	罪敬不大
,,	wu¹ ju⁴ yüan² shou³	首元辱污
Less,	shao⁶	少
,, more or	shang⁴ hsia⁴	下上
,, than, not	pu⁴ tsai⁴ . . . i³ hsia⁴	下以 . . . 在不
,, in evidence in Peking than before	ching¹ chung¹ shao³ chien⁴ lien⁴ chi¹	京中少見較連跡
Lessee, a	tsu¹ hu⁴	戶租
,,	lin⁴ chu³-êrh	兒主賃
Lessen,	chien³ shao⁴	少減
Lesson, daily	jih⁴ chiang³	講日
,, study a	hsi³ kung¹-k'o	課功習
,, teach a	chiao⁴ kung¹-k'o	課功教
,, this will teach you a	chê⁴-i hui²-chiu chih¹-tao-liao	了道知就回一這
Lessons, to go over old	wên¹ hsi chiu⁴ k'o⁴	課舊習溫
,, object	shih⁴ wu⁴ chiao⁴ shou⁴	授教物識
,, from diplomacy	wai⁴ chiao¹ shang chiao⁴ hsün⁴	訓教上交外
Lessor, a	yeh⁴ chu³	主業

Lessor, a	ch'u¹ tsu¹-ti jên²	出租的人
Lest, it might,	p'a⁴-ti-shih yao⁴	怕的是要
,, should be lost	p'a⁴ tiu¹-lo	怕丟咯
Let (permit), to	jang⁴	讓
,, me in for a share	la¹-ch'ê wo³ i⁴ pa³ 'rh	拉扯我一把兒
,, a house, etc.	ch'u¹ tsu¹·	出租
,, out a secret	tsou³ lou⁴ fêng¹-shêng	走露風聲
,, alone	pieh² tung⁴	別動
,, ,, (don't heed)	pieh² li³	別理
,, go	fang⁴	放
,, ,, a rope	sung¹	鬆
,, in (figurative)	lien² lei³	連累
,, down the (chair) curtain	lao⁴ hsia⁴ lien² lai²	落下簾來
,, off two shots by accident	wu⁴ tsou³ liang⁴ ch'iang¹	誤走兩鎗
,, us know	shih³ wo³ têng³ chih¹	使我等知
,, alone (policy)	fang⁴ jên⁴	放任
,, fly (as a stone)	t'ou²	投
Lethal weapon	hsiung¹ ch'i⁴	兇器
Lethargy,	hun¹ shui⁴	昏睡
Letter, a	i⁴ fêng¹ hsin⁴	一封信
,, box	hsin⁴ t'ung³	信筒
,, carrier	p'ao³ hsin⁴-ti	跑信的
,, writer, a ready	ch'ih³-tu	尺牘
,, ,, a professional	tai⁴ pi³ hsien¹-shêng	代筆先生
,, send a	chi⁴ hsin⁴	寄信
,, receive a	chieh¹ hsin⁴	接信
,, press	pan³	板
,, introductory	chien¹ shu¹	薦書
,, ,,	chieh¹ shao⁴ hsin⁴	介紹信
,, your	tsun¹ han²	尊函
,, (as opposite to sense)	tzŭ⁴ chü¹	字句
,, adhere to the	chü¹ ni²	拘泥
,, only, pay heed to the	ts'ung² wên² chih¹ chêng⁴ mien⁴ cho² yen³	從文正面着眼
,, an open	kung¹ k'ai¹ chuang⁴	公開狀
,, dead (figurative)	k'ung¹ wên²	空文
,, ,,	mo⁴ shu¹	沒書
Letters (characters)	tzŭ⁴	字
,,	tzŭ⁴ mu³	字母
,, of administration	i² ch'an³ kuan³ li³ chêng⁴ shu¹	遺產管理證書
Lettuce,	shêng¹ ts'ai⁴	生菜
Leucorrhoea,	pai² tsi⁴	白帶

Levée—Liar.   446

Levée,	ch'ao² chien⁴	朝見
Level,	p'ing²	平
,, to	p'ing²-i p'ing²	平一平
,, ,,	nung⁴ p'ing²-lo	咯平弄
,, to the ground	ch'an³ wei² p'ing² ti⁴	地平爲剗
,, (instrument), a	ts'ê⁴ p'ing² i²	儀平測
,, ,,	shui³ chien³ ch'i⁴	器準水
,, a spirit	shui³ p'ing²	平水
,, with the powers	yü³ lieh⁴ ch'iang² ping⁴ chien¹	肩並強列與
,, with him, cannot put myself on a	wo³-pu nêng² kên¹-t'a ping⁴ chien¹	肩並他跟能不我
,, with him, not on a	pu⁴ kan³ wang⁴ ch'i² hsiang⁴	項其望敢不
Lever, a	ch'ien¹-chin	釺千
,, to	ch'iao⁴-ch'i-lai	來起撬
Levy taxes	chêng¹ shou¹	收徵
,, troops	chêng¹ chi²	集徵
,, general	tsung³ chün¹ chao¹ chi²	集招軍總
,, likin	ch'ou¹ li² chin¹	金厘抽
Lewd,	yin² luan⁴	亂淫
,, Providence blesses the good but punishes the	t'ien¹ tao⁴ fu² shan⁴ huo⁴ yin²	淫禍善福道天
Lexicographer,	hsiu¹ tsuan³ wên² tien³ chê³	者典文纂修
Lexicon, a	tzŭ⁴ tien³	典字
,,	tzŭ⁴ hui⁴	彙字
Li (distance)	li³	里
,, (weight)	li²	釐
Liabilities,	fu⁴ chai⁴	債負
Liability,	fu⁴ tan¹	擔負
,, unlimited	wu² hsien⁴ tsê² jên⁴	任責限無
,, to pay taxes	na⁴ shui⁴ i⁴ wu⁴	務義稅納
,, universal, for military service	p'u³ t'ung¹ ping¹ i⁴ i⁴ wu⁴	務義役兵通普
Liable, to	ai⁴	受
,, to punishment	li³ tang¹ shou⁴ fa²	罰受當理
,, hold you	wei² ni³ shih⁴ wên⁴	問是你爲
Liaison,	mi⁴ t'ung¹	通密
Liar, a	sa¹ huang³-ti	的謊撒
,, a	hsü¹ yen² chê	者言虛
,, a	sa¹ huang³ liao⁴ p'i²-ti	的疲咯謊撒
,, The Chinese is a natural	sa¹ huang³ shih⁴ chung¹ kuo² jên¹ shêng¹ êrh² yu³ chih¹ chi¹ liang	倆技之有而生人國中是謊撒

Libation, a — tien⁴ — 奠
  ,, to pour out a — tien⁴ chiu³ — 奠酒
Libel, — wu¹ hsien⁴ — 誣陷
  ,, — fei³ hui³ tsui³ — 誹毀罪
  ,, a person, to — tso²-chien jên² — 作踐人
  ,, ,, — tsao¹-ch'ien jên² — 遭踐人
  ,, a — fei³-pang hua⁴ — 誹謗話
  ,, action — fei⁰ hui³ shih⁴ chien⁴ — 誹毀事件
  ,, ,, — i³ wu¹ mieh⁴ ming² yü⁴ t'i² ch'i³ su⁴ sung⁴ chi chê³ i³ hui³ jên² ming² yü wei² shêng¹ — 以污衊名譽提起訴訟者以毀人名譽為生
Liberal, — k'uan¹-hou — 寬厚
  ,, minded — ta⁴-fang — 大方
  ,, ,, — huo⁴ ta² ta⁴ tu⁴ — 豁達大度
  ,, party — tzŭ¹ yu² tang³ — 自由黨
  ,, salary — hsin¹ shui³ ts'ung² yu¹ — 薪水從優
Liberally, to treat — hou⁴ tai⁴ — 厚待
  ,, in the matter of payment, to treat — k'an⁴ p'o⁴-cho-hsieh-'rh — 看破些兒
Liberate, — shih⁴ fang⁴ — 釋放
Liberties, to take (to wanton) — t'iao²-hsi — 調戲
  ,, don't take — fang⁴ tsun¹-chung-hsieh-'rh — 放尊重些兒
Liberty, — tzŭ¹ yu² — 自由
  ,, of action — tzŭ¹ yu² hsing² tung — 自由行動
  ,, of saying, I take the — wo³ tou³ tan³ shuo¹ — 我抖膽說
  ,, of press, or speech — yen² lun⁴ tzŭ⁴ yu² — 言論自由
  ,, to set at — fang⁴ — 放
  ,, to, you are at — sui² ni³ — 隨你
  ,, ,, ,, — yu² ni³ — 由你
  ,, at (leisure) — hsien²-cho — 閒着
Library, a — shu¹ fang² — 書房
  ,, — shu¹ wu¹ — 書屋
  ,, (public) — t'u² shu² kuan³ — 圖書館
  ,, (private) — chai⁴ — 齋
  ,, ,, — ts'ang² shu¹ lou² — 藏書樓
Lice, — shih¹-tzŭ — 虱子
License, a — chih²,chao — 執照
  ,, issue a — fa¹ chih²-chao — 發執照
  ,, to — chun³ hsing² — 准行
  ,, of a bonze — tu⁴ tieh² — 度牒
  ,, (abuse) — fang⁴ i⁴ — 放逸
Licensed to trade — t'ê⁴ hsü³ ying² yeh⁴ — 特許營業

Lichees--Life. 448

Lichees,	li⁴ chih	枝茘
Lichen,	shih² êrh³	耳石
Lick, to	t'ien³	舐
,, the dust	ssŭ³ wang²	亡死
Licking, gave him a good	ching⁴ la ko⁴ ts'uan² p an⁴ rh	兒盤狠個了敬
Lick-spittle,	chün³ yung¹ t'ien³ chih⁴	痔舐癰唆
Lid, a	kai⁴-êrh	兒蓋
,, lift the	pa⁴ kai⁴-êrh hsien¹-k'ai	開掀兒蓋把
Lie down, to	t'ang³-hsia	下躺
,, on the back	yang³-pa-chiao³-êrh t'ang³-cho	着躺兒脚八仰
,, on the stomach	p'a¹-cho	着趴
,, a	huang³ hua⁴	話謊
,, tell a	sa¹ huang³	謊撒
,, is a Chinese characteristic, to	k'ou³ ch'u¹ huang³ yen² hsi⁴ hua² jên² chih t'ê⁴ hsing⁴	性特之人華係會謊出口
Lien,	liu² chih⁴ ch'üan²	權殳留
Lieutenant,	chung¹ wei⁴	尉中
,, second	shao³ wei⁴	尉少
,, colonel	chung¹ hsiao⁴	校中
,, general	chung¹ chiang⁴	將中
,, Lord	chieh² tu⁴ shih³	使度節
Life,	ming⁴	命
,,	hsing⁴-ming	命性
,,	shêng¹-ming	命生
,, long	ch'ang² ming⁴	命長
,, short	tuan³ ming⁴	命短
,, ,,	yao³ shou⁴	夭殀
,, a short	tuan³ ming⁴ êrh² ssŭ³	死而命短
,, all one's	i² pei⁴-tzŭ	子輩一
,, ,,	i⁴ shêng¹	生一
,, ,,	chung¹ shêng¹	生終
,, during the course of	p'ing² shêng¹	生平
,, risk one's	p'in¹ ming⁴	命拚
,, the affairs of	shih⁴ shih⁴	事世
,, boat	chiu⁴ shêng¹ ch'uan²	船生救
,, guard	chin⁴ wei⁴ chün¹	軍衛近
,, interest	chung¹ shên¹ shou⁴ hsiang³-ti	的享受身終
,, like	huo² t'o¹-êrh-ti hsiang⁴	像的兒脫活
,, ,,	pi⁴ chên¹	眞逼
,, so as to be comfortable for	i³ wei² ch'ang² chiu³ an¹ shên¹ chih¹ chi⁴	計之身安久長爲以

Life---Light.

Life, restored to		yu² ssǔ³ chung¹ fu⁴ huo²	由死中復活
,,	for the republic, sacrifice one's	ch'üan¹ shu¹ hsiao⁴ chung¹ min² kuo²	捐驅效忠民國
,,	sacrifice one's	hsi¹ shêng¹·shêng¹ ming⁴	犧牲生命
,,	determined to begin a new	pao⁴ ch'u¹ ssǔ³ ju⁴ shêng¹ chih¹ hsin¹	抱出死入生之心
,,	sentence, better decapitation than a	ning² yüan⁴ chan³ li⁴ chüeh² pu¹ yüan⁴ chan³ chien¹ hou¹	寧願斬立決不願斬監候
,,	they got their life belt ready	ko⁴ pei⁴ shui³ tai⁴	各備水帶
,,	less, utterly	wu² fu⁴ shêng¹ jên² chih¹ ch'i⁴	無復生人之氣
,,	blood, people's	min² chih² min¹ kao¹	民脂民膏
,,	(biography)	chuan⁴ chi⁴	傳記
,,	contempt for human	ts'ao³ chien¹ jên² ming⁴	草菅人命
,,	reckless of one's	pu⁴ hsi¹ ming⁴	不惜命
,,	time	chung¹ shên¹	終身
,,	annuity	chung¹ shên¹ ting⁴ ch'i² chin¹	終身定期金
,,	uncertainty of human	hsiu¹ tuan³ pu⁴ ch'i²	修短不齊
,,	many *lives* were lost	sang⁴ ming⁴ chê³ shên¹ to¹	喪命者甚多
Lift up the leg, to		ch'iao¹-ch'i t'ui³ lai²	蹺起腿來
,,	up with the hands	chü³-ch'i-lai	舉起來
,,	by two persons	t'ai⁴-ch'i-lai	抬起來
,,	the hand	yang²-ch'i-lai	揚起來
,,	the head, etc.	t'ai²-ch'i-lai	抬起來
,,	help up	fu²-ch'i-lai	扶起來
,,	a gun	chü³-ch'i ch'iang¹-lai	舉起鎗來
,,	up a curtain	pa⁴ lien²-tzǔ ta³-ch'i-lai	把簾子打起來
,,	up with two hands	tuan¹-ch'i-lai	端起來
,,	the lid of a box	hsien¹-k'ai kai⁴-êrh	掀開蓋兒
,,	(elevator)	hsing² t'i¹	行梯
,,	,,	shêng¹ t'i¹	升梯
,,	,,	shêng¹ chiang⁴ ch'i⁴	昇降器
Light, in weight		ch'ing¹	輕
,,	of the sun	jih⁴ kuang¹-êrh	日光兒
,,	here, a better	chê⁴ 'rh liang⁴ oo	這兒亮
,,	brightness	liang⁴	亮
,,	blue	ch'ien³ lan²	淺藍
,,	too, in colour	fa¹ tan⁴	發淡
,,	a lamp, to	tien³ têng¹	點燈
,,	of a lamp	têng¹ liang⁴-êrh	燈亮兒
,,	,, ,,	têng¹ kuang¹-êrh	燈光兒

Light—Like.　　　　　　　　450

Light, get out of my	pieh² tang³ wo³-ti liang⁴-êrh		別 擋 我 的 亮 兒
,, a fire, to	lung² huo³		弄 火
,, ,,	shêng¹ huo³		生 火
,, settle, to	lao⁴		落
,, hold up to the	ying² liang⁴-êrh chao⁴	照	迎 亮 兒 照
,, out!	hsi² têng¹		息 燈
,, come to	lou⁴ hsien⁴		露 顯
,, armed troops	ch'ing¹ chuang¹ ping¹		輕 裝 兵
,, not risk war *lightly*	pu⁴ kan³ ch'ing¹ chan⁴		不 敢 輕 戰
,, deal *lightly* with	t'sung² ch'ing¹ pan⁴ li⁴		從 輕 辦 理
,, in broad day	ch'ing¹ t'ien¹ pai² jih		青 天 白 日
,, of day justice must be maintained, in the	ch'ing¹ t'ien¹ pai² jih⁴ kung¹ tao⁴ tang¹ ts'un²		青 天 白 日 公 道 當 存
,, confinement	juan³ chin⁴		軟 禁
,, sleeper, a	shui⁴ tê ch'ing¹		睡 得 輕
,, wind	wei¹ fêng⁴		微 風
,, headed	ch'ing¹ tsao¹		輕 躁
Lighten labour, to	shan⁸-tê-k'ai shên¹ 'rh		閃 得 開 身 兒
,, (the terms), impossible to	wan⁴ pu⁴ nêng² fang⁴ sung¹ i¹ pu⁴		萬 不 能 放 鬆 一 步
Lighter, a	po¹ ch'uan²		撥 船
Light-house,	têng¹ t'a³		燈 塔
Lightning (to lighten)	ta³ shan³		打 閃
,, a flash of	i² liu⁴ shan³ kuang¹-êrh		一 遛 閃 光 兒
,, struck by	chiao⁴ lei² p'i¹-ti		敎 雷 劈 的
,, conductor	pi⁴ lei² chên¹		避 雷 針
Lightship, a	têng¹ ch'uan²		燈 船
Like it or not, you must go whether you	ni³ kuai¹ kuai¹-êrh-ti ch'ü⁴		你 乖 乖 兒 的 去
,, so and so to act *like* that, not	tzŭ³ têng³ hsing² wei⁴ fei¹ mou³ so³ i² ch'u¹		此 等 行 爲 非 某 所 宜 出
,, whom is he?	t'a¹ mien⁴ mang²-êrh hsiang⁴ shui²		他 面 厖 兒 像 誰
,, father *like* son	yu³ ch'i² fu⁴ pi⁴ yu³ ch'i² tzŭ³		有 其 父 必 有 其 子
,, take as much as you	ai⁴ na² to¹ shao³ na² to¹ shao³		愛 拿 多 少 拿 多 少
,, no one's *likes* are the same	shih⁴ yü¹ pu⁴ t'ung²		嗜 欲 不 同
,, resemble	hsiang⁴		像
,, ,,	fang³-fu		彷 彿
,, as if	ju²-t'ung		如 同
,, him, is it?	hsiang⁴-pu hsiang⁴		像 不 像
,, a horse	hsiang⁴ ma³ shih⁴-ti		像 馬 似 的

Like—Limits.

Like, to	ai⁴	愛
Likely, to be	ta⁴ kai⁴ shih⁴	是概大
,, to, is	ta⁴ kai⁴ yao⁴	要概大
,, is not	pu⁴ chih⁴-yü	於至不
,, quite	pao³ pu⁴ ch'i² ti¹	的齊不保
,, quite, to	pao³ pu⁴ chu⁴ pu⁴	不住不保
,, event	⁴ chung¹ shih⁴	事中意
Likelihood, not much	pu² chih⁴-yü	於至不
Likeness,	hsiao⁴ hsiang⁴	像肖
,, a slight	yu³-i tien³-'rh hsiang⁴	像兒點一有
,, portrait	hsing²-lo t'u²	圖樂行
,, ,,	hsi³ jung²-êrh	兒容喜
,, of a deceased person	ying³ hsiang⁴	像影
,, draw a (of a dead person)	hua⁴-ko ying³-êrh	兒影個畫
,, take a photographic	chao⁴-ko hsiang⁴	像個照
Likes to eat, give him as much as he	chin³-cho-t'a ch'ih¹	吃他著儘
,, ,,	yu²-cho-t'a ch'ih¹	吃他著由
Liking,	shih⁴ hao⁴	好嗜
,, the look of things, not	tz'ŭ⁴ ch'uai³ pu⁴ t'o³	妥不揣自
,, ,, ,, ,,	k'an⁴ shih⁴ pu⁴ chia¹	佳不事看
Lilac,	ting¹-hsiang hua¹-êrh	兒花香丁
Lily, lotus	ho² hua¹	花荷
,, ,,	lien² hua¹	花蓮
Limbs,	ssŭ⁴ chih¹	肢四
,, of a tree	shu⁴ t'ing¹-tzŭ	子梃樹
Lime,	pai² hui¹	灰白
Limestone,	shih² hui¹ shih²	石灰石
Limit,	ch'ü⁴ yü⁴	域極
,, (extreme)	chi²	極
,, of time	hsien⁴-ch'i	期限
,, ,, ,, to fix a	ting⁴ hsien⁴-ch'i	期限定
,, agreed upon, within the	yü² kuei¹ ting⁴ chieh¹ nei⁴	內界定規於
,, of area	chieh⁴ hsien	限界
,, ,, to fix a	li⁴ chieh⁴-hsien	限界立
,, (of disgrace), reaches the	mo⁴ tz'ŭ³ wei² shên⁴	甚爲此莫
,, to a month, to	hsien⁴ i²-ko yüeh⁴	月個一限
Limitation,	chih⁴ hsien⁴	限制
,, statute of *limitations*	ch'u¹ su⁴ ch'i² hsien⁴ fa⁴	法限期訴出
Limited liability company	yu³ hsien⁴ kung¹-ssŭ	司公限有
Limits, reasonable	kung¹ p'ing² chih¹ hsien⁴ chih⁴	制限之平公

Limits—Line.   452

Limits of ..., within the	fan⁴ wei² nei⁴	內圍範
,, within which the most favoured nation clause applies the	tsui⁴ hui⁴ kuo² t'iao² k'uan³ shih⁴ yung⁴ chih¹ hsien⁴ chih⁴	制限之用適款條國惠最
Limp, to	i⁴ ch'üeh² i⁴ tien³-ti tsou³	走的點一擱一
,, (soft)	juan³	輭
Line, a	i⁴ k a³ tao⁴-êrh	兒道股一
,, carpenter's	mo⁴ ton³ hsien⁴	線斗墨
,, a, horizontally drawn	i⁴ ko²-êrh	兒格一
,, perpendicularly ,,	i⁴ hang²	行一
,, draw a	hua⁴-ko tao⁴-êrh	兒道個畫
,, abreast, walk in	p'ai² ch'i²-lo tsou³	走了齊排
,, in file, walk	shun⁴-cho liu⁴-êrh tsou³	走兒溜着順
,, of railway	t'ieh⁴ tao⁴	道鐵
,, of characters	i⁴ hang² tzŭ⁴	字行一
,, of trees, a	i hang² shu⁴	樹桁一
,, of business	hang²-tang-êrh	兒當行
,, at, draw the	chê-shih-wo chieh² chih³-ti ti⁴-fang-êrh	兒方地的止截我是這
,, a coat, to	an⁴-i-ko li³-êrh	兒裏個一按
,, of action, arrange a	li³-ch'u-ko t'ou²-hsü lai²	來緒頭個出理
,, (occupation)	shih¹ yeh⁴	業事
,, (of goods)	i mên²	門一
,, (verse)	chü¹	句
,, ,,	i⁴ chieh²	節一
,, (letter), a	p'ien⁴ han²	函片
,, (rail)	lu⁴ hsien⁴	綫路
,, branch	chih¹ lu⁴	路支
,, connecting	lien² lo⁴ hsien⁴	線絡連
,, double	shuang¹ kuei³	軌雙
,, (or equator), the	ch'ih⁴ tao²	道赤
,, (engine), leave the	t'o¹ kuei³	軌脫
,, (milit.)	hêng² tui⁴	隊橫
,, fighting	chan⁴ tou⁴ hsien⁴	線鬭戰
,, of fire	shê⁴ hsien⁴	線射
,, of descendants	i¹ mo⁴ êrh² lai²	來而脈一
,, soldiering is not in my	ping¹ lü³ chih¹ shih⁴ fei¹ yü² so³ chih¹	知所予非乃之旅兵
,, of communications	ping¹ chan⁴ hsien⁴	線站兵
,, of retreat	t'ui⁴ ch'üeh⁴ hsien⁴	線却退
,, of sight	chao⁴ chun³ hsien⁴	線準照
,, draw up in	chêng³ lieh⁴	列整
,, read line by	chu⁴ hang² sung⁴ tu²	讀誦行逐

Line, water	ch'ih¹ shui³ hsien⁴	線水吃
,, (of soldiers)	i⁴ p'ai²	排一
Lineage,	tsu² p'u³	譜族
,,	tsung¹ hsi⁴	系宗
Lineal descendants	ti² p'ai⁴-ti hou⁴-jên	人後的派嫡
Lineaments out of the common mou	hsiang⁴ mao⁴ pu⁴ têng³ fan⁴	凡等不貌相
Linen,	pu⁴	布
,, in public, don't wash dirty	chia¹ ch'ou³ pu⁴ k'o³ wai⁴ yang²	揚外可不醜家
Liner,	ting⁴ ch'i² ch'uan²	船期定
Lines, in	i⁴ hang² i⁴ hang²-êrh-ti	的兒行一行一
,, hard	chên¹ yüan¹	冤眞
,, on Pa, hard	pa¹ mou³ chih¹ ta⁴ pu⁴ hsing⁴	幸不大之某巴
,, on the palm of the hand	shou³ wên²-li-êrh	兒理紋手
,, read between	kuan¹ ch'i² yen² wai⁴ chih¹ i⁴	意之外音其觀
,, in pleasant places	ching⁴ yü¹ k'ung³ mei³	美孔遇境
,, of communications, advance without proper	hsüan² chün¹ ch'ang² ch'ü¹	驅長軍懸
Linger on the way, to	tao⁴-êrh-shang tan-¹ko-cho	着擱就上兒道
,, out one's days	kou³ yen² sui⁴ yüeh⁴	月歲延苟
,, ,,	ch'ih²-yen	延遲
,, ,,	tou⁴-liu	逗遛
,, ,,	ts'êng⁴-têng	蹬蹭
,, in Shanghai	liu² hu⁴ pu¹ ch'ien²	前不滬留
,, a while	hsiao³ tso⁴ kou¹ liu⁸	留勾作小
Lingering illness, a	ch'an² mien² chih¹ ping⁴	病之綿纏
,, ,,	lien¹-lien jih⁴-tzŭ-ti ping⁴	病的子日聯聯
,, look (as a female casts at a man), a	lien⁴ wang⁴	望戀
Linguist,	yü³ hsüeh² chê³	者學語
Lining, put in a	tiao⁴ ko⁴ li³ 'rh	兒裏個掉
Link,	lien² ho⁴	合連
,, in a chain, a	liao⁴ pau⁴-êɪh	兒絆鐐
Linseed,	hu² ma² tzŭ	子蔴胡
Lintel, a	shang⁴ mên² k'an³	檻門上
,,	mên² mei²	楣門
Lion, a	shih¹-tzŭ	子獅
Lion's share	kuo⁴ tang¹ chih¹ fên⁴	分之當過
,, of the hour, he is a	ming² chung⁴ i shih²	時一重名

Lip—Literal. 454

Lip activity	tsui³ ch'in² p'i⁴ ku lan³	懶股屁勤嘴
Lips,	tsui³ ch'un²-tzǔ	子唇嘴
,, upper	shang⁴ tsui³ ch'un²	唇嘴上
,, lower	hsia⁴ tsui³ ch'un²	唇嘴下
,, to purse the	chüeh¹ tsui³	嘴撅
,, lick the, to	t'ien³ tsui³	嘴餂
,, smack the	pa¹-ta tsui³	嘴搭吧
,, cracked	tsui³ ch'un² lieh⁴ la	了裂唇嘴
,, only, approve with the	k'ou³ shih⁴ hsin⁴ fei¹	非心是口
Liquid,	shui³	水
,,	liu² chih³ ti¹	的質流
,,	liu² tung⁴ wu⁴	物動流
Liquidate,	ch'ing¹ huan²	還清
Liquidation,	kuei¹ chai⁴ chu³ ch'êng¹ li³	理經主債歸
,,	shêng¹ i⁴ tao³ p'an²	盤倒意生
Liquidator,	p'o⁴ ch'an³ ch'ing¹ li³ jên²	人理清產破
Lisp, to	ta⁴ shê²-t'ou	頭舌大
,,	tiao¹ tsui³	嘴刁
,,	yen² yü³ pu⁴ ch'ing¹	清不語言
List, class-	pang³	榜
,, civil	huang² shih⁴ fei⁴	費室皇
,, of, make a	k'ai¹-ko tan¹-tzǔ	子單個開
,, of officials (old title)	chin⁴ shên¹ lu⁴	錄紳縉
,, ,,	chih² kuan¹ piao³	表官職
,, the following	tso³ lieh⁴	列左
,, go on the retired	t'ui⁴ chih²	職退
,, place on the unemployed	t'ou² chu¹ hsien² san⁴	散閒諸投
,, were, included on the	chi⁴ lieh⁴ tan¹ chê³	......者單列計
,, of a ship	p'ien¹	偏
Listen, to	t'ing¹	聽
,, to advice	t'ing¹ ch'üan⁴	勸聽
,, ,,	t'ing¹ hsin⁴ ch'üan⁴ yen²	言勸信聽
,, listen!	t'ing¹-i-t'ing	聽一聽
,, attentively	hsi³ êrh³ ching⁴ t'ing¹	聽靜耳洗
Listless,	wei¹-sui	萎葳
,, and depressed	ching⁴ tzǔ⁴ tai⁴ tai⁴ ti¹ fa¹ lêng⁴ 'rh	兒楞發的獃獃自竟
Litany,	tsung³ tao³ wên²	文禱總
Literal,	ts'ung² tzǔ⁴ i⁴ ti¹	的義字從
,, translation, a	ai¹-cho tzǔ⁴-êrh fan¹	翻兒子着挨
,, ,,	chih² i⁴	譯直
,, meaning	yüan³ i⁴	義原

Literally, you take me too | wo³-ti hua⁴ ni³ t'ai⁴ lo⁴ shih² | 我的話你太落實
,, don't take things too | pieh² t'ai⁴ chih³ shih²-lo | 別太指實了
Literary, person, a | yu³ wên² ts'ai²-ti | 有文才的
,, man, a | su⁴ ju² | 宿儒
,, degree | pi⁴ yeh⁴ wên² p'ing² | 畢業文憑
,, people | shu¹ hsiang¹ mên¹ ti¹ | 書香門第
Literateur, | wên² i⁴ chia¹ | 文藝家
Literati, | shên¹-shih | 紳士
Literature, | wên² tzŭ⁴ | 文字
,, | ching¹ shih³ tzŭ³ chi² | 經史子集
Lithe figure, a | hsi¹ kao¹ shên¹-liang-êrh | 細高身量兒
Lithograph, a | shih² yin⁴ | 石印
Lithotomy, | chieh² shih² shu⁴ | 截石術
Litigation, | tz'ŭ² sung⁴ | 詞訟
,, | ta³ kuan¹-ssŭ | 打官司
Litre, | hsin¹ shêng¹ | 新升
Litter, make a | tsao¹-hai | 糟害
,, of puppies | i⁴ wo¹ hsiao³ kou³-êrh | 一窩小狗兒
Little, | hsiao⁸ | 小
,, by little | chien chien⁴ ti¹ | 漸漸的
,, ,, | i⁴ tien³-'rh-i tien⁴-'rh-ti | 一點兒一點兒的
,, better, a | hao³ i⁴ tien³ 'rh | 好一點兒
,, a very | hsieh¹ wei¹-ti | 些微的
,, to the west side, just move a | wei¹ jan² wang³ hsi¹ i¹ tien³ 'rh | 微然往西一點
Liturgy, a | ching¹ | 經
,, | tao³ wên² | 禱文
Live (reside), to | chu⁴ | 住
,, alive | huo²-ti | 活的
,, exist | huo² | 活
,, make a living | kuo⁴ jih⁴-tzŭ | 過日子
,, still alive | hai² tsai⁴ | 還在
,, alone, to | tu² mên² tu² yüan⁴ 'rh-ti chu⁴ | 獨門獨院兒的住
,, in retirement | an¹ chü¹ | 安居
,, to a great age | k'o⁴ hsiang³ ch'ang¹ ling² | 克享長齡
,, abroad | p'i⁴ chü¹ hai³ wai⁴ | 僻居海外
,, for ever, his name shall | ming² ch'ui² pu⁴ hsiu³ | 名垂不朽
,, apart | pieh² chü² | 別居
,, ,, | yu³ huo² ch'i⁴ ti¹ | 有活氣的
,, after him, his good deeds | ssŭ³ yu² yu³ kung³ | 死猶有功

Lives—Loafer. 456

Lives with his uncle	shou³-cho chiu⁴-chiu chu⁴	住舅父着守
Livelihood,	tu⁴ jih⁴ chih¹ chi⁴	計之日度
,,	shêng¹ chi⁴	計生
,, depend on for a, what does he?	chang⁴-cho shêm²-mo kuo⁴ jih⁴-tzu	子日過麼甚着仗
,, look for a	mou² shêng¹	生謀
,, out of it, make a	i³ tz'ŭ³ wei² yeh⁴	業爲此以
Liveliness,	huo² p'o	潑活
Livelong night, it rained the	hsia⁴ ko⁴ ch'ê⁴ yeh⁴ pu⁴ hsiu¹	休不夜徹個下
Lively,	huan¹-shih	勢歡
,, hope	hou⁴ wang⁴	望厚
Liver,	kan¹	肝
Living, in order to earn one's	wei² ch'i¹ shên¹ hu² k'ou³ chi⁴	計口糊身棲爲
,, by sucking people's brains, the newspaper correspondent makes a	hsin¹ wên² chi⁴ chê i³ chün⁸ jên² nao³ chih² wei² shêng¹	生爲汁膸人吮以者記聞新
,, death, like a	hsi¹ i⁴ huo² mai² ti⁴ hsia⁴ hu²	乎下地埋活異奚
,, improving daily, conditions of	shêng¹ chi¹ jih⁴ yü⁴	裕日機生
,, still	hai² huo²-cho	着活還
,, make a	kuo⁴ jih⁴-tzŭ	子日過
,, ,,	kuo⁴-huo	活過
,, creatures	wan⁴ shêng¹	生萬
,, creatures, man is the most wonderful of	jên² wei² wan⁴ wu⁴ chih ling²	靈之物萬爲人
,, has no means of	mei²-ko ying³-shêng-êrh	兒生營個沒
,, image of, the	huo² hsiang⁴	像活
,, ,, ,,	huo² t'o¹-êrh-ti	的兒脫活
Lizard, a	hsieh¹ hu³-tzŭ³	子虎蠍
Load a pack	i³ to⁴-tzŭ	子馱一
,, a cart	i⁴ ch'ê¹-tzŭ	子車一
,, on a carrying pole	i² tan⁴-tzŭ	子擔一
,, a gun, to	chuang¹ ch'iang¹	鎗裝
,, a ship, to	chuang¹ ch'uan²	船裝
,, a cart, to	chuang¹ ch'ê¹	車裝
,, of debt, a	chi¹ ch'ien⁴ lei lei³	累累欠積
Loadstone,	tz'ŭ² shih²	石磁
Loaf, a	i²-ko mien⁴ pao¹	包麵個一
Loafer, a	yu² shou³ hao⁴ hsien³-ti	的閒耗手遊
,,	mei² shih⁴ kuei³ hun⁴	混鬼事沒
	ta² hsien² 'rh ti	的兒閒打

Loan, a government	chieh⁴-k'uan	欵借	
,, funds	chieh⁴-hsiang	項借	
,, make a	chieh¹ k'uan³	欵借	
,, get a small	t'ung¹-jung lia³ ch'ien² 'rh	兒錢倆融通	
,, raise a	chieh⁴ i⁴ pi³ ch'ien²	錢筆一借	
,, on	chjeh⁴-lai-ti	的來借	
,, foreign	wai⁴ chai⁴	債外	
,, war	chan⁴ shih⁴ kung¹ chai⁴	債公事戰	
Loathe, to	ni⁴-wei	味膩	
Loathsome,	ni⁴ chi²-lo	咯极膩	
Lobby, a	t'ao⁴ chien¹ 'rh	兒間套	
Lobe of the ear	êrh³ ch'ui² 'rh	兒垂耳	
Local authorities	ti⁴-fang kuan¹	官方地	
,, ,,	ti⁴ mien⁴ kuan¹	官面地	
,, confined to a locality	i⁴ fang¹-ti	的方一	
,, dialect	t'u³ yin¹	音土	
,, effect only	ti⁴ li³ chih¹ kuan¹ hsi êrh² i³	已而係關之理地	
,, (branch)	chih¹ pu⁴	部支	
,, self-government	ti⁴ fang⁴ tzŭ⁴ chih⁴	治自方地	
Location,	wei⁴ chih⁴	置位	
Lock, a	i⁴ pa³ so³	鎖把一	
,,	so³-t'ou	頭鎖	
,, to	so³-shang	上鎖	
,, up	so³ ch'i-lai	來起鎖	
,, the catch of a	p'êng⁴ huang²	簧硼	
,, wards of	so³ huang²	簧鎖	
,, brass Chinese padlock	kuang³ so³	鎖廣	
,, foreign padlock	ling²-tang so³	鎖鐺鈴	
,, of hair	i⁴ liu³-êrh t'ou²-fa	髮頭兒綹一	
,, sluice, a	cha² k'ou³	口閘	
,, gate	shui³ kuan¹	關水	
Lockjaw,	p'o⁴ shang¹ fêng¹	風傷破	
Lockout,	lo¹ ling⁴ hsiu¹ yeh⁴	業休令勒	
Lockup,	lin² chih⁴ so³	所敊留	
Locomotion,	yü⁴ tung⁴ li⁴	力動迻	
Locomotive,	chi¹ kuan¹ ch'ê¹	車關機	
Locomotor ataxia	chi⁴ sui² lao⁰	痨髓脊	
Locum tenens, a	t'i⁴ tai⁴-ti	的代替	
,, ,,	kua¹ tai⁴ chê³	者代瓜	
,, ,,	lin² shih² tai⁴ li³ jên¹	人理代時臨	
Locust, a	huang²-ch'ung	蟲蝗	
,,	ma⁴-cha	蚱螞	
Lodge, to	chi⁴ chü¹	居寄	

Lodge—Long. 458

Lodge, an Imperial	hsing²-kung	行宮
,, ,, official	hsing² yuan²	行轅
Lodging,	chi⁴ hsiu³ so³	寄宿所
,, for officials	hsing² kuan³	行館
,, (of a high sacerdotal dignity)	chu⁴ hsi² chih¹ so³	住錫之所
Lodgings, to take	lin⁴ hsiao³ yü⁴	賃小寓
,,	lü³ yü⁴	旅寓
Log, a	i⁴ ku¹-lu-êrh mu⁴-t'ou	一轆轤兒木頭
,, (ships)	hang² hai³ jih⁴ chih⁴	航海日誌
Logarithm,	tui⁴ shu⁴	對數
Logic,	lun⁴ li³ hsüeh²	論理學
,, deductive	yen³ i⁴ fa³	演繹法
,, inductive	kuei¹ na⁴ fa³	歸納法
Logical,	lun⁴ li³ shang	論理上
Loins, the	yao¹	腰
Loiter, to	tan¹-ko	躭擱
,,	tou-liu	逗遛
,,	ts'êng⁴-têng	蹭蹬
,,	yen¹ liu²	淹留
,,	ch'ih²-tun	遲頓
Loll, don't	pieh²-chê-mo mei²-yu tso²-yang	別這麼沒有做樣
London,	lun² tun¹	倫敦
Lone, forlorn	chih¹ shên¹ i⁴ jên²	隻身一人
Loneliness,	chi⁴ liao⁴	寂寥
,,	ch'ih¹ t'iao¹ t'iao¹-ti	赤條條的
Lonely,	lêng³-tan	冷淡
,,	lêng³-ch'ing	冷清
,,	lêng³-lo	冷落
,,	chi˟-mo	寂寞
,, and unsupported	shih⁴ ku¹ wu² yüan²	勢孤無援
Long,	ch'ang²	長
,, distance, a	yüan²	遠
,, time, a	chiu³	久
,, it was not, before	mei² to¹ ta⁴ kung¹-fu chiu⁴	沒多大工夫就
,, friend, life	p'ing shêng¹ chih¹ chi³	平生知己
,, to last	ch'ang²-yüan	長遠
,, ago	tsao³ i³-ti	早已的
,, time since we met	chiu³ wei¹	久違
,, before	pu⁴ jih⁴	不日
,, as I am in office, I shall do my duty, as	tsai⁴ shih⁴ i¹ jih⁴ tang¹ chin¹ i¹ jih⁴ chih¹ hsin¹	在事一日當盡一日之心

Long—Look.

Long standing	fei¹ tzŭ⁴ chin¹ shih³		非自今始
,, standing custom	ch'en² ch'en² hsiang¹ yin¹		因相陳陳
,, distance	ch'ang² chü⁴ li²		離距長
,, -suffering	jên³ nai⁴		耐忍
,, manage to hold on to his position so	wei² ch'ih³ ch'i² ti⁴ wei yü² pu⁴ chi² pai⁴		維持其地位不於即敗
Longing to see you	k'o³ hsiang³		渴想
,, to see him	wang⁴ yen³ yü⁴ ch'uan¹		望眼欲穿
,, for the holidays	p'an⁴-cho fang⁴ hsüeh²		盼着放學
,, for a cup of tea	p'an⁴-cho ho¹ wan³ ch'a²		盼着喝碗茶
,, for him to come	ch'ih² p'an⁴-cho-t'a lai²		直盼着他來
,, on East Asia (for annexation), cast eyes of	chi¹ yü tung¹ ya³		覷東亞
Longitude,	ching¹ hsien⁴		經線
,, degree of	ching¹ hsien⁴ tu⁴		經線度
Look, a	jung² mao⁴		容貌
,, alarmed	yu³ chü⁴ sê		有懼色
,, out	shou³ wang⁴		守望
,, to	k'an⁴		看
,, ,,	ch'iao²		瞧
,, after, take charge of	chao⁴ kuan³		照管
,, ,, attend to	chao⁴ ying⁴		照應
,, have an eye to	chou¹-hsüan		周旋
,, out!	ti¹-fang-cho-pa		提防着罷
,, out for him	na²-yen³ hsüeh²-liao-cho-t'a		拿眼瞅料着他
,, over	fan¹-t'êng fan¹-t'êng		翻騰翻騰
,, up (visit)	wang⁴-k'an		望看
,, after visitors	chou¹-hsüan		周旋
,, through a telescope	na² ch'ien¹-li yên³ chao⁴		拿千里眼照
,, a person over	ta³-liang		打量
,, into	ch'a²-k'an ch'a²-k'an		查看查看
,, ,, a mirror	chao⁴ ching⁴-tzŭ		照鏡子
,, ,, ,,	na² ching⁴-tzŭ chao⁴-i-chao		拿鏡子照一照
,, at yourself in the glass (and see what an ugly fellow you are)! do	ni² ti¹ ch'ou³ lien² ch'ing⁴ tzŭ chao⁴ i chao		你的醜臉請拿鏡子照一照
,, after domestic matters	chao⁴ kuan³ chia¹ wu⁴		照管家務
,, to the left	wang³ tso³ ch'iao²		往左瞧
,, up to	yang³-chang		仰仗
,, down on him	pao²-k'an-t'a		薄看他
,, out you don't tread on it	k'an⁴ ts'ai³-lo		看踩了
,, askance	ts'ê⁴ mu⁴		側目

Look--Loop. 460

Look at a book	p'i¹ yüeh⁴	閱 披
,, about one	chu⁴ i⁴	意 注
,, ill	ch'i⁴-sê-pu hao³	好 不 色 氣
,, sick	mien⁴ tai⁴ ping⁴ jung²	容 病 帶 面
,, up the date	an⁴ li⁴ snu¹ i¹ k'an¹	看 一 書 歷 按
,, like a Pekingese, does not	k'an⁴ na⁴ yang⁴ tzŭ pu⁴ hsiang⁴ ch'ing² li³ ti¹ jên²	人 的 裏 城 像 不 子 樣 那 看
,, contemptuously at him	kao¹ k'ang² lien⁸ 'rh	兒 臉 抗 高
,, bad, things	ch'ien² t'u² pu⁴ chia¹	佳 不 途 前
,, back	hui² ku⁴	顧 回
,, forward	hsi¹ wang⁴	望 希
,, indifferently on	tso⁴ shih⁴	視 坐
,, extremely pleased	yü² k'uai⁴ chih¹ jung² chien⁴ yü² yen² sê⁴	色 顏 於 見 容 之 快 愉
,, out for a likely man	wu⁴ sê⁴ ch'i² jên²	人 其 色 物
,, out for (a desired article)	wu⁴ sê⁴	色 物
,, for	ch'i² wang⁴	望 期
,, ,, (expect)	chao³	找
Looked for at, may be	k'o² chi⁴ jih⁴ êrh² tai⁴	待 而 日 計 可
,, as if he had been..., it	chiu⁴ fang³ fu shih⁴ pei⁴....	....被 是 彿 彷 就
Looker on (search), a	p'ang² kuan¹ chê³	者 觀 傍
Lookers on see most of the game	p'ang² kuan¹ chê³ ch'ing¹	清 者 觀 旁
Looking back a few years	tao⁴ t'ui⁴ ko⁴ san¹ nien² wu³ tsai³	載 五 年 三 個 退 倒
,, glass, a small	mao⁴ ching⁴	鏡 帽
,, while I was not	yen³ ts'o⁴ 'rh pu² chien⁴-ti shih²- hou 'rh	兒 候 時 的 見 不 兒 錯 眼
,, up, things	shih⁴ yu³ chuan³ chi¹	機 轉 有 事
Looks bad	mien⁴ tzŭ shang⁴ t'ai⁴ pu⁴ hao³ k'an⁴	看 好 不 太 上 子 面
Loom, a	i⁴ chang¹ chi¹ ch'u¹ hsien⁴	機 張 一 現 出
Looming in distance, shadows	mêng² lung chung¹ ch'u¹ hsien⁴	現 出 中 朧 朦
Loop, a	p'an⁴-tzŭ	子 襻
,, for buttons	niu³ p'an⁴-'rh	兒 襻 鈕
,, to	k'ou⁴-shang	上 扣
,, make a	chieh¹ p'an⁴-tzŭ	子 襻 結
,, hole	t'ao² pi⁴ chih¹ lu⁴	路 之 避 逃
,, line	ch i² hsien⁴	線 路

Loose,		sung¹	鬆
,,	not tight	huo²-tung-lo	咯動活
,,	to let	fang⁴	放
,,	woman, a	yin² tang⁴ chih¹ fu⁴	婦之蕩淫
Loosen, to		sung¹-k'ai	開鬆
Loot,		chan⁴ li⁴ p'in³	品利戰
,,	nor disturb the populace on their march, those troops never	kai¹ chün¹ so³ kuo⁴ ti¹ ch'êng² shih⁴ ts'un¹ chên⁴ chên¹ shih⁴ ch'iu¹ hao² wu² fan⁴ chi¹ ch'üan³ pu¹ ching¹ 驚不犬雞他無毫秋是眞鎭村城的過所軍該	
Lop off, to		pa⁴ chien¹ 'rh ta³-liao-ch'ü	去了打兒尖把
,,	trees, to	pa⁴ shu⁴ wu¹-i-wu	剷一剷樹把
Lopsided,		wai¹-lo	咯歪
Loquacious,		jao² shê²	舌饒
Lord, sovereign		chu³ tzŭ	子主
,,	so and so ...	chüeh²	爵
,,	(a member of the nobility), a	chüeh²-yeh	爺爵
,,	,, ,,	kuei⁴ chou⁴ tzŭ³ ti⁴	弟子胄貴
Lordly air		chiao¹ t'ai⁴	態驕
Lordly mansion, I built myself a		chien⁴ yu³ chuang¹ li⁴ chih chu⁴ chai²	宅住之麗壯有建
Lords, house of		kuei⁴ tsu² yüan⁴	院族貴
Lose, to		tiu¹	丟
,,	face	tiu¹ lien³	臉丟
,,	money	p'ei² ch'ien²	錢賠
,,	suffer loss	ch'ih¹ k'uei¹	虧吃
,,	an opportunity	shih¹ chi¹-hui	會機失
,,	one's way	tsou³ mi²-lo tao⁴-êrh	兒道咯迷走
,,	at gambling	shu¹-lo	咯輸
,,	heart	sang⁴ tan³	膽喪
,,	mysteriously (of an article)	pu⁴ i⁴ êrh² fei¹	飛而翼不
,,	all one's (teeth)	man³ k'ou³ ch'üan² t'o¹	脫全口滿
,,	unexpectedly win a seat which it was expected to	pên³ ch'i² shih¹ pai⁴ êrh³ i⁴ wai⁴ yu¹ shêng⁴ chih¹ ti⁴ fang¹ 方地之勝優外意而敗失期本	
,,	the tradition	shih¹ ch'uan²	傳失
,,	election	lo⁴ hsüan³	選落
,,	battle	pai⁴ chan⁴	戰敗
,,	consciousness	pu⁴ hsing² jên² shih⁴	事人省不
Loser,		sun³ shih¹ jên²	人失損
,,	of an article	shih¹ chu³	主失

Loss—Lotus.

Loss,		sun³ hao⁴	損耗
,,	by exchange is heavy	hui⁴ shui³ shên⁴ chung⁴	滙水甚重
,,	,, ,,	hui⁴ tui⁴ chih¹ k'uei¹	滙兌之虧
,,	(of a right)	sang⁴ shih¹	喪失
,,	profit and	sun³ i²	損益
,,	to understand, at a	pu⁴ ming² ch'i² miao⁴	不明其妙
,,	for reply, at a	pu⁴ chih¹ so³ tui⁴	不知所對
,,	but great future gain, small present	hsiao³ shih¹ tang¹ ch'ien² ta⁴ li⁴ tsai⁴ hou⁴	小失當前大利在後
,,	of blood unconscious from	liu² hsieh³ kuo⁴ to¹ hun¹ mi³ pu⁴ hsing³	流血多迷昏不醒
Lost,		shih¹-lo-lo	失落咯
,,	articles	i² shih¹ wu⁴	遺失物
,,	to shame	kua⁸ lien² hsien³ ch'ih³	寡廉鮮恥
,,	in thought	ch'u¹ shên²	出神
,,	ship, a	tsao¹ nan⁴ chih¹ ch'uan²	遭難之船
,,	was, and is found	shih¹ êrh² fu⁴ tê²	失而復得
,,	,, ,, ,,	mao⁴ tzŭ fei¹ ch'ü⁴ fu⁴ fei¹ lai²	帽子飛去復飛來
,,	than never to have loved at all, better to have loved and	ai⁴ êrh² shih¹ ch'ung³ shêng⁴ yü² pu⁴ ai⁴	愛而失寵勝於不愛
Lot, a		i² ta⁴ tsui¹	一大堆
,,	a great many	hao³ hsieh¹-ko	好些個
,,	the whole	ch'i²-ta huo³-êrh	齊大夥兒
,,	,,	i⁴-ku nao³-tzŭ	一裹腦子
,,	,,	ch'üan² t'ao⁴-êrh	全套兒
,,	,,	i³ ta⁴ tsung³-êrh	一大總兒
,,	,,	p'u³ t'ung¹	普通
,,	,,	i⁴ wo¹-i t'o¹-ti	一窩駝的
,,	will die, the whole	i¹ ko⁴ yeh³ huo² pu⁴ liao³	一個也活不了
,,	(destiny)	ming⁴	命
,,	by	ch'ou¹ ch'ien¹	抽籤
,,	with, throw in one's	t'ou² ju⁴	投入
,,	of himself, think a	tzŭ¹ fu⁴ pu⁴ fan²	白負不凡
,,	of land	i⁴ tuan⁴ ti⁴	一段地
,,	the, lumped together	kuei¹-to pao¹ tsui¹	歸包堆
,,	,, ,, ,,	chün¹ pei¹ la¹	均背拉
Lots, to cast		ch'ê⁴ ch'ien¹	掣籤
,,	to draw	chua¹ chiu¹-êrh	抓鬮兒
,,	from the vase, draw	ch'ê⁴ p'ing²	掣缾
Lottery, a		ta³ ts'ai³	大彩
,,	ticket	ts'ai³ p'iao⁴	彩票
Lotus,		ho²-hua	荷花
,,		lien²-hua	蓮花

Loud—Lower.

Loud voice	kao¹ shêng¹	高聲
,, ,,	ta shêng¹	大聲
Lounge about the streets	yu² hsing² chieh² shih⁴	遊行街市
,, to	san⁴ yi⁴	散逸
Louse, a	shih¹-tzŭ	虱子
Lout, a	eh'un³-pên jên²	蠢笨人
,,	ts'u¹-tsao jên²	粗糙人
Lovable,	k'o³ ai⁴-ti	可愛的
Love,	ai⁴ ch'ing²	愛情
,, letter	ch'ing² shu¹	情書
,, to, devoted to	t'êng² ai⁴	疼愛
,, fond of	ai⁴-hsi	愛惜
,, sick (or in)	ch'ing² mo²-lo	情寞咯
,, ,,	jan² hsiang¹-ssŭ ping⁴	染相思病
,, others as yourself	ai⁴ jên² ju² chi³	愛人如己
,, awfully in	ta⁴ fa¹ ch'un¹ hsing⁴	大發春興
,, virtue	hao⁴ tê²	好德
,, make	sung⁴ ch'ing²	送情
,, is and was my lord and king	i hsin¹ i¹ i⁴ p'ing² shêng¹ chung¹ sê⁴	一心一意平生重色
,, of women, passing the	chih¹ chi³ hsiang¹ ai⁴ shên⁴ yü² nü³ sê⁴	知己相愛甚於女色
,, (ostentatious)	hsüan⁴ mu⁴ ti¹	炫目的
,, is a pure delusion	ai⁴ ch'ing² pu⁴ kuo huan¹ hsiang⁴ êrh² i³	愛情不過幻想而已
,, she never told her passages	ch'i² ai⁴ ch'ing² chih¹ shih³ wei⁴ ch'ang² kao⁴ jên² ch'ing² shih³	其愛情之史未嘗告人情史
,, never did run smooth, the course of true	ai⁴ ch'ing² ching¹ kuo shun⁴ shih⁴ shao³	愛情經過順事少
Lovelorn female	pei¹ ch'iu¹ shan⁴ ti¹	悲秋屬的
Lover,	ch'ing² jên²	情人
Lovely,	hao³-k'an chi²-lo	好看極咯
Low,	ai³	矮
,, lying ground	wa¹ ti⁴	窪地
,, price, a	ti¹ chia⁴ 'rh	抵價兒
,, person, a	yung¹ fu¹ su² tzŭ³	庸夫俗子
,, ,,	hsia⁴-lĭu jên²	下流人
,, spirited	hsin¹-li yü⁴-mên	心裏鬱悶
,, ,,	hsin¹-li pu² t'ung⁴-k'uai	心裏不痛快
,, speak	fa¹ yin¹ chi² ti¹	發音極低
,, priced	lien² chia⁴	廉價
,, to (of cattle)	chiao⁴-huan	叫喚
Lower dignity	chiang⁴ tsun¹	降尊
,, court	hsia⁴ chi² ts'ai² p'an⁴ so³	下級裁判所

Lower—Lump.   464

Lower, transport rates	yün⁴ fei⁴ tieh¹ lo⁴	落跌費運	
Lowest price	tsui⁴ ti¹ chih¹ chia⁴	價之低最	
Lowly,	ch'ien¹ hsün⁴	遜謙	
Loyal,	chung¹ i⁴	義忠	
,,	chung¹ hsin¹	心忠	
,, patriotic	ai⁴ kuo²	國愛	
,, ever, in his allegiance	i¹ i⁴ kuei¹ hsin¹	心歸意一	
Lubricate,	jun⁴ hua²	滑潤	
Lucid,	ming² liao²	瞭明	
Luck,	yün⁴-ch'i	氣運	
,, good	hao³ yün⁴-ch'i	氣運好	
,, bad	huai⁴ yün⁴-ch'i	氣運壞	
,, has bad	tsou³-lo yün⁴-lo	咯運咯走	
,, trust to one's	p'eng⁴ ts'ai³-ch'i 'rh	兒氣彩碰	
,, spoil one's	chê² fu²	福折	
,, would have it, as	p'ien¹ p'ien¹ 'rh-ti	的兒偏偏	
,, regain one's	fan¹ shao¹	梢翻	
,, has turned the	shih⁴ pien⁴ wei² fu²	福爲變事	
Luckily,	k'o³ ch'iao³	巧可	
,,	hsing⁴-k'uei	虧幸	
,,	t'ien¹ yüan² ts'ou⁴-ho	合湊緣天	
Lucky,	yu³ yün⁴-ch'i	氣運有	
,,	yu³ tsao⁴-hua	化造有	
,, has been	tê²-liao ts'ai³-t'ou-lo	咯頭彩了得	
,, days in the calendar	huang² tao⁴ jih⁴-tzŭ	子日道黃	
,, day, choose a	tsê² chi² jih⁴	日吉擇	
Lucrative post	yu¹ ch'üeh¹	缺優	
Lucre (in bad sense)	pu⁴ i⁴ chih¹ ts'ai²	財之義不	
,, scheme after	yü² li⁴	利漁	
Lucubration anxious	k'u³ hsin¹ ku¹ i⁴	詣孤心苦	
Lucullian banquets	chiu³ ch'ih² jou⁴ lin²	林肉池酒	
Ludicrous,	k'o³ hsiao⁴	笑可	
Luggage,	hsing²-li	李行	
,,	hsing²-chuang	裝行	
,, personal	hsieh² tai⁴ p'in³	品帶攜	
,, ,,	sui² shên¹ tai⁴ chih¹ tang¹ hsi¹	西東之帶身隨	
Lugubrious,	t'ui²-sang	喪頹	
Lukewarm,	wên¹-huo	和溫	
,, water	yin¹ yang² shui³	水陽陰	
Lumbago,	shou⁴ han²-ti yao¹ t'êng²	疼的寒受	
Luminary legal	fa⁴ lü⁴ ta⁴ chia¹	家大律法	
Lump, a	ku¹-ting-êrh	兒丁凹	
,, a bit	i² k'uai⁴	塊一	
,, buy in a	pao¹ yüan² 'rh mai³-ti	的買兒園包	

Lump—Machination.

English	Romanization	Chinese
Lump good and bad together	hsün¹ yu³ mo⁴ pien⁴ yü⁴ shih pu⁴ fên¹	分不石玉辨莫猶薰
" a whole population under a petition from a few private individuals, to	i³ êrh⁴ san¹ ssŭ¹ jên² mo⁴ sa ch'i¹ pai² wan⁴ jên²	人萬百七煞抹人私三二以
Lumped together	kuei¹-liao pao¹ tsui¹	堆包了歸
Lunacy,	ching¹ shên² ts'o⁴ luan⁴	亂錯神精
Lunatic, a	fêng¹-tzŭ	子瘋
" act like a	fa¹ k'uang²	狂發
" asylum	fêng¹ ping⁴ yüan⁴	院病瘋
Lunch,	tien³-hsin	心點
" on a journey, to	ta³ chien¹	尖打
Lung, inflammation	fei⁴ yen²	炎肺
" apex of the	fei⁴ chih¹ chien¹ tuan¹	端尖之肺
Lungs,	fei⁴	肺
Lurch, leave in the	nan² chung¹ ch'i⁴ jên²	人棄中難
Lurk, to	liu¹-ch'iao-cho	着瞧遛
Luscious,	kan¹ wei⁴	味甘
Lust,	yin² yü⁴	慾淫
"	sê⁴ ch'ing²	情色
" of the eyes	mu⁴ yü⁴	慾目
Lustre,	kuang¹ tsê²	澤光
Lusty,	ch'iang² chien⁴	健強
Lute,	p'i² pa	琶琵
Luxuriant,	mao⁴-shêng	盛茂
"	wang⁴	旺
Luxury,	shê¹ ch'ih³	侈奢
" to live in	kuo⁴ k'uo⁴ jih⁴-tzŭ	子日闊過
" increasing	chung³ shih⁴ tsêng¹ hua²	華增事種
" brought up in	fu⁴ li³ shêng¹ fu⁴ li³ chang³	長裏富生裏富
Lyceum,	wên yüan⁴	苑文
Lying in hospital	ch'an³ k'o¹ ping⁴ yüan⁴	院病科產
Lymph,	hsüeh³ ching¹	精血
"	niu² tou⁴ chiang¹	漿頭牛
Lymphatic gland	lin² pa ch'üan²	腺巴淋
Lyre,	ch'in²	琴

M

English	Romanization	Chinese
Macaroni, Chinese	kua⁴ mien⁴	麵掛
" foreign	mien⁴ t'iao²-êrh	兒條麵
Mace bearer	chih² kuei¹ chê³	者圭執
" fraction of a tael	i⁴ ch'ien¹ yin²-tzŭ	子銀錢一
Machination,	yin³ mou²	謀隱

Machination—Magnet. 466

Machination,	chien¹ chi⁴	計好
Machine,	chi¹ kuan¹	關機
,,	tung⁴ chü⁴	具動
,, a	chi¹-ch'i	器機
,, gun	chi¹ kuan¹ p'ao⁴	砲關機
Machinery,	chi¹-ch'i	器機
Machinist,	chi¹ kuan¹ shih¹	師關機
Mad,	fêng¹-lc	峪瘋
,, he is quite	ta⁴ yu³ shên² ching¹ ping⁴ chih¹ i⁴	意之病經神有大
Madly run after	k'uang² pên¹	奔狂
Madam,	t'ai⁴-t'ai	太太
,,	lao³ fu¹-jên	人夫老
,,	t'ai⁴ fu¹-jên	人夫太
,,	lao³ t'ai⁴-t'ai	太太老
,,	ku¹ nai³-nai	奶奶姑
Madder,	tan¹ shên¹	參丹
Made,	chih⁴ tsao⁴	造製
,, of wood	mu⁴-t'ou tso⁴-ti	的做頭木
,, up of various ingredients	ch'ün² yao⁴ p'ei⁴ chêng²-ti	的成配藥羣
,, up	tso⁴-ch'u-lai-ti	的來出做
,, how is it ?	tsêm³-mo yang⁴-êrh ch'êng²-tso	做成兒樣麼怎
,, ,, ,,	tsêm³-mo tso⁴-ti	的做麼怎
Magazine (mil.)	wu³ k'u⁴	庫武
,, a powder	huo³ yao⁴ k'u⁴	庫藥火
,, (rifle)	t'ien² chuang¹ pu⁴	部裝填
,, ,,	tan⁴ ch'iang¹	腔彈
,, ,,	k'uai⁴ ch'iang¹	鎗快
,, (newspaper)	tsa² pao⁴	報雜
Maggot, a	ch'ü¹	蛆
Magic,	yao¹ shu⁴	術妖
,, a practiser of	ting³ hsiang¹-ti	的香頂
,, lantern	tien⁴ ying³-êrh têng¹	燈兒影電
Magical,	ch'i² shu⁴ ti¹	的術奇
Magistrate, a district	hsien⁴ chih¹ shih⁴	事知縣
,, police	hsün² ching³ wei²-yüan	員委警巡
,, ,,	ping¹ ma³ ssŭ¹	司馬兵
Magnanimous,	k'uan² jên²	仁寬
,,	k'uan¹-hung	宏寬
,,	ta⁴-fang	方大
,,	yu³ han² yang³	養涵有
Magnate,	kuei⁴ jên²	人貴
Magnet, a	yin³ t'ieh³	鐡引

Magnet, a	tz'ŭ² shih²	石礠
Magnetic,	tz'ŭ² hsing⁴	性磁
,, needle	tz'ŭ² chên¹	針磁
,, poles	tz'ŭ² chi²	極磁
,, stone	hsi¹ t'ieh³ shih²	石鐵吸
,, battery	t'ien⁴-ch'i hsiâ²-tzŭ	子匣氣電
Magnetism,	tz'ŭ² shih² li	力石磁
,, (science)	tz'ŭ² li⁴ hsüeh²	學力磁
,, animal	tung⁴ wu⁴ tz'ŭ² ch'i⁴	氣磁物動
Magnificent, awe-inspiring	wei¹-yen	嚴威
,, gorgeous	hua¹-shê	華奢
,, ,,	hua²-mei	美華
,, estate, purchase a	chih⁴ yu³ liang² t'ien² mei³ wu¹	屋美田瓦有置
Magnify,	fang⁴ ta⁴	大放
,, to	chao⁴ ta⁴-lo	咯大照
,, in speech, to	wang³ ta⁴-li shuo¹	說裏大往
Magnifying glass, a	hsien³ wei¹ ching⁴	鏡微顯
Magni Nominis Umbra,	ming² shih⁴ mo⁴ lu⁴	路末士名
Magniloquence,	ta⁴ yen²	言大
,,	chung⁴ ta⁴	大重
Magnolia,	mu⁴ lan²	蘭木
Magpie, a	hsi³ ch'iao	鵲喜
Mahogany,	t'ao² hua¹ hsin¹ mu⁴	木心花桃
Mahometan, a	hui²-hui	回回
,,	hui²-tzŭ	子回
Maid (virgin)	ch'u³ nü³	女處
,, a waiting	shih³-huan ya¹-t'ou	頭丫喚使
,, a lady's	kuan⁸ shu¹ t'ou²-ti	的頭梳管
,, of all work	tso⁴ ts'u¹-li huo²-ti	的活力粗做
,, of honour	ts'ai² jên²	人才
,, (unmarried girl)	kuei¹-nü³	女閨
,, a slave	pei¹-tzŭ	子婢
,, a child	mao² ya¹-t'ou	頭丫毛
,, old	shou³ t'ung² chên¹	貞童守
Maiden speech	ch'u¹ yen³ shuo¹	說演初
Maigre, to eat	ch'ih¹ su⁴	素吃
Mail cart	yu² ch'ê¹	車郵
,, bag, a	hsin¹ k'ou²-tai	袋口信
,, coat of	chia	甲
,, to	yu² chi⁴	寄郵
Maim to	chien³ ch'i² yü³ i⁴	翼羽其剪
Main,	ta⁴ t'i³	體大
,,	chu³ yao⁴	要主
,, in the	ta⁴ pan⁴	半大

Main—Majority.   468

Main, in the	ta⁴ chih³	旨大
,, with might and	hsin¹ li⁴ chü¹ tan¹	殫俱力心
,, lost evermore in the	yung³ ch'ên² yü chiu³ yüan²	淵九於沈永
,, body (mil.)	pên³ chün¹	軍本
,, deck	chung¹ chia³ pan³	板甲中
,, object	pên³ i⁴	意本
,, line, extend the	yen² ch'ang² kan¹ hsien⁴	線幹長延
,, land	ta⁴ lu⁴	陸大
,, point, the	t'ou² i⁴ tsung¹-êrh	兒宗一頭
,, chance, a keen eye for the	ying² li⁴ mi² kung¹	工彌利營
Mainly due to this cause that railways fail to prosper (See Chiefly)	lu⁴ chêng⁴ chih¹ pu⁴ nêng² fa¹ ta² ta⁴ pan⁴ yu² tz'ǔ³	此由半大達發不之政路
Mainspring of a watch, the	hsien²	弦
Mainstay,	i³ wei⁴ t'ai⁴ shan¹	山泰為倚
Maintain,	wei² ch'ih²	持維
,,	chih¹ ch'ih²	持支
,,	pao³ ts'un²	存保
,, support, to	yang³-huo	活養
,, support by argument	tsung³ i³-wei	為以總
,, defend	shou³	守
,, chastity	shou³ chieh²	節守
,, (army)	chih¹ chi³	給支
,, (an opinion)	chu³ chang¹	張主
,, the principles we	so³ pao⁴ ting⁴ chih¹ tsung¹ chih³	旨宗之定抱所
,, its independence hereafter? can it really	chin¹ huo⁴ kuo³ yu³ tzŭ² li⁴ chih¹ li⁴ mo¹	麼力之立自有果後今
Maintenance of possession	chan⁴ yu³ pao² ch'uan²	全保有占
,, of public order	wei² ch'ih² chih⁴ an¹	安治持維
Maize,	yü⁴-mi	米玉
Majestic,	wei¹-yen	嚴威
Majesty,	wei¹ fêng¹	風威
,, his	pi³ hsia⁴	下陛
,, ,,	ch'ih² hsia⁴	下墀
Major (military)	shao⁴ hsiao⁴	校少
,, domo	kuan³ chia¹	家管
,, ,, (of eunuchs)	tu¹ tsung² kuan⁸	管總都
,, ,, ,,	kuan³ shih⁴-ti	的事管
Majority, the	ta⁴ pan⁴	半大
,, ,,	to¹ i² pan⁴	半一多

Majority, large	ta⁴ to¹ shu⁴	數多大	
,, the ayes were in the	tsan⁴ ch'êng² chê³ chan⁴ to¹ shu⁴	數多佔者成贊	
,, vote of the assembly present, decided by the	ch'u¹ hsi² i⁴ yüan⁴ kuo⁴ pan⁴ shu⁴ chih¹ k'o³ chüeh²	決可之數半過院議席出	
,, (age)	ch'êng² nien²	年成	
,, attain his	jo⁴ kuan¹ li³	禮冠弱	
Make, to	tso⁴	做	
,,	kou⁴ tsao⁴	造構	
,, fabricate	tsao⁴	造	
,, haste	k'uai⁴-cho-pa	罷著快	
,, on the	tsui³ ch'ou¹	臭嘴	
,, the order has been made out	tz'ŭ³ ling⁴ i³ ching¹ p'i¹ chiu⁴	就批經已令此	
,, believe	chia³ chuang¹	裝假	
,, shift, a	chiang¹-chiu fa²-tzŭ	子法就將	
,, good a loss or breakage	p'ei-shang	上賠	
,, away with	ch'ao¹-lo shih³-lo	咯使咯超	
,, a row, don't	pieh² nao⁴	鬧別	
,, light of	k'an⁴ ch'ing¹-lo	咯輕看	
,, ,,	ch'ing¹ shih⁴	視輕	
,, sure of	shih⁴ tso⁴ ch'üeh⁴ shih³	實確作視	
,, that journalist made use of my translations as his own	na⁴ hsin¹ wên² chi⁴ chê³ chiang¹ wo³ i⁴ kao³ chü¹ wei² chi³ yu³	有己為據稿譯我將者記聞新那	
,, much of	ching⁴ chung⁴	重敬	
,, money	chuan⁴ ch'ien²	錢賺	
,, out, cannot	so³ pu⁴ ming²-pai	白明不所	
,, ,, (see)	ch'iao²-pu-ch'u lai²	來出不瞧	
,, out a list	k'ai¹-ko tan¹-tzŭ	子單個開	
,, over	chiao¹ fu⁴	付交	
,, ,, to him	chiao¹-kei t'a¹-lo	咯他給交	
,, up for	ti²-tê kuo⁴	過得敵	
,, him do it	pi⁴-cho-t'a tso⁴	做他著逼	
,, an effort	cha²-chêng-cho	扎掙著	
,, an appointment	li⁴ yüeh¹-hui	會約立	
,, me angry	chiao⁴-wo shêng¹ ch'i⁴	氣生我叫	
,, up to	fêng⁴-ch'êng	承奉	
,, up one's mind	ting⁴ chu²-i	意主定	
,, ,, mind, unable to	yu⁴ yao⁴ mai⁴ yu⁴ pu⁴ k'en⁸ t'ou² ch'ao² wai⁴	外朝頭肯不又賣要又	
,, up a deficiency	chao²-pu	補找	
,, up medicine	p'ei⁴ yao⁴	藥配	

Make—Male. 470

Make	up the number with inferior articles	ch'ung¹ shu⁴-êrh	兒數充
,,	up the amount	ts'ou⁴-ch'êng shu⁴-êrh	兒數成湊
,,	up for past disappointments	shih¹ chih¹ tung¹ yü² shou¹ chih¹ sang¹ yü²	榆桑之收隅東之失
,,	a fuss	chao³ ch'a² 'rh	兒縫找
,,	for his house, I'll	wo³ t'ou²-pên t'a¹ chia¹-li ch'ü⁴	去裹家他奔投我
,,	or mar a state, one word can	i¹ yen² hsing¹ pang¹ i¹ yen² sang⁴ pang¹	邦喪言一邦興言一
,,	money, the easiest way to	lai² ch'ien² tsui⁴ jung² i⁴ ti¹	的易容最錢來
,,	him behave better in future	chiao⁴ t'a¹ an¹ fên hsieh¹ ts'ai² hao³	好才些分安他教
,,	away with (proofs)	yin¹ mieh⁴	滅湮
,,	,, (an article)	hua⁴ wei² wu¹ yu³	有烏爲化
,,	headway	chin⁴ hsing²	行進
,,	way for a better man	t'ui⁴ pi⁴ hsien² lu⁴	路賢避退
,,	known	hsüan¹ pu⁴	布宣
,,	bold	pu⁴ ch'uai³ mao⁴ mei⁴	昧冒揣不
,,	a nation is *made* by struggles	to¹ nan² so³ i³ hsing¹ pang³	邦興以所難多
Maker,		chih⁴ tsao⁴ chê³	者造製
,,		tsao⁴ hua⁴ chu³	主化造
Makers of the republic		shou³ tsao⁴ min² huo² chih¹ jên²	人之國民造手
Makeshift,		ku¹ hsi²-shu⁴	術息姑
,,		mi² fêng	縫彌
,,		ch'üan² i² chih¹ chi⁴	計之宜權
,,	policy	fu¹ yen³ chêng⁴ ts'ê⁴	策政衍敷
Malachite,		k'ung³ ch'iao³ shih²	石雀孔
Maladministration,		pi⁴ chêng⁴	政弊
,,		shih¹ chêng⁴	政失
Malàpropos,		fei¹ shih² chih¹ chuang⁴	狀之時非
Malaria,		chang⁴-ch'i	氣瘴
,,		yao⁴ tzŭ	子瘴
Malarious,		yu³ chang⁴-ch'i	氣瘴有
Malcontent,		pu⁴ man³ i⁴	意滿不
Male,		kung¹-ti	的公
,,	screw	yang² lo²-ssŭ	絲螺陽
,,	organ	yang²-wu	物陽
,,	,,	yü⁴ hêng²	莖玉
,,	and female (of birds)	tz'ŭ² hsiung²	雄雌
,,	,, ,, (animals)	p'in³ mu²	牡牝
,,	,, ,, (human)	nan² nü³	女男

Male—Manage.

Male and female (principles)	yin¹ yang²	陽陰
,, and female possess similar natures and both are human	yin¹ yang² ho² tê² t'ung³ tz'ŭ³ jên² ch'ün²	軍人此同籠合陽陰
	(implying the comparative equality of the sexes)	
Malediction,	chou⁴ ma⁴	罵呪
Malefactor,	fan⁴ jên²	人犯
Malevolence,	o⁴ i⁴	意惡
Malevolent and sinister people	hsing⁴ huo⁴ lo⁴ tsai¹ chih¹ jên²	人之災樂禍宰
Malformation,	ch'ou³ hsing²	形醜
Malice,	huai⁴ i⁴	意壞
,, from	ch'u¹-yü huai⁴ hsin¹	心壞於出
,, prepense	yü⁴ ts'un² o⁴ hsin¹	心惡存預
Malicious,	ku⁴ i⁴	意故
,, inventions concoct	nieh¹ tsao⁴ fei¹ yü³	語蜚造捏
Malign,	pang³ hui³	毀謗
Malignant (med.)	o⁴ chêng⁴	症惡
Malignity,	hsiung¹ o⁴	惡兇
Malinger,	t'o¹ ping⁴ kao⁴ chia⁴	假告病託
,, (of a soldier)	t'o¹ p'ing⁴ mien³ i⁴	役免病託
Mallet, a	mu⁴ ch'ui²-tzŭ	子鎚木
,,	lang²-t'ou	頭梛
Malpractice,	fei¹ hsing	行非
Maltreat,	nüeh⁴ tai⁴	待虐
,, to	ts'o⁴-mo	磨挫
Mama,	ma¹-ma	媽媽
Mammals,	t'ai¹ shêng¹ wu⁴	物生胎
,,	pu³ ju³ tung⁴ wu⁴	物動乳哺
Man, a	jên²	人
,, of war	chan⁴ ch'uan²	船戰
,, kind	shih⁴-shang jên²	人上世
,, not the right	pu⁴ tê² ch'i² jên²	人其得不
,, in stature but unworthy the name of, a	k uei¹ jan² ch'i ch'ih³ t'ien³ jan² jên² mien⁴	面人然覡尺七然魁
,, like master like	chu³ p'u² ch'u¹ i chê²	轍一出僕主
,, is the most wonderful of beings	jên² wei² wan⁴ wu⁴ chih ling²	靈之物萬爲人
,, of Asia, sick	ya³ chou¹ chih ping⁴ fu¹	夫病之洲亞
,, of business	shih⁴ wu⁴ chia¹	家務事
,, letters	wên² jên²	人文
,, of one's word	yen² hsing² i¹ chih⁴	致一行言
,, of the world	t'ung¹ shih⁴ wu⁴ chih jên²	人之務世通
Manage, to	pan⁴	辦

Manage—Manifest. 472

Manage, control	kuan³	管
,, arrange	liao²-li	理料
,, the matter	yü⁴ ch'êng² ch'i² shih⁴	事其成玉
,, it for you, I can't	wu² fa³ tai⁴ mou²	謀代法無
,, their respective sections	chang³ li³ i¹ k'o¹ shih⁴ wu⁴	務事科一理掌
,, (administer)	ch'u³ chih⁴	置處
,, doubtful if the matter can be *managed*	tz'ǔ³ shih⁴ nêng² fou³ tso⁴ tao⁴ shang⁴ shih⁴ i¹ chung³ nan² chüeh¹ chih¹ wên⁴ t'i²	題問之決離種一是尚到作否能事此
Manageable,	ts'ung² shun⁴	順從
Management (arrangement)	chou¹ hsüan²	旋周
,, skilful	fa³ shu⁴	術法
Manager, a	tsung³ pan⁴	辦總
,, a chief	tsung³ kuan³	管總
,, of a shop	ling³ tung¹	東領
,, head servant	kuan³ shih⁴-ti	的事管
,, a good	yu³ ch'-u²-hua	畫辦有
,, bank	yin² hang² chih¹ p'ei⁴ jên²	人配支行銀
Manchu, a	ch'i² jên²	人旗
,,	ch'i² min²	民旗
,,	tsai⁴ ch'i²-ti	的旗在
,, language	man³-chou hua⁴	話洲滿
,, Chinese and	han⁴ man³	滿漢
,, salutation, make you a	kei³ nin² hsing² ko⁴ ch'i² li³ 'rh	兒禮旗個行您給
Manchuria,	tung¹ san¹ shêng³	省三東
Mandarin, a	kuan¹	官
,,	tso⁴ kuan¹-ti	的官做
,, duck	yüan¹-yang niao³	鳥鴛鴦
Mandate,	ming⁴ ling⁴	令命
,, valedictory	i² chao⁴	詔遺
Mane, a horse's	tsung¹	鬃
Manganese,	mêng⁴	錳
Mange,	chang³ lai⁴	癩長
Manger, a	ma³ ts'ao²	槽馬
,, dog in the	hou² 'rh tsui³ t'u⁴ pu⁴ ch'u¹ tsao³ 'rh lai	來兒棗出不吐嘴兒猴
Mania,	tien¹ k'uang²	狂癲
,, for the Tso Chuan	yu³ tso³ chuan⁴ chih¹ p'i³	癖之傳左有
Manifest,	hsien³-jan	然顯
,,	piao³ ming²	明表
,, ship's	huo⁴ tan¹	單貨
,, plainly made	chao¹ jan² jo⁴ chieh¹	揭若然昭

Manifestly, | ming² ming²-êrh-ti | 明明兒的
,, is | ming² shih⁴ | 明是
,, ,, | hsien³ hsi⁴ .... | 顯係....
,, no good, it's | ming² fang¹-cho pu⁴ chung¹ yung⁴ | 明放著不中用
Manifesto, | nsüan¹ yen² shu¹ | 宣言書
Manifold, | fên¹ jan² | 紛然
., abuses | pi⁴ hai⁴ po¹ ch'u¹ | 百弊出
Manila, | lü³ sung⁴ | 呂宋
Manipulate, to | nung⁴ | 弄
,, | ts'ao¹ tsung⁴ | 操縱
,, (i.e., by paying bribes) | yün⁴ tung⁴ | 運動
Manipulation, | shang⁴ hsia⁴ ch'i² shou³ | 上下其手
Mankind, | jên² lei⁴ | 人類
,, enemy of | jên² lei⁴ chih¹ kung¹ ti² | 人類之公敵
Manly, | ch'ung¹-ta | 充達
,, | ta⁴ chang⁴ fu¹ | 大丈夫
,, | na²-tê-ch'u shou³-ch'ü | 拿出手的
,, | nan²-tzŭ han⁴ | 男子漢
Manna, | kan¹ lu⁴ | 甘露
Manner, appearance | yang⁴-tzŭ | 樣子
,, | shên²-ch'i | 神氣
,, (deportment) | jung² i² | 儀容
,, (method) | fang¹ fa³ | 方法
,, (of a person) | ch'i⁴ tu⁴ | 氣度
Manners (behaviour) | chü³ chih³ | 舉止
,, no | mei² kuei¹-chü | 沒規矩
,, ,, | yeh³-man | 野蠻
,, and customs | fêng¹-su min² ch'ing² | 風俗民情
,, good | shou³ kuei¹-chü | 守規矩
,, ,, | li³ mao⁴ | 禮貌
,, bad | pu⁴ shou³ kuei¹-chü | 不守規矩
,, ,, | o⁴ fêng¹ | 惡風
,, maketh man | p'in³ hsing ch'êng² jên² | 品行成人
Mannerism, | hsi² ch'i⁴ | 習氣
Manoeuvre, | yen³ hsi² | 演習
,, (stratagem) | ts'ĕ⁴ lüeh⁴ | 策畧
,, ,, | fang¹ lüeh⁴ | 方畧
,, autumn *manœuvres* | ch'iu¹ ts'ao¹ | 秋操
,, to | ts'ao¹ tsung⁴ | 操縱
,, ,, | yün⁴ tung⁴ | 運動
,, ,, | shan⁴ mou² | 善謀
Manslaughter, | wu⁴ sha¹ | 誤殺
Mantel-piece, a | lu² t'ai² | 爐台
Mantis, the praying | tao¹-lang | 刀螂

Q

Mantis—March. 474

Mantis, the praying	t'ang² lang²	螳螂
,, ordinary	kua¹-ta pien³ 'rh	卦嗒扁兒
Manual,	hsiu⁴ chên¹ shu¹	袖珍書
,, chess	ch'i² chih³ nan²	棋指南
,, school	chiao⁴ k'o¹ shu¹	教科書
Manufactory	tso¹-fang	作房
,,	chih⁴ tsao⁴ so³	製造所
,, iron	t'ieh³ ch'ang³-tzŭ	鐵廠子
Manufacture,	chih⁴ tsao⁴ p'in³	製造品
,, to	chih⁴-tsao	制造
Manure,	fên⁴	糞
,,	fei² liao⁴	肥料
,, to	na² fên⁴ shang⁴ ti⁴	拿糞上地
Manuscript, a	shou³ kao⁴	手稿
,,	hsieh³ pên³	寫本
,, in	hsieh³-ti	寫的
Many,	to¹	多
,, a great	hao³ hsieh¹-ko	好些個
,, thanks	to¹ hsieh⁴	多謝
,, people	i⁴ ch'ün² jên²	一羣人
,, people, a great	jo⁴ hsü³ jên²	若許人
,, happy returns, I wish you	k'ou⁴ shou⁴	叩壽
,, times	hao³ chi³ tz'ŭ⁴	好幾次
,, ,,	lü³ tz'ŭ⁴-ti	屢次的
Manysided,	to¹ i⁴ ti¹	多藝的
,,	to¹ nêng²	多能
Map, a	i⁴ chang¹ t'u²	一張圖
,,	ti⁴ li⁵ t'u²	地理圖
,, military	chün¹ hsing² ti⁴ t'u²	軍行地圖
,, historical	li⁴ shih³ t'u²	歷史圖
,, is about to change colour, the	pan³ t'u² pien⁴ sê⁴	版圖變色
Maple tree, the	fêng¹ shu⁴	楓樹
Mar,	p'o⁴ sun⁴	破損
Marble, common	han⁴ pai² yü⁴	漢白玉
,, variegated	ta⁴ li³ shih²	大理石
March (month)	san¹ yüeh¹	三月
,, to	p'ai²-cho tsou⁰	排着走
,, ,,	hsing² ch'ing²	行程
,, (of troops)	hsing² chün¹	行軍
,, route	yen³ hsi² hsing² chün¹	演習行軍
,, troops on the	hsing² ping¹	行兵
,, straight on Urga	chih² tao³ ku⁴ lun²	直拔倫庫
,, start on	pa² tui⁴	拔隊

March! quick march!	k'ai¹ pu⁴ tsou³	開步走
,, equipped for a forced	kuo³ liang² chi² tsou³	裹粮急走
,, forced	chien¹ ch'êng²	兼程
,, an army back	pan¹ shih¹	班師
Marching orders	fa¹ ying² ling⁴	發營令
Mare, a	k'o⁴ ma³	騍馬
Mare's nest, a	hu² lai²-ti shih⁴	胡來的事
,, ,,	hsü¹ wu² chih shih⁴	虛無之事
Margin, a	pien¹ 'rh	邊兒
,,	yü¹ pei⁴ chin¹	預備錢
,, (scope)	fan⁴ wei²	範圍
,, leave a	liu²-ko pien¹ 'rh	留個邊兒
,, ,, for expenditure	liu² tien³ ti³-êrh	留點底兒
Marginal notes, to make	chia¹ p'i¹	加批
Marine,	hai³ shang⁴	海上
,, products	hai³ ch'an³	海產
,, a	shui³ ping¹	水兵
Mariner,	shui³ fu¹	水夫
Marionettes,	ou³-hsi jên² 'rh	偶戲人兒
Maritime,	yen² hai³	沿海
,, customs	hai³ kuan¹	海關
,, law	hai³ shang⁴ fa³	海上法
Mark (dot)	tien³	點
,, (standard)	piao¹ chun³	標準
,, (trace)	hên² chi⁴	痕迹
,, trade	shang¹ hao⁴	商號
,, ,,	shang¹ piao¹	商標
,, man of	kuei⁴ hsien³	貴顯
,, (make one's)	hsien³ ta²	顯達
,, for guidance, make a	hua⁴-ko chi⁴-hao 'rh	畫個記號兒
,, leave a	liu²-ko yin⁴ 'rh	留個印兒
,, in history, leave a	liu² yung³ chiu³ chih¹ hsing² chi⁴	留永久之形迹
,, hit the	shih⁴ chung⁴	適中
,, ,, ,,	chao²-lo	着咯
,, ,, ,, you've	t'ou² chi¹-lo	投機咯
,, of respect, as a	so³ i³ ehih⁴ ching⁴	所以致敬
,, keep them up to the	pi¹-cho-t'a-mên	逼着他們
,, come up to the	chi² ch'êng² tu⁴	及程度
,, not feeling up to the	pao⁴ ts'ai³ hsin¹ chih yü¹	抱採薪之憂
,, to (take note)	liu² i⁴	留意
,, off a neutral strip	fên¹ hua⁴ hung² kou¹	分劃鴻溝
,, out	chih³ ting⁴	指定
,, ,, land	chang⁴ liang² ti⁴ tuan⁴ ch'a¹ piao¹	丈量地段插標

Mark—Marriage.		476

Mark out route	hua⁴ ting² lu⁴ hsien⁴	劃定路綫
,, off any points requiring revision	chien⁴ yu³ i² hsiu¹ kai³ chê³ chu⁴ tiao² ch'ien¹ ch'u¹	間有宜修改者逐條籤出
,, to allot *marks* in an examination	chi⁴ fên²-shu 'rh	記分數兒
Market, a	shih⁴	市
,, flower	hua¹-êrh shih⁴	花兒市
,, rate	hang²-shih	行市
,, place	shih⁴ ch'ang³	市廠
,, the open	kung¹ kung⁴ shih⁴ ch'ang³	公共市場
,, labour	jên² shih⁴	人市
,, on the	shih⁴-shang	市上
,, for, no	mei²-yu hsiao¹-lu	沒有銷路
,, ,, ,,	mei²-yu hsiao¹-shou-ti ti⁴-fang-êrh	沒有銷售的地方兒
,, for their goods, use China as a	chieh⁴ chung¹ kuo² wei² ch'i² shang¹ ch'ang²	藉中國爲其商場
,, going again (by restoring equillbrium), set the	chou¹ chuan³ shih⁴	周轉市
Marmalade,	chü²-tzŭ chiang⁴	橘子醬
Marksman,	shê⁴ shou³	射手
Marque, letter of	chu⁴ chan⁴ p'ai² p'iao⁴	助戰牌票
Marquis, a	hou² (or hou²-yeh)	侯 (or 侯爺)
Marriage,	hsi³ shih⁴	喜事
,,	hun¹ yin¹	婚姻
,, contract, a	hun¹ shu¹	婚書
,, presents, to bride	lien² ching⁴	奩敬
,, ,, to bridegroom	hsi³ ching⁴	喜敬
,, give a daughter in	p'in⁴ nu¹-niang	聘姑娘
,, make a second (of widower)	hsü¹ hsien²	續絃
,, ,, (of widow)	tsai⁴ chiao¹	再醮
,, ,, (,,)	kai³ chia⁴	改嫁
,, a happy	t'ien¹ tsao⁴ ti⁴ shê⁴-ti	天造地設的
,, go between	mei² jên²	媒人
,, ,,	ping¹ jên²	冰人
,, has taken place, after	ch'ü³ kuo⁴ mên² hou⁴	娶過門後
,, (in the event of the wife's misconduct by her own parents), cancel the	pa⁴ ch'in⁴	罷親
,, procession has reached the groom's house, the	hsi⁴ ch'iao⁴ ch'ü³ tao⁴ mên² nei⁴	喜轎娶到門內
,, is the greatest error in life	shou⁴ shih⁴ shih⁴ jên² shêng¹ ti⁴ i shih¹ suan⁴ chih¹ shih⁴	受室是人生第一失算之事

Marriageable—Masculine.

Marriageable age (of girl)	chi² chi¹	笄及
Married woman, a	hsi²-fu-êrh	兒婦媳
,, ,, all	fan² i³ yü² kuei¹ chê³	者歸于已凡
,, three years, (she) had been	kuo⁴ mên² san¹ nien²	年三門過
,, under a year	ch'êng² hun¹ wei⁴ chi² i¹ tsai⁰	載一及未婚成
,, women meet regularly in social intercourse under modern conditions, young	ying¹ miu³ hsiang¹ yü⁰ ku⁴ chien⁴ ch'i² to¹	多其見固友相繆孕
,, he is not	shang⁴ wei⁴ shou⁴ shih⁴	室受未尚
,, by the age of thirty, a man is	san¹ shih² êrh² yu⁰ shih⁴	室有而十三
Marrow,	ku²-sui	髓骨
Marry a wife, to	ch'ü² hsi²-fu-êrh	兒婦媳娶
,, ,,	ch'êng² chia¹	家成
,, ,,	ting⁴ ch'in¹ shih	事親訂
,, ,, husband	ch'u¹ chia⁴	嫁出
,, ,, ,,	ch'u¹ ko²	閣出
,, ,, ,,	yü² kuei¹	歸于
,, to (a couple)	chu³ hun¹	婚主
Mars,	huo³ hsing¹	星火
,,	wu³ shên²	神武
Marshal, Field	yüan² shuai⁴	帥元
,, ,, commander in chief (the president)	ta⁴ yüan² shuai⁴	帥元大
Marshy ground	hsia⁴ wa¹ ti⁴	地窪下
Mart,	shang¹ fou⁴	埠商
Martial,	wu³ shih⁴ ti¹	的士武
,, law	chün¹ lü⁴	律軍
,, ,,	chün¹ fa³	法軍
,, ,,	chün⁴ yen² ling⁴	令嚴戒
,, court	chün¹ fa⁴ hui¹ i⁴	議會法軍
,, ,,	chih² fa⁴ ying² wu⁴ ch'ü¹	處務營法執
,, ought to be court martialled	ying¹ i³ chün⁴ fa⁴ ts'ung² shih	事從法軍以應
Martingale, a (foreign term)	ma³ t'ing kên¹	根停馬
,,	yang¹	鞅
Martyr,	ssŭ³ i⁴ chê³	者義死
,,	hsün⁴ kuo⁰ chê³	者國殉
,, dom, scene of his	ch'êng² jên² chih¹ ti⁴	地之仁成
Marvel,	ch'i² shih⁴	事奇
Marvellous, lover of the	hao³ ch'i²	奇好
Masculine,	ch'iang² chuang⁴	壯強
,, energy, a lady of	nü³ chung chang⁴ fu¹	夫丈中女

Masculine—Masturbation. 478

Masculine female, a	chin¹ kuo¹ hsü¹ mei³	眉鬚幗巾
Mash, to	tsa³-ch'êng ni²	泥成砸
,, bran	k'ai¹ shui³ fu¹-tzu	子麩水開
Masher, a dandy	lang⁴-tang tzŭ³-êrh	兒子蕩浪
Mask, a	chia³ mien⁴ chü⁴	具面假
,,	kuei³-lien 'rh	兒臉鬼
,, to	yin³ pi⁴	蔽隱
Masked battery	yin³ pi⁴ p'ao⁴ t'ai²	臺砲蔽隱
Mason, a stone	shih²-chiang	匠石
,, bricklayer	wa³-chiang	匠瓦
Masquerade,	chia³ t'o¹	託假
Mass, a	i² ta⁴ tui¹	堆大一
,, to attend	wang⁴ mi¹-sa	撒彌望
,, to say	tso⁴ mi²-sa	撒彌做
,, for the dead	fang⁴ yen⁴ k'ou³	口焰做
Massacre,	t'u¹ sha¹	殺屠
,, of Chinese	hsüeh³ hsi³ han⁴ jên²	人漢洗血
Masses, the	shu⁴ jên²	人庶
Mast, a	i⁴ kên¹ wei² kan¹	杆桅根一
Master, a	tung¹-chia	家東
,,	chu³-jên²	人主
,, (workman), a	shih¹-fu chüeh²-êrh	兒爵付師
,, and man	chu³ p'u²	僕主
,, over apprentices, a	yeh⁴ shih¹	師業
,, of arts	wên² hsüeh² shih⁴	士學文
,, (of a subject)	ming² jên²	人名
,, of orating	yen³ shuo¹ ming² chia¹	家名說演
,, head	hsiao⁴ chang³	長校
,, be one's own	tzŭ⁴ li⁴	立自
,, of oneself	k'o⁴ chi³	己克
,, to	shu² ta²	達熟
,, this language	ching¹ t'ung¹ tzŭ³ yü³	語此通精
,, (subdue)	chêng¹ fu²	服征
,, his passions	k'o⁴ yü⁴	慾克
,, piece	ming² tso²	作名
Masterful,	pa⁴ hu⁴	扈跋
Mastery,	ch'iao³ chih⁴	智巧
,, strive for the	chêng¹ shêng⁴	勝爭
,, of the subject	tung⁴ chien⁴ pên³ mo⁴	末本見洞
Masticate, to	chiao²	嚼
,, it, cannot	chiao²-pu lan⁴	爛不嚼
,, the toughest food like natural teeth	yao³ yang⁴ chiao² ts'ui⁴ yü³ shêng² wu² i⁴	異無生與脆嚼硬咬
Masturbation, ruin health by	ch'u¹ fan⁴ shou³ yin² cho² sang⁴ pên³ yüan²	元本喪斲淫手犯觸

Masturbation, indulge in	jên² i⁴ shou³ yin²	淫手意任
Mat, a	hsi²	席
,,	i⁴ ling² hsi²	席領一
,, for a bed	liang² hsi²	席涼
,, shed	hsi² p'êng²	棚席
,, ,, erect a	ta¹ p'êng²	棚搭
Match,	ching⁴ ching¹	爭競
,, running	ching⁴ tsou⁰	走競
,, boxing	pi⁸ ch'üan²	拳比
,, for	tui⁴ shou³	手對
,, ,, no	ch'ü¹ yang² tang³ hu³ t'ang² pei tang³ ch'ê¹	車當臂螳虎當羊屈
,, for the many, few are no	kua³ pu⁴ ti² chung⁴	眾敵不寡
,, meet one's	p'êng⁴-chien tui⁴-t'ou	頭對見碰
,, ,,	yü⁴-cho k'an³-'rh-shang-lo	咯上兒坎着遇
,, a lucifer	yang² ch'ü³ têng¹-êrh	兒燈取洋
,, ,,	yang² huo³	火洋
,, safety	pao³ hsien³ huo³ ch'ai²	柴火險保
,, to strike a	hua² ch'ü³ têng¹-êrh	兒燈取划
,, box	yang² huo³ ho⁸-êrh	兒盒火洋
,, to	p'ei⁴	配
,, not a	pu⁴-shih i² tui⁴-êrh	兒對一是不
,, colours	p'ai⁴ sê⁴	色配
,, for every event, there's a	wu² chi¹ yu³ ou³	偶有奇無
,, (marriage)	p'ei⁴ ou³	偶配
Matches are made in heaven	t'ien¹ ting⁴ liang² yüan²	緣兩定天
,, and despatches	shêng¹ ssŭ³ hun¹ yin¹ piao⁸	表姻婚死生
Matchless,	shih⁴ wu² ch'i² p'i³	匹其無世
Matchmaker,	ping¹ jên²	人冰
,,	yüeh⁴ lao⁸	老月
,,	mei² jên²	人媒
,, a matrimonial	yüeh⁴-hsia lao⁸-êrh	兒老下月
,, services, invited a	t'o¹ jên² tso⁴ fa²	伐作人託
Mate,	t'ung² pan⁴	伴同
,, school	t'ung² hsueh⁸	學同
,, (fellow worker), a	huo³-chi	計夥
,, of a ship, chief	ta⁴ huo³	伙大
,, ,, second	êrh¹ huo³	伙二
,, hinges on this one move, check-	ch'üan² ch'i² chieh² yen⁸ wei³ tsai⁴ ts'ŭ³ i¹ tien³	點一此在惟眼刦某全
Material (substance)	chih³	質
,, wooden	mu⁴ chih³	質木

Material (*e.g.*, for literary work)	ts'ai² liao⁴	料材
,, (ad)	yu³ t'i³	體有
,, ,,	yu³ hsing²	形有
,, (important)	chin³ yao⁴	要緊
,, and immaterial	yu³ hsiang⁴ wu² hsiang³	相無相有
,, world	yu³ hsing² chieh⁴	界形有
Materials,	ts'ai²-liao	料材
Materialism,	shih² wu⁴ chu³ i⁴	義主物實
Materialist,	wei² wu⁴ lun⁴ chê³	者論物唯
Materialize,	hua⁴ shih² t'i³	體實化
Mathematical,	shu⁴ hsüeh² shang⁴	上學數
Mathematics,	suan⁴ shu⁴	術算
,,	shu⁴ hsüeh²	學數
Matricide,	shih⁴ mu³	母弑
Matriculate,	ju⁴ hsüeh²	學入
Matrimonial,	hun¹ yin¹ ti¹	的姻婚
Matrix of a screw	yin¹ lo²-ssŭ	絲螺陰
Matter,	wu² t'i³	體物
,,	shih² t'i³	體實
,, of the text book, subject	chiao⁴ k'o¹ shu¹ chung¹ ts'ai² liao⁴	料材中書科教
,, pus	nêng²	膿
,, what is the?	tsêm³-mo-lo	了麼怎
,, does not	pu⁴ yao⁴ chin³	緊要不
,, ,, (immaterial)	na⁴-tao pu⁴ chü¹	拘不到那
,, what, no	pu⁴ chü¹	拘不
,, who, it does not	pu⁴ chü¹-shih shui²	誰是拘不
,, it makes no	pu⁴ tsu² ch'ing¹ chung⁴	重輕足不
,, no (harm)	pu⁴ fang¹	妨不
,, of course, a	tzŭ⁴ jan²	然自
,, ,,	tang¹ jan²	然當
,, of fact, as a	ch'i² shih²	實其
,, ,,	shih² shih⁴	事實
,, ,, (ad)	shih² chi⁴ ti¹	的際實
Matters,	shih hsiang⁴	項事
Matting for the floor	liang² hsi²	蓆涼
Mattress, a	ju⁴-tzŭ	子褥
Maturity,	ch'êng² chiu⁴	就成
,, (of a bill)	man³ ch'i² jih⁴	日期滿
,, before	wei⁴ chi² tao⁴ chi²	期到及未
Mausoleum, a	ling²	陵
Maxim,	ko² yen²	言格
Maximum,	chi² tu⁴	度極
,,	tsui⁴ kao¹ tien³	點高最

Maximum (number)	tsui⁴ ta⁴ shu⁴	最大數
,, the	chih⁴ to¹	至多
,, ,,	chih⁴ ta⁴	至大
May (month)	wu³ yüeh⁴	五月
,, not be	wei⁴ pi⁴	未必....
,, (or might), I	wo³ yeh³ hsü³	我也許
,, ,, ,,	wo³ huo⁴ chê³	我或者
,, I?	k'o³-pu k'o³	可不可
,, be so, it	yeh² hsü³	也許
,, tell him, you	k'o³-i kao⁴-su-t'a	可以告訴他
Mayor,	shih⁴ chang³	市長
Maze,	mi² luan⁴ chih¹ lu⁴	迷亂之路
,,	mi² lou²	迷樓
,, (of thought)	hun¹ mi²	昏迷
Meagre soil	pu⁴ mao² chih¹ ti⁴	不毛之地
Meal, a	i² tun⁴ fan⁴	一頓飯
,, flour	fên³	粉
Meals will be provided	kuan³ fan⁴	管飯
,, per diem, provide for two	huo³ shih² hsü¹ liang³ tun⁴	伙食須兩頓
Mean (base)	hsia⁴-chien	下賤
,, enough to traduce me, Jones was	mou³ i³ hsia⁴ chien⁴ hsing⁴ ch'êng² hui³ wo³ ming² yü	某以下賤性成毀我名譽
,, spirited	k'o¹-po	刻薄
,, conduct	pei¹ lieh⁴ shou³ tuan⁴	卑劣手段
,, stingy	sê¹-k'ê	嗇刻
,, ,,	ta³ hsi⁴ suan⁴-p'an	打細算盤
,, ,,	fên¹ chin¹ pai¹ liang³-ti	分金掰兩的
,, what do you?	ni³-shih shêm-mo²i⁴-ssŭ	你是甚麼意思
,, ,, ,,	chê¹ hua⁴ ta³ na³-'rh shuo¹ ch'i³	這話打那兒說起
,, by it, what do you?	ni²-chê-shih shêm²-mo i⁴-ssŭ	你這是甚麼意思
,, I *meant* to ask but forgot all about it	wo³ yao⁴ wên¹ pu⁴ chih¹ tsêm³ mo chiu⁴ wang⁴ la	我要問不知怎麼就忘了
,, to tell me! do you	nan² tao⁴	難道
,, that's what I	yü³ i⁴ ju⁴ tz'ŭ¹	語意如此
,, the golden	chung¹ ho⁰ chih⁴ tao⁴	中和之道
,, (average)	p'ing² chün¹	平均
,, strike a	fên¹-ko chün¹-yün	分個勻均
Meandering stream, a	shui³ liu²-ti p'an³-hsuan	水流的盤旋
,,	tso³ p'an³ yu⁴ hsüan²	左盤右旋
Meaning,	i⁴-ssŭ	意思

Meaning—Measure. 482

Meaning (object)	mu⁴ ti¹	目的
,, (signification)	i⁴ i⁴	意義
,, explain the	chieh³ shuo¹	解說
,, I mistook your	wo wu⁴-hui ni³-ti i⁴-ssǔ lo¹	我誤會你的意思咯
,, is not clear	i⁴ ssǔ pu⁴ shên⁴ hsien²	意思不甚顯
Means,	tzǔ⁴ li⁴	資力
,, (income)	so³ tê²	所得
,, ,,	sui⁴ ju⁴	歲入
,, private	chia¹ ssǔ	家私
,, has no	mei² chia¹-tang-êrh	沒當家兒
,, of support, without	yü² chih¹ shih¹ shui³	魚失之水
,, (way)	fa²-tzǔ	法子
,, by no	chüeh⁴-pu k'o³	絕不可
,, ,, any, don't	ch'ien¹ wan⁴ pieh²	千萬別
,, of deciding, no	wu² ts'ung² ting⁴ chüeh²	無從定決
,, does not say what he	hsin¹ k'ou³ liang³ yang⁴-êrh	心口兩樣兒
,, ,, ,,	k'ou³ shih⁴ hsin¹ fei¹	口是心非
,, (to an end)	shou³ tuan⁴	手段
,, ,, ,, as a	i³ tz'ǔ³ shou³ tuan⁴ ta² pi³ mu⁴ ti¹	以此手段達彼目的
,, to the end of serving one's country, use one's office as a	i² tso⁴ kuan¹ wei² shou³ tuan⁴ i³ chiu⁴ kuo² wei² mu⁴ ti¹	以作官爲手段以救國爲目的
,, of compensating the Belgian syndicate must be considered	tui⁴ yü² pi³ kuo² kung¹ ssǔ¹ ying¹ ju² ho² p'ei² ch'ang² chên¹ cho² pan⁴ li³	對於比國公司應如何賠償斟酌辦理
Meanwhile,	chan⁴ ch'ieh³	暫且
,, in the	chê⁴-ko chia¹-tang-êrh	這個夾當兒
,, in the	yü² tz'ǔ³ ch'i² chien	於此期間
Measles,	ma² chên³	麻疹
,, to have the	ch'u¹ chên³-tzǔ	出疹子
Measure, a	ch'ih³ tu⁴	尺度
,, a foot	i⁴ kên¹ ch'ih³	一根尺
,, (extent)	ting⁴ hsien⁴	定限
,, dry	kan¹ liang	甘量
,, of capacity	jung² chi¹ liang	容積量
,, square	mien⁴ chi¹	面積
,, greatest common	tsui⁴ ta⁴ kung² yüeh¹ shu⁴	最大公約數
,, to (allot)	fên¹ p'ei⁴	分配
,, ,,	ts'ê⁴ liang²	測量
,, ,,	liang²-i-liang	量一量
,, ,, (by pacing)	pu⁴ i¹ pu⁴	步一步
,, expenditure by income	liang² ju⁴ wei² ch'u¹	量入爲出

Measure, carry out a	chi⁴ hua⁴ chih chien⁴ hsing²	行踐之畫計
,, (poetry)	yün⁴ lü⁴	律韻
Measurement,	mien⁴ chi¹	積面
,, on four sides	ssŭ⁴ chih⁴ chang⁴ ch'ih³	尺丈至四
Measurements, to take	pa⁴ ch'ih²-ts'un liang²-i-liang	量一量寸尺把
Measures, take	ch'u³ chih⁴	跴處
,, drastic	yen² chung⁴ pan⁴ li³	理辦重嚴
,, ,,	ch'iang² ying⁴ shou³ tuan⁴	段手硬強
,, active defensive	fang² wu⁴ chêng⁴ tsai⁴ ch'ih¹ chin³	緊吃在正務防
,, to begin with, adopt diplomatic	hsien¹ yung⁴ wai² chiao¹ tsun³ tsu³ chê² ch'ung¹	衝折俎樽交外用先
Meat,	jou⁴	肉
,, a slice of	i² p'ien⁴-'rh jou⁴	兒肉片一
,, to slice	p'ien⁴ jou⁴	肉片
Mechanic, a	chiang⁴-jên	人匠
Mechanical engineer	chi¹ ch'i⁴ shih¹	師器機
,, toys	tsŭ hsing² wan²-i-êrh	兒藝玩行自
Mechanically,	wu² i⁴ shih⁴ ti¹	的識意無
Mechanism,	chi¹-k'uo	括機
Medal, a	kung¹ p'ai³	牌功
,,	chiang³ chang¹	章獎
Meddle,	kan¹ shê⁴	涉干
,, with, don't	pieh² tung⁴	動別
,, in, don't	pieh² ch'a² shou³	手插別
,, who asked you to	shui² chiao⁴ ni³ to¹ tsui³ to¹ shê² ti¹	的舌多嘴多你叫誰
Meddlesome,	to¹ shih⁴-ti	的事多
,,	hao⁴ shih⁴-ti	的事好
Mediaeval,	chung¹ ku³	古中
Mediate, to	t'iao²-t'ing	停調
,,	chung⁴ ts'ai²	裁仲
,,	chü chung¹ t'iao² t'ing	停調中居
,,	tso⁴ lu³ chung⁴ lien²	連仲鲁作
Mediator,	chung⁴ jên²	人仲
Medical,	i¹ yao⁴	藥醫
,, certificate	chên³ tuan⁴ shu¹	書斷診
,, inspectors	chien⁸ i⁴ kuan	官疫檢
,, ,,	yen⁴ i¹ kuan	官醫驗
,, college	i¹ hsüeh² hsiao⁴	校學醫
,, certificates required for absence on sick leave	ch'i² yin¹ chi² ping⁴ ch'ing³ chia⁴ chê³ hsü¹ yu³ i¹ shêng¹ p'ing² chü⁴	據憑生醫有須者假請病疾因其

Medicinal—Meet. 484

Medicinal,	yao⁴ hsiao⁴	效藥
Medicine,	yao⁴	藥
,, (practice of)	i¹ shu⁴	術醫
,, a dose of	i² chi⁴ yao⁴	藥劑一
,, to take	ch'ih¹ yao⁴	藥吃
,, ,,	fu² yao⁴	藥服
,, (vehicle in which it taken, jam, etc.)	yao⁴ yin³-tzŭ	子引藥
Medicines,	yao⁴ p'in³	品藥
Mediocre,	p'ing² fan²	凡平
,,	p'ing² yung¹	庸平
,,	p'ing² p'ing² wu² ch'i²	奇無平平
,, reputation	shêng¹ ming² p'ing² ch'ang²	常平名聲
Meditate, to	ts'un³-to	度忖
,,	mo⁴ hsiang²	想默
,,	ch'ên² ssŭ	思沉
Mediterranean sea	ti⁴ chung² hai³	海中地
Medium,	t'ao³ t'i³	體導
,,	chung¹ têng³	等中
,,	mei³ chieh⁴ wu⁴	物介媒
,, circulating	t'ung¹ huo⁴	貨通
,, to strike a	ho²-ch'i chung¹-êrh	兒中其合
Meek,	wên¹ shun⁴	順溫
,,	kung¹ shun⁴	順恭
,,	min³-êrh shou⁴ ssŭ³-ti	的死受而䩄
Meekly submitted	fu³ shou³ chiu⁴ fan⁴	範就首俯
Meet (come together), to	hsiang¹ hui⁴	會相
,, (as in the street)	yü⁴-chien	見過
,, (by appointment)	hui⁴	會
,, (casually)	p'êng⁴-chien	見碰
,, tied up every one they *met*	fêng² jên² pien⁴ k'un³	捆便人逢
,, together	kung⁴ chü⁴ i¹ shih⁴	室一聚共
,, go to(as at the station)	chieh¹	接
,, came forward to	ying²-shang-lai-lo	咯來上迎
,, half way	ts'ou⁴ ho-cho pan⁴	辦着合湊
,, with misfortune, to	tsao¹ huo⁴	禍遭
,, the fancy	k'o³ hsin¹ ho² shih⁴	式合心可
,, one's wishes or ideas	ho² i⁴	意合
,, the president's wishes	ying² ho² tsung³ t'ung³ i⁴ chih²	旨意統總合迎
,, their wishes	ying² ch'i² i⁴	意其迎
,, can't make both ends	chou¹-chuan-pu k'ai¹	開不轉週
,, one's engagement, temporary inability to	tao³ pu⁴ k'ai¹ chiao³	脚開不倒

Meet—Memorandum.

Meet needs, to	i³ tzŭ¹ ying⁴ fu⁴	付應資以
,, in court (suit)	tsai⁴ fa⁴ t'ing¹ shang⁴ hsiang¹ chou¹ hsüan²	旋周相上廷法在
Meeting, a	hui⁴	會
,, a chance	ou³ yü⁴	遇偶
,, ,,	wu⁴-ta wu⁴ chuang⁴-ti yü⁴-chien	昇遇的撞悞打悞
,, a lucky	ch'iao³ yü⁴	遇巧
,, place of, arrange a	yüeh¹-ko hsiang² hui⁴-ti ti⁴-fang	方地的會相個約
,, secret	mi⁴ hui⁴	會密
,, farewell	sung⁴ pieh² hui⁴	會別送
,, welcome	huan¹ ying² hui⁴	會迎歡
,, you, have the pleasure of	wu⁴ shou³ yen² huan¹	歡言手握
,, and seeing off trains, persons	ying² sung⁴ k'o⁴ lü³ chih¹ jên²	人之旅客送迎
,, of old friends after long separation	to¹ nien² li² san¹ chiu⁴ yü³ ch'ung² fêng²	逢重雨舊散離年多
,, (their demand for money), no means of	nan² i³ ying⁴ fu⁴	付應以難
Megalomania,	tzŭ⁴ fu⁴ ping⁴	病負自
Melancholia,	yu¹ yü⁴ ping⁴	病欝憂
Melancholy,	yu¹ mên⁴	悶憂
,, news	k'o³ ts'an³-ti hsin⁴	信的慘可
,, ,, of death	pao⁴ sang¹	喪報
,, expression	ch'ou² mei²-pu chan³-ti	的展不眉愁
Mêlée a general	ta³ ch'êng² i¹ t'uan²	團一成打
Melon patch	kua¹ t'ien²	田瓜
,, a sweet	hsiang¹ kua¹	瓜香
,, water	hsi¹-kua	瓜西
Melt,	jung² ho²	和融
,, to	hua⁴	化
,, away	hsiao¹	消
Member (of parliament)	i⁴ yüan²	員議
,, (of an association)	hui⁴ yüan²	員會
Members of the body	ssŭ⁴ chih¹	肢四
,, not a good class of	ch'i² fên⁴ tzŭ pu⁴ liang²	良不子分其
Membership, party	tang³ chung¹ chih¹ fên⁴ tzŭ⁴	子分之中黨
Membrane, mucous	nien² yeh⁴ mo⁴	膜液粘
Memento,	chi⁴ nien⁴ wu⁴	物念紀
,, to serve as a	tang⁴-ko nien⁴-hsin-'rh	兒心念個當
Memoir,	chuan⁴ chi⁴	記傳
Memorandum, a	chieh²-lüeh	略節

Memorandum—Menial. 486

Memorandum book	tsa² chi⁴ pu⁴	簿記雜
,, ,,	pei⁴ wang⁴ lu⁴	錄忘備
,, to make out a	k'ai¹-ko ts'ao³ ti³-êrh	兒底草個開
Memorial to the throne, a	tsou¹ chê²	摺奏
,, ,,	chê²-tzǔ	摺子
,, to the President	ch'êng²	呈
,, on Mongolian situation	t'iao² ch'ên² mêng² shih⁴	事蒙陳條
,, (of facts)	chien⁴ pai² shu¹	書白建
,,	chien⁴ i⁴	議建
,, service	chui¹ chi⁴	祭追
,, ,,	ai¹ tao⁴ hui⁴	會悼哀
,, ,,	chi⁴ nien⁴ hui⁴	會念紀
Memorials and matters of state, court	ch'ao² chang¹ kuo² ku⁴	故國章朝
Memorialise the throne, to	ju⁴ tsou⁴	奏入
Memorize,	an⁴ chi⁴	記暗
Memory,	chi⁴-hsing	性記
,, a bad	mei² êrh³-hsing	性耳沒
,, a good	kuo¹ mu⁴ ch'êng² sung⁴	誦成目過
,, keep fresh in the	kêng³ kêng³ pu⁴ wang⁴	忘不耿耿
,, jog his	t'i²-t'a-ko hsing³-êrh	兒醒個他提
,, entirely escaped my	so⁴ wang⁴-lo	咯忘所
,, temporarily ,, ,,	i⁴ shih² chi⁴-pu ch'ing¹	淸不記時一
Men (as opposed to women)	kuan¹-k'o	客官
,, (,, ,, ,,)	yeh²-mên	們爺
Menace, to	hsieh² po⁴	迫脅
Menaced on every side	ssǔ⁴ mien⁴ ch'u³ ko¹	歌楚面四
Menacing, observe that the situation is	chien⁴ shih⁴ pu⁴ chia¹	佳不勢見
Mencius,	mêng⁴-tzǔ	子孟
Mend,	chin⁴ pu⁴	步進
, to	shou¹-shih shou¹-shih	拾收拾收
,, adjust	shih²-to shih²-to	掇拾掇拾
,, repair	hsiu¹-li hsiu¹-li	理修理修
,, clothes	fêng²-i-fêng	縫一縫
,, to (figurative)	kai³ liang²	瓦改
,, it's never too late to	hui² t'ou² shih⁴ an⁴	岸是頭回
,, one's errors, to	mi² pu³ kuo⁴ shih¹	失過補彌
Mendacious,	kou⁴ tsao⁴ hsü¹ yen²	言虛造搆
Mended, cannot be	shih²-to-pu liao³	了不掇拾
,, ,, ,, of clothes	fêng²-pu shang⁴	上不縫
Mendicant priests	t'o¹ po¹ sêng¹	僧鉢托
Menial,	hsia⁴ chien⁴	賤下
,, work, to do	tso⁴ hsia⁴ huo² 'rh	兒活下做

Menses—Meridian.

Menses,	ching¹-ch'i	期經
,,	yüeh⁴-ching	經月
Menstruation,	t'ien¹ kuei⁸	癸天
,, irregular	yüeh⁴ ching¹ pu⁴ t'iao²	調不經月
Mental,	ching¹ shên² shang⁴	上神精
,, capacity, great	hsin¹-li hung² liang⁴	量宏裏心
,, ,, ,,	pao²-fu-pu ch'ien⁸	淺不負抱
,, philosophy	hsin¹ li⁸ hsüeh²	學理心
Mention,	chi⁴ tsai⁴	載記
,, to	t'i²	提
,, it, now you	t'i²-ch'i-lai	來起提
,, (not at all), don't	na⁴ mei²-shêm-mo	麽甚沒那
,, him, oh! no! we never	chüeh² k'ou³ pu⁴ t'an² chia³ mou³ chih shih⁴	絕口不談甲某之事
Mercantile,	chiao¹ i⁴ ti¹	的易交
Mercenary,	shê⁴ li⁴ chih¹ t'u²	徒之利射
,, a (soldier)	yung¹ ping¹	兵傭
Merchandize,	huo⁴	貨
,,	huo⁴-wu	物貨
,,	shang¹ p'in³	品商
Merchant, a	shang¹-jên	人商
,, ship	shang¹ ch'uan²	船商
,, abroad	ching¹ shang¹ hai⁸ wai⁴	外海商經
Merciful,	tz'ŭ² pei¹	悲慈
,,	ts'un² hsin¹ k'uan¹ hou⁴	厚寬心存
Merciless,	ts'an² jên³	忍殘
,,	ch'iu² shuang¹ lieh⁴ jih⁴ hao² wu² k'uan¹ jung²	秋霜烈日無毫寬容
Mercurial,	fan³ fu⁴ wu² ch'ang²	反復無常
Mercury,	shui³-yin	銀水
,,	shui³ hsing¹	星水
Mercy,	ên¹ tz'ŭ²	恩慈
,,	ên¹-tien	典恩
,, beg for	ch'iu² jao²	饒求
,, to be at a person's	shou⁴ jên²-chia na²-nieh	受人家揑拏
,, of, at the	tsai⁴ jên² chang³ wu⁴	在人掌握
,, goddess of	kuan¹ yin¹ p'u² sa	觀音菩薩
,, is not strained, the quality of	tz'ŭ² pei¹ chih hsing⁴ hao² wu² lin⁴ sê	慈悲之性毫無吝色
Mere . . ., a	pu² kuo⁴ shih⁴	不過是
,, outline, a	chien³ tan¹ ch'ên² shu⁴	簡單陳述
Merely,	pu² kuo⁴	不過
Meretricious,	hsü¹ shih¹	虛飾
Merge,	kuei¹ ju⁴	歸入
Meridian,	ching¹ hsien⁴ tu⁴	經線度

Meridian —Message. 488

Meridian,	tzŭ³ wu³ hsien⁴	子午綫
,, sun on the	chêng⁴ shang²-wu	正上午
,, ,, ,,	ying³-êrh chêng⁴	影兒正
Merit,	kung¹-lao	功勞
,,	kung¹ chi¹	功績
,, unassuming	yin¹-chih	陰隲
,, grand order of	ta⁴ hsün¹ wei⁴	大勳位
,, punishment, to	tsui¹ yu³ ying¹ tê²	罪有應得
Merits (of a case)	li³ chih¹ ch'ü¹ chih²	理之曲直
,, (of a measure)	tê² shih¹	得失
,, not been rewarded after his	wei⁴ tê² lun⁴ kung¹ hsing² shang³	未得論功行賞
Meritorious statesman	kung¹ ch'ên²	功臣
Mermaid, a	chiao¹ jên²	鮫人
Merriment,	yü² k'uai⁴	愉快
Merry,	k'uai⁴-lo	快樂
,,	k'uai⁴-huo	快活
Merry-making, join in the	sui²-hsi sui²-hsi	隨喜隨喜
Merry-thought, a	san¹ ch'a¹ ku³	三叉骨
Mesalliance,	kuei⁴ chien⁴ chieh² hun¹	貴賤結婚
Meshes of a net, the	wang³ yen³	網眼
,, get into the law's	ju⁴ fa⁴ wang³	入法網
,, escape from ,,	lou⁴ wang³	漏網
Mess together	kung⁴ hsi²	共席
,, ,,	t'ung² ts'uan⁴	同爨
,, allowances	huo³ shih²	伙食
,, to make a dirty	nung⁴ tsang¹-lo	弄髒咯
,, ,, (litter)	tsao¹-hai	糟害
,, in a	luan⁴-ch'i pa² tsao¹	亂七八糟
,, of it, you've made	hua⁴ shê² t'ien¹ tsu²	畫蛇添足
,, a thorough	hua⁴ hu³ lei⁴ ch'üan³	畫虎類犬
,, got me into a	chiao⁴-wo t'ang¹ hun² shui³	叫我趟渾水
,, get into a fresh	p'ing² pai² ti⁴ yu⁴ t'ao³ la ko⁴ mei² ch'ü	平白地又討了個沒趣
Message, a	i²-ko hsin⁴	一個信
,, send a	sung⁴-ko hsin⁴	送個信
,, ,, (by a friend)	shao¹-ko hsin⁴	捎個信
,, take a	tai⁴-ko hsin⁴ 'rh-ch'ü	帶個信去兒
,, give a	kei³-ko hsin⁴	給個信
,, transmit a	t'ung²-ko hsin⁴	通個信
,, ,,	ta²-ko hsin⁴	達個信
,, verbal	k'ou³ hsin⁴	口信
,, (parliaments) reply to *messages* from government	ta¹ fu⁴ chêng¹ fu³ tzŭ¹ hsün² shih⁴ chien⁴	答覆政府諮詢事件

Messenger, a	sung⁴ hsin⁴-ti	送信的
,,	t'ing¹ ch'ai¹-ti	聽差的
,,	ch'ai¹-jên	差人
,, send a	ta³-fa-i-ko jên² sung⁴ hsin⁴	打發一個人送信
,, (polite), your	kuei⁴ shih³	貴使
,, five dollars (written on back of return visiting card after receipt of present), present to the	ching⁴ shih³ wu³ yüan²	敬使五元
Messroom,	t'ung² shih² so³	同食所
Metal, made of	wu³ chin¹ lei⁴ tso⁴-ti	五金類做的
Metallurgy,	yeh³ chin¹ shu⁴	冶金術
Metals, the five	wu³ chin¹	五金
Metamorphose,	pien⁴ t'i³	變體
Metaphor, a	i²-ko pi³-yü	一個比喻
,,	chieh⁴-yü	借喻
Metaphysics,	hsing² êrh² shang⁴ hsüeh²	形而上學
,,	li³ hsüeh²	理學
Metempsychosis,	lun² hui²	輪迴
,,	t'o¹-shêng	托生
Meteor, a	liu² hsing¹	流星
,,	yün³ hsing¹	隕星
,,	tsei² hsing¹	賊星
Meteoric fame	ming² ju² chao¹ lu⁴	名如朝露
Meteorological,	ch'i⁴ hsiang⁴ ti¹	氣象的
,, observatory	ch'i⁴ hsiang⁴ t'ai²	氣象臺
,, station	ts'ê⁴ hou⁴ so³	測候所
,, tables	ch'i⁴ hsiang¹ piao³	氣象表
Meter, an electric	tien⁴-ch'i piao²	電氣表
,, water	liang² shui³ piao³	量水表
,, gas	mei²-ch'i piao³	煤氣表
Method (way)	fa²-tzŭ	法子
,, ,,	fang¹-fa 'rh	方法兒
,, system	tiao²-tu fa³ 'rh	調度法兒
,, of poultry rearing	yang³ chi¹ shou³ shu⁴	養雞手術
,, has long been in use, this	ju² tz'ŭ³ pan⁴ fa³ li⁴ yu³ nien² so³	如此辦法歷年有所
,, (order)	shun⁴ hsü⁴	順序
,, ,,	chih⁴ hsü⁴	秩序
,, deductive	yen³ i⁴ fa³	演繹法
,, inductive	kuei¹ na⁴ fa³	歸納法
,, preventive	yü⁴ fang² fa³	預防法
,, of construction	tso⁴ fa³	作法
Methodical,	yu¹ chun³ kuei¹-chü	有準規矩
,,	ching³ ching³ yu³ t'iao²	井井有條

Methylated—Middle.

Methylated spirit	chiu³ ching¹	糟酒
Metier, a person's	pên³ chi⁴	技本
Metre (measure)	hsin¹ ch'ih³	尺新
,, ,,	mi³-ta²	米達
,, (poetical)	yün⁴	韻
,, be in	ho² yün⁴	韻合
,, of songs	ch'ü³ p'ai²-tzǔ	子牌曲
Metric system	mi³ ta² fa³	法達米
,, ,,	ch'ih³ tu⁴ fa³	法度尺
Metropolis,	ching¹ ch'êng²	城京
,,	ching⁴ shih¹	師京
,,	shou³ fu³	府首
,,	shou² shan⁴ chih¹ ch'ü¹	區之善首
Metropolitan Circuit, the	ching¹ chao⁴	兆京
Mettle,	hsüeh¹ ch'i⁴	氣血
,, put him on his	pa⁴-t'a hsin¹ chih⁴ ku³-tang-ch'i-lai	把他心志鼓蕩起來
,, put on one's	chi² shih³ fên⁴ fa¹	激使奮發
Mew, to	niao¹ niao¹-ti chiao⁴-huan	貓喵的叫喚
Miasma,	chang⁴-ch'i⁴	瘴氣
,,	hsieh² ch'i⁴	邪氣
Mica,	huo³ po¹-li	火玻璃
Microbes,	wei¹ shêng¹ wu⁴	微生物
Microcosm,	hsiao³ shih⁴ chieh⁴	小世界
Microscopical examination	hsien³ wei¹ ching⁴ ti¹ shih⁴ yen⁴	顯微鏡的試驗
Microscope, a	hsien³ wei¹ ching⁴	顯微鏡
Micturition,	niao⁴ t'ung¹	尿通
Mid-day	chung¹ shang³	中晌
,, gun	wu³ p'ao⁴	午砲
,, night	pan⁴ yeh⁴	夜半
,, ,,	san¹-ching t'ien¹	三更天
,, ,,	yeh⁴ pan⁴	半夜
,, land	nei⁴ ti⁴	內地
,, summer	fu³ t'ien¹	伏天
,, ,,	hsia⁴ chih⁴	夏至
,, winter	san¹ chiu³ t'ien¹	三九天
,, ,,	shih² chieh⁴ lung² tung¹	時屆隆冬
,, way	pan⁴ tao⁴-êrh	半道兒
Midas of the neighbourhood	fu⁴ hsiung² i¹ fang¹	富雄一方
Middle, the	chung¹	中
,,	chung¹ yang¹	中央
,, in the	chung¹ chien⁴ 'rh	中間兒
,, ,, of the conversation	shuo¹ hua⁴ chung¹ chien¹	說話中間
,, put in the	ko¹-tsai chung¹ chien⁴ 'rh	擱在中間兒

Middle aged	chung¹ nien²-ti	中年的
,, ages	chung¹ ku³	中古
,, class	chung¹ têng³ jên²	中等人
,, man	chung¹-jên	中人
,, ,,	kuo⁴-fu jên² 'rh	過付人兒
,, finger	chung¹ chih²	中指
,, of doing it, was just in the	chêng⁴ pan⁴-tao pan⁴-pu chieh² 'rh	正辦到辦不節兒
,, leave off in the	pan⁴ t'u² êrh² fei¹	半途而廢
Middling ("can do")	hai² pa⁴-liao	還能了
,, (poor)	pu² chien⁴ tsêm³-mo yang⁴	不見怎麼樣
,, (fair)	chung¹ chung¹-êrh-ti	中中兒的
Midshipman,	hsiao³ wei⁴ hou⁴ pu³ shêng¹	小尉候補生
Midst,	chung¹ t'u²	中途
Midwife, a	shou¹ shêng¹ p'o²	收生婆
Midwifery,	ch'an³ k'o¹	產科
Mien,,	jung² mao⁴	容貌
,,	t'ai⁴ tu⁴	態度
Might, with all one's	chin⁴ li⁴-ti pan⁴	盡力的辦
,, ,, ,,	hên³ ming⁴-ti	狠命的
,, ,, ,,	i² li⁴ ch'êng² tang¹	一力承當
,, ,, ,,	hsia⁴ ssŭ³ kung¹-fu	下死工夫
,, to beat with all one's	hsia⁴ ssŭ³ shou³ ta³	下死手打
,, as opposed to right	i³ pa⁴-tao wei² chu³	以霸道爲主
,, not right	ch'iang² ch'üan² wu² kung² li³	強權無公理
Mighty easy! (sarcastic)	hao³ jung² i⁴	好容易
Migrate,	i² chu⁴	移住
Migratory birds	chih¹ hou⁴ niao³	知候鳥
Mild climate	ch'i⁴ hou⁴ wên² ho²	氣候溫和
,, and generous temperament, a	yung¹ jung² k'uan¹ hou⁴ chih¹ hsing⁴ chih	雍容寬厚之性質
,, (gentle)	jou²-ho	柔和
,, weather	wên¹-ho	溫和
Mildew,	chang³ mao²	長毛
Mildewed,	mei²-lan-lo	霉爛咯
Mile,	ying¹ li³	英里
,, Chinese	li³	里
,, square	p'ing² fang¹ li³	平方里
,, stone	piao³ li³ shih²	表里石
Militarism,	wu³ tuan⁴ chêng⁴ chih⁴	武斷政治
,, of Germany, the object is to crush the	i³ ya¹ fu tê² kuo² chün¹ chih chu³ yi⁴ wei² tsung¹ chih³	以壓服德國軍制主義爲宗旨

Military—Mill. 492

Military,	chün¹ shih⁴ shang⁴	軍事上
,,	wu³	武
,, (use)	chün¹ yung⁴	軍用
,, affairs	chün¹ wu⁴	軍務
,, expenses	ping¹ fei⁴	兵費
,, ,,	chün¹ fei⁴	軍費
,, requirements	chün¹-hsü	軍需
,, tactics	chün¹ ts'ê⁴	軍策
,, officer	wu³ kuan¹	武官
,, man	chün¹ jên²	軍人
,, service	fu² ping¹	服兵
,, ,,	ping¹ i⁴	兵役
,, accoutrements	wu³ chuang¹	武裝
,, man, an old	chiu³ lieh⁴ jung² hang²	久列戎行
,, attachés (on a campaign)	ts'ung² chün¹ wu³ yüan²	從軍武員
,, ,, ,, ,,	ts'ung² chün¹ kuan¹-chan⁴	從軍觀戰
,, secretary (e.g., to viceroy)	ching¹ lüeh⁴ mu⁴ liao²	經畧幕僚
,, discipline	chün¹ lü⁴	軍律
,, expedition	yüan³ chêng¹	遠征
,, party, the	wu³ tuan⁴ p'ai⁴	武斷派
,, ,, ,,	chün¹ jên² p'ai⁴	軍人派
,, preparations	chün¹ shih⁴ shang chih¹ chun³ pei⁴	軍事上之準備
Militate against	fan³ tui⁴	反對
,, ,,	tui⁴ k'ang⁴	對抗
Militia,	min² ping¹	民兵
,,	min³ t'uan²	民團
,,	kuo² min² chün¹	國民軍
Milk, cow's	niu² nai³	牛奶
,, to	chi³ nai³	擠奶
Milky way, the	t'ien¹ ho²	天河
,, ,, ,,	yin² ho³	銀河
Mill (water)	shui³ ch'ê¹	水車
,, (factory)	chih⁴ tsao⁴ ch'ang³	製造廠
,, a corn	nien³-tzŭ	碾子
,, to turn a	t'ui¹ nien³-tzŭ	推碾子
,, stone	mo⁴ shih²	磨石
,, ,, lower of a mill with roller	mo⁴ p'an⁵	磨盤
,, ,, roller of a	liu⁴-chou	碌軸
,, ,, upper	yin¹ shih²	陰石
,, ,, lower	yang² shih²	陽石
,, (fig.), been through the	pei⁴ ch'ang² hsin¹ k'u³	備嘗辛苦

Millet, sorghum | kao¹-liang | 高粱
,, panicled | shu³-tzǔ | 黍子
,, spiked | ku³-tzǔ | 穀子
,, stalks | kao¹-liang kan³ 'rh | 高粱桿兒
,, ,, | shu²-chieh | 秫楷
Millionaire, | fu⁴ hao² | 富豪
,, | ti³ kuo³ chih¹ fu⁴ | 抵國之富
Millenium (Buddhist term) | ta⁴ ch'ien¹ shih⁴ chieh⁴ | 大千世界
Milligramme, | hsin¹ shu³ | 新黍
Millilitre, | hsin¹ ts'o⁴ | 新撮
Millimetre, | hsin¹ li² | 新釐
Million, a | i⁴ pai³ wan⁴ | 一百萬
,, | i² chao⁴ | 一兆
Mimic, to | hsiao² jên² | 學人
,, to | hsiao² p'in² | 效顰
,, | hsing²-jung jên² | 形容人
Mince, to | to⁴-ch'êng mo⁴-êrh | 剁成末兒
,, ,, | to⁴-ch'êng jou¹ ni² | 剁成肉泥
,, words, to | pan⁴ t'un¹ pan⁴ t'u⁴ | 半吞半吐
,, ,, ,, | yü⁴ yen² êrh² pu⁴ kan³ yen² | 欲言而不敢言
,, matters, not to | chiu⁴ shih⁴ yen² shih⁴ | 就事言事
Mincing gait, a | niu³-ta niu³-ta-ti tsou³ | 扭搭扭搭的走
,, ,, | miao³ no² hsing² | 嫋娜行
Mind, the | hsin¹ | 心
,, make up one's | ting⁴ chu²-i | 定主意
,, ,, ,, | chüeh² ting⁴ | 決定
,, a weight off the | hsin¹-li k'ai¹-huo-lo | 心裏開豁咯
,, drop the thought from one's | fu⁴ chu¹ i⁴ wai⁴ | 付諸意外
,, call to | hsiang³-ch'i-lai | 想起來
,, cannot call to | hsiang³-pu tao⁴ | 想不到
,, bear in | chi⁴-tsai hsin¹-shang | 記在心上
,, of . . ., that just puts me in | chêng⁴ k'uei¹ t'i² hsing³ lo wo³ | 正虧提醒了我
,, not easy in | hsin¹-chung fang⁴-pu hsia⁴ | 心中放不下
,, I can't tell what's in his | wo³ pu⁴ shih⁴ t'a¹ ti¹ kuei² hun² 'rh | 我不是他的鬼魂兒
,, of a Japanese, can't understand the | pu⁴ chieh³ jih⁴ jên⁰ hsin¹ li⁰ | 不解日人心裡
,, suited to a child's | ho² êrh² t'ung² hsin¹ li³ | 合兒童心理
,, narrow | hsin¹ chai³ | 心窄
,, a small | hsiao³ ch'i⁴ | 小器
,, (opinion) | ts'un nien⁴ | 存念
,, of one | t'ung² i⁴ | 同意

Mind—Minion. 494

Mind, presence of	chi² chih⁴	智 慧
,, something, to	liu² hsin¹ yü² ...	... 於 心 留
,, his P's and Q's	pu⁴ pu⁴ liu² hsin¹	心 留 步 步
,, look after	chao⁴-kuan³	管 照
,, take care of	chao⁴-ying	應 照
,, take care	hsiao³-hsin	心 小
,, how you carry it	hao³-shêng na²-cho	著 拿 生 好
,, what you are about	hao³-shêng-cho	著 生 好
,, never	pu⁴-yao chin³	緊 要 不
,, ,,	suan⁴-lo	了 算
,, ,,	pu⁴ fang¹	妨 不
,, I don't	wo³ pu⁴ kuan³	管 不 我
,, being called slaves, we mustn't	wo³ mên pu⁴ yao⁴ kuai⁴ jên² chia¹ shuo¹ wo³ mên shih⁴ wang² kuo² nu²	奴 國 亡 們 我 說 家 人 怪 要 不 們 我
,, what they pay, don't	p'ien¹ pu⁴ p'a⁴ hua¹ ch'ien²	錢 花 怕 不 偏
,, your own business	kuan³ ni³-ti	的 你 管
,, to, have a great	i⁴ yü⁴	欲 意
Minded, absent	wang² shên²	神 忘
,, ,,	huang¹ hsin¹	心 慌
Minds, in two	shu³ shou³ liang³ tuan¹	端 兩 首 鼠
,, ,, about anything	yu⁴ hsiang³ ch'ih¹ yü² yu⁴ chih² hsien² hsing¹	腥 嫌 直 又 魚 吃 想 又
Mine, a	i² tso⁴ k'uang⁴	礦 座 一
,, of coal	mei² yao² (or k'uang⁴)	窰 煤
,, land	ti⁴ lei²	雷 地
,, (submarine)	shui³ lei²	雷 水
,, lay a	fu¹ shê⁴ shui⁸ lei²	雷 水 設 敷
Miner of coal, etc.	wa¹ mei²-ti	的 煤 挖
Mineral Kingdom	k'uang⁴ wu⁴ chieh⁴	界 物 礦
,, wealth	kung³ ch'an³	產 鑛
Minerals,	k'uang⁴ chih¹	質 礦
Mingle,	hun⁴ ho²	合 混
,, (socially)	chiao¹ chi⁴	際 交
Miniature,	so¹ t'u²	圖 縮
,, (portrait), a	hsiao³ hsiang⁴ p'ien¹ 'rh	兒 篇 像 小
,, ,,	hsiao³ hsing²-hsiang-êrh	兒 像 形 小
Minim,	ti¹	滴
Minimize,	hua⁴ yu³ wei² wu²	無 爲 有 化
Minimum,	tsui⁴ ti¹	低 最
,, reading of thermometer	tsui⁴ ti¹ wên¹ tu⁴	度 溫 低 最
Mining industry	k'uang⁴ yeh⁴	業 礦
,, rights	ts'ai³ k'uang⁴ ch'üan²	權 礦 採
Minion,	p'i³ jên²	人 嬖

Minister—**Minute.**

Minister (diplomat)	kung¹ shih³	公使
,, · Plenipotentiary	ch'in¹ ch'ai¹ ch'üan² ch'üan² ta⁴ ch'ên²	欽差全權大臣
,, ,,	t'ê⁴ ming⁴ ch'üan² ch'üan² kung¹ shih³	特命全權公使
,, resident	pan³ li³ kung¹ shih⁴	辦理公使
,, of state (old style)	ta⁴ ch'ên²	大臣
,, cabinet	kuo² wu⁴ yüan²	國務員
,, prime	kuo² wu⁴ tsung³ li³	國務總理
,, ,,	shou³ hsiang⁴	首相
,, of interior	nei⁴ wu⁴ tsung³ chang³	內務總長
,, ,, foreign affairs	wai⁴ chiao¹ tsung³ chang³	外交總長
,, ,, justice	ssŭ¹ fa⁴ tsung³ chang³	司法總長
,, ,, education	chiao⁴ yü⁴ tsung³ chang³	教育總長
,, ,, finance	ts'ai² chêng⁴ tsung³ chang³	財政總長
,, ,, communications	chiao¹ t'ung³ tsung³ chang³	交通總長
,, ,, agriculture and commerce	nung² shang¹ tsung³ chang³	農商總長
,, marine	hai³ chün¹ tsung³ chang³	海軍總長
,, war	lu³ chün¹ tsung³ chang³	陸軍總長
,, vice	tz'ŭ⁴ chang³	次長
,, to	chih¹ chi³	支給
,, to my parents, have had no chance to	wei⁴ sui⁴ wu¹ ssŭ¹	未遂烏私
Ministerial crisis	nei⁴ ko² wei¹ chi²	內閣危急
Minstrels, at a wedding	ch'ui¹ ku³ shou³-ti	吹鼓手的
,, at funeral procession	nao⁴ sang¹ ku²-tzŭ	鬧喪鼓子
,, ,, ,,	shih² fan¹ 'rh	十番兒
,, ,, ,,	ch'ing¹ yin¹	清音
Ministry (of church)	shêng⁴ chih²	聖職
,, of foreign affairs	wai⁴ chiao¹ pu⁴	外交部
Minor,	lieh⁴ têng³	劣等
,,	wei⁴ ch'êng² nien² chê³	未成年者
Minority,	shao³ shu⁴	少數
Mint, a	chu⁴ ch'ien² chü²	鑄錢局
,,	chu⁴ ch'ien² ch'ang³	鑄錢廠
,,	tsao⁴ pi⁴ ch'ang³	造幣廠
,, master	tsao⁴ pi⁴ chü² chang³	造幣局長
Minus-sign,	chien³ hao⁴	減號
,,	chien⁴ shu⁴ chi⁴ hao⁴	減數記號
,, five dollars	shao³-lo wu³ k'uai⁴ ch'ien²-lo	少五塊錢咯
Minute (precise)	hsiang² hsi⁴	詳細
,, ,,	ching¹ ch'üeh⁴	精確
,, (small)	hsi⁴-chih	細緻

Minute—Miscarriage. 496

Minute (small)	wei¹ wei¹-ti	微微的
,, a	i⁴ fên¹ chung¹	一分鐘
,, wait a	shao¹ tai¹-i tai¹-êrh	稍待一待兒
,, ,,	shao¹ têng³-i têng³-êrh	稍等一等兒
,, hand of a watch	k'o⁴ chên¹-'rh	刻針兒
,, put off to the last	lin² shang⁴ chiao⁴ cha¹ êrh³ to yen³ 'rh	臨上轎扎耳朵眼兒
Minutely,	hsiang²-hsi	詳細
Minutes,	hui⁴ shih⁴ chi⁴	會事記
,,	chi⁴ lu⁴	記錄
,, book of	hui⁴ lu⁴ pu⁴	會錄簿
Minutiae,	chi² hsi⁴ wei¹ ch'u⁴	極細微處
,,	wei³ ch'ü¹	委曲
,,	chü⁴ hsi⁴	巨細
Miracle,	shên² pien⁴	神變
,,	ling² kuai⁴	靈怪
,, (wonder)	i⁴ shih⁴	異事
Mirage, a	hai³ shih⁴ ch'ên³ lou²	海市蜃樓
Miraculous,	shên² chi⁴ ti¹	神跡的
,, effect (of physic)	ch'i² hsiao⁴ ju² shên²	其效如神
Mirror, a	ching⁴-tzŭ	鏡子
,, to look into a	chao⁴ ching⁴-tzŭ	照鏡子
,, hand	pa⁴ 'rh ching⁴-tzŭ	把兒鏡子
,, (example)	kuei¹ chien⁴	龜鑑
,, (warning)	yin¹ chien⁴	殷鑑
Mirth,	huan¹ lo⁴	歡榮
Misadventure,	pu¹ hsing⁴	不幸
Misanthrope,	fên⁴ shih⁴ p'ai²	憤世派
Misanthropical,	ku¹-chuai	孤介
Misapplication of	wu⁴ yung⁴	誤用
,, of law	i³ lü⁴ chih¹ ts'o⁴ wu⁴	擬律之錯誤
Misapprehend, to	wu⁴ hui⁴	誤會
Misappropriation,	lan⁴ yung⁴	濫用
,, of public property in his charge	ch'in¹ chan⁴ kung¹ wu⁴ shang⁴ chih¹ kuan¹ yu³ wu⁴	侵占公務上之管有物
Misbehave, to	pu⁴ shou³ fên⁴	不守分
Miscalculate, to	wu⁴ suan⁴	誤算
,,	ts'o⁴ suan⁴-lo	錯算咯
Miscarriage,	hsiao²-ch'an	小產
,,	hsiao³ hsi³	小喜
,, (failure)	shih¹ pai⁴	失敗
,, ,,	shih¹ ts'ê⁴	失策
,, (government) occur, it is hopeless to remedy it, should	i¹ yu³ ts'ung¹ ts'o fu⁴ shui³ nan² shou¹	一有從錯覆水難收

Miscellaneous,	tsa²	雜
,, goods	tsa² huo⁴	貨雜
,, business	tsa² wu⁴	務雜
,, any	tsa² lu⁴	錄雜
,, articles	ling²-sui tung¹-hsi	西東碎零
Mischance,	pu¹ hsing⁴	幸不
Mischief,	o⁴ hsi⁴	戲惡
,, get in	p'in¹ lon⁰ tzŭ	子攏拚
,, be up to	nao⁴	鬧
,, ,,	tso¹ hao⁴	耗作
,, make	la¹ shê²	舌拉
,, maker, a	yao² ch'un² ku³ shê²	舌鼓唇搖
,, ,,	hsien²-hsi jên²	人隙嫌
,, ,,	shih⁴-fei jên²	人非是
,, ,,	hsing⁴ tsai¹ lo⁴ huo⁴ chih¹ t'u²	徒之禍樂災幸
Mischievous,	t'ao²-ch'i	氣淘
,,	yu³ hai⁴	害有
,, child, you!	ni³-chê tsao¹-hai chin⁴ 'rh	兒勁害遭你
Misconduct the government	mou³ kuo² pu⁴ tsang¹	臧不國謀
,, slight	ou³ fan⁴ hsiao³ kuo⁴	過小犯偶
Misconstrue a person's remarks, to	wai⁴-p'ai jên²-chia-ti hua⁴	話的家人派外
Miscontrue his meaning	wu⁴ chieh³ ch'i² i⁴	意其解誤
Miscreant,	o⁴ t'u²	徒惡
Misdeal cards, to	fên¹ ts'o⁴-lo	咯錯分
Misdeed,	fan⁴ tsui⁴	罪犯
Misdelivery,	wu⁴ t'ou²	投誤
Misdirection (of energy)	wu⁴ yung⁴	用誤
Mise en scène,	pu⁴ chih ching³ wu⁴	物景置布
Miser, a	shou³ ch'ien² nu²	奴錢守
,,	k'an¹ ts'ai² nu²	奴財看
,,	lin⁴-sê kuei³	鬼嗇吝
,,	sê⁴-k'o kuei²	鬼刻嗇
Miserable looking specimen	tin¹ ch'i⁴	氣丟
,, from grief	hsiang³-pu k'ai¹	開不想
,, ,, suffering	shou¹ tsui⁴	罪受
Miserly,	yin²-tzŭ ya¹ t'a¹-liao hsiang¹-tzŭ li³	裏子箱了壓他了銀
,,	ch'ien² i¹ shang⁴ la ch'üan⁴ 'rh chiu⁴ shê³ pu⁴ tê² chieh³ k'ou⁴ 'rh	兒扣解得不捨就兒串了上一錢
Misery, comrades in	kung⁴ t'ung⁴ huan⁴ nan²	難患同共
Misfit, a	pu⁴ ho² shên¹ 'rh	兒身合不

Misfortune—Missing.   498

Misfortune,	tsai¹	災
,,	tsai¹ nan⁴	難災
,, meet with	tsao¹ nan⁴	難遭
,, ,,	tsao¹ yang¹	殃遭
Misfortunes never come singly	huo⁴ pu⁴ tan¹ hsing²	行單不禍
Misgives him, his heart	yü² hsin¹ pu⁴ an¹	安不心於
Misgovern,	shih¹ chêng⁴	政失
Misinterpret,	wu⁴ i⁴	譯誤
Misnomer,	wu⁴ ming²	名誤
Misjudge good intentions, to	ku¹-fu hao³ hsin¹	心好負拿
Mislaid but not lost	chin¹ tsan¹ tiao⁴ tsai⁴ ching³ li³ t'ou² yu³ tzŭ⁴ shih⁴ yu³	有是自有頭裹在掉攢金
Mislay, to	ko¹ wang⁴-lo	咯忘擱
Mislead,	tao³ ju⁴ hsieh² lu⁴	路邪入導
Misled me, you have	yüan¹-wo-i t'ang⁴	邊一我冤
Mismanage, to	pan⁴ ts'o⁴-lo	咯錯辦
,,	pan⁴ ning³-lo	咯擰辦
Misplace, to	ch'u³ chih pu⁴ i²	宜不置處
Misplaced ingenuity	wang³ fei⁴ hsin¹ chi¹	機心費枉
Misprint, a	wu⁴ k'an¹	刊誤
,,	k'o² ts'o⁴-lo	咯錯刻
Misprision of treason	yin⁴ ni⁴ p'an⁴ tsui⁴	罪叛匿隱
Misquotation,	ts'o⁴ yin³	引錯
Misreckon on something	k'o³ shih⁴ ts'o⁴ ta³ la ting⁴ p'an² hsing¹	星盤定了打錯是可
Misrepresent, to	cha¹ ch'êng¹	稱詐
,,	tien¹ tao³ shih⁴ fei¹	非是倒顛
,, the remarks he made in the occasion	yü³ tang¹ jih⁴ yü³ ch'i⁴ pu⁴ fu²	符不氣語日當與
Miss (girl)	ku¹-niang	娘姑
,, the mark, to	mei² chao²	着沒
,, ,,	mei² miao² chun³	準描沒
,, fire	mei² kuo⁴ huo³	火過沒
,, the train	k'ai¹ ch'ê¹ wo³ wu⁴-lo	咯悞我車開
,, (fail to meet), to	mei² p'êng⁴ chao²	着碰沒
,, him, we	pu⁴ shih⁴ yü² huai²	懷於釋不
,, him very much, we	kuai⁴ k'ung⁴-lo-ti-huang	慌的落空怪
,, is as good as a mile, a	ch'a¹ chih¹ i¹ li² shih¹ chih¹ ch'ien¹ li³	里千之失厘一之差
,, the opportunity	ts'o⁴ kuo⁴ chi¹ hui⁴	會機過錯
,, the pleasure of your visit, sorry to	shih¹ ya⁴ wei² ch'ien⁴	歉爲迓失
Missing,	tiu¹ shih¹	失丟

Missing—Misunderstood.

Missing,	pu² chien⁴-lo	不見咯
Mission, send on a	p'ai⁴ ch'ai¹	派差
,, by the president, charged with a special diplomatic	wei⁴ tsung³ t'ung³ tai⁴ yu³ wai⁴ chiao¹ shang⁴ chih¹ shih³ ming⁴	為總統帶有外交上之使命
,, a (diplomatic)	shih³ chieh²	使節
Missions, treaty for interchange of	t'ung¹ shih³ ting⁴ yüeh¹	通使訂約
Missionary, a	chiao¹-shih	教士
,,	ch'uan² chiao⁴-ti	傳教的
,, (from heaven)	t'ien¹ chih⁴	天職
Misstatement,	wu⁴ shu⁴	誤述
Mist,	wu⁴	霧
,, there is a	hsia⁴ wu⁴	下霧
,, haze	shan¹ lan²	山嵐
Mistake, make a	ts'o⁴-lo	錯了
,, give in	kei³ ts'o⁴-lo	給錯了
,, a life-long	chung¹ shên¹-chih wu⁴	終身之悞
,, one person for another	jên⁴ ts'o⁴-lo	認錯了
,, (in writing)	wu⁴ pi³	誤筆
,, ,,	hsieh³ ts'o⁴-lo	寫錯了
,, for another of same sound, character hsüan¹ is a	hsüan¹ tzŭ⁴ nai³ hsüan¹ tzŭ chih¹ wu⁴	瑄字乃楦字之誤
,, (of fact)	shih⁴ shih² shang⁴ ts'o⁴ wu⁴	事實上錯誤
Mister,	hsien¹-shêng	先生
,,	lao³-yeh	老爺
,,	chün (or kung¹)	君 (or 公)
Mistimed,	wei⁴ tê² ch'i³ shih²	未得其時
Mistress,	t'ai⁴-t'ai	太太
,, (fig.)	chu³ jên² wêng¹	主人翁
,, (sweetheart)	ch'ing² jên²	情人
,, to keep a	yang³ wai⁴ chia¹	養外家
Mistrust, to	pu² hsin⁴-fu	不信服
,,	pu⁴ hsin⁴ yung⁴	不信用
,,	pu⁴ hsiang¹ hsin⁴	不相信
,,	hsin⁴-pu chi²	信不及
Misunderstand, to	t'ing¹ ts'o⁴-lo	聽錯咯
,,	t'ing¹-pu ming²-pai	聽不明白
,,	mei² t'ing¹ ming²-pai	沒聽明白
Misunderstanding removed	wu⁴ chieh³ chüan¹ shih⁴	誤解捐釋
Misunderstood and calumny attacks the upright the good man is	tao⁴ ta⁴ mo⁴ jung² tê² ch'êng² pang³ chih⁴	道大莫容德成謗至

Mitigate,	ch'ing¹ chien³	減輕
,, anger	hsi² nu⁴	息怒
,, (of a penalty)	mo⁴ chien³	減末
Mitral valve	sêng¹ mao¹ pan⁴	瓣帽僧
Mitre corner, a	hsieh² chiao³-êrh	兒角斜
Mitten,	shou³ chang³ t'ao⁴	套掌手
Mix,	hun⁴ ho²	合混
,, to	huo⁴	擂
,, up	hun⁴ t'ung²	同混
,, (together), to	huo⁴-shang	上擂
,, medicine	p'ao²-chih yao⁴	藥製炮
,, ,,	p'ei⁴ yao⁴	藥配
,, in, add	t'iao²-ho	和調
,, add	ch'an¹-shang	上攙
,, well together	t'iao² yün²-ho-lo	嘹和勻調
,, with (people)	chiao¹ chi⁴	際交
,, associate with	chiao¹-chieh	結交
Mixed,	fên¹ tsa²	雜紛
,, crowd, a	liang² yu³ pu³ ch'i²	齊不兩瓦
,, lot, a	yü² lung² tsa² t'a	遢雜龍魚
,, ,, of people, a	lung² shê² hun⁴ tsa²	雜混蛇龍
,, residence	tsa² chü¹	居雜
,, them up, you've	kei³ ch'an¹-lo	咯攙給
Mixture, a	tsa² chih⁴	質雜
,, (med.)	t'iao² ho² chi⁴	劑合調
,, of races each independent of the other	chung³ tsu² p'ang² tsa² shang¹ ko⁴ tzŭ⁴ wei²	爲自各傍雜體族種
Mnemonics,	chi⁴·i⁴ shu⁴	術憶記
Moan, to	hêng¹-hêng	哼哼
Moat, city	hu⁴ ch'êng² ho²	河城護
,, (round a fort, etc.)	hao² kou¹	溝濠
Mob, a	i¹ tang³ jên²	人薰一
,,	pao⁴ min²	民暴
,, law	pao⁴ min² chih¹ chêng⁴ chih⁴	治政之民暴
,, to (assail)	ta³ ch'ün² chia⁴	架羣打
,, ,,	ch'ün² ou¹	毆羣
Mobile,	k'o³ tung⁴ hsing⁴	性動可
Mobilization,	ch'u¹ shih¹ chun³ pei⁴	備準師出
,, order	ch'u¹ shih¹ ling⁴	令師出
,, ,,	tung⁴ yüan² ling⁴	令員動
,, money voted for	ch'u¹ shih¹ chun³ pei⁴ chin¹	金備準師出
Mobilize,	mo⁴ ma³ li⁴ ping¹	兵厲馬秣

Mobilize,	tung⁴ yüan²	動員
Mock, to	ch'i³ hung⁴	起鬨
,,	yü² lung⁴	愚弄
Mode,	liu² hsing²	流行
Model, a	mu² fan⁴ ti¹	模範的
,,	mu² tsao⁴	模造
,,	yang⁴-shih	樣式
,,	yang⁴-tzŭ	樣子
,, prison, a	mu² fan⁴ chien¹ yü⁴	模範監獄
,, ourselves on Japan	i³ jih¹ pên³ wei² fa³	以日本爲法
Moderate his tone	k'ou³ ch'i⁴ chien⁴ sung¹	口氣漸鬆
,, use	chieh² yung⁴	節用
,, in food and drink	yin³ shih² yu³ tu⁴	飲食有度
,, in all things	shih⁴ shih⁴ tê² chung¹	事事得中
,, ability	chung¹ ts'ai² chih¹ jên²	中才之人
Moderates,	wên³ chien⁴ p'ai⁴	穩健派
Modern,	hsin¹	新
,,	hsin¹-hsien	新鮮
,,	chin⁴ shih⁴	近世
,, fashion	shih² hsing¹-ti	時興的
,, ancient and	ku³ chin¹	古今
,, methods of book-keeping, in accord with most	an¹ shih⁴ chieh⁴ tsui⁴ hsin¹ shih⁴ pu⁴ chi⁴ fa³	按世界最新式記簿法
Modernize,	wei² hsin¹	維新
Modest,	tzŭ ch'ien¹	自謙
,,	ch'ien¹-hsün	謙遜
,,	ch'ien¹-kung	謙恭
,, and gentle	mien³ t'ieh	愐恬
,, ,,	lien² ch'ih³	廉恥
Modicum,	kua³ shao³	寡少
Modification,	pien⁴ ko²	變革
Modify this rule	pien⁴ t'ung¹ tz'ŭ³ li⁴	變通此例
,, the original draft, slightly	chiu⁴ yuan² yu³ chih¹ ts'ao³ ti³ hsiao³ wei⁴ hsiu¹ kai³	就原有之草底小爲修改
Modulation,	i⁴ yang⁹	抑揚
Modus operandi	pan⁴ fa³	辦法
,, vivendi	chan⁴ ting⁴ t'iao² yüeh¹	暫定條約
Mohammedan,	hui² hui²	回回
,,	chieh² chiao⁴-ti	截教的
,, (abusive)	hui²-tzŭ	回子
Moist,	shih¹-lo	濕咯
Moisten, to	chan⁴ shih¹-lo	霑濕咯
,, ,,	jun⁴-i-jun	潤一潤

Moisture—Money. 502

Moisture in the air	ch'ao²-ch'i	潮濕氣
,, of the body	shih¹-ch'i	濕氣
Mole (animal)	t'ien² shu³	田鼠
,, (on the body)	pan¹	瘢
,, ,,	chu¹-sha wu⁴-tzŭ	硃砂烏子
Molecule	wei¹ fên⁴ tzŭ	微分子
Molest,	kan¹ fan⁴	干犯
Mollusc, a	lo²-ssŭ	螺螄
,,	juan³ t'i³ tung⁴ wu⁴	軟體動物
Molten,	jung² chieh³	溶解
Moment,	ch'ing³ k'o	頃刻
,,	shun⁴ hsi²	瞬息
,, of	chin³ yao⁴	緊要
,, for the	i¹ shih²	一時
,, at the	têng¹ shih²	登時
,, ,,	mu⁴ hsia⁴	目下
,, of time, a	i¹ miao³ shih²	一秒時
,, will go in a	têng¹ shih²-chiu ch'ü⁴	登時就去
,, wait a	tai¹-i hui³-'rh	待一會兒
,, in a	i⁴ pien³ yen³-'rh-ti kung¹-fu	一眨眼兒的工夫
,, all finished in a.	chuan⁴ lien³ 'rh chiu¹ ta³ ko chieh²	轉臉兒就搭個捷
Momentary,	p'ien⁴ shih²	片時
Momentous,	chung⁴ ta⁴	重大
,, questions	hsien¹ t'ien¹ tung⁴ ti⁴ chih¹ ta⁴ wên⁴ t'i²	掀天動地之大問題
Momentum,	tung⁴ li⁴	動力
Monarch,	kuo² chün¹	國君
Monarchy,	li⁴ chün¹ chêng⁴ t'i³	立君政體
,, absolute	chün¹ chu³ chuan¹ chih⁴ chêng⁴ t'i³	君主專制政體
,, constitutional	li⁴ hsien¹ chün¹ chu³ chêng⁴ chih⁴	立憲君主政治
Monastery, a	ssŭ⁴ yüan⁴	寺院
,,	ch'ang²-ch'u	常處
,, superior of a Buddhist	fang¹-chang	方丈
Monday,	li³-pai i¹	禮拜一
,,	hsing¹-ch'i i¹	星期一
,,	yüeh⁴ yüeh⁴ jih⁴	月曜日
Monetary,	li³ ts'ai² shang⁴	理財上
,, system	huo⁴ pi⁴ chih⁴ tu⁴	貨幣制度
,, unit	huo⁴ pi⁴ pên³ wei⁴	貨幣本位
Money,	ch'ien²	錢
,, changer, small	pai³ ch'ien² t'an¹-tzŭ-ti	攤錢擔子的

Money--Month.

Money box	mên⁴ hu²-lu kuan⁴-'rh	悶葫蘆罐兒
,, ,,	p'u¹ man³	撲滿
,, order	hui⁴ p'iao⁴	滙票
,, ready	hsien⁴ ch'ien²	現錢
,, market	yin² shih⁴	銀市
,, ,,	chin¹ jung² shih⁴ ch'ang²	金融市場
,, lender	fang⁴ chang⁴-ti	放賬的
,, ,, petty	fang⁴ hsiao³ yin⁴-tzŭ-ti	放小印子的
,, chest	ch'ien² kuei⁴	錢櫃
,, than brains, more	yu³ ch'ien² chê³ wu² nao³	有錢者無腦
,, free with his	hui¹ chin¹ ju² t'u³	揮金如土
,, matters	ching¹ chi⁴	經濟
Mongol, a	mêng³-ku jên²	蒙古人
Mongolia,	mêng³-ku ti⁴-fang	蒙古地方
Monk,	sêng¹	僧
,,	ch'u¹ chia¹ jên²	出家人
Monkey, a	hou²-êrh	猴兒
,, tricks, up to	t'iao⁴ tsuan¹ huo² hou²-shih-ti	跳鑽活猴似的
Monogamy,	i¹ fu¹ i¹ fu⁴ chih⁴ tu⁴	一夫一婦制度
Monomania,	p'ien¹ k'uang²	偏狂
Monometallism,	tan¹ pên³ wei⁴ chih⁴	單本位制
Monopolise, to	pao¹ lan³	包攬
,,	pa³ ch'ih	把持
,,	lung³ tuan⁴	壟斷
,, everything, wants to	tsui⁴ hao⁴ lan³ shih⁴	最好攬事
Monopolist,	chuan¹ mai⁴	專賣
,,	tu¹ yeh⁴ chê³	獨業者
Monopoly,	chuan¹ mai⁴ ch'üan²	專賣權
,, a	pa³-ch'ih mai³-mai	把持買賣
,,	chuan¹ li⁴	專和
Monotheism,	i¹ shên² chiao⁴	一神教
Monotonous,	fêng¹ ching³ wu² shu¹	風景無殊
Monsoon,	ch'i⁴ hou⁴ fêng¹	氣候風
,,	shih² fêng¹	時風
Monster,	kuai⁴ wu⁴	怪物
,,	chü⁴ ta⁴	巨大
,, of wickedness	shên² chien¹	神奸
Month, a	yüeh⁴	月
,, by the	an⁴ yüeh⁴	按月
,, contract by the	pao¹ yüeh⁴	包月
,, last	shang⁴ yüeh⁴	上月
,, next	hsia⁴-yüeh	下月
,, ,,	ch'u¹ yüeh⁴-'rh	出月兒
,, every	yüeh⁴ yüeh⁴-'rh	月月兒

Month—Morale. 504

Month, beginning of the	yüeh⁴ t'ou²-êrh	月頭兒
,, end of the	yüeh⁴ ti³	月底
Months roll by as days	jih⁴ chi¹ yüeh⁴ lei³	日積月累
Monthly,	yüeh⁴ yüeh⁴ 'rh	月月兒
,, salary	yüeh⁴ fêng⁴	月俸
Monument, a stone	shih² pei¹	石碑
,, in front of a grave	pei¹ chieh²	碑碣
,, to his memory, erect a	chien⁴ chu² chi⁴ nien² pei¹	建築紀念碑
Monumental arch, a stone	p'ai²-fang	牌坊
Mood, not in the	mei² hsien² hsin¹	沒閒心
,, ,,	mei² ching¹-shên tso⁴	沒精神做
,, (grammatical), conditional	chia³ ting⁴ fa³	假定法
Moody,	shih³ hsing⁴	使性
Moon, the	yüeh⁴	月
,, light	yüeh⁴-liang	月亮
,, new	yüeh⁴ ya²-êrh	月牙兒
,, half	pan⁴-la yüeh⁴ ya²-êrh	半剌月牙兒
,, full	yüeh⁴ yüan²	月圓
,, eclipse of the	yüeh⁴ shih²	月蝕
,, rays of the	yüeh⁴ kuang¹-êrh	月光兒
Mooning,	fa¹ tai¹	發默
Moor a vessel	ting⁴ ch'üan²	碇船
Moorings,	ting⁴ po¹ so³	碇泊所
Moorland,	k'uang⁴ yeh³	壙野
Moot point	i² wên⁴	疑問
Mop, a	tun¹ pu⁴	頓布
,, up, to	chan³-i chan³	搌一搌
Mope, to	pieh¹-ch'ü-cho	憋屈着
Moral person, a	shou³ pên³-fên-ti jên²	守本分的人
,, sense, without	wu² fa⁴ wu² t'ien¹	無法無天
,, ,, ,,	wu² tao⁴ tê² hsin¹	無道德心
,, a book with a	ch'üan⁴ shan⁴ ch'êng³ o⁴ chih¹ shu¹	勸善懲惡之書
,, truth, a profound	chih⁴ tang¹ pu⁴ i² chih ch'üeh⁴ lun⁴	至當不移之確論
,, law	jên² tao⁴	人道
,, philosophy	hsiu¹ shên¹ hsüeh²	修身學
,, sense	liang² hsin¹	良心
,, force is irresistible, though physical force can be opposed	li⁴ sui¹ k'o³ ti² hsin¹ tsui⁴ nan² kung¹	力雖可敵心最難攻
Morale,	ch'i⁴ chih³	氣質
,, (of troops) has improved	shih⁴ wei¹ tsai⁴ chên⁴	勢威再振

Morality,		lun² ch'ang²	常倫
Morals,		shih⁴ tao⁴	道世
,,		fêng¹-su	俗風
,,	injurious to	shang¹ fêng¹-su	俗風傷
,,	destructive of	pai⁴ fêng¹-su	俗風敗
,,	not of law, a question of	tao⁴ tê² shang⁴ wên⁴ t'i² fei¹ fa⁴ lü⁴ shang⁴ wên⁴ t'i²	題問上律法非題問上德道
,,	pay attention to public	chu⁴ chung⁴ fêng¹ hua⁴	化風重注
,,	loose	wei² pao² pu⁴ hsiu¹	修不薄帷
More,		to¹	多
,,	and more	yüeh⁴-fa	發越
,,	the better, the	yüeh⁴ to¹ yüeh⁴ hao³	好越多越
,,	,,	to¹ to¹ i² shan⁴	善益多多
,,	want a little	to¹ yao⁴-i tien³ 'rh	兒點一要多
,,	want	hai² yao⁴	要還
,,	how much the ?	ho² k'uang⁴	況何
,,	still	kêng⁴ to¹	多更
,,	twenty or	êrh⁴-shih to¹	多十二
,,	than twenty	êrh⁴ shih² i³ shang⁴	上以十二
,,	than that	pi³ na⁴-ko to¹	多個那比
,,	no	mei² yu³-lo	了有沒
,,	he said no	yü² wu² hsia⁴ wên²	文下無餘
,,	never	tsai⁴ pu⁴	不再
,,	I see the *more* I like, the	yüeh⁴ ch'iao² yüeh⁴ ai⁴	愛越瞧越
Moribund,		lin² chung¹	終臨
Moreover,		êrh² ch'ieh³	且而
,,		k'uang⁴ ch'ieh³	且況
Morning,		tsao³-ch'i	起早
,,		tsao³ ch'ên²	晨早
,,	very early	i⁴ ch'ing¹ tsao³-ch'i	起早清一
,,	in the	tsao³-pan t'ien¹	天半早
,,	get up very early in the	chua¹ tsao³-êrh ch'i³-lai	來起兒早抓
,,	paper	tsao² pao⁴	報早
,,	dress	ch'ang² li³ fu²	服禮常
,,	of 10 inst., on the	t'ien¹ ming² ch'u¹ shih²	十初明天
,,	star	ch'ên² hsing¹	星辰
,,	to night, ill treatment from	chao¹ ta³ mu⁴ ma⁴	罵暮打朝
Morose,		kuai¹-p'i	僻乖
Morphia,		ma¹-fei	啡嗎
Mortal,		shou⁴ chung⁴	終壽
,,	fatal	yao⁴ ming⁴-ti	的命要

R

Mortal—Mother.   506

Mortal (human)	jên²-chien¹	人間
,, enemy	pu⁴ kung⁴ tai⁴ t'ien¹	不共戴天
Mortality,	ssŭ³ wang² shu⁴	死亡數
Mortally sick	chi¹ p'in² ssŭ³ chêng⁴	幾瀕死症
Mortar, a	chiu⁴-tzŭ	臼子
,, grind in a	ko¹-tsai chiu⁴-tzŭ-li tao³	擱在臼子裏搗
,, an apothecary's	ju³-po	乳鉢
,, for pounding rice	mi³ chiu⁴-tzŭ	米臼子
,, for bricks	hui¹	灰
Mortgage, to	ya¹	押
,,	ti³ ya¹	抵押
,, a first	ti¹ i¹ ti³ tang¹ wu⁴	第一抵當物
,, deed of, draw up a	li⁴ ya¹ ch'i⁴ ho²-t'ung	立押契合同
,, a house for a term of years for money received	tien³ fang²-tzŭ	典房子
,, on a house, take a	pa⁴ fang² tien³ kuo⁴ lai²	把房典過來
Mortgagee,	ti³ tang¹ ch'üan² chê³	抵當權者
Mortified, putrid	pien⁴-lo wei⁴	變了味
Mortify passions	chin⁴ yü⁴	禁慾
Mortifying,	ling⁴ jên² sang⁴ tan³	令人喪膽
Mortise, a	yin² sun³ 'rh	陰笋兒
Mortuary,	shih¹ shou³ ch'u⁴	屍首處
Mosque, a	li³-pai ssŭ⁴	禮拜寺
Mosquito, a	wên²-tzŭ	蚊子
,, net	wên² chang⁴-tzŭ	蚊帳子
Moss,	ch'ing¹ t'ai¹	青苔
Most,	tsui⁴	最
,, inconvenient	tsui⁴-pu fang¹-pien	最不方便
,, important	ting³ yao⁴ chin³	頂要緊
,, the very	ting³ to¹	頂多
,, at the	chih⁴ to¹	至多
,, ,,	chin³ to¹	僅多
,, excellent	hao³ chi²-lo	好極咯
,, ,,	chin⁴ mei³	盡美
,, probably	ta⁴ kai⁴	大概
,, ,,	ta⁴ yüeh¹	大約
,, that can be done, the	chih³ nêng²	能
,, happy to	lo⁴ i⁴-ti	樂意的
,,- only a hundred at	to¹ chê³ i¹ pai³ ming²	多者一百名
Mostly, a	ta⁴ pan⁴	大半
Moth, a	o²-tzŭ	蛾子
,,	p'u¹ têng¹ o² 'rh	撲燈蛾兒
,, eaten	chiao⁴ ch'ung²-tzŭ ta³-lo	叫蟲子打咯
Mother,	mu³-ch'in	母親
,, my	chia¹ mu²	家母

Mother—Motor.

Mother, your		ling⁴ tz‘ŭ²	慈令
,,	,,	ling⁴ hsüan¹	萱令
,,	his	t‘a¹ ma¹	媽他
,,	lose his	shih¹ shih⁴	恃失
,,	my late	hsien¹ mu³	母先
,,	your late	hsien¹ tz‘ŭ²	慈先
,,	in law	yüeh⁴ mu³	母岳
,,	my wife's	chang⁴-mu niang⁴	娘母丈
,,	your wife's	ling⁴ t‘ai⁴ shui²	水太令
,,	my husband's	p‘o²-p‘o	婆婆
,,	your husband's	ling⁴ t‘ang⁴	堂令
,,	a step	chi⁴ mu³	母繼
,,	an adoptive	kan¹ niang²	娘乾
,,	by a different	ko² mu³-ti	的母隔
,,	,, the same	i⁴ nai³ t‘ung² p‘ao¹	胞同奶一
,,	of pearl	ko²-li pêng⁴-tzŭ	子蚌蜊蛤
,,	country	mu³ kuo²	國母
,,	,,	tsu³ kuo²	國祖
Motion,		hsing² chih³	止行
,,	(opp. to rest.)	yün⁴ tung⁴	動運
,,	(of a ship)	tung⁴ yao²	搖動
,,	constant	chou¹-êrh fu⁴ shih⁸	始復而過
,,	perpetual	wu² ch‘iung² yün⁴ tung⁴	動運窮無
,,	of one's own	ch‘u¹-yü pên³ hsin¹	心本於出
,,	(in court)	shên¹ ch‘ing³	請申
,,	(parl.)	t‘i² i⁴	議提
,,	,,	tung⁴ i⁴	議動
,,	is carried, the	i⁴ tuan¹ ch‘êng⁸ li⁴	立成端議
,,	is lost, the	i⁴ tuan¹ tso⁴ fei⁸	廢作端議
,,	to second a	tsan⁴ chu⁴	助贊
Motive,		hsin¹-ssŭ	思心
,,		i⁴-ssŭ	思意
,,		mu⁴ ti¹	的目
,,		li⁸ yu²	由理
,,	real	chên¹ i⁴	意眞
,,	one and only	wei² i¹ chih¹ mu⁴ ti¹	的目之一唯
,,	animated by a double	chien¹ êih⁴ chung⁰ hsin¹ li⁰ êrh² yu³ chih¹	之有而理心種二
,,	force	tung⁴ chi¹	機動
,,	power	yüan² tung⁴ li⁴	力動原
,,	,, in a machine	chi¹-kuan	關機
Motley, crowd		wu¹ ho² chih¹ chung⁴	衆之合烏
,,	coalition cabinet	fei¹ lü² fei¹ ma³ chih¹ hun⁴ ho² nei⁴ ko²	閣內合混之馬非驢非
Motor car, a		tzŭ⁴ tung⁴ ch‘ê¹	車動自

Motor—Mourning. 508

Motor car, a	tien⁴-ch'i ch'ê¹	車氣飽
Mottled (with drink), a face	chiu³ tsao¹ lien³ 'rh	兒臉糟酒
Motto,	ko² yen²	言格
,, (on a fan, etc.)	k'uan³	欵
,, ,, to write a signed	lao⁴-ko k'uan³	欵個落
,, (of a family or society)	tso⁴ ming²	銘座
Moukden,	fêng⁴-t'ien	天奉
Mould, a	mu²-tzŭ	子模
Moulded out of clay	ni² to¹-ti	的梁泥
,, ,, ,,	ni² su⁴-ti	的塑泥
Mouldy (of tobacco, etc.)	fa¹-lo	了發
,, growth	chang³-lo mao³-io	了毛了長
Moult, to	t'o¹ mao²	毛脫
Mound, a	t'u³ p'o¹ 'rh	兒坡土
,,	shan¹ p'o¹ 'rh	兒坡山
Mount a battery	chia⁴ p'ao⁴	砲駕
,, a horse, to	shang⁴ ma³	馬上
,, a ladder	têng¹ t'i¹-tzŭ	子梯登
,, ,,	p'a² t'i¹-tzŭ	子梯扒
,, a picture	pa⁴ hua⁴ 'rh piao³-shang	上裱兒畫把
,, guard	shang⁴ pan¹	班上
Mountain, a	i² tso⁴ shan¹	山座一
,, top of a	shan¹ ting³	頂山
,, pass	shan¹ k'ou³-tzŭ	子口山
,, (in the French revolution)	shan¹ yü⁴ tang³	黨嶽山
,, out of a molehill, make a	hsiao³ t'i² ta⁴ tso⁴	作大題小
Mounted bandits	ma³ tsei²	賊馬
,, infantry	ch'i² pu⁴ ping¹	兵步騎
Mountainous land	shan¹ p'o¹ ti⁴	地坡山
Mourner, chief	sang¹ chu³	主喪
,, ,,	chia⁴ ling²-ti	的靈駕
,, ,,	shuai¹ sang¹-ti	的喪摔
Mourners in the grave (implicate innocent persons), bury the	pa⁴ sung⁴ pin⁴ ti¹ mai² tsai⁴ fên² li³	裏墳在埋的殯送把
Mournful,	yu¹-ch'ou	愁憂
Mourning, to be in	ch'uan¹ hsiao⁴	孝穿
,, ,, ,,	ch'ih²-cho fu²	服著持
,, clothes	su⁴ fu²	服素
,, ,,	hsiung¹ fu²	服凶
,, in deep	i⁴ shên¹ kao³ su⁴	素縞身一
,, to put off	k'uei¹ fu²	服闋
,, joy takes place of	p'o⁴ t'i⁴ wei² hsiao⁴	笑爲涕破

Mourning, court	kuo² sang¹	喪國
,, during the court	kuo² fu² i³ nei⁴	內以服國
,, band round arm	ch'an² sha¹ tso³ pei⁴	臂左紗繼
Mouse, a	hsiao³ hao⁴-tzŭ	子耗小
Moustache, a	hu²-tzŭ	子鬚
,,	hsü¹	鬚
Mouth, the	tsui³	嘴
,, (of a well, etc.)	k'ou³	口
,, word of	k'ou³ shang⁴	上口
,, to open the	chang¹-k'ai tsui³	嘴開張
,, ,, ,,	k'ai¹ k'ou³	口開
,, stop the	pi⁴ k'ou³	口閉
,, ,, ,,	sai¹ ch'i² k'ou³	口其塞
,, shut ,,	pi⁴ tsui³	嘴閉
,, hold in the	tiao¹	叼
,, ,, ,,	hên²-cho	噙着
,, ,, (as a quid of tobacco)	han²	含
,, rinse the	shu⁴ k'ou³	口漱
,, full, don't speak with your	t'ien² i⁴ tsui³ pieh² shuo¹ hua⁴	話說別嘴一填
,, place the hand over the	yen³-chu k'ou³	口住掩
,, down in the	shih¹ chih⁴	志失
Mouthful, a	i⁴ k'ou³	口一
Mouthpiece,	tai⁴ shu⁴ chê³	者述代
,, merely a	ch'ung¹ hou² shê² chih¹ jên⁴	任之舌喉充
Mouths, shut people's	ya¹-fu k'ou³ shê²	舌口服壓
Movables,	tung¹ ch'an³	產動
Move, to	tung⁴	動
,,	i² tsai⁴	在移
,, back a little	wang³ hou⁴ k'ao⁴-i tien³-'rh	兒點一靠後往
,, house	pan¹ chia¹	家搬
,, ,, (polite)	ch'iao² ch'ien¹	遷喬
,, everything out	pan¹ yün⁴ i¹ k'ung¹	空一運搬
,, one's place of location	no² wo¹-êrh	兒窩挪
,, be in motion	tung¹-t'an	撢動
,, the heart	tung⁴ hsin¹	心動
,, troops	tiao⁴ ping¹	兵調
,, don't	pieh² tung⁴	動別
,, to (propose)	t'i² i⁴	議提
,, ,, (with an object)	hsing² tung⁴	動行
,, spoils the whole game, one false	i¹ chao² shih¹ suan⁴ man³ p'an² chü¹ ts'o⁴	錯俱盤滿算失着一

Move—Muddle. 510

Move or for party reasons, done for a political	wei⁴ shou³ tuan⁴ ti¹ wei⁴ chêng⁴ tang³ i³ chien⁴ ti¹	的見意黨政爲的段手爲
Movement,	chin⁴ t'ui⁴	退進
,, freedom of	tung⁴ tso⁴ pien⁴ li⁴	利便作動
,, out flanking	chuan¹ i⁴ yün⁴ tung⁴	動運點轉
,, turning	chuan³ hui² yün⁴ tung⁴	動運回轉
Movements,	yün⁴ tung⁴	動運
,, secretly impede our	pei⁴ hou⁴ yin¹ ch'ê⁴ wu² chou³	肘吾掣陰後背
Mover,	t'i² an⁴ chê³	者案提
,, *mover's* name	tung⁴ i⁴ chê³ chih¹ hsing⁴ ming²	名姓之者議動
,, prime	chu³ tung³ chê³	者動主
Mow grass, to	shan¹ ts'ao³	草刪
,, ,,	ko¹ ts'ao³	草割
Moxa,	ai⁴-tzŭ	子艾
MSS.	yüan² kao³	稿原
Much,	to¹	多
,, greater	ta⁴ to-lo	了多大
,, too	t'ai⁴ to¹	多太
,, twice as	chia¹ pei⁴-ti to¹	多的倍加
,, it does not matter how	pu⁴ chü¹ to¹ shao³	少多拘不
,, better to	mo⁴ jo⁴	若莫
,, ,,	hao³ to¹-lo	咯多好
,, I thought as	wo² chiu⁴ na⁴-mo hsiang³-cho	着想麼那就我
,, of, make	chên¹ chung⁴	重珍
Mu-us,	nien² yeh⁴	液粘
,, from the month	nien² hsien²-tzŭ	子涎粘
,, from the intestines	tung⁴-tzŭ	子凍
Mucous membrane	nien² yeh⁴ mo⁴	膜液粘
Mud,	ni²	泥
,,	ni² t'u³	土泥
,, wall, a	t'u³ ch'iang²	墻土
,, images, a maker of	to¹ ni²-êrh chiang⁴	匠兒泥坒
Muddiness,	ni² ning²	濘泥
Muddle,	fên¹ luan⁴	亂紛
,, of, made a	nung⁴ ning³-lo	了擰弄
,, ,,	ch'u¹-liao ku¹-ku tien³-tzŭ	子典故姑了出
,, ,,	nao⁴-liao-ko ma³ yang³ jên² fan¹	翻人仰馬個了鬧
,, ,,	nung⁴-liao-ko hsi¹-la hua¹ la¹ ti	的拉嘩拉唏個了弄

Muddle, in a	luan⁴ ch'i¹ pa¹ tsao¹-ti	亂七八糟的
Muddled in mind	hsin¹ huang¹-lo	心慌咯
Muddy,	chan¹-liao ni²-lo	沾了泥了
,,	yu³ ni²	有泥
,, water	hun² shui³	渾水
Muff,	shou³ ch'uai¹ tzǔ	手搋子
Muffle the face	yen³ mien⁴	掩面
Mulberry tree	sang¹ shu⁴	桑樹
,, fruit	sang¹ jên⁴-'rh	桑椹兒
Mulct him part of salary	liang² yü³ fa² hsin¹	量與罰薪
Mule, a	i⁴ p'i¹ lo²-tzǔ	一匹騾子
,, litter	t'o² chiao⁴	馱轎
,, pack of a	to⁴-tzǔ	馱子
Muleteer, a	kan³ lo²-tzǔ-ti	趕騾子的
Mullion, a .	ch'uang¹-hu lêng²-êrh	窗戶稜兒
,,	ch'uang¹-hu tang⁴-êrh	窗戶檔兒
Multiple,	pei⁴ shu⁴	倍數
,, of nine, a	an⁴ chiu³	暗九
,, least common	tsui⁴ hsiao³ kung¹ pei⁴ shu⁴	最小公倍數
Multiplication,	ch'êng² fa³	乘法
,, table	chiu³ chiu⁸ piao³	九九表
Multiplicity of duties	mi³ shih⁴ pu⁴ wei²	靡事不爲
Multiply (increase)	fan² chih²	繁殖
,, four by six	i³ ssǔ⁴ na² liu⁴ ch'êng²	以四拿六乘
Multitude, an immense	shih² fan² yu³ t'u²	實繁有徒
Multitudes,	chün² chi²	群集
Multum in parvo	yen² tuan³ i⁴ ch'ang²	言短意長
Mumble, to	tu¹-nung	嘟嚷
Munch, to	chiao²	嚼
Mundane,	li³ shih⁴	理世
Municipal,	shih⁴ li⁴	市立
,, government	shih⁴ chih⁴	市制
,, tax	shih⁴ shui⁴	市稅
,, Council	shih⁴ hui⁴	市會
,, ,, (in Foreign Concession)	tsu¹ chieh⁴ kung¹ chü²	租界公局
Municipality,	shih⁴ ch'ü¹	市區
Munificence,	yu¹ wu	優渥
Munitions,	chün¹ huo³	軍火
,,	wu³ ch'i⁴	武器
,, of war	chün¹ ch'i⁴	軍器
,, ,,	chün¹ hsü¹ wu⁴ p'in³	軍需物品
Murder, to	sha¹	殺
,,	ku⁴ sha¹	故殺

Murder—Must.

Murder, a	jên² ming⁴ shih⁴	人命事
,, case, a	ming⁴ an⁴	命案
Murderer, a	hsiung¹-shou	凶手
,,	hsiung¹ fan⁴	凶犯
Murderous intent	mou² sha¹ hsin¹	謀殺心
Muscle,	chin¹	筋
Muscular,	chin¹ li⁴	筋力
,,	yu³ chin⁴-ʻrh	有勁兒
Muse,	mo⁴ ssŭ¹	默思
,, (fig.)	shih¹ ts'ai²	詩才
Museum, a	ch'ên² lieh⁴ so³	陳列所
,,	po² lan³ hui⁴	博覽會
Mushroom growth, of	ju²-t'ung chao¹ chün⁴	如雨後春筍
Mushrooms,	mo²-ku	菇
,, fresh	hsien¹ mo²	鮮蘑
,, button, dried	k'ou³ mo²	口蘑
Music,	yüeh⁴	樂
,,	yin¹ yüeh⁴	音樂
,, book	yüeh⁴ p'u³	樂譜
,, set to	p'u² ju⁴ kuan³ hsien²	譜入管絃
,, perform	tsou⁴ yüeh⁴	奏樂
,, to play	tso⁴ yüeh⁴	作樂
,, notes of	kung¹ ch'ê¹	工尺
Musical scale	yin¹ chieh²	音階
,, instruments	yüeh⁴-ch'i	樂器
,, ,, used by Buddhist priests	fa⁴-ch'i	法器
,, ear, a	êrh³ ts'ung¹ hao³	耳聰好
,, box	pa¹ yin¹ ho²-êrh	八音盒兒
Musicians,	ch'ui¹-ku shou³-ti	吹鼓手的
,, a band of	shih²-pu hsien² 'rh	什不閒兒
,, at a funeral	ch'ing¹ i¹	青衣
,, ,,	ku³-shou	鼓手
,, ,,	ch'ui¹ ku³ shou³-ti	吹鼓手的
Musk,	shê¹ hsiang¹	麝香
Musketry,	shê⁴ chi	射擊
,, practice	shê⁴ chi yen³ hsi²	射擊演習
Muslin,	mien² sha¹	綿紗
Mussulman, a	hui² hui²	回回
Must,	pi⁴	必
,,	tei³	得
,, be	pi⁴ shih⁴	必是
,, be done	pi⁴ tang¹ wei² chih¹	必當爲之
,, positively	pi⁴ tei³	必得
,,	pi⁴ hsü¹	必須

Must — Muzzle.

Must positively	wu⁴ pi²-ti	務必的
,, (obliged to)	pu⁴ nêng² pu⁴	不能不
,, you, why?	ho² pi⁴	何必
,, (will be necessary to)	hsü¹ tei³	須得
,, be, what *must* be	ch'ou³ hsi² fu⁴ chung¹ chiu³ tei³ chien⁴ kung¹ p'o² 醜公見得久經婦媳離 lai⁴ ha² ma t'o¹ pu⁴ kuo⁴ wu³ yüeh⁴ tan¹ wu⁵ êɪh ch'ü⁴ 癩蛤蟆脫不過五月五旱去兒	
Mustard,	chieh⁴-mo mien⁴ 'rh	芥末麵兒
Muster, to	chi² ho²	集合
,,	chao⁵ chi²	召集
,,	chi² hui⁴	集會
,,	chü⁴ ch'i³	齊聚
,, up courage	chên⁴ tso tan³ ch'i⁴	振作膽氣
,, roll, call the	tien³ mao³	點卯
,, pattern, a	yang⁴-tzŭ	樣子
,, will pass	hsia⁴-tê ch'ü⁴	下得去
,, pass	ch'i² ti⁴	及第
,, ,,	ho² ko²	合格
Musty smell or flavour	fa¹-hsing-tzŭ wei⁴ 'rh	發性子味兒
Mutation,	pien⁴ hua⁴	變化
Mutatis mutandis	i⁴ ti⁴ yen² chih¹	易地言之
Mute,	ch'ien¹ mo⁴	緘默
,,	pi³ k'ou³ pu⁴ yen²	閉口不言
Mutilate a corpse	ko¹ shih¹	割屍
Mutilated, telegram	'ien⁴ ma³ pu⁴ ming²	電碼不明
Mutiny,	ping¹ pien⁴	兵變
,,	ku³ sao⁴	鼓噪
Mutter, to	tu¹-nung	嘟嚷
Muttering away to himself, heard him	t'ing¹ chien t'a¹ ku¹ ku tu tu¹ ti shuo¹	聽見他咕咕嘟嘟的說
Mutton,	yang² jou⁴	羊肉
,, chop	yang² p'ai²-ku	羊排骨
,, partial to	yu² hsing⁴ shih⁴ yang²	尤嗜性羊
Mutual,	hsiang¹	相
,, reciprocal	pi³ tz'ŭ³	彼此
,, advantage, to	shang⁴ k'o³ pi³ tz'ŭ³ chan¹ kuang¹	尚可彼此沾光
,, co-operation, advantages of	shou¹ chih³ pei hsiang¹ shih³ chih¹ hsiao⁴	收指臂相使之效
Mutually,	hu⁴ hsiang¹	互相
,, conflicting	jui tsao² pu⁴ jung²	枘鑿不容
Muzzle, a	ku¹-tsui	箍嘴
,, (face)	tsui³	嘴

Muzzle—Mysteries. 514

Muzzle of a gun	ch'iang¹ k'ou³	口鎗
,, ,,	p'ao⁴ k'ou³	口礮
,, loader	ch'ien² chuang¹ p'ao⁴	砲裝前
Muzzled and not given a free hand	shou⁴ chung³ chung³ chih¹ ch'ien² chih⁴ pu² nêng² fang⁴ shou³ ch'ü⁴ tso⁴	作去手放能不制掯之種種受
My,	wo³·ti	的我
,, father	chia¹ fu⁴	父家
,, mother	chia¹ mu³	母家
,, elder brother	chia⁴ hsiung¹	兄家
,, young brother	shê⁴ ti⁴	弟舍
,, elder sister	chia¹ chieh³	姐家
,, younger sister	hsiao³ mei⁴	妹小
,, relative	shê⁴ ch'in¹	親舍
,, friend	pi⁴ yu³	友敝
,, province	pi⁴ shêng³	省敝
,, wife	chien⁴ nei⁴	內賤
,, ,,	chien⁴ ching¹	荊賤
,, son	hsiao³ êrh²	兒小
,, ,,	ch'üan² tzŭ³	子犬
,, daughter	hsiao³ nü³	女小
,, country	pi⁴ kuo²	國敝
,, place	pi⁴ ch'u⁴	處敝
,, name	chien⁴ hsing⁴	姓賤
,, office	pi⁴ ya²-mên	門衙敝
,, style	ts'ao³ tzŭ	字草
,, opinion	yü²·chien⁴	見愚
,, own eyes, saw it with	ch'in¹ yen³ tê² chien⁴-ti	的見得眼親
,, ,, ,,	ch'in¹ yen² so tu³	睹所眼親
Myopia,	chin⁴ shih⁴ yen³	眼視近
,,	ai⁴ mei⁴	昧曖
Myriad, a	wan⁴	萬
,,	pu⁴ shêng¹ shu³	數勝不
Myself,	pi³ ên²	人鄙
,,	wo³ tzŭ⁴-chi ko⁴ 'rh	兒各己自我
,,	wo³ pên³ jên²	人本我
Mysterious,	kuai⁴	怪
,,	hsüan² miao⁴	妙玄
,, in manner	hao³ ti²-ku	咕的好
,, in movements	hsing²-chi k'o³ i²	疑可迹形
,, ,, ,,	hsing² tsung¹ kuei³ mi⁴	密詭踪行
,, methods	pien⁴ huan⁴ mo⁴ ts'ê⁴ chih¹ shou³ tuan¹	段手之測莫幻變
Mysteries.	ao⁴ miao⁴	妙奧
,,	chi¹ mi⁴	密機

Mystery,	pi⁴ shih⁴	秘 事
,, of, make a	nung⁴-ti ts'ang² t'ou² lou⁴ wei³	弄的藏頭露尾
Mystical,	shên² pi⁴ ti¹	神秘的
Mystifying,	wu² li³ wu⁴ chung¹	五里霧中
,,	ling⁴ jên² nan² yü² cho¹ mo	令人難於捉摸
Myth,	shên² tai⁴ ku⁸ shih⁴	神代古事
,, (invention)	huang¹ tan⁴	荒誕
Mythology,	kuei³ shên² chuan⁴	鬼神傳

N

Nadir,	t'ien¹ ti³ tien³	天底點
Nag, to	mei² shih⁴ shêng¹ shih⁴	沒事生事
,,	k'o¹ ch'iu² wu² i³	苛求無已
Nagging person, a	tiao¹-p'o	刁潑
,, woman; shrew	p'o¹-fu	潑婦
Nail, a	ting¹-tzŭ	釘子
,, to	ting¹ ting¹-tzŭ	釘釘子
,, (finger or toe)	chih¹-chia	指甲
,, on the head, hit the	ti¹ chung⁴	的中
,, ,, ,, ,,	tê² yao¹ ling³	得要領
,, on the	ma³ shang	馬上
,, a lie	chieh¹ p'o⁴ huang³ yen²	揭破謊言
,, (at a bridge inauguration), drive in the last	hsia⁴ wan⁴ kung¹ ting¹	下完工釘
Nails, to scratch with the	chua¹	撾
Naked,	kuang¹-cho shên¹-tzŭ	光着身子
,, they forgot they were	wang⁴ ch'i² wei¹ i¹	忘其未衣
,, stark	ch'ih⁴ shên¹	赤身
,, ,,	ch'ih⁴ t'iao² t'iao²-ti	赤條條的
,, ,,	i¹ shên¹ wei⁴ cho² ts un⁴ lü³	一身未着寸縷
,, truth	pu⁴ chia¹ hsiu¹ shih¹	不加修飾
,, (fig.)	chao⁴ chu⁴	昭著
,, sword	pai² jên⁴	白刃
,, eye	jou⁴ yen³	肉眼
Name (surname)	hsing⁴	姓
,, may I ask your?	kuei⁴ hsing⁴	貴姓
,, ,, ,, ,,	nin² tsêm²-mo ch êng¹-hu	您怎麼稱呼
,, is, my	chien⁴ hsing⁴	賤姓
,, (personal)	ming²	名
,, (style)	hao⁴	號
,, may I ask your?	t'ai² fu³	台甫

Name—Narrow   516

Name is, my	ts'ao³ tzŭ⁴	草字
,, baby	ju³ ming²	乳名
,, school	hsüeh² ming²	學名
,, a price	shuo¹-ko chia⁴-êrh	說個價兒
,, for one's self, make a	hsien³ shên¹ ch'êng² ming²	顯身成名
,, to leave a fragrant	fang¹ ming² wan⁴ ku'	芳名萬古
,, plate	mên² p'ai²	門牌
,, ,, in front of a coffin	ling² p'ai²	靈牌
,, on a door plate or tablet	hsing⁴-shih p'ai	姓氏牌
,, well, I know his	t'ing¹ chê⁴ ko⁴ jên² hên³ êrh³ shou²	聽這個人狠耳熟
,, and address of writer	tso¹ chê³ hsing⁴ ming² chi² chu⁴ chih⁸	作者姓名及住址
,, for appropriating our territory, only another	shih⁴ chih² lüeh⁴ ch'ü³ wo³ ling³ t'u³ chih¹ tai⁴ ming² tz'ŭ²	是直署我領取土之代名詞
,, posthumous	shih⁴ hao⁴	諡號
,, in the, of	i³ . . . chih¹ ming² i⁴	以...之名義
,, (designate)	chih⁸ ting⁴	指定
,, day	ming⁴ ming² jih⁴	命名日
,, old abuses under new names	ming² mu⁴ sui¹ hsin¹ pi⁴ tuan¹ jêng² chiu⁴	名目雖新弊端仍舊
Nameless,	wu² ming²-ti	無名的
Names of party candidates, list of	piao³ lieh⁴ ko⁴ tang⁵ chih¹ hou⁴ pu³ chê³ hsing⁴ shih⁴	表列各黨之候補者姓氏
Namesake,	t'ung² ming² chê³	同名者
,,	tui⁴ tien³ tzŭ	對點子
,,	t'ung² hsing⁴ pu⁴ t'ung³ tsung¹	同姓不同宗
Nap of cloth	jung² t'ou²-êrh	絨頭兒
,, to take a	shui⁴-ko hsiao³ chiao⁴-êrh	睡個小覺兒
,, ,, noonday	shuǐ chung¹ chiao⁴	睡中覺
Nape of the neck, the	po² kêng³-tzŭ	脖頸子
Napkin, a	shou³-chin	手巾
,, a baby's	chieh⁴-tzŭ	襟子
Napping, to be caught	ch'ên⁴-wo-pu hsiao³-hsin	乘我不小心
Narcotic, a	ts'ui¹ mien² yao⁴	催眠藥
Narrate,	hsü¹	叙述
Narrative,	chih⁴ i⁴	誌異
,, of one of the audience (*e.g.*, after a fire at the theatre)	tso⁴ k'o⁴ chui¹ shu⁴	坐客追述
Narrow,	chai⁸	窄

Narrow—Native.

Narrow,	chai⁸ hsia²	狹窄
,, margin of expenditure	yü²-fu-ti t'ai⁴ shao³	少太的敷餘
,, minded	hsin¹-li t'ai⁴ chai⁸	窄太裏心
,, ,,	hsiao³ hsin¹ yen³ 'rh	兒眼心小
,, ,,	hsiao³-ch'i	器小
,, ,,	wan² ku⁴	固頑
,, ,, don't be	pieh² pu⁴ k'ai¹ yen³	眼開不別
,, view	p'ien¹ chien⁴	見偏
,, ,,	kuan³ chien⁴ so³ chi²	及所見管
,, views, a person of	ching³ ti³ wa¹	蛙底井
,, ,, ,,	mei² chien⁴-kuo lo²-êrh ta⁴-ti t'ien¹	天的大兒鑼過見沒
,, escape	chi¹ pu⁴ mien³	免不幾
Nasty (of medicine, etc.)	k'u³	苦
,, minded (of gossip)	yin¹-hsien hua⁴	話險陰
,, ,, (lecherous)	yin²-luan	亂淫
Nation, a	kuo²	國
,,	pang¹	邦
,, the	kuo² min²	民國
,, subject to others' aggression	shou⁴ ch'in¹ ju⁴ chih¹ kuo²	國之入侵受
Nation's eye is on him, the	ch'üan² kuo² ch'üan² mu² so² shih⁴	視所目全國全
,, law of *nations*	wan⁴ kuo² kung¹ fa⁴	法公國萬
,, aggressive *nations*	ch'in¹ ju⁴ chih¹ kuo²	國之入侵
National,	kuo²	國
,,	kuo² min² ti¹	的民國
,, anthem	kuo² ko¹	歌國
,, assembly	kuo² hui⁴	會國
,, bank	kuo² li⁴ yin¹ hang²	行銀立國
,, customs	kuo² fêng¹	風國
,, debt	kuo² chai⁴	債國
,, expenditure	kuo² fei⁴	費國
,, flag	kuo² ch'i²	旗國
,, funds	kuo² t'ang³	帑國
,, leader	ch'üan² kuo² chung¹ hsin¹ chih¹ jên² wu⁴	物人之心中國全
,, policy	kuo² shih⁴	是國
,, prestige	kuo² t'i³	體國
Nationality,	kuo² chi²	籍國
,, (and thus escape being subject to law of either), have a double	k'ua⁴ chi²	籍跨
Nationalization (*e.g.*, of railways)	shou¹ kuei¹ kuo² yu³	有國歸收
Native. a	t'u³ jên²	人土

Native—Nature.　　518

Native, a	pên³ ti⁴ jên²	本地人
,, place	pên³ chi²	本籍
,, ,,	ku⁴ hsiang¹	故鄉
,, land	tsu³ kuo²	祖國
,, (natural)	hsien¹ t'ien¹ ti¹	先天的
Natives and residents under	fên¹ t'u³ chu⁴ k'o⁴ chi² liang³ hsiang⁴	分土著客籍兩項
Nativity,	tan⁴ shêng¹	誕生
Natty,	hao⁴ ssŭ⁴-ti	好四的
Natural,	tzŭ⁴-jan	自然
,,	t'ien¹ jan	天然
,,	tang¹ jan²	當然
,,	t'ien¹ shêng¹-ti	天生的
,, only	jên² ch'ing² chib¹ ch'ang²	人之常情
,, ability, good	t'ien¹-fên kao¹	分高
,, child	ssŭ¹ shêng¹ tzŭ³	私生子
,, law	t'ien¹ ching¹ ti⁴ i⁴	天經地義
,, coloured sables	pên³ sê tiao⁴ p'i²	本色貂皮
,, products	t'ien¹ jan² ch'u¹ ch'an³	天然出產
,, resources	t'ien¹ jan² fu⁴ yüan²	天然富源
,, calamity	t'ien¹ tsai¹	天災
,, history	tung⁴ wu⁴ hsüeh²	動物學
,, philosophy	wu⁴ li³ hsüeh²	物理學
,, religion	tzŭ⁴ jan² tsung¹ chiao⁴	自然宗教
,, selection	tzŭ⁴ jan² t'ao² t'ai⁴	自然淘汰
,, duty (to his parents), mindful of his	ku⁴ nien⁴ t'ien¹ lun²	顧念天倫
,, death, the government ended by dying a	chêng⁴ fu³ ch'u¹ yü² tzŭ⁴ yü² hsiao¹ mieh⁴ chih¹ i¹ t'u²	政府由於自消滅之一途
Naturalization law of	kuei¹ hua⁴ fa⁴	歸化法
,, ,,	kuo² chi² fa⁴	國籍法
Naturalised Japanese	ju⁴ chi² jih⁴ pên³	入籍日本
,, British subject	ju⁴ ying¹ chi²-lo	入英籍略
Naturally,	tzŭ⁴ jan²	自然
,,	tao⁴ li³ shang⁴	道理上
,, it touches each one personally	ning² fei¹ jên² ch'ing² ch'ieh chi³ chih ying⁴ yu³	寧非人情切己之有應
Nature, forces of	tsao⁴ hua⁴	造化
,, human	jên² ch'ing²	人情
,, (disposition)	hsing⁴-ch'ing	性情
,, (qualities)	hsing⁴ chih³	性質
,, strong	kang¹ hsing⁴	剛性
,, to, his	t'a¹ pên³ hsing⁴	他本性
,, against	shang¹.t'ien¹ hai⁴ li³	傷天害理

Nature, against	ni⁴ lun²	倫逆
,, is the heart of a woman, the most poisonous thing in	t'ien¹ hsia¹ tsui³ yu³ tu² mo⁴ jo⁴ fu⁴ jên² hsin¹ 天下最有毒莫若婦人心	
,, pay the debt of	wan⁴ wu⁴ tzŭ⁴ jan² chih li² 萬物自然之理	
,, in a state of	i ssŭ¹ pu⁴ kua⁴	一絲不掛
,, of an oath, comprehend the	liao chieh³ hsüan¹ shih⁴ wei² ho² wu⁴ 了解宜誓爲何物	
,, of the results, according to the	an⁴ chao ch'êng² chi¹ ju² ho² 按照成積如何	
,, habit becomes second	hsi² chiu³ ch'êng² hsing¹	習久成性
Naught set at	shih⁴ wei² pien⁴ mao²	視弁髦
,, come to	kuei¹ yü² shih¹ pai⁴	歸於失敗
Naughty child, a	wu² lai⁴ yu²	無賴由
,, ,,	chên¹-mei ch'u¹-hsi-êrh	眞沒出息兒
,, ,, you !	ni³-chê huai⁴ hai²-tzŭ	你這壞孩子
Nausea,	o⁸-hsin	惡心
Nau eating,	chiao⁴-jên o³-hsin	敎人惡心
Naval arsenal	hai³ chün¹ tsao⁴ ping¹ ch'ang³ 海軍造兵廠	
,, blockade	fêng¹ so³	封鎖
,, Courtmartial	hai³ chün¹ chün¹ fa⁴ hui⁴ i⁴ 海軍軍法會議	
Navel, the	tu⁴ ch'i³-êrh	肚臍兒
Navigate, to	hang² hai³	航海
,,	chia⁴ ch'üan²	駕船
Navigating the Mediterranean, cut off their fleet from	hsien⁴ chih⁴ ch'i² ping¹ hsien⁴ pu⁴ nêng² tzŭ⁴ yu² hang² hsing² yü² ti⁴ chung¹ hai³ 限制其兵艦不能自由航行於地中海	
Navigation,	hang² hai³ shu⁴	航海術
Navy,	hai³ chün¹	海軍
Neap tide	tzŭ³ wu³ ch'ao²	子午潮
Near,	chin⁴	近
,, by	tsai⁴, tso³ chin⁴	在左近
,, at hand, examination	k'ao³ ch'i² tsai⁴ êih²	考期在邇
,, sighted	chin⁴-shih yen³	近視眼
,, ,, policy	ssŭ³ hsin¹ yen³-'rh ti	死心眼兒的
,, thing, a	ch'a¹ i⁴ tien³-'rh	差一點兒
,, stingy	sê⁴-k'ê	嗇刻
,, (pressing)	ch'ieh⁴ po⁴	切迫
,, approaching to	chin⁴-yü	近於
,, his standard, does not come	wan⁴-pu chi² i¹	不及一芢

Near—Need. 520

Near losing his life, he came	hsien³ yu⁸ hsing⁴ ming⁴ chih¹ yü³	險之命性有
Nearer than brethren	ch'in¹ yü² k'un¹ chung⁴	仲昆於親
Nearly,	ch'a¹ i⁴ tien³	點一差
,, almost	chi¹ chi¹ hu¹	乎幾幾
,, a month	chiang¹ chi² i¹ yüeh⁴	月一及將
,, defeat one's object	chi¹ hu² wu⁴ shih⁴	耶誤乎幾
Neat in person	kung¹-pên	本恭
,, in habits	hao⁴ ch'i²-chêng	整齊好
,, article, a	ching¹-chih wu⁴-êrh	兒物緻精
,, deft	shou³-i hsiao³ ch'iao³	巧小藝手
Nebula,	hsing¹ yün²	雲星
Nebulous condition	fang³ fu ching⁴ hua¹ shui³ yüeh¹ wu² ts'ung² cho¹ mo	摸捉從無月水花鏡彿彷
Necessaries of life	jih⁴ yung⁴ p'in³	品用日
,, ,, all dearer	ch'ih¹ ch'uan¹ jih⁴ yung⁴ wu² i¹ pu⁴ kuei⁴	貴不一無用日穿吃
Necessarily, not	yeh³ pu⁴ pi⁴	必不也
,, ,,	wei⁴ chien⁴ tê²	得見未
Necessary,	pi⁴ yao⁴	要必
,,	pi⁴ jan²	然必
,, unavoidable	mien³-pu liao⁸	了不免
,, ,,	pu⁴ nêng² pu⁴	不能不
,, to say, it is not	pu⁴ jung² fên¹ shuo¹	說分容不
Necessities,	hsü¹ yung⁴ chih¹ wu⁴	物之用需
Necessity,	ming⁴ yün⁴	運命
,, a	so³-pu mien³-tê	得免不所
,,	tuan³-pu liao³-ti	的了不短
,, in	k'u³ nan⁴	難苦
,, no	wu² ... chih¹ pi⁴ yao⁴	要必 ... 無
,, acting under	pu⁴ tê² i⁴ êrh² wei² chih¹	之爲而已得不
,, pressing	jan² mei² chih¹ chi²	急之眉燃
,, meet the	i³ ying⁴ yao¹ hsü¹	需要應以
,, is mother of invention	mien⁸ ch'iang⁸ tzŭ⁴ jan² chi¹	基之然自強勉
,, is an industrial	shih² yeh⁴ shang pi⁴ pu⁴ k'o⁸ shao² chih shih⁴	事之少可不必上業實
Neck, the	po²-tzŭ	子脖
,, nape of the	po² kêng³-tzŭ	子頸脖
Necklace, a	hsiang⁴-ch'üan	圈項
Necktie, a	ling⁴ tai⁴-tzŭ	子帶領
Need (want)	yao⁴	要
,, no	pu² yung⁴	用不
,, in time of	ch'iung³ po⁴ chih¹ chi⁴	際之迫窮
,, of funds, in dire	ch'iu² k'uan³ ju² k'o³	渴如欵求

521　Needing—Neighbour

Needing a small outlay	hsü¹ fei⁴ wu² to¹	需費無多
Needle, a	chên¹	針
,, case	chên¹ cha²-êrh	針匣兒
,, magnetic	tz'ŭ² chên¹	磁針
,, in a stack of hay, find a	hai³-li lao¹ chên¹	海裏撈針
Needless waste of energy	sha¹ chi¹ yen¹ yung⁴ niu² tao¹	殺鷄焉用牛刀
Needlework,	chên¹-chih	針黹
,, to do	tso⁴ chên¹-hsien	做針線
Needy folk	p'in² min²	貧民
Ne'er-do-weel,	wu² lai⁴ tzŭ	無賴子
Negative, to	po²	駁
,, ,,	fou³ chüeh²	否決
,, (opp. to positive)	hsiao¹ chi² ti¹	消極的
,, ,,	fou³ ting⁴ yü³	否定語
,, a photographic	pan³	板
Neglect a duty, to	wu⁴-lo	悞咯
,, of duty	pu⁴ chin⁴ ch'i² chih²	不盡其職
,, treat with	to¹-hsin-cho	多心着
,, ,, ,,	pu² chao⁴-kuan	不照管
,, health	pu⁴ yang³ shêng¹	不養生
,, leave in (as land)	ling² ch'i² huang¹ wu²	令其荒蕪
Negligence,	kuo⁴ shih¹	過失
,, the harm done is irreparable, in case of	t'ang³ i¹ pu⁴ shên¹ i² hai⁴ ho² k'o³ shêng¹ yen²	倘一不慎貽害何可勝言
Negligent,	ts'u¹ lüeh¹	粗畧
,,	pu⁴ liu² hsin¹	不留心
,,	su¹-hu	疏忽
,, of etiquette	li³ shu⁴ su¹ hu	禮數疏忽
Negotiable, not	pu⁴ hsü³ chuan³ ya¹	不許轉押
Negotiate, to	i⁴ ting⁴	議定
,,	ts'o¹ shang¹	磋商
,,	shang¹-i	商議
Negotiation,	t'an² p'an⁴	談判
,, basis of	k'ai¹ i⁴ chih¹ ti⁴ pu⁴	開議之地步
,, with, be in	tsai⁴ chiao¹ shê chung¹	在涉交中
Negotiations, open	k'ai¹ shih³ t'an² p'an⁴	開始談判
,, break off	tuan⁴ chüeh² chiao¹ shê⁴	斷絕交涉
,, are being entered upon, formal	chien⁴ ju⁴ chêng⁴ wên² chih¹ hui⁴ i⁴	漸入正文之會議
Negro, a	hei¹ jên²	黑人
Neigh, to	ssŭ¹	嘶
,,	ma³ huan⁴	馬喚
Neighbour, a	chieh¹-fang	街坊
,,	lin²-chü	鄰居

Neighbourhood—Net. 522

Neighbourhood,	tso³ chin⁴	近左
,,	fu⁴ chin⁰ chih ch'u⁴	處之近附
,, of Peking	ching¹ mên² lien³ 'rh	兒臉門京
Neighbouring,	tso³ chin⁴	近左
,,	fu⁴ chin⁴	近附
,, nations	lin² kuo²	國隣
Neighbours,	lin² shê⁴	舍隣
Neighbourly person, a	hên² chung⁴ chieh¹-fang	房街軍很
,, relations with other nations, cultivate sincere and	tun¹ mu⁴ pang¹ chiao¹ chiang³ hsin⁴ shan⁴ lin²	隣善信講交邦睦敦
Neither one nor the other	liang³-ko tou¹ pu² shih⁴	是不都個兩
,, you nor I car	lien² ni³ tai⁴ wo³ tou¹ pu⁴ uêng²	能不都我帶你連
,, round nor square	pu⁴ yüan² pu⁴ fang¹	方不圓不
Nem. con.	man⁸ ch'ang² i¹ chih⁴	致一墭滿
Nemesis,	t'ien¹ fa²	荆天
Nephew (brother's son)	chih³-êrh	兒姪
,, (sister's son)	wai⁴-shêng	甥外
,, (wife's brother's son)	nei⁴ chih²	姪內
,, (wife's sister's ,,)	liang³ i² wai⁴-shêng	甥外姨兩
,, great	chih² sun¹	孫姪
Nepotism,	shu⁴ tang³ ying² ssŭ¹	私營黨樹
Neptune,	hai³ wang²	王海
Nerve, a	nao³ hsi⁴-êrh	兒系腦
,, cell	shên² ching¹ hsi¹ p'ao²	胞細經神
,, (in bad sense), plenty of	ming² mu⁴ chang¹ tan³	膽張目明
Nervous,	shên² ching¹ hsing⁴	性經神
,, disorder	shên² ching¹ ping⁴	病經神
,, system	shên² ching¹ hsi¹ t'ung³	統系經神
,, jumpy	ching¹ pu⁴ i⁴ ch'ang³	常異怖驚
,, ,,	tan³ hsü¹	虛膽
,, timid	tan³-ch'ieh	怯膽
,, about	pu² fang⁴ hsin¹	心放不
Nest, a	wo¹	窩
,, of thieves	tsei² wo¹	窩賊
,, bird's	niao³-êrh wo¹	窩兒鳥
,, edible	yen⁴ wo¹	窩燕
,, to sit on a	fu¹ wo¹	窩孵
,, egg, to form a	tso⁴-ko shou¹ chü²	局收個做
Nestle, to	ta³ ts'uan²-'rh	兒攛打
Nestling in the woods	shu⁴ lin²-tzŭ-li yin³ yin³-ti	的羅躍裏子林樹
Net, a	i⁴ chang¹ wang³	綱張一

Net—New.

Net, all's fish that comes to his	i⁴ wang⁵ ta³ chin⁴	一網打盡
,, gauze	mien² sha¹	綿紗
,, a mosquito	wên² chang⁴	蚊帳
,, weight	p'ao² p'i²-ti fên⁴-liang	皮的分量
,, price	chêng⁴ chia⁴	正價
,, ,, (of loan) ninety	ching⁴ chia⁴ chiu³ k'ou⁴	淨價九扣
,, profit twenty dollars	ta⁰ ching⁴ lao⁴ shêng⁴ êrh⁴ shih⁰ yüan²	打淨落剩二十元
Neuralgia,	nao³-hsi 'rh t êng²	腦系兒疼
Neuter gender	chung¹ hsing⁴	中性
Neutral,	chung¹ li⁴	中立
,, ground	chung¹ li⁴ ti⁴	中立地
,, zone	chung¹ li⁴ ti⁴ tai¹	中立地帶
,, strip	ou¹ t'o¹ chih¹ ti¹	甌脫之地
Neutrality,	chü² wai⁴ chung¹ li⁴	局外中立
,, strict	yen² shou³ chung¹ li⁴	嚴守中立
,, armed	pei⁴ chan⁴ chih¹ chü² wai⁴	備戰之局外
,, to maintain	pao⁰ chung¹ li⁴	保中立
Neutrals,	chung¹ li⁴ kuo²	中立國
Never,	lao³ pu⁴	老不
,,	yung³ yuan³ pu⁴	永遠不
,, come, he has	t'a ya¹ kên¹-'rh mei² lai²	他壓根沒來
,, knew	so³ pu⁴ chih¹-tao	所不知道
,, ,,	chung¹-pu chih¹	終不知
,, heard	tsung³ mei² t'ing¹-chien	總沒聽見
,, ,, it said	to¹ tsan¹ mei² t'ing¹ jên² shuo¹	多偺沒聽人說
,, mind	pu²-yao chin³	不要緊
,, ,,	suan⁴-lo-pa	算咯罷
New,	hsin¹	新
,, brand	chan³ hsin¹-ti	湛新的
,, ,,	ts'u⁴ chan³ hsin¹	鎅湛新
,, born	hsin¹ shêng¹-ti	新生的
,, comer, a	hsin¹ lai²-ti	新來的
,, ,,	ch'ieh⁴ shao²	佮勻
,, fashioned	hsin¹ yang⁴-êrh-ti	新樣兒的
,, fangled	tiao¹-tsuan-ti yang⁴-êrh	刁鑽的樣兒
,, year	hsin¹ nien²	新年
,, year's eve	ch'u² hsi⁴	除夕
,, ,, day	yüan² tan⁴	元旦
,, ,, ,,	ta⁴ nien² ch'u¹ i¹	大年初一
,, ,, gratuities	ya¹ sui⁴ ch'ien³	押歲錢
,, year, wish you a happy	hsin¹ hsi²	新喜

New—Nice. 524

New, made good as	huan⁴ jan² i¹ hsin¹	煥一然新
,, man, if we suddenly put in a	i¹ tan⁴ tsou¹ i⁴ shêng¹ shou³	一旦驟易生手
News,	hsin¹ wên²	新聞
,, good	hao³ hsin⁴-hsi	好信息
,, ,,	hsi³ hsin⁴-'rh	喜信兒
,, await the good	ching⁴ hou⁴ chia¹ yin¹	靜候佳音
,, bad	hsiung¹ hsin⁴	凶信
,, ,,	hsiao¹ hsi pu⁴ chia¹	消息不佳
,, has leaked out, the	tsou³-liao hsiao¹-hsi	走了消息
,, of the relief force, no	yuan² ping¹ chiu³ wu² yin¹ hao⁴	援兵久無音耗
,, agency	t'ung¹ hsin⁴ shê⁴	通信社
Newspaper, a	i⁴ chang¹ hsin¹-wên chih³	一張新聞紙
,, correspondent	fang³ shih⁴ yüan²	訪事員
,, ,, drops people when he no longer needs them, the	t'ung¹ hsin⁴ yüan² yung⁴ jên² tsai⁴ ch'ien² pu⁴ yung⁴ jên² tsai⁴ hou⁴	通信員用人在前不用人在後
Newspapers, in the	hsin¹ wên² chih³ shang⁴	新聞紙上
Next day, the	ch'i² i⁴ jih⁴	其翌日
,, ,,	ti⁴ êrh⁴ jih⁴	第二日
,, ,,	ti⁴ êrh⁴ t'ien¹	第二天
,, month	hsia⁴-yüeh	下月
,, time	hsia⁴ hui²	下回
,, ,,	hsia⁴ mo⁴-êrh	下末兒
,, year	ming²-nien	明年
,, the year after	hou⁴-nien	後年
,, few years, in the	san¹ nien² wu³ tsai³ i³ nei⁴	三五年載以內
,, you are the	lun² tao⁴ ni³-lo	輪到你咯
,, to, sit	ai¹-cho tso⁴	挨着坐
,, door, lives	chieh⁴ pi³-êrh chu⁴	隔壁兒住
,, ,, neighbours	i¹ ch'iang² chih² ko²	一牆之隔
,, ,, to the market	yü³ shih⁴ ch'ang³ chin⁴ lin²	與市場近鄰
Nibble,	la¹ la¹ yang¹	拉拉秧
,, (of a fish), to	tsa¹	唼
,, (of a mouse, etc.)	k'ên¹	啃
Nice in taste	chiang³-chiu	講究
,, to taste	wei⁴-ch'i hao³	味氣好
,, in person	hao⁴ chieh²-ching	好潔淨
,, looking	hao³ k'an⁴	好看
,, ,,	jung²-mao hao³	容貌好
,, (workmanship)	ching¹ mi⁴	精密
,, (pleasing)	chieh² kou⁴	結構

Nice (careful)	tzŭ³ hsi⁴	細仔
,, point	i² tien³	點疑
,, application	yin³ yung⁴ ching¹ ch'ieh	切精用引
Niche in a wall, a	tung⁴-êrh	兒洞
Nick, to cut a	hsiu¹-i-ko k'o²-ti-êrh	兒的刻個一修
,, of time, come in the	lai² ch'iao³-lo	咯巧來
Nickel coin	pai² t'ung² huo⁴	貨銅白
,, subsidiary coinage of	i³ nieh⁴ wei² fu³ pi⁴	幣輔爲鎳以
Nickname, a	wai⁴ hao⁴-êrh	兒號外
,,	hun⁴ ming²	名混
,, (opprobrious), a	ch'o¹ hao⁴-êrh	兒號綽
,, give a	ch'i³-i-ko wai⁴ hao⁴-êrh	兒號外個一起
Niece (brother's daughter)	chih²-nü	女姪
,, (sister's ,,)	wai⁴-shêng nü³	女甥外
,, (wife's brother's ,,)	nei⁴ chih²-nü	女姪内
,, (,, sister's ,,)	liang³ i² wai⁴-shêng nü³	女甥外姨兩
Night,	yeh⁴	夜
,, in the	yeh⁴ li	裏夜
,, middle of the	pan⁴ yeh⁴	夜半
,, all	i² yeh⁴	夜一
,, ,,	i⁴ hsiu³	宿一
,, kept it up all	ta² tan⁴-ti jo⁴-nao	鬧熱的旦達
,, to sit up all	ao² yeh⁴	夜熬
,, was falling	shih² i³ shang⁴ têng¹	燈上已時
,, late at	yeh⁴ ching⁴	靜夜
,, watchman	ta³ ching¹-ti	的更打
,, stool	ma³ t'ung³	桶馬
,, ,,	yeh⁴ ching⁴-êrh	兒淨夜
,, march	yeh⁴ hsing² chün	軍行夜
,, postman	wan³ po¹ 'rh sung⁴ hsin⁴ ti¹	的信送兒班晚
,, and day bringing back funds travel	hsing¹ yeh⁴ chieh¹ kuei¹ k'uan³ hsiang⁴	項款歸解夜星
Nightmare,	mêng⁴ mo²	魘夢
,,	sa¹ i⁴ chêng⁴	症逆撒
,, wake from a	o⁴ mêng⁴ êrh² hsing³	醒而夢惡
,, had	yen³-chu-lo	咯住魘
,, ,,	mo²-chao-lo	咯著魘
Nihilism,	hsü¹ wu² lun⁴	論無虛
Nimble,	ling²-pien	便伶
Nine,	chiu³	九
,, tenths	chiu³ ch'êng²	成九
Nineteen,	shih² chiu³	九十
Ninety,	chiu³ shih²	十九
Ninth, the	ti⁴ chiu³-ko	個九第

Ninth—Nocturnal.

Ninth of the month	ch'u¹ chiu³	初九
Nip (bite), to	chia¹-chu	挾住
,, in the bud	o⁴ luan¹ mêng²	遏亂萌
,, ,, ,,	fang² huan⁴ wei⁴ jan²	防患未然
,, ,, ,,	ch'ên⁴ nên⁴ 'rh kuan³	趁嫩兒管
,, evil in the bud	tu⁴ chien⁴ fang² wei¹	杜漸防微
Nippers,	ch'ien²-tzŭ	鉗子
,, of a crab	chia¹-tzŭ	挾子
Nipple of the breast	tsa¹-tsa 'rh	喳喳兒
,, of a gun	ch'iang¹ nai³-tzŭ	鎗奶子
Nit, a	chi³-tzŭ	蟣子
Nitrate of silver	hsiao¹ suan¹ yin²	硝酸銀
Nitre,	hsiao¹ shih²	硝石
Nitric acid	hsiao¹ suan¹	硝酸
Nitrogen,	chih⁴ su⁴	窒素
Nirvana,	nieh¹ p'an²	涅槃
No issue	wu² ch'u¹	無出
No not so	pu⁴-chich	不結
,, good	pu⁴ chung yung⁴	不中用
,, joke	pu²-shih wan² 'rh-ti	不是玩兒的
,, matter	pu⁴-yao chin³	不要緊
,, ,, who	pu⁴ chü¹ shui²	不拘誰
,, occasion	wu² yung⁴	無用
,, use	mei² yung⁴-ch'u	沒用處
,, can't say, to anyone	êrh³ juan³ hsin¹ huo²	耳軟心活
,, ,, ,,	ko²-pu chu⁴ i² chü¹ hao³ hua⁴	擱不住一句好話
,, thoroughfare	lu⁴-pu t'ung¹ hsing²	路不通行
,, one wants it	mei²-jên yao⁴	沒人要
,, charge for admission	kuang⁴ chu³ 'rh pu⁴ yao⁴ ch'ien²	逛主兒不要錢
Nob, a	ting³-êrh	頂兒
Noblesse oblige	wei¹ kao¹ jên⁴ chung⁴	位高任重
Nobility,	kuei⁴ tsu²	貴族
,, a member of the	yu³ chüeh²-wei-ti	有爵位的
,, ,,	kuei⁴ chou⁴ tzŭ³ ti⁴	貴胄子弟
,, ,,	yin⁴-shêng pei⁴	蔭生輩
Noble lineage	chung¹ ting³ chih¹ chia¹	鐘鼎之家
Noble-minded person, a	hao² hsia² jên²	豪俠人
Nobly-minded man will suffer martyrdom for a noble cause, the	kao¹ shih⁴ jên² jên² sha¹ shên² ch'êng² jên² shê³ shêng¹ ch'ü³ i⁴	高士仁人殺身成仁舍生取義
Nobody, there is	mei² jên² •	沒人
Nocturnal emissions	mêng⁴ i²	夢遺
,, ,,	p'ao³ la ma³ lo	跑了馬了

Nod the head, to	tien³ t'ou²	頭點
,, of recognition, give a	ta³-ko cha⁴ mien⁴ 'rh	兒面照個打
Nods,sometimes, even Homer	lao² hu³ ta³ tun³ 'rh	兒盹打虎老
,, ,, ,,	chih⁴ chê³ ch'ien¹ lü⁴ pi⁴ yu³ i¹ shih¹	失一有必慮千者智
Noes,	fan³ tui⁴ chê⁶	者對反
Noise,	shêng¹-yin	音聲
,,	hsiang³-shêng-êrh	兒聲響
,, don't make a	pieh² jang¹-jang	嚷嚷別
,, a deafening	yao² shan¹ chên⁴ yüeh⁴-ti shêng¹-yin	音聲的岳振山搖
Noised abroad, this story had long been	chê⁴ hua⁴ chiu³ i³ jang¹ jang tung⁴ lo	了動嚷嚷已久話這
Noisy (street, etc.)	ch'ao³-ti-huang	慌的吵
Nomadic tribes	yu² mu⁴ min²	民牧遊
Nomenclature of a science	k'o¹ hsüeh² ming² mu⁴	目名學科
,, borrow Japanese legal	hsi³ ch'ü³ jih⁴ pên³ fa⁴ chih¹ ming² tz'ü²	詞名之法本日取借
Nom de plume	ni⁴ ming²	名擬
Nominal,	yu³ ming² wu² shih²-ti	的實無名有
,, value (of a bill)	chüan⁴ mien⁴ ê²	額面券
,, horse power	kung¹ ch'êng¹ ma³ li⁴	力馬稱公
,, gold standard	hsü¹ chin¹ pên³ wei⁴	位本金虛
,, price, a	lan² mien⁴ ch'iang²-êrh	兒搶面攔
Nominally,	ming² i⁴ shang⁴	上義名
Nominate, to	chien⁴	薦
,,	jên⁴ ming²	名任
Nominee,	pei⁴ chü³ chê³	者舉被
Nonalienation,	pu⁴ ko¹ jang⁴	讓割不
Non-attendance,	ch'ien⁴ hsi²	席欠
Nonchalant,	p'ing² ch'i⁴	氣平
,,	lêng³ tan⁴	淡冷
Non combatant	fei¹ chan⁴ tou⁴ yuan²	員鬪戰非
,, commissioned officer	hsia⁴ shih⁴ kuan¹	官士下
,, conductor	pu⁴ tao³ t'i³	體導不
,, convertibible notes	pu⁴ tui⁴ huan⁴ chüan⁴	券換兌不
,, intervention	fang⁴ jên⁴	任放
,, committal	i¹ yang⁴ fu¹ yen³	衍敷樣依
Nondescript,	fei¹ lü² fei¹ ma³	馬非驢非
,,	pu⁴ lun² pu⁴ lei⁴	類不倫不
None, there is	mei² yu³-lo	了有沒
,, of them want it	tou¹-pu yao⁴	要不都
,, the less	hai²	還
,, ,,	chiu¹-ching	竟究
Nonplussed,	i¹ ch'ou² mo⁴ chan³	展莫籌一

Nonplussed—Nose. 528

Nonplussed,	chang¹ huang² shih¹ ts'o⁴	張皇失措
Nonparty cabinet	ch'ao¹ jan² nei⁴ ko²	超然內閣
Nonsense, don't talk	pieh² hu² shuo¹	別胡說
,, flow of	hsin⁴ k'ou³ wang⁴ t'an²	信口胡談
,, verses	hu² tsou⁴ shih¹	胡謅詩
,, what!	hu² shuo¹ pa² tao⁴-ti	胡說八道的
,, stuff and	hu² ch'in⁴	胡吣
,, ,, ,, (vulgar)	fang⁴ p'i⁴-na	放屁哪
Nonsensical report	wu² chi¹ chih¹ t'an²	無稽之談
Nook, a	ka¹ la² 'rh	嘎拉兒
,, in the hills	shan¹ ka¹ la² 'rh	山嘎拉兒
Noon,	shang³-wu	晌午
,,	wu³ chêng⁴	正午
Noose, a	huo² t'ao⁴-êrh	活套兒
,, make a	shuan¹-ko huo² t'ao⁴-êrh	拴個活套兒
Nor I, neither he	lien² t'a¹ tai⁴ wo³ tou¹ pu⁴	連他帶我都不
Normal,	t'ung¹ li⁴	通例
,,	p'u³ t'ung¹	普通
,, state	ch'ang² t'ai⁴	常態
,, temperature	wên¹ tu⁴ p'ing² shun⁴	溫度平順
,, ,, remaining about the	wên¹ tu⁴ jêng² pu⁴ shên⁴ ch'u¹ kuei¹ tsê² chih¹ wai⁴	溫度仍不甚出規則之外
,, school	shih¹ fan⁴ hsüeh² hsiao⁴	師範學校
North,	pei³	北
,, east	tung¹ pei³	東北
,, pole	pei³ chi²	北極
,, star	pei³ ch'ên²	北辰
,, wards	i³ pei³	以北
,, and south	nan² pei³	南北
,, south, east and west	tung¹ hsi¹ nan² pei³	東西南北
,, aspect, a room with a	tso⁴ tso⁴-êrh	倒座兒
Norway,	nao³ wei¹ kuo²	璑威國
Nose, the	pi²-tzŭ	鼻子
,, blow the	hsing³ pi²-tzŭ	醒鼻子
,, ,, ,,	hsing² pi² ting³	擤鼻頂
,, ring	pi²-tzŭ ch'üan¹-êrh	鼻子圈兒
,, bridge of the	pi² liang²-êrh	鼻樑兒
,, an aquiline	ying¹ pi²-tzŭ	鷹鼻子
,, a pug	fan¹ pi²-tzŭ yen³ 'rh	翻鼻子眼兒
,, lead by the	ch'ien¹ nin² pi²	牽您鼻
,, ,, ,,	chiu¹-cho hsiao³ pien¹ 'rh kan³	揪著小辮兒趕
,, put out of joint (of a child)	shê³ ko¹-êrh	捨奤兒

529　　　　　　　　　　　　　　　　Nose—Note.

Nose at, turn up one's	ch'iao²-pu-tao yen³-li	裏眼到不翹
Nostrils, the	pi²-tzŭ yen³ 'rh	兒眼子鼻
Nostrums,	ch'uan² chên¹ fang¹-êrh mai⁴ chia³ yao⁴	藥假賣兒方眞傳
Not (for present and future)	pu⁴	不
,, impossible	wei⁴ ch'ang² pu⁴ k'o³	可不嘗未
,, worth troubling further about	pu⁴ tsu³ shên¹ chiu¹	究深足不
,, (for past)	mei² (wei⁴)	(未)没
,, ,,	wu²	無
,, so	pu⁴-chieh	不結
,, only does he *not* care, but he laughs at me	jao²-pu kuan³ tao⁴ na² wo³ ch'ü³ hsiao⁴-'rh	兒笑取我拿倒管不饒
,, a few (cases of)	pu⁴ i¹ êrh² tsu²	足而一不
,, only ... but also ...	pu⁴ tan⁴ (or t'ê⁴) ... êrh² ch'ieh³ ...	且而...(特)但不
,, aware of ..., I am	wo³ wei⁴ chih¹ chih¹	知之未我
,, you must decide, whether right or	shih⁴ fou³ yu³ tang¹ ch'u¹ yü² chün¹ ts'ai²	裁鈞於出當有否是
Notable occasion, quite a	shu¹ shu³ i shih² chih shêng⁴	盛之時一屬殊
,, man, a	hsien³ ta² chih jên² wu⁴ ming² shih	物人之達顯
Notables,	ming² shih	士名
Notary,	kung¹ chêng⁴ jên²	人證公
Notation (or pointing in music)	pan³ yen³	眼板
,, ,, ,, ,,	yüeh⁴ p'u³	譜樂
Notch in a knife, a	pên¹-lo-i k'uai⁴	塊一了鑄
,, to cut a	k'o²-ko k'ou³-êrh	兒口個刻
Note,	chi⁴ tsai⁴	載記
,,	chu⁴ i⁴	意注
,, of, to take	chi⁴-shang	上記
,, book	tsa² chi⁴ pu⁴	簿記雜
,, letter, a	i⁴ fêng¹ hsin⁴	信封一
,, musical	tiao⁴-êrh	兒調
,, ,,	yin¹ fu²	符音
,, a flat	cho¹ yin¹	音濁
,, single notes of music	kung¹ ch'ê¹	尺工
,, bank	yin² p'iao⁴	票銀
,, (paper money)	chih³ pi⁴	幣紙
,, of hand	chieh⁴ chü³	據借
,, diplomatic	chao⁴ hui⁴	會照
,, ,,	t'ung¹ tieh²	牒通
,, (letter)	p'ien⁴ han²	函片
,, verbal	k'ou³ shu¹	書口

Note—Noticed. 530

Note explanatory (attached to diagram)	pei⁴ k'ao³	考備
Notes,	chu⁴ chieh³	解註
,, (record)	pi³ chi⁴	記筆
,, to take	chi⁴ shang⁴	上記
,, (of debate), shorthand	su⁴ chi⁴ lu⁴	錄記速
,, issue bank	hsing² shih³ chih³ pi⁴	幣紙使行
,, ,, ,, without capital to meet them	chia⁴ k'ung¹	空架
Nothing,	mei² yu³	有沒
,, worth mentioning	mei²-shêm-mo	麽甚沒
,, ,, ,,	suan⁴-pu-liao-shêm-mo	麽甚了不算
,, for it	mei² yu³ fa²-tzŭ	子法有沒
,, ,,	wu⁴ nai⁴ ho²	何奈無
,, for it but to ...	shê³ tz'ŭ³ i³ wai⁴ wu² t'a¹ pan⁴ fa	法辦他無外以此舍
,, come to	kuei¹ yü² wu¹ yu³	有烏於歸
,, all come to	i² shih⁴ wu² ch'êng²	成無事一
,, to do with me	yü² wo³ pu⁴ hsiang¹ kan¹	干相不我於
,, at all, understands	jên⁴-shêm-mo-pu tung³	懂不麽甚任
,, more than temper, it was	wu²-fei-shih ch'i⁴	氣是非無
,, a mere trifle	pu⁴ chih²-shêm-mo	麽甚值不
,, else, wanted	yü² chê³ i² kai⁴ pu² yao⁴	要不概一者餘
,, but failure	pai³ wu² i¹ ch'êng²	成一無百
,, have his journey for	t'u² lao² wang³ fan³	返往勞徒
,, better than this	mo⁴ shan⁴ yü² tz'ŭ³	此於善莫
,, could be worse	mo⁴ tz'ŭ³ wei² shên⁴	甚為此莫
Notice, a	kao⁴ pai²	白告
,, public, issue a	ch'u¹ kao⁴ pai²	白告出
,, board, a	kao⁴-shih p'ai²	牌示告
,, ,,	chieh¹ shih⁴ pan³	板示揭
,, him, do not	pieh² li³-t'a	他理別
,, ,, ,,	pu⁴ ts'ai³-t'a	他睬不
,, it, did not	mei² li³ hui⁴	會理沒
,, of anything I say, take no	yang² yang²-pu ts'ai³	睬不樣樣
,, whatsoever, takes no	i² kai⁴ pu⁴ wên² pu² wên⁴	問不聞不概一
,, of him, took no	pu⁴ ta¹-li t'a	他理搭不
,, not worth	pu⁴ tsu² wei² suan⁴	算為足不
,, seemed not to	hao³-hsiang pu² chieh⁴ i⁴	意介不像好
,, give	chih¹-hui	會知
,, heed, paid no	mang²-jan pu⁴ chüeh²	覺不然忙
,, ,, ,,	chih² jo⁴ wang³ wên²	聞罔若跂
Noticed it, never	ching⁴ tzŭ⁴ pu⁴ chüeh²	覺不自竟

Notification—Now.

Notification,	pu⁴ kao⁴	佈告
„ an official	kao⁴-shih	告示
Notify,	t'ung¹ chih¹	通知
Notion,	kuan¹ nien⁴	觀念
„	hsiang³ hsiang⁴	想像
„ of, I had not a	lien² ying³-êrh yeh³-pu chih¹ tao⁴	連影兒也不知道
„ I have no	mo¹-pu ch'ing¹	摸不清
„ what it means, not a	mo⁴ ming² ch'i² miao⁴	莫名其妙
„ into your head, what	tsêm³-mo hsiang³-ch'i-lai-ti	這麼想起來的
put the?		
„ is, to . . . ., my	wo³ so³ chu³ chang¹ chê	我所主張者 . . . .
Notorious,	chu⁴ ming²-êrh-ti	著名兒的
„ villain	o⁴ kuan⁴ man³ ying²	惡貫滿盈
„ (for badness)	shêng¹ ming² lang² chi	聲名狼藉
„ that . . . ., it is	chung⁴ jên² so² chih¹	眾人所知
Not proven,	chêng⁴ chü⁴ pu⁴ ch'ung¹ fên¹	證據不充分
Nought,	ling²	零
„ bring his influence to	mieh⁴ shai⁴ t'a¹ ti¹ ch'üan¹ li⁴	滅殺他的權力
Noun, a	ming² tz'ŭ²	名詞
„	ming² wu⁴ tz'ŭ²	名物詞
„ abstract	ch'ou¹ hsiang⁴ ming² tz'ŭ²	抽象名詞
Nourish, to	yang³	養
„	tzŭ¹ yang³	滋養
Nouveau riche, a	pao⁴-fa hu⁴-êrh	暴發戶兒
Novel, new	hsin¹-hsien	新鮮
„ out of the common	pieh²-chih	別緻
„ system, quite a	yü³ tu¹ wu² ou³ chih¹ chih¹ tu⁴	有獨無偶之制度
„ book	hsiao³ shuo¹ 'rh	小說兒
Novelty,	ch'i² shih⁴	奇事
Novice, a	shêng¹ shou³	生手
„	li⁴-pên 'rh	力笨兒
„	ch'u¹ hsüeh² chê³	初學者
„	mên² wai⁴ han⁴	門外漢
„ a Buddhist	sêng¹ mên² t'u²-ti	僧門徒弟
„ „	hsiao³ sha¹-mi-tzŭ	小沙彌子
Now,	hsien⁴ tsai⁴	現在
„	ju² chin¹	如今
„ just	ch'ing³	頃
„ (further)	ch'ieh¹ fu	且夫
„ and then	ou³ êrh³	偶爾

Now—Number. 532

Now and then	wang³ wang³-êrh-ti	往往的兒
,, up till	tao⁴ ju² chin¹	到如今
,, at the present date	hsien⁴ chin¹-ti	現今的
,, on, from	ts'ung² chin¹ i³ hou⁴	從今以後
Nowadays,	tang¹ shih²	當時
,, far superior to	tuan⁴ fei¹ chin¹ jih⁴ so³ chi³	斷非今日所及
Nowhere,	na³ 'rh tou¹ mei² yu³	那兒都沒有
,,	ko⁴ ch'u⁴ so³ wu²	各處所無
Nozzle, a	o² po²-tzŭ	鵝脖子
,,	chien¹ tuan¹	尖端
Nucleus,	ch'i³ tien³	起點
Nude,	lo³ t'i³	裸體
Nugatory,	k'ung¹ wên²	空文
,, treat as	shih⁴ wei² chü¹ wên²	視爲具文
Nuisance,	chang⁴ hai⁴	障害
,, commit a	tang¹ chieh¹ hsiao³ pien⁴	當街小便
,, what a !	chê⁴-ts'ai mo² ya²	這麼牙
,, ,,	hao³ lo¹-so	好囉唆
Null,	hsiao¹ mieh⁴	消滅
,, and void	kuei¹ yü² hsiao¹ mieh⁴	歸於消滅
Nullify,	shih³ ch'i² wu² hsiao¹	使其無效
Numb,	ma²-lo	瘫了
,,	ma²-mu	痲木
,,	hun¹ shên¹ fa¹ chiang¹	渾身發僵
,, with cold	tung⁴ mu⁴-lo	凍木咯
Number,	shu⁴-êrh	數兒
,, count the	shu³ shu⁴-êrh	數數兒
,, ,,	pa⁴ shu⁴-êrh shu³-i shu³	把數兒數一數
,, of, a large	hao³ hsieh¹-ko	好些個
,, of a ticket	hao⁴ t'ou²-êrh	號頭兒
,, to affix a	hao⁴-shang	號上
,, total, the	tsung³ shu⁴-êrh	總數兒
,, 8 on East side of street	lu⁴ tung¹ mên² p'ai² ti⁴ pa¹ hao⁴	路東門牌第八號
,, of years	shu⁴ nien²	數年
,, even	shuang¹ shu⁴	雙數
,, ,,	ou³ shu⁴	偶數
,, odd	tan¹ shu⁴	單數
,, ,,	chi¹ shu⁴	奇數
,, of times, forget the	pu⁴ chi⁴ tz'ŭ⁴ shu⁴	不記次數
,, ten, they	kung⁴ chi¹ yu³ shih² ko	共計有十個
,, make one of the	lieh⁴ ju⁴ ch'i² shu⁴	列入其數
,, is less important than bravery	kuei⁴ yung³ pu⁴ kuei⁴ chung⁴	貴勇不貴衆

533　　Numberless—Oath.

Numberless,	cho² fa³ nan³ shu³	數難髮擢
Numbers, ordinal	hsü⁴ shu⁴	數序
,, cardinal	pên³ shu⁴	數本
,, meet in large	yün² chi²	集雲
Numerals,	shu⁴-mu tzǔ⁴	字目數
,, abbreviated form of	ma³-tzǔ	子碼
,, used in accounts	su¹-chou ma³-tzǔ	子碼州蘇
Numerical strength of a force	ping¹ li⁴	力兵
Numerous too, to mention	pu⁴ shêng¹ lieh⁴ tsai⁴	載列勝不
,, ,, ,,	pu⁴ k'o³ mei² chü³	舉枚可不
,, progeny	fan² yen³	衍繁
,, than that of the Republican party, membership far more	jên² shu⁴ chih¹ to¹ yüan³ tsai⁴ kung⁴ ho² tang³ chih¹ shang⁴	上之黨和共在遠多之數人
Numismatics,	ku³ ch'ien² hsüeh²	學錢古
Nun, a Buddhist	ni²-ku	姑尼
,, ,,	ku¹-tzǔ	子姑
,, to become a	ch'u¹ chia¹	家出
Nunnery, a	ni²-ku an¹ 'rh	兒菴姑尼
Nurse, a	lao³ ma¹ 'rh	兒媽老
,,	k'an¹ ma¹ 'rh	兒媽看
,, to	fu² yang³	養服
,, at the breast, to	nai³ hai²-tzǔ	子孩奶
,, a sick	fu² yang³ fu⁴	婦養服
,, a wet	nai³ ma¹-tzǔ	子媽奶
,, a canker	yang³ yung¹ i² huan⁴	患遺癰養
,, revenge	wo⁴ hsin¹ ch'ang² tan³	胆嘗薪臥
Nursery governess, a	chiao⁴ yin³ mo²-mo	嬤嬤引教
Nut, a	ho²-êrh	兒核
,, of a screw	lo²-ssǔ mao⁴-êrh	兒帽絲螺
,, shell	p'i²-êrh	兒皮
,, (swell)	hua¹ hua¹ kung¹ tzǔ	子公花花
Nutmeg,	tou⁴ k'ou⁴	蔻荳

O

Oak tree, an	hsiang⁴ shu⁴	樹橡
,, galls	wu³-pei tzǔ³	子倍五
,, the silkworm	chê⁴-shu⁴	樹柘
Oar, an	i⁴ chang¹ chiang³	槳張一
,, (yu-loh)	lu³	櫓
,, row, an	yao² chiang³	槳搖
,, work a "yu-loh"	yao² lu³	櫓搖
Oath,	shih⁴ yüeh¹	約誓
,, (judicial)	hsüan¹ shih⁴	誓宣

Oath—Object.   534

Oath, to make	ch'i³-ko shih⁴	誓個起
,, assert on	ch'i³ shih⁴ fa¹ yüan⁴	願發誓起
,, keep my	tsun¹ shou³ shih⁴ yen²	言誓守遵
,, not to accept (*e.g.*, home rule), took	shih⁴ pu⁴ ch'êng² jên²	認承不誓
Oatmeal,	yu²-mai mien⁴	麵麥油
Oats,	yu² mai⁴	麥油
Obduracy,	chien¹ chih²	執堅
Obedience to summons, appear in	tsun¹ ch'uan² êrh² tao⁴	到而傳尊
Obedient,	t'ing¹ hua⁴	話聽
,,	fu² ts'ung²	從服
,, to parents	hsiao⁴-shun	順孝
,, to the law	shou³ fa³	法守
,, to the national will	shun⁴ ts'ung² min² chih¹ kung¹ i⁴	意公之民從順
Obeisance,	ching⁴ li³	禮敬
,, (old fashion)	kuei⁴ pai⁴	拜跪
Obey, to	t'ing¹	聽
,, (a law)	tsun¹ shou³	守遵
,, commands	tsun¹ ming⁴	命遵
,, him, the troops readily	chün¹ shih⁴ p'o¹ nêng² yung⁴ ming⁴	命用能頗士軍
Obituary notice (to friends)	fu⁴ wên²	聞訃
Object, an	wu⁴	物
,,	wu⁴-chien	件物
,,	mu⁴ ti¹	的目
,, real	chên¹ mu⁴ ti¹	的目真
,, attain one's	ta² tao⁴ mu⁴ ti¹	的目到達
,, in life, regard wealth and fame as the sole	i³ fu⁴ kuei⁴ ming² li⁴ jên⁴ wei² jên² shêng¹ tu¹ i¹ wu² êrh⁴ chih¹ mu⁴ ti¹	的目之二無一獨生人為認利名貴富以
,, (motive)	i⁴ chih⁴	志意
,, ,,	i⁴-ssǔ	思意
,, what is his	t'u² shêm²-mo	麼甚圖
,, lesson	ch'ien² chü¹ chih chien⁴	鑑之車前
,, ,,	yin¹ chien¹ pu⁴ yüan³	遠不鑑殷
,, main	chu³ yen³	眼主
,, *objects* of a plan	chu⁴ i³	意主
,, friendships are never made but for a selfish	chiao¹ yu³ i¹ shih⁴ chuan¹ wei⁴ li³ chi³ êrh² i³	已而己利為專事一友交
,, disapprove, to	pu⁴ fu²	服不
,, to my price, you must not	pu² yao⁴ po² wo³-ti hui²	回的我駁要不

535　Object—Oblique.

Object to your statement	pu⁴ fu² ni³-ti hua⁴	不服你的話
,, to, to	i⁴ lun⁴	異論
,, they can hardly again	pu⁴ chih⁴ tsai⁴ yu³ hou⁴ yen²	不至有再後書
Objection to, no	pu⁴ fang¹	不妨
,, ,,	wu² so³ pu⁴ k'o³	無所不可
,, due to the wife's	yin¹ nei⁴ jên² chih¹ tsu³ chih⁴	因內人之阻滯
Objectionable language, used a lot of	hai² shuo¹ lo hsü³ to¹ pu⁴ san¹ pu⁴ ssŭ⁴ ti¹ hsien² hua⁴	還說了許多不三不四的閒話
Objections, make	tsê² yu³ fan² yen²	責有繁言
,, raise slight	hsiao³ yu³ wei¹ yen²	小有違言
Objective, an	mu¹ ti¹ wu⁴	目的物
,,	cho² yen³ tien³	着眼點
,, (opposed to subjective)	k'o⁴ kuan¹ ti¹	客觀的
,, case	mu⁴ ti¹ ko²	目的格
Objectors,	fan³ tui⁴ p'ai	反對派
Objurgate,	tsê² ma⁴	責罵
Objurgation,	fei¹ nan²	非難
Obligation,	i⁴ wu⁴	義務
,, (legal)	chai⁴ wu⁴	債務
,, ,,	chai⁴ ch'üan²	債權
,, (to do something)	fu⁴ tsê²	負責
,, unmindful of	ku¹ fu⁴	辜負
,, (of a promise)	yüeh¹ shu⁴	約束
,, (of duty)	i⁴ wu⁴ chih¹ chi¹ p'an⁴	義務之羈絆
Obligations, not meet his	pu¹ fu⁴ lei lei³	逋負累累
,, to him, under	ho⁴-t'a yu³ kua¹-ko	和他有瓜葛
Obligatory,	i⁴ wu⁴ ti¹	義務的
Oblige (transitive)	pi⁴	逼
Obliged to go	pu⁴ nêng² pu² ch'ü⁴	不能不去
,, much	to¹ hsieh⁴	多謝
,, ,,	ch'êng² ch'ing³	承情
,, extremely	ch'êng² ch'ing²-pu kuo⁴	承情不過
,, ,, to you	k'o¹ t'ou² k'o¹ t'ou²	磕頭磕頭
,, me to do it	pi⁴-cho wo³ tso⁴	逼着我做
,, ,, ,,	pi⁴-cho chiao⁴-wo tso⁴	逼着叫我做
,, by circumstances	wei² ch'ing² shih⁴ so³ po⁴	爲情勢所迫
,, to consent	pu⁴ tê² i³ êrh² ying¹ yün³	不得已而應允
Obliging,	ch'in¹ ch'ieh	親切
,, person, an	wu² k'o³ wu²-pu k'o³-ti jên²	無可無不可的人
Oblique.	hsieh²	斜

Oblique—Observed.　536

Oblique rays	hsieh² kuang¹	斜光
Obliquity moral	tao³ hsing⁴ ni⁴ shih¹	施逆行倒
Obliterate,	mo⁴ shai	殺抹
,,	hsiao¹ mieh⁴	滅消
,, to	t'u²-mo-lo	了抹塗
,, too many traces	i¹ lü⁴ chieh³ ch'u²i³ mien³ to¹i¹ ts'êng² hên² chi¹	跡痕層多免以除解律一
Oblivion,	wang⁴ ch'üeh⁴	却忘
,, hero in	ying¹ hsiung² mai² mo⁴	沒埋雄英
Oblong,	ch'ang³ fang¹-êrh	兒方長
,,	ch'ang² yüan²-'rh	兒圓長
Obloquy,	fei³ pang³	謗誹
Obscene,	yin²	淫
,, pictures	ch'un¹-kung-êrh	兒宮春
,, ,,	ch'un¹ hua¹-êrh	兒畫春
,, animal, man is an	jên² wei² yin² luan⁴ chih tung⁴ wu⁴	物動之亂淫爲人
Obscure,	ai⁴ mei⁴	昧曖
,,	pu⁴ ming²	明不
,,	pu⁴ ch'ing¹-ch'u	楚清不
,,	miao³ mang²	茫渺
Obsequies,	tsang¹ li³	禮葬
Obsequious,	kuo⁴-yü pei¹ ai¹	矮卑於過
,,	chuang¹ hu² mei⁴-tzǔ	子媚狐裝
,,	yao³ wei³ ch'i² lien³	臉乞尾搖
,,	fêng² ying²	迎逢
,,	kou³ tien¹ p'i⁴-ku ch'ui²-'rh-ti	的兒垂股屁顛狗
,, neither proud nor	pu⁴ k'ang⁴ pu⁴ pei¹	卑不亢不
Observance,	i² shih⁴	式儀
Observant,	chu⁴ i⁴	意注
Observation,	kuan¹ ch'a²	察觀
,, (astron.)	t'ien¹ ts'ê⁴	測天
Observatory, an	kuan¹ hsiang⁴ t'ai²	臺象觀
,,	t'ien¹ wên² t'ai²	臺文天
,, (meteorology)	ch'i⁴ hsiang⁴ t'ai²	臺象氣
Observe,	mu⁴ chi⁴	擊目
,, (keep) to	shou³	守
,, (obey)	tsun¹ shou³	守遵
,, (see)	chu⁴ mu⁴	目注
,, (watch)	shih⁴ ch'a²	察視
,, notice, did not	mei² li³ hui⁴	會理沒
Observer,	kuan¹ ts'ê⁴ chê³	者測觀
Observed of all *observers*	man³ mu⁴ chu⁴ shih⁴ chih¹ chung¹ hsin¹	心中之視注目滿

Obsolete,	ch'ên² fu³	陳腐
,, article	fei⁴ wu⁴	廢物
Obstacle, an	chang⁴ ai⁴	障礙
,,	chieh²-chih	截制
Obstacles, to raise	fan⁴ chieh²-chih	犯截制
Obstetrics,	ch'an³ k'o¹ shu⁴	產科術
Obstinacy,	ch'iang² ch'ing²	強情
Obstinate,	ku⁴-chih	固執
,,	chiang⁴	倔
,,	niu² hsin¹	牛心
,,	tso³ hsing⁴	左性
,,	tiao¹ k'ang⁴	刁抗
,,	wan² kêng³	頑梗
,, disobedience	k'ang¹ pu⁴ yung⁴ ming⁴	抗不用命
,, adherence to one's opinion	ku⁴ chih² chi³ chien⁴	固執己見
Obstreperous,	nung⁴ hsing⁴-tzŭ	弄性子
,,	hu² nao⁴	糊鬧
Obstruct, to	tang³	擋
,,	lan²	攔
,,	tsu³ ai⁴	阻碍
,, traffic	fang⁴ ai⁴ chiao¹ t'ung¹	妨碍交通
Obtain, to	tê²	得
,, victory	huo⁴ shêng³	獲勝
,, one's wishes	tê² i⁴	得意
,, improperly	kou³ tê²	苟得
Obtains (this custom)	liu² hsing²	流行
Obtrude,	ch'uang³ ju⁴	闖入
Obtrusive,	to¹ shih⁴ ti¹	多事的
,, visitor	pu⁴ su chih¹ k'o⁴	不速之客
Obtuse,	mei² huo³-hsing-ti	沒火性的
,,	yü² tun⁴	愚鈍
,,	jou⁴ jên²	肉人
,,	i⁴ chui¹-tzŭ nang³-pu-ch'u hsieh³ lai²	一錐子攮不出血來
,, angle	tun⁴ chiao³	鈍角
Obverse,	chêng⁴ mien⁴-'rh	正面兒
,, the	ch'ien² mien⁴	錢面
Obviate,	wei⁴ yü¹ ch'ou² miu⁴	未雨綢繆
,, future trouble	mien³ hou⁴ huan⁴	免後患
Obvious,	hsien³-jan	顯然
,,	hsien³-êrh i⁴ chien⁴-ti	顯而易見的
,, that, it is	ming² ming²-êrh-ti shih⁴	明明兒的是
,, to the meanest intelligence	pu⁴ tai⁴ chih⁴ jên² êrh² hou⁴ chih¹ chih¹	不待智人而後知之

s

Obvious—Occupy. 538

Obvious to all	chang¹ chang¹ tsai⁴ êrh³ mu⁴	彰彰在耳目 他
Occasion, on another	t'a¹ jih⁴	他日
,, ,,	i⁴ jih⁴	異日
,, ,,	kai³ t'ien¹	改天
,, ,,	jih⁴ hou⁴	日後
,, seize the	ch'ên' shih⁴	趁勢
,, ,,	ch'êng² chi¹	乘機
,, ,,	tê² fang⁴ shou³ shih² hsü¹ fang⁴ shou³	得放手時須放手
,, not suited to the	pu⁴ ho² shih¹ i¹	不合時宜
,, this	chê⁴-i hui²	這一回
,, upon this	chê⁴-ko chia¹-tang-êrh	這個夾當兒
,, ,, that	tang¹ na⁴-ko shih²-hou	當那個時候
,, the first	t'ou²-i tz'ŭ⁴	頭一次
,, ,, previous	shang⁴ tz'ŭ⁴	上次
,, ,, final	mo⁴ tz'ŭ⁴	末次
,, no	wu² yung⁴	無用
,, for, no	wei⁴ yu³ ...... chih¹ pi⁴ yao⁴	未有......之必要
,, to sacrifice oneself, no	wu² hsi¹ shêng¹ chih¹ pi⁴ yao⁴	無犠牲之必要
,, arrives, look after them when the	chieh⁴ ch'i² chao⁴ liao⁴	屆期照料
,, to	chao⁴ chih⁴	招致
,, trouble	wei² nan²	爲難
,, loss of life	chih⁴ ssŭ³ jên² ming⁴	致死人命
Occasional,	lin² shih²	臨時
Occasionally,	ou³ êrh³	偶爾
,,	wang³ wang³-êrh	往往兒
,,	yu³ shih²	有時
Occult,	hsüan² ao⁴	玄奧
Occupancy,	chan⁴ yu³	占有
Occupant,	chu⁴ chü¹ chê³	住居者
Occupation,	tu⁴ shih⁴	渡世
,,	shih⁴-yeh	事業
,, no	hsien²-cho mei² shih⁴	閒着沒事
,, of no	wu² yeh⁴ yu² min²	無業游民
,, army of	chan⁴ ling³ chün¹	占領軍
,, joint	t'ung² chü¹	同居
,, ,,	kung⁴ t'ung² chan⁴ yu³	共同占有
Occupied,	yu³ shih⁴	有事
,, always	pu⁴-shih hsien² jên²-'rh	不是閒人兒
,, in	ts'ung² shih⁴	從事....
Occupy one's time, to	hsiao¹ ch'ien³	消遣

Occupy a position	chü¹ wei⁴	居位
,, a post	chü¹ chih²	居職
,, a house temporarily	chi¹ chü¹	寄居
,, my mind, too much to	hsin¹-li shih⁴-ch'ing t'ai⁴ to¹	心裏事情太多
Occurred to me, it had not	mei³ hsiang³ tao⁴	想到
,, ,, ,, already	wo³ hsien¹ liao⁴-chiao-lo shih⁴	我先料着哆事
Occurrence, an	chi¹-yü	機遇
,, frequent	hsi² wên² kuan⁴ chien⁴	習聞慣見
Occurs, it sometimes	wang³ wang³-êrh yu³	往往兒有
Ocean,	yang²	洋
Ochre,	shih² huang²	石黃
O'clock? what	chi³ tien³ chung¹	幾點鐘
,, five	wu³ tien³ chung¹	五點鐘
,, half-past five	wu³ tien³ pan⁴ chung¹	五點半鐘
,, a quarter to six	wu³ tien³ san² k'o⁴	五點三刻
,, five minutes to six	liu⁴ tien³ chung¹ shao³ wu³ fên¹	六點鐘少五分
Octagonal,	pa¹ lêng²-êrh-ti	八棱兒的
,, (of a pagoda, etc.)	pa¹ chiao³-êrh-ti	八角兒的
Octave,	pa¹ yin¹	八音
Octroi,	ch'êng² mên² shui⁴	城門稅
,,	lao⁴ ti⁴ shui⁴	落地稅
Ocular evidence	ch'in¹ mu⁴ so³ tu⁸	親目所觀
Oculist, an	yen³ k'o¹ i¹	眼科醫
,,	yen³ k'o¹ tai⁴-fu	眼科大夫
Odd,	ch'i² i⁴	奇異
,, numbers	tan¹ shu⁴-êrh	單數兒
,, and even	chi¹ ou³	奇偶
,, day of month	kang¹ jih⁴	剛日
,, boot	tan¹ chih¹ hsüeh¹ tzŭ	單隻靴子
,, change	wei³ ling²	尾零
,, volumes	san³ pên³ 'rh	散本兒
,, jobs	ling²-sui huo² sh	零碎活兒
,, (strange)	kuai⁴	怪
,, that is	kuai⁴-tsai	怪哉
,, in manner	kuai⁴-ch'i	怪氣
Odds and ends	ling²-sui tung¹ hsi	零碎東西
,, is it to me, what?	kuan³ t'a¹ chiu¹ t'êng?	管他甚疼
,, at	hsiang¹ chêng¹	相爭
,, on one, have the	ts'ao¹ pi⁴ shêng⁴ chih¹ chüan⁴	操必勝之券
,, against, four to one	ssŭ⁴ pai⁴ i¹ shêng⁴ chih¹ shih⁴	四敗一勝之勢

Odds—Offence.

Odds, fight against	i³ kua³ ti² chung⁴	以寡敵衆
,, enormously on one's being devoured	pu⁴ wei⁴ so³ shih¹ chê³ chi³ hsi¹	不爲所噬者幾希
Odious,	k'o³ wu⁴	可惡
,,	k'o³ hên⁴	可恨
Odium,	yen⁴ wu⁴	厭惡
,, attract	t'ao³ yen⁴	討厭
,, and toil, indifferent to	jên⁴ lao⁴ jên⁴ yüan⁴	任勞任怨
Odour,	wei⁴ 'rh	味兒
,, a fragrant	hsiang¹ wei⁴ 'rh	香味兒
,, has an unpleasant	yu³ wei⁴-ch'i	有味氣
,, evil	ch'ou⁴ ch'i⁴	臭氣
,, be in bad	shih¹ ch'ung³	失寵
Of course	ch'êng² jan²	誠然
,, ,,	wu² lun⁴	勿論
,, consequence	yu³ chia⁴ chih²	有價值
Off clothes, take	pa⁴ i¹-shang t'o¹-hsia-lai	把衣裳脫下來
,, ,, ,,	t'o¹ i¹-shang	脫衣裳
,, a hat ,,	chai¹ mao⁴-tzŭ	摘帽子
,, your hat, please take	shêng¹ kuan¹	升冠
,, boots, take	t'o¹ hsüeh¹-tzŭ	脫靴子
,, be	ch'ü⁴-pa	去罷
,, ,,	kun¹ k'ai¹ chê⁴ 'rh	滾開這兒
,, a horse get	hsia⁴ ma³	下馬
,, (of a horse), the	wai⁴ shou³	外手
,, the point	wên² pu⁴ tui⁴ t'i²	文不對題
,, and on	shih² tso⁴ shih² cho⁴	時作時輟
,, hand	lin² shih²	臨時
,, well	shao.k'ang¹	少康
,, he is very well	shêng¹ chi⁴ yü⁴ ju²	生計裕如
,, badly	shêng¹ chi⁴ chih¹ ch'u	生計支絀
,, by bribery, let	hui³ mien³	賄免
,, cut	chê¹ tuan⁴	遮斷
,, I certainly won't let you	tuan² pu⁴ jang⁴ chün¹ hsiao² yao² shih⁴ wai⁴	斷不讓君逍遙事外
,, (an agreement is)	la¹ tao³	拉倒
,, ,, ,,	suan¹ la	算了
,, ,, ,,	tso⁴ wei² pa⁴ lun⁴	作爲罷論
,, ward	fang² yü⁴	防禦
,, chance	wan⁴ i¹	萬一
Offence, don't take	pieh² kuai⁴	別怪
,, ,,	pieh² chien⁴ kuai⁴	別見怪
,, over trifles, takes	i³ hsiao³ shih⁴ chieh⁴ huai²	以小事介懷
,, first	ch'u¹ fan⁴	初犯
,, non indictable	pu⁴ lun⁴ tsui⁴	不論罪

Offence—Offer.

Offence previous	ch'ien² k'o¹	科前
,, repetition of	tsai⁴ fan⁴	犯再
,, commit this grave	fan⁴ ta⁴ pu⁴ wei³	違不大犯
Offences punishable by removal from office	ying¹ mien³ chih² chih¹ ch'êng³ chieh⁴ ch'u³ fên³	分處戒懲之職免應
Offend by word, to	yen² yü³ t'ang²-t'u	突唐語言
,, by deed	tê²-tsui	罪得
,, against the law	fan⁴ fa²	法犯
,, ,, custom	fan⁴ kuei¹-chü	矩規犯
,, (against regulation)	ch'ung¹ fan⁴ chang¹-ch'êng	程章犯衝
,, our eyes and ears	chieh¹ ch'u¹ t'ing¹ kuan¹ yen³ lien²	簾眼官聽觸接
,, both sides	huo⁴ tsui⁴ liang³ fang¹	方兩罪獲
Offended with me, don't be	pieh² kuai⁴ wo	我怪別
,, ,, was	kuai⁴-hu wo³-lo	咯我乎怪
,, him	ch'u¹ nu⁴-lo-t'a	他了怒觸
,, he became	k'o³ chiu⁴ huo³ 'rh la	了兒火就可
Offender,	fan⁴ tsui⁴ chê³	者罪犯
,, an old	ch'ien² k'o¹ chê³	者科前
,, he was the	t'a¹-shih tsui⁴-chih k'uei²	魁之罪是他
Offensive,	kung¹ chi¹ ti¹	的擊攻
,, person, an	t'ao³-êrh hsien²-ti jên²	人的嫌兒討
,, remarks	yen² yü³ mao⁴-chuang	撞冒語言
,, and defensive alliance	kung¹ shou³ t'ung² mêng²	盟同守攻
,, language	mao⁴ fan⁴ chih yen²	言之犯冒
,, smell	ch'ou³ ch'i⁴	氣臭
Offer,	ch'êng² shang⁴	上呈
,, (propose)	t'i² ch'u¹	出揭
,, a price, to	shuo¹-ko chia⁴-êrh	兒價個說
,, (price)	ch'êng² ch'u¹ chih chia⁴	價之出呈
,, a reward	hsüan²-ko shang² ko² 'rh	兒格賞個懸
,, a prize of $500 (for puzzle competition)	hsüan² yin² pi⁴ wu³ pai³ yüan² i³ wei² ch'ou² mi²-êrh	以元百五幣銀懸
,, my services	kei² nin² hsiao⁴ lao²	勞效您給
,, congratulations	tao⁴ hsi³	喜道
,, thanks	tao⁴ hsieh⁴	謝道
,, condolences on a death	tao⁴ fan² nao³	惱煩道
,, ,, on misfortune	tao⁴ shou⁴ tsai¹	災受道
,, you a cup of tea, may I	ching⁴ nin² i⁴ wan³ ch'a²	茶碗一您敬
,, as a present	fêng⁴ sung⁴	送奉
,, tribute	chin¹ kung⁴	貢進
,, sacrifice	chi⁴-ssŭ	祀祭
,, I accept your kind	ling³ ch'ing²	情領
,, to assault her	shih⁴ hsing² ch'iang² chien¹	姦強行試
,, violence	i³ ch'iang² pao⁴ chia¹ jên²	人加暴強以

Offer—Official. 542

Offer you a post as adviser (to government) my idea is to (polite from a superior)	pi³ i⁴ i³ ch'ü¹ kung¹ chiu⁴ ku⁴ wên⁴	問顧就公屈擬意圖
Offered, dissatisfied with sum	shao³ yu³ kuo⁴ shao³ chih¹ hsien²	嫌之少過有稍
Offering,	chi⁴ p'in³	品祭
,, a sacrificial	kung⁴ hsien⁴	獻供
,, I've brought you a small	tai⁴-liao-i tien³-'ih tung¹-hsi fêng⁴ sung⁴	送奉西東兒點一了帶
Offerings to images (of eatables)	cha² kung⁴	供炸
Office,	chü²	局
,, a public	kung¹ shu³	署公
,, (place of business)	ya²-mên	門衙
,, ,, ,,	kung¹ so³	所公
,, ,, ,,	kung¹-shih fang²	房事公
,, does he hold? what	yu³ shêm²-mo chih²-fên	分職麼甚有
,, to resign	t'ui⁴ wei⁴	位退
,, ,,	tz'ŭ² kuan¹	官辭
,, to have left	t'ui⁴ kuei¹ lin² hsia⁴	下林歸退
,, no ambition for	wu² lu⁴ wei⁴ chih¹ kuan¹ nien⁴	念觀之位祿無
,, to take over	chieh¹ jên⁴	任接
,, (hotel)	chang⁴ fang²	房帳
,, (sub)	ch'u¹ chang¹ so³	所張出
,, branch (e.g., of a party)	chih¹ pu⁴	部支
,, (of a shop)	chih¹ tien⁴	店支
,, hours	chih² wu⁴ shih² chien¹	間時務職
Officer, an	i⁴ yüan² kuan¹	官員一
,, civil	wên² kuan¹	官文
,, (military)	wu³ kuan¹	官武
,, (,, or navy)	shih⁴ kuan¹	官士
,, (,, ,, ,,)	chiang⁴ hsiao⁴	校將
,, of the day	chih⁴ jih⁴ chiang⁴ hsiao⁴	校將日值
,, on the active list	hsien⁴ i⁴ chiang⁴ hsiao⁴	校將役現
,, commanding	ssŭ¹ ling⁴ kuan¹	官令司
,, staff	ts'an¹ mou² chiang⁴ hsiao⁴	校將謀參
,, on staff, orderly	ch'uan² ling⁴ shih² kuan¹	官士令傳
,, warrant	chun² shih⁴ kuan¹	官士準
,, superior	shang⁴-ssŭ	司上
,, ship's	ch'uan² po chih² yüan²	員職舶船
Offices, servants'	pan¹ fang²-êrh	兒房班
Official,	kung¹ jan²	然公
,,	chih² wu⁴ shang⁴	上務職

Official powers | chih² ch'üan² | 職權
,, residence | kuan¹ shu¹ | 官署
,, post, take up an | chiu⁴ jên⁴ | 就任
,, despatch, an | i² t'ao⁴ wên²-shu | 一案文書
,, (not private) | fêng⁴ kuan¹-ti | 奉官的
,, arrival in the city (opp. to private) | kung¹ shih⁵ ti¹ chin⁴ ch'êng² | 公式的進城
,, classes, the | tsan¹ ying¹-chih tsu² | 仕進之族
,, ,, ,, | shih⁴ huan⁴-chih chia¹ | 仕宦之家
,, manner and over-estimate one's importance, adopt the | shih² nao⁴ kuan¹ p'ai⁴ wang⁴ tzŭ⁴ tsun¹ ta⁴ | 時鬧官派妄自尊大
,, procrastination | kuan¹ li⁴ yen² tang⁴ fa³ | 官吏延宕法
,, protection | kuan¹ fu³ pao³ hu⁴ | 官府保護
,, system | kuan¹ chih⁴ | 官制
,, receiver | p'o⁴ ch'an³ kuan³ ts'ai² jên² | 破產管財人

Officialism (red tape) | chou¹ chê² | 周折
,, ,, | kuan¹ p'ai⁴ | 官派
Officially communicate | i³ chêng⁴ shih⁴ chao⁴ hui⁴ | 以正式照會
Officious, | to¹ kuan³ hsien² shih⁴ | 多管閒事
 | hsien⁴ ch'in²-'rh | 獻勤兒
Offset, | hsiang¹ ti³ chih¹ shu⁴ | 相抵之數
Offshoot, | fên¹ p'ai⁴ | 分派
Offspring, | miao² i⁴ | 苗裔
Often, | ch'ang² | 常
,, happens that.... | mei³ yü⁴.... | 每遇....
,, ,, so | wang³ wang³ ju² tz'ŭ³ | 往往如此
Ogle, to | shua³ shên²-'rh | 耍神兒
,, | yen³ chiao³ ch'uan² ch'ing² | 眼角傳情
Ogling look | ch'iu¹ po¹ | 秋波
Ogre, | shih² hai³ kuei³ | 食孩鬼
Oil, | yu² | 油
,, to | shang⁴ yu² | 上油
,, ,, | yu²-i yu² | 油一油
,, sesamum | hsiang¹ yu² | 香油
,, bean | tou⁴ yu² | 豆油
,, lamp | têng¹ yu² | 燈油
,, kerosene | mei² yu² | 煤油
,, castor | ta⁴-ma tzŭ³ yu² | 大麻子油
,, linseed | hu² ma tzŭ³ yu² | 胡麻子油
,, peppermint | po¹-ho yu² | 百合油
,, cloth | yu² pu⁴ | 油布
,, the wheels of a cart, to | kao⁴-kao ch'ê¹ | 膏膏車
Oily (manner) | ch'an³ mei⁴ | 諂媚

Ointment—Omnibus.   544

Ointment,		yao⁴ yu²	油藥
,,		kao¹-yao yu²	油藥膏
Old,		lao³	老
,,	man, an	lao³ t'ou²-êrh	老頭兒
,,	,,	shang⁴ sui⁴-shu-êrh-ti	上歲數兒的
,,	,,	lao³ wêng¹	老翁
,,	boys club	hsiao⁴ yu³ hui⁴	校友會
,,	lady	lao³ t'ai⁴-t'ai	老太太
,,	woman	lao³ p'o²-tzŭ	老婆子
,,	friend, a very	shu³ nien³ chih¹ chi³	數年知己
,,	friends, many	ku⁴ chiao¹ shên⁴ to¹	故交甚多
,,	,, and intimates	ch'in¹ chih¹ ku⁴ chiu⁴	親知故舊
,,	soldier, an	lao³ yü³ chün¹ shih⁴	老於軍事
,,	clothes shop	ku¹-i p'u⁴	估衣舖
,,	fashioned	pu⁴ shih²-yang-êrh	不時樣兒
,,	,,	ku³ pan³	古板
,,	,,	ku⁴ fêng¹	古風
,,	custom, an	to¹ nien² ti¹ hsi² kuan⁴	多年的習慣
,,	times	ku³ shih²-hou	古時候
,,	,,	wang³ nien²	往年
,,	standing matter, an	fei¹ tzŭ⁴ chin¹ jih⁴ shih³	非自今日始
,,	ring in the new, ring out the	ch'u² chiu⁴ pu⁴ hsin¹	除舊布新
Oleander,		chia⁴-chih t'ao²	夾枝桃
Olives,		ch'ing¹ kuo³	青果
,,		kan²-lan	橄欖
Omelet, an		ch'ao³ chi¹ tzŭ³-êrh	炒雞子兒
,,		t'an¹ chi¹ tzŭ³-êrh	攤雞子兒
Omen, an		hsien¹ chao⁴-êrh	先兆兒
,,		chao⁴-t'ou	兆頭
,,	ill	hsiung¹ chao⁴-êrh	凶兆兒
,,	,,	pu⁴ chi² chih chao⁴	不吉之兆
,,	evil	yao¹ nieh	妖孽
,,	good	chi² chao⁴-êrh	吉兆兒
Ominous,		pu⁴ hsiang²	不祥
		ta⁴ huo⁴ chiang² lin²	大禍將臨
Omission,		i² shih¹	遺失
,,	(of a word)	lo⁴ tz'ŭ⁴	落字
,,	of the words "tan pao" (guarantee), moved the	i³ shan¹ ch'ü² tan¹ pao³ êrh⁴ tz'ŭ⁴ yün² yün² fu⁴ piao³ chüeh² 以删去擔保二字云云付表決	
Omit, to accidentally		la⁴-hsia	落下
,,	intentionally, as in copying	shan¹-liao-ch'ü	删了去
Omnibus, an		t'ang⁴-tzŭ ch'ê¹	趟子車

Omnibus— One

Omnibus, an	kung¹ chung⁴ ma³ ch'ê¹	車馬衆公
Omnipotence,	ta⁴ tzǔ tsai⁴ li⁴	力在自大
Omnipotent,	wu² so³-pu nêng²	能不所無
Omniscient,	wu² so³-pu chih¹	知不所無
Olympic games,	chüeh² li⁴ ta⁴ hui⁴	會大力角
On,	shang⁴	上
,,	shang⁴-t'ou	頭上
,, board, go	shang⁴ ch'uan²	船上
,, go	wang³ ch'ien² tsou³	走前往
,, reading, go	wang² hsia⁴ nien⁴	念下往
,, account, pay three taels	kuei¹ san¹ liang³	兩三歸
,, account of	yin¹-wei	爲因
,, hearing of it	i¹ t'ing¹	聽一
,, no account	ch'ien¹ wan⁴ pu⁴	不萬千
,, purpose	t'ê⁴ i⁴-ti	的意特
,, ,,	yu³ i⁴-ti	的意有
,, the face	lien³-shang	上臉
,, ,, ,, of it	mien⁴-tzǔ-shang	上子面
,, ,, ,, ,,	chiu⁴ shih⁴ lun⁴ shih⁴	事論事就
,, ,, contrary	fan³ tao⁴	倒反
,, ,, sixth day	tao⁴ liu⁴ t'ien¹ t'ou² 'rh shang	上兒頭天六到
,, ,, way	t'u² chung¹	中途
,, ,, whole	ta⁴ kai⁴	概大
,, the right	yu⁴-pien	邊右
,, the ground	ti⁴-shang	上地
,, relying	chang⁴-cho	着仗
,, circumstances, that depends	na⁴ k'an⁴ kuang¹-ching	景光看那
,, this question will overthrow the government	chieh⁴ tz'ǔ³ wên⁴ t'i² i³ ta³ tao³ chêng⁴ fu³	府政倒打以題問此藉
Onanism,	shih¹ sê¹ shou³ yin²	淫手色嗜
Once,	i hui²	囘一
,,	i² t'ang⁴	趟一
,, at	li⁴ k'o⁴	刻立
,, ,, (at the moment)	i⁴ shih²	時一
,, all at (suddenly)	hu¹ jan²	然忽
,, for all, the last time	mo⁴ tz'ǔ⁴	次末
,, in a way	ou³ êrh³	爾偶
,, if ...	i¹ tan⁴ ...	旦一...
,, for this	chiu⁴ ch'ê⁴ i² tz'ǔ⁴	次一這就
,, eat all at	i²-tso wo¹-'rh ch'ih¹	吃兒窩坐一
,, manage it all at	i² ch'i⁴-êrh pan⁴	辦兒氣一
One (see A)	i²-ko	個一

One—Only. 546

One, any	shêm²-mo jên²	人麽甚
,, another	pi³ tz'ŭ³	此彼
,, day	yu³-i t'ien¹	天一有
,, (a person)	jên²-chia	家人
,, horse carriage	tan¹ t'ao⁴-'rh ch'ê¹	車兒套單
,, by one	i² ko⁴ i²-ko-ti	的個一個一
,, ,,	chu⁴ i¹	一逐
,, after the other they apply for leave	ch'ien² hou ch'ing³ chia⁴	假請後前
,, be at	t'ung² i⁴	同
,, side of the story	i² mien⁴-chih tz'ŭ²	辭之面一
,, side, put on	ko¹-tsai i⁴ pien¹-'rh	兒邊一在擱
,, sided view	p'ien¹ chien⁴	見偏
,, thing nor the other. neither	pu⁴ lang² pu⁴ yu³	莠不稂不
,, man can't be a law to the rest	i¹ pu⁴ niu³ chung⁴ pai³ pu⁴ sui² i¹	一隨不百衆扭不一
One's self	tzŭ⁴-chi ko³-êrh	兒各己自
,,	ko²-jên	人各
,, own	tzŭ⁴ chia¹ ti¹	的家自
Onion, an	i⁴ k'o¹ ts'ung¹	葱棵一
Onlooker, an	p'ang²-pa la³-êrh jên²	人兒喇巴旁
,,	p'ang² kuan¹-ti	的觀旁
Only,	chih³	只
,,	wei² i¹	一唯
,,	pu⁴ kuo⁴ êrh² i³	巳而過不
,, I	wo³ i²-ko jên²	人個一我
,, just enough	kang¹ kang²-êrh kou⁴-lo	咯彀兒剛剛
,, (merely)	pu² kuo⁴	過不
,, a few days time, in	pu⁴ kuo chi³ t'ien¹ ti kung¹ fu¹	天工的天幾過不
,, you must	ni³ k'o³ tei³	得可你
,, this one	chiu⁴ chê⁴ i²-ko	個一這就
,, not	pu² tan⁴	但不
,, but	tan⁴-shih	是但
,, saw, I	chih³ chien⁴	見只
,, son	tu¹ tzŭ³	子獨
,, just dead	ku³ jou⁴ wei⁴ han²	夫未肉骨
,, in the event of .... can he	jo⁴ shih⁴ .... ts'ai² nêng²	能才....是若
,, a few days since marriage	hsin¹ ch'ü³ hsi² fu pu⁴ chi³ t'ien¹ 'rh	兒天幾不婦媳娶新
,, quieted down when so and so arrived	tsŭ⁴ mou³ tao⁴ hou⁴ ta⁴ chia¹ chê⁴ ts'ai² an¹ ting⁴	定安才這家大後到某自

Only—Open

Only those passing first examination can be eligible for second	fei¹ ti⁴ i¹ ch'ang² k'ao³ shih⁴ ho² ko² chê³ pu⁴ tê² ying⁴ ti⁴ êrh⁴ ch'ang² k'ao³ shih⁴	試考場二第應得不者格合試考場一第非
,, admission to platform by ticket	pi⁴ hsü¹ kou⁴ p'iao⁴ fang¹ hsing² chin⁴ chan⁴	站進行方票購須必
Onset, a sudden	hêng² ni⁴ fei¹ lai²	來飛逆橫
Ontology,	shih² t'i³ hsüeh²	學體實
Onward, move	chin⁴ pu⁴	步進
,, ,,	hsiang⁴ shang⁴	上向
Onwards from the reigns of Tung Chih and Kuang Hsü	tzŭ⁴ t'ung² kuang¹ i³ chiang⁴	降以光同自
Ooze out, to	wang³ wai⁴ yin¹	渾外往
Opal,	tan⁴ pai² shih²	石白蛋
Opaque,	pu² t'ou⁴ liang⁴-êrh	兒亮透不
,, white button	nieh² pai² ting³-êrh	兒頂白涅
Open (not shut)	k'ai¹-cho	着開
,, to	k'ai¹	開
,, ,,	k'ai¹ shih³	始開
,, ,, (as a parcel)	ch'ai¹-k'ai	開拆
,, ,, (as a box)	ta³-k'ai	開打
,, ,, prize	ch'iao⁴-k'ai	開撬
,, break, with a chisel	p'i¹-k'ai	開劈
,, by a knife, his finger was cut	shou³ chih³ pei⁴ tao¹ tz'ŭ⁴ p'o⁴	破刺刀被指手
,, a book	pa⁴ shu¹ chieh¹-k'ai	開揭書把
,, ground	ch'ang³ ti⁴	地敞
,, spaces	k'ung¹ k'uang⁴ chih¹ ti⁴	地之曠空
,, for cultivation	k'ai¹ k'ên³	墾開
,, (public)	kung¹ jan²	然公
,, to the public	kung¹ ti⁴	地公
,, ,, you, to	yu² ni³	你由
,, ,, traffic	ch'üan² t'ung¹	通全
,, (sincere)	chih⁴ ch'êng²	誠至
,, handed	k'ai¹-t'ung	通開
,, ,,	shou³ sung¹	鬆手
,, hearted	hsiang³-ti k'ai¹	開的想
,, ,, frankness	p'i¹ lou⁴ kan¹ tan³	膽肝露披
,, one's heart in sincerity	k'ai¹ ch'êng² pu⁴ kung¹	公布誠開
,, question	kung¹ k'ai¹ i² wên⁴	問疑開公
,, letter	k'ai¹ shu¹	書開
,, secret	kung¹ jan² chih¹ pi⁴ mi⁴	密秘之然公
,, "door"	k'ai¹ fang⁴ mên² hu⁴	戶門放開
,, port	t'ung¹ shang¹ k'ou³ an⁴	岸口商通

Open—Operations.

Open matter		wei⁴ chüeh²	決末
,,	sesame	chieh³ chüeh² chih miao⁴ fa	解決之妙法
,,	for inspection	tsung⁴ lan³	從覽
,,	eyed, stare at	chêng¹-cho yen² ch'iao²	睜眼着瞧
,,	mouthed, stare at	chang¹-cho tsui³ ch'iao³	張嘴着瞧
,,	the eyes, teach a lesson	k'ai¹-ko yen²	開個眼
,,	leave it	liu²-ko huo² hua⁴ 'rh	留個活話兒
,,	for the moment, leave it	chan⁴ shih² yu² yü⁴ pu⁴ ting⁴	暫時豫猶不定
,,	a bargain	k'ai¹ p'an²	開盤
,,	a port to trade	k'ai¹ pi shang¹ fou⁴	開商阜
Opening, an		k'ou³ tzŭ	口子
,,	,,	fêng⁴-êrh	縫兒
,,	(of escape), leave an	liu²-ko tsou³ tao⁴	留個走道
,,	way out of it, ,,	liu²-ko huo² lu⁴-êrh	留個活路兒
,,	medicine	ta³ yao⁴	打藥
,,	for employment, look for an	chao³-ko lu⁴-t'ou	找個路頭
,,	(for a career)	mên² lu⁴	門路
,,	(of a railway)	k'ai¹ t'ung¹	開通
,,	,,	fa¹ jên⁴	發軔
,,	(of a ballot)	k'ai¹ p'iao⁴	開票
,,	ceremony of a building	hsing² lo⁴ ch'êng³ li³	行成落禮
,,	of parliament (or public body)	k'ai¹ mu⁴	開幕
,,	,, ,, ,,	k'ai¹ yüan⁴ shih⁴	開院式
,,	of negotiation	k'ai¹ shih³ t'an² p'an⁴	開始談判
,,	up policy	k'ai¹ fang⁴ chu³ i⁴	開放主義
,,	for raising objections, no	wu² chih⁴ hui chih⁴ yü² ti⁴	無置喙之餘地
Openly, say it		tang¹-cho ta⁴-chia huo³ 'rh shuo¹	當着大家夥兒說
,,	in proper manner	ming² t'ang² chêng⁴ tao⁴	明堂正道
,,	received the money of a commission	t'ou⁴ shih³	透使
,,	received illicit commission	shih³ hei¹ ch'ien²	使黑錢
Operate (as medicine), to		fa³-san k'ai¹	發散開
,,	,,	hsing²-hua k'ai¹	行化開
Operating table		shou³ shu⁴ t'ai²	手術臺
Operation,		tung⁴ tso	動作
Operations, a trick to delay military		huan³ ping¹ chi⁴	緩兵計

Operations military | chün¹ shih⁴ shang tung⁴ tso⁴ | 軍事上動作
,, base of | tso⁴ chan⁴ kên¹ chü⁴ ti⁴ | 作戰根據地
Opiate, | ma² yao⁴ | 痲藥
Opinion, an | chu²-i | 主意
,, | i⁴-ssŭ | 意思
,, | i³-chien⁴ | 意見
,, your | kao¹ chien⁴ | 高見
,, my | yü² chien⁴ | 愚見
,, who asked your? | shui² wên⁴-ni-lai | 誰問你來
,, (written) | ch'ih² lun⁴ | 持論
,, public | yü² lun⁴ | 輿論
,, educate one side of public | chih⁴ tsao⁴ i¹ chung³ yü² lun⁴ | 製造一種輿論
,, difference of | i⁴ chien⁴ fên¹ fên¹ | 意見紛紛
,, divided | i⁴ lun⁴ pu⁴ i¹ | 議論不一
,, in my | i¹ wo³ chih⁴ chien⁴ | 依我之見
,, everyone has his own | ko⁴ yu³ chi³ chien⁴ | 各有己見
,, give in to others' | shê³ chi³ ts'ung² jên² | 舍己從人
,, as to the procedure, slight difference of | tui⁴ yü² pan⁴ fa³ yu³ so³ ch'u¹ ju⁴ | 對於辦法有所出入
,, about the matter, slight difference of | tui⁴ yü² tz'ŭ³ shih⁴ so³ chien⁴ wei¹ yu³ pu⁴ t'ung² | 對於此事所見微有不同
,, (expert) | chien⁴ ting⁴ shu¹ | 鑑定書
Opinionated, | ku⁴-chih | 固執
Opium, | ya³-p'ien yen¹ | 鴉片煙
,, | ta⁴ yen¹ | 大煙
,, to smoke | ch'ih¹ ya³-p'ien yen¹ | 吃鴉片煙
,, smoker, confirmed | shih⁴ hao⁴ shên⁴ shên¹ | 嗜好甚深
,, craving | yen¹ yin³ | 煙癮
,, foreign | yang² yao⁴ | 洋藥
,, native | t'u³ yao⁴ | 土藥
,, prepared | yen¹ kao¹ | 煙膏
,, divan | yen¹ kuan³ tzŭ | 煙館子
,, planting, forbid | chin⁴ chung⁴ yen¹ miao² | 禁種煙苗
Opponent, an | tui⁴-t'ou | 對頭
,, (in argument) | k'ang⁴ lun⁴ chê³ | 抗論者
Opportune, | ch'iao³ | 巧
,, | ts'ou⁴·ch'iao³ | 湊巧
Upportunely, | ch'ia⁴ ch'iao³ | 恰巧
, | ts'ou⁴ ch'iao³ | 湊巧
Opportunist, | li⁴ yung⁴ shih¹ shih⁴ | 利用時勢
,, | lin² chi¹ ying⁴ pien⁴ chu³ i⁴ | 臨機應變主意
,, party | t'ou² chi¹ tang² | 投機黨

Opportunity—Oppression. 550

Opportunity, an	chi¹-hui	機會
" take advantage of the	ch'êng² chi¹-hui	乘機會
" to rise everywhere seize the	ch'êng² chien⁴ fên¹ ch'i³	乘間紛起
" equality of	chi¹ hui⁴ chün¹ têng³	機會均等
" profit by the	ch'i² huo⁴ k'o³ chü¹	奇貨可居
" miss an	shih¹ chi¹	失機
" " the	ts'o⁴ chi¹-hui	錯機會
" was just ripe when he was cruelly murdered, the	shih⁴ chi¹ fu² shu² chü⁴ pi⁴ hsiung¹ jên²	事機甫熟遽被凶刃
Oppose, to	po²	駁
"	lan² tang³	攔擋
"	ting³-chuang	頂撞
"	ti³ tang³	抵擋
"	k'ang⁴ wei¹	抗違
"	ti³ k'ang⁴	抵抗
"	ti³ i⁴	抵議
Opposer (of a motion)	fan³ tui⁴ lun⁴ chê³	反對論者
Opposing banks are boycotting us, the	tui⁴ tai⁴ chih¹ yin² hang² to¹ fang² ti³ chih⁴	對待之銀行多方抵制
Opposite,	tui⁴ ti²	對敵
" facing	tui⁴ mien⁴	對面
" over the way	tui⁴ kuo⁴-êrh	對過兒
" entirely the	ta⁴ hsiang¹ fan³	大相反
" parties (in the state), the two great	êrh⁴ ta⁴ tang³ tui⁴ chih⁴	二大黨對峙
" tastes, of	fêng¹ ma³ niu²	風馬牛
" " "	shên¹ 'rh pu² chien⁴ ch'ên² 'rh	參辰不見兒
Opposition,	tui⁴ li⁴	對立
"	tsu³ li⁴	阻力
" (argument)	k'ang⁴ i⁴	抗議
" not afraid of powerful	pu⁴ wei⁴ ch'iang² yü⁴	不畏強禦
" produce	hêng⁴ shêng¹ tsu³ li⁴	橫生阻力
" (opp. to office), in	tsai⁴ yeh³	在野
" go into	hsia⁴ yeh³	下野
" to so and so, in political	tui⁴ mou³ li⁴ yü² tui⁴ tai⁴ chih¹ ti⁴ wei⁴	對某立於對待之地位
" so as to remove (e.g., by arrest of ringleader)	i³ ch'ing¹ fan³ li⁴	以清反例
Oppress, to	pao⁴-nüeh	暴虐
"	ts'an² k'o⁴	殘刻
"	ya¹ i⁴	壓抑
Oppression,	ts'an² k'u¹	殘酷

Oppression—Orbit

Oppression,	ya¹ chih⁴	壓制
Oppressive (of weather)	mên¹-ti-huang	悶的慌
,, close (as a room)	pieh¹-ti-huang	憋的慌
,, government	nüeh¹ chêng⁴	虐政
Opprobrious,	ch'ou³ o⁴	醜惡
Opprobrium,	wu¹ ju⁴	污辱
Optics,	kuang¹ hsüeh²	光學
Optimism,	lo⁴ kuan¹ chu³ i⁴	樂觀主義
,,	lo⁴ t'ien¹ kuan¹	樂天觀
Optimist, an	k'uan¹-hsin jên²	寬心人
,,	lo⁴ t'ien¹ chia¹	樂天家
Optimistic,	lo⁴ t'ien¹ ti¹	樂天的
Option,	hsüan³ tsê²	選擇
,,	jên⁴ i⁴	任意
,, give you the	yu²-cho ni³ ting⁴	由你着定
,, me the first	hsien¹ chin³-cho wo³	先儘着我
,, each at his own	ko⁴ ts'ung² pên³ i⁴	各從本意
,, of a fine, without the	pu⁴ chun³ ch'i² chê² shu²	不准其折贖
,, than compulsion, better leave to	yü³ ch'i² yung⁴ po¹ pu⁴ ju² yung⁴ chü¹	與其用迫不如用拘
Optional subject	hsüan³ tsê² k'o¹ mu⁴	選擇科目
Opulent,	yin¹ fu⁴	殷富
,,	fu⁴ yu³	富有
Or,	huo⁴	或
,,	huo⁴ chê³	或者
,,	i⁴ huo⁴	抑或
,, the other, one	huo⁴ chê⁴-ko huo⁴ na⁴-ko	或這個或那個
,, not, are you going?	shih⁴ ch'ü⁴ hai²-shih pu² ch'ü⁴	是去還是不去
,, (otherwise)	pu⁴ jan²	不然
Oracle,	shên² t'o¹	神託
Oracular,	ai⁴ mei⁴	曖昧
,,	ming⁴ ling⁴ ti¹	命令的
Oral,	k'ou³ shu⁴	口述
,,	k'ou³ shuo¹-ti	口說的
,, tradition	k'ou³ ch'uan²-ti	口傳的
,, ,,	ch'uan²-hsia-lai-ti	傳下來的
,, examination	k'ou³ t'ou² shih⁴ yen⁴	口頭試驗
Orange, a smooth-skinned	chü²-tzŭ	橘子
,, loose-skinned	kan¹-tzŭ	柑子
Oration,	yen³ shuo¹	演說
Orator, an	yu³ k'ou³ ts'ai²	有口才
,, (debater)	pien⁴ shih⁴	辯士
Orbit,	kuei³ tao⁴	軌道
,, plane of	kuei³ tao⁴ mien⁴	軌道面

Orbit of eye		yen³ k'ung³	眼孔
Orchard, an		kuo³-mu yüan²	菓木園
Orchestra,		ch'ui¹ shou³	吹手
Orchid liparis nervosa,		yin² lan²	銀蘭
Orchitis,		i⁴ wan² yen²	睪丸炎
Ordain (eccles.)		shou⁴ shêng⁴ chih²	授聖職
,, to		pu⁴ chih⁴	布置
,, ,,		shê⁴ ting⁴	設定
Ordeal,		yen² tsê³	殿試
Order, to		fên¹-fu	吩咐
,,		ling⁴	令
,,		ming⁴ ling⁴	命令
,,		ch'ih⁴	飭
,,		chiao⁴	敎
,, me about, don't		pieh² chih¹-shih wo³	別指使我
,, in a series		tz'ŭ⁴-hsü	次序
,, ,,		tz'ŭ¹ ti⁴	次第
,, (of series), in		ai¹-cho tz'ŭ⁴-êrh	挨着次兒
,, our master's		wo³-mên tung¹-chia-ti ling³	我們東家的令
,, from a superior, receive an		fêng⁴ shang⁴-t'ou-ti ming⁴	奉上頭的命
,, enjoin upon		chu³-fu	囑咐
,, arrange in		lü³-i lü³	一理理
,, ,,		pai² ch'i²-lo	擺齊了
,, ,,		pai³ lieh⁴	擺列
,, put in		kuei¹-cho	歸着
,, of age, sit in		hsü⁴-cho ch'ih² tso⁴	序齒着坐
,, seniority, in		an⁴ tzŭ¹ ko¹	按資格
,, to, in		wei⁴-ti-shih	爲的是
,, ,,		wei⁴	爲
,, word of command		hao² ling⁴	號令
,, to call out reservists		chao¹ chi² ling²	召集令
,, who gave the ?		shui³ ch'u¹-ti ling⁴	誰出的令
,, in council		shu¹ mi⁴ yüan⁴ ling⁴	樞密院令
,, of battle		chan⁴ tou⁴ tui¹ tz'ŭ⁴	戰鬥隊次
,, a written		yü⁴-t'ieh	諭帖
,, quiet		an¹-tun	安頓
,, peace and		t'ai⁴-p'ing	太平
,, (class)		tsu²	族
,, (decoration)		hsün¹ chang¹	勳章
,, of the Excellent Crop		chiao¹ ho² hsün³ chang¹	嘉禾勳章
,, (system)		ting⁴ fa³	定法
,, (public)		chih⁴ hsü⁴	秩序
,, (discipline)		kuei¹ lü⁴	規律

Order (rank)	têng³ chi²	等級
,, ,,	p'in³ chi²	品級
,, (regulation)	t'iao² ling⁴	條令
,, (arrangement)	shun⁴ hsü⁴	順序
,, cheque to	jên¹ jên² chih¹ p'iao⁴	認人支票
,, riband of an	shou⁴	綬
,, maintain	wei² ch'ih² chih⁴ an¹	維持治安
,, put in	chêng³ tun⁴	整頓
,, attack in skirmishing	san⁴ ping¹ kung⁴ chi⁴	散兵攻擊
, ,, ,, extended	san⁴ k'ai¹ chan⁴	散開戰
Orderly,	shun⁴ hsü⁴	順序
,, an	hu⁴ ping¹	護兵
,, mounted	ch'uan² ling⁴ ch'i² p'ing¹	傳令騎兵
,, progress	an⁴ pu⁴ chiu⁴ pan¹ i¹ tz'ǔ¹ ch'ou² hua⁴	按部就班依次籌畫
Orders, holy	shêng⁴ chih²	聖職
,, marching	pa² ying² ling⁴	拔營令
,, of the Day	i⁴ shih⁴ jih⁴ ch'êng²	議事日程
,, under his	shou⁴ ch'i² chieh² chih⁴	受其節制
,, from the president, there are our	wo³ mên² chê⁴ shih⁴ fêng⁴ ta⁴ tsung³ t'ung³ ti¹ ming⁴ ling⁴	我們這是奉大總統的命令
Ordinal number	hsü⁴ shu⁴ tzǔ⁴	序數字
Ordinance,	hsün⁴ ling⁴	訓令
,, (regulation)	t'iao² ling⁴	條令
,, ,,	fa³ ling⁴	法令
,, urgency	chin³ chi² ch'ih⁴ ling⁴	緊急勅令
,, departmental	pu⁴ ling⁴	部令
Ordinarily,	t'ung¹ li⁴	通例
,,	p'ing² shêng¹	平生
,,	p'ing² ch'ang²	平常
Ordinary,	p'ing² ch'ang²	平常
,, matters of life	su² shih⁴	俗事
,, business	hsün² ch'ang²-ti shih⁴	循常的事
,, out of the	li²-liao ko²-êrh-lo	離了格兒咯
,, person	p'ing² fan² chih¹ jên²	凡之人
,, meeting	li⁴ hui⁴	例會
,, general meeting	ting⁴ shih² tsung³ hui⁴	定時總會
,, day (i.e., no special ceremonial), his (a high personage) birthday passed like any	tz'ǔ³ tz'ǔ⁴ shou⁴ ch'ên² i¹ jo⁴ hsing² so³ wu² shih⁴	此次壽辰一若行所無事
Ordnance,	ta⁴ p'ao⁴	大砲
Ordure,	wu¹ wu⁴	污物
Ore,	k'uang⁴ chih³	礦質

Ore, iron	t'ieh³ k'uang⁴ chih⁸	鐵礦質
Organ,	chi¹ kuan¹	機關
,, (journal)	chi¹ kuan¹ pao⁴	機關報
,, (musical instrument)	fêng¹ ch'in²	風琴
,, male	yang² wu⁴	陽物
,, (biol.)	kuan¹	官
,, ,,	shêng¹ chi¹	生機
,, of scent, the nose is the	pi² wei² wên² hsiang¹ pao³	鼻爲聞香寶
Organic bodies	yu³ chi¹ t'i³	有機體
,, chemistry	yu³ chi¹ hua¹ hsüeh²	有機化學
,, disease	shih² chih³ ping⁴	實質病
,, matter	yu³ chi¹ wu⁴	有機物
Organically,	yu³ chi¹ ti¹	有機的
Organization,	tsu³ chih	粗織
,, law of the ...	... kou⁴ ch'êng² fa³	...構成法
Organize,	ch'uang¹ li⁴	創立
Organizer, a good	tiao² tu⁴ yu³ fang¹	調度有方
Organizing committee	ch'uang¹ li⁴ wei³ yüan²	創立委員
Organs (internal)	nei⁴ tsang⁴	內臟
Orgasm,	sê⁴ yü⁴ k'ang⁴ chin⁴	色慾亢進
Orient,	tung¹ yang²	東洋
Orifice,	hsiao³ k'ung³	小孔
,, anal	fên⁴ mên²	糞門
Origin of what was the	ts ung² na³ 'rh ch'i⁸	從那兒起
,, what was his	shêm²-mo lai² yu²	甚麼來由
,, don't know what was his	pu⁴ chih¹-t'a-ti lai²-li	不知他的來歷
,, antecedents, of doubtful	lai²-li pu⁴ ming²	來歷不明
,, a trader by	yüan² pên³-shih tso⁴ mai¹-mai-ti	原本是做買賣的
,, (of a custom)	yu² lai²	由來
,, ,,	ch'i² so³ yu² lai² chê³	其所由來者
,, of merchandize, proof of	huo⁴ wu⁴ lai² li⁴ chih¹ tso³ chüan⁴	貨物來歷之左劵
,, (cause)	yüan² yin¹	原因
,, (commencement)	fa¹ tuan¹	發端
,, (of a product), country of	yüan² ch'an³ ti⁴	原產地
,, and parentage	chi² kuan⁴	籍貫
,, certificate of	shêng¹ ch'an³ yüan² ti⁴ chêng⁴ ming² shu¹	生產原地證明書
Original,	tsui⁴ ch'u¹	最初
,, (zoological)	pên² tsung¹	本宗

Original (text)	yüan² wên²	原文
,, wrapping (of a parcel), send back the	pa⁴ yüan² fang¹ chih⁸ sung⁴ hui²	把原方紙送回
Originality,	ch'uang³ tso⁴ li⁴	創作力
,, remarkable	i⁴ hsiang³ t'ien¹ k'ai¹	異想天開
,, about his policy, lack of	fa¹ piao³ chih¹ chêng⁴ chien⁴ pu⁴ kuo⁴ jên² yün² i⁴ yün²	發表之政見不過人云亦云
Originally,	ti⁴ kên¹ 'rh	底根兒
,,	yüan² lai²	原來
,,	yüan² lai² ti¹	原來的
,,	ch'i³ ch'u¹	起初
Originate? where did it	ts'ung² na³ 'rh ch'i³	從那兒起
,, (transitive)	ch'uang³ tso⁴	創作
Originative,	ch'uang³ tso⁴ ti¹	創作的
Originator,	fa¹ ch'i³ jên²	發起人
,,	yüan² tung⁴ li⁴	原動力
Orion,	shên¹ hsü¹	參宿
Ornament,	hsiu¹ shih¹	修飾
Ornamental,	fêng¹ chih⁴	風致
,, person, a merely	i¹-shang chia⁴-tzŭ	衣裳架子
,, style	chin³ hsiu⁴ wên² chang¹	錦繡文章
Ornaments, personal	shou³-shih	首飾
,, in a room	pai³-shê 'rh	擺設兒
,, antiques	ch'ên²-shê 'rh	陳設兒
Ornate style	tz'ŭ² tsao³	詞藻
Orphan, an	ku¹ êrh²	孤兒
,,	ku¹ tzŭ³	孤子
Orphanage, an	ku¹ êrh² yüan⁴	孤兒院
Orthodox,	chêng⁴	正
,,	chêng⁴-ching	正經
,, (correct)	ho² shih⁴	合式
,, ,,	chêng⁴ t'ung³ p'ai⁴	正統派
Orthography,	chêng⁴ tzŭ⁴ fa³	正字法
Oscillate, to	pai³	擺
,,	pai³-yao	擺搖
,, between two opinions	tso³ yu⁴ wei² nan²	左右爲難
Ostensible,	piao³ mien⁴ shang	表面上
,, obedience	yang² fêng⁴ yin¹ wei¹	陽奉陰違
Ostentation,	ta⁴ tso⁴ p'u¹ chang¹	大作舖張
Ostentatious person, an	pai³ chia⁴-tzŭ-ti jên²	擺架子的人
,,	chao¹-yao	招搖
,,	hui¹ huo⁴	揮霍
,,	mai⁴ lung⁴	賣弄
Ostler, an	tang³ ts'ao³-êrh-ti	當槽兒的

Ostracise—Out. 556

Ostracise,	chui¹ fang⁴	追放
,, from society	hsiu¹ yü³ wei² wu³	休興伍
Ostrich,	t'o⁴ niao³	鴕鳥
Other,	pieh²	別
,,	pieh²-ti	別的
,, to like each	hsiang¹ ai⁴	相愛
,, day, the	na⁴-i-t'ien	那一天
,, ,, ,,	jih⁴ ch'ien²	日前
,, way, no	mei²-yu pieh²-ti fa³-tzŭ	沒有別的法子
,, ,, ,, except	ch'u²-tiao chê⁴-ko mei² yü³ pieh²-ti fa²-tzŭ	除了這個沒有別的法子
,, of them is sure to come, one or	ch'i chung¹ pi⁴ yu⁸ i²-ko lai²	其中必有一個來
,, kinds	t'a¹ chung⁸	他種
,, words, in	huan⁴ yen² chih¹	換言之
,, ,,	huan⁴ tz'ŭ² yen² chih¹	換詞言之
,, security, offer some	chiang¹ t'a¹ chung³ shui¹ yüan² kai³ ti³	將他種稅源改抵
Others, chime in with	jên² yün² i⁴ yün²	人云亦云
Otherwise,	pu⁴ jan²	不然
,,	yao⁴-pu tsêm³-ma	要不怎麼
,,	fou³ tsê²...	否則...
,,	kou⁴ fei¹ ju² shih⁴...	苟非如是...
Otter, an	shui³ t'a³	水獺
Ought,	kai¹	該
,,	pi⁴ hsü¹	必需
,,	li⁸ ying¹	理應
,,	ying¹ kai¹	應該
,,	kai¹ tang¹	該當
,,	ying¹ tang¹	應當
Ounce, an	i⁴ liang³	一兩
,, sold by the	an⁴ liang³ mai⁴-ti	按兩賣的
Our,	wo³ pei⁴	我儕
,,	wo³-mên	我們
,,	wo³-mên-ti	我們的
,,	wu² pei⁴	吾儕
Out, to go	ch'u¹-ch'ü	出去
,, come	ch'u¹-lai	出來
,, not far	pu⁴-ta li²-êrh	不大里兒
,, ,,	shu⁴ ch'i¹ pu⁴ yüan³	庶幾不遠
,, and out	wan² ch'üan²	完全
,, ,, ,, rascal	huai² t'ou⁴-lo	壞透咯
,, ,, ,, villain	o⁴ kuan⁴ ma³ ying²	惡貫滿盈
,, of doors	wai⁴-pien	外邊
,, of hand	li⁴ shih²	立時

Out—Outflow.

Out of pocket	chê² pên³	本折
,, ,,	p'ei² ch'ien²	錢賠
,, of mind	wang⁴ chi⁴	記忘
,, ,, employment	shih¹ chiu⁵	就失
,, ,, ten, eight	shih² chü¹ ch'i² pa¹	八其居十
,, ,, the way	fei¹ fan²	凡非
,, ,, the way, get	to⁸-k'ai	開躱
,, ,, ,, (uncommon)	shao³ chien⁴-ti	的見少
,, ,, way of (duns), keep	tung¹ t'ao³ hsi¹ to³ pu⁴ kan³ chao⁴ mien⁴	面照敢不躱西逃東
,, ,, my mind, put it	kei¹ jêng¹-tê po²-tzŭ hou⁴-t'ou-lo	咯頭後子脖得扔給
,, ,, joint	ts'o⁴-lo ku²-fêng-êrh-lo	了兒縫骨了錯
,, ,, the question	na⁴ so³ pu⁴ ch'êng²	成不所那
,, ,, ,, ,,	wan⁴ pu⁴ nêng² hsing³	行能不萬
,, ,, tune	pu² kou⁴ tiao⁴-êrh	兒調彀不
,, ,, cash	mei² hsien⁴ ch'ien²	錢現沒
,, ,, season	pu²-shih shih²-hou	候時是不
,, ,, temper	nao³-lo	咯惱
,, ,, line	ch'u¹-lo t'ang⁴-êrh lo	了兒趟了出
,, ,, sorts	pu⁴ shu¹-t'an	坦舒不
,, ,, place	pu⁴ hsiang¹ tang¹	當相不
,, ,, office	tsai⁴ yeh¹ tang³	黨野在
,, ,, the mess, you can't get	ni³ t'o⁸-pu liao³	了不脫你
,, ,, fryingpan into fire	ching⁴ ti⁴ yü² chiung⁸	窘愈地境
,, ,, ,, ,, ,,	i³ yen¹ tai⁴ yen¹ i³ pao⁴ i⁴ pao⁴	暴易暴以燕代燕以
,, "my wife and I: we fell *out*, I know not why. We fell"	pu⁴ chih¹ ho² ku⁴ yü² yü³ cho¹ ching¹ ou³ jan² fan³ ch'un² hsiang¹ chi¹	稽相唇反然偶與余故何知不
Outbreak,	pao¹ tung⁴	動暴
,, (disease)	fa¹ shêng¹	生發
,,	liu² hsing²	行流
Outburst,	fên⁴ chi¹	激奮
Outcast from society	p'u³ t'ung¹ shê⁴ hui⁴ wai⁴ chih¹ jên²	人之外會社通普
Outcome,	chieh² kuo³	果結
,, the following two courses, was the	ch'i² so³ kuei¹ su⁴ yüeh¹ yu² êrh⁴ tuan¹	端二有約宿歸所其
Outdo,	ch'ao¹ yüeh⁴	越超
Outfit,	chun³ pei⁴	備準
,, allowance	chun³ pei⁴ chin¹	金備準
Outflow,	liu² ch'u¹	出流

Outgeneral—Outside. 558

Outgeneral,	mou² shêng⁴	謀勝
Outgoings,	chih¹ ch'u¹	出支
,,	ch'u¹-hsiang	出項
Outgrow his use	i³ ch'êng² fei⁴ wu⁴	已成廢物
Outherod Herod	hêng² pao⁴ kuo⁴ jên²	橫暴過人
Outhouse, an	tui¹ fang²	堆房
,, (house surrounding a main building)	ch'ün² fang²	羣房
,, go for an	ch'u¹-ch'ü kuaug⁴-kuang	出去逛逛
Outing,	ch'u¹ yu²	出遊
Outlandish,	i⁴ fêng¹	異風
,,	kuai⁴ i⁴	怪異
Outlaw, an	kuo² shih⁴ fan⁴	國事犯
,,	fa⁴ wai⁴ chih¹ jên²	法外之人
Outlay,	ching¹ fei⁴	經費
,,	shih³-fei	使費
,,	k'ai¹-hsiao	開銷
Outlet for her trade, an	shang¹ wu⁴ chih¹ wei³ lü³	商務之閭尾
Outline,	wai⁴ hsing² hsien⁴	外形線
,, to	lüeh⁴ shuo¹	署說
,, map	lun² k'uo⁴ ti⁴ t'u²	輪廓地圖
,, draw in	ch'iu³-ko yang⁴-tzŭ	撖個樣子
,, state ,,	shuo¹-ko ta⁴ kai⁴	說個大概
Outlook,	ch'ien² t'u²	前途
,, (vision)	yen³ chieh⁴	眼界
,, ,,	ching³-chih 'rh	景緻兒
,, a gloomy	shih¹-t'ou 'rh pu¹ hao³	勢頭兒不好
,, ,,	kuang¹-ching shên⁴ chien⁴ hsiao¹-su	光景甚見消疏
Outlying,	yüan³ li²	遠離
Outnumber the new, the old	chiu⁴ to¹ yü² hsin¹	舊多於新
Outpost,	ch'ien² shao⁴	前哨
Output, the	so³ ch'u¹-ti	所出的
Outrage (rape)	ch'iang³ chien¹	強姦
Outrageous,	shih² shu³ ch'ing³ li³ chih¹ wai⁴	實屬情理之外
Outriders,	ch'ien² ch'ü¹	前驅
,,	kên¹ ma³ ting³ ma³	跟馬頂馬
,, (Manchu word)	kuo¹-shih-hᴀ	郭什哈
Outright,	chi² shih²	即時
,, laugh	shih¹ hsiao⁴	失笑
,, say	chih² shuo¹	直說
Outset, at the	ch'i³ ch'u¹	起初
,, ,,	ch'i³ hsien¹	起先
Outside,	wai⁴-t'ou	外頭

Outside,	wai⁴-mien	外面
,,	wai⁴-pien	外邊
,, at the	chih⁴ to¹	至外
,, the applause was audible	p'ai¹ chang³ chih¹ shêng¹ ta³ yü² shih⁴ wai⁴	拍掌之聲達於室外
Outsider, an	chü² wai⁴-ti jên²	局外的人
,,	po² lu⁴ jên²	陌路人
,,	mên² wai⁴ han⁴	門外漢
Outsiders know nothing of the difficulties	chü² wai⁴ jên² pu⁴ chih¹ chü² chung¹-chih¹ k'u³	局外人不知局中之苦
Outskirts,	wai⁴ chiao¹	外郊
,, of a city	kuan¹ hsiang¹-li	關鄉裏
Outspoken,	tsui³ chih² hsin¹ k'uai⁴	嘴直心快
,,	kan³ chien¹	敢諫
Outstanding accounts	wai⁴ ch'ien⁴-ti chang⁴	外欠的賬
Outvote,	t'ou² p'iao⁴ chan⁴ shu⁴ tsui⁴-to¹	投票佔數最多
Outward,	wai⁴ piao³	外表
,, appearance	wai⁴-mien p'i²-êrh	外面皮兒
,, bound	wai⁴ hang² ti¹	外航的
Outwardly,	mien⁴-tzŭ-shang	面子上
,, trade appears to have recovered	shang¹ chieh⁴ hsing² ssŭ⁴ i¹ lü⁴ chêng³ ch'i²	商界形似一律整齊
Outwards, to open	wang³ wai⁴ k'ai¹	往外開
Outweigh, to	ch'ên⁴-kuo-lai	稱過來
Outworks,	ch'ia³-tzŭ ch'iang²	卡子墻
Oval,	t'o⁸ yüan²	橢圓
,,	ch'ang² yüan² 'rh	長圓兒
,,	ya¹ tan⁴ yüan² 'rh	鴨蛋圓兒
Ovary,	lüan³ ch'ao²	卵巢
Oven, an	tsao⁴	竈
,, baking	mên⁴ lu²	悶爐
Over (more than)	to¹	多
,, ,,	kuo⁴	過
,, (excessive)	kuo⁴-yü	過於
,, and *over* again	tsai⁴ san¹	再三
,, ,, ,,	tsai⁴ san¹-ti	再三的
,, and above, surplus	fu⁴-yü	賸餘
,, ,, ,,	ling⁴ wai⁴	另外
,, (advantages)	yu¹ shêng⁴ ch'u⁴	優勝處
,, left	shêng⁴-hsia	賸下
,, to, make	chiao¹-kei	交給
,, me, all	man³ shên¹	滿身
,, the place, all	man³ ti⁴	滿地

Over—Overdraw. 560

Over finished, all	wan²-lo	了完
,, ,,	chieh²-lo	咯結
,, with him, it is all	t'a¹ shih¹ pu⁴ tê² liao³	了得不事他
,, anxious	kuo⁴-yü hsüan² hsin¹	心懸於過
,, night	t'ou²-t'ien wan³-shang	上晚天頭
,, ,,	ch'ien² yeh⁴	夜前
,, with a cover, cover	kai¹-shang	上蓋
,, ,, cloth, ,,	chê¹-shang	上遮
,, cross	kuo⁴-ch'ü	去過
,, turn	fan³-kuo-lai	來過翻
,, ,,	fan³-kuo-lai	來過反
,, seventy	ch'i¹ shih² i³ wai⁴	外以十七
,, two centuries	êrh⁴ pai³ nien² yü³ yü³	餘有年百二
,, the other, fold one arm	pao⁴ cho chiang⁴ 'rh	兒將着抱
,, the post, take	chieh¹ shou³ jên⁴ shih⁴	事任手接
,, he still has a balance of my money	hai² ch'ang² cho wo³ ti¹ ch'ien²	錢的我着長還
Overawing his sovereign, a subject	chi¹ wei¹ chên⁴ chu³	主震威積
Overbalance one's self, to	shên¹-tzŭ i⁴ wai¹	歪一子身
Overbearing,	pa⁴-tao	道霸
,,	hêng⁴	橫
,,	chuan¹ hêng⁴	橫專
,, don't be so	pieh²-chêm-mo hêng⁴-fa-'rh	兒法橫麼這別
,, manner	shuo¹ hua⁴ p'ao¹ hsieh²	斜抛話說
,, presumption	shan⁴ tso⁴ wei¹ fu²	福威作擅
Overboard, throw	jêng¹-tao shui³-li	裏水到扔
Overburdened with debts	chang⁴ chien³ chih² t'o²-pu tung⁴-lo	咯動不耿直簡賬
,, with children	pei¹ chia¹ so³ lei⁴	累所家被
Overcast sky	t'ien¹ yin¹-lo	了陰天
,, stitch, to	liao²-shang	上繚
Overcharge, to	lan¹ k'ai¹ chang⁴ mu⁴	目賬開濫
Overcoat, an	wai⁴ t'ao⁴-êrh	兒套外
Overcome, to	shêng⁴	勝
,, with joy	hsi³ pu⁴ tzŭ¹ shêng¹	勝自不喜
,, many difficulties in accomplishing the task	p'ai² chung⁴ nan² i³ hsing² chih¹	之行以難衆排
Overdone (of meat)	lan⁴ ta⁴-fa-lo	了發大爛
,, ,,	chu³ kuo⁴-ch'ü-lo	了去過煮
Overdraw,	chih¹ kuo⁴ t'ou²	頭過支
,,	miao² mu kuo⁴ chên⁴	真過摹描
,, an account, to	ch'ang² shih³-lo ch'ien²	錢了使長

Overdue,	yü² ch'i²-lo	咯期逾
,,	i⁸ kuo⁴ jih⁴ hsien⁴	限日過已
Overeat one's self, to	ch'ih¹ ch'êng¹-cho-lo	咯著䞈吃
Overestimate (value)	ku¹ chia⁴ kuo⁴ kao¹	高過價估
,, ,,	kuei⁴ chih¹ t'ai⁴ kuo⁴	過太之貴
Overflow,	ch'ung¹ i⁴	溢充
,, (of a tank), to	wang⁴ wai⁴ yang⁴	漾外往
,, (of a river)	yang⁴-lo	咯漾
Overflows, what is too full	man⁸ tsê² ch'ing¹	傾則滿
Overgrown with vegetation	chang⁸ huang¹-lo	了荒長
,, of a child	t'an¹ chang⁸	長貪
,, schoolboy, like an	t'an¹ chang⁸ hsüeh²-shêng-ti nao⁴-ch'i-'rh	兒氣鬧的生學長貪
Overhang (as a cliff), to	t'an⁴ kuo⁴-lai	來過探
,, (of a tree over a wall)	shu⁴ chang⁸-ti t'an⁴-kuo-lai-lo	了來過探的長樹
Overhanging the water, a building	ya¹-cho shui⁸ kai⁴-ti	的蓋水著壓
Overhaul, to	fan¹-t'êng	謄翻
,, (catch up to)	chui¹ chi²	及追
,, his accounts	fu⁴ ho² chang⁴ mu⁴	目賬核覆
Overhear,	pu⁴ ch'i² êrh² wên²	聞而期不
Overhead,	t'ou²-shang	上頭
,,	tang¹ t'ou²	頭當
,, communication	ti⁴ shang⁴ chiao¹ t'ung¹	通交上地
,, railway	kao¹ chia⁴ t'ieh⁸ tao⁴	道鐵架高
Overheard them say	ch'iao⁸-chin-'rh t'ing¹-t'a-mên shuo¹	說們他聽兒勁巧
Overissue,	lan⁴ fa¹	發濫
Overjoyed,	hsi⁸-huan-pu kuo⁴	過不歡喜
,,	hsi⁸-pu tzǔ⁴ shêng¹	勝自不喜
,,	lo⁴-pu k'o⁸ chih¹	支可不樂
Overland, to go	yu² han⁴ lu⁴ tsou³	走路旱由
Overlap (as tiles), to	ya¹ chi³ fên⁴	分幾壓
,, of seven and opening of three, an	ya¹-ch'i¹ lou⁴ san³	三露七壓
Overlapping the other, one matter	i⁸ shih⁴ pu⁴ wan² i⁸ shih⁴ t'ien¹	添事一完不事一
,, risk of our	k'ung³ yu³ kan⁴ ko² chih¹ yü²	虞之格杆有恐
Overload, to	tsai⁴ ch'ên²-lo	咯沈載
Overlook, a fault	tan¹-tai	待擔
,, past misunderstandings	chüan¹ shih⁴ wu⁴ chieh⁸	解誤釋捐
,, (give an eye to work)	ting¹-cho tien⁸-'rh	兒點著釘

Overlook—Overthrow.

Overlook (to forget)	la⁴-hsia-lo	下了
,, (not notice)	shih¹ êrh² pu⁴ chien⁴	視而不見
,, an error	ku¹ hsi² jên² kuo⁴	姑息人過
Overnight,	tso² yeh⁴	昨夜
,,	t'ou²-t'ien wan³-shang	頭天晚上
Overplus,	fu⁴-yü	數餘
,,	yu³ yü²	有餘
,,	yü² chi⁴	餘計
Overpopulation,	jên² man³ wei² huan⁴	人滿為患
,,	jên² k'ou³ kuo⁴ to¹	人口過多
Overpower,	k'o⁴ fu²	克服
,, a country	ch'ü³ shêng⁴ kai¹ kuo²	取勝該國
Overpowering smell, an	wei⁴ ch'i⁴ pi⁴ jên²	氣味逼人
Overproduction,	shêng¹ ch'an³ ch'ao¹ kuo⁴	生產超過
Overrate, to	ku¹-suan t'ai⁴ kuo⁴	估算太過
,, one's importance	yeh⁴ lang² tzŭ¹ ta⁴	夜郎自大
Overreach oneself and fall into the water	i⁴ t'an¹ shên¹-'rh-chiu tiao⁴-tsai shui³-li	一探身兒就掉在水裏
Override,	jou² lin	蹂躪
Overrule,	p'i¹ ch'ih	批斥
,, (legal)	ch'üeh⁴ hsia⁴	却下
Overrun (spread)	man⁴ yên²	蔓延
,, (seize)	ts'an² shih²	蠶食
Oversee,	chih⁴ p'ei⁴	支配
Overseer, an	chien¹ kung¹-ti	監工的
Overshot himself	lung⁴ ch'iao³ ch'êng² cho¹	弄巧成拙
Oversight, an	ts'o⁴ wu⁴	錯悞
,,	i² lou⁴	遺漏
,,	la⁴-liao pi³ mei² hsieh³	落了筆沒寫
,,	mei² liu² shên²	沒留神
,, of person in charge	ching¹ shou³ ti¹ su¹ hu	經手的疏忽
Oversleep,	shih¹ ch'ên²	失晨
,, one's self, to	shui⁴ kuo⁴-ch'ü-lo	睡過去了
Overspread the country	yang² i⁴ man³ kuo²	洋溢滿國
Overstate,	yen² kuo⁴ ch'i² shih²	言過其實
Overstep one's duty, to	yüeh⁴ fên⁴	越分
,, one's rights and take liberties	yüeh⁴ chi² chien⁴ yen²	越級僭言
Overstock,	t'un² chi¹ kuo⁴ to¹	屯積過多
Overt,	kung¹ jan²	公然
Overtake, to	kan⁸-shang	趕上
,,	chui¹-shang	追上
Overtax one's strength	chi¹ pao³ lao¹ lu⁴	饑飽勞路
Overthrow,	wa³ chieh³	瓦解
,, a state	ch'ing¹ kuo²	傾國

Overthrow a state | ch'ing¹ tao³ | 傾倒
,, of the monarchy | chün¹ chu³ i³ tao³ | 君主已倒
,, the cabinet | ta³ tao³ nei⁴ ko² | 打倒內閣
,, for ever, will be | wan⁴ chieh² pu⁴ fu⁴ | 萬刼不復
,, (see Upset) a constitution, etc. | ch'ing¹ ya⁴ | 傾軋
,, ,, ,, | p'ai² chi² | 排擠
Overtime, | ê⁵ wai ch[h]i¹ kung² | 額外之工
Overtop the age | kai⁴ shih⁴ | 蓋世
Overture, | hsü⁴ yüeh⁴ | 序樂
Overtures, made | t'i² i⁴ | 提議
,, to make | t'an⁴-i-t'an k'ou³-fêng-êrh | 探一探口風兒
,, of peace to Russia, make | hsiang⁴ o⁴ t'i² ch'u ch'üan¹ ho² chih t'iao² chien⁴ | 向俄提出勸和之條件
Overturn, | tien¹ fu⁴ | 顛覆
,, (as a cup), to | p'êng⁴ tao³-lo | 碰倒了
,, (of a cart) | ch'ê¹ fan¹-lo | 車翻了
Overvalue, to | ku¹-suan t'ai⁴ kuo⁴ | 估算太過
Overweening, | ch'êng² ch'iang² | 逞強
,, | ao² jan² tzŭ¹ ta⁴ | 敖然自大
Overwhelm, | ch'ên² mo⁴ | 沈沒
Overwhelmed with gratitude | kan³-chi-pu chin⁴ | 感激不盡
,, with obligation | ch'êng²-ch'ing²-pu chin⁴ | 承情不盡
,, ,, favors | shou⁴ ên¹ shên⁴ chung⁴ | 受恩甚重
,, by numbers | kua³ pu⁴ ti² chung⁴ | 寡不敵衆
,, with sorrow | pei¹ ts'ung² chung¹ lai² | 悲從中來
,, with emotion, at this thought I am | hsing¹ yen² ch[t]² tz'ŭ³ yu¹ ts'ung² chung¹ lai² | 興言及此憂從中來
Overworked, | yung⁴ hsin¹ kuo⁴ tu⁴ | 用心過度
,, | kuo⁴ yü lao² lei⁴ | 過於勞累
,, | lei⁴ ta⁴-fa-lo | 累發大咯
Owe, to | kai¹ | 該
,, | ch'ien⁴ | 欠
Owing to | yin¹ | 因
Owl, an | yeh⁴ mao¹-tzŭ | 夜貓子
Own, one's | pên³ jên²-ti | 本人的
,, admit, to | jên⁴ | 認
,, ,, | ch'êng² jên⁴ | 承認
,, brother | ch'in¹ hsiung¹-ti | 親兄弟
,, it as a gift, would not | pai² kei³-wo wo³ tou¹-pu yao⁴ | 白給我我都不要
,, eyes, saw it with my | ch'in¹ yen³ chien⁴-ti | 親眼見的
,, appropriate as one's | chü⁴ wei² chi³ yu³ | 據爲己有

Own—Pacify.   564

Own property, recognize their	shih⁴ jên⁴ chi³ wu⁴	物己認識
,, among means of transport, still holding their language, customs and costume, the races are independent of the other, each retaining its	yu² nêng² yü² chiao¹ t'ung¹ hai³ tu¹ chan⁴ i¹ hsi² shang⁴ ko¹ tz'ǔ¹ wei² yü³ yen² wên² tzǔ¹ li³ chieh² fu² chih⁴ wu² pu⁴ hu⁴ hsiang¹ ch'i² i⁴	獨於交通海陸一占席 尚各自為語言文字禮節服制無不互相歧異
Owner (of a house)	fang² tung¹	房東
,, (,, ,,)	fang² chu³	房主
,, (,, land)	ti⁴ chu³-êrh	地主兒
,, original	yüan² chu³-êrh	原主兒
Ownership,	so³ yu³ ch'üan²	所有權
Ox, an	i¹ chih¹ niu²	一隻牛
Oxidize,	suan¹ hua⁴	酸化
Oxygen,	suan¹ su⁴	酸素
Oyster (or clam), an	ko²-li	蛤蜊
,, (,,), ,,	hai³ li⁴-tzǔ	海螺子
,, shell	ko² pêng⁴-tzǔ	蛤蚌子

P

P's and Q's here, you must mind your	chê⁴-shih ch'ih²-ts'un ti⁴-fang-êrh	這是尺寸地方兒
Pace, a	i¹ pu⁴	一步
,, the floor, to	tsou³ liu³-êrh	走遛兒
,, amble	tsou³	走
,, walk at a slow	hsü² pu⁴	徐步
,, walking, go at a	ta¹-han pu⁴-êrh tsou³	搭訕步兒走
,, don't go at such a	pieh² chin³-cho tsou³	別緊著走
,, out a distance	pu⁴-i pu	步一步
,, take a long	mai⁴ ta⁴ pu⁴-êrh tsou³	邁大步兒走
,, with, keep	ping⁴ hsing²	並行
,, ,, ,,	ping⁴ chia⁴ ch'i² ch'ü¹	並駕齊驅
,, ,, you, cannot keep	wo³ kên¹-pu-shang ni³	我跟不上你
Pacific Ocean, the	t'ai⁴-p'ing yang²	太平洋
Pacification,	chên⁴ ting⁴	鎮定
,,	chiang³ ho²	講和
,, with repression, combine	chiao³ fu³ chien¹ shih³	剿撫兼使
Pacify,	chên⁴ fu³	鎮撫
,, a child, to	hung³-i hung³	哄一哄
,, console	an¹ wei	安慰
,, ,,	shuo¹ wên¹-ts'un hua⁴-êrh	說溫存話兒

Pacing horse, a	tsou³ ma³	馬走
Pack, to	chuang¹	裝
,, (to crowd)	ch'ung¹ man³	滿充
,, up	ta³ hsiang¹-tzŭ	子箱打
,, animal	to⁴-tzŭ	子馱
,, (on a man's back)	huo⁴ lang²-êrh	兒郎貨
,, (on an animal)	to⁴-tzŭ	子馱
,, carry a	shao¹ ma³-tzŭ	子馬捎
,, saddle	lung³-t'ou	頭攏
,, of cards, a	i² fu⁴ chih³ p'ai²	牌紙付一
,, ,,	i² ch'ung⁴ p'ai²	牌冲一
,, the cards, to	ho² p'ai² tso⁴ pi⁴	弊作牌和
,, (for a bad purpose)	t'u² tang³	黨徒
,, (a jury), to	chü⁴ ssŭ¹ jên²	人私聚
,, the Turk has got to	chiang¹ t'u³ jên² chu⁴ ch'u² ou¹ wai⁴	外歐除逐人土將
Packed, the streets are	t'u² wei⁴ chih¹ sai¹	塞之爲途
Packet, a	pao¹-êrh	兒包
,, make into a	pao¹-shang pao¹-êrh	兒包上包
,, of fifty taels	i¹-fêng¹ yin²-tzŭ	子銀封一
Packing,	pao¹ chuang¹	裝包
,, cardboard	chih³ k'o² p'ei²	坯隔紙
Pad, a	tien⁴-'rh	兒墊
,, with cotton, to	na² mien²-hua hsüan⁴	楦花綿拿
,, to	haüan⁴-ch'i-lai	來起楦
Paddle a boat, to	tang⁴ ch'uan²	船蕩
,, his own canoe	ko⁴ tzŭ⁴ wei² mou³	謀爲自各
,, in the water, to	t'ang¹ shao⁴	艄淌
,, wheel steamer	ming² lun² ch'uan²	船輪明
Paddy,	tao⁴-tzŭ	子稻
,, field	shui³ t'ien²	田水
Padlock, a	yang² so³	鎖洋
,,	ling²-tang so³	鎖鐺鈴
Pads for the knee	hu⁴-hsi	膝護
Paganism,	i⁴ chiao⁴	教異
Page (of a book)	shu¹ p'ien¹-'rh	兒篇書
,, turn over a	fan¹ p'ien¹-'rh	兒篇翻
,, boy, a	p'ao³-shang fang²-ti	的房上跑
Pagoda, a	i² tso⁴ t'a³	塔座一
,, with staircase	ling²-lung t'a³	塔瓏玲
Pail, a	t'ung³-tzŭ	子桶
Pailful, a	i⁴ t'ung³-tzŭ	子桶一
Pain,	t'êng²	疼
,,	k'u³ t'ung⁴	痛苦
,, to suffer	shou⁴ t'êng²	疼受

Pain—Palate.

Pain in his heart, felt a	hsin¹ chung¹ nan² kuo⁴	過難中心
Painful,	t'êng²	疼
,, at times	ai⁴ fan⁴ t êng²	疼犯愛
Pains, to take	hsi⁴ hsin¹	心細
,, ,,	lao² shên²	神勞
Painstaking,	yung⁴ kung¹	功用
,,	sha⁴ fei⁴ k'u³ hsin¹	心苦費煞
Paint,	yen²-sê	色顏
,, oil	yu² sê⁴	色油
,, to	shang¹ yu³	上油
,, ,,	shang⁴ sê⁴	色上
,, brush	shua¹-tzǔ	子刷
,, ,, (painter's tool)	yu² shuan¹	栓油
,, lay on a coat of	fu⁴-shang i⁴ ts'êng² yen²-sê	色顏層一上敷
,, (describe), to	miao²	描
Painter, a house	yu²-chiang	匠油
,, of pictures	hua⁴-shih¹	師畫
Painting (the art)	hua⁴ shu⁴	術畫
,, ,,	tan¹ ch'ing¹	青丹
,, (a picture)	t'u³ hui²	繪圖
Paintings,	hua⁴ 'rh	兒畫
,, water colour	shui³-sê hua⁴ 'rh	兒畫色水
,, exhibition of	hui² hua⁴ chan³ lan³ hui²	會覽展畫繪
Pair, a	i² tui⁴	對一
,, to	p'ei⁴ ho³	合配
,, happy	chia ou³	偶佳
,, (sarcastic), a fine	t'ien¹ jan² i¹ tui⁴	對一然天
,, of brothers (sarcastic), a fine	nau² wei² hsiung¹ nan² wei² ti⁴	弟為難兄為難
,, (of boots)	i⁴ shuang¹ hsüeh¹-tzǔ	子靴雙一
,, (of trousers)	i⁴ t'iao² k'u⁴-tzǔ	子褲條一
,, of socks, a	i⁴ shuang¹ wa⁴-tzǔ	子襪雙一
,, ,, ear-rings	i² fu⁴ êrh³ huan²-tzǔ	子環耳副一
,, ,, scissors	i⁴ pa³ chien³-tzǔ	子剪把一
,, ,, spectacles	i² fu⁴ yen³ ching⁴-êrh	兒鏡眼副一
,, (parliamentary), to	hsiang¹ yüeh¹ ko⁴ pu¹ tou² p'iao⁴	票投不各約相
Pairing-time (of birds)	chiao¹ wei³ ch'i²	期尾交
,, ,, (of animals)	ch'an³ chih² ch'i²	期殖產
Palace, an imperial	ta⁴ nei⁴	內大
,, ,,	huang² kung¹	宮皇
,, prince's	wang² fu³	府王
Palatable,	k'o³ k'ou³-êrh	兒口可
Palate, the	shang⁴ t'ang²	膛上

Pale—Pamper

Pale in face	lien³-shang fa¹ pai³	白 發 上 臉
,, in colour	fa¹ tan⁴	淡 發
,, with anger	ch'i⁴ pai³-liao lien³	臉 了 白 氣
,, beyond the	fa⁴ wai⁴	外 法
,, as death	sha¹ la³ tzŭ pai²	白 子 剌 煞
,, ,,	mei² hsüeh³ shai³ 'rh	兒 色 血 沒
,, put oneself outside the	tzŭ¹ wai⁴ shêng¹ ch'êng²	成 生 外 自
,, of humanity, he is quite outside the	ch'ǔ⁰ fu⁴ tsai⁴ so³ k'o³ jung² hu²	乎 容 可 所 載 復 豈
,, of Mother Church, within the	shêng⁴ hui⁴ huai² pao¹ i³ nei⁴	內 以 抱 懷 會 聖
Palings,	lan²-kan	杆 欄
Palisade, a	cha²-tzŭ	子 栅
Pall on one, to	ni⁴-lo	了 膩
,, ,, ,,	ni⁴-fan	煩 膩
,, ,, ,,	ch'ien¹ p'ien¹ i¹ lü⁴	律 一 篇 千
,, on a bier	kuan¹ chao⁴	罩 棺
,, (in a house), funeral	t'ang² chao⁴	罩 堂
,, (Buddhist), ,,	t'o² lo ching¹ pei¹	碑 經 羅 陀
Palliative measures, only	t'ou² t'ung⁴ i¹ t'ou² tsu² t'ung⁴ i¹ tsu²	足 醫 痛 足 頭 醫 痛 頭
Palm of victory	tsou⁴ k'ai³	凱 奏
,, of the hand, the	shou³ chang³	掌 手
,, ,, ,,	shou³ hsin¹ 'rh	兒 心 手
,, (conjure)	hsing² huan⁴ shu⁴	術 幻 行
,, off packages containing rubbish for genuine articles	ting³ pao¹ 'rh	兒 包 頂
,, tree	tsung¹ shu⁴	樹 棕
,, leaves, Buddhist books written on	pei⁴ yeh¹ i² wên²	文 葉 貝
Palmistry,	k'an⁴ chang³ wên²	紋 掌 看
,,	shou³ wên² shu⁴	術 紋 手
Palpable,	ming² liao³	瞭 明
,,	i⁴ chien⁴	見 易
Palpitation of the heart	hsin¹ t'iao⁴	跳 心
,, occurs, on the least exertion	shao³ i¹ lao² hsin¹ chi² hsin¹ t'iao⁴	跳 心 即 心 勞 一 稍
Palsied,	t'an¹-huan-lo	了 瘓 癱
,,	ma² mu⁴ pu⁴ jên²	仁 不 木 麻
,, on one side	pan⁴ shên¹ pu⁴ sui²	遂 不 身 半
Palsy,	t'an¹-huan ping⁴	病 瘓 癱
Palter,	shan³ pi⁴	避 閃
Paltry,	wei¹ hsiao³	小 微
,, affair of money, a	ch'ien² ts'ai² hsi⁴ ku⁴	故 細 財 錢
Pamper,	ku¹ hsi	息 姑

Pamper—Paper.

Pamper the body	fêng⁴ k'ou³ fu⁴	腹口奉
,, to	tsung⁴ jung²	容從
,, (the passions)	tan¹'ni⁴	躭耽
,, the appetite	wei² t'u² k'ou³ fu⁴ chih lo⁴	樂之腹口圖惟
Pampered,	chiao¹-yang kuan⁴-lo	了慣養嬌
Pamphlet, a	i⁴ p'ien¹ chu⁴-tso	作註篇一
,, moral	ching³ shih⁴ shu¹	書世警
Pan,	i⁴ k'ou³ kuo¹	鍋口一
,,	p'ên²	盆
Panacea,	wan⁴ ling² yao⁴	藥靈萬
Pancreas,	i²	胰
,,	i² ch'üan²	胰腺
Pandemonium,	jên² shêng¹ ting³ fei⁴	沸鼎聲人
Pander to	yu⁴ ju⁴ hsieh² yin²	淫邪入誘
,, to him, don't	pieh² ch'ung³-cho-t'a	他着寵別
,, (pimp)	pao³ mu³	母鴇
,, (lit.), to	tso⁴ p'i² jou⁴ shêng¹ yeh⁴	業生肉皮作
Pandora's box	hsi¹ wang hsiang¹	箱望希
Pane of glass, a	i² k'uai⁴ po¹-li	璃玻塊一
Panegyric,	sung¹ tz'ŭ²	詞訟
Panel of a door, a	mên² hsin¹-'rh	兒心門
,, (jury)	p'ei¹ shêu³ kuan· ming² tan¹	單名官審陪
P ngs of child birth	liu² p'ên² t'êng² t'ung⁴	痛疼盆臨
Panic,	lang² pei⁴	狽狼
,,	k'ung³ pu⁴	怖恐
,,	ching¹-huang	慌驚
,, on market	chin¹ jung² k'ung³ huang¹	慌恐融金
Panniers,	k'uang¹-tzŭ	筐子
Pant, to	ch'uan³	喘
,, (of a dog)	ch'uan³	喘
Panther.	pao⁴-tzŭ	豹子
Pants,	chung¹ i¹-êrh	兒衣中
,,	hsiao³ i¹-shang-êrh	兒裳衣小
Papa,	pa⁴-pa	爸爸
Papacy,	fa⁴ wang² chêng⁴ chih⁴	治政王法
Paper,	chih³	紙
,, a sheet of	i⁴ chang¹ chih³	紙張一
,, writing	hsieh³ tzŭ⁴ chih³	紙字寫
,, wrapping	mao²-t'ou chih³	紙頭毛
,, waste	fei⁴ chih³	紙廢
,, "curl"	shou³ chih³	紙乎紙
,, money	chih³ pi⁴	幣紙
,, ,,	ch'ien² p'iao⁴-tzŭ	子票錢

Paper—Paradise.

Paper, convertible	tui⁴ huan⁴ chih³ pi⁴	幣紙換兌
,, a room, to	piao³-hu	糊裱
,, a window	hu² ch'uang¹-hu	戶窗糊
,, hanger	piao³-hu chiang⁴	匠糊裱
,, blotting	ch'ih¹ mo⁴ chih³	紙墨吃
,, weight	chên⁴ ch'ih³	尺鎭
,, plain	su⁴ chih³	紙素
,, ruled	kuᵉ-êrh chih³	紙兒格
,, tracing	fang³ chih³	紙仿
,, note	pa¹ hang² shu¹	書行八
,, fancy note	hua¹ chien¹ chih³	紙箋花
,, an examination	t'i² chih³	紙題
,, examination	pi³ chi⁴ k'ao³ shih⁴	試考記筆
,, take care what one puts on	shên⁴ chung⁴ cho² pi³	筆著重愼
,, talk, mere	chih³ shang⁴ k'ung¹ t'an²	談空上紙
,, news	hsin¹-wên chih³	紙聞新
,, daily	jih⁴ pao⁴	報日
,, chase	p'ao³ chih³ t'iao² tzŭ³	子條紙跑
,, draw pay for troops only existing on	shih⁴ k'ung¹ ê²	額空食
Paper " nowadays, alliances and treaties are nothing but " scraps of	so³ wei⁴ mêng² yüeh¹ t'iao² yüeh¹ chê tsai⁴ chin¹ jih⁴ pên³ pu⁴ kuo⁴ i¹ chih³ chü⁴ wên² êrh² i³	己而文具紙一過不本日今在者約條約盟謂所
Papers,	wên² chüan⁴	卷文
,, the successful examination	ch'ü⁴ ti¹ chüan⁴ tzŭ	子卷的取
,, did you look over the examination	chüan⁴ tzŭ shih⁴ ni³ k'an⁴ ti¹ pu² shih⁴	是不的看你是子卷
Papier mâché	chih³ k'o¹-tzŭ	子殼紙
Papilla,	ju³ t'ou²	頭乳
,, of tongue	shê² tz'ŭ⁴	刺舌
Par,	ê² mien⁴ t'ung³ chia⁴	價同面額
,, above	ê² mien⁴ i³ shang⁴	上以面額
,, with ..., on a	yü³ ... hsiang¹ t'ung³	同相...與
,, of exchange, mint	fa³ ting⁴ p'ing² chia⁴	價平定法
Parable,	pi³ yü⁴	喻比
Parabola,	p'ao¹ wu⁴ hsien⁴	線物抛
Parade,	kuan¹ ping¹ shih⁴	式兵觀
,, ground, a	ts'ao¹ ch'ang³	場操
,, the streets publicly (as a penalty), to make	ya¹ ling yu² chieh² shih⁴ chung⁴	衆示街游令押
Paradigm,	pien⁴ hua⁴ piao³	表化變
Paradise,	t'ien¹ t'ang²	堂天

T

Paradise—Parasites. 570

Paradise,	lo⁴ yüan²	樂園
,,	chi² lo⁴ shih⁴ chieh⁴	極樂世界
,, enow." "ah! wilderness were	pu⁴ mao² chih ti⁴ chên¹ ch'êng² lo⁴ yüan²	不毛之地真成樂園
Paradox,	ssŭ¹ fei⁴ êrh² shih¹ chih¹ lun⁴	似非而是之論
Paradoxical,	i⁴ lun⁴	異論
Paraffin,	mei² yu²	煤油
Paragon,	mu² fan⁴	模範
,,	kuei¹ chien⁴	龜鑑
,, perfect	pa¹ mien⁴ ling² lung²	八面玲瓏
,, of beauty	chüeh² shih⁴ chih tzŭ¹	絕世之姿
,, of virtue	wei² tê² chih¹ fa³	爲德之法
Paragraph, a	tuan³ p'ing²	短評
,,	i² tuan⁴-'rh	一段兒
,, end of a	tuan⁴ lo	段落
Parallel,	lei⁴ ssŭ¹	類似
,, draw a	pi³ i³	比擬
,, lines	p'ing² hsing² hsien⁴	平行綫
,, ruler, a	fang³ ch'üan¹	仿圈
,, a quotation with an antithesis	ch'êng² yü³ shu³ tui⁴	成語屬對
,, he stands without a	shih⁴ wu² ch'i² p'i²	世無其匹
Parallelogram,	p'ing² hsing² fang¹ hsing²	平行方形
Paralyse peaceful trade	tsu³ chih³ ho² p'ing² shang¹ yeh⁴	阻止和平商業
Paralysed,	t'an¹-huan-lo	癱瘓了
,, industry	shih² yeh⁴ k'un⁴ ch'iung²	實業困窮
Paralysis,	chung⁴ fêng¹	中風
,,	t'an¹-huan ping⁴	癱瘓病
Paramount lord	chu³ shang⁴	主上
Paramour, a	chien¹ fu¹	姦夫
,,	wai⁴ yü⁴	外遇
,,	ssŭ¹ ch'ing² jên²	私情人
Parapet, a	hsiung¹ pi⁴	胸壁
,,	hu⁴ shên¹ ch'iang²	護身牆
Paraphernalia (insignia)	chih²-shih	軼事
Paraphrase,	chu⁴ chieh³	註解
,, to	chieh³-ch'êng pai² hua⁴-'rh	解成白話兒
Parasite,	chi⁴ shih² yü² jên²	寄食於人
,,	chi⁴ shêng¹	寄生
Parasites to those in high places	p'an¹ lung² fu⁴ fêng⁴ chih¹ t'u²	攀龍附鳳之徒
,, ,, ,,	fu⁴ shan¹ chih¹ i³	附羶之蟻

Parasol, a	i⁴ pa³ han⁴ san³	傘旱把一
Parcel out	fên¹ p'ei⁴	配分
,, post	chi⁴ pao¹ yu² chü²	局郵包寄
,, part and	yao⁴ su⁴	素耍
,, ,,	shih⁴ i¹ shih⁴ êrh⁴	二是一是
Parched with thirst	k'o³-ti sang³-tzǔ mao¹ yen¹ 'rh	兒煙冒子嗓的渴
,, ground	ti⁴ han⁴-lo	嗱旱地
Parchment,	sang¹ p'i² chih³	紙皮桑
Pardon, to	jao²	饒
,,	jao²-shu	恕饒
,, an offence	shu⁴ tsui⁴	罪恕
,, (I think you are wrong), I beg your	ssǔ⁴-hu tsai⁴ k'ao³-ch'a	察考再乎似
,, ,, ,, ,,	ssǔ⁴-hu pu² tui⁴-pa	罷對不乎似
,, for interrupting, I beg your	lan²-ni-mên êrh⁴ wei⁴	位二們你攔
,, ,, intruding, ,, ,,	shu⁴ wo³ mao⁴-chuang	撞冒我恕
,, me	ch'ing³ wei² yüan² liang⁴	諒原爲請
,, I beg your	nin² shu⁴-wo	我恕您
,, ,, ,,	wo³ ts'o¹ wo³ ts'o⁴	錯我錯我
,, me for saying, you'll	nin² pieh² kuai⁴ wo³ shuo¹	說我怪別您
,, ,, ,, ,,	pieh² ch'ên¹-cho wo³ to¹ tsui³	嘴多我着嗔別
,, cannot	shu⁴-pu-kuo lai²	來過不恕
,, Imperial	ên¹ shê⁴	赦恩
,, exempting him from the sentence, grant a	yü² so³ p'an⁴ ting⁴ chih¹ hsing² chun³ mien³ ch'i² chih² hsing²	行執其免准刑之定判所於
Pare the nails, to	hsiu¹ chih¹-chia	甲指修
,, fruit	pa⁴ p'i²-êrh hsüeh³-lo-ch'ü	去了削兒皮把
,, ,,	pa⁴ p'i²-êrh hsüan⁴-lo-ch'ü	去了鏇兒皮把
,, ,,	pa⁴ p'i²-êrh pao¹-lo-ch'ü	去了剝兒皮把
,, (or whittle), to	hsiao¹	削
Parent (fig.)	kên¹ pên³	本根
Parental authority	ch'in¹ ch'üan²	權親
Parenthesis,	k'uo⁴ ku¹	弧括
not part of the	pu⁴ tsai⁴ k'uo⁴ ku¹ fan⁴ wei² nei¹	內圍範弧括在不
Parents	shuang¹ ch'in¹	親雙
,	fu⁴ mu³	母父
,,	tieh¹ niang²	娘爹

Parents—Part. 572

Parents both dead	yung³ kan³ hsia⁴	永感下	
,, ,, living	chü¹ ch'ing⁴ hsia⁴	俱慶下	
,, to visit one's	hsing³ ch'in¹	省親	
,, anxious about his duty to his	hsi⁴ huai² ting⁴ hsing³	繫懷定省	
,, ; as they grow older, they judge them; seldom, if ever, do they forgive them." "**Children** begin by loving their	êrh² t'ung² tui⁴ yü² ch'i² ch'in¹ shih³ tsê² ai⁴ chih¹ chi⁴ tsê² i⁴ chih¹ chung¹ tsê² hsien² yu³ liang⁴ chih¹ chê³	兒童對於其親始則愛之繼則異之終鮮有諒之者	
Pariah,	liu² min²	流民	
Parity with the dollar coin, at	yü³ ta⁴ yang² i¹ lü⁴	與大洋一律	
Park, a	i² tso⁴ yüan²-tzŭ	一座園子	
,,	kung¹ yüan²	公園	
Parley,	t'an² p'an⁴	談判	
Parliament,	kuo² hui⁴	國會	
,, upper house	ts'an¹ i⁴ yüan⁴	參議院	
,, lower ,,	chung⁴ i⁴ yüan⁴	衆議院	
,, member of	i⁴ yüan²	議員	
,, will require the consent of	hsü¹ ching¹ kuo² hui⁴ i⁴ chüeh² hou⁴ fang¹ nêng shih² hsing² i⁴ shih⁴	須經國會議決後方能實行議事	
Parliamentary proceedings	i⁴ shih⁴	議事	
Parlous state, in a	pu⁴ tê² liao³	不得了	
,, ,,	chin⁴ t'ui⁴ liang³ nan²	進退兩難	
Parlour, a	k'o¹ t'ing¹	客庭	
Parole,	shih⁴ yen²	誓言	
,, prisoner on	chia³ fang⁴ huan² jên²	假放還人	
,, grant military	tai⁴ fu² lo³ ch.ih chün¹ li³	待俘虜之軍禮	
Parotid gland	êrh³ hsia ch'üan²	耳下腺	
Paroxysm,	fa¹ tso⁴	發作	
,, of rage	pao⁴ nu⁴	暴怒	
Parricide, a	shih⁴ fu⁴ mu³ chê³	弑父母者	
,,	wu³ ni⁴ chung⁴ fan⁴	忤逆重犯	
Parrot, a	ying¹-ko 'rh	鸚哥兒	
Parry, to	t'ang²-k'ai	搪開	
,,	t'ao² pi⁴	逃避	
Parsimonious	tzŭ³-hsi	仔細	
,,	lin⁴ sê	吝嗇	
,,	pu⁴ pa² i¹ mao²	不拔一毛	
Parsley,	hsiang¹ ts'ai⁴	香菜	
Parsnip,	pa¹ chiao¹	芭蕉	
Part, I'll take a	wo³ liu² chi³ ch'êng²	我留幾成	
,, (duty)	pên³ fên	本分	

Part—Parti-Coloured.

Part, a fourth	ssŭ⁴-fên-chih i¹	四分之一
,, of six, two is a	êrh⁴ nai³ liu⁴ chih fên¹ shu⁴	二乃數分之六
,, with, unwilling to	shê³-pu-tê	捨不得
,, with, loth to	lüen⁴-lüen-pu shê³	戀戀不捨
,, company	fên¹-k'ai shou³	分開手
,, with for economy's sake	ts'ai² chien³	裁減
,, from, cannot	li²-pu k'ai¹	離不開
,, drag apart	la¹-k'ai	拉開
,, in, I will not take	chê⁴ fên⁴-'rh mei² wo³	這分兒沒我
,, refuse to "part"	lin¹ êrh² pu⁴ kei⁸	劈而不給
,, the hair	p'i³ fêng⁴ 'rh	劈縫兒
,, (portion)	pu⁴ fên¹	部分
,, (duty)	i⁴ wu⁴	義務
,, (of body) ...	... pu⁴	部...
,, with something (i.e., euphemism for sold it)	kei³ jên² lo	給人了
,, owner	kung⁴ t'ung² so³ yu³ chê³	共有所同者
,, in, take	ts'an¹ yü¹	參與
,, ,,	ts'an¹ lieh⁴	參列
,, take in ill	chien⁴ kuai⁴	見怪
,, part of	chia¹ shih⁴	加勢
Parted, from the day we	tzŭ¹ hsiang¹ pieh²-ti na-i t'ien¹	自相別的那一天
Partial,	p'ien¹	偏
,,	i¹ pu⁴ fên	一部分
,, (biassed)	p'ien¹ ai¹	偏愛
,, eclipse	fên¹ shih²	分蝕
,, recovery, a	tui⁴-fu-cho hao³-lo	對付着好了
,, consent, only gave a	fei¹ chü¹ t'i³ ti¹ ch'êng² jên⁴	非具體的承認
Participate in	ts'an¹ yü¹	參與
,, ,,	fên¹ jun⁴	分潤
,, in the benefits (of the treaty), France cannot demand to	fa⁴ kuo² pu⁴ tê² wei² chün¹ chan¹ chih¹ yao¹ ch'iu²	法國不得為均霑之要求
Participating in Civil Service examination,right of	yu³ ying⁴ jên⁴ kuan¹ k'ao³ shih⁴ chih¹ ch'üan²	有應任官考試之權
Participation in the benefits a treaty	chün¹ chan¹ t'iao⁰ yüeh¹ chih¹ ên¹ hui⁴	均霑條約之恩惠
Participle, past	kuo⁴ ch'ü⁴ fên¹ tz'ŭ²	過去分詞
Particle,	fên⁴ tzŭ	分子
,, of benefit, not a	wu² chüan¹ ai¹ chih¹ i²	無涓埃之益
Parti-Coloured,	tsa² shai³	雜色

Particular (see general), to be   chiang³-chiu   究講
," most   chi² chiang³-chiu   究講極
," kind, a   chuan¹ yang¹-êrh-ti   的兒樣專
," one   i¹ tien³   點一
," (special)   t'ê⁴ pieh²   別特
," friend   i⁴ t'i³ t'ung² hsin¹   心同體異
," ,,   hsin¹ fu⁴ chih yu³   友之腹心
," the starving man is not   chi¹ pu⁴ tsê² shih²   食擇不饑
," in his language, not   k'ou³ pu⁴ tsê² yen²   言擇不口
Particularity,   wei³ ch'ü¹ wu² i²   遺無曲委
Particularize,   lü³ shu⁴   縷
   chu⁴ i¹ ch'ên² shu⁴   述陳一逐
Particularly (specially)   ko² wai⁴   外格
Particulars,   wei³ ch'ü¹   曲委
," the   hsi⁴ ch'ing²   情細
," ,,   ch'i² chung¹ ti³ yün⁴   蘊底中其
," ,,   shih³ mo⁴   末始
," further   hsü⁴ pao⁴   報續
," report the full   pao⁴ kao⁴ tien¹ mo⁴   末顛告報
Parting words   pieh² tz'ŭ²   詞別
," ,,   chüeh² pieh² chih tz'ŭ²   詞之別訣
," ,, (at death)   lin² chung¹ chih¹ yen²   言之終臨
," feast   tsu³ chien⁴   餞粗
," reception   huan¹ sung⁴ hui⁴   會送歡
," sorrow of   li² ch'ou²   愁離
," the time of   li² pieh²-ti shih²-hou   候時的別離
," could not bear the   pu⁴ jên³ hsiang¹ ko¹ shê³   舍割相忍不
," express regret at   shên¹ tao⁴ hsi¹ pieh² chih¹ i⁴   意之別惜道申

Partisan,   tang³ jên²   人黨
,"   tang³ p'ai⁴ ti¹   的派黨
,"   fu⁴ ho² jên²   人和附
Partition, a movable   i² shan⁴ ko²-shan   扇隔扇一
," fixed   i² tuan⁴ ko² pi⁴   壁隔段一
," of a country   fên¹ ko¹   割分
," ,,   kua¹ fên   分瓜
Partly due to ....   pan¹ yu² yü² ....於由半
," owing to .... and *partly* to ....   t'ui¹ ch'i² ku⁴ i² tsê² yin¹ .... êrh⁴ tsê² yin¹ ....因則二....因則一故其推
," to blame, you are   ni³ yeh³ nan² tz'ŭ²-ch'i chiu⁴   咎其辭難也你
," ,, ,,   ni³ yeh³ nan² chai² kan¹-ching-êrh   兒淨甘摘難也你

Partner, a huo³-chi 夥計
,, huo³-yu 夥友
,, ku³ tung 股東
,, nominal piao³ ming² shê⁴ yuan² 表名社員
,, sleeping ni⁴ ming² shê⁴ yüan² 匿名社員
,, (husband and wife) p'ei⁴ ou³ chê³ 配偶者
Partnership, ho² tzŭ¹ ying² yeh⁴ 合資營業
,, shang¹ hui⁴ 商會
,, enter into ho² huo³ 合夥
Partridge, a shih² chi¹ 石雞
Parts, divide into two equal pa⁴ tung¹-hsi chün¹-lo 把東西均落
,, man of yu³ wei² 有為
,, component ch'êng² fên 成分
,, (of the body) po⁴ t'i³ 百體
,, private yin¹ pu⁴ 陰部
,, ,, ssŭ¹ ch'u⁴ 私處
Parturition, fên¹ mien³ 分娩
Parties, concerned tang¹ shih⁴ chê³ 當事者
,, at concord, the two shuang¹ fang¹ jung² ho² 雙方融合
,, High Contracting ting⁴ mêng² kuo² 訂盟國
,, this arrangement suits both tz'ŭ³ chü³ yü² liang³ fang¹ mien⁴ chün¹ yu³ pei¹ i² 此舉於兩方面均有裨益
,, interested li⁴ hai¹ kuan¹ hsi jên² 利害關係人
,, ,, (in a suit) su⁴ sung⁴ kuan⁴ hsi jên² 訴訟關係人
Party man, non- wu² so³ shu³ 無所屬
,, wu² tang³ chê³ 無黨者
,, a queer t'ien¹ hsing⁴ ku³ kuai⁴ 天性古怪
,, to, will not be a pu⁴-nêng i² lin⁴ shên² ch'i¹-ti 不能一溜神氣的
,, wall, a i² tuan⁴ ko² pi⁴ 一段隔壁
,, in question, the na⁴ ch'ien² t'u² 那前途
,, make up a chieh²-ko pan⁴-'rh 結個伴兒
,, of distinguished travellers t'uan² yüan² 團員
,, political chêng⁴ tang³ 政黨
,, cabinet chêng⁴ tang³ nei⁴ kuo² 政黨內閣
,, Nationalist kuo² min² tang³ 國民黨
,, Republican kung⁴ ho² tang³ 共合黨
,, Unionist t'ung³ i¹ tang³ 統一黨
,, opposition ai⁴ yü² tang³ i⁴ 礙於議黨
,, pressure i³ tang³ li⁴ chi¹ shu 以黨力擊東
,, sacrifice principle to hsi¹ shêng¹ chên¹ li³ i³ hsün² tang³ chien⁴ 犧牲眞理以徇黨見
,, dinner yen⁴ hui⁴ 宴會

Party—Pass. 576

Party in the negotiation, forced to be a	pu⁴ tê² i³ êrh² ch'u¹ ma³	馬出而已得不
Parvenu,	chü¹ jan² pao⁴ fu⁴	富暴然居
Pass,	t'ung¹ hsing²	行通
,, (elapse)	ching¹ kuo⁴	過經
,, to	kuo⁴	過
,, by, when you	lu⁴ kuo⁴-ti shih²-hou	候時的過路
,, into other hands	tao⁴ pieh²-jên shou³-li	裏手人別到
,, away (die)	kuo⁴-ch'ü-lo	了去過
,, an examination	chi² ti⁴	第及
,, ,,	k'ao³ chung⁴-lo	略中考
,, (of coin), does not	pu⁴ liu²-t'ung	通流不
,, through (as thread through a needle)	ch'uan¹-kuo-ch'ü	去過穿
,, will not allow to	pu² chiao⁴ kuo⁴	過教不
,, from one to another (as as story, etc.)	ch'uan²-kuo-ch'ü	去過傳
,, into, turn into	pien⁴ ch'êng²	成變
,, ,, old age	kuo⁴ tao⁴ shang⁴ sui⁴-shu-êrh	過到上歲數兒
,, exceed	kuo⁴	過
,, over, excuse	tan¹-tai	待擔
,, off (as the effects of wine)	fa¹-san k'ai¹-lo	略開散發
,, (muster), will	ch'ung¹-ti-kuo ch'ü⁴	去過的充
,, for	chia³ chuang¹	粧假
,, the time	hsiao¹ ch'ien³	遣消
,, reaching a dire	nan² kuan¹ chiang² chih⁴	至將關難
,, through customs	t'ung¹ hai³ kuan¹	關海通
,, ,, my hands	ching¹ wo³ shou³	手我經
,, a mountain	sha¹ k'ou⁴-tzŭ	子口山
,, ,,	shan¹ lu⁴	路山
,, would not have come to this	yeh³ pu² tao⁴ chê⁴ pu⁴ t'ien² ti⁴	地田這到不也
,, to (property)	i² chuan³	轉移
,, (hand)	chiao¹ fu⁴	付交
,, (a bill)	t'ung¹ kuo⁴	過通
,, (carry a bill)	k'o³ chüeh²	決可
,, sentence	hsüan¹ kao⁴	告宣
,, from a despotism to a republic	yu² chuan¹ chih⁴ êrh² chin⁴ yü² kung⁴ ho²	由專制而進於共和
,, if the same measure be again *passed* by a quorum of two thirds of members	ju² yu³ tao⁴ hui⁴ i⁴ yüan² san² fên¹ êrh⁴ i³ shang⁴ jêng² chih² ch'ien² i⁴ shih²	如有到會議員三分二以上仍執前議時

Pass—Passive.

Pass (of admission)	t'ung¹ hsing chüan⁴	劵行通
,, (ticket of admission)	ju⁴ ch'ang² ch'üan⁴	劵塲入
,, railway	mien³ p'iao⁴	票免
,, dangerous	wei¹ chi¹	機危
,, book	chê² tzŭ	子摺
Passage, a covered	ch'uan¹ t'ang²-êrh	兒堂穿
,, open	kuo⁴ tao⁴-êrh	兒道過
,, through streets	hsing² ching¹ chieh⁰ tao⁴	道街經行
,, of time	ching¹ kuo⁴	過經
,, by a ship, to take	ta¹ ch'uan²	船搭
,, birds of	hou⁴ niao³	鳥候
,, ,,	ch'iu¹ ch'ü⁴ ch'un¹ lai²	來春去秋
,, of bowels	ch'u¹ kung¹	恭出
,, (of a bill)	t'ung¹ kuo	過通
Passages, love	ch'ing² shih³	史情
Passant (mention), en	ou³ jan¹ t'i² chi²	及提然偶
,, ,, ,,	tai⁴ k'ou³-chih yen²-'rh shuo¹	說兒言口帶
Passed through my hands and know nothing of anything else, I can only speak with knowledge of what actually	fan² shih⁴ ching¹ wo³ shou² pan⁴ ti¹ wo³ chiu⁴ chih¹ tao pu⁴ shih⁴ ching¹ wo³ shou³ pan⁴ ti¹ wo³ chiu⁴ pu⁴ nêng² chih¹ tao⁴	不道知就我的辦手我經事凡 道知能不就我的辦手我經是
Passenger, a	ta¹ k'o⁴	客搭
,,	lü³ k'o⁴	客旅
,, foot	t'ung¹ hsing² jên²	人行通
Passengers for .... on this side	wang³ mou³ ti¹ chê³ yu² tz'ŭ³ têng¹ ch'ê¹	車登此由者地某往
Passer by	hsing² lu⁴	路行
Passing, temporary	i⁴ shih²-ti	的時一
,, shower, a	i² chên⁴-'rh yü³	雨兒陣一
,, ,,	i² chên⁴ kuo⁴ yin¹ yü³	雨陰過陣一
Passion sexual	ch'ing³ yü⁴	慾情
,, (for anything)	p'i³	癖
,, get in a	nao⁰ ch'i⁴	氣閙
,, strong in death, the ruling	yü⁴ chung¹ chih¹ chu⁴ ssŭ³ êrh² pu⁴ i²	移不而死主之中慾
Passionate,	ai⁴ fan⁴ p'i²-ch'i	氣脾犯愛
,,	tuan⁰ ch'i⁴	氣短
,,	pao⁴ hsing⁴-tzŭ	子性暴
Passionately, fond of	ni⁴ t'êng²	疼溺
,, ,,	ni⁴ ai⁴	愛溺
,, ,, study	k'u¹ hao⁴ tu² shu¹	書讀好酷
Passive nature	pei⁴ tung⁴ ti¹ hsing⁴ chih	質性的動被

Passive—Pastime. 578

Passive position, occupy a	ch'u³ tsai⁴ pei⁴ tung⁴ ti¹ ti⁴ wei⁴	位地的動被在處	
,, voice	shou⁴ tung⁴ tiao⁴	調動受	
,, obedience	fu² ts'ung²	從服	
Passiveness,	mo⁴ ts'ung²	從默	
Passport (or pass), a	hu⁴ chao	照護	
,, ,,	chih²-chao	照執	
,, (for travel)	lü³ hsing² mien³ chuang⁴	狀免行旅	
Password,	k'ou³ hao⁴	號口	
Past,	kuo⁴	過	
,, belief	hsin⁴-pu chi²	及不信	
,, my door, go	lu⁴ kuo⁴ pi⁴ yü⁴	寓敝過路	
,, ,, ,,	ta³ wo³ mên² k'ou³ 'rh kuo⁴	過兒口門我打	
,, one o'clock	i⁴ tien³ chung¹ kuo⁴-lo	了過鐘點一	
,, already	i³-ching kuo⁴-lo	了過經已	
,, in the	ts'ung² lai²	來從	
,, events	wang³ shih⁴	事往	
,, fact	shih⁴ shih² i³ kuo⁴	過已實事	
,, cannot get	kuo⁴-pu ch'ü⁴	去不過	
,, can get	kuo⁴-tê ch'ü⁴	去得過	
,, redemption	wan⁸-pu-hui lai²	來回不挽	
,, curing	chih⁴-pu-kuo lai²	來過不治	
,, and present	ku³ chin¹	今古	
,, present and future	hsien¹ shih⁴ tang¹ shih⁴ kuo⁴ shih⁴	事過事當事先	
,, years	wang³ nien²	年往	
,, seven years, for the	yü² tzŭ¹ ch'i¹ tsai³	載七茲於	
,, as a warning to future, show the	yung⁴ piao³ kuo⁴ ch'ü⁴ i³ chien⁴ fang¹ lai²	來方鑒以去過表用	
,, service and an incentive to future effort, as a reward for	i³ ts ê⁴ ch'êng² chi¹ êrh² li⁴ hou⁴ hsiao⁴	効後勵而繼成策以	
,, is a warning for the future, the	ch'ien² shih⁴ pu⁴ wang⁴ hou² shih⁴ chih¹ shih¹	師之事後忘不事前	
,, shed tears of regret for the	tiao⁴ chi³ tien³ fu³ chin¹ chui¹ hsi² ti¹ shang¹ hsin¹ lei⁴	淚心傷的背追今撫點幾掉	
Paste,	chiang⁴-tzŭ	子糨	
,, on, to	chan¹-shang	上粘	
,, ,,	t'ieh¹-shang	上貼	
,, up	hu²-shang	上糊	
Pasteboard,	chih³ pan³-tzŭ	子板紙	
Pastern,	ch'i² ts'un⁴-tzŭ	子寸齊	
Pastime, a	wan²-i-êrh	兒藝玩	

Pastime, as a | wei⁴ shua⁸-nung | 弄耍為娛
,, for | yü² lo⁴ | 樂娛
,, ,, | hsiao¹-ch'ien | 遣消
,, ,, | chieh³ mên⁴ 'rh | 兒悶解
Pasture sheep, to | mu⁴ yang² | 羊牧
Pat, to | p'ai¹ | 拍
,, a child | p'ai¹-i-p'ai hai²-tzǔ | 子孩拍一拍
Patch, to | pu³-i pu³ | 補一補
,, put on a | pu³-shang pu³ ting⁴ | 釘補上補
,, up policy | chai¹ tung¹ pu³ hsi¹ | 西補東搞
,, ,, | wan³ jou⁴ i¹ ch'uang¹ | 瘡瘡肉剜
Patches, all over | man³ shên¹-shih na⁴-t'ou | 頭補是身滿
Patentee, | pei⁴ t'ê⁴ hsü³ chê³ | 者許特被
Patent, a | chuan¹ li⁴ | 利專
,, registered | chuan¹ shou⁴ ch'u⁴ ts'ê⁴ | 冊註售專
,, ,, | chuan¹ mai⁴ t'ê⁴ ch'üan² | 權特賣專
Paternity, | fu⁴ hsi⁴ | 系父
Pater noster, | chu³ tao³ wên² | 文禱主
Path, a | i¹ ku³ hsiao³ tao⁴-êrh | 兒道小股一
,, a winding | yu²-yen tao⁴-êrh | 兒道蜒蚰
,, ,, | yang² ch'ang² hsiao³ tao⁴-êrh | 兒道小腸羊
,, a foot | pien⁴ tao⁴ | 道便
,, to wisdom is through suffering, the | yin¹ yu¹ so⁸ i³ ch'i³ shêng⁴ | 聖啟以所憂殷
,, to eminence, an easy | fu⁴ kuei⁴ chih chieh² ching⁴ | 徑捷之貴富
Pathetic, very | kuai⁴ pei¹ ts'an³-ti | 的慘悲怪
,, writing | i¹ tzǔ⁴ i¹ lei⁴ | 淚一字一
,, song | wên² êrh² shang¹ hsin¹ chih¹ ko¹ | 歌之心傷而聞
Pathic, a | hao¹ hsi³ lung² yang² | 陽龍喜好
Pathology, | ping⁴ li³ hsüeh² | 學理病
Pathos, | pei¹ kan³ | 感悲
,, | tung⁴ ch'ing² li⁴ | 力情動
Pathway, a | hsing² jên² lu⁴ | 路人行
Patience, | nai⁴-hsin fan² 'rh | 兒煩心耐
,, lack | nai⁴ li⁴ pu⁴ chiang² | 強不力耐
,, have a little | nai¹ tien³ fan² 'rh | 兒煩點耐
,, ,, ,, | jên⁰ nai¹-hsieh 'rh-pa | 罷兒些耐忍
,, lose | jên³ pu⁴ nêng² tsai⁴ jên³ | 忍再能不忍
,, and perserverance | chien¹ jên³ pu⁴ nao³ | 撓不忍堅
,, toward all, with | yü⁴ chung⁴ i³ k'uan¹ | 寬以衆御
,, wait in | ching⁴ hou⁴ | 候靜
Patient, | ping⁴ jên² | 人病

Patient—Pattern. 580

Patient person, a	yu³ nai⁴-hsin fan² 'rh	有耐心煩兒
,, long-suffering	hsin¹-li yu³ han²-yang	心裏有涵養
,, efforts	lü³ shih⁴ pu² chüan⁴	屢試不倦
,, study	hêng² hsin¹ ch'iu² hsüeh²	恆心求學
Patiently on, wait	ching⁴ tai⁴ t'ien¹ ming'	靜待天俞
Patois,	fang² yen²	方言
Patriarch,	tsu² chang³	族長
Patricide,	wu³ ni⁴ ta⁴ tsui⁴	忤逆大罪
,,	tzŭ³ shih⁴ ch'i² fu⁴	子弒其父
Patrimony,	ch'an³ yeh	產業
,,	chia¹ yeh⁴	家業
,, of the Throne	p'ei¹ chi¹ hung² shao⁴	丕基鴻紹
Patriotic person, a	ai⁴ kuo²-ti	愛國的
,, rising, start a	ch'i³ i⁴	起義
Patriotism,	ai⁴ kuo²	愛國
,,	ai⁴ kuo²-ti hsin¹	愛國的心
,, a man of lofty	k'uo⁴ jan² kung¹ chung¹	廓然公忠
Patrol, to	hsün² ch'a²	巡察
,,	hsün²-lo	巡邏
,, (scout)	chên¹ ch'a²	偵察
Patron (benefactor), a	ên¹ jên²	恩人
,, (of a shop, etc.)	chao¹-ku chu³-êrh	照顧主兒
,, art	t'i² ch'ang mei³ shu⁴	提倡美術
,, (supporter)	t'i² hsi¹ pang¹ ch'ên⁴-ti jên²	提攜幫襯的人
,, ,,	chang⁴ yao¹ yen³-tzŭ-ti jên²	仗腰眼子的人
,, saint	shou³ hu⁴ shên²	守護神
,, depend on a powerful	kou³ chang⁴ jên² shih⁴ hu² chia³ hu³ wei¹	狗仗人勢假狐假虎威
,, (promoter)	fa¹ ch'i³ jên²	發起人
,, (of a bazaar)	tsan⁴ ch'êng² chê³	贊成者
Patronage,	chou¹ hsüan²	周旋
,, (business)	tz'ŭ⁴ ku⁴	賜顧
,, to solicit	ch'iu² chao⁴-ying	求照應
,, (right of nomination)	hsüan³ ting⁴ ch'üan²	選定權
,, of the nobility, under the	wang² kung¹ fan¹ chên⁴ tz'ŭ⁴ ku⁴	王公藩鎭賜顧
Patronize, to	p'ai¹ lao³ ch'iang¹-êrh	拍老腔兒
,,	lou¹ tê² sê	露德色
Patronizing manners	ao² shih⁴	傲視
Patronymic,	hsing⁴ shih⁴	姓氏
Patter (of rain)	hua¹ hua¹-ti hsia⁴	花花的下
Pattering rain	yü³ shêng¹ hsi¹ li⁴	雨聲淅瀝
Pattern, a	yang⁴-tzŭ	樣子

Pattern, a	shih⁴-yang	樣式
,, new	hsin¹ shih⁴	式新
,, on materials	hua¹-yang	樣花
,, take so and so as your	i² i² mou³ wei² fa³	法爲某以宜
,, for all ages	wan⁴ shih⁴ shih¹ piao³	表師世萬
,, (model)	mu² hsing²	型模
Patters too much, he	tiao⁴ san¹ ts'un⁴ pu⁴ lan⁴ chih shê⁴
	舌之爛不寸三掉
Paunch (big belly), a	tu⁴-tzŭ	子肚
,, ,, (vulgar)	shih³ kuo¹-'rh tu⁴-tzŭ	子肚兒鍋屎
,, of an animal	tu-tzŭ	子肚
Pauper, a	mei² lao⁴-êrh-ti jên²	人的兒落沒
,,	p'in² fa² jên²	人乏貧
,,	wu² so³ i³ lai⁴	賴倚所無
Pause, to	t'ing²-i t'ing-êrh	兒停一停
,,	chung¹ chih³	止中
,, and consider	ssŭ¹ wei² tsai⁴ san	三再維思
,, (in reading)	ting² tu²	讀停
,, there was a	shao¹ t'ing²-liao i⁴ hui³ 'rh
	兒會一了停稍
,, halfway (at a task)	fei⁴ jan² êrh² chih³	止而然廢
,, in hesitation	chih¹ nan² êrh² chih³	止而難知
Pave (with bricks), to	man⁴ chuan¹	磚墁
,, the way to ...	ch'i³ ... chih lu⁴	路之...啟
Paved road, a	shih²-t'ou tao⁴	道頭石
Pavement,	jên² tao⁴	道人
Pavilion, a	i² tso⁴ t'ing²-tzŭ	子亭座一
,,	mu¹	幕
Paw, a	i⁴ chih¹ chua³-tzŭ	子爪隻一
,, the ground, to	na² t'i²-tzŭ p'ao² ti⁴	地刨子蹄拿
Pawl, a	ch'ien¹-chin	斤千
Pawn, to	tang⁴	當
,, shop	tang⁴-p'u	鋪當
,, a pledge, to	tang⁴ tang⁴	當當
,, ticket	tang⁴ p'iao⁴-êrh	兒票當
,, ,,	tang⁴ t'ieh¹ tzŭ	子帖當
,, articles for	tang⁴-t'ou	頭當
,, use as a	yü² lung⁴	弄愚
Pawned for a low sum, valuables	kuei⁴ chung⁴ wu¹ p'in³ êrh² tang⁴ chia⁴ chiao⁴ lien⁰ ti¹
	的廉較價當而品物重貴
,, (chess)	ping¹ tsu²	卒兵
Pay (money), to	kei³ ch'ien²	錢給
,, does not	pu⁴ shang⁴ suan⁴	算上不
,, (of soldiers)	hsiang³ yin²	銀餉

Pay—Peace. 582

Pay (of officials)	fêng⁴	俸
,, (of shopmen, etc.)	lao² chin	金勞
,, (,, ,, ,,)	hsin¹-shui	水薪
,, (,, secretaries, etc.)	shu⁴-hsiu	脩束
,, wages (to servants)	kung¹-ch'ien	錢工
,, ,, in advance, to	chih¹ kung¹-ch'ien	錢工支
,, (salary)	hsin¹	薪
,, ,,	chi³ chin¹	金給
,, (polite)	fêng⁴ chi³	給俸
,, half	pan⁴ fêng⁴	俸半
,, on half	shih² pan⁴ fêng⁴	俸半食
,, retire on full	tai⁴ fêng⁴ kuei¹ t'ien²	田歸俸帶
,, for his mistake with his life	sang¹ shih¹ hsing⁴ ming⁴ i³ ch'ang² ch'i² wu⁴	誤其償以命性失喪
,, to draw	ling³ kung¹-ch'ien	錢工領
,, bills, to	huan² chang⁴	賬還
,, his own expenses, each	ko²-pu hsiang¹ jao⁸	撓相不各
,, balance not	wei⁴ chih¹ fu⁴ chih¹ ts'an² ê²	額殘之拊支未
,, duties	na⁴ shui⁴	稅納
,, taxes	na⁴ shui⁴	稅納
,, tribute	shang⁴ kung⁴	供上
,, ,,	chin¹ kung⁴	貢進
,, visits	pai⁴ k'o⁴	客拜
,, ,,	fang³ wên⁴	問訪
,, respects	ch'ing³ an¹	安請
,, compliments	shuo¹ k'o⁴ t'ao⁴ hua⁴	話套客說
,, congratulations, attend for	sui² pan¹ ch'ing⁴ chu⁴	祝慶班隨
,, out (as chain)	fang⁴	放
Payable monthly	an⁴ yüeh⁴ chih¹ fu⁴	付支月按
Paymaster,	kuei⁴ chi⁴ yüan²	員計會
,, general	chün¹ hsü¹ chü² chang³	長局需軍
Payment in money, will not take	pu⁴ shou⁴ chin¹ yin²-chih hsieh⁴	謝之銀金受不
,, to refuse	pu⁴ yun³ chao¹ fu⁴	付照允不
,, to stop (of a cheque)	chih³ fu⁴	付止
,, to take in part	t'ieh¹-huan	換貼
,, for a better one, give an article in part	t'ieh¹ huan² i¹ ko⁴ hao³ ti¹	的好個一換貼
,, on foreign loans	wai³ chai⁴ chih¹ chih¹ fu⁴	付支之債外
Pays best, politeness	yu⁸ li³ tao⁴ ti³ chung⁴ pien⁴ i⁴	宜便終底到禮有
Pea, green	wan¹ tou⁴	豆豌
Peace (of mind)	an¹ hsin¹	心安

Peace—Pebble.

Peace, a condition of	t'ai⁴-p'ing	太平
,, ,,	ch'ang² chih⁴ chiu³ an¹	長治久安
,, conditions of	kou⁴ ho² t'iao² chien⁴	媾和條件
,, and amity, treaty of	chiang³ ho² t'iao² yüeh¹	講和條約
,, commissioners	chiang³ ho² wei³ yüan²	講和委員
,, to make	yüeh¹ ho²	約合
,, and good order	an¹ ning² chih⁴ hsü¹	安寧秩序
,, hold one's	chien¹ mo⁴	緘默
,, pass ,, days in	kuo⁴ t'ai⁴-p'ing jih¹-tzǔ	過太平日子
,, breach of the	fang¹ ai⁴ chih⁴ an¹	妨碍治安
,, won't let me live in	pu⁴ chiao⁴-wo an¹ shêng¹	不叫我安生
Peaceable,	wên¹ ho²	溫和
,, people	liang² min²	良民
,, (without going to war)	p'ing² ho² ti¹	平和的
Peaceful means are unavailing, war if	hsien¹ li² hou⁴ ping¹ chih¹ chü³	先禮後兵之舉
,, disposition, a man of	ch'ên²-ching jên²	沈靜人
Peacemaker,	ho² shih⁴ lao³	和事老
,,	t'iao² t'ing² chê³	調停者
Peach, a	t'ao²-êrh	桃兒
,, blossom	t'ao² hua¹	桃花
Peacock, a	i⁴ chih¹ k'ung³-ch'üeh	一隻孔雀
Peacock's feather, eyed	hua¹ ling²	花翎
,, ,, not eyed	lan² ling²	藍翎
Peak,	chüeh² ting³	絕頂
,, a mountain	shan¹ fêng¹-êrh	山峰兒
,, (of a cap)	mao⁴ chê¹-yen	帽遮掩
Peal (of thunder)	lei² ming²	雷鳴
Peanuts,	lo⁴-hua shêng¹	落花生
Pear, a	li²	梨
Pearl, a	i⁴ k'o¹ chên¹ chu¹	一顆珍珠
,,	i⁴ k'o¹ chu¹-tzǔ	一顆珠子
,, mother of	lo² tien⁴	螺鈿
Pearls before swine, to cast	tui⁴ niu² t'an² ch'in²	對牛彈琴
,, ,, ,, ,,	na² mo⁴ li⁴ hua¹ 'rh wei⁴ lo⁴ t'o²	拏茉莉花兒爲駱駝
,, ,, ,, ,,	huang³ t'ang¹-tzǔ kuan⁴-sang kou³ tu⁴-tzǔ-li	黃湯子灌桑狗肚子裏
Peasant, a	chuang¹-chia han⁴	莊家漢
,,	chuang¹-chia lao³-êrh	莊家老兒
,,	t'ien² shê⁴ wêng¹	田舍翁
Peasants,	nung² min²	農民
Peat,	ni² t'an⁴	泥炭
Pebble on the beach, thinks he's the only	mu⁴ chung⁴ wu² jên²	目中無人

Pebbles—Peel.

Pebbles,	shih²-t'ou tzŭ³-êrh	石頭子兒
Peck, to	ch'ien¹	啅
,, a	i⁴ tou³	一斗
Peculate,	chin¹ t'un¹ kung¹ k'uan³	侵吞公欵
,,	chien¹ shou³ tzŭ⁴ tao⁴	監守自盜
Peculations,	hsiao¹-hao	消耗
,,	shou⁴ t'o¹ chin¹ chih ch'ieh⁴ yung⁴	受託之金竊用
Peculiar,	kuai⁴	怪
,,	ku³ kuai⁴	古怪
,,	ch'i² kuai⁴	奇怪
,,	t'ê⁴ sê⁴	特色
,, property	t'ê⁴ hsing⁴	特性
,, person	ch'i² jên² kuai⁴ p'i⁸	其人怪僻
,, to	.... so³ t'ê⁴ yu³	所特有....
,, (special)	chuan¹	專
,, to a district	chuan¹ ch'u¹-ch'u	專出處
,, what strikes me as	wo³ so⁸ na⁴ han³	我所納罕
Peculiarity,	t'ê⁴ chih³	特質
Pecuniary,	chin¹ ch'ien² shang	金錢上
,,	ch'ien¹ ts'ai² shang	錢財上
,, embarrassment	ts'ai² chêng⁴ chieh² chü¹	財政拮据
Pedagogue, a	lao³ hsüeh² chiu¹	老學究
Pedal,	chiao⁸ pan³	脚板
,, (of a bicycle)	têng⁴	鐙
,, to	t'a⁴	踏
Pedant, a	lao³ hsüeh² chiu¹	老學究
,,	yin³ ching¹ chü¹ tien³	引經據典
,,	hung¹ tung¹ hsien¹ shêng¹ chih¹ hu¹ chê³ yeh³-ti	烘冬先生之乎者也的
Pedantry (in speech or writing)		
Pederast, a	pu⁴ hsi³ nü³ sê⁴ k'u¹ ai⁴ nan² fêng¹	不喜女色酷愛男風
Pederasty,	yü² t'ao² chih p'i⁸	餘桃之癖
Pedestal, a	tso⁴-êrh	坐兒
Pedestrian a	pu⁴-hsia tsou⁸-ti	步下走的
,,	tsou⁵ tao⁴-êrh-ti	走道兒的
,,	pu⁴ hsing² chê	步行者
Pedigree,	hsüeh⁸ t'ung³	血統
,, register of	chia¹ p'u³	家譜
Pedlar, a	mai⁴ tsa¹ huo⁴ t'iao¹-êrh-ti	賣雜貨挑兒的
Pedlar's pack, a	mai³-mai t'iao¹-êrh	買賣挑兒
Peel (of fruit)	kuo³- tzŭ p'i²-êrh	果子皮兒
,, to	pao¹ p'i²-êrh	剝皮兒

Peel, to	hsüan⁴ p'i²-êrh	兒皮蛻
,, ,,	hsiao¹ p'i²-êrh	兒皮削
,, ,,	hsüeh³ p'i-êrh	兒皮削
,, (after sickness, etc.)	pao⁴-liao p'i²-lo	咯皮了飽
Peep, to	t'ou¹-cho ch'iao²	瞧着偷
,,	k'uei¹ t'an⁴	探窺
,, of day	li² ming²	明黎
Peepshow, a	hsi¹-hu ching³	景湖西
Peer, a	kuei⁴ tsu²	族貴
,, to	k'uei¹ shih⁴	視窺
,, ,,	ch'ü¹-ho-cho yen³ 'rh	兒眼着合覷
,, ,,	ch'ü¹-hu-cho yen³-ching ch'iao²	瞧睛眼着昏覷
Peerless,	wu² shuang¹	雙無
Peers, House of	kuei⁴ tsu² yüan⁴	院族貴
Peevish,	pu⁴ nai⁴ fan²	煩耐不
Peg, a	mu⁴-t'ou chüeh²-êrh	兒橛頭木
,, a small	mu⁴-t'ou hsieh¹-tzǔ	子楔頭木
,, down, to	ting¹-shang	上釘
,, ,, ,,	hsieh¹-shang	上楔
Peking,	pei³-ching	京北
,,	ching¹ shih¹	師京
,,	ching¹ chao⁴	兆京
Pell-mell, to run	luan⁴ p'ao³	跑亂
,, (confusion)	fên¹ luan⁴	亂紛
Pellet, a	tan⁴-tzǔ	子彈
Pelt with stones, to	t'ou² shih²	石投
,, ,, ,,	na² shih²-tou luan⁴ k'an³	扻頭石拿
Pelts, the rain	p'ei⁴ jan² hsia yü⁴	雨下然沛
Pen, a	i⁴ kuan³ pi²	筆管一
,, tip of a	pi³ chien¹ 'rh	兒尖筆
,, rest	pi³ chia⁴ 'rh	兒架筆
,, a worn out	pi³ t'u¹-lo	咯禿筆
,, to point on an ink stone	t'ien⁴ pi³	筆掭
,, moisten a	chan⁴ pi³	筆蘸
,, and ink in describing, no need to waste	wu² hsü¹ lang⁴ fei⁴ pi³ mo⁴	墨筆費浪須無
,, feeling beyond the pen's expression	ch'ing² shên¹ yü² wên² i⁴ tsai⁴ yen² wai⁴	外言在意文於深情
Penal,	hsing² shih⁴ shang⁴	上事刑
,, code	hsing² fa⁴	法刑
,, servitude for life	wu² ch'i² t'u² hsing*	刑徒期無
Penalty for same offence, a	t'ung² tsui⁴ i⁴ fa²	罰異罪同

Penalty—Penmanship.

Penalty fit the crime	fa² tang¹ ch'i² tsui⁴	罰其當罪
„ accessory	fu⁴ chia¹ hsing²	附加刑
„ principal	chu³ hsing²	主刑
„ to suffer	shou⁴ fa²	受罰
„ to inflict a	tsê²-fa	責罰
„ an official	ch'u³-fên	處分
Pencil, a lead	ch'ien¹ pi³	鉛筆
Pendant, a	chui⁴ 'rh	墜兒
Pending,	têng³-cho	等著
„	wei⁴ chüeh² ti¹	未決的
„	wei⁴ ting⁴ chih wên⁴ t'i²	未定之問題
„ case, a	t'ing¹ chuan²-ti an⁴	聽傳的案
„ cases	wei⁴ chüeh² shih⁴ chien⁴	未決事件
„ (during)	....chih¹ chi⁴	....之際
Pendulum, a	chung¹ pai³	鐘擺
„ compensation	tzŭ⁴ chun³ pai³	自準擺
„ swing of the	shih⁴ chi² tsê² fan³	事極則反
Penetrate,	ch'in¹ ju⁴	侵入
„ (as a bullet), to	ta³ t'ou⁴-lo	打透咯
„ „	t'ou⁴ chin-ch'ü	透進去
„ (a design)	k'an⁴ p'o⁴	看破
„ everywhere	p'u³ chi²	普及
„ mysteries	t'ung¹ ch'i² ao⁴ miao	通其奧妙
„ the brain (as an emotion)	shên¹ yin⁴ yü² nao¹ hai³	深印於腦海
Penetrating in winter (as thin raiment), wind	tung¹ t'ien¹ kuan⁴ fêng¹	冬天灌風
Penetration, profound	t'i³ hui⁴ ju⁴ wei¹	體會入微
„ (of a bullet)	ch'in¹ ch'ê li⁴	侵徹力
„ policy of peaceful	ho² p'ing² ti¹ ch'in¹ lüeh² chu³ i⁴	和平的侵略主義
Peninsula, a	hai³-chung ti⁴ chiao³	海中地角
„	t'u³ ku³	土股
Penis,	yang² wu⁴	陽物
„	yin² chü⁴	淫具
„	yü⁴ hêng²	玉莖
„ (vulgar)	ch'iao³ tzŭ	巧子
Penitence,	chui¹ hui³	追悔
„ full of	shên¹ tzŭ⁴ hui³ kuo⁴	深自悔過
Penitent,	hou⁴ hui³	後悔
„	hsin¹ hui³-lo	心悔咯
Penitentiary,	ch'êng³ chih⁴ chien¹	懲治監
Penman, a good	shan⁴ hsieh³ chê³	善寫者
Penmanship,	pi³ fa³	筆法
„ fine	shan⁴ yü² shu¹ fa³	善於書法

Penmanship, an exquisite	pi³ ssŭ¹ lung² shê²	筆 似 龍 蛇
Pennant, a	ch'ang² liu²	長 旒
,,	san¹ chien¹ 'rh ch'i²	三 尖 兒 旗
Penny, a	pien¹-ni	邊 尼
,, wise	hsi¹ hsiao³ shih¹ ta⁴	惜 小 失 大
,, ,, and pound foolish	ta⁴ wu² suan⁴ hsiao³ chien¹ tsuan¹	大 無 算 小 尖 鑽
Penny-a-liner,	mai⁴ wên² chê	賣 文 者
Pension, a	kan¹ fêng⁴	乾 俸
,,	yang³ lao³ yin¹	養 老 銀
,,	ên¹ chi³ chin¹	恩 給 金
,, (civil servant)	t'ui⁴ chih² chin¹	退 職 金
,, to draw a	ch'ih¹ kan¹ fêng⁴	吃 乾 俸
,, (to a family of killed)	fu³ hsu¹ yin²	撫 恤 銀
Pensioner (fig.)	chi⁴ shih² chê³	寄 食 者
,,	mên² hsia⁴ shih¹	門 下 士
Pensions (e.g., to family of soldier killed in war), life	chung¹ shên¹ yang³ fei⁴	終 身 養 費
Pensive,	mên⁴ hsiang³	悶 想
,, to be	ch'ên² ssŭ¹	沈 思
Pent up wrath caused a chill	chia² ch'i² shang¹ han²	夾 氣 傷 寒
,, ,, rage which is not vented	i¹ ch'iang¹ fên⁴ mên⁴ wu² ch'u⁴ hsüan¹ fa¹	一 腔 憤 悶 無 處 宣 發
,, ,, ,, ,,	lien² chi² tai⁴ wo¹ hsin¹	連 急 帶 窩 心
Pentagon, a	wu³ chiao³ êrh hsing³	五 角 兒 形
Penthouse, a	hsiao⁶ ko²-tzŭ	小 閣 子
Penultimate,	mo¹ wei³ ti¹ êrh⁴ ti¹	末 尾 第 二 的
Penumbra,	pan⁴ yin¹ ying³	半 陰 影
Penury,	p'in² fa²	貧 乏
,, to live in	kuo⁴ ch'iung² jih⁴-tzŭ	過 窮 日 子
,, (circumstances)	chao² pu⁴ pao³ hsi²	朝 不 保 夕
Peony, a	shao²-yao	芍 藥
,, tree	mu³-tan	牡 丹
People (nation)	kuo² min²	國 民
,, (persons)	jên²-chia	人 家
,, the	po²-hsing	百 姓
,, ,, common	min² jên²	民 人
,, ,, ,,	hsiao³ min	小 民
,, ,, ,,	shu⁴ min²	庶 民
,, ,, ,,	li² min²	黎 民
,, ,, ,,	ts'ang¹ shêng¹	蒼 生
Pepper, ground	hu²-chiao mien⁴-'rh	胡 椒 麵 兒
,, tree	chiao¹ shu⁴	椒 樹
,, red	la⁴ chiao¹	辣 椒
,, corn	chiao¹ li⁴-êrh	椒 粒 兒

Peppermint—Perfection. 538

Peppermint,	po⁴-ho	荷薄
Pepsin,	hsiao¹ hua⁴ su⁴	素化消
Perambulate,	man⁴ yu²	遊没
,, (ramble)	san⁴ pu⁴	步散
Perambulator, a	shou³ t'ui¹ hsiao³ ch'ê¹ 'rh	車小推手
Perceive, to	chüeh²-cho	着覺
,, not to	pu⁴ chüeh²	覺不
,, did not	mei² li³ hui⁴	會理沒
Per cent discount, ten	i¹ chiu³ k'ou⁴	扣九一
,, interest, ten	i¹ fên¹ hsi³	息分一
,, of hits, only ten	so³ chao²-ti pu² kuo⁴ shih²-fên-chih i¹	一之分十過不的着所
,, of naval men are Fukienese, eighty	fan² hai³ chün¹ yüan² i⁴ min³ jên² chü¹ shih² chih pa¹	八之十居人閩役員軍海凡
Percentage,	po⁴ fên¹ pi³ li	例比分百
,, (discountage)	k'ou⁴-t'ou	頭扣
,, (commission)	shou³ shu⁴ liao⁴	料數手
Perceptible,	i⁴ yü² chih¹ chüeh²	覺知於易
Perception of, a clear	ch'uai³ mo² t'ou⁴ la	了透摩揣
,, ,, ,,	tung⁴ chien⁴ fei¹ fu³	腑肺見洞
,, no power of	t'ai⁴ mei² yen³-sê 'rh	兒色眼沒太
,, narrow	kuan³ k'uei² li³ ts'ê⁴	測蠡窺管
Perch, to	lao⁴	落
,, a	p'a² kang⁴-êrh	兒杠爬
Perchance,	wan⁴ i¹	一萬
,,	huo⁴ jan²	然或
Percussion cap	lei² kuan³	管雷
Perdition,	ch'ên² lun²	淪沈
Peregrination,	pien¹ li⁴	歷徧
Peremptory,	yen² chung⁴	重嚴
,,	lun⁴ ting⁴ ti¹	的定論
,, orders, received	chiao¹-p'ai-ti t'ing³ yen²	嚴挺的派交
Perennial,	yung³ chiu³	久永
Perennials,	yin¹ kên¹-ti hua¹ 'rh	兒花的根蓝
Perfect,	ch'i²-ch'üan	全齊
,,	chou¹-ch'üan	全周
,,	ch'êng³-ch'i	齊整
,,	ch'êng²-ch'üan	全成
,,	ch'üan² mei³	美全
,,	chin⁴ shan⁴ chin⁴ mei³	美盡善盡
,,	ch'üan² pei⁴	備全
,, result	yüan² man³ chih¹ ch'êng² kung¹	功成之滿圓
Perfection, blot on face of	mei³ chung¹ pu⁴ tsu²	足不中美

Perfection—Periodical.

Perfection is often spoiled by disaster	hao³ shih⁴ to¹ mo²	齊多事好
Perfectly remember	chi¹-tê-ti chên¹-ch'ieh	切眞的得靶
,, proper	li³ so³ ku⁴ jan²	然固所理
,, must know their lesson	kung¹-k'o ch'üan² tei³ shu²	熟得全課功
Perfidy,	pu⁴ chung¹	忠不
,,	chiao³ hua⁴	猾狡
Perforated,	t'ou⁴-k'u lung⁵-êrh-ti	的兒隆窟透
Perforce,	shih⁴ so³ pi¹ chih⁴	至必所勢
Perform (a contract)	li³ hsing²	行履
,, (a ceremony)	chih² hsing²	行執
,, ,,	chü³ hsing²	行擧
,, (a promise)	shih² hsing²	行實
,, no duties	wu² so³ shih⁴ shih⁴	事事所無
,, duties properly	shih² hs.ng² chih² wu⁴	務職行實
,, a play	yen³ hsi⁴	戲演
Performance, a theatrical	i⁴ t'ai² hsi⁴	戲臺一
Perfume,	hsiang¹ wei⁴	味香
,, (liquid)	hsiang¹ shui³	水香
,, (powder)	hsiang¹ fên³	粉香
Perfunctoriness,	lêng³ tan⁴	淡冷
Perfunctory,	fu¹-yen	衍敷
,,	yin¹-hsün	循因
,,	man¹-han	頇顢
,, manner, perform in a	sê¹ tsê²	責塞
,, ,,	fu¹ yen³ liao³ shih⁴	事了演敷
,, ,,	pu⁴ kuo² tien³-ko ching³-êrh	兒景個點過不
,, ,,	hsü¹ ying¹ ku⁴ shih⁴	事故應虛
Perhaps,	huo⁴ chê³	者或
,, (it may be that)	hsü³ yu³	有許
,, it is he	ch'iao³-lo-shih t'a¹	他是咯巧
Perigee,	chin⁴ ti⁴ tien³	點地近
Peril,	wei¹ hsien³	險危
,, Yellow	huang² huo⁴	禍黃
Perilous in extreme	ch'iung² hsiung¹ chi² hsien³	險極兇窮
Period, during this	chê⁴-i chieh²-'rh	兒節一這
,, of ten years, for a	i³ shih² nien² wei² ch'i²	期爲年十以
,, first	ti¹ i¹ ch'i²	期一第
Periodical,	ting⁴ ch'i² ti¹	的期定
,, loss a	ting² ch'i² k'an¹ hsing² wu⁴	物行刊期定
,, losses	ch'i² chien chih¹ k'uei¹ chê²	折虧之間期

Periodically—Perpendicular. 590

Periodically,	an⁴-cho chieh²-'rh	按着節兒
Periods, flowing	yang² yang² ch'ien¹ yen²	洋洋千言
,, the procedure spread over different	ch'i² fên¹ ch'i² chin⁴ hsing² chih¹ fang¹ chên¹	其分期進行之方針
Peripatetic,	p'an² hsüan²	盤旋
Periphrase,	jung³ ch'ang² wên²	冗長文
,,	i⁴ chien³ tz'ŭ⁴ fan²	意簡辭繁
Perishable,	ko¹-pu chu⁴	攔不住
Peritonitis,	fu⁴ mo⁴ yen²	腹膜炎
Perityphilitis,	mang² ch'ang pao¹ mo⁴ yen² ping⁴	盲腸包膜炎病
Perjury,	wei⁴ chêng⁴ tsui⁴	僞證罪
Perky,	yang² yang² tzŭ⁴ tê	揚揚自得
Permanency,	yung³ ts'un²	永存
Permanent,	ch'ang²	常
,,	ch'ang² chiu³	常久
,,	ch'ang²-yüan	常遠
,, whether temporary or	wu² lun⁴ chan⁴ chiu³	無論暫久
,, attitude, adopt this	chang³ tz'ŭ³ pu⁴ pien⁴ chih¹ chuang⁴ t'ai⁴	長此不變之狀態
,, (standing)	ch'ang² shê⁴	常設
,, Court of Arbitration	ch'ang² shê⁴ chung⁴ ts'ai² ts'ai² p'an⁴ so³	常設仲裁裁判所
,, official	chung¹ shên¹ kuan¹	終身官
,, way	kuei³ tao⁴	軌道
Permeate (as ideas)	p'u³ chi²	普及
,, (vices)	kan³ jan³	感染
Permission,	chun³ hsü³	准許
,, with your	ju² mêng² yün³ chun³	如蒙允准
,, obtain his	tê²-t'a-ti chun³ hua⁴-'rh	得他的準話兒
Permissive,	sui² i⁴	隨意
Permit, a	chun³ tan¹	準單
,, to	chun³	準
,, him to pass	jang⁴-t'a kuo⁴-ch'ü	讓他過去
,, me to see	jang⁴-wo ch'iao²	讓我瞧
,, (of inspection)	tsung⁴ lan³ chüan⁴	縱覽劵
,, special	t'ê⁴ hsü³ ch'üan²	特許權
Permutation,	pien⁴ hua⁴	變化
Permutations (mathematical)	pien⁴ hu⁴ li⁴	變互例
Pernicious,	yu³ hai⁴-ti	有害的
,,	tu² hai⁴ ti¹	毒害的
Peroration,	chieh² lun⁴	結論
Perpendicular,	shu⁴	豎
,, cliff	chüeh² pi⁴	絕壁

Perpetrate an appalling error (of policy)	chu⁴ liu⁴ chou¹ chih¹ ts'o⁴	錯之州六鑄
,, what even a despotism shrank from? is a republic to	chuan¹ chih⁴ shih² tai² so³ pu⁴ wei² kung⁴ ho² fan³ ch'u¹ tz'ŭ³ hu²	乎此出反和共爲不所代時制專
Perpetual,	ch'ang²	常
,,	yung³ wu² chien⁴ tuan⁴	斷間無永
Perpetually,	shih³ chung¹ pu⁴ i⁴	易不終始
,,	lao³	老
,,	wu² ch'iung² chin⁴	盡窮無
,, raining	lao⁴ shih⁴ hsia⁴ yü³	雨下是老
Perpetuate,	pao³ ch'üan²	全保
,, for ever	shih³ ch'ui² chiun³ yüan³	遠久垂使
Perpetuity,	yung³ ts'un²	存永
, lease in	yung³ yüan³ tsu¹ ti⁴ ch'üan²	權地租遠永
Perplexed,	mei² chu²-i	意主沒
,,	sao³ shou³ ch'ih² ch'u²	躇踟首搔
,, quite	mo⁴ ming² ch'i² miao⁴	妙其明莫
,, in the extreme	i⁴ ch'ang² chiao¹ shao²	灼焦常異
,, in mind	pu⁴ chih¹ so³ ts'ung²	從所知不
Perplexing,	chu¹ shih⁴ chi² shou³	手棘事諸
,, case	i² hsin¹ ts'an¹ pan⁴	牛參信案
,, business, a	nao² t'ou²-ti shih⁴-ching	情事的頭惱
,, and grave cases of illness	i² nan² ta¹ chêng⁴	症大難疑
Perplexity,	ts'o⁴ tsung⁴	綜錯
,,	mi² huo⁴	惑迷
Perquisites,	wai² ch'u¹-hsi-êrh	兒息出外
,, monthly (on the Manchu pensions)	shih³ yüeh⁴ li⁴ h	兒例月使
,, illegal	chung¹ pao³	飽中
,, legal	lou⁴ kuei⁴	規陋
Persecute, to	pi⁴-p'o	迫逼
,, (importune)	tu⁴ ch'iu²	求凟
Persecution, religious	tsung¹ chiao⁴ shang chih chiung³ pu⁴	迫譬之上敎宗
Perseverance,	chien¹ jên³	忍堅
,,	po⁴ chê² pu⁴ jao¹	撓不折百
,, in error	chih² mi² pu⁴ wu⁴	悟不迷執
,, overcomes difficulties	shih⁴ shang⁴ wu² nan² shih¹ chih³ p'a⁴ yu³ hsin¹ jên³	人心有怕只事難無上世
Persevere, to	fa¹ hêng² hsin¹	心橫發
,, to the end	shan⁴ shih³ shan⁴ chung¹	終善始善
Persevering,	tzŭ³ tzŭ³ pu⁴ chüan⁴	倦不孜孜

Persia—Personally. 592

Persia,	po¹-ssŭ kuo³	波斯國
Persienne,	huo³ pi⁴-tzŭ	活箆子
Persimmo , a	shih⁴-tzŭ	柿子
Persist, to	chih² i⁴-ti	直意的
,, in going	chih² i⁴-ti yao⁴ ch'ü⁴	直意的要去
,, ,, demanding	ying⁴ chuai⁴-cho yao⁴	硬拽著要
,, ,, saying	ying⁴ shuo¹	硬說
,, ,, asserting	chu³ chang¹	主張
,, ,, an object	chien¹ i³. , . . . wei² tsung¹ chih⁸	堅以....爲宗旨
,, denying it? do you still	ni³ hai² tsui³ ying⁴-ma	你還嘴硬嗎
Persisted in asserting	i⁴ k'ou³ yao³ ting⁴-lo	一口咬定咯
Persistence,	ku⁴ chih²	固執
,,	liu² chi⁴	留迹
Person, a	jên² wu⁴	人物
,,	jên²-chia	人家
,, third	ti⁴ san¹ chê³	第三者
,, came in	ch'in¹-tzŭ lai²-ti	親自來的
,, a certain	mou³-jên	某人
,, carried on the	shên¹-shang tai⁴-ti	身上帶的
,, search the	sou¹ so³ shên¹ t'i³	搜索身體
,, of the citizens shall not be imprisoned . . ., the	jên² min² chih¹ shên¹ t'i³ pu⁴ tê² chü̔ chin⁴	人民之身體不得拘禁
,, to the warship, go in	kung¹ fu⁴ ping¹ lun²	躬赴兵輪
Personage,	kuei⁴ jên²	貴人
Personal,	ko⁴ jên² ti¹	個人的
,,	pên³ jên²-ti	本人的
,,	ch'in¹ shên¹-ti	親身的
,, interview	mien⁴ chien⁴	面見
,, appearance	hsing² jung²	形容
,, affairs	ssŭ¹ shih⁴	私事
,, use, for	tzŭ⁴ yung¹	自用
,, remarks, to make	shuo¹-shang ni³ wo⁸-lo	說上你我咯
,, ,, ,,	p'i¹ p'ing² ko⁴ jên²	批評個人
,, ,, don't make	pieh² pa⁴ wo³ shuo¹-shang	別把我說上
,, consultation	tang¹ mien⁴-'rh shang¹-liang	當面兒商量
,, discussion	ti² mien⁴-'rh chiang³	覿面兒講
,, (disparaging)	i⁴ lun¹ jên² chih p'in³ ko²	議論人之品格
,, view, in my	i¹ wo³ i¹ chi³ chihi chien⁴	依我依己見之
,, ken within my	chiu⁴ wo⁸ so³ chih¹ tao⁴ ti¹	就我所知道的
Personality,	jên² ko²	人格
Personally,	chih² chieh¹ ti¹	直接的

Personally—Pervade

Personally, saw him	chien⁴ ch'i² pên³ jên²	人本其見
,, never met him	wei⁴ chien⁴ ch'i² jên²	人其見未
Personate, to	chia³ mao⁴	冒假
,,	cha⁴ ch'êng¹	稱詐
Personation (of voters)	wei³ tai⁴ ch'ing² pi⁴	弊情代委
Personnel,	jên² yüan²	員人
Persons (male or female), ten	shih² ming² k'ou³	口名十
,, holds five	jung² wu³-ko jên¹	人個五容
,, in his family, five	chia¹-li yu³ wu² k'ou³ jên²	人口五有裏家
Perspective,	p'ei⁴ ching³ fa³	法景配
Perspicacity,	ling² li⁴	俐伶
Perspicuous,	ming² liao³	瞭明
Perspiration, disease cured by a good	i¹ han⁴ êrh² yü² chih¹ ping⁴	病之愈而汗一
,, stream with	ta⁴ han⁴ lin² li²	漓淋汗大
,, medicine to cause	fa¹ han⁴ ch'i⁴	劑汗發
,, saturates my raiment, at the thought	yen² nien⁴ chi² tz'ŭ³ han⁴ fa¹ chan¹ chin¹	袷霑發汗此及念言
,, drops down his back (from fear)	han⁴ liu² chia¹ pei⁴	背浹流汗
Perspire, to	ch'u¹ han⁴	汗出
Persuade him to come	pa⁴-t'a hung³-liao lai²	來了哄他把
,, him, cannot	niu³-t'a-pu kuo⁴	過不他扭
,, ,, to resume his duties	pa⁴ t'a¹ yüan² ch'üan² hui² ch'ü⁴	去問全圓他把
Persuasion,	ch'üan⁴ kao⁴	告勸
Persuasive manner	ch'üan² jên² fu² ts'ung² chih k'ou³ ts'ai²	才口之從服人勸
Pert,	p'o¹-lo	辣潑
Pertain to	shu³	屬
,,	kuan¹ yü²	於關
Pertinacious,	ku⁴-chih	執固
,,	ch'iang² ch'ing²	情強
,, in his own opinion, each	ko⁴ chih² ch'i² ssŭ¹	私其執各
Pertinent,	shih⁴ ch'ieh	切適
Perturbation,	tung⁴ yao²	搖動
Perturbed,	hsin¹ chiao¹	焦心
,,	hsin²-chung yu¹ yü⁴	鬱憂中心
Peru,	pi³ lu⁸ kuo²	國魯比
Perusal,	yüeh⁴ lan³	覽閱
Peruse, to	p'i¹ yüeh⁴	閱披
Pervade, to	t'ung¹ t'ou⁴-lo	咯透通
,, ,, (of an odour)	ch'uan⁴-kuo-lai	來過串

Perverse—Petty. 594

Perverse,	ning⁴	佞
,,	niu²-hsing	牛性
,,	hsing⁴-ch'ing kuai¹-chang	性情乖張
,,	tiao¹-p'o	澩刁
,,	tso³ hsing⁴-tzǔ	左性子
,,	kuai¹-p'i	乖僻
Pervert,	yü⁴ huo⁴	誘惑
,, the truth, etc., to	tien¹ tao³ shih¹ fei¹	顛倒是非
,, ,, ,,	nao² luan⁴ shih⁴ fei¹	撓亂是非
,, manners and customs	shang¹ fêng¹ pai⁴ su²	傷風敗俗
Pessimism,	yen⁴ shih⁴ chu³ i⁴	厭世主義
Pessimist, a	hsin¹ yen³ 'rh chai³	心眼兒窄
,,	ch'i³ jên² yu¹ t'ien¹	杞人憂天
Pessimistic,	pei¹ kuan¹ ti¹	悲觀的
,, view, take a	ch'ih² pei¹ kuan¹ chu³ i⁴	持悲觀主義
Pest (plague)	hei¹ ssǔ³ ping⁴	黑死病
,, become a	ch'êng²-lo chên⁴-lo	成了陣咯
Pester, to	lo¹-so	囉唆
Pestilence,	liu² hsing² ping⁴	流行病
Pestilential,	hai⁴ tu²	害毒
Pestle, a	ju³-po ch'ui² 'rh	乳鉢槌兒
Pet, to	ku¹-hsi	姑息
,, child	ai² tzǔ²	愛子
,, theory	ch'ih² lun⁴	持論
Petal of a flower	hua¹ pan⁴ 'rh	花瓣兒
Petition, a	ping³ t'ieh	稟帖
,,	ch'ing³ yüan⁴ shu¹	請願書
,, parliament, right to	yu³ ch'ing⁴ yüan⁴ yü² i⁴ hui⁴ chih¹ ch'üan²	有請願於議會之權
,, present a	ti⁴ ping³-t'ieh	遞稟帖
,, draw up a	chü¹ ping³-t'ieh	具稟帖
,, ,,	chü¹ ch'êng²-tzǔ	具呈子
Petitioner,	ch'ing² yüan⁴ chê³	請願者
Petitions' Committee	ch'ing³ yüan⁴ wei² yüan²	請願委員
Petrifaction,	hua¹ shih²	化石
Petrified wood	mu⁴ pien⁴ shih²	木變石
Petroleum,	mei² yu²	煤油
,,	shih³ yu²	石油
,, crude	shêng¹ shih² yu²	生石油
Petted,	t'ai² chiao¹ kuan⁴-lo	太嬌慣咯
Petticoat, a	ch'ün²-tzǔ	裙子
,, government	p'in³ chi¹ ssǔ¹ ch'ên²	牝鷄司辰
Pettifogger,	sung⁴ kun⁴	訟棍
Pettifogging business	so³-sui shih⁴	瑣碎事
Petty,	so³-sui	瑣碎

Petty affair of money ch'ien² ts'ai² hsi⁴ ku⁴ 錢財細故
,, minded hsin¹-li t'ai⁴ so³ sui⁴ 心裏太瑣碎
,, ,, hsin¹ sui⁴ 心碎
,, ,, hsiao³-ch'i 小器
,, officer hsia⁴ shih¹ kuan¹ 下士官
,, officials wei¹ yüan² mo⁴ li⁴ 微末吏員
,, question of appointment by president or province, a chien³ jên⁴ huo⁴ min² hsüan³ chih¹ mo⁴ chieh² 簡任或民選之末節
Petulant, pu⁴ nai⁴ fan² 不耐煩
Pewter, hsi²-la 錫鑞
Phalanx, fêng¹ t'un² i³ chü⁴ 蜂屯蟻聚
Phallic worship shêng¹ chih² ch'i⁴ ch'ung² pai⁴ 生殖器崇拜
Phallus, yü⁴ hêng² 玉莖
Phantom, pursue a wang⁴ fêng¹ p'u¹ ying³ 望風撲影
,, of the imagination p'ing² k'ung¹ tsao⁴ mo² 憑空造覓
Pharmacopoeia, yao⁴ chi¹ shu¹ 藥劑書
Phase, chü² mien⁴ 局面
,, (physics) wei⁴ hsiang⁴ 位相
,, enter on a new pien⁴ t'ai⁴ 變態
Phases, pien⁴ ch'ien¹ 變遷
,, changing shih⁴shih¹chih¹pien⁴ch'ien¹ 世事之勢遷
,, of the moon yüeh⁴ chih¹ ying² k'uei¹ 月之盈虧
Pheasant, a i⁴ chih¹ yeh³ chi¹ 一隻野雞
,, shan¹ chi¹ 山雞
,, golden chin³ chi¹ 錦雞
Phenomenal, han³ chien⁴-ti 罕見的
Phenomenon, a han³ shih⁴ 罕事
,, hsien⁴ hsiang⁴ 現象
,, hsi¹-han wu⁴-êrh 希罕物兒
Philanthropist, a jo⁴-hsin jên² 熱心人
,, tz'ǔ²-shan jên² 慈善人
,, i⁴ jên⁴ 義人
Philanthropy, kung¹-i shih⁴ 公義事
,, po² ai⁴ hsin¹ 博愛心
Philippic, t'ung⁴ ma¹ chih¹ tz'ǔ² 痛罵之詞
Philology comparative pi³ chiao po² yen² hsüeh² 比較博言學
Philosopher, a li³ hsüeh² jên² 理學人
,, chê³ hsüeh² chê³ 哲學者
Philosophical person, a t'ing¹ ming⁴ yü² t'ien¹-ti jên² 聽命由天的人
Philosophy, moral tao⁴ tê² hsüeh² 道德學
,, mental hsin¹ li³ hsüeh² 心理學
,, natural li³ hsüeh² 理學

Phlegm—Physique. 596

Phlegm,	t'an²	痰
,, hawk up	k'a¹ nien² t'an²	咯粘痰
Phlegmatic,	lêng³ hsing⁴-tzǔ	冷性子
Phoenix, a	fêng⁴-huang	鳳凰
Phonetic,	fan¹ yin⁴	翻音
,, character	yin¹ tzǔ¹	音字
,, system	piao³ yin¹ fa³	表音法
Phonograph, a	hua⁴ hsia²-tzǔ	話匣子
,,	liu² shêng¹ chi¹	留聲機
Phosphates,	lin² suan¹	燐酸
Phosphorence,	lin² huo³	燐火
Phosphorescent,	fa¹ liang⁴-kuang¹-êrh	發亮光兒
Phosphorus,	hua⁴ lin² k'uang¹	化燐礦
Photograph, a	hsiang⁴	像
,, to	shê⁴ ying³	攝影
,, take a	chao⁴-ko hsiang⁴	照個像
,, develop, a	hsi³ hsiang⁴ pan³	洗像板
,, negative	chao hsiang⁴ pan³	照像板
,, ,, print a	shai⁴ hsiang⁴ pan³	曬像板
Photographer,	hsieh³ chên³ shih¹	寫眞師
Photography,	hsieh³ chên¹ hsüeh²	寫眞學
,, (art)	hsieh³ chên¹ shu⁴	寫眞術
Phototype, a	so¹ pan³	縮板
Phrase, a	i²-chü hua⁴	一句話
,,	chang¹ chü⁴	章句
,, a common	ch'ang² shuo¹-ti hua⁴	常說的話
,, a modern (or term)	hsin¹ ming² tz'ǔ²	新名詞
Phraseology,	chü¹ fa³	句法
,, between two texts, difference in	tz'ǔ² chü⁴ hu⁴ yu³ ts'an¹ tz'ǔ¹	詞句互有參差
,,	wên² t'i³	文體
Phthisis,	lao² ping⁴	癆病
Physical (of physics)	wu⁴ li³ ti¹	物理的
,, constitution	t'i³ ch'i⁴	體氣
,, education	t'i³ yü⁴	體育
,, force	wan⁴ li⁴	腕力
,, geography	ti⁴ wên² hsüeh²	地文學
Physically,	shên¹ t'i³ shang	身體上
Physician, a	nei⁴ k'o¹ i¹-shêng	內科醫生
,, (polite)	kuo² shou³	國手
Physics,	wu⁴ li³ hsüeh²	物理學
Physiognomist, a	hsiang⁴ mien⁴-ti	相面的
Physiology,	shêng¹ li³ hsüeh²	生理學
Physique,	t'i³-ch'i	體氣
,,	t'i³ ko²	體格

Physique, of strong — shên¹-tzŭ ku³-êrh chien¹-shih 身骨子結兒實
Pianoforte, a — yang² ch'in² 洋琴
Pick, a — i⁴ pa³ kao³ 一把鎬
  ,, flowers, to — ch'ia¹ hua¹-êrh 掐花兒
  ,, fruit, to — chai¹ kuo³-tzŭ 摘果子
  ,, up, to — chien³-ch'i-lai 撿起來
  ,, ,, (as with chopsticks) t'iao³-ch'i-lai 挑起來
  ,, ,, food with chopsticks — na² k'uai⁴-tzŭ chia¹-ch'i-lai 拿筷子夾起來
  ,, ,, with the fingers — nieh¹-ch'i-lai 揑起來
  ,, ,, the cup — pa⁴ wan³ tuan¹-ch'i-lai 把碗端起來
  ,, ,, a stray child — chien³ shih² yu⁴ t'ung² 撿拾幼童
  ,, out — t'iao¹ 挑
  ,, and choose — t'iao¹ san¹ t'iao¹ ssŭ⁴-ti 挑三挑四的
  ,, ,, ,, don't — pu⁴ yao⁴ t'iao¹-ch'ih 不要挑剔
  ,, holes in character — chao³ ts'o⁴ fêng⁴-êrh 找錯縫兒
  ,, ,, ,, — chao³ ch'a² 'rh 找碴兒
  ,, too many holes — t'iao¹ t'i¹ t'ai⁴ yen² 挑剔太嚴
  ,, a quarrel — chao³-hsün jên² 找尋人
  ,, one's way — t'iao¹-cho chiao³-pu-êrh tsou³ 挑着脚步兒走
  ,, the teeth — t'i¹ ya² 剔牙
  ,, a tooth — ya² ch'ien¹-'rh 牙籤兒
  ,, an ear — êrh³ wa²-tzŭ 耳挖子
  ,, the nose — k'ou¹ pi²-tzŭ 摳鼻子
  ,, pocket, a — hsiao²-li 小紿
  ,, a scab, to — k'ou¹ ko¹-chih 'rh 摳疙疸兒
  ,, give me first — hsien¹ jang⁴ wo³ ch'ou¹-ko t'ou²-êrh 先讓我抽個頭兒
  ,, of the basket — mao¹ 'rh 帽兒
  ,, of the lot, the — shang⁴ têng³ chien¹-tzŭ 上等尖子
Pickaback, to carry — pei¹ 背
  ,, ,, — pei¹-cho 背着
Picked out with green, red — hung² ch'iao⁴ lü⁴ 紅俏綠
  ,, troops — ching¹ ping¹ 精兵
Pickets, line of — shao⁴ ping¹ hsien⁴ 哨兵線
Pickled beef — tsao¹ niu² jou⁴ 糟牛肉
Pickles, — hsien² ts'ai⁴ 鹹菜
  ,, to make — yen¹ ts'ai⁴ 醃菜
Pickpocket, a — pai² ch'ien² hsiao³ t'ou¹ 白錢小偸
Picnic, to go on a — ch'ih¹ yeh³ fan² 吃野飯
  ,, ,, — yu³ yen⁴ 遊宴
  ,, ,, — ho¹-ko yeh³ chiu³-êrh ch'ü⁴ 喝個野酒兒去

Picture—Pierce. 598

Picture, a	i⁴ chang² hua⁴ 'rh	一張畫兒
,, a framed	kua⁴ p'ing²-êrh	掛屏兒
,, frames	hua⁴ 'rh pi⁴-tzǔ	畫兒壁子
,, to frame a	hsiang¹-ko k'uang⁴-tzǔ	鑲個框子
,, comic	hsi¹ hua⁴	戲畫
Pictures, living	huo² tung⁴ hsieh³ chên¹	活動寫眞
,, obscene	ch'un¹ hua⁴	春畫
Picturesque,	yu³-ko ch'iao²-t'ou 'rh	有個瞧頭兒
Picul, a	i⁴ tan⁴	一石
Piebald horse, a	hua¹ ma³	花馬
Piece, a	i² k'uai⁴	一塊
,, of cloth (remnant)	i² k'uai⁴ pu⁴	一塊布
,, ,, (a full length)	i⁴ p'i¹ pu⁴	一正布
,, by piece	i² k'uai⁴-i k'uai⁴-ti	一塊一塊的
,, of paper	i⁴ chang¹ chih¹	一張紙
,, ,, string	i⁴ kên¹ shêng²-tzǔ	一根繩子
,, ,, poetry	i⁴ shou³ shih¹	一首詩
,, sell by the	lun⁴ ko⁴-êrh-ti mai⁴	論個兒的賣
,, ,, ,,	tan¹ ko⁴-êrh-ti mai⁴	單個兒的賣
,, goods	pu⁴ huo⁴	布貨
,, together	i²-ko i²-ko-ti tui⁴-shang	一個一個的對上
,, work	pao¹ huo²	包活
,, off, break a	pai³-k'ai-i k'uai⁴	掰開一塊
,, of my mind, will give him a	wo³-yao kên¹-t'a fa¹-tso	我要跟他發作
,, ,, ,, ,, ,,	chih² ch'ih⁴ pu⁴ hui⁴	直斥不諱
,, (part)	i¹ pu⁴ fên¹	一部分
,, of ground	i¹ tuan⁴ ti⁴	一段地
,, together, to	p'ei⁴ ho²	配合
,, to piece	p'ei⁴ ho²	配合
,, out	chan³ ch'ang²	展長
,, of advice, offer a	chin⁴ i¹ chung¹ kao⁴	進忠告
Pièce de conviction,	chêng⁴ chü⁴ wu⁴ chien⁴	證據物件
Piecemeal,	fên³ sui⁴	粉碎
,,	lu⁴ hsü⁴ fên¹ tuan⁴	陸續分斷
Pieces, pick to	ch'ia¹-k'ai	掐開
,, pull to	la¹-k'ai	拉開
,, pull character to	shuo¹ jên²-chia-ti tuan³-ch'u	說人家的短處
,, break to	ta² sui⁴-lo	打碎了
,, cannot take it to	ch'ai¹ hsieh pu⁴ k'ai¹	拆卸不開
Pier, a	ma³-t'ou	碼頭
,, glass	ch'uan¹ i¹ ching⁴	穿衣鏡
Pierce the ears, to	cha¹ êrh³-to yên³ 'rh	扎耳朵眼兒

Pierce—Pillow

Pierce the hand	cha³ shou³	手扎
,, his breast	chuang⁴ ju² ch'ien² hsiung¹	胸前入撞
Pierces to the bone, the wind	lêng² fêng¹ tz'ǔ⁴ ku³	骨刺風冷
Piety,	ch'ien²-ch'êng	誠虔
,,	ch'ien² hsin¹	心虔
,,	hsin⁴ hsin¹	心信
,, filial	hsiao⁴-shun	順孝
Pig, a	t⁴ k'ou³ chu¹	猪口一
,, headed	niu²-hsing	性牛
,, ,, (a slave to an idea)	chiao¹ chu⁴ ku³ sê⁴	瑟鼓柱膠
,, it, to	hu² ch'an³	屠胡
,, iron	shêng¹ t'ieh³	鐵生
Pigeon, a	ko¹-tzǔ	子鴿
,, breasted	chi¹ hsiung p'u²-êrh	兒脯胸雞
,, hole a state paper	liu² chung¹ pu² fa¹	發不中留
Pigeons circling, flight of	ta³ p'an² 'rh	兒蟠打
,, let out a flight of	hung⁴ p'an² 'rh	兒蟠閧
Pigment,	yen² liao⁴	料顏
Pigmy,	wo¹ jên³	人倭
Pike, a	i⁴ kan³ ch'iang¹	鎗桿一
,, three-pronged	ch'a¹	鎗
Pile, a	i⁴ tui¹	堆一
,, up, to	tui¹ ch'i-lai	來起堆
,, ,, (bricks, etc.)	to⁴-ch'i-lai	來起揲
,, crime on crime	o⁴ kuan⁴ man³ ying²	盈滿貫惡
,, of dollars, a	i² lo⁴ yang² ch'ien²	錢洋摞一
,, stake	i⁴ kên¹ chuang¹-tzǔ	子樁根一
,, drive in a	tsa² chuang¹-tzǔ	子樁砸
,, (of cloth) the	jung²	絨
Piled up to the ceiling	lo³ tao⁴ ting³ p'êng²	棚頂到摞
Piles,	chih⁴-ch'uang	瘡痔
Pilfer, to	ch'ieh⁴ ch'ü³	取竊
Pilgrim, a	hsiang¹-k'o	客香
Pilgrimage (journey)	yüan³ yu²	遊遠
,, ,,	hsün² li³	禮巡
Pill, a	wan²-tzǔ	子丸
,,	wan² yao⁴	藥丸
Pillage,	ch'iang³ to²	奪搶
Pillar, a	i⁴ kên¹ chu⁴-tzǔ	子柱根一
,, boundary	chieh⁴ shih²	石界
,, of the republic	kung¹ ho² kuo² chih chung¹ liu² chih³ chu⁴	柱砥流中之國和共
,, to post, from	lai lai² wang wang³	往往來來
Pillow, a	chên³-t'ou	頭枕

Pillow case	chên³-t'ou t'ao⁴-êrh	枕頭套兒
Pilot, a	yin³ shui³	引水
,,	ling³ shui³-ti	領水的
,, who weathered the storm, the	yin³ kuo⁴ wei¹ hsien³ chih mou² kuo²	引過危險之謀國
Pimp,	k'ai¹ t'ai² chi¹	開臺基
Pimple, a	ts'ao³ mien⁴ ko¹-ta	艁面疙瘩
Pin, a	pêng¹ chên¹	迸針
,, cushion	chên¹ cha² 'rh	針扎兒
,, up on the wall	na² chên¹ pieh³-shang	拿針憋上
,, ,, ,,	na² p'ieh² chên¹ kuan³-tsai ch'iang²-shang	拿撇針錧在牆上
,, for . . ., not give a	pu⁴ chih¹ pan⁴ wên² ch'ien²	不值半文錢
,, a linch	ch'ê¹ tang³	車擋
,, one's faith in	hsin⁴ t'o¹	信託
Pincers (forceps)	nieh⁴-tzŭ	鑷子
,, (pliers)	ch'ien²-tzŭ	鉗子
Pinch the fingers, to	yen³ shou³	掩手
,, between the fingers	nieh¹	捏
,, ,, ,, nails, to	ch'ia¹	掐
,, of snuff, take a	nieh¹-i tso¹-êrh pi² yen¹ 'rh	捏一撮兒鼻煙兒
,, at a	chin³ chi² chih¹ chi⁴	緊急之際
Pinchbeck,	wei⁴	僞
Pinched for money	ch'ou² k'uan³ wei² chien¹	籌欵爲艱
Pinches (the boot)	na² chiao³	拏脚
,, that's where the shoe	ch'i² nan² tsai² tz'ŭ³	其難在此
Pine wood	sung¹ mu⁴	松木
,, tree	sung¹ shu⁴	松樹
,, cone	sung¹ t'a³ 'rh	松塔兒
,, seeds	sung¹ tzŭ³ 'rh	松子兒
,, ,, peeled	sung¹ jên² 'rh	松仁兒
,, deal	sha¹ mu⁴	杉木
,, to	mên⁴-yü	悶鬱
Pine-apple,	po¹-lo kuo²	波羅果
Pink,	fên² hung²	粉紅
Pinnacle,	chüeh² ting³	絕頂
Pint, a Chinese (dry)	i⁴ shêng¹	一升
Pioneer, a	ling³ hsiu⁴	領袖
,,	piao³-shuai	表率
,,	shou³ ch'ang⁴ chê³	首倡者
,, (military)	kung¹ ping¹	工兵
Pious,	ch'ien²-ch'êng	虔誠
Pip,	hu²-êrh	瑚兒
Pipe, a tobacco	i⁴ kên¹ yen¹ tai⁴	一根煙袋

Pipe bowl	yen¹-tai kuo¹ 'rh	兒鍋袋煙
„ stem	yen¹-tai kan³ 'rh	兒杆袋煙
„ mouth-piece	yen¹-tai tsui² 'rh	兒嘴袋煙
„ water	shui³ yen¹ tai⁴	袋煙水
„ stove	yen¹-t'ung	筒煙
„ tube	kuan³-tzŭ	子管
Piping, on clothes	kun³ pien¹ 'rh	兒邊滾
„ put on	yen²-ko kun³ pien¹ 'rh	兒邊滾個沿
Pique,	pu⁴ p'ing²	平不
Piracy (literary)	ch'in¹ hai⁴ pan² ch'üan²	權版害侵
Pirate, a	hai³ tao⁴	盜海
„	hai³ k'ou⁴	寇海
„	hai³ tsei²	賊海
Pistil, a	hua¹ jui³ 'rh	兒蕊花
Pistol, a	shou² ch'iang¹	鎗手
Piston, a	p'i² ch'ien²-tzŭ	子錢皮
„	huo² sai¹-tzŭ	子塞活
„	hsin¹ pang⁴	棒心
„ rod	huo² sai¹ ping³	柄塞活
Pit, a	k'êng¹	坑
„ fall into a	hsien⁴ ching³	穽陷
„ dig a	p'ao²-ko k'êng¹	坑個刨
„ (small-pox)	hua¹ ti³ pan¹	瘢底花
„ arm	yeh⁴ hsia⁴	下腋
Pitch,	sung¹ chih¹	脂松
„ it away	jêng³-lo ch'ü	去了扔
„ into him	shu³-lo-t'a	他落數
„ of fortune, lowest	i¹ pai⁴ t'u² ti⁴	地塗敗一
„ and toss	ts'ai¹ tzŭ⁴-êrh man⁴ 'rh	兒幔兒字猜
„ dark	ch'ü⁴ hei¹-ti	的黑漆
„ a tent	chih¹ chang⁴-fang	房帳搘
„ (extreme)	chi² tien³	點極
„ of a propeller	lo² hsien⁴ chü⁴	距線螺
„ (declivity)	hsieh² p'o¹	坡斜
„ on	tsê² ting⁴	定擇
„ upon	chüeh² ting⁴	定決
„ a camp	shê⁴ ying²	營設
Pitched battle	chüeh² chan⁴	戰決
Pitcher, a	shui³ kuan⁴-'rh	兒罐水
Pitchfork, a	ch'a¹-pa	耙扠
„ into office	lan⁴ yü² ch'ung¹ shu⁴	數充竽濫
Piteous,	k'o³ lien²-ti	的憐可
„	k'o³ ts'an³-ti	的慘可
„ most	kuai⁴ k'o³-lien chien⁴ 'rh-ti	的兒見憐可怪

U

Pith—Place. 602

Pith,	kai⁴ lüeh⁴	概略
,,	yao¹ ling³	要領
,,	shu⁴ hsin¹ 'rh	樹心兒
,, of rushes	wei³ mo⁴-'rh	葦膜兒
,, for lamp-wicks, etc.	t'ung¹ ts'ao³	通草
,, (essence)	ku³ tzŭ	骨子
Pithy,	chien³ lüeh	簡畧
Pitiable,	k'o³ lien²	可憐
Pittance,	pao² chi³	薄給
Pitted by small-pox	i¹ lien³-ti ma²-tzŭ	一臉的麻子
Pity,	lien²-hsü	憐恤
,, what a	k'o³ hsi¹	可惜
,, ,,	k'o³-hsi liao³-êrh-ti	可惜了兒的
,, a great	wei⁴ mien³ k'o³ hsi¹	未免可惜
,, ,,	kuai⁴ k'o³ hsi¹ liao³ 'rh ti¹	怪可惜了兒的
,, truly a	chên¹ k'o³ hsi¹	眞可惜
,, on, have	k'o³-lien	可憐
,, him, I really	chên¹ k'o³-lien-t'a	眞可憐他
,, ,, I	wo¹ k'o³-hsi-t'a	我可惜他
,, that, a great	shu¹ wei² k'o³ hsi¹	殊爲可惜
Pivot, a	chou² pa⁴-êrh	軸把兒
,,	shu¹ niu³	樞紐
,, of a door	mên² shu¹	門樞
Placard, a	chieh¹ t'ieh³	揭帖
,, post a	t'ieh¹ chao¹ t'ieh³	貼招帖
Placards not allowed	pu⁴ chun³ chan¹ t'ieh¹ pao⁴ tan¹	不準粘貼報單
,, anonymous	ni⁴ ming² chieh⁴ t'ieh³	匿名揭帖
Place, a	ti⁴-fang	地方
,,	ch'u⁴ so³	處所
,,	so³-tsai	所在
,, situation, find a	chao³-ko ti⁴-fang-êrh	找個地方兒
,, get a	tê²-ko ti⁴-fang-êrh	得個地方兒
,, put in its	ko¹-tsai yüan² chiu⁴-êrh ti⁴-fang	擱在原舊兒地方
,, if I were in your	jo⁴-shih wo³-yeh	若是我耶
,, keep your	ni³-shih shêm²-mo ti⁴-wei	你是甚麼地位
,, what's this?	chê⁴-shih shêm²-mo ti⁴-chieh 'rh	這是甚麼地階兒
,, what's the name of this?	chê⁴-ko ti⁴-fang chiao⁴ shêm²-mo ming²-êrh	這個地方叫甚麼名兒
,, out of	pu⁴-shih ti⁴-fang-êrh	不是地方兒
,, ,,	fei¹ so³ i² chê	非所宜者

Place	between the leaves of a book	chia¹-tsai shu¹-li	裏書在夾
,,	will not take	t'ing² chih³-lo	了止停
,,	it there	fang⁴-tsai na⁴-li	裏那在放
,,	of original domicile	pên³ chi²	籍本
,,	in the first	i⁴-lai	來一
,,	,, ,,	i⁴-tsê	則一
,,	,, second	êrh⁴-lai	來二
,,	every	ch'u⁴ ch'u⁴-êrh	兒處處
,,	,,	ko⁴ ch'u⁴	處各
,,	name of a	ti ming²-'rh	兒名地
,,	put oneself in his	chiang¹ jên² pi³ chi² shê⁴ shên¹ ch'u³ ti⁴	將比人設己地身處
,,	to a better man, give	t'ui¹ ts'ai² jang⁴ nêng²	能讓才推
,,	where the President resides	tsung³ t'ung³ so³ tsai⁴	在所統總
,,	to take	yü⁴ yu³	有遇
,,	to	p'ei⁴ chih⁴	置配
,,	him, I can't	pu⁴ chih¹ ch'i² wei² ho² hsü³ jên²	不知其為何許人
,,	to be found for him, no	wu² ts'ung² wei⁴ chih⁴	置位從無
,,	hunter	lieh⁴ kuan¹	官獵
Placenta,		tzŭ³ ho² ch'ê¹	車河紫
Placer mining		sha¹ chin¹ ts'ai³ ch'ü³	取採金砂
Places, to change		huan⁴-i-ko kuo⁴-êrh	兒過個一換
Placid person, a		an¹ hsin¹ jên²	人心安
Plagiarise, to		lo⁴ t'ao⁴	套落
,,		lei² t'ung² ch'ien² jên²	人前同雷
Plagiarism, a		t'ao⁴-ti	的套
,,		lei² t'ung²	同雷
,,		p'iao⁴ ch'ieh⁴	竊剽
Plagiarist, a		t'ao⁴ jên²-chia-ti wên² tzŭ⁴	字文的家人套
Plague,		wên¹ tou⁴	痘瘟
,,		hei¹ ssŭ³ ping⁴	病死黑
,,		hao⁴ tzŭ chêng¹	症子耗
,,	bubonic	shu³ i⁴	疫鼠
Plain, a		p'ing² yüan²	原平
,,		p'ing² ch'uan¹ ti⁴	地川平
,,	(simple) dress	i¹-shang p'u⁴ su⁴	素樸裳衣
,,	,, ,,	i¹-shang su⁴-ching	淨素裳衣
,,	not coloured	su⁴-ti	的素
,,	clear	ch'ing¹-ch'u	楚清
,,	to the eye	i⁴ chien⁴	見易
,,	that, it is very	ming² ming²-ti shih⁴	是的明明

Plain—Plank.   604

Plain, perfectly	hsien³-êrh i⁴ chien⁴-ti	的見易而顯	
,, ,, (distinct)	t'ing³ ch'ing¹-ch'u-ti	的楚清挺	
,, clothes	pien⁴ i¹-êrh	兒衣便	
,, ,,	wei¹ fu²	服微	
,, food	ch'ing¹-tan ts'ai⁴	菜淡清	
,, looking	chang³-ti pao²	薄的長	
,, ,,	jung² mao⁴ pu⁴ yang²	揚不貌容	
,, dealing	chêng⁴ chih²	直正	
,, ,,	tai⁴ jên² i³ ch'êng²	誠以人待	
,, spoken	t'ing³ chih²-shuai	率直挺	
,, ,,	chih² yen² wu² yin³	隱無言直	
,, ,,	hsin¹ chih² k'ou³ k'uai¹	快口直心	
,, to everyone	man² pu⁴ hsia⁴ shui² ti¹ yen³ ching ch'ü¹	去睛眼的誰下不瞞	
,, from his words, sincere praise is	t'ui¹ hsü³ chih¹ chên³ i² yü² yen² wai³	外言於溢忱之許推	
Plaint,	su⁴ sung⁴	訟訴	
,, (within)	su⁴ sung⁴ chuang⁴	狀訟訴	
Plaintiff, a	yüan² kao⁴	告原	
,,	ch'i³ su⁴ jên²	人訴起	
Plaintive voice, a	ai¹ shêng¹-êrh	兒聲哀	
Plait, to	pien¹	編	
,, the queue	pien¹ pien⁴-tzŭ	子辮編	
,, ,, ,,	ta³ pien⁴-tzŭ	子辮打	
Plan (map), a	t'u²-yang	樣圖	
,, (scheme)	chi⁴ hua⁴	畫計	
,, ,,	fang¹ fa³	法方	
,, an excellent	hao³ fang¹-fa 'rh	兒法方好	
,, have a perfect	ts'ao¹ yu³ shêng⁴ suan⁴	算勝有操	
,, propose, to	ta³-suan	算打	
,, bad	hsia⁴ ts'ê⁴	策下	
,, good	miao⁴ chi⁴	計妙	
,, not a bad	ta³-suan-ti pu² ts'o⁴	錯不的算打	
,, in his head, has got a	hsin¹-li yu³-liao kao³-êrh-lo	咯兒稿了有裏心	
Plane, carpenter's	pao⁴-tzŭ	子鉋	
,, to	pao⁴-i-pao	鉋一鉋	
,, in one	p'ing² t'an³-ti	的坦平	
,, angle	p'ing² mien⁴ chiao³	角面平	
,, geometry	p'ing² mien⁴ chi³ ho² hsüeh²	學何幾面平	
Planet, a	yu² hsing¹	星遊	
,,	ta⁴ hsing¹-hsing	星星大	
,,	hsing¹ hsiu	宿星	
Plank, a	i² k'uai⁴ mu⁴ pan³	板木塊一	

Plank—Plausible.

Plank in a political programme	hsüan¹ pu⁴ fang¹ chên¹ chih kang¹-ling³	宣布方針之綱領
Planning (scheming), don't know what he is	pu⁴ chih¹ t'a¹ t'u² shem²-mo	不知他圖甚麼
Plans are, don't know what his	pu⁴ chih¹ t'a¹ tsêm³-mo-ko ta³-suan	不知他怎麼個打算
Plant (introduce)	po³ ju⁴	搖入
,, a standard	ch'a¹ ch'i²	插旗
,, a colony	chih² min²	殖民
,, (machinery)	ch'i¹-chü	器具
,, ,,	ying² yeh⁴ ch'i⁴ chü⁴	營業器具
,, poisonous	tu² hui⁴	毒卉
,, trees, to	tsai¹ shu⁴	栽樹
,, flowers	chung⁴ hua¹ 'rh	種花兒
,, out seedlings	hao¹ miao²-êrh	薅苗兒
,, other agricultural produce	chung⁴ chih² t'a¹ hsiang⁴ nung² ch'an³	種植他項農產
Plantain tree, a	pa¹-chiao shu⁴	芭蕉樹
,, fruit	hsiang¹ chiao¹	香蕉
Plantation (of sugar)	kêng¹ tso⁴ ch'ang²	耕作場
Plaster,	hui¹	灰
,, to	mo⁴ hui¹	抹灰
,, ,,	mo⁴ ni²	抹泥
,, a	kao¹-yao	膏藥
,, (of Paris)	chiao¹ tz'ŭ⁴	膠唭
,, sticking, Chinese	t'u⁴-mo kao¹	塗抹膏
Plate, a	p'an²-tzŭ	盤子
,, armour	chia³ pan³	甲板
Plateau,	kao¹ yüan²	高原
Platelayer,	ting¹ tao⁴ fu¹	釘道夫
Plated silver	tu⁴ yin²-ti	鍍銀的
,, electro	tien⁴ tu⁴-ti	電鍍的
,, gold	hsiao¹ chin¹-ti	銷金的
Platform, a railway	chan⁴ t'ai³	站臺
,, terrace	yüeh⁴ t'ai²	月臺
,, theatrical stage	hsi⁴ t'ai²	戲臺
,, (at a meeting)	yen³ t'an³	演壇
,, (political)	kang¹ ling⁵	綱領
Platinum,	pai² chin¹	白金
Platitude,	ch'ên² fu³ chih¹ yü³	陳腐之語
Platitudes, to talk	shuo¹ hsien⁴ ch'êng² êrh hua⁴	說現成兒話
,, utter a few	fu¹ yen³ chi³ chü⁴ hua⁴	敷衍幾句話
Plausible,	hua² ch'uan⁴	滑串
	hua² tsui³	滑嘴

Plausible—Plead. 606

Plausible,	ssŭ⁴ shih⁴ êrh² fei¹	似是而非
„ manner	fu² mien⁴ tsu² yüeh⁴ chih t'ai⁴	浮面悦足之態
„ tale	mao⁴ shih⁴ chih shih⁴ ku⁴	貌是之事故
Play, to	wan² shua³	玩耍
„	yu² hsi	遊戲
„ go out and	ch'u¹-ch'ü wan² 'rh	出去玩兒
„ at soldiers	lien⁴ ping¹ wan² 'rh	練兵玩兒
„ with that, you mustn't	pu⁴ chun³ na² na⁴-ko wan² 'rh	不準拿那個玩兒
„ fair	kung¹ tao⁴	公道
„ with an article	wan³ shang³	玩賞
„ cards	tou⁴ chih³ p'ai²	鬥紙牌
„ dominoes	ta³ p'ai³	打牌
„	mo⁴ ku² p'ai²	抹骨牌
„ at chess	po² i⁴	博奕
„ at dice	lu⁴ po²	陸博
„ a match	ching⁴ chêng¹	競爭
„ music	tso⁴ yüeh⁴	作樂
„ to pleasure, give full	k'uang² ch'ing³ tso⁴ lo⁴	狂情作樂
„ the fiddle	la¹ hu²-ch'in 'rh	拉胡琴兒
„ the guitar	t'an² hsien²-tzŭ	彈絃子
„ the trumpet	ch'ui¹ la³-pa	吹喇叭
„ tricks	shua³-hsiao	耍笑
„ into his hands	pa⁴ tao¹ pa⁴ 'rh ti⁴-kei t'a¹	把刀把兒遞給他
„ „ the „ of...	chi³ i³ ta⁴ hao³ chieh⁴ k'ou³ chih ts'ai² liao⁴	給以大好藉口之材料
„ act a	ch'ang⁴ hsi⁴	唱戲
„ a	i⁴ ch'u¹ hsi⁴	一齣戲
„ goer, an inveterate	hsi⁴ mi²	戲迷
„ ground	yün⁴ tung⁴ ch'ang³	運動場
„ to the gallery	ku¹ ming² tiao⁴ yü⁴	沽名釣譽
„ „ „	hsien³ pai²	顯白
Played out (exhausted)	ching¹-shên hao⁴-san-lo	精神耗散咯
Playful,	t'ao² ch'i⁴	淘氣
Playthings,	wan²-i-êrh	玩意兒
„	wan²-wu	玩物
Plea (excuse)	k'ou³ shih²	口實
„ (defendant's)	k'ang⁴ pien⁴	抗辯
„ offer as a	t'o¹ tz'ŭ²	托詞
„ the Nanking started the revolution, on the	chieh⁴ k'ou³ nan² ching¹ wei² min² chün¹ ch'i³ i⁴ chih¹ ti⁴	藉口南京為民軍起義之地
Plead sickness	ch'êng¹ ping⁴	稱病

607 Plead—Pleasing.

Plead illness	t'o¹ ping⁴	病托
,, absence of orders from the central government	i³ wei⁴ fêng⁴ chung¹ yang¹ ming⁴ ling⁴ wei² yen²	言爲令命央中華未以
,, rise in silver	i³ yin² chang⁴ wei² tz'ŭ² 詞爲漲銀以	
,, excuses, to	t'ui¹-t'o	托推
,, an excuse for not abating the loan conditions, so as to	i³ ti³ lai⁴ chieh⁴ k'uan³ t'iao² chien⁴ pu⁴ nêng² chien³ ch'ing¹	輕減能不件條欵借賴抵以
,, right of participating in most favoured nation clause	yüan² yin³ tsui⁴ hui⁴ kuo² t'iao² k'uan³ êrh² ch'iu² ch'i² chün¹ chan¹	霑均其求而欵條國惠最引援
,, (argue)	chu³ chang¹	張主
,, guilty	fu² tsui⁴	罪服
Pleadings,	yüan² pei⁴ shên¹ li⁴ shu¹	書立申被原
,, in defence	pien⁴ su⁴ chuang¹	狀訴辯
Pleasant people	tui⁴ yen³-ti jên²	人的眼對
,, to the eye	ch'iao²-cho² yu³ ch'ü⁴-wei	味趣有着瞧
,, expression, a	wên¹ ho² chih¹ hsiang⁴ ai³ jan² k'o³ chü²	掬可然靄象之和溫
,, company	chia¹ pin¹	賓嘉
Pleasantry,	hsiao⁴ t'an²	談笑
,,	ku³ chi¹	稽滑
Please,	ch'ing³	請
,, as you	sui² ni²	你隨
,, ,,	sui² ni³-ti pien⁴	便的你隨
,, ,,	sui² i⁴	意隨
,, inform me	ch'ing³ chiao⁴	教請
,, ,,	ch'ing³ wên⁴	問請
,, do it as you	p'ing² ni³ ch'ü⁴ tso⁴	做去你憑
,, the hearer, say what will	shun⁴ ch'ing² shuo¹ hao³ hua⁴	話好說情順
,, show no anxiety to	pu⁴ ch'ung¹ jên² hsin¹ yen³ 'rh ch'ü⁴	去兒眼心人充不
Pleased,	lo⁴ i⁴	意樂
,,	hsi³-huan	歡喜
,, look	hsin¹ jan² yu² hsi³ sê⁴	色喜有然欣
,, highly	hsi³-tê mei² k'ai¹ yen³ hsiao⁴	笑眼開眉得喜
,, with (approve)	kan³ fu²	服感
Pleases, does as he	jên⁴ i⁴ shih¹ wei²	爲施意任
,, and only man is vile, every prospect	t'ien¹ ching³ ku⁴ yüeh⁴ mu⁴ jên² min² tu² huai⁴ hsin¹	心懷獨民人目悅固景天
Pleasing,	yu³ ch'ü⁴ 'rh	兒趣有

Pleasing—Plenty. 608

Pl asing business, a	ta⁴ k'uai⁴-chih shih⁴	大快之事
Pleasure,	yü² k'uai⁴	愉快
,, with	hsin¹ jan²	欣然
,, in, take	ch'ü³ lo⁴ 'rh tsai⁴	取樂兒在
,, at the right time, take one's	chi² shih² hsing² lo⁴	及時行樂
,, will give me, to do it for you	wo lo⁴ i⁴ kei³-ni pan⁴	我樂意給你辦
Pleasures of literature, the	shih¹ fu⁴ i² ch'ing²	詩賦怡情
,, ,, scenery	hua¹ liu³ i² ch'ing²	花柳怡情
,, sensual	hua¹ t'ien¹ chiu³ ti⁴	花天酒地
,, should be in moderation	lo⁴ pu⁴ k'o³ chi²	樂不可極
,, abandoned to	tan¹ yü² i⁴ lo⁴	耽於逸樂
Plébiscite,	ssŭ¹ hsüan² t'ou² p'iao⁴	私選投票
Pledge (pawn), to	tang⁴	當
,, a	tang⁴-t'ou	當頭
,, leave in	liu²-hsia tso⁴ ya¹ chang⁴	留下作押賬
,, broke his	shih¹-liao hsin⁴-lo	失了信略
,, ,, ,,	shih¹-liao yüeh¹-lo	失了約略
,, one's credit in faith of	i³ hsin⁴ yung⁴ hsiang¹ shih¹	以信用相矢
,, oneself	li⁴ yüan⁴ tzŭ⁴ shu⁴	立願自束
,, (assurance)	shih⁴ yen²	誓言
,, of good faith	shan⁴ i⁴ chih¹ pao³ chêng⁴	善意之保證
,, the health	chü³ shang¹	舉觴
,, ,, ,, of so and so	man³ yin³ i¹ pei¹ i³ wei² mou³ shou⁴	滿飲一杯以為某壽
Pledging goods, parties	tang⁴ fu¹	當夫
Plenary,	ch'üan² ch'üan²	全權
Plenipotentiary, a	ch'üan² ch'üan² wei³ yüan²	全權委員
,, minister	ch'üan² ch'üan² kung¹ shih³	全權公使
,, ,,	ch'in¹ ch'ai¹ ch'üan² ch'üan² ta⁴ ch'ên²	欽差全權大臣
,, ambassador and envoy extraordinary	t'ê⁴ ming⁴ ch'üan² ch'üan² ta⁴ shih³	特命全權大使
Plentiful, is	shêng⁴	盛
,, ,,	ch'u¹-ti to¹	出的多
,, harvest	wu³ ku³ fêng¹ têng¹	五穀豐登
,, distribution (of honours)	i⁴ ch'ang² fan² lan⁴	異常繁濫
Plenty, ample	tsu² ku⁴	足穀
,, a year of	fêng¹ nien²	豐年
,, of good men in the army, there are	chün¹ jên² li³ t'ou chêng⁴ jên² chün tzŭ to¹ cho ni	軍人裏頭正人君子多着呢

Plenty, starve in sight of	shou³ cho lao⁴ ping³ ai¹ o⁴ ti¹	守着烙餅挨餓的
Plethora of rumours	yao² yen² fêng² ch'i⁴	謠言蜂起
Pliable,	jou²-juan	柔軟
,, in disposition	jou²-juan	柔順
,, ,,	hsün²-liang	馴良
,, ,,	ping³ hsing⁴ yü² jo⁴	禀性懦弱
Pliers,	ch'ien²-tzŭ	钳子
Plight, in perilous	wei¹ ju² lei³ luan⁴	危如累卵
,, sad	ts'an³ chuang⁴	惨狀
Plinth, a	chu⁴ ting³ shih²	柱頂石
Plodding,	tsuan¹ hsin¹	鑽心
,,	k'un⁴ êrh² hsüeh³	困而學
Plot, to	mou²	謀
,,	yin¹ mou²	陰謀
,,	mou² p'an⁴	謀叛
,, mischief	mou² hai⁴	謀害
,, of land, a	i² k'uai⁴ ti⁴	一塊地
Plotter,	fan³ ni⁴ chê³	反逆者
Plough, a	i⁴ chang¹ li²	一張犁
,, to	ching¹ ti⁴	耕地
,, share	li² tao¹	犁刀
,, handle	li² chang⁴	犁杖
,, (in examinations), to	lo⁴ ti⁴	落第
Ploughed (in examination)	k'ang¹ la	康了
Pluck,	tan³-ch'i	膽氣
,,	tan³-liang	膽量
,, flowers, to	ch'ia¹ hua¹ 'rh	招花兒
,, fruit	chai¹ kuo³-tzŭ	摘果子
,, out	pa²-ch'u-lai	拔出來
,, up courage	cha⁴-cho tan³-tzŭ	乍着膽子
,, ,, energy	ta³ ch'i³ ching¹ shên² lai²	打起精神來
,, ,, one's spirits	ku³ ch'i³ hsing⁴ wei⁴	鼓起興味
,, (in examination), to	pu⁴ ch'ü³	不取
Plucked (in examination)	lo⁴ sun¹ san¹	落孫三
Plug, a	sai¹-tzŭ	塞子
, to	sai¹-shang	塞上
,, ,,	tu³-shang	堵上
Plum, a	li³-tzŭ	李子
,, tree	li³-tzŭ shu⁴	李子樹
Plumage,	yü³ mao²	羽毛
Plumb depth, to	ts'ê liang shên¹ ch'ien⁴	測深淺
,, line, a	hsien⁴ chui⁴ 'rh	線錘兒
, with a plumb-line, to	tiao⁴ hsien⁴	用線
Plume oneself on	tzŭ⁴ ching¹	自矜

Plume—Pockets. 610

Plume the feathers, to	t'i¹ ling²-êrh	翎子
Plumes (on a Manchu official hat)	ying¹-tzŭ	櫻子
Plummet, a	ch'ui² hsien⁴ t'o² 'rh	垂線砣兒
Plump,	fêng¹-man	豐滿
,,	ku³-man	凸滿
,,	p'ang⁴	胖
,,	fu⁴-t'ai	富泰
,, fowls	chi¹ t'i³ fei¹ mei³	雞體肥美
,, down on the table, to	p'ai¹-tsai cho¹-tzŭ-shang	拍在桌子上
,, in the middle, hit it	chêng⁴ ta³-tsai chung¹ hsin¹-êrh	正打在中心兒
Plunder,	tsang¹	臟
,, to	ch'iang³	搶
,, ,,	ch'iang³ chieh²	搶劫
,, indiscriminate	luan⁴ ch'iang³	亂搶
,, (n.)	chan⁴ li⁴ p'in³	戰利品
Plunge into the water, to	t'ou²-tao shui³-li-t'ou	投到水裏頭
,, ,, political strife	t'ou² ju⁴ chêng⁴ hai³ chih¹ ching¹ lang⁴	投入政海之驚浪
,, from despotism to republic, pass at one	yu² chuan¹ chih⁴ yüeh⁴ ju⁴ min² chu³ chih⁴ kuo²	由專制躍入民主制國
Plural,	fu⁴ s'hu⁴	複數
Plus sign	chia¹ shu⁴ hao⁴	加數號
Plush,	mao² jung²	毛絨
Plutocracy,	fu⁴ yu³ chêng⁴ chih⁴	富有政治
Ply with questions	k'ou³ wên⁴ pu⁴ hsiu¹	叩問不休
,, between	wang³ lai² wu² chien⁴	往來無間
Pneumatic tyres	ch'i⁴ kuan³-tzŭ p'i² tai⁴	氣管子皮帶
Pneumonia,	fei⁴ yen²	肺炎
Poached eggs	wo⁴ chi¹ tzŭ³-êrh	臥雞子兒
,, ,, in chicken gravy	t'ang¹ wo⁴ kuo³	湯臥果
Pocket, a	tou¹-tzŭ	兜子
,, an inner (jocular term)	tsei² tou¹-êrh	賊兜兒
,, book	hsüeh¹ yeh⁴ 'rh	靴拔兒
,, handkerchief	shou³ chüan⁴ 'rh	手絹兒
,, money	po¹-po ch'ien²	餑餑錢
,, ,,	ling² yung⁴ ch'ien²	零用錢
,, out of	shao¹ k'uei¹	稍虧
,, a pick	hsiao²-li	小鑷
,, an insult	t'u⁴ mien tzŭ⁴ kan¹	自面唾乾
,, dictionary	hsiu⁴ chên¹ tzŭ⁴ tien³	袖珍字典
,, an article, to	ju⁴ ssŭ¹ nang²	入私囊
Pockets, he has filled his own	ssŭ¹ nang² i³ ch'ung¹	私囊已充

Pocketed it, he	t'a¹ kei³ hsiu⁴-ch'i-lai-lo	了來起袖給他
Pocketful, a	i⁴ tou¹-tzŭ-ti	的子兜一
Pock-marked,	tou⁴ pan¹	斑痘
,,	ma³-tzŭ lien³ 'rh	兒臉子蔴
,,	man³ lien³·ti ma²-tzŭ	子蔴的臉滿
,, and clean shaven men should be shunned: short statured persons are dagger-hearted	ma² mien⁴ wu² hsü¹ pu⁴ k'o³ chiao¹ ts'o² tzŭ hsin¹ san¹ pa tao¹	刀把三心子矮交可不鬚無面蔴
Pods (of beans, etc.)	tou⁴ chiao³-êrh	兒角豆
Poem, a	i⁴ chang¹ shih¹	詩章一
,, stanza of a	i⁴ shou³ shih¹	詩首一
Poet, a	shih¹ jên²	人詩
,,	sao² jên²	人騷
Poetry,	shih¹ fu⁴	賦詩
,, to make	fu⁴ shih¹	詩賦
,, to recite	yin² shih¹	詩吟
Point at, to	chih⁸	指
,, out	chih⁸-ch'u-lai	來出指
,, ,, (indicate)	chih³-shih	示指
,, a	chien¹ 'rh	兒尖
,, bricks	ta²-tien fêng⁴-êrh	兒縫點打
,, ,,	kou¹-mo chuan¹ fêng⁴-êrh	兒縫磚抹勾
,, of going, on the	chiang¹ yao⁴ tsou³	走要將
,, but there's one	k'o yu³ i⁴ ts'êng²	層一有可
,, of a remark	i⁴-ssŭ	思意
,, speak to the	hua⁴ shuo¹-ti t'ou² chi¹	機投的說話
,, not speak to the	hua⁴ shuo¹-ti yü²-k'uo	闊迂的說話
,, not to the	wên pu⁴ tui⁴ t'i²	題對不文
,, the chief	ta⁴ chih³	旨大
,, of telling him, will make a	wo² pi⁴-ting kao⁴-su-t'a	他訴告定必我
,, being understood..., this	tz'ŭ³ tien³ chi⁴ ming²	.... 明既點此
,, of view, from the foreign	tzŭ⁴ wai⁴ jên² shih⁴ chih¹	之視人外自
,, of view it naturally never refuses business, from the foreign firm's	tzŭ⁴ wai⁴ kuo² yang³ hang² i¹ fang¹ mien⁴ shuo¹ yu³ shêng¹ i⁴ wei⁴ yu³ pu⁴ tso⁴	作不有未意生有說面方一行洋國外自
,, in my speech, at this	yen² nien⁴ chi² tz'ŭ³	此及念言
,, you will agree, on this	yü² tz'ŭ³ tien³ yu³ t'ung² ch'ing²	情同有點此於
,, in his representations, so much	so³ chên² ko chieh² chi² wei² yu³ chien⁴	見有爲極節各陳所

Point—Poisonous. 612

Point, contention	lun⁴ tien³	點論
,, (of compass)	fang¹ wei⁴	位方
,, below freezing	ping¹ tien³ hsia⁴	下點冰
,, boiling	fei⁴ t'êng² tien³	點膽沸
,, even admitting this	chi² ling⁴ jang⁴ i¹ pu⁴ êrh² yen²	言而步一讓令即
,, worth noting	tsui⁴ chu⁴ i⁴ chih tien³	點之意注最
,, at this	chêng⁴ tsai⁴ chê⁴ ko⁴ tang¹ k'ou³	口當個這在正
,, of poverty, reach this	ch'iung² tao⁴ chê⁴ pu⁴ t'ien² ti⁴	地田步這到窮
,, important trading	shang¹ yeh⁴ shang⁴ ch'ieh⁴ yao⁴ chih¹ shu¹	樞之要切上業商
,, of interrogation	i² wên² tien³	點問疑
,, of exclamation	kan³ t'an⁴ tien³	點歎感
,, of view	kuan¹ ch'a² tien³	點察觀
,, of view, from China's	tzŭ⁴ chung¹ kuo² i¹ fang¹ mien⁴ kuan¹ chih¹	之觀面方一國中自
,, be to the	tê² yao¹ ling³	領要得
,, gain one's	ta² ch'i² mu⁴ ti¹	的目其達
Point-blank.	t'u⁴ jan²	然突
,, ,, fire	chih² shê⁴ t'an⁴ tao⁴	道彈射直
,, ,, refusal	kên¹ pên³ shang⁴ pu⁴ jên⁴	認不上本根
Point d'appui,	kên¹ chü⁴ ti⁴	地據根
Pointed remarks about the conditions	yü² ch'i² ch'ing hsing² to¹ so³ chih³ tao⁴	道指所多形情其于
Pointer stick, a	chiao¹ pien¹-tzŭ	子鞭教
Pointers of advice, favour me with timely	shih² tz'ŭ⁴ chih³ nan²	南指賜時
Pointless,	wu² wei⁴	味無
,,	wu² i⁴-ssŭ	思意無
Points to ten, the clock	chung¹ chih³ shih² tien³	點十指鐘
,, of the compass	lo²-p'an chên¹ ssŭ⁴ chih⁴ 'rh	兒址四針盤羅
,, of clash	chieh¹ ch'o⁴ tien³	點觸接
,, railway	chiao¹ ch'a¹ tien³	點叉交
,, man turned the *points* wrongly, the	pan¹ cha² fu¹ chiang¹ cha² pan¹ ts'o⁴	錯搬閘將夫閘搬
,, main	kang¹ mu⁴	目綱
Poison,	tu² yao⁴	藥毒
,, to	tu²-ssŭ	死毒
,, ,, take	fu² tu²	毒服
,, took mortal effect	tu² fa¹ shên¹ ssŭ³	死身發毒
Poisoned, be to	chung⁴ tu²	毒中
Poisonous,	yu³ tu²-ti	的毒有

Poisonous—Policy

Poisonous,	tai⁴ tu²-ti	帶毒的
,,	tu² hai⁴ ti¹	毒害的
,, thing in the world, the heart of a woman is the most	t'ien¹ hsia tsui⁴ yu³ tu² mo⁴ jo⁴ fu⁴ jên² hsin¹	天下最有毒莫若婦人心
,, snake	tu² shê²	毒蛇
Poke with a stick, to	na² kun⁴-tzǔ ch'u³	拿棍子杵
,, the fire	t'ung¹-i-t'ung huo³	通一通火
,, ,, from the top	ch'u³ huo³	杵火
,, fun at, to	ch'ao² lung⁴	嘲弄
,, with the finger	na² chih²-t'ou ch'o¹	拿指頭戳
,, at anything overhead with a stick	na² kun⁴-tzǔ t'ung³	拿棍子桶
,, your head in for? what do you	ni³ lai² hu² ch'an³ kan⁴ shêm²-mo	你來胡鏟幹甚麼
,, to buy a pig in a	chieh² shan¹ mai³ lao³ niu²	隔山買老牛
Poker, a	i⁴ kên¹ t'ung¹-t'iao	一根通條
Polar, north circle	pei³ chi³ ch'uan¹	北極圈
Pole, a	i⁴ kên¹ kan¹-tzǔ	一根杆子
,, a boat, to	ch'êng¹ ch'uan²	撐船
,, a boat	i⁴ chih¹ kao¹	一隻篙
,, star	pei² chi² hsing¹	北極星
,, north	pei³ chi²	北極
,, a carrying	pien³-tan	扁擔
,, ,, for two	kang⁴-tzǔ	槓子
,, to carry on a	t'iao¹	挑
,, ,, between two men	t'ai²	抬
,, a scaffolding	sha¹ kao¹	杉篙
Polemical,	chêng¹ lun⁴ ti¹	爭論的
Poles for carrying a chair	chiao⁴ kan¹-tzǔ	轎杆子
Police,	ching³ ch'a²	警察
,, man, a	hsün²-pu	巡捕
,, officer	hsün² ching³ kuan¹	巡警官
,, chief commissioner of	ching³ ch'a² tsung³ chien¹	警察總監
,, station	hsün² ching³ t'ing¹	巡警廳
,, station, branch	ch'u¹ chang¹ so³	出張所
,, box	p'ai¹ ch'u¹ so⁰	派出所
,, cells	liu² chih⁴ so³	留置所
,, strike	ching³ ch'a² pa⁴ kang³	警察罷崗
,, water	shui⁰ shang ching³ ch'a¹	水上警察
,, detective	chên¹-t'an⁴	偵探
Policy,	chêng⁴ ts'ê⁴	政策
,, blood and iron	t'ieh³ hsüeh³ ts'ung² shih⁴	鐵血從事
,, frame a definite	ting³ yu³ ch'êng² suan⁴	定有成算
,, no change of	shuai⁴ yu⁴ pu⁴ pien⁴	率由不變

Policy—Polling. 614

Policy (*e.g.*, of Britain), Chinese		tui⁴ hua² chêng⁴ ts'ê⁴	對華政策
,,	foreign	wai⁴ chiao¹ chêng⁴ ts'ê⁴	外交政策
,,	national	kuo² shih⁴	國是
,,	to China, the Powers	lieh⁴ ch'iang² chih¹ tui⁴ yü² wo³ chê³	列強之對於我者
,,	of insurance, a	pao³ hsien³ chih²-chao	保險執照
,,	bad	pu⁴-shih hao³ chu²-i	不是好主意
,,	,,	pu⁴-shih hao³ chi⁴-ts'ê	不是好計策
,,	the best	shang⁴ ts'ê⁴	上策
,,	(dexterity)	ch'üan² shu⁴	權術
,,	(,,)	chi¹ pien⁴	機變
Polish and refinement		wên² ya³	文雅
,, ,, refine, to		t'ao¹ jung²	陶鎔
,, with the hand, to		kan¹ mo² ying⁴ liang⁴-ti	乾磨硬亮的
,, ,, ,,		chien⁴ kuang¹	見光
,, a natural		shui³ mo²-ti	水磨的
,, up		shua¹-hsi-shua¹-hsi	刷洗刷洗
,, ,, one's knowledge		wên¹-hsi wên¹-hsi	溫習溫習
Polite,		yin¹-ch'in	慇懃
,, not		mao⁴-chuang	冒撞
,, speeches		k'o²-t'ao hua⁴	客套話
,, amenities		chien⁴ mien⁴ ch'ing²-êrh-ti hua⁴	見面情兒的話
,, ,,		kuan¹ mien³ t'ang² huang²-t, hua⁴	官冕堂皇的話
,, expression, a		wên² tz'ŭ²	文詞
,, attitude, adopt a more		ch'ien² chü² hou⁴ kung¹	前倨後恭
Politic,		yu² ch'üan² shu⁴ ti¹	有權術的
Political,		chêng⁴ shih⁴ shang	政事上
,, association		chêng⁴ shê⁴	政社
,, economy		ching¹ chi⁴ hsüeh⁴	經濟學
,, offender		kuo² shih⁴ fan⁴	國事犯
,, party		chêng⁴ tang³	政黨
,, world		chêng⁴ chieh⁴	政界
,, situation		shih² chü²	時局
Politician,		chêng⁴ chih⁴ chia¹	政治家
,, (uncomplimentary sense)		chêng⁴ k'o⁴	政客
Politics,		chêng⁴ chih⁴ hsüeh²	政治學
Polity,		kuo² t'i³	國體
Poll,		t'ou² p'iao⁴	投票
Pollard, to		pa⁴ shu⁴ wu¹-i-wu	把樹剭一剭
Pollen,		jui³ fên³	蕊粉
Polling station		t'ou² p'iao⁴ so³	投票所

Polltax,	jên² t'ou² shui⁴	稅頭人
,,	jên² ting¹ shui⁴	稅丁人
Pollute water, to	pa⁴ shui³-kei nung⁴ tsang¹-lo	把水給弄髒咯
,, morals	shang¹ fêng¹ pai⁴ su²	傷風敗俗
Pollution, self	shou³ yin²	手淫
Polo, to play	ta³ ma³ ch'iu²	打馬毬
Polygamy,	i⁴ fu¹ to¹ ch'i¹	一夫多妻
,,	i⁴ fu¹ êrh⁴ ch'i¹	一夫二妻
,, two wives proper	liang² t'ou⁷-êrh ta⁴	兩頭大兒
Polytechnic institute	po² wu⁴ kuan³	博物館
Polytheist,	hsin⁴ to¹ shên² chiao⁴	信多神教
Pomegranate, the	shih²-liu	石榴
Pomelo, the	yu⁴-tzŭ	柚子
Pommel of a sword, a	tao¹ tu¹	刀鄧
,, with the fist, to	na² ch'üan²-t'ou ch'ui²	拿拳頭搥
,, ,,	na² ch'üan²-t'ou² tsa²	拿拳頭砸
,, ,,	na² ch'üan²-t'ou ch'u²	拿拳頭杵
,, of a saddle	an¹ ch'iao²-tzŭ	鞍蹻子
Pomp,	chuang⁴ kuan¹	壯觀
,, of power, the	chung¹ shih⁴ tsêng¹ hua²	踵事增華
Pompous,	tzŭ⁴ tsu²	自足
,,	chang⁴-i	仗意
,,	tzŭ⁴ man³	自滿
,,	t'ing³ hsiung¹ ku³ tu⁴-ti	挺胸凸肚的
,, language	kao¹ yen³	高言
,, fellow, a	mu⁴ chung wu² jên²	目中無人
,, men of short stature are usually	ts'o² tzŭ ch'ang² yu³ tzŭ⁴ ta⁴ chih t'ai⁴	矬子常有自大之態
Pomps and vanities of the world, the	su² ch'ên² fan² hua²	俗塵繁華
Pond, a	shui³ ch'ih²-tzŭ	水池子
Ponder over, to	ch'ieh³ hsiang³	且想
,, ,,	ts'un³-to-cho	忖度着
,, ,,	ch'ên² ssŭ¹	沈思
,, ,,	ts'un³-liang	忖量
,, ,,	ssŭ¹-so	思索
Pongee,	chien³ ch'ou²	繭綢
Pontoon bridge, a	i² tao⁴ fu² ch'iao²	一道浮橋
Pool of water, a	shui³ k'êng¹ êrh	水坑兒
,, (stake)	tu³ chu⁴	賭注
,, (combine)	ho² huo³ ching¹ ying¹	合夥經營
Poor,	ch'iung²	窮
	p'in² ch'iung²	貧窮
,, man, a	ch'iung² jên²	窮人

Poor—Port. 616

Poor spirits	ch'i⁴ nei³	餒氣
,, case, has a	li³ ch'ü¹ tz'ŭ² ch'iung²	窮詞屈理
,, (in quality)	ch'ien⁴ t'o³	妥欠
,, (feeble)	wu² so³ k'o³ ch'ü³	取可所無
,, soil	pu⁴ mao² chih ti⁴	地之毛不
Pope, the	lo²-ma chiao⁴ huang²	皇教馬羅
Popinjay,	hua¹ hua¹ kung¹ tzŭ³	子公花花
Poplar tree, a	yang² shu⁴	樹楊
Poppy flower, the	ying¹-su hua¹	花粟罌
,, seed, time of sowing the opium	yen¹ miao² hsia⁴ chung¹ chih¹ shih²	時之種下苗烟
Populace,	hsia⁴ têng³ shê⁴ hui⁴	會社等下
Popular (beloved)	jên² wang⁴ so³ kuei¹	歸所望人
,, ,,	tê² jên² hsin¹	心人得
,, his is	t'a jên²-yüan chung⁴	重緣人他
,, sentiment	yü² ch'ing²	情輿
,, opinion	chung⁴ lun⁴	論衆
,, ,,	yü² lun⁴	論輿
,, (democratic)	min² chih⁴ ti¹	的治民
,, rights	min² ch'üan²	權民
Popularity, to court	ku¹ ming² tiao² yü⁴	譽釣名沽
,, (has been)	liu³ hsing²	行流
Population,	hu⁴ k'ou³	口戶
,, declining	ting¹ k'ou³ chien³ shao³	少减口丁
,, movements of	jên² k'ou³ tung⁴ t'ai⁴	態動口人
Porcelain,	tz'ŭ²-ch'i	器磁
,, old	ku³ tz'ŭ²	磁古
Porch, a	pi⁴ fêng¹ ko²	閣風避
,,	pao⁴-sha-'rh	兒厦抱
Porcupine, a	tz'ŭ¹-wei	蝟刺
,, quills	tz'ŭ¹ wei chên¹-'rh	兒針蝟刺
Pore over a book, to	k'an⁴ shu¹ ju⁴ shên²	神入書看
Pores of the skin	mao². fêng yen³-'rh	兒眼縫毛
,, ,, ,,	mao² k'ung⁵	孔毛
Pork,	chu¹-jou	肉猪
,, roast leg of	shao¹ cnou³-tzŭ	子肘燒
Porous	wang³ wai⁴ yin¹	運外往
Porpoise, a	hai³ chu¹	猪海
,,	chiang¹ chu¹	猪江
Porridge,	chou¹	粥
Port, a	k'ou³ an⁴	岸口
,, sea	hai³ k'ou²	口海
,, (after stormy seas)	to¹ ching¹ nu⁴ t'ao¹ an¹ ti³ pi³ an⁴	岸彼抵安濤怒經多
,, treaty	t'ung¹ shang¹ k'ou² an⁴	岸口商通

Port, the helm	wai⁴ to⁴	外 柁
,, hole	p'ao⁴ mên²	礮 門
,, naval	chün¹ chiang³	軍 港
,, of call	chi² hang² ti⁴	寄 航 地
,, ,, destination	mu⁴ ti¹ chiang³	目 的 港
,, strategic	yao¹ chiang³	要 港
Portcullis, a	ch'ien¹ chin¹ chn³	千 斤 閘
Portend,	ch'ien² chao⁴	前 兆
Portent,	chên¹ chao¹	朕 兆
Portentous size	p'ang² ta⁴ wu² pi³	龐 大 無 比
,, signs	hsiung¹ chao⁴	凶 兆
Porter, a	chiao²-fu	脚 夫
Porterage,	yün¹ lin⁴	運 貨
,,	chiao³ fei⁴	脚 費
Portfolio, a	t'ao⁴-tzŭ	套 子
Portico, a	ch'uan¹ lang²	穿 廊
Portion,	p'ei⁴ fên¹	配 分
,, a	i² fên⁴ 'rh	一 分 兒
,,	i¹ pu⁴ fên¹	一 部 分
,, marriage	chuang¹ lien²	妝 奩
,, to	fên¹ p'ei⁴	分 配
,, off, to	fên¹ chi³	分 給
,, ,,	fên¹ p'ai⁴	分 派
,, out, to	fên¹-ch'u-lai	分 出 來
Portliness,	i² piao³	儀 表
Portly of mien	t'i³ ts'ai² fei² chuang⁴	體 材 肥 壯
,, person, a	ta⁴ p'ang⁴-tzŭ	大 胖 子
Portmanteau, a	p'i² hsiang¹-tzŭ	皮 箱 子
Portrait,	hsiao⁴ hsiang⁴	肖 像
,, group	hsing²-lo t'u²	行 樂 圖
,, of an emperor	shêng⁴ jung²	聖 容
,, of a person when living	hsi³ jnng²-êrh	喜 容 兒
,, of a person after death	ying³	影
,, ,, dead person, to draw a	chui¹-ying²	追 影
Portray, to	miao² hsieh³	描 寫
,, to the life, to	ju² hui⁴ chih wên²	如 繪 之 文
Portugal,	p'u²-t'ao ya²	葡 萄 牙
Pose, to	mao⁴ ch'ung¹	冒 充
,,	wên⁴ tao³	問 倒
,,	chuang¹-mu-tso yang⁴-ti	裝 作 模 樣 的
Poser, that's a	chê⁴-ts'ai mên⁴-ssŭ wo³	這 才 悶 死 我
Position,	ching⁴ yü⁴	境 遇
,, (situation)	wei⁴ chih⁴	位 設

Position—Possible. 618

Position (of a house, etc.)	ti⁴-wei	位地
,, bearings	fang¹-wei	位方
,, (rank)	shên¹ fên	分身
,, ,,	chüeh²-wei	位爵
,, what is his relative	t'a¹ shêm²-mo wei⁴-tz'ǔ	次位麼甚有他
,, difficult	nan² chü²	局難
,, (of affairs), has changed	chü² mien⁴ i¹ pien⁴	變一面局
,, presume on one's	i¹ shih⁴ ch'i¹ jên²	人欺勢倚
,, of women	fu⁴ jên² chih ching⁴ yü⁴	遇境之人婦
Positive quantity	chêng⁴ liang⁴	數正
,, (absolute)	chüeh² tui⁴ ti¹	的對絕
,, (opp. to negative)	chi¹ chi² ti¹	的極稔
,, answer	ch'üeh⁴ ta¹	答確
,, proof	ch'üeh⁴ chêng⁴	證確
,, in his statement	shuo¹-ti ting³ ch'üeh⁴ shih²	實確頂的說
,, are you?	ni³ chih¹-tao-ti ch'üeh¹-shih-ma	嗎實確的道知你
,, orders	chiao¹-p'ai⁴-ti ting³ ch'ieh⁴-shih	實切頂的派交
Positively, can't say	wei⁴ kan³ pi⁴ ting⁴	定必敢未
,, won't consent, I	wo³ chüeh²-pu ta¹-ying	應答不決我
,, not	chüeh²-pu shih⁴	是不決
,, cannot be done	tuan⁴-pu hsing²-ti	的行不斷
,, correct	ti²-ch'üeh-pu ts'o⁴	錯不確的
Positivism,	shih² yen⁴ lun⁴	論驗實
Possess,	so³ yu³	有所
Possessed, would give all I	ch'ing⁴-ch'i so³ yu³	有所其罄
,, a person	fu⁴ t'i³	體附
,, ,,	chuang⁴ k'o-cho-lo	咯著客撞
,, ,,	chung⁴-liao hsieh²-lo	咯邪了中
Possession (territory)	ling³ ti⁴	地領
,, a British	ying¹ chih¹ shu³ ti⁴	地屬之英
,, (opp. to ownership)	chan⁴ yu³	有占
,, is nine points of the law	hsien¹ ju⁴ wei² chu³	主爲入先
,, of China, gain	ju⁴ chu³ hua² hsia⁴	夏華主入
,, recovery of	shou¹ hui² chan⁴ yu³	有占回收
,, of, take	chan⁴ ling²	領占
Possessor,	so³ yu³ chê³	者有所
,, (as opp. to owner)	chan⁴ yu³ chê³	者有占
Possible, not	tuan⁴-pu nêng²	能不斷
,, ,,	tuan⁴-pu ch'êng²	成不斷
,, ,,	tuan⁴-pu hsing²	行不斷
,, render	shih³ ch i² k'o³ hsing²	行可其使

Possible, as quickly as | chi²-su-ti | 急速的
Possibility, if by any bare | wan⁴ i¹ | 一芮
Possibly may come | hsü³ lai² | 許來
,, be so, it may | hsü³-shih na⁴-mo-cho | 許是那麼着
,, ,, ,, | yeh³ hsü³ | 也許
,, be he, ,, | ch'iao⁸-lo-shih t'a¹ | 巧咯是他
Post stake, a | chuang¹-tzǔ | 椿子
,, (sign) | piao¹ chu⁴ | 標柱
,, bills | t'ieh¹ chao¹-p'ai | 貼招牌
,, no bills | pu⁴ chun³ chan¹ t'ieh¹ chao¹-p'ai | 不準粘貼招牌
,, mile | li³ ch'êng² piao¹ | 里程標
,, door | mên² k'uang⁴ | 門框
,, (employment) | wei⁴ chih⁴ | 位置
,, take up one's | chiu⁴ jên⁴ | 就任
,, proceed to | fu⁴ jên⁴ | 赴任
,, winning | chüeh² shêng⁴ tien³ | 決勝點
,, give him another | chiang¹ mou³ t'a¹ tiao⁴ | 將他某調
,, does he occupy? what | hsien¹ chü¹ shêm°-mo chih²-fên | 現居甚麼職分
,, do you hold? what | jung² jên⁴ tsai⁴ na³ 'rh | 榮任在那兒
,, of premier (modern expression) | tsung² li³ chih¹ i³ tzǔ | 總理之椅子
,, (of troops) | t'un² so³ | 屯所
,, ,, | wei⁴ so³ | 衛所
,, military | chün¹ t'ai⁴ | 軍台
,, captain | shui³-shih tsung³-ping | 水師總兵
,, dated cheque | jih⁴-ch'i p'iao⁴ | 日期票
,, haste | fei¹ k'uai⁴-ti | 飛快的
,, ,, returned | hsing¹ yeh⁴-ti kan³-hui lai² | 星夜的趕回來
,, pillar to, from | p'ao³-lo-ko chou¹ tsao-êrh | 跑了個週遭兒
,, horses | i⁴ chan⁴ ma³ | 驛站馬
,, travel by government | yu² i⁴ chan⁴ tsou³ | 由驛站走
,, ,, ,, ,, | ch'ih² i⁴ ch'ien² wang³ | 馳驛前往
,, those not receiving notification by office | ch'i² yu³ yu² yu² ch'ai¹ wei² ching¹ sung⁴ tao⁴ chê³ yu²-chêng chü² | 其有由郵差未經送到者郵政局
,, send by | yu² chi⁴ | 郵寄
,, mark, a | yu² ch'o¹-tzǔ | 郵戳子
,, box | hsin⁴ t'ung³-tzǔ | 信筒子
,, parcel | hsiao³ pao¹-êrh hsin⁴ | 小包兒信
,, a letter | ko¹-tsai hsin⁴ t'ung³-tzǔ-li | 擱在信筒子裏

Post—Pot. 620

Post card	ming² hsin⁴ p'ien⁴ 'rh	明信片兒
Postage,	yu² fei⁴	郵費
,, (stamp), a	yu² p'iao⁴	郵票
,, charge for underpaid	ch'ien⁴ yu² tzŭ¹	欠郵資
,, insufficient	p'iao⁴-shu-êrh pu⁴ fu²	票數不符兒
Postal Union	wan⁴ kuo² yu² chêng⁴ lien² ho² hui⁴	萬國郵政聯合會
Poste restante,	chao¹ ling³ hsin⁴	招領信
Posterity,	hou⁴ jên²	後人
,,	hou⁴-pei	後輩
,, leave a name	ming² ch'uan² hou⁴ shih⁴	名傳後世
Post facto, approval, ex	shih⁴ hou⁴ ch'êng² jên²	事後承認
,, ,,	chui¹ jên⁴	追認
Posthumous child, a	i²-fu tzŭ	遺腹子
,, ,,	i² fu⁴ shêng¹	遺腹生
,, ,,	mu⁴-shêng tzŭ²	暮生子
,, ,,	mu⁴ shêng¹ êrh²	殁生兒
,, work	i² wên²	遺文
,, title	shih⁴ fa³	諡法
,, ,, (of an emperor)	miao⁴ hao⁴	廟號
Postman,	yu² ch'ai¹	郵差
,,	p'ao³ hsin⁴-ti	跑信的
Postmaster,	yu² chêng⁴ chü² chang³	郵政局長
,, general	yu² chêng⁴ tsung³ pan⁴	郵政總辦
Postmortem,	yen⁴ shih¹	驗屍
,, (dissection)	ssŭ³ t'i³ chieh³ p'ou³	死體解剖
Postpone,	yen² ch'i²	延期
,, for a few days	huan³-liang-t'ien 'rh	緩兩天兒
,, ,, ,,	ai²-liang-t'ien 'rh	挨兩天兒
,, publication	chih⁴ êrh² wei⁴ tsai⁴	遲而未載
,, consideration of	ko¹ chih⁴ pu⁴ i⁴	擱不置議
,, for the time being	ts'ung² huan³ pan⁴ li³	從緩辦理
,, at will	sui i¹ chan³ huan³	隨意展緩
,, for present	chan⁴ ch'ieh³ ko¹ hsia	暫且擱下
Postscript, add a	t'ien¹-ko chia¹ p'ien⁴	添個夾片
,, to his wire, add a	tien⁴ wei³ fu⁴ ch'ên²	電尾附陳
,, (to a book)	po⁴	跋
Pot, a	i⁴ k'ou³ kuo¹	一口鍋
,, (can), a	kuan⁴-tzŭ	罐子
,, bellied	shih³-kuo-êrh tu⁴-tzŭ	屎鍋兒肚子
,, luck, trust to	k'an¹ k'ou³-t'ou fu²-êrh	看口頭福兒
,, calling the kettle black	lao³-kua lao⁴-tsai chu¹ shên¹-shang	老鸛落在豬身上
,, ,, ,, ,,	ha² ma ku¹ tu¹ chia⁴ ya¹ tzŭ³	蛤蟆菇都嫁鴨子

Potatoes,	shan¹-yao tou⁴-êrh	山藥豆兒
Potboiler,	wei⁴ hu² k'ou³ chi⁴	爲糊口計
Potent,	kung¹ nêng²	功能
Potentate,	chu³ ch'üan² chê³	主權者
Potential energy	fu² shih⁴	伏勢
Potsherd, a	wa³ ch'a⁴ 'rh	瓦鑓兒
Potter's clay	t'ao² t'u³	陶土
Pottery,	wa³ ch'i⁴	瓦器
Pouch, a	ho²-pao	荷包
,, tobacco	yen¹ ho²-pao	煙荷包
Poultice with bread, to	na² man²-t'ou pa³	拿饅頭拔
,, ,, ,, ,,	na² man²-t'ou hu¹	拿饅頭糊
Pounce upon, to	p'u¹	撲
Pounced ,, me	p'u¹-shang wo³-lo	撲上我咯
Pound in a mortar, to	tao³	搗
,, medicines	yen² yao⁴ liao⁴	研藥料
,, sovereign, a	chin¹ pang⁴	金鎊
,, with the fist, to	na² ch'üan²-t'ou lei²	拿拳頭擂
Pour out tea, to	tao⁴ ch'a²	倒茶
,, out	tao⁴-ch'u-lai	倒出來
,, away	tao⁴-ch'ü	倒去
,, into a bottle	kuan⁴	灌
,, ,, wine	chên¹ chiu³	斟酒
,, off (as water from rice)	t'ao²-tang-kuo-ch'ü	淘瀘過去
,, from one cup into another	chê²-kuo-ch'ü	折過去
Pouring rain	ta⁴ yü³ p'ang² t'o²	大雨滂沱
Pours, it never rains but it	i¹ po¹ wei⁴ p'ing² i¹ po¹ yu⁴ ch'i³	一波未平一波又起
Pourparlers,	t'an² p'an⁴	談判
Pout, to	chüeh¹ tsui³	噘嘴
Poverty,	p'in² k'u³	貧苦
,,	han² k'u³	寒苦
,,	ch'iung² k'u³	窮苦
,, has come to	pao⁴-liao chien¹ 'rh-lo	抱了肩兒咯
,, stricken	lang²-pei-pu k'an¹	狼狽不堪
,, ,, appearance	lou⁴ ch'iung² hsiang⁴	露窮樣
,, of the blood	p'in² hsüeh³	貧血
,, in great	chia¹ chi⁴ p'in² han²	家計貧寒
Powder,	mien⁴-tzŭ	麪子
,, for outward applicat'n	mien⁴-tzŭ yao⁴	麪子藥
,, fine white	fên³	粉
,, the face, to	ts'a¹ fên³	擦粉
,, medicinal	san³	散
,,	yao¹ mo⁴ 'rh	藥末兒

Powder—Practical. 622

Powder, gun	huo³ yao⁴	火藥
,, smokeless	wu² yen¹ huo³ yao⁴	無烟火藥
,, train of	tao³ huo³ hsien⁴	導火線
,, magazine	huo³ yao⁴ k'u³	火藥庫
Power,	li⁴-liang	力量
,,	li⁴-ch'i	力氣
,,	wei¹ shih⁴	威勢
,, horse	ma³ li⁴	馬力
,, authority	ch'üan²	權
,, ,,	ch'üan²-ping	權柄
,, (right)	ch'üan² li⁴	權利
,, of position	shih⁴-li	勢力
,, do all in my	chin⁴-ch'i so³ nêng²	盡其所能
,, ,, ,,	chin⁴-cho li⁴-êrh pan⁴	盡着力兒辦
,, to usurp	lan³ ch'üan²	攬權
,, over life and death	shêng¹ sha¹ tzŭ⁴ chuan¹	生殺自專
,, a great	ch'iang² kuo²	強國
,, emoluments, struggle	chêng¹ ch'üan² to² li⁴	爭權奪利
,, house (electric)	fa¹ tien⁴ so³	發電所
,, of attorney	shou⁴ ch'üan² shu¹	授權書
,, ,,	tai⁴ li³ wei³ jên⁴ chuang⁴	代理委任狀
,, imagination	hsiang³ hsiang⁴ li⁴	想像力
,, (as a favourite eunuch), in	yung⁴ shih⁴	用事
,, behind the throne, the	tsu² i³ tso³ yu¹ ch'ao² i⁴	足以左右朝議
Powerful,	yu³ li⁴-ch'i	有力氣
,, (of position)	yu³ ch'üan²-li	有權力
,, ,,	yu³ shih⁴-li	有勢力
,, subject incurs the suspicion of his prince, a too	fan⁴ kung¹ kao¹ chên⁴ chu³ chih¹ hsien²	犯功高震主之嫌
Powers, full	ch'üan² ch'üan²	全權
,, the	lieh⁴ ch'iang²	列強
,, parliament has the following	kuo² hui⁴ chih¹ chih² ch'üan² ju² tso³	國會之職權如左
,, one is the best judge of one's own	pên³ hsin¹ pu⁴ k'o³ ch'i¹	本心不可欺
,, are failing	hsüeh³ ch'i⁴ chiang¹ shuai¹	血氣將衰
Practicable,	tso⁴-tê lai²	作得來
,,	i⁴ yü² shih² hsing¹	易於實行
,,	shih² chi⁴ shang k'o³ hsing²	實際上可行
,, not	tso⁴-pu lai²-ti	做不來的
Practical,	shih² ti· ti¹	實地的
,,	shih² ti⁴ ching¹ yen⁴	實地經驗
,, business man	shih² yeh⁴ chia¹	實業家

Practical knowledge	yüeh⁴-li-kuo	過歷閱	
,, person, a	ching¹-ming jên²	人明精	
,, joke	o⁴ tso⁴ chi⁴	劇作惡	
,, experience, for	lien⁴ hsi shih² wu⁴	務實習練	
,, difficulties, many	shih² hsing² shang⁴ shu¹ to¹ fang¹ ai⁴	碍妨多殊上行實	
,, (of science)	ying⁴ yung⁴	用應	
Practically,	shih⁴ shih² shang	上實事	
,,	shih² chi⁴ shang⁴	上際實	
,, consented	shih² chi⁴ shang ying¹ yün³	允應上際實	
Practice,	lien⁴ hsi²	習練	
,, medical	i¹ shu⁴	術醫	
,, music, to	yen³ yüeh⁴	樂演	
,, usual	t'ung¹ li⁴	例通	
,, usage	kuei¹-chü	矩規	
,, follow the foreign	hsiao⁴ fa³ wai⁴ jên²	人外法效	
,, makes perfect	hsi² kuan⁴ ch'êng² tzŭ⁴ jan²	然自成慣習	
,, target	shê⁴ chi⁴ yen³ hsi²	習演擊射	
Practise medicine, to	hsing² i¹	醫行	
,, virtue	hsing² shan⁴	善行	
,, what he preaches, does not	so³ yen² fei¹ so³ hsing²	行所非言所	
,, (a profession)	ts'ung² shih⁴....	....事從	
,, a good medical	mên² mo⁴ to¹	多脈門	
Practised,	shu² hsi²	習熟	
,, if compulsion is	i¹ chia¹ ch'iang³ po⁴	迫強加一	
Practitioner, a medical	hsing² i¹-ti	的醫行	
Praise, to	ch'êng¹-tsan	贊稱	
,,	tsan⁴	贊	
,,	tsan⁴-mei	美贊	
,,	k'ua¹-chiang	獎誇	
,, is undeserved, you	kuo⁴-chiang³	獎過	
Praiseworthy,	k'o³ chia¹	嘉可	
Prance, to	pêng⁴	迸	
Pranks, mischievous	tsei² t'ao²-ch'i	氣淘賊	
,, up to all sorts of	nao⁴-ti t'iao⁴ t'a¹-lo. t'ien¹	天了塌跳的鬧	
Pratique,	chien¹ i⁴ hsü³ k'o³ chêng⁴	證可許疫檢	
Prawns,	ta⁴ hsia¹-mi	米蝦大	
Pray, to	tao³ kao⁴	告禱	
,,	chu⁴ sung⁴	頌祝	
,, for your happiness, I	chu⁴ nin² wan¹ fu²	福萬您祝	
Prayer,	ch'i² tao³ wên²	文禱祈	
,, (petition)	ch'ing³ yüan⁴	願請	

Prayer—Precept. 624

Prayer is granted, my	yü² yüan⁴ i⁴ tsu²	足亦願欵
,, than this world dreams of, more things are wrought by	yu³ ch'iu⁴ pi⁴ ying⁴ chih shih⁴ yu³ shên⁴ yü² su² ch'ên² so³ k'an¹ shê⁴ hsiang³ chê	者想堪設所塵俗于甚有事之應必求有
Praying for, past	pai² t'i¹ t'a tao³-kao	告禱他替白
,, mantis	tao¹ lang²	螂刀
Preach, to	chiang² ching¹	經講
,,	chiang³ tao⁴-li	理道講
,,	yen³ shuo¹	說演
Preamble,	ch'ien² t'i²	題前
Prearranged,	yü⁴ ting⁴	定預
,, policy	ch'êng² chu² tsai⁴ hsiung¹	胸在竹成
Precarious,	pu⁴ lao²-k'ao	靠牢不
,, health	k'an¹-na ping¹ yang⁴-êrh pu⁴ lao²-k'ao	靠牢不兒樣病那看
,, existence	kuo⁴-ti jih⁴-tzǔ pu⁴ lao²-k'ao	靠牢不子日的過
Precaution,	chia¹ i⁴ fang² fan⁴	範防意加
,,	fang² pu⁴ shêng¹ fang²	防勝不防
,, against your cheating him in future, take	hsia⁴ tz'ǔ⁴ liu² shang⁴ ni³ ti¹ shên²	神的你上留次下
Precautions, take special	shên⁴ chih¹ yu⁴ shên⁴	慎又之慎
,, to take	fang²-fan	範防
,, ,,	yu⁴ hsien¹ fang²-pei	備防先預
,, the wise man takes	chün¹-tzǔ fang² wei⁴ jan²	然未防子君
Precede, to	tsai⁴ hsien¹	先在
Precedence,	wei⁴-tz'ǔ	次位
,,	tzǔ¹-ko	格資
,,	shou³ tso⁴	座首
,, he takes	t'a¹ chan⁴ hsien¹	先佔他
,, in order of	an⁴-cho tzǔ¹-ko	格資着按
,, senior in	tzǔ¹-ko shên¹	深格資
,, junior in	tzǔ¹-ko ch'ien³	淺格資
,, of me, cannot take	yüeh⁴-pu kno⁴ wo⁴-ti tz'ǔ⁴-hsü	序多的我過不越
,, orders of	kuei⁴ chien⁴ chih¹ hsü⁴	序之賤貴
Precedent,	ch'ien² li⁴	例前
,, (judical)	p'an⁴ chüeh² li⁴	例决判
,, for there is a	yu³-ko pi³ li⁴	例比個有
,, ,, ,,	yu³-ko ku⁴-shih 'rh	兒事故個有
,, to establish a	li⁴-ko kuei¹-chü	炬規個立
,, contrary to	p'o⁴ ko² ti¹	的格破
Preceding article	ch'ien² t'iao²	條前
Precept,	chên¹ yen²	言箴

625 Precession--Predicate.

Precession of equinoxes	fên¹ tien³ pien⁴ i³	移變點分
Precinct,	ching⁴ nei⁴	內境
Precious,	kuei⁴ chung⁴	重貴
,,	pao³	寶
,, stones	pao³ shih²	石寶
,, thing	pao³-pei	貝寶
Precipice, a	shan¹ yen²	巖山
,,	shan¹ jên⁴	仞山
Precipitate,	chi²-tsao	躁急
,,	tsao⁴-tz'ŭ	次造
,,	mang³-chuang	撞莽
,,	ts'ang¹ ts'u	卒倉
,, (chemical)	ch'ên² chiang⁴ wu⁴	物降沈
,, in declaring war	chi² chi² yü² hsüan¹ chan⁴	戰宣於急急
Précis,	lüeh⁴ wên²	文畧
,, make a	hsieh³ an⁴ yu²-êrh	兒由案寫
,, from dictation, write a	k'ou³ shu⁴ yao¹ ling³ chih¹ pi³ chi⁴	記筆之領要述口
Precise,	chun³-ch'ieh	切準
,,	wei³ hsi⁴	細委
,, time	chun³ shih²-hou	候時準
,, report	hsiang² pao⁴	報詳
Precisely just so	k'o³ shuo¹-ti shih⁴	是的說可
,, ,,	ch'êng² jan² pu⁴ ts'o⁴	錯不然誠
,, ,,	k'o³-pu shih⁴ ma¹	嗎是不可
Precision (of weapons)	ching¹ jui⁴	銳精
,, (punctilious)	ching¹ ch'üeh⁴	確精
Preclude,	yü⁴ fang²	防預
Precocious, the child is very	chê⁴ hai²-tzŭ hên³ chüeh² p'in²-ch'i	氣穎很子孩這
Preconceived ideas	ch'êng² chien⁴	見成
Preconcerted, to come to an agreement without being	pu⁴ yüeh¹ êrh² t'ung² pu⁴ mou⁴ êrh² ho³	合而謀不同而約不
Precursor,	ch'ien² ch'ü¹	驅前
,, of a gale	ta⁴ fêng¹-ti lai²-t'ou	頭來的風大
Predatory,	lüeh³ to²	奪掠
Predecessor (office)	hsien¹ jên⁴ chê³	者任先
,, he was my	t'a¹-shih wo³-ti ch'ien² jên⁴	任前的我是他
Predetermined,	chi⁴ ting⁴	定旣
Predestined, to be	ming⁴ kai¹ ju² tz'ŭ³	此如該命
,, ,	ming⁴-li tsao⁴ ting⁴-ti	的定造裏命
Predicament,	k'un⁴ ching⁴	境困
Predicate,	pin¹ tz'ŭ²	詞賓

Predict—Preferential 626

Predict,	yü⁴ chih²	預知
,,	chan¹ pu³	占卜
,, to	yü⁴ hsien¹ liao³ ting⁴	預先料定
,, ,,	yü⁴ pu³	預卜
Predicted, I	wo³ tsao³ liao⁴ ting⁴-lo	我早料定咯
Predilection,	p'ien¹ ssŭ¹	偏私
Predisposed to catch cold	ai⁴ chao² liang²-ti	愛著涼的
,, to drunkenness	p'ien¹-yü chiu³	偏於酒
Predisposition,	su⁴ yin¹	素因
,, to disease	i⁴ chih⁴ chi² ping⁴	易致疾病
Predominant,	chü¹ shang⁴ fêng¹ ti	居上風的
Predominate,	yu¹ shêng⁴	優勝
,, traders	shang¹-jên shêng⁴	商人勝
Pre-eminent,	pa² ch'ün²	拔羣
,,	chün⁴ chieh²	俊傑
,, ability	yu¹ hsiu⁴ chih¹ ts'ai²	優秀之才
,, among his contemporaries	tang¹ tai⁴ shou³ ch'ü¹ i¹ chih³	當代首屈一指
,, engagement	hsien¹ yüeh¹	先約
Pre-emption,	hsien¹ mai³ ch'üan²	先買權
Preen the feathers, to	shua¹ ling²-êrh	刷翎兒
Preëxistence,	ch'ien² shih⁴	前世
Preface, a	hsü⁴	序
Prefect, a	chih¹ fu³	知府
,,	fu³ ch'ih¹ shih⁴	府知事
Prefer (a claim)	t'i² ch'i³	提起
,, able to	kêng⁴ shêng⁴	更勝
,, to walk, I	hai²-shih yüan⁴-i tsou³	還是願意走
,, which do you?	ni³ k'an⁴ na³-i-ko hao³	你看那一個好
,, death to yielding	ning⁴ ssŭ³ pu⁴ hsiang²	寧死不降
,, beef to pork, I	chu¹ jou⁴ niu² jou⁴ chê⁴ liang³ yang⁴-êrh wo³ ai⁴ ch'ih¹ niu² jou⁴	猪肉牛肉這兩樣兒我愛吃牛肉
Preferable, this arrangement is	chê⁴-ko pan⁴ fa³ ch'iang²	這個辦法強
Preference (stock)	yu¹ hsien¹ ku³	優先股
,, will give you the	jang¹-ni chan⁴-ko hsien¹	讓你佔個先
,, for any one, did not disclose	pu⁴ lou⁴-ch'u shui² pao³ shui² hou⁴	不露出誰薄誰厚
,, on equal terms shall be given to the firm, a	jo⁴ t'iao² chien⁴ hsiang¹ têng³ hsien¹ chin³ kai¹ hang²	若條件相等先盡該行
,, he is entitled to	t'a¹ yu³ hsüan³ tsê² chih ch'üan²	他有選擇之權
Preferential rights	yu¹ hsien¹ ch'üan²	優先權

Preferential—Premier.

Preferential tariff	t'ê¹ hui⁴ shui⁴ shuai⁴	特惠稅率
Preferment,	shêng¹ chin⁴	陞進
Prefix, to	kuan⁴ hou³	冠首
Pregnant,	yu³ hsi³	有喜
,,	huai² t'ai¹	懷胎
,,	huai² yün⁴	懷孕
,,	shên¹ huai² yu³ yün⁴	身懷有孕
,, with meaning	yung⁴ i⁴ chih⁴ wei² shên¹ yüan³	用意至爲深遠
Prehistoric,	li⁴ shih³ i³ ch'ien²	歷史以前
Prejudge, don't	pieh² yü⁴ hsien¹-kei ting⁴-kuei	別預先給定規
,, ,,	pieh² yü⁴ hsien¹-kei p'an⁴-tuan	別預先給判斷
Prejudice,	p'ien¹ hsin¹	偏心
,, without	huo²-tung hua⁴	活動話
,, to oneself and to the national benefit, without	yü² chi³ wu² sun³ yü² kuo² yu³ i¹	於己無損於國有益
,, against, to have a	yu³ hsien² wu⁴ chih¹ nien⁴	有嫌惡之念
Prejudicial,	yu³ ai⁴	有礙
,, to health	yü² wei⁴ shêng¹ yu³ ai⁴	於衛生有礙
Preliminary measures, take	yü⁴ hsien¹ liao⁴ li³	預先料理
,, examination (medical)	yü⁴ shên³	預審
,, to establishing provincial government, as a	i³ wei² shê⁴ hsing² shêng³ chih¹ tao³ hsien⁴	以爲設行省之導線
Prelude to recognition	ch'êng² jên⁴ hsien¹ shêng¹	承認先聲
,, to starvation, dependence on others is	i¹ yu³ i³ k'ao⁴ hsin¹ tsui¹ shih⁴ ai¹ o⁴ ti¹ miao² t'ou² tzŭ	倚有倚靠心最是哀餓的苗頭子
,, musical	ch'ien² tsou⁴	前奏
,, to	hao¹ shih⁴	嚆矢
Premature,	shih¹ chih¹ kuo⁴ tsao³	失之過早
,,	shih² ch'i² wei⁴ shu²	時期未熟
,, somewhat	t'ai⁴ tsao³-i tien³ 'rh	太早一點兒
,, confinement	hsiao³ ch'an³-lo	小產了
,, ,,	hsiao³ hsi³-lo	小喜了
,, death	yao³ shou⁴	夭壽
Premeditated,	ku⁴ i⁴-ti	故意的
,,	t'ê⁴ i⁴-ti	特意的
,,	an¹ hsin¹-ti	安心的
,, not	wu²-hsin chung¹-ti	無心中的
,, homicide	mou² sha¹	謀殺
Premier,	shou³ hsiang⁴	首相
,,	tsung³ li³	總理

Premier—Prepuce. 628

Premier,	kuo² wu⁴ tsung³ li³	理總務國
Premise, major	ta⁴ ch'ien² t'i²	題前大
„ minor	hsiao³ ch'ien² t'i²	題前小
Premises,	wu¹ yü³	宇屋
Premium,	tsêng¹ ê²	額增
„ at a	tsêng¹ chang³-ch'u-lai-liao	了來出長增
„ gold at a	chin¹ chia¹ tsêng¹ chang⁴	漲增價金
„ insurance	pao³ hsien³ fei⁴	費險保
Premonition,	yü⁴ chieh⁴	戒預
Premonitory symptom (of disease)	ping⁴ chêng¹	徵病
Preoccupied,	yu³ hsin¹ shih⁴	事心有
„	shên²-pu shou³ shê⁴	舍守不神
Prepaid postages	yu² tzŭ¹ yü⁴ fu⁴	付預資郵
Preparation,	chun³ pei⁴	備準
„ war	chan⁴ tou⁴ chun³ pei⁴	備準鬪戰
„ in advance, make	wei² hsien¹ shih⁴ ch'ou² miu chih¹ chi⁴	計之繆事先爲
Preparations, to make	yü⁴ hsien¹ liao²-li	理料先預
„ „	yü⁴-pei	備預
„ complete	liao²-li-ti chou¹-tao	到周的理料
„ tardy	lin² chên⁴ mo² ch'iang¹	鎗磨陣臨
„ military	chün¹ pei⁴	備軍
Preparatory course	yü⁴ pei⁴ k'o¹	科備預
Prepare, to	yü⁴-pei	備預
„ quarters for reception (of a state visitor)	kung¹ chang¹ hsing² kuan³	館行張供
„ (for bad news), to	chüeh² wu⁴	悟覺
Prepared, everything	tou¹ wan²-pei-lo	咯備完都
„ for him be	yü⁴ wei⁴ chih² chi⁴	計之爲預
„ the best security is to be	lin² ch'ih² hsien⁴ yü² pu¹ ju² t'ui⁴ êrh² chieh² wang³	網結而退如不魚濺池臨
Prepayment required	na² ch'ien² ch'ü³ huo⁴	貨取錢拿
Preponderate,	ch'ao¹ kuo⁴	過超
Preposition,	ch'ien² chih⁴ tz'ŭ²	詞置前
Prepossess,	hsien¹ ju⁴ wei² chu³	主爲入先
Prepossessing ways	yüeh⁴ jên² chih chü³ chih³	止舉之人悅
Prepossession,	ch'ing¹ hsiang⁴	向傾
Preposterous,	ni⁴ hsing⁴ ti¹	的性逆
„	kuai¹ miu⁴	謬乖
„ this is	chê⁴-shih ch'i³-yu-tz'ŭ li³	理此有豈是這
„ idea (vulgar)	fang⁴ p'i⁴ ti shih⁴ ch'ing²	情事的屁放
Prepuce,	pao¹ p'i²	皮包

Pre-requisite,	pi⁴ yao⁴ t'iao² chien⁴	必要條件
Prerogative, a	t'ê¹ ch'üan²	特權
,,	chih⁴-tu	制度
Presbyter is but old priest writ large, new	i³ pao⁴ i⁴ pao¹	以暴易暴
Presbyterian Church	chang³ lao³ hui⁴	長老會
Prescience,	hsien¹ chien⁴	先見
Prescribe,	kuei¹ ting⁴	規定
,, what did he?	shuo¹-lo-ko shêm²-mo fang¹-êrh	說了個甚麼方兒
Prescribed,	kuei¹ ting⁴ ti¹	規定的
Prescription, a	yao⁴ fang¹-êrh	藥方兒
,, write a	k'ai¹-ko yao⁴ fang¹-êrh	開個藥方兒
,, barred by	ch'i² man³ mien³ ch'u²	期滿免除
Prescriptive right	li³ so³ ying¹ tê²-ti	例所應得的
Presence of mind	t'ai⁴ jan²	泰然
,, ,,	tzŭ⁴ jo⁴	自若
,, ,,	fang¹ ts'un⁴ pu⁴ luan⁴	方寸不亂
,, has a good	wai⁴ mao⁴ chêng³ chieh²	外貌整潔
,, said it in my	tang¹-cho wo³ shuo¹-ti	當著我說的
,, of the emperor, in	tang¹-cho huang²-shang	當著皇上
,, don't defile this place with your	pieh² chan⁴ tsang¹-liao chê⁴-ko ti⁴-fang-êrh	別站髒了這個地方兒
,, (at a meeting)	ch'u¹ hsi²	出席
,, to reply (in parliament), demand his	yao⁴ ch'iu² ch'i² ch'u¹ hsi² ta¹-fu	要求其出席答復
,, (of a high person)	lin² ch'ang²	臨場
,, of misfortune friends disappear, in the	jên² tsai⁴ jên² ch'ing² tsai⁴ shih⁴ yeh⁴ tsai⁴ jên² ch'ing² tsai⁴	人在人情在事業在人情在
,, of a bigger bully he is afraid, in the	tsai⁴ lai² i¹ ko⁴ pi³ t'a¹ hêng⁴ ti¹ t'a¹ chiu⁴ chü⁴ p'a⁴	再來一個比他橫的他就懼怕
Present, at	mu⁴ hsia⁴	目下
,, time, at the	tang¹ shih²	當時
,, when he said it, I was	t'a¹ shuo¹-ti shih²-hou wo³ tsai⁴ na⁴-li	他說的時候我在那裏
,, as we do the past, future generations will regard the	hou⁴ chih¹ shih⁴ chin¹ yu² chin¹ chih¹ shih⁴ hsi²	後之視今猶今之視昔
,, treaties	hsien⁴ hsing² t'iao² yüeh¹	現行條約
,, a bill (commercially)	ch'êng² shih⁴	呈示
,, ,, (parliamentary)	t'i² ch'u¹	提出
,, (at a ceremony officially)	ts'an¹ lieh⁴	參列

Present—Preserver.

Present, not to be	ch'ien⁴ hsi²		席欠
,, oneself	ch'u¹ t'ou²		頭出
,, majority vote of over three-fourths of members	ch'u¹ hsi² yüan² ssŭ⁴ fên¹ san¹ i³ shang⁴ chih¹ k'o³ chüeh		決可之上以三分四員席出
,, a show without reality	ting³ chuang⁴ mên² mien⁴		面門壯頂
,, good result	ch'êng² shan⁴ kuo³		果善呈
,, a card, to	t'ou² ming² p'ien⁴		片名投
,, ,,	ti⁴ ming² p'ien⁴		片名遞
,, a petition	ti⁴ ping³-tieh		帖禀遞
,, a memorial to throne	ti⁴ chê²-tzŭ		子摺遞
,, at Court, to	tai⁴ ling³ yin³ chien⁴		見引領帶
,, emperor, the	chin¹ shang⁴ pi⁴ hsia⁴		下陛上今
,, to elder or superior, to	hsiao⁴-ching		敬孝
,, (to a superior)	wo³ hsien⁴-shang		上獻我
,, of, to make a	k'uei⁴-sung		送餽
,, of it, I'll make you a	wo³ fêng⁴ sung⁴		送奉我
,, a dangerous prospect	p'o¹ ch'êng² wei¹ hsiang⁴		象危呈頗
Presentation copy	chin⁴ ch'êng¹ shu¹		書呈進
,, of credentials	ti⁴ kuo² shu¹		書國遞
Presentiment, I had a	wo³ liao⁴-chao-lo		咯着料我
,, ,,	wo³ hsin¹-li liao⁴-chao-lo		咯着料裏心我
Presently, will come	chiu⁴ lai²		來就
,, (in a short time)	tai⁴-i hui³ 'rh		兒會一待
,, ,, ,,	p'ien⁴ shih²		時片
Presents,	li³-wu		物禮
,, New Year's	nien² li³		禮年
,, wedding	ho⁴ li³		禮賀
,, birthday	shou⁴ li³		禮壽
,, (offered when visiting a superior for the first time)	chih² chien⁴ li³		禮見贄
,, (on seeing a child the first time	piao³ li³		禮表
Preservation,	pao³ ts'un²		存保
,, is the first duty of human life, self	pao³ ts'un² chi¹ ming⁴ wei² jên² chien chih ti⁴ i¹ i⁴ wu⁴		務義一第之間人爲命己存保
Preservative,	yü⁴ fang² chi⁴		劑防預
Preserve, to	shou³		守
,,	wei² chih²		持維
,, carefully	hao³ hao³-êrh shou³-cho		着守兒好好
,, the influence civilization	jêng² pu⁴ shih¹ chiao⁴ hua⁴ chih¹ hsiao⁴ li⁴		力效之化教失不仍
Preserved in sugar	t'ang² yen¹-ti		的醃糖
Preserver, life	hu⁴ shên¹ ch'i⁴		器身護

Preserves, jams	t'ang² kuo³-tzǔ	子果糖
,, ,,	t'ang² chiaug⁴	醬糖
,, Imperial hunting	hai³-tzǔ	子海
,, ,, ,,	wei² ch'ang³	場圍
Preside (at a meeting, etc.), to	chu³ wei⁴	位主
,, ,, ,, ,,	lin² shih² hui⁴ chang³	長會時臨
,, (at a table)	tso⁴ shou³ hsi²	席首坐
Presidency,	ta⁴ tsung³ t'ung³ chih¹ chih²	職之統總大
President (of a Republic)	min² chu³	主民
,, ,, ,,	ta⁴ tsung³ t'ung³	統總大
,, ,, ,,	po-li-hsi-t'ien-tê	德天璽里百
,, (of an assembly)	i⁴ chang³	長議
,, (of a court)	ts'ai² p'an⁴ chang³	長判裁
,, (,, society, etc.)	hui⁴ chang³	長會
,, (,, ,, ,,)	tu¹ pan⁴	辦督
,, (,, ,, ,,)	shê⁴ chang³	長社
,, (,, Board)	shang⁴-shu	書尙
Press, to	ya¹-i-ya	壓一壓
,, advice	chun¹ chun¹ kao⁴ chieh⁴	誡告諄諄
,, down with the hand	ên⁴	按
,, ,, ,, ,,	ên⁴-chu	住按
,, hard, as with a pencil when writing	shih³ chin⁴ 'rh hsieh³	寫兒勁使
,, a screw	lo²-ssǔ ya¹ chi¹	機壓絲螺
,, printing	yin⁴ tzǔ⁴ chi¹-ch'i	器機字印
,, clothes	i¹ kuei⁴	櫃衣
,, (shove) don't	pieh² chi³	擠別
,, liberty of the	hsin¹ pao⁴ tzǔ⁴ yu²	由自報新
,, him too hard, don't	pieh² pi⁴-k'ao chin³-lo t'a	他了緊逼別
,, for payment, to	ts'ui¹	催
,, ,, of debts	ts'ui¹ chang⁴	賬催
,, for immediately	p'o⁴-pu chi² tai⁴	待及不迫
,, (drive) him don't	pieh² ts'ui¹-t'a	他催別
,, of business	fan² wu⁴ ts'ung² chi³	集叢務繁
,, (crowd)	yung³ ch'ien⁰	前擁
,, be in the	yin⁴ shua¹ chung¹	中刷印
,, (for a reply)	ts'ui¹ ts'u	促催
Pressed for time	shih⁰ chien ch'ung¹ t'n	空衝間時
,, . bravely forward	yung³ wang³ chih² ch'ien²	前直往勇
Pressing business	chi² shih⁴	事急
,, matter, not a	fei¹ tang¹ wu⁴ chih¹ chi²	急之務當非
,, he was most	t'a¹ chih² ts'ui¹	催直他
Pressure on, to put	ts'ui¹	催

Pressure—Presuppose. 632

Pressure on him, you must put	tei³ chi³-cho-t'a	他着擠得
,, of business	kung¹ shih⁴ t'ai⁴ fan²	煩太事公
,, ,,	shih⁴ wu⁴ wei² chi²	集蝟務事
,, done under	ch'u¹-yü wu² nai⁴	奈無於出
,, ,, ,,	p o⁴-yü mei² kung¹-fu	夫工沒於迫
,, ,, ,,	chi³-cho pan⁴-ti	的辦着擠
,, military and political	chün¹ shih⁴ chêng⁴ chih⁴ shang⁴ chih¹ ya⁴ li⁴	力壓之上治政事軍
,, means of exercising	yao¹ hsieh² chih¹ shou³ tuan⁴	段手之脅要
,, high (atmosphere)	kao¹ ch'i⁴ ya¹	壓氣高
Prestige,	ming²-yü	譽名
,,	t'i². t'ung	統體
,, enjoy great	pa¹ mien⁴ wei¹ fêng¹	風威面八
,, retain his old	wei¹ fêng¹ yu² tsai⁴	在猶風威
,, national	kuo² wei²	威國
Presumably,	kuang¹-ching shih⁴	是景光
,,	ta⁴ yüeh¹	約大
,,	liang⁴ pi⁴	.... 必諒
Presume on one's position, to	i³ ts'ai² chang⁴ shih⁴	勢仗財以
,, to give an opinion, I will not	wo³-pu kan³ ch'u¹ chu²-i	意主出敢不我
,, to suggest, I will	wo³ shuo¹-i-chü mao⁴-chuang hua⁴	話撞冒句一說我
,, he knows, I	wo³ liao⁴-cho t'a¹ chih¹-tao	道知他着料我
,, (legal)	t'ui¹ ting⁴	定推
Presumes, to give an opinion	shan⁴ kan³ ch'u¹ chu²-i	意主出敢擅
,, on my good nature	t'a¹ i³-wei wo³ hao³ shuo¹ hua⁴ 'rh	兒話說好我為以他
Presuming, too	t'ai⁴ shan⁴ tso⁴ shan⁴ wei²-ti	的為擅作擅太
,, person, a	lai⁴-p'ai jên² wu⁴-êrh	兒物人懶賴
Presumption,	t'ui¹ cb'a²	察推
,, (arrogance)	chuan¹ hêng⁴	橫專
,, strong	ku¹ i³ wei² shih⁴	是為以姑
,, (probability)	i⁴ tuan⁴	斷臆
Presumptive, heir	chia³ ting⁴ ssǔ⁴ tzǔ³	子嗣定假
,, to Austrian Throne, heir	ao⁴ ch'u²	儲奧
,, evidence	t'ui¹ ting⁴ chêng⁴ chü⁴	據證定推
Presumptuous,	ch'êng³ ch'iang⁴	強逞
,, aspirations	lai¹ ha²-ma hsiang³ ch'ih¹ t'ien¹ o² jou⁴	肉鵝天吃想蟆蛤癩
Presuppose,	chia³ ting⁴	定假

633   Pretence—Pretty.

Pretence,	k'ou³ shih²	實口
,, (claim)	yao¹ so³	索要
Pretences, obtain on false	cha⁴ ch'ü³ wu⁴ chien⁴	件物取詐
,, ,, ,,	yu³ i⁴ cha⁴ ch'ü³ ts'ai²	財取詐意有
Pretend obedience	yang² fêng⁴ yin¹ wei¹	違陰奉陽
,, to	chia³ chuang¹.	裝假
,, ,, take no notice	yang² yang²-pu li³	理不佯佯
,, ,, be deaf	chuang¹ êrh³-to lung²	聾朶耳裝
,, ,, ,, respectable	chia³ ch'ung¹ chêng⁴-ching jên²	人經正充假
,, to be travelling for pleasure	t'o¹ yen² yu² li⁴	歷游言託
,, not to know	chia³ chuang¹-pu chih¹-tao	道知不裝假
Pretender,	k'ou³ shih⁴ hsin¹ fei¹ chê³	者非心是口
,, to the throne	chien⁴ wang⁴ ju⁴ chu³	主入爭僭
Pretension to, lay	chu³ chang¹	張主
Pretentious,	na² ch'iang¹ tso⁴ shih⁴-ti	的勢做腔拿
Preternatural,	ch'i² i⁴	異奇
Pretext of, to make a	t'o¹ tz'ŭ²	詞託
,, ,,	chieh⁴ k'ou³	口借
,, of official business, to make a	i³ kung¹ shih⁴ wei² tz'ŭ²	詞爲事公以
,, (for a quarrel), seek	hsün²-ch'u pan⁴ tsui³ yu²-t'ou	頭由嘴辨出尋
,, how can I go without a	tsêm³-ma ta¹-shan-cho ch'ü²-ni	呢去着訕搭麽怎
,, for objections, no	wu² tz'ŭ² k'o³ ts'o⁴	措可詞無
,, for intervention, no	wu² k'o³ tao⁴ chih¹ hsia²	瑕之蹈可無
Pretty,	hao³ k'an⁴	看好
,, she is	t'a chang³-ti uao³ k'an⁴	看好的長他
,, face, he tries his best to seduce, every female with a	fu⁴ nü³ shao³ yu³ tzŭ¹ shou³ pi⁴ pai³ chi¹ yü⁴ hsieh²	脅誘計百必首姿有稍女婦
,, mess, you've made a	ni³ tso⁴-tê hao³ shih⁴	事好得做你
,, well, thank you	ch'êng² wên⁴ suan¹ hao³-lo	咯好算問承
,, ,, only	pu⁴ kuo⁴ tui⁴-fu-chu hao⁰-lo	咯好着付對過不
,, nearly	ch'a¹-i tien³	點一差
,, trick, he played on me a	t'a hao⁰ p'ien⁴-lo wo⁰-i t'ou²-tzŭ	子頭一我了騙好他
,, trick on me, he played a	chê⁴ i¹ tz'ŭ⁴ k'êng¹ chao la wo³	我了着抗次一還
,, wife, a	chiao¹ ch'i¹	妻嬌
,, scenery	shan¹ shui³ hao³	好水山

x

Pretty—Prey.   634

"Pretty Fanny's way"!	chi⁴ tsai⁴ ai³ yen² hsia tsên nêng² pu⁴ ti¹ t'ou²	既在矮簷下怎能不低頭
Prevail on him to come?	ni³-pu nêng² hung³-cho-t'a lai²-mo	你能不哄着他來麼
,, can't you truth will	mei² yu³ pu⁴ t'ou⁴ fêng¹-ti li²-pa	沒有不透風的籬笆
,, (a custom)	liu² hsing²	流行
,, on him	shuo¹ fu²	說服
Prevailed (over others) this opinion	tz'ŭ³ i¹ tê² shêng⁴	此議得勝
Prevalence of brigandage	tao⁴ tsei² ch'ung¹ ch'ih	盜賊充斥
Prevalent, measles are very	chên³-tzŭ hên³ hsing¹	疹子很興
,, in Fukien, unnatural vice is	min³ jên² nan² fêng¹ chu⁴ ch'êng¹ yü² shih⁴	閩人男風著稱於世
Prevaricate, to	t'o¹ lai⁴	託賴
Prevaricated, when I questioned him he only	wên⁴-t'a ching⁴ chiao²-chan	問他竟狡展
Prevaricating reply	i³ chih¹ wu² liao³ chih¹	以支吾了之
Prevarication,	tun⁴ tz'ŭ²	遁詞
,,	yen² yü³ shan³ pi⁴	言語閃避
Prevent, to	lan²	攔
,,	lan²-chu	攔住
,, trouble	mien³ shih⁴-fei	免是非
,, my coming for nothing	mien³-ti wo³ pai² lai²	免得我白來
,, him, I can't	wo³ lan²-pu chu⁴ t'a	我攔不住他
,, ,, ,,	pu⁴ nêng² tsu³-tang t'a	不能阻擋他
,, you? who will	shui² ên⁴ ni³-ti t'ou²	誰按你的頭
Prevented from attending	yin¹ shih⁴ wei⁴ tao⁴	因事未到
Prevention of cruelty to animals	tung⁴ wu⁴ nüeh⁴ tai⁴ fang² chih³ hui⁴	動物虐待防止會
,, is better than cure	fang² ch'i² wei⁴ jan² shêng¹ yü² chih⁴ ch'i² i³ jan²	防其未然勝於治其已然
Preventive measures	yü⁴ fang² fa³	預防法
Previous (employer), a	hsien¹ ch'ien²-ti tung¹-chia	先前的東家
,, occasion, on the	hsien¹ ch'ien²-na-i hui²	先前那一回
,, ,, ,, a	hsien¹-i hui²	先一回
,, conviction, criminal with a	ch'ien² k'o¹ chê³	前科者
,, notice	yü⁴ kao⁴	預告
,, question (parl.)	hsien¹ chüeh² wên⁴ t'i²	先決問題
Previously, three years	san¹ nien² ch'ien²	三年前
,, two days	hsien¹ liang³ t'ien¹	先兩天
Prevision,	hsien¹ chien⁴ chih ming²	先見之明
Prey upon others, to	ch'ih¹ shih⁴-ti	吃𠸄的

Prey—Priesthood.

Prey to, fall an easy	tsu³ shang⁴ jou⁴	肉上俎
,, regard as a certain	pu⁴ t'i⁴ wei² nang² chung¹ chih¹ wu⁴	物之中囊為啻不
,, on one another	tzŭ⁴ hsiang¹ yü² jou⁴	肉魚相自
Price,	chia⁴-ch'ien	錢價
,, current	shih² chia⁴	價時
,, market	shih⁴ chia⁴	價市
,, a fair	kung¹-tao chia⁴-ch'ien	錢價道公
,, low	lien² chia⁴	價廉
,, the lowest	tsui⁴ ti¹ chih chia⁴	價之低最
,, list	chia⁴-chih tan¹	單值價
,, has risen	chia⁴-ch'ien chang³-lo	咯長錢價
,, ,,	chang³-lo chia⁴ 'rh-lo	咯兒價咯長
,, has fallen	lao⁴-lo chia⁴ 'rh-lo	咯兒價了落
,, (figurative, e.g., pay a heavy price for a victory)	tai⁴ chia⁴	價代
Prices,	wu⁴ chia⁴	價物
,, fixed	yen² wu² êrh⁴ chia⁴	價二無言
Prick, to	cha¹	扎
,, up the ears	êrh³-to i⁴ chi¹-ling	靈機一朶耳
Pricked to the heart	ju² chên¹ cha¹ hsin¹ ssŭ¹-ti	的似心扎針如
Prickles,	tz'ŭ⁴-êrh	兒刺
Prickly,	yu³ tz'ŭ⁴-êrh	兒刺有
,, heat	chang³ fei⁴-tzŭ	子沸長
Pricks of remorse	hui³ hên⁴ hsin¹	心恨悔
,, ,, duty	i⁴ wu⁴ so³ ts'ê⁴	策所務義
Pride, improper	ao²-hsing	性傲
,, in, take a	chêng⁴-chung	重鄭
,, national	chung⁴ kuo²	國重
,, family	chung⁴ tsu²	族重
,, (self-respect)	tzŭ⁴ chung⁴	重自
,, in one's pocket, put	jên² ch'ih² han² hsiu¹	羞含恥忍
,, itself on being a great power	i³ t'ang² t'ang² ta¹ kuo² tzŭ¹ chü¹	居自國大堂以
Priest,	chi⁴ ssŭ¹	司祭
,, a Buddhist	ho²-shang	尚和
,, Taoist	tao⁴-shih	士道
,, Catholic	shên²-fu	父神
,, resident Buddhist	chu⁴-ch'ih sêng¹	僧持住
,, to become a	ch'u¹ chia¹	家出
,, a young	hsiao³ sha¹-mi-tzŭ	子彌沙小
,, an unfrocked	t'iao⁴ ch'iang²-ti ho²-shang	尚和的牆跳
Priesthood, quit the	huan² hsü²	俗還

Priests'—Prince. 636

Priests' orders (Buddhist), to take	shou⁴ chieh⁴	受戒
Prig, a	chuang¹-mo-tso yang⁴-ti	裝模作樣的
Prim,	ku³ pan³	古板
,,	wu⁴ êrh² pu⁴ hua⁴	物而不化
Prim, too	t'ai⁴ chêng³-lo	太整咯
Primâ facie,	mien⁴-tzŭ-shang	面子上
,, ,, evidence	piao³ mien⁴ 'rh-shang-ti chêng⁴-chü	表面兒上的證據
,, ,, ,,	i¹ chien⁴ ti¹ chêng⁴ chü⁴	一見的證據
Primary,	tsui⁴ ch'u¹	最初
,, colours	yüan² sê⁴	元色
,, matter	yüan² ch'i⁴	元氣
,, importance	ti⁴ i¹ yao⁴ chien⁴	第一要件
,, schools	hsiao⁸ hsüeh² hsiao⁴	小學校
,, elections	ch'u¹ hsüan³ chü³	初選舉
Prime Minister	kuo² wu⁴ tsung³ li³	國務總理
,, ,,	tsung³ li³ ta⁴ ch'ên²	總理大臣
,, mover	chu³ tung⁴ li⁴	主動者
,, ,,	yüan² tung⁴ li⁴	原動力
,, object	chu⁸ yen³	主眼
,, number	su⁴ shu¹	素數
,, of life	hsüeh³ ch'i⁴ fang¹ chuang⁴	血氣方壯
,, of life, just in the	chêng⁴-tsai ying¹ nien²-shang	正在英年上
,, ,, dead ,,	chung¹ nien² tso⁴ ku³	中年作古
Primer,	ch'u¹ pu⁴	初步
,,	ch'i⁸ mêng² pên³	啟蒙本
Primeval forest	yüan² shêng¹ lin²	原生林
Primitive,	tsui⁴ ch'u¹	最初
,,	pu⁴ pei⁴	不備
,, ages	yüan² shih³ shih² tai⁴	原始時代
,, form	yüan² hsing²	原形
,, ,,	yüan² chih³	原質
Primogeniture,	chang² tzŭ⁸ hsiang¹ hsü⁴ ch'üan²	長子相續權
Prince, a	wang²-yeh	王爺
,, ,, Ch'ing	ch'ing⁴ ti⁸	慶邸
,, Imperial (first order)	ch'in¹ wang²	親王
,, (second generation)	chün⁴ wang²	郡王
,, heir apparent	t'ai⁴ tzŭ³	太子
,, ,, (Manchu)	ta⁴ a¹-ko	大阿格
,, [under Manchus] (emperor's sons)	a¹-ko	阿格
,, Crown	hsiang² ch'u²	皇儲

Princess—Print

Princess	(wife of prince)	fu¹-chin	福晋
,,	(husband of an Imperial Manchu)	o²-fu	額駙
,,	in marriage, gave him a	chao¹ fu⁴ ma³	招駙馬
,,	(daughter of emperor)	kung¹-chu	公主
,,	(,, ,, prince)	chün⁴ chu³	郡主
,,	(,, ,, Manchu prince)	ko¹-ko	格格
Principal	(capital)	pên³-ch'ien	本錢
,,	room	chêng⁴ fang²	正房
,,	seat	shou³ tso⁴	首坐
,,	penalty	chu³ hsing²	主刑
,,	(most important)	chu³ yao⁴	主要
,,	prime mover	ling³ t'ou²-ti	領頭的
,,	offender	wei² shou³-ti	爲首的
,,	,,	shou³ fan⁴ chê³	首犯者
,,	of a college (old term)	shan¹ chang³	山長
,,	,, school (modern)	hsiao¹ chang³	校長
,,	(money)	yüan² pên³	元本
,,	wife	chêng⁴ fu¹-jên	正夫人
Principally,		ta⁴ pan⁴	大半
,,		ta⁴ ti³	大抵
,,		to¹ pan⁴	多半
Principle,		li³	理
,,		tao⁴-li	道理
,,		kang¹ ling³	綱領
,,	universal	t'ung¹ i⁴	通義
,,	right	chêng⁴ li³	正理
,,	of right	kung¹ li³	公理
,,	,, mind	hsin¹ shu⁴	心術
,,	approve the	fu² ts'ung² tao⁴ li³	服從道理
,,	contrary to	mei² yu³ tao⁴-li	沒有道理
,,	,,	yüeh¹ li³	越理
,,	,,	yü³ ch'ing² li³ pu⁴ ho⁴	與情理不合
Principles, a man of high		hsin¹ kao¹	心高
,,	,, ,,	pao⁴ tao⁴ tzŭ¹ chung⁴	抱道自重
,,	democratic	min² chih⁴ chu³ i⁴	民治主義
,,	men holding different	tsung¹ chih³ pu⁴ ho² chih¹ jên²	宗旨不合之人
Print, to		yin⁴	印
,,		shua¹ yin⁴	刷印
,,		yin⁴-ch'êng tzŭ⁴	印成字
,,	old coloured *prints*	wu³ tsai³ t'ao⁴ pan³ hua⁴ 'rh	五彩套板畫兒

Print—Private.

Print, coloured	t'ao⁴ yin⁴ hua⁴ 'rh	套印畫兒
,, fabric	yin⁴ hua¹ 'rh pu¹	印花兒布
,, engravings, etc.	yin⁴ pan³ hua⁴-'rh	印板畫兒
,, out of	chüeh² pan³	絕板
,, ,,	chüeh²-lo pan³-lo	絕板了咯
,, foot	chiao⁸ yin⁴ 'rh	脚印兒
,, finger	shou³ yin⁴ 'rh	手印兒
Printed matter	yin⁴ shua¹ wu⁴	印刷物
,, and distributed	yin⁴ shua¹ fên¹ sung⁴	印刷分送
,, well	yin⁴ shua¹ ching¹ liang²	印刷精瓦
Printer (old term)	shou³ min²	手民
Printing office (government)	yin⁴ shua¹ chü²	印刷局
Prior (of monastery)	fang¹-chang	方丈
,, engagement, a	ch'ien² yüeh¹	前約
Priori, a	tzŭ⁴ yin¹ t'ui¹ kuo³	自因推果
Priority,	yu¹ hsien¹ ch'üan²	優先權
,, has	ying¹ kai¹ tsai⁴ hsien¹	應該在先
Prism,	san¹ lêng² ching⁴	三稜鏡
Prismatic rays	wu⁵ ts'ai³ kuang¹-êrh	五彩光兒
,, ,, gives out	shan³-ch'u wu² ts'ai³ kuang¹-êrh	閃出五彩光兒
Prison, a	chien¹ lao²	監牢
,, put in	chüan⁴ tsai⁴ chien¹ lao²	圈在監牢
,, (police cells)	liu² chih⁴ so³	留置所
,, break	t'o¹ yü⁴	脫獄
Prisoner, a	chien¹ fan⁴	監犯
,, of war	fu² lo³	俘虜
,, (convict)	ch'iu² jên²	囚人
,, at bar	pei¹ kao⁴ jên²	被告人
Pristine,	yüan² pên³ ti¹	原本的
Private,	ssŭ¹	私
,, person	pu⁴ i¹ ti¹	布衣的
,, (confidential) matters	chi¹-mi shih⁴	機秘事
,, business, on	kuan¹ yü² ssŭ¹ jên² chih¹ shih⁴	關於私人之事
,, friend, intimate	ssŭ¹ chiao¹ chi⁵ hou⁴	私交極厚
,, life, retire to	t'ui¹ ch'u³ k'uan¹ hsien⁴	退處閒寬
,, relations do not affect business ones	ssŭ¹ pu⁴ fei⁴ kung¹	私不廢公
,, talk	mi⁴ t'an²	密談
,, enquiries, make	ssŭ¹ fang²	私訪
,, property	ssŭ¹ ch'an³	私產
,, owned	ssŭ¹ yu³	私有
,, ,, (not joint owned)	t'ê¹ yu³	特有
,, means, has	yu³ chia¹-ssŭ	有家私

Private—Probate.

Private (railway)	shang¹ yu³	商有
,, secretary	mu⁴ yu³	幕友
,, ,,	mu⁴ pin¹	幕賓
,, ,,	mi⁴ shu¹ kuan¹	密書官
,, ,, soldier	chêng⁴ ping¹	正兵
,, ,, second class	fu⁴ ping¹	副兵
Privateer,	ssŭ¹ lüeh³ ch'uan²	私掠船
Privately hushed up offence	ssŭ¹ ho² kung¹ an⁴	私合公案
,, tell him	ssŭ¹-tzŭ kên¹-t'a shuo¹	私自跟他說
,, to, wrote	i³ ssŭ¹ jên² ming² i¹ chih⁴ han²	以私人名義致函
Privation,	tsao¹ nan²	遭難
Privileges,	ch'üan² li⁴	權利
,, special	ko² wai⁴-ti t'i³-chih	格外的體制
,, ,,	t'ê⁴ ch'üan²	特權
Privy, a	mao² fang²	茅房
,,	pien⁴ so³	便所
,, council (old style)	chün¹-chi	軍機
,, ,, (modern)	shu¹ mi⁴ yüan⁴	樞密院
,, councillor (old style)	chün¹-chi ta⁴ ch'ên²	軍機大臣
,, purse	nei⁴ t'ang³	內帑
,, seal	yü⁴ hsi³	玉璽
,, ,,	yü⁴ hsi³	御璽
,, to	t'ung² mou²	同謀
Prize, win a	tê² chiang³ li⁴	得獎勵
,, to value	chêng⁴-chung	正重
,, open, to	ch'iao⁴-k'ai	撬開
,, to	chên¹ chung⁴	珍重
,, (ship)	pu³ huo⁴ ch'uan²	捕獲船
,, court	pu³ huo⁴ ts'ai² p'an⁴ so³	捕獲裁判所
Prizes (of war)	chan⁴ li⁴ p'in³	戰利品
,, (reward)	shang³ p'in³	賞品
,, to be drawn at lotteries	tang¹ ch'ien¹ chih¹ ts'ai³	當籤之彩
Pro-Japanese	ch'in¹ jih⁴ p'ai⁴	親日派
Probable that	ta⁴ kai⁴	大概
,, ,,	ta⁴ yüeh¹	大約
,, not	pu⁴ chih⁴-yü	不至於
Probability,	k'o³ nêng²	可能
,,	ssŭ⁴ jan²	似然
Probably not	wei⁴ pi⁴ jan²	未必然
,, no intention of resuming his post	wei⁴ pi⁴ yüan⁴ hui² jên³ jên⁴	未必願回任本
,, got my letter, you	ch'ien² shang⁴ i¹ han² liang⁴ pi⁴ shou¹ tao⁴	前上一函諒必收到
Probate,	chien³ jên⁴	檢認

Probate—Proclamation. 640

Probate,	i² shu¹ chien³ jên⁴	認檢書遺
Probation, on	shih⁴ yen⁴	驗試
Probationer, a	hsüeh²-hsi hsing² tsou³-ti	的走行習學
Probe, a	chên¹ pien¹	砭針
,,	t'an⁴ chên¹	針探
,, to	hsia⁴ chên¹ pien⁴	砭針下
Problem,	nan² wên⁴	問難
,, to try and solve an impossible	ta³ mên⁴ hu²-lu-êrh	兒蘆葫悶打
,, practical	shih² yung⁴ wên⁴ t'i²	題問用實
Problematical,	shang⁴ shu³ i² wên⁴	問疑屬尚
Procedure,	ch'u³ fên¹	分處
,,	chin¹ hsing²	行進
,, correct	ming² chêng¹ yen² shun⁴ chih¹ chü³	舉之順言正名
,, judicial	su⁴ sung⁴ shou³ hsü⁴	續手訟訴
,, code of civil	min² shih⁴ su⁴ sung⁴ fa⁴	法訟訴事民
Proceed (from) to	ch'u²-yü	於出
,, to one's post	fu⁴ jên⁴	任赴
,, ,, say	sui⁴ chiu⁴ shuo¹	說就遂
,, with	chin⁴ hsing² pan⁴ li³	理辦行進
Proceeding,	so³ wei²	爲所
,, to, while	t'u² chung¹	中途
Proceedings (parliamentary)	i⁴ shih⁴	事議
,, minutes of	tiao⁴ shu¹	書調
,, institute	su⁴ sung⁴ yü² fa⁴ yüan⁴	院法於訟訴
Proceeds,	yü² li⁴	利餘
,,	ch'ü³ tê² chin¹	金得取
Process,	fang¹ fa³	法方
,,	chih⁴ fa³	法製
,, a complicated	shou³ hsü⁴ fên¹ fan²	繁紛續手
,, a long	hên³ fei⁴ kung¹-fu	夫工費很
,, of settlement, in	ta⁴ chih² chiu⁴ hsü⁴	緒就致大
Procession,	hsing² lieh⁴	列行
,, dashed along, the	yü² kuan⁴ ju² fei¹	飛如貫魚
,, Imperial	lu³ pu⁴	簿鹵
,, to walk in	lieh⁴-cho tui⁴ tsou³	走隊著列
,, of scholars	i² tui⁴ hsüeh²-shêng	生學隊一
,, funeral	i² tui⁴ sung⁴ pin⁴-ti	的殯送隊一
,, wedding	i² tui⁴ ch'ü³ hsi²-fu-êrh-ti	的兒婦媳娶隊一
Procès-verbal,	tiao⁴ shu¹	書調
Proclaim,	hsüan¹ kao⁴	告宣
,, martial law	fa¹ pu⁴ chieh⁴ yen² ling⁴	令嚴戒布發
Proclamation, a	i⁴ chang¹ kao⁴-shih	示告張一

Proclamation, issue a	ch'u¹ kao⁴-shih	出告示
Proclivity,	p'ien¹ hsiang	偏向
,, for gambling, a	p'ien¹ yü² shua³ ch'ien²	偏於耍錢
Procrastinate, to	man¹-han	顢頇
,,	ai²-mo-cho	挨幙着
,, to	yin¹ hsün²	因循
Procrastination,	yin¹ hsün²	因循
,, to spoil business by	ch'ih² yen² wu⁴ shih⁴	遲延誤事
,, is the thief of time	hsü¹ chê³ shih² chih¹ tsei²	需者時之賊
Procuration,	wei³ jên⁴ chuang⁴	委任狀
,, per	tai⁴ li³ ti¹	代理的
Procurator, public	chien³ ch'a² kuan¹	檢察官
,, chief	chien³ ch'a² chang³	檢察長
Procure, to	chao³-liao lai²	找了來
,, it for you, I'll	t'i⁴ ni³ mai³ i¹ mai³	替你買一買
,, ,, ,, not in stock but will	kei³ nin² tao³-ko pien⁴ 'rh	給您倒個扁兒
Prodigal,	lang⁴ fei⁴	浪費
,, son	pai⁴ tzŭ³	敗子
,, ,, who repents is worth more than gold, a	pai⁴ tzŭ³ hui² t'ou² chin¹ pu⁴ huan⁴	敗子回頭金不換
Prodigy infant	shên² t'ung²	神童
Produce,	kuo² ch'an³	國產
,, to	ch'u¹	出
,, ,,	t'i² ch'u¹	提出
,, give rise to	shêng¹-ch'u	生出
,, (products)	ch'u¹-ch'an	出產
,, local	t'u³ wu¹-êrh	土物兒
,, ,,	t'u³ i²	土宜
,, interest	shêng¹ li⁴	生利
,, out of one's pocket	t'ao¹-ch'u-lai	掏出來
,, to, as stolen property	hsien⁴-ch'u-lai	獻出來
Produced today's melancholy result	yen³ ch'êng² chin¹ jih⁴ chih¹ o⁴ kuo³	演成今日之惡果
Producer,	chih⁴ ch'an³ chê³	製產者
Product (industrial)	chih⁴ tsao⁴ p'in³	製造品
,, (arith.)	chi¹ shu⁴	積數
,, local	t'u³ i²	土宜
Production, amount of	ch'an³ ê²	產額
,, place of	ch'an³ ch'u¹ ti⁴	產出地
,, (econom.)	chih⁴ ch'an³	製產
,, (of heat)	fa¹ shêng¹	發生
,, (of documents)	t'i² ch'u¹	提出
,, (of authors)	chu⁴ tso	著作

Productive—Profligacy. 642

Productive enterprises	shêng¹ ch'an³ ti¹ shih⁴ yeh⁴	生產的事業
,, of trouble	shêng¹ shih⁴	生事
,, land, etc.	ch'u¹-chang-ti hao³	出長的好
,, not very	pu⁴ ta⁴ ch'u¹-chang	不大出長
,, (fertile)	fêng¹ jao⁴	豐饒
Products,	ch'u¹-ch'an	出產
,, local	t'u³ wu⁴-êrh	土物兒
,, differ even as men's temperaments, local	ti⁴ ko⁴ i⁴ i² jên² ko⁴ i⁴ hsing⁴	地各異宜人各異性
Profanation,	ch'in¹ fan⁴ shên² shêng⁴	侵犯神聖
Profane (secular)	fan² su²	凡俗
,, (misuse)	lan⁴ yung⁴	濫用
Profanity,	hsieh⁴ tu⁴ shên² ming²	褻瀆神明
Profess a faith	kung¹ jan² hsin⁴ yang³	公然信仰
,, to be civilized	i³ k'ai¹ t'ung¹ tzŭ⁴ ming⁴	以開通自命
Profession, a	shih⁴-yeh	事業
,,	chia¹ yeh⁴	家業
,, follow a	chiu⁴-ko yeh⁴	就個業
,, for another is usually crooked, he who forsakes one	ch'i⁴ ch'i² pên³ hang² ling⁴ chiu⁴ t'a¹ yeh⁴ chê³ ch'i² hsin¹ pi⁴ ch'ü¹	棄其本行另就他業者其心必曲
,, all empty	mien⁴-tzŭ ch'ing²-êrh	面子情兒
,, of a chemist	yao⁴ hang² wei² yeh⁴	藥行爲業
,, (avowal)	kung¹ yen²	公言
Professional,	chuan¹ mên² ti¹	專門的
,,	chih² yeh⁴ shang	職業上
Professor,	po² shih⁴	博士
,, of foreign languages, a	hsi¹ wên² chiao¹-hsi	西文教習
Proficiency,	shu² lien⁴	熟練
Proficient,	shu²-hsi	熟習
Profile,	p'ang² ying³-êrh	旁影兒
Profit,	li⁴ i²	利益
,,	li⁴-ch'ien	利錢
,,	li⁴-hsi	利息
,, make a	chuan⁴ ch'ien²	賺錢
,, ,,	huo⁴ li⁴	獲利
,, ,,	shê⁴ li⁴	射利
,, and loss account	sun³ i² chi⁴ tê² shu¹	損益計得書
,, assured, large	tê² li⁴ pi⁴ hou⁴	得利必厚
,, by	li⁴ yung⁴	利用
,, ,, your experience	wo³ yu³ ni³ na⁴ ch'ien² chü¹-chien⁴	我有你那前車之鑒
Profits, enormous	i¹ pên³ wan⁴ li⁴	一本萬利
Profligacy,	fang⁴ tang⁴	放蕩

Profound—Progressive.

Profound,	shên¹	深
,, sleep	shu² shui⁴	睡熟
,, reflection	ch'ên² ssŭ¹ shu² lü⁴	慮熟思沈
,, study of	yen² chiu¹ yu³ su⁴	素有究研
Profuse in apologies	man³ tsui³-li kao⁴ jao²-êrh	兒饒告裏罪滿
,, courage	ying¹ yang² chih tan³	胆之揚鷹
,, thanks	man³ tsui³-li tao⁴ hsieh⁴	謝道裏罪滿
,, in hospitality	t'ai⁴ p'o⁴-fei	費破太
,, perspiration	han⁴ liu² ju² yü³	雨如流汗
Prognosis,	yü⁴ ts'ê⁴ ping⁴ shih⁴	勢病測預
Prognosticate,	yü⁴ yen²	言預
Programme,	ch'êng² hsü⁴	序程
,,	shun⁴ hsü⁴ shu¹	書序順
,, (of proceedings)	chih⁴ hsü⁴ tan¹	單序秩
,, a theatrical	hsi⁴ tan¹ 'rh	兒單戲
,, (at a theatre announc- ing stars who did not appear), a fictitious	hsü¹ chang¹ hsi⁴ pao⁴	報戲張虛
Programmes and restaurant menus, theatre	hsi⁴ mu⁴ ts'ai⁴ tan¹	單菜目戲
Progress,	chin⁴ pu⁴	步進
,,	chin⁴-i	益進
,, has made	yu³ chin⁴-i	益進有
,, ,, ,,	yu³ chang³-chin	進長有
,, ,, ,, no	mei²-yu chang³-chin	進長有沒
,, in his studies, makes slow	kung¹-k'o ch'ih² tun⁴	鈍遲課功
,, gradual	yu² ch'ien³ ju⁴ shên¹	深入淺由
,, (of instruction)	chin⁴ pu⁴ fa¹ ta²	達發步進
,, (of work)	chin⁴ hsing²	行進
,, (of humanity)	jên² lei⁴ chang³ chin⁴	進長類人
,, (advance or decline)	hsiao¹ chang³	長消
,, royal	hsün² hsing⁴	幸巡
,, to recovery	ping⁴ shih² chien⁴ yü²	愈漸勢病
,, (as negotiation), is making good	ch'êng⁴ tsai⁴ chin⁴ hsing² chih¹ chi⁴	際之行進在正
Progresses." "A woman's life resolves on curves of emotion: it is on lines of intellect that a man's life	nü⁵ tzŭ chih hsing⁴ wei¹ kan³ tung⁴ so³ chuan³ i² nan²· êrh² p'ing² shêng¹ yin¹ chih⁴ li⁴ êrh² ch'ien² chin⁴	兒男移轉所勵感為性之于女 進前而力智因生平
Progression, arithmetical	têng³ tz'ŭ¹ chi² shu⁴	數級差等
Progressive (party), the	k'ai¹ hua⁴ tang³	黨化開
,, (adjective)	chin⁴ ch'ü⁴ ti¹	的取進

Progressive—Prominent. 644

Progressive steps	yu² ch'ien³ ju⁴ shên¹	由淺入深
,, ,,	tzŭ⁴ êrh³ chi² yüan³	自邇及遠
,, course of lectures	yu² ch'ien³ ju⁴ shên¹ chih¹ yen³ shuo¹	由淺入深之演說
,, arrangement (in a text book)	hsün² hsü⁴ chien⁴ chin⁴	循序漸進
,, explanations	an⁴ hsü⁴ fa¹ ming²	按序發明
Progressives (party)	hin⁴ pu⁴ tang⁺	進步黨
Prohibit, to	chin⁴ chih³	禁止
Prohibited articles	chin⁴ chih⁴ p'in³	禁制品
,, strictly	yen² chin⁴-ti	嚴禁的
Prohibition, to offend against	fan⁴ chin⁴ ling⁴	犯禁令
Prohibitive tariff	chin⁴ chih³ shui⁴ shuai⁴	禁止稅率
Project,	chi⁴ hua⁴	計畫
,,	shê⁴ chi⁴	設計
,,	kuei¹ mo²	規模
,, a good	hao³ chi⁴-ts'ê	好計策
,, stick out	wang³ wai⁴ ch'a¹	往外插
Projectile,	fa¹ shê⁴ wu⁴	發射物
Projection (perspective)	t'u² fa³	圖法
Prolapsus ani,	t'o¹ kang¹	脫肛
Prolepsis,	yü⁴ fang²	預防
Proletariat,	p'ing² min²	平民
Prolific,	ai⁴ tzŭ¹-shêng	愛孳生
,,	fu⁴ yü² shêng¹, yü⁴	富於生,育
,, mother, a	hai²-tzŭ t'ai⁴ mi⁴-lo	孩子太密了的
Prolix,	hsü⁴-hsü tao¹ tao¹-ti	絮絮叨叨的
,,	jung³ ch'ang²	冗長
Prologue to a play, a	hsi¹ yin³-tzŭ	戲引子
,, ,,	tao⁴ pai²	道白
Prolong (a limit of time), to	chan³ hsien⁴	展限
,, leave of absence	hsü⁴ chia⁴	續假
Prolongation (time)	yen² ch'i²	延期
,, (of a railway)	yen² ch'ang²	延長
Prolonged illness	ping⁴ chiu³-lo	病久略
Prominence to, give	ko¹-tsai t'ou²-li	擱在頭裡
,, ,,	ch'ung² shang⁴	崇尚
,, (of men)	pa² ch'ün²	拔羣
Prominent eyes	nu³-cho yen³-ching	努著眼睛
,, teeth	tzŭ¹-cho ya²	齜著牙
,, ears	shan¹ fêng¹-tzŭ êrh³	搧風子耳
,, forehead	ku³ nao³ mên² 'rh	凸腦門兒
,, conspicuous	ch'u¹ chung⁴	出衆
,, ,,	ch'u¹ ch'ün²	出羣
,, men	chung⁴ yao⁴ jên² wu⁴	重要人物

645 Prominent—Promotion.

Prominent member of diplomatic corps, a	wai⁴ chiao¹ t'uan² chung¹ chiao³ chiao³ chêng¹ chêng¹ chih¹ jên²	外交團中重要之人
Promiscuous,	tsa²	雜
,,	tsa²-luan	雜亂
,,	hun⁴ tsa²	混雜
Promise, to	ying¹	應
,,	ying¹-hsü	應許
,, it sooner, I can't	tsao³ la pu⁴ kan³ ting⁴	早了不敢定
,, you shall have it tomorrow	ying¹ ni³ ming²-t'ien tê²	應你明天得
,, a	yüeh¹ shu	約束
,, break a	shih¹ hsin⁴	失信
,, ,,	shih¹ yüeh¹	失約
,, breach of	fu⁴ hun¹ yüeh¹	負婚約
,, keep a	shou³ yüeh¹	守約
,, undertake to	ying¹-ch'êng	應承
Promises, glib	shuo¹-ti t'ien¹ hua¹ luan⁴ chui⁴	說的天花亂墜
,, than break your promises, better make no	hsü³ êrh² pu⁴ yü³ pu⁴ ju² pu⁴ hsü³	許而不與不如不許
Promising,	yu³ wang⁴	有望
,, student, a	yu³ pa¹-chieh	有巴節
,, man, a	chiang¹ ta⁴ yu³ wei² chih jên²	將大有為之人
Promissory note, a	chieh⁴ chüan⁴	借券
,, ,,	ch'i² p'iao⁴	期票
,, ,,	jih⁴-tzŭ p'iao⁴	日子票
,, ,, gave a	k'ai¹ chü⁴ jih⁴ ch'i² yin² t'iao²	開具期銀條
Promontory, a	shan¹ chiao³	山角
Promote (industry)	chiang³ li⁴	獎勵
,, education, to	hsing¹ hsüeh² yeh⁴	興學業
,, (rebellion)	shan⁴ tung⁴	煽動
,, public weal	ho² mou⁴ kung¹ i²	合謀公益
,, ,,	tsêng¹ chin⁴ kung¹ i²	增進公益
,, disunion between the two provinces, so as to	shih⁰ liang⁶ shêng³ chih chien¹ fa¹ shêng¹ nei⁴ hung⁴	使兩省之間發生內鬨
Promoted,	shêng¹-lo	升咯
,,	shêng¹ chi²	升級
,,	shêng¹-lo kuan¹-lo	升官了咯
Promoter,	fa¹ ch'i³ jên²	發起人
Promotion by seniority	an⁴-cho tzŭ⁴-ko shêng¹	按着資格升
,, by merit	an⁴ kung¹ hsing² shêng¹	按功行升

Promotion—Proof. 646

Promotion, on your	nin² kao¹ shêng¹ ti¹ shih²	您高升的時
Prompt (in action)	ma²-li	麻利
,, (in disposition)	k'uai⁴-hsing	快性
,, a speaker	t'i² tzŭ⁴	提字
,, answer	su¹ ta¹	速答
,, ,, wanted	chi² k'o⁴ t'ing¹ hui² hua⁴	即刻聽回話
,, to	ch'uan² ti⁴	傳遞
,, ,, (rebellion)	ku³ tung⁴	鼓動
Promptly,	chi² k'o⁴	即刻
,, thereupon	sui² chiu⁴	遂就
Promulgate,	kung¹ pu⁴	公布
,, to	hsüan¹	宣
,, an Imperial order	hsüan¹ chao⁴	宣詔
,, ,, ,, decree	hsüan¹ shang⁴ yü⁴	宣上諭
Promulgation and execution	kung¹ pu⁴ shih¹ hsing²	公布施行
Prone, to	ai¹	愛
,, fall down	tao⁴ wo⁴ tsai⁴ ti⁴	倒臥在地
Prongs,	ch'a¹-tzŭ ch'ih³-rh	叉子齒兒
Pronoun,	tai⁴ ming² tz'ŭ²	代名詞
,, personal	jên⁴ tai⁴ ming² tz'ŭ²	人代名詞
,, relative	kuan¹ hsi¹ tai⁴ ming² tz'ŭ²	關係代名詞
Pronounce, to	shuo¹	說
,, distinctly	shuo¹ chên¹-lo	說眞了
,, a decided opinion	hsia⁴ tuan⁴ yü³	下斷語
,, judgment by default	hsia⁴ ch'üeh¹ hsi² p'an⁴ chüeh¹	下缺席判決
,, sentence of death	hsüan¹ kao⁴ ssŭ³ hsing²	宣告死刑
,, an opinion on	jên⁴ ting⁴	認定
Pronounced,	tuan⁴ jan²	斷然
Pronouncement,	fa¹ piao³	發表
,, has appeared, so far no	shang⁴ wu² ho² chung³ piao³ shih⁴	尚無何種表示
Pronunciation,	k'ou³-yin	口音
,, (delivery)	t'an² t'u⁴	談吐
Proof,	p'ing²-chü	憑據
,,	tui⁴-chêng	對證
,, fire	pi⁴ huo³-ti	避火的
,, water	pi⁴ shui³-ti	避水的
,, positive	ch'üeh⁴ chêng⁴	確證
,, ample	yu³ chêng⁴ yu³ chü⁴	有證有據
,, adduce	chih³ shih² chêng⁴ chü⁴	指實證據
,, complete	chên¹ p'ing² shih² chü⁴	眞憑實據
,, of, absolute	tsao² tsao² k'o² chü⁴	鑿鑿可據
,, have you, what	kuo³ ho² so³ chü⁴ êrh¹ yün² jan²	果何所據而云然

Proof (standard)	shih⁴ ho² piao¹ chun³	準標合適
Proofs,	chiao⁴ chêng⁴	校正
,, printed	chiao⁴ tui⁴ chê²	摺對校
Prop up, to	chih¹-ch'i-lai	來起擋
,, a	chih¹-tzŭ	子擋
,, (or shore), a	ch'iang⁴ mu⁴	木戧
Propaganda,	pu⁴ chiao⁴ fa⁴	法教布
Propagate, to	ch'uan²	傳
,, disease	ch'uan² ping⁴	病傳
,, ,,	chao¹ ping⁴	病招
Propel,	chin⁴ hsing²	行進
Propeller,	t'ui¹ chin⁴ chi¹	機進推
,, a screw	ch'uan² lun²	輪船
,, ,,	an⁴ lun²	輪暗
Propensity for, has a	ai⁴	愛
,, ,, ,,	hao⁴	好
,, ,, ,,	p'ien¹-yü	於偏
Proper,	chih⁴ tang¹	當至
,, procedure	tang¹ jan² chih¹ tao⁴	道之然當
,, seemly	ya³ kuan¹	觀雅
,, not	pu⁴ hsiang¹ i²	宜相不
,, (befitting)	ho² i²	宜合
,, (regular)	ho² shih⁴	式合
,, department	kai¹ shu³	署該
,, place, put it in its	ko¹-tsai kai¹ ko¹-ti ti⁴-fang-êrh	兒方地的個該在擱
,, ,, keep your	shou³ ni³-ti chih²-fên	分職的你守
,, ,, return to your	kuei¹ ni³ kai¹ tso⁴-ti ti⁴-fang 'rh	兒方地的坐該你歸
,, business, attend to your	pan⁴-ni ying¹ tso⁴-ti shih⁴-ch'ing	情事的做應你辦
,, ,, ,, ,,	ni³ kuan³ ni³-ti	的你管你
,, to (a country)	t'ê⁴ ch'an⁸	產特
,, China	chung¹ kuo² pên³ pu⁴	部本國中
Properly, speaking	an⁴ li³ shuo¹	說理按
,, do it	kuei¹ kuei¹ chü¹ chü¹-ti tso⁴	作的矩矩規規
,, ,,	hao³ hao¹ 'rh-ti tso⁴	做的兒好好
,, don't know it	pu⁴ chih¹-tao chu²	熟道知不
,, not applicable	tang¹ jan² pu⁴ shih⁴ yung⁴	用適不然當
Property,	ch'an³-yeh	業產
,,	chia¹ ch'an³	產家
,,	chia¹-ssŭ	私家
,,	chia¹-yeh	業家
,,	chia¹-tang-êrh	兒當家

Property—Proprietor. 648

Property,	so³ yu³ wu⁴	所有物
,, (peculiar)	t'ê⁴ chih³	特質
,, (ownership)	so³ yu³ ch'üan²	所有權
,, private	ssŭ¹ yu³ ch'an³	私有產
,, separate	t'ê⁴ yu³ ts'ai² ch'an³	特有財產
Prophecy, a	ch'an⁴ yü³	讖語
,, has come true	hua⁴ ying⁴-yen-lo	話應驗咯
Prophesy, to	yü¹ hsien¹ shuo¹	預先說
Prophet,	yü¹ yen² chê³	預言者
,, I am no	wo³ pu⁴-shih wei¹ tao⁴ hsien¹ chih¹	我不是爲道先知
Propitiation,	shu² tsui⁴	贖罪
Propitious,	chi²	吉
,, omen, a	chi² chao⁴-êrh	吉兆兒
Proportion,	pi³ li⁴	比例
,, inverse	fan³ pi³ li⁴	反比例
,, out of	kuo⁴ fên⁴	過分
,, (as a figure in a picture), out of	ch'ên⁴-pu-kuo lai²	稱不過來
,, to income, not in	hua¹-fei pu⁴ ti²	花費不敵
,, ,, expenditure in	ho²-chi-cho kuo⁴	合計着過
,, must be in	tou¹ tei³ ho² yang¹	都得合樣
,, to their salaries, bonuses in	an⁴ hsiang⁴ lai² so³ tê² hsin¹ shui³ to¹ kua³ wei² tz'ŭ³ tz'ŭ⁴ chiang³ yin² chih¹ piao¹ chun³	按向來所得薪水多寡爲此次獎銀之標準
Proportions, mixed in proper	p'ei⁴-ho-ti yün²	配合的勻
,, has assumed	ch'êng²-liao shih⁴-lo	成了勢咯
Proposal,	t'i² i⁴	提議
,, of marriage, make a	shuo¹ ch'in¹	說親
,, ,, ,,	t'i² ch'in¹	提親
Propose (for a position)	t'ui¹ chien⁴	推薦
,, to	ta³-suan	打算
,, ,,	t'i² ch'u¹	提出
,, a line of action, I will	wo³ shuo¹-ko pan⁴ fa³ ni³ t'ing¹	我說個辦法你聽
,, to provide funds by advance deposits (for a privilege)	yü⁴ i³ ya¹ k'uan³ ch'ung¹ hsiang³	欲以押款充餉
Proposed amendment	hsiu¹ chêng⁴ an⁴	修正案
Proposes, man, etc.	mou² shih⁴ tsai² jên² ch'êng² shih⁴ tsai⁴ t'ien¹	謀事在人成事在天
Proposition,	t'i² i⁴	提議
,, (logic.)	ming⁴ t'i²	命題
Proprietor, former	yüan² yeh⁴ chu³	原業主
,, the	pên³ chu³-êrh	本主兒

Proprietor, the	yüan² chu³-êrh	兒主原
,, (of a shop)	p'u⁴ tung¹	東鋪
,, (of landed property)	ti⁴ chu³-êrh	兒主地
Propriety,	li³	禮
,, contrary to	pei⁴ li³	禮背
,, devoid of	mei² li³	禮沒
,, not in accordance with	pu⁴ ho² li³	禮合不
Pro rata,	an⁴ fên¹ pi³ li⁴	例比分按
,, to divide	ch'ing¹ chung⁴ chün¹ t'an¹	攤均重輕
,, ,,	ta⁴ hsiao³ chün¹ t'an¹	攤均小大
Prorogation,	pi⁴ hui⁴	會閉
Pros and cons,	li⁴ hai⁴ tê² shih¹	失得害利
Proscribe,	chu⁴ chih¹ fa³ wai⁴	外法之逐
,,	po¹ to² jên¹ ch'üan²	權人奪剝
Proscription,	ch'i⁴ chüeh²	絕棄
Prose,	wên² li³	理文
,, poetry and	shih¹ wên²	文詩
Prosecute, to	kao⁴	告
,,	k'ung⁴ kao⁴	告控
,,	ch'i³ su⁴	訴起
,, (of the authorities)	kao⁴ fa¹	發告
Prosecution, malicious	wu¹ kao⁴	告誣
Prosecutor,	yüan² kao⁴	告原
,, public	chien³ shih⁴	事檢
Proselyte,	kai³ tsung¹ chê³	者宗改
Prosody,	yün⁴ lü⁴ hsüeh²	學律韻
Prospect (view), a	ching³-chih 'rh	兒緻景
,, of, no	mei² wang⁴	望沒
,, for	t'an⁴ chien³	撿探
Prospective,	chiang¹ lai²	來將
,,	yü⁴ ch'i²	期預
Prospects, fair	chih³-wang 'rh pu⁴ ts'o⁴	錯不兒望指
,, excellent	ch'ien² ch'êng² yüan³ ta⁴	大遠程前
,, of a career	ch'ien² ch'êng² chih¹ hsi¹ wang⁴	望希之程前
,, magnificent	i¹ jih⁴ ch'ien¹ ch'êng⁴ chih¹ shih⁴	勢之程千日一
Prospectus,	chao¹ t'ieh	帖招
,,	ch'ü⁴ i⁴ shu¹	書意趣
,,	fa¹ ch'i³ shu¹	書起發
Prosper : what's the reason? why! when it *prospers*, none dare call it treason." "Treason doth never	ni³ chê³ pi⁴ pai⁴ ch'i² ku⁴ an¹ tsai⁴ ni⁴ êrh² ch'êng² kung¹ shui² kan³ wei⁴ ni²	逆謂敢誰功成而逆在安故其敗必者逆

Prosperous—Protest. 650

Prosperous,	hsing¹-wang	興旺
,,	fan² hua²	繁華
,,	fa¹-ta	發達
,,	lung² shêng⁴	隆盛
,, in business	mai³-mai hung²	買賣紅
,, in official life	ch'ai¹-shih hung²	差使紅
Prostate, gland	shê¹ hu⁴ ch'üan²	攝護腺
Prostitute, a	chi¹ nü³	妓女
,,	ch'ang¹ chi⁴	娼妓
,,	piao³-tzŭ	嫖子
,, to (talents)	chien⁴ yung⁴	賤用
Prostitution,	mai⁴ yin²	賣淫
Prostrate one's self, to	p'a¹-fu tsai⁴ ti⁴	趴伏在地
,, before an image	ch'i³ shou³	稽首
Prostrated with grief	ai¹ t'ung⁴ yü⁴ chüeh²	哀慟欲絕
Prostration,	shuai¹ jo⁴	衰弱
Prosy person, a	hsü⁴-tao jên²	絮叨人
,, ,,	shuo¹ hua⁴ hsü⁴-tao	說話絮叨
,, ,,	shuo¹ hsü⁴-tao hua⁴	說絮叨話
Protect, to	pao³-hu	保護
,,	hu⁴ shou³	護守
Protected cruiser	chuang¹ chia³ hsün² yang² hsien⁴	裝甲巡洋艦
Protection,	yung³ hu⁴	擁護
,, (trade)	pao³ hu⁴ shui⁴ chu³ i⁴	保護稅主義
,, of the constitution, entitled to	ying¹ shou⁴ hsien⁴ fa¹ chih¹ pao³ chang⁴	應受法之保障
,, of a gun boat, force oneself into interior under	chü⁴ kung³ ping¹ hsien⁴ ch'uang³ ju⁴ nei⁴ ti⁴	拱兵艦闖入內地
Protective tariff	pao³ hu⁴ shui⁴ shuai⁴	保護稅率
Protectorate,	pao³ hu⁴ kuo²	保護國
Protégé of, a favourite	tsui⁴ tê³ i⁴ chih¹ mên² shêng¹	最得意之門生
Protest, to	pu⁴ fu²	不服
,,	i⁴ i⁴	異議
,, (diplomatic), to	k'ang⁴ i⁴	抗議
,, a	k'ang⁴ i⁴ shu¹	抗議書
,, file a	t'i² ch'u¹ k'ang⁴ i⁴	提出抗議
,, strong	ch'iang² ying⁴ k'ang⁴ i⁴	強硬抗議
,, of a bill	chü⁴ chüeh² chêng⁴ shu¹	拒絕證書
,, I	wo³ pao⁴-pu p'ing²	我抱不平
,, injustice evokes	wu⁴-pu p'ing² tsê² ming²	物不平則鳴
,, falsely, to (vulgar)	la¹ ying⁴ shih³	拉硬屎
,, payment of tax under	chia³ na⁴ shui⁴	假納稅

Protest so much, no need to	shuo¹ pu⁴ chao² chê⁴ yang¹ chung⁴ ti¹ hua⁴ lai²	說不着這樣種的話來
Protestant faith, the	yeh³-su chiao⁴	耶穌教
Protestation,	pien⁴ tz'ŭ²	辯詞
Protocol,	kuo² chi⁴ i⁴ ting⁴ shu¹	國際議定書
Protoplasm,	yüan² hsing² chih	原形質
Prototype, a	yüan² shih⁴	原式
,,	mo⁹ fan⁴	模範
Protozoa,	yüan² shih³ tung⁴ wu⁴	原始動物
Protracted,	yên² huan³	延緩
,,	ch'ih² chih⁴	遲滯
Protrude, to	ku³-ch'u-lai	凸出來
,,	wang³ wai⁴ ch'a¹	往外插
(See Prominent)		
Protuberance (on the skin), a	ku³-ch'u-ko p'ao⁴'rh lai²	凸出個疱兒來
Proud (See Pride)	ao⁴-man	傲慢
,, of themselves	t'u³ ch'i⁴ yang² mei²	吐氣揚眉
,, ,, acquaintance (of a distinguished man)	i³ shih⁴ ching¹ wei² hsing⁴	以識荊為幸
Prove (wills)	chien³ jên⁴	檢認
,, it, I can	wo³-nêng chih³-chêng-ch'u-lai	我能指證出來
Provender,	fu¹ liao⁴	麩料
,,	ts'ao³ liao⁴	草料
Proverb, a	chên¹ yen²	箴言
,,	su² yü³-êrh	俗語兒
,,	k'ou³-t'ou yü³-êrh	口頭語兒
,, says, the	su² yü³-êrh shuo¹	俗語兒說
Proverbial, his virtue is	ch'i² tê² k'uai⁴ chih⁴ jên⁴ k'ou³	其德膾炙人口
Proves that . . ., this	i³ tz'ŭ³ k'o³ pu³	以此可卜
,, you are a liar, this	chê⁴-chiu shih⁴-ch'u ni³-shih-ko sa¹ huang³-ti	這就是出你個撒謊的
Provide (as a law)	kuei¹ ting⁴	規定
,, against	yü⁴ fang²	預防
,, for six people	yü⁴-pei-cho liu⁴ wei⁴	預備着六位
,, the money	pa¹ ch'ien² yü⁴-pei-hsia	把錢預備下
,, for daily wants	ta³-suan jih⁴ yung⁴	打算日用
,, my travelling expenses and I'll go	ni³ ch'u¹ p'an²-ch'uan wo³ chiu⁴ ch'ü⁴	你出盤川我就去
,, suitable quarters	pei⁴ yu³ t'o³ tang¹ yü⁴ so³	備有妥當寓所
Provided that . . .	shê⁴ jo⁴	設若
,, ,,	chia³ ju²	假如
,, in article 1, as	i³ ti⁴ i¹ t'iao² so³ ting⁴	以第一條所定
Providence,	t'ien¹ i⁴	天意

Providence—Provisions. 652

Providence, trust to	t'ing¹ t'ien¹ ming⁴	聽天命
,, ,,	p'ing² lao³-t'ien yeh²	憑天老爺
,, ,, in	t'ing⁴ t'ien¹ yu² ming⁴	聽由天命
,, protection of	huang² t'ien⁴ chüan⁴ yu⁴	皇天眷佑
,, favours China	t'ien¹ hsiang⁴ chung¹ kuo²	天相中國
,, above us, there is a	shang⁴ yu³ ch'ing¹ t'ien¹	上有青天
,, (foresight)	chun³ pei⁴	準備
Provident,	chieh² yung⁴	節用
,, he is	t'a¹ nêng² lü⁴ hou⁴	他能慮後
Providential,	hsing⁴ t'ien¹ chüan⁴ yu⁴	幸天眷佑
Providentially,	t'ien¹ yüan² ts'ou⁴ ch'iao³	天緣湊巧
Province, a	shêng³	省
,, (out of China)	chou¹	州
,, (sphere)	pên³ fên	本分
,, ,,	fan⁴ wei²	範圍
,, not my	pu⁴ kuei¹ wo³ pan⁴	不歸我辦
,, one's power ceases, outside one's own	fei¹ ch'i² chih² wu⁴ ch'i² ch'üan²	非其職無其權
,, within his	tsai¹ wei³ jên⁴ fan⁴ wei² nei⁴	在委任範圍內
Provincial officials	wai⁴ kuan¹	外官
,, person, a (contemptuous)	ch'ieh⁴ shao²	怯勺
,, capital	shêng³ ch'êng²	省城
,, assembly (old name)	tzŭ¹ i⁴ chü²	諮議局
,, accent	wai⁴ shêng³ k'ou³-ch'i	外省口氣
,, administration, introduce	chien⁴ li⁴ hsing² shêng³	建立行省
,, administration in Mongolia, introduce	kai³ chien⁴ mêng³ ku³ wei² hsing² shêng³	改建蒙古為行省
Provincialism,	fang¹ yen²	方言
Provision (See Provide.)		
,,	kuei¹ ting⁴	規定
,, (article)	t'iao² k'uan³	條欵
,, express	ming² wên²	明文
,, waggons (of an army)	tzŭ¹ chung⁴	輜重
,, (act of)	chun³ pei⁴	準備
,, for contingencies	i³ pei⁴ pu⁴ yü²	以備不虞
,, ,, the future, to make	liu²-ko hou⁴ shou³-êrh	留個後手
Provisional,	lin² shih²	臨時
,, dispositions	chia³ ch'u³ fên¹	假處分
,, regulations	chan⁴ hsing² chang¹-ch'êng	暫行章程
,, arrangement	chan⁴ hsing² pan⁴ fa³	暫行辦法
Provisions, general	tsung³ tsê²	總則
,, supplementary	fu⁴ tsê²	附則

Provisions for short journey	ch'ih¹-ti	吃的
,, ,, long ,,	lu⁴ ts'ai⁴	路菜
,, in hot weather, take a wrap (in case of change), in a journey take extra	pao³ na² kan¹ liang² jo⁴ tai⁴ i¹	袍拿乾糧熱帶衣
Provocation,	t'iao¹ p'o	挑撥
Provocative.	t'iao¹ chan⁴ ti¹	挑戰的
Provoke him, don't	pieh² jo³-t'a	別惹他
,, ,, ,,	pieh² chao¹-t'a shêng¹ ch'i⁴	別招他生氣
,, suspicion, to	jo³ jên² i²-huo	惹人疑惑
,, battle	t'iao¹ chan⁴	挑戰
,, war	kan¹ wei² jung² shou³	甘爲戎首
,, the powers	k'ai¹ hsin⁴ lieh⁴ pang¹	開釁列邦
Provoking,	t'ao³-jên hsien²	討人嫌
,, it to escape criticism from the press, avoid	jo⁴ yao⁴ pao³ chih³ pu⁴ yen² ch'n¹ fei² tzŭ⁴ chi³ pu⁴ wei²	若要報紙不言除非自己不爲
Provost Marshal's department	chün¹ fa³ chih⁶ fa³ ch'n⁴	軍法執法處
Prowess,	yung³ mêng³	勇猛
Prowl, to	p'ai² hui²	徘徊
,,	ta³ liu¹-liu-êrh	打遛遛兒
Proximate,	tsui⁴ chin	最近
,, cause	chin⁴ yin¹	近因
Proximity of a neighbour, too dangerous	wo⁴ t'a⁴ chih¹ ts'ê⁴ t'a¹ jên² ban¹ shui⁴	臥榻之側他人酣睡
Proxy, a	tai⁴ li³ jên²	代理人
,,	tai⁴ t'i⁴ jên²	代替人
,, by	tai⁴ t'i⁴	代替
Prude, a	na²-pu-ch'u shou³ lai²	拿不出手來
,,	ch'n⁴ chien⁴ jên²	休見人
,,	nieh¹ suan¹ na² ts'u⁴-ti	捏酸拿醋的
Prudent,	ko² wai⁴ hsiao³-hsin	格外小心
,,	ts'ai²-to-ts'ai-to	裁度裁度
,,	chin³-shên	謹慎
,,	shên¹ ssŭ¹ yüan³ lü⁴	深思遠慮
Prudish,	kuo⁴-yü chü¹ chin³	過於拘謹
Prune, to	ta³ chien¹-'rh	打尖兒
,,	wu¹ shu⁴	剞樹
Prunes,	kan¹ li³-tzŭ	乾李子
Prurient,	t'an¹ yin²	貪淫
Pry into other people's affairs, to	hao⁴ ta³-t'ing shih⁴	好打聽事
,, ,, ,,	hao⁴ ch'a² shih⁴	好察事

Prying—Public. 654

Prying,	k'uei² t'an⁴	探窺
,,	pa¹ t'ou² t'an⁴ nao³-êrh-ti	的兒腦探頭扒
Psalm,	tsan⁴ mei³ ko¹	歌美讚
Psalms of David, the	ta⁴-wei shih¹ p'ien¹	篇詩衛大
Pseudo,	lei² ssŭ¹	似類
Pseudonym, a	pieh² hao⁴	號別
Phychical,	ching¹ shên² shang	上神精
Psychological,	hsin¹ li³ hsüeh² shang	上學理心
Psychology,	hsin¹ li³ hsüeh²	學理心
Puberty,	ch'un¹ ch'i² fa¹ tung⁴ ch'i²	期動發期春
,, arrive at	chih¹-shih k'ai¹-liao	了開識知
Public,	kung¹	公
,, the	kung¹ chung⁴	衆公
,, ,,	chung⁴ jên²	人衆
,, (concerning the)	kung¹ kung⁴	共公
,, rights	kung¹ ch'üan²	權公
,, business	kung¹ shih⁴	事公
,, expenditure	kung¹ fei⁴	費公
,, funds	kung¹ hsiang⁴	項公
,, use, for	kung¹ chung¹-ti	的中公
,, ,, ,,	kung¹ yung⁴-ti	的用公
,, land	kung¹ t'ien²	田公
,, burial ground	i⁴ ti⁴	地義
,, school	i⁴ hsüeh²	學義
,, latrine	kung¹ ssŭ⁴	廁公
,, ,,	kung¹ mao²-ssŭ	廁茅公
,, well	kung¹ yung⁴ ching³	井用公
,, in	tui⁴ chung⁴ jên²	人衆對
,, ,,	kung¹-chung	中公
,, meeting	kung¹ hui⁴	會公
,, office	kung⁴ so³	所公
,, company	kung¹ ssŭ¹	司公
,, opinion	kung¹ i⁴	議公
,, ,,	kung¹ lun⁴	論公
,, ,,	k'ou³ pei¹	碑口
,, ,,	wai⁴ chien¹ yü² lun⁴	論輿間外
,, ,, is capricious in praise and blame	yü² lun⁴ chih¹ hui³ yü² sui² shih² êrh² pien⁴	變而時隨譽毀之論輿
,, (state owned)	kuo² yu³	有國
,, funeral	kuo² tsang⁴	葬國
,, road	kuan¹ tao⁴	道官
,, subscription	kung¹ chüan¹	捐公
,, grant	kung¹ chu⁴	助公
,, make	fa¹ piao³	表發

Public, trial of cases in court shall be in | fa⁴ yüan⁴ chih¹ shên³ p'an⁴ hsü¹ kung¹ k'ai¹ | 法院之審判須公開
,, not been made | mei² fa¹-ch'u-lai | 沒發出來
,, ,, (as of a matrimonial engagement) | mei² chih¹-hui ta⁴ chia¹ | 沒知會大家
,, house | chiu³ p'u⁴-êrh | 酒舖兒
,, spirit | i⁴-ch'i | 義氣
,, spirited | i⁴ jên² | 義人
,, ,, | kung¹ hsin¹ ta⁴ chü² | 公大心局
,, ,, | i¹ hsin¹ wei⁴ kung¹ | 一心爲公
Publication, freedom of | k'an¹ hsing² chih¹ tzŭ⁴ yu² | 刊行之自由
,, (of a law) | kung¹ pu⁴ | 公布
,, by subscription | yü² yüeh¹ ch'u¹ pan³ | 預約出版
Publicist, an experienced | yü²-chêng⁴ chih⁴ shang⁴ chi² yu³ chien⁴ shih⁴ | 於政治上極有見識
Publish (by advertisement) | kung¹ kao⁴ | 公告
,, (make public) | fa¹ piao³ | 發表
,, (print), to | yin⁴-ch'u-lai | 印出來
,, a list of candidates | ch'u¹ pang³ | 出榜
,, in the paper | têng¹ pao⁴ | 登報
,, an order | ch'uan²-ch'u-lai | 傳出來
,, announce | hsüan¹-pu-ch'u-lai | 宣佈出來
,, ,, | pan¹ pu⁴ | 頒佈
Publisher, | fa¹ hsing² chê | 發行者
Pucker (as in sewing), to | ch'ou¹-shang chê² rh | 抽上摺兒
,, the brows | chou¹ mei² | 皺眉
Pudding, | tien³-hsin | 點心
Puddle, a | shui³ k'êng¹-êrh | 水坑兒
,, | i¹ wa¹-tzŭ shui³ | 一窪子水
,, | i¹ wang¹-tzŭ shui³ | 一汪子水
Puerile, | êrh² hsi⁴ | 兒戲
Puff of wind, a | i⁴ ku³ fêng¹-êrh | 一股風兒
,, out smoke | p'ên¹ yen¹ | 噴煙
,, ,, the cheeks | ku³-cho tsui³ | 凸着嘴
,, away | ch'ui¹-liao-ch'ü | 吹了去
,, and blow, to | ch'i⁴ ts'u¹ | 氣粗
Puffed the smoke in my face | pa⁴ yen¹ p'ên¹-tao-wo lien³-shang | 把煙噴到我臉上
Pug dog, a | ha³-pa kou³-êrh | 哈巴狗兒
,, nose | fan¹ pi²-tzŭ | 翻鼻子
Pugilist, | tou⁴ ch'üan² chê³ | 鬭拳者
Pugnacious, | hêng⁴ | 橫
,, | ch'iang² hêng⁴ | 強橫
Pull, to | la¹ | 拉
,, apart | la¹-k'ai | 拉開

Pull—Pump. 656

Pull to one side	ch'ê³-tao i⁴ pien¹ 'rh	扯到一邊兒
,, from (or against another)	wang³ wai⁴,yeh⁴	往外拽
,, the curtains	pa⁴ chang⁴ tzŭ liao¹ hsia⁴ lai²	把帳子撩下來
,, down	ch'ê³-hsia-lai	扯下來
,, ,,	la¹-hsia-lai	拉下來
,, ,, a house	ch'ai¹ fang²-tzŭ	拆房子
,, ,, (haul down)	tao²-hsia-lai	倒下來
,, up	ch'ê³-ch'i-lai	扯起來
,, ,,	la¹-ch'i-lai	拉起來
,, ,, a horse, to	pa⁴ ma³ lei¹ chu⁴-lo	把馬勒住咯
,, ,, grass	pa² ts'ao³	拔草
,, out (as hairs)	pa² mao²	拔毛
,, ,, (,, spills from a holder)	ch'ou¹-ch'u-lai	抽出來
,, ,, of the water	lao¹-ch'u-lai	撈出來
,, ,, ,, pocket	t'ao¹-ch'u-lai	掏出來
,, on shoes	t'i² hsieh²	提鞋
,, ,, boots	têng¹ hsüeh¹-tzŭ	蹬靴子
,, off ,,	t'o¹ hsüeh¹-tzŭ	脫靴子
,, (row) a boat	tang⁴ ch'uan²	盪船
,, about, fidget with	ts'o²-nung	搓弄
,, together, they don't	t'a¹-mên pu⁴ i⁴ hsin¹	他們不一心
,, over you, I've got the	wo³ p'in¹-tê-kuo ni³	我拼得過你
,, Jones has got a	ting¹ mou³ mên² tzŭ pu⁴ hsiao³	丁某門子不小
Pulley, a	hua²-tzŭ	滑子
Pulp (of fruit)	jang²-êrh	瓤兒
,, work into	tsao¹-ch'êng chiang⁴	糟成醬
Pulpit, a	hsüan¹ t'an²	宣壇
Pulsation,	mo⁴ po²	脈搏
Pulse, the	mo⁴-hsi	脈息
,, feel the	chên¹ mo⁴	診脈
,, ,, ,,	hao⁴ mo⁴	號脈
,, (figurative), feel the	t'an⁴ jên² i⁴ chien⁴	探人意見
,, strong	mo⁴ wang⁴	脈旺
,, weak	mo⁴ ch'ên²	脈沈
,, rate of, 70	mo⁴ po² ch'i¹ shih² chih⁴	脈搏七十至
,, of the nation, railways are	t'ieh³ tao⁴ wei² kuo² chia¹ ming² mo⁴ so³ tsai⁴	鐵道爲國家命脈所在
Pumelo, the	yu⁴-tzŭ	柚子
Pummel, to	lei²	擂
Pump, a	shui³ pêng⁴	水迸
,, up water, to	ch'ou¹-ch'u shui² lai²	抽出水來

Pumpkin--Punishment.

Pumpkin, a	wo¹-kua	瓜倭
,,	tung¹ kua	瓜冬
Pun, a	shuang¹-kuan yü³	語關雙
,, to a make	shuo¹ shuang¹-kuan hua⁴	話關雙說
Punch, a	t'ieh³ tsao²-tzǔ	子鑿鐵
,, a brad	t'ieh³ ch'ung⁴-tzǔ	子撞鐵
,, a hole	tsao²-ch'u k'u¹-lung-êrh-lai	來兒窿窟出鑿
Punctilious, very	hên³ chü¹ li³	禮拘很
,, person, a	chü¹-ni jên²	人泥拘
,, too	chu⁴ chu⁴ yü² mo⁴ chieh⁴	節末於逐逐
Punctual, be	tao⁴-liao shih²-hou 'rh lai²	來兒候時了到
,, ,,	k'an⁴ tsao² wan³ 'rh	兒晚早看
,, he is always	t'a¹-shih chüeh²-pu wu⁴ shih⁴ ti	的事誤不絕是他
,, payment	i¹ ch'i² chiao¹ fu⁴	付交期依
,, in habits	hên³ k'uai⁴-hsing	性快很
,, ,, ,, not	ai⁴ mo²-ts'êng	蹭磨愛
Punctuality,	pu⁴ shih¹ ch'i²	期失不
Punctually, at ten o'clock	chun³ shih² tien³ chung¹	鐘點十準
Punctuate, to	fên¹ chü⁴ tou⁴	讀句分
,,	tien³ tien³ 'rh	兒點點
Pungent,	la⁴	辣
,, remarks, makes	hua⁴ shuo¹-ti la⁴-shih	式辣的說話
Punic,	pu⁴ chung¹ hsin⁴	信忠不
Punish, to	chih⁴ tsui⁴	罪治
,,	ch'u³-chih	治處
,,	ch'u³ fa²	罰處
,,	tsê²-fa	罰責
,, you next time, I'll	hsia⁴-hui yao⁴ tsê² ni³	你責要回下
,, him as he deserves	k'o¹ i³ ying¹ tê² chih¹ tsui⁴	罪之得應以科
Punishable offence, non-	pu⁴ lun⁴ tsui⁴	罪論不
Punishment,	tsui⁴	罪
,, to suffer	shou⁴ tsui⁴	罪受
,, capital	ssǔ³ tsui⁴	罪死
,, other than capital is the hardest to bear	huo² tsui⁴ nan² t'ao²	逃難罪活
,, implement of	hsing² chü⁴	具刑
,, corporal	jou⁴ hsing²	刑肉
,, fits the crime	hsing² tang¹ ch'i² tsui⁴	罪其當刑
,, cannot be universally applied	fa⁴ pu² tsê² chung⁴	衆責不法
,, made him stand up as a	fa²-t'a ko li⁴ chêng⁴	正立個他罰

Punitive—Pure. 658

Punitive expedition	chêng¹ fa²	征伐
,, force	t'ao³ fa² tui⁴	討伐隊
Punkah, a	fêng¹ shan⁴	風扇
Punt, a	hua²-tzŭ	划子
,,	hua²-tzŭ ch'uan²	划子船
,, pole, a	i⁴ chih¹ kao¹	一隻篙
,, to pole a	chih¹ hua²-tzŭ	撐划子
,, a boat, to	ch'êng¹ ch'uan²	撐船
Puny child, a	hai²-tzŭ pu⁴ ch'u¹-chang	孩子不出長
Pup, in	tu⁴-tzŭ-li yu³ tsai³-tzŭ	肚子有仔子
,, to	hsia⁴ tsai³-tzŭ	下崽子
Pupil, a	hsüeh²-shêng	學生
,,	mên² shêng¹	門生
,, (apprentice)	t'u²-ti	徒弟
,, a fellow-	pan⁴ tu²-ti	伴讀的
,, of the Emperor, a	ha¹-ha chu¹-tzŭ	哈哈珠子
,, ,, eye	t'ung² jên² 'rh	瞳人兒
Pupil's father (of a private tutor)	hsüeh² tung¹	學東
Puppet show, a	shua³ k'uei³ lei⁴	耍傀儡
,, ,,	ou³-hsi jên² 'rh	偶戲人兒
,, ,,	mu⁴ ou³ jên² 'rh	木偶人兒
,, of another, the	wei⁴ hu³ tso⁴ ch'ang¹	爲虎作倀
Puppy, a	tsai³-tzŭ	崽子
,,	hsiao³ kou³-êrh	小狗兒
,, whelp	kou³ tsai³-tzŭ	狗崽子
Purchase,	kou⁴ mai³	購買
,, to	chih⁴ mai³	置買
,, office, to	chüan¹ kuan¹	捐官
,, ,, (by bribery)	chüan¹-ko ch'ien²-ch'êng	捐個前程
,,	mai³ shou¹	買收
,, cheap	ch'u¹ ch'ing¹ chia⁴ mai³	出輕價買
,, money	tai⁴ chia⁴	代價
Purdah,	kuei¹ fang²	閨房
Pure,	chieh²-ching	潔淨
,, (chaste)	chên¹ chieh²	貞節
,, water	ching⁴ shui³	淨水
,, heart	ch'ing¹ hsin¹	清心
,, of heart	i¹ ch'ing¹ ju² shui³	一清如水
,, "my strength is as the strength of ten because my heart is *pure*"	i¹ jên² chih¹ hsin¹ ch'ing¹ chieh² nêng² yu³ shih² jên² chih¹ nêng² li⁴	一人之心清潔能有十人之能力
,, (from alloy)	ch'un² ts'ui⁴	純粹
,, silver	shih² tsu² yin²	十足銀

Pure—Purpose. 659

Pure gold	ch'un² chin¹	純金
,, clean-handed	liang³ hsiu⁴ ch'ing¹ fêng¹	兩袖清風
Purely due to patriotic motives	ch'un² shih² ai⁴ kuo² ssŭ¹ hsiang³	純是愛國思想
,, a railway loan transaction	ch'un² wei² t'ieh³ lu⁴ chieh⁴ k'uan³ hsing⁴ chih	純爲鐵路借欵性質
Purgative, a	ta³ yao⁴	打藥
,, take a	fu⁴ hsieh⁴ yao⁴	服瀉藥
Purgatory,	lien⁴ yü⁴	煉獄
Purge, to	ta³-hsia-lai	打下來
,, one's self of evil desires	pa⁴ hsieh² nien⁴ ta³ tuan⁴-lo	把邪念打斷了
Purification (refining)	ching¹ chih⁴ fa⁴	精製法
,, by fasting, etc.	chai¹ chieh⁴ mu⁴ yü⁴	齋戒沐浴
,, a day of	huan³ jih⁴	浣日
Purify gold, to	lien⁴ chin¹	煉金
,, the heart	lien⁴ hsin¹	煉心
,, at the source	chêng⁴ pên³ ch'ing¹ yüan²	正本清源
Puritan,	ch'ing¹ liu² tang³	清流黨
Purity (chastity)	chên¹ chieh²	貞節
,, of heart	hsin¹ ch'ing¹	心清
,, (touch of metals)	ch'êng²-sê	成色
Purple,	tzŭ³-sê	紫色
,,	tzŭ³ hung² sê⁴	紫紅色
Purport,	i⁴-ssŭ	意思
,,	i⁴ wei⁴	意味
,, general	ta⁴ kai⁴	大概
,, ,,	ta⁴ chih³	大旨
Purpose,	ch'i³ chien⁴	起見
,, (object)	mu² ti¹	目的
,, (of a law)	ching¹ shên²	精神
,, on	t'ê⁴ i⁴-ti	特意的
,, ,,	yu³ i⁴-ti	有意的
,, done on	ku⁴ i⁴ so³ wei²	故意所爲
,, ,,	an¹ hsin¹ tso⁴-ti	安心做的
,, never flinching in his	i⁴ wang³ chih²-ch'ien²	一往直前
,, accomplish one's	ta² ch'i² pên³ i⁴	達其本意
,, faithful unto death to his	i¹ hsi² shang⁴ ts'un² tz'ŭ³ hsin¹ wei⁴ ssŭ³	一息尚存此心存至死矣
,, to	mou²	謀
,, ,,	ta³-suan	打算
,, ,,	i⁴ yü	意欲
,, for what	ho² i⁴	何意
,, ,,	t'u² shêm²-mo	圖甚麼
,, ,, impossible	ho² k'u³ lai²	何苦來

Purpose, to no	wang³ jan²	罔然
,, serves no	pu⁴ chung¹ shêm²-mo yung⁴	不中甚麽用
,, did not do it on	wu²-hsin-chung tso⁴-ti	無心中作的
Purposely,	ku⁴ i⁴-ti	故意的
,, deceive him	t'ê⁴ yung⁴ cha⁴ yü³	特用詐語
Purr, to	nien⁴ fo²	念佛
,,	ta³ hu¹-lu-êrh	打呼嚕兒
Purse, a Chinese	ch'ien² ta¹-lien¹ 'rh	錢搭褳兒
,, a pocket	ch'ien² chia¹-tzŭ	錢夾子
,, a long	ssŭ¹ nang² ch'ung¹ jên⁴	私囊充牣
,, the lips, to	chüeh¹-cho tsui³	噘着嘴
,, or pucker the lips as when repressing a smile	min³-cho tsui³ hsiao⁴	抿着嘴笑
Pursue, to	chui¹	追
,, a calling	chiu⁴ i⁴ yeh⁴	就藝業
,, him, straightway	sui² chi² chui¹ kan³	隨即追趕
,, an occupation	ts'ung² shih⁴	從事
,, one's avocation	an¹ hsin¹ shou³ yeh⁴	安心守業
Pursuit (calling), a	shih⁴-yeh	事業
,, of learning	mien³ hsüeh²	勉學
Pursuits, follow literary	ts'ao¹ wên² yeh⁴	操文業
Purvey,	chih¹ chi³	支給
Purveyor to Court	yü⁴ yung⁴ shang¹ jên²	御用商人
,, ,,	shang⁴ yung⁴	上用
,, of goods to the Court, a	huang² shang¹	皇商
Purview,	fan⁴ wei²	範圍
Pus,	nêng²	膿
,,	nêng² shui³ 'rh	膿水兒
Push, to	t'ui¹	推
,, open	t'ui¹-k'ai	推開
,, down	t'ui¹ t'ang³-hsia	推躺下
,, him away, could not	pai³-t'o-pu k'ai¹	擺不脫開
,, (as in a crowd)	chi³	擠
,, the matter	ku³ ch'ui¹ tz'ŭ³ shih⁴	鼓吹此事
,, one's interests, so as to	i³ wei⁴ chin⁴ ch'ü³ chih¹ chi⁴	以爲進取之計
,, forward construction	kan³ ch'ien² chu² tsao⁴	趕前築造
,, ,, (as a cartridge in a rifle), to	wang³ ch'ien² kung³	往前槓
,, one's way to the front	ch'iang³-shang lai²	搶上來
Pushing person, a	tsuan¹-ying jên²	鑽營人
Pusillanimous,	wei⁴ hsi³	畏葸
Pustule, a	nêng² p'ao⁴-êrh	膿皰兒
Put, to	ko¹	擱

Put, to	fang⁴	放
,, down	ko¹-hsia	下擱
,, ,,	fang⁴-hsia	下放
,, aside	ko¹-tsai i⁴ pien¹ 'rh	兒邊一在擱
,, ,, (an argument)	p'ai² ch'ih	斥排
,, away (stow away)	shou¹-ch'i-lai	來起收
,, ,, for the time	ko¹-ch'i-lai	來起擱
,, it aside ,, ,,	ch'ieh⁰ ko¹-cho-pa	罷着擱且
,, in one place	kuei¹-tsai i² ch'u⁴	處一在歸
,, tidy	kuei¹-cho-kuei-cho	着歸着歸
,, back to harbour	kuei¹ chiang³	港歸
,, it back in its place	ko¹-hui yüan² ch'u⁴-êrh ch'ü⁴	去兒處原回擱
,, it off for a year	ai²-liao i⁴ nien²	年一了挨
,, ,, ,, couple of days	shao¹ huan³-liang-t'ien	天兩緩稍
,, ,, till the afternoon	t'ui¹-tao hou⁴-pan-t'ien	天半後到推
,, ,, ,, tomorrow	chih¹-tao ming²-t'ien	天明到褚
,, me off my sleep	pa⁴-wo chiao⁴-kei hun⁴-kuo-ch'ü-lo	了去過混給覺我把
,, ,, out (disturb me)	chiao³-luan-lo	咯亂攪
,, on a hat	tai⁴ mao⁴-tzŭ	子帽戴
,, ,, more clothes	to¹ ch'uan¹ i¹-shang	裳衣穿多
,, one's self forward	ch'u¹ t'ou²	頭出
,, in practice	shih² hsing²	行實
,, out to grass	fang⁴ ch'ing¹	青放
,, ,, at interest	fang⁴ li⁴-hsi	息利放
,, ,, when he heard it	t'a¹ t'ing¹-chien-chê hua² hên³ cho² chi²	急着很話這見聽他
,, him up to it? who	shui² t'iao²-po-t'a	他撥調誰
,, yourself in my place and see	ni³ tao⁸-ko ko⁴-êrh ch'iao²-i-ch'iao	瞧一瞧個個倒你
,, oneself in his place	shê¹ shên¹ ch'u³ ti⁴	地處身設
,, up with, cannot	shou⁴-pu-tê-lo	了得不受
,, ,, ,, it, we must just	chih³-hao chiang¹-chiu-cho-pa	罷着就將好只
,, off so and so s demands	fu¹ yen³ mou³ chih¹ yao¹ ch'iu²	求要之某衍敷
,, to sea	ch'u¹ fan¹	帆出
,, you to expense	chiao⁴-ni hua¹ ch'ien²	錢花你教
,, ,, so much trouble	chiao⁴-ni chê⁴-mo fei⁴ shih⁴	事費麼這你教
,, the nation before the individual	hou⁴ kuo² pao² jên²	人薄國厚
,, in a few attacks on the throne (in a document)	tai⁴ liang³ chü⁴ ti³ hui³ ch'ao² t'ing chih¹ hua¹	話之廷朝毀詆句兩帶

Put—Quake.

Put up one of their party to form a cabinet	yung³ tai⁴ ch'i² tang³ chung¹ chih¹ jên² wu⁴ i³ tsu³ chih¹ nei⁴ ko² 篤其戴擁閣內織組以物人之中
Putrified,	ch'ou⁴-lo 咯臭
,,	fu³ pai⁴ 敗腐
Putty,	yu² hui¹ 灰油
,,	ni⁴-tzŭ 子熟
Puzzle,	nan² wên⁴ 問難
,, a	pieh¹ ch'iao³ wu⁴-êrh 兒物巧彆
Puzzled,	na⁴ mên⁴ 'rh 兒悶納
,,	hsin¹-li ta³ mên⁴ lei² 儡悶打裏心
Puzzles me is, what	wo³ so³ na⁴ han³ shih¹ 是罕納所我
Puzzling thing about it is	ch'i² chung¹ tsui¹ k'o³ ch'i² chê³ 者奇可最中其
Pyaemia,	nung² hsieh³ chêng⁴ 症血膿
Pyjamas,	shui⁴ i¹ 衣睡
Pyramid, a	fang¹ chien¹ t'a³ 塔尖方
,,	san¹ chiao³ t'a³ 塔角三
Pyx, a	shêng⁴ chüeh² 爵聖

Q

Quack,	yung¹ i¹ 醫庸
,,	tsou³ chiang¹ hu² chê³ 者湖江走
,, (doctor), a	shêng¹-i tai⁴-fu 夫大懣生
,, (general)	ssŭ⁴ shih⁴ êrh² fei¹ han⁴ 漢非而是似
,, medicines	lou² chü² mai⁴ tang⁴-ti 的當賣局摟
,, (of a duck)	ka³ ka³-ti chiao⁴ 叫的嘎嘎
Quackery,	ch'i¹ p'ien⁴ 騙欺
Quadrangle,	fang¹ t'ien¹ ching³ 井天方
Quadrant,	hsiang⁴ hsien⁴ i² 儀線象
Quadratic equation	êrh⁴ tz'ŭ⁴ fang¹ ch'êng² shih⁴ 式程方次二
Quadrilateral,	ssŭ⁴ pien¹-ti 的邊四
Quadruped, a	tsou³ shou⁴ 獸走
,,	ssŭ⁴ tsu² shou⁴ 獸足四
Quadrupled,	ssŭ⁴ pei⁴-ti 的倍四
Quagmire, a	hsüan¹ ti⁴ 地陷
Quail, a	an¹-ch'un 鶉鵪
,,	shih⁴ jo⁴ yü² ... ...於弱示
,, before	p'i⁴ i⁴ 易脾
Quaint,	pieh²-chih 緻別
,,	ku³-kuai 怪古
Quake,	chan⁴ li⁴ 慄戰
,,	chên⁴ tung⁴ 動震

Qualification, — tzǔ¹ ko² — 資格
,, hold a post without (legal) — lan⁴ yü² ch'ung¹ shu⁴ ch'üan² nêng² — 濫竽充數 僭能
Qualifications, must possess the following — chü⁴ tso³ lieh⁴ tzǔ¹ ko² — 具左列資格
Qualified, — tsu² nêng² shêng¹ jên⁴ — 足能勝任
,, physician, a — pi⁴ yeh⁴ i¹ shêng¹ — 畢業醫生
,, to give an opinion, not — mei²-ua-ko chien¹-chieh ch'u¹ chu²-i — 沒那個見解出主意
,, for a post, well — chia⁴ ch'ing¹ chiu⁴ shu² — 駕輕就熟
Qualify (in examination) — ho² ko² — 合格
,, ,, — chi² ti⁴ — 及第
,, for a profession, to — pi⁴ yeh⁴ — 畢業
Quality, — têng³ tz'ǔ⁴ — 等次
,, — p'in³ wei⁴ — 品位
,, — liang² fou³ — 良否
,, first — shang⁴ têng³ — 上等
,, medium — chung¹ têng³ — 中等
,, inferior — hsia⁴ têng³ — 下等
,, ,, — tz'ǔ⁴ têng³ — 次等
,, people of — shang⁴ têng³ shê⁴ hui⁴ — 上等社會
,, true — pên³ sê — 本色
,, wanted, not quantity — ch'iu²-tsai ching¹-hsi pu⁴-tsai to¹ — 求在精細不在多
Qualm of conscience — mên¹ hsin¹ pu⁴ an¹ — 捫心不安
Quandary, — mo⁴ chih¹ shui² ts'ung² — 莫知誰從
,, — tso³ chih¹ yu⁴ ch'u¹ — 左支右絀
,, in a — mei² chun³ chu³ tsai³ — 沒準主宰
,, ,, — chin¹ t'ui⁴ liang³ nan² — 進退兩離
,, put me in a — pa⁴-wo t'ui¹-tao ka¹ la²-'rh-li — 把我推到旮旯兒裏
Quantity, — shu⁴-êrh — 數兒
,, — ting⁴ ê² — 定額
,, do you want? what — yao⁴ to¹-shao — 要多少
,, a negligible — pu⁴ tsu² ch'ih³ shu⁴ — 不足齒數
,, an unknown — wei⁴ chih¹ chi³ ho² — 未知幾何
,, a great — chü⁴ ê² — 巨額
,, a large — shu⁴-êrh to¹ — 數兒多
,, ,, — hao³ hsieh¹-ko — 好些個
,, no restriction as to — pu⁴ hsien⁴ to¹ kua³ — 不限多寡
,, (bulk) — fên⁴ liang — 分量
Quarantine, — chien³ i⁴ — 檢疫
,, to enforce — hsing² chien³ i⁴ chin⁴ — 行檢疫禁
Quarrel (verbal), to — t'ai² kang⁴ — 抬槓
,, ,, — pan⁴ tsui³ — 辯嘴

Quarrel—Querulous.   664

Quarrel (verbal), to	tou⁴ k'ou³-ch'ih	鬭口爭
,, fight	chêng¹ tou⁴	鬭爭
,, among themselves	ching⁴ kên¹ tzǔ⁴ chi³ tou⁴ hsin¹	心鬭己自跟竟
,, pick a	chao³-hsün² jên²	人尋找
,, never had the slightest	tsung³ mei² hung²-kuo lien³	臉過紅沒總
,, it takes two to make a	ku¹ chang³ nan² ming²	鳴難掌孤
,, ,, ,, ,,	i²-ko pa¹-chang p'ai¹-pu hsiang³	響不拍掌巴個一
Quarrelsome,	ai⁴ pan⁴ tsui³	嘴辯愛
,,	hao⁴ t'ai² kang⁴	槓抬好
,,	yao³ ch'ün²-ti lo²-tzǔ	子騾的羣咬
Quarry, a stone	shih² t'ang²	石塘
,, to	ta³ shih² t'ang² k'ai¹-ch'u-lai	來出開塘石打
Quarter,	fang¹ mien⁴	方面
,, a	ssǔ¹ fên¹-chih i¹	一之分四
,, past ten	shih² tien³ i² k'o⁴	刻一點十
,, of an hour, a	i² k'o⁴ chung¹-ti kung¹-fu	夫工的鐘刻一
,, troops	t'un² ping¹	兵屯
,, kill without	nüeh⁴ sha¹	殺虐
Quarterly,	ssǔ⁴ chi⁴ ti¹	的季四
,, report	chi⁴ pao⁴	季報
,, to receive	fên¹ ssǔ⁴ chieh² ling³	領節四分
Quarters, three	ssǔ⁴ fên¹-chih san¹	四分之三
,, temporary	yü⁴ chü¹	寓居
Quartz,	shih² ying¹	石英
Quash the judgment	ch'ê¹ hsiao¹ yüan² p'an⁴	撤消原判
Quasi,	lei⁴ ssǔ⁴	類似
,, historical	ssǔ⁴ shu³ hsin⁴ shih³	似關信史
Quavering voice, a	shuo¹ hua⁴ ch'an⁴-yao	搖顫話說
Queen, a	nü³ huang²	女皇
,, dowager	nü³ t'ai⁴-shang huang²	女太上皇
,, bee	fêng¹ wang²	蜂王
Queer,	ku³-kuai	古怪
,, about it, something	lai²-ti ku³-kuai	來的古怪
,, feeling, a	chüeh²-cho kuai⁴	覺着怪
,, tempered	tso⁴-hsing⁴-tzǔ	左性子
,, to feel	chüeh²-cho-pu shu¹-t'an	覺着不舒坦
Quell,	chêng¹ fu²	征服
,, (as a riot), to	t'an²-ya	彈壓
Quench thirst, to	chieh³ k'o³	解渴
Querulous,	hsin¹-li pu⁴ nai⁴ fan²	心裏不耐煩

Querulous man		pu⁴ chih¹ tsu² chih¹ jên²	人之足知不
Query,		i² wên⁴ tien³	點問疑
,,	(an account), to	po²-hui-lai-lo	咯來囘啟
,,	(the foreign note of interrogation)	êrh³-to	朶耳
,,	,, ,, ,,	i² wên⁴ tien³	點問疑
,,	(put a note of interrogation)	chia¹-shang-ko êrh³-to	朶耳個上加
,,	the items	ch'a² ho² chang⁴ mu⁴	目帳核查
Quest,		t'an⁴ so³	索探
Question, a		i² wên⁴	問疑
,,		wên⁴ tz'ŭ²	詞問
,,		kuei¹ chêng¹ tien⁴	點爭歸
,,		liang⁴ k'o⁸ chih¹ chien¹	閒之可兩
,,	(to a minister by parliament)	t'i² ch'u⁴ chih³ wên⁴ shu¹	書問質出提
,,	in Court	hsün⁴ wên⁴	問訊
,,	an open	wei⁴ chüeh² wên⁴ t'i²	題問決未
,,	previous	hsien² chüeh² wên⁴ t'i²	題問決先
,,	put the	fu⁴ yü² ts'ai² chüeh²	決裁於付
,,	out of the	wu² yung¹ i⁴	議庸無
,,	quite out of the	na⁴ chüeh²-pu ch'êng²	成不絕那
,,	beg the	yü⁴ ting⁴ chih¹ wu¹ miu²	謬誤之定預
,,	I want to ask you a	wo³ yao⁴ wên⁴ ni³ i² chü⁴ hua⁴	話句一你問要我
,,	in, no one calls his veracity	t'a¹-ti hua⁴ mei² jên² i²-huo	惑疑人沒話的他
Questionable,		k'o³ i²	疑可
Questions, don't ask so many		pieh² wên⁴ ch'ang² wên⁴ tuan³-ti	的短問長問別
,,	his honesty, no one	t'a¹-na lao³-ch'êng² wu² i⁴ i⁴	議異無成老那他
,,	to confer with him on, many important	yu³ tai² shang² yü² mou³ chih¹ chung⁴ yao⁴ wên⁴ t'i² chi² to¹	多極題問要重之某於商待有
,,	to put indirect	t'ao⁴ wên⁴	問套
,,	,,	t'ao⁴-t'a-ti shih² hua⁴	話實的他套
Queue, a		i⁴ t'iao² pien⁴-tzŭ	子辮條一
,,	on China, force the	ch'iang³ hsing² pien⁴ fa³ chih¹ chih⁴	制之法辮行强
Quibble, a		tun⁴ tz'ŭ²	詞遁
Quick,		k'uai⁴	快
,,	be	k'uai⁴-hsieh 'rh	兒些快
,,	temper	chi² hsing⁴	性急
,,	and sharp	yen³ ming² shou³ k'uai⁴	快手明眼

Y

Quick—Quit.

Quick to apprehend	ling³-hui-ti k'uai⁴	快的會領
,, ,,	ying³-wu chi²-lo	咯極悟穎
,, touch one to the	ch'ê⁴ jên² hsin¹ fu³	腑心人徹
,, touched me to the	chih²-tz'ŭ⁴-t'ao hsin¹ k'an³ 'rh shang	上兒檻心到刺直
,, of the nails	chih¹-chia hsin¹ 'rh	兒心甲指
,, firing gun	k'uai⁴ p'ao⁴	礮快
,, ,,	su⁴ shê⁴ p'ao⁴,	砲射速
Quicklime,	chu³ hui¹	灰煮
Quicksand,	tso¹ sha¹	沙嗖
,,	liu² sha¹	砂流
Quicksilver,	shui³ yin²	銀水
Quidnunc,	hao⁴ shih¹ jên²	人事好
Quid pro quo,	t'ung² chia⁴ wu⁴	物價同
,, ,, I want a	wo⁸-shih yao¹ chên¹ tui⁴ chên¹ 'rh mao³ tui⁴ mao³-êrh-ti	的兒卯對卯兒針對針要是我
,, ,, always wants a	lao³ yao⁴ ting¹-tzŭ mao³-tzŭ-ti	的子卯子丁要老
Quiet,	an¹-ching	靜安
,,	ch'ing¹-ching	靜清
,, (life)	p'ing² wên³	穩平
,, (as trade)	ch'ên² ching⁴	靜沈
,, spot, a	yu⁴-ching ti⁴-fang-êrh	兒方地靜幽
,, keep	an¹-ching-i-tien	點一靜安
,, for a few days, keep	ching⁴-yang liang³ t'ien¹	天兩養靜
,, tranquil person, a	an¹-hsin jên²	人心安
,, pain to	an¹ t'êng²	疼安
,, a child, to	hung² hai²-tzŭ	子孩哄
,, be !	pieh² nao⁴	鬧別
,, ,, don't talk	pieh² yen²-yü	語言別
,, (of a horse)	lao³-shih	實老
Quieter, more free from pain	t'êng²-ti an¹-tun-i-tien 'rh	兒點一頓安的疼
Quill, a	ling² kuan³ 'rh	兒管翎
,, goose	o² ling² kuan² 'rh	兒管翎鵝
Quilt, a	i⁴ ch'uang² pei⁴-wo	窩被牀一
,, to	hang²-shang	上行
Quince, a	mu⁴ kua¹	瓜木
Quinine,	chin¹-chi na⁴	納鷄金
Quintessence,	shun² ching⁴	精純
Quintuple,	wu³ pei⁴	倍五
Quit,	t'ui² ch'ü⁴	去退
,, notice to	t'êng² fang²-tzŭ-ti jih⁴ hsien¹	限日的子房騰

Quit of, get	fa¹-t'o	脫發
,, ,,	k'ai¹-t'o	脫開
,, ,,	ch'u¹-t'o	脫出
Quite enough	tsu² kou⁴	彀
,, well again	ta⁴ hao³-lo	咯好大
,, ,, thank you	ch'êng² wên⁴ hên³ hao³	好很問承
,, right	pu⁴ ts'o⁴	錯不
,, ,, what you say is	shuo¹-ti hên³ shih⁴	是很的說
,, so !	tsung⁸ jan² shih⁴	是然總
,, ,,	chê⁴ ko⁴ hua⁴ hsiang⁴	像話個這
,, impossible	tuan⁴-pu hsing²-ti	的行不斷
,, sure? are you	ni² chih¹-tao-ti ch'üeh¹-shih-mo	麼實確的道知你
,, as good as that	tsu² pi³-tê na⁴-ko	個那得比足
,, ,, ,,	tsu² ti²-tê na⁴-ko	個那得敵足
Quits,	liang³ wu² hsüan¹ chih¹	輕軒無閒
,, we will cry	tsa²-mên lia³ chê²-liao-pa	能了拆倆們偺
Quiver, a	sa²-tai	帶撒
,,	chien⁴ nang²	囊箭
,, with fear	chan⁴ li⁴	慄戰
,, ,, panic	chên⁴ tung⁴	動震
,, with excitement, to	to¹-so	嗦嗟
Quorum,	ting⁴ tsu¹ shu¹	數定
,, not constitute	pu⁴ tsu⁴ fa⁴ ting⁴ jên² shu⁴	數人定法足不
Quota, a	fên⁴ 'rh	兒分
,,	fên⁴-tzŭ	子分
Quotation, a	ku⁴-tien	典故
,,	yin³ yung⁴	用引
,, marks	yin³ hao⁴	號引
,, come from? where does the	shih⁴ na³ 'rh-ti ch'u¹-ch'u	處出的兒那是
,, from a book	shu¹-shang 'yin³-liao lai²-ti	的來了引上書
,, (price)	shih² chia⁴	價時
Quotations, chockfull of.	man⁰ tu⁴-tzŭ-li tien³-ku	故典裏子肚滿
Quote from books, to	yin³ shu¹	書引
,, another person's remark	yin³ jên²-chia-ti hua⁴	話的家人引
,, me, don't	pieh² t'i² wo³ shuo¹-ti	的說我提別
Quot homines tot sententiae	jên² to¹ chu³ chien⁴ to¹	多見主多人
Quotient,	tê² shu⁴	數得

R

Rabbet, a	ts'ao²-êrh	兒槽
,, plane	hsien⁴ 'rh pao⁴-tzŭ	子鉋兒綫
Rabbit, a	t'u⁴-êrh	兒兔
Rabble, a	pao⁴ min²	民暴
,,	wu¹ ho² chih¹ chung⁴	衆之合烏
,,	i⁴ tsui¹ hsia⁴-liu chung³-tzŭ	子種流下堆一
Rabid (extreme)	chi¹ lieh⁴	烈激
,, dog	k'uang² ch'üan³	犬狂
Rabies,	k'uang² ch'üan³ tu²	毒犬狂
,,	fêng¹ kou³ tu²	毒狗瘋
Race (human)	jên² lei⁴	類人
,, (of beings), a	chung³ lei⁴	類種
,, white	pai² jên² chung³	種人白
,, feeling not obliterated	chung³ tsu² ti¹ i⁴ chien⁴ wei⁴ hua⁴	化未見意的族種
,, foot	chêng⁴ tsou³	走競
,, run a	sai⁴-cho p'ao³	跑著賽
,, course	p'ao³ ma³ ch'ang³	揚馬跑
Racial distinctions	chung³ tsu² chih¹ ch'ü¹ pieh⁴	別區之族種
Rack, a	chia⁴-tzŭ	子架
,, one's brains, to	tso³ ssŭ¹ yu⁴ hsiang³	想右思左
Racy,	yu³ hsing⁴ wei⁴	味興有
,, story, a	hsieh⁴-tai ku⁴-shih 'rh	兒事故意褻
Radiant with joy	man³ mien⁴ hung² kuang¹-ti	的光紅面滿
,, ,, ,,	man³ lien³-ti hsi³ jung²-êrh	兒容喜的臉滿
Radiate,	fang⁴ shê⁴	射放
,, (of heat), to	wang³ wai⁴ p'u¹	撲外往
Radical,	kên¹ pên³ ti¹	的本根
,, change, no	ta⁴ tuan⁴ wei⁴ kai³	改未段大
,, extirpation	kên¹ chu³ yung³ chüeh²	絕永株根
,, party	chi² chin⁴ tang³	黨進急
Radicalism,	chi² chin⁴ chu³ i⁴	義主進急
Radicals,	pu⁴ shou³ tzŭ⁴	字首部
Radishes,	hsiao³ pai² lo²-po	蔔蘿白小
,,	hsiao³ hung² lo²-po	蔔蘿紅小
,, horse	la⁴ kên¹	根辣
Radius,	pan⁴ ching⁴ hsien⁴	綫徑半
,,	yüan² ch'üan¹ pan⁴ ching⁴	徑半圈圓

Radius—Rails

Radius of five *li*, within a	fang¹ yüan² wu³ li³ ti⁴	地里五圓方
,, ,, the light has a	wu³ li³ ti⁴-ti liang⁴-êrh	兒亮的地里五
Raft, a	fa²-tzŭ	子筏
,,	mu⁴ fa²	筏木
,, make a	tsa¹-ko fa²-tzŭ	子筏個紮
Rafters,	ch'uan²-tzŭ	子椽
Rag,	sui¹ p'u¹-ch'ên	親鋪碎
,,	sui⁴-pu k'uai⁴ 'rh	兒塊布碎
Rage, got into a	nu⁴-ch'i-lai-lo	了來起怒
,, ,, ,,	nu⁴-lo	了怒
,, ,, a blind	ch'i⁴ hei¹-liao yen³-lo	咯眼了黑氣
,, ,, ,,	hsia¹ shêng¹ ch'i⁴	氣生瞎
,, a blustering	lei² t'ing²-chih nu⁴	怒之霆雷
,, ,,	hu² ta³ hai³ shuai¹	摔海打胡
,, a dancing	t'iao⁴ t'a³-ssŭ-ti nao⁴	鬧的似踢跳
,, went away in a	fu⁴ ch'i⁴ êrh² ch'ü⁴	去而氣負
,, in a furious	nu⁴ fa³ ch'ung¹ kuan¹	冠衝髮怒
,, gambling is all the	tu³ ch'ien² chih¹ fêng¹ p'o⁴ pu⁴ k'o³ o⁴	遏可不勃風之錢賭
,, all over the country, European medicine is the	chü³ kuo² jo⁴ k'uang² ti¹ ch'ih² hsi¹ yao⁴	藥西吃的狂若國舉
Ragged,	p'o⁴-lan	濫破
,, clothes, dressed in	ch'uan¹-ti lan²-lü	褸襤的穿
Raid,	ch'in¹ ju⁴	入侵
,,	ch'in¹ lo³	掠侵
Rail (a railway)	t'ieh³ kuei³	軌鐵
,, by	yu² t'ieh³ lu⁴	路鐵由
,, at	li⁴ ma⁴	罵詈
,, in, to	na² lan²-kan wei²-shang	上圍杆欄拿
Railing, a	i¹ ts'ao² lan²-kan	杆欄槽一
Railroad (railway)	lu⁴ hsien⁴	線路
,, branch	chih¹ hsien⁴	線支
,, broad gauge	kuang³ kuei³ lu⁴ hsien⁴	線路軌廣
,, elevated	kao¹ chia⁴ t'ieh³ tao⁴	道鐵架高
,, government	kuan¹ pan⁴ t'ieh³ tao⁴	道鐵辦官
,, private	shang¹ pan⁴ t'ieh³ tao⁴	道鐵辦商
,, light	ch'ing¹ pien⁴ t'ieh³ tao⁴	道鐵便輕
,, concession	t'ieh³ tao⁴ fu² shê⁴ ch'üan²	權設敷道鐵
,, main line	kan⁴ hsien⁴ t'ieh³ tao⁴	道鐵線幹
,, junction	lien² lo⁴ so³	所絡連
,, timetable	shih² k'o⁴ piao⁵	表刻時
,, guide	t'ieh³ tao⁴ pi⁴ hsieh²	攜必道鐵
Rails, steel	kang¹ kuei³	軌鋼
,, single line of	tan¹ kuei³ t'ieh³ lu⁴	路鐵軌單

Rails—Raise. 670

Rails, double line of	shuang¹ kuei³ t'ieh³ lu⁴	雙鐵軌路
Railway, a	i⁴ ku³ t'ieh³ tao⁴	一鐵股道
,, line of	t'ieh³ lu⁴	鐵路
,, carriage	huo³ ch'ê¹	火車
,, engine	huo³ ch'ê¹ t'ou²	火車頭
,, sleeper	t'ieh³ kan⁴ chên³-mu⁴	鐵幹枕木
,, station	ch'ê¹ chan⁴	車站
,, ticket	huo³ ch'ê¹ p'iao⁴	火車票
,, ,, office	mai⁴ p'iao⁴ so³	賣票所
,, underground	ti⁴ t'ieh³ tao⁴	地鐵道
,, waiting room	t'ing² liu² so³	停留所
,, siding	chih¹ lu⁴	枝路
,, compartment	lieh⁴ ch'ê¹ shih⁴	列車室
,, concession	t'ieh³ tao⁴ fu¹ shê⁴ ch'üan²	鐵道敷設權
Railways, strategic	chün¹ yung⁴ t'ieh³ lu⁴	軍用鐵路
Rain,	yü³	雨
,, to	hsia⁴ yü³	下雨
,, heavy	ta⁴ yü³	大雨
,, cats and dogs	ch'ing¹ p'ên² yü³	傾盆雨
,, drizzling	mêng¹-sung yü³-êrh	濛鬆雨兒
,, ,,	hsia⁴ hsiao³ yü³-êrh	下小雨兒
,, gauge	liang² yü³ piao³	量雨表
,, looks like	yu³ hsia⁴ yü³ chih¹ i⁴	有下雨之意
,, shelter from the	pi⁴ yü³	避雨
,, wet through by	chiao⁴ yü³ lün² t'ou⁴-lo	叫雨淋透咯
,, steady	lin¹ lin¹-ti hsia⁴	淋淋的下
,, tears like	lei⁴ ju² yü³ hsia⁴	淚如雨下
,, favours, to	ên¹ tsê² p'in² shih¹	恩澤頻施
,, from heaven upon the place beneath; it blesseth him that gives and him that takes." "It droppeth as the gentle	pu⁴ i⁴ kan¹ lin² wu⁴ p'ei⁴ ho² t'ien² tz'ŭ² pei¹ hung² fu² chien¹ shih¹ shuang¹ fang¹ yü³ chê shou⁴ tz'ŭ² shou⁴ chê i⁴ hsiang³	不異甘霖渥澤禾田慈悲鴻福兼施雙方與者受賜受者亦享
Rainbow, a	t'ien¹ kang⁴	天虹
Rainfall (amount of)	chiang⁴ yü³ liang⁴	降雨量
Rains but it pours, it never	i⁴ po¹ wei⁴ p'ing² i⁴ po¹ yu⁴ ch'i³	一波未平一波又起
Rainy-day,	huan⁴ nan² chih shih²	患難之時
,, ,, set aside for a	ch'ou² miu⁴ wei⁴ yü³	綢繆未雨
Raise (lift a person up), to	fu²-ch'i-lai	扶起來
,, (,, ,, or thing up)	t'ai²-ch'i-lai	抬起來

Raise—Rammer.

Raise	the standard of independence	tu² li⁴ chih chieh¹ kan¹	獨立之揭竿
,,	the hands	yang³ shou³	揭手
,,	,, arm	t'ai² ko¹-pei	抬胳臂
,,	,, head	t'ai² t'ou²	抬頭
,,	,, eyes	t'ai²-ch'i yen³-ching	抬起眼睛
,,	a blister	ch'i³-lo p'ao⁴-'rh-lo	起咯疱兒了
,,	my glass to health of	chin⁰ chü³ chu⁴ pei¹	謹舉祝杯
,,	a smile	yin³ jên² shên³ hsiao⁴	引人哂笑
,,	seize	chieh³ wei²	解圍
,,	a blush	shih³ jên² nan³ yen³	使人赧顏
,,	doubts	ch'i³ i²	起疑
,,	objection	t'i² ch'u¹ i⁴ i⁴	提出異議
,,	(price)	t'ai² chang⁴	抬漲
,,	the price	t'ai²-ch'i chia⁴-'rh-lai	抬起價兒來
,,	money	ts'ou⁴ ch'ien²	湊錢
,,	wages	chang³ kung¹-ch'ien	長工錢
Raised,	capital easily	ku³ pên³ i⁴ yü² chao¹ chi²	股本易於召集
,,	to over forty million	i³ chang⁴ chih⁴ ssŭ⁴ ch'ien¹ yü² wan⁴	已漲至四千餘萬
Raisins,		p'u²-t'ou kan¹-'rh	葡萄乾兒
Rake, a		p'a²	耙
,,	a (morally)	yu² tang⁴ tzŭ³	游蕩子
,,		yin² tang⁴ chih¹ t'u²	淫蕩之徒
,,	to	p'a² ti⁴	耙地
,,	out ashes	pa¹ lu² hui¹	把爐灰
,,	up old scores, to	shih³ ssŭ³ hui¹ fu⁴ jan²	使死灰復燃
,,	with a *rake*	na² p'a² pa¹-i-pa	拿耙把一把
Rally,		hui² fu⁴	回復
,,	the troops	ch'ung² chêng³ ch'i² ku³	重整旗鼓
,,	to (from sickness)	huan³-kuo-lai	緩過來
,,	(mock)	nüeh⁴ hsiao⁴	謔笑
Ram, a		kung¹ yang²	公羊
,,	foundations, to	ta³ hang¹	打夯
,,	down hard	ya⁴ ti⁴	軋地
,,	it down your throat,	wo t'ien² ni³	我填你
,,	a battering	ch'ung¹ ch'ê¹	衝車
Ramble, to		san⁴ pu⁴	散步
,,		liu¹-ta-liu-ta	遛達遛達
,,		yu² kuang⁴	遊逛
Rammer (a wooden)		hang¹	夯
,,	(flat iron worked with ropes)	wo⁴	碢
,,	to ram with a	ta³ hang¹	打夯
,,	,, ,, ,,	ta³ wo⁴	打碢

Ramp—Rank. 672

Ramp, a	ma³ tao⁴	馬道
Rampant,	yen² wan²	延蔓
,,	kao¹ hsing⁴-ti sa¹ huan¹ 'rh	高興的撒歡兒
,, in Peking, gambling is	ching¹ ch'êng² tu³ fêng¹ chu⁴ ch'êng¹ yü² shih⁴	京城賭風著稱於世
Rampart, a	lei³	壘
Ramrod (or cleaning rod), a	ch'iang¹ t'an⁴-tzŭ	鎗探子
Ran straight into him	chuang⁴ liao-ko man⁴ huai²	撞了個滿懷
Rancid,	ha¹-la-lo	哈辣了
Random, talk at	hsin⁴ k'ou³ hu² shuo¹	信口糊說
,, ,,	hsin⁴ k'ou³-êrh k'ai¹ ho²	信口兒開河
,, write at	la¹ tsa² i³ shu¹	拉雜以書
,, choose at	sui² pien⁴ 'rh t'iao¹	隨便兒挑
,, opened the book at	sui² shou³ chieh¹-k'ai	隨手揭開
,, may be used at	sui² i⁴ huo² yung⁴	隨意活用
,, speculations	pu³ fêng¹ cho¹ ying³	捕風捉影
,, hurl at	hu² luan⁴ p'ao¹ ch'ü⁴	胡亂拋去
,, shot	luan⁴ shê⁴	亂射
Range,	shê⁴ ch'êng²	射程
,,	chü⁴ li²	距離
,, finder	shê⁴ yüan³ ch'i⁴	射遠器
,, rifle	shê⁴ ti¹ ch'ang³	射的塲
,, out of	ch'iang¹ li¹ kou⁴-pu chao²	鎗力搆不着
,, of 800 paces, a	pa¹ pai³ pu⁴-ti li⁴-liang	八百步的力量
,, ,, ten li visibility	shih² li³ ti⁴-ti liang⁴-'rh	十里地的亮兒
,, ,, buildings	i² liu³-êrh fang²-tzŭ	一溜兒房子
,, ,, hills	i² tao⁴ lien² shan¹	一道連山
,, ,, vision	yen³ li⁴	眼力
,, ,, ,,	kuang¹ hsien⁴	光綫
,, ,, vision, in my	wo³ yen³ kuang¹-êrh ta²-tê tao⁴	我眼光兒達得到
, to	ch'ên² lieh⁴	陳列
,, (figur.)	fan⁴ wei²	範圍
Rank.	kuan¹ hsien²	官銜
,,	p'in³-chi	品秩
,,	chieh² chi²	階級
,,	chüeh²-wei	爵位
,, according to	an⁴ chüeh² wei⁴ tsun¹ pei¹	按爵位尊卑
,, without	pai² ting¹-êrh	白丁兒
,, social	shên¹ fên	身分
,, relative	tzŭ¹-ko	資格
,, button of the highest	t'ou² p'in³ ting³ tai⁴	頭品頂戴
,, in the first	kuei¹ wei² t'ou² têng³-ti	歸為頭等的

Rank —Rare.

Rank	in the party are not easy to discover, men of cabinet	mou³ tang³ chih¹ chung¹ ch'iu² ch'i² jên² ts'ai² yü³ kuo² wu⁴ yüan² ti⁴ wei⁴ chih¹ hsiang¹ tang¹ k'ung⁴ nan² tê² ch'i² jên²	人其得難恐當相之位地院務國興材人其求中之驚業
,,	with great Powers, take	yü³ lieh⁴ ch'iang² ch'i² ch'ih	馳齊强列興
,,	(extreme)	kuo⁴ chi¹	激過
,,	(vegetation)	chang³-ti wang⁴	旺的長
,,	(in taste or smell)	sao¹	臊
Rankle,		yü² nien⁴ yü² chüeh² pu⁴ p'ing²	平不覺愈念愈
Ranks, rise from the		yu² ping¹ lü³ ch'i³ chia¹	家起旅兵由
Ransacked thoroughly		fan¹-t'êng pien⁴-lo	咯徧騰翻
Ransom, to		shu²	贖
,,		shu² shên¹ chin¹	金身贖
,,		fa² tsui⁴ chin²	金罪罰
,,	demand a	yao⁴ shu² yin²	銀贖要
,,	hold up to	lo² jên² lê¹ shu²	贖勒人擄
Rant,		pao⁴ yen²	言暴
Rap, to		ch'iao¹	敲
,,	at the door	ch'iao¹ mên²	門敲
,,	,, ,,	k'ou⁴ mên²	門扣
,,	,, ,,	p'ai¹ mên²	門拍
,,	over knuckles, got a	p'êng⁴-ko ting¹-tzǔ-lo	咯子釘咯碰
,,	,, ,, give him a	chiao⁴-t'a p'êng⁴ wo³ i²-ko ting¹-tzǔ	子釘個一我碰他叫
,,	with the knuckles, to	na² chih²-t'ou chieh² 'rh ch'iao¹	敲兒節頭指拿
Rapacious,		t'an¹ yü⁴	慾貪
Rape, to commit		ch'iang³ chien¹	姦强
Rapid,		chi² su	速急
,,	travelling	hsing³ shih³ ju² fei¹	飛如駛行
,,	(in a river)	ho² t'an¹	灘河
Rapids,		chi² liu²	流急
Rapprochement (of views)		i⁴ chien⁴ chieh¹ chin⁴	近接見意
,,	of two nations	liang³ kuo² t'i² hsieh²	攜提國兩
Rare,		hsi¹-han	罕希
,,		hsi¹ shih⁴ ti¹ ch'i² chên¹	珍奇的世希
,,	article, a	hsi¹-han wu⁴-êrh	兒物罕希
,,	sight	han³ chien⁴-ti	的見罕
,,	occurrence	han³ wên²-ti	的聞罕
,,	uncommon	hsi¹ ch'i²-ti	的奇希
,,	very	pai³ nien² pu⁴ yü⁴-ti	的遇不年百
,,	not	pu⁴ tsu² han³	罕足不

Rarefied—Ratifications.

Rarefied air	k'ung¹ ch'i⁴ hsi¹ pao²	空氣稀薄
Rascal, a	wu² lai⁴-tzǔ	無賴子
,,	ts'ang³-tzǔ	駔子
,,	huai⁴ t'ou⁴-lo	壞透啦
,, you young	ni³ chê⁴ t'i²-tzǔ	你這踢子
,, ,, ,,	ni³ chê⁴ hsiao² kou³-êrh	你這小狗兒
Rase to the ground, to	ch'ai¹ p'ing²-lo	拆平了
Rash,	ch'ing¹ tsao	輕躁
,, don't be	pieh² mao⁴-chuang	別冒撞
,, utterances	ch'ang⁴ yen² wu² chi⁴	倡言無忌
,, break out in a	ch'u¹ hung² tien³ 'rh	出紅點兒
Rashly proceed	ch'ing¹ shuai¹ ts'ung³ shih¹	輕率從事
Rashness,	ch'ing¹ chü³ wang⁴ tung⁴	輕舉妄動
Rat, a	hao⁴-tzǔ	耗子
,, trap	hao⁴-tzǔ chia²-tzǔ	耗子挾子
,, (political)	t'o² tang³ chê³	脫黨者
,, to smell a	huai² i²	懷疑
,, in a corner	ch'iung² shu³	窮鼠
,, courage small as a	tan³ hsiao³ ju² shu³	胆小如鼠
Ratch, a	lun² ch'ih³	輪齒
Ratchet, a	ch'ien¹-chin	千斤
Rate, market	hang²-shih	行市
,, ,,	shih⁴ chia⁴	市價
,, fixed	ting⁴ chia⁴ 'rh	定價兒
,, ,,	ting⁴ ê²	定額
,, (speed)	k'uai⁴ man⁴	快慢
,, ,,	ch'ih² su¹	遲速
,, (scold)	ma⁴	罵
,, (degree)	ch'êng² tu⁴	程度
,, to	lieh⁴ ju⁴ mou³ têng⁸	列入某等
Rateable,	k'o⁴ shui⁴ ti¹	課稅的
Rates,	ti⁴ fang¹ shui⁴	地方稅
,, municipal	shih⁴ shui⁴	市稅
,, poor	chi¹ p'in² chüan¹	濟貧捐
,, advertising	kao⁴ pai² k'au¹ li⁴	告白刊例
Rather not (sarcastic)!	hsiu¹ hsiang³	休想
,, not say, I would	wo³ ning⁴ k'o³ pu⁴ shuo¹	我寧可不說
,, not offend him so	wo³ ning⁴ k'o³ tê²-tsui-t'a	我寧可得罪他
,, I had better go	so²-hsing ch'ü⁴-pa	索性去罷
,, awkward	lei²-chui-i tien³ 'rh	累贅一點兒
,, soon, it seems	ssǔ⁴-hu tsao³-i tien³ 'rh	似乎早一點兒
Ratification,	chui¹ jên⁴	追認
,, ex post facto	shih⁴ hou⁴ ch'êng² jên⁴	事後承認
Ratifications, to exchange	huan⁴ yüeh¹	換約

675   Ratifications—Reach.

Ratifications, to exchange	p'i¹ chun³ chiao¹ huan⁴	換 交 准 批
Ratify, to	p'i¹ chun³	準 批
Ratio,	pi³ shuai⁴	率 比
,, inverse	fan³ pi³ li⁴	例 比 反
,, to allot by	pi³ li⁴ fên¹ t'an¹	攤 分 例 比
Rational,	ho² ch'ing²-li	理 情 合
,,	ho² li³ ti¹	的 理 合
,, not	li⁰ ch'ü¹	屈 理
,, proposal, a	ni³-ti yu³ li³	理 有 的 擬
,, must be	tei³ chiang³ li³	理 講 得
,, is not	pu⁴ chiang³ li³	理 講 不
Rationale,	li³ yu²	由 理
Rationalism,	chêng⁴ li³ lun⁴	掄 理 正
Rations (on the march)	hsing² liang²	糧 行
,, (for soldiers in barracks)	tso⁴ liang²	糧 坐
Rattan,	t'êng² t'iao²	條 籐
Rattle, a	po¹-lang ku³-êrh	兒 鼓 浪 撥
,, ,, child's	hua¹-lang pang⁴-êrh	兒 棒 浪 花
,, (of a door shaken by wind), to	kua¹-ta hsiang³	響 答 颳
,, (of paper shaken by wind), to	t'ê⁴-lou hsiang¹	响 嘍 忑
,, (of a cart)	ko¹ têng¹ hsiang³	响 登 格
,, (of musketry)	lien²-huan hsiang³	响 環 聯
,, (of thunder)	ku¹ lung¹ hsiang³	响 隴 轂
,, on (of conversation)	lien²-lo pu⁴ chüeh²	絕 不 絡 聯
Ravage (of flood)	shui³ shih⁴ hêng⁴ liu¹	流 橫 勢 水
Rave, to	shuo¹ fêng¹ hua⁴	話 瘋 說
Ravine, a	shan¹ hsia²	峽 山
Ravish,	ch'iang² to²	奪 強
Raw,	shêng¹	生
,,	wei⁴ shu²	熟 未
,, hand, a	shêng¹ shou³	手 生
,, material	yüan² liao⁴	料 原
,, spot, touched him on a	ch'o¹-liao-t'a-ti fei⁴ kuan³-tzŭ-lo	咯 子 管 肺 的 他 了 戳
Ray,	kuang¹ hsien⁴	線 光
Rays,	liang⁴ kuang¹-êrh	兒 光 亮
,, of a lamp	têng¹ kuang¹-êrh	兒 光 燈
,, of the sun	jih⁴ kuang¹-êrh	兒 光 日
,, to put forth	shan³ chin¹ kuang¹-êrh	兒 光 金 閃
Raze,	p'o⁴ huai⁴	壞 破
Razor, a	t'i⁴ t'ou² tao¹-êrh	兒 刀 頭 剃
Reach, to	tao⁴	到

Reach—Ready.　　676

Reach, can	kou⁴-tê chao²	搆得着
,, ,,	kou⁴-chao-lo	搆着咯
,, cannot	kou⁴-pu chao²	搆不着
,, as far as, cannot	wo³ kou⁴-cho ch'ien⁴ tien³ 'rh	我一探射就搆着了兒點欠着搆
,, out the hand	shên¹-ch'u shou³-lai	伸出手來
,, him in time, will not	kan³-pu shang⁴-t'a	趕不上他
,, it, if you stretch you'll	i⁴ t'an⁴ shên¹ êrh chiu⁴ kou⁴ chao² lo	一探射就搆着了兒
Reaches, upper	shang⁴ liu²	上流
Reaching you within a week, of the order	ling⁴ tao⁴ chih¹ jih⁴ hsien⁴ ch'i¹ jih⁴ nei⁴	令之日限七日之內
Reaction,	fan³ tung⁴	反動
,, (acid)	suan¹ hsing¹ fan³ ying⁴	酸性反應
,, to suffer from	fang⁴ fa²-lo	放乏咯
Reactionary,	t'ui⁴ pu⁴ ti¹	退步的
,, policy	fan³ ku³ chêng⁴ ts'ê⁴	反古政策
,, party	fan³-tui tang³	反對黨
Read (to one's self), to	k'an⁴	看
,, a book	k'an⁴ shu¹	看書
,, aloud	nien⁴	念
,, ,, to	nien⁴-ch'u-lai	念出來
,, ,, ,,	lang³ tu²	朗讀
,, ,, the President's communication	lang³ tu² ta⁴ tsung³ t'ung³ tzŭ¹ wên²	朗讀大總統咨文
,, (study)	nien⁴ shu¹	念書
,, ,,	tu² shu¹	讀書
,, well (learned)	yu³ hsüeh²-wên-ti	有學問的
,, between the lines	yen² wai⁴ chih¹ i⁴	言外之意
,, up	yen² chiu¹	研究
Reader,	tu² pên³	讀本
Readily,	hsin¹ jan²	欣然
Reading room	hsin¹ wên² shih⁴	新聞室
,, first	ti⁴ i¹ tu² hui⁴	第一讀會
,, passed the second	t'ung¹ kuo⁴ ti⁴ êrh⁴ tu⁸ hui⁴	通過第二讀會
Readjust, to	chêng³-tun	整頓
,,	chêng³ li³	整理
Ready,	hao³-lo	好咯
,, to hand	sui² shou³-êrh	隨手兒
,, ,, my hand, put	ko¹ tsai⁴ shou³ ken¹ ti³ hsia⁴	擱在手根底下
,, ,, make	ta²-tien	打點
,, get	yü⁴-pei-hsia	預備下
,, go and get	ch'uan¹ tai⁴ ch'ü⁴-pa	穿戴去罷

Ready—Realize.

Ready	(for walking)? are you	ch'uan¹ hao³-lo-ma	嗎了好穿
,,	is dinner	fan⁴ tê²-lo-ma	嗎了得飯
,,	made	hsien⁴ ch'êng²-êrh-ti	的兒成現
,,	money	hsien⁴ ch'ien²	錢現
,,	for use	yü⁴-pei-cho yung⁴-ti	的用着備預
,,	with the pen	shou¹ pi³ k'uai⁴	快筆手
,,	,, ,,	shou³ pi³ k'uo⁴	闊筆手
,,	of speech	nêng² shuo¹ hui⁴ tao⁴-ti	的道會說能
,,	in repartee	ying⁴ shêng¹ ta¹ hua⁴	話答聲應
,,	tell me when you are	hsiao² hsien² 'rh tsai¹ kao⁴-su-wo	我訴告再兒閒消
,,	yet, I am not	wo³ hai²-mei hsiao¹ hsien² 'rh	兒閒消沒還我
,,	one's armour for the fray, get	mo²˙ chien⁴ chên³ ko¹ i³ tai⁴	待以戈枕劍磨
,,	an enemy, who only moves when he is	mou² t'ing⁴ hou⁴ tung⁴ ti¹ ching⁴ ti²	敵的定後動勁謀
Real,		chên¹ chêng⁴	正真
,,	(genuine)	chên¹	真
,,	(true)	shih²	實
,,	circumstances	shih² tsai⁴ ch'ing² hsing²	形情在實
,,	intention	pên³ i⁴	意本
,,	facts of the case	shih² ch'ing²	情實
,,	,, don't know the	pu⁴ chih¹ ti²-hsi	細底知不
,,	father	pên³ shêng¹ fu⁴	父生本
,,	presence	shêng¹ t'i³ shih² tsai⁴	在實體生
Realism,		hsieh³ shih² chu⁸ i⁴	義主實寫
Realistic,		shih² t'i³ lun⁴	論體實
Realities, active		shih² shih⁴ ch'iu² shih⁴	是求是實
Reality,		shih² chi⁴	際實
,,	name corresponds to the	ming² fu⁴ ch'i² shih²	實其副名
,,	of reform	kai³ ko² chih¹ shih²	實之革改
,,	turned out quite differently	man³ pu⁴ shih⁴ na⁴ mo i¹ hui² shih⁴	事同一麼那是不滿
Realize,		ch'êng² chiu⁴	就成
,,		shih² hsing²	行實
,,	one's hope	pu⁴ fu⁴ ch'u¹ hsin¹	心初負不
,,	by auction	p'ai¹ mai⁴ pien¹ chia⁴	價變賣拍
,,	their wishes	hsi¹ wang⁴ i¹ ta²	達一望希
,,	(hopelessness of a task)	tuan⁴ nien⁴	念斷
,,	(an estate), to	pa⁴ t'ien² ti⁴ chê²-pien-lo	咯變折地田把

Realize—Reason.

Realize without being able to express, to	k'o³ shên² t'ung¹-êrh-pu nêng² yü³ ta²	達語能不而通神可
Realized the fact, has not	shang⁴ wei⁴ chüeh² wu⁴	悟覺未尚
,, has now	hsien⁴ tsai⁴ wu⁴-kuo-lai-liao	了來過悟在現
Really,	shih²-tsai	在實
,,	kuo³ jan²	然果
,, as a matter of fact	ch'i² shih²	實其
,, the case is	chên¹-shih na⁴-mo-cho	着麼那是眞
,, cannot go, I	wo³ shih²-pu nêng² ch'ü⁴	去能不實我
,, (actually), went	kuo³-jan ch'ü⁴-lo	咯去然果
,, sure enough, it was he	kan³-ch'ing-shih t'a¹	他是情敢
,, critical, fancied that the position was critical	i³ wei² kuo³ yu³ k'o³ lü⁴ chih¹ ch'u⁴	處之處可有果為以
Realty,	pu⁴ tung⁴ ch'an³	產動不
Reap millet, to	ko¹ ku³-tzŭ	子穀割
,,	ko¹ kao¹-liang	粱高割
,, (uproot wheat)	pa² mai⁴-tzŭ	子麥拔
,, as one has sown, to	chung¹ kua¹ tê² kua¹	瓜得瓜種
Reaping hook, a	lien² tao¹	刀鐮
Re-appear,	tsai⁴ fa¹	發再
Re-appearance, they waited long but he did not put in a	têng³ la hao³ ta⁴ ti¹ kung¹-fu pu⁴ chien⁴ hui² lai²	來囘見不夫工的大好了等
Rear,	pei⁴ mien⁴	面背
,, attack	pei⁴ mien⁴ kung¹ chi	擊攻面背
,, (of an army)	hou⁴ chên⁴	陣後
,, ,,	hou⁴-lu chün¹	軍路後
,, Admiral	hai³ chün¹ shao⁴ chiang⁴	將少軍海
,, fall to the	lo⁴ hou⁴	後落
,, front	hou⁴ lieh⁴ chêng⁴ mien⁴	面正列後
,, (of a horse), to	ch'i³ pêng⁴-tzŭ	子迸起
,, bring up	yang³-huo	活養
,, a child	yang³ hai²-tzŭ	子孩養
,, chickens	yang³ hsiao³ chi¹-êrh	兒鷄小養
Reason,	li³ yu²	由理
,, (cause)	yüan²-ku	故緣
,, what is reasonable	ch'ing²-li	理情
,, not in accordance with	pu⁴ ho² ch'ing²-li	理情合不
,, opposed to	pei⁴ li³	理背
,, with, to	lun⁴ li³-êrh	兒理論
,, ,,	i³ li³ hsiang¹ ch'ih²	持相理以
,, not wholly without	fei¹ chin⁴ shu³ wu² yin¹	因無屬盡非
,, why, the	yin¹-wei shêm²-mo	麽甚爲因

Reason why, can't see the	wei⁴ shih⁴ ch'i² li³ yu² chih¹ an¹ tsai⁴	在安之由理其識未
,, don't know the	pu⁴ chih¹-ch'i so³ i³ jan²	然以所其知不
,, and sentiment forbid acquiescence	k'uei² ch'ing² to⁴ li³ wan⁴ nan² yün³ ts'ung²	從允離萬理度悄揆
Reasonable	yu³ li³	理有
,,	yu³ ch'ing²-li	理情有
,, fair	kung¹-tao	道公
,, must be	tei³ chiang³ li³	理講得
,, price	kung¹-tao chia⁴-ch'ien	錢價道公
,, ,,	lien² chia⁴	價廉
,, remark, not a	pu⁴ chin⁴ shih⁴ li³ chih¹ yen²	習之理事近不
,, (judgment)	i⁴ shih⁴	識意
Reasoned argument	ch'ih² chih¹ yu³ ku⁴ yen² chih¹ ch'êng² li³	理成之言故有之持
Reasoning,	t'ui¹ lun⁴	論推
,,	i⁴ lun⁴	論議
Reasons of party	i³ tang³ p'ai⁴ chih¹ ku⁴	故之派黨以
,, for its being impossible, state	kao⁴ i³ chung³ chung³ pu⁴ k'o³ nêng² chih¹ ku⁴	故之能可不種種以告
Re-assessment,	hsiu¹ chêng⁴ ti⁴ chia⁴	價地正修
Reassure him	an¹-t'a-ti hsin¹	心的他安
Rebate, a	chê²-k'ou⁴	扣折
,,	hui² k'ou⁴	扣回
,,	k'ou⁴-t'ou	頭扣
Rebel, a	fei³ t'u²	徒匪
,,	fan³ p'an⁴	叛反
,,	p'an⁴ ni⁴ jên²	人逆叛
,, to	tsao⁴ fan³	反造
,, against treatment	ting³-chuang	撞頂
Rebellion,	tsao⁴ fan³	反造
Rebels,	tsei² fei³	匪賊
,,	p'an⁴ t'u²	徒叛
Rebound, to	chuang⁴-hui-lai	來回撞
,, the	hui² chi⁴	擊回
,, (of a ball, etc.)	wang³ shang⁴ pêng⁴	迸上往
Rebuff, met with a	tso¹-lo pieh⁸-tzŭ	子彆了嗦
,, ,,	mo³-liao i⁴ pi²-tzŭ hui¹	灰子鼻一了抹
,, to	chü⁴ chüeh²	絕拒
Rebuild,	ts'ung¹ hsin¹ chien⁴ tsao⁴	造建新從
Rebuke, to	chien⁴ yen²	言諫
,,	shên¹-ch'ih	斥申
Rebut,	fan³ po²	駁反

Recall—Receive. 680

Recall, to	chiao⁴-hui-lai	叫同來
,,	ch'ê⁴-hui-lai	撤同來
,, that statement, must	na⁴ hua⁴ tei³ ch'ê⁴-hui-lai	那話得撤同來
,, an officer	chao⁴ huan²	召還
,, ,, order	shou¹ hui² ch'êng² ming⁴	收回成命
,, letters of	chieh³ jên⁴ shu¹	解任書
,, happier days	fu³ chin¹ chui¹ hsi²	撫今追昔
,, it, cannot	chi⁴-pu ch'ing¹	記不清
,, his name, cannot	ming²-tzŭ hsiang³-pu-ch'i lai²	名字想不起來
Recalled by his government	fêng⁴ chao¹ hui² kuo²	奉召回國
Recant,	fan⁸ han⁴	反汗
Recapitulate, to	tsai⁴ shuo¹-i pien⁴	再說一徧
Recapture,	k'o⁴ fu⁴	克復
,, of the empire (from aliens)	kuang¹ fu⁴ t'ien¹ hsia⁴	光復天下
Recede,	t'ui⁴ ch'üeh	退却
,, from a demand	yao¹ ch'iu² tso⁴ pa⁴	要求作罷
Receipt (of bill), a	shou¹ chü⁴	收據
,,	shou¹ t'iao²-êrh	收條兒
,,	shou¹ tan¹	收單
,,	hui² p'iao⁴	回票
,, write out a	hsieh³ ling³-tzŭ⁴	寫領子
,, ,, ,,	chü⁴ ling⁸-tzŭ⁴	具領子
,, (secret)	pi⁴ chüeh²	秘訣
Receipts,	shou¹ ju⁴	收入
,, of $1000 daily	jih⁴ chin¹ ch'ien¹ yüan²	日進千元
,, and expenses	shou¹ chih¹	收支
,, and disbursements	shou¹ ju⁴ hsiang⁴ hsia⁴ k'ai¹ chih¹ hsiang⁴ hsia⁴	收入項下開支項下
Receive, to	shou¹	收
,,	shou¹-hsia-lo	收下咯
,, from superior	ch'êng² shou¹	承收
,, a letter	chieh¹-i-fêng hsin⁴	接一封信
,, news	tê²-lo hsin⁴	得了信
,, take in	shou¹-shang	收上
,, wages	ling³ kung¹-ch'ien	領工錢
,, a shock	shou⁴-liao ching¹-lo	受了驚咯
,, (into hospital)	shou¹ jung²	收容
,, visitors	ying¹ chieh¹	應接
,, a guest	chieh¹ k'o⁴	接客
,, in audience	chieh¹ chien⁴	接見
,, an inferior	yen² chien⁴	延見
,, foreign ambassadors (as the chief of state)	chieh¹ shou⁴ wai⁴ kuo² chih¹ ta⁴ shih³	接受外國之大使

Received (*e.g.*, by the President), had the honour to be	tang¹ mêng² ch'uan² chien⁴	當蒙傳見
,, net sum	shih² chi⁴ ju⁴ shou³ chih¹ ê²	實際入手之額
Receiver (of stolen goods)	wo¹ chu³	窩主
,, ,,	shou¹ tsang¹	收贓
,, (telephone)	shou⁴ hua⁴ ch'i⁴	受話器
,, official	p'o¹ ch'an⁵ kuan³ ts'ai² jên²	破產管財人
Recent,	hsin¹ chin⁴-ti	新近的
,, most	tsui⁴ chin⁴	最近
Recently,	chin⁴ lai²	近來
Receptacle,	jung² ch'i⁴	容器
Reception,	tai⁴ yü⁴	待遇
,, (gathering)	huan¹ ying² hui⁴	歡迎會
,, committee	chieh¹ tai⁴ yüan²	接待員
,, hold a	chieh¹ tai⁴ k'o⁴	接待客
Recess,	hsiu¹ chia⁴	休假
,,	hsiu¹ hsi²	休息
,, summer	shu³ chia⁴	暑假
,, (parliamentary)	t'ing² i⁴-ti shih²-hou-êrh	停議的時候兒
,, (in a wall, etc.)	ssŭ⁴ fang¹ tung⁴-êrh	四方洞兒
Recipe, a	i²-ko fang¹-tzŭ	一個方子
Recipient,	shou⁴ ling³ chê³	受領者
,, of high favour (from a sovereign)	shcu⁴ ên¹ shên⁴ chung⁴	受恩甚重
Reciprocal,	hsiang¹ hu⁴ ti¹	相互的
,, dislike	hu⁴ hsiang¹ hsien²-hsi	互相嫌隙
,, the feeling is	pi³ tz'ŭ³ pi³ tz'ŭ³	彼此彼此
Reciprocate your wishes, etc., I	pi³ tz'ŭ³ pi³ tz'ŭ³	彼此彼此
,, a favour	huan² ch'ing²	還情
Reciprocity,	hu⁴ hui⁴ chu³ i⁴	互惠主義
,, treaty	chiao¹ hu⁴ t'iao² yueh¹	交互條約
Recite a lesson, to	pei⁴ kung¹-k'o	背功課
,, give a recitation	pei⁴ sung⁴.ch'u-lai	背誦出來
,, poetry	sung⁴ shih¹	誦詩
Reckless,	mêng³-chuang	猛撞
,, violence	wan¹ jou⁴ pu⁴ ku⁴ hsia¹	剜肉不顧瞎
Reckon, to	suan⁴	算
,,	suan⁴-chi	算計
,, (guess)	ch'uai³-to	揣度
,, on him, cannot	pu⁴ nêng² suan⁴ t'a¹	不能算他
,, from	ts'ung²...ch'i³ suan⁴	從...起算
Reckoned up the total, have not	mei² ho² ch'u lai² la	沒合出來了

Reckoning—Recommendation. 682

Reckoning up the total population of Peking	ho² cho pei³ ching¹ suan⁴ ch'i³ lai²	合着北京算起來
,, you are out in your	ni³ ta³ ts'o⁴-liao suan⁴-p'an lo	你打錯了算盤咯
,, by solar calendar	yang² li⁴	陽曆
Reclaim (reform)	ko² hsin¹	革心
,, (waste land), to	k'ai¹ k'ên³	開墾
,, ,,	k'ên⁵ huang¹	墾荒
Reclamation,	k'ai¹ chih	開拓
Re-classify,	pien⁴ kêng¹ lei¹ pieh²	變更類別
Recline on a couch, to	wai¹-tsai ch'uang²-shang	歪在床上
Recluse, a	ku¹-chieh	孤介
,,	yin⁸ shih⁴	隱士
,, a religious	hsiu¹-hsing jên²	修行人
Recognition,	ch'êng² jên⁴	承認
,,	jên⁴ k'o³	認可
,, official	kung¹ jên⁴	公認
,, of, in	i³ pao⁴ ch'ou²	以報酬
Recognize, to	jên⁴-ch'u-lai	認出來
,,	jên⁴-tê	認得
,,	jên⁴-shih	認識
,, as	jên⁴ ting⁴	認定
,, the force of that, I	ch'i² shih² wo³ chih¹-tao	其實我知道
Recoil (of a gun), to	fan³ chuang⁴	反撞
,, ,,	wang³ hou⁴ tso⁴	往後坐
Recollect, to	chi⁴ i⁴	記臆
,,	chi⁴-tê	記得
,,	hsiang³-ch'i-lai	想起來
,, cannot	hsiang³-pu-ch'i lai²	想不起來
,, distinctly, cannot	chi⁴-pu ch'ing¹	記不清
,, accurately, ,,	chi⁴-pu ch'üeh⁴	記不確
Recollection, escaped my	mei² ko¹-tsai hsin¹-shang	沒擱在心上
,, bring to your	t'i²-ni-ko hsing³-êrh	提你個醒兒
Recommend,	t'ui¹ chien⁴	推薦
,,	chieh⁴ shao⁴	介紹
,,	chou¹ hsüan	周旋
,, a cook	chien⁴-ko ch'u²-tzŭ	薦個厨子
,, a secretary	chü³-chien-ko mi¹ shu¹	舉薦個秘書
,, say a good word for	ch'ui¹-hsü	吹噓
,, (advise) to	ch'üan⁴	勸
,, ,,	chung¹ kao⁴	忠告
,, European method	chu³ yung⁴ hsi¹ fa³	主用西法
Recommendation, a letter of	chien⁴ hsin⁴	薦信
,, ,, ,,	shao⁴ chieh⁴ shu¹	紹介書
,, ,, ,,	chien⁴ shu¹	薦書

Recompense, a	pao⁴-ying	報應
,, to	pao⁴ ch'ou²	報酬
,,	ch'ou² pao⁴	酬報
,,	ch'ou⁴ lao³	酬勞
Reconcilable (of statements) not	pu⁴ fu² ho²	不符合
Reconcile,	t'iao² t'ing²	調停
,, (make agree)	shih⁰ chih¹ i¹ chih⁴	使一之致
,, people at variance, to	chieh³-ho	解和
,, oneself (to a situation)	chüeh² wu⁴	覺悟
Reconciliation,	ho² chieh³	和解
,, partial	la¹ la ho² êrh	拉了和兒
Reconnoissance, to make a	sou¹ so³	搜索
,, in force	ch'iang² li⁴ chên¹ ch'a²	強力偵察
Reconnoitring party	chên¹ ch'a² tui⁴	偵察隊
Reconsider, to	tsai⁴ chên¹-cho	再斟酌
,, a judgment	tsai⁴ shên³	再審
Reconstruction,	kai³ tsao⁴	改造
,,	ch'ung² hsin¹ ling⁴ chü³	重新另舉
Record, to	chi⁴ tsai⁴	記載
,,	chi⁴-shang	記上
,, place on	ts'un² an⁴	存案
,, is on	tsai⁴ an⁴	在案
,, (evidence)	shih⁴ chi⁴	事跡
,, personal	lü³ li⁴	履歷
,, Mr. Wang's official	wang² chün¹ li⁴ shih³ jên² wu⁴	王君歷史人物
,, of attendance	k'ao³ ch'in² pu⁴	考勤簿
,, on duty	p'ing² jih⁴ ch'ai¹ wu⁴ chih¹ ch'in² to	平日差務之勤惰
,, of a case	su⁴ sung⁴ chi⁴ lu⁴	訴訟記錄
,, ,,	chüan⁴ tsung¹	卷宗
Records,	an⁴ chüan⁴	案卷
,,	ts'un² an⁴	存案
,, family	chia¹ p'u³	家譜
,, state	kuo² chih⁴	國志
Recount all the circumstances	pei¹ shu⁴ ch'ing² hsing²	備述情形
,, ,, ,,	ch'ên² ch'u¹ tien¹ mo	陳出顛末
Recoup expenditure, to	lao¹-hui pên³-'rh-lai	撈囘本兒來
,, losses	mi² pu³ k'uei¹-k'ung	彌補虧空
Recourse, have to	i¹ lai¹	依賴
Recover (get back), to	tê²-hui-lai	得囘來
,, ,,	shou¹-hui-lai	收囘來
,, ,,	hui¹ fu⁴	回復
,, an official position	k'ai¹-fu yüan² chih²	開復原職

Recover—Red. 684

Recover (retrieve)	wan³-hui-lai	挽回來
,, one's own again	yüan² pi⁴ kuei¹ chao⁴	原璧歸趙
,, ,, losses where one incurred them	yang² ch'ün² tiu¹ yang² ch'ün² chao³	羊羣丟羊羣找
,, somewhat	shao³ yu³ chuan³ chi¹	稍有轉機
,, his spirits	hsin¹ hsü⁴ chien⁴ ning²	心緒漸寧
,, stolen property	ch'i³ huo⁴ hsien⁴ tsang¹	起獲現贓
,, cannot	hao³-pu liao³	好不了
Recovered,	hao³-lo	好咯
,,	ping⁴ hao³-lo	病好咯
,, quite	ta⁴ hao³-lo	大好咯
,, ,,	ch'üan²·yü⁴-lo	痊癒咯
,, regain one's health	fu⁴-lo yüan²-'rh-lo	復元了兒咯
,, his temper, not	yü² nu⁴ wei⁴ i³	餘怒未已
Recovery of health	hsi³ chan¹ wu² yao⁴	喜占勿藥
,, gone beyond	wan³-pu-hui lai²-ti	挽不回來的
,, of possession	chan⁴ yu³ hui² fu⁴	占有回復
Recreation,	san³-hua	散化
,,	san³-tan	散淡
,, (place)	t'ao² hsing⁴ i² ch'ing² chih¹ ti⁴	陶性怡情之地
Recrudescence,	tsai⁴ fa¹	再發
Recruit, a	chao¹ mu⁴-ti hsin¹ ping¹	招募的新兵
,, enlist a	mu⁴ ping¹	募兵
,, health	yang³ ching¹-shên	養精神
,, ,,	t'iao²-hsi t'iao²-hsi	調息調息
Rectangle, a	chêng⁴ chiao³-êrh hsing²	正角兒形
Rectify, to	chü³ hsing²	矩形
,,	kai³-chêng kai³-chêng	改正改正
,, a mistake	kêng¹-chêng-kuo lai²	更正過來
Rectitude,	chêng⁴-ch'i	正氣
,,	chêng⁴-p'ai	正派
Rectum,	chih² ch'ang²	直腸
Recuperate health	yang³ k'o⁴	養疴
Recur, will	yao⁴ fan³-fu	要反復
,, at interval	chieh² chieh² 'rh fan⁴	節節兒犯
Recurrent,	fan³-fu-ti	反復的
Recurring,	tsai⁴ huan⁴	再患
,, decimal	hsün² huan² hsiao³ shu⁴	循環小數
,, old tendencies	ku⁴ t'ai⁴ fu⁴ mêng²	故態復萌
Red,	hung²	紅
,, copper	ku³ t'ung² sê⁴	古銅色
,, deep	shên¹ hung²	深紅
,, light	ch'ien³ hung²	淺紅
,, purple	tzŭ³ hung²	紫紅

Red—Reduce.

Red	peach	t'ao² hung²	紅桃
,,	brick colour	ch'ih⁴ hung²	紅赤
,,	brilliant	hsing¹ hung²	紅猩
,,	hot	shao¹ hung²-lo	咯紅燒
,,	lead	hung² t'u³-tzŭ yu²	油子土紅
,,	Cross	hung² shih² tzŭ⁴ hui⁴	會字十紅
,,	letter day	hung² yün⁴-ti jih⁴-tzŭ	子日的運紅
,,	tape	kuan¹ shih⁴ kuan¹ pan⁴	辦官事官
,,	,,	chi¹ kuan¹ tso² shih⁴	事作關機
,,	,, about it, too much	pan⁴-ti t'ai⁴ ai³	噯太的辦
,,	,, phraseology	p'u³ t'ung¹ kung¹ tu² t'ai⁴ t'ao⁴ yü³	
			語套太牘公通普
,,	handed	hsien⁴ hsing² fan⁴	犯行現
,,	handed, caught him	tang¹ ch'ang²-ti tai³-chao-lo	
			咯着得的場當
Redden (blush)		ch'ih⁴ mien⁴	面赤
Redeem, to		shu²	贖
,,		shu² hui²	回贖
,,		shu²-ch'u-lai	來出贖
,,	pledges	ch'ü³ shu²	贖取
,,	a pawned pledge	shu² tang⁴	當贖
,,	an offence	shu² tsui⁴	罪贖
,,	one's good name	pa⁴ ming²-shêng-êrh shu²-hui-lai	
			來回贖兒聲名把
,,	a promise	li³ hsing²	行履
,,	,,	ying⁴ tien³	點應
,,	the past	kai³ hsieh² kuei¹ chêng⁴	正歸邪改
Redeemable notes		tui⁴ huan⁴ ch'üan⁴	券換兌
,, ,,		tui⁴ huan⁴ chih³ pi⁴	幣紙換兌
Redeemer,		chiu⁴ shih⁴ chu³	主世救
Redeeming point, the one		i² shan⁴ k'o³ lu⁴ i¹ ch'ang² k'o³ ch'ü³	
			取可長一綠可善一
Redemption,		ch'ang² huan²	還償
,,		shu² tsui⁴	罪贖
Redistribution of seats		hsüan³ chü⁴ ch'ü¹ chih¹ tsu³ chih¹ kêng¹ chêng⁴	
			正更織組之區舉選
Redouble one's energy, to		chia¹ pei⁴-ti yung⁴ li⁴	力用的倍加
Redoubt,		chüeh² mien⁴ p'u⁴	堡面角
Redound to		kuei¹ yü²	於歸
Redress the balance		pu³ ch'i² pu⁴ p'ing² chün¹	均不平其補
,,	a grievance, to	shen¹ yüan⁴	冤伸
,,	no	wu² ch'u⁴ k'o³ shen¹	伸可處無
Reduce (in dimension), to		ch'ai¹ ta⁴ kai³ hsiao³	小改大拆
,,	expenditure	chieh³ ta⁴ ch'ou¹ hsiao³	小抽大解
,,	(to terms)	hsiang² fu³	服降

Reduce --Refer. 686

Reduce (diminish)	chien³	減
,, ,,	chien³ shao³	少減
,, (a period)	chien⁸ shao³	少減
,, the dose	chien³-cho ch'ih¹	吃着減
,, expenditure	chien⁸ hua¹-fei	費花減
,, (of inflation)	pieh⁸-lo	咯癟
Reduced circumstances	ling² lo⁴	落零
,, to beggary	lao⁴ wei² ch'i⁴ kai⁴	丐乞爲落
,, ,,	ch'iung²-ti wu² fa³ k'o³ chih⁴	治可法無的窮
,, to extremities	pi⁴-tao chi²-ch'u	處極到逼
,, a grave peril	hsien⁴ yü² wei¹ hsien³ chih¹ ti⁴	地之險危於陷
,, to eating corpses	ching⁴ chih⁴ huo² jên² ch'ih¹ ssŭ³ jên²	人死吃人活至竟
,, to skin and bone	shou⁴-ti ch'êng²-lo k'u¹-lou 'rh ku³	骨兒髏骷了成的瘦
,, (of a swelling)	hsiao¹-lo	咯消
,, proportion, pay salary in	chien³ ch'êng² fa¹ fêng⁴	俸發成減
Reductions of armaments	chün¹ pei¹ so¹ shao³	少縮備軍
,, not made where they ought to be	ying¹ shêng⁸ êrh² pu⁴ shêng³	省不而省應
Redundant expression	chui⁴ yen²	言贅
Reduplicate,	ch'ung² fu⁴	複重
Re-echo,	fan⁸ hsiang⁸	響反
Reeds,	wei³-tzŭ	子葦
,, a blind of	wei⁸ lien²-tzŭ	子簾葦
Reef, a	chiao¹ shih²	石礁
,,	an⁴ chiao¹	礁暗
Reeks of garlic	suan⁴ wei⁴ 'rh hsün¹-ssŭ jên²	人死燻兒味蒜
Reel (of cotton), a	hsien⁴ t'o²-lo-êrh	兒籮楕綫
,, (of a kite string)	hsien⁴ kuang⁴-tzŭ	子絖綫
,, silk, to	ch'ou¹ ssŭ¹	絲抽
Re-embodiment,	chuan³ t'ai¹	胎轉
Re-enter public life	ch'u¹ shan¹	山出
Re-establish one's health	fu⁴ yüan²	元復
Re-established one's health	fu⁴-liao yüan² 'rh-lo	咯兒元了復
,, order gradually	chih⁴ hsü⁴ chien⁴ i⁸ hui² fu⁴	復回已漸序秩
Reeve, to	ch'uan¹-kuo-ch'ü	去過穿
Re-examine,	tsai⁴ shên³	審再
Re-exports,	fu⁴ ch'u¹ k'ou³ huo⁴	貨口出復
Refer (to a superior), to	ch'ing⁸-shih shang⁴-ssŭ	司上示請

Refer to consideration of future parliament — kuei¹ tsai⁴ chiang¹ lai² kuo² hui⁴ 歸在將來國會
,, to the Hague tribunal — fu⁴ hai³ ya² ho² p'ing² hui⁴ ch'ing² fu⁴ kung¹ p'an⁴ 赴海牙和平會請付公判
,, to (a committee) — fu⁴ shên³ ch'a² 付審查
,, ,, arbitration — fu⁴ yü³ chung⁴ ts'ai² 付與仲裁
,, ,, (mention) — t'i²-tao 提到
,, ,, ,, — t'i²-ch'i-lai 提起來
,, ,, a book — ts'an¹ k'ao³ 參考
,, ,, the dictionary — ch'a² tzŭ⁴ tien³ 查字典
,, you to him — pa⁴ ni³ tui⁴-kei t'a¹-lo 把你對給他咯
,, (relate to) — yû²...yu³ kuan¹ hsi 於...有關係
Referable to — ch'i² yüan² yin¹... 其原因...
Referee, — chung⁴ ts'ai² jên² 仲裁人
Reference, — pao³ jên² 保人
,, (to character) — shao⁴ chieh⁴ jên² 介紹人
,, (passage referred to) — yin³ yung⁴ wên² 引用文
,, a letter of — chien⁴ shu⁴ 薦書
,, work of — ts'an¹ k'ao³ shu¹ 參考書
,, to, with — chih⁴-yü 至於
,, to one or two conspicuous instances will prove this fact — chi² chiu³ chin⁴ jih¹ so³ tsui⁴ tz'ŭ⁴ mu⁴ chih¹ i¹ êrh⁴ shih¹ yen² chih¹ chi² chih¹ 即就近日所最觸目之一二事言之即可知
,, to this irritated him — yu³ yen² chi² chê³ chê⁴ wei⁴ fên⁴ hên⁴ 有言及者皆為憤恨
,, to the premier, after — shang¹ chun³ tsung³ li³ 商准總理
,, purposes, for — i³ pien⁴ yu³ so³ i¹ chü⁴ 以便有所依據
Referendum, — ssŭ¹ hsüan³ t'ou² p'iao⁴ 私選投票
Referring to.... — kuan² yü² 關於
Refine, to — lien⁴ 煉
Refined, — ssŭ¹-wên 斯文
,, — ju² ya³ 儒雅
,, — wên² ya³ 文雅
,, — fêng¹-liu 風流
,, — pu⁴ su² 不俗
,, way of speaking, a — t'an⁰ t'u⁰-pu su² 談吐不俗
Refinement, — wên² hua⁴ 文化
Refit, — hsiu¹ fu⁴ 修復
Reflect, — tan³ shê⁴ 反射
,, to — ssŭ¹ hsiang³ 思想
,, — ts'un³-liang 忖量
,, — hui² hsiang³ 回想
,, light — chao⁴ kuang¹-êrh 照光兒
,, the sun's rays — ying⁴-cho jih⁴-t'ou 映着日頭

Reflect—Refrain. 688

Reflect upon (the past)	hui² ku⁴	顧回
,, a person's conduct	fei¹ nan²	難非
,, the views of the government exactly	ch'üeh⁴ jan² piao³'shih⁴ chêng⁴ fu³ chih¹ i⁴ chien⁴	見意之府政示表然確
Reflected glory	mu⁴ jên² yü² kuang¹	光餘人沐
Reflection,	hui² kuang¹ fan³ chao⁴	照反光回
,, in the water	shui³ ying³-êrh	兒影水
,, of any object	ying³-êrh	兒影
,, angle of	fan³ shê⁴ chiao³	角射反
,, adopt others' views, without	lei² t'ung² t'a¹ jên² chih¹ i⁴ chien⁴	見意之人他同壘
,, shows the truth of this statement, careful	chê⁴ hua⁴ hsi⁴ hsiang³ ch'i lai² hên³ yu³ chih⁴ li³	理至有很來起想細話這
Reflections, sudden	ling⁴ jên² tuan³ ch'i⁴	氣短人令
Reflector of a lamp	shan³ kuang¹ p'an²	盤光閃
Reflex,	fan³ tung⁴	動反
,, action	fan³ shê⁴ tso⁴ yung⁴	用作射反
Reflexive,	fan³ chao⁴	照反
Refloat a sunken ship	so³ ch'ên² chih¹ ch'uan² i³ ching¹ ch'i³ ch'u¹	出起經已船之沈所
Reform, to	kai³ hua⁴	化改
,,	chiao³ chêng⁴	正矯
,, (a criminal)	kan³ hua⁴	化感
,, evil ways	kai³ hsieh² kuei¹ chêng⁴	正歸邪改
,, self	kai³ kuo⁴ tzǔ¹ hsin¹	新自過改
,, of government	kai³ pien⁴ kuo² chêng⁴	政國變改
,, military	chêng³ chün¹ ching¹ wu³	武經軍整
,, financial	ts'ai² chêng⁴ ching³ li³	理整政財
,, a process	kai³ liang²	良改
,, party	k'ai¹ hua⁴ tang³	薰化開
,, ,,	kai³ ko² p'ai⁴	派革改
,, religious	tsung¹ chiao⁴ kai³ ko²	革改教宗
Reformation (religious)	tsung¹ chiao⁴ kai³ ko²	革改教宗
Reformed character, a	kai⁴ hsieh² kuei¹ chêng⁴-lo	咯正歸邪改
Reformer,	kai³ ko² chê³	者革改
Reforms, introduce	kai³ hsien² kêng¹ chang¹	張更弦改
,, social and political	ta⁴ chia¹ kai³ liang² pien⁴ chêng⁴ i⁴ su²	大加改變政易俗
Refract,	ch'ü¹ chê²	折屈
Refracted rays	chê² kuang¹-êrh	兒光折
Refractory,	k'ang⁴ pu⁴ fêng⁴ ming⁴	命奉不抗
,,	ch'iang² ch'ing²	情強
,,	niu⁴-pieh-cho	着憋拗
Refrain from drink, to	chieh⁴ chiu³	酒戒

Refresh the mind — shu¹ ch'ang⁴ ching¹ shên² 舒暢精神
,, one's memory — pa⁴ chi⁴-hsing 'rh wang³ hui² chao³-i chao³ 把記性兒忘回找一找
,, ,, ,, by reading over — shu²-i-shu yen³-ching 熟一熟眼睛
Refreshing, — k'uai⁴-lo 快樂
,, (cool) — liang² shuang³ 涼爽
Refreshment (liquid) — yin³ liao⁴ p'in³ 飲料品
,, room, a — ch'a² tien³ so³ 茶點所
Refreshments, — tien³-hsin 點心
,, — ling²-sui ch'ih¹-shih 零碎吃食
Refrigerator, — liang² wu⁴ ch'i⁴ 涼物器
,, ship's — lêng³ jou⁴ shih⁴ 冷肉室
Refuge (from rain), take — pi⁴ yü³ 避雨
,, ,, ,, — pei⁴-i-pei yü³ 避一避雨
,, (from creditors), take — to³ chang⁴ 躲賬
,, a place of — pi⁴ nan⁴ t'ang² 避難堂
,, ,, ,, — pi⁴ nan⁴ so³ 避難所
,, for feeble minds, religion is a — tsung¹ chiao⁴ wei² wu² chih⁴ ch'i⁴ chê³ chih so³ kuei¹ 宗敎爲無志氣者之所歸

Refugee (political) — wang² ming⁴ chê³ 亡命者
Refugee's sad plight — liu² li² k'un⁴ k'u³ 流離困苦
Refund, — fu⁴ huan² 付還
,, to-morrow, I will — ming²-t'ien fêng⁴ huan² 明天奉還
,, a loss — chao²-pu 找補
Refusal, — chü⁴ chüeh² 拒絕
Refuse (reject), to — t'ui⁴-lo 退略
,, (decline) — t'ui¹-lo 推略
,, (difficult to decline) — pu⁴ hao³ t'ui¹-ch'üeh 不好推郤
,, (object) — pu⁴ ta¹-ying 不答應
,, to pay this account, I — wo³-pu jên⁴-chê chang⁴ 我不認這賬
,, the responsibility, I — wo³ pu⁴ tan¹-tai 我不擔待
,, politely — shan⁴ wei² tz'ǔ² chih¹ 善爲辭之
,, ,, — i³ pu⁴ min³ êrh⁴ tzǔ⁴ hsieh⁴ chih¹ 以不敏二字謝之
,, association with so and so — hsiu¹ yü³ k'uai⁴ wu³ 羞與噲伍
,, an invitation — chê³ chien³ êrh² t'ui⁴ 拆簡而退
,, on ground of contrary orders, to — i³ ming⁴ ling⁴ so³ tsai⁴ ching⁴ pu⁴ chih¹ hsü³ 以命令所在竟不之許
,, their bank notes — p'ai² ch'ih⁴ ch'i² chih³ pi⁴ 排斥其紙幣
,, to deliver the goods — lêng⁴ pu⁴ chiao¹ huo⁴ 楞不交貨
,, waste material — kou¹ huo⁴ 鈎貨
,, ,, ,, gatherers of — chien³ kou¹ huo⁴-ti 撿鈎貨的

Refuse (of tea leaves, drugs, etc.)	cha¹ mo⁴	茶渣
Refused to hear the case (the court)	pu⁴ wei⁴ shou⁴ li³	不爲受理
Refutable, easily	pu⁴ kung¹ êrh² tzŭ⁴ p'o⁴	不攻而自破
Refute, to	po²	駁
,,	pien⁴-po	辯駁
Regain credit abroad	k'uei¹ fu⁴ wai⁴ chiao¹ shang⁴ chih¹ hsin⁴ yung⁴	恢復外交上之信用
,, their original prosperity	hui² fu⁴ yüan² ch'i⁴	回復元氣
Regalia,	pao³ ch'i⁴	寶器
Regard (consider), to	i³-wei	以爲
,, himself as a public servant	i³ kung¹ p'u² tzŭ⁴ tai⁴	以公僕自待
,, (esteem)	ching⁴-chung	敬重
,, (value)	chêng⁴-chung	鄭重
,, to, to have	chu⁴ i⁴	注意
,, for, have a special	t'ui¹-chung	推重
,, ,, me, out of	k'an⁴-cho wo³	看着我
,, him as a bosom friend	k'an⁴-wei chih¹ chi³-ti	看爲知己的
Regarding	chih⁴ yü²	至於....
Regardless of consequences	pu⁴ ku⁴ li⁴ hai⁴	不顧利害
,, of expenses	pu⁴ ku⁴ hao⁴ fei⁴	不顧耗費
Regards, give him my kind	t'i⁴ wo³ ch'ing³ an¹	替我請安
,, ,, ,,	t'i⁴ wo³ wên⁴-hou	替我問候
,, ,, ,,	kei³ wo³ shao¹-ko hao³-êrh	給我捎個好兒
Regency, a	shê⁴ wei⁴	攝位
,,	shê⁴ chêng⁴	攝政
Regeneration,	kai³ hsin¹	改心
,,	kêng¹ shih³	更始
Regent, a	shê⁴ chêng⁴ wang²	攝政王
Regicide,	shih⁴ chün¹ chê³	弒君者
Regime,	chêng⁴ t'i³	政體
Regimen,	shê⁴ shêng¹	攝生
Regiment, a	piao¹	標
,, (1500 men, new term)	t'uan²	團
,, (also used)	lien² tui⁴	聯隊
,, commander of a	t'ung³-tai kuan¹	統帶官
Regimental adjutant	lien² tui⁴ fu⁴ kuan¹	聯隊副官
Region, a	ti⁴-chieh	地界
,,	t'u³ ti⁴	土地
,,	i² tai⁴ ti⁴-fang	一帶地方
,, (sphere)	fan⁴ wei²	範圍

Region—Regular.

Region, abdominal	fu⁴ pu⁴	腹部
Register, a	i⁴ pên⁸ pu⁴-tzŭ	一本簿子
,, (on a list)	chu⁴ ts'ê⁴	註冊
,, enter in a	têng¹ pu⁴-tzŭ	登簿子
,, (a census)	tang⁴-tzŭ	檔子
,, to (as a letter, etc.)	kua⁴ hao⁴	掛號
,, is complete, voting	hsüan³ chü³ jên² ming² piao⁸ ts'ê⁴ hsien⁴ ¹⁰ tsao¹ ch'i²	選舉人名表冊現已造齊
,, of inhabitants	hu⁴ k'ou³ chi²	戶口籍
Registered merchants	t'ê⁴ hsü³ têng¹ chi⁴ chih¹ shang¹	特許登記之商
Registrar,	hu⁴ chi² kuan¹ li⁴	戶籍官吏
,, (of a College)	tien³ pu⁴	典簿
,, of deaths	yin¹-yang	陰陽
,, ,,	êrh⁴ chai²	二宅
,, to enter the death, (old term) request the	ch'ing³ yin¹ yang²	請陰陽
Registration (residential)	chi⁴ liu² chi²	寄留籍
,, certificate of	têng¹ chi⁴ chêng⁴ shu¹	登記證書
Regret it, you will	hou⁴ hui³ yu³ jih⁴	後悔有日
,, to say	k'o³ hsi¹	可惜
,, I could not go	k'o³ hsi¹ wo³ mei² nêng² ch'ü⁴	可惜我沒能去
,, of his life, the chief	shêng¹ p'ing² ti⁴ i¹ hên⁴ shih⁴	生平第一恨事
,, a life long	yin⁸ wei² chung¹ shêng¹ hên⁴	引爲終身恨
,, their conduct	yu³ tzŭ⁴ hui³ chih¹ i⁴	有自悔之意
Regular times, at	an⁴-cho shih²-hou 'rh	按着時候兒
,, hours, come at the	an⁴ chêng⁴ shih²-hou 'rh lai²	按正時候兒來
,, not take one's meals at	pu⁴ an⁴ chung¹ tien³ chih¹ fan⁴	不按鐘點吃飯
,, holiday	ting⁴ ch'i² hsiu¹ chia⁴	定期休假
,, service (of steamers)	ting⁴ ch'i² hang² hai³	定期航海
,, attendant, a	ch'ang² lai²-ti	常來的
,, business	ch'ang² wu⁴	常務
,, employment	ch'ang² huo²	常活
,, progress	chi⁴ jih⁴ ch'êng² kung⁴	計日程功
,, procedure	chêng⁴ tang¹ shou³ hsü⁴	正當手續
,, proceeding, not a	pu⁴ an⁴ kuei¹-chü	不按規矩
,, price, a	yu³ chun³ chia⁴-ch'ien	有準價錢
,, fixed amount	i² ting⁴-ti-shu⁴-êrh	一定的數兒
,, in habits	yu³ t'iao² yu³ k'uan³-ti	有條有欵的

Regular—Re-inforcements. 692

Regular order, in	ai¹-cho tz'ǔ⁴-hsü	挨着次序
,, flunkey type.	kên¹ pan¹ chih¹ pên³ sê	跟班之本色
,, fool, a	chên¹ sha³-tzǔ	眞傻子
,, means of subsistence, in	liu² tang⁴ wu² kuei¹	流蕩無歸
,, (usual)	p'u³ t'ung¹	尊通
,, verb	chêng⁴ tsê² tung⁴ tz'ǔ²	正則動詞
,, troops	ch'ang² pei⁴ ping¹	常備兵
Regularly, frequent a place	ch'ang² chuang¹	常裝
Regulate,	chêng³ li³	整理
,, a watch, to	chü¹ piao³	拘表
,, traffic, to	chih³ hui¹ ch'ê¹ ma³	指揮車馬
,, the temperature, difficult to	lêng³ jo⁴ pu⁴ hao³ chih⁴	冷熱不好制
Regulation,	kuei¹ tsê²	規則
Regulations,	chang¹-ch'êng	章程
,,	t'iao² ling⁴	條令
,, detailed	hsi⁴ tsê²	細則
,, harbour	chiang³ tsê²	港則
,, sanitary	wei⁷ shêng¹ chang¹-ch'êng	衛生章程
,, provisional	shih⁴ pan⁴ chang¹-ch'êng	試辦章程
,, no definite	man⁴ wu² chun³ tsê²	漫無準則
Regulator (of a watch or clock)	chü¹-tzǔ	拘子.
Rehabilitation of characters	hui¹ fu⁴ ming² yü³	回復名譽
Rehearse, to	yen³-hsi	演習
Reign, to	yü⁴ yü³	御宇
,, begin to	chi² wei⁴	卽位
,, (of a tributary monarch) a long	li⁴ chüeh² nien² chiu³	歷爵年久
,, fifty years'	lin² yü⁴ wu³ shih² nien²	臨御五十年
,, of K'ang Hsi, in the	k'ang¹ hsi¹ nien² chien¹	康熙年間
,, and dynasty	ch'ao² tai⁴	朝代
Reigned sixty years	tsai⁴ wei⁴ liu⁴-shih nien²	在位六十年
Reigning emperor	chin¹ shang⁴	今上
,, ,,	tang¹ chin¹ huang² ti⁴	當今皇帝
Reimburse, to	chao²-pu hua¹-fei	找補花費
Re-import,	tsai⁴ shu¹ ju⁴ p'in³	再輸入品
Rein up a horse, to	lei¹-chu	勒住
,, to desires, one who gives	mei² lung²-t'ou-ti ma³	沒籠頭的馬
,, to ambition, give	wei² ch'i² so³ yü⁴ wei²	爲其所欲爲
Reincarnation,	t'o¹-shêng	脫生
Reindeer,	hsün² lu⁴	馴鹿
Re-inforcements,	yüan² chün¹	援軍

Re-inforcements, chieh¹-ying 接應
,, ta³ chieh¹-ying-ti 接應的
Reinforcing drafts pu³ ch'ung¹ ping¹ 補充兵
Reins, kang¹-shêng-êrh 繮繩兒
,, ch'ê²-shou 扯手
,, hold the t'i² ch'ê²-shou 提扯手
,, loose ,, fang⁴ kang¹-shêng 放繮繩
,, ,, ,, sung¹ kang¹-shêng 鬆繮繩
,, (inward parts), the wu³ nei⁴ 五內
,, take the ping³ chün¹ 秉鈞
Reinstate, k'ai¹ fu⁴ yüan² chih² 開復原職
,, in his rank and title fêng¹ fu⁴ wei² hao⁴ 封復位號
,, ,, original position chiang¹ ti⁴ wei⁴ hui² fu⁴ 將地位回復
Reiterated orders san¹ ling² wu³ shên¹ 三令五申
,, thanks hsieh⁴-pu shih¹ k'ou³ 謝不失口
Reject, chü⁴ chüeh² 拒絕
,, (parliament) fou³ chüeh² 否決
,, item by item hsiang² hsi¹ po² fu⁴ 詳細駁覆
,, their petition absolutely yen² yü² p'i¹ po² 嚴予批駁
,, (send back), to t'ui⁴-hui-ch'ü 退回去
,, out of a number t'ui⁴-ch'u-ch'ü 退出去
,, as of no account ju² ch'i⁴ pi⁴ hsi³ 如弊屣
,, his kind offer ch'üeh⁴ ch'i² shêng⁴ i⁴ 卻其盛意
,, a good man for a bad shê³ ch'i² chi⁴ êrh² pu⁴ ch'êng² 舍其驥而不乘
Rejoice, to hsi³-huan 歡喜
,, hsi³-lo 喜樂
,, to hear it t'ing¹-cho k'o³ lo⁴ 聽着可樂
,, greatly, we should hsi³ ch'ing⁴ ta⁴ lai² 喜慶大來
Rejoicing, huan¹ hsin¹ ku³ wu³ 歡欣鼓舞
Rejoin him next year, will ming²-nien tsai⁴ chieh¹ 明年再接
Rejoinder (law) k'ang⁴ pien⁴ 抗辯
Rejoined (replied) chieh¹ k'ou³ shuo¹ 接口說
Rejuvenate, hui² ch'un¹ 回春
Rejuvenated, huo²-p'o-lo 活潑喇
,, fan³ lao⁰ huan² t'ung² 反老還童
Relapse (of an illness) ping⁴ yu⁴ fan³-fu-lo 病又反復咯
,, (into evil ways) yu⁴ fan³-fu-lo 又反復咯
,, (fig.) chui⁴ lo⁰ 墜落
Relate to kuan¹ hsi⁴ 關係
Related (through a common ancestor) t'ung² tsung¹-chia 同宗家
,, ,, ,, t'ung² p'u³ 同譜
Relating to kuan¹ yü² 關於

Relation (See Relative)
,, no   t'ung² hsing⁴ pu⁴ t'ung² tsung¹
       宗同不姓同
Relations,   chiao¹ chi⁴   際交
,, for the **sake of** good   i² lien² ch'ing² i²   誼情聯以
,, friendly   mu⁴ i²   誼睦
,, ,, detrimental to   yu³ ai⁴-yü mu⁴ i²   誼睦於礙有
,, with, have no   mei² lai²-wang   往來沒
,, break off   shih¹ ho²   和失
,, broken off   tuan⁴-lo lai²-wang   往來了斷
,, ,, ,,   chüeh²-lo chiao¹-liao   咯交了絕
,, rupture of   chüeh² lieh⁴   裂絕
,, are a sad nuisance, one's   pên³ tsu³ ch'in¹ shu³ ch'i³ jên² yen⁴ wu⁴   惡厭人起屬親族本
Relationship, degree of   ch'in¹ têng³   等親
,, connected by ties of   lien²-lo yu³ ch'in¹   親有絡聯
Relative, a   hsüeh³ tsu²   族血
,,   hsiang¹ tui⁴ ti¹   的對相
,, (not absolute)   pi³ chiao ti¹   的較比
,, rank   chiao³-pi-ti p'in³ chi²   級品的比較
,, position   hsiang¹ hu⁴ ti¹ wei⁴ chih⁴   置位的互相
,, pronoun   kuan¹ hsi¹ tai⁴ ming² tz'ǔ¹   詞名代係關
,, urgency of   huan³ chi²   急緩
Relatively speaking   chiao³-pi-cho shuo¹   說着比較
Relatives,   ch'in¹-ch'i   戚親
,, wife's and mother's   nei⁴ ch'in¹   親內
,, father's and uncle's   pên³ chia¹   家本
,, sister's and aunt's   wai⁴ ch'in¹   親外
Relax the law   fa⁴ wai⁴ ts'ung² k'uan¹   寬從外法
,, to (as precautions)   ch'ih² chin⁴   禁弛
,, ,, (,, ,,)   fang²-pei-ti sung¹-t'ung-lo   咯通鬆的備防
Relaxed (not so stringent)   hsien⁴ tsai⁴ sung¹-t'ung-lo   咯通鬆在現
,, the prohibition is   sung¹-lo chin⁴-lo   咯禁了鬆
,, discipline   kuei¹ lü⁴ fei⁴ t'ui¹   頹廢律規
,, energy   hsieh⁴ tai⁴-lo   了怠懈
Relaxing medicine   huan³ hsia⁴ chi⁴   劑下緩
Relay (a road)   fan¹ hsiu¹   修翻
,, (of men)   chiao¹ tai⁴   代交
Relays, in   i⁴ po¹ i⁴ po¹ 'rh-ti   的兒撥一撥一
Release, to   fang⁴   放
,, on bail   pao³ shih⁴   釋保
,, from military service   mien³ ch'u² ping¹ i⁴   役兵除免
Released from duty,   hsia⁴-lo pan¹ 'rh   兒班咯下

695　　　　Released—Religion

Released him when sober	chiu³ hsing³ hou⁴ ts'ai² pa⁴ t'a¹ k'ai¹ fang⁴ la	了放開他把才後醒酒
Relegate,	ch'ien¹	還
Relent, to	hsin¹ juan³-lo	了軟心
	hsin¹ huo²-lo	咯活心
	fa¹ ts'ê⁴ yin³ chih hsin¹ 心之隱惻發	
Relentless,	hên³ hsin¹	心狠
Relevant,	shih⁴ ch'ieh¹ ti²	的切適
Reliable,	hsin⁴ yung⁴	用信
,,	k'ao⁴-tê chu⁴	住得靠
,,	k'o³ k'ao⁴	靠可
,, news	ch'üeh⁴ pao⁴	報確
Reliance upon, to place	i¹-k'ao-cho	着靠依
,,	chang⁴-cho	着仗
	i¹-chang-cho	着仗依
Relic,	i² wu⁴	物遺
Relics,	ku³ chi⁴	蹟古
,,	i² chi⁴	蹟遺
Relief, charitable	chên⁴-chi	濟賑
,, that is a!	chê⁴-ts'ai pa⁴ hsin¹ fang⁴-hsia-lo	了下放心把纔這
,, pattern in plaster	tui¹ hua¹ 'rh	兒花堆
,, ,, in wood	k'ou¹ hua¹ 'rh	兒花剾
,, ,, ,,	ku³ hua¹ 'rh	兒花皷
,, to stand out in	ku³-ch'u-lai	來出凸
,, works	i³ kung¹ tai⁴ chên⁴	賑代工以
,, (help)	chiu⁴ chu⁴	助救
,, of besieged city	chiu⁴ yüan²	援救
,, (e.g., troops)	kua¹ tai⁴	代瓜
Reliefs,	chiao¹ tai⁴ ping¹	兵代交
Relieve distress, to	chi⁴ p'in²	貧濟
,, for duty	chieh¹ pan¹ 'rh	兒班接
,, one's feelings	ch'u¹-i-ch'u yüan⁴-ch'i	氣怨出一出
,, the pain	hsiao¹-lo t'eng²	疼了消
,, anxiety	shu¹ chin³	緊舒
,, me of anxiety	chien³ nei⁴ ku⁴-chih yu¹	憂之顧內減
,, ennui	chieh³ mên⁴ 'rh	兒悶解
,, him of some of his labour	fên¹ mou³ chih¹ lao²	勞之某分
Relieved, about to be	chiang¹ hsing² kua¹ tai⁴	代瓜行將
Religion,	chiao⁴	教
,,	tsung¹ chiao⁴	教宗
,, (of a sect)	tsung¹ mên²	門宗
,, state	kuo² chiao⁴	教國
,, natural	tzŭ⁴ jan² tsung¹ chiao⁴	教宗然自

Religion—Remand.

Religion, revealed	t'ien¹ ch'i³ tsung¹ chiao⁴	天啟宗教
,, the Christian	chi¹-tu chiao⁴	基督教
,, Confucian	ju² chiao⁴	儒教
,, Buddhist	fo² chiao⁴	佛教
,, Taoist	tao⁴ chiao⁴	道教
,, Mahomedan	hui²-hui chiao⁴	回回教
,, to propagate	ch'uan² chiao⁴	傳教
,, to belong to a	fêng⁴ chiao⁴	奉教
Religious,	ch'ien²-ch'êng	虔誠
,,	tsung¹ chiao⁴ shang⁴	宗教上
,, distinction	tsung¹ chiao⁴ ch'ü¹ pieh²	宗教區別
,, corporations	chiao⁴ t'uan³	教團
,, belief, freedom of	hsin⁴ yang³ tzŭ⁴ yu² ch'üan²	信仰自由權
,, reformer, great	tsung¹ chiao⁴ chieh⁴ wei³ jên² ti⁴ wei³ jên²	宗教界偉人
,, person	hsin⁴ hsin¹ chê³	信心者
Relinquish (a position)	ch'ê⁴ hui²	撤回
,, a right	fang⁴ ch'i⁴ ch'üan² li⁴	放棄權利
Relish dainty, a	mei³ wei⁴	美味
,, has a	yu³ tzŭ¹-wei	有滋味
,, eat with a	ch'ih¹-ti hsiang¹	吃的香
Relishes filth, one who	chu² ch'ou⁴ chih liu²	逐臭之流
Reluctant to	shê³-pu-tê	捨不得
,, consent	mien³ yün³ so³ ch'ing³	勉允所請
Rely on (See Reliance), to	chang⁴-cho	仗着
,,	i³-chang-cho	依仗着
,,	i³-k'ao-cho	依靠着
,, on so and so's words (in support)	chieh⁴ chung⁴ mou³ chih¹ yen²	借重某之言
Remain long, cannot	pu⁴ nêng² chiu⁵ tai⁴	不能久待
,, I cannot	wo³ tai⁴-pu chu⁴	我待不住
,, how long will you?	tai⁴ to¹-shao jih⁴-tzŭ	待多少日子
,, away	chiu³ chü¹ pu⁴ kuei¹	久居不歸
,, a bachelor	hai²-shih kuang¹ kun⁴-êrh	還是光棍兒
,, (still exist)	ts'un² tsai⁴	存在
Remainder,	fu⁴-yü	數餘
,,	hsia⁴ shêng⁴	下賸
,,	ying² yü²	盈餘
,, of a meal	ts'an² hsi²	殘席
Remains (corpse)	i² hsieh²	遺骸
,, in a coffin	ling² chiu	靈柩
,, (literary)	i² pi³	遺畢
Remand a case under	hsüan² an⁴	懸案
,, ,, ,,	yen² ch'i²	延期

Remand a person	liu² chih⁴	留置
,, to	hsüan²-ch'i-lai	懸起來
,, a prisoner under	hsien⁴ shên³-ti chien¹ fan⁴	現在的監犯
Remark, a	i² chü⁴ hua⁴	一句話
,, I made no	wo³ mei² shuo¹-shêm-mo	我沒說甚麽
,, it, did you	ni³ ch'iao²-ch'u-lai-lo-mo	你瞧出來了麽
,, it, did not	mei² li³ hui⁴	沒理會
,, to cause	chao¹ jên² hsien² hua⁴	招人嫌話
,, a pointed	hua⁴-li han²-cho chi¹-fêng	話裏含着譏諷
Remarkable,	fei¹ fan²	非凡
,, person, a	fei¹ ch'ang²-ti jên²	非常的人
,, occurrence	fei¹ ch'ang² shih⁴	非常事
Remarked he was feeling ill,	shuo¹ la shêng¹ pu⁴ tê² chin⁴ 'rh	說了聲不得勁兒
(and then fell dead), he only		
Remarriage on my	pên³ shên¹ hsü⁴ shih⁴	本身續室
Remarry (of the man)	hsü⁴ hsien²	續絃
,, (of the female)	tsai⁴ chia⁴	再嫁
Remedy, a	fa²-tzŭ	法子
,,	fang¹ fa³	方法
,, no	mei²-yu fa²-tzŭ	沒有法子
,, ,,	wu² fa³ k'o³ chih⁴	無法可治
,, ,,	mei² fang¹-fa 'rh	沒方法兒
,, ,,	wu² fa³ k'o³ ch'u³	無法可處
,, a grievance, to	shên¹ yüan¹	伸冤
,, ,,	li³ yuan¹	理冤
,, (a defect), to	mi² fêng²	彌縫
,, a household	p'ien¹ fang¹	偏方
,, a domestic	hai³-shang fang¹	海上方
,, (legal)	chiu⁴ chi⁴ chih⁴ fang¹ fa³	救濟之法
,, sovereign	po⁴ shih⁴ po⁴ hsiao⁴	百試百效
,, ,,	yao⁴ tao⁴ ping⁴ ch'u²	藥到病除
Remember, to	chi⁴-tê	記得
,, me to him	t'i⁴ wo³ wên⁴-hou	替我問候
,, precisely, do not	chi⁴-pu ch'ing¹	記不清
,, perfectly	chi⁴-tê-ti hên³ ch'ing¹-ch'u	記得的很清楚
,, their former defeat	huai² chan⁴ pai⁴ chih¹ ju⁴	懷戰敗之辱
Remembrance, in	wei⁴ chi⁴ nien⁴ wu⁴	爲記念物
Remind, to	kei³ t'i²-ko hsing³-êrh	給提個醒兒
,, ,,	shih³ i⁴ nien⁴ chi²	使憶念及
,, me	t'i²-pu-wo i⁴ tien³ 'rh	提補我一點兒

Reminder--Removal. 698

Reminder, give me a	t'i²-po-cho-wo	我着撥提
Reminds me, that	chê⁴ ts'ai² t'i² hsing³-lo wo⁸	我了醒提纔這
Reminiscence, a	chi⁴-nien	念紀
,, of the Boxer rising	ch'üan² fei³ chi⁴ shih⁴	事紀匪拳
Reminiscences, to talk over	t'an² chiu⁴ hua¹ 'rh	兒話舊談
,, exchange	pi³ t'zŭ³ t'an²-ch'i lao³ hua⁴ 'rh lai²-lo	了來兒話老起談此彼
Remiss,	su¹-hu	忽疏
,,	yin¹ hsün² tso⁴ wu⁴	誤坐循因
,, in his duties	ni⁴ chih²	職溺
.. very	kou³ ch'ieh³ t'ou¹ an¹	安偷且苟
Remission,	mien³ hsing²	刑免
,, of sins	shê⁴ mien³ tsui⁴-o	惡罪免赦
,, of penalty	ts'ung² mo⁴ chien³	減末從
Remit money, to	chi⁴ ch'ien²	錢寄
,, by mail	yu² hui⁴	滙郵
,, a tax	chüan¹ mien³	免捐
,, a sentence	mien³ tsui⁴	罪免
,, penalty,	chüan¹ mien³ ch'u³-fên	分處免捐
,. the whole debt	i² kai⁴ tou¹ chüan¹-lo	咯捐都概一
Remittent,	lai² hui² fan³ fu⁴	復反囘來
,, fever	chien⁴ hsieh¹ jo⁴	熱歇間
Remnant of life	ts'an² nien²	年殘
Remnants,	ling² ts'ai²-liao-êrh	兒料裁零
Remonstrance,	chung¹ kao⁴	告忠
.. a tender	k'u³ k'ou² p'o² hsin¹	心婆口苦
Remonstrate with, to	tao¹-lao	嘮叨
,, ,,	kên¹-t'a nao⁴-i-tun	頓一鬧他跟
Remorse for past misdeeds	t'ung¹ hui³ ch'ien² fei¹	非前悔痛
Remorseless,	pu⁴ chih¹ hui³	悔知不
,,	ts'an²-jên	忍殘
Remote,	yüan³	遠
,,	yüan³ ko²	隔遠
,, ages	shang⁴ ku³	古上
,, frontier regions, perish for one's country in	hsiao⁴ ming¹ chiang¹ ch'ang² sui⁴ shên¹ sha¹ mo⁴	漠砂身碎場疆命效
Remoter provinces	chiao¹ t'ung¹ pu⁴ pien⁴ chih¹ shêng³ fên⁴	分省之便不通交
Remounts,	pu³ ch'ung¹ ma³ p'i³	匹馬充補
,,	chao⁴ pu³ ma³ p'i³ chih¹ ch'üeh¹ ê²	額缺之匹馬補照
Removal of ministers, appointment and	kuo² wu⁴ yüan² chih¹ chin⁴ t'ui⁴	退進之員務國

Removal—Renounce.

Removal of, agitate for the	yün⁴ tung⁴ mou³ chih¹ ch'ê⁴ jên⁴	任撤之某勤運
,, of his name from list of promoters	ch'ü³ hsiao¹ t'a¹ fa¹ ch'i³ jên² chih¹ ming²	名之人起發他消取
Remove, to	no²	挪
,,	no²-k'ai	開挪
,, to (change house)	i² tsai⁴	在移
,, house	pan¹ chia¹	家搬
,, ,,	ch'ien¹ hsi³	徙遷
,, (school)	shêng¹ pan¹	班昇
,, from office	ch'ê⁴ jên⁴	任撤
,, and appoint officials	jên⁴ mien³ chih² yüan²	員職免任
,, the cover	hsien¹ kai⁴-êrh	兒蓋掀
,, ,,	pa⁴ kai⁴-êrh hsien¹-k'ai	開掀兒蓋把
,, the chair	pa⁴ i³-tzǔ pan¹-k'ai	開搬子椅把
Remunerate, to	ch'ou² lao²	勞酬
Remuneration,	ch'ou² lao² fei⁴	費勞酬
,,	hsieh⁴ li³	禮謝
Remunerative,	li³ i² ti¹	的益利
,, work	huo⁴ li⁴-ti huo²	活的利獲
Renaissance, the	mei³ shu⁴ tsai⁴ hsing¹ shih² tai⁴	代時興再術美
,, (of a dynasty's waning influence)	chung¹ hsing¹	興中
Render aid	chu⁴ li⁴	力助
,, into English	i⁴ ch'u¹ ying¹ wên²	文英出譯
,, a complete acc't, to	k'ai¹-ko tsung³-chang⁴	賬總個開
,, assistance	pang¹-ko mang²	忙個幫
,, a service	tai⁴ lao²	勞代
Rendering,	i⁴ wên²	文譯
Rendezvous,	chi² ho² ti⁴	地合集
,, fix a	ting⁴-ko chun³ ti¹-fang-êrh chien⁴	見兒方地準個定
Rendition,	fan³ huan²	還返
Renegade, s	han⁴ chien¹	奸漢
,,	to⁴ lo⁴ chê³	者落墮
Renew acquaintance, to	ts'ung² hsin¹ chin⁴-hu chin-iu	乎近乎近新從
,, a lease, etc.	chieh¹-hsü ho²-t'ung	同合續接
,, continue	wang³ hsia⁴ chieh¹	接下往
,, renovate	chien⁴-chien hsin¹	新見見
Renewal,	kêng¹ hsin¹	新更
,,	chi¹ hsü⁴	續繼
Renovate,	kuang¹ fu⁴	復光
Renounce in your favour, will	jang⁴-kei ni³	你給讓

Renounce—Repeal.　　700

Renounce a right	ch'i⁴ ch'üan²	棄權
,, priestly vows	huan² hsü²	還俗
Renown,	ming³-yü	名譽
,,	shêug¹ chia⁴	聲價
,, in war	han⁴-ma³ kung¹-lao	汗馬功勞
,, world-wide	ming² ch'ih² t'ien¹ hsia⁴	名馳天下
Renowned,	yu³ ming²-wang-ti	有名望的
,, scholar	ming² shih⁴	名士
Rent (of a house)	fang² tsu¹	房租
,, new premises	tsu¹ ting⁴ hsin¹ chü¹	租定新居
,, (of a land)	ti⁴ tsu¹	地租
,, raise the	chang³ tsu¹	長租
,, to let	ch'u¹ tsu¹	出租
,, from, to	lin⁴	賃
,, in a garment	p'o⁴-lo	破咯
,, ,, ,,	ssŭ¹-lo	撕咯
Renunciation,	chü⁴ chüeh²	拒絕
Reorganization of finances	ts'ai² chêng⁴ chêng³ li³	財政整理
Reorganize, to	ts'ung² hsin¹ chêng³ li³	從新整理
,,	chêng³-tun	整頓
Repair, to	hsiu¹	修
,,	hsiu¹-li hsiu¹-li	修理修理
,,	hsiu¹ pu³	修補
,, a road	hsiu¹ tao⁴-êrh	修道兒
,, in bad	p'o⁴ sun³	破損
,, it, not	pu⁴ chia¹ shou¹ shih²	不加收拾
,, put under	ch'ung² chia¹ hsiu¹ li³	重加修理
Repartee,	ch'iao⁴-p'i hua⁴ 'rh	俏皮話兒
,,	chi¹ fêng¹ hsiang¹ tui⁴	機鋒相對
,, smart	tui⁴ ta¹ min³ jui⁴	對答敏銳
,, quick at	ta³-ti ch'iao⁴-p'i	的俏皮
,, good at	hui² shuo¹ ch'iao⁴-p'i hua⁴ 'rh	會說俏皮話兒
Repay money, to	huan² ch'ien²	還錢
,, a favour	huan² ch'ing²	還情
,, do one's best to	chieh² li⁴ t'u² pao	竭力圖報
,, kindness	pao⁴ ên¹	報恩
,, ,,	ch'ou² pao⁴	報酬
,, you next month	hsia⁴-yüeh fêng⁴ huan²	下月奉還
Repayable in ten years	huan² ch'i² i³ shih² nien² wei² tu⁴	還期以十年爲度
Repayment of capital of loan, drawings will be half for	ch'ang² huan² chai⁴ pên³ yung⁴ ch'ou¹ ch'ien¹ fa³	償還本債用抽籤法
Repeal,	ch'ü³ hsiao¹	取消

Repeal—Repletion

Repeal,	shou¹ hui² ch'êng² ming⁴	收回成命
,, a regulation, to	pa⁴ chang¹-ch'êng hsiao¹-fei-lo	把章程銷廢咯
Repeat it, don't	pu⁴ yao⁴-kên pieh²-jên shuo¹	不要跟別人說
,, a lesson	pei⁴ kung¹-k'o	背功課
,, an offence	tsai⁴ fan⁴	再犯
,, one's self	shuo¹ hua⁴ ch'ung²-fu	說話重復
,, person's instructions	ch'ung² shên¹ ch'ien² ling⁴	重申前令
,, the dose	ch'ung² fu²-shang i² chi⁴	重服上一劑
,, it once more	tsai⁴ shuo¹ i² pien⁴	再說一徧
Repeated cases of	pu⁴ i¹ êrh² tsu²	不一而足
,, ,, burglary	lü³ ch'u¹ tao⁴ an⁴	屢出盜案
,, occurrence	ts'êng² chien⁴ tieh² ch'u¹	層見疊出
,, errors	i¹ wu⁴ tsai⁴ wu⁴	一誤再誤
Repeatedly,	tsai⁴ san¹-ti	再三的
,, told you, I have	wo³ ch'ang² ch'ang²-êrh chu³-fu ni³	我常常兒咐囑你
Repeating watch, a	wên⁴ piao²	問表
,, decimal	hsün² huan² hsiao³ shu⁴	循環小數
Repeats itself, history	êrh¹ lai² lai²	二來來
,, ,, ,,	wu² tu² yu³ ou³	無獨有偶
Repent, to	hou⁴ hui³	後悔
,,	ao⁴ hui³	懊悔
,, too late	hou⁴ hui³ pu⁴ chi²	後悔不及
,, ,, ,,	hou⁴ hui³ pu⁴ lai²	後悔不來
Repentance,	hui³ hên⁴	悔恨
,, sincere	kai³ kuo⁴ ch'ien¹ shan⁴	改過遷善
Repented,	hui¹-liao hsin¹-lo	悔了心咯
Repetition (needless)	ch'ung² fu⁴	重復
,, of the events of 1900	kêng¹ tzŭ³ chih¹ hsü⁴	庚子之續
,, of lessons	pei⁴ chiu⁴ kung¹-k'o	背舊功課
,, of the old story	hai²-shih na⁴ lao³ ku⁴-shih-êrh	還是那老故事兒
,, of a failing	hai²-shih-na chiu⁴ mao²-ping	還是那舊毛病
Repine, to	yüan⁴ t'ien¹	怨天
,,	pu² jên⁴ ming⁴	不忍命
Replace, to	chao²-pu	找補
,, (put back)	ko¹-tsai yüan² ti⁴-fang 'rh	擱在原地方兒
Replenish,	t'ien² ch'ung¹	填充
Repletion (food)	kuo³ fu⁴	果腹
,, (of funds)	ch'ung¹ shih²	充實

Replevin—Represent. 702

Replevin,	hui² shou¹ chan⁴ yu³ chih su⁴	訴之有占收囘
Replica,	fu⁴ pên³	本副
Replied that	i³ .... ta¹ chih¹	之答 .... 以
Reply (for defence)	ta¹ pien⁴ shu¹	書辯答
,, to attack	ying (su) chan⁴	戰(應)
,, a written	hui² hsin⁴	信囘
,, verbal	hui² hua⁴	話囘
,, ,, bring a	tai⁴ hui² hua⁴	話囘帶
,, ,, await a	hou⁴ hui² hua⁴	話囘候
,, will await your	t'ing¹ hsin⁴	信聽
,, how shall I	tsêm³-mo hui²-fu	復囘麼怎
,, to the question asked, not to	wên⁴ tung¹ ta¹ hsi¹	西答東問
,, to give an evasive	so³ ta¹ fei¹ so³ wên⁴	問所非答所
,, at a loss for a	pu¹ hao⁵ hui² hua⁴	話囘好不
,, ,, ,,	wu² hua⁴ k'o³ ta²	答可話無
,, make an impertinent or disrespectful	shuo¹ tu³-sai hua⁴	話塞堵說
,, (telephone), can't get	chiao⁴ pu⁴ lai²	來不叫
Report, a	pao⁴ kao¹ shu¹	書告報
,,	i²-ko hsin⁴	信個一
,, a false	yao²-yen	謠言
,, ,,	chia³ ch'uan²-ti	的傳假
,, (rumour)	fêng¹ shuo¹	說風
,, ,,	ch'uan² yen²	言傳
,, generally that	wai⁴ chien¹ fên¹ fên¹ ch'uan² shuo¹	說傳紛紛間外
,, written	pao⁴ tan¹	單報
,, to the throne, to	ju⁴ tsou⁴	奏入
,, ,, ,,	tsou⁴ chê²	摺奏
,, to me	pao⁴ wo³ chih¹-tao	道知我報
,, ,, you	fêng⁴ pao⁴	報奉
,, ,, a superior	pao⁴ shang⁴-ssŭ	司上報
,, ,, ,,	hui² ming²	明囘
,, of a cannon	p'ao⁴ shêng¹	聲砲
Reporter,	t'an⁴ pao⁴ chê³	者報探
,, a newspaper	lu⁴ shih⁴ shu¹-chi	記書事錄
Repose, of mind	hsin¹ an¹	安心
,, rest	an¹ hsieh¹	歇安
,, the patient man enjoys	nêng² jên³ tzŭ⁴ an¹	安自忍能
,, confidence in	hsiang¹ hsin⁴	信相
,, ,,	hsin⁴-fu	服信
Represent (as serve), to	tang⁴-tso	作當
,, (act for)	tai⁴ li³	理代

703 Represent—Republic.

Represent (a case)	ch'ên² shuo¹	說陳
,, (as a symbol)	chi⁴ hao⁴	號記
,, him, I	wo³ t'i⁴-t'a tai⁴ piao³	表代他替我
,, ,,	wo³-shih t'a¹-ti tai⁴ piao³	表代的他是我
Representation,	t'i² i⁴	議提
Representative, a	tai⁴ piao³	表代
,. legal	fa¹ lü⁴ shang.tai⁴ li³ jên²	人理代上律法
,, government	tai⁴ i⁴ chêng⁴ t'i³	體政議代
,, of (characteristic)	t'ê⁴ sê⁴	色特
Representatives, house of	chung⁴ i¹ yüan⁴	院議衆
,, the foreign	ko⁴ kuo² kung¹ shih³	使公國各
,, ,,	ko⁴ kuo² ch'u¹ shih³ ta⁴ ch'ên²	臣大使出國各
Repress,	chên⁴ ya¹	壓鎭
,, him, cannot	ya¹-pu chu⁴-t'a	他住不壓
,, a smile, could not	jên³-pu chu⁴ hsiao⁴	笑住不忍
Repression,	i⁴ chih⁴	制抑
Repressive measures	chên⁴ ya¹ shou³ tuan⁴	段手壓鎭
Reprieve, to	mien³ tsui⁴	罪免
,,	k'uan¹ mien³	免寬
,,	ch'u³ hsing² yen² huan³	緩延刑處
Reprimand, to	shu³-lo	落數
,,	shên¹-ch'ih	斥申
Reprint an article	chuan³ tsai⁴	載轉
,, (a pirated work)	fan¹ k'o¹	刻翻
Reprints constantly on sale	chan³ chuan³ fan¹ shou⁴	售翻轉展
Reprisals,	fu⁴ ch'ou²	讐復
,,	fu⁴ chih⁴	製復
Reproach, to	man²-yüan	怨埋
,,	yüan⁴ pang⁴	謗怨
Reprobate, a	lang⁴-tang jên²	人蕩浪
Reproduce, to	fu⁴ ch'u¹	出復
,, the species	shêng¹ chih²	殖生
Reproof,	ch'ien¹ tsê²	責譴
,, to him, administer a	shu³-lo-t'a i⁴ hui²	囘一他落數
Reptile,	p'a² hsing² tung⁴ wu⁴	物動行爬
,, correspondent appropriated Jones's translations	hsin¹ ju² tu² shê² chih t'ung¹ hsin⁴ yüan² chiang¹ ting¹ chih i⁴ kao³ chü⁴ wei² chi³ yu³	有已爲據稿譯之丁將員信通之蛇毒如心
Reptiles,	ch'ung²	蟲
,, poisonous	tu² ch'ung²	蟲毒
Republic, a	min² chu³ kuo²	國主民
,,	kung⁴ ho² chêng⁴ t'i³	體政和共

Republic—Request. 704

Republic Chinese	chung¹ hua² min² kuo²	中華民國
,, president of a Republican party	ta⁴ tsung³ t'ung³	大總統
	kung⁴ ho² tang³	共和黨
Republicanism,	kung⁴ ho² chêng⁴ chih⁴	共和政治
Repudiate a debt, to	lai⁴ chang⁴	賴賬
,, a suggestion	pu⁴ jên⁴ chang⁴	不認賬
,, (so and so)	fei¹ jên⁴	非認
,, (refuse)	chü⁴ chüeh²	拒絕
Repudiation of debts, act of	pu¹ fu⁴ lei³ lei³	逋負累累
Repugnance,	hsien² chi⁴	嫌忌
Repugnant to principles of our government	yü³ wo³ kuo² chêng⁴ t'i³ ti³ ch'u¹ pu⁴ shih⁴	與我國政體抵觸不適
Repulse,	chi¹ t'ui⁴	擊退
,,	pai⁴ wang²	敗亡
,, meet with a	shih¹ pai⁴	失敗
Repulsive looking	chêng¹ ning² o⁴ kuei³	猙獰惡鬼
,, ,,	mien⁴ mu⁴ k'o³ tsêng⁴	面目可憎
,, force	k'ang⁴ chü⁴ li⁴	抗拒力
Reputation,	t'i³ mien⁴	體面
,,	ming²-shêng	名聲
,, bad	ming²-shêng-êrh pu⁴ hao³	名聲兒不好
,, ,,	fêng¹-shêng pu⁴ ya³	風聲不雅
,, ,,	wu⁴ wang⁴ pu⁴ chia¹	物望不佳
,, ,,	lieh⁴ chi⁴ to¹ tuan¹	劣跡多端
,, a good	hao³ ming²-yü	好名譽
,, for close-fistedness	ta³ suan⁴-p'an-ti ming²-yü	打算盤的名譽
,, a deserved	ming²-pu hsü¹ ch'uan²	名不虛傳
,, for scholarship, trade upon a	chieh⁴ hsüeh²-wên-chih ming²	借學問之名
,, (national)	kuo² t'i³	國體
,, affects the country's	yü² kuo² chia¹ t'i³ mien⁴ yu³ ai⁴ ch'ang⁴ shang¹	於國家體面有碍傷中
,, injure the		
Repute in bad	pu⁴ fu² shih² wang⁴	不孚時望
,, ,, ill	pu⁴ li⁴ yü² k'ou³	不利於口
Reputed to be wealthy	ch'uan²-shuo-t'a hên³ yu³ ch'ien²	傳說他很有錢
Request, to	ch'ing³	請
,,	fêng⁴ ch'ing³	奉請
,, in	shêng⁴ hsing²	盛行
,, ,, great, he is	t'a¹ ch'êng²-liao hsiang¹ po¹-'rh-lo	他成了香波羅兒咯
,, (demand)	yao¹ ch'iu²	要求

Request (formally)	ch'ing³ ch'iu²	請求
,, attendance	ch'ing³ ch'iu² lin² hsi²	請求臨席
,, your company at dinner	ching⁴ chih¹ ts'u¹ cho²	敬治粗酌
Requiem,	chui¹ tao⁴ chi⁴	追悼祭
Require, to	yao⁴	要
,,	yung⁴	用
,,	yao¹ ch'iu²	要求
,, cannot	yao⁴-pu liao³	要不了
,, ,,	yung⁴-pu liao³	用不了
,, ,,	yung⁴-pu chao²	用不着
,, four days, will	tei³ ssŭ⁴ t'ien¹	得四天
,, some time, it will	shang⁴ hsü¹ shih² jih⁴	尚需時日
,, much time	p'o¹ fei⁴ kung¹ fu	頗費工夫
Required, none will be	i² kai⁴ mien³-ch'üeh	一概免卻
Requisite,	pi⁴ yao⁴	必要
,, to provide pay and munitions of war, funds are	ch'ou² hsiang³ kou⁴ hsieh⁴ tsai⁴ tsai⁴ hsü¹ ch'ien²	籌餉購械在在需錢
Requisites,	pi⁴ yao⁴ p'in³	必要品
Requisition,	ch'ing³ ch'iu²	請求
,, (military)	chêng³ fa¹	徵發
Requital for, a poor	ku¹-fu	辜負
Requite a benefit, to	pao⁴ ên¹	報恩
,, grievance	pao⁴ ch'ou²	報仇
Rescind,	fei⁴ chih³	廢止
,, (a clause)	hsiao¹ ch'u²	消除
,, ,,	shan¹ ch'u²	刪除
Rescission (contract)	chieh³ ch'u²	解除
Rescript, an imperial	yü⁴ p'i¹	御批
,, ,, autographic	chu¹ p'i¹	硃批
Rescue, to	chiu⁴	救
,,	chiu⁴ chu⁴	救助
,, (from ruin)	chiu⁴ chi³	救濟
,, come to the	lai² chiu⁴	來救
Research,	tiao⁴ ch'a²	調查
,, scientific	hsüeh² shu⁴ yen² chiu¹	學術研究
,, medical	yao⁴ hsüeh² yen² chiu¹	藥學研究
Resemblance,	lei⁴ ssŭ¹	類似
,, there is a slight	yu³-i-tien 'rh hsiang⁴	有一點兒像
,, a great	hên³ hsiang⁴	很像
Resembles a cat	hsiang⁴ mao¹ ssŭ⁴-ti	像貓似的
Resent, to	chien⁴ kuai⁴	見怪
,,	yu³-i tien³ 'rh nao³ i⁴	有一點兒惱意
Resentment,	i² hên⁴	遺恨

Resentment—Resident. 706

Resentment, bear	hsien² yüan⁴ yü² hsin¹	心於怨銜
,, cause of his	ch'i² chi¹ wu⁴ chih¹ yin¹	因之惡積其
,, no cause for	pu⁴ pi⁴ yüan⁴ wang³	枉怨必不
,, to cherish	huai² ch'ou²	仇懷
,, ,,	chi⁴ ch'ou²	仇記
Reservation (mental)	ao⁴ i⁴	意奧
,, (land)	t'ê⁴ chü¹ ti⁴	地居特
,, of a right	liu² pao³	保留
Reserve fund, a	ts'un² pei⁴ k'uan³	欵備存
,, gold	chun³ pei⁴ chin¹	金備准
,, legal	fa³ ting⁴ chun³ pei⁴ chin¹	金備準定法
,, (liability)	tsê² jên⁴ chun³ pei⁴ chin¹	金備準任責
,, to form a	liu² hou⁴-ch'êng	成後留
,, price	tsui⁴ ti¹ p'ai¹ mai⁴ chia⁴ chih	值價賣拍低最
,, without	mei² yu³ hsien⁴ chia⁴	價限有沒
,, ,, (manner)	k'ai¹ ch'êng² hsiang¹ tai⁴	待相誠開
,, (reticence)	ch'ên² mo⁴	默沈
,, my opinion	chu³-i hsien¹ ts'un²-tsai hsin¹-li	裏心在存先意主
,, first (military)	yü⁴ pei⁴ ping¹	兵備預
,, second (,,)	hou⁴ pei⁴ ping¹	兵備後
,, army	hou⁴ pei⁴ chün¹	軍備後
,, seats, to	liu² tso⁴-êrh	兒座留
,, exercise a little	ch'ieh³ shou¹-cho-hsieh 'rh	兒些着收且
Reserved, in manner	t'ui⁴-so-cho	着縮退
,, seats	ting⁴-hsia-ti tso⁴ êrh	兒座的下定
Reservoir, a	shui³ kuo¹	鍋水
,,	ts'un² shui³ ch'ih²-tzŭ	子池水存
,, water	chu⁴ shui³ ch'ih²	池水貯
Reside, to	chu⁴	住
,, (permanently)	chu⁴ chü¹	居住
,, (temporarily)	chü¹ liu²	留居
,, ,,	chi⁴ chü¹	居寄
,, (short stay)	tou⁴ liu²	留逗
,, an official abroad	chu⁴	駐
Residence, a	chu⁴ chai²	宅住
,,	chu⁴-ch'u	處住
,, a private	ssŭ¹ chai²	宅私
,, where is your?	fu³-shang tsai⁴ na³ 'rh chu⁴	住兒那在上府
,, right of	chü¹ chu⁴ chih¹ tzŭ¹ yu²	由自之住居
Resident in Tibet, Imperial	chu⁴ tsang⁴ ta⁴ ch'ên²	臣大藏駐
,, minister	pan⁴ li³ kung¹ shih³	使公理辦

Resident (*e.g.*, in Tibet)	pan⁴ shih⁴ kuan¹ chang³	辦事大臣
,, general	liu² shou⁸	留守
,, at (of an envoy)	chu⁴ cha	駐劄
Residents,	chu⁴ chia¹ 'rh-ti	住家的兒
,,	chü¹ liu² min²	居留民
,, abroad, Chinese	hua² ch'iao²	華僑
Residue,	ts'an² yü²	殘餘
,, of an estate	yü² ch'an³	餘產
Resign, to	kao⁴ t'ui⁴	告退
,, official duty	tzŭ²-ch'ü ch'ai¹-shih	辭去差使
,, on ground of sickness	yin³ chi² tz'ŭ² chih²	引疾辭職
,, on account of age	kao⁴ lao³	告老
,, (to fate)	shun⁴ fu²	順服
,, one's self to fate	jên⁴ t'ien¹ ming⁴	任天命
Resignation if policy not accepted, threaten	ju² chi⁴ hua⁴ pu⁴ nêng² shih³ hsing² tsê² i³ i¹ shên¹ chih¹ chin⁴ t'ui⁴ sui² chih¹	如計不能實行則以一身之進退隨之
,, present	t'i² ch'u¹ tz'ŭ² piao³	提出辭表
,, (of the government to an official), accept his	hsia⁴ yün³ mien³ ch'i² pên³ kuan¹ chih¹ ming⁴ ling	下允免其本官之命令
Resigned,	jên⁴ ming⁴	任命
Resin,	sung¹-hsiang	松香
Resist,	ti³ k'ang⁴	抵抗
,, authority, to	k'ang⁴ hêng²	抗橫
,, cannot	k'ang⁴-pu chu⁴	抗不住
,, temptation, cannot	k'ang⁴-pu chu⁴ yin³ yu⁴	抗不住誘
Resistance, follow the line of least	shun⁴ shui³ hsing² chou¹	順水行舟
Res judicata,	chi⁴ chüeh¹ shih⁴ chien⁴	既決事件
Resolute,	yu³ chih⁴-ch'i	有志氣
,,	kuo³ tuan⁴	果斷
,, in action	kan³ tso⁴ kan³ wei²	敢作敢為
,, ,,	yung³ mêng³ yu³ wei²	勇猛有為
Resolution,	chüeh² hsin¹	決心
,, (at a meeting)	chüeh² i⁴ an⁴	決議案
,, make a	li⁴ chih⁴	立志
,, no	mei² chih⁴-ch'i	沒志氣
,, overcomes difficulties	yu³ chih⁴ chê³ shih⁴ ching⁴ ch'êng²	有志者事竟成
Resolve,	p'an⁴ tuan⁴	判斷
,,	fên¹ li²	分離
,, to	li⁴ ting⁴ chu³-i	立定主意
,, inflexible	pu⁴ nao² ti¹ kuo³ tuan⁴	不撓的果斷

Resolved—Respect.

Resolved (of doubt), to be	ping¹ chieh³	冰解
,, to get it,	chih⁴ tsai⁴ pi⁴ tê²	志在必得
Resolves itself into the one question	kuei¹ yü² i¹ wên⁴ t'i²	歸於一問題
Resonance,	hui² yin¹	回音
Resort,	chi² ho² ti⁴	集合地
,, summer	pi⁴ shu³ na⁴ liang² chih¹ ti⁴	避暑納凉之地
,, last	pei⁴ ch'êng² chieh⁴ i¹	背城借一
,, ,,	tsui⁴ hou⁴ chih shou³ tuan⁴	最後之手段
,, to force	i³ wu³ tuan⁴ chieh³ chüeh²	以武斷解決
,, ,,	i³ wu³ li⁴ ts'ung² shih⁴	以武力從事
,, place of	chü⁴-ch'u	聚處
,, great place of	ta⁴ chü⁴-ch'u	大聚處
,, to severe measures	tei³ hsing²-ko yen² fa²-tzǔ	得行個嚴法子
Resorts, disreputable	wu³ fang¹ tsa² ch'u⁴	五方雜處
Resource,	shou³ tuan⁴	手段
,,	fang¹ fa³	方法
,,	fang¹ liao⁴	方略
,, without	wu² liao²	無聊
,, ,,	i² ch'ou² mo⁴ chan³	一籌莫展
,, no	mei²-yu fa²-tzǔ	沒有法子
,, save to, no	pu⁴ tê² pu⁴	不得不....
,, a last	mo⁴ chi⁴	末計
,, a man of	yu² fang¹-fa 'rh-ti jên²	有方法兒的人
Resources,	fu⁴ yüan²	富源
,,	tzǔ¹ li⁴	資力
,, no	mei² tzǔ¹ pên³	沒資本
,, ,,	wu² so³ i³ lai⁴	無所倚賴
,, ,,	shou³ t'ou²-êrh pu² chi⁴	手頭兒不濟
,, national	kuo² ch'an³	國產
,, vast territory and	ti⁴ ta⁴ wu⁴ po²	地大物博
Respect esteem, to	p'ei⁴-fu	佩服
,, ,,	ching⁴-fu	敬服
,, ,,	ching⁴-chung	敬重
,, ,,	tsun¹-chung	尊重
,, ,,	pin¹-fu	賓服
,, my wishes, should	kai¹ t'i³-liang-wo-ti hsin¹	該體諒我的心
,, to, with	chih⁴-yü	至於
,, ,,	kuan¹ yü²	關於
,, self	tzǔ⁴ tsun¹ tzǔ⁴ chung⁴	自尊自重
,, in this one	tz'ǔ³ i¹ tien³	此一點

Respect, so as to show one's	i³ shih⁴ ch'ung² pai⁴ chih¹ i⁴	以示崇拜之意
,, gratitude combined with	kan³ yü³ p'ei⁴ chü¹	感與佩俱
,, we can't expect respect from others, if we lack self-	tzŭ¹ chi³ pu⁴ tzŭ¹ chung⁴ hai² kuai⁴ jên² chia¹ ch'ing¹ shih⁴ mo	自己不自重還怪人家輕視麼
Respectable,	tung³ tê li⁰ hsing	懂得理性
,, quite (vulgar)	kou⁴ i¹ chü⁴	夠一句
,, occupation, a	tsui⁴ ch'ih¹ chung⁴ ti¹ hang² tang	最吃重的行當
,, person, a	chêng⁴-ching jên²	正經人
,, ,,	jên² t'i³-mien	人體面
,, ,,	chung¹-hou jên²	忠厚人
,, that is not	pu⁴ chü²-ch'i	不拘氣
,, hardly	pu⁴ kou⁴ na⁴ ko⁴ chü² mien⁴	不夠那個局面
,, not at all	pu⁴ t'i³-mien	不體面
Respected in Europe and America	chien⁴ chung⁴ yü² ou¹ mei³	見重於歐美
Respectful,	kung¹-ching	恭敬
,, to parents	hsiao⁴-shun	孝順
Respectively, each	ko⁴-jên	各人
Respects,	ching⁴ i⁴	敬意
. to pay	ch'ing³ an¹	請安
, give my	t'i⁴-wo ch'ing³ an¹	替我請安
Respiratory organs	hu² hsi¹ ch'i⁴	呼吸器
Respite,	yen² ch'i²	延期
,, no	lao² lao²-pu hsiu¹	勞勞不休
,, ,,	ma² ma² fan² fan²-ti mei² wan²	麻麻煩煩的沒完
,, a short	huan³ tien³ ch'i⁴-êrh	緩點氣兒
Resplendent,	chao⁴ yen³ tsêng¹ kuang¹-ti	照眼增光的
Respond	hsiang³ ying¹	響應
,, to medicine does not	fu² yao⁴ wu² hsiao⁴	服藥無效
,, to advances does not	pu⁴ t'ao⁴-ko ho²-ch'i	不套個和氣
Respondent,	pei⁴ k'ung⁴ su⁴ jên²	被控訴人
Response,	hui² ta¹	回答
Responsibility,	fu⁴ tan¹	擔負
,, on one's own	tu² tuan⁴	獨斷
,, is his alone	tsê² wu² p'ang² tai⁴	責無傍貸
,, heavy	tsê²-jên chung⁴	責任重
., cannot divest one's self of the	nan² tz'ŭ²-ch'i tsê²	難辭其責

Responsibility, to take	tan¹ ch'ên²-chung-êrh	擔沈重兒
,, I will take the	wo³ tan¹-tai	我擔待
,, cannot venture to take the	pu⁴ kan³ tan¹-tai	不敢擔待
,, not fit to take the	tan¹-tai-pu ch'i³	擔待不起
,, rests with him, the	tsê²-jên-tsai t'a¹ shên¹-shang	責任在他身上
,, you cannot divest yourself of	ni³-pu neng² hsieh⁴ tan¹.tzǔ	你不能卸擔子
Responsible post	chung⁴ jên⁴	重任
,, to be	tan¹ jên⁴	擔任
,, outside parliament for opinions expressed and votes cast therein, not	yü² yüan⁴ nei⁴ chih¹ yen² lun⁴ chi² piao³ chüeh² tui⁴ yü² yüan⁴ wai⁴ pu⁴ fu⁴ tsê² jên⁴	於院內之言論及表決對於院外不負責任
,, he is	wei⁴ t'a¹-shih wên⁴	爲他是問
,,	tsê²-jên tsai⁴ t'a¹ shên¹-shang	責任在他身上
,, person, the	t'i² kang¹ chieh⁴ ling³-ti jên²	提綱挈領的人
,, ,,	kang¹-ling	綱領
,, ,,	t'ou² nao³ jên² 'rh	頭腦人兒
Responsive, not	pu⁴ t'ao⁴ ho²-ch'i	不和氣
Rest (or recruit after illness), to	chiang¹-hsi chiang¹-hsi	將息將息
,, to	an¹ hsieh¹	安歇
,, ,,	hsieh¹-i-hsieh	歇一歇
,, ,,	hsieh¹-hsi	歇息
,, the mind	yang³ yang³ shên²	養養神
,, set the mind at	fang⁴-lo hsin¹-lo	放了心略
,, take a	hsieh¹ chiao³-êrh	歇脚兒
,, the	ch'i² yü²-ti	其餘的
,, ,,	shêng⁴-hsia-ti	剩下的
,, remainder	yü² shêng⁴	餘賸
,, the (the others)	na⁴ chi³-ko	那幾個
,, with	kuei¹ yü²	歸於
,, (to workmen) time to	chiao⁴ hsieh¹ 'rh	叫歇兒
,, (for cabinet)	hsiu¹ hsi² so³	休息所
,, (for a pen)	pi³ chia⁴ 'rh	筆架兒
Restaurant, a high class	fan⁴ chuang¹-tzǔ	飯莊子
,, second class	fan⁴ kuan³-tzǔ	飯館子
,, entertain at a	chia³ tso⁴ mou³ lou² yen¹ hui²	假座某樓讌會
Restful,	ching⁴-pan-lo	靜伴咯
Resting place, a	hsieh¹-hsi so³	歇息所

711　　Resting—Restricted.

Resting place, a	lao⁴ chiao³-êrh so³-tsai	在所兒脚落
,, ,,	ts'un² shên¹-ti ti⁴-fang-êrh	兒方地的身存
Restitution,	hui² fu⁴	復囘
,, to make	knei¹ huan²	還歸
Restive,	chiao³ chi²	急脚
Restless,	pu⁴ wên³	穩不
,,	tung⁴ yao⁰	搖動
,, sleep	shui⁴-pu an¹ shên²	神安不睡
,, ways	hsin¹ shên² pu² ting⁴-ti	的定不神心
,, from sickness, etc.	tso⁴ wo⁴ pu⁴ an¹	安不臥坐
Restoration,	k'uei¹ fu⁴	復恢
,, of institutions	tsai⁴ hsing¹	興再
,, society	tsung¹ shê⁴ tang⁸	黨社宗
,, of the old dynasty	fan³ hui² tsung¹ shê⁴	社宗囘反
,, to its original condition	hsiu¹ fu⁴ yüan² chuang⁴	狀原復修
,, of territory	huan² fu⁴	付還
,, of public moneys enbezzled, enforce	chui¹ chiao³ kung¹ k'uan³	欵公繳追
Restore (as a picture), to	chien⁴-i-chien hsin¹	新見一見
,, to liberty	fang⁴-lo	了放
,, make good	pu³-fu	復補
,, his title	fu⁴ fêng¹	封復
,, a cancelled item	fu⁴ huo²	活復
,, popular affection	shou¹ shih² jên² hsin¹	心人拾收
Restorative, a	pu³ yao⁴	藥補
Restored to health	fu⁴ yüan²	元復
,, ,,	fu⁴-lo-yüan² 'rh-lo	咯兒元了復
,, order not quite	chih⁴ hsü⁴ wei⁴ shih² fên¹ huan² fu⁴	復還分十未序秩
Restrain, to	chih¹ chih³	止制
,,	shu⁴ fu⁴	縛束
,,	chü¹-shu	束拘
,,	yüeh¹-shu	束約
,, yourself	shou¹-cho tien³ 'rh-pa	龍兒點著收
Restraint,	chih⁴ hsien⁴	限制
,, exercise a little	chü¹-shu-cho tien³ 'rh	兒點著束拘
,, will not submit to	pu⁴ fu² hsia² kuan³	管轄服不
,, on the temper, exercise	na⁴-cho ch'i⁴-êrh	兒氣着納
Restrict,	chien³ shu⁴	束檢
Restricted to five persons	hsien⁴-yü wu³-ko jên²	人個五於限
,, ,,	hsien⁴-chu-lo wu³-ko jên²	人個五了住限

Restriction (on labourers), rules of	chin⁴ li⁴	例禁
Restrictions, no	mei² hsien⁴-chih	沒限制
,, to impose	kuei¹ ting⁴ ch'ü³ ti⁴	規定取締
,, as to quantity	pu⁴ hsien⁴ to¹ kua³	不限多寡
Restrictive,	chü⁴ shu⁴ ti¹	拘束的
Rests with me	tsai¹ wo³	在我
Result,	chieh² chü²	結局
,, (of an experiment)	ch'êng² chi¹	成績
,, good	chia¹ kuo³	佳果
,, attained, no	wei⁴ chien⁴ chüeh² ting⁴	未見決定
,, what was the	tsêm³ mo yang⁴	怎麼樣
,, destitute of real	shih² hsiao⁴ wei⁴ chang¹	實效未彰
,, of the discussion what was the	shang¹-liang-ti ju² ho²	商量的如何
,, will be, do not know what the	pu⁴ chih¹ chiang¹ lai² tsêm³-mo yang⁴	不知將來怎麼樣
,, of carelessness	ch'u¹-yu pu⁴ hsiao³-hsin	出於不小心
,, was he caught cold, the	yin¹ tz'ŭ³ chao⁴ liang²-lo	因此着涼咯
,, much talk and small	i⁴ lun⁴ to¹ ch'êng² kung¹ shao³	議論多成功少
,, of an action, not consider the	tsuan¹ nao³ tzŭ pu⁴ ku⁴ p'i⁴ ku⁴	鑽腦子不顧屁股
,, as before, the same	hai² shih⁴ yü³ ts'ung² ch'ien² i¹ yang⁴ ti¹ chieh² kuo³ ni	還是與從前一樣的結果呢
,, is inevitable from such a cause, such a	yu³ ju² tz'ŭ³ tsao⁴ yin¹ chi² yu³ ju² tz'ŭ³ chieh² kuo³	有如此造因卽有如此結果
,, watch the	k'an⁴ chieh² kuo³	看結果
,, cause and	yin¹ kuo³	因果
Results, showed no good	pu⁴ chien⁴ hsiao⁴-yen	不見效驗
Resume work	ch'ung² hsing² kung¹ tso¹	重行工作
,, friendly relations	ch'ung² hsing² chiao¹ huan¹	重行交歡
,, discussion	chi¹ hsü⁴ t'ao³ lun⁴	繼續討論
,, his seat (after a speech from the rostrum)	kuei¹ pên³ hsi²	歸本席
,, the conversation	chieh¹-cho shuo¹	接着說
,, occupation	chieh¹-cho pan⁴	接着辦
,, his original duties	jêng² chieh¹ yüan² jên⁴	仍接原任
,, his seat	kuei¹ tso⁴	歸座
Résumé,	chai¹ yao⁴	摘要
,,	ta⁴ lüeh⁴	大畧
,,	yao⁴ ling³	要領

Résumé, give a	shuo¹-ko ta⁴ lüeh⁴	說個大略
Resurrection,	fu⁴ shêng¹	復生
Resuscitation,	fu⁴ hsing¹	復興
Retail, to sell by	ling² mai⁴	零賣
,, ,, ,,	ling²-hsing hsiao³ mai⁴	賣小星零
,, business	ling²-hsing shêng¹-i	意生星零
,, gossip, to (generally of children)	hsiao² shê²	舌學
Retain, to	liu²-hsia	留下
,,	liu² chu⁴	留住
,, by force	ch'iang³ liu²	強留
,, in use for the present	chan⁴ jêng² shih³ yung⁴	暫仍使用
,, warmth (as a thin garment), does not	nan² shou¹ nuan³ ch'i⁴	難收暖氣
Retainer (fee)	hsieh⁴ li³	謝禮
Retainers,	ch'in¹ sui²	親隨
Retaliate, to	pao⁴-fu	報復
,,	i³ o⁴ pao⁴ o⁴	以惡報惡
Retaliatory tariff	pao⁴ fu⁴ kuan¹ shui⁴	報復關稅
Retard,	fang¹ hai⁴	妨害
,, matters, to	wu⁴ shih⁴	悞事
Retarded,	ch'ih² chih¹	遲滯
Retch, to	kan¹ yüeh	乾嘔
Retention, question of his	ch'ü² liu² wên⁴ t'i²	去留問題
,, dependent on passing one examination	hsü¹ i¹ lü⁴ k'ao³ shih⁴ i³ ting⁴ ch'ü² liu²	須一律考試以定去留
Retentive memory	ch'iang² chi⁴	強記
Reticence,	ch'ên² mo⁴	沈默
Reticent,	pu⁴ ai⁴ shuo¹	不愛說
,,	pu⁴ hao⁴ shuo¹	不好說
,,	chien¹ k'ou³ pu⁴ yen²	緘口不言
Retina,	wang³ mo⁴	網膜
Retinue,	hu⁴ tsung⁴	扈從
,,	sui⁴ tsung⁴	隨從
,,	kên¹ jên²	跟人
,,	kên¹-sui jên²	跟隨人
Retire from office to; or beg leave to	kao⁴ t'ui⁴	告退
,, so and so	mien³ kuan¹	免官
,, into private life	ts'ang² cho¹	藏拙
,, ,,	tso⁴ lin² hsia⁴ chih¹ yu²	作林下之遊
,, to a life of easy leisure	t'ui⁴ ch'u³ k'uan¹ hsien² yu¹ yu² sui⁴ yüeh⁴	退處寬閒優遊歲月
,, when one's work is done	kung¹ ch'êng² shên¹ t'ui⁴	功成身退

Retire—Retreat. 714

Retire	on the Yunnan frontier	t'ui⁴ cha² tien¹ ching⁴	退滇茶境
,,	before his approach	t'ui⁴ pi¹ san¹ shê²	退避三舍
,, ,,	danger	wei⁴ nan² êrh² t'ui⁴	畏離而退
,,	to	hsiu¹ chih⁴	休致
,,	from business	hsieh⁴ shih⁴	卸事
Retired, from office		kao⁴ t'ui⁴-lo	告退了
,,	with a fortune, he	ching¹ ying² chi¹ tzŭ¹ yu¹ yü² lin² hsia	經營積資優游林下
,,	spot, a	yu¹-ching ti⁴-fang	幽靜地方
,, ,, ,,		pi⁴-ching ti⁴-fang	避靜地方
,,	official, a	hsiang¹ huan⁴	鄉宦
	(*Referring to Educational Minister* [仕] *as opposed to* 官職 *or official serving in the Administration*)		
,,	from the world	shih⁴ wai⁴ hsien² jên²	世外閒人
,,	list	t'ui⁴ chih² yüan² jên² wu⁴ piao³	退職員人物表
Retirement,		yin³ chü¹	隱居
,,	go into	chieh³ tsu⁸ kuei¹ t'ien²	解組歸田
,,	(under orders from President)	mien³ kuan¹	免官
,,	(through dismissal)	mien³ chih²	免職
,,	to live in	yu¹ chu¹	幽居
,,	from army (to troops) three months pay on	fa¹ chi³ san¹ ko⁴ yüeh⁴ ên¹ hsiang³ tso⁴ wei² t'ui⁴ wu³	發給三個月恩餉作爲退伍
Retiring disposition, of a		yin³ tun⁴	隱遁
,,	pension	yü² kao⁴ fêng⁴	予告俸
,, ,,		t'ui⁴ chih² ên¹ chi³	退職恩給
,,	allowance	t'ui⁴ chih² liao⁴	退職料
Retort,		fan³ ch'un²	反聲
Retrace (in mind)		hui² ku⁴	回顧
Retract,		shou¹ hui²	收回
,,	a statement, etc., to	ch'ou¹-hui-lai	抽回來
,, ,, ,,		la¹-hui-lai	拉回來
,, ,, ,,		t'un⁴-hui-lai	褪回來
,,	shall never	tuan⁴ wu² fan³ han⁴ chih¹ li³	斷無反汗之理
,,	a remark	pa⁴ hua⁴ la¹ hui² lai	把話拉回來
Retreat, to		t'ui⁴	退
,,		wang³ hou⁴ t'ui⁴	往後退
,,	a quiet	an¹-ching so³-tsai	安靜所在
,,	leave a line of	liu²-ko t'ui⁴ lu⁴	留個退路
,, ,, ,,		liu²-ko t'ui⁴-shên pu⁴-êrh	留個退身步兒

Retreat—Return.

Retreat (of an army)	t'ui⁴ ch'üeh	退却
,, cover the	yen³ hu⁴	掩護
,, ,,	yen³ hu⁴ pai⁴ chün¹	掩護敗軍
Retrench,	chieh² chien⁸	節減
,, expenditure, to	chien⁸-shêng-i tien³ 'rh hua¹-fei	儉省一點兒花費
Retrenchment,	chien³ yüeh¹	儉約
Retribution,	pao⁴-ying	報應
,, just	huo² kai¹-ti pao⁴-ying	合該的報應
Retrievable,	wan⁸-tê-hui lai²	挽得回來
,, not	wan³-pu-hui lai²	挽不回來
Retrieval for past failures, make a slight	wan³ hui² ch'i² shih¹ pai⁴ yü² wan⁴ i¹	挽回其失敗於萬一
Retrieve, to	wan³-hui-lai	挽回來
,,	shou¹-hui-lai	收回來
,, the situation	shou² shih² ts'an² chü²	收拾殘局
,, situation, not too late to	i³ pai⁴ chih¹ chü² shang⁴ nêng² wan³ hui²	已敗之局尚能挽回
,, past misfortunes	shih² chih tung¹ yü² shou¹ chih¹ sang¹ yü²	失之東隅收之桑榆
Retrograde,	t'ui⁴ hua⁴	退化
,,	t'ui⁴ pu⁴	退步
,,	kuei¹ chiu⁴ chih⁴	歸舊制
,,	jêng² kuei¹ chiu⁴ chê² 'rh	仍歸舊轍兒
Retrocession,	huan² fu⁴	還付
Retrospect,	hui² ku⁴	回顧
Retrospection,	hui² ku⁴	回顧
Retrospective,	chui¹ chiu¹ chi⁴ wang³	追究既往
,, not	pu⁴ wang³ ch'ien² chui¹	不往前追
Return, to	hui²-lai	回來
,,	hui²-ch'ü	回去
,, of the emperor	hui² luan²	回鑾
,, to duty	hui² jên⁴	回任
,, home	hui² chi²	回籍
,, ,,	kuei¹ li³	歸里
,, to his fatherland, an exile's	i³ liu² li² hai³ wai⁴ chih¹ shên¹ ch'ung² fan³ ku⁴ hsiang¹	以流離海外之身重返故鄉
,, (give back)	huan²	還
,, a compliment	huan² ch'ing²	還情
,, a favour	ch'ou² pao⁴	酬報
,, a concession (e.g., on a tariff)	pao⁴ ch'ang³	報償
,, a courtesy	huan² li³	還禮
,, thanks	tao⁴ hsieh⁴	道謝

Return—Reverberate. 716

Return a visit	hui² pai⁴	拜囘
,, a salute	ta¹ li³	禮答
,, (report)	pao⁴ kao⁴ shu¹	書告報
,, draw up a	k'ai¹-k̠o ch'ing¹ tan¹	單淸個開
,, the indemnity	pi⁴ huan² p'ei² k'uan³	款賠還璧
,, fictitious items (*e.g.*, on an indemnity claim), tendency to	ch'i³ hsü¹ mao⁴ chih fêng¹	風之冒虛肥
Returned, he never	i¹ ch'ü⁴ chiu⁴ mei² hui² t'ou²	頭囘沒就去一
Returning officer	hsüan³ chü³ kuan³ li³ chê³	者理管舉選
,, ,, at primaries	ch'u¹ hsüan³ chien¹ tu¹	督監選初
Returns, periodical	an⁴ chieh² pao⁴ tan¹	單報節按
,, trade	shang¹ wu⁴ tsung³ chi⁴ piao³	表計總務商
,, of cost, false	i³ chien⁴ pao⁴ kuei⁴	貴報賤以
,, casualty	ssŭ³ shang¹ piao³	表傷死
Reveal, to	lou⁴-ch'u-lai	來出露
,, (of a deity)	shih⁴ hsien³	顯示
,, a secret, etc.	hsieh⁴ lou⁴-ch'u-lai	來出漏洩
Revealed religion	mo⁴ shih⁴ chiao⁴	教示默
Reveille,	chang³ hao⁴ chiao⁴ ch'i³-êrh	兒起叫號掌
Revelation, this is a	chê⁴-ts'ai k'ai¹ yen³ na⁴	哪眼開纔這
,, the book of	mo⁴ shih⁴ lu⁴	錄示默
Revels in scenery	yü² shan¹ shui³ tê²-ch'i ch'ang⁴-k'uai	快暢其得水山於
Revenge,	ch'ou² hên⁴	恨仇
,, to cherish	huai² ch'ou²	仇懷
,, take	pao⁴ ch'ou²	仇報
,, ,,	pao⁴ yüan⁴	怨報
,, wait for one's	wo⁴ hsin¹ ch'ang² tan³	膽嘗薪臥
Revengeful,	ch'ieh⁴ ch'ih³ pi⁴ pao⁴	報必齒切
,,	ai⁴ tzŭ¹ pi⁴ pao⁴	報必眥睚
Revenger,	fu⁴ ch'ou² chê³	者讐復
Revenue,	so³ tê²	得所
,,	shou¹ ju⁴	入收
,,	kuo² k'o⁴	課國
,,	kuo² shui⁴	稅國
,, customs	kuan¹ shui⁴	稅關
,, land	ti⁴-ting	丁地
,, Board of (old name)	tu⁴-chih pu⁴	部支度
,, stamp	yin⁴ hua¹ p'iao⁴	票花印
,, office	kuan¹ shui⁴ chü²-tzŭ	子局稅官
,, sources of	ts'ai² yüan²	源財
Reverberate, to	hui² yin¹	音囘

Reverberation of sound amongst the hills	shan¹ li³-ti yü² yin¹	山裏的餘音
Revere, to	ching⁴-chung	敬重
,,	ching⁴-wei	敬畏
Reverence,	ching⁴	敬
,,	ching⁴-wei	敬畏
,, for superiors	ching⁴ shang⁴	敬上
,, ,, elders	ching⁴ chang³	敬長
,, for foreigners, excess of	pa³ wai⁴ jên² k'an⁴ tê kuo⁴ yü² shên² shêng⁴	把外人看得過於神聖
Reverent,	ch'ien²-ch'êng	虔誠
Reverential,	ch'ien²-ch'êng	虔誠
,,	kung¹ kung¹ ching⁴ ching⁴-ti	恭恭敬敬的
Reverently,	ching¹-ching yeh⁴ yeh⁴-ti	兢兢業業的
,,	kung¹ kung¹ ching⁴ ching⁴-ti	恭恭敬敬的
Reverie, in a	tai¹ hsiang³	默想
Reversal (of judgment)	p'o⁴ ch'i⁴	破棄
Reverse,	shih¹ pai⁴	失敗
,, side, the	fan³ mien⁴	反面
,, ,,	pei⁴ mien⁴	背面
,, side printed in English	pei⁴ mien⁴ yung³ ying¹ wên²	背面用英文
,, quite the	fan³-tao pu⁴ shih⁴	反到不是
,, case, in the	kou³ fan³ shou³ pi³	苟反手比
,, point of view, from the	tzŭ⁴ fan³ mien⁴ kuan¹ chih¹	自反面觀之
,, of the fact, the	yü³ shih⁴ shih² hsiang¹ fan³	與事實相反
,, a judgment	fan¹ an⁴	翻案
,, suffer a	shou⁴-lo ti²-lo	受了敵咯
,, an engine	tao⁴ chuan⁴ chi¹-ch'i	倒轉機器
,, meet with a bad	shou⁴ i⁴ ta⁴ tun⁴ ts'o	受一大頓挫
,, a bad diplomatic	shou⁴ wai⁴ chiao¹ shang⁴ i¹ ta⁴ ta³ chi⁴	受外交上一大打擊
Reversed, suppose the positions were	shê⁴ shih³ i⁴ ti⁴ êrh² ch'u³	設使易地而處
Reverses of fortune, suffered many	shou⁴-lo to¹ shao³ k'u³ ch'u	受了多少苦楚
,, ,, ,, ,,	shou⁴-lo to¹ shao³ i² nan⁴	受了多少疑難
Reversible,	liang³ mien⁴ 'rh-ti	兩面兒的
Reversing,	fan³ tung⁴	反動
Reversion,	kuei¹ shu³	歸屬

Reversion—Revocation. 718

Reversion,	tz'ŭ⁴ wei⁴ hsiang¹ hsü⁴ ch'üan²	次續相位次
Reversionary interest	fu⁴ kuei¹ ch'üan²	權歸復
Revert, to	kuei¹	歸
,, to yesterday's topic	kuei¹ tso²-êrh-ti t'i²-mu	歸昨兒的題目
,, to old state	fu⁴ chiu⁴	復舊
,, ,, ,, conditions	k'uei¹ fu⁴ chiu⁴ kuan¹	恢復舊觀
,, ,, ,, glories	kuang¹ fu⁴ yüan² wu⁴	光復原物
,, ,, ,, allegiance	hui² shou³ nei⁴ hsiang⁴	回首內向
Review,	hsing² yüeh⁴ ping¹ shih⁴	行閱兵式
,,	chü³ hsing² ta⁴ yüeh⁴ tien³ li³	舉行大閱典禮
,, troops, to	yüeh⁴ ping¹	閱兵
,, naval	kuan¹ hsien⁴ shih⁴	觀艦式
,, (magazine)	p'ing² lun⁴ tsa² chih⁴	評論雜誌
,, a book	p'ing² shu¹	評書
,, (criticize)	p'in³-p'ing	評品
,, (critique)	p'i¹ p'ing²	批評
Reviewer,	p'i¹ p'ing² chia¹	批評家
Revile, to	chou⁴ ma⁴	咒罵
,,	hui⁵ pang⁴	譭謗
,,	shan³ pang⁴	訕謗
Revise,	chiao⁴ chêng⁴	校正
,,	hsiu¹ chêng⁴	修正
,, a document, to	ts'ung² hsin¹ shan¹ yüeh⁴	從新刪閱
,, ,,	ts'ung² hsin¹ hsiu¹ kai³	從新修改
,, ,,	tsêng¹ shan¹	增刪
,, ,,	t'ien¹ chien³	添減
Revised and enlarged	tsêng¹ pu³ ting⁴ chêng⁴	增補訂正
,, tariff	kai³ chêng⁴ shui⁴ shuai¹	改正稅率
Revisit old haunts, to	ch'ung² fang³ chiu⁴ yu²	重訪舊遊
,, one's parents	hsing³ ch'in¹	省親
Revival,	fu⁴ hsing¹	復興
,, of past glories	chung¹ hsing¹	中興
,, (of trade)	hui² fu⁴	回復
,, of trade, gradual	shang¹ yeh⁴ chien⁴ yü³ chuan³ chi¹	商業漸有轉機
,, (e.g., of rebellion)	ssŭ³ hui¹ fu⁴ jan⁵	死灰復燃
,, (of negotiation), no hope of	fu⁴ huo² wu² wang⁴	復活無望
Revive (recover), to	huan³-kuo-lai	緩過來
,, old friendship	fu⁴ hsü⁴ chiu⁴ ch'ing²	復續舊情
,, from a swoon	hsing³-kuo-lai	醒過來
Revocation of an order	shou¹ hui² ch'êng² ming⁴	收回成命

Revoke--Reward.

Revoke, to	ch'ê⁴-hui-lai	撤回來
,,	ch'ê⁴ hsiao¹	撤銷
,, at cards	pao¹ p'ai²	包牌
,, the monarchy	ch'ê⁴ hsiao¹ ti⁴ chih⁴ i¹ an⁴	撤消帝制一案
Revolt,	p'an⁴ luan⁴	叛亂
,, in	fan³-lo	反了
,, the stomach	fan³ ni⁴ wei⁴ k'ou³	反逆胃口
,, against authority	fan⁴ shang⁴	犯上
Revolting,	mu⁴ pu⁴ jên³ chien⁴	目不忍見
,, sight, a	ch'iao²-cho kuai⁴ o³-hsin-ti	瞧着怪惡心的
,, ,,	ch'iao²-cho kuai⁴ ch'ên³-ti	瞧着怪磣的
,, idea, a	êrh² pu⁴ jên³ wên² chih shih⁴	耳不忍聞事
Revolution (rotation)	hui² chuan³	回轉
,, political	ko² ming⁴	革命
,, rise in	tsao⁴-lo fan³-lo	造咯反了
Revolutionary party, the	ko² ming⁴ tang³	革命黨
,, talk	shang¹ shih²-ti hua⁴	傷時的話
,, effect a great	ta⁴ kai³-pien-lo	大改變咯
,, movement in Peking	pei³ ching¹ ta⁴ chü³	北京大舉
,, services must not be forgotten, his	kuang¹ fu⁴ yu³ kung¹ wei⁴ k'o³ yin¹ mo	光復有功未可湮沒
Revolutions a minute, 50	i⁴-fên chung¹ wu³-shih chou¹	一分鐘五十週
Revolve, to	chuan⁴	轉
,, in the mind	hsin¹-li chuan⁴-chuan	心裏轉轉
,, ,, ,,	hsiang³ lai² hsiang³ ch'u⁴	想來想去
,, constantly	chou¹-êrh fu⁴ shih³	週而復始
Revolver, a	shou³ ch'iang¹	手鎗
,, six chambered	liu⁴ lien² fa¹ shou³ ch'iang¹	六連發手鎗
Revolving light	hui² chuan³ têng¹	回轉燈
Revulsion,	fan³ tung⁴	反動
,, of feeling	chuan⁴-lo hsin¹-lo	轉了心了
Reward (recompense), a	pao⁴-ying	報應
,, to	shang³	賞
,, a	shang³-ch'ien	賞錢
,, offer a	hsüan² shang³	懸賞
,, (bounty money)	k'ao⁴ shang³	犒賞
,, the wicked has his	o⁴ yu³ o⁴ pao⁴	惡有惡報
,, and penalties, duly awarded	hsin⁴ shang³ pi⁴ fa²	信賞必罰

Reward—Richness. 720

Reward, verily they have their	tsao³ wan³ ch'üan² tei³ tsao¹ pao⁴	報遭得全晚早	
,, restore an article without accepting	yüan² wu⁴ fêng⁴ huan² chüeh² pu⁴ shou³ hsieh⁴	謝受不決還奉物原	
Rhabdomancy,	mu⁴ chan¹	占木	
Rhetoric,	hsiu¹ tz'ŭ² hsüeh²	學詞修	
Rhetorical question	fan³ yü³	語反	
Rheumatism,	fêng¹ han²	寒風	
,,	fêng¹ shih¹	濕風	
Rhinoceros, a	hsi¹ niu²	牛犀	
Rhubarb (the drug)	tai⁴ huang²	黃大	
,, culinary	ta⁴ huang²	黃大	
Rhyme, to be in	ya¹ yün⁴	韻押	
,, to put in	hsieh² yün⁴	韻叶	
,, not to be in	pu⁴ ju⁴ yün⁴	韻入不	
,, the word, that sets the	yün⁴ chiao³-êrh	兒脚韻	
,, faulty	tao³-lo yün⁴-lo	咯韻了倒	
,, or reason, without	pu⁴ lun² pu⁴ lei⁴-ti	的類不倫不	
,, ,, ,,	shu¹ shu³ wu² wei⁴	謂無屬殊	
Rhythm,	chieh² p'ai¹	拍節	
,,	yin¹ t'iao²	調音	
Ribbon, a	tai⁴-tzŭ	子帶	
,,	t'iao¹-tzŭ	子條	
,, (of an order)	shou⁴	綬	
Ribs, the	lei⁴-t'iao	條脇	
Rice, growing	tao⁴-tzŭ	子稻	
,, husked	tao⁴ mi³	米稻	
,, ,,	pai² mi⁸	米白	
,, yellow	lao⁸ mi⁸	米老	
,, cooked	pai² mi⁸ fan⁴	飯米白	
,, husk of	tao⁴-tzŭ k'o² 'rh	兒殼子稻	
,, paper	t'ung¹-ts'ao chih²	紙草通	
Rich,	fu⁴ yu³	有富	
,, and strong	fu⁴ ch'iang²	強富	
,, ,, poor	p'in² fu⁴	富貧	
,, man, a	yu⁸ ch'ien²-ti	的錢有	
,, ,,	ts'ai²-chu	主財	
,, to grow	fa¹ ts'ai²	財發	
,, of food	yu²-chih chih⁴-ti	的緻油	
,,	chih⁴-ni	膩緻	
,, in experience	fu⁴ yu³ ching¹ yen⁴	驗經有富	
Riches,	ts'ai²	財	
,,	ch'ien² ts'ai²	財錢	
Richness,	fu⁴ yu³	有富	

Richness—Ridiculous.

Richness (of soil)	fei² wo⁴	肥沃
Rick the neck, to	niǔ³-liao po² chin¹-lɔ	扭了脖筋咯
,, of straw, a	ts'ao³ to⁴	草垜
Rickshaw,	yang² ch'ê¹	洋車
,, a rubber tired	juan³ p'i² yang² ch'ê¹	輭皮洋車
,, coolie	la¹ yang² ch'ê¹ ti	拉洋車的
,, ,, (abusive)	chia¹ yüan² tzǔ ti¹ ch'u⁴ lei⁴	夾轅子的畜類
Ricochet, to	wang³ shang⁴ k'ang²	往上抗
Rid of (as a cold), cannot get	t'oʻ¹-pu tiao⁴	脫不掉
,, (as a person), ,, ,,	t'oʻ¹-pu k'ai¹	脫不開
,, (as a horse), get	ch'u¹-t'o-lo	出脫咯
,, of, get	ch'ü¹ ch'u²	驅除
Riddance, a good	k'o³ t'o¹-k'ai-lo	可脫開咯
,, ,,	t'u⁴ t'o¹	兔脫
,, ,,	hsing mien³	倖免
Riddle, a	têng¹ hu³-êrh	燈虎兒
,,	têng¹ mi²	燈謎
,, guess a	ts'ai¹ mên⁴ 'rh	猜悶兒
,, try to guess an impossible	ta³ mên⁴ hu²-lu-êrh	打悶葫蘆兒
Ride, to	ch'i²	騎
,, ,,	ch'i²-shang	騎上
,, sideways, to	k'ua⁴-shang	跨上
,, in a cart	tso⁴ ch'ê¹	坐車
Riders, good	shan⁴ ch'i²	善騎
,, get the most falls, best	kuan⁴ ch'i² ma³ kuan⁴ tieh¹ tiao⁴	慣騎馬慣跌掉
Ridge, of a hill	shan¹ chi³	山脊
,, on a road, etc.	t'u³ kang³-êrh	土岡兒
,, of a roof	fang² chi³	房脊
,, pole	ta⁴ liang²	大樑
,, rope	pêng¹ shêng²-êrh	繃繩兒
,, of a furrow	i⁴ t'iao² lung³	一條壠
Ridicule, to	chi¹-ch'iao	譏誚
,,	ch'iao⁴-p'i	誚皮
,,	ch'ao¹-hsiao	嘲笑
,,	hsi¹-lo ch'ih³ hsiao⁴	奚落恥笑
,,	shan⁴ hsiao⁴	訕笑
,, of foreigners, make us the	chiao⁴ wai⁴ jên² hsiao⁴ hua⁴	叫外人笑話
,, excite would	t'êng² hsiao¹ wu³ chou¹	騰笑五洲
,, of sensible men, excite the	t'u² ling⁴ t'ien¹ hsia⁴ shih⁴ chê³ ch'ih³ lêng³	徒令天下識者齒冷
Ridiculous,	k'o³ hsiao⁴	可笑

Ridiculous—Right. 722

Ridiculous, to look	hsien³-cho chao¹ hsiao⁴-êrh	顯着招笑兒	
,, price, offered me a	na² wo³ ta³ lao⁴	拿我打落	
,, thing on earth, the most	ch'i³ fei¹ ti⁴ ch'iu² shang⁴ yu³ i¹ wu² êrh³ chih¹ hsiao⁴ hua⁴ mo¹	豈非地球上有一無二之笑話麼	
Riding (art)	ma³ shu⁴	馬術	
Riding-master,	ma³ shu⁴ shih¹	馬術師	
Rife, measles are	chên³-tzŭ man³ hsing¹	疹子滿興	
,, rumours are	yao²-yen ssŭ⁴ ch'i³	謠言四起	
,, to be	liu² hsing²	流行	
Riff-raff,	ts'ang³-êrh huo⁴	駔兒貨	
,,	ts'ang³-tzŭ	駔子	
,,	chien⁴ min²	賤民	
Rifle, a	lai²-fu ch'iang¹	來復鎗	
,, range	shê⁴ ti¹ ch'ang³	射的場	
,, to	ch'iang³ to²	搶奪	
Rift in the clouds	pei¹ chi² lo⁴ lai²	悲極樂來	
Rig,	chuang¹ chih⁴	裝置	
Right,	chêng⁴ tang²	正當	
,,	yu⁴	右	
,, hand	yu⁴ shou²	右手	
,, ,, man	i³ chih¹ ju² shou³ tsu²	如手足之倚	
,, ,, man, is my	sinh⁴ wo³-ti pang³-pei	是我的膀臂	
,, handed screw	chêng⁴ lo²-ssŭ	正螺絲	
,, about face	yu⁴ wang³ hou⁴ chuan⁴	右往後轉	
,, (proper)	ho² shih⁴	合式	
,, ,,	ho² i²	合宜	
,, do not regard as	pu⁴ jên⁴ wei² ho² i²	不認爲合宜	
,, and proper	t'ien¹ li³ jên² ch'ing²	天理人情	
,, ,,	chih⁴ tang¹	至當	
,, and wrong	shih⁴ fei¹	是非	
,, (conventionally correct)	chêng⁴-ching	正經	
,, (correct)	tui⁴-lo	對了	
,, ,,	pu⁴ ts'o⁴	不錯	
,, in the	yu⁸ li³	有理	
,, road	chêng⁴ tao⁴-êrh	正道兒	
,, moral	kung¹ i⁴ shang⁴	公義上	
,, to, a	li³ so³ ying¹ tê²	理所應得	
,, his by	fên⁴ so³ ying¹ tê²	分所應得	
,, ,,	kai¹-t'a tê²-ti	該他得的	
,, (safe), he's all	mei² shih⁴	沒事	
,, (natural)	t'ung¹ i⁴	通義	
,, (claim)	ch'üan² li⁴	權利	

Right—Rights

Right of entry, etc.	lai² wang³ tzǔ⁴ yu²-chih ch'üan²	權之由自往來
,, of free speech	yên² lun⁴ tzǔ⁴ yu² ch'üan²	權由自論言
,, exclusive	chuan¹ ch'üan²	權專
,, Divine	shên² shêng pu⁴ k'o³ ch'in¹ fan⁴ chün¹ ch'üan²	權君之犯侵可不聖神
,, (proper) not	pu⁴ kai¹ tso⁴-ti	的做該不
,, for you to say so, not	ni³ shuo¹-ti-pu tang⁴	當不的說你
,, a blunder, to	miao²-pu miao²-pu	補描補描
,, ,,	ta¹-ko ch'a²-êrh	兒譌個答
,, ,,	yüan²-ch'üan	全圓
,, to so and so	chiu⁴ chi⁴	濟救
,, quite	chê⁴ hua⁴ hsiang⁴	像話這
,, thing, say the	yen² yü³ tien³ tsê²	則典語言
,, serve him	kai¹ cho	着該
,, ,,	tzǔ⁴ tso⁴ tzǔ⁴ shou⁴	受自作自
,, ,, (vulgar)	ch'ien⁴	欠
,, place, man in	liang² ts'ai² ch'i⁴ yung⁴	用器材量
,, post for him	yung⁴ tang¹ ch'i² ts'ai²	才其當用
,, may benefit society, under control	kuo³ nêng² ching¹ li³ tê² jên² yü² shê¹ hui⁴ pu⁴ wu² pei¹ i²	益裨無不會社於人得理經能果
,, man for the job, not the	pan⁴ li³ chê³ wei⁴ tê² ch'i² jên²	人其得未者理辦
,, they made it all "*right*" with the police (by bribes)	ti⁴ mien⁴ shang⁴ t'ung¹ t'ung¹ ch'üan² chien⁴ hao³ la	拉好見全通通上面地
Righteous,	tang¹ jan²	然當
,,	chêng⁴ chih²	直正
,,	kung¹ p'ing²	平公
,,	kuang¹ ming² chêng⁴ ta⁴	大正明光
,, rage	i⁴ fên⁴	憤義
,, man, a	ch'un²-hou jên²	人厚純
,, ,,	p'in³-hsing ch'un²-hou	厚純行品
Righteousness,	i⁴	義
,,	jên² tê²	德仁
Rightful owner, the	fên⁴ so³ ying¹ tang¹-ti chu³-êrh	兒主的當應所分
Rights, by	an⁴ li³	理按
,, ,,	yüan² lai²	來元
,, ,,	tang¹ jan²	然當
,, and wrongs (of a question)	shih⁴ fei¹ ch'ü¹ chih³	直曲非是
,, and privileges	ch'üan² li⁴	利權

Rights—Ring.		
Rights, to set to	chêng³-chih	整治
,, personal	tzŭ⁴ chu³ ch'üan²	自主權
,, of man	jên² ch'üan²	人權
,, sovereign	chu³ ch'üan²	主權
,, (legal), encroachment on existing	ch'in¹ hai⁴ chi⁴ tê² ch'üan²	侵害既得權
,, the people won't be robbed of their	min² so³ pi⁴ chêng¹ wan⁴ pu⁴ k'o³ to²	民所必爭萬不可奪
Rigid,	yen² chung⁴	嚴重
,, (severe)	yen²	嚴
,, (inflexible)	ying⁴	硬
Rigmarole,	jung³ ch'ang²	冗長
,, a long	i⁴ hsi² hua⁴	一席話
,, ,,	shuo¹-ti kuai⁴ hsü⁴-fan-ti	說的怪絮煩的
Rigor Mortis	t'ing³-lo	挺咯
,, ,,	shih¹ chiang¹	屍殭
Rigorous,	yen²	嚴
,, enforcement	li⁴ hsing²	勵行
,, very	t'ing³ yen²-chin	挺嚴禁
,, climate	ti⁴-fang k'u³ han²	地方苦寒
,, ,,	yen² han²	嚴寒
,, winter	yen² tung¹	嚴冬
Rigour,	yen² k'u¹	嚴酷
Rim, a	pien¹ 'rh	邊兒
,,	k'ou³-êrh	口兒
,, of a cup	ch'a² pei¹ k'ou³-êrh	茶杯口兒
,, of a hat	mao⁴-tzŭ pien¹ 'rh	帽子邊兒
,, of spectacles	yen³ ching⁴ k'uang⁴-êrh	眼鏡匡兒
Rime,	pai² shuang¹	白霜
Rind,	p'i²-êrh	皮兒
Ring, a chased	liu⁴-tzŭ	鎦子
,, with inscription	chieh⁴-chih	戒指
,, for the thumb	pan¹-chih	搬指
,, for curtains, etc.	huan²-tzŭ	環子
,, the bell	la¹ ling²-tang	拉鈴鐺
,, electric bell	ên⁴ ling²-tang	按鈴鐺
,, worm	hsüan³	癬
,, the changes	fan¹ lai² fu⁴ ch'ü⁴	翻來覆去
,, sit in a	ta³ ch'üan¹-rh tso⁴	打圈兒坐
,, form a (combine)	ta³ pao¹-êrh	打包兒
,, of metal, the	tang¹-a tang¹-a-ti hsiang³	當啊當啊的響
,, of an anvil	ting¹ tang¹-ti hsiang³	叮噹的響
,, form a	ch'i¹ hang²	齊行

Ringing in the ears	êrh³-to li hai² hsiang³-ni	耳朶裏還響呢
Ringleader,	chü⁴ k'uei²	巨魁
,,	wei² shou³-ti	為首的
,,	ling³ t'ou² 'rh	領頭兒
,,	chang¹ pên³ jên²	張本人
Rink, a skating	ping¹ ch'ih²-tzŭ	冰池子
Rinse, to	shuan¹-i-shuan	涮一涮
,, the mouth,	shu⁴ k'ou³	漱口
Riot,	pao⁴ tung⁴	暴動
,, to, or a	nao⁴ lan⁴-tzŭ	鬧亂子
Rioters,	pao⁴ min²	暴民
Rioting,	hsiung¹ t'u² hsiao⁴ chi²	兇徒嘯集
Riotous behaviour	pao⁴ hsing²	暴行
Rip open, to	la²-k'ai	剌開
,, ,, (a button hole)	huo¹ la	劃了
Ripe,	shou²-lo	熟咯
,, (ready for eating)	shou²-fên-lo	熟分咯
,, time not	shih² chi¹ wei⁴ shu²	時機未熟
Ripped a hole	kua¹-liao-i-ko k'ou³-tzŭ	劃了一個口子
,, ,, in a garment	kua¹-liao k'ou³-tzŭ	劃了口子
Ripple on the water, a	shui³ wên² 'rh	水紋兒
Rise,	ch'i³ li⁴	起立
,, (get up), to	ch'i³-lai	起來
,, in price	wang³ shang⁴ chang³	往上長
,, (prices)	t'êng² kuei⁴	騰貴
,, in market	hang² shih⁴ ch'i³ la	行市起了
,, ,,	hang² ch'ing² ta⁴ chang⁴	行情大漲
,, (rebel)	fêng¹ ch'i³	蜂起
,, on all sides	ssŭ⁴ ch'i³	四起
,, (adjourn)	san⁴ hui⁴	散會
,, in the world	li⁴ shên¹	立身
,, to high position	kao¹ shêng¹	高陞
,, in life	shêng¹-i-ts'êng	陞一層
,, out of, get a	tou⁴-t'a chao² chi²	鬭着他開
,, and fall (of prices)	kao¹ hsia⁴	高下
,, ,, (of fortune)	shêng⁴ shuai¹	盛衰
,, ,, ,,	fu² ch'ên²	浮沈
,, to, give	shêng¹	生
Rises from the heart, all wickedness	o⁴ shih⁴ pên³ yü² jên² hsin¹	惡事本於人心
Rising nation	chin⁴ pu⁴ kuo²	進步國
Risk, I'll take the	wo³ p'êng⁴ ts'ai³-ch'i 'rh	我碰彩氣兒
,, to	wei¹ hai⁴	危害

Risk—Rivet. 726

Risk, I won't run the	wo³ pu⁴ chao³-na-ko tao³ yün⁴ 運倒個那找不我
,, one's life	p'in¹ ming⁴ 命拚
,, ,,	p'an⁴ ming⁴ 命拚
,, of life, at	pu⁴ ku⁴ shêng¹ ssǔ³ 死生顧不
,, ,, in battle, at	ch'iang¹ lin² tan⁴ yü³ chih¹ chung¹ p'ao⁴ t'ou² lou⁴ shên¹ 身露頭抛中之兩彈林鎗
,, my reputation, I'll	huo¹-ch'u-wo-ti ming²-êrh hsing⁴-êrh-ch'ü 去兒姓兒名的我出豁
,, run a great	mao⁴ hsien² 險冒
,, of being without a programme, no	pu⁴ huan⁴ wu² so³ tsun¹ hsün² 循遵所無患不
Risky affair, a	tao² yün⁴-ti shih⁴-ch'ing 情事的運倒
,, ,,	lao⁴-ko chih² kuo⁴-êrh-ti shih⁴ 事的兒過直個落
Rissoles,	sui⁴ jou⁴ chüan² 'rh 兒捲肉碎
Rite,	li³ shih⁴ 式禮
,, (marriage)	chieh² hun¹ shih⁴ 式婚結
Rites,	li³ 禮
,,	tien² li³ 典禮
,,	li³ chieh² 節禮
Ritual,	tien³ li³ 典禮
,, Buddhist	pai⁴ ch'an⁴ li³ 禮懺拜
Ritualism,	i² shih⁴ chu³ i⁴ 義主式儀
Ritualist,	shih⁴ tien³ p'ai⁴ 派典式
Rival, a	tui⁴ shou³ 手對
,, countries	ching⁴ chêng⁴ kuo² 國爭競
Rivalling that of England's, trade	shang⁴ yeh⁴ tsu² yü³ ying¹ hsiang¹ shang¹ hsia 下上相英與足業商
Rivalry,	ti² tui⁴ 對敵
,,	sai⁴-cho chêng¹ shêng⁴ 勝爭著賽
,,	i²-ko sai⁴-cho i²-ko 個一著賽個一
,, keen	ch'i² ku³ hsiang¹ tang¹ 當相鼓旗
,, scene of	ching¹ chêng¹ ch'ang³ 塲爭競
River, a	ho² 河
,,	i² tao⁴ ho² 河道一
,, large	chiang¹ 江
,, bed	ho² shên¹ 身河
,, ,, of a	ho² ti³ 底河
,, bank	ho² an⁴ 岸河
,, edge of a	ho² yên⁴ 'rh 兒沿河
Rivet for porcelain, a	chü¹-tzǔ 子鋸
,, porcelain, to	chü¹-shang 上鋸
,, bolt	ting¹-tzǔ 子釘

Rivets, drive		tsa² ting¹-tzǔ	碼釘子
Road, a		tao⁴-lu	道路
,,		i⁴ ku³ lu⁴	一股路
,,		tao⁴-êrh	道兒
,,		i⁴ t'iao² tao⁴-êrh	一條道兒
,,	high	kuan¹ tao⁴	官道
,,	cross	ch'a⁴ tao⁴	岔道
,,	a by	pi⁴ lu⁴	僻路
,,	,,	hsiao³ tao⁴-êrh	小道兒
,,	way	ma³ lu⁴	馬路
,,	,,	yung³-lu	甬路
,,	by (as opposed to by sea)	yu² han⁴ lu⁴	由旱路
,,	lost the	mi²-lo tao⁴-êrh-lo	迷了道兒咯
,,	to wealth, a short	fa¹ ts'ai² chih¹ chieh², ching⁴	發財之捷徑
Roam,		ao² yu²	遨遊
,,	to	yu³ kuang⁴	遊逛
,,	(as a beast in search of prey)	yu² hsün²	遊尋
Roar, of a tiger, the		hu³ hsiao⁴	虎嘯
,,	of thunder, artillery, etc.	hung¹	轟
,,	of wind in the trees, etc.	kua¹-ti hsiang⁴ niu² hou³	颳的像牛吼
,,	of the sea	hai³ hsiao⁴	海嘯
,,	with laughter	ha¹ ha¹-ti ta⁴ hsiao⁴	哈哈的大笑
,,	,, ,,	ka¹ ka¹-ti ta⁴ hsiao⁴	嘎嘎的大笑
,,	,, ,,	wei⁴ chih¹ chüeh² tao³	為之絕倒
Roast before a fire, to		k'ao³	烤
,,	in an oven	ch'ao³	炒
Rob, to		ch'iang³	搶
,,		ch'iang³ chieh²	搶劫
Robber, a		ch'iang²-tao	強盜
,,		ming² huo³	明夥
,,		ch'iang²-liang	強梁
Robbers are produced by cold and hunger		chi¹ han² ch'i³ tao⁴ hsin¹	飢寒起盜心
Robbery, armed		ch'ih² hsiung¹ ch'i⁴ ch'iang² tao⁴	持兇器強盜
Robe, a court		p'ao² tzǔ	袍子
,,	full dress	mang³ p'ao²	蟒袍
,,	long coat	ta⁴ ao³	大襖
,,	priest's	tao⁴ p'ao²	道袍
,,	canonical	chia¹-sha	袈裟

Robe—Roll.

Robe, canonical	p'ien¹-shan	偏衫
Robin,	hung² 'rh	紅兒
,, a	hung²-tien k'o²-êrh	紅點頦兒
Robust,	chieh¹-shih	結實
,,	ying⁴-lang	硬朗
,,	chien⁴-chuang	健壯
,,	k'ang¹-chien	康健
Rock, a	shih²-t'ou	石頭
,, in the water	chiao¹ shih²	礁石
,, salt	shih² yen²	石鹽
,, firm as a	chien¹ ju² p'an² shih²	堅如磐石
,, strike a	tso⁴ chiao⁴	坐礁
,, igneous	huo³ ch'êng² shih²	火成石
,, conglomerate	chi² ch'êng² shih²	集成石
,, to	yao² tung⁴	搖動
,, a cradle	t'ui¹ yao² ch'ê¹ 'rh	推搖車兒
Rockery, a	shan¹-tzǔ shih²-êrh	山子石兒
,, make a	tui¹ shan¹-tzǔ shih²-êrh	堆山子石兒
Rocket, a	ch'i²-hua	起花
,, military	huo³ chien⁴	火箭
Rocking, of a ship	pai³-yao	擺搖
,, ,,	po³-yao	播搖
,, of trees in the wind	kua¹-ti yao²-huang	颳的搖幌
Rocky,	ching⁴-shih shih²-t'ou	竟是石頭
,, road	ching⁴-shih shih² la²-tzǔ	竟是石剌子
Rod, a	kan¹-tzǔ	竿子
,,	i¹ kên¹ kan¹-tzǔ	一根竿子
,, fishing	tiao⁴ yü² kan¹ 'rh	釣魚竿兒
,, a whipping over the breech with a birch	i³ hsia⁴ ch'u³ p'ing² tsê² ch'i² t'un²	以夏楚平責其臀
,, and spoil the child, spare the	ta³ shih⁴ ai⁴ ma⁴ shih⁴ t'êng²	打是愛罵是疼
Rodent,	shu³ tsu²	鼠族
Rodomontade,	ta⁴ yen²	大言
Roe,	yü² tzǔ³	魚子
Rogue, a	hun⁴ hsing¹-tzǔ	混星子
,,	t'u³ kuang¹-kun	土光棍
,, and vagabond	wu² lai⁴ han⁴	無賴漢
Roguish,	ku³ chi¹	滑稽
Rôle of an actor, the	ming²-sê	名色
,, of a clown, plays the	ch'ang⁴ hsiao³ ch'ou³-êrh-ti ming²-sê	唱小丑兒的名色
Roll, to	kun³	滾
,, up	chüan³-ch'i-lai	捲起來
,, of matting	i¹ k'un³ hsi²	一捆席

Roll—Room.

Roll	of paper	i¹ chüan³ chih³	一捲紙
„	into paper spills	nien³-ch'êng chih³ nien³ 'rh	捻成紙捻兒
„	into a ball	ts'o-chêng ch'iu²-êrh	搓成球兒
„	(push along)	t'ui¹-cho chuan⁴	推着轉
„	pastry, to	kan³ mien⁴	趕麵
„	about (as marbles)	ti¹-liu ti¹-liu-ti chuan⁴	滴溜滴溜的轉
„	(as a ship at sea)	pai³ yao²	擺搖
„	call the	tien³ mao³	點卯
„	call, answer to	ying⁴ mao³	應卯
„	away at the thunder clap, the clouds	p'i¹ li⁴ i⁴ shêng¹ yin¹ mai² tung⁴ k'ai¹	霹靂一聲陰霾洞開
Roller, a stone		liu⁴-chou	碌軸
„	steam	ch'i⁴ nien³-tzŭ	氣碾子
„	cylinder of typewriter, etc.	kun³-tzŭ	輥子
Rolling pin, a		kan³ mien⁴ chang⁴	趕麵杖
„	in money	shên¹ yung³ hou⁴ tzŭ¹	身擁厚資
„	stock	t'ieh³ lu⁴ ch'ê¹ liang⁴	鐵路車輛
Roman Catholic faith		t'ien¹ chu³ chiao⁴	天主敎
„	of them all, this was the noblest	pi³ tang³ chih chung¹ ch'ü² wei² ying¹ hao²	彼中之渠爲英豪
Romance,		pai⁴ shih³	稗史
Romantic,		k'ung¹ hsiang³ ti¹	空想的
„	(anti-classical)	pei⁴ ching¹ ti¹	背經的
Rome,		lo²-ma	羅馬
„	as Rome does, do at	sui³ hsiang¹-êrh ju⁴ hsiang¹-êrh	隨鄉兒入鄉兒
„	do as Rome does, when in	yu⁴ ju⁴ ch'i² hsiang¹ hsien¹ wên⁴ ch'i² hui¹ hsiang¹	欲入其鄉先問其諱
„	was not built in a day	p'ang⁴-tzŭ pu⁴-shih i⁴ k'ou³ 'rh ch'ih¹-ti	胖子不是一口兒吃的
„	„ „ „	wan⁴ tuan¹ fei¹ i⁴ chao¹ i¹ hsi² chih¹ kung¹	萬端非一朝一夕之功
Romp, to		ta³-cho wan² 'rh	打着玩兒
Roof, a		fang² ting³	房頂
„	of the month	shang⁴ t'ang²	上膛
Rook (or crow), a		lao³-kua	老鴰
„	(or jackdaw)	han² ya¹-'rh	
Rookery,		kuo¹ huo	
Room, a		i chien¹ wu¹-tzŭ	
„	waiting	t'ing² liu² so³	
„	station waiting	hou⁴ ch'ê¹ shih⁴	
„	bed	wo⁴ fang²	
„	an inner	t'ao⁴ chien¹ 'rh	

AA

Room, reception	k'o⁴ t'ing¹	客庭
,, dining	fan⁴ t'ing¹	飯庭
,, store	tui¹-fang	堆房
,, make	liu²-ko tsou³-tao-êrh	留個走道兒
,, leave	liu²-ko ti⁴-fang-êrh	留個地方兒
,, there is no	mei²-yu ti⁴-fang-êrh	沒有地方兒
,, I like plenty of	wo³ ai⁴ ho⁴-liang	我愛寛亮
,, for further negotiations, no	wu² ts'o¹ shang¹ chih¹ yü² ti⁴	無磋商之餘地
,, for one	yu³ i¹-ko jên²-ti ti⁴ fang⁴-êrh	有一個人的地方兒
,, for me, no	mei²-yu wo³-ti ti⁴-fang-êrh	沒有我的地方兒
,, for it, no	jung² pu hsia⁴	容不下
,, in the boat for the passengers, not	ch'uan² shao³ jên² to¹ shih⁴ nan² chien¹ jung²	船少人多勢難兼容
Rooms, to engage	chan⁴-ko hsia⁴-ch'u	占個下處
Roomy,	k'uan¹-ch'o	寛綽
Roost, to	shang⁴ wo¹-lo	上窩咯
Root, a	kên¹-tzŭ³	根子
,, source	kên¹ pên³	根本
,, up, to	hao³-ch'u-lai	撬出來
,, ,,	p'ao² kên¹ 'rh	刨根兒
,, of the lotus plant	lien² ou³	蓮藕
,, square	p'ing² hsing kên¹	平行根
,, cube	li⁴ fang¹ kên¹	立方根
,, of the matter, an argument which goes to the	t'an⁴ pên³ chih¹ lun⁴	探本之論
,, and branch	kên¹ pên³ ti¹	根本的
,, and branches	pên³ mo⁴	本末
,, of all evil	wan⁴ o⁴ chih kên¹	萬惡之根
,, trace to the	chui¹ pên³ su⁴ yüan²	追本溯源
,, and side issues, due consideration of the	wei² shih³ fei¹ piao⁴ pên³ chien¹ ku⁴	未始非標本兼顧
Rooted, firmly	kên¹ shên¹ ti⁴ ku⁴	根深蒂固
,, out, the evil must be	ch'u² hai¹ wu⁴ chin⁴	除害務盡
Rootle, (as a pig) to	kung³	拱
Roots, pull up by the	lien² kên¹ 'rh pa²-ch'u-lai	連根兒拔出來
Rope, a	i⁴ kên¹ shêng²-tzŭ	一根繩子
,, thick	shêng² so³	繩索
,, hawser	lan⁴	纜
,, a tow	ch'ien⁴	縴
,, ,, drag a	la¹ ch'ien⁴	拉縴
,, walk	hua²-ch'ê-tzŭ	划車子

731 Rope—Rotten.

Rope, walk on a tight	ts'ai³ juan³ shêng²-êrh	兒繩軟跳
,, in customers	chao¹ lan³ ch'u³ ku⁴	顧主攬招
,, enough, give him	jên⁴ ch'i² so³ wei²	爲所其任
Ropes, ask one who knows	wên⁴ yü² chih¹ ching¹	津知于問
Rosary, a	i¹ ch'uan⁴ nien⁴ chu¹-êrh	兒珠念串一
,, Buddhist	su⁴-chu-êrh	兒珠素
Rose, a	mei²-kuei hua¹	花瑰玫
,, monthly	yüeh⁴-chi hua¹ 'rh	兒花季月
,, without a thorn, no	hao² shih⁴ to· mo²	麼多事好
,, ,, ,, ,,	mei¹ chung¹ pu⁴ tsu²	足不中美
,, of a watering pot	p'ên¹ hu²-êrh-ti lien²-p'êng tsui³ 'rh	兒嘴蓬蓮的兒壺噴
,, from the table, all	ta⁴-chia ch'i³ hsi²	席起家大
,, under the	an⁴ chung¹	中暗
,, the pheasant	shan¹ chi¹ fei¹-ch'i-lai-lo	咯來起飛鷄山
Rose's and love is more cruel than lust, no thorns prick so deep as a	mei² kuei⁴ sui¹ hsiang¹ ch'i² tz'ŭ⁴ tsui⁴ shên¹ ai⁴ ch'ing² chih ts'an³ shên⁴ yü² yin² sê⁴	色淫于甚慘之情愛深最刺其雖瑰玫
Rosette,	hui¹ chang¹	章徽
Roster for duty, to come on the	chih² jih⁴	日值
,, ,, ,, ,,	shang⁴ pan¹	班上
Rostrum, a	i² tso⁴ hsüan¹ t'an²	壇宣座一
,,	yen³ t'an²	壇演
Rot, to	fu³ pai⁴	敗腐
,,	fu³ lan⁴	爛腐
,, dry	tsao¹ lan⁴	爛糟
,, what	tsao¹ kao¹ na	哪糕糟
,, talks	shuo¹-ti t'ai⁴ tsao¹ kao¹	糕糟太的說
,, to talk	hu² ch'an³	扯胡
Rotary engine	hui¹ hsüan² chi¹ kuan¹	關機旋廻
Rotation,	hsün² huan²	環循
,, in	lun² liu²	流輪
,, ,,	ai¹-cho tz'ŭ⁴-hsü	序次着挨
,, ,,	ai¹-cho ko⁴-êrh	兒個着挨
,, ,,	chou¹ liu²	流週
Rote, to speak by	ch'ang⁴ k'ou³ ko¹-êrh	兒歌口唱
Rotten (of wood)	fu³ pai⁴-lo	咯敗腐
,, wood	kao³ mu⁴	木槁
,, of meat	lan⁴-lo	咯爛
,, ,,	ch'ou⁴-lo	咯臭
,, with dry-rot	tsao¹ ch'iu³-lo	咯朽糟
,, at core	wai⁴ ch'iang² chung¹ kan¹	乾中強外

Rottenness,	fu³ pai⁴	腐敗	
Rouble notes	ch'iang¹ t'ieh¹	羌帖	
Roué,	fang⁴ tang⁴ chê	放蕩者	
,,	têng¹ t'u² tzŭ³	登徒子	
Rouge,	yen¹-chih	胭脂	
Rough (surface of wood, etc.)	ma²-cha	麻渣	
,, ,,	fa¹ ts'ao¹	發糙	
,, draft	ts'ao³ kao³-êrh	草稿兒	
,, to taste	fa¹ sê⁴	發澀	
,, (of water)	fêng¹ lang⁴ ta⁴	風浪大	
,, road	k'êng¹ k'an³-pu p'ing²	坑坎不平	
,, in manners	ts'u¹-shuai chi²-lo	粗率極咯	
,, ,, ,,	yeh³-man	野蠻	
,, ,, ,,	ts'u¹ yeh³	粗野	
,, ,, ,,	ts'u¹ pao⁴	粗暴	
,, shod	wu² so³ ku⁴ chi⁴	無所顧忌	
,, on him, it's	yüan¹-liao-t'a-lo	冤了他咯	
,, luck	ta⁴ pu⁴ hsing⁴	大不幸	
,, hewn	ts'u¹ tsao⁴	粗造	
,, work	ts'u¹ huo²	粗活	
,, estimate	kai⁴ suan⁴	概算	
,, it for a few days	ao¹-tsao-liang-t'ien 'rh	嗷嘈兩天兒	
Roughing it	k'ên³ jên³ chien¹ k'u³	懇忍艱苦	
Roughly speaking	ta⁴ kai⁴ ch'i² shuo¹	大概齊說	
,, to speak	shuo¹ hua⁴ pao⁴-tsao	說話暴嘈	
Roulette,	p'ing² t'ien¹ chuan⁴	瓶天轉	
Round,	yüan²	圓	
,,	yüan²-ti	圓的	
,, five feet	wu³ ch'ih³ chien⁴ yüan²	五尺見圓	
,, about, is somewhere	tsung³-tsai chê liu⁴-êrh	這在這溜兒	
,, all	ssŭ⁴ chou¹ wei²	四週圍	
,, ,, the year	chêng³ nien²-chia	整年家	
,, ,, ,,	ch'êng³ nien²-chia	成年家	
,, to turn	chuan⁴-kuo-lai	轉過來	
,, (definite)	tuan⁴ jan²	斷然	
,, numbers, speak in	shuo¹-ko tsung³ shu⁴-êrh	說個總數兒	
,, sum, make it a	ch'ü⁴ na⁴ ko⁴ ling² 'rh	去那個零兒	
,, again, the summer day is come	chin¹ jih⁴ i¹ chiu⁴ ch'ung⁴ lai²	今日依舊重來	
,, to one's view, bring	chuan³ huan²	轉圜	
,, about	yü¹ yüan³	迂遠	
,, upon me, why do you	ho² k'u³ yü³ wo³ tso⁴ tui⁴	何苦與我作對	
Roundabout road, a	jao² tao¹	繞道	
,, way, manage in a	wan³ chuan³-cho pan⁴	婉轉著辦	

Roundabout measures, will require — fei⁴ chou¹-chê — 折周費

Rounds, go the — hsün²-lo — 邏巡
,, go his — hsün² hsing² — 行巡
,, of a ladder — t'i¹-tzŭ ch'êng¹-êrh — 兒乘子梯
,, ,, ,, — t'i¹-tzŭ têng⁴-êrh — 兒蹬子梯

Rouse, — huan⁴ ch'i³ — 起奐
,, from sleep, to — chiao⁴ hsing³ — 醒叫
,, the energies — tou³-sou ching¹-shên — 神精擻抖
,, ,, — ku³ wu³ ching¹-shên — 神精舞鼓

Rout, — pai³ pei³ — 北敗
, an enemy, to — ch'ung¹ san⁴ — 散衝
,, a complete — pai³ chün¹ chê³ chiang⁴ — 將折軍敗
,, ,, — ping¹ i⁴ chia³ ch'i⁴ — 棄甲曳兵

Route, a — lu⁴-ch'êng — 程路
,, march — yen³ hsi² hsing² chün¹ — 軍行習演

Routine work — ch'ang² wu⁴ — 務常
,, daily — t'ien¹ t'ien¹ 'rh-ti ai² shih⁴ — 事愛的兒天天
,, regular old — an⁴ shih² êrh² chin⁴ i¹ k'o⁴ êrh² t'ui⁴ — 退而刻依進而時按

Row a boat, to — tang⁴ ch'uan² — 船蕩
,, ,, — yao² ch'uan² — 船搖
,, of houses — i liu⁴-êrh fang²-tzŭ — 子房兒溜一
,, ,, trees — i hang⁴ shu⁴ — 樹桁一
,, ,, men — i⁴ p'ai² jên² — 人排一
,, ,, characters — i⁴ hang² tzŭ⁴ — 字行一
,, ,, seats — i liu⁴ tso⁴-êrh — 兒坐溜一
,, kick up a — nao⁴ — 鬧
,, don't make a — pieh² nao⁴ — 鬧別
,, got me into a jolly — tsang⁴-sung-tê-wo ai² ma⁴ — 罵挨我得送葬
,, ,, ,, ,, — tai⁴-lei wo³ shou⁴ ch'i⁴ — 氣受我累帶
,, there was a jolly — k'ai¹-liao kuo¹ ssŭ⁴-ti — 的似鍋了開
,, making a tremendous — nao⁴-ch'ao ch'ao¹-ti — 的吵吵鬧
,, made an awful — nao⁴ la ko⁴ ta⁴ p'u⁴ hu⁸ 'rh — 兒虎檏大個了鬧
,, for some one's else fault, get into a — kên¹ cho shou⁴ ch'i⁴ — 氣受著跟

Rowdy, a — hun⁴-hun 'rh — 兒混混
,, — yeh³-man jên² — 人蠻野

Rowlock thole pin, a — chuang¹-êrh — 兒樁

Rows (vulgar), street — têng⁴ hsieh² ts'ai³ wa⁴ tzŭ — 子襪踩鞋蹬

Royal house — wang² shih⁴ — 室王
,, ,, — huang² shih⁴ — 室皇

Royalist--Rue. 734

Royalist,	ch'in² wang² tang³	薰王勤
Royalty,	wang² ch'üan²	權王
,, (royal personage)	wang² tsu²	族王
,, to the local government, ten per cent	t'i² k'uan³ po² fên¹ chih¹ shih² chüan¹ ju⁴ tzŭ⁴ chih⁴ hui⁴	會治自入捐十之分百欵提
Rub, to	ts'a¹	擦
,, on (as ointment)	mo³-shang	上抹
,, ,, ,,	fu⁴-shang	上敷
,, the hands	ts'o¹ shou³	手搓
,, hands in expectation (of a fight)	mo² ch'üan² ts'a¹ chang³	掌擦拳磨
,, up furniture	ts'a¹-mo cho¹ i³	椅桌抹擦
,, ,, old studies	wên¹ li³ chiu⁴ kung¹-k'o	課功舊理溫
,, ,, ,, ,,	li³-i li³ kung¹-k'o	課功理一理
Rubbed, chafed	mo²-lo	咯磨
,, off (as paint)	ts'êng⁴-lo	咯蹭
Rubber tires	chiao¹ p'i² wa³	瓦皮膠
Rubbings of inscriptions, etc.	t'a⁴ t'ieh⁴	帖揚
,, ,, ,, to take	t'a⁴-hsia-lai	來下揚
Rubbish,	ch'ên² chieh⁴	圿塵
,, heap, a	lan⁴ t'u³ tui¹	堆土爛
,, don't talk	pieh² hu² shuo¹	說胡別
,, ,, ,,	pieh² chiao² ch'ü¹	蛆嚼別
,, ,, ,, (vulgar)	pieh² fang⁴ p'i⁴	屁放別
Rubble, a heap of	i¹ tui¹ lan⁴ shih²-t'ou	頭石爛堆一
Ruby,	hung² pao³ shih²	石寶紅
Ruck (in clothes), a	chê³ 'rh	兒襵
,, go with the	sui² cho ta⁴ liu⁴-êrh	兒溜大着隨
,, (of men)	yung¹ su²	俗庸
Rudder, a	to⁴	柁
Rude,	mei² kuei¹-chü	矩規沒
,,	ts'un¹ yeh³	野村
,,	wu² li³	禮無
,,	shih¹ li³	禮失
,, don't be	pieh² t'ang²-t'u	突唐別
,, ,, ,,	pieh² mao⁴-chuang	撞冒別
Rudiment,	ch'u¹ pu⁴	步初
,,	fa¹ tuan¹	端發
Rudimentary,	yu⁴ chih⁴	稚幼
,, (biology)	fa¹ yü⁴ pu⁴ ch'ung¹ fên	分充不育發
Rudiments,	kên¹ pên³	本根
,, of learning	mêng² hsüeh²	學蒙
Rue,	yin³ i³ wei² hên⁴	恨爲以引
,, (plant)	yün² hsiang¹	香芸

Ruffian—Ruler

Ruffian, a	o⁴ tang³	惡棠
,,	pa⁴-tao jên²	覇道人
,,	ch'ing¹ p'i² t'u³ kun⁴	青皮土棍
Ruffle, the water, to	yao² tang⁴ shui³ mien⁴ 'rh	搖蕩水面兒
,, his temper	ch'u⁴-tung-lo-t'a	觸動了他
Ruffled (in mind)	yü² hsin¹ pu⁴ an¹	於心不安
Rug, a	i¹ k'uai⁴ chan¹-tzŭ	一塊氈子
,, for the feet	chiao³ tien⁴-tzŭ	脚墊子
,, fur	p'i² ju⁴-tzŭ	皮褥子
Ruin,	mieh⁴ wang²	滅亡
,,	wa³ chieh³	瓦解
,, (cause of)	ping⁴ kên¹	病根
,, a crumbling	p'o⁴ t'ou² lan⁴ ch'ih³	破頭爛尺
,, to inglorious existence, prefer glorious	ning⁴ wei² yü⁴ sui⁴ wu² wei² wa² ch'uan²	寧爲玉碎勿爲瓦全
,, health and name	shang¹ shên¹ pai⁴ ming²	傷身敗名
Ruined, in fortune	pai⁴-lo-lo	敗落咯
,, ,,	pai⁴-lo-lo chia¹ ch'an³	敗落了家產
,, (spoilt)	tsao¹-t'a-lo	糟蹋咯
,, (in ruins)	t'a¹-lo	坍了
,, ,, ,,	t'an¹ t'a¹-lo	坍塌了
,, in fortune	ch'ing¹ chia¹ tang⁴ ch'an³	傾家蕩產
,, absolutely	i¹ pai⁴ t'u² ti⁴	一敗塗地
Ruins,	ku³ chi⁴	古跡
,, a city wall in	t'an¹ t'a¹-lo-ti ch'êng² ch'iang²	坍塌了的城墻
,, a heap of	i¹ tui¹ wa³-li ch'ang³	一堆瓦礫場
Rule,	chih⁴ tu⁴	制度
,, (manner of)	shih¹ chêng⁴	施政
,, (order)	chüeh² ting⁴	決定
,, bring under one	t'ung³ i¹	統一
,, a country, to	chih⁴ kuo²	治國
,, of, under the	chih⁴ hsia⁴	制下
,, of three	pi³ li⁴	比例
,, a line	hua⁴-i-ko t'ang⁴-êrh	畫一個趟兒
,, do according to	an⁴-cho t'ang⁴-êrh tso⁴	按着趟兒做
,, break through a	p'o⁴-ko li⁴	破個例
,, establish a	li⁴-ko chang¹-ch'êng	立個章程
,, to made it a	li⁴-liao-ko kuei¹-chü	立了個規矩
,, as a	p'ing² ch'ang²	平常
,, to	chih¹ p'ei⁴	支配
Ruler,	chu³ ch'üan² chê³	主權者
,, for drawing lines, a	t'ang⁴ pan³ 'rh	趟板兒

Ruler—Run. 736

Ruler for drawing lines, a	t'ang⁴ ch'ih³	尺鞾
,, (sovereign)	yüan² shou³	首元
,, of a country	kuo⁴ chu³	主國
Rules,	chang¹-ch'êng	程章
,,	kuei¹ t'iao²	條規
,,	t'iao² ling⁴	令條
,, fundamental	yüan² tsê²	則原
,, general	t'ung¹ tsê²	則通
,, forbid stoves, the (*e.g.*, in a museum)	li⁴ pu⁴ pei⁴ lu²	爐備不例
Ruling (legal)	chüeh² ting⁴	定決
,, price	shih² chia⁴	價時
,, economy is his principle	i³ chien³ shêng³ wei² pên³	本爲省儉以
,, ,, ,, ,,	i³ chien³ shêng³ wei² kang¹ ling³	領綱爲省儉以
,, text, English shall be the	i³ ying¹ wên² wei² chu³	主爲文英以
,, sovereign	ping³ chün¹ chih kuo² chün¹	君國之鈞秉
Rumbling sound of carts, the	ka¹-ta ka¹ ta hsiang³	響搭嘎搭嘎
,, ,, ,, thunder	hu lung¹-hu lung¹-ti hsiang³	响的嚨呼嚨呼
,, ,, in the stomach	ku¹-lu hsiang³	響嚕咕
Ruminant,	fan³ ch'u² ti¹	的芻反
Rummage in boxes, to	tsai⁴ hsiang¹-tzŭ-li fan¹-t'êng fan-t'êng	在箱裏翻騰翻騰
Rumour,	fêng¹ wên²	聞風
,,	liu² yen²	言流
,, an idle	ê² ch'uan²	傳訛
,, mongers	hsia¹ liao² chê³	者聊瞎
Rumoured, I hear it	fêng¹ yen² fêng¹ yü³-ti t'ing¹-chien shuo¹	說見聽的語風言風
,, it is	jên²-chia ch'uan² shuo¹	說傳家人
Rumours,	yao²-yen	言謠
Rump, the	p'i⁴-ku	股屁
,, of beef	t'un² chien	肩臀
,, (figur.)	wei³ pu⁴	部尾
Rumpled, of hair	tz'ŭ¹-p'êng-lo	咯蓬差
Run, to	p'ao³	跑
,, away	p'ao³-lo	咯跑
,, after	chui¹	追
,, ,,	chui¹ chi⁴	跡追
,, ,, women	kou¹-ta niang² 'rh mên	們兒娘搭勾

Run—Rung

Run	after a petticoat	yü² sê⁴	色貓
,,	for one's life	pên¹ ming⁴	命奔
,,	the eye over	kuo⁴-kuo mu⁴	目過過
,,	away from me	to³-k'ai-wo p'ao³-lo	咯跑我開好
,,	in the long	chung¹ chiu³	久終
,,	away with	tai⁴-cho p'ao³-lo	咯跑着帶
,,	,, ,, (as a man's wife)	kuai³ p'ao³-lo	咯跑拐
,,	,, ,, a lot of money	tsou³-ti ch'ien²-pu shao²	少不錢的走
,,	into danger	mao⁴ hsien³	險冒
,,	out (as a cask)	lou⁴ mei²-lo	咯沒漏
,,	,, (of a bill)	man³ ch'i²	期滿
,,	,, (,, lease, etc.)	yü²-lo hsien⁴-lo	咯限了逾
,,	cut and	jêng¹ pêng¹ i⁴ tsou³	走一崩扔
,,	here and there	p'ao³ lai² p'ao³ ch'ü⁴	去跑來跑
,,	over (of liquid)	yang⁴-ch'u-lai	來出漾
,,	,, by a carriage	chiao¹ ch'ê¹ kei³ ya⁴-lo	咯軋給車叫
,,	through with a sword	ch'a¹ t'ung¹-lo	咯通扎
,,	to seed	chieh¹-lo tzŭ³-lo	咯籽了結
,,	(between two places)	wang³ lai²	來往
,,	(of a term)	chin⁴ hsing²	行進
,,	(prevalence)	liu² hsing²	行流
,,	(of a play)	chieh¹ yen³	演接
,,	on (*e.g.*, a play), great	chêng¹ ch'ien² k'ung³ hou⁴	後恐前爭
,,	for this government, only a brief space to	pên³ chêng⁴ fu³ yü² jih⁴ yu³ hsien⁴	限有日餘府政本
,,	for parliament	i⁴ yüan² hou⁴ pu³ chê³	者補候員議
,,	(incline)	ch'ing¹ hsiang⁴	向傾
,,	through (a book)	lüeh⁴ kuan¹ ta⁴ i⁴	意大觀畧
,,	a short time to	ch'i² nei⁴ wei² jih⁴ wu² to¹	多無日爲內期
,,	to seed	ching¹ shên² hsiao¹ hao⁴	耗消神精
,,	down in health	ching¹ shên² shuai¹ jo⁴	弱衰神精
,,	,, (disparage)	pien³ i⁴	抑貶
,,	,, (a ship)	ch'ung¹ t'u⁴	突衝
,,	(of a ship), daily	hang² ch'êng²	程航
,,	a (series)	ch'ien ch'an²	擲牽
,,	in the long	pi⁴ ching⁴	竟畢
,,	on a bank	pi⁴ so³ yin¹ hang² tui⁴ hsien⁴	現兌行銀索逼
,,	,,	yin² hang² pei⁴ chi⁶	擠被行銀
,,	of men, the common	fan² jên²	人凡
Runaway,		t'ao² wang² jên²	人亡逃
,,	(horse)	t'o¹ chiang¹	韁脫
..	troops	t'o¹ ying² ping¹	兵營脫
Rung	of a ladder	têng⁴-êrh	兒鐙

Rung—Ruthless. 738

Rung of a ladder	t'i¹-tzŭ ch'êng⁴-êrh	梯子橙兒
Running sore, a	huang² shui³ ch'uang¹	黃水瘡
,, at the nose	lin² ch'ing¹ pi²-t'i	流清鼻涕
,, water	huo² shui³	活水
,, hand	hsing² shu¹	行書
Rupture,	ch'i³ hsin⁴	起釁
,, of relations	chüeh² chiao¹	絕交
,, of negotiations	t'an² p'an⁴ chih¹ p'o⁴ lieh⁴	談判之破裂
,, of diplomatic relations	wai⁴ chiao¹ kuan¹ hsi¹ chih¹ tuan⁴ chüeh²	外交關係斷絕
,, (hernia)	shan⁴ ch'i⁴	疝氣
,, (abdominal)	t'o¹ ch'ang²	脫腸
,, of perineum	hui¹ yin¹ p'o⁴ lieh⁴	會陰破裂
Ruse,	chi⁴ lüeh⁴	計畧
,,	yu⁴ ti² chih chi⁴	誘敵之計
Rush (military)	t'u⁴ chin⁴	突進
,, in	luan⁴ ju⁴	亂入
,, to	mêng³ chin⁴	猛進
,, of military dispatches	chün¹ shu¹ p'ang² wu³	軍書旁午
,, into a room, to	i² pu⁴ ch'a³-chin-lai	一步鑔進來
,, out of a room	ch'uang⁴-chu-ch'ü-lo	闖出去了
,, out (of water)	ch'ung¹-ch'u-ch'ü-lo	冲出去了
,, of visitors, a	i⁴ pang¹ k'o⁴	一幫客
,, of work, a	i⁴ tsui¹ shih⁴ ch'üan²-pa-wo tsui¹-shang-lo	一堆事全把我堆上咯
,, of flood water	i⁴ ku³ shan¹ shui³	一股山水
,, came with a	fêng¹ yung³-êrh shang⁴	蜂擁而上
,, to buy . . . ., a	yung³ yüeh¹ chêng¹ kou⁴ . . .	踴躍爭購
,, (e.g., for seats)	chêng¹ ch'ien² k'ung³ hou⁴	爭前恐後
Rushed at me	p'u¹-lo-wo lai²	撲了我來
Rushes,	p'u²-tzŭ	蒲子
,, hassock of	p'u² t'uan²	蒲團
Russia,	o⁴-lo ssŭ¹	俄羅斯
,,	o⁴ kuo²	俄國
Rust,	hsiu⁴	銹
,, to	chang³ hsiu⁴	長銹
Rustic pronunciation	ch'ieh⁴ k'ou³	怯口
Rustle, to	shua¹ shua¹-ti hsiang³	刷刷的響
Rusty,	hsiu⁴-lo	銹咯
,, of knowledge	shêng¹-lo	生咯
,, ,,	huang¹-fei-lo	荒廢咯
Rut, a	ch'ê¹ chê²	車轍
,, follow the	shun⁴-cho chê² 'rh tsou³	順着轍兒走
,, (sexual)	ch'iu² ou³ ch'i²	求偶期
Ruthless,	wu² jên² ch'ing²	無人情

S

Sabbath, the	li³ pai⁴ jih⁴	日拜禮
,, ,,	hsing¹ ch'i² jih⁴	日期星
Sable,	tiao¹ p'i²	皮貂
Sack, a	i¹ t'iao² k'ou³ tai⁴	袋口條一
,,	pu⁴ k'ou³ tai⁴	袋口布
,,	ta¹-tzŭ	子搭
,, to	ch'in¹ lüeh⁴	畧侵
,, get the	shih¹ chiu⁴	就失
Sackcloth,	ma² pu⁴	布麻
Sacrament, a	shêng⁴ tien³	典聖
,,	shêng⁴ li³	禮聖
,, of the Lord's Supper	shêng⁴ ts'an¹	餐聖
,, ,, ,, ,,	chu³ shêng⁴ ts'an¹	餐聖主
Sacred,	shêng⁴	聖
,,	shên²-shêng⁴	聖神
,, to him, nothing is	shêm²-mo tou¹ pu² pi⁴-hui 諱避不都麼甚	
,, duty, regard as a	i³ wei² t'ien¹ ching¹ ti⁴ i⁴ 義地經天爲以	
Sacrifice, to offer	chi⁴-ssŭ	祀祭
,, ,,	chi⁴-tien	奠祭
,, to ancestors	chi⁴-ssŭ tsu³ hsien¹	先祖祀祭
,, to the spirits	chi⁴ shên²	神祭
,, before a coffin	tiao⁴ chi⁴	祭弔
,, (fig.)	hsi¹ shêng¹	牲犧
,, their lives in martyrdom	shê³ shêng¹ ch'ü³ i⁴	義取生舍
,, the state for oneself	chien⁴ li⁴ wang⁴ kuo²	國忘利見
,, their wealth for the state	hui³ chia¹ shu¹ nan⁴	難紓家毀
,, their rights (of citizenship), voluntarily	kan¹ yüan⁴ fang⁴ ch'i⁴ ch'üan² li⁴ 利權棄放願甘	
,, pressing matters for unimportant ones	huan³ ch'i² so³ chi² êrh² chi² ch'i² so³ huan³ 緩所其急而急所其緩	
,, ,, ,, ,,	hou⁴ ch'i² so³ hsien¹	先所其後
,, one's life	shê³ ming⁴	命捨
,, one's life for one's country	hsün⁴ kuo²	國殉
,, ,, ,, ,,	wei⁴ kuo² chüan¹ ch'ü¹	軀捐國爲
,, me to save himself	na² wo³ t'ien¹ p'ao⁴ yen³	眼礮填我拿
,, ,, ,, ,,	na² wo³ t'ien² hsien⁴	餡填我拿
,, ,, ,, ,,	na² wo³ t'ien² hai³ yen³	眼海填我拿
,, one's principles	yin¹ ssŭ¹ wang³ li³	理枉私因

Sacrifice—Sail.

Sacrifice one's principles	yin¹ ssŭ¹ wang³ fa³	因私枉法
,, one's life's blood	chüan¹ ch'ü¹ sa³ hsieh³	捐軀灑血
,, ,, for nothing	pai pai² ti¹ pa⁴ hsing⁴ ming⁴ tuan⁴ sung⁴	白白的把性命斷送
Sacrifices, have made great	shê³-ch'ü-pu shao³	捨去不少
,, before a coffin, morn'g	shao¹ chi¹ ming² chih³	燒鷄鳴紙
,, ,, ,, evening	shao¹ huang² hun¹ chih³	燒黃昏紙
Sacrificial land set apart as an endowment for ancestral sacrifices	chi⁴ t'ien²	祭田
Sacrilege,	tu² shêng⁴	瀆聖
,,	tu⁴ fan⁴ shêng⁴ ching⁴	瀆犯聖境
Sad,	yu¹-ch'ou	憂愁
,,	yu¹ mên⁴	憂悶
,,	fa¹ ch'ou²	發愁
,, occurrence, a	yu¹-ch'ou shih⁴	憂愁事
,, news	hsiung¹ pao⁴	凶報
Saddle, a	i⁴ p'an² an¹-tzŭ	一鞍子
,, cloth	an¹ t'i⁴-tzŭ	鞍屜子
,, bag	ju⁴ t'ao⁴	褥套
,, take off the	pa⁴ an¹-tzŭ chieh¹-hsia	把鞍子揭下
,, a horse, to	pei⁴ ma³	備馬
,, Ts'ên with the blame	chia⁴ huo⁴ yü² ts'ên²	嫁禍於岑
Saddled with	pei⁴-tsai wo³ shên¹-shang	背在我身上
,, ,, debts	fu⁴ chai⁴	負債
,, ,, a wife and children	fu⁴ ch'i¹ tzŭ³ chih lei⁴	妻子之累
,, ,, domestic cares	chia¹ chi⁴ lei⁴	家計累
Saddler (military),	p'i²-chiang	皮匠
Safe (for money), a	yin² kuei⁴	銀櫃
,, no danger	pu⁴ p'a⁴-ti	不怕的
,, not	pu⁴ t'o⁸	不妥
,, person, a	t'o⁸-tang jên²	妥當人
,, place, look on from a	tso⁴ shan¹ ch'iao² hu³ tou⁴	坐山觀虎鬬
,, for you, I will keep it	wo³-kei-ni shou¹ t'o³-tang-lo	我給你收妥當了
,, secure	lao²-k'ao	牢靠
,, place, put it in a	ko¹ tsai⁴ lao²-k'ao ti⁴-fang-êrh	擱在牢靠地方兒
,, conduct	t'ung¹ hsing² ch'üan²	通行權
Safety lamp	an¹ jan² têng¹	安然燈
Sagacious,	chi¹ min³	機敏
Sage,	shêng⁴ jên²	聖人
Said the	kai¹	該
,, ,,	ch'ien² lieh⁴	前列
Sail, a	p'êng²	篷
,,	fan¹	帆

741 Sail—Saliva.

Sail, set	ch'u¹ fan²	出帆
,, for, set	yang² fan² k'ai¹ wang³	往開帆揚扯
,, hoist a	ch'ê³ p'êng²	篷扯
,, lower a	lao⁴ p'êng²	篷落
,, on the 15th, will	shih² wu³ k'ai¹ ch'uan²	船開五十
Sailings, fixed	ting⁴ ch'i² hang² hai³	海航期定
Sailor, a	shui³-shou	手水
Saint, a	shêng⁴ jên²	人聖
,,	tao⁴ hsing kao¹ shên¹	深高行道
Sake,	ch'i³ chien⁴	見起
,, of economy, for the	wei⁴ shêng³ ch'ien²	錢省爲
,, for my	k'an⁴ wo³ mien⁴-shang	上面我看
,, ,, ,,	ch'iao² wo³-lo	咯我瞧
,, of ...., for the	wei⁴ ... chih¹ chi⁴	計之....爲
,, of glorification of a single family, for the	yin¹ i¹ hsing⁴ i¹ chia¹ chih hsü¹ jung²	榮虛之家一姓一因
Salacious,	yin² luan⁴	亂淫
Salad,	shêng¹ ts'ai⁴	菜生
,, oil	shêng¹ ts'ai⁴ yu²	油菜生
Salary,	fêng⁴ chi³	給俸
,, official	fêng⁴	俸
,, ,,	fêng⁴ yin²	銀俸
,, ,,	fêng⁴-lu	祿俸
,, of secretary or teacher	shu⁴-hsiu	修束
,, ,, ,, ,,	hsiu¹-chin	金修
,, of a clerk, etc.	hsin¹-shui	水薪
,, to draw	ling³ fêng⁴	俸領
,, give a large	hou⁴ ch'i² fêng⁴ chi³	給俸其厚
,, on duty	tsai⁴ ch'in² feng⁴	俸勤在
Sale by auction	p'ai¹ mai⁴	賣拍
,, ,,	chiao⁴ mai⁴	賣叫
,, on	fa¹ mai⁴	賣發
,, for	ch'u¹ mai⁴	賣出
,, rapid	hsiao¹-ti k'uai⁴	快的銷
,, wide	hsiao¹-ti kuang³	廣的銷
,, ,,	hsiao¹-ti ti⁴-fang-êrh to¹	多兒方地的銷
,, steadily increasing	yü² hsing² yü² kuang³	廣愈行愈
,, for, find a bigger	hsiao¹ lu⁴ k'uo⁴ ch'ung¹	充擴路消
Salient,	ch'o¹ yüeh⁴	越卓
,, (military)	t'u⁴ ch'u¹ ti¹	的出突
,, points	yao⁴ tien³	點要
Saliva,	t'u⁴-mo	沫唾
,,	t'u⁴ yeh⁴	液唾
,,	han² la¹-tzu	子啦含

Salivary—Salvation.

Salivary gland	t'u⁴ ch'üan²	唾涎腺
Salivation,	liu² hsien²	流涎
Sallow,	huang² shou⁴	黃瘦
,, complexion	lien³-shang fa¹ huang²	臉上發黃
Sally,	t'u⁴ chin⁴	突進
,, of wit	hui¹ hsieh²	詼諧
Saloon, drinking	chiu³ p'u⁴-êrh	酒鋪兒
,, of a ship	fan⁴ ts'ang¹	飯艙
Salt,	yen²	鹽
,,	pai² yen²	白鹽
,, to	na² yen² yen¹	拿鹽醃
,, vegetables	hsien² ts'ai⁴	鹹菜
,, beef	hsien² niu²-jou	鹹牛肉
,, commissioner	yen² yün⁴ shih³	鹽運使
,, evaporating ground	yen² t'an¹	鹽灘
,, water	hsien² shui³	鹹水
,, the food is too	chê¹ ts'ai⁴ t'ai⁴ k'ou³ ch'ên²-lo	這菜太口沈咯
,, raise price of	yen² chin¹ chia¹ chia⁴	鹽斤加價
Saltpetre,	hsiao¹	硝
Salubrious,	i² yü² wei⁴ shêng¹	益於衛生
Salutary,	yu² i² ti¹	有益的
Salute,	li³ p'ao⁴	禮砲
,, naval	hai³ chün¹ li³ p'ao⁴	海軍禮砲
,, fire a	fang⁴ ching⁴ p'ao⁴	放敬砲
,, ,, (in a Chinese yamên)	fa¹ li³ p'ao⁴	發禮砲
,, (present arms)	p'êng³ ch'iang¹ li³	捧鎗禮
,, with hand to the cap	hsing² chü³ shou³ li³	行舉手禮
,, by raising the hat	t'o¹ mao⁴ li³	脫帽禮
,, by bending the knee	ta³ ch'ien¹ 'rh	打千兒
,, to	pai⁴	拜
,, with folded hands	kung³ shou³	拱手
,, ,, ,, (of a woman)	hsing² pai⁴ li³	行拜禮
,, with folded hands and a low bow	tso⁴ i⁴	作揖
,, ,, ,, ,,	ta³ kung¹	打恭
,, return a	ta² li³	答禮
Salutes, the President has twenty-one	ta⁴ tsung³ t'ung³ li³ p'ao rh⁴ shih² i¹ fa¹	大總統禮砲二十一發
Salvage,	chiu⁴ chu⁴ ch'ang² chin¹	救助償金
,,	t'an¹ chiu⁴ ch'uan² fei⁴	拯船救費
Salvation,	huo⁴ chiu⁴	救獲
,, of mankind, Buddha disired the	fo² chih¹ chiao⁴ i⁴ pên³ yü⁴ i³ tu⁴ chin⁴ chung⁴ shêng¹	佛之敎義本欲以度盡衆生

Salve ointment		kao¹-yao yu²	油藥膏
Salver, a		t'o¹ p'an²	盤托
Same,		t'ung²	同
,,	the	i²-ko yang⁴	樣個一
,,	,,	hsiang¹ t'ung²	同相
,,	very much the	ta⁴ t'ung² hsiao³ i⁴	異小同大
,,	one and the	i⁴ pan¹	般一
,,	age	t'ung² sui⁴	歲同
,,	(like)	ju² t'ung²	同如
,,	(alike), all the	i⁴ pan¹ i² p'ei⁴-ti	的配一般一
,,	very far from the	chiung³-pu hsiang¹ t'ung²	同相不週
,,	to you, the	pi³ tz'ǔ³ pi³ tz'ǔ³	此彼此彼
,,	day, on the	tang¹ t'ien¹	天當
,,	way, in the	chao⁴ yang⁴-êrh	兒樣照
,,	as before, just the	i¹-jan-shih chê⁴ yang⁴-êrh	兒樣這是然依
,,	under different conditions, the	i⁴ ti⁴ hsiang¹ t'ung²	同相地易
,,	old story	hsi² ku⁴ tao⁴ ch'ang²	常蹈故習
,,	man murdered them both and they were martyred in *same* place, the	chien⁴ ts'an² yü² i¹ jên² chiu⁴ i⁴ yü² i ti⁴	地一於義就人一於殘見
,,	as a foreigner	kên¹ yang² jên² i¹ yang⁴ shih⁴ t'ung² i¹ lü⁴	律一同事樣一人洋跟
,,	case, the		
,,	result in either case (proverb), the	wu² ta⁴ lang² êrh² fu² tu² ch'ih¹ i⁴ ssǔ³ pu⁴ ch'ih¹ i⁴ ssǔ³	死亦吃不死亦吃毒服兒郎大武
,,	old crew in a new ship (sarcastic), the	t'ing² yüan⁴ kêng¹ hsin¹ hua¹ mu⁴ ju² chiu⁴	舊如木花新更院亭
,,	breath of queue cutting, and adopting foreign dress, speak in the	shuo¹ ch'i² lai² chien³ fa³ pi⁴ tei⁸ kên¹ cho shuo¹ tao⁴ i⁴ fu²	服易道說着跟得必髮剪來起說
Sameness,		ch'ien¹ p'ien¹ i¹ lü⁴	律一篇千
Samovar, a		ch'a² t'ang¹ hu²	壺湯茶
Sampan, a		shan¹ pan³ ch'uan²	船板舢
,,		hua²-tzǔ ch'uan²	船子划
Sample, a		yang⁴-tzǔ	子樣
,,		shih⁴-yang	樣式
,,	(fig.)	piao¹ pên³	本標
,,		li⁴ chêng⁴	証例
,,	show, a	ch'u¹ mu² hsing² hsiang¹ shih⁴	示相型模出
Samshu,		huang² chiu³	酒黃
,,		shao¹ chiu³	酒燒
Sanctimonious.		wei⁴ shan⁴	善僞

Sanction—Sarcastic. 744

Sanction, to	chun³	準
,,	yün³ chun⁸	準允
,,	jên⁴ k'o³	可認
,, by endorsement	p'i¹ chun³	準批
,, of parliament, without obtaining	pu⁴ ch'ü³ chüeh² i⁴ yüan⁴	院議決取不
Sanctity of the post	shu¹ hsin⁴ chih¹ pi⁴ mi⁴	密秘之信書
Sanctuary (asylum)	pi⁴ nan² so³	所艱避
,, (holy place)	shêng⁴ tien⁴	殿聖
Sand,	sha¹-tzŭ	子沙
,, bank	sha¹ lung²	壟沙
,, quick	tso¹ sha¹	沙滒
,, dune	t'u³ lung²	壟土
,, paper	sha¹ chih³	紙沙
Sandals,	ts'ao³ kua¹-ta 'rh	兒搭刮草
,,	ts'ao³ hsieh²	鞋草
Sandalwood,	t'an²-hsiang mu⁴	木香檀
Sandwich between, to	chia¹-tsai tang¹-chung chien¹ 'rh	兒間中當在夾
,, a	chia¹ jou⁴ mien⁴ pao¹	包麵肉夾
,, Islands	t'an² hsiang¹ tao³	島香檀
Sandy desert	sha¹ mo⁴	漠砂
Sane,	chêng⁴ ch'i⁴	氣正
Sang-froid,	p'ing² ch'i⁴	氣平
Sanguinary battle	hsüeh³ chan⁴	戰血
Sanguine,	hsin¹ kao¹	高心
,,	shê¹ wang⁴	奢望
,, too	shê¹ wang⁴ kuo⁴ ta⁴	大過望奢
Sanitarium,	yang³ shêng¹ yüan⁴	院生養
Sanitary,	wei⁴ shêng¹	生衛
,,	wei⁴ shêng¹ shang⁴	上生衛
,, regulations	wei⁴ shêng¹ chang¹-ch'êng²	程章生衛
Sanitation,	wei⁴ shêng¹	生衛
Sanity,	chêng⁴ ch'i⁴	氣正
Sanskrit,	fan¹ yü³	語梵
Sap,	shu⁴ chiang¹-êrh	兒漿樹
,, of a tree	shu⁴ yeh⁴	液樹
,, the vitality and will power (as a drug habit)	sun³ jên² shên² chih⁴	志神人損
,, (military)	tui¹ hao²	壕對
Sapling, a	hsiao³ shu⁴ yang¹-tzŭ	子秧樹小
Sapper,	kung¹ ping¹	兵工
Sapphire,	lan² pao³ shih²	石寶藍
Sarcasm,	fêng⁴ tz'ŭ⁴	刺諷
Sarcastic remarks	chi¹-tz'ŭ hua⁴	話刺譏

Sarcastic—Saturate

Sarcastic remarks	fêng³-tz'ǔ hua⁴	話刺諷
Sardonic laugh, a	lêng³ hsiao⁴	笑冷
Sash, a	ta¹-po	膊褡
Satan,	yen²-wang yeh²	爺王閻
,,	mo²-wang	王魔
,, (biblical)	sa¹-tan	但撒
Satchel for books, a	shu¹ chia¹-tzǔ	子傑書
Sate one's appetite	pao³ shih²	食飽
Satellite,	p'ei² hsing¹	星陪
,, (figurative)	chi⁴ jên² yü³ hsia	下宇人寄
Satiated,	ch'ih¹ hsü⁴-fan-lo	咯煩架吃
,,	k'an⁴ hsü⁴-fan-lo	咯煩架看
,,	t'ing¹ ni⁴-lo	咯腻聽
Satiety,	ch'ung¹ man³	滿充
,, (food)	man³ fu³	腹滿
Satin,	tuan⁴-tzǔ	子緞
,, figured	yün² tuan⁴	緞雲
,, brocade	shan³ tuan⁴	緞閃
,, plain	kung⁴ tuan⁴	緞貢
Satirical,	hao⁴ shuo¹ chi¹ tz'ǔ hua⁴	話刺譏說好
,, language	hua⁴ to¹ chi¹ tz'ǔ⁴	刺譏多話
Satisfaction, express full	ch'êng¹ tao⁴ pu⁴ chih⁴	置不道稱
Satisfactorily, everything going	shih⁴-ch'ing tou⁴ an¹-tun-lo	咯頓安都情事
Satisfactory,	t'o³-tang	當妥
,,	an¹-wên	穩安
,,	man³ i⁴	意滿
,, settlement can be effected in the immediate future, no	tuan⁴ fei¹ ch'i⁴ yüeh⁴ chih¹ chien¹ so³ nêng² ts'o¹ shang¹ chiu⁴ hsü⁴	緒就商磋能所間之月期非斷
,, not wholly	pu⁴ chin⁴ t'o³ shan⁴	善妥盡不
Satisfied,	hsin¹ tsu²-lo	咯足心
,, thoroughly	hsin¹ man³ i⁴ tsu²	足意滿心
,, quite	fei¹ ch'ang³ man³ i⁴	意滿常非
,, one's hunger	t'ang² chi¹	饑搪
,, if I get my capital back	lao¹-hui pên³ 'rh-lai-wo-chiu chih¹ tsu²-lo	咯足知就我來兒本回撈
,, self	hao⁴ tai⁴ kao¹ mao⁴-êrh	兒峭高戴好
Satisfy hunger, to	chieh³ o⁴	餓解
,, thirst	chieh³ k'o³	渴解
,, him, nothing will	tso³-yeh pu⁴-shih yu⁴-yeh pu⁴-shih	是不也右是不也左
,, people's wants	ying¹ cho jên² lei⁴ yü⁴ wang⁴ hsin¹	心望欲頻人着應
Saturate,	chin⁴ jun⁴	潤浸

Saturated—Save. 746

Saturated,	ou⁴ t'ou⁴-lo	了透濕
,, (wet through)	lün² la	了淋
,, with oil	chiao⁴ yu² ou⁴ t'ou⁴-lo	了透濕油澆
Saturday,	li³-pai liu⁴	六拜禮
,,	hsing¹-ch'i liu⁴	六期星
Saturn,	t'u³ hsing	星土
Sauce,	chiang⁴	醬
Saucepan, a	ku³-tzŭ	子銚
,, for boiling water	shui³ tiao⁴-tzŭ	子銚水
Saucer, a	tieh²	碟
Saucy,	wan²-p'i	皮頑
.. lad	wan² t'ung²	童頑
Saul among prophets	fang⁴ hsia² t'u¹ tao¹ li⁴ ch'ing² fo² 佛成立刀屠下放
,, ,, ,,	lêng³ ch'i⁴ mao⁴ je⁴ kuo¹	鍋熱冒氣冷
Saunter,	hsiao¹ yao²	遙逍
,, to	liu¹-ta-liu-ta	達溜達溜
,,	hsien² yu²	遊閒
,,	yu² shou³ hao⁴ hsien²	閒好手游
,,	san³ pu⁴-êrh tsou³	走兒步散
,,	hsien² pu⁴-êrh tsou³	走兒步閒
Sausages,	kuan⁴ ch'ang²-êrh	兒腸灌
,,	wu³ hsiang¹ ch'ang²-êrh	兒腸香五
Savage,	yeh³	野
,,	ts'an² k'u¹	酷殘
,, a	yeh³ jên²	人野
,, (race)	wei⁴ k'ai¹	開未
,, (of a dog, etc.)	li⁴-hai	害利
,, appetites	lang² tzŭ³ yeh³ hsin¹	心野子狼
,, of Southwestern China	man²-tzŭ	子蠻
,, race	man² min²	民蠻
,, way, behave in the most	kêng³ cho po² tzŭ man² hêng ti¹ liao³ pu⁴ tê²	得不了的橫蠻子脖着梗
Save,	chiu⁴ chi⁴	濟救
,, his neck	chien³ lo ko⁴ jên² t'ou⁴	頭人個了檢
,, (from loss)	pao³ ch'üan²	全保
,, from imminent catastrophe	ch'êng³ min² yü² shui³ huo³ chih¹ chung¹	中之火水於民拯
,, (preposition)	ch'u²....wai⁴	外....除
,, life, to	chiu⁴ ming⁴	命救
,, money	shêng³ ch'ien⁵	錢省
,, trouble	shêng³ shih⁴	事省
,, time	shêng³ kung¹-fu	夫工省
,, some for to-morrow	liu²-i tien³ 'rh wei¹ ming²-t'ien yung⁴	用天明爲兒點一留

Save you from coming again — shêng³-tê ni³ tsai⁴ lai² 省得你再來
Saving, — chien³ yüeh¹ 儉約
  ,, well equipped with, apparatus — fang² hsien³ chi¹ kuan¹ wu² pu⁴ wan² pei⁴ 防險機關無不完備
Savings, — tsan³-ti ch'ien² 儹的錢
  ,, — ch'u³ hsü⁴ chin¹ 儲蓄金
  ,, bank — ch'u³ hsü⁴ yin² hang² 儲蓄銀行
  ,, behind him, left no — tzŭ¹ wu² yü² hsü⁴ 資無餘蓄
Saviour, — chiu⁴ chu³ 救主
Savoir faire, a man of — chien⁴-chieh kao¹ 見解高
Savour of … — lei⁴ ssŭ⁴ 類似
  ,, ,, ,, — yu³ … chih¹ tzŭ¹ **wei⁴** 有…之滋味
Savoury, — yu⁸ tzŭ¹ wei⁴ 有滋味
Saw, a — chü⁴ 鋸
  ,, to — ˙chü⁴-i-chü 鋸一鋸
  ,, asunder — chü⁴-k'ai 鋸開
  ,, down — chü⁴-hsia-lai 鋸下來
  ,, a cross-cut — ta⁴ chü⁴ 大鋸
  ,, ,, ,, use a — la¹ ta⁴ chü⁴ 拉大鋸
  ,, (proverb) — ko² yen² 格言
  ,, mill — chü⁴ kung¹ mu⁴ ch'ang³ 鋸工木廠
Sawdust, — chü⁴ mo⁴-tzŭ 鋸末子
Sawyer, a — la¹ ta⁴ chü⁴-ti 拉大鋸的
Say to you, have something to — yu³ hua⁴ ho-ni shuo¹ 有話和你說
  ,, nothing to, can have — mei²-tê shuo¹-ti 沒得說的
  ,, nothing, can — mei² hua⁴ k'o³ shuo¹ 沒話可說
  ,, cannot — shuo¹-pu ch'ing¹ 說不清
  ,, (=about) — shang⁴ hsia¹ 上下
  ,, so people — jên²-chia na⁴-mo shuo¹ 人家那麼說
  ,, what you is reasonable — shuo¹-ti yu³ li³ 說的有理
  ,, to him, you — ni³-kên-t'a shuo¹ 你跟他說
  ,, hard to — nan² shuo¹ 難說
  ,, by heart — pei⁴-ch'u-lai 背出來
  ,, in five days, let us — shuo¹ wu³ t'ien¹ nei³-pa 說五天內罷
  ,, that is to if it doesn't rain — k'o³ pieh² hsia⁴ yü³ 可別下雨
  ,, you don't mean to — nan² tao shuo¹ 難道說
  ,, you are not coming — mo⁴-pu ch'êng² ni³ pu⁴ lai² 莫不成你不來
Saying, it goes without — na⁴ pu⁴-yung shuo¹ 那不用說
  ,, ,, ,, — pu⁴ yen² êrh² ming² 不言而明
  ,, an old — ku³-êrh tz'ŭ² 古兒詞

Scab—Scandal. 748

Scab, a	ko¹-chia 'rh	疙瘩兒
Scabbard, a	ch'iao⁴-tzǔ	鞘子
Scabby head, a	t'u¹ ch'uang¹	禿瘡
,, ,,	lai⁴ t'ou²	癩頭
Scaffold,	chiao³ t'ai²	絞臺
Scaffolding,	chiao¹-shou	交手
,, erect a	tsa¹ chiao¹-shou	紮交手
,, pole	sha¹ kao¹	杉篙
Scald the hand, to	t'ang⁴ shou³	燙手
,, head	t'u¹ ch'uang¹	禿瘡
Scale, a	fên¹ wei ch'ih³	分微尺
,, (map)	t'i¹ ch'ih³	梯尺
,, (relative)	so¹ ch'ih³	縮尺
,, draw to	an⁴ ch'ih³-ts'un hua⁴	按尺寸畫
,, of 1/10000	fu⁴ ch'ih³ i¹ wan⁴ fên¹ i¹	副尺一萬分一
,, of fifteen for each degree of longitude and ten for latitude	t'u² k'uo⁴ ching¹ tu⁴ shih² wu³ fên¹ wei² tu⁴ shih² fên¹	圖廓經度十五分緯度十分
,, (music)	yin¹ chieh²	音階
,, graduation	chieh² chi²	階級
,, of wages, a	an⁴ ch'êng² ku³-êrh suan⁴ kung¹-ch'ien	按成股兒算工錢
,, does business on a large	shih⁴ ta⁴ mai³-mai jên²	是大買賣人
,, ,, ,, ,,	pu⁴ ying¹ hsiao³ shih⁴-êrh	不應小事兒
Scalene,	pu⁴ têng³ pien¹	不等邊
Scales (of a fish)	yü² lin²	魚鱗
,, (balance)	t'ien¹-p'ing	天平
,, (weighing beam)	ch'êng⁴	秤
,, (steel-yard for weighing silver)	têng³-tzǔ	戥子
Scaling ladder, a	yün² t'i¹	雲梯
Scalp, the	nao³-kua p'i²	腦瓜皮
,,	t'ou² p'i²	頭皮
Scamp, a	hun⁴-hu 'rh	混混兒
,, work, to	fu¹-yen-kuo-ch'ü	敷衍過去
,, ,,	shua⁸ hu⁴-nung chü²-êrh	耍胡弄局兒
,,	o⁴ t'u²	惡徒
Scan to	chu⁴ t'iao² ching¹ ch'a²	逐條精查
,, (of poetry) to	p'ing² tsê⁴ t'iao² yün²	平仄調勻
,, ,, does not	p'ing² tsê⁴ pu⁴ t'iao²	平仄不調
Scandal,	wu³ ju⁴	侮辱
,,	ch'ou³ wên²	醜聞
,,	ti²-ku hua⁴ 'rh	低咕話兒
,, talks	hao⁴ la¹ shê²	好拉舌

749 Scandal—Scathing.

Scandal, is a	ch'uan² shuo¹-ti hên³-pu hao³ t'ing¹	傳說的很不好聽
,, cause a	ch'u¹ ch'ou³	出醜
Scandalous,	ch'ou³ o⁴	醜惡
,,	kuai⁴ han²-ch'ên-ti	怪含磣的
Scant,	pu⁴ tsu²	不足
Scantily fed and clothed (for economy)	tsun¹ i¹ chieh² shih²	撙衣節食
Scanty,	hsi¹ shao³	希少
,,	ch'üeh¹ fa²	缺乏
,, of speech	kua³ yen²	寡言
Scapegoat,	li³ tai⁴ t'ao² chiang¹	李代桃僵
,, one man made a	huo⁴ kuei¹ i¹ jên²	禍歸一人
,, of, make a	tsui⁴ kuei¹ i¹ jên²	罪歸一人
,, of me, make a	i³ wo³ tang¹ hsi¹ yang²	以我當犧羊
,, ,, ,,	na² wo³ tien¹ ch'uai³ 'rh	拿我墊揣兒
,, ,, ,,	hsün²-ch'ên wo³	尋趁我
,, ,, ,,	na² wo³ ting³ kang¹-êrh	拿我頂缸兒
Scapegrace,	ssŭ⁴ wu² chi⁴ tan⁴	肆無忌憚
Scar, a	pa¹-la	疤瘌
Scarce,	hsi¹ shao³	希少
,,	shao³ chien⁴-ti	少見的
,, make oneself	yin³ pi⁴	隱避
Scarcely enough	chin³ chin³ 'rh-ti kou⁴-lo	僅僅兒的夠咯
,, ,,	kou⁴-lo ch'a¹-î tien³ 'rh	夠咯差一點兒
,, entered when ..., I had	ch'a¹-i tien³ 'rh mei² chin⁴-lai, chiu⁴...	差一點兒沒進來就...
Scarcity,	chi¹ chin³	饑饉
Scare,	k'ung³ huang¹	恐慌
,, got a	shou⁴ ching¹	受驚
,, by scolding, to	chên⁴-ho-t'a liang³ chü⁴	震唬他兩句
Scarecrow, a	tiung¹ niao³-êrh-ti ts'ao³ jên² 'rh	鬨鳥兒的草人兒
Scared me to death	hsia⁴-ssŭ-wo-lo	嚇死我咯
,, out of his wits	hun² fei¹ tan⁴ p'o⁴	魂飛膽破
,, me	pa¹-wo hsia⁴ mao²-lo	把我嚇毛咯
,, ,,	hsia⁴-ti mao² fa³ sung³ jan²	嚇的毛髮悚然
Scarf for the neck, a	wei² po²-êrh	圍脖兒
Scarlatina,	hsing¹ hung² jo⁴	猩紅熱
Scarlet,	ta⁴ hung²	大紅
,,	yang² hung²	洋紅
Scathing remarks to him, made some	hên¹-to-t'a-i tun⁴	狠惛他一頓

Scathing—Scheme. 750

Scathing rebuke	t'ung⁴ ch'ih⁴	痛斥
Scathless,	wu² shih⁴	無事
Scatter, to	sa³	洒
,,	fên¹ san⁴	分散
,, about	sa³-k'ai	洒開
,, in all directions	ssŭ⁴ san⁴-lo	四散咯
,, hopes	shih¹-lo wang⁴-lo	失了望咯
,, brained	mei² nao³-tzŭ	沒腦子
,, ,,	ch'ing¹ shuai⁴	輕率
Scattered and without real union	ch'i² pu⁴ wu² t'ung³ i¹ chih¹ hsing²	棋布無統一之形
Scavenger, a	t'u³ fu¹	土夫
,,	fên⁴ fu¹	糞夫
Scavenging cart, a	t'u³ ch'ê¹	土車
,, of night soil	fên⁴ fu¹	糞夫
,, ,, ,,	t'ao² mao²-ssŭ-ti	掏茅厠的
Scene, of a battle	chan⁴ ch'ang³	戰場
,, of a disgraceful scuffle	yen³ ch'u¹ hu⁴ ou¹ ch'ih¹ man² chi⁴	演出互毆叱罵之劇
,, he appeared on the	t'a¹-chiu shang⁴-lo ch'ang²-lo	他就上了場了
Scenery,	fêng¹ ching³	風景
,,	shan¹ shui³ 'rh	山水兒
,,	ching³-chih 'rh	景緻兒
Scenes at cabinet making, behind the	tsu¹ chih¹ kuo² wu⁴ yüan² chih¹ nei⁴ mu⁴ chung³ chung³	組織國務員之內幕種種
Scent (perfume)	hsiang¹ wei⁴ 'rh	香味兒
,, (liquid)	hsiang¹ shui³	香水
,, smell, to	wên²	聞
Scented,	hsün¹-ti hsiang¹	燻的香
Sceptic,	huai² i² ti¹	懷疑的
Sceptical person, a	i²-hsin ta⁴	疑心大
Sceptre, a	ch'üan² chang⁴	權杖
,,	chün¹ ch'üan²	君權
,, (literal)	wang² chieh²	王節
,, invest with the	shou⁴ wang² chieh²	授王節
Schedule, a	tan¹-tzŭ	單子
,, (e.g., of trains)	shih² k'o⁴ piao³	時刻表
,, attached to this agreement	pên³ ho² t'ung² nien² fu⁴ ch'ing¹ tan¹	本合同粘附清單
Scheme, a	fa³-tzŭ	法子
,,	chi⁴-ts'ê	計策
,,	fang¹-fa 'rh	方法兒
,, to think of a	hsiang³ fang¹-fa 'rh	想方法兒

Scheme (bad)	o⁴ chi⁴	計惡
Schemer,	yin² mou² chê³	者謀陰
Schemes, clever	ch'iao³ yü² t'u² mou²	謀圖於巧
Scheming,	chiao³ hua²	猾狡
,, at, what he is	t'a¹ mou² shêm²-mo	麼甚謀他
,, to get something out of a person	p'an²-suan jên²	人算盤
Schism,	fên¹ lieh⁴	裂分
,,	fên¹ p'ai⁴	派分
Scholar, a	hsüeh²-shêng	生學
,, a learned person	yu³ hsüeh²-wên	問學有
,, a ripe	pao³ hsüeh²-êrh²	兒學飽
,, ,,	wên² jên²	人文
,, profound	po² hsüeh² chê³	者學博
,, ,,	wên² hsüeh² chieh⁴ chung¹ chü⁴ tzŭ³	子巨中界學文
Scholarly essay, a	ta⁴ ya³ chih¹ tso⁴	作之雅大
Scholarship (money)	chiang³ hsüeh² tzŭ¹ chin¹	金資學獎
,, ,,	ching¹ t'ieh hsüeh² fei⁴	費學貼津
,, (learning)	hsüeh shih⁴	識學
,, ,,	hsüeh² wên²	問學
Scholastic (pedantic)	mai⁴ lung⁴ pi³ mo⁴	墨筆弄賣
School, a	hsüeh² hsiao⁴	校學
,, master	chiao¹-hsi	習教
,, ,, certificated	kao¹ têng³ shih¹-fan shêng¹	生範師等高
,, elementary	mêng² hsiao³ hsüeh² hsiao⁴	校學小蒙
,, primary	kao¹ têng³ hsiao³ hsüeh² hsiao⁴	校學小等高
,, secondary	chung¹ hsüeh² hsiao⁴	校學中
,, high	kao¹ têng³ hsüeh² hsiao⁴	校學等高
,, free	i⁴ hsüeh²	學義
,, house	hsiao⁴ shê⁴	舍校
,, attendance	chiu⁴ hsüeh²	學就
,, teacher	hsüeh² hsiao⁴ chiao¹ yüan²	員教校學
,, boy	hsüeh²-shêng	生學
,, fellow	t'ung² ch'uang¹	窗同
,, fellows, old	fa¹ hai² 'rh hsüeh² pan⁴ 'rh²	兒伴學兒孩髮
,, age, children of	hsüeh² ling² êrh² t'ung²	童兒齡學
,, go to	shang⁴ hsüeh²	學上
,, leave	t'ui⁴ hsiao⁴	校退
,, inspector	shih⁴ hsüeh² kuan¹	官學視
,, ,,	tu¹ hsüeh² chü²-ti wei³-yuan	員委的局學督

School—Scoop.　　752

School, a private	chia¹ shu²	家塾
,, ,,	ssŭ¹ li⁴ hsüeh² hsiao⁴	私立學校
,, ,, director of a	ssŭ¹ shu²-ti	司塾的
,, (of painting)	liu²	流
,, to	chiao¹ chieh⁴	教戒
Schooling,	chiao¹ shou⁴	教授
,, (discipline)	hsün⁴ chieh⁴	訓戒
Schoolman,	chê² hsüeh² chia¹	哲學家
Science,	hsüeh²	學
,, of medicine	i¹ hsüeh²	醫學
,, ,, astronomy	t'ien¹ wên² hsüeh²	天文學
,, (dist. from practice)	hsüeh² shu⁴	學術
,, (branch of knowledge)	k'o¹ hsüeh²	科學
,, abstract	hsing² êrh² shang⁴ hsüeh²	形而上學
,, concrete	hsing² êrh² hsia⁴ hsüeh²	形而下學
,, applied	ying⁴ yung⁴ hsüeh²	應用學
,, ethical	lun² li³ hsüeh²	倫理學
,, moral	hsiu¹ shên¹ hsüeh²	修身學
,, political	chêng⁴ chih⁴ hsüeh²	政治學
Scientific (of persons)	hsüeh² shu⁴ shang⁴	學術上
,, ,,	hsüeh² li⁴ ti¹	學力的
,, (relating to science)	hsüeh² wên⁴ shang	學問上
,, study	hsüeh² shu⁴ yen² chiu¹	學術研究
Scientifically	hsüeh² li³ ti¹	學理的
Scion,	hou⁴ i⁴	後裔
,, of aristocracy	kuei⁴ tsu² tzŭ³ ti⁴	貴族子弟
Scissors, a pair of	i⁴ pa³ chien³-tzŭ	一把剪子
Sclerotic,	kung³ mo⁴	鞏膜
Scoff (at)	hsi¹ lung⁴	戲弄
Scoffed at me	t'a¹ lêng³-hsiao wo³-lo	他冷笑我咯
Scold, to	yao¹-ho	吆喝
,,	hên¹-to	狠惰
,,	shu³-lo	數落
,, to	jang¹-jang-i-tun	嚷嚷一頓
,, a female	ai⁴ sa¹ tiao¹	愛撒刁
,, ,,	ch'ang² shê³ fu⁴	長舌婦
,, ,,	ho² tung¹ shih¹-tzŭ hou⁸	河東獅子吼
Scolding, will get a	yao¹ ai¹ hên¹-to	要挨狠惰
,, give him a	p'ai²-hsüan-t'a i tun⁴	排揎他一頓
,, ,,	tao¹-lao-t'a i tun⁴	叨嘮他一頓
,, ,,	yao¹-ho-t'a i tun⁴	吆喝他一頓
Scolloped,	shui³-po lang⁴-êrh-ti	水波浪兒的
Scollops,	pan⁴ 'rh	瓣兒
Sconce for a candle, a	ch'ien¹ la⁴ k'u⁴-êrh	扦蠟燭兒
Scoop up, to	k'uai³-ch'u-lai	筶出來

Scoop—Scot.

Scoop (for water), a	shui³ yao³-tzǔ	水舀子
,, out a hole	wa¹-ko k'êng¹-êrh	挖個坑兒
,, up earth	ch'an³ t'u³	鏟土
Scope (object)	mu⁴ ti¹	目的
,, for scholarship, no	hsüeh²-wên shih¹ chan³-pu k'ai¹	學問施不開展
,, for abilities, no	ch'ü¹ ts'ai²	屈才
,, ,,	nêng²-nai shih¹ chan³-pu-k'ai	能耐施不展開
,, for, no	pu⁴ nêng² yu³ so³ chan³ pu⁴	不能有所展布
,, of a boy's understanding, within the	pu⁴ ch'u¹ êrh² t'ung² hsi² chien⁴ shih⁴ wu⁴ chih¹ wai⁴	不出兒童習見事務之外
,, (room)	yü² ti⁴	餘地
,, (sphere)	ch'ü¹ yü⁴	區域
,, of, beyond the	fan⁴ wei² chih¹ wai⁴	範圍之外
Scorched by fire	hu²-lo	湖咯
,, ,,	chiao¹-lo	焦咯
,, by the sun (of the skin)	shai⁴ hung²-lo	曬紅咯
,, ,, ,, (of flowers)	shai⁴ nien¹-lo	曬蔫咯
Scorching hot	yen² jo⁴	炎熱
,, ,,	ya³ sai⁴ hsia⁴ huo³ shih⁴ ti¹	亞賽下火式的
Score, an advantage, to	shang⁴ suan⁴	上算
,, ,,	chan⁴ p'ien²-i	佔便宜
,, marks, to	tê² fên¹-shu-êrh	得分數兒
,, in a game	tien³ shu⁴	點數
,, (music)	yüeh⁴ p'u³	樂譜
,, of illness, on the	t'o¹ ping⁴	托病
Scores, pay off old, to	pao⁴-fu ch'ien² ch'ou²	報復前仇
Scorn, to	miao³-shih	藐視
,,	ch'ing¹ mieh⁴	輕蔑
,,	ch'ing¹ wu³	輕侮
,, I treated him with	wo³ chih² mei² ch'iao²-ch'i¹ t'a	我直沒瞧起他
,, to do it, would	pu⁴ hsüeh⁴-yü-ch'ü tso⁴	不屑去做
Scorpion, a	hsieh¹-tzǔ	蠍子
,, (astronomical)	t'ien¹ hsieh¹ kung¹	天蠍宮
,, stung by a	chiao⁴ hsieh¹-tzǔ chê¹-lo	叫蠍子蜇了
Scot free, got off	chiao³ hsing⁴ mei² shih⁴	僥倖沒事
,, ,, ,,	t'ai⁴ p'ing² wu² shih⁴	太平無事
,, ,, ,,	pai² pai²-êrh-ti mei² shih⁴-lo	白白的兒沒事咯

Scotch—Scraps. 754

Scotch a wheel, to	ta³-ko yen³ 'rh	打個眼兒
,, ,,	na² kun⁴-tzŭ pieh²-shang	拿棍子憋上
Scotland,	su¹-ko lan²	蘇格蘭
Scoundrel, a	kun⁴ t'u²	棍徒
,,	o⁴ tang³	惡黨
,,	ts'ang³-tzŭ	賊子
Scour, to	ta³-mo	打磨
,, bright	ta³-mo k:uang¹-lo	打磨光了
,, the plain	sao³-tang⁴ p'ing² ti⁴	掃蕩平地
,, a ditch (as by running water)	ch'ung¹-liao i² liu⁴ kou¹	冲了一溜溝
Scourge the people	chiang⁴ huo⁴ ssŭ¹ min²	降禍斯民
,, (calamity	t'ien¹ tsai¹	天災
,, (lash)	pien¹ t'a³	鞭撻
Scout, to	ch'ien² t'an⁴	前探
,, ,,	chên¹ ch'a²	偵察
,, a	t'an⁴-tzŭ	探子
,, ,,	chên¹ t'an⁴ ping¹	偵探兵
,, ,,	ch'ih⁴ hou⁴	斥候
Scowl,	nu⁴ jung²	怒容
,,	chi² shih⁴	疾視
,, to	chou⁴-cho mei² yu³ ch'i⁴	皺着眉有氣
Scraggy,	nien¹-p'i ta¹ sa¹-ti	黏皮搭撒的
Scramble, for, to	luan⁴ ch'iang³	亂搶
,, ,,	ch'iang³-cho yao⁴	搶着要
,, ,,	chêng¹ ch'ien² k'ung³ hou⁴	爭前恐後
,, up	p'a²-shang-ch'ü	趴上去
,, down	p'a²-hsia-lai	趴下來
,, for places	ch'iang³ tso⁴-êrh	搶座兒
Scrap of paper, a	sui⁴ chih³ t'ou² 'rh	碎紙頭兒
,, ,, make war for a	wei⁴ i⁴ t'iao² chih³ hsüan¹ chan⁴	爲一條紙宣戰
,, iron	lan⁴ t'ieh³	爛鐵
,, album	chi² chin³ ts'ê⁴ yeh⁴	集錦册頁
Scrap, to	kua¹	刮
,, off skin	kua¹-liao i¹ ts'êng² p'i¹	刮了一層皮
,, get into a	shou⁴-liao-i tien³ 'rh lin²-pieh	受了點兒臨憋
,, get into a	lo⁴ nan²	落難
,, money together	chi² yeh² ch'êng² ch'iu²	集腋成裘
,, through, just managed to	chiang¹-p'i kuo³ jou⁴-êrh-ti pan⁴-lo	將皮裹肉兒的辦咯
Scraping sound, a	ko¹-chih hsiang³	咯吱響
Scraps,	ts'an² wu⁴	殘物
,, of food	shêng⁴ fan⁴	賸飯

Scraps—Scribe.

Scraps of information, to get	tê² cho tien³ 'rh hua⁴ t'ou²-êrh	得着點兒話頭兒	
,, to a dog, to throw	jêng¹ jou⁴ t'ou²-êrh	扔肉頭兒	
Scratch an itch, to	chua¹ yang³-yang-êrh	抓癢癢兒	
,, the head	nao² t'ou²	撓頭	
,, with nails or claws, to	chua¹ jên²	抓人	
,, with nails or claws, a	chua¹-lo i² tao⁴-tzŭ	抓了一道子	
,, with the paw	na² chua³ tzŭ tao¹	拏爪子叨	
,, with thorns, etc.	hua²-lo i² tao⁴-tzŭ	劃了一道子	
,, merely a	pu⁴ kuo⁴ hua²-lo i² tien³ 'rh yu²	不過劃了一點兒油 p'i²-êrh 皮兒	
Scratcher for the back, a	yang³-yang nao²-êrh	癢癢撓兒	
Scrawl, to	hu² hua⁴-la-shang-i	胡畫拉上了	
,, (illiterate, also self-depreciatory)	cho¹ shu¹	拙書	
Scream, to	hao²	嚎	
, with pain	t'êng²-ti chih² hao²	疼的直嚎	
Screen, a folding	wei²-p'ing	圍屏	
,, fixed	chao⁴-pi	照壁	
,, in front of a door	ying³-pi	影壁	
,, a curtain	man⁴-tzŭ	幔子	
,, an entrance gate of four leaves	p'ing²-fêng	屏風	
,, to	hu⁴-p'i	護庇	
,, (conceal)	chê¹-yen	遮掩	
,, the road during progress of empress, etc.	sa³ kuan¹-fang	撒開防	
,, a crime	pi⁴ tsui⁴	蔽罪	
,, so and so	ku¹ tsung⁴	姑縱	
,, himself under protection of so and so (vulgar)	ta³ cho chia³ ti¹ ch'i² hao⁴	打着甲的族號	
Screw, a	lo²-ssŭ ting⁴-êrh	螺絲釘兒	
,, driver	kai³-chui	改錐	
,, top	lo²-ssŭ kai⁴-êrh	螺絲蓋兒	
,, of a steamer	lun²-tzŭ	輪子	
,, twin	chuang¹ an⁴ lun²	雙暗輪	
,, down, to	wang³ hsia⁴ ning²-ning	往下擰擰	
,, unscrew, to	wang³ shang⁴ ning²	往上擰	
,, down a lid	na⁰ lo²-ssŭ ning¹-shang	拿螺絲擰上	
Screwed down	kai³ chu kai³ ti¹	改錐改的	
Scribble off a letter, to	hua²-la-shang i⁴ fêng¹ hsin⁴	畫拉上一封信	
,, in a book, etc., to	hu² hua⁴-la	胡畫拉	
Scribbling paper	ch'êng² wên² chih³	呈文紙	
Scribe,	shu¹ shou³	書手	

Scribe—Sea.

Scribe,	tai⁴ shu¹ jên²	代書人
Scriptures, the	shêng⁴ ching¹	聖經
Scrofula,	lo³ li⁴	瘰癧
Scroll, a perpendicular, with picture or writing,	t'iao³-shan	條屏
,, horizontal	hêng² pêng¹-êrh	橫披兒
,, ,,	hêng² p'i¹	橫披
Scrolls, with writing only	tui⁴ lien²	對聯
Scrotum, the	shên⁴ nang²	腎囊
Scrub, to	shua¹-hsi shua¹-hsi	刷洗刷洗
Scrubbing-brush, a	ts'ui¹-chou	篲帚
Scruple,	yüan³ lü⁴	遠慮
Scrupulous,	chü¹-ni	拘泥
,,	ting¹ ning ts'ung² shih⁴	丁寧從事
,,	wu² wei¹ pu⁴ chih⁴	無微不至
,,	chin³ hsiao³ shên⁴ wei¹	謹小慎微
,, don't be too	pieh² ts'un² hsin	別存心
Scrutinize, to	yen² chiu¹	研究
,, the votes	chien³ shih⁴ p'iao⁴ shu⁴	檢視票數
Scuffle in play, to	ta³-cho wan² 'rh	打著玩兒
,, in anger	nao⁴ chi⁹-lo	鬧急咯
,, a general	ta³ ch'êng² i t'uan²	打成一團
Scull, a	i⁴ chang¹ lu³	一張櫓
,, to	yao² lu³	搖櫓
Sculptor,	tsao⁴ k'o¹ shih¹	彫刻師
Sculpture,	shih⁴ hsiang⁴	石像
Scum,	mo⁴-tzŭ	沫子
,,	yu² mo⁴-tzŭ	油沫子
Scurf,	fu¹-p'i	膚皮
Scurrilous,	wei³ hsieh⁴	猥褻
,, language	wu¹ wei⁴ yen² yü³	污穢言語
Scurvy,	huai⁴ hsüeh³ ping⁴	壞血病
,,	ch'ing¹ lien² ping⁴	青蓮病
Scuttle for coal, a	mei² tou³-tzŭ	煤斗子
,, off, to	tzŭ-liu¹ p'ao³-lo	漬溜跑咯
,, ,, ,,	t'ao² chih¹ yao yao²	逃之遙遙
Scythe, a	i⁴ pa³ shan⁴ lien²	一把釤鐮
Sea, the	hai³	海
,, open	ta⁴ hai³	大海
,, going ship	hai³ ch'uan²	海船
,, ,, ,,	fang⁴ yang²-ti ch'uan²	放洋的船
,, put to	ch'u¹ hai³	出海
,, ,,	fang⁴ yang²	放洋
,, high	ta⁴ lang⁴	大浪
,, shore	hai³ an⁴	海岸

Sea	shore	hai³ pien¹ 'rh	兒邊海
,,	breeze	hai³ fêng¹	風海
,,	port	hai³ k'ou³	口海
,,	wall	hai³ t'ang²	塘海
,,	sick, to be	yün⁴-lo	咯暈
,,	,, to get	yün⁴ ch'uan²	船暈
,,	weed	hai³ ts'ao³	草海
,,	,, edible	hai³ tai⁴ ts'ai⁴	菜帶海
,,	and land, journeyed by	t'i¹ shan¹ hang² hai³	海航山梯
,,	command of	hai³ shang⁴ ch'üan² li⁴	力權上海
,,	obtain command of	tê² chih⁴ hai³ ch'üan²	權海制得
,,	go to	ts'ung² shih⁴ hai³ shang⁴	上海事從
,,	board	hai³ an⁴	岸海
,,	over *seas*	hai³ wai⁴	外海
Seal,	an Imperial	yü⁴ hsi³	璽玉
,,	the Great	kuo² hsi³	璽國
,,	of state	kuo² hsi³	璽國
,,	of a territorial, official	i⁴ k'o¹ yin⁴	印顆一
,,	of an official, without territorial jurisdiction	i⁴ k'ou³ k'uan¹-fang	防關口一
,,	or stamp, unofficial	ch'o¹-tzŭ	子戳
,,	a private	t'u²-shu	書圖
,,	affix an official	kai⁴ yin⁴	印蓋
,,	,, ,, ,,	kai⁴-shang yin⁴	印上蓋
,,	,, ,, ,,	ta³ kuan¹-fang	防關打
,,	,, a stamp	ta³ ch'o¹-tzŭ	子戳打
,,	,, ,,	ta³ t'u²-shu	書圖打
,,	up a letter	fêng¹-shang	上封
,,	,, ,, ,,	fêng¹-shang fêng¹ t'iao	條封上封
,,	up a door	fêng¹ mên²	門封
,,	,, ,,	na² fêng¹-t'iao fêng¹-shang	上封條封拿
,,	characters	chuan⁴ tzŭ⁴	字篆
,,	the	hai³ t'a³	獺海
Sealed letter		fêng¹ shu¹	書封
Sea-level,		shui³ p'ing²	平水
Sealing wax,		huo³ ch'i¹	漆火
Seam, a		i⁴ tao³ fêng⁴-êrh	兒縫道一
,,	sew a	fêng² shang fêng⁴ êrh	兒縫上縫
,,	of a boot	ya²-fêng	縫牙
Sear (brand with an iron) to		ta³-shang huo³ yin⁴	印火上打
Search for, to		chao³	找
,,	,,	chao³-hsün	尋找
,,	(a house)	sou¹ so³	索搜

Search—Seat. 758

Search (as a house, or the person)	sou¹ ch'a²	搜察
,, for (some article which one has not got)	wu⁴ sê⁴	物色
,, ,, ,, ,,	t'ao² huan⁴	陶換
,, (ransack)	t'an⁴ so³	探索
,, domiciliary	chia¹ chai² sou¹ so³	家宅搜索
,, (in a book) to	ch'a²	察
Searching,	yen² chung⁴	嚴重
Searchlight,	t'an⁴ hai³ têng¹	探海燈
Search party,	sou¹ so³ tui⁴	搜索隊
Seared conscience	sang⁴ hsin¹ ping⁴ k'uang²	喪心病狂
Sea route,	hang² lu⁴	航路
Seas, over	hai³ wai⁴	海外
,, on the high	kung¹ hai³ chung¹	公海中
Seaside trip	yu² hsing² hai³ pin¹	遊行海濱
Season,	shih² chi⁴	時季
,, for . . . ., it is now just the	hsien⁴ tsai⁴ shih⁴ ling⁴ chêng⁴ tang¹	現在時令正當
,, for, not the	pu⁴-shih shih²-hou 'rh	不是時候兒
,, ,, ,,	mei² tao⁴ shih²-hou 'rh	沒到時候兒
,, of spring	ch'un¹ chi⁴	春季
,, flowers in	sui¹ shih²-ti hsien¹ hua¹ 'rh	隨時的鮮花兒
,, flowers out of	fei¹ shih² hua¹	非時花
,, shooting	yu² lieh⁴ ch'i²	遊獵期
,, ticket	ch'i² p'iao⁴	期票
,, ticket, a	chi⁴ p'iao⁴	季票
,, (habituate), to	shih³ ch'êng² hsi² kuan⁴	使成習慣
,, to (a dish)	chia¹ wei⁴	加味
,, justice with mercy	fa³ wai⁴ shih¹ jên²	法外施仁
,, (imbue)	chin¹ jun⁴	浸潤
Seasonable,	shih⁴ shun⁴	適順
,, weather	shih²-ling chêng⁴	時令正
,, ,, not	shih²-ling pu⁴ chêng⁴	時令不正
Seasoning, add	chia¹ tien³ 'rh tso²-liao 'rh	加點兒作料兒
,, ,,	t'i² t'i² wei⁴ 'rh	提提味兒
Seasons, the four	ssŭ⁴ chi⁴	四季
Seat, a	tso⁴ 'rh	座兒
,, please take a	ch'ing³ tso⁴	請坐
,, for him, place a	kei³-t'a pan¹-ko tso⁴ 'rh	給他搬個座兒
,, change one's	i² chü¹	移居
,, return to one's	kuei¹ tso⁴	歸坐

Seat	of a disease	ping⁴ kên¹ 'rh	兒根病
,,	you can "take a back"	pa⁴-ni pi³-hsia-ch'ü-lo	咯去下比何把
,,	parliamentary	hsüan³ chü³ ch'ü¹	區舉選
,,	of war	chan⁴ ch'ang³	塲戰
,,	he has a good	ch'êng² yü⁴ yu³ fang¹	方有取渠
,,	(of authority)	chih² wei⁴	位職
,,	to	wei⁴ chih⁴	置位
,,	(set firm)	chien¹ li⁴	立堅
Seats,	please take your	ch'ing⁶ kuei¹ tso⁴	坐歸請
,,	,, ,,	ch ing³ ju⁴ tso⁴	座入請
,,	place five	pai³ wu³-ko tso⁴ 'rh	兒座個五擺
,,	round the table, arrange the	pa⁴ cho¹ têng⁴ t'iao² hao³-lo	咯好調凳棹把
Secant,		ko¹ hsien⁴	綫割
Secession,		t'o¹ tang³	黨脫
,,	from the central government	yü³ chung¹ yang¹ t'o¹ ch'u² kuan¹ hsi⁴	係關除脫央中與
Seclude oneself		yin³ chü¹	居隱
Secluded, spot, a		pi⁴-ching ti⁴-fang	方地靜避
,,	life, lead a	kuo⁴ ch'ing¹-ching jih⁴-tzǔ	子日靜清過
Seclusion, profound		shên¹ chü¹ chien³ ch'u¹	出簡居深
Second, the		ti⁴ êrh⁴	二第
,,	,,	ti⁴ êrh⁴ ko⁴	個二第
,,	time	ti⁴ êrh⁴ hui²	回二第
,,	,,	tsai⁴ ch'i² tz'ǔ⁴	次其在
,,	of the month	ch'u¹ êrh⁴	二初
,,	a person's efforts	fu³ chu⁴	助輔
,,	hand	t'un⁴ chiu⁴-êrh-ti	的兒舊遁
,,	,, bought it	mai⁴-ti t'un⁴ chiu⁴-êrh-ti	的兒舊遁的買
,,	hand clothes shop	ku⁴ i¹ p'u⁴	舖衣估
,,	,, goods shop	kua⁴ huo⁴ wu¹-tzǔ	子屋貨掛
,,	thoughts, on	wo³ yu⁴ hsiang³-ch'i-lai-lo	了來起想又我
,,	sight	hsien¹ chien⁴-chih ming²	明之見先
,,	string to one's bow	pei⁴-êrh-pu yung⁴	用不而備
,,	rate	tz'ǔ⁴ têng³-êrh-ti	的兒等次
,,	best plan, thought of a	kêng⁴ ssǔ¹ ch'i² tz'ǔ⁴	次其思更
,,	,, ,, be content with the	shê⁴ ch'i² shang⁴ pu⁴ tê² pu⁴ yung⁴ ch'i² tz'ǔ⁴	次其用不得不上其捨
,,	edition	fu⁴ ch'u¹ pan³	板出復
,,	hand of a watch	mang² chên¹ 'rh	兒針忙
,,	nature, regard obedience to discipline as	i³ fu² ts'ung² ming⁴ ling⁴ wei⁴ ti⁴ êrh⁴ t'ien¹ hsing⁴	性天二第爲令命從服以

Second—Secretary. 760

Second (backer)	chu⁴ shou³	助手
,, Louis the	lu³ i⁴ êrh⁴ shih⁴	魯易二世
,, K'ung Ming	k'ung³ ming² tsai⁴ shêng¹	孔明再生
,, to no power	ch'iao⁴ chih¹ ko⁴ kuo² yu³ kuo² chih¹ êrh² wu² pu⁴ chi²	較之各國有過之而無不及
,, hero, a	chi⁴ ch'i³ chih¹ ying¹ hsiung²	繼起之英雄
,, India, if this continues we shall become a	hsün² tz'ŭ³ i³ wang² chiang¹ wei² yin⁴ tu⁴ chih¹ hsü⁴	循此以往將為印度之續
,, son	tz'ŭ⁴ tzŭ³	次子
,, wife	hou⁴ ch'i¹	後妻
,, sight	yü⁴ chih¹	預知
,, (a motion)	tsan⁴ ch'êng²	贊成
Secondary,	fu⁴ tsung⁴ ti¹	附從的
,, cause	chu⁴ li⁴	助力
,, consideration	fu⁴ tsung⁴ ti¹ chu⁴ i⁴	附從的注意
,, consideration, that is a	na⁴ tao⁴ tsai⁴ tz'ŭ⁴	那倒在次
,, ,, ,,	na⁴ tao⁴-shih mo⁴ shih⁴	那倒是末事
,, consideration is, a	tsai⁴ chê³	再者
Secrecy,	mi⁴ mi⁴	秘密
,, of correspondence	shu¹ hsin⁴ pi⁴ mi⁴ chih¹ tzŭ⁴ yu²	書信秘密之自由
Secret,	mi⁴	密
,,	chi¹-mi	機密
,, a	chi¹-mi hua⁴	機密話
,, ,,	chi¹-mi shih⁴	機密事
,, in	an⁴-chung	暗中
,, wished it kept	mi⁴ pu⁴ yü⁴ hsüan¹	秘不欲宣
,, society	mi⁴ mi⁴ chieh² shê⁴	秘密結社
,, conference	mi⁴ mi⁴ hui⁴ i⁴	秘密會議
,, open	kung¹ jan² chih¹ mi⁴ mi⁴	公然之秘密
,, be in the	chih¹ ch'i² nei⁴ mu⁴	知其內幕
,, the (of an art)	mi⁴ chüeh²	秘訣
,, trade	mi⁴ ch'uan²	秘傳
,, till the right time, kept	tai⁴ shih² wei⁴ fa¹	待時未發
Secretariat,	mi⁴ shu¹ t'ing¹	秘書廳
,, (old term)	ch'ing² chêng⁴ t'ing¹	承政廳
Secretary in a government office, a	shu¹-chi kuan¹	書記官
,, in the foreign office	wai⁴-wu-pu⁴ shu¹-chi kuan¹	外務部書記官
,, in President's office	nei⁴ shih³	內史

761　　　　　　Secretary—Secure.

Secretary, chief	nei⁴ shih³ chang³	長史內
,, ,,	mi⁴ shu¹ chang³	長書秘
,, ,,	ts'an¹ i⁴	議參
,, private	mu⁴ yu³	友幕
,, (departmental), to an official	shih¹-yeh	爺師
,, engage a	ch'ing³ mu⁴ yu³	友幕請
,, to an institution	shu¹-chi	記書
Secrete,	fên¹ pi⁴	泌分
Secretion,	fên¹ pi⁴ wu⁴	物泌分
Secretive,	yin³ pi⁴	蔽隱
,, (afraid to speak out)	han²-cho k'u²-t'ou lou⁴-cho jou⁴	肉著露頭骨著含
Secretiveness,	yin³ pi⁴ hsing⁴	性蔽隱
Secretly,	nieh¹-pu chi¹-ti	的幾不隉
,, with ruffians, combine	yin¹ chieh² fei³ tang³	黨匪結陰
Sect, a	chiao⁴ mên² 'rh	兒門教
,,	tsung¹ mên²	門宗
,,	mên² p'ai⁴	派門
,, enter a	ju² mên²	門入
,, originally the same	yüan² shih⁴ i² p'ai⁴	派一是原
,, does he belong to? what	kuei¹ shêm²-mo chiao⁴ mên² 'rh	兒門教麼甚歸
Section (of regulations, etc.)	i² tuan⁴	段一
,, ,,	i¹ t'iao²	條一
,, (part)	pu⁴ fên¹	分部
,, ,,	ch'ü¹ fên¹	分區
,, (of a book)	chieh²	節
,, (as a book), mark off in	piao¹ chü³ chang¹ chieh²	節章舉標
,, cross	hêng² tuan⁴ mien⁴	面斷橫
,, vertical	tsung⁴ tuan⁴ mien⁴	面斷縱
Sections (as a public office), divide into	fên¹ shê⁴ ko⁴ k'o¹	科各設分
Sector,	fên¹ yüan²	圓分
Secular,	shih⁴ su² ti¹	的俗世
,,	fan² su²	俗凡
,,	shih⁴ ch'ên² ti¹	的塵世
,, affairs	shih⁴ shih⁴	事世
Secure, the lock is not	na¹ so³ pu-lao²-k'ao	靠牢不鎖那
,, steady, or safe	wên³-tang	當穩
,, (won't break)	chieh¹-shih	實結
,, investment	ch'ien² ko¹-ti wên³-tang	當穩的擱錢
,, customers, to	chao¹ chu³-ku	顧主招
,, (guarantee), to	kuan³ pao³	保管

Secure—Sediment.

Secure a seat		liu² tso⁴-êrh	兒座留
,, ,,		ting⁴ tso⁴-êrh	兒座定
,,	one thing at expense of another	ku⁴ tz'ǔ³ shih¹ pi³	彼失此顧
,,	their selfish ends	yung³ i¹ chi³ chib¹ ssǔ¹ li⁴	利私之己一擁
,,	from care	an¹ ch'üan²	全安
,,	(maintain its position)	li⁴ yü²·pu⁴ pai⁴ chih¹ ti⁴	地之敗不於立
,,	(make safe)	shou³ hu⁴	護守
Securely, to tie		chi⁴ chieh¹-shih	實結繫
,,	fasten	ting¹ tz'ǔ²-shih	實磁釘
Securities, gilt edged		chêng⁴ tang¹ pao³ chêng⁴	證保當正
,,	government	kung¹ chai⁴ chêng⁴ shu¹	書證債公
,,	valuable	yu³ chia⁴ chêng⁴ chüan⁴	券證價有
Security, to be		tso⁴ pao³	保作
,,	(surety)	pao³ chêng⁴ jên²	人證保
,,	find a	chao³ pao³ jên²	人保找
,,	give	kei¹ ya¹-chü	據押給
,,	there is no element of	mei² k'ao⁴ shih²-ti	的實靠沒
,,	put in a place of	ko¹-i-ko t'o³ k'ao⁴ ti⁴-fang	方地靠妥個一擱
,,	against fire, no	nan² pao³ mei² huo³ tsai¹	災火沒保難
,,	of property	pao³ yu³ ts'ai² ch'an³	產財有保
,,	satisfactory	ti³ ya¹ p'in³ chih¹ ch'ieh¹ shih²	實切之品押抵
,, ,,		ti³ tang¹ wu⁴	物當抵
,,	of the salt gabelle, borrow a foreign loan on the	chih³ cho yen² k'o⁴ chieh¹ wai⁴ chai⁴	債外借課鹽著指
,,	public	chih⁴ an¹	安治
Sedan,		chien¹ yü²	輿肩
,,	chair, a	i⁴ ting³ chiao⁴-tzǔ	子轎頂一
,,	(four bearers)	kuan¹ chiao⁴	轎官
,,	(two bearers)	hsiao³ chiao⁴	轎小
,,	wedding	hsi³ chiao⁴	轎喜
,,	an open	p'a² shan¹ hu³-êrh	兒虎山爬
Sedate,		p'ing² wên³	穩平
,,	person, a	ch'ên²-ching jên²	人靜沈
,,	manner, to walk in a	hsü² hsü¹-êrh-ti tsou³	走的兒徐徐
Sedative,		chên⁴ t'ung⁴ yao⁴	藥痛鎮
Sedentary occupation		tso⁴ yeh⁴	業坐
,,	occupation, to pursue a	chiu⁴ tso⁴-kung-êrh shih⁴-yeh	業事兒工坐就
Sediment,		cha¹-tzǔ	子渣
,,		cha¹ tzǔ³	滓渣
,,		ni² ti³-êrh	兒底泥

Sedition—See

Sedition,	mou² fan³	謀反
,,	tsao⁴ fan³	造反
,,	fan³ p'an⁴	反叛
Seditious,	shan⁴ tung⁴	煽動
,,	fang¹ hai⁴ chih¹ an¹	妨害治安
Seduce,	yu⁴ huo⁴	誘惑
,, to	t'iao²-hsi ch'êng² chien²	調戲成姦
,, (lead astray)	yin³ yu⁴	引誘
Seductive (of women only)	yao¹ yao¹ t'iao² t'iao²-ti	妖妖調調的
,, glances	i³ mu⁴ sung⁴ ch'ing²	以目送情
,, appearances	ch'iao³ yeu² ling⁴ sê⁴	巧言令色
,, female is more deadly than a snake, a	yin² fu⁴ chih wei¹ shên⁴ yü² tu² shê³	淫婦之危甚于蛇毒
Sedulous,	po⁴ chê² pu⁴ hui²	百折不回
,,	yu³ hêng² hsin¹	有恆心
See, to	ch'iao²	瞧
,,	k'an⁴	看
,,	ch'ou³	瞅
,, I will	k'an⁴-k'an-pa	看看罷
,, did not	mei² k'an⁴-chien	沒看見
,, ,, ,,	mei² ch'iao² chien⁴	沒瞧見
,, ,, ,,	mei² ch'ou³-chien	沒瞅見
,, distinctly, did not	mei² k'an⁴ chên¹-ch'ieh	沒看眞切
,, something of (e.g., a country)	k'uei¹ tê²·i¹ pan¹	窺得一班
,, (perceive)	liao³ jan²	了然
,, through	k'an⁴ p'o⁴	看破
,, ,, a device	k'an⁴ p'o⁴-lo	看破了
,, ,, ,,	ch'iao²-ch'u-lai-lo	瞧出來了
,, ,, ,,	k'an⁴ ming²-pai-lo	看明白了
,, better wait and	kêng⁴ i² ching⁴ kuan¹ ch'i² hou²	更宜靜觀其後
,, wait and	ch'iao² shih¹ tso⁴ shih⁴	瞧事作事
,, much experience	yüeh⁴ li⁴ shên⁴ shên¹	閱歷甚深
,, to it, I will	wo³-kei chao⁴-k'an-cho	我給照看着
,, ,, ,, myself, will	wo³ tzŭ⁴-chi hui⁴ t'iao²-t'ing	我自己會調停
,, you blowed first	ni³ yao⁴-ssŭ wo-pu kei³-ni	你要死我不給你
,, that you are back at five o'clock!	ku¹-liang-cho wu³ tien³ chung¹ hui²-lai	估量着五點鐘囘來
,, it is finished tomorrow	ku¹-liang-cho ming²-t'ien tê²	估量着明天得
• you've spoilt it!	ni³ ch'iao², kei nung⁴ huai¹-lo	你瞧給弄壞咯

See—Seething. 764

See	(a superior)	yeh⁴ chien⁴	見謁
,,	(interview)	wu⁴ chien⁴	見晤
,,	off friends	sung⁴ hsing²	行送
,,	as we go along, we will	tsou³-cho ch'iao²	瞧着走
Seed,	run to	chieh¹-lo tzŭ³-êrh-lo	咯兒子了結
,,	keep for	liu²-cho wei⁴ ta³ tzŭ³-êrh	兒子打爲着留
,,	(progeny)	miao² i⁴	裔苗
,,	(semen)	nan² ching¹	精男
Seeds,		tzŭ³-li	粒籽
,,		tzŭ³-êrh	兒籽
,,		chung³-êrh	兒種
,,	to sow	chung⁴ tzŭ³-êrh	兒子種
Seedy,		hsin¹ chung¹ pu⁴ shih⁴	適不中心
Seeing is better than hearing		po⁴ wên² pu⁴ ju² i¹ chien⁴	見一如不聞百
Seek, to		chao³	找
,,		hsün²	尋
,,		chao³-hsün	尋找
,,		t'an⁴ so³	索探
,,	fame	ch'iu² ming²	名求
Seem	to remember	ssŭ⁴-hu chi⁴-tê	得記乎似
,,	,, ,,	hao³-hsiang chi⁴-tê	得記像好
,,	to be so, it may	k'an⁴-cho hsü³-shih na⁴-mo yang⁴-êrh	兒樣麼那是許着看
,,	to you? how does it	ni³ k'an⁴ tsêm³-mo yang⁴	樣麼怎看你
,,	,, ,, ,,	kao¹ chien⁴ ju² ho²	何如見高
,,	to know of such a telegram, I don't	ssŭ⁴ wei⁴ ts'êng² wên² yu³ tz'ŭ³ tien⁴	電此有聞曾未似
Seemly,		ho² i²	宜合
,,		shih⁴ tang¹	當適
Seems that . . . ., it		an⁴ shuo¹	. . . .說按
,,	to me, it	chü⁴ wo³ ch'iao²	瞧我據
,,	,, ,,	tsai⁴ wo³ k'an⁴	看我在
,,	,, ,,	wo³-ti yü² chien⁴	見愚的我
,,	to be all right	k'an⁴-cho-shih pu⁴ ts'o⁴	錯不是着看
,,	,, incorrect	ssŭ⁴-hu pu⁴ tui⁴	對不乎似
Seen by so and so, was		pei⁴ mou³ k'an⁴ chien⁴	見看某被
Sees a chance, to do it if one		chien⁴ chi¹ êrh² tso⁴	作而機見
See-saw, to		ka¹-yao	搖跲
,, a		ka¹-yao pan³ 'rh	兒板搖跲
,, (fig.)		hu¹ chin⁴ hu¹ t'ui⁴	退忽進忽
Seethe,		fei¹ t'êng²	騰沸
Seething, in a pot		kun³ k'ai¹-ti	的開滾

Seething rebellion	luan⁴ ju² ting³ fei⁴	沸鼎如亂
,, mass of corruption	ou⁴-nien ch'ou⁴-lo	咯臭黏溫
Segment,	kung¹ hsing²	形弓
,,	pu⁴ fên¹	分部
Segregate,	ko² li²	離隔
Seismograph,	yen⁴ chên⁴ ch'i⁴	器震驗
Seismological,	ti⁴ chên⁴ hsüeh²	學震地
Seize,	pu³ huo⁴	獲捕
,,	lüeh⁴ ch'ü³	取畧
,, (arrest), to	cho¹ na²	拿捉
,, ,,	na²-hsia	下拿
,, up	chua¹-ch'i-lai	來起抓
,, hold of a kitchen chopper	chua¹ la i¹ pa⁴ ts'ai⁴ tao¹	刀菜把一了抓
,, him	pa⁴-t'a tai³-ohc	着得他把
,, territory	chan⁴ ti⁴	地佔
,, usurp	ch'in¹ chan⁴	佔侵
,, and occupy	ko¹ chü⁴	據割
,, property by government warrant	ch'ao¹ chia¹	家抄
Seizure of stolen goods	ch'i³ ch'u¹ tsang¹ wu⁴	物贓出起
Seldom see him, I	ch'ing¹-i pu⁴ chien⁴-t'a	他見不易輕
,, drink wine	ch'ing¹-i pu⁴ ho¹ chiu³	酒喝不易輕
,, seen	shao³ chien⁴-ti	的見少
,, (rarely) seen	han³ chien⁴-ti	的見罕
Select, to	t'iao¹	挑
,,	chien³	揀
,,	tsê²	擇
,,	hsüan³	選
,,	hsüan³ pa²	拔選
,, (choice)	ching¹ hsüan³ ti¹	的選精
,, for a post	hsüan³ ting⁴	定選
,, party	t'iao¹ cho chien³ cho ch'ing³	請着揀着挑
,, party, a very	ch'ing³-ti hên² ch'i²-chieh	截齋很的請
Selection, artificial	jên² wei² t'ao² t'ai⁴	汰陶爲人
,, natural	t'ien¹ jan³ t'ao² t'ai⁴	汰陶然天
,, sexual	tz'ŭ² hsiung² t'ao² t'ai⁴	汰陶雄雌
,, a large, to choose from	huo⁴-wu chü¹ ch'iian² jen⁴-p'ing t'iao¹ hsüan³	選挑憑任全俱物貨
Selections, of literature, etc.	chi¹ chin³ tzǔ⁴ hua⁴	畫字錦集
Self,	tzǔ⁴	自
,, one's	tzŭ⁴-chi	己自
,, did it my-	ch'in¹-tzǔ tso⁴-ti	的做自親

Self—Self. 766

Self, did it my-	pên³ jên² tso⁴-ti	本人做的
,, belonging to one's	tzŭ⁴-chia-ti	自家的
,, control, under	nêng² tzŭ⁴ shou³	能自守
,, abasement	tzŭ⁴ pei¹	自卑
,, abuse	shou³ yin²	手淫
,, acquired	tzŭ⁴ tê²	自得
,, admiration	tzŭ⁴ fu⁴	自負
,, assertion	tzŭ⁴ chu³ chang¹	自主張
,, assured	t'ing³ tzŭ⁴-tsai	挺自在
,, confidence	tzŭ⁴ hsin⁴	自信
,, confident	ch'êng³ nêng²	逞能
,, ,,	tzŭ⁴-chi chang⁴-cho tzŭ⁴-chi	自己仗著自己
,, command	k'o⁴ chi³	克己
,, ,,	tzŭ⁴ chih⁴	自制
,, conceit	shih¹ hsin¹ tzŭ⁴ yung⁴	師心自用
,, consistency	shih³ chung¹ pu⁴ i²	始終不移
,, contained	ku¹-chieh	孤介
,, contradiction	ch'ien² hou⁴ mao⁴ tun⁴	前後矛盾
,, each look out for himself	ko⁴ wei⁴ shên¹ mou²	各為身謀
,, deception	tzŭ⁴ ch'i¹	自欺
,, deception, pure	shun² shu³ yen⁸ êrh³ tao⁴ ling² chih¹ yü³	純屬掩耳盜鈴之語
,, defence	tzŭ⁴ wei⁴	自衛
,, (legal)	chêng⁴ tang¹ fang² wei⁴	正當防衛
,, discipline, rigid	lü⁴ chi³ tsui⁴ yen²	律己最嚴
,, destruction (fig.)	tzŭ⁴ pao⁴ tzŭ⁴ mieh⁴	自暴自滅
,, ,, (,,)	tzŭ⁴ sha¹	自殺
,, evident	pu⁴ yen² tzŭ⁴ ming²	不言自明
,, esteem	tzŭ⁴ chung⁴	自重
,, examination	tzŭ⁴ hsing³	自省
,, existent	tzŭ⁴ ts'un²	自存
,, government	tzŭ⁴ chih⁴	自治
,, indulgence	ssŭ¹ yü⁴	私慾
,, interest	li⁴ chi³	利己
,, made	tzŭ⁴ ch'êng²	自成
,, no thought of	pu⁴ i³ ko⁴ jên² wei² nien	不以各人為念
,, opinionated	tzŭ⁴ shih⁴	自是
,, reliant	tzŭ⁴ hsü³	自許
,, reproach	shên¹ tzŭ⁴ yin³ chiu⁴	深自引咎
,, ,,	tzŭ⁴ tsê²	自責
,, possessed	tzŭ⁴ jo⁴	自若
,, respecting persons	shao³ yu³ jên² ko²	稍有人格
,, respect, lack	pu⁴ chih¹ tzŭ⁴ liang²	不知自量

767　　　　　　　　　　Self—Semi-detached.

Self	and others, the two-fold advantage of benefiting one's	tzŭ⁴ li⁴ li⁴ jên² i¹ chü³ liang³ tê² shê³ chi³ wei⁴ jên²	自利利人一舉兩得
,,	sacrifice	shê³ chi³ wei⁴ jên²	捨己為人
,,	same	t'ung² i¹	同一
,,	satisfied	tzŭ⁴ tsun¹	自尊
,,	seeking	ssŭ¹ li⁴	私利
,,	sufficient	tzŭ⁴ tsu²	自足
,,	,,	tzŭ⁴ man³	自滿
,,	willed	kuai¹-chang	乖張
,,	taught	tzŭ⁴-chi wu⁴-ch'u-lai-ti	自己悟出來的
Selfish,		tzŭ⁴ ku⁴ tzŭ⁴	自顧自
,,		tzŭ¹ chih¹ yu³ chi³ pu⁴ chih¹ yu³ jên²	自知有己不知有人
,,	don't be so	pieh² na⁴-mo tzŭ⁴ ku⁴ tzŭ⁴	別那麼自顧自
Selfishness,		kuo⁴-liao ho²-êrh chiu⁴ ch'ai¹ ch'iao²	過了河兒就拆橋
,,		tzŭ¹ ssŭ¹ tzŭ¹ li⁴	自私自利
,,		chan¹ kan¹ an⁴ 'rh pu⁴ ts'ai³ ni²	站乾岸兒不踩泥
,,		t'ui¹ tao³ yu² p'ing²-êrh pu⁴ kuan³ fu²	推倒油瓶兒不管扶
Sell,	to	mai⁴	賣
,,	offer for	fa¹ mai⁴	發賣
,,	,, by auction	ch'u¹ shou⁴	出售
,,	,, ,,	p'ai¹ mai⁴	拍賣
,,	,, ,,	chiao⁴ mai⁴	叫賣
,,	on credit	shê¹	賒
,,	what a	chê⁴-ts'ai sang⁴-ch'i-na	這縷喪氣哪
Seller, a		mai⁴ chu³-êrh	賣主兒
Selvage, at the end of a piece of fabric		chi¹-t'ou	機頭
,,	at the edge	chêng³ pien¹ 'rh	整邊兒
Semaphore,		hsin⁴ hao⁴ chi¹	信號機
,,	to	i³ ch'i² yü³	以旗語
Semblance,		lei⁴ ssŭ⁴	類似
,,		hsing² mao⁴	形貌
,,	of effect, not a	ssŭ¹ hao⁴ wu² yiñg³ hsiang³	絲毫無影響
Semen,		ching¹	精
,,		ching¹ yeh⁴	精液
Semi-detached house, a	tan¹ so³ 'rh fang²	單所兒房
,,	circle	pan⁴ yüan²	半圓
,,	,,	pan⁴ yüan² hsing²	半圓形
,,	official	pan⁴ kung¹ pan⁴ ssŭ¹	半公半私
,,	,,	pan⁴ kuan¹ ti¹	半官的

Semi-official—Sensation.　　763

Semi-official note	pan⁴ kung¹ ch'i³	啟公半
Senate (Chinese)	ts'an¹ i⁴ yüan⁴	院議叁
,,　upper house of legislature	shang⁴ i⁴ yüan⁴	院議上
,,　(other countries)	yuan² lao³ yüan⁴	院老元
Senator, a	ts'an¹ chêng⁴	政叁
Send him to Peking	sung⁴ ch'i² ju⁴ ching¹	京入其送
,,　to Coventry	hsiu¹ yü³ k'uai⁴ wu³	伍噲與羞
,,　a telegram	fa¹ tien⁴	電發
,,　a message, to	sung⁴-ko hsin⁴	信個送
,,　note	sung⁴ i⁴ fêng¹ hsin⁴	信封一送
,,　,,	chi⁴ i⁴ fêng¹ hsin⁴	信封一寄
,,　(through a friend)	shao¹	捎
,,　in one's card	t'ou² tz'ŭ⁴	剌投
,,　some one	ta³-fa jên²	人發打
,,　,,　,,	p'ai⁴-i-ko jên²	人個一派
,,　an official	p'ai⁴ i⁴ yüan² kuan¹	官員一派
,,　a despatch	hsing² wên²-shu	書文行
,,　,,	sung⁴ wên²-shu	書文送
,,　for a doctor	ch'ing³ tai⁴-fu	夫大請
,,　,,　carpenter	chiao⁴-i-ko mu⁴-chiang lai²	來匠木個一叫
,,　to my house	sung⁴-tao wo chia¹-li-ch'ü	去裏家我到送
Sender,	fa¹ hsin⁴ jên²	人信發
Sending form (telegraphic)	ch'ü⁴ pao⁴	報去
Senile,	shuai¹ ts'an² lao³ mai⁴	邁老殘衰
,,　decay	lao³ shuai¹-pai-lo	咯敗衰老
,,　,,	t'ai¹ lao³ pu⁴ nêng² chên⁴ tso⁴	作振能不老類
Senility,	pei⁴-hui-lo	咯晦背
,,	lao³ pei⁴-hui-lo	咯晦背老
,,　excess of	mu⁴ ch'i⁴ t'ai⁴ shên⁴	深太氣暮
Senior,	shou¹ hsi²	席首
,,	pei⁴ fên tsui⁴ chang³	長最分輩
,,　in years	pei⁴ fên tsui⁴ chang³	長最分輩
,,　of brothers, the	t'a¹ chü¹ chang³	長居他
,,　,,　,,	t'a¹ ta⁴	大他
,,　officer	hsien¹ jên⁴ chiang⁴ chiao⁴	校將任先
,,　in rank	t'a¹ chih²-fên ta⁴	大分職他
Seniority in order of	hsün² tzŭ¹ an⁴ ko²	格按資循
Seniors,	chang³-pei	輩長
Sensation (mental)	chih¹ chüeh²	覺知
,,　caused a	hung¹-jang tung⁴-lo	咯動嚷鬨
,,　,,	hung¹-jang i⁴ chieh¹	街一嚷鬨

Sensation in one's fingers, a numb — chih²-t'ou chüeh²-cho ma²-mu 指頭覺着麻木
Sensational, ching¹ t'ien¹ tung⁴ ti⁴ 驚天動地
,, lover of the hao⁴ ch'i² chê³ 好奇者
Sense, kuan¹ nêng² 官能
,, (import) i⁴ i⁴ 意義
,, (opp. to literal meaning) ching¹ shên² 精神
,, common ch'ang² shih⁴ 常識
,, of sight shih⁴ chüeh² 視覺
,, of touch ch'u¹ chüeh² 觸覺
,, of proportion, no hsin¹-li pu⁴ chih¹ ch'ing¹ chung⁴ 心裏不知輕重
,, of hearing impaired êrh³-to fa¹ ch'ên²-lo 耳朶發沈咯
,, of smell gone pi² tzŭ lung²-lo 鼻子聾咯
,, you must talk tei³ chiang³ li³ 得講理
,, has got common yu³ chih⁴-chê 'rh 有智者兒
,, of that? what's the chê⁴ shih tsêm³-mo-ko i⁴-ssŭ 這是怎麼個意思
,, of this passage? what is the chê⁴-i tuan⁴ shih⁴ shêm²-mo i⁴-ssŭ 這一叚是甚麼意思
Senseless, pu⁴ ho² li³ 不合理
Senses, five wu³ kuan¹ 五官
,, lose one's ch'i⁴ chüeh² 氣絕
Sensible person, a hsin¹-li yu³ chien⁴-chieh 心裏有見解
,, of your kindness, I am very nin²-ti hao³ i⁴ wo hên³ hsin¹ ling³ 您的好意我很心領
,, proposal, a ni³-ti yu³ li³ 擬的有理
,, man could act so madly, no shao³ yu³ chih¹ shih⁴ chê⁴ tuan⁴ pu⁴ k'ên³ ju² tz'ŭ³ hu² nao⁴ 稍有知識者不肯如此胡鬧
,, remark, a chi² yu³ hsin¹ tê² chih¹ yen² 極有心得之言
Sensibility, kan³ hsing⁴ 感性
Sensitised paper yin⁴ hsiang⁴ chih³ 印像紙
Sensitive, huo³ hsing⁴ 火性
,, person, a to¹ hsin¹ jên² 多心人
,, ,, mien⁴ nên⁴ chih¹ jên³ 面嫩之人
,, ,, yu³ tien³ 'rh hu⁴ tuan³ 有點兒唬覘
,, about his appearance t'a¹ hu⁴ t'u¹ shih⁴-ti 他唬禿似的
,, plant chih¹ hsiu¹ ts'ao³ 知羞草
,, paper kan³ kuang¹ chih³ 感光紙
Sensual, shih⁴-yü 嗜慾
,, to¹ shih⁴-yü 多嗜慾
,, ch'ing² yü⁴ ti¹ 情慾的

Sensual—Separate. 770

Sensual person, a	shih⁴-yü jên²	嗜慾人
Sensualism,	wei² chüeh² lun⁴	唯覺論
Sensuality,	yin² luan⁴	淫亂
Sentence, a	i² chü⁴ hua⁴	一句話
,, I don't understand this	chê⁴-ko tzŭ¹-chü wo³ pu⁴ tung³	這個字句我不懂
,, of imprisonment, to pass	ni³ ting⁴ chien¹ chin⁴	擬定監禁
,, (legal)	hsüan¹ kao⁴	宣告
,, to pass	ting⁴ tsui⁴	定罪
,, ,, ,,	p'an⁴ ting⁴ tsui⁴-ming	判定罪名
,, to six months banishment	k'o¹ i³ t'u² hsing² liu⁴ yüeh⁴	科以徒刑六月
,, for the crime, too light a	an⁴ ch'ing² chung⁴ ta⁴ p'an⁴ tsui⁴ kuo⁴ ch'ing¹	案情重大判罪過輕
,, of commutation to a fine, quashed the original	chiang¹ i⁴ wei² fa² chin¹ chih¹ yüan² p'an⁴ ch'ê⁴ hsiao¹	將易爲罰金之原判撤消
Sententious,	yü² fu³ ch'i⁴ p'ai	迂腐氣派
Sentient,	chih¹ chüeh² li⁴	知覺力
Sentiment,	ch'ing²	情
,,	kan³ ch'ing²	感情
,, (opinion)	i⁴ chien⁴	意見
,, cannot be actuated by	pu⁴ nêng² hsün⁵ ch'ing²	不能循情
,, guided by	chan¹-hsün ch'ing² mien⁴	瞻循情面
,, popular	min² ch'i⁴	民氣
,, and in common justice, both from	t'ui¹ ch'ing² lun⁴ li³	推情論理
Sentimental,	kan³ ch'ing² ti¹	感情的
,, person, a	shên¹ ch'ing² jên²	深情人
,, book	ch'ing² shu¹	情書
Sentiments, I reciprocate your kind	chê⁴-fan mei³ ch'ing² pi³ tz'ŭ¹ hsin¹ chao⁴	這番美情彼此心照
,, I appreciate your kind	chê⁴-fan mei³ i⁴ wo³ shên⁴ kan³ ch'ing²	這番美意我甚感情
,, to convey one's, by word or look	ch'uan² ch'ing²	傳情
Sentry, a	hu⁴-wei ping¹	護衛兵
,, relief of	hu⁴-wei ping¹ huan⁴ pan¹	護衛兵換班
,, box	pi⁴ fêng¹ ping¹ ko²	避風兵閣
,, not allowed to leave beat of	pu⁴ chun³ li² kang³	不準離崗
Separate from, to	li²-k'ai	離開
,, (divide)	ko²-k'ai	隔開
,, combatants	ssŭ¹-lo-k'ai	斯羅開

Separate the old from the new	pa⁴ hsin¹ chiu⁴ fên¹-k'ai	開分舊新把	
,, good from bad	fên¹-ch'u hao³ tai³	歹好出分	
,, matter, a	ling⁴ wai⁴-ti shih⁴	事的外另	
,, arrangements, make	ling⁴ hsing shê⁴ fa³	法設行另	
,, at that point, we will	tao⁴ na⁴ 'rh tsai⁴ fen¹ shou³	手分再兒那到	
,, from one's family	li² pieh² ch'in¹ jên²	人親別離	
Separated by a wall	ko²-cho i² tao⁴ ch'iang²	墻道一着隔	
,, ,,	i⁴ ch'iang²-chih ko²	隔之墻一	
,, by distance	tao⁴ t'u² ko² yüan³	遠隔途道	
,, husband and wife	liang³ k'ou³-tzŭ fan³ mu⁴-lo	咯目反子口兩	
Separately,	i²-ko i²-ko-ti	的個一個一	
,, deal with	ling⁴ pan⁴	辦另	
,, with the case (legal), deal	ling⁴ an⁴ pan⁴ li³	理辦案另	
,, executed each of them	chiang¹ i¹ i¹ sha¹ chin⁴	盡殺一一將	
,, answer each question	chu⁴ t'iao² ta¹ fu⁴	覆答條逐	
,, to reassure them, sent	fên¹ t'ou² p'ai⁴ jên² ch'üan¹ wei⁴	慰勸人派頭分	
Separation,	fên¹ li²	離分	
,, the bitterness of	li² pieh²-chih k'u³	苦之別離	
,, (divorce)	li² hun¹	婚離	
,, (between husband and wife), it will end in a	pi⁴ kuei¹ ko⁴ fên¹ chü¹ ling⁴ kuo⁴	過另居分各歸必	
,, collaboration ends in	kung⁴ mou² chung¹ yü² fên¹ t'u²	途分于終謀共	
Sepulchre (of an emperor)	ling² ch'in³	寢陵	
Sequel (of a book)	hou⁴ p'ien¹	篇後	
,, (result)	chieh² kuo³	果結	
,, I don't know the	hou⁴ shih⁴ wo³ pu⁴ tê²-êrh chih¹	知而得不我事後	
,, is sure to be unsatisfactory	hou⁴-lai-ti chieh² kuo³ pi⁴-pu nêng² t'o³	妥能不必果結的來後	
Sequence,	chih⁴ hsü⁴	序秩	
,, in	chieh¹ lien²-cho	着連接	
,, deal with in	chieh¹-hsü-cho pan⁴	辦着續接	
,, of five cards, a	wu³ shun⁴	順五	
Sequestrate,	mo⁴ shou¹	收沒	
Serene (weather)	ch'ing² lang³	朗晴	
,, in temper	hsin¹-ch'i p'ing² ching'	靜平氣心	
Sergeant, a	chêng⁴ mu⁴	目正	
Serial,	lien² hsü⁴ ti¹	的續連	
,,	chu⁴ tz'ŭ⁴ ch'u¹ pan³	版出次逐	
Seriatim,	shun⁴ tz'ŭ⁴	次順	

Seriatim—Serve. 772

Seriatim,		shun⁴ tz'ǔ¹ ti¹	順次的
Series	(mathematical)	chi² shu⁴	級數
,,	logarithmic	tui⁴ shu⁴ chi² shu⁴	對數級數
,,	of disasters, a	lien² lien²-ti tsai¹ huo	連連的災禍
,,	in	ai¹ cho tz'ǔ¹-hsü	挨着次序
,,	third in the	tz'ǔ⁴-hsü-chung ti⁴ san¹-ti	次序中第三的
,,	of years	li⁴ nien²	歷年
,,	in connected	chieh¹-hsü-cho	接續着
Serious,		yen² su⁴	嚴肅
,,	condition	ping⁴ chung⁴	病重
,,	in deportment	tuan¹-chuang	端莊
,,	matter, a very	chung⁴ ta⁴-ti shih⁴	重大的事
,,	illness	chung⁴ ping⁴	重病
,,	talking, to give him a	chung⁴ chung⁴-ti shuo¹-t'a-i-tun	重重的說他一頓
Seriously ill		ping⁴-ti hên³ chung⁴	病的很重.
,,	think so? do you	ni³ chên¹-chê-mo hsiang³-mo	你眞這麽想麽
,,	mean to say? do you	ni³ chê⁴-shih chên¹ hsin¹ hua⁴-mo	你這是眞心話麽
,,	in hand, take it	jên⁴ chên¹-ti pan⁴	認眞的辦
,,	what is said in jest, to take	shuo¹ wan² 'rh hua⁴ chiu⁴ jên⁴ chên¹	說玩兒話就認眞
Seriousness (of disposition)		chin³ shên⁴	謹愼
Serum,		hsüeh³ ch'ing¹	血清
Serrated,		yu³ chü⁴ ch'ih³ 'rh	有鋸齒兒
Servant, a		hsia⁴ jên²	下人
,,		ti³-hsia jên²	底下人
,,		shih³-huan jên²	使喚人
,,		kên¹ pan¹-ti	跟班的
,,	maid	shih³-huan ya¹-t'ou	使喚丫頭
Serve, to		fu² wu⁴	服務
,,		tang¹	當
,,	as cook	tang¹ ch'u²-tzǔ	當厨子
,,	wait upon	tz'ǔ⁴-hou	伺候
,,	in lieu of	ch'ung¹ tang¹	充當
,,	the purpose, this will	chê⁴-ko k'o² i³ ch'ung¹ tang¹	這個可以充當
,,	in the van, eager to	yüan⁴ hsiao⁴ ch'ien² ch'ü¹	願效前驅
,,	the state, it is a natural duty to	hsiao⁴ chung¹ pao⁴ kuo² fên⁴ so³ i² jan²	效忠報國分所宜然
,,	one's full time (milit.)	fu² i⁴ man³ ch'i²	服役滿期
,,	no purpose, will	pu⁴ chung⁴ shêm²-mo yung⁴	不中甚麽用

Serve—Services.

Serve	him right	huo² kai¹	該合
,,	,, ,,	tzŭ⁴ tso⁴ tzŭ⁴ shou⁴	受自作自
,,	,, out	huan²-t'a-i-ko pêng¹-tzu	子姘個一他還
Served abroad, long		chiu³ i⁴ yü² wai⁴	外於役久
,,	long under his command	chiu⁴ li⁴ hui¹ hsia⁴	下麾隸舊
,,	first come first	chieh² tsu² hsien¹ têng¹	登先足捷
,,	,, ,, ,,	hsien¹ ju⁴ wei² chu³	主爲入先
,,	,, ,, ,,	i³ hsien¹ hsia⁴ shou³ wei² ch'iang²	强爲手下先以
Service, has done some		pu⁴ wu² wei¹ lao²	勞微無不
,,	(of a writ)	sung⁴ ta²	達送
,,	(of an office)	chih² wu⁴	務職
,,	public	kung¹ wu⁴	務公
,,	on public	fêng¹ kung¹	公奉
,,	in the government	tang¹ kuan¹ ch'ai¹	差官當
,,	,, ,, ,,	tso⁴ kuan¹-ti	的官做
,,	exemption from military	mien³ ch'u² ping¹ i⁴	役兵除免
,,	long in military	chiu³ li⁴ jung² hang²	行戎歷久
,,	regulations, field	ts'ung² chün¹ t'iao² ling⁴	令條軍從
,,	for, eager to take up	kan¹ hsiao⁴ ch'ih² ch'ü¹	驅馳効甘
,,	eager to devote his energies in their	chü² kung¹ chin⁴ ts'ui⁴ ch'ing⁴ ch'üan³ ma³ chih¹ lao²	勞之馬犬瘁盡躬鞠
,,	$700.00 increase of salary for length of	ch'i¹ pai³ yüan² chih¹ nien² kung¹ chia¹ fêng⁴	俸加功年之元百七
,,	memorial (for slain in battle)	chao¹ hun⁴ chi⁴	祭魂招
,,	fund, secret	chi¹ mi⁴ fei⁴	費密機
,,	will you do me a	fêng⁴ kên¹ t'i⁴ wo³ tai⁴ tien³ 'rh lao²	勞兒點帶我替能奉
,,	voluntary	chih⁴ yüan⁴ fu⁹ i⁴	役服願志
,,	am at your	wo³ ts'ung² ming⁴	命從我
,,	rendered immense	chüeh² kung¹ shên⁴ wei³	偉甚功厥
,,	grown old in	lao³ lien⁴ ch'in² wu⁴	務勤練老
,,	done good	lao³ ch'êng² lien⁴ ta²	達練成老
,,	send on special	p'ai⁴ chuan¹ ch'ai¹	差專派
,,	of ritual	nien⁴ ching¹	經念
,,	dinner	i⁴ cho¹ chia¹-huo	伙傢桌一
,,	(of a mare)	p'ei⁴ chü¹	駒配
Serviceable, still		hai² yung⁴-ti liao³	了的用還
Services, beg to offer my		wo³ t'i⁴ nin² tai⁴ lao²	勞帶您替我
,,	thanks for your kind	hsieh⁴ nin² shou⁴ lei⁴	累受您謝

Services	of a secretary, engage	p'in⁴ mu⁴ yu³	聘幕友
,,	maintain the temple	shou³ miao³ yü³ hsiang¹ huo³	守廟宇香火
,,	incomparable	tz'ǔ³ tê² tz'ǔ³ kung¹ ho³ chih³ t'ien¹ kao¹ ti⁴ hou⁴	此德此功何止天高地厚
,,	no longer needed, rejected when	fei¹ niao³ chin⁴ liang² kung¹ ts'ang² chiao¹ t'u⁴ ssǔ³ tsou³ kou³ p'êng¹	飛鳥盡良弓藏狡兔死走狗烹
Servile,		wei³ wei³ ch'ü¹ ch'ü¹	委委屈屈
,,		kuo⁴-yü fêng⁴-ch'êng	過於奉承
,,		t'a¹ hui⁴ liu¹-hung	他會遛哄
,,		kou³ tien¹ p'i⁴-ku ch'ui² 'rh	狗舔屁股搥兒
Servility,		pei¹ ch'ü¹	卑屈
,,	inveterate	nu² li⁴ hsing⁴ ch'êng²	奴性成
Sesamum,		chih¹-ma	芝蔴
Servitude,		nu² li⁴	奴隸
,,	penal	ch'êng³ i⁴	懲役
Session,		k'ai¹ hui⁴ ch'i²	開會期
,,	during the	k'ai¹ ch'i¹ chung¹	開期中
,,	extraordinary	lin² shih² k'ai¹ hui⁴	臨時開會
,,	court not in	pu⁴ tso⁴ t'ang²	不坐堂
,,	parliament not in	t'ing² i⁴-lo	停議咯
Set	the table	pai³ t'ai²	擺台
,,	,, ,,	pai³ chia¹-huo	擺傢伙
,,	an example	tso⁴-ko pang³-yang	做個榜樣
,,	the example oneself	i³ shên¹ tso⁴ tsê²	以身作則
,,	about	hsia⁴ shou³	下手
,,	the watch by the clock	piao³ kên¹ chung¹ po¹ chun³-lo	表跟鐘撥準了
,,	an alarum clock	po¹ nao⁴ chung¹-êrh	撥鬧鐘兒
,,	sail	k'ai¹ ch'uan²	開船
,,	a	i² fên⁴	一分
,,	of utensils	i² t'ao⁴ chia¹-huo	一套傢伙
,,	,, curtains	i² chia⁴ man⁴-chang	一架幔帳
,,	(of books)	pu⁴	部
,,	the mind at rest	fang⁴ hsin¹	放心
,,	right	chêng³ li³	整理
,,	that right for you, I	wo³ kei-ni yüan²-ch'üan	我給你圓全
,,	rightly about it, not to	pu⁴ tê² ch'i² tang¹	不得其當
,,	hard (of eggs)	fu¹-kuo-lo	孵過咯
,,	up a business	li⁴-ko mai³-mai	立個買賣
,,	on buying the horse, his mind is	ch'uan¹ chu⁴ i⁴-yü mai³ na⁴ ma³	專注意於買那馬

Set—Settle.

Set	aside some for me	kei³-wo po¹-hsia i⁴ tien³ 'rh	給我撥一下點兒
,,	that aside for the moment	ch'ieh³ pa⁴ na⁴-ko ko¹-hsia	且把那個擱下
,,	this off against that	i³ chê⁴-ko chê² na⁴-ko	以這個折個那個
,,	me off laughing again	yu⁴ lai² chao¹ wo³ hsiao⁴	又來招我笑
,,	a dog at a cat	ch'iu¹-ho kou³ yao³ mao¹	嗾狗咬貓
,,	into a jelly	ming⁴-ch'êng tung⁴-êrh-lo	凝成凍兒咯
,,	**up**	chien⁴ chn²	建築
,,	up type	p'ai² tzǔ⁴	排字
,,	,, for oneself	tzǔ⁴ pên³ tzǔ⁴ li⁴	自本自立
,,	,, to be different from rest of world, we can't	pu⁴ fan⁴ tan¹ tsa² mên² ko⁴ pieh² fên¹ yang⁴	不犯單咱們各別樣分
,,	upon him, they all	tou¹·p'u¹-tao-t'a shên¹-shang	都撲倒他身上
,,	the fashion, he	t'a¹ hsing¹-ch'u-lai-ti	他興出來的
,,	in a row	chêng³ lieh⁴	整列
,,	out	ch'ên² lieh⁴	陳列
,,	(congeal)	ning² chieh²	凝結
,,	off	ch'u¹ fa¹	出發
,,	,, (legal)	hsiang¹ ti³	相抵
,,	speech	yü⁴ pei⁴ chih¹ yen³ shuo¹	預備之演說
,,	(direction)	fang¹ hsiang⁴	方向
,,	the sun has	t'ai⁴-yang lao⁴-lo	太陽落咯
,,	down on paper	chi⁴ ju⁴	記入
,,	store by	kuei⁴ chung⁴	貴重
,,	up for a statesmen	i³ chêng⁴ chih⁴ chia¹ tzǔ⁴ ming⁴	以政治家自命
,,	purpose	t'ê⁴ i⁴ ti¹	特意的
,,	up a shop	k'ai¹ chang¹	開張
,,	at nought	shih⁴ wei² pien⁴ mao²	視為弁髦
,,	off her charms	mai⁴ lung⁴ fêng¹ ch'ing²	賣弄風情
Setting, of jewels in gold		chin¹ t'o¹-tzǔ	金托子
,,	sun, rays of the	wan³ hsia²	晚霞
Settle,		ku⁴ ting⁴	固定
,,		ch'üeh⁴ ting⁴	確定
,,	fix, to	ting⁴ kuei¹	定規
,,	a time, to	ting⁴ shih²-hou 'rh	定時候兒
,,	(adjust)	t'iao² ho²	調和
,,	the rebellion, (the Throne) sent for him to	chao¹ ch'i² ju⁴ ting⁴ ta⁴ luan⁴	召其入定大亂
,,	(colonize)	chih² min²	殖民
,,	expenditure	chüeh² suan⁴	決算

Settle—Several.

Settle	my account, come to	ch'ing¹ chang⁴-lai-lo	清賬來請
,,	it? how can we	tsêm³-mo-ko liao³ chieh²	怎麼個了結
,,	once for all	i⁴ liao³ po⁴ liao³	一了百了
,,	the matter in dispute	pa⁴ shih⁴-ch'ing kei³ ch'ai¹-ho-lo	把事情給拆合了
,,	a dispute	ssŭ¹-lo-k'ai	斯羅開
,,	on the ground	lao⁴-tsai ti⁴-shang	落在地上
,,	to the bottom	ch'ên²-hsia-ch'ü-lo	沈下去咯
,,	down, marry and	shou⁴ shih⁴	授室
,,	property on one's wife	shou⁴ ch'an³ yü² ch'i¹	授產於妻
Settled,	not yet	hai² mei² ting⁴-kuei	還沒定規
,,	down at Shanghai	tsai⁴ shang⁴-hai ch'ên²-yen-hsia-lo	在上海沈淹下咯
Settlement	(of Mongolia e.g.)	pu⁴ lo⁴	部落
,,	foreign (in Japan)	chü¹ liu² ti⁴	居留地
,,	at a treaty port, a foreign	tsu¹ chieh⁴	租界
,,	(of dispute)	chieh³ chüeh²	解決
,,	amicable	ho² p'ing² liao³ chieh⁸	和平了解
,,	,,	p'ing² ho² chung¹ chü²	平和終局
Settlers,		i² chu⁴ min²	移住民
,,	abroad, Chinese	hua² ch'iao²	華僑
Seven,		ch'i¹	七
,,	number	ti⁴ ch'i¹	第七
,,	senses, startled out of his	hun² fei¹ p'o⁴ san³	魂飛魄散
Seventeen,		shih² ch'i¹	十七
Seventh,		ti⁴ ch'i² ko⁴	第七個
,,	of the month	ch'u¹ ch'i¹	初七
Seventy,		ch'i¹ shih²	七十
,,	years old, over	nien² ling² i³ kuo⁴ ku³ hsi¹	年齡已過古稀
Sever	friendship, to	chüeh² chiao¹	絕交
,,	connection with	ko¹ hsi²	割席
,,	,, ,, his comrades	yü³ t'ung² jên² tuan⁴ chüeh³	與同人斷絕
,,	all connection with	chan³ ting¹ chieh² t'ieh³ hao² wu² lien² shu³	斬釘截鐵毫無聯屬
Several,		chi³-ko	幾個
,,		hsieh¹-ko	些個
,,	days ago	ch'ien² chi³ t'ien¹	前幾天
,,	,, previously	chi³ t'ien¹ ch'ien²	幾天前
,,	,, in advance	hsien¹ chi³ t'ien¹	先幾天
,,	days, for	shu³ jih⁴ chien	數日間
,,	times	chi³ tz'ŭ⁴	幾次

Several times	chi³ hui²	回幾
	chi³ tu⁴	度幾
" " Severally,	i¹ i¹-ti	的一一
" jointly and	lien² tai⁴ ti¹	的帶連
Severe,	yen²	嚴
"	yen²-chin	緊嚴
"	yen³ chung⁴	重嚴
"	chi⁴ lieh⁴	烈劇
" test	yen² ko² ti¹ shih⁴ yen⁴	驗試的格嚴
" cold, caught a	ch'ao² liang² hên³ chung⁴	重很涼著
" cold	yen² han²	寒嚴
" talking to, give him a	chung⁴ chung¹-ti shuo¹-t'a-i-tun	頓一他說的重重
" fighting	chi¹ chan⁴	戰激
" pain	chi⁴ t'ung⁴	痛劇
Severed from trunk, head	shên¹ shou³ i⁴ ch'u⁴	處異首身
" " one another	p'i³ tz'ŭ³ fên¹ li²	離分此彼
Sew, to	fêng²	縫
" up	fêng-shang	上縫
"	fêng²-i-fêng	縫一縫
Sewage,	ch'ou⁴ ni² t'ang¹-tzŭ	子湯泥臭
"	wu¹ wu⁴	物污
Sewer, a	i² tao⁴ kou¹	道溝一
Sewing machine	t'ieh³ ts'ai² fêng	縫裁鐵
Sex,	hsing⁴	性
" no distinction of	nan² nü³ pu⁴ fên¹	分不女男
" the way of the	nü³ hsing⁴ so³ t'ê⁴ yu³	有特所性女
Sexes, equality of	nan² nü³ p'ing² ch'üan²	權平女男
" proper etiquette between the	nan² nü³ chih pieh² t'ien¹ hsia ta⁴ chieh²	節大下天別之女男
Sextant, a	liang² t'ien¹ ch'ih³	尺天量
"	ts'ê-liang i²	儀量測
"	liu⁴ fên¹ i²	儀分六
Sexual intercourse	chiao¹ kou⁴	媾交
" "	fang² shih⁴	事房
" "	yün² yü²	雨雲
" intercourse, to have	yün² yü³ ch'i³ lai²	來起雨雲
" connection	hsing² fang²	房行
" desire	sê⁴ yü⁴	慾色
" organs	shêng¹ chih² ch'i⁴	器殖生
Sexually,	nan² nü³ kuan¹ hsi⁴ shang⁴	上係關女男
Shabby (mean)	pei¹ chien⁴	賤卑
" clothes	i¹-shang ts'ao² chiu⁴	舊艸裳衣
" "	ch'uan¹ chang¹ 'rh pu⁴ k'uo² ti¹	的闊不兒章穿

Shabby—Shaft.

Shabby disposition		fu³ pai⁴ ch'i⁴-hsiang	像氣敗腐
,,	trick, he played me a	wo³ shou⁴-liao t'a-ko t'ao⁴-êrh	兒套個他了受我
Shackle for a coupler, a		p'êng⁴ huang²	簧硑
,,	,, ,,	hsiang⁴ pi²-tzŭ	子鼻象
Shade,		yin¹ liang²-êrh	兒涼陰
,,	in the	pei⁴ yin¹ 'rh ti⁴-fang	方地兒陰背
,,	from the sun, to	chê¹ t'ai⁴-yang	陽太遮
,,	the eyes	chê¹ yen³-ching	睛眼遮
,,	lamp, a	têng¹ mao⁴-êrh	兒帽燈
,,	,,	têng¹ t'ao⁴-êrh	兒套燈
,,	,,	têng¹ chao⁴-êrh	兒罩燈
,,	from, to	chê¹-shang	上遮
,,	of moonlight	yüeh⁴-liang chao⁴-ti yin¹ liang²-êrh	兒涼陰的照亮月
,,	protect	hu⁴-p'i	庇護
,,	put me in the	pi⁸-hsia wo³-ch'ü-lo	咯去我下比
,,	,, ,,	chiao⁴-wo k'ao⁴ hou⁴	後靠我教
,,	(spirit)	ling² hun²	魂靈
Shadow, a		ying³-êrh	兒影
,,	cast a	chao⁴ ying³-êrh	兒影照
,,	pictures	ying³-hsi jên² 'rh	兒人戲影
,,	with the hand, to make a	na² shou³ chao⁴-ko ying³-êrh	兒影個照手拿
,,	of truth, not a	lien²-tien ying³-êrh tou¹ mei² yu³	有沒都兒影點連
,,	follow like a	ju² ying³ sui² hsing²	形隨影如
,,	grasp at a	p'u¹ ying³	影撲
,,	without substance	yu³ ying³ wu² hsing²	形無影有
,,	,, ,,	yu³ t'ien¹ wu² jih⁴	日無天有
,,	,, ,,	shao³ t'ien¹ wu² jih⁴	日無天少
Shadows, catch hold of		wang⁴ k'ung¹ p'u¹ ying³	影撲空妄
,,	before, coming events cast	ch'u⁸ jun² êrh² yü³ yüeh⁴ yün¹ êrh² fêng¹	風而量月雨而潤礎
,,	,, ,, ,,	t'ien¹ hsia⁴ wan⁴ shih⁴ wan⁴ wu⁴ mo⁴ pu⁴ yu³ ch'i² hsien¹ chi¹ chih¹ chao⁴	兆之幾先其有不莫物萬事萬下天
Shady, spot, a		pei⁴ yin¹ 'rh ti⁴-fang	方地兒陰背
,,	individual, a	yin¹ jên²	人陰
,,	people	pu⁴ san¹ pu⁴ ssŭ⁴ chih¹ t'u²	徒之四不三不
,,	business	ai⁴ mei⁴ pu⁴ ming² chih shih⁴	事之明不昧曖
Shaft (machinery)		hsin¹ pang⁴	棒心
,,	of a mine, the	k'uang⁴ ching³	井礦

Shaft	of an arrow	chien⁴ kan³-tzŭ	箭桿子
,,	of a cart	ch'ê¹ yüan²-tzŭ	車轅子
,,	horse	yüan² ma³	轅馬
,,	open a	k'ai¹ ching³	開井
,,	of a propeller	huo³ lun² chou² chou²	火輪軸
,,	air	t'ien¹ ching³-tzŭ	天井子
,,	,,	ch'i⁴ yen³	氣眼
,,	of a hair-pin	tsan¹ t'ing¹-tzŭ	簪挺子
Shafts, sit on the		k'ua⁴ ch'ê¹ yüan² 'rh	跨車轅兒
Shaggy,		tz'ŭ¹-p'êng	蓬差
,,	coat, a	tz'ŭ¹-p'êng mao²-êrh	蓬差毛兒
Shagreen,		sha¹ yü² p'i²	鯊魚皮
Shake the bottle		pa⁴ p'ung²-tzŭ kuang¹-tang kuang¹-tang	把瓶子洗蕩洗蕩
,,	the table, don't	pieh² yao²-huang cho¹-tzŭ	別搖幌桌子
,,	one's self (as a horse)	tou³-lou tou³-lou	抖擻抖擻
,,	the water off (as a dog)	pu⁴-lêng shui³	撥凓水
,,	the carpet	pa⁴ t'an³-tzŭ tou³-lou tou³-lou²	把毯子抖擻抖擻
,,	with fright	hsia⁴-ti chih² to¹-so	嚇哆直的嗦
,,	a child, to	pu¹-lêng hai²-tzŭ	撥凓孩子
,,	jolt, to	tien¹-ti-huang	慌得趬
,,	the head	yao² t'ou²-êrh	搖頭兒
,,	his head	yao² huang cho nao³ tai⁴	搖幌着腦袋
,,	a dice box	yao²-huang shai³ ho²-tzŭ	搖幌骰盒子
,,	off the dust	tou³-lou t'u³	抖擻土
,,	with a rotary motion	kuang¹-tang	洗蕩
,,	hands	wu⁴ shou³	握手
,,	,,	la¹-la shou³-êrh	拉拉手兒
,,	(foundations)	chên⁴ tung⁴	震動
,,	of trees by the wind	kua¹-ti shu¹ tou¹ yao²-tung-lo	颳的樹都搖動了
,,	one's reputation	ming²-shêng-êrh yu³ tien³ yao²-tung	名聲兒有點搖動
,,	the premier's position	tung⁴ yao² ch'i² tsung³ li³ ti⁴ wei⁴	動搖其總理地位
,,	itself off from the republic's rule	t'o¹ min² kuo² chih¹ chi¹ p'an⁴	脫民國之羈絆
,,	down	hsia⁴ t'a⁴ chih¹ so³	下榻之所
,,	down, I'll give you a	wo³ kei³-ni liu²-ko shui³ chiao⁴-ti wo¹-êrh	我給你留個睡覺的窩兒
Shaking, gave him a		pu¹-lêng-t'a i² hsia⁴ 'rh	他一下兒撥凓
,,	up, gave me a bad	tien¹-ti wo³ nan² shou⁴	趬的我難受
Shaky hand, a		shou³ ch'an⁴	手顫

Shaky—Shame. 780

Shaky,	tenure is rather	ti⁴ wei⁴ i⁴ shêng¹ tung⁴ yao²	搖動生易位地
,,	his position is very	ti⁴ wei⁴ p'o¹ ch'êng² pu⁴ wên³	穩不呈頗位地
Shale	(slate)	p'ien⁴ chien³ shih²	石鹼片
Shall	enjoy (rights)	tê² hsiang³ yu³	有享得
,,	(must)	pi⁴ ting⁴	定必
,,	have some to-morrow	ming²-t'ien chiu⁴ yu³	有就天明
,,	go, I	wo³ chiang¹ ch'ü⁴	去將我
,,	see him to-morrow	ming²-t'ien yao⁴ chien⁴-t'a	他見要天明
,,	not see him	t'a¹ lai²-liao wo³ pu⁴ chien¹-t'a	他見不我了來他
,,	do it, you positively	ni³ p'ien¹ tei³ tso⁴	做得偏你
,,	tell him, I just	wo³ p'ien¹ yao⁴ kao⁴-su-t'a	他訴告要偏我
,,	positively be finished to-morrow	ming²-t'ien chun³ tê²	得準天明
,,	have news to-morrow	ming² t'ien-chiu yu³ hsin⁴	信有就天明
,,	not want mine if he brings his	t'a¹ jo⁴-shih tai⁴ t'a¹-ti lai² chiu⁴ pu⁴ yao⁴ wo³-ti-lo	咯的我要不就來的他帶是若他
Shallow,		ch'ien³	淺
,,	learning	ch'ien³ hsüeh²	學淺
,,	pated	tu⁴-tzŭ-li t'ai⁴ k'ung¹	空太裏子肚
,,	views	ch'ien³ lou⁴ chih¹ chien⁴	見之陋淺
,,	hearted	pao² ch'ing²	情薄
,,	vain person, a	ch'ing¹ po² jên²	人薄輕
,,	a	sha¹ t'an¹	灘沙
Sham,		chia³-ti	的假
,,		hsü¹ wei⁴	僞虛
,,	to	yang² wei²	爲佯
,,	excuse	yang² t'ui¹	推佯
,,	name	mao⁴ ming²	名冒
,,	fight, a	i³ chan⁴	戰擬
,,	,,	chia³ chan⁴	戰假
,,	illness, to	chia³ chuang¹ ping⁴	病裝假
,,	he is, what a	t'a¹ to¹ hsü¹ chia³	假虛多他
,,	doctor, a	chia³ tai⁴-fu	夫大假
,,	innocence, to	chuang¹ han¹ 'rh	兒憨裝
Shamble,		man² shan¹	跚蹣
,,	along, to	mo²-mo t'sêng-t'sêng⁴-ti tsou³	走的蹭蹭摩摩
Shame, without		wu² ch'ih³	恥無

Shame—Shape.

Shame, without	wu² hsiu¹ ch'ih³	無羞恥
,, ,,	t'ien³-pu chih¹ ch'ih³	不知恥
,, ,,	pu² hai⁴ sao⁴	不害臊
,, ,,	pu² hai⁴ hsiu¹	不害羞
,, ,,	mei² hsiu¹ mei² sao⁴	沒羞沒臊
,, put him to	sao⁴-t'a-ti p'i²	臊他的皮
,, fills me with	chên¹ chiao⁴-wo sao⁴-ti-huang	真教我臊的慌
,, what a	chên¹ ch'i³ yu³ tz'ǔ³ li³	真豈有此理
,, at the contrast, feel	tzǔ⁴ ts'an² hsing² wei⁴	自慚形穢
,, overwhelmed with	man³ mien⁴-ti ts'an²-k'uei⁴	滿面的慚愧
,, ,, ,,	sao⁴-ti mei² ti⁴-fang-êrh to³	臊的沒地方兒躲
,, for	pu⁴ yao⁴ lien³	不要臉
,, ,,	t'ai⁴ mei² lien³	太沒臉
,, on us all, brings	lien²-lei⁴-ti wo³-mên tou¹ mei² kuang¹ ts'ai³	連累的我們都沒光彩
Shamefaced,	man³ mien⁴-ti hsiu¹ jung²	滿面的羞容
,,	niu³ ni⁴	忸怩
,,	nan³ yen²	靦顏
,,	shan⁴ shan⁴-ti	訕訕的
Shameful business, a	mei² lien³-ti shih⁴	沒臉的事
,, ,,	ch'ou³ shih⁴	醜事
Shamefully, treated me	tai⁴ wo³ t'ai⁴-pu tso⁴ lien³	待我太不作臉
Shampoo (massage), to	nieh¹	揑
,, by thumping	ch'ui²·	搥
Shanghai,	shang⁴-hai	上海
Shanks,	t'ui³ pang⁴-tzǔ ku³	腿棒子骨
Shank's mare, to ride	ch'i² lu⁴	騎路
Shape,	hsing²-hsiang	形像
,, and substance	hsing² t'i³	形體
,, take	ch'êng² hsing²	成形
,, (of persons)	jung² mao⁴	容貌
,, (of inanimate objects)	hsing² chuang⁴	形狀
,, has begun to take	yu³ tien³ 'rh t'ou²-hsü	有點兒頭緒
,, make it in this	chao⁴ chê⁴ yang⁴-êrh hsing²-hsiang tso¹	照這樣兒形像作
,, get into some	shou¹-shih-ch'u mu²-yang lai²-lo	收拾出模樣來了
,, has assumed	ch'êng²-liao shih⁴-p'ai-lo	成了式派咯
,, negotiations are taking	i⁴ yu³ mei² mu⁴	議有眉目
,, a boy's thought	tuan⁴ lien⁴ êrh³ t'ung² ssǔ¹ k'ao³ li⁴	鍛鍊兒童思考力

Shapely—Sharp.   782

Shapely,	t'i³ ts'ai³	裁體
,,	po⁴ t'i³ hsiang¹ ch'êng⁴	稱相體百
Share, a	i² fên⁴-êrh	兒分一
,, a pecuniary	ku³-fên	分股
,, scrip	ku³ p'iao⁴	票股
,, let me have a	la¹-ch'ê wo³ i⁴ pa³ 'rh	兒把一我扯拉
,, in the business, he has a half	mai³-mai-li yu³-t'a wu³ ch'êng² ku³-fêṇ	分股成五他有裏賣買
,, (in a property)	kung⁴ yu³ ch'üan²	櫃有共
,, equally, all	ta⁴-chia chün¹ fên¹	分均家大
,, in it, he had a	yeh³ yu³ t'a¹	他有也
,, with you equally, I will	wo³-kên-ni p'ing² fên¹	分平你跟我
,, the losses equally	p'ei²-lo chün¹ t'an¹	攤均咯賠
,, (divide)	fên¹ p'ei	配分
,, anxieties, to	fên¹ yu¹ tai⁴ lao²	勞代憂分
,, hardships	yŭ³ kung⁴ huan⁴ nan²	難患共與
,, the position of the creditor nation	fên¹ tan¹ chai⁴ ch'üan²	權債擔分
Sharebroker,	ku³ fên chien¹ k'o⁴	客掮分股
Shareholder, a	ku³ yu³	友股
Shares, to go	chün¹ t'an¹	攤均
Shark, a	sha¹ yü²	魚鯊
,, (swindler)	p'ien¹ êrh²	兒騙
Shark's fins	yü² ch'ih⁴	翅魚
Sharp (of a knife)	k'uai⁴	快
,, intelligent	ling²-li	俐伶
,, (point)	chien¹ jui⁴	銳尖
,, peak of a hill	shan¹ chien¹ 'rh	兒尖山
,, at the point	chien¹ t'ou²-ti	的頭尖
,, ,, not	pu⁴ chien¹	尖不
,, wind	fêng¹ t'ai⁴ chien¹	尖太風
,, ,, to day, there's a	chin¹ 'rh fêng¹ lin³ lieh⁴	冽凜風兒今
,, frost last night	tso²-êrh wan³-shang tung⁴-ti ch'ên²	沈的凍上晚兒昨
,, tone, speak in a	shuo¹ hua⁴ lêng⁴	楞話說
,, look	chi² pu⁴ ju² k'uai⁴	快如不急
,, and pay him! you look	ni³ kuai¹ kuai¹ ti¹ kei³ t'a¹ hao³ ch'ien²	錢好他給的乖乖你
,, (pain)	k'u¹ lieh⁴	烈酷
,, attack of illness	ping⁴ nao⁴-ti ta⁴-fa-lo	了發大的鬧病
,, to the taste	suan¹	酸
,, customer, he is a	t'a¹-shih-ko chien¹ chih²-t'ou 'rh	兒頭指尖個是他
,, (clever)	chi¹ min³	敏機

Sharp—Shed

Sharp sighted	yen³ k'uai⁴	快眼
,, eyes, he has	yen³-ching chien¹	尖睛眼
,, at one o'clock	chun³ i¹ hsia chung¹	鐘下一準
,, (music)	jui⁴ chi⁴ hao⁴	號記銳
,, (the horses in shoeing)	na² hua²	滑拏
Sharpen a pencil, to	hsiu¹ ch'ien¹ pi³	筆鉛修
,, to a point	hsiu¹-ko chien¹ 'rh	兒尖個修
Sharply, don't speak	shuo¹ hua⁴ pieh² pao⁴-tsao	躁暴別話說
,, to him, I must speak	wo³ tei³ kên¹-t'a pao⁴-tsao-i-tun	頓一躁暴他跟得我
Shatter,	fên³ sui⁴	碎粉
,,	fên¹ san⁴	散分
Shattered constitution	ching¹-shên shuai¹-pai-lo	咯敗衰神精
,, ,,	ching¹-shên wei³-tun-lo	咯頓萎神精
,, hopes	ta⁴ shih¹ so³ wang⁴	望所失大
Shave the face, to	kua¹ lien³	臉刮
,, the head	t'i⁴ t'ou²	頭剃
,, one's head and become a bonze	lao⁴ fa³ ch'u¹ chia¹	家出髮落
,, a narrow	hsing⁴ mien³	免倖
,, ,,	chiang¹-ts'a chiang¹-êrh-ti	的兒將擦將
,, too close a, don't give me	pieh² t'ai⁴ kua¹ k'u³-lo	了苦刮太別
Shaver, a young	hou⁴ shêng¹	生後
Shavings,	pao⁴-hua	花鉋
She,	t'a¹	他
Sheaf, of wheat, a	i⁴ k'un³ mai⁴-tzǔ	子麥捆一
,, bind it into a	k'un³-ch'êng k'un³ 'rh	兒捆成捆
,, of arrows	i² fu⁴ chien⁴	箭付一
,, ,,	i¹ hu² chien⁴	箭弧一
Shear a sheep, to	ta³ mao²	毛打
Shears,	i⁴ pa³ chien³-tzǔ	子剪把一
,, or lifting	ch'i³ chung⁴ chih¹-tzǔ	子撜重起
Sheath, (of a sword, etc.)	ch'iao⁴-tzǔ	子鞘
Sheathe a sword, to	pa⁴ tao¹ ch'a¹-tsai ch'iao⁴-tzǔ-li	裏子鞘在插刀把
,, the sword, to	hsi² chan⁴	戰息
,, ,, ,,	pa⁴ ping¹	兵罷
Sheave of a block, the	hua²-tzǔ chou²-êrh	兒軸子滑
Shed, a	p'êng²	棚
,, (a mat)	hsi² p'êng²	棚蓆
,, put up a	ta¹ p'êng²	棚搭
,, (a lean-to)	wo¹ p'êng²	棚窩

Shed—Shelter.　　　784

Shed	lustre	kuang¹ chao⁴	照光
,,	the fleece, coat or feathers	t'o¹ mao²	毛脫
,,	tears	liu² lei⁴	淚流
,,	,,	sa³ lei⁴	淚洒
,,	,,	lo⁴ lei⁴	淚落
Sheen,		shan³ kuang¹	光閃
Sheep, a		i⁴ chih¹ yang²	羊隻一
,,	a flock of	i¹ ch'ün² yang²	羊羣一
,,	fold	yang² chüan⁴	圈羊
Sheepish,		hsiang⁴ yang² t'ou² lien³ 'rh shih⁴-ti	的似兒臉頭羊像
,,		ta¹-shan-cho	搭訕着
,,		shan⁴ shan⁴ 'rh-ti	訕訕兒的
Sheep's eyes		ch'iu¹ po¹	秋波
,,	,, at, to cast	hsieh² yen³ sung⁴ ch'ing²	斜眼送情
,,	,, ,, ,,	mei² yen³ ch'uan² ch'ing²	眉眼傳情
Sheer, folly		chih²-shih sha³-lo	直是傻咯
,,	precipice, a	li⁴ tou³ shan¹ yai²	立陡山崖
,,	nonsense	shun² shu³ hu² yen²	純屬糊言
Sheet (for bed)		pei¹ tan¹ 'rh	被單兒
,,	,,	pei⁴ tan¹-tzǔ	被單子
,,	of paper	i⁴ chang¹ chih³	一張紙
,,	of iron	i² p'ien⁴ 'rh t'ieh³	一片鐵兒
,,	of water	i² p'ien⁴ shui³	一片水
,,	iron	t'ieh³ pan³	鐵板
,,	anchor	i³ ju² t'ai⁴ shan¹	倚如泰山
Sheldrake,		kuan¹ ya¹	冠鴨
Shelf, a		tiao⁴ pan³ 'rh	吊板兒
,,	book	shu¹ kò²-tzǔ	書閣子
,,	,,	shu¹ chia⁴-tzǔ	書架子
Shell, a		k'o² 'rh	殼兒
,,	of the body, this	tz'ǔ³ min³ wan² chih¹ shu¹ k'o¹	此冥頑之軀壳
,,	(a place), to	p'ao⁴ chi⁴	砲擊
,,	fire	p'ao⁴ tan⁴ shê⁴ chi	砲彈射擊
,,	explosive	cha⁴ p'ao⁴ tzǔ³ êrh	炸砲子兒
,,	out money	t'ao¹-ch'u ch'ien²-lai	掏出錢來
Shelter from rain, take		pi⁴ yü³	避雨
,,	,, ,, ,,	pei⁴-i-pei 'rh yü³	避一避兒雨
,,	,, wind ,,	pi⁴ fêng¹	避風
,,	(or sentry box), a	pi⁴ fêng¹ ko²	避風閣
,,	screen him	hu⁴-p'i-cho-t'a	護庇着他
,,	so and so from his errors	yen³ mo⁴ kuo⁴ shih¹	掩沒過失

Shelter himself under the fair name of a "Responsible Cabinet"	yin³ shên¹ yü² tsê² jên⁴ nei⁴ ko² mei³ ming² chih hsia⁴	下之名美閣內任責于身體	
Shelve (put aside), to	chih⁴ chu¹ kao¹ ko²	閣高諸置	
,, ,,	kei³ jêng¹-tsai po²-tzŭ hou⁴-t'ou-lo	了頭後子脖在扔給	
,, (down)	ch'ing¹ hsieh²	斜傾	
,, a question	liu² chung¹	中留	
,, so and so	ou² chih¹ hsien² san⁴	散閑之投	
Shelving bank, a	aan⁴ p'o¹-êrh	兒坡慢	
Shepherd, a	au⁴ yang²-ti	的羊牧	
,,	ang⁴ yang²-ti	的羊放	
Sherry,	shê¹-li chiu⁸	酒利舍	
Shield, a	t'êng² p'ai²	牌籐	
,,	tang³ p'ai²	牌擋	
,, to	hu⁴-p'i	庇護	
,, one's own child (when wrong)	hu⁴ tu² tzŭ	子犢護	
,,	fang² yü⁴	禦防	
,,	t'an³ pi⁴	庇祖	
Shielding so and so improperly, appears to be	chi⁴ chin⁴ tso³ t'an⁸	袒左近跡	
Shift,	chi⁴ hua⁴	畫計	
,,	chiao¹ tai⁴	代交	
,, the blame	sai¹ tsê²	責塞	
,, blame on to parliament	hsieh⁴ tsui⁴ kuo² hui⁴	會國罪卸	
,, the blame on to another	pa⁴ ts'o⁴-êrh t'ui¹-tao pieh²-jên shên¹-shang	上身人別到推兒錯把	
,, the blame on the other, each	pi³ tz'ŭ³ tui⁴ t'ui¹	推對此彼	
,, ,, ,,	pi³ tz'ŭ³ t'ui¹ wei⁸	諉推此彼	
,, for himself, each	ko⁴ tzŭ⁴ wei² chi⁴	計為自各	
,, make	chiang¹ chiu⁴	就將	
,, ,,	sui² chi¹ ying¹ pien⁴	變應機隨	
,, for a living, make	hu² k'ou³ chih¹ fang¹	方之口糊	
,, to one side	no²-tao i⁴ pien¹ 'rh	兒邊一到挪	
,, ,,	pan¹-tao i⁴ pien¹ 'rh	兒邊一到搬	
,, one's place of location	no² wo¹-êrh	兒窩挪	
,, of workmen	i⁴ pan¹ kung¹ jên²	人工班一	
,, from one shoulder to the other	huan⁴-ko chien¹ 'rh	兒肩個換	
,, one's position (in bed etc.)	fan¹-ko shên¹	身個翻	
Shifted, the wind has	huan⁴-lo fêng¹-lo	咯風咯換	

Shiftiness—Ship.   786

Shiftiness,	kuei⁴ chi⁴ ts'êng² ch'u¹ pu⁴ ch'iung²	窮不出腸計詭
Shiftless,	pu⁴ wang³ ch'ien² ta³-suan	算打前往不
,,	pu⁴ hui⁴ mou² shêng¹	生謀會不
,,	chi⁴ wu² so³ ch'u¹	出所無計
Shifty,	t'ai⁴ kuei³-t'ou	頭鬼太
,, in the extreme	fu⁴ yü² chien¹ chi⁴	計奸子富
Shilling, a	hsien¹-ling	令先
Shilly shally, to	man¹-han	頇顢
,, ,,	ch'ou² ch'u²	躊躇
,, ,,	hsin¹ wu² t'ing⁴ chu³	主定無心
,, ,,	p'ai² hui² ch'i² lu⁴	路歧徊徘
Shimmer (sheen)	shan³ kuang¹-êrh	兒光閃
,, on water	ying³ kuang¹-êrh	兒光影
,, ,,	chê¹-hui-lai-ti ying³ kuang¹-êrh	兒光影的來囘折
,, ,,	shui³-shang huang³-cho	著晃上水
Shin, the	ying²-mien ku³	骨面迎
Shindy,	hsüan¹ hua²	嘩喧
Shine, to	fa¹ kuang¹	光發
,, rain or	ch'ing² yü³	雨晴
,, in the sun	t'ai⁴ yang¹-kuang-êrh chao⁴-ti liang⁴	亮的照兒光陽太
,, in the sun	t'ai⁴-yang ti⁴-li	裏地陽太
,, bask in the sun	shai⁴ nuan³ 'rh	兒暖曬
,, on my shoes, no	hsieh²-pu fa¹ liang⁴	亮發不鞋
,, (excel)	ch'o¹ yüeh⁴˙	卓越
,, out of so and so, take	to² ch'i² kuang¹	光其奪
,, as a conversationalist	yen² yü³ ch'u¹ chung⁴	衆出語言
Shingle,	shih²-t'ou tzŭ³-êrh	兒子頭石
Shingles,	tai⁴ chuang⁴ p'ao⁴ chên³	疹泡狀帶
Shining over there? what is that	tsai⁴ na⁴ 'rh huang³-cho-shih shêm²-mo	麼甚是著晃兒那在
Shintoism,	shên² tao⁴	道神
Ship, a	i⁴ chih¹ ch'uan²	船隻一
,, sailing	chia¹ pan³ ch'uan²	船板夾
,, steam	lun² ch'uan²	船輪
,, merchant	shang¹ ch'uan²	船商
,, battle	chan⁴ ch'uan²	船戰
,, building	tsao⁴ ch'uan² shu⁴	術船造
,, yard	ch'uan² ch'ang³	廠船
,, goods, to	chuang¹ huo⁴	貨裝
,, ,,	hsia⁴ ch'uan²	船下
,, master of a	ch'uan² chu³	主船

Ship—Shock

Ship, go on board	shang⁴ ch'uan²	上船
,, shape	chêng³-ch'i	整齊
,, ,,	ju¹-t'ieh	熨帖
Shipping,	ch'uan²-chih	船隻
,,	hang² yeh⁴	航業
Shipwreck,	tsao¹ nan² ch'uan²	遭難船
,, (figurative)	ch'ên² lun²	沈淪
,, utter	i¹ pai⁴ t'u² ti⁴	一敗塗地
Shipwrecked,	chuang⁴ huai⁴-lo	撞壞咯
Shirk (work), to	t'o¹ lan³ 'rh	脫懶兒
,, ,,	t'ou¹ hsien² 'rh	偷閒兒
,, ,,	kuei¹ pi⁴	規避
,, responsibility	pu⁴ tan¹ ch'ên² 'rh	不擔沈兒
,, a duty	chê¹-yen shên¹-tzŭ	遮掩身子
,, ,,	t'o¹ hua² 'rh	脫滑兒
,, ,,	tiu¹ san¹ la¹ ssŭ⁴-ti	丟三撒四的
,, hardships and look for easy jobs	chien⁴ i⁴ êrh² chin⁴ chih¹ nan² êrh² t'ui⁴	見易而進知難而退
Shirker,	kou³ ch'ieh³ t'ou¹ an¹	苟且偷安
Shirking, ingenious	fu¹ yen³ chih¹ miao⁴ yung⁴	敷衍之妙用
Shirt, a	han⁴ shan¹	汗衫
,,	i² chien⁴ pu⁴ shan³ 'rh	一件布衫兒
,, linen	pu⁴ han⁴ shan¹	布汗衫
,, flannel	jung² han¹ shan¹	絨汗衫
Shiver, to	ta³ ch'an⁴ 'rh	打顫兒
,,	ta³ chan⁴ 'rh	打戰兒
,,	to¹-so	哆嗦
,,	ta³ chin⁴ 'rh	打禁兒
,, with rage	ch'i⁴-ti chih² to¹-so	氣的直哆嗦
,, ,, fear	pu⁴ han² êrh² li⁴	不寒而慄
,, ,, cold	lêng³-ti chih² ta³ chin⁴ 'rh	冷的直打禁兒
Shivering,	chin⁴-ti-huang	禁的慌
Shoal, a	sha¹ t'an¹	沙灘
,, of fish	i⁴ pang¹ yü²	一幫魚
Shock,	chên⁴ tung⁴	震動
,,	kan³ ch'u¹	感觸
,, his feelings	shang¹ jên¹ kan² ch'ing²	傷人感情
,, get a mental	ch'ih¹-liao i⁴ ta⁴ ching¹	吃了一大驚
,, from fright	shou⁴-liao i-ko ta⁴ ching¹-huang	受了一個大驚慌
,, ,, ,,	hsia⁴-wo i² t'iao⁴	嚇我一跳
,, from collision	chên⁴-liao-i-hsia-tzŭ	震了一下子
,, electric, get an	shou⁴ tien⁴-ch'i chên⁴	受電氣震
,, me by your remarks	shuo¹-ti wo³ hsin¹ ching¹	說的我心驚

Shock—Shore. 788

Shock headed	tz'ŭ¹-p'êng-cho t'ou²	頭着蓬差
Shocking, shameful	kuai⁴ ch'ou³-ti	的醜怪
Shoddy,	tso⁴-ti t'ai⁴ ku²-ts'ao	蓙估太的做
,, articles	k'ang¹ huo⁴	貨糠
Shoe, a	i⁴ chih¹ hsieh²	鞋隻一
,, of silver	yin² k'o⁴-tzŭ	子鋟銀
,, horn	hsieh² pa²-êrh	兒拔鞋
,, sole of a	hsieh² ti³-êrh	兒底鞋
,, maker	shuang¹-hsien hang²	行綫雙
,, shop	hsieh² p'u⁴	鋪鞋
,, a horse, to	ting⁴ chang³	掌釘
Shoes, a pair of	i⁴ shuang¹ hsieh²	鞋雙一
Shoo the dog away	pa⁴ kou³ ch'iu¹-ho-ch'u ch'ü	去出嚇啾狗把
Shoot an arrow, to	shih² chien⁴	箭射
,, a gun	fang⁴ ch'iang¹	鎗放
,, with a	na² ch'iang¹ ta³	打鎗拿
,, ahead	t'u⁴ ch'u⁴ ch'ien² lieh⁴	列前出突
,, (sprout)	fa¹ ya² 'rh	兒芽發
,, bamboo	chu² sun³	笋竹
Shooting, go	ta³ lieh⁴	獵打
,, ,,	ta³ wei²	圍打
,, star	tsei² hsing¹	星賊
,, pains	chi² t'ung⁴	痛疾
,, ,,	i²-chên⁴ i-chên⁴-ti ch'ou¹-cho t'êng²	疼着抽的陣一陣一
,, ,,	i²-chên⁴ i-chên⁴-ti cha¹-cho t'êng²	疼着扎的陣一陣一
Shop, a	p'u⁴-tzŭ	子鋪
,, salt and oil	yu² yen² tien⁴	店鹽油
,, grain	liang²-shih tien⁴	店食糧
,, silver-smith's	shou³-shih lou²	樓飾首
,, style or name of a	tzŭ⁴-hao	號字
,, sign (hanging)	huang³-tzŭ	子幌
,, ,, (fixed)	chao¹-p'ai	牌招
,, keeper	k'ai¹ p'u¹-tzŭ-ti	的子鋪開
,, proprietor	chang³ kuei⁴-ti	的櫃掌
,, foreman	liao³ shih⁴-ti	的事料
,, assistants	huo³-chi-mên	們計夥
,, always talking	lao³-shih san¹ chü⁴ hua⁴ pu⁴ li² pên³ hang²	行本離不話句三是老
,, ,, ,,	lao³ shuo¹ pên³ sê⁴ hua⁴	話色本說老
Shore, of the sea	hai³ an⁴	岸海
,, opposite	tui⁴ an⁴	岸對
,, lie alongside the	lung³ an⁴	岸攏

Shore,	go on	shang⁴ an⁴	上岸
,,	run on	ch'ien³-chu-lo	淺住咯
,,	up	chih¹-ch'i-lai	擡起來
,,	,,	ch'iang⁴-shang	戧上
Short,	(in height)	ai³	矮
,,	(in length, etc.)	tuan³	短
,,	in stature	ai³ shên¹-liang-êrh	矮身量兒
,,	time, after a	kuo⁴-liao-i hui³ 'rh	過了一會兒
,,	,, in a	pu⁴ ta⁴-ti kung¹-fu	不大的工夫
,,	,, been here a	lai²-ti kung¹-fu pu⁴ ta⁴	來的工夫不大
,,	,, arrived a	tao⁴-ti jih⁴-tzŭ pu⁴ to¹	到的日子不多
,,	sight	chin⁴-shih yen³	近視眼
,,	sighted policy,	ssŭ³-hsin yen³ 'rh	死心眼兒
,,	(not full quantity)	ch'üeh¹ shao³	缺少
,,	crop, a	shou¹-ch'êng-ti pu⁴ tsu²	收成的不足
,,	of expectation, fall	pu⁴ man³ 'so³ wang⁴	不滿所望
,,	handed	ch'üeh¹ chi³-ko jên²	缺幾個人
,,	cut, a	ch'ao¹ tao⁴-êrh	抄道兒
,,	,,	ch'ao¹ chin⁴ 'rh	抄近兒
,,	his remarks, cut	pa⁴-t'a ho⁴-chu-lo	把他喝住咯
,,	weight, give	kei³ pu⁴ tsu² fên⁴ liang	給不足分量
,,	leave, application for	tuan³ ch'i² ch'ing³ chia⁴	短期請假
,,	lived cabinet	tuan³ ming⁴ nei⁴ ko²	短命內閣
,,	lived, his ministry was expected to be	ch'i² nei⁴ ko² shou⁴ ming⁴ chih¹ pu⁴ ch'ang² tsao³ wei² shih⁴ chê³ so³ ni⁴ liao⁴	其內閣壽命之不長早爲識者所逆料
,,	of money	shou³ chin³	手緊
,,	,,	chieh² chü¹	拮据
,,	,,	lo² kuo¹ 'rh shang⁴ shan² ch'ien² tuan³	羅鍋上山錢短兒
,,	stop	hu¹ jan² chung¹ chih³	忽然中止
,,	in	tsung² êrh² yen² chih¹	總而言之
,,	of the matter, long and	i¹ yen² ch'ao¹ po⁴ tsung³	一言抄百總
,,	of it is, the long and	i¹ yen² pi⁴ chih¹	一言蔽之
Shortage and deduction on their pay		fêng⁴ hsiang³ k'uei¹ tuan³ k'o¹ k'ou⁴	俸餉虧短剋扣
,,	of some ten million dollars, there is a	ch'u¹ ju⁴ chih ch'a¹ yüeh¹ chin⁴ ch'ien¹ wan⁴ yüan² chih p'u³	出入之差約近千萬元之譜
Shortcoming,		kuo⁴ shih¹	過失
,,		tuan³ ch'u⁴	短處
,,	expose one's own	ta³ tsui³ hsien⁴ shih⁴	打嘴現世
Shortening days		t'ien¹ shih² chien⁴ tuan³	天時漸短
Shortest days		t'ien¹ tuan³ tao⁴ tou¹ 'rh²	天短到頭兒

Shorthand,	su¹ chi⁴ shu⁴	速記術	
,,	su¹ chi⁴ fa³	速記法	
,,	chien³ pi³	減筆	
,, writing	chien³ hsieh³-ti tzŭ⁴	減寫的字	
Shortly terminate	chuan³ shun⁴ kao⁴ chün⁴	轉瞬告竣	
,, leaving, he is	hsing² ch'i² tsai⁴ chi²	行期在即	
Shortwitted,	tuan³ ts'ai²	短才	
Shot,	shih² tan⁴	實彈	
,, (distance)	tan⁴ chü⁴	彈距	
,, grape	liu⁴ san⁴ tan⁴	榴散彈	
,, iron	t'ieh³ sha¹-tzŭ	鐵沙子	
,, gun (Chinese)	hsien⁴ ch'iang¹	綫鎗	
,, for cannon	p'ao⁴ tzŭ³ êrh	礮子兒	
,, a good	hao³ ch'iang¹ shou³	好鎗手	
,, not worth powder and	t'a¹ hai² shêng³ na⁴ ch'iang¹ yao⁴-ni	他還省那鎗藥呢	
Shoulder, the	chien¹ pang³-êrh	肩膀兒	
,, to	k'ang²-shang	扛上	
,, a gun	k'ang² ch'iang¹	扛鎗	
,, put a gun to the	pa⁴ ch'iang¹ tuan¹ p'ing²-lo	把鎗端平了	
,, to shoulder, walk	ping⁴-cho chien¹ 'rh tsou³	並着肩兒走	
,, strap	chien¹ chang¹	肩章	
,, of mutton	yang² t'un² chien¹	羊臀肩	
,, blade	ha³-la pa¹ ku³	哈剌巴骨	
,, gave me the cold	pa⁴ wo³ tiu¹-tsai⁴ i⁴ p'ang²	把我丟在一旁	
,, to wear over one	ta¹-tsai chien¹ pang³-êrh-shang	搭在肩膀兒上	
,, to carry on the	k'ang²-cho	扛着	
,, blame	chien¹ tsê²	肩責	
Shoulders, to wear over the	p'ei¹-cho i¹-shang	披着衣裳	
,, sloping	liu¹ chien¹ pang³-êrh	溜肩膀兒	
Shout, to	han³	喊	
,, to him to come back	pa⁴-t'a han³-hui-lai	把他喊回來	
,, wares, to	yao¹-ho	吆喝	
,, at a person	yao¹-ho jên²	吆喝人	
Shove, to	t'ui¹	推	
,, away	t'ui¹-k'ai	推開	
,, don't	pieh² chi³	別擠	
,, off a boat	pa⁴ ch'uan² tien³-k'ai	把船點開	
Shovel, a small	i⁴ pa³ ch'an³	一把鏟	
,, a coal	mei² ch'an³	煤鏟	
,, a wooden	mu⁴ hsien¹	木掀	
,, a long handled	t'ieh³ ch'iao¹	鐵鍫	

Shovel—Showy

Shovel, a large iron	t'ieh³ hsien¹	掀鐵
,, up coal, etc., to	ch'an³-ch'i-lai	來起鏟
,, ,, earth	ts'o⁴-ch'i-lai	來起撮
Show me	kei-wo ch'iao²	瞧我給
,, ,,	kei-wo k'an⁴	看我給
,, ,,	kei-wo ch'ou³	瞅我給
,, me, please	ch'ing³ wei⁴ hsiang¹ shih⁴	示相爲請
,, you how	wo³-kei-ni chi'ao²	瞧你給我
,, a letter	pa⁴ hsin¹ ch'êng² yüeh⁴	閱呈信把
,, and reality	shih² hua²	華實
,, the road	ling³ tao⁴-êrh	兒道領
,, does it?	hsien³-tê-ch'u-lai² hsien³-pu-ch'u lai²	來出不顯來出得顯
,, it does not	pu⁴ hsien³	顯不
,, some surprise	t'ou⁴ tien³ 'rh ch'a⁴-i⁴-ti shên² 'rh	兒神的異詫兒點透
,, temper	t'ou⁴-cho tien³ 'rh yu³ p'i²-ch'i	氣脾有兒點着透
,, escort to the door	sung⁴-tao mên²-k'ou³-êrh	兒口門到送
,, him in	jang⁴-t'a chin⁴-lai	來進他讓
,, ,, ,,	ling³-t'a chin⁴-lai	來進他領
,, off	pai³ yang⁴-tzǔ	子樣擺
,, ,,	pai³ chia⁴-tzǔ	子架擺
,, ,,	mai⁴-nung	弄賣
,, mistakes	chih⁴ ch'u ts'o⁴-êrh-lai	來兒錯出指
,, a flower	sai⁴ hua¹ hui⁴	會花賽
,, him up, I'll	wo³ pa⁴-t'a hsing²-jung-ch'u-lai	來出容形他把我
,, make a great	ta³ p'ai² tso⁴ k'uo⁴	闊作牌打
,, up (expose)	fa¹ fu⁴	覆發
,, the white feather	t'ui⁴ so¹	縮退
,, ,, people that good men do exist among our Tommies	chiao⁴ po⁴-hsing⁴ k'an⁴-k'an⁴ tsa² mên chün¹-chieh-ti¹-p'êng²-yu³ pu⁴ shih⁴ mei² hao³ jên²	人好沒是不友朋的界軍們偺看看姓百叫
Shower of rain, a	i² chên⁴ yü³	雨陣一
,, a passing	i² chên⁴ kuo⁴ yin¹ yü³	雨陰過陣一
,, of stones	shih² ju² yü³ tien³	點雨如石
,, ,, bullets	ch'iang¹ lin² p'ao⁴ yü³ chih chung¹	中之雨砲林槍
,, bath, a	tiao⁴ t'ung³-êrh	兒桶吊
Shows that some poeple are proof against material gain, it just	tsu³ chien⁴ li⁴ lu⁴ pu⁴ tsu² i³ tung⁴ jên²	人動以足不祿-利-見-足
Showy (empty show)	hsü¹ yu³-ch'i piao³	表其有虛

Shreds—Shrubs. 792

Shreds, of cloth	pu⁴ t'iao²-êrh	布條兒
,, of cotton	hsien⁴ t'ou²-êrh	綫頭兒
Shrew, a	tiao¹ fu⁴	刁婦
,,	p'o¹-fu	潑婦
,,	ho² tung¹ shih¹ hou³	河東獅吼
,,	ho² tung¹ shih¹-tzǔ hou³	河東獅子吼
,,	mu³ yeh⁴-ch'a	母夜叉
,,	han⁴ fu⁴	悍婦
,, for my wife, I have a regular	nei⁴ jên² chih¹ hsing² pu⁴ i⁴ han⁴ fu⁴	內人之性不異悍婦
Shrewd,	kuai¹ ch'iao³	乖巧
,,	ching¹-ming	精明
,,	ling²-li	伶俐
Shriek, to	kuei³ hao²-shih ti han³	鬼嚎似的喊
,, piercing	tsuan¹ nao³-tzǔ	鑽腦子
,, ,,	cha¹ êrh³-to	扎耳朵
Shrimp, a	hsia¹-mi	蝦米
Shrine, family	tz'ǔ² t'ang²	祠堂
,, for images, a	fo² k'an¹	佛龕
,, for ancestral tablets	shên² k'an¹	神龕
Shrink,	shou¹ so¹	收縮
,, (from danger)	t'ui⁴ so¹	退縮
,, (from fear)	wei⁴ so¹	畏縮
,, (in fear)	sê⁴ so¹	瑟縮
,, (contract), to	chou⁴-lo	縐咯
,, ,,	wang³ li³ chou⁴	往裏縐
,, back	wang³ hou⁴-shan³	往後閃
,, from saying	shan³-cho pien¹ 'rh-pu shuo¹	閃着邊兒不說
,, from the infliction of pain	ch'i⁴ nui²	氣餒
,, ,,	fa¹ nui³-ch'i	發餒氣
Shrinks in fear, when his country is at war, the "conscientious objector"	kuo² chia¹ to¹ shih⁴ chih¹ ch'iu¹ so³ wei⁴ liang² hsin¹ shang fan³ tui⁴ chê t'ui⁴ so¹ pu⁴ ch'ien²	國家多事之秋所謂良心上反對者退縮不前
Shrivelled,	k'u¹-kan-lo	枯乾咯
,,	chou⁴-chou-lo	縐縐咯
,, skin	jou⁴ p'i²-tzǔ fa¹ chou⁴	肉皮子發縐
Shroff coin, to	ch'iao¹ yin²-tzǔ	敲銀子
,, a	tso⁴ kuei⁴-ti	坐櫃的
Shroud, a	ch'in² tan¹	衾單
,,	shou⁴ i¹	壽衣
,, to	ju⁴ lien⁴	入殮
Shrubs,	hsiao³ shu⁴ k'o¹-tzǔ	小樹顆子

Shrug—**Shuttle**

Shrug the shoulders	suug³ chien¹	肩竦
,, ,, ,, and put out the tongue	tuan¹ chien¹-pang³-êrh t'u³ shê² t'ou	頭舌吐兒膀肩端
,, gave a	i⁴ tuan¹ chien¹-pang³-êrh	兒膀肩端一
Shudder, to	ta⁵ ch'an⁴ 'rh	兒顫打
,, (See shiver)	fa¹ chin⁴	噤發
,, went through him, a	han² mao² kên¹ 'rh i⁴ cha⁴ sha	煞乍一兒根毛寒
Shuffle,	yen³ shih¹	飾掩
,,	shan³ pi⁴	避閃
,,	kuei³ chi⁴	計詭
,, along, to	man⁴ man¹ 'rh-ti ts'êng⁴	蹭的兒慢慢
,, ,,	mo²-ts'êng-cho tsou³	走着蹭摸
,, cards	hsi³ p'ai²	牌洗
,, blame on to others	wei³ tsui⁴ yü² jên²	人於罪委
,, off this mortal coil	t'o¹ ch'ü⁴ tz'ǔ³ ch'ou⁴ p'i² nang²	囊皮臭此去脫
Shun, to	pi⁴-hui	諱避
,,	chi⁴-hui	諱忌
Shunt,	kua⁴ kou¹	鈎掛
,, trucks, etc., to	kua⁴ ch'ê¹	車掛
Shut, to	kuan¹	關
,, ,,	kuan¹ chu⁴	住關
,, ,,	kuan¹-shang	上關
,, the ears	yen³ êrh³	耳掩
,, the eyes	pi⁴ yen³-ching	睛眼避
,, the mouth	ping⁴ tsui³	嘴並
,, his mouth	mieh⁴ k'ou³	口滅
,, outside the city gates	kuan¹ tsai⁴ ch'êng² wai⁴	外城在關
,, up (as besieged)	tso⁴ k'un⁴ ch'êng²	城困坐
,, up, he	tun¹ k'ou³ wu² yen²	言無口頓
,, up!	pa⁴-ya	罷呀
,, him up	sang³ t'a¹ chi³ chü⁴	句幾他嗓
,, ,,	na² hua⁴ tu³-hui-ta ch'ü⁴	去他回堵話拿
,, up in a room	chüan⁴-tsai wu¹-li	裏屋在圈
,, up shop, you can	yen³ ch'i² hsi² ku³-ti ch'ü⁴-pa	罷去的鼓息旗掩
Shutters,	pan³-tzǔ	子板
,,	cha² pan³	板閘
,, put up the	shang⁴ pan³-tzǔ	子板上
,, venetian	ch'uang¹-hu pi⁴-tzǔ	子箆戶窗
Shuttle, a	so¹	梭
,, cock	chien⁴ 'rh	兒毽
,, ,, play, to	t'i¹ chien⁴ 'rh	兒毽踢

cc

Shy—Sickness. 794

Shy, to be (of children)	jên⁴ shêng¹	認生
,, ,, (of adults)	ch'u³-po-tzŭ	懦脖子
,, ,, ○ ,,	mien³-t'ien	靦腆
,, ,, (of a horse)	yen³ ch'a⁴	眼差
,, at steam rollers	ch'ou³-chien ch'i⁴ nien³-tzŭ chiu⁴ yen³ ch'a⁴	瞧見氣碾子就眼差
,, ,, ,,	ch'ou³-chien ch'i⁴ nien³-tzŭ chiu⁴ yao⁴ ching¹	瞧見氣碾子就要驚
,, apt to	yu³ i tien³ 'rh hsiao³ tan³ 'rh	有一點小膽兒
,, once bit twice	ching¹ kung¹-chih niao³ i⁴ tsao¹ ching¹ shê² yao³ shih² nien² p'a⁴ ching³ shêng²	驚弓之鳥一遭經蛇咬十年怕井繩
,, (animals)	ch'u³ wo¹ tzŭ	憷窩子
Siam,	hsien¹-lo kuo²	暹羅國
Siberia,	hsi¹-po-li ya³	西伯利亞
Sick,	ping⁴-lo	病咯
,,	yu³ ping⁴	有病
,,	pu⁴ yü⁴	不豫
,, (polite)	ch'ien⁴ an¹	欠安
,, list	chi² ping⁴ pu⁴	疾病簿
,, makes one sick (figuratively)	shêng¹ yen⁴	生厭
,, person	ping⁴ jên²	病人
,, to fall	tê²-lo ping⁴	得了病
,, (to feel nausea)	o³-hsin	惡心
,, (,, vomit)	t'u⁴	吐
,, (,, ,,)	ou¹ t'u⁴	嘔吐
,, of it	kuai⁴ ni⁴-fan-ti	怪膩煩的
,, made me feel, the sight of it	ch'iao²-chien kuai⁴ o³-hsin-ti	瞧見怪惡心的
Sickening, for measles	ts'ang²-cho chên³-tzŭ	藏着疹子
,, sight, a	ch'iao²-cho kuai⁴ o³-hsin-ti	瞧着怪惡心的
Sickle, a	i⁴ pa³ lien² tao¹	一把鐮刀
,, to cut with a	na² lien² tao¹ ko¹	拿鐮刀割
Sickly,	pu⁴ chieh¹-shih	不結實
,,	t'ai⁴ juan³-jo	太軟弱
,,	ch'ang² ai⁴ ping⁴	常愛病
,,	ping⁴ shên¹	病身
,, ideas	ling⁴ jên² p'ên¹ fan⁴ chih ssŭ¹ hsiang³	令人噴飯之思想
Sickness,	ping⁴ ch'i⁴	病氣
,, on a bed of	shên¹ yin² ch'uang² t'a⁴	呻吟床榻

Side,		pien¹	邊
,,	at the	p'ang² pien¹	邊旁
,,	pain in the	chê² wo¹ t'êng³	疼窩摺
,,	on one's, to sleep	chai¹-wai-cho shui⁴	睡着歪擵
,,	up, this	tz'ǔ³ mien⁴ ch'ao² shang⁴	上朝面此
,,	by side, put them	i²-ko ai¹-cho i²-ko-ti fang⁴	放的個一着挨個一
,,	of the road	tao⁴ p'ang²	旁道
,,	of a box	hsiang¹-tzǔ tu³ t'ou² 'rh	兒頭堵子箱
,,	of a hill	shan¹ p'ang³ 'rh-shang	上兒旁山
,,	by the river, sit	pang⁴-cho ho² pien¹ 'rh tso⁴	坐兒邊河着傍
,,	of a story, one	i² mien⁴-chih tz'ǔ²	詞之面一
,,	of a question, one	i² mien⁴ li³-êrh	兒理面一
,,	to put on	na² ta⁴ chin⁴ 'rh	兒勁大拿
,,	relations on the mother's	wai⁴ ch'in¹	親外
,,	,, , father's	nei⁴ ch'in¹	親內
,,	I take his	wo³ hsiang⁴-cho t'a¹	他着向我
,,	,, the other	wo³ hsiang⁴-cho na⁴-pien 'rh	兒邊那着向我
,,	of the river, the other	ho² na⁴-pien 'rh	兒邊那河
,,	door, a	chiao³ mên² 'rh	兒門角
,,	,,	p'ang² mên² 'rh	兒門旁
,,	,,	pien⁴ mên² 'rh	兒門便
,,	of the President, looking at it from the	tzǔ⁴ tsung³ t'ung³ i fang¹ mien⁴ kuan¹ chih¹	之觀面方一統總自
,,	regard a matter from every	ts'ung² chung³ chung³ chih¹ fang¹ mien⁴ kuan¹ ch'a²	察觀面方之種種從
,,	of, take the	tso³ tan³	袒左
,,	issue, consent on a	chü¹ ni² mo⁴ chieh²	節末尼拘
,,	light on	ts'ê⁴ mien⁴ kuan¹	觀面側
,,	walk	jên² tao⁴	道人
Sided statement, a one		i² mien⁴-chih tz'ǔ²	詞之面一
Sidelong glances, to cast		na² yen³ piao¹-cho	着瞟眼拿
Sides to the question, there are two		yu³ liang³ mien⁴ 'rh li³	理兒面兩有
,,	on both	liang³ pien¹ 'rh	兒邊兩
,,	to please both	chien⁴ hao³ liang³ fang¹	方兩好見
,,	be friends with both	ko⁴ fang¹ yao⁴ hao³	好要方各
,,	on all	ssǔ¹-chou wei²	圍週四
,,	,, ,,	ssǔ⁴-hsia-li	裏下四
Sideways,		hsieh²-cho	着斜
,,		wai¹-cho	着歪
,	on one's chair, to sit	hsieh² ch'ien¹-cho tso⁴	坐着簽斜

| Siding—Sight. | | 796 |

Siding,	pi⁴ hsien⁴	線避
,, a railway	ch'ê¹ chan⁴ chih¹ lu⁴	路枝站車
Sidle up, to	ts'ou⁴-tao kên¹ ch'ien³ 'rh	兒前跟到轉
,, ,,	ai¹-shang-lai-lo	咯來上挨
Siege to, to lay	kung¹ wei²	圍攻
,, raise a	chieh³ wei³	圍解
Siesta, take a	shui⁴-ko hsiao³ chiao⁴-êrh	兒覺小個睡
,, ,,	shui⁴ shang³ chiao⁴	覺响睡
Sieve, a fine	lo²	羅
,, to sift with a	na² lo² shai¹-i-shai	篩一篩羅拿
,, a coarse	shai¹-tzǔ	子篩
,, (for bolting flour), a slung	lo² kuei⁴	櫃羅
Sift,	ch'ü³ shê³	捨取
,, (surplus officials)	t'ao² t'ai⁴	汰淘
,, with a coarse sieve, to	na² shai¹-tzǔ shai¹	篩子篩拿
,, ,, ,,	shai¹-i-shai	篩一篩
,, flour, to	lo² mien⁴	麵羅
,, rice	shai¹ mi³	米篩
Siftings of coal	mei² cha¹-tzǔ	子渣煤
,, ,,	kuo⁴ shai¹-tzǔ-ti hsiao³ mei² k'uai⁴ 'rh	兒塊煤小的子篩過
Sigh, a	ch'ang² t'an⁴	歎長
,, gave a	ch'ang² t'an⁴-liao-i-shêng	聲一了歎長
Sight,	mu⁴ li⁴	力目
,,	yen³ li⁴	力眼
,,	kuan¹ lan³	覽觀
,, good	yen³ shên² 'rh hao³	好兒神眼
,, short	chin⁴-shih yen³	眼視近
,, long	mu⁴ li⁴ hao³	好力目
,, old	yen³ hua¹-lo	咯花眼
,, dim	yen³-ching fa¹ mi²-hu	糊迷發睛眼
,, of him, lost	pa⁴-t'a tiu¹-kuo-lo	咯過丟他把
,, to lose the	liang³ mu⁴ shih¹ ming²	明失目兩
,, not in	hai² mei² ch'iao²-chien-ni	呢見瞧沒還
,, know him by	têng³-wo ch'iao² chien⁴ chiu⁴ jên⁴-tê-lo	了得認就見瞧我等
,, of him, directly I caught	wo³ i⁴ ch'iao²-chien-t'a	他見瞧一我
,, a pitiful	ch'iao²-cho kuai⁴ ts'an³-ti	的慘怪着瞧
,, no one in	ssǔ⁴ wang⁴ wu² jên²	人無望四
,, of a gun, front	ch'iang¹ hsing¹	星鎗
,, ,, back	ch'iang¹ tou³	斗鎗

Sight—Signalman

Sight,	saddened by the	ch'u¹ mu⁴ shang¹ hsia¹	心傷目觸
,,	(of a gun)	chao⁴ chun³	準照
,,	(range of)	yen³ chieh⁴	界眼
,,	(mercantile), after	i¹ lan³ hou⁴	後覽一
,,	(of a gun), fore	chao⁴ hsing¹	星照
,,	payable at	chien¹ p'iao⁴ chi² fu⁴	付即票見
,,	I don't know him by	wu² i¹ mien⁴ chih ya³	雅之面一無
,,	don't know so and so by	yü³ mou² su⁴ wei¹ mou² mien⁴	面謀未素某與
,,	a fine	chuang⁴ kuan¹	觀壯
Sightly,		yüeh⁴ mu⁴	目悅
Sightseeing,		yu² lan³	覽遊
,,	to go	ch'u¹-ch'ü kuang⁴-ch'ü	去逛去出
Sign,		ch'ien² chao⁴	兆前
,,	of rain, a	yü³-ti hsien¹ chao⁴-êrh	兒兆先的雨
,,	you've been drinking too much, a	ni³ ho¹ to¹-lo-'i miao²-t'ou	頭苗的了多喝你
,,	that's a good	na⁴-shih hao³ miao²-t'ou	頭苗好是那
,,	(proof)	chêng⁴ chü⁴	據證
,,	manual (imperial) used of foreign rulers	yü⁴ ming²	名御
,,	of a policeman about (when he ought to be there) (vulgar), not a	yao⁴ ko⁴ ching³ mao³ 'rh yeh³ mei⁴ yu³	有沒也兒毛警個要
,,	to one's name	shu³ ming²	名署
,,	of the Cross, make the	ch'ing³ shêng⁴ hao⁴	號聖請
,,	or style of a shop, etc.	tzŭ⁴-hao	號字
,,	to make a	chao¹	招
Signal,		hsin⁴ hao⁴	號信
,,	(remarkable)	ch'o¹ yüeh⁴	越卓
,,	for action	i¹ ku³ tso⁴ ch'i⁴	氣作鼓一
,,	with the hand, make a	na² shou³ chao¹	招手拏
,,	board, a hanging	huang³-tzŭ	子幌
,,	,, a fixed	chao⁴-p'ai	牌照
,,	with the hand, to make a	ta³ shou³-shih	式手打
,,	to him by semaphore	na² ch'i² yü³ kao⁴-su-t'a	他訴告器旗拏
,,	gun, a	hao⁴ p'ao⁴	礮號
,,	flag, a	hao⁴ ch'i²	旗號
,,	by flag, to	na² ch'i² hao⁴ chao¹	招號旗拏
,,	hoist a danger	kua⁴ wei¹ hsien³ ch'i² hao⁴	號旗險危掛
Signalman (railway)		hsin⁴ hao⁴ ch'i² shou³	手旗號信
,,	(military)	hsin⁴ hao⁴ ping¹	兵號信

Signatory—Silk. 798

Signatory,	lien² shu³ chê³	連署者
,, countries	lien² shu³ kuo²	連署國
Signature,	shu³ ming²	署名
,, affix a	hua⁴ ya²	畫押
,, to affix one's	hua⁴ ya²	畫押
,, I don't recognize his	pu⁴ jên⁴-tê-t'a-ti hua¹-ya	不認得他的押花
Signed document is valid, a	lao² pi³ wei² chun³	落筆爲準
Significance,	i⁴ i⁴	意義
,, (importance)	chung⁴ yao⁴	重要
Significant,	yu³ i⁴ wei⁴	有意味
Signification,	i⁴ i⁴	意義
Signify (show)	piao³ shih	表示
,, it doesn't	suan⁴-pu-liao-shêm-mo	不算了甚麽
,, what does it	chê⁴-hai suan⁴ shêm²-mo	這算甚麽
,, ,,	na⁴ shih⁴ shêm²-mo i⁴-ssŭ	那是甚麽意思
Signs of snow	hsia¹ hsüeh³ ti¹ lai² p'ai	下雪的來派
Silence,	ch'ên² mo⁴	沈默
,, (dead)	ya¹ ch'iao³ wu² shêng¹	鴉雀無聲
,, of the night, in the	shên¹ yeh⁴ chi² ching⁴-ti shih⁵-hou 'rh	深夜寂靜的時候兒
,, a complete	t'ing¹ pu⁴ chien⁴ tung⁴ ching⁴ 'rh	聽不見動靜兒
,, submit in	t'un¹ shêng¹ jên³ ch'i⁴	吞聲忍氣
,, suffer in	kan⁴ nu⁴ pu⁴ kan³ yen²	敢怒不敢言
,, suffer loss in	ch'ih¹ ya³ pa k'uei¹	吃啞吧虧
,, sit in, to	mo⁴ tso⁴	默坐
,, him, cannot	tu³-pu chu⁴-t'a-ti tsui³	堵不住他的嘴
Silent remained	mo⁴ pu⁴ i¹ shêng¹	默不一聲
,, person, a	kua³ yen² kua³ yü³-ti jên²	寡言寡語的人
,, (quiet) spot	chi²-ching ti⁴-fang-êrh	寂靜地方兒
,, on the subject was	mei² t'i²	沒提
,, ,, ,, ,,	mei² yen² yü³	沒言語
Silently, to walk	ch'ing¹ shou³ nieh⁴ chiao³-êrh-ti tsou³	輕手躡脚兒的走
Silhouette, in	chao⁴-ti pan⁴ mien⁴ ying³-êrh	照的半面影兒
,, a	pan⁴ mien⁴ ying³-êrh	半面影兒
Silk, fabric	ch'ou²-tzŭ	綢子
,, pongee	chien³ ch'ou²	繭綢
,, figured	yang² ch'ou²	洋綢
,, ,,	hua¹-êrh yang² chou⁴	花兒洋綢
,, plain	fang³ ch'ou²	紡綢

Silk	floss	jung²	絨
,,	thread	ssŭ¹ hsien⁴	綫絲
,,	raw	ssŭ¹	絲
,,	worm	ts'an²	蠶
,,	(as the worms), produce	la¹ ssŭ¹	絲拉
,,	cocoon	ts'an² chien³ 'rh	兒繭蠶
,,	to reel	ch'ou¹ ssŭ¹	絲抽
,,	purse out of a sow's ear, cannot make a	kou³ tsui³ t'u³-pu-ch'u hsiang⁴ ya² lai²	來牙象出不吐嘴狗
Silky,		hsi⁴ ju² ssŭ¹ shih⁴-ti	的似絲如細
Sill, of a door		mên² k'an³ 'rh	兒檻門
,, of a window		ch'uang¹ t'ai² 'rh	兒台窗
Silly,		sha³	傻
,,		ch'ih¹ sha³	傻癡
,,		yü² mei⁴	昧愚
,,	chap, he's a	t'a¹-shih pan⁴ han¹-tzŭ	子憨半是他
,,	talk	ch'ih¹ hua⁴	話癡
,,	he is! what a	t'a¹ to¹-mên ch'ih¹	癡們多他
Silt,		yung³ sha¹	沙擁
Silted up		jang⁴ sha¹-tzŭ yü¹-lo	嗠淤子沙讓
Silver,		yin²	銀
,,		yin²-tzŭ	子銀
,,	money	yin² ch'ien²	錢銀
,,	pure	shih² tsu² wên² yin²	銀紋足十
,,	plated	tu⁴ yin²-ti	的銀鍍
,,	electro	tien⁴ tu⁴ yin²-ti	的銀鍍電
,,	coated pill	tai⁴ yin² i¹-ti wan²-tzŭ	子丸的衣銀帶
,,	ingot, a	yüan²-pao	寶元
,,	ware	yin² ch'i⁴	器銀
,,	wedding	yin² hun¹ shih⁴	式婚銀
Silversmith, a		yin² chiang⁴	匠銀
,,		shou³-shih chiang⁴	匠飾首
,,	shop	shou³-shih p'u⁴	鋪飾首
Similar,		hsiang¹ t'ung²	同相
,,		lei⁴ ssŭ⁴	似類
,,	case, a	shih⁴ t'ung⁷ i¹ li⁴	例一同事
,,	to yours	fang³-fu nin²-ti shih⁴-ti	的似的您彿彷
,,	,,	hsiang¹ nin²-ti shih⁴-ti	的似的您像
,,	very	hên³ hsiang⁴	像很
,,	,,	hên³ hsiang¹ t'ung²	同相很
Simile, a		pi³-yü	喻比
,,	to demonstrate by	i³ pi³-yü piao³	表喻比以
Similia similibus curare		i³ tu² kung¹ tu²	毒攻毒以

Simmer—Since. 800

Simmer for an hour, let it	jang⁴ mên⁴ i⁴ tien³ chung¹-ti kung¹-fu	夫工的鐘點一悶讀
Simper, to	lien³-shang tai⁴ tien³ 'rh han¹ i⁴	意憨兒點帶上臉
Simple,	chien³ tuan³	短簡
,, explanation, give a	shuo¹ chü⁴ chien³ ming² ti¹ hua⁴	話的明簡句說
,, minded	i¹ hsin¹ yen³ 'rh	兒眼心一
,, (life)	chih⁸ su⁴	素質
,, interest	tan¹ li⁴	利單
,, perfectly	i⁴ ju² fan³ chang³	掌反如易
, that's	na⁴ jung²-i	易容那
,, to understand	na⁴ li³-êrh hao³ ming²-pai	白明好兒理那
, clothes, dressed in	ta³-pan-ti p'u²-su	素樸的扮打
,, minded man, a	p'u²-shih jên²	人實樸
,, ,, ,,	ting³ p'u²-ch'êng-ti jên²	人的誠樸頂
Simplicity, childish, or innocence	ch'ih⁴ tzŭ³-chih hsin¹	心之子赤
Simplify,	hua⁴ fan² wei² chien³	簡爲繁化
Simpleton,	yü² jên²	人愚
Simply (merely)	pu⁴ kuo⁴	過不
Simultaneous,	t'ung² shih²	時同
Simultaneously, carry on	shuang¹ fang¹ ping⁴ hsing²	行並方雙
,, ,,	t'ung² shih² ping⁴ chü³	舉並時同
,, pass two bills	ping⁴ an⁴ t'ung¹ kuo⁴	過通案並
,, blew and rained	fêng¹ yü³ chiao¹ tso⁴	作交雨風
,, arrived	i¹-ko shih²-hou¹ 'rh tao⁴-ti	的到兒候時個一
,, ,,	i¹ ch'i² lai²-ti	的來齊一
Sin,	tsui⁴	罪
,,	tsui⁴ o⁴	惡罪
,, against Heaven	ni⁴ t'ien¹ li³	理天逆
,, against moral laws	ni⁴ lun²	倫逆
,, against propriety	pei⁴ li³	理背
Since,	chi⁴	既
,, that is the case	chi⁴ jan²-shih na⁴-mo-cho	着麼那是然既
,, the Republic started	ju⁴ min² kuo³ i³ lai²	來以國民入
,, you say so	chi⁴-shih ni³ shuo¹-ti	的說你是既
,, that's a long time	tsao² i³-ti hua⁴	話的已早
,, long	tsao² i³-ti	的已早
,, we met, a long time	hsü³ chiu³ wei² chien⁴	見未久許
,, we met	tzŭ⁴ chien⁴ mien⁴-ti shih²-hou	候時的面見自

Since—Single

Since I knew, ever	tzŭ⁴-ts'ung chih¹-tao	自從知道
,, ever	tao⁴ ju² chin¹	到如今
,, the news of his resignation, got about	tzŭ¹ ch'i² tz'ŭ² chih² chih¹ hsiao¹ hsi¹ ch'uan² ch'u¹ chü⁴ ping¹ pien⁴ chih¹ hou⁴ wei² shih² shên² chiu³	自其辭職之消息傳出 距兵變之後爲時甚久
,, the riots, a long time		
Sincere,	ch'êng²-hou	誠厚
,,	hsin⁴ shih²	信實
,, intention	ch'êng² i⁴	誠意
,, friend	ch'êng²-shih-ti p'êng²-yu	誠實的朋友
Sincerely, I speak	wo³ shuo¹-ti ch'êng² hsin¹ hua⁴	我說的誠心話
Sincerity,	ch'êng² hsin¹	誠心
,, utter lack of	hao² wu² ch'êng² i⁴	毫無誠意
Sine,	chêng⁴ hsien²	正弦
,, die	wu² ch'i² hsien⁴	無期限
,, qua non	pi⁴ yung⁴ t'iao² chien⁴	必用條件
Sinecure, a	ying⁴-ko hsü¹ ming²-êrh	應個虛名兒
,, ,,	shih¹ wei⁴	尸位
,, ,,	su⁴ ts'an¹	素餐
,, office, a	fêng⁴ ch'ih¹-ti tzŭ⁴-tsai	俸吃的自在
,, a pure	hsün² li⁴ hua⁴ no⁴	循例盡諾
Sinew,	chin¹	筋
,, deer's	lu⁴ chin¹	鹿筋
Sinful,	tsao¹ t'ien¹ ch'ien³-ti	遭天譴的
,,	tsui⁴ nieh⁴ shên⁴ chung⁴	罪孽甚重
Sing, to	ch'ang⁴	唱
,, songs	ch'ang⁴ ch'ü¹-êrh	唱曲兒
,, ballads, etc.	ch'ang⁴ ko¹-êrh	唱歌兒
,, (of a bird)	shao⁴	哨
,, your praises if well paid to do so (journalists), they will	to¹ kei³ shang³ ch'ien² chiu⁴ to¹ kei³ ni³ ch'uan² hao² hua⁴ liao³-lo hu²-tzŭ	多給賞錢就多給你傳好話
Singe the moustache, to		燎了鬍子
,, off feathers	liao³ mao²	燎毛
,, the skirt of one's coat	k'ao³ hu²-lo ta⁴ ao⁰ ti⁸-hsia	烤糊咯大襖底下
Singer, a professional	ch'ang⁴ ch'ang⁴-êrh-ti	唱唱兒的
,, ,,	ch'ang⁴ ch'ü³-êrh-ti	唱曲兒的
Singers, female professional	nü³ lao⁴-tzŭ	女落子
Singing boys and dancing girls	ko¹ êrh² wu³ **nü**⁰	歌兒舞女
Single,	tan¹ shun⁴	單純
,, entry	tan¹ chi⁴	單記

Single—Sip. 802

Single numbers	tan¹ shu⁴-êrh	單數兒
,, individual	i⁴ shên¹ i⁴ k'ou³	一身一口
,, character that's not wrong, not a	mei² yu³ i²-ko tzŭ⁴ pu⁴-shih ts'o⁴-ti	沒有一個字不是錯的
,, (not married)	ku¹ shên¹ i¹ jên²	孤身一人
,, out	chih³-ch'u-lai	指出來
,, him out specially	tu² t'iao¹-t'a i¹ jên²	獨挑他一人
,, handed	tu² tzŭ⁴ i¹ jên²	獨自一人
,, handed, I did it	tou¹ ch'u¹-wo i⁴ shou³ pan⁴-ti	都出我一手辦的
,, effort, the republic not won by	min² kuo² ti⁴ tsao⁴ chih¹ kung¹ fei¹ i¹ shou¹ tsu² chih¹ lieh⁴	民國締造之功非一手足之烈
,, hair, our fate hangs on a	i¹ fa³ chih¹ ch'ien¹ lei³ chi² ch'üan² shên¹	一髮之牽累及全身
,, minded	chuan¹ hsin¹ jên²	專心人
,, hearted	ch'ih⁴ hsin¹	赤心
Singlet, a	chin³-tzŭ	緊子
Singly,	i²-ko i²-ko-ti	一個一個的
Singular,	kuai⁴	怪
,,	ch'i² kuai⁴	奇怪
,,	ku³ kuai⁴	古怪
,,	fei¹ ch'ang²	非常
,, (odd)	ch'i² i⁴	奇異
,, number, the	tan¹ shu⁴	單數
Singularity,	t'ê⁴ hsing⁴	特性
Singularly pretty	fei¹ ch'ang²-ti hao³ k'an⁴	非常的好看
Sinister,	hsieh² o⁴	邪惡
,,	shih¹ ts'ai³	失彩
,, face	o⁴ hsiang⁴	惡相
,, expression	man³ lien³ hsiung¹ o⁴	滿臉兇惡
Sink, to	ch'ên²-hsia-ch'ü	沉下去
,, ,,	wang³ hsia⁴ ch'ên²	往下沉
,, in	wang³ li³ shên⁴	往裏滲
,, (by guns)	hung¹ ch'ên²	轟沈
,, (decay)	ling² lo⁴	零落
,, of iniquity	wan⁴ o¹ chih¹ sou⁴	萬惡之藪
Sinking for food	hsin¹-li k'ung⁴-ti-huang	心裏空的慌
,, from fear	ti¹ hsin¹ tiao¹ tan³-ti	提心吊胆的
,, fund, a	hsiao¹ ch'üeh⁴ tzŭ¹	消卻資
,, ship, rats desert a	shu¹ tao³ hu² sun¹ san⁴	樹倒猢猻散
Sinner, a great	tsui⁴ ta⁴ o⁴ chi²	罪大惡極
Sinuous,	wan¹ ch'ü¹	灣曲
Sip tea, to	t'ê¹ 'rh-lou ch'a²	特兒嘍茶

Sip of tea, take a	t'ê¹ 'rh-lou i⁴ k'ou³ ch'a²	茶口一嗖兒特
,, it	t'ê¹ 'rh-lou-cho ho¹	喝着嗖兒特
,, of wine, take a	tsa¹ i⁴ k'ou³ chiu³	酒口一押
Siphon, a	tao⁴ liu²-êrh	兒流倒
,,	hua² chi¹	稽滑
,,	shui³ ch'ê⁴-tzŭ	子撤水
,,	hsi¹ shui³ kuan³	管水吸
Sir,	ko²-hsia	下閣
Sire (to a king)	pi⁴ hsia⁴	下陛
Sister, elder	chieh³-chieh	姐姐
,, younger	mei⁴-mei	妹妹
,, republics	tzŭ³ mei⁴ kung⁴ ho² kuo	國和共妹姊
,, (war) ship	tzŭ³ mei⁴ hsien⁴	艦妹姊
Sister-in-law, wife's elder	ta⁴ i²-tzŭ	子姨大
,, ,, [sister	ta⁴ chin⁴-tzŭ	子妗大
,, ,, younger ,,	hsiao³ i²-tzŭ	子姨小
,, elder brother's wife	sao³-tzŭ	子嫂
,, younger ,, ,,	hsiao³ shên³ 'rh	兒嬸小
,, husband's elder sister	ta⁴-ku-tzŭ	子姑大
,, ,, younger ,,	hsiao³-ku-tzŭ	子姑小
Sisters,	chieh³ mei⁴	妹姐
,,	tzŭ³ mei⁴	妹姊
,, by one mother	t'ung² pao¹ tzŭ³ mei⁴	妹姊胞同
Sisters-in-law,	chou²-li	娌妯
Sit, to	tso⁴	坐
,, down	tso⁴-hsia	下坐
,, tight	tso⁴ chu⁴	住坐
,, still	an¹ an¹ tun⁴ tun⁴ 'rh-ti tso⁴	坐的兒頓頓安安
,, quietly down and think	tso⁴ ting⁴ la hsiang³	想了定坐
,, (as a member of a government body)	lieh⁴ tso⁴	坐列
,, up all night	ch'ê⁴ yeh⁴ pu⁴ ch'in³	寢不夜徹
Site of a house	fang²-tzŭ-ti ti⁴ chi¹	基地的子房
,, of the old city	chiu⁴ ch'êng²-li chi¹ chih¹-êrh	兒址基的城舊
,, of government	chêng⁴ fu³ ti⁴ tien³	點地府政
,, of coronation ceremony	chi¹ wei² shih⁴ chih¹ shih¹ ch'ang²	塲式之式位即
Sitting (of Court)	k'ai¹ t'ing⁴ ch'i² jih⁴	日期定開
,, of parliament	k'ai¹ ch'i²	期開
Situated? where is it	tso⁴-lo tsai¹ na³ 'rh	兒那在落坐
Situation,	ching⁴ yü⁴	遇境

Situation—Sketch. 804

Situation political	shih² chü²	局時	
,, (state)	chuang⁴ k'uang⁴	況狀	
,, (employment)	wei⁴ chih⁴	磴位	
,, the house is in a bad	fang²-tzŭ tso⁴-lo-ti ti⁴-fang-êrh pu hao³	好不兒方地的落坐子房	
,, looking for a	mou² shih⁴	事謀	
,, as secretary, found a	chiu⁴-liao-i-ko pan⁴ pi³-mo-ti shih⁴	事的墨筆辦個一了就	
,, he is out of a	t'a¹ hsien²-cho-na	哪着閑他	
,, a dangerous	lin² hsien³ ching⁴	境險臨	
,, put me in an awkward	pa⁴ wo³ chiung³-chu-lo	了住窘我把	
Six,	liu⁴	六	
,, to one and half a dozen to other	chao¹ san⁴ mu⁴ ssŭ⁴	四暮三朝	
Sixty,	liu⁴ shih²	十六	
,, over	nien² yü² hua¹ chia³	甲花逾年	
,, years old, nearly	wang⁴ êrh³ shun⁴	順耳望	
Size,	ta⁴ hsiao³	小大	
,, what	to¹ ta⁴	大多	
,, ,,	to¹ tien³ 'rh	兒點多	
,, ,,	to¹ ta⁴ ch'ih²-ts'un⁴	寸尺大多	
,, ,,	to¹ k'uan¹	寬多	
,, ,,	to¹ chai³	窄多	
,, of land	mien⁴ chi¹	積面	
,, of one's hand, the	yu³ i⁴ pa¹-chang na-mo ta⁴ hsiao³	小大麽那掌巴一有	
,, (glue)	fan²	礬	
,, to	ta³-ko chiao¹ ti³-tzŭ	子底膠個打	
,, us up	suan⁴ chi⁴ tsa² mên	們偺計算	
Sizes, of different	ta⁴ hsiao³ pu⁴ tê² i² yang⁴	樣一得不小大	
,, ,,	ta⁴ hsiao³ pu⁴ t'ung²	同不小大	
,, ,,	ch'i¹ ta⁴ pa¹ hsiao³-ti	的小八大七	
Sizzle, to	tzŭ¹-la	啦嗞	
,,	tzŭ¹-la hsiang³	響啦嗞	
Skate, to	liu¹ ping¹ hsieh²	鞋冰遛	
Skates,	ping¹ hsieh²	鞋冰	
Skein of silk, a	i⁴ liu³ 'rh jung² hsien⁴	綫絨兒綹一	
,, tangled	luan⁴ ju² fên¹ ssŭ¹	絲紛如亂	
Skeleton, a	k'u¹ lou²-êrh ku³	骨兒髏骷	
,, reduced to a	shou⁴-ti ch'êng² k'u¹ lou² 'rh ku³	骨兒髏骷成的瘦	
,, at the feast	hao³ shih⁴ to¹ mo²	麼多事好	
Sketch of the bridge, make a	pa⁴ ch'iao² kao³-hsia yang⁴-êrh-lai	來兒樣稿橋把	

Sketch—Skin.

Sketch a portrait, etc.	kao³-hsia hsing²-hsiang-lai	稿下形像來
,, a coloured	tan¹-ch'ing hua⁴ 'rh	丹青畫兒
,, ,,	tai⁴ ts'ai³-ti hua⁴ 'rh	帶彩的畫兒
,, (outline)	chieh² lüeh⁴	節略
,, pen and ink, or outline	pai² miao²-ti hua⁴ 'rh	白描的畫兒
Sketchy,	hsieh³ ch'i² kêng³ kai⁴	寫其梗概
Sketchy drawing	ts'ao³ hua⁴	草畫
Skewer, a	ch'ien¹-tzŭ	籤子
,, to	na² ch'ien¹-tzŭ pieh²-shang	拿籤子撇上
Skid, to	wai³-lo	窩咯
,,	wai³-liao-i-hsia-tzŭ	窩了一下子
Skilful,	yu² shou³-tuan	有手段
,,	ch'iao³ shou³	巧手
,,	hao³ shou³-i	好手藝
,,	ching¹ miao⁴	精妙
,, diplomat	wai⁴ chiao¹ shou³ wan⁴ chih¹ ling² min³	外交手腕之靈敏
Skill,	pên³-shih	本事
,,	shou³-tuan	手段
,,	shou³ wan⁴	手腕
,,	nêng²-nai	能耐
,, in his profession	yu² tien³ 'rh mên² tao⁴	有點兒門道
,, no chance to display his	wu² ts'ung² chan³ ts'ai²	無從展才
,, no means of showing his	wu² i³ shih¹ ch'i² chih⁴	無以施其智
Skilled in astronomy	shan⁴-yü t'ien¹ wên²	善於天文
Skim, (off scum, etc.) to	p'ieh¹-liao-ch'ü	撇了去
,, ,, ,,	p'ieh¹ ch'ing¹-êrh	撇清兒
,, through a book	ta⁴ kai⁴ ch'i² li³-lo i li³	大概齊理一理
,, over the water like a dragonfly	ch'ing¹ t'ing² tien³ shui³ ssŭ⁴-ti	蜻蜓點水似的
Skimp, to	tso⁴-ti liao²-ts'ao	做的潦草
,,	kou⁸ ch'ieh⁸ liao³ shih⁴	苟且了事
Skin, the	p'i²	皮
,, outer	yu² p'i²-êrh	油皮兒
,, inner	lao³ p'i²	老皮
,, with hair on	p'i²-tzŭ	皮子
,, dressed hide	p'i² pan³ 'rh	皮板兒
,, to	pao¹ p'i²	剝皮
,, a sheep, to	pao¹ yang²	剝羊

Skin—Slack. 806

Skin and bone, nothing but	shou⁴-ti p'i² pao¹-cho ku³-lo	瘦的包着皮骨咯
Skinflint, (of officials) a	kua¹ ti⁴ p'i²	刮地皮
,,	pao¹ ti⁴ p'i²	剝地皮
,, a	i⁴ mao²-êrh pu⁴ pa²	一毛兒不拔
Skinny,	ch'êng²-liao liang³ ts'êng² p'i²-lo	成了兩層皮咯
Skins,	p'i² huo⁴	皮貨
Skip with a skipping rope	pêng⁴ lün¹ shêng²-êrh	迸掄繩兒
,, with joy	hsi³-huan-ti pêng⁴	喜歡的迸
,, passages in a book	t'iao⁴-kuo-ch'ü	跳過去
Skipper, a	kuan³ ch'uan²-ti	管船的
,,	lao³ ta⁴	老大
Skipping rope, a	lün¹ shêng²-êrh	掄繩兒
Skirmish, a	hsiao³ chan⁴	小戰
Skirmishers,	pao¹ ch'ao¹ ping¹	包超兵
Skirmishing manœuvres	san⁴ ping¹ yün⁴ tung⁴	散兵運動
Skirt, of a garment	ta⁴ chin¹ ti³-hsia	大襟底下
,, along a wall	shun⁴-cho ch'êng² kên¹ 'rh tsou³	順着城根兒走
Skirting board	hu⁴ ch'iang² pan³	護墻板
Skulk, to	ts'ang²-ts'ang to-to³-ti	藏藏躱躱的
,, about the place	ch'u¹ mo⁴ wu² ch'ɛɳg²	出沒無常
,, into a corner	yen³ tun⁴ i¹ yü²	掩遁一遇
Skulked away	tsei²-mei-shu yen³-ti tsou³-lo	賊眉鼠眼的走咯
Skull, a	t'ou² kai⁴ ku³	頭蓋骨
,,	nao³ pang⁴ ku³	腦棒骨
,, the front of the	nao³ mên²-tzǔ	腦門子
,, the back of the	nao³ shao²-tzǔ	腦杓子
Sky,	t'ien¹	天
,,	t'ai⁴ ch'ing¹	太清
,, a cloudless	t'ien¹-shang mei² yün²-ts'ai	天上沒雲彩
,, blue	ts'ang¹ t'ien¹	蒼天
,, ,,	lan² t'ien¹ 'rh	藍天兒
,, cloudy	pan⁴ yin¹ t'ien¹ 'rh	半陰天兒
,, I won't live under the same	pu⁴ kung⁴ t'ai⁴ t'ien¹	不共戴天
Skylight,	t'ien¹ ch'uang¹-êrh	天窗兒
Slab of stone, a	i⁴ t'iao² 'rh shih²-t'ou	一條兒石頭
,, ,,	i² p'ien⁴ 'rh shih²-t'ou	一片兒石頭
Slack (business)	ch'ên² ching⁴	沈靜
,, business is	mai³-mai wei¹-lo	買賣微咯
,, a rope, to	sung¹ shêng²-tzǔ	鬆繩子

Slack	time, a	shou³ hsien²-cho	着閑手
,,	one's efforts	sung¹ chin⁴ 'rh	兒勁鬆
,,	at work	tso⁴ shih⁴ sung¹-hsieh-cho	着俙鬆事做
,,	,,	chüan⁴-tai	怠倦
,,	tide	p'ing² liu²	流平
Slacken,		chien⁴ shuai¹	衰漸
,,	(lessen)	chien³ shao³	少減
Slacker, a		hsieh⁴-tai hsing⁴-êrh	兒性怠懈
,,		ta³ hsien² 'rh	兒閒打
Slake the thirst, to		chieh³ k'o³	渴解
,,	lime, to	p'o¹ hui¹	灰潑
Slam the door, don't		pieh² kuan¹-ti-na-mo kang⁴-tang hsiang³	响噹杠麽那的關別
Slander,		hui³-pang yü³	語謗譭
,,		hui³-pang hua⁴	話謗譭
,,	to	hui³-pang jên²	人謗譭
,,	,,	wu¹ kao⁴	告誣
Slanders, unjust		pu⁴ pai² chih¹ pang³ hui³	毀謗之白不
,,	utter constant	jih⁴ chin⁴ ch'an¹ yen²	言讒進日
Slang,		fang¹ yen²	言方
,,	to talk	shuo¹ chieh hou yü⁸	語後解說
,,	,, (trade or thieves)	tiao¹ k'an³ 'rh hua⁴	話兒坎弔
,,	,,	hang² hua⁴	話行
Slanting,		hsieh²-cho	着斜
,,	surface	hsieh² mien⁴	面斜
,,	upwards	wang³ shang⁴ hsieh²-cho	着斜上往
,,	downwards	wang³ hsia⁴ p'o¹-cho	着坡下往
,,	rays	hsieh² kuang¹-êrh	兒光斜
Slap, to		kei³-ko pa¹-chang	掌巴個給
,,	in the face	tang⁴ t'ou² chih pang⁴	棒之頭當
,,	in the face for you! that's a	chê⁴-ts'ai chao³-lo-ko mei² ch'ü⁴-êrh	兒趣沒個了找纔這
,,	at us, came	i¹ chih² ch'ung¹ wo³-mên lai²-liao	了來們我衝直一
Slash, to		k'an³-i-hsia-tzŭ	子下一砍
,,	cut a gash	k'an³ i² tao⁴ k'ou³-tzŭ	子口道一砍
Slate,		pan³ shih²	石板
,,	a writing	shih² pan³	板石
,,	pencil	shih² pi³	筆石
,,	slabs of	ch'ing¹ shih² p'ien⁴ 'rh	兒片石青
Slats of wood		mu⁴-t'ou p'ien⁴ 'rh	兒片頭木
Slattern, a		lan¹-san lao³-p'o	婆老散懶
Slatternly work		tso⁴ shih⁴ lan¹-san	散懶事做
Slaughter,		t'u¹ sha¹	殺屠

Slaughter—Sleepiness. 808

Slaughter, great	t'u² hai⁴ pu⁴ shao³	屠害不少
,, cattle, to	tsai³ niu²	宰牛
,, house, a	t'ang¹-kuo	湯鍋
Slave, your	nu²-ts'ai	奴才
,, a male	chia¹-jên	家人
,, by descent	chia¹-shêng tzǔ³-êrh	家生子兒
,, you offspring of a	nu²-ts'ai yang¹-tzǔ	奴才秧子
,, girl	mai³-ti ya¹-t'ou	買的丫頭
,, ,,	mai³-ti shih²-nü	買的使女
,, broker	jên² ya²-tzǔ	人牙子
,, for your descendants; your descendants can look out for themselves! don't trade	êrh² sun¹ tzǔ⁴ yu³ êrh² sun¹ fu² mo⁴ yü³ êrh² sun¹ tso⁴ ma³ niu² nu⁴ li⁴ mao⁴ i⁴	兒孫自有兒孫福莫與兒孫作馬牛 奴隸貿易
Sledge, a	ping¹ ch'uang²-êrh	冰牀兒
,, worked by pushing poles	ping¹ p'ai²-tzǔ	冰牌子
,, hammer	t'ieh³ ch'ui²	鐵椎
Sleek,	p'iao⁴-liang	漂亮
,,	fei² man³	肥滿
,, (unctuous)	liu²-hua yang⁴-êrh	流滑樣兒
Sleep (See asleep), to	shui⁴	睡
,, to nod with	ch'ung⁴ tun³ 'rh	榿盹兒
,, go to	shui⁴ chiao⁴	睡覺
,, foot gone to	chiao³ ma²-lo	脚痲咯
,, have a	shui⁴ i² chiao⁴	睡一覺
,, in a strange bed, can't	chai² hsi²	擇席
,, walk in one's	sa¹ i⁴-chang	撒一障
,, eyes heavy with	yen³-ching fa¹ sê⁴-lo	眼睛發澀咯
,, ,, ,, ,,	yen³-ching fa¹ hsing²-lo	眼睛發餳咯
,, soundly	shu² shui⁴	熟睡
,, lose one's	yeh⁴ chien¹ shih¹ mieh²	夜間失眠
,, in one's clothes	ho² i¹ êrh² shui⁴	和衣而睡
,, late and rise early	wan³ mien² tsao³ ch'i³	晚眠早起
,, or eat from anxiety, unable to	ch'in³ k'uei⁴ pu⁴ an¹	寢饋不安
,, away precious time	ts'un⁴ yin¹ ju² chin¹ yu² tsai⁴ shui⁴ hsiang¹	寸陰如金猶在睡鄉
Sleeper, a heavy	shui⁴-ti ch'ên²	睡的沈
,, a light	shui⁴-ti ch'ing¹	睡的輕
,, a railway	chên³ mu⁴	枕木
,, ,,	t'ieh³ tao⁴ chên³-t'ou	鐵道枕頭
Sleepiness, got over	hun⁴-liao chiao⁴-lo	混了覺咯

Sleeping car, a	shui⁴ ch'ê¹	睡車
,, ,,	ch'in³ t'ai² ch'ê¹	寢臺車
Sleepless,	ch'üeh¹ chiao⁴	缺覺
Sleeplessness,	pu⁴ mien² chêng⁴	不眠症
Sleeps, the law	fa⁴ lü⁴ ch'êng² wei² chü⁴ wên²	
	法律成爲具文	
Sleep-walking,	wo⁴ yu² ping⁴	臥遊病
,, ,,	li² hun² ping⁴	離魂病
Sleepy,	k'un⁴-lo	困咯
,, and tired	k'un⁴ fa²	困乏
Sleet,	yü³ hsüeh³ chiao¹ chia¹	雨雪交加
,,	fêng¹ chiao³ hsüeh³	風攪雪
Sleeve, a	i⁴ chih¹ hsiu⁴-tzŭ	一隻袖子
,, of a woman's dress, movable	hsiu⁴ k'ou³-êrh	袖口兒
,, embroidered ,,	hsiu⁴ hua¹-ti hsiu⁴ k'ou³-êrh	
	繡花的袖口兒	
,, turned up, a	wan³ hsiu⁴	挽袖
,, to turn up the	pa⁴ hsiu⁴-tzŭ wan³-ch'i-lai	
	把袖子挽起來	
,, hid his face in his	i³ hsiu⁴ yen³ mien⁴	以袖掩面
Sleigh (See sledge)		
Sleight of hand	shou³ ts'ai³-êrh	手彩兒
Slender figure, a	shên¹-tzŭ liu³	身子柳
,, ,,	yao³-t'iao shên¹-liang	窈窕身量
,, (not strong)	hsi⁴	細
Slice of meat, a	i² p'ien⁴ 'rh jou⁴	一片兒肉
,, cut a	ch'ieh¹ i² p'ien⁴ 'rh	切一片兒
,, ,,	p'ien⁴-i p'ien⁴ 'rh	剮一片兒
Slide on ice, to	liu¹ ping¹	遛冰
,, down an incline	wang³ hsia⁴ ch'u¹-liu	往下出遛
,, let things	yü³ shih⁴ fu¹ yen³	遇事敷衍
,, ,,	tê² kuo⁴ ch'ieh³ kuo⁴	得過且過
,, let it	ch'u¹-liu tao⁴ na³ 'rh shih⁴ na³ 'rh	
	遛到那兒是那兒	
Sliding scale	lei³ chin⁴ shuai⁴	累進率
,, ,, of wages, a	huo² kung¹-ch'ien	活工錢
,, ,, ,, prices	huo² chia⁴-ch'ien	活價錢
Slight ailment, a	wei¹ ping⁴	微病
,, ,,	hsüeh¹ wei¹-ti yu³ tien³ 'rh pu⁴ shu¹-fu	
	些微的有點兒不舒服	
,, acquaintance	i¹ mien⁴ chih¹ chiao¹	一面之交
,, error, a	wei¹ ts'o⁴	微錯
,, ,,	hsieh¹ wei¹-ti yu³ tien³ 'rh ts'o⁴ 'rh	
	些微的有點兒錯兒	

Slight—Slippery.　810

Slight rise in price, a	shao¹ wei¹-ti chang³-i tien³ chia⁴-êrh	稍微的長一點價兒
,, difference, there is a	hsiao hsiao³ ti¹ yu³ tien³ fên¹ pieh²	小小的有點分別
,, pecuniary help, tender	shao³ wei¹ chan¹ jun⁴ chan¹ jun⁴	稍微沾潤沾潤
,, matter	hsi⁴ ku¹	細故
Slightest difference, not the	fên¹ hao² pu⁴ ch'a⁴	分毫不差
,, mistake, not the	ssŭ¹ hao² pu⁴ ts'o⁴	絲毫不錯
,, occasion for alarm, not the	hao² pu k'o³ p'a⁴	毫不可怕
Slightly, know him	hsieh¹ hsü¹-ti jên⁴-tê-t'a	些須的認得他
Slim figure, a	tan¹-po shên¹-liang	單薄身量
Slime,	yu² chih⁴-nien-tzŭ	油質粘子
,, on fish	nien²-tzŭ	粘子
Sling (for slinging stones), a	tou¹-tzŭ	兜子
,, to sling with a	pêng¹ tou¹-tzŭ	拼兜子
,, to carry the arm in a	pa⁴ ko¹-po k'ua⁴ tsai t'ao⁴-êrh-li	把胳膊挎在套兒裏
Slings (for hoisting cargo)	t'ao⁴ so³	套索
Slink away, to	tsei²-mei-shu yen³-ti liu¹-cho tsou³	賊眉鼠眼的溜着走
,,	liu¹-cho tsou³-lo	溜着走咯
Slip,	shih¹ ts'o⁴	失錯
,, by, watch the opportunity	tso⁴ shih¹ chi¹ hui⁴	坐失機會
,, (vulgar), give him the	lêng³ pu⁴ fang² chiu⁴ shih¹ i¹ ya¹ tzŭ	冷不防就是一鴨子
,, of paper, a	i² p'ien⁴ 'rh chih³	一片兒紙
,, of wood	mu⁴-t'ou p'ien⁴ 'rh	木頭片兒
,, of the tongue, a	shuo¹ tsou³-liao tsui³-lo	說走了嘴咯
,, in speech	shih¹ yen²	失言
,, on clothes, to	pa⁴ i¹-fu p'ei¹-shang	把衣服披上
,, knot, a	huo² k'ou⁴-êrh	活扣兒
Slipped, my foot	shih¹-liao chiao³-lo	失了腳咯
,, his hand	shou³ hua² la i¹ hsia⁴	手滑了一下
,, on orange peel	chiao⁴ chü² p'i² hua²-wo chiao³ i² hsia⁴ 'rh	叫橘皮我滑一脚下兒
,, away, he	t'a¹ liu¹-lo	他溜了
Slippers,	t'a¹-la chiao³-êrh-ti hsieh²	趿拉腳兒的鞋
Slippery,	hua²	滑
,, customer, a	hua² jên²	滑人
,, the road is	tao¹-êrh t'ing³ hua²-ti	道兒挺滑的

Slipshod (shoes down at heel)	t'a¹-la-cho hsieh²	鞋着邋遢
,, he is! how	t'a to¹ la²-t'a	遢邋多他
Slit, to cut a	la² i² tao⁴ k'ou³-tzǔ	子口道一剌
,, in the door, look through a	ta³ mên² fêng⁴-êrh wang⁸ wai⁴ ch'iao²	瞧外往兒縫門打
Slobber, to	liu² han³ la¹-tzǔ	子啦含流
Slop all over the table	la²-la-lo i⁴ cho¹-tzǔ	子桌一了啦啦
Slope,	hsieh² mien⁴	面斜
,, of a hill, the	shan¹ p'o¹-êrh	兒坡山
,, ,, ,,	shan¹ p'ang³-êrh	兒旁山
,, cut on the	hsieh²-cho chiao³	鉸着斜
,, built on a	man⁴ p'o¹-êrh-shang kai⁴-ti	的蓋上兒坡慢
Sloping ground	man⁴ wa¹ ti⁴	地窪慢
Sloppy,	t'ing³ ni²-nêng-ti	的濘泥挺
Slops,	tsang¹ shui³	水髒
,,	kan¹ shui³	水泔
,, bucket for	kan¹ shui³ t'ung³	筒水泔
Slot in a money box, etc.	ch'ien² kuei⁴ k'ou³ 'rh	兒口櫃錢
,, machine, penny in the	tzǔ tung⁴ fa¹ mai⁴ ch'i¹ 'rh	器賣發動自
Slothful,	lan³ t'ou⁴-lo	咯透懶
,,	hua² t'ou⁴-lo	咯透滑
,,	yu² t'ou⁴-lo	咯透油
,,	lan³ man⁴	慢懶
Slouch along, to	hsieh⁴-kuang-cho tsou³	走着逛斜
Slough,	t'o¹ lo⁴	落脫
,, (of a snake, etc.) to	t'o¹ ch'iao⁴	殼脫
Slovenly,	la²-t'a	遢邋
Slow,	man⁴	慢
,, coach, a	man⁴ hsing⁴-êrh	兒性慢
,, the clock is	chung¹ man⁴-lo	咯慢鐘
,, (not amusing)	mei² ch'ü⁴-êrh	兒趣沒
,, in talking	shuo¹ hua⁴ ch'ih²-man	慢遲話說
,, of comprehension	hsin¹-ssǔ man⁴	慢思心
,, gait (of illness or age)	pu⁴ li³ wei² chien¹	艱維履步
Slowly, to go	man⁴ man¹ 'rh-ti tsou³	走的兒慢慢
,, ,, ,,	huan³ huan³ ti tsou³	走的緩緩
,, go a little more	chiao³ pu⁴-êrh ch'ih²-cho tien³ 'rh	兒點着遲兒步脚
,, along, came	jan² jan² êr h⁰ lai⁰	來而冉冉
Slug, a	pi²-t'i ch'ung²	蟲涕鼻
,, ,,	jou⁴ ch'ü¹	蚯肉
Sluggish,	jou⁴ ch'ü¹ shih⁴-ti	的似蚯肉
Sluice, a	shui³ cha²	閘水
,, boards	cha² pan³	板閘

Sluice—Smart. 812

Sluice boards, to put up	cha²-shang	上閘
,, ,, ,, raise	t'i² ch'i³ cha² lai²	來閘起提
,, a raised channed for irrigation	ti⁴ kêng³-êrh	兒埂地
Slump,	pao⁴ lo⁴	落暴
Slums,	pei⁴ hsiang⁴ ti⁴-fang	方地巷背
,, road through the	pei⁴ tao⁴	道背
Slummy road, a	tao⁴-êrh pei⁴	背兒道
Slur,	wu¹ tien³	點污
,,	wu¹ ju⁴	辱污
,, on his good name	pai² yü⁴ chih¹ hsia²	瑕之玉白
,, over work, to	tso⁴-shih t'ai⁴ liao²-ts'ao	草了太事做
,, on one's reputation	tsao¹-t'a ming² yü⁴	譽名蹋糟
,, the work, don't	pieh² chiang¹-chiu-cho tso⁴	做着就將別
Slut, a	lan¹-san lao³-p'o	婆老散懶
Sly,	tsei²-kuei	鬼賊
,,	chiao³ hua²	猾狡
,, did it on the	t'ou¹-cho tso⁴-ti	的做着偸
,, told his family on the	t'ou¹ t'ou¹ ti¹ kao⁴ su⁴ chia¹ li³ ti¹ jên²	人的裏家訴告的偸偸
Smack on the mouth, gave him a	kei³-liao-t'a i²-ko tsui³-pa	巴嘴個一他了給
,, on the side of the head, gave him a	ta³-liao-t'a i²-ko êrh³ kua¹-tzǔ	子瓜耳個一他子打
,, the lips, to	pa¹-ta tsui³	嘴搭吧
,, a whip, to	ta³-ko-hsiang³ pien¹-tzǔ	子鞭响個打
Small (little)	hsiao³	小
,, (fine, minute)	hsi⁴	細
,, (narrow)	chai³	窄
,, (few)	shao³	少
,, (of relative importance), great and	ch'ing¹ chung⁴	重輕
,, (of things), great and	chü⁴ hsiao³	小巨
,, made me feel	pa⁴ wo³ pi³ hsiao³-lo	略小比我把
,, pox	t'ien¹ hua¹	花天
,, ,,	tou⁴ chên³	疹痘
,, ,, to have	ch'u¹ tou⁴-tzǔ	子痘出
,, ,, ,, ,,	ch'u¹ t'ien¹ hua¹ 'rh	兒花天出
,, ,, ,, ,,	tang¹ ch'ai¹-shih-êrh	兒事差當
,, ,, goddess of	tou⁴ chên³ niang²-niang	娘娘疹痘
Smart (intelligent)	ling²-li	俐伶
,, from application of ointment, etc., to	sha¹-cho t'êng²	疼着殺
,, from the cut of a whip	shao¹-cho t'êng²	疼着稍

Smart from a prick — cha¹-cho t'êng² — 扎着疼
　,, looking person — jên² hên³ hsiu¹-shih — 人很修飾
　,, clothes — i¹-shang hên³ hua²-mei — 衣裳很華美
　,, awfully — hên³ yu³ ko⁴ ch'i⁴ p'ai⁴'rh — 很有個派氣兒
　,, (fresh) — shuang³ k'uai⁴ — 爽快
　,, appearance — wai⁴ mao⁴ chêng³ chieh² — 外貌整潔
Smashed, — shuai¹ sui⁴-lo — 摔碎咯
Smashing (as of crockery), the sound of — hua¹ lang¹-i shêng¹ — 嘩啷一聲
Smattering of English, a — ying¹-kuo hua⁴ ts'u¹ chih¹ i¹ êrh⁴ — 英國話粗知一二
　,, of, has only a — pan⁴ p'ing²-tzŭ ts'u⁴ — 半瓶子醋
　,, ,, ,, — man³ p'ing²-tzŭ pu⁴ hsiang³ — 滿瓶子不響
　,, ,, ,, — pan⁴ p'ing²-tzŭ kuang¹-tang — 半瓶子洸蕩
　,, of knowledge, he has a — ts'u¹ chih¹ chih¹ wu² — 粗知之無
Smeared with grease, etc. — yu² ni² nien²-ti — 油泥粘的
　,, all over with sticky sweets — mo³-lo i⁴ lien³-ti t'ang² hsi¹ — 抹了一臉的糖稀
　,, his dirty hands all over me — t'a¹-ti lia³ ni² shou³ mo³-lo wo³ i⁴ shên¹ — 他的倆泥手抹了我一身
Smell, to — wên²-i-wên — 聞一聞
　,, a — ch'i⁴-wei — 氣味
　,, a pleasant — hsiang¹ wei⁴ 'rh — 香味兒
　,, a bad — ch'ou⁴ wei⁴ 'rh — 臭味兒
　,, a rank, rancid — sao¹ wei⁴ 'rh — 臊味兒
　,, a goaty — shan¹ wei⁴ 'rh — 羶味兒
　,, ,, — hsing¹ wei⁴ 'rh — 腥味兒
Smells in the street, bad — man³ chieh¹ tou¹-shih ch'i⁴-wei — 滿街都是氣味
　,, very nice — wên²-cho t'ing³ hsiang¹-ti — 聞着挺香的
Smelt, to — jung² hua⁴ — 鎔化
　,, iron, to — hua⁴ t'ieh³ — 化鐵
Smile, — wei¹ hsiao⁴ — 微笑
　,, sarcastic — lêng³ hsiao⁴ — 冷笑
　,, entered with a — hsiao⁴ jung² k'o'⁴ chü¹-ti chin¹-lai-lo — 笑容可掬的進來咯
Smiled, said nothing, only — mei² shuo¹-shêm-mo chiu⁴-shih i²-hsiao⁴ 'rh — 沒說甚麼就是一笑兒
Smiling, all over — asiao⁴ jung² man³ mien⁴ — 笑容滿面
Smite with sickness — kou⁴ chi² — 遘疾
Smoke, — yen¹ — 煙
　,, tobacco, to — ch'ou¹ yen¹ — 抽煙
　,, opium — ch'ih¹ ta⁴ yen¹ — 吃大煙

Smoke—Smug.   814

Smoke, to emit	mao⁴ yen¹	煙冒	
,, (as a smoky chimney)	ch'uan⁴ yen¹	煙串	
,, without fire, there's no	mu⁴ pu⁴ ch'iu³ ch'ung² pu⁴ ju⁴	入不蟲杓不木	
,, all vanished in	ching⁴ ju² yen¹ hsiao¹ wu⁴ mieh⁴	滅霧消烟如竟	
Smoked ham	huo³ t'ui³	腿火	
,, fish	hsün¹ yü²	魚爐	
,, (of soup, etc.)	hu²-lo	咯煳	
Smoking of cigarettes, the	hsi² chüan³ yen¹ hsi² kuan⁴	慣習煙捲吸	
Smoking-room,	ch'ih¹ yen¹ shih⁴	室煙喫	
Smooth surface, a	p'ing² mien⁴ 'rh	兒面平	
,, to plane	pao⁴ p'ing²-lo	了平鉋	
,, and polished surface,	kuang¹-liu mien⁴ 'rh	兒面遛光	
,, with sand-paper, to	na² sha¹ chih³ mo² p'ing²	平磨紙沙拿	
,, to fold	tieh² shu¹-chan-lo	咯展舒疊	
,, out, to	ma¹-sa p'ing²-lo	咯平挲摸	
,, with an iron, to	lao⁴ p'ing²-lo	咯平烙	
,, to grind	mo² p'ing²-lo	咯平磨	
,, water	p'ing² shui³	水平	
,, tongued chap, a	t'a¹ tsui³ ts'ai¹ hua²-ch'uan-ni	呢串滑纔嘴他	
,, down the temper	pa⁴ ch'i⁴ ma¹-sa p'ing²-lo	了平挲摸氣把	
,, over	t'iao² ho²	和調	
,, things over, agreed to	yün³ wei⁴ chuan³ huan²	圜轉爲允	
,, highway out of perilous paths, to enter a	yu² hsien³ t'u² êrh² têng¹ k'ang¹ ch'ü²	衢康登而途險由	
,, bore	wu² hsien⁴ t'iao² ti¹	的條綫無	
Smoothly, to run (of affairs)	shun⁴-tang	當順	
,, ,, (of a carriage)	tsou³-ti liu⁴-sou	颼溜的走	
,, ,, (of composit'n)	shun⁴-liu	流順	
Smother to death, to	pieh¹-ssŭ-lo	咯死憋	
,, a yawn	pa⁴ ha¹-shih pieh⁸-hui-ch'ü-lo	了去回憋氣呵把	
,, (figurative)	i⁴ chih⁴	制抑	
Smoulder, to	man⁴ man¹ 'rh-ti wang³-hsia chao²	著下往的兒慢慢	
Smudge it, don't	pieh²-kei ts'êng⁴-liao	了蹭給別	
,, you've made a	ni³-kei ts'êng⁴-liao i¹ t'iao²-tzŭ mo⁴	墨子條一了蹭給你	
Smug,	hsü¹ shih¹	飾虛	
a humbug	wei³ chün¹-tzŭ	子君僞	

Smuggle—Snatched.

Smuggle, to	tsou³ ssŭ¹	私走
,, ,,	t'ou¹ lou⁴	漏偷
,, ,,	chia¹ tai⁴ ssŭ¹ huo⁴	貨私帶夾
Smuggled goods	ssŭ¹ huo⁴	貨私
,, it in	ssŭ¹-tzŭ tai⁴-chin-lai-ti	的來進帶自私
Smut,	wu¹ tien³	點污
,, on your face, there's a	lien³-shang kua⁴-liao yen¹-tzŭ	子煙了挂上臉
Smutty face, a	i⁴ lien³-ti hei¹ yn⁴-tzŭ	子勲黑的臉一
,, ,,	yen¹ hsün¹ huo³ liao³-ti lien³	臉的煉火爐煙
,, talk	hsieh³ yü³ yin² tz'ŭ²	詞淫語褻
Snaffle, bit	hsiao³ chiao²-tzŭ	子嚼小
Snack, take a	ch'ih¹ k'ou³ fan⁴	飯口吃
,, ,,	ch'ih¹ k'ou³ tien³-hsin	心點口吃
Snail, a	shui³ niu²-êrh	兒牛水
,,	wa¹ niu²-êrh	兒牛媧
Snail's pace, walk at a	jou⁰ ch'ü¹ shih⁴-ti-na-mo ku¹-jung	慵姑麼那的似蛆肉
Snake (python), a	i⁴ t'iao² mang³	蟒條一
,, a	ch'ang²-ch'ung	蟲長
,, a poisonous	tu² shê²	蛇毒
,, skin	mang³ p'i²	皮蟒
Snap (break with the fingers), to	chüeh¹ shê²-lo	咯折截
,, at a person	chüeh⁴-sang jên²	人獎個
,, in two with a blow	k'o¹ liang³ chieh² 'rh	兒截兩磕
,, (of coal in the fire) to	pêng⁴	爆
Snapped, the blade of the knife	tao¹ jên⁴ 'rh-kei pêng¹-lo	咯崩兒給刃刀
,, by the wind	fêng¹-kei kua⁴ shê²-lo	咯折颳給風
,, at me, the dog	kou³ nan³-lo-wo i⁴ k'ou³	口一我了喃狗
,, ,, ,, the man	t'a¹ chüeh⁴-sang-wo liang³-chü	句兩我獎個他
,, his fingers at me,	t'a¹ ch'ung¹-wo ta³ fei³-tzŭ	子誹打我冲他
,, it up, the dog	kou³ i⁴ tsui³ nan³-lo ch'ü¹	去了唵嘴一狗
Snare, to set a	p'ai¹ wang³-tzŭ	了網拍
Snarl, to	tzŭ¹ ya² wu¹-wu	嗚嗚牙龇
Snatch the empire from the Manchus	ts'ung² man³ ch'ing¹ chih shou³ to² kuo t'ien¹ hsia	下天過奪手之清滿從
Snatched it out of my hand	ts'ung²-wo shou³-li to²-kuo-ch'ü	去過奪裏手我從

Snatched—Snuffy.   816

Snatched it away	ch'iang³-kuo-ch'ü-lo	搶過去咯
,, ,,	p'i¹ shou³ to²-liao-ch'ü	劈手奪了去
Sneak,	pi³ fu¹	鄙夫
,, he's a	t'ai tang¹ han¹ chien¹	他當漢奸
Sneaked away	liu¹-cho-ch'ü-lo	溜着去咯
,, in	liu¹-chin-lai-liao	溜進來了
,, ,,	tsuan³-chin-lai-liao	鑽進來了
Sneaking about	hiu¹ 'rh ch'iu¹ 'rh ti¹	秋兒秋兒的
Sneer,	lêng³ hsiao⁴	冷笑
,,	ch'ao² lung⁴	嘲弄
,, to	pu⁴ nu⁴-ch'ih jên²	不怒而人
Sneeze, to	ta³ t'i⁴-p'ên	打嚏噴
Sniff, to	ch'ou¹ pi²-t'i	抽鼻涕
,, at	wên²	聞
Snigger, to	pieh³-pu chu⁴-ti yao⁴ hsiao⁴	憋不住的要笑
Snip a piece off, to	chiao³-hsia i⁴ t'iao²-lai	鉸下一條來
Snipe, a	shui³ cha³	水鷓
Snivel, to	mo² lêng²-tzŭ	擤楞子
Snob, a	wei³ chün¹-tzŭ	僞君子
,,	hsiao³ jên²	小人
Snooze, to	ch'ung⁴-ko tun³-'rh	衝個盹兒
Snore, to	ta³ hu¹	打呼
Snoring, loud	hu¹ shêng¹ ju² lei²	呼聲如雷
Snort, to	ta³ hsiang³ pi² 'rh	打响鼻兒
,,	ta³ tu¹-lu-êrh	打嘟嚕兒
Snout of a pig, the	chu¹ kung²-tsui	猪㚃嘴
Snow,	hsüeh³	雪
,, to	hsia⁴ hsüeh³	下雪
,, flakes	hsüeh³ hua¹-êrh	雪花兒
,, ,,	hsüeh³ p'ien⁴ 'rh	雪片兒
,, drifts	chi¹ hsüeh³ ch'êng² shan¹	積雪成山
,, man, make a	tui¹ hsüeh³ jên² 'rh	堆雪人兒
Snub, nosed	fan¹ pi²-tzŭ	翻鼻子
,, to	kei³-ko-lien³-shang hsia⁴-pu-lai²	給個臉上下不來
,, got a	p'êng⁴ ting¹ tzŭ	碰釘子
Snubbing, got a	mo³-liao i¹ pi²-tzŭ hui¹	抹了一鼻子灰
Snuff,	pi² yen¹ 'rh	鼻煙兒
,, to take	wên² pi² yen¹ 'rh	聞鼻煙兒
,, a candle, to	chiao³ la⁴ hua¹-êrh	鉸蠟花兒
,, ,,	ta³ la⁴ hua¹-êrh	打蠟花兒
,, ,,	chia¹ la⁴ hua¹-êrh	夾蠟花兒
Snuffers,	la⁴ chia¹-tzŭ	蠟夾子
Snuffy old man, a	la²-t'a lao³ t'ou²-êrh	邋遢老頭兒

So	I didn't go, it rained	hsia⁴ yü³ so³ i³ mei² ch'ü⁴	下雨所以沒去
,,	I gave it to him	chê⁴-mo-cho wo³ chiu⁴ kei³-t'a-lo	這麼着我就給他了
,,	I then went	wo² chê⁴-chiu ch'ü⁴-lo	我這就去咯
,,	impatient? why are you	tsêm³-mo chê⁴-mo chi²	怎麼這麼急
,,	earnestly, he begged	t'a ch'iu²-ti na⁴-mo k'ên³-ch'ieh⁴	他求的那麼懇切
,,	and so	mou³ jên²	某人
,,	,,	chia³ mu³	甲某
,,	forth, and	ju² tz'ŭ³ ju² tz'ŭ³	如此如此
,,	for this reason	yin¹-wei chê⁴-ko yüan²-ku	因為這個緣故
,,	in a day or	i⁴-liang t'ien¹ 'rh	一兩天兒
,,	it may be	yeh³ hsü³	也許
,,	dangerous, the position	chü² mien⁴ ju² tz'ŭ³ ch'i² hsien³	局面如此其險
,,	as to obtain his aid	chieh⁴ tzŭ¹ hsiang¹ chu⁴	藉資相助
,,	called republic	hao⁴ ch'êng¹ min² kuo²	號稱民國
Soak, to		p'ao⁴	泡
,,	steep, to	ou¹	漚
,,	it up with blotting paper	na² ch'ih¹ mo⁴ chih³ ch'ih¹-ch'i-lai	拿吃墨紙吃起來
Soaked (with rain)		lün² t'ou⁴-lo	淋透咯
,,	in	wang³ li³ shên⁴	往裏滲
Soap,		i²-tzŭ	胰子
,,		i² tsao⁴	胰皂
,,	Chinese	fei²-tsao	肥皂
,,	scented	hsiang¹ tsao⁴	香皂
,,	to	ts'o¹-shang i²-tzŭ	搓上胰子
Soapstone,		hua⁴ shih²	滑石
Soar, to		ta³ p'an² 'rh	打盤兒
,,	to eminence	fei¹ t'êng² chiu³ hsiao¹	飛騰九霄
,,	in the air	p'an² k'ung¹	盤空
Sob, to		ch'ou¹-ta	抽搭
,,	pitifully, to	ch'ou¹-ta-li nan² t'ing¹	抽搭的難聽
Sober,		k'o⁴ chi³	克己
,,		tzŭ⁴ chih⁴	自制
,,	person	su⁴ mien⁴	素面
,,	(not drunk, legal term)	chêng⁴ ch'i⁴	正氣
,,	after drunkenness, to become	hsing³-lo chiu³-êrh-lo	醒了酒兒咯
Sociable,		ch'in¹ mu⁴	親睦

Sociable—Soft.　818

Sociable,	hao⁴ chiao¹	好狡
,,	hao⁴ ying⁴-ch'ou	好應酬
,,	chung⁴ p'êng²-yu	重朋友
,,	k'ên³ ch'in¹	懇親
Social,	chiao¹ chi⁴ shang⁴	交際上
,,	shê⁴ hui⁴ ti¹	社會的
,, duties	lai² wang³ ying⁴-ch'ou shih⁴ i²	來往應酬事宜
,, ,,	ying¹-ch'ou	應酬
,, evil	mai⁴ yin²	賣淫
Socialism,	shê⁴ hui⁴ chu³ i⁴	社會主義
Societies form	chi² hui⁴ chieh² shê⁴	集會結社
,, secret	mi¹ mi⁴ chieh² shê⁴	秘密結社
Society, a	hui⁴	會
,,	shê⁴	社
,, fond of	hao⁴ ying⁴-ch'ou	好應酬
,, (body of members)	t'uan² t'i³	團體
Socket, of a candle	la⁴ k'u⁴-êrh	臘褲兒
,, of the eye	yen³ k'uang⁴-êrh	眼眶兒
,, of a joint	ku²-fêng-êrh	骨縫兒
Socks,	wa⁴-tzŭ	襪子
Sod,	ts'ao³ p'i¹	草坯
Soda,	chien³	鹼
,, water	ch'i⁴ shui³	汽水
Sodden,	ou⁴ t'ou⁴-lo	漚透略
,	shên⁴ t'ou⁴-lo	滲透略
,,	yin¹ t'ou⁴-lo	浥透略
Sodomite,	chi¹ chien¹ chê³	雞姦者
Sodomy,	chi¹ chien¹	雞姦
,,	yü² t'ao²	餘桃
,,	nan² fêng¹	男風
,,	tuan⁴ hsiu⁴ chih¹ p'i⁸	斷袖之癖
Sofa, a	i⁴ chang¹ t'a⁴	一張榻
,,	t'a⁴ ch'uang²	榻牀
,,	ch'un¹ têng⁴	春櫈
Soft,	juan³	軟
,,	mien²-juan	綿軟
,, (of hands, etc.)	jou²-juan	柔軟
,, hearted	hsin¹ juan³	心軟
,, voiced	shêng¹-yin jou²-juan	聲音柔軟
,, by steeping, to make	ou⁴ juan³-lo	漚軟了
,, materials	juan³ ts'ai²-liao-êrh	軟材料兒
,, wind	hsün¹ fêng¹	薰風
,, water	t'ien² shui³	甜水
,, of a road	tao⁴-êrh hsüan⁴-lc	道兒鉉略

Soften—Solemn.

Soften, his heart	kan³-hua-kuo-t'a-ti hsin¹ lai² 感化過他的心來
Softened, his heart was	hsin¹ juan³-lo 心軟咯
Soil,	t'u³ 土
,, rich	fei² t'u³ 肥土
,, poor	t'u³ mo⁴ pao² 土脈薄
,, ,,	chi² t'u³ 瘠土
,, night	fên⁴ 糞
,, the clothes, to	tsang¹ i¹-shang 髒衣裳
,, his fingers with the least bribe! the official may not ,, nature of the	kuo² chia¹ kuan¹ li⁴ pu⁴ tang¹ yu³ ssŭ¹ hao² chan¹ jan³ 國家官吏不當有絲毫沾染 ti⁴ chih³ 地質
Soirée,	yeh⁴ hui⁴ 夜會
Sojourn,	tou⁴ liu² 逗留
,,	chi¹ chü¹ 寄居
Sojourner,	yü⁴ chü⁴ jên² 寓居人
Solace,	an¹ wei¹ 安慰
Solar system	t'ai⁴ yang² hsi⁴ 太陽系
Sold out of	mai⁴ ch'üeh¹-lo 賣缺咯
Solder,	han⁴ yao⁴ 銲藥
,, to	han⁴-shang 銲上
Soldier, a	ping¹-ting 兵丁
,,	chün¹ jên² 軍人
,,	ping¹ shih⁴ 兵士
,, first class	chêng⁴ ping¹ 正兵
,, second class	fu⁴ ping¹ 副兵
,, of fortune	mai⁴ chien⁴ k'o⁴ 賣劍客
,, in every bush, a	fêng¹ hao² chieh¹ ping¹ 風皆鎗兵
Soldierly,	yung³ mêng³ 勇猛
Soldier's servant	huo³ fu¹ 伙夫
,, ,, begun life as a	i³ wu³ fu¹ ch'u¹ shên¹ 以武夫出身
Sole (of the foot), the	chiao³ hsin¹ 脚心
,, ,, ,,	chiao³ chang³-êrh 脚掌兒
,, (of a shoe)	hsieh² ti³-êrh 鞋底兒
,, (fish)	t'a³-mu-yü² 鳎目魚
,, charge, he has	t'a¹ chuan¹ kuan³ 他專管
,, use, for his	chuan¹ wei⁴ t'a¹ yung⁴ 專為他用
,, occupant, the	tu² t'a¹ i²-ko jên² chu⁴ 獨他一個人住
Solecism,	wên¹ fa wei¹ fan⁴ 文法違犯
Solemn,	hên³ chêng⁴-chung 很鄭重
,,	yen² su⁴ 嚴肅
,, affair, a	hên³ chêng⁴-chung-ti shih⁴ 很鄭重的事
,, face, put on a	ch'ên²-cho-ko lien³ 'rh 沈着個臉兒

Solemn—Solution.　　820

Solemn covenant between us, the	tsai⁴ tsai⁴ mêng² fu³	載在盟府
Solemnize,	chih² hsing³	執行
Solicit, to	ch'iu²	求
,,	fêng⁴ ch'iu²	奉求
,, subscriptions	ch'üan⁴ mu⁴	勸募
,, a person's interest	ch'iu² ch'ing²	求情
,, ,, ,,	t'o¹ ch'ing²	託情
Solicitor,	pien⁴ hu⁴ shih⁴	辯護士
Solicitous,	hsüan² nien⁴	懸念
Solicitude,	kuan¹ chu⁴	關注
,, thanks for kind	to¹ hsieh⁴ nin² tien⁴-chi-cho	多謝您惦記着
Solid,	shih²-tsai-ti	實在的
,,	tz'ŭ²-shih-ti	結實的
,,	ku⁴ hsing² ti¹	固形的
,,	chien¹ ku⁴	堅固
,,	ch'üeh⁴ shih²	確實
,, body	ku⁴ hsing² t'i³	固形體
,, geometry	li⁴ t'i³ chi³ ho² hsüeh²	立體幾何學
,, gold, of	ch'ê⁴ chin¹-ti	澈金的
,, cube, a	ssŭ³-ko ta² 'rh-ti	死疙瘩兒的
,, result, more talk than	to¹ yen² kua³ shih²	多言寡實
Soliloquise, to	tzŭ⁴ yen² tzŭ⁴ yü³	自言自語
,,	tao³ kuei³	搗鬼
Solitary,	ku¹ li⁴	孤立
,,	chi⁴ liao²	寂寥
,, person, a	ku¹ shên¹ i⁴ k'ou³	孤身一口
,, ,,	ku¹ ku¹ tan¹ tan¹-ti	孤孤單單的
,, ,,	ku¹ kuei³ 'rh	孤鬼兒
,, ,,	kuang¹ kun⁴ 'rh i¹ t'iao²	光棍兒一條
,, habits, of	tu² jên²	獨人
,, spot, a	pi⁴-ching ti⁴-fang	避靜地方
Solitude,	ch'i¹-liang	淒涼
,, live in	yu¹ chü¹	幽居
Solstice, summer	hsia⁴ chih⁴	夏至
,, winter	tung¹ chih⁴	冬至
Soluble,	i⁴ yü² chieh³ chüeh²	易於解決
,,	hua⁴-tê k'ai¹-ti	化得開的
Solution, a	yao⁴ shui³	藥水
,,	fên¹ chieh³	分解
,, (chemical)	jung² chieh³	溶解
,, of the problem, no	wu² fa³ k'o³ chieh³	無法可解
,, of the sword, to adopt the ultimate	i³ wu³ chuang¹ wei² tsui⁴ hou⁴ chih¹ chieh³ chüeh²	以武裝爲最後之解決

Solution by war, advocates of a	chu³ chang¹ wu³ li⁴ chieh³ chüeh²	決解力武張主	
Solve (a dispute)	t'iao² t'ing²	停調	
,, your difficulty, I can	wo³ yu³ fa³-tzŭ chieh³-ni-ti i²-nan	難疑的你解子法有我	
,, a dispute by diplomacy	kan¹ ko¹ hua⁴ wei² yü⁴ po²	帛玉爲化戈干	
Solved (as a problem), easily	ying² jên⁴ êrh² chieh³	解而刃迎	
Solvency,	tzŭ¹ li⁴ ch'ung¹ tsu²	足充力資	
Some,	hsieh¹-ko	個些	
,, people say	yu³ jên² shuo¹	說人有	
,, difficulty, there is	yu³ tien³ 'rh nan⁴-ch'u	處難兒點有	
,, days before	ch'ien²-chi t'ien¹	天幾前	
,, years before	ch'ien²-hsieh nien²	年些前	
,, if you've got any, I'll have	ni³ yu³-liao wo³ yao⁴	要我了有你	
,, people believe it, *some* don't	yu³-jên hsin⁴ yu³-jên pu⁴ hsin⁴	信不人有信人有	
,, five or six people	wu³ liu⁴-ko-jên shang⁴ hsia⁴	下上人個六五	
,, time or other, I'll come	tsao³ wan³ 'rh pi⁴ lai²	來必兒晚早	
Somersault, to turn a	ta³ kên¹-t'ou	斗筋打	
Sometime grand secretary	ch'ien² ta⁴ hsüeh² shih⁴	士學大前	
Sometimes,	chien⁴ huo⁴ ...	...或間	
,,	mei³ yü⁴ ...	...遇每	
,,	pu⁴ shih²	時不	
,, he comes	t'a¹ yu³ shih²-hou 'rh lai²	來兒候時有他	
,, it rains	yu³ shih²-hou hsia⁴ yü³	雨下候時有	
Somewhat at variance	yu³ hsieh¹ hsü¹ chih¹ hsien² ch'i¹	嗛之須些有	
Somnambulist, a	sa¹ i⁴-chang-ti	的障藝撒	
Son, a	êrh²-tzŭ	子兒	
,, (polite)	kung¹ tzŭ³	子公	
,, eldest	chang³ tzŭ³	子長	
,, second	tz'ŭ⁴ tzŭ³	子次	
,, third	san¹ tzŭ³	子三	
,, by a wife	ti² ch'u¹-ti	的出嫡	
,, by a concubine	shu⁴ ch'u¹-ti	的出庶	
,, your	ling⁴ lang²	郎令	
,, my	hsiao³ êrh²	兒小	
,, his	t'a¹-ti shao⁴-yeh	爺少的他	
,, ,,	t'a¹-ti êrh²-tzŭ	子兒的他	
,, in-law	nü³-hsü	婿女	
,, ,, ,, your	ling⁴ t'an³	坦令	

Son-in-law—Sordid. 822

Son-in-law, my	wo³-mên hsiao³ hsü⁴	我們小婿
,, ,, ,,	wo³-mên t'an³ hsü⁴	我們坦婿
,, ,, an Emperor's	ê⁴-fu	駙馬
,, ,, ,,	fu⁴-ma	駙馬
Song, a	ch'ü³-êrh	曲兒
,,	ko¹-êrh	歌兒
,, to sing a	ch'ang⁴-ko ch'ü³-êrh	唱個曲兒
Soon,	k'uai⁴	快
,, come, he will	t'a¹ k'uai⁴ lai²	他快來
,, as I knew, as	wo³ i⁴ chih¹-tao	我一知道
,, he would not suit, I knew	wo³ tsao³ chih¹-tao-t'a-pu hsing² 我早知道他不行
,, as possible, come as	ts'ung² su⁴ lai²	從速來
,, opened again	shao⁴ shih² chi² k'ai¹	少時即開
,, be given to that effect, orders will	pu⁴ chiu³ pi⁴ yu³ ming⁴ ling⁴ 不久必有命令
,, as the right man is found (for the post), as	i ssŭ⁴ tê² jên²	一俟得人
Sooner, come a little	tsao³-i tien³ 'rh lai²	早一點兒來
,, or later	tsao² wan³	早晚
,, the better, the	yüeh⁴ tsao³ yüeh⁴ hao³	越早越好
,, die than go, I would	wo ning² ssŭ³ wo yeh³ pu⁴ ch'ü⁴ 我寧死我也不去
,, burn it than give it to him, I would	wo shao¹-liao tou¹ shih³-tê wo yeh³-pu kei³-t'a 我燒了都使得我也不給他
Soot,	yen¹-tzŭ	煙子
Soothe,	wei⁴ fu³	慰撫
,, a child, to	hung³ cho-t'a	哄着他
,, ,,	wên¹-ts'un-cho-t'a	溫存着他
,, pacify, to	an¹-wei	安慰
,, pain, to	chieh³ t'êng²	解疼
,, his wounded feelings	fu³-chi fu³-chi-t'a	撫濟撫濟他
Soothing medicine	chên⁴ ching⁴ yao⁴	鎮靜藥
Sop, to make a	p'ao⁴-ch'êng chiang⁴-tzŭ	泡成醬子
,, up with a dish cloth, to	na² chan³-pu chan³-i chan³ 拿擦布擦一擦
Sophist,	kuei³ pien⁴ chia¹	詭辯家
Sopping wet with rain	lün² t'ou⁴-lo	淋透咯
,, ,, ,, water	shih¹ t'ou⁴-lo	濕透咯
Sorcerer, a	yao¹ shu⁴ hsieh² fa³-ti jên² 妖術邪法的人
Sorcery,	yao¹ shu⁴	妖術
,,	hsieh² shu⁴	邪術
,, to practise	hsing² hsieh² shu⁴	行邪術
Sordid,	hsia⁴ chien⁴	下賤

Sore,		t'êng²	疼
,,	a	ch'uang¹	瘡
,,	from a burn	t'ang⁴ ch'uang¹	瘡燙
,,	syphilitic	tsang¹ ch'uang¹	瘡楊
,,	,,	ta⁴ ch'nang¹	瘡大
,,	eyes and headache	t'ou² t'êng² yen³ sê⁴	澀眼疼頭
,,	about it, feels	hsin¹-li yu³ tien³ 'rh pao⁴-ch'ien	
			歉抱兒點有裏心
Sorghum,		kao¹-liang	粱高
Sorrow,		yü⁴ mên⁴	悶鬱
,,	a cause of	yu¹-ch'ou shih⁴	事愁憂
,,	,,	shang¹ hsin¹ shih⁴	事心傷
,,	turned into joy	yu¹ chung¹ chuan³ hsi³	喜轉中憂
,,	,, ,,	k'u³ chin⁴ kan¹ lai²	來甘盡苦
,,	(regret)	i² han⁴	憾遺
Sorrowful,		hsin¹-li fan²-mên	悶煩裏心
,,		hsin¹ yu¹	憂心
Sorry	for him, I am	wo t'i⁴-t'a nan² shou⁴	受難他替我
,,	for is . . ., what I am	so³ k'o³ hsi¹ chê³	者惜可所
,,	to say I've lost it	wo shih² tui⁴-pu ch'i³ nin² wo-kei tiu¹-lo	我實對不起您給我
			咯丟給我您起不對實我
,,	to say he's dead	k'o-hsi- liao³-êrh-ti ssŭ³-lo	
			咯死的兒了惜可
Sort,	a	yang⁴-tzŭ	子樣
,,	the same	t'ung² yang⁴-ti	的樣同
,,	a good (chap)	hao³ han⁴-tzŭ	子漢好
,,	out, to	fên¹-ch'u-lai	來出分
,,	good from bad	fên¹-ch'u hao³ tai³ lai²	來歹好出分
,,	out the good ones	t'iao¹-ch'u hao³-ti lai²	來的好出挑
Sortie,		t'u⁴ ch'u¹	出突
Sorts and conditions, all		liang² yu³ pu⁴ ch'i²	齊不荂良
Sot, a		chin³-t'ou kuei² 'rh	兒鬼頭酒
Soufflé,		su¹-fu lei⁴	累弗蘇
Soul, the		ling² hun²	魂靈
,,	,,	hun² p'o⁴	魄魂
,,	of the party, he was the	tou¹-shih t'a¹ tiao⁴-ch'ien-ti	
			的遣調他是都
,,	there, not a	lien²-ko jên² ying³-êrh tou¹ mei² yu³	
			有沒都兒影人個連
Soulless,		wu⁴ ch'i⁴ li⁴	力氣無
Sound, substantial		chieh¹-shih	實結
,,	(firm)	chien¹ ku⁴	固堅
,,	basis	chi¹ ch'u³ ch'iang² ku⁴	固強礎基
,,	of constitution	ching¹-shên ch'üan² mei³	美全神精
,,	learning	hsüeh²-wên ch'üan²-pei	備全問學

Sound--Souvenir. 824

Sound	advice	so³ ch'üan⁴-ti shih shih²-tsai 所勤是寶在
,,	(tone)	shêng¹-yin 聲音
,,	(noise)	Lsiang³-shêng-êrh 響聲兒
,,	loud	ta⁴ hsiang³-shêng-êrh 大響聲兒
,,	a pleasant	hao³ t'ing¹-ti hsiang³ shêng¹-êrh 好聽的響聲兒
,,	an unpleasant	nan² t'ing¹-ti hsiang³ shêng¹-êrh 難聽的響聲兒
,,	him, I will	wo³ ch'ü⁴ t'an⁴-t'a-ti k'ou³-ch'i 我去探他的口氣
,,	dare not utter a	pu⁴ kan³ ch'u¹ shêng¹-êrh 不敢出聲兒
,,	asleep	chêng⁴ tsai⁴ shu² shui⁴ 正在熟睡
,,	(reasoning)	kung¹ chêng⁴ 公正
,,	(without defect)	wu² ch'ien⁴ tien³ 無欠點
,,	(correct)	chêng⁴ ch'üeh⁴ 正確
,,	reasoning	chêng⁴ lun⁴ 正論
,,	(strait)	hai³ hsia² 海峽
,,	(measure)	ts'ê⁴ liang 測量
,,	another's views	k'ou⁴ ch'i² i⁴ chien⁴ 叩其意見
Soundings, to take		ts'ê⁴-liang shên¹ ch'ien³ 測深淺
Soundly, to sleep		shui⁴-ti ch'ên² 睡的沈
,,		shui⁴-ti hsiang¹ 睡的香
Soup,		t'ang¹ 湯
Sour,		suan¹ 酸
,,	taste or smell, a	suan¹ wei⁴ 'rh 酸味兒
Source,		fa¹ tuan¹ 發端
,,	of a river	ho² yüan² 河源
,,	of supply cut off	lai² yüan² i³ tuan⁴ 來源已斷
,,	go back to the	t'ui¹ pên³ su⁴ yüan² 推本溯源
,,	stop up the	sai¹ ch'i² yüan² 塞其源
,,	of that rumour? what was the	na⁴ yao²-yen shih tsêm³-mo-ko lai² yu² 那謠言是怎麼個來由
,,	of all evil, the	wan⁴-o⁴-chih kên¹ 萬惡之根
South,		nan² 南
,,	west	hsi¹ nan² 西南
,,	facing	ch'ao² nan² 朝南
,,	to or from the	nan²-pien 南邊
Southerner, a		nan²-pien jên² 南邊人
Southward policy		nan² hsia⁴ chêng⁴ ts'ê⁴ 南下政策
Souvenir, a		nien⁴-hsin 'rh 念心兒
,,		chi⁴-nien 記念
,,	of a deceased person	i²-nien 'rh 遺念兒
,,	serve for a	kei³-nin tso⁴-ko chi⁴-nien 給您做個記念

Souvenir, serve for a	tu³ wu⁴ ssŭ¹ jên²	人思物覩
Sovereign,	yüan² shou³	首元
,, (ruler), a	kuo² chu³	主國
,, the	chün¹ shang⁴	上君
,, power	t'ung³ chih⁴ ch'üan²	權治統
,, power, the	chu³ kuo²	國主
,, rights	chu³ ch'üan²	權主
,, ,,	tzŭ⁴ chu³ chih ch'üan²	權之主自
,, kingdom, a	tzŭ¹ chu³ kuo²	國主自
,, remedy, a	wan⁴ ling² yao⁴	藥靈萬
Sovereignty,	ling³ t'u³ chu³ ch'üan²	權主土領
,,	tzŭ⁴ chu³ ch'üan²	權主自
Sow, a	i⁴ k'ou³ mu³ chu¹	猪母口一
,, seeds, to	na² hua¹ tzŭ³-êrh chung⁴-shang	上種兒子花拿
,, ,,	chung⁴ chung³-êrh	兒種種
,, ,, broadcast	sa³ chung³-êrh	兒種洒
,, more seed of future trouble	to¹ mai² i¹ kên¹ huo⁴ chung³	種禍根一埋多
Soy,	chiang⁴	醬
,,	chiang⁴ yu²	油醬
Space,	ti⁴-fang	方地
,,	k'ung¹ chi⁴	際空
,, leave a	liu²-ko ti⁴-fang	方地個留
,, between two houses	lia³ fang²-tzŭ-ti chia¹ chien⁴ 'rh	兒間夾的子房倆
,, between the rungs is too wide	tang⁴-êrh t'ai⁴ k'uan¹	寬太兒檔
,, leave an open	liu²-ko k'ung⁴ ti⁴-êrh	兒地空個留
,, between them too much	liu²-ti k'ung⁴-êrh t'ai⁴ ta⁴	大太兒空的留
,, an empty	k'ung⁴ ti⁴-êrh	兒地空
, for so many, not	jung²-pu-hsia⁴ na⁴-mo hsieh¹-ko	個些麼那下不容
,, for running a motor, no	shih¹ chan³ pn⁴ k'ai¹ tien⁴ ch'ê¹	車電開不展施
,, (distance between)	chien⁴ ko²	隔間
,, (of time)	shih² chien¹	間時
Spacious rooms	k'uan¹-ch'o wu¹-tzŭ	子屋綽寬
Spade, a	i⁴ pa³ t'ich³ ch'iao¹	鍫鐵把一
Spain,	hsi¹ pan¹ ya³	亞班西
,,	jih⁴-ssŭ pan¹ ya³	亞班斯日
Span, a	i⁴ cha³	作一
,, to	cha³-i-cha	作一拃
,, roof, house with a	ch'i³ chi³-ti fang²	房的脊起

DD

Span—Sparkle. 826

Span of fifty feet, a	wu³ chang⁴-ti ch'iao² shên¹ 'rh	五丈的橋身兒
,, Providence shortened his	t'ien¹ chê² ch'i² suan⁴	天折其算
Spank, put across the knee and	chia¹-kuo-lai p'i⁴-ku-shang kei liang³ pa¹-chang	夾過來屁股上給兩掌
Spanking, what he wants is a good	t'a¹ chiu⁴ shih⁴ ch'üeh¹ ai¹ ta³	他就是缺挨打
Spar, a	i⁴ kên¹ sha¹ kao¹	一根杉篙
,, to	ta³ ch'üan²	打拳
Spare (of time)	yü² hsien²	餘閒
,, no time, to	mei² hsien² kung¹-fu	沒閒工夫
,, a little time	yün² tien³ 'rh k'ung⁴-êrh	勻點兒空兒
,, parts	yü² chien⁴	餘件
,, cash, no	mei² fu⁴-yü ch'ien²	沒敷餘錢
,, me some, you might	hsiu²-kei-wo chi³-ko-pa	尋給我幾個罷
,, I've none to	wo mei² yu k'o³ hsin²-ti	我沒有可尋的
,, it to you, cannot	wo shê³-pu-tê kei³-ni	我捨不得給你
,, me a copper	shê³-kei-wo-i-ko t'ung² tzŭ³-êrh-pa	捨給我一個銅子兒罷
,, cash to give you, I've no	wo mei² hsien⁴ ch'ien² kei³ ni³	我沒現錢給你
,, the rod and spoil the child	ta³ shih⁴ ai⁴ ma⁴ shih⁴ t'êng²	打是愛罵是疼
,, him, I won't	wo³ pu⁴ jao² t'a	我不饒他
,, his horse, he doesn't	t'a hai² pu-jao²-t'a-na ma³	他還不饒他那馬
,, figure, a	shên¹-tzŭ hsi⁴-t'iao	身細條
,, of speech	chin³ shên⁴ yen² yü³	謹慎言語
Sparing in expenditure	hua¹-fei-shang chien³-shêng	花費上儉省
,, do not be	pu⁴ yao⁴ hsin¹ t'êng² ch'ien²	不要心疼錢
,, ,, ,,	pieh² lin⁴-hsi yin²-tzŭ	別吝惜銀子
Spark, a	huo³ hsing¹-êrh	火星兒
,, (figurative)	tao³ huo³ hsien⁴	導火線
,, of decency left in him, no	t'ien¹ liang² pu⁴ mei⁴	天良不昧
,, of gratitude, hasn't a	t'a mei² i⁴-hsing tien³-ti kan³-chi hsin¹	他沒一星點的感激心
,, left, only a	chiu⁴ shêng⁴-i tien³ 'rh liang⁴-êrh lo	就賸一點兒亮兒了
,, a last dying, or flickery	hui² kuang¹ fan³ chao⁴	迴光反照
Sparkle (as gems), to	shan³-ch'u wu³ ts'ai³ pao³ kuang¹-êrh	閃出五彩寶光兒

Sparkle as water in the sun, to — tang⁴-yang-ch'u t'ai⁴-yang kuang¹-êrh-lai 太陽出漾光兒來
Sparrow, a — chia¹ ch'iao³ 'rh 家雀兒
,, ,, — ma² ch'iao³ 'rh 麻雀兒
Sparse, — hsi¹ shao³ 希少
Spasmodic, — ch'in²¹ to⁴ wu² ch'ang² 勤懇無常
,, — shên² ch'u¹ kuei² mo⁴ ti¹ 神出鬼沒的
,, excitement doesn't last long — chi² yü³ pu⁴ ch'ung² chao¹ p'iao¹ fêng¹ pu⁴ chung¹ jih⁴ 急雨不終朝飄風不終日
Spasms in the stomach — tu⁴-tzŭ-li ch'ou¹-cho t'êng² 肚子裏抽着疼
Spattered all over with mud — chien⁴-liao i⁴ shên¹ ni² 濺了一身泥
Spawn, — yü² tzŭ³ 魚子
Speak, to — shuo¹ 說
,, ,, — shuo¹ hua⁴ 說話
,, to him about it, I will — wo³ kên¹-t'a t'i² 我跟他提
,, English well, to — shan⁴ ts'ao¹ ying¹ yü³ 善操英語
,, a little louder — ta⁴ tien³ 'rh shêng¹-êrh shuo¹ 大點兒聲兒說
,, the truth — shuo¹ shih² hua⁴ 說實話
,, reasonably — shuo¹ li³ 說理
,, they don't — t'a¹-mên lia³ pu⁴ kuo⁴ hua⁴ 他倆們不過話
,, to (reprove) him about it, don't — shuo¹-t'a i-tun⁴ pieh² t'i² 說他一頓別提
Speaker, a poor — tuan³ yü² k'ou³ ts'ai² 短於口才
,, ,, — pu⁴ shan⁴ yen³ shuo¹ 不善演說
,, (of parliament) — i⁴ chang³ 議長
Speaking acquaintance — i¹ mien⁴ chih¹ chiao¹ 一面之交
,, a refined way of — yen² t'an² pu⁴ su² 言談不俗
,, about you, were just — chêng⁴ nien⁴-tao-cho ni³ 正念道着你
,, about? whom are you — shuo¹ shui²-na 說誰那
,, likeness, a — huo² t'o¹-êrh-ti hsiang⁴ 活脫兒的像
Spear, a — i⁴ kan³ ch'iang¹ 一桿槍
,, to — na² ch'iang¹ cha¹ 拿槍扎
Special favour, a — ko²-wai⁴-ti ên¹-tien 格外的恩典
,, privileges — t'ê⁴ pieh²-ti ch'üan² li⁴ 特別的權利
,, envoy — t'ê⁴ shih³ 特使
,, (of a newspaper) — hao⁴ wai⁴ 號外
,, (,, ,,), extra — t'ê⁴ pieh² hao⁴ wai⁴ 特別號外
,, train, a — chuan¹ ch'ê¹ 專車
,, rights in Mongolia, recognize Russia's — i³ mêng³ ku wei² o⁴ chih¹ yu¹ shih⁴ ch'ü¹ yü⁴ 以蒙古爲俄之優勢區域
Specialist, he is a — t'a¹ shih chuan¹-mên²-'rh 他是專門兒

Specialist—Specimen. 828

Specialist, an eye	chih⁴ yen³ k'o¹-ti chuan¹ chia¹ 治眼科的專家
Speciality,	shan⁴ ch'ang² chih shih⁴ 擅長之事
,,	ch'u¹ chung¹ chih ch'u⁴ 出衆之處
,, is his	shih⁴-t'a na²-shou huo⁴ 是他拿手活
,, pens are their	pi³-shih-t'a chuan¹ chia¹ 筆是他專家
Specialization,	chih⁴ wei² chuan¹ mên² 致爲專門
Specially prepared for you	t'ê⁴ i⁴ wei⁴ ni³ yü⁴-pei-ti 特意爲你預備的
,, made for you	chuan¹-kei ni³ tso⁴-ti 專給你做的
,, recommended	chuan¹ chien⁴-ti 專薦的
,, used for this complaint	chuan¹ chih⁴ chê⁴ i⁴ chia¹ ping⁴ 專治這一家病
Specie,	huo⁴ pi⁴ 貨幣
,,	chih⁴ pi⁴ 制幣
,, reserve	chêng⁴ huo⁴ chun³ pei⁴ 正貨準備
,, government	hsiang³ yin² 餉銀
,, private	piao¹ 標
,, ,, to carry	tsou³ piao¹ 走標
Species,	lei⁴ 類
,, the same	t'ung² chung³ 同種
Specific,	t'ê⁴ yu³ ti¹ 特有的
,, medicine	tui⁴ chêng⁴ chi⁴ 對症劑
,, character	t'ê⁴ hsing⁴ 特性
,, gravity	pi³ chung⁴ 比重
,, a	miao⁴ yao⁴ 妙藥
Specific remedy for rheumatism, a	chuan¹ chih⁴ yao¹ t'êng² 專治腰疼
,, gravity	t'i³ chung⁴ 體重
Specification (of a contract)	shuo¹ ming² shu¹ 說明書
,, ,, ,,	ming² hsi⁴ shu¹ 明細書
Specified,	chi⁴ tsai⁴ 記載
Specify to	mei² chü³ 枚舉
,, ,,	i¹ i¹ chih² ch'u¹ 一一指出
,, ,,	chih³-ch'u-lai 指出來
,, ,,	chih³ ming² 指明
,, in detail	chu⁴ i¹ chih³ ming² 逐一指明
Specimen, a	yang⁴-tzŭ 樣子
,,	yang⁴-shih 樣式
,,	ts'an¹ k'ao³ p'in³ 參考品
,,	piao¹ pên³ 標本
,, questions (examination text books)	fa¹ wên⁴ yü³ shih⁴ 發問語式
,, out of many, this is but one	chu¹ ju² tz'ŭ³ lei⁴ pu⁴ i¹ êrh² tsu² 諸如此類不一而足

Specimen—Speculation

Specimen, he's a briliant	t'a¹-ts'ai-shih hsien⁴ shih⁴ pao³	他縷是現世寶
Specious,	tsui³ hua²-shuan	嘴滑涮
,,	ssŭ⁴ shih⁴ êrh² fei¹	似是而非
,, person	k'ou² shih⁴ hsin¹ fei¹ chê³	口是心非者
,, talk	ch'iao³ yen-	巧言
Speck,	pan¹ tien³	斑點
,, of dust, a	i⁴ tien³ 'rh t'u³	一點兒土
Speckled,	lu² hua¹-ti	蘆花的
Spectacle,	ch'i² kuan¹	奇觀
,,	chuang⁴ kuan¹	壯觀
,, a fine	p'o¹ yu³ k'o³ kuan¹	頗有可觀
,, a pitiful	k'o³ ts'an³-ti yang⁴-tzŭ	可慘的樣子
,, a disgraceful	ch'ou³-ti nan² k'an⁴	醜的難看
Spectacles, a pair of	i² fu⁴ yen³ ching⁴-tzŭ	一副眼鏡子
,, case for	yen³ ching⁴ t'ao⁴-êrh	眼鏡套兒
,, ,, ,,	yen³ ching⁴ ho² 'rh	眼鏡盒兒
,, frame of	yen³ ching⁴ k'uang⁴-êrh	眼鏡框兒
Spectator,	tsung⁴ lan³ jên²	縱覽人
,, a	p'ang² kuan¹-ti jên²	旁觀的人
,, an indifferent	hsiu⁴ shou³ p'ang² kuan¹	袖手旁觀
,, an unconcerned	chieh² ho² kuan¹ huo³	隔河觀火
,, gets the best of the game, the	p'ang² kuan¹-cho ch'ing¹	旁觀者清
,, a disinterested	tso⁴ shan¹ ch'iao² hu³ tou⁴	坐山瞧虎鬭
Spectators, evoke ridicule from	p'ang² kuan¹ chüeh² ch'i² k'o³ hsiao⁴	旁觀覺其可笑
,, an actual	ch'in¹ mu⁴ so³ tu³	親目所睹
Spectre,	yao¹ kuai⁴	妖怪
Spectroscope,	fên¹ kuang¹ ch'i⁴	分光器
Spectrum,	fên¹ kuang¹ ching³	分光景
,,	wu³ ts'ai³ kuang¹	五彩光
Speculate,	t'ou² chi¹	投機
,,	lung³ tuan⁴ chü¹ ch'i²	壟斷居奇
,, (theorize)	hsiang³ hsiang⁴	想像
,,	t'ui¹ hsiang³	推想
,, (guess), to	hsüan² ch'uai³	懸揣
,, ,,	ni⁴ liao⁴	逆料
,, (with money), to	mai⁴ k'ung¹-êrh	買空兒
,, ,, ,,	mai⁴ k'ung¹-êrh	賣空兒
,, ,, ,,	mai³ hang²-shih	買行市
,, (gamble)	ching⁴ ta³-suan pieh¹ hung²	竟打算別紅
Speculation,	hsiang³ hsiang⁴	想像

Speculation—Spelling. 830

Speculation (imaginary), the purest	ch'üan² shu³ i⁴ tsao⁴	全屬臆造
,, a disastrous	tso⁴ pieh³-tzŭ	作孽子
Speculative,	t'ou² chi¹ ti¹	投機的
,,	t'ui¹ li³ ti¹	推理的
,, proposition, not a	wu² p an² k'ung¹-ti¹ hsing⁴ chih shih²	無憑空的性質
,, business, a	pieh¹ hung²-ti mai³-mai	憋紅的買賣
Speculator,	t'u² mai³ li⁴ chê³	圖買利者
Speech,	hua⁴	話
,,	yü³-yen	語言
,, make a	yen³ shuo¹	演說
,, an impediment in the	shuo¹ hua⁴ chieh¹-pa	說話結巴
,, awkward of	chuo¹ tsui³ pên¹ sai¹-ti	拙嘴笨顋的
,, freedom of	yen² lun⁴ chih¹ tzŭ⁴ yu²	言論之自由
,, right of free	fa¹ yen² ch'üan²	發言權
Speechless,	chien¹ mo⁴ wu² yen²	緘默無言
,, dummies	hsing² t'ung² mu⁴ chi¹	形同木雞
,, (from fear of the consequences)	têng³ yü² han² ch'an² chang⁴ ma³	等於寒蟬仗馬
Speed,	k'uai⁴ man⁴	快慢
,, (success)	ch'êng² kung¹	成功
,, (aid)	chu⁴ li⁴	助力
,, immense	fei¹ shih³	飛駛
,, rate of	su¹ li⁴	速力
,, at full	ch'üan² su¹ li⁴	全速力
,, ,,	hsün⁴ su¹	迅速
,, more haste less	yü⁴ su¹ fan³ ch'ih²	欲速反遲
,, go at full	chi² k'uai⁴ tsou³	急快走
,, of 20 *li* an hour, a	i⁴ tien³ chung¹ êrh²-shih li³ ti⁴-ti k'uai⁴ man⁴	一點鐘二十里地的快慢
,, the parting guest, welcome the coming,	sung⁴ ch'iu⁴ ying² hsin¹	送舊迎新
Speedy,	shên² su¹	神速
Spell, a	chou⁴ yü³	呪語
,, to	nien⁴ tan¹ tzŭ⁴-êrh	念單字兒
,, ,,	p'in¹ tzŭ⁴-êrh	拼字兒
,, of work, a	i² tuan¹ 'rh kung¹-k'o	一段兒功課
,, off work, a	hsieh¹ i⁴ hsiao³ shih²	歇一小時
,, to write or draw a	hua⁴ fu²	畫符
,, of cold weather, a	i⁴ chên¹ lêng³	一陣冷
,, (bewitch)	ku³ huo⁴	蠱惑
Spelling,	p'in¹ yin¹	拼音
,,	ch'ieh⁴ yin¹	切音
,, Chinese method of	fan³ ch'ieh⁴	反切

Spend, to	hua¹		花
,, a month	chu⁴ i² yüeh⁴		月一住
,, energy	fei⁴ li⁴		力費
,, his day? how does he	t'ien¹ t'ien¹ 'rh kan⁴ shêm²-mo		麼甚幹兒天天
,, his leisure? how does he	t'a tso⁴ shêm²-mo hsiao¹-ch'ien¹		遣消麼甚作他
,, the day with me	shang⁴ wo³-chê 'rh tai¹-i⁴ t'ien¹		天一待兒這我上
,, the night here	tsai⁴ chê⁴-li hsia¹ t'a⁴		榻下裏這在
,, anything he can get, will	yu² kuo¹-li ch'ien² yeh³ lao¹-cho hua¹		花著撈也錢裡鍋油
Spending departments	chih¹ ch'u¹ chih¹ chi¹ kuan¹		關機之出支
Spendthrift, a	ch'ing¹ chia¹ tang⁴ ch'an³-ti jên²		人的產蕩家傾
,,	pai⁴ chia¹ tzŭ³-êrh		兒子家敗
,, son, a miser father begets a	shou³ ts'ai² nu² shêng¹ lang⁴ tang⁴ êrh²		兒蕩浪生奴財守
,, of his fortune	pa⁴ ch'ien² chê² t'êng² wan² la		了完騰折錢把
Spent all day looking for it	chao³-liao i⁴ t'ien¹		天一了找
,, ,, ,, in vain	pai² chao³-liao i⁴ t'ien¹		天一了找白
,, the night is	yeh⁴ lan²-lo		咯闌夜
Spermatorrhoea,	i² ching¹		精遺
Spermatozoa,	ching¹ ch'ung²		蟲精
Spherical,	yüan² t'i³		體圓
,, (trigonometry)	ch'iu² mien⁴ san¹ chiao³ shu⁴		術角三面球
Sphere, a	yüan² ch'iu²		球圓
,, (astron.)	hun⁴ t'ien¹ i²		儀天渾
,, of influence	shih⁴ li⁴ fan¹ wei²		圍範力勢
,, (interest)	li⁴ i² fan⁴ wei²		圍範益利
,, each in his	ko⁴ pên³ so³ ch'ang²		長所本各
,, of duty, belongs to his	kuei¹ t'a¹ pên²-fên shih⁴		事分本他歸
,, of duty, outside my	tsai⁴ wo³ fan⁴-wei i³ wai⁴		外以圍範我在
,, of, outside the	ch'ü¹ yü⁴ wai⁴		外域區
Sphincter,	huo² yüeh¹ chin¹		筋約活
Sphinx,	nü³ mien⁴ shih¹ shên¹ hsiang⁴		像身獅面女
Spice to	chia¹ wei²		味加
Spices,	hsiang¹ liao⁴		料香
Spick and span	ch'i²-ch'i chêng-chêng³-ti		的整整齊齊

Spicy—Spirit.

Spicy (figurative)	p'o¹ yu³ ch'ü⁴ wei⁴	頗有趣味
Spider, a	chu¹-chu	蜘蛛
Spider's web, a	chu¹-chu wang³	蜘蛛網
Spigot, a	sai¹-tzŭ	塞子
Spike, a	chien⁴ t'ou²-êrh	箭頭兒
Spill water, to	sa³ shui³	洒水
,, the tea on the table, don't	pieh² pa⁴ ch'a² sa³-tsai cho¹-tzŭ-shang	別把茶洒在桌子上
,, (a paper)	chih³ nien³ 'rh	紙捻兒
Spilled water cannot be picked up	fu⁴ shui³ nan² shou¹	覆水難收
Spin thread, to	fang³ hsien⁴	紡綫
,, (as a spider, etc.)	t'u³ ssŭ¹	吐絲
,, a web, to	chih⁴ wang³	織網
,, (revolve)	chuan⁴	轉
,, ,,	hsüan² chuan⁴	旋轉
,, (of the head), to	t'ou² yün¹	頭暈
,, out	ch'ien¹ yen²	延遲
,, ,, a story, etc.	ch'ieh³ la¹ ssŭ¹-ni	且拉絲呢
,, a top	fang⁴ k'ung¹-chu	放空竹
,, a diabolo top	tou³ k'ung¹-chu	抖空竹
,, a whipping top	ch'ou¹ t'o²-lo 'rh	抽陀螺兒
,, a yarn	chieh¹ t'an² hsiang⁴ i⁴	街談巷議
Spinal,	chi² ku³	脊骨
,, cord	chi² sui³	脊髓
Spinach,	po² ts'ai⁴	菠菜
Spindle, a	chou²-êrh	軸兒
,, ,,	chuan⁴ chou²-êrh	轉軸兒
Spine, the	chi²-niang ku³	脊梁骨
Spinning wheel, a	fang³ ch'ê¹ 'rh	紡車兒
Spinster, a	lao³ ku¹-niang	老姑娘
,,	wei⁴ hun¹ fu⁴	未婚婦
Spiral (adj.)	lo² hsüan² hsing⁴	螺旋形
,,	lo²-ssŭ wên²-ti	螺絲紋的
,,	lo²-ssŭ hsing²-ti	螺絲形的
,, (n.)	lo² hsüan²	螺旋
Spire,	chien¹ ta³	尖塔
Spirit, a	shên²	神
,,	ching¹ shên²	精神
,, a man of	yu³ shên²-ch'i-ti jên²	有神氣的人
,, level, a	shui³ p'ing²	水平
,, willing but flesh weak	li⁴ yü³ hsin¹ wei⁴	力與心違
,, ,, ,, ,, ,,	hsin¹ yü² li⁴ ch'u¹	心餘力䀆
,, promote the democratic	fa¹ yang².kung⁴ ho² chih¹ ching¹ shên²	發揚共和之精神

Spirit—Spite

Spirit, national	kuo² hsing⁴	國性
,, acquiescing by word of mouth but not in	mao⁴ ho² shên² li²	說合神離
,, (alcohol)	chiu³ ching¹	酒精
,, (courage)	ch'i⁴ shih⁴	氣勢
,, (meaning)	chên¹ i'	真意
,, (temper)	ch'i⁴ sê	氣色
,, (mind)	ch'i⁴ hsiang⁴	氣象
,, of the age	shih² tai⁴ ching¹ shên²	時代精神
,, away, to	shên² su¹ ch'ü³ hsieh²	神速取攜
Spirited,	yu³ shên²-ch'i	有神氣
,,	huo² p'o	活潑
,,	chi¹-ling	伶俐
,,	hsing⁴-tzŭ lieh⁴	性子烈
,, horse, a	lieh⁴ ma³	烈馬
,, writing	k'uai⁴ wên²	快文
,, young and	nien² shao⁴ ch'i⁴ shêng⁴	年少氣盛
Spirits (alchohol)	chiu³	酒
,, high	kao¹ hsing⁴	高興
,, in high	kao¹ hsing⁴ ts'ai³ lieh⁴	高興來烈
,, in his usual	hsing⁴ chih⁴ pu⁴ chien³ yü² p'ing² shih²	興致不減於平時
,, rose, his	kao¹-ch'i hsing⁴-lai-lo	高興起來咯
,, out of	wu² ching¹ ta³ ts'ai³-ti	無精打彩的
,, animal	hsüeh³ ch'i⁴	血氣
Spiritual,	wu² hsing² ti¹	無形的
,,	ching¹ shên² shang	精神上
,,	hsin¹ chih⁴ shang	心智上
,,	tsung¹ chiao⁴ shang	宗教上
Spiritualism,	chao¹ hun² shu⁴	招魂術
,,	wei² shên² lun⁴	唯神論
Spirt water from the mouth, to	p'ên¹ shui³	噴水
,, out	p'ên¹-ch'u-lai	噴出來
Spit, to	ts'ui⁴ t'u⁴-mo	啐唾沫
,, roasted on a	pao⁴ k'ao³ jou⁴	爆烤肉
,, of sand, a	sha¹ t'an¹	沙灘
,, in my face	ts'ui⁴-wo lien³-shang	啐我臉上
,, it out	t'u⁴-ch'u-lai	吐出來
,, (as a cat) to	fu¹-ch'ih	咈嗤
,, at a person	ts'ui⁴ jên²	啐人
,, on the hands	pa⁴ shou³ ts'ui⁴-i ts'ui⁴	把手啐一啐
Spite,	i² hên⁴	遺恨
,, to harbour	chi⁴ ch'ou²	記仇
,, ,,	huai² ch'ou²	懷仇
,, ,,	huai² hên⁴	懷恨

Spite—Split.   834

Spite, did it out of	tsung³ yao⁴ hsien¹-hai-wo	我害陷要總
,, of everything, in	jên⁴-p'ing tsêm³-mɔ yang⁴	樣麼怎憑任
,, of my lack of character and ability, in	sui¹ tê¹ pao² nêng² ch'ien³	淺能薄得雖
,, of remonstrance, did it in	pu⁴ t'ing¹ jên² ch'üan⁴ p'ien¹ yao⁴ tso⁴	作要偏勸人聽不
,, ,, ,, ,,	ni⁴ i⁴ yiug¹ tso⁴-ti	的做硬意逆
,, on me, vented his	ch'ien¹ nu⁴-yü wo³	我於怒遷
,, ,, ,, ,,	na² wo³ hsing³ p'i²	脾醒我拿
,, ,, ,, ,,	na² wo³ sha¹ ch'i⁴	氣煞我拿
,, of my saying this, in	hua⁴ sui¹ shih¹ chê⁴ mɔ shuo¹	說麼這是雖話
,, of sickness, receive in	li⁴ chi² chieh¹ tai⁴	待接疾力
Spiteful,	yin¹ tu²	毒陰
,,	tsung³ huai² hai⁴ jên⁴-ti hsin¹	心的人害懷總
Spittle,	t'u⁴-mo	沫唾
Spittoon, a small	t'u⁴-mo ho²-êrh	兒盒沫唾
,, large	t'an² t'ung³	筒痰
Splash with water, to	chien⁴-liao i⁴ shên¹ shui³	水身一了濺
,, to make a	chien⁴ shui³ hua¹-êrh	兒花水濺
Splayfooted,	hung² hua¹-tzŭ chiao³	脚子花鴻
,,	pa² tzŭ⁴-êrh chiao³	脚兒字八
Spleen,	p'i² tsang⁴	臟脾
,, the	kan¹	肝
,, full of	kan¹-ch'i wang⁴	旺氣肝
,, on me, vent his	na² wo³ ch'u¹ ch'i⁴	氣出我拿
,, ,, ,,	na² wo³ tsa¹ fa²-tzŭ	子筏紮我拿
,, (ill humour)	o¹ kan³ ch'ing³	情感惡
,, ,,	yin¹ ch'i⁴	氣陰
Splendid (resplendent)	kuang¹-hua	華光
,, ,,	kuang¹ ts'ai³	彩光
,, ,,	hua² mei³	美華
,, that's	na⁴ hao³-chih chih⁴	至之好那
Splendour,	hsien³ chu⁴	著顯
,,	chuang⁴ li⁴	麗壯
Splice a rope, to	pa⁴ shêng² t'ou²-êrh ch'a²-shang	上扱兒頭繩把
Splint for a broken limb, a	t'o¹ pan³	板托
Splinter, a	mu⁴-t'ou tzŭ⁴	剌頭木
,, into my hand, ran a	chiao⁴ mu⁴-t'ou tzŭ⁴ cha¹-liao shou³	手了扎剌頭木教
Split open with a knife, etc.	p'i³-k'ai	開劈

Split—Sponging.

Split	open an orange, etc.	p'ou³-k'ai	開剖
,,	open (as ripe fruit)	pêng⁴-k'ai	開迸
,,	(as dry wood)	pêng⁴ lieh⁴	裂迸
,,	the difference, let's	tsa²-mên liang³ pai¹ lo-pa	罷了掰兩們偺
,,	the difference	ko⁴ jang⁴ i² pan⁴	半一讓各
,,	one's sides	ling² jên² p'êng³ fu⁴	腹捧人令
,,	,, ,,	ling² jên² p'ên fan⁴	飯噴人令
,,	in a party	li² i⁴ chih¹ hsin²	心之異離
,,	up a dominion	ssŭ⁴ fên¹ wu³ lieh⁴	裂五分四
Splitting, hair		t'iao¹ t'i¹ to¹ fang¹	方多剔挑
Splutter (of a candle), to		têng¹ hua¹-êrh pao⁴	爆兒花燈
,,	in talking	shuo¹-hua pêng⁴ t'u⁴-mo hsing¹-tzŭ	子星沫唾迸話說
Spoil, to		nung⁴ huai⁴-lo	了壞弄
,,		tsao¹-t'a-lo	了塌蹧
,,		pan⁴ tsao¹-lo	咯蹧辦
,,	(a child)	kuan⁴ huai⁴ la	了壞慣
,,	,,	kuo⁴-yü ni⁴ ai⁴	愛溺於過
,,	,,	tsung⁴-jung-ti pu⁴ hsiang⁴	像不的容縱
,,	(decay)	fu³ pai⁴	敗腐
,,	(plunder)	ch'iang³ to²	奪強
,,	(booty)	chan⁴ li⁴ p'in³	品利戰
,,	,,	tsang¹	贓
,,	unfair division of	fên¹ tsang¹ pu⁴ chün¹	均不贓分
Spoils (of conquest)		tê² shêng⁴ lo³-ti tzŭ¹-chung	重輜的掠勝得
Spoilt (of food, etc., kept too long)		sou¹-lo	咯餿
Spoke (of an umbrella)		san³ t'ing 'rh	兒莛傘
,,	(of a wheel)	fu²-t'iao kun¹ 'rh	兒棍條輻
,,	in his wheel, put a	pa⁴-t'a pieh²-shang	上蔽他把
Spokesman, a		tai⁴ piao³ jên²	人表代
,,		ch'ên² ch'ing² chê³	者情陳
Sponge, a		hai³ mo⁴-tzŭ	子沫海
,, ,,		hai⁰ mien⁰-tzŭ	子綿海
,, on		chi¹ shih²	食寄
,,	on his brothers, and a self-respecting wife doesn't depend on her family for support, no decent chap will	hao³ êrh² pu⁴ ch'ih¹ fên¹ chia¹ fan⁴ hao³ nu³ pu³ ch'uan¹ chia⁴ chuang¹ i¹	衣粧嫁穿不女好飯家分吃不兒好
Sponging here, always		lao³ tsai⁴ chê¹ 'rh ch'iu³ cho	着朽兒這在老

Spontaneous—Spray. 836

Spontaneous,	tzŭ⁴-jan	自然
,,	ch'u¹-yü tzŭ⁴ jan²	出自於然
,,	t'ien¹ jan²	天然
,,	t'ien¹ jan²-ti	天然的
,, (voluntarily)	jên⁴ i⁴	任意
Spool, a	t'o²-lo-êrh	櫳羅兒
,, of cotton	hsien⁴ t'o²-lo-êrh	綫櫳羅兒
Spoon, a	i⁴ pa³ ch'ih²-tzŭ	一把匙子
,,	t'iao²-kêng	調羹
,, (ladle)	shao²-tzŭ	勺子
,, a wooden	ma³ shao²-êrh	馬勺兒
Spoonful, a	i¹ ch'ih²-tzŭ	一匙子
Spoor,	chao³-tzŭ yin⁴ 'rh	爪子印兒
Sporadic,	fan³-fu	反覆
Sport (athletics), fond of	hao⁴ chêng¹ shêng⁴	好爭勝
,, (shooting), ,,	hao⁴ kuang⁴ ch'iang¹	好逛鎗
,, of people, make	shua³-hsi jên²	耍戲人
Sports, athletic	yün⁴ tüng⁴ hui⁴	運動會
Sportsman, a	yu² lieh⁴ chia¹	遊獵家
,,	hao⁴ kuang⁴ ch'iang¹-ti	好逛鎗的
Spot, a	i⁴ tien³	一點
,, (locality), a	ti⁴-fang	地方
,, a pleasant	hao³ so³-ts'ai	好所在
,, on the	tang¹ ti⁴	當地
,, touched him on a tender	ch'o¹-liao-t'a-ti fei⁴ kuan³-tzŭ	戳了他的肺管子
,, establish police on the	chiu⁴ ch'ang³ shê⁴ ching³ ch'a²	就塲設警察
,, meet so and so on the	chiu⁴ chin⁴ chieh¹ hsia	就近接洽
Spotted horse, a	hua¹ ma³	花馬
,, chicken, a	lu²-hua 'rh chi¹	蘆花兒雞
Spotty face, a	ts'ao² mien⁴ ko¹-ta	糙面疙瘩
Spouse,	p'ei⁴ ou³ chê³	配偶者
Spout (of a tea-pot, etc.)	ch'a² hu² tsui³ 'rh	茶壺嘴兒
,, (of a gutter pipe)	t'ien¹ kou¹ tsui³ 'rh	天溝嘴兒
,, out, to	yung³-ch'u-lai	湧出來
,, a water	lung² kua⁴	龍掛
Spouting from ground, water	p'ing² ti⁴ yang⁴ shui³	平地漾水
Sprain the ankle, etc., to	wo¹-liao chiao³	踒了脚
,, ,, leg	wai³-liao t'ui³	歪了腿
,, ,, back	niu³-liao yao¹	扭了腰
Sprat to catch a whale, set a	ta³ ch'iu¹-fêng	打抽豐
Sprawling,	hêng² t'ang³ shu⁴ wo¹-ti	橫躺豎臥的
Spray,	lang⁴ hua¹	浪花
,, wet with	lang⁴ hua¹ chien⁴-ti	浪花濺的

Spread—**Sprinkle.**

Spread	the table	pai³ t'ai²	擺台
,,	,, table-cloth	p'u¹ t'ai² pu⁴	鋪台布
,,	,, butter	mo³ huang² yu²	抹黃油
,,	to (of growth)	wang³ wai⁴ chang³	往外長
,,	to (as a blot, etc.)	wang³ wai⁴ yin¹	往外湮
,,	rumours, to	ch'uan² yao²-yen	傳謠言
,,	,,	san⁴-pu yao²-yen	散佈謠言
,,	false reports	po³ lung⁴ shih⁴ fei¹	播弄是非
,,	from mouth to mouth, the rumour	lü³ chuan ch'uan² shuo¹	屢轉傳說
,,	through the city	ch'uan²-tao man³ ch'êng²	傳到滿城
,,	infection	ch'uan² jan³	傳染
,,	evenly	p'u¹ yün²-lo	鋪勻了
,,	the wings	chan³ ch'ih⁴ 'rh	展翅兒
,,	(as a fire)	yen⁴ ch'i² t'a¹ ch'u⁴	延及他處
,,	(,,)	yin⁴ kuo¹ lai¹²	引過來
,,	(as area)	k'uo⁴ chang¹	擴張
,,	(news)	liu² pu⁴	流布
,,	rapidly	shih⁴ shên⁴ wan⁴ yen²	勢甚蔓延
Spreading (as a fire)		chieh¹ êrh⁴ lien² san¹-ti	接二連三的
Spree, go on the		yeh³ yu²	冶遊
,,	go for a	ch'u¹-ch'ü k'ai¹ hsin¹	出去開心
,,	,, ,,	ch'u¹-ch'ü ch'ü³ lo⁴-êrh	出去取樂兒
Sprig of flowers, a		i⁴ chih¹-êrh hua¹ 'rh	一枝兒花兒
Spring (season)		ch'un¹	春
,,	,,	ch'un¹-t'ien	春天
,,	,,	ch'un¹-ching-t'ien	春景天
,,	early	yang² ch'un¹	陽春
,,	wheat	ch'un¹ mai⁴	春麥
,,	(elasticity)	tan⁴ li⁴	彈力
,,	of a watch	fa¹ t'iao²	發條
,,	,, carriage	pêng¹ kung¹-êrh	掤弓兒
,,	,, ,,	kang¹ tien⁴ 'rh	鋼墊兒
,,	,, lock	so³ huang²	鎖簧
,,	,, gun-lock	ch'iang¹ huang²	鎗簧
,,	balance, a	yang² ch'êng⁴	洋秤
,,	upon prey, to	p'u¹	撲
,,	to (as a frog, etc.)	pêng⁴	迸
,,	of water, a	ch'üan²-yen	泉眼
,,	source	yüan²	源
,,	a proposal on one	mao⁴ jan² t'i² ch'u¹	貿然提出
,,	it on him, don't	pieh² mao⁴ mêng³-ti chiu⁴ shuo¹	別貿猛的就說
Sprinkle water, to		sa³ shui³	洒水
,,	the streets with water	p'o¹ chieh¹	潑街

Sprinkle—Squad.　　838

Sprinkle from a watering pot	na² p'ên¹ hu² p'ên¹ ti⁴	壼噴拿噴壼
Sprite, a	yao¹-ching	精妖
,,	ta⁴ hao⁴ shên²	神耗大
,,	hsiao³ hao⁴ shên²	神耗小
Sprout (of leaves), to	fa¹ ya² 'rh	兒芽發
,, ,,	fang⁴ yeh⁴ 'rh	兒葉放
,, (of crops)	fa¹ miao²-êrh	兒苗發
Sprouts, bamboo	chu² sun³	笋竹
Spruce (neat)	ch'uan¹-ti pien¹-shih	式褊的穿
Spur,	tz'ǔ⁴ chi¹	激刺
,, of moment, on the	chi² hsi²	席卽
,, of the moment, said on the	ch'ung¹ k'ou³ êrh² ch'u¹	出而口衝
,, (stimulate)	chiang³ li⁴	勵獎
Spurious,	chia³	假
,, quotation, a	tu⁴ chuan⁴ 'rh	兒撰杜
,, imitations	yü² mu⁴ hun⁴ chu¹	珠混目魚
,, coin	yen¹ tsao⁴ huo⁴ pi⁴	幣貨造贋
Spurs,	ma³ cha²-tzǔ	子扎馬
,, of a cock bird	t'ui³-shang-ti ch'ü²	距的上腿
Spurt out water from the mouth, to	p'ên¹ shui³	水噴
,, out (as water from a leaking hose)	wang³ wai⁴ tzǔ	潰外往
Sputter (of a candle), to	pao⁴	爆
,, in talking, to	pêng⁴ t'u⁴-mo hsing¹-tzǔ	子星沫唾迸
Spy, a	t'an⁴-tzǔ	子探
,,	hsi⁴ tso⁴	作細
,,	chên⁴ t'au⁴	探偵
,,	tso⁴ t'an⁴	探坐
,,	chien⁴ tieh²	諜間
,, report of a	tieh² kao⁴	告諜
,, to	t'an⁴-t'ing	聽探
,, ,,	t'an⁴ fang³	訪探
,, ,,	tso⁴ yen³ hsien⁴	綫眼做
,, ,,	k'uei¹ t'an⁴	探窺
,, out, to	k'uei¹ shih⁴	視窺
,, glass	ch'ien¹ li³ ching⁴	鏡里千
Squabble, to	ch'ao³	吵
,,	ch'ao³ nao⁴	鬧吵
,,	t'ai² kang⁴	槓抬
,,	pan⁴ tsui³	嘴辦
,,	chêng¹ lun⁴	論爭
Squad, a	i⁴ p'êng²	掤一
,,	hsiao³ tui⁴	隊小

Squadron (of ships), a	i⁴ pang¹ ch'uan²	一幫船
,, ,,	hsien⁴ tui⁴	艦隊
,, (of cavalry)	i¹ ying² ma³ tui⁴	一營馬隊
,, ,,	ch'i² ping¹ chung² tui⁴	騎兵中隊
,, flying	yu² chi¹ hsien⁴ tui⁴	遊擊艦隊
,, detached	fên¹ ch'ien³ hsien⁴ tui⁴	分遣艦隊
Squalid,	la²-t'a	邋遢
Squall (of wind), a	i² chên⁴ pao⁴ fêng¹	一陣暴風
,, to	chiao⁴-huan	叫喚
Squally,	i² chên⁴ i² chên⁴-ti fêng¹	一陣一陣的風
Squander,	lan⁴ yung⁴	濫用
,, money, to	lang⁴ fei⁴ ch'ien²	浪費錢
,, ,,	hao⁴-fei ch'ien²	耗費錢
,, ,,	hao⁴-tang ch'ien²	耗蕩錢
,, ,,	p'ao¹-fei ch'ien²	拋費錢
Squandered like water, wealth	chia¹ tzŭ¹ lung⁴ tê² têng¹ hsiao¹ huo³ mieh⁴	家資弄得燈消火滅
Square,	fang¹-ti	方的
,, one foot	i⁴ ch'ih³ ssŭ⁴ fang¹	一尺四方
,, four feet	ssŭ⁴ ch'ih³ chien⁴ fang¹	四尺見方
,, (on an "elephant" chess board)	i² pu⁴	一步
,, (on a "war game" chess board)	i⁴ chao¹	一著
,, measure	p'ing² fang¹ ch'ih³	平方尺
,, (arithmetic)	tzŭ¹ ch'êng⁴	自乘
,, (accord)	fu² ho²	符合
,, ,,	hsieh² ho² i¹ chih⁴	協合一致
,, accounts	ch'ing¹ chang⁴	清帳
,, accounts, to	pa⁴ chang⁴ suan⁴ ch'ing¹-lo	把帳算清了
,, we are	tsa²-mên lia³ liang³ ch'ing¹-lo	偺們倆兩清喀
,, to be all	liang³ pu⁴ hsiang¹ ch'ien⁴	兩不相欠
,, on the	kuang¹ ming² chêng⁴ ta⁴	光明正大
,, him, I'll	wo³ ssŭ¹-lo-t'a	我撕擺他
Squared up to me and wanted to fight	t'ing³-cho yao¹-êrh jang⁴ wo³ ta⁸	挺著腰兒讓我打
Squares, red and black	hung² pai² ssŭ¹-fang k'uai⁴-êrh	紅白四方塊兒
Squash with the foot, to	na² chiao³ tsao⁴-ssŭ	拿脚踩死
,, flat, to	ya¹ pien³-lo	壓扁了
,, (push), to	chi³	擠
,, (in argument, etc.), to	wên⁴ tao³-liao	問倒了
,, pumpkin, a	kua¹	瓜
Squat on the ground, to	tun¹-tsai ti⁴-hsia	蹲在地下

Squeak—Stack.

Squeak (of a pig), to	tzŭ¹-lou chiao⁴	叫嘍嚊
,, (of a rat)	tzŭ¹ tzŭ¹-ti chiao⁴	叫的嚟嚟
,, (of a door, wheel-barrow, etc.)	chih¹-niu chih¹-niu-ti hsiang³	响的吽吱吽吱
Squeal (See squeak)	pei¹ ming²	鳴悲
Squeeze, to	chi³	擠
,, out	chi³-ch'u-lai	來出擠
,, (wring dry)	ning² kan¹-lo	咯乾擰
,, into	chi³-chin-ch'ü	去進擠
,, (extortion), a	mên²-ch'ien	錢門
,, (demand a)	pa¹ ti³-tzŭ	子底扒
,, of ten per cent, a	k'ou⁴-i-fên ti³-tzŭ	子底分一扣
,, people to	kên¹ po²-hsing chi³ ch'ien²	錢擠姓百跟
,, levy black mail	chi³ o² 'rh	兒訛擠
,, (extort)	shou¹ lien⁴	歛收
Squib, a	têng¹ hua¹ p'ao⁴	礮花燈
Squint, a	hsieh² yen³-ti	的眼斜
,,	hsieh² shih⁴ yen³	眼視斜
,, (speer), to	nieh¹-hsieh-cho yen³ 'rh	兒眼着斜挐
Squirm, to	ku¹-jung	憷蛅
,,	juan² tung⁴	動蠕
Squirrel, a	hui¹ shu³	鼠灰
,, (small tree)	sung¹ shu³-êrh	兒鼠松
Squirt, a	shui³ ch'iang¹	鎗水
Squirted me all over	tzŭ¹-liao-wo i⁴ shên¹ shui³	水身一我了濆
,,	chi¹-liao-wo i⁴ shên¹ shui³	水身一我了激
Stab, to	cha¹	扎
Stability,	chien¹ ku⁴	固堅
,, of character	chien¹ hsin¹	心堅
,, ,,	hêng² hsin¹	心恆
,, ,,	hsin¹-li pa³-ch'ih-tê chu⁴	住得把裏心
,, ,, no	hsin¹-li pa³-chih pu⁴ ting⁴	定不持把裏心
Stable, a	ma³ hao⁴	號馬
,,	ma³ chüan⁴	圈馬
,, (firm)	wên³-tang	當穩
Stack,	tui¹ chi¹	積堆
,, of millet straw, a	i² to⁴ hua²-chieh	稭䅭垜一
,, ,, straw, a	i² to⁴ kan¹ ts'ao³	草乾垜一
,, ,, firewood, a	i⁴ tui¹ p'i³-ch'ai	柴劈堆一
,, to	tui¹-shang	上堆
,, ,,	to⁴-ch'i-lai	來起垜

Stack	of bricks	lei³-ch'i-lai	來起壘
Staff,	a	i⁴ kên¹ kuai³ kun⁴ 'rh	兒棍拐根一
,,	to lean on a	chu³ kuai³ kun⁴ 'rh	兒棍拐拄
,,	of a blind man	ma³ kan¹ 'rh	兒杆馬
,,	(military)	mu⁴ liao²	僚幕
,,	,,	ts'an¹ mou²	謀參
,,	officer	ts'an¹-mou kuan¹	官謀參
,,	general	ts'an¹-mou pên³ pu⁴	部本謀參
Stag, a		i⁴ chih¹ kung¹ lu⁴	鹿公隻一
Stage, a		t'ai²	臺
,,	theatrical, a	hsi⁴ t'ai²	臺戲
,,	scenery and fittings	ch'ieh⁴-mo-tzŭ	子模切
,,	to come upon the	shang⁴-liao ch'ang²-lo	咯場了上
,,	a government post	i⁴ chan⁴	站驛
,,	at this	chê⁴-ko chia¹-tang-êrh	兒當夾個這
,,	thunder	wa³ fu³ lei² ming²	鳴雷釜瓦
,,	(degree of progress)	tuan⁴ lo⁴	落段
,,	first	ti⁴ i¹ ch'i²	期一第
Stager, an old		lao³ lien⁴ chia¹	家練老
Stages, a journey of five		wu³ chan⁴	站五
,,	accomplish by	tsou³-i chan⁴ shuo¹-i chan⁴	站一說站一走
Stagger, to		tung¹ tao³ hsi¹ wai¹-ti ta⁸-liao-ko lieh⁴-ch'ieh	的歪西倒東 個了打
,,	,, (of a drunken man), to	i⁴ liu¹ wai¹ hsieh²-ti tsou⁴	走的斜歪溜一
Staggered by a piece of news		ta³-liao-ko lêng³ chan⁴ 'rh	兒顫冷個了打
Staggering (news)		ching¹ hsin¹ tung⁴ p'o⁴	魄動心驚
,,	blow, to deliver a	ta⁸-liao-ko lieh⁴-ch'ieh	趄趔個了打
Stagnant,		pu⁴ huo² p'o	潑活不
,,	water	ssŭ¹ shui³	水死
,,	life	yin⁷ tun⁴ shêng¹ yai²	涯生遁隱
Stagnation (of business)		pu⁴ chên⁴	振不
,,	of revenue	shou¹ ju⁴ chih⁴ sai¹	塞滯入收
Staid,		ch'ên²-ching	靜沈
,,		an¹-wên	穩安
Stain,		wu¹ tien⁹	點汙
,,		tien³ hsia²	瑕玷
,,	one's name	tien³ ju⁴ jên² ming²	名人辱玷
Stained,		kei nung⁴ tsang¹-lo	了髒弄給
,,		jan³-lo	咯染
,,		tzŭ⁴-chu-lo	咯住漬
Staircase, a		lou² t'i¹	梯樓
,,	the head of a	lou² t'i¹ k'ou³	口梯樓
Stake, a		mu⁴ chuang¹ tzŭ	子樁木

Stake—Stanch. 842

Stake a dollar, to	hsia⁴ i² k'uai⁴ ch'ien²-ti chu⁴	下一塊錢的注
,, one's reputation, to	na² ming²-yü tso⁴ ku¹ chu⁴	拿名譽做孤注
,, a life at	jên² ming⁴ kuan¹ t'ien¹	人命關天
,, one's life	p'in¹ ming⁴	拚命
Stakes, play for too high	shua³-ti chu⁴ t'ai⁴ ta⁴	耍的注太大
,, one dollar	i²-lao⁴ i²-k'uai⁴-ch'ien² tso⁴-i²-chu⁴	一落一塊錢做一注
,, to play for	hsia⁴ ts'ai³	下采
,, ,, ,,	hsia⁴ chu⁴	下注
Stale,	ch'ên² fu³	陳腐
,,	kan¹-lo	乾咯
,, news, that's	chê⁴ t'ing¹ su²-lo	這聽俗咯
Stalk of a flower, the	hua¹-kêng³ êrh	花梗兒
,, ,, ,, ,,	hua¹ k'o²-ti-êrh	花朵的兒
,, of millet	shu²-chieh kan³ 'rh	秫楷桿兒
,, ,, wheat	mai⁴-tzŭ t'ing³-êrh	麥子梃兒
,, ,, an apple	p'ing²-kuo pa⁴-êrh	蘋果把兒
,, ,, grapes	p'u²-t'ao chih¹-êrh	葡萄枝兒
,, ,, Indian corn	yü⁴-mi chieh¹	玉米楷
Stalking horse	chia³ t'o¹	假託
Stall (for sale of goods), a	t'an¹-tzŭ	攤子
,, (in a stable)	p'ai² ch'a⁴ 'rh	排插兒
Stalled stable, a four	ssŭ⁴ ko²-êrh ma³ hao⁴	四隔兒馬號
Stallion, a	êrh² ma³	兒馬
Stalwart,	ch'iang² chuang⁴	強壯
Stamina,	kên¹ ch'i	根氣
,,	ch'i⁴ li⁴	氣力
Stammer, to	shuo¹ hua⁴ chieh¹-pa	說話結巴
Stamp, a	t'u²-shu	圖書
,,	ch'o¹-tzŭ	戳子
,, duty	yin⁴-hua shui⁴	印花稅
,, a postage	yu² p'iao⁴	郵票
,, a revenue	yin⁴-hua p'iao⁴	印花票
,, to (see seal)	kai⁴ yin⁴	蓋印
,, ,, (,, ,,)	ta³ kuan¹-fang	打官防
,, ,, (,, ,,)	ta³ t'u²-shu	打圖書
,, affix a postage	t'ieh¹ yu² p'iao⁴	貼郵票
,, the foot, to	to⁴ chiao³	跺腳
,, out (an epidemic)	p'u¹ mieh⁴	撲滅
Stanch,	chung¹ shih²	忠實
,, friend, a	k'ao⁴-tê chu⁴-ti p'êng²-yu	靠得住的朋友
,, blood, to	chih³ hsieh³	止血

Stanchion, a		t'ieh³ chuang¹-tzŭ	子椿鐵
Stand still, to		chan⁴ chu⁴	住站
,,	up	chan⁴-ch'i-lai	來起站
,,	,, from a bending position	chih² yao¹	腰直
,,	to one side	chan⁴-tsai i⁴ pien¹ 'rh	兒邊一在站
,,	a thing up	li⁴-ch'i-lai	來起立
,,	security	tso⁴ pao³	保做
,,	for an hour, let it	ch'ên² i⁴ tien³ .ung¹-ti kung¹-fu	夫工的鐘點一沈
,,	over, let it	t'ing²-i t'ing²-êrh	兒一停一停
,,	till tomorrow, let it	t'ing²-tao ming²-t'ien-pa	罷天明到停
,,	out (as an object in a picture)	ku¹-ch'u-lai	來出凸
,,	out (as an object against the sky)	ku¹-ku ling² ting¹-ti	的仃伶孤孤
,,	(for small objects), a	tso⁴-êrh	兒座
,,	(,, heavier ,,), ,,	chia⁴-tzŭ	子架
,,	a wash-hand	lien³-p'ên chia⁴-tzŭ	子架盆臉
,,	by (for orders, etc.)	tsai⁴ i⁴ pien¹ 'rh t'ing¹-cho	着聼兒邊一在
,,	by what I said, will	chüeh²-pu shih¹ yen²	言失不絕
,,	it, I won't	wo chih²-pu-jung²	容不直我
,,	by you, I will	yu³ wo³ tsai⁴ p'ang²	旁在我有
,,	the loss, I will	p'ei²-liao yu³ wo³	我有了賠
,,	it, I cannot	wo³ chih² shou⁴-pu-tê	得不受直我
,,	it any more, cannot	wo³ tsai⁴ yeh chih¹ ch'ih-pu-chu⁴	住不持支也再我
,,	,, ,, ,,	wo³ tsai⁴ yeh chia⁴-nung-pu-chu⁴	住不弄架也再我
,,	it there (of heavy objects)	ch'o¹-tsai na⁴ 'rh	兒那在戳
,,	for (or in place of)	tang⁴-tso	做當
,,	to reason	ho² li³	理合
,,	pain, cannot	ch'ih¹-pu-chu⁴ t'êng²	疼住不吃
,,	so great a weight, won't	ch'ih¹-pu-chu⁴ na⁴-mo ta⁴ fên⁴-liang	量分大麼那住不持
,,	(stall), a	t'an¹-tzŭ	子攤
,,	for jinricshaws, a	t'ing² fang⁴ jên² li⁴ ch'ê¹ ch'u⁴	處車力人放停
,,	treat, I'll	wo³ hou⁴	候我
,,	the sight of, could not	k'an⁴ pu⁴ kuo⁴	過不看
,,	your bothering, cannot	ko¹-pu-chu⁴ ni³ jou²-ts'o	搓揉你住不擱
,,	by (as a spectator)	p'ang² kuan¹	觀傍

Stand—Standing. 844

Stand	(maintain)	wei² ch'ih²	持維
,,	for	tai⁴ piao³	表代
,,	wetting (as material), won't	pu⁴ chin¹ shui³	水禁不
,,	to	ku⁴ chih²	執固
,,	up for	pien⁴ hu⁴	護辯
,,	(till it settles), let it	chên⁴ i² chên⁴	鎭一鎭
,,	great heat, won't	pu⁴ nêng² nai⁴ ta¹ jo⁴ li⁴	力熱大耐能不
,,	above his subjects (as the king)	ch'u³ tsai⁴ chung⁴ jên² chih¹ shang⁴	上之人衆在處
Standard	(flag), a	ch'i²	旗
,,	,,	chün¹ ch'i²	旗軍
,,	a military	ta⁴ tu¹ ch'i²	旗纛大
,,	bearer	ch'i² shou³	手旗
,,	the national	kuo² ch'i²	旗國
,,	foot, a	ying² tsao⁴ ch'ih³	尺造營
,,	coin	pên³ wei⁴ huo⁴ pi⁴	幣貨位本
,,	of coinage	pên³ wei⁴	位本
,,	gold	chin¹ huo⁴ pên³ wei⁴ chih⁴	制位本貨金
,,	single	tan¹ pên³ wei⁴	位本單
,,	(criterion)	ting⁴ pên³	本定
,,	(established by custom)	piao¹ chun³	準標
,,	of capacity	ting⁴ liang⁴	量定
,,	,, length	ting⁴ ch'ih³	尺定
,,	,, weight	ting⁴ hêng²	衡定
,,	up to the	ho² ko²	格合
,,	not up to	pu⁴ fu² tu⁴	度符不
,,	of morals, purify official	ch'ing² hsü⁴ kuan¹ fang¹	方官叙澄
,,	of linear measure is the metre, that of liquid measures is the litre, of dry measures the gramme, one	tu⁴ chih¹ chun³ ko⁴ wei² mi⁴ ta² liang⁴ chih¹ chun³ ko wei² li⁴ ta² hêng² chih¹ chun³ ko⁴ wei² ko² lan² mu	里爲個準之量達索爲個準之度母蘭格爲個準之衡達
,,	was "slay the foreigner," their	i³ mieh⁴ yang² wei² chih⁴	幟爲洋滅以
,,	is not much higher than that of Chinese police, their	ch'i² jên² ko² pi³ chung¹ kuo² hsün² ching³ kao¹ pu⁴ liao³ hsü⁴ to¹	多許了不高醫巡國中比格人其
Standing,		ting⁴ li⁴	立定
,,	(permanent)	yung³ chiu³	久永
,,	a person of	yu³ t'ou²-lien 'rh-ti jên²	人的兒臉頭有
,,	an abuse of long	su⁴ pi⁴	弊宿

Standing army	ch'ang² pei⁴ chün¹	常備軍
,, ,, is absolutely needed, a	pink¹ k'o³ po⁴ nien² pu⁴ yung⁴ pu⁴ k'o³ i¹ jih⁴ pu⁴ pei⁴	兵可百年不用不可一日不備
,, committee	ch'ang² chê⁴ wei³ yüan²	常設委員
,, order	i¹-ting⁴ chih¹ ming⁴ ling⁴	一定之命令
,, (position)	wei⁴ chih	位置
,, senior in	tzŭ¹ ko² hên³ shên¹	資格很深
Standpoint,	kuan¹ nien⁴	觀念
,, of Buddhism, from the	chiu⁴ fo² chiao⁴ tzŭ⁴ shên¹ i² mien⁴ yen² chih¹	就佛教自身一面言之
,, viewed from another	i⁴ ti⁴-êrh kuan¹	易地而觀
,, arguing ,, ,,	i⁴ ti⁴-êrh lun⁴	易地而論
Standstill, at a	t'ing²-chu-lo	停住咯
,, to be at a	chung¹ chih³	中止
,, came to a	sha¹-chu chiao³-lo	煞住脚咯
Stanza of parallel lines, a	lü⁴ shih¹	律詩
,, one	i⁴ shou³	一首
Staple,	shang¹ p'in³	商品
,, large nail	ta⁴ mao⁴-êrh ting¹-tzŭ	大帽兒釘子
,, ring-bolt	t'ieh³ ch'ü¹-ch'ü-êrh	鐵屈屈兒
,, product, a	ta⁴ tsung¹-êrh-ti ch'u¹-ch'an	大宗兒的出產
,, industry, a	ta⁴ tsung¹-êrh-ti shou³-i	大宗兒的手藝
Star, a	hsing¹-hsing	星星
,, the polar	pei³ chi² hsing¹	北極星
,, ,, ,,	pei³ tou³	北斗
,, a shooting	tsei² hsing¹	賊星
,, my evil	ming⁴-chung t'ien¹ mo² hsing¹	命中天魔星
,, is not in the ascendant	hsing¹-hsü¹ pu⁴ li⁴	星宿不利
,, born under a lucky	chi² hsing¹ chao⁴ ming⁴	吉星照命
Starboard,	yu⁴ shou³	右手
,, helm	wai⁴ to⁴	外柁
Starch,	fên³-tzŭ	粉子
,, to	na² fên³-tzŭ chiang¹	拿粉子漿
Stare, to	ch'ou³	瞅
,,	têng⁴-cho yen³ 'rh ch'iao²	瞪着眼兒瞧
,, a vacant	tai¹-k'o k'o¹-êrh-ti ch'ou³	獃柯柯兒的瞅
,, ,, ,,	ch'ou³ tai¹-lo	瞅獃咯
,, at me, don't	pieh² têng⁴ wo³	別瞪我
Stark naked	ch'ih⁴-t'iao t'iao²-ti	赤條條的
,, ,,	kuang¹-cho p'i⁴-ku	光着屁股

Stark—State. 846

Stark mad	fêng¹-ti jên² shih⁴ pu⁴ chih¹	瘋的人事不知
,, stiff (as a corpse)	t'ing³-lo	挺咯
Starlit night	hsing¹ kuang¹ man³ t'ien¹	星光滿天
Stars,	hsing¹-su	星宿
Start, give a	i⁴ ch'i¹-ling	一疾伶
,, ,,	fa¹-ko lêng⁴-êrh	發個怔兒
,, ,,	hsia⁴-liao i² t'iao⁴	嚇了一跳
,, on a journey	ch'i³ shên¹	起身
,, ,, ,,	tung⁴ shên¹	動身
,, on a voyage	k'ai¹ ch'uan²	開船
,, ,, a long journey	ch'i³ ch'êng²	起程
,, of a train	k'ai¹ ch'ê¹	開車
,, at the	shih³ êrh² ...	始而 ...
,, a business	k'ai¹-ko mai³-mai	開個買賣
,, ,, ,,	li⁴-ko mai³-mai	立個買賣
,, in life, get a	tê²-ko lu⁴-t'ou	得個路頭
,, a line of his own, each	tzŭ¹ wei² fêng¹ ch'i⁴	自爲風氣
,, afresh on a new era	kung⁴ hsiang¹ kêng¹ shih³	共相更始
,, (depart)	ch'u¹ fa¹	出發
,, repair properly at the	k'ai¹ shou¹ shih²-to hao³ la	開手拾摺好啦
,, (a subject)	t'i² ch'i³	提起
,, unable to	pu⁴ nêng² ch'êng² hsing²	不能成行
,, with thirteen states, American independence	mei³ i³ shih² san¹ chou¹ ch'i³ êrh² tu¹ li⁴	美以十三州起而獨立
,, the day on which the revolution	ch'i³ i⁴ chih¹ jih⁴	起義之日
,, competition with	k'ai¹ shih³ ching⁴ chêng¹	開始競爭
Starting point	ch'i³ tien³	起點
Startled me	hsia⁴-wo i² t'iao⁴	嚇我一跳
,, ,,	shou⁴-wo i⁴ ching¹	受我一驚
,, ,, the noise	t'ing¹-liao-wo i² lêng⁴-êrh	聽了我一怔兒
Startling news	ch'ih¹ ching¹-ti hsin¹ wên²	吃驚的新聞
Starve for a day, to	o⁴-i t'ien¹	餓一天
,, for a bit	o⁴-i o⁴-êrh	餓一餓兒
,, to death	o⁴-ssŭ	餓死
Starving people everywhere	chi¹ min² pien¹ ti⁴	饑民遍地
,, gets no sympathy from the well fed, the	pao³ han⁴ pu⁴ chih¹ o⁴ han⁴ chi¹	飽漢不知餓漢饑
State, the	kuo²-chia	國家
,, (province in America)	chou¹	州
,, buffer	ou¹ t'o¹ ti⁴	甌脫地
,, ,,	huan³ ch'ung¹ ti⁴	緩衝地

State—Station.

State,	Minister of	kuo² wu⁴ yüan²	國務員
,,	policy	kuo² shih⁴	國是
,,	affairs	kuo² shih⁴	國事
,,	of affairs	chü²-mien	局面
,,	,, present	shih² shih⁴	時事
,,	of things! this is a pretty that . . .	chê⁴-shih tsêm³-mo pu⁴ t'ien⁴ ti⁴ shêng¹ ming² i³ . . .	這是怎麼步田地 . . . 以明聲
,,	,, the bonds are lost and are cancelled, to	shêng¹ ming² shih¹ p'iao⁴ pu⁴ p'ing²	聲明失票不憑
,,	to	ch'ên² shu⁴	陳述
,,	of the market	shih⁴ mien⁴ 'rh	市面兒
,,	of health, a bad	ching¹-shên-pu hao³	精神不好
,,	a tributary	shu³ kuo²	屬國
,,	a neighbouring	lin² pang¹	鄰邦
,,	a grievance, to	su⁴ yüan¹	訴冤
,,	carriage, a	lung² nien³	龍輦
Stated (settled)		ting⁴ ch'i² ti¹	定期的
,,	times, at	an⁴ chun³ shih²-hou 'rh	按準時候兒
Stately,		wei¹ yen²	威嚴
Statement, a written		shuo¹ t'ieh	說帖
,,	(in a document)	chi⁴ tsai⁴	記載
,,	is incorrect, his	t'a¹ so³ shuo¹-ti pu⁴ tui⁴	他所說的不對
,,	I don't believe his	wo³ pu-hsin⁴-t'a ti-hua⁴	我不信他的話
,,	of account, make out a	k'ai¹ ch'ing¹ chang⁴	開清賬
,,	cannot accept your	pu⁴ kan³ wên² ming⁴	不敢聞命
State-owned,		kuo² yu³	國有
Statesman,		chêng⁴ chih⁴ chia¹	政治家
,,		ching¹ shih⁴ chia¹	經世家
Statesmanship,		chêng⁴ chih⁴ chia¹ shou³ wan⁴	政治家手腕
Statical,		ching⁴ chih³ ti¹	靜止的
Statics,		ching⁴ hsüeh²	靜學
Station (of a fire brigade)		p'ai⁴ ch'u¹ so'	派出所
,,	(of a fleet)	ch'ü¹ yü⁴	區域
,,	(police box)	p'ai⁴ ch'u¹ so⁰	派出所
,,	a railway	ch'ê¹ chan⁴	車站
,,	social	ti⁴ wei⁴	地位
,,	(position)	ti⁴-wei	地位
,,	occupy a	chan⁴ ti⁴-wei	站地位
,,	master, a	chan⁴ chang³	站長
,,	troops at, to	p'ai⁴ ping¹ chu⁴ cha²	派兵駐劄
,,	naval	hai³ chün¹ chên⁴ shou³ ti⁴	海軍鎮守地
,,	to	p'ei⁴ chih⁴	配置

Station—Stay.　　　848

Station in life	shên¹-fen	身分
,, in life, improve one's	tsou³ ta⁴ la i¹ pu⁴ 'rh	走了一大步兒
,, (e.g., ministers abroad), a high official's	chu⁴ chieh² chih¹ ti⁴	駐節之地
,, a coaling	t'un² mei² chiang³	屯煤港
,, (but an unexpected stop), not a	fei¹ chan⁴ k'ou³	非站口
Stationary,	t'ing²-chu-lo	停住咯
,, remain in one place, to	pu⁴ no² wo¹-êrh	不挪窩兒
Stationed abroad, ministers	chu⁴ tsai⁴ ko⁴ kuo² kung¹ shih³	駐在各國公使
Stationer's shop, a	nan² chih³ p'u⁴	南紙鋪
Stationery,	wên² chü⁴	文具
,,	chih³ pi³	紙筆
,,	chih³-chang	紙張
,, fancy	chien¹ chih³	箋紙
,, a packet of	i⁴ ta²-êrh chih³	一搭兒紙
Stations in all, passed eight Custom	kung⁴ kuo⁴ pa¹ tao⁴ kuan¹ ch'ia³	共過八道關卡
Statistical,	t'ung³ chi⁴ ti¹	統計的
Statistics of population	hu⁴ k'ou³ ts'ê⁴	戶口冊
,, to draw up	k'ai¹ ch'ing¹ ts'ê⁴	開清冊
,, table of	t'ung³ chi⁴ piao³	統計表
,, compile	pien¹ chih⁴ t'ung³ chi⁴	編製統計
Statue (in stone), a	shih² hsiang⁴	石像
,, (in bronze)	t'ung² hsiang⁴	銅像
,, (in memory of), to erect a	li⁴ hsiang⁴ wei⁴ chi⁴-nien	立像爲記念
Stature,	shên¹-liang	身量
,, of lofty	kao¹ shên¹-liang	高身量
Status,	chuang⁴ t'ai⁴	狀態
,,	hsing² shih⁴	形勢
,, lose his	shih¹ p'in³ ko²	失品格
,, of a person	shên¹ fên	身分
,, quo, maintain the	wei² ch'ih² hsien⁴ chuang⁴	維持現狀
Statutes,	tsê²-li	則例
,,	fa³-lü	法律
Statutory,	fa⁴ ting⁴ ti¹	法定的
Stave off	fang² yü⁴	防禦
,, of a barrel	t'ung³ pan³ 'rh	桶板兒
,, off a creditor	t'ang²-sai chang⁴ chu³-êrh	搪塞賬主兒
Stay,	tou⁴ liu²	逗留
,, a month	chu⁴ i³-ko yüeh⁴	住一個月

Stay a couple of days — chu⁴-liang t'ien¹ 'rh 住兩天兒
,, ,, ,, — p'an²-huan liang³ t'ien¹ 'rh 盤桓兩天兒
,, behind and wait for him, I'll — wo³ lao⁴-tsai hou⁴-t'ou têng³-t'a 我在後頭等他
,, till it's finished — tai¹-cho têng³ wan²-lo 待着等完了
,, I have business and cannot — wo yu³ shih⁴ pu⁴ nêng² tai¹-cho 我有事不能待着
,, a little longer — to¹ tai¹-i-tai 'rh 多待一待兒
,, one's hand, to — chu⁴ shou³ 住手
,, of his parents, the — fu⁴ mu³-ti chu³ ch'iang¹ ku³-êrh 父母的主腔骨兒
,, (of writ) — chung¹ chih³ 中止
,, to (*e.g.*, a process) — t'ing² chih³ 停止
,, (prop) — chih¹ chu⁴ 支柱
,, a prop — chih¹-tzǔ 撐子
,, could not induce him to — k'uan³-liu-pu chu⁴-t'a 欸不留住他
,, does not intend a permanent — pu⁴ wei² chiu³ chü¹ chi⁴ 不爲久居計
Stayer, a — yu³ hou⁴ li⁴ 有後力
Steadfast, — pu⁴ ch'ü¹ pu⁴ nao² 不屈不撓
,, — chien¹ jên³ 堅忍
,, courage — jên² hsin¹ i⁴ li⁴ 忍心毅力
,, in purpose — chih⁴ i⁴ chien¹ ku⁴ 志意堅固
,, ,, — chih⁴ pu⁴ k'o³ hui² 志不可回
,, through trial — fan⁴ ta⁴ nan² êrh² pu⁴yao² 犯大難而不搖
Steady, — hêng² hsin¹ 恆心
,, (of a table, etc.) — wên³-tang 穩當
,, hand, a — wên³-tang shou² 穩當手
,, person, a — wên³-tang jên² 穩當人
,, ,, ,, — an¹-tun jên² 安頓人
Steak, a beef — niu² jou⁴ p'a¹ 牛肉趴
Steal, to — t'ou¹ 偷
,, away a thing — liu⁴-lo-ch'ü 繢了去
,, away, to — liu¹-lo tsou³-lo 遛走了
,, a look at — t'ou¹-cho k'an⁴ 偷着看
,, ,, ,, — t'ou¹ yen³ 'rh k'an⁴ 偷眼兒看
,, get rid of *stolen* goods — hsiao¹ tsang¹ 消贓
Stealthily, — t'ou¹ t'ou¹-êrh-ti 偷偷兒的
,, — ch'iao³-pu shêng¹-êrh-ti 悄不聲兒的
,, — ch'iao¹ ch'iao³-êrh-ti 悄悄兒的
,, — ch'ing¹ shou³ nieh⁴ chiao³-êrh ti 輕手躡腳兒的
Steam, — huo³ ch'i⁴ 火氣

Steam—Step. 850

Steam	bread, to	chêng¹ man²-t'ou	蒸饅頭
,,	exhaust	p'ai² ch'u¹ chêng¹ ch'i⁴	排出蒸氣
,,	put on full	k'ai¹ tsu¹ ch'i⁴ li⁴	開足氣力
,,	engine	huo³ chi¹-ch'i	火機器
,,	roller	ch'i⁴ nien³- tzŭ	气碾子
Steamship, a		huo³-lun ch'uan²	火輪船
Steel,		kang¹	鋼
,,	his heart	hsin¹ ju² t'ieh³ shih²	心如鐵石
,,	case, flint and	huo³ lien⁴	火鐮
,,	,, ,, ,, the iron edge of	huo³ lien² p'ien⁴ 'rh	火鐮片兒
Steelyard for weighing silver, a		têng³-tzŭ	戥子
,,	weighing beam, a	ch'êng⁴	秤
Steep,		fa¹ tou³	發陡
,,	hill, a	shan¹ p'o¹-êrh ch'uang³	山坡兒闖
,,	in water for a few days	p'ao⁴-liang-t'ien êrh	泡兩天兒
,,	,, ,, ,, ,,	na²shui³ fa¹-liang-t'ien êrh	拿水發兩天兒
Stenographer,		su¹ chi⁴ chê³	速記者
,,		su¹ chi⁴ shu⁴	速記術
Steer a ship, to		pan¹ to⁴	搬柁
,,	the ship of state	hsüan² ch'ien² chuan³ k'un¹	旋乾轉坤
Steersman, a		to⁴-kung	柁工
Stem (cut water of a ship)		fên¹ shui³ chien⁴	分水劍
,, ,, ,, ,,		ch'uan² t'ou²	船頭
,,	the current, to	ting³ cho liu⁴	頂着溜
,,	of a flower, the	hua¹ kêng³-êrh	花梗兒
,,	,, an apple	p'ing²-kuo pa⁴ 'rh	蘋菓把兒
,,	,, grape	p'u²-t'ao chih¹ 'rh	葡萄枝兒
,,	,, pipe	yen¹-tai kan³ 'rh	煙袋桿兒
Stench, a		ch'ou⁴ wei⁴ 'rh	臭味兒
,,	an overpowering	ch'ou⁴ ch'i⁴ hsün¹ jên²	臭氣熏人
Stencil pattern, a		yin⁴ hua¹-'rh	印花兒
,,	a pattern, to	tsa² hua¹-êrh	砸花兒
,,	plate, a	yin⁴ hua¹ pan³	印花板
Step (of a terrace)		chieh¹ chiao³ shih²	接脚石
,,	(of a stair case)	i² têng⁴-êrh	一瞪兒
,,	take a long	mai⁴ i² ta⁴ pu⁴	邁一大步
,,	advance a	chin¹-i pu⁴	進一步
,,	the matter has advanced a	shih⁴-ch'ing yu³-liao chin⁴-pu-lo	事情有了進步咯
,,	to take a serious	t'i²-mu tso⁴-ti-chiu ta⁴-lo	題目做的就大咯
,,	mother, a	chi⁴ mu³	繼母

Step children (husband's children by a former wife) — hsien¹ ch'i¹-ti êrh² nü³ 先妻的兒女

,, ,, (wife's children by a former husband) — tai⁴-lai-ti êrh² nü³ 帶來的兒女

,, is to . . ., the first — i³ . . . wei² ju⁴ shou³ 以 . . . 爲入手

,, in rank, raise a — chin⁴ chüeh² i¹ wei⁴ 進爵一位

,, outside his door, never went a — i¹ pu⁴ mên² yeh³ pu⁴ ch'u¹ 一步門也不出

,, towards a better understanding, first — kou¹ t'ung¹ kan³ ch'ing² chih¹ hsien¹ tuan¹ 溝通感情之先端

,, with Britain, walk in — yü³ ying¹ kuo² t'ung² i¹ pu⁴ t'iao² 與英國同一步調

Steppingstone, mai⁴ chiao³ shih²-t'ou 邁脚石頭

,, ,, chieh² ching⁴ 捷徑

,, ,, to promotion, a — shêng¹ kuan¹-ti chieh¹ chiao³ 陞官的接脚

,, ,, to official life — huan⁴ t'u² chih¹ chin⁴ chieh² 宦途之進階

,, ,, to demand concessions, as a — i³ yao¹ ch'iu² ch'üan² li⁴ ti¹ pu⁴ 以要求權利的步塊

Steps, follow in his — pu⁴ ch'i² hou⁴ ch'ên² 步其後塵

,, to take — ch'u³ chih⁴ 處置

,, ,, stop him, take — shê⁴ fa³ lan² t'a 設法攔他

Stereoscope, a — shuang¹ t'i³ ching⁴ 雙體鏡

Stereotype, chu⁴ ch'ien¹ pan³ 鑄鉛板

Stereotyped, ch'ien¹ pan³ yin⁴-ti 鉛板印的

,, (custom, etc.) — k'o⁴-liao pan³-ti 刻了板的

Sterile land — pu⁴ mao² chih¹ ti¹ 不毛之地

,, woman — shih² nü³ 石女

,, estate — shih² t'ien² 石田

Sterling, ying¹ huo⁴ 英貨

,, bonds — ying¹ huo⁴ kung¹ chai⁴ 英貨公債

,, gold — ch'un² chin¹ 純金

,, character, a man of — ch'un² hou⁴-ti jên² 純厚的人

Stern (of a ship), the — ch'uan² wei³ 船尾

,, (the hinder parts) — p'i⁴-ku 屁股

,, in character — fêng¹ li 飭厲

,, ,, ,, — yen²-li 嚴厲

,, discipline — chia¹ chiao⁴ yen⁴ 家敎嚴

Sternly at him looked — li⁴ sê hsiang¹ hsiang⁴ 勵色相向

,, worded telegram to an inferior), send a — fa¹ la i¹ ko⁴ ya¹ p'ai¹ ti¹ tien⁴ pao⁴ 發了一個壓派的電報

Stethoscope, a — t'ing¹ chên³ ch'i⁴ 聽診器

,, t'ing¹ ping⁴ t'ung³-êrh 聽病筒兒

Stew in water, to — mên⁴ jou⁴ 悶肉

Stew—Stiff. 852

Stew in gravy, to	tun⁴ jou⁴	肉燉
Steward (at a ceremony)	chieh¹ tai⁴ yüan²	員待接
,, of a big estate	kuan³ ch'ien²-liang fang²-êrh-ti	的兒房粮錢管
,, or manager	tsung³ ling³	領總
Stick, a walking	i⁴ kên⁴ kuai³ kun⁴ 'rh	兒棍拐根一
,, of incense, a	i² chu⁴ hsiang¹	香炷一
,, ,, a fan	shan⁴-tzŭ ku³-êrh	兒股子扇
,, a pin into the pincushion, to	pa⁴ pêng¹ chên¹ cha¹-tsai chên¹ cha²-êrh-li	裏兒扎針在扎針拼把
,, it on the wall	ting¹-tsai ch'iang²-shang	上牆在釘
,, ,, into the crack	ch'a¹-tsai fêng⁴-êrh-li	裏兒縫在插
,, ,, on with paste	na² chiang⁴-tzŭ t'ieh¹-shang	上貼子醬拿
,, ,, ,, ,, glue	na² chiao¹ chan¹-shang	上粘膠拿
,, on a plaster	t'ieh¹ kao¹-yao	藥膏貼
,, to his opinion	ku⁴ chih² ch'êng² chien⁴	見成執固
,, ,, the point	shuo¹ pên³ t'i²-mu-pa	罷目題本說
,, defraud me	t'a tsuan⁴-lo-wo-lo	咯我了躦他
,, in the mud	yü¹-tsai ni²-li-lo	了裏泥在淤
,, ,, ,,	yü¹-chu-lo	了住淤
,, at murder, doesn't	pu⁴ t'i⁴ sha¹ jên²	人殺惕不
,, fast to it, he'll	t'iao⁴ pu⁴ ch'u¹ mou³ chang¹ chung¹	中掌某出不跳
,, perpetually to an acquisition	chiu³ chia³ pu⁴ kuei¹	歸不假久
,, at (a task)	ch'ou² ch'u	躇躊
,, to a task	t'u² shih³ t'u² chung¹	終圖始圖
,, ,, his point	ch'üeh⁴ ch'ieh¹ pu⁴ i²	移不切確
,, up for	pien⁴ hu⁴	護辯
Sticks to one's clothes, the varnish	yu² ch'i¹ chan¹-lo i¹-shang	裳衣了粘漆油
Sticky,	nien²	黏
,,	fa¹ nien²	黏發
Stiff neck, a	po²-tzŭ lao⁴-liao chên³-lo	咯枕了落子脖
,, necked	ch'iang² hsiang⁴	項強
,, ,,	ch'iang² ch'ing²	情強
,, ,,	kêng¹ kêng³ cho² po² tzŭ	子脖着梗梗
,, person, a	chü¹ chih² chih¹ jên²	人之執拘
,, (from wearing tight clothes)	yao¹ pan³ po² ying⁴	硬脖板腰
,, with cold	tung⁴-ti fa¹ chiang⁴	僵發的凍
,, from exercise	hun¹ shên¹ suan¹ lan³	懶酸身渾
,, rigid	ying⁴	硬
,, ,,	fa¹ ying⁴	硬發

Stiff,	of a corpse	t'ing³-lo	挺咯
,,	leg, a	t'ui³ chin¹ fa¹ pan³	腿筋發板
,,	of composition	fa¹ pan³	發板
,,	,, drawing	pu⁴ shun⁴-liu	不順流
,,	,, ,,	pu⁴ yüan²-huo	不圓活
,,	,, ,,	pu⁴ t'iao⁴-t'o	不跳脫
Stifle,		yin³ pi⁴	隱蔽
,,		yin³ i⁴	隱抑
,,	a rebellion	t'an² ya¹ luan⁴ mêng²	彈壓亂萌
,,	a yawn, etc., to	pieh¹-hui-ch'ü-lo	憋囘去咯
Stifled to death		pieh¹-ssŭ-lo	憋死咯
,,	by the heat	jo⁴-ti-kuai pieh¹-ti-huang-ti	熱的怪憋的慌的
Stifling heat		jo⁴-ti pieh¹-ti huang	熱的憋的慌
Stigma,		wu¹ tien³	污點
Still	to (appease)	chên⁴ ting⁴	鎮定
,,	small voice	hsi⁴ shêng¹	細聲
,,	more singular	yu² k'o³ kuai⁴	尤可怪
,,	here, is	hai²-tsai chê⁴-li	還在這裏
,,	the old way	jêng²-shih chao⁴ chiu⁴	仍是照舊
,,	,, same	jêng²-jan chê⁴-mo yang⁴-êrh	仍然這麽樣兒
,,	worse	yu²-ch'i-pu hao³-lo	猶其不好咯
,,	sit	tso⁴ chu⁴	坐住
,,	,,	an¹ tso⁴	安坐
,,	be	an¹-tun-hsieh 'rh	安頓些兒
,,	born child, a	ssŭ³ t'ai¹	死胎
,,	more	yüeh¹-fa	越發
,,	,,	yu² ch'i	猶其
Stilted manner		p'u¹ chang¹ yang² li⁴	鋪張揚勵
Stilts,		kao¹-ch'iao	高翹
,,		kao¹-ch'iao t'ui³ 'rh	高翹腿兒
,,	walk on, to	têng¹ kao¹-ch'iao	登高翹
,,	,, ,,	tz'ŭ³ kao¹-ch'iao	跐高翹
Stimulant,		tz'ŭ⁴ chi⁴	刺激
,,		hsing¹ fên⁴ chi⁴	興奮劑
Stimulate,		ku³ wu³	鼓舞
,,	the energies, to	chên⁴-shua ching¹-shên	振刷精神
,,	,, conscience	chi¹-fa t'ien¹ liang²	激發天良
,,	industrial enterprise,	chên⁴-tung shih⁴ yeh⁴	振動實業
Stimulus,		chi¹ yin¹	激因
Sting,		k'u³ t'ung⁴	苦痛
,,	(of a bee, etc.), to	chê¹-lo	螫了
,,	of a bee, the	mi⁴ fêng¹ kou¹-tzŭ	蜜蜂鈎子
,,	(of a mosquito), to	ting¹ jên²	叮人

Sting—Stitch. 854

Sting (of a nettle), to	la²	刺
,, (of a sarcastic remark)	fêng⁴ tz'ǔ⁴	刺譏
Stinging,	yen² k'u¹	酷殷
Stingy,	sê¹-k'o	刻嗇
,,	lin⁴-sê	吝嗇
Stink, to	ch'ou⁴	臭
,, a	ch'ou⁴ wei⁴ 'rh	兒味臭
,, of money	t'ung² ch'ou⁴	臭銅
Stinks of money, he	t'ung² ch'ou⁴	臭銅
Stipend,	fêng⁴ chi³	給俸
,, monthly	yüeh⁴ hsin¹	薪月
,, ,,	yüeh⁴ fêng⁴	俸月
Stipulate,	yüeh¹ ting⁴	定約
,, for	yao¹ ch'iu²	求要
,, to	yü⁴ hsien¹ shuo¹ ming²	明說先預
Stipulation, a treaty	t'iao²-yüeh so³ tsai³-ti	的載所約條
Stir up	ku³ wu³	舞鼓
,, ,, ill feeling	p'ai² p'u¹ o⁴ kan³	感惡撲排
,, ,, (as dust), to	t'ang¹-ch'i t'u³ lai²	來土起趟
,, ,, strife	niang⁴-ch'êng shih⁴-fei	非是成釀
,, don't	i⁴ tien³ 'rh-pu k'o³ tung⁴ t'an	擅動可不點一
,, (inflame)	shan⁴ tung¹	動煽
,, (tumult)	sao¹ tung⁴	動騷
,, in the world, make a	chên⁴ tung¹ shih⁴ chieh¹	界世動震
,, (seditions)	chieh¹ kan¹ tso⁴ luan⁴	亂作竿揭
,, (as soup), to	pa⁴ t'ang¹ huo²-lung huo⁴-lung	弄攏弄攏湯把
,, with a spoon	ua²ch'ih²-tzǔ t'iao³-i t'iao³	挑一挑子匙拿
,, from the place, don't	pieh² no² wo¹-êrh	兒窩挪别
,, made a	hung⁴ tung⁴ i⁴ chieh¹	街一動鬨
Stirring,	chin⁴ ch'i³ ti¹	的起振
Stirrup, a	ma³ têng⁴	鐙馬
,, put the foot in the	jên⁴ têng⁴	鐙認
Stitch up, to	fêng²-shang	上縫
,, a	i⁴ chên¹	針一
,, a long	ta⁴ chên¹-chiao-êrh	兒脚針大
,, a short	hsiao³ chên¹-chiao-êrh	兒脚針小
,, a fine	hsi⁴ chên¹-chiao-êrh	兒脚針細
,, close	mi⁴ chên¹-chiao-êrh	兒脚針密
,, in time, a	tsao³-hsieh 'rh mi²-fêng-shang	上縫彌兒些早
,, in the side, a	ch'a⁴-liao ch'i⁴-lo	咯氣了岔
,, ,, ,,	lei⁴ ch'a³-tzǔ cha¹-cho t'êng²	疼着扎子岔肋

Stitch	in time saves nine, a	yu³ pei⁴ wu² huan⁴	有備無患
Stock	(capital)	tzŭ¹ pên³	資本
,,	platitudes, nothing but	wu² fei¹ shih³ i p'ai⁴ t'ao⁴ hua⁴	無非是一派套話
,,	broker	ku³ fên chien¹ k'o⁴	股分佥客
,,	exchange (Japanese)	ku³ fên ch'ü³ yin² so³	股分取引所
,,	,,	ku³ fên chiao¹ i⁴ so³	股分交易所
,,	jobber	t'ou²chi¹ chê³	投機者
,,	none in	mei² ts'un³ huo⁴	沒存貨
,,	don't keep it in	pu⁴ ts'un²-na huo⁴	不存那貨
,,	a laughing	i² hsiao¹ ta⁴ fang¹	遺笑大方
,,	come from a good	shih⁴ hao³ t'ai²-mien-ti	是好台面的
Stockings,		wa⁴-tzŭ	襪子
Stoical,		wu² kan³ chüeh²	無感覺
,,		p'ing² ch'i⁴	平氣
Stoicism,		chien¹ jên³ chu³ i⁴	堅忍主義
Stokehole, a		ta⁴ huo³ ts'ang¹	大火艙
Stoker, a		huo³ fu¹	火夫
Stole of a Buddhist priest, the		p'ien¹-shên	偏身
Stolid,		wo¹-nang	倭囊
,,		wu² shên² ching¹	無神經
,,	an affront	han² ch'ih³ jên³ ju⁴	含恥忍縣
Stomach, the		tu⁴-tzŭ	肚子
,,	intestines	wu³ tsang⁴	五臟
Stomacher, a		tou¹-tu	兜肚
Stone,		shih²-t'ou	石頭
,,	a	i² k'uai⁴ shih²-t'ou	一塊石頭
,,	road, a	shih²-t'ou tao⁴	石頭道
,,	mason, a	shih²-chiang	石匠
,,	broke	i⁴-wu so³ yu³	一無所有
,,	to throw or put the	jêng¹ chih⁴-tzŭ	扔砥子
,,	,, kill two birds with one	i² chien⁴ shê⁴ shuang¹ tiao¹	一箭射雙鵰
,,	,, ,, ,,	i⁴ chü³ liang³ tê²	一舉兩得
,,	(in bladder)	shih² lin²	石淋
,,	unturned, leave no	wu² chi⁴ pu⁴ shih⁴	無計不試
,,	,, ,,	po⁴ fang¹ shê⁴ fa³	百方設法
Stones, precious		pao³ shih²	寶石
,,	throw, a	i² chien⁴ yüan³	一箭遠
,,	people in glass houses must not throw	lao³-kua lao⁴-tsai chu¹ shên¹-shang	老鴉落在豬身上
Stony road, a		lan⁴ shih² lu⁴	爛石路
Stony-hearted,		t'ieh³-hsin jên²	鐵心人
,,		ts'an² jên³	殘忍
Stool, a square		têng⁴-tzŭ	櫈子

Stool—Stopped. 856

Stool	for sitting on, a round	hsiu⁴ tun¹	墩繡
,,	,, ,, ,,	tso⁴ tun¹	墩坐
,,	(bench), a	pan³-têng	櫈板
,,	a long	êrh⁴-jên têng⁴	櫈人二
,,	foot	chiao³ ta¹ 'rh	兒搭脚
,,	a night	ma³ t'ung³	桶馬
,,	go to	ch'u¹ kung¹	恭出
Stoop down, to		wan¹ yao¹	腰彎
Stooping (bent figure), a		shui³-shê yao¹-êrh	兒腰折水
Stop!		chan⁴-chu-pa	罷住站
,,		chung¹ chih³	止中
,,	up a hole, to	tu² k'u¹-lung-êrh	兒窟窿堵
,,	the ears	wu³ êrh³-to	朶耳摀
,,	a leak, to	ni⁴-shang lou⁴-ti fêng⁴-êrh	兒縫的漏上膩
,,	the way	tang⁸ tao⁴-êrh	兒道擋
,,	half way	pan⁴ tao⁴-êrh t'ing² chih³-lo	咯止停兒道半
,,	short	chieh²-chu-lo	咯住截
,,	call to him to	pa⁴-t'a ho⁴-chu	住喝他把
,,	(leave off) smoking	chieh⁴-liao yen¹-lo	咯煙了戒
,,	over the night	t'ing²-liu i² yeh⁴	夜一留停
,,	at the bank	tsai⁴ yin² hang² t'ing²-i-t'ing⁴-êrh	兒停一停行銀在
,,	talking	pa⁴ hua⁴ t'ing²-chu-pa	罷住停話把
,,	your wages	t'ing²-ni-ti kung¹-ch'ien	錢工的你停
,,	(punctuation)	chü⁴ tien³	點句
,,	a full	ch'üan¹ 'rh	兒圈
,,	to, put a	chih⁴ chih³	止制
,,	the horse, can't	lei⁴-pu chu⁴ ma³	馬住不勒
,,	him, cannot	lan²-pu chu⁴ t'a	他住不攔
,,	to that, I must put a	na⁴-wo tei³ lan²-chu⁴	住攔得我那
,,	it, give it up	sha¹-chu chiao³-lo	咯脚住煞
,,	teeth, to	pu³ ya²	牙補
,,	officials from screening one another, one can't	chia⁴ pu⁴ chu⁴ jên² chia¹ kuan¹ kuan¹ hsiang¹ hui⁴	諱相官官家人住不架
,,	with his resignation, the matter cannot	fei¹ tz'ŭ² chih² êrh⁴-tz'ŭ⁴ k'o³ i⁸ liao³ shih¹	了以可字二職辭非 事
Stop-gap,		lan² yü² ch'ung¹ shu⁴	數充竽濫
,,	(a temporary expedient)	ying¹ chi² chih³ ts'ê⁴	策之急應
Stoppage of circulation		hsüeh³ chih⁴	滯血
Stopped (suppressed) the conversation		pa⁴ hua⁴ sha¹-chu-lo	咯住煞話把

Stopped, communications were lu⁴ t'u² kêng³ sai⁴ 塞梗途路
Stopper, a glass po¹-li sai¹-êrh 兒塞璃玻
Stopping, without pu⁴ hsiu¹ 休不
,, ,, pu⁴ chih³ 止不
,, ,, pu⁴ chu⁴ 住不
Storage space, pay prices for ch'u¹ chan⁴ yung⁴ ch'ien² 錢用棧出
Store grain, to ts'un² liang²-shih 食糧存
,, a grain liang²-shih tien⁴ 店食糧
,, grain in order to t'un¹ chi¹ chü¹ ch'i² 奇居積囤
 corner the market
,, by his advice, set fêng⁴ chih¹ wei² chin¹ k'o¹ yü⁴ lü⁴ 律玉科金爲之奉
,, money in, had used pei⁴ ch'i⁴ chi⁴ ts'un² yin² ch'ien² 錢銀存寄其被
 their premises to
,, a foreign goods yang²-huo tien⁴ 店貨洋
,, house, a chan⁴ fang² 房棧
,, room, a tui¹-fang 房堆
,, none in mei² ts'un² huo⁴ 貨存沒
,, (of tea, etc.), a private t'i¹-hsi ch'a² 茶已體
Stork (crane), a hsien¹ hao² 鶴仙
Storm (of wind), a i² chên⁴ pao⁴ fêng¹ 風暴陣一
,, (,, and rain), a ts'u¹ fêng¹ pao⁴ yü³ 雨暴風粗
,, centre pao⁴ fêng¹ chih¹ chung¹ hsin¹ 心中之風暴
,, even deadly enemies t'ung² chou¹ yü⁴ fêng¹ hu² yüeh⁴ 同舟遇風胡越相救
 help each other, hsiang¹ chiu⁴
 when their ship encounters a
,, (riot) pao⁴ tung⁴ 動暴
,, (military) kung¹ chi¹ 擊攻
,, take by hsi² ch'ü³ 取襲
,, assault, to kung¹ p'o⁴ 破攻
,, in the Bulkans pa¹ êrh³ kan⁴ pan⁴ tao³ fêng¹ yün² 雲風島半幹耳巴
,, was at the height, chan⁴ yün² chin chi² 急緊雲戰
 when the war
Storming party chin⁴ chi¹ tui⁴ 隊擊進
Story, the top t'ou²-i ts'êng²-êrh 兒層一頭
,, the upper ti⁴ i⁴ ts'êng² 層一第
,, on one tsai⁴ i⁴ ts'êng²-êrh-shang 上兒層一在
,, narrative, a ku⁴-shih-êrh 兒事故
,, that's another na⁴ ling⁴-i-hui shih⁴ 事囘一另那
,, book, a hsiao³ shuo¹-êrh shu¹ 書兒說小
,, that's a long shuo²-ch'i-lai hua⁴ 'rh ch'ang² 長兒話來起說
,, teller, a professional shuo¹ shu¹-ti 的書說

EE

Stout—Strain.   858

Stout,	p'ang⁴	胖
,,	fa¹ p'ang⁴	發胖
,, strong	chieh¹-shih	結實
,, you've grown	nin² so³ fa¹ fu²-lo	您所發福咯
,, hearted	yung³ kan³	勇敢
Stoutly denied it	ying⁴-pu jên⁴ chang⁴	硬不認賬
Stove, a	huo³ lu²-tzŭ	火爐子
,,	lu² tzŭ i¹ chia⁴	爐子一架
,, bed, a	k'ang⁴	坑
,, for burning charcoal	fêng¹ lu²	風爐
Stow away, to	shou¹-liao-ch'ü	收了去
,, cargo, to	chuang¹ huo⁴	裝貨
Straddle, to sit	ch'i²-cho tso⁴	騎着坐
,, in walking, to	ch'a³-cho t'ui³-'rh tsou³	岔着腿兒走
Straggle,	to⁴ lo⁴ yü² hou⁴	落於後
Stragglers,	shih¹-lo ch'ün²-lo	失了羣咯
Straight,	chih²	直
,, to lay	fang⁴ chêng⁴-lo	放正了
,, road, a	chih² tao⁴-êrh	直道兒
,, ahead, walk	wang³ ch'ien² chih² tsou³	往前直走
,, I told him	wo³ chih² kao⁴-su-t'a	我直告訴他
,, without delay, go	i⁴ chih²-ti ch'ü⁴	一直的去
,, with him, I will put it	wo³-kei-shuo¹ t'ung¹-chih-lo	我給說通直了
,, for you, I will put it	wo³ kei-ni shou¹-shih hao³-lo	我給你收拾好了
,, into the heart of the country, advance	ch'ang² ch'ü¹ chih² ju⁴	長驅直入
Straightforward person, a	chêng⁴-chih jên²	正直人
,, ,,	ch'êng²-shih jên²	誠實人
,, ,,	hou⁴-tao jên	厚道人
,, ,,	ku²-kêng jên²	骨頸人
,, way, tell him in a	chao⁴ chih²-ti kên-t'a shuo¹	照直的跟他說
Straightway,	chi² k'o⁴	即刻
Strain,	kuo⁴ lao²	過勞
,, every effort to	nu³ li⁴ i³ chi⁴ ch'êng² kung¹	努力以冀成功
,, ,, ,,	chin⁴-cho li¹-êrh tso⁴	盡着力兒做
,, of nonsense, a	i¹ p'ai⁴ hu² yen²	一派胡言
,, the sense	chiao⁴ ch'i² i⁴	矯其意
,, won't bear the	ch'ih¹-pu chu⁴ chin⁴ 'rh	吃不住勁兒
,, a muscle	chiu⁴-liao chin¹-lo	就了筋咯
,, ,,	niu³-liao chin¹-lo	扭了筋咯
,, off the water	pa⁴ shui³ têng⁴-hsia-ch'ü	把水澄下去

Strained—Strangulation.

Strained, or forced, of metaphor, composition, etc.	wên²-chang ch'ien¹-ch'iang	強牽章文	
,, ,, ,,	yung⁴-ti tien³ ch'ien¹-ch'iang	強牽典的用	
,, mirth	ch'iang³ tso⁴ hsiao⁴ jung²	容笑作強	
Strait, a	hai³ hsia²	峽海	
,,	hai³ yao¹	腰海	
,, only divided by a	chin³ ko² tai⁴ shui³	水帶隔僅	
,, (distressed)	k'un⁴ nan²	離困	
,, laced	yen² ko²	格嚴	
Straitened circumstances, in	jih⁴ yüeh⁴-'rh chai³	窄兒月日	
Straits Settlements	hai³ hsia² chih² min² ti⁴	地民殖峽海	
Strand,	hai³ an⁴	岸海	
,, to	tso⁴ cniao¹	礁坐	
,, of rope, a	i⁴ ku³-êrh shêng²-tzŭ	子繩兒股一	
Stranded rope, a three	i⁴ kên¹ san¹ ku³-êrh shêng²-tzŭ	子繩兒股三根一	
,, aground	ch'ien³-chu-lo	了住淺	
,, bankrupt	mei² lao⁴-êrh-lo	咯兒落沒	
Strange,	ch'i² i⁴	異奇	
,,	ch'i² kuai	怪奇	
,,	kuai⁴	怪	
,, that's	kuai⁴-tsai	哉怪	
,, won't they think it	t'a¹-mên pu⁴ chien⁴ kuai⁴-ma	嗎怪見不們他	
,, place, a	hsin¹ ti⁴	地新	
,, thing happened, a	ch'u¹-liao i² chien⁴ ch'i² shih⁴	事奇件一了出	
,, that he objects, not	kuai⁴-tao-t'a pu⁴ yüan⁴ i⁴	意願他不他道怪	
,, manner, acts in a	hsing² shih⁴ kuai⁴-tao	道怪事行	
Stranger, a	wai⁴-jên	人外	
,,	k'o⁴-jên	人客	
,, you're quite a	ni³ ch'êng²-liao wai⁴-jên	人外了成你	
,, don't treat me as a	pieh² k'o⁴-ch'i	氣客別	
,, I don't treat you as a	wo³ pu⁴ na² ni³ tang⁴ k'o⁴	客當你拿不我	
,, of yourself, don't make such a	pieh²-chê-mo wai⁴-tao	道外麼這別	
,, to impose upon the	ch'i¹ shêng¹	生欺	
Strangers here	wai⁴ lai² tz'ŭ³ ti⁴	地此來外	
,, treat like	shih⁴ t'ung⁰ lu⁴ jên⁷	人路同視	
,, to one another, perfect	t'ien¹ nan² ti⁴ pei³ chih¹ jên⁰	人之北地南天	
Strangle, to	lei¹-ssŭ	死勒	
,, us (by their demands)	p'o⁴ wo⁴ ssŭ³ ming⁴	命死我迫	
Strangulation, execution by	chiao³ tsui⁴	罪絞	

Strap—Stream. 860

Strap, a	i⁴ t'iao² p'i² tai⁴-tzǔ	一條皮帶子
,, up, to	na² p'i² tai⁴-tzǔ lei¹-shang	拿皮帶子勒上
,, up with plaster, to	na² t'u⁴-mo kao¹ chan¹-shang	拿唾沫膏粘上
Strapping fellow, a	chang³-ti chuang¹-yang	長的壯樣
,, ,,	hsiung²-chuang jên²	雄壯人
Stratagem,	ch'üan² mou²	權謀
,,	chün¹ lüeh⁴	軍畧
,, a	chi⁴-ts'ê	計策
,, obtained by	yung⁴ chi⁴-ts'ê-lai-ti	用計策來的
Strategic,	chün¹ lüeh⁴ ti¹	軍畧的
,, and brave	mou² yung³ chien¹ yu¹	謀勇兼優
,, position, a good	yao⁴ hai⁴ chien¹ ku⁴	要害堅固
,, post	yao¹ chiang³	要港
,, railway	chün¹ yung⁴ t'ieh⁴ tao⁴	軍用鐵道
,, point	chan⁴ lüeh⁴ ti¹ ti⁴ tien³	戰畧的地點
Strategically,	chün¹ lüeh⁴ shang	軍畧上
Strategy, military	t'ao¹-lüeh	韜畧
,, sage	yün² ch'ou² wei² wu	運籌帷幄
Stratification,	ch'êng² ts'êng²	成層
Stratum,	ti⁴ ts'êng²	地層
Straw,	kan¹ ts'ao³	乾草
,, millet	ku² ts'ao³	穀草
,, rice	tao⁴ ts'ao³	稻草
,, chopped for fodder	tao¹ ts'ao³	刀草
,, to chop	cha² ts'ao³	鍘草
,, braid	ts'ao³ pien⁴ 'rh	草瓣兒
,, hat, a	ts'ao³ mao⁴-êrh	草帽兒
,, wheat, threshed	mai⁴ yü²-tzǔ	麥餘子
,, wheat, not threshed	mai⁴ lêng²-êrh	麥塋兒
,, rice, ,, ,,	tao⁴ lêng²-êrh	稻塋兒
,, chopped for mixing with mortar	hua²-chieh	檴稭
,, you can't make bricks without	ch'iao³ fu⁴ nan² wei² wu² mi³ chih¹ ch'ui¹	巧婦難爲無米之炊
Strawberries,	yang² mei² kuo³	楊莓果
Stray from the flock, to	shih¹-liao ch'ün²	失了羣
,, ,, ,, right direction	mi² shih¹ fang¹ hsiang⁴	迷失方向
,, ,, ,, rectitude, to	wang³ hsia⁴-liu-tzǔ hsiao² mo⁴	往下流子學沒
Streak (vein)		脈
,, of black, a	i² tao⁴-tzǔ hei¹	一道子黑
Streaked,	tai⁴ pan¹-lan wên² 'rh-ti	帶斑斕紋兒的
Stream, a	hsiao³ ho² kou¹-tzǔ-êrh	小河溝子兒
,, branch	chih¹ liu²	支流

Stream--Strenuous.

Stream, go with the	shun⁴ liu⁴-êrh	順溜兒
,, ,, against the	ting³ liu⁴-êrh	頂溜兒
,, float with the	chu⁴ shui³ liu²	逐水流
,, of applications, a constant	ta⁴ yu³ yüan² yüan² êrh² lai² chih¹ shih⁴	大有源源而來之勢
,, ,, ,, ,,	lo⁴ i⁴ pu⁴ chüeh²	絡繹不絕
,, (of conversation), a	ch'uan¹-liu pu⁴ hsi²	川流不息
,, ,,	lien²-lo pu⁴ tuan⁴	聯絡不斷
,, ,,	nien² yü³ tao² ch'ih³	黏語倒齒
Streamed in	lai³-ti ju² ch'ao² yung³	來的如潮湧
Streamer (from a spear)	ch'iang¹ p'ei⁴	槍旆
Streaming with blood	hsieh³ liu²-ch'êng liu⁴-lo	血流成溜咯
,, with perspiration	han⁴ liu² ju² yü³	汗如流雨
Street, a	i⁴ t'iao² chieh¹	一條街
,, ,,	chieh¹-tao	街道
,, the main	ta⁴ chieh¹	大街
,, a side	hsiao³ chieh¹	小街
,, cries	chieh¹-shang yao¹-ho-ti shêng¹-êrh	街上吆喝的聲兒
,, the man in the	po² lu⁴ jên²	陌路人
,, connecting with the	t'ung¹ chieh¹-ti mên²	通街的門
,, knows their ambitions, the man in the	ssŭ¹ ma³ chao¹ chih¹ hsin¹ lu⁴ jên² chieh¹ chih¹	司馬昭之心路人皆知
Strength,	li⁴	力
,,	li⁴-ch'i	力氣
,,	chin⁴ 'rh	勁兒
,, great	hao³ ta⁴ chin⁴ 'rh	好大勁兒
,, of wine	chiu³ li⁴-liang	酒力量
,, ,, tea	ch'a² li⁴-liang	茶力量
,, ,, will	kang¹-hsing	剛性
,, ,, what he said, on the	p'ing²-cho ta¹-ti hua⁴	憑着他的話
,, ,, character, no	hsing⁴-ch'ing pu kang¹-lieh	性情不剛烈
,, (fighting)	chan⁴ tou⁴ li⁴	戰鬥力
,, of an army	chün¹ shih⁴	軍勢
,, (numbers)	jên² shu⁴	人數
,, (figurat.), a toner of	kan¹ ch'êng²	干城
,, effective	shih² yüan²	實員
,, of, on the	p'ing² ...	憑...
Strengthen it, in order to	wei⁴ chiao⁴ ch'ih¹-liao chin⁴-lo	爲叫吃了勁咯
,, the mind, to	chuang⁴ ch'i² hsin¹ chih⁴	壯其心志
,, to (intransitive)	jih⁴ ch'iang² i¹ jih⁴	日一強日
Strenuous effort	fa¹ fên⁴	發憤
,, efforts, to make	un³-cho li⁴-êrh pan⁴	努力兒辦

Strenuous—Strictly. 862

Strenuous efforts, to make	chin³-cho li⁴-êrh pan⁴	辦兒力着儘
,, ,, ,,	mien³ li⁴-ch'ü pan⁴	辦去力勉
,, life, the	fên⁴ tou¹ ti¹ shêng¹ huo²	活生的鬭奮
Stress on this point, laid	i³ chê⁴-i-ts'êng wei² chung⁴	重爲層一這以
,, on a word in reading, to lay	chung⁴ tu²	讀重
,, financial	ts'ai² li⁴ k'un⁴ po⁴	迫困力財
,, of poverty	yin¹ p'in² k'u³ nan² tu⁴	度難苦貧因
,, of circumstances, forced by	pu⁴ tê² i³ chih¹ k'u³ chung¹	裏苦之已得不
,, of one's position	chi¹ tsai⁴ ai³ yen² hsia⁴ tsên³ nêng² pu⁴ ti¹ t'ou²	頭低不能怎下簷矮在既
,, of weather	fêng¹ yü³ mêng³ pao⁴	暴猛雨風
Stretch (by pulling), to	ch'ên¹	搇
,, after wear, will	ch'uan¹-liang-t'ien chiu⁴ hsieh⁴-lo	咯卸就天兩穿
,, out for a mile	la¹ k'ai¹-lo yu³ i⁴ li³ to¹ ti⁴	地多里一有了開拉
,, one's self, to	shên¹-ko lan³-yao	腰懶個伸
,, tight, to	pêng¹ chin³-lo	了緊拼
,, the wings, to	chang¹ ch'ih⁴ pang³-êrh	兒膀翅張
,, out the neck, to	shên¹-ch'u po²-tzŭ-lai	來子脖出伸
,, a point in my favour, you might	su²-hsing p'o⁴-i tien³-'rh li⁴-pa	罷例兒點一破性索
,, of imagination, it might be real	hsin¹ i⁴ huo²-tung chiu⁴ chên¹-ti	的眞就動活一心
,, the truth	yen² kuo⁴ ch'i² shih²	實其過言
,, (area)	tsung¹ hêng²	橫縱
,, of grassy land, a	i tai⁴ ts'ao³ ti⁴	地草帶一
Stretcher, a	t'ai² ping⁴ jên² tou¹ tzŭ	子兜人病抬
,,	tan¹ chia⁴	架擔
Stretches across the continent (as a railway)	hêng² kêng⁴ ta⁴ lu⁴	陸大亙橫
Strew the ground with rushes, to	na² p'u²-tzŭ p'u¹ ti⁴	地鋪子蒲拿
Strewn the ground with leaves	shu⁴ yeh⁴ 'rh lao⁴-ti man³ ti⁴	地滿的落兒葉樹
Strict.	yen²	嚴
,,	yen²-chin	嚴禁
,,	yen² ko²	嚴格
,,	ching¹ ch'üeh⁴	確精
,, home discipline	chia¹ chiao¹ yen²	嚴教家
,, discipline	chiao⁴-hsün yen²	嚴訓教
Strictly prohibited	yen² chin⁴-ti	的禁嚴

Strictly confidential — yen²-mi-ti hên³ — 很的密嚴
Stricture (censure) — k'u¹ p'ing² — 評酷
,, of urithra — niao⁴ tao¹ hsia² chai³ — 窄狹道尿
Stride, walk with a — mai⁴ ta⁴ pu⁴-êrh ti¹ tsou³ — 走的兒步大邁
,, took it in one — i² mai⁴-chiu kuo⁴-ch'ü lo — 咯去過就邁一
,, reach at one — i¹ yüeh⁴ êrh² chih⁴ — 至而躍一
Strident, — ni⁴ êrh³-ti shêng¹-yin — 音聲的耳逆
Strides, to take long — mai⁴ ta⁴ pu⁴-êrh — 兒步大邁
,, has made great — chin⁴-i-ti to¹-lo — 咯多的進
,, advance by — chin⁴ pu⁴ — 步進
Strife, the two are always at — lia³-jên lao³ fên¹-chêng — 爭分老人倆
,, for superiority — chêng¹ hsien¹ — 先爭
,, stir up — huo⁴-fan-ch'u shih⁴-fei-lai — 來非是出翻攪
Strike, to — ta³ — 打
,, with a whip — na² pien¹-tzŭ ch'ou¹ — 抽子鞭拿
,, an average — ta³-ko chün¹ yün — 勻均個打
,, a bargain — ta³-liao-ko chia⁴-êrh — 兒價個了打
,, (impress) — kan³ tung⁴ — 動感
,, you? how does it — nin² k'an⁴ tsêm³-mo yang⁴ — 樣麼怎看您
,, a match — hua² ch'ü³ têng¹-êrh — 兒燈取划
,, a light — ta³ huo³ — 火打
,, out — hsiao¹ ch'u² — 除消
,, ,, with the fore feet — p'ai¹ — 拍
,, ,, (as a word, etc.) — t'u²-liao-ch'ü — 去了塗
,, ,, ,, ,, — ch'üan¹-liao-ch'ü — 去了圈
,, ,, ,, ,, — mo³-liao-ch'ü — 去了抹
,, an item off an account — kou¹-liao-ch'ü — 去了勾
,, a general — ch'i² hang² pa⁴ shih⁴ — 市罷行齊
,, for higher wages — wei⁴ chang³ kung¹-ch'ien ch'i² hang² — 行齊錢工長爲
,, work — pa⁴ kung¹ — 工罷
,, business — pa⁴ shih⁴ — 市罷
,, a rock — ch'u¹ chiao¹ shih² — 石礁觸
Striker, — t'ung² mêng² pa⁴ kung¹ chê³ — 者工罷盟同
Strikes me, it — chü⁴ wo³ k'an⁴ — 覺我據
Striking phrase — ching³ chü⁴ — 句警
String, a piece of — i⁴ kên¹ shêng²-tzŭ — 子繩根一
,, fine — hsi¹ shêng²-êrh — 兒繩細
,, coarse — han¹ shêng²-tzŭ — 子繩憨
,, to — ch'uan¹-shang — 上穿
,, of cash, a — i² ch'uan¹ ch'ien² — 錢串一
,, ,, court beads, a — i² kua⁴ ch'ao² chu¹ — 珠朝掛一
,, ,, camels, a — i² ch'uan⁴ lo¹-t'o — 駝駱串一

String—Strong. 864

String of mules, a	i⁴ ch'ün² lo²-tzŭ	一羣騾子
,, ,, coolies	i⁴ ch'ün² k'u³ li⁴	一羣苦力
,, ,, lies, a	ch'êng² ch'uan¹-ti huang³ hua⁴	成串的謊話
,, ,, a bag, the drawing	ch'ou¹ hsi⁴-êrh	抽緊兒
,, ,, a bow	kung¹ hsien²	弓弦
,, a musical instrument	an⁴-shang hsien²	按上弦
,, of a musical ,,	hsien²	弦
Stringency, at times of extreme finanical	ts'ai² chêng⁴ tsui⁴ wei¹ k'un⁴ nan² chih chi⁴	財政最為困難之際
,, of money market	yin² shih⁴ chin³ po⁴	銀市緊迫
Stringent,	yen²	嚴
Strings, of a purse, bag, etc.	ho²-pao hsi⁴-tzŭ	荷包緊子
,, ,, to open the	ch'ou¹-k'ai⁴ hsü⁴-tzŭ	抽開緊子
Stringy (as of beef)	ching⁴-shih chin⁴ 'rh	竟是筋兒
Strip of territory	ti⁴ tai⁴	地帶
,, ,, leather, etc., a	i⁴ t'iao²-'rh p'i²-tzŭ	一條兒皮子
,, off clothes	t'o¹-hsia-lai	脫下來
,, leaves, to	lo¹-hsia-lai	捋下來
,, bark, etc.	pao¹-hsia-lai	剝下來
Striped (as a tiger)	tai⁴ pan¹-lan wên²-ti	帶斑爛紋的
,, (as a leaf, etc.)	tai⁴ hua¹ tao⁴-êrh-ti	帶花道兒的
Strive, to	chêng¹-cho pan⁴	爭着辦
,, make a painful effort	cha²-chêng-cho	扎掙着
Stroke blow, a	i² hsia⁴-tzŭ	一下子
,, with the whip, give him a	ch'ou¹-t'a-i-hsia-tzŭ	抽他一下子
,, of the pen, a	i⁴ hui¹ pi³	一揮筆
,, done at one	i⁴ hui¹ êrh chiu⁴	一揮而就
,, of paralysis, had a	mao⁴ mêng³-ti tê²-liao-ko t'an¹-huan ping⁴	冒猛的得了個癱瘓病
,, of luck, had a	tsou³-liao i² pu⁴ hao³ yün⁴-ch'i	走了一步好運氣
,, to	ma¹-sa	摸挲
,, of genius	ch'iao³ miao⁴ chih¹ yün⁴ tung⁴	巧妙之運動
,, success at one	i¹ chü³ ch'êng² kung¹	一舉成功
Stroll,	ao² yao²	遨遙
,, go for a	ch'u¹ mên² san⁴ pu⁴	出門散步
,, ,,	liu⁴ t'ui³-ch'ü	溜腿去
,, ,,	liu¹-ta-liu-ta-ch'ü	遛打遛打去
,, along, to	liu¹-ta-cho tsou³	遛打着走
Strong,	yn³ chin⁴ 'rh	有勁兒
,, light	ta⁴ liang⁴-êrh	大亮兒
,, points and weak points	ch'iang² tien³ jo⁴ tien³	強點弱點

Strong, muscular — yu³ li⁴-ch'i — 有力氣
," vigorous — chien¹-chuang — 健壯
," ," — chieh¹-shih — 結實
," the wine is — chiu³ ch'ên² — 酒沈
," ," ," — chiu³ yen⁴ — 酒釅
," ," ," — chiu³ ch'ung⁴ — 酒冲
," tea — yen⁴ ch'a² — 釅茶
," medicine — yao⁴-hsing lieh⁴ — 藥性烈
," the tobacco is — yen¹ ch'ung⁴ — 煙冲
," remark, a — i² chü⁴ chung⁴ hua⁴ — 一句重話
," reasons for it — na⁴ yüan²-ku chung⁴ ta⁴ — 那原故重大
," point of this, I make a — wo cho² chung¹-tsai chê¹-i ts'êng²-shang — 我着重在這一層上
," current, a — liu⁴ wang⁴ — 溜旺
," (position) — yao¹ hai⁴ — 要害
," (argument) — yu³ kên¹ chü⁴ — 有根據
," (policy) — ch'iang² ying⁴ — 強硬
," government — wên³ chien⁴ yu³ li⁴ chih¹ chêng⁴ fu³ — 穩健有力之政府
," hold — yao¹ hai⁴ — 要害
," expressions, venture to use — kan³ yung⁴ ying⁴ hua⁴ — 敢用硬話
," point of..., make a — chih⁴ li⁴ yü²... — 致力於...
," expressions, used too — hsia⁴ pi³ pu⁴ mien³ t'ai⁴ kuo⁴ — 下筆不免太過
Strongly object, I — wo shên⁴ pu yüan⁴ i⁴ — 我甚不願意
," ," — wo chüeh² pu fu² — 我絕不服
," recommend you, I — wo⁴ hên³ ts'uan¹-to-cho ni³ — 我很攛掇着你
," ," him, I — wo⁴ li⁴ chien¹-t'a⁴ — 我力薦他
Stronger, see which of us is the — chiao⁴ tao¹ pu⁴ chiao⁴ liang — 較量是較
Strop, a — kang⁴ tao¹ pu⁴ — 扛刀布
," a razor, to — pa³ tao¹ kang⁴-i-kang — 把刀扛一扛
," or sharpen on a whetstone — pei⁴-i pei⁴ tao¹ — 鏾一鏾刀
Structural, — kou¹ tsao⁴ ti¹ — 構造的
Structure, — kou¹ tao⁴ wu⁴ — 構作物
Struggle for existence, a — cha²-chêng-cho kuo⁴ shêng¹ ts'un²-ching⁴ chêng¹ — 扎掙着過生存競爭
," ," life, a — chêng⁴ ming⁴ — 掙命
," ," superiority — chêng¹ hsien¹ — 爭先
," ," supremacy — chêng¹ shêng⁴ — 爭勝
," to let him go, it was a — mien³ ch'iang³-cho jang⁴-t'a ch'ü⁴ — 勉強着讓他去
," against arrest — chü⁴ pu³ — 拒捕

Struggle—Stuff. 866

Struggle (as against arrest), to	chêng⁴-pa	掙巴
,, make a forced effort	cha²-chêng-cho	扎爭着
,, ,, ,, ,,	huo² chi⁴ k'un⁴ nan²	活計困離
Struggling together	chêng¹-cho	爭着
Strum a guitar, to	t'an² hsien²-tzŭ	彈絃子
Strumpet, a	ch'ang¹-ch'i	娼妓
,,	yao² chieh³ 'rh	窰姐兒
Strut abou	shuai¹ ta⁴ hsieh²	用大鞋
,, to	ta⁴ yao² ta⁴ pai³-ti tsou³	大搖大擺的走
,, ,,	yao² yao² pai³ pai³ ti tsou³	搖搖擺擺的走
Stubble,	mai⁴ ch'a²-êrh	麥茬兒
Stubborn,	niu² po²-tzŭ	牛脖子
,,	niug⁴	伩
,, donkey, a	ning⁴ lü²-êrh	伩驢兒
Stuck up	tzŭ¹ kao² tzŭ⁴ ta⁴-ti	自高自大的
,, in a corner	ch'o¹-tsai ka¹ la² 'rh-li	戳在嘎拉兒裏
,, on with glue	na² piao⁴ fu² chan¹-ti	拿瞟糊粘的
Stud button, a	huo² niu³-tzŭ	活鈕子
,, (in a door)	mên² ting¹-êrh	門釘兒
,, (,, ,,)	mên² p'ao⁴-tzŭ	門泡子
,, farm	chung⁴ ma³ ssŭ⁴ yang³ so³	種馬飼養所
Studded with nails, a door	man³ mên²-ti mên² p'ao⁴-tzŭ	滿門的門泡子
Student, a	hsüeh²-shêng	學生
,, abroad	liu² hsüeh²-shêng¹	留學生
Studies,	kung¹-k'o	功課
,, behindhand with	kung¹-k'o k'uei¹-ch'ien	功課欠缺
Studious,	hao⁴ yung⁴ kung¹	好用功
,,	ch'in² hsüeh²-ti	勤學的
Study, a	shu¹ fang²	書房
,, ,,	shu¹ shih⁴	書室
,, to	nien⁴ shu¹	念書
,, ,,	'u² shu¹	讀書
,, ,,	yen² chiu¹	研究
,, law, to	tu² fa³ lü⁴	讀法律
,, your interests, I shall certainly	nin²-ti li⁴ ch'üan² wo³ pi⁴-tang chu⁴ i⁴	您的利權我必當注意
,, of, make a careful	hsi⁴ hsi⁴-êrh-ti k'ao³ ch'a²	細細兒的考察
,, a special line of	chuan¹ mên² hsüeh²	專門學兒
,, of, made a special	hsüeh²-ti chuan¹ mên²	學的專門
,, (learning)	hsiu¹ yeh⁴	修業
Stuff (e.g., pillows)	hsüan⁴	絢
,, a pillow, to	chuang¹ chên³-t'ou	裝枕頭

Stuff it into a drawer — sai¹-tsai ch'ou¹-t'i li³-t'ou 塞在抽屜裏頭
,, full (as a doll with saw-dust) — wang³ li³ t'ien² man³-lo 往裏填滿了
,, the mouth full, to — sai¹ man³-liao tsui³ 塞滿了嘴
,, ,, ,, — t'ien² man³-liao tsui³ 填滿了嘴
,, cotton material — pu⁴ liao⁴ 布料
,, and nonsense — hu² shuo¹ 胡說
,, ,, ,, — hu² ch'in⁴ 胡吣
Stuffing (in meat, etc.) — hsien⁴ 'rh 餡兒
,, (in a pillow) — jang²-êrh 瓤兒
Stuffy room, a — wu⁴-li wei⁴ 'rh pi⁴ ch'i⁴ 屋裏味兒閉氣

Stumble to (of a horse) — ta³ ch'ien²-shih 打前失
,, ,, (,, man) (See stagger) — pan⁴-ko ch'ien² tsai¹-êrh 絆個前栽兒

Stump, a post — chuang¹-tzǔ 樁子
,, of a tree — shu⁴ k'u¹-ch'u-êrh 樹枯株兒
,, ,, an amputated arm — ko¹-po shêng⁴-liao-ko k'u¹-ch'u-êrh 胳膊賸了個枯株兒

Stumped me, the question — pa⁴-wo wên⁴ tao³-liao 把我問倒了
,, ,, ,, character — pa⁴-wo pieh¹-chu-liao 把我憋住了
Stung by a wasp — jang⁴ ma³ fêng¹-êrh-kei chê²-lo 讓螞蜂兒給蜇咯

Stunned, — mên¹-lo 悶咯
,, — ch'i⁴ chüeh² 氣絕
Stunted (in growth) — chang³ chüeh³-wu-lo 長蹶物咯
,, cypress, a — ts'ui⁴ pai³ shu⁴ 翠柏樹
Stupefied, — hun¹ mi²-lo 昏迷咯
,, — mang² jan² 茫然
Stupendous, — hung² k'uo⁴ 宏闊
,, — hung² ta⁴ 洪大
Stupid, — sha³ 傻
,, — pên⁴ 笨
,, — tai¹ 獃
,, — hun¹-k'uei 昏瞶
,, — hu⁸-t'u 糊塗
,, fellow — ch'un³-pên wu⁴-êrh 蠢笨物兒
,, loon — ch'ing¹-t'ou lêng⁴ 青頭楞
,, idiot! you — ni³ chê⁴ ch'ing¹-t'ou² lêng⁴ 你這青頭楞
,, ass! you (vulgar) — ni³ chê⁴ ch'ing¹ t'ou² lü⁴ i³-pa-ti tung¹-hsi hu²-t'u chung² 你這青頭綠尾巴的東西糊塗蟲
,, ,, ,, ,, — hu²-t'u chung² 糊塗蟲
,, lout — cho¹-pên wu⁴-êrh 拙笨物兒
,, you are too — ni³ t'ai⁴ yü²-lo 你太迂咯

Stupidly—Subdue. 868

Stupidly forgot, I	wo³ i⁴ shih² hu²-t'u chiu⁴ wang⁴-lo	我一時糊塗就忘咯
Stupor,	mêng⁴ chung¹	夢中
,,	hun¹ mi²	昏迷
,,	pu⁴ hsing³ jên² shih⁴	不省人事
Sturdy,	chien¹-chuang	健壯
,,	ying⁴-lang	硬朗
,,	chieh¹-shih	結實
Sturgeon, a	ch'ing¹ huang² yü²	鯖鰉魚
Stutter, to	chieh¹ chieh¹ pa¹ pa¹-ti shuo¹ hua⁴	結結吧吧的說話
,, ,,	chieh¹-pa	結吧
Sty, a pig's	chu¹ wo¹	猪窩
,, in the eye, a	chên¹-yen	針眼
Style,	yang⁴-tzŭ	樣子
,, (literary)	wên² t'i³	文體
,, (calendar), new	hsin¹ li⁴	新歷
,, dressed in the latest	ch'uan¹-ti tsui⁴ shih² yang⁴-êrh-ti	穿的最時樣兒的
,, or name by which friends address a person, the	hao⁴	號
,, what is his	hao⁴ chiao⁴ shêm²-mo	號叫甚麼
,, ,, ,,	t'a tsêm³-mo ch'êng¹-hu	他怎麼稱呼
,, what is your	t'ai² fu³	台甫
,, of a Buddhist priest	fa⁴ hao⁴	法號
,, ,, reign	nien² hao⁴	年號
,, ,, shop or firm, the	tzŭ⁴ hao⁴	字號
,, of your firm, what is	pao³ hao⁴	寶號
,, in good	hao³ yang⁴-shih	好樣式
,, ,, bad	yang⁴-shih pu-hao³	樣式不好
,, has no	pu⁴ chiang³-chiu	不講究
,, of composition, a fluent	wên² fa³ t'ung¹ shun⁴	文法通順
,, ,, ,,	tz'ŭ² tsao³ hao³	詞藻好
,, of writing, a good	pi³ fa³ hao³	筆法好
,, ,, . or drawing, to follow a	mu² hsieh³ mu³ jên² pi³ fa³	摹寫某人筆法
Stylish,	fêng¹ liu² ti¹	風流的
,, person, a	k'uan³-shih jên²	欵式人
,, of clothes	chiang³-chiu	講究
Suave,	wên¹-jou	溫柔
,,	tien³-ya	典雅
Subaltern,	wei⁴ kuan¹	尉官
Subdivision,	fên¹ ko¹	分割
Subdue.	chêng¹ fu²	征服
,, to (as rebellion, etc.)	p'ing²-fu	平服

Subdue to (as rebellion, etc.)	pa⁴ tsei² hsiang²-fu-lo	把扱降服了	
,, evil passions, to	pa⁴ yü⁴ hsin¹ ya¹-hsia-ch'ü	把慾心壓下去	
Subdued tones and bated breath	lien⁴ shêng¹ ping³ ch'i⁴-ti	歛聲屏氣的	
Sub-inspector, a	fu⁴ chien¹-tu	副監督	
Subject (to)	fu⁴ shu³	附屬	
,, matter	chu³ chih³	主旨	
,, of a sentence	chu³ yü³	主語	
,, ,, picture	ku⁴-shih 'rh	故事兒	
,, ,, theme, etc., the	t'i²-mu	題目	
,, ,, speech	yen³ t'i²	演題	
,, ,, ,,	wên⁴ t'i²	問題	
,, a difficult	nan² wên⁴ t'i²	難問題	
,, we don't mention the	na⁴ shih⁴ pu⁴ t'i²-lo	那事不提咯	
,, to fits	ai⁴ ch'ou¹ fêng¹	愛抽瘋	
,, ,, certain restrictions	yu³ chi³ yang⁴-êrh hsien⁴-chih.	有幾樣兒限制	
,, ,, your approval	fêng⁴ nin² fu³ yün³	奉您俯允	
,, ,, ,, ,,	fêng⁴ nin² yün³ chun³	奉您允準	
,, ,, control, not	pu⁴ fu² shou¹ kuan³	不服收管	
,, ,, amendment	liu²-ko huo²-tung hua⁴ 'rh	留個活動話兒	
,, ,, instructions from the chief	ch'êng² tsung³ chang³ chih¹ ming⁴	承總長之命	
,, ,, reconsideration by parliament	tê² i⁴ yüan⁴ fu⁴ i⁴ i¹ tz'ŭ⁴	得議院覆議一次	
,, too high power for a	wei² ta⁴ pu⁴ tiao⁴	尾大不掉	
,, a Chinese	chung¹-kuo jên²	中國人	
,, a British	ying¹ kuo² shu³ min²	英國屬民	
,, state, a	shu³ kuo²	屬國	
Subjective,	chu³ kuan¹ ti¹	主觀的	
Subjoin,	fu⁴ chia⁻	附加	
Subjoined, a copy of the evidence is	k'ou³-kung lu⁴ hsü⁴ tsai⁴ hou⁴	口供錄續在後	
Subjugate, to	hsiang²-fu	降服	
Subjugated (broken in, or tamed)	yeh⁸ ma³ shang⁴-liao lung²-t'ou	野馬上了籠頭	
,, ,, ,, ,,	yeh³ niao³-êrh ju⁴ lung²	野鳥兒入籠	
Subjunctive mood	chieh¹ hsü⁴ fa⁰	接續法	
Sublet, to	chuan³ tsu¹	轉租	
Sublieutenant,	shao⁴ wei⁴	少尉	
,,	hsieh² chün¹ hsiao⁴	協軍校	
Sublime,	ch'o¹ chüeh²	卓絕	
,,	kao¹ shang⁴	高尚	

Sublime—Subscribe. 870

Sublime,	hung² chuang⁴	宏壯
Submarine cable, a	hai³ hsien⁴	海線
,, mine	pu⁴ shê⁴ shui³ lei²	布設水雷
,, boat	ch'ien² shui³ t'ing³	潜水艇
,, vessel, a	hai³ ti³ hsing² ch'uan²	海底行船
,, ,,	hai³ ti³ chien⁴	海底艦
Submerge,	ch'ên² mo⁴	沈沒
Submerged by the tide	ch'ao² shui³ man⁴-kuo-ch'ü-lo	潮水沒過去了
,, by water	shui³-kei mo⁴-lo	水給沒了
Submission,	fu² ts'ung²	服從
,,	kuei¹ shun⁴	歸順
,, to tender	t'ou² hsiang²	投降
,, reduce to	hsiang²-fu	降伏
Submissive,	shun⁴ liang⁴	順良
,,	hsün²-shun	馴順
Submit to	fu³ shou³ hsia⁴ hsin¹	俯首下心
,, ,, his view	hsiang² hsin¹ hsiang¹ ts'ung²	降心相從
,, ,, (arbitration)	fu⁴ yü²	附於
,, my humble opinion	kung⁴ tz'ǔ³ i¹ tê² chih¹ yü²	貢此一得之愚
,, for your inspection	fêng⁴ nin²-kei k'an⁴-k'an	奉您給看看
,, if he shows unwillingness to	shao³ wei¹ ti¹ i¹ pu⁴ jên⁴ t'ou²	稍微的一不認頭
,, refuse to	pu⁴ k'ên³ ch'ü¹ fu²	不肯屈服
,, to that, I won't	na⁴ wo³ pu⁴ fu²	那我不服
,, to your dictation, won't	pu⁴ fu² ni³ chih¹-shih	不服你指使
,, for parliament's approval	t'i² chiao¹ i⁴ yüan⁴ i⁴ chüeh²	提交議院議決
Subordinate,	pu⁴ hsia⁴	部下
,, (official), a	shu³ yüan²	屬員
,, my	wo³ shou³ ti³-hsia-ti jên²	我手底下的人
,, relations of chief and	t'ang² shu³ chih¹ fên¹	堂屬之分
,, to the tutu, not satisfied with the position of	pu⁴ yüan⁴ chü¹ yü⁴ tu¹ tu shu³ li⁴ chih¹ ti⁴ wei⁴	不願居于都督屬吏之地位
Subordination, bring into	chih⁴ fu²	制服
,, inclination to duty, to	i³ so³ yüan⁴ wei⁴ tz'ǔ⁴ i³ so³ ying¹ wei⁴ shang⁴	以所願爲此以所應爲上
Subpoena,	chao¹ huan⁴ chuang⁴	召喚狀
Sub-prefect, a	êrh⁴ fu³	二府
,,	li³ shih⁴ t'ing¹	理事廳
,,	chih¹ chou¹	知州
Subscribe (assent)	t'ung² i⁴	同意

Subscribe for shares — ying¹ mu⁴ 應募
,, to national fund — chüan¹ tz'ǔ¹ chu⁴ kuo² 捐資助國
,, to a public object, to — chüan¹ ch'ien² 捐錢
,, to a paper by the month — pao¹ yüeh⁴ k'an⁴ jih⁴ pao⁴ 包月看日報
,, (the paper), if you continue to — ju² jêng² chieh¹ yüeh⁴ 如仍接閱
,, price — yü⁴ yüeh¹ chia⁴ 預約價
,, append one's signature — ch'ien¹ ya¹ 簽押
Subscription, a monthly — yüeh⁴ chüan¹ 月捐
,, list, a — chih¹ tan¹ 知單
,, (for a wedding or funeral), to get up a — ts'ou⁴ fên⁴-tzǔ 湊分子
Subscriptions (for religious purposes), to solicit — hua⁴ pu⁴-shih 化佈施
,, (for repair of temples) — k'ai¹ yüan² pu⁴ 開緣簿
Subsequent, — i³ hou⁴-ti 以後的
,, results, the — sui² hou⁴-ti chieh² kuo³ 隨後的結果
,, that was — na⁴ tsai⁴ hou⁴ 那在後
,, affair, that was a — na⁴-shih hou⁴ shih⁴ 那是後事
Subservience, — pei¹ ch'ü¹ 卑屈
Subsided, his anger — ch'i⁴ 'rh hsiao¹-lo 氣兒消咯
,, the water — shui³ hsiao¹-lo 水消咯
,, ,, wind — fêng¹ hsi²-lo 風息咯
,, ,, ,, — fêng¹ chu⁴-lo 風住咯
Subsidence, — hsien⁴ lo⁴ 陷落
Subsidiary, — chu⁴ ch'êng² 助成
,, — pu³ chu⁴ 補助
,, (tributary) — fu⁴ shu³ 附屬
,, coinage — mao² ch'ien² 'rh 毛錢兒
,, ,, — pu³ chu⁴ huo⁴ pi⁴ 補助貨幣
,, stream, a — ho² ch'a⁴-tzǔ 河汊子
Subsidize, — yü⁴ i³ pu³ chu⁴ chin¹ 予以補助金
Subsidy, — chu⁴ ch'êng² chin¹ 助成金
,, — hsieh² hsiang³ 協餉
,, a government — hsieh² chi⁴ 協濟
,, a private — chou¹-chi 周濟
,, shipping — chiang³ li⁴ hang² hai³ 獎勵航海
Subsist, — ts'un² tsai⁴ 存在
,, — tu⁴ shih⁴ 渡世
Subsistence, — hu² k'ou³ 糊口
,, not enough for — pu⁴ fu² chiao²-yung 不敷嚼用
,, ,, ,, ,, — pu⁴ kou⁴ t'iao²-fei 不敷挑費
,, depends on his craft for — chang⁴-cho shou³-i kuo⁴ jih⁴-tzǔ 仗着手藝過日子

Subsistence—Substitute. 872

Subsistence assured means of, no	mei²-yu kuo⁴ jih⁴-tzŭ-ti chun³ chin⁴-hsiang	沒有過日子的準進項
,, no means of	mei² lao⁴-êrh	沒落兒
,, ,, ,,	i¹ shih² pu⁴ chou¹	衣不周
Subsoil,	ti⁴ ts'êng²	地層
Subspecies,	tz'ŭ⁴ chung³ tsu²	次種族
Substance (of an agreement)	ta⁴ t'i³	大體
,, of, repeat the	shuo¹-ko ta⁴ chih³	說個大旨
,, (opp. to form)	shih² t'i⁴	實體
,, (import)	yao¹ ling³	要領
,, ,,	nei⁴ jung²	內容
,, ,,	ta⁴ i¹	大意
,, a man of	yu³ ti²-pu-êrh	有抵補兒
,, ,,	yu³ kên¹-ti	有根底
,, ,,	chia¹-tao yin¹-shih	家道殷實
,, combined with practical capacity	t'i³ yung⁴ chien¹ pei⁴	體用兼備
,, universal	wan⁴ yu³ pên³ t'i³	萬有本體
,, (of which an article is made), the	t'ai¹ 'rh	胎兒
,, about it, there is no	mei²-yu chin¹-ku êrh	沒有筋骨兒
Substantial,	chien¹-ku	堅固
,,	chien¹ lao²	堅牢
,,	hsiang¹ tang¹	相當
,,	shih² t'i³ ti¹	實體的
,, (has substance)	yu³ tien³ 'rh chin¹-ku-êrh	有點兒筋骨兒
,, grievance, a	pao⁴-yüan-ti shih²-tsai	抱怨的實在
Substantially,	pi⁴ ching⁴	畢竟
,, the same	ta⁴ t'ung² hsiao³ i⁴	大同小異
Substantiate,	ch'üeh¹ ting⁴	確定
Substantiated (as a claim)	ch'êng² li⁴	成立
Substantive, a noun	chih³ shih² ming² wu⁴ tzŭ⁴	指實名物字
,, appointment, a	shih² ch'üeh¹	實缺
Substitute,	t'i⁴ tai⁴ p'in³	替代品
,,	tai⁴ t'i⁴ wu⁴	代替物
,, for the executioner	t'i⁴ ssŭ³ kuei³	替死鬼
,, a working man	t'i⁴ kung¹-êrh	替工兒
,, official or otherwise	t'i⁴ tai⁴-ti	替代的
,, ,, ,,	t'i⁴-shên 'rh	替身兒
,, acting	tai⁴ li³-t²	代理的
,, recommend so and so as his	pao³ mou³ tzŭ⁴ tai⁴	保某自代
,, this for that	i³ pi³ tai⁴ tz'ŭ³	以此代彼
,, ,, ,, ,,	i³ chê⁴-ko tai⁴ na⁴-ko	以這個代那個

Substitute—Success.

Substitute passed an examination, through a	ch'ü³ chung⁴ k'o³ shih⁴ ch'iang¹ t'i⁴	替槍是可中取
,, bad for good ones	t'a¹-kei ti²-huan-liao liang³-ko huai⁴-ti	的壞個兩了換抵給他
Substitution,	chiao¹ t'i⁴	替交
Subterfuge, a	tun⁴ tz'ŭ²	辭遁
,,	chia³ t'o¹-chih tz'ŭ²	辭之托假
Subterranean,	ti⁴ chung¹	中地
Subtle,	ching¹ hsi⁴	細精
,,	hsin¹ yu³ chih⁴ chu¹	珠智有心
,, (bad sense)	chiao³ hua²	猾狡
Subtract three from eight	i³ pa¹ chien³ san	三減八以
Subtraction,	chien³ fa³	法減
Suburban,	kuo¹ wai⁴	外郭
Suburbs,	wai⁴ chiao¹	郊外
,,	chiao¹ wai⁴	外郊
,,	ch'êng² wai⁴ kuan¹ hsiang¹	鄉關外城
Subvention,	pu³ chu⁴ chin¹	金助補
,, give a	liang² wei⁴ chüan¹ chu⁴	助捐為量
Succeed,	ch'êng² chiu⁴	就成
,,	ch'êng² kung¹	功成
,, (to the throne)	ch'uan² wei⁴	位傳
,, ,, ,,	chien¹ tso⁴	祚踐
,, (to a title)	ch'êng² hsi²	襲承
,, (to an inheritance)	ch'êng² chi⁴	繼承
,, (,, estate)	ch'êng² chi⁴ tsu³ yeh⁴	業祖繼承
,, in office	chieh¹-liao t'a¹-ti jên⁴	任的他了接
,, in nothing	i² shih⁴ wu⁴ ch'êng²	成無事一
,, did not	mei² ch'êng²	成沒
,, in finding, did not	mei²-nêng chao³ cho²	着找能沒
,, or fail together	i¹ tê² chü¹ tê² i¹ shih² chü¹ shih¹	失俱失一得俱得一
,, that system will never	na⁴ fa²-tzŭ lao³-pu-ch'êng²	成不老子法那
Succeeded to the property	chi⁴ hsü⁴-liao tsu³ ch'an³	產祖了續繼
Success,	hao³ chieh² kuo³	果結好
,, insure	ch'i² yü⁴ pi⁴ hsing²	行必於期
,, is easy	p'o¹ i⁴ ch'êng² kung¹	功成易頗
,, yesterday? had you any	tso²-t'ien na⁴ shih⁴ yu³ ch'êng²-mei-yu	有沒成有事那天昨
,, with your fishing? had you any	tiao³ yü² tê²-chao-shêm-mo mei²-yu	有沒麼甚着得魚釣
,, I wish you every	tsung³ wang⁴-cho ni³ ch'êng²	成你着望總
,, by personal effort	hsiung² fei¹ kao¹ chü³	舉高飛雄

Success—Such.	874		
Success of, make a	pan⁴-ti ch'êng² ch'i⁴	辦的成器	
,, ,, ,,	pan⁴-ti fêng¹-kuang	辦的風光	
,, met with no	mei² tê² ts'ai³-t'ou	沒得彩頭	
Successful meeting	shêng⁴ hui⁴	盛會	
,, candidate	tang¹ hsüan³ jên	當選人	
,, result	chia¹ kuo³	佳果	
,, results, very	p'o¹ shêng¹ hsiao⁴ li⁴	頗生效力	
Succession (of an heir)	hsiang¹ hsü⁴	相續	
,, (orderly sequence)	shun⁴ hsü⁴	順序	
,, (continuity)	lien² hsü⁴	連續	
,, of dunning creditors, a	hsiang¹ chi¹ so³ ch'ien⁴	相繼索欠	
,, of blunders, a	i¹ wu⁴ tsai⁴ wu⁴	一誤再誤	
,, of visitors, a	chien¹ chung³ hsiang¹ chieh¹	肩踵相接	
,, in unbroken	chieh¹ lien² pu² tuan⁴-ti	接聯不斷的	
,, of disasters, a	tsai¹ huan⁴ hsiang¹ lien²	災患相連	
,, rained for three days in	yü³ i⁴ lien² ch'i⁴-êrh hsia⁴-liao san¹ t'ien¹	雨一連氣兒下了三天	
,, hit the bull's eye three times in	lien² chung⁴ yüeh⁴ kuang¹-êrh-shang san¹ tz'ǔ¹	連中月光兒上三次	
,, duty, to pay	shang⁴ i² ch'an³ shui⁴	上遺產稅	
Successive years	li⁴ nien²	歷年	
Successively,	chu⁴ i¹	逐一	
Successor,	ch'êng² hsü⁴ jên²	承續人	
,, so and so's	chi¹ mou³ chih¹ jên⁴	繼某之任	
,, not yet fixed, his	hou⁴ jên⁴ ho² jên³ hsien⁴ shang⁴ wei⁴ ting⁴	後任何人現尚未定	
,, of the Manchu dynasty, the republic is the lawful	chung¹ hua² min² kuo² jêng² shih⁴ ch'ing¹ kuo² so³ kai¹ i¹ ch'ieh¹ ch'êng² chi⁴	中華民國仍是清國所該一切承繼	
Succinct,	chien³ tan¹	簡單	
Succour,	chiu⁴ chi⁴	救濟	
,, (the poor), to	chi⁴ p'in²	濟貧	
,, (distress), to	chiu⁴ chi²	救急	
,, (from danger)	chieh³ wei¹	解危	
Succulent,	to¹ chih¹-êrh-ti	多汁兒的	
,,	to¹ shui³ 'rh-ti	多水兒的	
,, fruit	shui³-t'ou ta⁴ ti kuo³-tzǔ	水頭大的果子	
Succumb (yield)	ch'ü¹ fu²	屈服	
,, to disease	wo⁴ ping⁴ pu⁴ ch'i³	臥病不起	
Such being the case	chi¹-shih na⁴-mo-cho	既是那麼着	
,, a lot	na⁴-mo hsieh¹-ko	那麼些個	
,, a big one	chê⁴-mo ta⁴-ti	這麼大的	

Such	like things	chê⁴-i lei⁴ tung¹-hsi	這一類東西
,,	,, talk	na⁴-i tsung¹ hua⁴	那一宗話
,,	ambitious states, the greed of all	i¹ pan¹ yeh³ hsin¹ kuo² chia¹ chih¹ chi¹ yü²	一般野心國家之覬覦
Suck, to		tsa¹	砸
,,	iu	tso¹	嗾
,,	,, with the mouth, or up	hsi¹-chin-ch'ü	吸進去
,,	,, the lips	tso¹ tsui³	嗾嘴
,,	to (as a lozenge)	ch'in² hua⁴	噙化
Suckle a child, to		nai³ hai²-tzŭ	奶孩子
Sucklings, babes and		huang² k'ou³ ju² tzŭ⁸	黃口孺子
Suction,		hsi¹ li⁴	吸力
,,		hsi¹ shou¹	吸收
,,	pipe	hsi¹ shou¹ kuan³	吸收管
,,	hose	hsi¹ shui³ kuan³-tzŭ	吸水管子
Sudden,		chi² su¹	急速
		shên² su¹	神速
,,	(unexpected) methods, by	i³ hsün⁴ lei² pu⁴ chi² yen³ êrh³ chih¹ shou³ tuan⁴	以迅雷不及掩耳之手段
,,	,, ,, ,,	pu² i⁴	不意
,,	cold	cha⁴ lêng³	乍冷
,,	all of a	ch'ou¹ lêng³-tzŭ	抽冷子
,,	,, ,,	hu¹-jan chien¹	忽然間
,,	,, ,,	mêng³-jan chien³	猛然間
,,	,, ,,	lêng³-pu fang²-ti	冷不防的
,,	,, ,,	mêng³-ku-ting-ti	猛孤丁的
,,	,, ,,	hu³-la pan¹-'rh-ti	忽勒巴兒的
Suddenly,		lêng⁸-ku ting¹-ti	冷孤丁的
,,		hu¹ jan²	忽然
Sudorific, a		fa¹ han⁴ chi⁴	發汗劑
,,		fa¹-san yao⁴	發散藥
,,		piao³ yao⁴	表藥
Sue,		su⁴ sung⁴	訴訟
,,	(for mercy), to	ch'iu² jao²	求饒
,,	(for a debt), ,,	kao⁴ ch'ien⁴ chang⁴	告欠賬
,,	officials, have the right to	tui⁴ yü² kuan¹ li⁴ yu³ ch'ên² su⁴ chih¹ ch'üan¹	對於官吏有陳訴之權
Suffer, to		shou⁴	受
,,	pain	shou⁴ t'êng²	受疼
,,	injury	shou⁴ shang¹	受傷
,,	loss	ch'ih¹ k'uei¹	吃虧
,,	hunger	ai² o⁴	挨餓
,,	for others' faults	ch'ien² jên² sa¹ t'u³ mi² hou⁴ jên² chih¹ yen³	前人撒土迷後人之眼

Sufferance—Suicide. 876

Sufferance, on	mo⁴ hsü³	許默
Sufferers,	tsao¹ nan² chê³	者難遭
Suffering,	tsui⁴	罪
,,	hsin¹-k'u	苦辛
,,	k'u³ nan⁴	難苦
Sufficient,	tsü²	足
,, quite	tsü² kou⁴	夠足
,, grounds, hardly	li⁸ yu² ssŭ⁴ wei⁴ ch'ung¹ tsu°	足充未似由理
Suffix,	chieh¹ wei³ tzŭ⁴	字尾接
Suffocated,	pieh¹-ssŭ-lo	咯死憋
Suffrage, female	nü⁸ tzŭ ts'an⁴ chêng⁴ ch'üan²	權政參子女
,, warm advocate of	jo⁴ hsin¹ chu³ chang¹ ts'an¹ chêng⁴	張主政參心熱
Sugar,	t'ang²	糖
,, white	pai² t'ang²	糖白
,, brown	hung² t'ang²	糖紅
,, candy	ping¹ t'ang¹	糖冰
,, sifted	t'ang² mien⁴ 'rh	兒麵糖
,, plums	ping¹ t'ang² tzŭ³ 'rh	兒子糖冰
,, cane	kan¹-cha	蔗甘
Sugared words	kan¹ yen²	言甘
Suggest,	an⁴ shih⁴	示暗
,,	t'i² ch'i³	起提
,, I would	chü⁴ wo³-ti yü² chien⁴	見愚的我據
,, what do you	chü⁴ nin² kao¹ chien⁴ ju² ho²	何如見高您據
,, I will do what you	wo³ ts'ung² nin²-ti chih³-chiao	教指的您從我
,, I beg to	tzŭ¹ yu³ so³ ch'ên² chê³	者陳所有效
Suggestion,	fa¹ yen²	言發
,, to government, make	chien⁴ i⁴ yü² chêng⁴ fu³	府政於議建
,, to offer a	hsien⁴-ko chi⁴-ts'ê⁴	策計個獻
,, I beg to offer a	wo³ kei³ nin² ch'u¹-ko chu²-i	意主個出您給我
,, that is a good	na⁴ chu²-i tao⁴ pu² ts'o⁴	錯不倒意主那
Suggestive,	han² shên¹ i⁴ ti¹	的意深含
Suicidal,	tzŭ⁴ mieh⁴ ti¹	的滅自
,,	tzŭ¹ ch'ü³ mieh⁴ wang²	亡滅取自
,, policy	tzŭ¹ mieh⁴ chêng⁴ ts'ê⁴	策政滅自
Suicide,	hsün² ssŭ³ chih⁴ ming⁴	命致死尋
,, to commit	hsin² ssŭ³	死尋
,, ,,	tuan³ chien⁴	見短
,, ,,	hsin²-ko tzŭ⁴ chin⁴	盡自個尋

Suit	exactly, will	chêng⁴ ho² shih⁴	式合正
,,	each other exactly, they	t'a¹-mên lia³ hêu³ tui¹ chin⁴-'rh	兒勁對很倆們他
,,	you to go with me? will it	t'ung² wo³ ch'ü⁴ hsing²-pu hsing²	行不行去我同
,,	that, will	na⁴ hsing²-lo	咯行那
,,	your convenience	sui² ni³-ti pien⁴	便的你隨
,,	all follow	tou¹ sui² liu⁴-êrh	兒遛隨都
,,	people's wants	tou² jên² so³ hao⁴	好所人投
,,	of clothes, a	i² t'ao⁴ i¹-shang	裳衣套一
,,	,, ,,	i⁴ shên¹ i¹-shang	裳衣身一
,,	of black, wearing a	shên¹ ch'uan¹ i¹ shai 'rh ch'ing¹	青兒色一穿身
,,	him, the clothes don't	t'a ch'uan¹-ti pu² ch'ên⁴	稱不着穿他
,,	(law)	su⁴ sung⁴	訟訴
,,	lose a	pai¹ su⁴	訴敗
,,	at law, a	i⁴ ch'ang² kuan¹-ssŭ	司官塲一
,,	of cards, a	i² fu⁴-êrh p'ai²	牌兒付一
Suitable,		ho² i²	宜合
,,		ho² shih⁴	式合
,,		shih⁴ ho²	合適
,,		ch'ên⁴-ho	合稱
,,	to the soil	hsiang¹ ti⁴ so³ i²	宜所地相
Suite (of official)		sui² yüan²	員隨
,,	in his	sui² tui⁴ ssŭ¹ yüan²	員司代隨
,,	a small	ch'êng¹ ch'i² chien³ tsung¹	從減騎輕
Suited to his ability, a post		liang² nêng² shou⁴ kuan¹	官授能量
Suitor (law), a		ch'i³ su⁴ chê³	者訴起
,,	,,	yüan² kao⁴	告原
,,	,,	ta³ kuan¹-ssŭ-ti	的司官打
,,	(petitioner)	ch'ing³ yüan⁴ chê³	者願請
,,	(wooer)	ch'iu² hun¹ chê³	者婚求
Suitors (for a lady)		chêng¹ hun¹-ti	的婚爭
Suits my ideas, this just		chê⁴ hên³ ch'ên⁴ wo³-ti hsin¹	心的我稱很道
,,	the occasion, act as	tao⁴ shêm² mo ti⁴ pu² shêm² mo hua⁴	話麼甚說步地麼甚到
Su'k, to		ch'i³ ni⁴	膩起
,,		ch'êng² hsin¹ ch'i³ ni⁴	膩起心成
Sulky,		nin³ t'on² pieh¹ pang⁴-ti	的謗别頭拧
,,		sang¹-pang	謗喪
,,	look, put on a	shuai¹ lien³-tzŭ	子臉摔
Sullen,		lao³-shih i⁴ nao³ mên²-tzŭ ch'i⁴	氣子悶腦一是老
Sully,		wu¹ ju⁴	辱污

Sully—Summon. 878

Sully reputation, to	tien⁴ ju³ ming² yü⁴	玷名辱
Sulphate,	liu² suan¹ yen²	鹽酸磺
Sulphur,	liu²-huang	磺硫
Sum (aggregate)	ho²,chi⁴	計合
,, to work a	suan⁴-ko shu⁴-êrh	兒數個算
,, add up a	chia¹-shang shu⁴-êrh	兒數上加
,, an addition	chia¹ fa³ shu⁴-êrh	兒數法加
,, a subtraction	ch'u² fa³ shu⁴-êrh	兒數法除
,, a multiplication	ch'êng² fa³ shu⁴-êrh	兒數法乘
,, a division	chien³ fa³ shu⁴-êrh	兒數法減
,, of money, a	i⁴ pi³ ch'ien²	錢筆一
,, total, a	tsung³ shu⁴-êrh	兒數總
,, correct? is this	chê⁴ tê²-shu-êrh suan⁴-ti tui⁴-ma	嗎對的算兒數得這
,, can you do this	chê⁴-ko tê²-shu⁴-êrh ni³ suan⁴-tê-ch'u lai²-ma	嗎來出得算你兒數得個這
,, of the matter	chieh² chü²	局結
,, up	kai⁴ k'uo⁴	括概
,, in	tsung³-êrh yen²-chih	之言而總
,, of his remarks, the	so³ shuo¹-ti tsung³ chih³	旨總的說所
Summarily,	chien³ lüeh⁴	畧簡
Summary, a	tsung³ lüeh⁴	略總
,,	ta⁴ chih³	旨大
,,	chien³ yao⁴	要簡
,, decision	chi² chüeh² ts'ai² p'an⁴	判裁決即
,, decapitation	chiu⁴ ti⁴ chêng⁴ fa³	法正地就
,, departure from Peking	li⁴ ti⁴ ch'u¹ ching¹	京出地立
,, procedure	tu¹ ts'u shou³ hsü⁴	續手促督
,, punishment	chi² hsing² ch'êng³ chih⁴	治懲行即
Summer,	hsia⁴-t'ien	天夏
,,	hsia⁴-ching-t'ien 'rh	兒天景夏
,, in	hsia⁴ ching¹ t'ien¹ 'rh	兒天景夏
,, recess	shu³ chia⁴	假暑
,, house, a	pi⁴ shu³ liang² t'ing²	亭涼暑避
,, ,, or open pavilion	ch'ang³ t'ing¹-êrh	兒廳廠
Summit,	chüeh² ting³	頂絕
,, (of a hill)	shan¹ ting³-êrh-shang	上兒頂山
,, ,,	shan¹ chien¹-'rh-shang	上兒尖山
,, (fig.)	chi² tu⁴	度極
,, of his hopes, etc., has reached the	tao⁴-liao t'ou²-êrh-lo	咯兒頭了到
Summon, to	ch'uan²	傳
,,	ch'uan²-liao lai²	來了傳
,, him to his presence	ch'uan² ch'i² wên⁴ hua⁴	話問其傳

879　Summon—Superannuated.

Summon up effort	chin⁴ li⁴	力盡
Summoned, have been	i³ fêng⁴ p'iao⁴ ch'uan²	傳票奉已
Summons,	chao¹ huan⁴ chuang⁴	狀喚召
,, issue a	ch'u¹-ko ch'uan² p'iao⁴	票傳個出
,, and take proceedings, issue a	p'iao⁴ ch'uan² chui¹ chiu¹	究追傳票
,, await	t'ing¹ i¹ chiao⁴	呌一聽
,, to wait a	t'ing¹ ch'uan²	傳聽
Sumptuary law	chieh² chien³ ling	令儉節
Sumptuous,	hao² shih¹	奢豪
,,	hua² mei³	美華
,,	fêng¹ shêng⁴	盛豐
,, collection, a	wu² mei³ pu⁴ shou¹	收不美無
Sun, the	t'ai⁴-yang	陽太
,, ,,	jih⁴-t'ou	頭日
,, one's self, to	shai⁴ nuan³ 'rh	兒暖晒
,, rays of the	jih⁴ kuang¹-êrh	兒光日
,, set	jih⁴-t'ou lao⁴	落頭日
,, rise	jih⁴ ch'u¹	出日
,, ,, at	t'ai⁴-yang i⁴ tzŭ¹ tsui³ 'rh	兒嘴嘴一陽太
,, down, or nearly so	t'ai⁴-yang p'ing² hsi¹	西平陽太
,, burnt	shai⁴ hung²-lo	咯紅晒
,, ,,	shai⁴ hei¹-lo	咯黑晒
,, shine, in the	t'ai⁴-yang ti⁴-li	裏地陽太
,, shines brightly	chao⁴-ti ho⁴-liang	亮豁的照
,, flower, the	wang¹ jih¹ lien²	蓮日望
,, shade, a	i⁴ pa³ han⁴ san³	傘旱把一
,, dial	jih⁴ kuei¹	晷日
,, never sets, the empire on which the	jih⁴ kuang¹ chou⁴ yeh⁴ so³ chao⁴ chih¹ pan² t'u²	圖版之照所夜晝光日
,, under the	yü³ nei⁴	內宇
Sunday,	li³ pai⁴ jih⁴	日拜禮
	hsing¹ ch'i²	期星
Sunder,	li² chien	間離
Sundry expenses	tsa² fei⁴	費襍
,, goods	tsa² huo⁴	貨襍
,, articles	ling² sui tung¹-hsi	西東碎零
Sunken rock	an⁴ chiao¹	礁唔
,, eyes	k'ou¹-lou yen³ 'rh	兒眼摟摳
Sunnyside,	ch'ao² yang²	陽朝
Sunset, after	jih⁴ ju⁴ hou⁴	後入日
Sunstroke,	jih⁴ shê⁴ ping⁴	病射日
Superabundance,	yü² yü²	餘裕
Superannuated,	lao³ shuai¹	老衰
,, on salary	ch'ih¹ kan¹ fêng⁴	俸乾吃

Superb—Superior. 880

Superb,	kuang¹ ta⁴	光大
,,	hua² mei³	華美
,,	pa² ch'ün²	拔羣
Supercilious,	ch'ing¹ mieh⁴ hsin¹	輕蔑心
,,	fu³ shih⁴ i² ch'ieh⁴	俯視一切
,,	pu⁴ wang³ hsia⁴ ch'ou³	不往下瞧
,,	mu⁴ wu² hsia⁴ ch'ên²	目無下塵
,,	mu⁴ chung¹ wu² jên²	目中無人
,,	tai⁴ li³-êrh pu⁴ li³-êrh-ti	待理兒不理兒的
Superciliously, to look at	chia¹ i³ pai² yen³	加以白眼
Supererogation,	yü² fên⁴	餘分
,,	shên¹ wai⁴ chih¹ yü² shan⁴	身外之餘善
Superficial learning	fu² mien⁴ p'i²-êrh-ti hsüeh²-wên	浮面皮兒的學問
,,	piao³ mien⁴ shang	表面上
,, arguments	p'i² hsiang⁴ chih¹ lun⁴	皮相之論
,, changes	huan⁴ t'ang¹ pu² huan⁴ yao⁴	換湯不換藥
,, measures	tung¹ t'u² hsi¹ mo⁴	東塗西抹
,, matters, neglect the root for	chi² yü² piao¹ êrh² huan³ yü² pên³	急於標而緩於本
Superficies,	wai⁴ mien⁴	外面
Superfine,	tsui⁴ shang⁴	最上
,, materials	chi² ching¹-chih-ti ts'ai²-liao²-êrh	極精的材料兒
,, ,,	ting³ shang⁴-ti ts'ai²-liao²-êrh	頂上的材料兒
Superfluity of wealth	ts'ai² tou¹ wang³ wai⁴ yang⁴-lo	財都往外漾咯
,, ,, ,,	ts'ai² hên³ fu⁴-yü	財很富餘
Superfluous officers	jung³ yüan²	冗員
,, words	chui⁴ yen²	贅言
,, that is	na⁴ t'ai⁴ fu⁴-yü-lo	那太富餘咯
Superhuman,	jên² chien¹ i³ shang⁴	人間以上
,,	jên² li⁴ so³ pu⁴ chi²-ti	人力所不及的
Superintend, to	chien¹ kuan³	監管
,,	chien¹ tu¹	監督
,,	chien¹ shih⁴	監視
,,	chih¹ p'ei⁴	支配
Superintendent, a	chien¹-tu	監督
Superior (better)	ch'iang²	強
,, to mine, his knowledge is	t'a¹ hsüeh²-wên pi³ wo³ ch'iang²	他學問比我強
,, a	t'ou²-êrh	頭兒

Superior—Superstitious.

Superior to a male actor	kao¹ ch'u¹ nan² chüeh¹ chih¹ shang⁴	高出男角之上
,, to the rest	shou³ ch'ü¹ i¹ chih³	首屈一指
,, ,, his predecessor	shêng⁴ yü² ch'ien² jên²	勝於前人
,, ,, so and so, infinitely	chiao⁴ pi³ ch'i³ mou² ch'êng¹ té⁴ ch'i³ kao¹ ch'u¹ wan⁴ pei⁴	較比起某稱得起高出萬倍
,, ,, me, he won't need my money: if inferior, why should he have my money? if my son is	yu³ êrh² ch'iang² ssŭ wo³ yao⁴ ch'ien² tso⁴ shên² mo¹ yu³ êrh² pu⁴ ju² wo³ yao⁴ ch'ien² tso⁴ shên² mo¹	有兒強似我要錢作甚麼兒不如我要錢作甚麼
,, ,, foreign, Chinese costume	chung¹ kuo² fu² chih⁴ ch'iang² yü² wai⁴ kuo²	中國服制強於外國
,, article	shang⁴ p'in³	上品
,, court	shang⁴ chi² ts'ai² p'an⁴ so³	上級裁判所
,, officer	shang⁴ kuan¹	上官
,, ,,	chang³ kuan¹	長官
,, an official	shang⁴-ssŭ	上司
Superiority,	yu¹ shêng⁴	優勝
,, a struggle for	chêng¹ shêng⁴	爭勝
Superiors,	shang⁴-jên	上人
,, respect for	ching⁴ shang⁴	敬上
Superlative,	chi² shang⁴	極上
,, degree	tsui⁴ shang⁴ chi²	最上級
Superlatively good	hao³-chih chih⁴	好之至
Supernatural,	shên² i⁴	神異
,,	li³ wai⁴	理外
,,	ch'ao¹ tzŭ⁴ jan²	超自然
,,	shên² ch'i²	神奇
,, intelligence	shên² ling²	神靈
,, powers	shên² shu⁴	神術
Supernaturalism,	li³ wai⁴ lun⁴	理外論
Supernumerary,	o² wai⁴-ti	額外的
Superscription,	piao³ shu¹	表書
Superseded,	tso⁴ fei⁴	作廢
,,	chiao¹ t'i⁴	交替
Superseded by electricity, gas has been	tien⁴ ch'i⁴ pa³ mei² ch'i⁴-kei ya¹-hsia-chü-lo	電氣把煤氣給壓下去了
,, by another, he has been	yu³ jên² pa⁴-t'a ting³-k'ai-lo	有人把他頂開了
Superstition,	mi² hsin⁴	迷信
,,	hsin⁴ hsieh² 'rh	信邪兒
Superstitious person, a	mi² hsin⁴ jên²	迷信人
,, ,,	mi² hsin⁴ kuei³ shên²	迷信鬼神

Superstructure—Support.   882

Superstructure,	shang⁴ pu⁴ chieh² kou⁴	上部結構
Supervene, to	chien¹ kuan³	監管
,, (medical)	ping⁴ fa¹	併發
Supervising expert (official)	chi⁴ chien¹	技監
Supervision,	chien¹ shih⁴	監視
Supervisor at examinations	chih¹ kung⁴ chü³	知貢舉
,, ,, ,,	chien¹ lin²	監臨
Supine,	yin¹ hsün²	因循
,,	ku¹ hsi²	姑息
Supger,	wan³ fan⁴	晚飯
,,	wan³ ts'an¹	晚餐
Supplant,	ta³ tao³	打倒
,,	to² ch'i² wei⁴ chih⁴	奪其位
,, (a rival)	ch'ing¹ ya	傾軋
Supplanted by	ting³-k'ai-lo	丁開了
Supple,	jou²-juan	柔軟
Supplement, a	fu⁴ hsü⁴	附續
,,	chui¹ chia¹	追加
,, (to a book)	fu¹ lu⁴	附錄
,, to	pu³ ch'ung¹	補充
,, to add a	chia¹-ko fu⁴ hsü⁴	加個附續
,, a grant, etc., to	t'ien¹-pu tien³ 'rh	添補點兒
Supplementary budget	chui¹ chia¹ yü⁴ suan⁴	追加預算
Suppliant,	ai¹ ch'iu²	哀求
Supplicate, to	ch'iu²	求
,,	k'ên³ ch'iu²	懇求
,,	ai¹ ch'iu²	哀求
Supplied this item of items? who	tz'ŭ³ hsiang⁴ hsin¹ wên² chiu¹ hsi⁴ t'ou² kao³	此項新聞係何人投稿
Supplies,	hsü¹ yung⁴-chih wu⁴	需用之物
,,	hsü¹ yung⁴ p'in³	需用品
,, military	chün¹-hsü	軍需
Supply, to	pu³ ch'üeh¹	補缺
,, of funds, regular	yüan² yüan² chieh¹ chi⁴	源源接濟
,, demand and	hsü¹ yao⁴ kung¹ chi	需要供給
,, write for a fresh	hsieh³ hsin⁴ tsai⁴ yao⁴	寫信再要
,, you, I can	wo³ nêng² kung¹-chi	我能供給
,, I can let you have a	wo³ nêng² chieh¹-chi	我能接濟
,, a deficiency, to	chao²-pu	找補
,, food, do not	pu⁴ kuan³ fan⁴	不管飯
Support,	pu³ chu⁴	補助
,,	chih¹ chu⁴	支柱
,, (bear up)	chih¹ ch'ih²	支持
,, (as a family), to	yang³-huo	養活
,, life	tu⁴ ming⁴	度命

Support—Suppress.

Support,	no means of	mei²-yu kuo⁴ jih⁴-tzŭ-ti yung⁴-tu	度用的子日過有沒
,,	(help up or along), to	fu²-chu	住扶
,,	under the arms, to	chia¹-cho	着挟
,,	(prop up), to	chih¹-ch'i-lai	來起搘
,,	rely on for	i³-chang-cho	着仗倚
,,	without any means of	ch'ung² wu² so³ i¹	依所無窮
,,	to the government, a	chêng⁴ fu³ chih¹ hou⁴ yüan²	援後之府政
,,	of public opinion	yü² lun⁴ chih¹ yüan² chu⁴	助援之論輿
,,	(military)	chia¹ shih⁴	勢加
,,	(second)	tsan⁴ ch'êng²	成贊
,,	(body of troops)	yüan² ping¹	兵援
Supporter,		wei² ch'ih² chê³	者持維
,,		tsan⁴ ch'êng² chê³	者成贊
Suppose,		chia³ ting⁴	定假
,,		hsiang³ hsiang⁴	像想
,,	foreign aggression occurs	shê⁴ wai⁴ huan⁴-i¹ shêng¹	生一患外設
,,	I must go, I	wo³ tei³ ch'ü⁴-pa	罷去得我
,,	you go	so³-hsing ni³ ch'ü⁴-pa	罷去你性索
,,	for instance	cho²-pi chêm⁴-mo shuo¹	說麼這比的
,,	,, ,,	p'i⁴-ju chêm⁴-mo shuo¹	說麼這如譬
,,	he won't see me	t'a¹ yao⁴-shih pu⁴ chien⁴-wo-ni	呢我見不是要他
,,	you are going, I	ni³ hai¹-shih ch'ü⁴-pa	罷去是還你
,,	he is? who do you	ni³ ts'ai² t'a¹-shih shui²	誰是他猜你
,,	it is a joke? do you	ni³ i³-wei-shih-ko hsiao⁴-hua 'rh-ma	嗎兒話笑個是為以你
,,	I gave for it? what do you	ni³ tang³ wo³ kei³ to¹-shao ch'ien²	錢少多給我當你
Supposing that		cho²-pi shuo¹	說比的
Supposition,		i⁴ shuo¹	說臆
,,	that is only	na⁴ pu⁴ kuo⁴ hsüan² ch'uai³	揣懸過不那
Suppress,		chên⁴ ya¹	壓鎮
,,		ya¹ p'ai⁴	派壓
,,	to	ya¹-fu-hsia-ch'ü	去下服壓
,,	promptly	hsün⁴ su¹ p'u¹ mieh⁴	滅撲速迅
,,	anger, to	pieh¹-cho ch'i⁴	氣着憋
,,	bad characters	t'an²-ya t'u³ fei³	匪土壓彈
,,	the breath	pieh¹ ch'i⁴	氣憋
,,	him, cannot	ya¹-pu chu⁴-t'a	他住不壓
,,	a newspaper	chin⁴ chih³ ch'u¹ pan³	板出止禁

Suppress—Surety. 884

Suppress trouble in the bud	mi³ huan⁴ wu² hsing⁴	形無患弭
,, a smile, to	pieh¹-cho hsiao⁴	笑着瘪
,, sternly	yen² chung⁴ ch'ŭ³ ti⁴	締取重嚴
,, (crush)	i⁴ chih⁴	制抑
,, his name, we	t'ê⁴ mi⁴ ch'i² ming²	名其秘特
Suppressed tones, to talk in	ti¹ shêng¹ hsiao³ yü³-ti shuo¹	說的語小聲低
Suppressive measures were just in operation	t'a³ fa² fang¹ yin¹ chih¹ chi⁴	際之殷方伐撻
Suppuration,	nung² hui⁴	潰膿
Supremacy,	yu¹ shêng² ch'üan²	權勝優
,,	chu³ shêng⁴ ch'üan²	權勝主
,, to struggle for	chêng¹ shêng⁴	勝爭
Supreme powers	chih¹ ta⁴-ti ch'üan²-hêng	衡權的大至
,, effort, make a	chin⁴ hsin¹ chieh² li⁴	力竭心盡
,, control, has	wei² t'a¹ shih⁴ chu³	主是他惟
,, as a scholar	shih⁴ lin² t'ai⁴ tou³	斗泰林士
,, position	ch'ao¹ jan² chih¹ ti⁴ wei⁴	位地之然超
,, Court	ta⁴ li³ yüan⁴	院理大
,, ,,	tsui⁴ kao¹ fa⁴ yüan⁴	院法高最
,, risk, run a	mang² jen² ch'i² hsia¹ ma³ yeh⁴ pan⁴ lin² shên¹ ch'ih²	池深臨牛夜馬瞎騎人盲
Sure,	pi⁴ jan²	然必
,, are you	ni³ chih¹-tao-ti ch'üeh⁴-ma	嗎確的道知你
,, I am	wo³ chun³ chih¹-tao	道知準我
,, of accomplishment	chun³ ch'êng²-lo	了成準
,, absolutely	ti²-ch'üeh wu² i²	疑無確的
,, to come, he is	t'a pi⁴ ting⁴ lai²	來定必他
,, ,, ,,	t'a i² ting⁴ lai²	來定一他
,, not to forget, be	ch'ien¹ wan⁴ pieh² wang⁴	忘別萬千
,, enough, he died	t'a¹ kan³-ch'ing ssŭ³-lo	咯死情敢他
,, well! to be	chê⁴ tsêm³-mo-hui shih⁴	事回麽怎這
,, ,, ,,	ch'i³ yu³-tz'ŭ li³	理此有豈
,, footed	wên³ pu⁴	步穩
,, slow but	man⁴ kung¹ ch'u¹ ch'iao³ chiang⁴	匠巧出工慢
Surely can do that! you	lien² chê⁴-ko hai² pieh¹-ti chu⁴ ni³-ma	嗎你住的癮還個這連
Surety,	tan¹ pao³	保擔
,, a	pao³-jên	人保
,, ,,	chung¹ pao³-ti	的保中
,, to become	tso⁴ pao³	保做
,, (law)	pao³ chêng⁴ jên²	人證保

Surf,	p'êng¹ p'ai⁴-ti ta⁴ lang⁴	澎湃大的拍澎
Surface,	mien⁴-tzŭ	子面
,,	fu² mien⁴ p'i²-êrh	兒皮面浮
,,	wai⁴ mien⁴ p'i²-êrh	兒皮面外
,, on the	mien⁴-tzŭ-shang	上子面
Surfeit,	ch'ung¹ man⁵	滿充
Surfeited by food	ch'ih¹ ni⁴-lo	咯膩吃
,, ,,	ch'ih¹-ti ch'êng¹-ti-huang-lo	咯慌的撐的吃
,, (with theatres, etc.)	t'ing¹ ni⁴-lo	咯膩聽
,, (,, sight-seeing)	kuang⁴ ni⁴-lo	咯膩逛
Surgeon, a	wai⁴ k'o¹ i¹-shêng	生醫科外
,, lieut.-colonel	chêng⁴ chün¹ i¹ kuan¹	官醫軍正
,, major	fu⁴ chün¹ i¹ kuan¹	官醫軍副
,, captain	chün¹ i¹ chang³	長醫軍
,, inspector general	chün¹ i¹ tsung³ chien¹	監總醫軍
,, apothecary	i¹-shêng	生醫
Surgery,	wai⁴ k'o¹ shu⁴	術科外
,, but base in conduct, skilled in	ch'i² shou³ shu⁴ chia¹ ch'i² p'in³ hsing o⁴	惡性品其佳術手其
Surgical,	wai⁴ k'o¹ shou³ shu⁴ shang⁴	上術手科外
Surly,	chüeh⁴ p'i²-ch'i	氣脾倔
,, in behaviour	chüeh⁴-sang	喪倔
Surmise, to	hsüan² ch'uai³	揣懸
,,	t'ui¹ ts'ê⁴	測推
,, an empty	chia⁴ k'ung¹ i⁴ shuo¹	說臆空架
Surmount any difficulty, can	shêm²-mo wei² nan² tou¹ yüeh⁴-tê-kuo ch'ü⁴	去過得越都難為麼甚
Surname, a	hsing⁴	姓
,, a double	fu⁴ hsing⁴	姓複
,, what is your	kuei⁴ hsing⁴	姓貴
,, is, my	chien⁴ hsing⁴	姓賤
Surpass,	ling² chia⁴	駕凌
,, (expectation), to	kuo⁴ wang⁴	望過
,, others, to	yüeh⁴-ko pieh²-jên-ch'ü	去人別過越
,, so and so, far	shêng⁴ kuo⁴ yü² mou³ to¹ to¹	多多某於過勝
Surplus, a	fu⁴-yü	餘敷
,,	ying²-yü	餘盈
,,	yü² shêng⁴	賸餘
,, (of money)	ts'an² chin¹	金殘
,, (from the salt tax)	yen² shui⁴ hsien⁴ yü² chih¹ k'o⁴	課之餘羨稅鹽
Surprise,	ch'a⁴ i⁴	異詫

Surprise—Survival. 886

Surprise to cause	chiao⁴ jên² ch'a⁴ i⁴	異詫人教
,, a face of	shên²-sê ch'a⁴ i⁴	異詫色神
,, an unpleasant	ch'ih¹ i¹ ching¹	驚一吃
,, to my	chü⁴ liao⁴	料詎
,, ,,	ch'u³ wo³ chih¹ pên³ i⁴	意本之我出
,, take by	ch'êng² ch'i² pu¹ pei⁴	備不其乘
,, took me by	t'u¹-ju-ch'i lai² pa⁴-wo mêng³-chu-lo	了住猛我把來其如突
Surprised,	ch'a⁴ i⁴	異詫
,,	ya⁴ wei² ch'i² shih⁴	事奇爲訝
,, I am	chên¹ chiao⁴-wo ch'a⁴ i⁴	異詫我叫眞
,, him in the act	t'u¹-ju-ch'i lai² pa⁴-t'a p'êng⁴-shang-lo	咯上碰他把來其如突
Surprising,	chên¹ chiao⁴-jên na⁴ han³	罕納人教眞
,,	chiao⁴-jên ch'a⁴ i⁴	異詫人教
,,	kuai⁴	怪
,, not	pu⁴ k'o³ ssŭ¹ i⁴	議思可不
,, ,,	pu⁴ tsu² han³	罕足不
,, ,,	pu⁴ tsu² kuai⁴	怪足不
Surrender,	kuei¹ fu²	伏歸
,, (to a victor), to	t'ou² hsiang²	降投
,, (of a town)	hsien⁴ lo¹	落陷
,, (as documents, etc.), to	chiao¹ ch'u¹	出交
,, it to you	jang⁴-kei ni³	你給讓
,, a right	p'ao¹ ch'i⁴	棄抛
Surreptitiously,	t'ou¹ t'ou¹-êrh-ti	的兒偸偸
,,	an⁴ an¹-'rh-ti	的兒暗暗
,,	jên²-pu chih¹ kuei³-pu chiao³-ti	的覺不鬼知不人
Surround, to	wei²	圍
,,	wei²-chu	住圍
,,	wei²-shang	上圍
Surrounding wall, a	wei² ch'iang²	墻圍
,, country, the	chou¹ wei² i² tai⁴	帶一圍週
Surroundings,	ching⁴ yü⁴	遇境
,, unpleasant	ssŭ⁴-chou wei²-pu hao³	好不圍週四
Surveillance,	k'an⁴ shou³	守看
Survey,	ts'ê⁴ liang²	量測
,, land, to	ts'ê⁴ hui¹ ti⁴ shih³	勢地繪測
,, ,,	t'a⁴ k'an⁴ ti⁴ shih⁴	勢地看踏
,, goods, to	ch'a² yen⁴ huo⁴ wu⁴	物貨驗查
,, ,,	yen⁴ huo⁴	貨驗
Surveying,	ts'ê⁴ liang² hsüeh²	學量測
Survival,	i² hsi²	習遺
,, of the fittest	yu¹ shêng⁴ lieh⁴ pai³	敗劣勝優

Survival of the fittest	shih⁴ chung³ shêng¹ ts'un²	適種生存
Survive,	shêng¹ ts'un²	存生
,, cannot	huo²-pu liao³	了不活
Survivors (disaster)	t'ao² ming⁴-ti	的命逃
Susceptibliities, hurt his	p'a⁴ lien³-shang mo⁴-pu k'ai¹	開不摸上臉怕
Susceptibility,	kan³ jan³ hsing⁴	性染感
Susceptible to colds	jung²-i chao² liang²	涼着易容
,, (capable of change)	nêng²-i kai³ pien⁴	變改以能
,, to influence	i⁴ tung⁴ ch'ing² ti¹	的情動易
,, to harsh methods only	chih¹ fa³ pu⁴ chih¹ ên¹	恩知不法知
Suspect, a	hsien² i² chê³	者疑嫌
,, it is he, I	wo³ i²-huo-shih t'a¹	他是惑疑我
,, him? why do you	ni³ tsêm²-mo i²-huo t'a¹	他惑疑麽怎你
Suspected (e.g. plague)	hsien² i²	疑嫌
Suspend,	t'ing² chih³	止停
,, (court functions on account of birthdays, etc.), to	t'ui¹ pan¹	班推
,, ,, ,, mourning	cho⁴ ch'ao²	朝輟
,, your opinion	chê⁴ chu² i⁴ nin² hsien¹ ko¹-i-ko-êrh	兒擱一擱先您意主這
,, (from office)	chan⁴ hsing² ch'ê⁴ jên⁴	任撤行暫
,, (from duty)	chan⁴ ch'ieh³ chiao⁴-t'a t'ing² pan⁴	辦停他敎且暫
,, payment	tao⁴ chang⁴	賬倒
,, salary	chan⁴ ch'ieh³ t'ing²-chu hsin¹-shui	水薪住停且暫
Suspended (of lamps, etc.)	t'iao³-cho	着挑
,, work temporarily	chan⁴ t'ing² kung¹	工停暫
,, but not broken off between the parties, negotiations	shuang¹ fang¹ chiao¹ shê i³ hsien⁴ yü² jo⁴ tuan⁴ jo⁴ hsü⁴ chih¹ ching¹	境之續若斷若已涉交方雙
,, (as in war time), agriculture and trade are	nung² cho⁴ yü² t'ien² shang¹ pa⁴ yü² shih⁴	市於罷商田於輟農
Suspenders (braces)	pei¹ tai⁴-tzŭ	子帶背
Suspense,	hsuan² hsin¹	心懸
,,	kua⁴ nien⁴	念掛
,, the matter is in	shih⁴-ch'ing hsüan²-cho	着懸情事
Suspension bridge, a	lien⁴ ch'iao²	橋鍊
,, of a meeting	t'ing² hui⁴	會停
,, ,, member	i⁴ yüan² ch'u¹ hsi² t'ing² chih³	止停席出員議
Suspensory bandage	yin¹ nang² pêng¹ tai⁴	帶繃囊陰
Suspicion,	i² hsin¹	心疑

Suspicion—Swamp. 888

Suspicion that, I have a	wo³ i²-huo shih⁴	我疑惑是
,, to cause	ch'i³ hsien²-i	起嫌疑
,, mutual	shuang¹ fang¹ chih¹ i² t'uan²	雙方之疑團
,, wrongly come under	mo⁴ hsü¹ yu³ chih¹ yüan¹ yü⁴	莫須有之冤獄
,, afraid of coming under	k'ung³ chien⁴ i²	恐見疑
,, arrest on	yin¹ hsien² pei⁴ chü¹	因嫌被拘
,, in a position of	shih⁴ ch'u³ hsien² i²	勢處嫌疑
Suspicious,	chao¹ ying³ tzŭ	照影子
,, person, a	i²-hsin jên²	疑心人
,, character	na⁴-ko jên² k'o³ i²	那個人可疑
,, circumstance	shih⁴-ch'ing k'o³ i²	事情可疑
,, became	hsin¹ hsia⁴ hu² i²	心下狐疑
,, don't be	pieh⁴ to¹ i²	別多疑
Sustain the weight, cannot	ko²-pu chu⁴ na⁴ fên⁴-liang	攔不住那分量
,, ,, ,, can	ko²-tê chu⁴	攔得住
,, the load, cannot	t'o²-pu chu⁴	馱不住
,, ,, pain, etc.	ch'ih¹-pu chu⁴	吃不住
,,	fu² ch'ih²	扶持
Sustenance,	yin³ shih²	飲食
Suzerain Power, a	shang⁴ pang¹	上邦
,, the	shang⁴ kuo²	上國
Suzerainty,	tsung¹ chu³ ch'üan²	宗主權
,, accept Chinese	fêng⁴ chung¹ ch'ao² chêng¹ su⁴	奉中朝正朔
Swab, a	tun¹ pu⁴	敦布
Swagger,	ta⁴ yen²	大言
,, (in talk)	k'ua¹-chang	誇張
,, all this is mere	chê⁴ hua⁴ shih⁴ ch'ui¹ niu²	這話是吹牛
,, (in walking), to	yao² yao² pai³ pai³-ti tsou³	搖搖擺擺的走
Swallow, a	tzŭ³ ya⁴ 'rh	紫燕兒
,, ,,	hsiao³ ya⁴ 'rh	小燕兒
,, to	yen⁴-hsia-ch'ü	嚥下去
,, of wine, took a	tsa¹-liao i⁴ k'ou³ chiu³	呷了一口酒
,, one's own words	shih² yen²	食言
,, ,, wrath	t'un¹ shêng¹ jên³ ch'i⁴	吞聲忍氣
,, doesn't make a summer, one	tu¹ shu⁴ pu⁴ ch'êng² lin²	獨樹不成林
,, tail coat	yen⁴ wei³ fu²	燕尾服
Swamp, a	hsia⁴ wa¹ ti⁴	下窪地
,, ,,	hsia⁴ wa¹-tzŭ	下窪子
,, with waves, to	p'u¹ man³-lo shui³-lo	撲滿了水了
,, by a leak, to	lou⁴ man³-lo shui³-lo	漏滿了水了

Swan—Swelling.

Swan, a	t'ien¹ ơ²	天鵝
Swarm,	ch'ün² chi²	羣集
„ of bees, a	i⁴ wo¹ mi⁴ fêng¹-êrh	一窩蜜蜂兒
„ „ „ „	i² tui⁴ mi¹ fêng¹-êrh	一隊蜜蜂兒
„ (of bees)	ta³-ch'êng tan⁴	打成蛋
„ „ „	chieh²-ch'êng tui⁴	結成隊
„ a tree, to	hou² êrh p'a² kan¹ 'rh	猴兒爬杆兒
„ to rise in a	fêng¹ yung³ êrh ch'i³	蜂擁而起
Swarms, in	i⁴ wo¹ fêng¹-na-mo to¹	一窩蜂那麼多
„ rise in	ch'ün² ch'i³	羣起
Sway, to	pai³-yao	搖擺
„ the empire two centuries	tso⁴ êrh⁴ pai³ nien² t'ien¹ hsia⁴	作二百年天下
Swayed, easily	sui² fêng¹-êrh tao³	隨風兒倒
Swaying in the wind	pai³-yao	搖擺
Swear at, to	ma⁴ jên²	罵人
„ „	chou⁴ jên²	咒人
„ (to curse)	shuo¹ ma⁴ hua⁴ 'rh	說罵話兒
„ (leg.)	hsüan¹ shih⁴	宣誓
„ (take an oath)	ch'i³-ko shih⁴	起個誓
„ to it, I'll	ni³ pu⁴ hsin⁴ wo³ ch'i³-ko shih⁴	你不信我起個誓
Sweat,	han⁴	汗
„ to	ch'u¹ han⁴	出汗
„ freely, to	han⁴ hsia⁴ ju² yü³	汗下如雨
Sweden,	jui⁴ tien³ kuo²	瑞典國
Sweep, to	sao³	掃
„ a room	ta³-sao wu¹-tzŭ	打掃屋子
„ up	sao³-ch'i-lai	掃起來
„ of, make a clean	sao³ ching⁴-lo	掃淨咯
Sweet,	t'ien²	甜
„ potato	pai² shu³	白薯
„ (fragrant)	hsiang¹	香
„ (gentle)	wên¹ ho²	溫和
Sweetheart,	hsin¹ ai⁴-ti jên²	心愛的人
Sweetmeats,	ping¹ t'ang² tzŭ-êrh	冰糖子兒
Swell,	tsêng¹ chia¹	增加
„ to	chung³	腫
„ up, to	chung³-ch'i-lai	腫起來
„ (of a river), to	chang⁴-ch'i-lai-ti	漲起來的
„ (of the sea)	kun³ lang⁴	滾浪
Swelling on the face, a	lien³-shang chung³-liao i² k'uai⁴	臉上腫了一塊
„ with inflammation	hung² chung³	紅腫

FF

Swelter—Sword. 890

Swelter with heat, to	jou⁴ p'i²-tzǔ shao¹-ti-huan	慌的燒子皮肉
Sweltering heat	tsao⁴ jo⁴	熱燥
,, ,,	yen² jo⁴	熱炎
Swerve, to	shan³	閃
,, from his purpose, will never	chüeh² pu shan³-cho	着閃不絕
Swift,	k'uai⁴	快
,,	su¹	速
Swill,	pao⁴ yin³	飲暴
Swimmingly,	shun⁴ li⁴ jan²	然利順
Swim, to	fu⁴ shui³	水洑
,, (float), to	p'iao¹-tsai shui³-shang	上水在漂
Swindle,	cha⁴ ch'i¹	欺詐
,, to	pêng¹	玤
,, evidence of a	kun⁴ p'ien⁴ chêng⁴ chü⁴	據證騙棍
Swindler,	ch'i¹ p'ien⁴ chê³	者騙欺
,, a	pêng¹-tzǔ shou³-êrh	兒手子玤
Swine, you filthy	ni³ chê⁴ ni² mu³ chu¹ shih⁴-ti	的似猪母泥這你
,, casting pearls before	tui⁴ lü² fu⁴ ch'in²	琴撫驢對
Swing, a	yu⁴-ch'ien-'rh	兒韆鞦
,, to	ta³ yu¹-ch'ien-'rh	兒韆鞦打
,, in full	jo⁴ nao⁴ chung¹ chien	間中鬧熱
Swinging blow on the head, gave him a	tou¹ t'ou² chiu⁴ ta³	打就頭兜
Switch, a	mu⁴-t'ou t'iao²-êrh	兒條頭木
,, an electric	fang⁴ tien⁴ mên²-tzǔ	子門電放
,, ,,	chiao¹ huan⁴ ch'i⁴	器換交
,, ,,	chüeh² yüan² ch'i⁴	器緣絕
,, (rail)	chuan³ chê² ch'i⁴	器轍轉
Swivel, a	chuan⁴ huan²-'rh	兒環轉
Swoon,	ch'i⁴ chüeh²	絕氣
,, to	pei⁴-kuo-ch'ü-lo	了去過背
Sword, a	i⁴ pa³ tao¹	刀把一
,, hilt	tao¹ pa⁴ 'rh	兒把刀
,, blade	tao¹ t'iao² 'rh	兒條刀
,, back of a	tao¹ pei⁴ 'rh	兒背刀
,, edge of a	tao¹ jên⁴ 'rh	兒刃刀
,, point of a	tao¹ chien¹ 'rh	兒尖刀
,, guard	tao¹ p'an²-'rh	兒盤刀
,, ,,	hu⁴-shou	手護
,, scabbard	tao¹ ch'iao⁴-tzǔ	子鞘刀
,, to draw a	pa² tao¹	刀拔
,, exercise	chien⁴ shu⁴	術劍

Sycee—Syndicate

Sycee,	yin² ting⁴-êrh	銀錠兒
Sycophancy,	o³ yü²	阿諛
,,	chui¹ ts'ung²	從諛
Sycophant, a	ch'an³-mei jên²	諂媚人
,,	liu¹ kou¹-tzǔ	溜溝子
,,	mei² ning⁴ chê³	佞媚者
,,	nu² yen² pei¹ hsi²	奴顏婢膝
,,	chuan⁴ mên² ti¹ ma³ p'i⁴ shou³	專門的馬屁手
,, play the	yang³ jên⁴ pi² hsi²	仰人鼻息
Syllable,	tzŭ⁴ yin¹	字音
,, a	i⁴ chieh²-êrh	一節兒
Syllogism,	san¹ tuan⁴ lun¹ fa³	三段論法
,,	t'ui¹ ts'ê⁴ shih⁴	推測式
Symbol, a	piao³-chêng	表證
,,	piao³ hao⁴	表號
,,	fu² hao⁴	符號
Symbolize,	lei⁴ ssǔ⁴	類似
Symmetrical,	p'ei²-ch'ên	陪襯
,,	chün¹ i¹ ti¹	均一的
,,	tao¹ chan³ fu⁹ ch'i²-ti	刀斬斧齊的
Sympathetic (See Sympathy)	t'u⁴ ssǔ³ hu² pei¹ wu⁴ shang¹-ch'i lei⁴	兔死狐悲物傷其類
Sympathize,	piao³ t'ung² ch'ing²	表同情
,, with, to	t'i³-liang	體諒
,, ,, ,,	t'i³-t'ieh	體貼
Sympathizer,	t'ung² ch'ing² chê³	同情者
Sympathies, of same	tao⁴ ho² chih⁴ t'ung²	道合志同
Sympathy,	jo⁴ hsin¹	熱心
,,	t'ung⁴ yang³ hsiang¹ kuan¹	痛癢相關
,, with people's needs	t'i³ t'ieh hsia⁴ ch'ing²	體貼下情
,, towards	tui⁴ yü²...chih¹ tê² i⁴	對於...之德意
,, on a death, to offer	tao⁴ fan² nao³	道煩惱
,, ,, misfortune, to offer	tao⁴ an¹-wei	道安慰
,, I offer you my	t'i⁴ nin² fên¹ yu¹	替您分憂
,, bonds of	hsing¹-hsing hsi¹ hsing¹-hsing	惺惺惜惺惺
,, ,,	hao³ han¹ ai⁴ hao³ han⁴	好漢愛好漢
,, ,,	t'u⁴ ssǔ³ hu² pei¹ wu⁴ shang¹-ch'i lei⁴	兔死狐悲物傷其類
Symptom, a	miao²-t'ou	苗頭
,,	chêng¹ hou⁴	徵候
,,	ch'ien² chao⁴	前兆
Syncope,	tsu² tao³	卒倒
Syndicate, a	hui⁴	會

Synonym—Table.

Synonym, a	pieh² ming²	別名
,,	t'ung² i⁴ yü³	同義語
Synonymous,	t'ung² i⁴ i⁴	同意義
Synopsis,	kai⁴ lüeh⁴	概略
,,	tui⁴ chao⁴ piao³	對照表
Synoptical,	tui⁴ kuan¹ ti¹	對觀的
Syntax,	tso⁴ wên² fa³	作文法
,,	chü⁴ fa³	句法
Synthesis,	ho² ho²	和合
,,	tsung⁴ ho² fa³	綜合法
Synthetic aspect, from the	tzŭ⁴ ch'i² tsung⁴ ho² ti¹ hsien¹ hsiang⁴ kuan¹ chih¹	自從其合的現象觀之
Syphilis,	ch'uang¹ tu²	瘡毒
,,	tsang¹ ch'uang¹	髒瘡
,,	ta⁴ ch'uang¹	大瘡
,,	yang² mei² chêng⁴	楊梅症
Syringe, a	shui³ ch'iang¹	水槍
,,	chu⁴ shê⁴ ch'i⁴	注射器
,,	shui³ chi¹-tzŭ	水激子
,, hypodermic, a	yao⁴ chên¹	藥針
System,	tsu³ chih¹	組織
,,	hsi⁴ t'ung³	系統
,, a	fa³-tzŭ	法子
,, (administrative)	chih⁴ tu⁴	制度
,, (method)	fang¹ fa³	方法
,, an encellent	fa³ liang² i⁴ mei³	法良意美
,, governmental	chêng⁴ chih⁴ shang⁴ chih¹ hsi⁴ t'ung³	政治上之系統
,, lack of comprehensive	fa² kai⁴ k'uo⁴ chih¹ hsi⁴ t'ung³	乏概括之系統
,, in organizing, no	tsu³ chih¹ shih² pên³ wu² hsi⁴ t'ung³	組織時本無系統
,, no coördination of	mo⁴ lo⁴ pu⁴ t'ung¹	脈絡不通
Systematical,	an⁴-cho fa³-tzŭ	按着法子

T

T square, a	kuei¹-chü ch'ih³	規矩尺
Tab (of a boot, etc.)	yeh⁴-pa	拔拔
Tabby cat, a	tai⁴ pan¹ tien³'rh-ti mao¹	帶斑點兒的貓
Table, a	i⁴ chang¹ cho¹-tzŭ	一張桌子
,, for eight (which only seats four)	pa¹ hsien¹ cho¹-tzŭ	八仙桌子
,, for six	liu⁴ hsien¹ cho¹-tzŭ	六仙桌子
,, ,, four	ssŭ⁴ hsien¹ cho¹-tzŭ	四仙桌子

Table—Tact.

Table	top, a round	yüan² cho¹ mien⁴ 'rh	圓棹面兒
,,	cloth	t'ai² pu⁴	台布
,,	tea-poy	ch'a² chi¹-êrh	茶几兒
,,	marble topped	hsiang¹ ta⁴ li³ shih²-ti cho¹ tzǔ	鑲大理石的棹子
,,	take the head of the	tso⁴ shou³ hsi²	坐首席
,,	,, your seat at	ch'ing³ ju⁴ tso⁴	請入座
,,	leave the	san³ tso⁴	散坐
,,	of contents, a	mu⁴-lu	目錄
,,	the multiplication	chiu³ chiu³ t'u²	九九圖
,,	time	shih² chien¹ piao³	時間表
,,	(railway), time	ch'ê¹ chan⁴ shih² k'o⁴ piao³	車站時刻表
,,	of fares	ch'ê¹ chia⁴ piao³	車價表
,,	,, distances	lu⁴-ch'êng piao³	路程表
,,	genealogical	hsi⁴ t'u²	系圖
,,	(a report), lay on the	yen² chüeh² i⁴ an⁴	延議決案
Table d'hote,		chung⁴ k'o⁴ t'ung² shih²	衆客同食
Tables on, turn the		kai³ i³ chü² mien⁴	改移局面
,, ,, ,,		shêng⁴ fu⁴ tien¹ tao	勝負顛倒
Tablet, a horizontal		pien³ o²	匾額
,, perpendicular		p'ai²	牌
,, ancestral		p'ai²-wei	牌位
,, ,,		shên² chu³	神主
,, a stone, large		shih² pei¹	石碑
,, ,, small		shih² chieh²-tzǔ	石碣子
Taboo,		chüeh² chiao¹	絕交
Tabooed character, a		pi⁴-hui tzǔ⁴ yen³ 'rh	避諱字眼兒
Tacit consent		mo⁴ hsü³	默許
,, ,,		hsin¹ hsü³-lo	心許咯
,, understanding		mo⁴ yüeh¹	默約
Tacitly,		ch'ên² mo⁴	沈默
,, admit the charge		mo⁴ jên ch'üeh⁴ yü³ tz'ǔ³ shih⁴	默認確有此事
Taciturn person, a		kua³ yen² kua³ yü³-ti jên²	寡言寡語的人
Tack (sew), to		na² hsien⁴ pêng¹-shang	拿綫綳上
,, in sailing, to		p'o⁴-cho fêng¹ li⁴ hsing²	破着風力行
,, a tin		hsiao³ ting¹-êrh	小釘兒
,, on the right		yu³ tien³ 'rh fang¹-hsiang-lo	有點兒方向咯
Tackle (fishing)		yü² chü¹	魚具
Tact,		chien⁴ chi¹ hsing²	見機行事
,, to proceed with		chien⁴ chi¹ êrh tso⁴	見機而作
,, ,, ,,		chien⁴ ching³ shêng¹ ch'ing²	見景生情
,, has no		mei² hsin¹ yen³ 'rh	沒心眼兒

Tactical—Take.	894	
Tactical,	chün¹ lüeh⁴ ti¹	的畧軍
Tactician,	chan⁴ shu⁴ chia¹	家術戰
Tactics,	chan⁴ shu⁴	術戰
,,	chi⁴ ts'ê⁴	策計
,, military	t'ao¹-lüeh	略韜
,, ,,	chan⁴ shu⁴	術戰
Tadpole, a	ha²-ma ku¹-tu-êrh	兒蝌蚪蟆蝦
Tael, a	i liang³ yin²-tzŭ	子銀兩一
Tag,	ch'ien¹ t'iao²	條簽
,, of a boot	yeh⁴-pa	拔掖
,, ,,	hsüeh¹ t'i² kên¹	根提靴
Tail,	i³-pa	巴尾
,, end, at the	mo⁴ wei³-ti	的尾末
,, feathers	i³-pa ling²-êrh	兒翎巴尾
,, board of a cart	ch'ê² i³-êrh	兒尾車
,, between his legs, went away with his	ta¹-la-cho lien³-tzŭ tsou³-lo	咯走子臉着拉搭
,, between his legs (of a dog)	ta¹-la-cho i³-pa	巴尾着拉搭
,, end, came in at the	chin³ la⁴ i³-êrh-ti lai²-lo	咯來的兒尾攋緊
,, end of the storm, caught the	chao² pien¹ 'rh	兒邊着
Tailor, a	ts'ai²-fêng	縫裁
Tailor's shop, a	ch'êng²-i p'u⁴	鋪衣成
Taint,	wu² jan³	染污
,,	pai⁴ ming²	名敗
,, of official corruption, the	jan³-liao t'an¹ kuan¹-ti hsi²-ch'i	氣習的官貪了染
Tainted meat	yu³ tien³ 'rh ch'ên²-lo	咯陳兒點有
,, ,,	pien⁴-liao wei⁴ 'rh-lo	咯兒味了變
Take this to him	pa⁴ chê⁴-ko kei³ t'a¹	他給個這把
,, it away	na²-liao-ch'ü	去了拿
,, the opportunity	ch'ên⁴ chi¹-hui	會機乘
,, advantage of my absence	ch'ên⁴-wo mei² tsai⁴ chia¹	家在沒我乘
,, advantage of my good nature	ch'ên⁴-wo lao³-shih	實老我乘
,, warning by him	ni³ k'an⁴ t'a¹ chiu⁴-shih-ko ching⁴-tzŭ	子鏡個是就他看你
,, him as example	i³ t'a¹ wei² pang³ yang⁴	樣榜爲他以
,, out	na²-ch'u-lai	來出拿
,, off clothes	t'o¹ i¹-shang	裳衣脫
,, ,, shoes	t'o¹ hsieh²	鞋脫
,, ,, one's coat	pa⁴ kua⁴-tzŭ t'un⁴-hsia-lai	來下腿子褂把

895   Take—Take.

Take	off the hat	chai¹ mao⁴-tzǔ	子帽摘
,,	leave	kao⁴ pieh²	別告
,,	,,	kao⁴ tz'ǔ²	辭告
,,	a seat	tso⁴-hsia	下坐
,,	hold	na²-cho	着拿
,,	tight hold	na² chu⁴-lo	咯住拿
,,	cold	chao² liang²	涼着
,,	fire	chao² huo³	火着
,,	to spectacles, must	tei³ tai⁴ yen³ ching⁴-ê,h	
			兒鏡眼戴得
,,	the place of	ch'ung¹ tang¹	當充
,,	medicine	ch'ih¹ yao⁴	藥吃
,,	advantage of me	ching⁴ chua ao-wo	我閙抓竟
,,	liberties with me	kên¹-wo wu³-r an	慢侮我跟
,,	,, ,,	kên¹-wo pu⁴ hsün⁴	遜不我跟
,,	liberties (wanton)	t'iao²-hsi	戲調
,,	care	hsiao³-hsin	心小
,,	the liberty of saying, I	wo³ mao⁴-mei shuo¹	說昧冒我
,,	precedence	t'a¹ wei² chang³	長爲他
,,	my breath away	t'ing¹-tê wo³ hsin¹ i⁴ ching¹	
			驚一心我得聽
,,	the lead	t'a¹-shih ling³ hsiu⁴	袖領是他
,,	three from ten	shih²-ko p'ao² san¹	三刨個十
,,	the responsiblity	wo³ tan¹-tai	代擔我
,,	,, ,, cannot	tan¹-tai-pu ch'i³	起不代擔
,,	his own way, he will	t'a¹ t'ai⁴ niu² po²-tzǔ	子脖牛太他
,,	care of that, I'll	na⁴ wo³ yu³ fa²-tzǔ	子法有我那
,,	,, ,, it for me	t'i⁴ wo³ chien¹ kuan³	管監我替
,,	notice of him, don't	pieh² li³-t'a	他理別
,,	you at your word	i⁴ yen² wei² ting⁴	定爲言一
,,	precautions	fang²-fan	範防
,,	off (imitate)	hsiao² jên²	人學
,,	over office	li³ jên⁴	任履
,,	effect, his words	yen² t'ing¹ chi⁴ ts'ung²	從計聽言
,,	it for seventy-five dollars, I'll	ch'i¹ shih² wu³ k'uai⁴ suan⁴ wo³ ti¹	的我算塊五十七
,,	over a new business	chiao¹ p'an²	盤交
,,	in (as a coat)	ch'ü¹ shou⁴	瘦去
,,	only the case of the constitution	pieh² ti¹ pu⁴ shuo¹ chiu⁴ li⁴ hsien⁴ i¹ tuan¹	端一憲立就說不的別
,,	the case of Peking	i³ pei³ ching¹ shuo¹	說京北以
,,	,, ,, foreigners	chiu⁴ na² wai⁴ jên² êrh² lun⁴	
			論而人外拏就
,,	the opportunity of the crisis	ch'ing² wei¹	危乘

Take—Talk.		
Take up, what attitude does he	chü¹ jo⁴ ho² chih¹ t'ai⁴ tu⁴	度態之何若居
,, his erring (married) daughter back to his home	chiang¹ t'a¹ lou⁴ lien³ chih¹ nü³ chieh¹ hui² chia¹ chung¹	中家回接女之臉露他將
,, the field	ch'u¹ ching¹	征出
,, up arms	chih² kan¹ ko¹	戈干執
,, ,, shares	ying¹ mu⁴	募應
,, the liberty	pu⁴ ch'uai³ mao⁴ mei⁴	昧冒揣不
,, after so and so	hsüeh² pu⁴	步學
,, to a course	ts'ung² shih⁴	事從
Takes her cue from Japan, Britain	ying¹ shih⁴ jih⁴ wei² hsiang⁴ pei⁴	背向爲日視英
Talc,	huo³ po¹-li	璃玻火
Tale, a	ku⁴-shih-êrh	兒事故
,, a traveller's	yao²-huang shan¹	山謊謠
,, a tell	hui⁴ hsiao² shê²	舌學會
Talent,	ts'ai²	才
,,	ts'ai²-kan	幹才
,,	ts'ai² nêng²	能才
,,	tzŭ¹-chih	質資
Talented man	ts'ai² tzŭ	子才
Tales, to tell	ch'uan² shê²	舌拉
,, ,,	la¹ shê²	舌傳
Talisman, a	hu⁴ shên¹ fu²	符身護
,, to surrender was his first	i³ t'ou² hsiang² wei² pu⁴ êrh⁴ fa⁴ mên²	門法二不爲降投以
Talk,	hua⁴	話
,, to	shuo¹ hua⁴	話說
,, nonsensical	hu² shuo¹	說胡
,, ,,	hu²-shuo pa¹ tao⁴-ti	的道八說胡
,, ,,	wang⁴ k'ou³ pa¹ shê²	舌巴口妄
,, at random	hsin⁴ k'ou³-êrh k'ai¹ ho²	河開兒口信
,, irrelevant	mei² t'ou² mei² nao³-êrh-ti hua⁴	話的兒腦沒頭沒
,, (chat)	hsien² t'an²	談閒
,, small	yu³-i ta² 'rh mei²-i ta² 'rh-ti shuo¹	說的兒搭一沒兒搭一有
,, a long or friendly	ch'ang² t'an¹	談長
,, a pleasant	ch'ang² t'an²	談暢
,, caused a good deal of	hung⁴ tung⁴-liao ssŭ⁴ lin²	鄰四了動哄
,, of the country	t'ung¹ kuo² chieh¹ chih¹	知皆國通
,, of war	tung⁴ kan¹ ko¹ chih¹ yao² ch'uan²	傳謠之戈干動
,, subject of	t'an² ping³	柄談

Talk (rumour) — fêng¹ shuo¹ 風說
Talkative person, a — sui⁴ tsui³-tzŭ 碎嘴子
,, ,, — ai⁴ tao¹-lao 愛叨嘮
,, not — han³ yen² kua³ yü³-ti 罕言寡語的
Tall, — kao¹ 高
,, in stature — kao¹ shên¹-liang-êrh 高身量兒
Tallow, — niu² yu² 牛油
,, — yang² yu² 羊油
Tally for coolies, a — p'ao³ p'ai²-tzŭ 跑牌子
,, (a check) — fu² ch'ien¹-êrh 浮籤兒
,, by marks, to — tui⁴ hao⁴-êrh 對號兒
,, numbers — tui⁴ shu⁴-êrh 對數兒
Tambourine on iron frame, a — t'ai⁴-p'ing ku³ 太平鼓
,, on wooden ,, — pêng¹-tzŭ ku³ 鞭子鼓
Tame, — shu²-lo 熟咯
,, to — yang³ hsün²-shun-lo 養馴順咯
Tamp, to — tsa²-shang 砸上
Tamper with (too serious to interfere with), **to** — pu⁴ k'o³ ch'ing¹ shih⁴ 不可輕視
,, interfere with — kan¹-yü 干預
Tampion of a gun, the — p'ao⁴ k'ou³ sai¹-tzŭ 礮口塞子
Tan (See Sun), **to** — shu²-i-shu p'i²-tzŭ 熟一熟皮子
Tandem, a vehicle driven — êrh⁴ t'ao⁴-ti 二套的
,, leader of a — pang¹ t'ao⁴-ti 幫套的
,, ,, the near — li³ t'ao⁴-ti 裏套的
,, ,, ,, off — wai⁴ t'ao⁴-ti 外套的
Tangent, — ch'ieh¹ hsien⁴ 切線
,, — chêng⁴ ch'ieh 正切
Tangible, — yu³ pa³-wo-ti 有把握的
,, not — wu² ts'ung² cho¹ mo 無從捉摸
,, prospect of funds being forthcoming, no — chiao¹ k'uan³ shang⁴ wu² pa³ wu 交款尚無把握
Tangle, in a — t'uan² hsia¹-lo 團瞎了
,, to unravel a — chai²-k'ai-lo 摘開了
Tangles out of the hair, to take the — t'ung¹-t'ung t'ou² 通通頭
Tank in the ground, a — shui³ ch'ih²-tzŭ 水池子
,, an iron — t'ieh³ ho²-tzŭ 鐵盒子
Tannery, — chih⁴ ko² so³ 製革所
Tantalise, — ssŭ⁴ yü³ pu⁴ yü³ chih¹ hsi⁴ lung 似與不與之戲弄
Tantalising (of fruit, etc., beyond the grasp) — kan¹ ch'an² 乾饞
,, ,, ,, ,, — kan¹ ch'ou³-cho 乾瞅着
,, (disappointing) — kan¹ chao² chi² 乾着急
Tantamount to — ta⁴ t'ung² hsiao³ i⁴ 大同小異

Tantamount—Tarnished.

Tantamount to the loss of Kirin	pu⁴ t'i⁴ chi² shêng³ sang⁴ shih¹	不啻吉省喪失
Tantrum, in a	fan⁴ hsiao³ hsing⁴-êrh	犯小性兒
Taoism,	tao⁴ chiao⁴	道教
Taoist priest, a	tao⁴-shih	道士
,, ,,	lao³ tao⁴	老道
Taotai, a	tao⁴-t'ai	道台
,,	kuan¹-ch'a	觀察
Tap, to	ch'iao¹-ta	敲打
,, a	kuai³-tzǔ	拐子
,, to turn a	ning² kuai³-tzǔ	擰拐子
,, ,, on a	ning²-k'ai	擰開
,, ,, off a	ning²-shang	擰上
Tape,	t'ao¹-tzǔ	絛子
,, worm	hun⁴ shih³ ch'ung²	混屎蟲
,, red	kuan¹ ch'ang² wên² chang¹	官場文章
Tapering to a point	ch'u¹-ko shao¹ chien¹ 'rh	出個梢尖兒
Tapis, come on the	ch'êng² wên⁴ t'i²	成問題
Tar, coal	hei¹ mei² yu²	黑煤油
,, from pine	sung¹-hsiang yu²	松香油
Tare, allowance for	jang⁴ p ao² p'i²	讓刨皮
Target, a	pa³-tzǔ	靶子
,,	ku³-tzǔ	鵠子
,,	p'ai²	牌
,,	piao¹ ti¹	標的
,, for criticism, the	i shên¹ chung⁴ ti²	一身衆的
,, all hit the centre of the	wu² i¹ pu⁴ tê² chêng¹ ku³	無一不得正鵠
,, practice	shê⁴ ti¹ lien⁴ hsi²	射的練習
,, for horse archery	chien⁴ pa³-tzǔ	箭靶子
,, for rifle practice	ch'iang¹ tang³-êrh	鎗擋兒
,, to hit the	chao² p'ai²	着牌
,, bull's eye of a	yüeh⁴ kuang¹-êrh	月光兒
Tariff,	shui¹ tsê²	稅則
,, of charges	chia⁴-chih tan¹ 'rh	價值單兒
,, ,, ,,	ting⁴ chia⁴ piao³	定價表
,, conventional	hsieh² ting⁴ shui¹ shuai⁴	協定稅率
,, preferential	t'ê⁴ hui⁴ shui¹ shuai⁴	特惠稅率
,, prohibitive	chin⁴ chih³ ti¹ shui¹ shuai⁴	禁止的稅率
,, reciprocal	hsiang¹ hu⁴ ti¹ shui¹ shuai⁴	相互的稅率
,, retaliatory	pao⁴ fu⁴ ti¹ shui¹ shuai⁴	報復的稅率
,, statutory	kuo² ting⁴ ti¹ shui¹ shuai⁴	國定的稅率
,, autonomy	shui⁴ ch üan²	稅權
Tarnished,	kua⁴ hei¹ yu⁴-tzǔ-lo	掛黑䥝咯子

899 Tarred—Taunt.

Tarred with the same brush	t'ien¹-hsia lao³-kua i⁴ pan¹ hei¹	黑般一鴰老下天
Tartar, a	ta²-tzŭ	子達
,, (teeth)	ya² chih⁴	痣牙
,, ,,	ya² t'ai²	苔牙
Tartaric acid	chiu³ shih² suan⁴	酸石酒
Task (lesson), a	kung¹-k'o	課功
,, daily	jih⁴ k'o⁴	課日
,, to take to	chieh² tsê²	責詰
,, set me a hard	p'ai⁴-ti kung¹-k'o chên¹ nan²	難眞課功的派
,, don't take me to	pieh² t'iao¹-chien-wo	我撿挑別
Tassel, a	sui⁴-tzŭ	子穗
,, (plume on a hat)	ying¹-tzŭ	子纓
Taste, to	ch'ang²-i-ch'ang	嘗一嘗
,, a pleasant	hên³ hao³-ti wei⁴ 'rh	兒味的好很
,, a sour	suan¹ wei⁴ 'rh	兒味酸
,, does not suit my	pu⁴ ho² wo³-ti i⁴	意的我合不
,, according to your	sui² nin²-ti i⁴	意的您隨
,, in bad	shih¹-yü chien³ tien³	點撿於失
,, similarity of	ch'i⁴ wei⁴ hsiang¹ t'ou²	投相味氣
,, of society, not to the	pu⁴ ho² hu² shê⁴ hui⁴ ti¹ hsin¹ li³	理心的會社乎合不
,, have a	shih⁴ hao⁴	好嗜
,, (discernment)	ming² pien⁴ chih¹ ts'ai²	才之辯明
,, (to experience)	ch'ang² shih⁴	試嘗
Tasteful,	fêng¹ liu²	流風
Tasteless,	wu² wei⁴	味無
Tastes,	ch'i¹-hsi	習氣
,, of refined	ch'i⁴-hsi wên²-ya	雅文習氣
,, ,, solitary	wei² jên² ku¹-p'i	癖孤人爲
,, ,, simple	ai⁴ su⁴-tan	淡素愛
,, ,, conflicting	ping¹ t'an⁴ pu⁴ t'ung² lu²	爐同不炭冰
Tat, tit for	i³ pao⁴ i⁴ pao⁴	報易報以
,, ,,	i¹ huan² i² pao⁴-êrh	兒報一還一
Tattered,	p'o⁴ lan⁴	爛破
,,	lan²-lü	褸襤
Tattle,	ch'ang² shê² fu⁴-ti hua⁴	話的婦舌長
Tattoo,	kuei¹ ying² p'u³	譜營歸
Tattooed,	wên² shên¹	身文
,, mark on a criminal's face	tz'ŭ⁴ tzŭ⁴	字刺
Taunt,	ch'ao² lung	弄嘲
,, to	chieh² tuan³	短訐
,, ,,	fêng³-tz'ŭ jên²	人刺諷

Taunt—Tea.

Taunt, to	ch'iao⁴-p'i jên²	誚鄙人
,, him with previous shortcomings	chieh²-t'a tang¹ ch'u¹-ti tuan³-ch'u	許他當初的短處
Tautology,	yü³ i⁴ ch'ung²-fu-lo	語意重復咯
Tavern, a	hsiao³ chiu³ p'u⁴-êrh	小酒鋪兒
Tawdry clothes	i¹-shang-shih hua⁴-ti	衣裳是畫的
Tax, to levy a	chêng¹ k'o⁴	正課
,, land	ti⁴-ting ch'ien²-liang	地丁錢糧
,, ,,	ti⁴ k'o⁴	地課
,, ,,	ti⁴ shui⁴	地稅
,, house	fang² shui⁴	房稅
,, carriage	ch'ê¹ shui⁴	車稅
,, ,,	ch'ê¹ 'chüan¹	車捐
,, to pay a	na⁴ shui⁴	納稅
,, ,, ,,	shang⁴ shui⁴	上稅
,, one's energies, to	hao⁴ shên²	耗神
,, consumption	hsiao¹ shou⁴ shui⁴	消售稅
,, liability to pay	na⁴ shui⁴ i⁴ wu⁴	納稅義務
,, municipal	shih⁴ shui⁴	市稅
Taxation,	k'o⁴ shui⁴	課稅
Taxes,	fu⁴ k'o⁴	賦課
,,	shui⁴	稅
,, on land	tsu¹-tzŭ	租子
,, additional	fu⁴ chia¹ shui⁴	附加稅
,, business	ying² yeh⁴ shui⁴	營業稅
,, refusal to pay dues and concealment of	k'ang⁴ shui⁴ ni⁴ chüan¹	抗稅匿捐
Taxpayer,	na⁴ shui⁴ chê³	納稅者
Tea,	ch'a²	茶
,, leaves before infusion	ch'a² yeh⁴	茶葉
,, ,, after ,,	fa² ch'a² yeh⁴	乏茶葉
,, black	hung² ch'a²	紅茶
,, green	ch'ing¹ ch'a²	青茶
,, to make	ch'i¹ ch'a²	沏茶
,, ,,	p'ao⁴ ch'a²	泡茶
,, make you a cup of	kei³ nin² tun⁴-i-wan³ ch'a²	給您燉一碗茶
,, to pour out	tao⁴ ch'a²	倒茶
,, cup, a	ch'a² wan³	茶碗
,, cup with a cover	kai¹ wan³ 'rh	蓋碗兒
,, pot	ch'a² hu²	茶壺
,, party	ch'a² hui⁴	茶會
,, ,,	ch'a² hua⁴ hui⁴	茶話會
,, party, attend the	t'ung² wang³ ch'a² hua⁴	同往茶話
,, house, guest at a	i¹ ko⁴ ch'a² tso⁴ 'rh	一個茶座兒

Tea	poy	ch'a² chi¹ 'rh	茶几兒
,,	spoon	ch'a² ch'ih²-tzǔ	茶匙子
,,	to prepare boiling water for	tun⁴ ch'a²	燉茶
,,	taster (cha-see)	ch'a² shih¹	茶師
Toach, to		chiao¹	教
,,		chiao¹ shou⁴	教授
,,	(manners, etc.)	chiao¹-hsün	教訓
,,	it you, I will	wo³ chiao¹-kei-ni	我教給你
,,	you not to do it again, this will	chê⁴-chiu chieh⁴-ni hsia⁴ tz'ǔ⁴	這就戒你下次
Teacher, a		chiao¹-hsi	教習
,,		chiao¹ yüan²	教員
,,	tutor, a	hsien¹-shêng	先生
Teak,		yu⁴ mu⁴	柚木
Teal, a		hsiao³ yeh³ ya¹-tzǔ 'rh	小野鴨子兒
,,		pa¹ ya¹	巴鴨
Team of two mules, a		liang³ t'ao⁴ lo²-tzǔ	兩套騾子
,, of six mules		liu⁴ t'ao⁴ lo²-tzǔ	六套騾子
Tear, to		ssǔ¹	撕
,,		ssǔ¹-k'ai	撕開
,,	up	ssǔ¹-hsia-lai	撕下來
,,	to bits	ssǔ¹ sui⁴-lo	撕碎了
,,	in the eye, a	i⁴ ti¹ yen³ lei⁴	一滴眼淚
Tears, to shed		liu¹ yen³ lei⁴	溜眼淚
,, ,,		sa³ lei⁴	洒淚
,,	came into her eyes	yen³ ch'üan¹ 'rh i⁴ hung²	眼圈兒一紅
,,	turned into joy	p'o⁴ t'i⁴ wei² hsiao⁴	破涕爲笑
,,	stream down his cheeks	chi² tê² t'a¹ man³ lien³ lei⁴ hên²	急得他滿臉淚流
Tease, to		tou⁴	鬬
,, or tantalize		ou⁴-ni jên²	慪膩人
Teat, a		tsa¹ 'rh	咂兒
Technical,		chuan¹ mên² ti¹	專門的
,, terms		hang² hua⁴	行話
,, matters, have charge of		chang³ chi⁴ shu⁴ shih⁴ wu⁴	常技術事務
,, expert (to a department), chief		chi⁴ chêng⁴	技正
Te Deum,		tsan⁴ mei³ sung⁴	讚美頌
Tedious,		ma²-fan	麻煩
,,		ni⁴-fan	膩煩
,,		hsü⁴-fan	絮煩
Teeth,		ya²	牙
,, back		ts'ao² ya²	牙槽
,, front		mên² ya³	牙門

Teeth—Tell. 902

Teeth false	chia³ ya²	牙假
,, plate for false	ya² t'o¹-tzŭ	子托牙
,, projecting	pao¹ ya²	牙包
,, cutting the	chang³ ya²	牙長
,, stop the	pu³ ya²	牙補
,, pick	t'i¹ ya²	牙剔
,, to pull	chai¹ ya²	牙摘
,, get second	huan⁴ ya²	牙換
,, marks on a horse's	ya² ch'ü²	距牙
,, (of a saw)	chü⁴ ch'ih³-tzŭ	子齒鋸
Teetotaler, a	chieh⁴ chiu³-ti	的酒戒
Teetotum, a	nien³-nien chuan⁴ 'rh	的轉撚撚
,, to spin a	nien³ nien³-nien chuan⁴ 'rh	兒轉撚撚撚
Telegram, a	tien⁴ pao⁴	報電
,,	tien⁴ hsin⁴	信電
,, to send a	fa¹ tien⁴ pao⁴	報電發
,, home, send a	p'ai¹ tien⁴ hui² kuo²	國回電拍
,, for dispatch to the provinces, prepare a	i³ chiu⁴ i¹ tien⁴ p'ai¹ chih¹ ko⁴ shêng³	省各致拍電一就擬
Telegraph to him	kei³-t'a fa¹-ko tien⁴ pao⁴	壓電個發他給
,, wires	tien⁴ hsien⁴	綫電
,, poles	tien⁴ hsien⁴ kan¹-tzŭ	子杆綫電
,, submarine	hai³ ti³ hsien⁴	綫底海
,, office	tien⁴ pao⁴ chü²	局報電
,, form	fa¹ tien⁴ pao⁴ chih³	紙報電發
,, operator	tien⁴ shêng¹	生電
Telegraphic transfer, a	tien⁴ huei⁴	匯電
Telegraphy, wireless	wu² hsien⁴ tien⁴	電綫無
Telepathy,	lien² hsin¹	心聯
Telephone, a	tien⁴ hua⁴ hsia³-tzŭ	子匣話電
,, a message by	tien⁴ hua⁴	話電
,, ,, ,, send a	ta³-ko tien⁴ hua⁴	話電個打
,, long distance	ch'ang² chü⁴ tien⁴ hua⁴	話電距長
Telescope, a	ch'ien¹ li³ ching⁴	鏡里千
,,	wang⁴ yüan³ ching⁴	鏡遠望
,, reflecting	fan² shê⁴ ching⁴	鏡射反
,, refracting	ch'ü¹ chê² ching⁴	鏡折屈
Telescopic,	i⁴ chieh³ 'rh i⁴ chieh³ 'rh-ti t'ao⁴	套的節一兒節一
Tell, to	kao⁴-su	訴告
,, him to go	chiao⁴-t'a ch'ü⁴	去他敎
,, him by his figure, I can	wo³ ku¹-liang shên¹-liang chiu⁴ chih¹-tao	道知就量身量估我

Tell—Temperature.

Tell one from the other, cannot		fên¹-pu-ch'u pi³ tz'ŭ³ lai²	來此彼出不分
,,	for certain, cannot	shuo¹-pu-chun³	準不說
,,	fortunes, to	suan⁴ ming⁴	命算
,,	,, ,,	suan⁴ kua⁴	卦算
Teller,		t'ou² p'iao⁴ chien³ ch'a² yüan²	員查檢票投
Tell-tale, a		hui⁴ t'iao² san¹ wo¹ ssŭ⁴-ti	的四窩三調會
Tells, every shot		ch'iang¹ pu⁴ hsü¹ fa¹	發虛不鎗
Temerity,		mao⁴ hsien³	險冒
Temper (disposition)		p'i²-ch'i	氣脾性
,,	,,	hsing⁴-ch'ing	情性
,,	,,	hsing⁴-tzŭ	子性
,,	,,	hsin¹ hsing⁴	性心
,,	,,	ch'i⁴-hsing	性氣
,,	a man of irritable	tsao⁴ p'i²-ch'i	氣脾躁
,,	to be in an irritable	hsin¹-li fa¹ tsao⁴	躁發裏心
,,	a man of quick	tsao⁴ hsing⁴-tzŭ	子性躁
,,	keep one's	na⁴ ch'i⁴-'rh	兒氣納
,,	,, ,,	sha¹-cho ch'i⁴-'rh	兒氣著煞
,,	fly into a	nu chung¹ ch'i³ huo³	火起中怒
,,	lose one's	shêng¹ ch'i⁴	氣生
,,	to show	fan⁴ p'i²-ch'i	氣脾犯
,,	lost my	wo³ ch'i⁴ fa¹-tso-ch'u-lai-lo	咯來出作發氣我
,,	could not restrain my	jên³-pu-chu ch'i-lo	咯氣住不忍
,,	,, ,, ,, ,,	na⁴-pu-chu ch'i⁴-lo	咯氣住不納
,,	not recovered his	nu⁴ yu² wei⁴ hsi²	息未猶怒
,,	steel, to	chan⁴ kang¹	鋼蘸
,,	justice with mercy	yung⁴ k'uan¹ i³ chi⁴ mêng³ chu³ i⁴	義主猛濟以寬用
,,	,, ,, ,, ,,	fa⁴ wai⁴ shih¹ jên²	仁施外法
,,	to	ching¹ lien⁴	鍊精
,,	(the)	ch'i⁴ chih²	質氣
,,	and talk, mere waste of	t'u² fei⁴ ch'un² shê² k'un, nao⁴ i⁴ ch'i⁴	氣意鬧空舌唇費徒
Temperament of cheerful		hsing⁴-ch'ing t'an³ tang⁴	蕩坦情性
,,	nervous	shên² ching¹ hsing⁴ chih	質性經神
Temperate, to be		nêng² tzŭ⁴-chi chien³ tien³	點檢己自能
,,	zone, situate in the	ti⁴ ch'u³ wên¹ tai⁴	帶溫處地
,,	man, a	yin³ shih² yu³ tu⁴	度有食飲
Temperature,		wên¹ tu⁴	度溫
,,		lêng³ jo⁴	熱冷
,,	an even	lêng³ jo⁴ yün²-t'ing	停勻熱冷

Temperature—Ten.

Temperature of body	t'i³ wên¹	溫體
,, what is the	han² shu³ tao⁴ shêm²-mo tu⁴-shu-êrh	兒數度麼甚到暑寒
Tempered, young and hot	nien² ch'ing¹ ch'i⁴ shêng⁴	盛氣輕年
Temple, a	i² tso⁴ miao⁴	廟座一
,, ancestral	chia¹ miao⁴	廟家
,, ,,	tz'ǔ² t'ang²	堂祠
,, Buddhist	ho²-shang miao⁴	廟尙和
,, Taoist	lao³ tao⁴ miao⁴	廟道老
,, the term for nunnery, or a Buddhist	an¹	菴
,, the term for a Buddhist	s ǔ⁴	寺
,, the term for a Taoist	kuan⁴	觀
Temples, the	liang³ pin⁴	鬢兩
,, ,,	pin⁴ chiao³-êrh	兒角鬢
Tempora mutantur,	shih² kuo⁴ ch'êng² ch'ien¹	遷情過時
,, ,, et nos mutamur in illis	shih⁴ yün⁴ pien⁴ yü² shang⁴ jên² yü² hsia⁴	下於事人上於變運世
Temporal,	hsieh⁴ shih⁴ ti⁴	的世現
Temporary,	lin² shih² ti¹	的時臨
,, only	pu⁴ kuo⁴ chan⁴ shih²-ti	的時暫過不
,, delay, only a	hsü² shih² chi² chan⁴	暫極時需
,, measure of expediency a	i¹ shih² ch'üan² i² chih¹ chi⁴	計之宜權時一
,, or permanent, whether	pu⁴ lun⁴ chan⁴ chiu³	久暫論不
,, arrangement, a	chan⁴ hsing² pan⁴ fa³	法辦行暫
,, residence, a	chan⁴ chü¹	居暫
,, ,,	chi⁴ chü¹	居寄
Temporize,	yin¹ hsün²	循因
,,	ch'ên²-yen-cho	著淹沈
Temporizing,	ku¹ hsi	息姑
,, methods	shu³ shou³ liang³ tuan¹	端兩首鼠
,, ,,	ku¹ hsi shou³ tuan⁴	段手息姑
,, policy	yin¹ hsün² chu³ i⁴	義主循因
Tempt, to	yin³ yu⁴	誘引
,,	yu⁴ huo⁴	惑誘
,,	huo⁴-luan jên² hsin¹	心人亂惑
,, me, don't	pieh² ts'uan¹-to wo³	我攛擰別
Tempted to buy, was much	hên³ hsiang³-cho mai³	買著想很
Tempting offer, you make me a most	nin² chên¹ ch'an²-wo	我饞眞您
,, by desire for wealth	ch'i³ fa¹ ts'ai² chih¹ nien⁴	念之財發起
Ten,	shih²	十

Ten—Tenement.

Ten,	shih²-ko	十個
,, times smaller than China, area and population	ti⁴ chi¹ jên² k'ou³ shao³ wo³ min² kuo² shih² pei⁴	地積人口我少國十倍
Tenable,	tê² wei² ch'ih²	得維持
,, (argument)	k'o³ chu³ chang ti¹	可主張的
Tenacious,	ch'iang³ ch'ing² ti¹	強情的
,, of opinion.	ku⁴ chih² chih³ chien⁴	固執己見
,, ,,	ku⁴ chih² ch'êng² chien⁴	固執成見
,, of (rights)	ku⁴ shou³	固守
,, ,, ,,	ku⁴ shou³ ch'üan² li⁴	固守權利
,, memory	ch'iang² chi⁴	強記
Tenancy, a yearly	lun⁴ nien² tsu¹	論年租
Tenant, a	tsu¹ chu³-êrh	租主兒
,, a yearly	lun⁴ nien²-ti tsu¹ chu³-êrh	論年的租主兒
Tend (a sick man)	k'an⁴ hu⁴	看護
,, to	ch'ing¹ hsiang⁴	傾向
,, to, to	hsiang⁴	向
,, towards estoration of health	fu³ chu⁴ fu⁴ yüan²	輔助復元
Tendency,	ch'ü¹ shih⁴	趨勢
,, to idleness, a	t'ou¹ hsien²-ti chih⁴-hsiang	偷閒的志向
,, to drink	ai⁴ ho¹ chiu³-ti mao²-ping	愛喝酒的毛病
,, to rheumatism, a	i⁴-yü shou⁴ han²	易於受寒
Tender (of meat, etc.)	nên⁴	嫩
,, hearted	hsin¹ juan³	心軟
,, feet	chiao³-ti jou⁴ p'i²-tzŭ nên⁴	脚的肉皮子嫩
,, is still	hai² chüeh²-cho tien³-'rh t'êng²	還覺着點兒疼
,, for work, to	pao¹ pan⁴	包辦
,, to put in a	ti⁴ pao¹ pan⁴-ti chia⁴-mu	遞包辦的價目
,, the money	pa⁴ ch'ien² tui⁴-lo	把錢對咯
,, put up to	chao¹ shang¹ pao¹ pan⁴	招商包辦
,, resignation	t'i² ch'u¹ tz'ŭ² piao³	提出辭表
,, successful	tê² piao¹ iên²	得標人
,, to	t'ou² piao¹	投標
,, legal	fa⁴ huo⁴	法貨
Tendon, a	chin¹	筋
Tendril of a vine	p'u²-t'ao hsü¹-êrh	葡萄鬚兒
,, ,, ,,	p'u²-t'ao wan⁴-'rh	葡萄蔓兒
Tenement,	hêng² ch'an³	恆產

Tenet,	chiao⁴ li³	敎理
Tenets, embrace	ju⁴ mên²	入門
Tenfold,	shih² pei⁴	十倍
Tennis court, a	ta³ ch'iu² ch'ang³	打球場
Tenon, a	yang² sun³-'rh	陽榫兒
,, (mortise)	sun³-tzŭ	榫子
Tenor,	yao¹ chih³	要旨
,,	tsung¹ chih³	宗旨
,,	ta⁴ i⁴	大意
Tent, a	chang⁴-fang	帳房
,, put up a	tsa¹ chang⁴-fang	紮帳房
,, strike a	ch'ai¹ chang⁴-fang	拆帳房
Tentacles (See Antennæ)	chi¹-chüeh	猗角
Tentative,	shih⁴ yen⁴ ti¹	試驗的
Tenter hooks, on	hsia⁴-ti sha¹ chi¹ shih⁴-ti	似雞殺的
,, ,, ,,	ju² tso⁴ chên¹ chan¹	如坐針氈
Tenth, the	ti⁴ shih²-ko	第十個
,, of the month	ch'u¹ shih²	初十
,, a	i¹ ch'êng²	一成
,, ,,	shih²-fên-chih i¹	十分之一
Tenure of office, a five years'	wu³ nien² i² jên⁴	五年一任
,, of lease, five years'	wu³ nien² tsu¹ ch'i²	五年租期
,, (of a right)	hsiang³ yu³ chih¹ ch'üan²	享有之權
,, is precarious, his	pu⁴ nêng² chiu³ an¹ ch'i² wei⁴	不能久安其位
Tepid,	wên¹-ho	溫和
Tergiversation,	piao³ li³ fan³ fu⁴	表裏反覆
Term,	ch'i² hsien⁴	期限
,, school	hsüeh² ch'i²	學期
,, (courts)	k'ai¹ t'ing¹ ch'i²	開廷期
,, legal	fa³ lü⁴ yü³	法律語
,, technical	chuan¹ mên² yü³	專門語
,, is illegal (for the presidency), a third	fa³ ting⁴ pu⁴ tê² san¹ tz'ŭ⁴ lien² jên⁴	法不得三次連任
,, generic	tsung³ ming²	總名
,, (appellation)	ming² mu⁴	名目
,, for another	pieh² ming²	別名
,, (at school, etc.)	i⁴ chieh²	一節
,, by the	lun⁴ chieh²	論節
,, a modern	hsin¹ ming² tz'ŭ²	新名詞
Termagant, a	p'o¹-fu	潑婦
,,	han⁴ fu⁴	悍婦
Terminate,	chieh³ ch'u²	解除
,, (a contract), to	chiang¹ ho²-t'ung tso⁴ fei⁴	將合同作廢
,, an affair	wan² shih⁴	完事

Termination—Terrorism.

Termination,	chih³ ching⁴	止境
,,	chung¹ chü³	終局
,, of an agreement, the	ho²-t'ung hsien⁴ man³	合同限滿
,, of a word, the	mo⁴ chieh²	末節
,, of a contract	chieh³ yüeh¹	解約
Terminology,	ming² ch'êng¹ yüeh¹	名稱曰
Terminus,	tsui⁴ chung¹ tien³	最終點
,, a railway	mo⁴ chan⁴	末站
,, ,,	chung¹ chih⁴ chih¹ chan⁴	終止之站
Terms,	t'iao² chien⁴	條件
,, harsh	k'o¹ t'iao²	苛條
,, bring to	ya¹ fu²	壓服
,, come to	t'an² p'an	談判
,, of peace	p'ing² ho² t'iao² chien⁴	平和條件
,, of the agreement, by	an¹ ho²-t'ung so³ tsai³-ti	按合同所載的
,, are on good	lia³ jên² hsiang¹ t'ou²	倆人相投
Terrace, a	t'ai² chieh¹ 'rh	台堦兒
Terrestrial,	ti⁴ ch'iu² shang	地球上
Terrible,	li⁴-hai	利害
,,	k'o³ p'a⁴	可怕
,,	k'o³ ching¹	可驚
Terrified,	ching¹ huang¹-lo	驚慌了
,, me	pa⁴-wo tan³-tzǔ hsia⁴ p'o⁴-lo	把我膽子嚇破咯
,, of him	chien⁴-liao-t'a chiu⁴ hsiang¹ pi⁴ mao¹ shu³-êrh shih⁴-ti	見了他就像貓避鼠兒似的
Territorial,	ling³ t'u³ shang	領土上
,, integrity	ling³ t'u³ pao³ ch'üan²	領土保全
,, water	ling³ hai³	領海
,, expansion	k'ai¹ chiang¹ chih¹ t'u³	開疆拓土
,, official, a	ti⁴-fang kuan¹	地方官
Territory,	ti⁴-fang	地方
,,	ti⁴ ching⁴	地境
,,	ti⁴ yü²	地輿
,,	ti⁴ t'u³	地土
,,	ling³ ti⁴	領地
,, may not pass beyond the prohibited	pu⁴ tê² yüeh⁴ lei² ch'ih³ i¹ pu⁴	不得越雷池一步
,, (of U. S. A.)	chou¹	州
,, in British	ying¹ pan³ t'u² nei⁴	英版圖內
,, intact, protect our	pao³ ch'üan² chiang¹ ch'ang²	保全疆場
Terror, to cause	ling⁴ jên² ching¹ huang¹	令人驚惶
,, the child is a	hai²-tzǔ k'o³ p'a⁴	孩子可怕
Terrorism,	hsieh² po⁴	脅迫

Terrorism,	pao³ nüeh⁴ chêng⁴ chih⁴	暴虐政治
Terse in style	pi³ fa² chien³ lien⁴	筆法簡鍊
Tertiary,	ti⁴ san¹ ch'i²	第三期
Test, to	shih⁴-i-shih	試一試
,,	shih⁴ yen⁴	試驗
,,	shih⁴-t'an-shih-t'an	試探試探
,, of	chêng⁴ chü⁴	證據
,, ,, friendship	p'in³-i p'in³ p'êng² yu³-ti lêng³ nuan³	品一品友朋的冷暖
,, ,, ,,	chiao¹-ch'ing hou⁴ pao²-ti t'i³ yen⁴	交情厚薄的體驗
,, (standard)	piao¹ chun³	標準
,, firing	shih⁴ yen⁴ shê⁴ chi	試驗射擊
,, tube	shih⁴ yen⁴ kuan³	試驗管
Tests, practical	shih² ti⁴ ts'ê⁴ yen⁴	實地測驗
Testament (will), a	i² shu¹	遺書
,, the New	hsin¹ yüeh¹	新約
,, ,, Old	chiu⁴ yüeh¹	舊約
Testamentary memorial, a	i² chê²	遺摺
Testator,	i² yen² chê³	遺言者
Testicles,	shên⁴ tzŭ³	腎子
,, (scrotum)	yin¹ nang²	陰囊
Testify, to	chêng⁴ ming²	證明
,, ,,	tso⁴ chêng⁴	做證
,, ,,	chih³ chêng⁴-ch'u-lai	指證出來
Testimonial,	chêng⁴ ming² shu⁴	證明書
,, a	sung⁴ kung¹ piao³	頌功表
Testimony,	k'ou³-kung	口供
,,	chêng⁴-chü	證據
,, I can bear	wo³ k'o³ tso⁴ chêng⁴-chü	我可作證據
,, (legal)	ch'ên² shu⁴	陳述
Testy in temper	tuan³ ch'i⁴	短氣
Tetanus,	p'o⁴ shang¹ fêng¹	破傷風
Tête a tête,	ts'u⁴ hsi² t'an² hsin¹	促膝談心
Tether a horse, to	shuan¹ ma³	拴馬
,, with a picket rope	shuan¹-shang-ko kan³ ch'üan¹ 'rh	拴上個趕圈兒
,, end of one's	chih⁴ ch'iung² li⁴ chin⁴	智窮力盡
,, ,, ,, ,,	tao⁴ chin⁴ t'ou² chih¹ ch'u⁴	到盡頭之處
,, at the end of his	tao⁴-liao t'ou²-êrh-lo	到了頭兒了
Text,	yüan² wên²	原文
,, a	t'i²-mu	題目
,, (of a judgment)	chu³ wên²	主文
,, type, clear	pan³-tzŭ chên¹-cho	板子眞着
,, ,, small	hsiao³ tzŭ⁴ pan³	小字板

Text,	English	ying¹ wên²	文英
,,	book, a	chiao⁴ k'o¹ shu¹	書科教
Textile fabric		chih¹ wu⁴	物織
Texture, stout		shên¹-fên 'rh hou⁴	厚兒分身
,,	close	shên¹-fên 'rh mi⁴	密兒分身
,,	loose or coarse	shên¹-fên 'rh ts'u¹	粗兒分身
Than,		chiao⁴ chu¹	諸較
,,	that, better	pi³ na⁴-ko hao³	好個那比
,,	,, ,,	ch'iang²-yü na⁴-ko	個那於強
,,	two taels, not less	shao³-pu liao³ êrh⁴-liang³ yin²-tzŭ	子銀兩二了不少
,,	give it to you, I would sooner throw it away	lêng⁴ k'o³ jêng¹-liao wo¹ pu⁴ kei³ ni³	你給不我了拐可事
Thank you		to¹ hsieh⁴	謝多
,,	,,	lao³ chia⁴	駕勞
,,	,,	fei⁴ hsin¹	心費
,,	only himself to	tzŭ⁴ hsün² k'u³ k'uang⁴	況苦尋自
Thankful, most		kan³-chi-pu chin⁴	盡不激感
,,	,,	chên¹ kan³-chi	激感眞
Thankless task, a		yu² lao² wu² kung¹	功無勞有
,,	,,	pu⁴ ch'êng² ch'ing⁴-ti kung¹-k'o	課功的情承不
Thanks, many		to¹ hsieh⁴	謝多
,,	letter of	hsieh⁴ chuang⁴	狀謝
,,	to you gentlemen that the poor are fed	p'in² min¹ chih¹ wên¹ pao³ chieh¹ chu¹ chün¹ chih¹ so³ tz'ŭ⁴	賜所君諸皆飽溫之民貧
,,	for kind enquiries	ch'êng² wên⁴	問承
,,	,, ,, ,,	chiao⁴-nin tien⁴-chi-cho	著記惦您叫
,,	,, ,, intentions	ch'êng² ch'ing³	情承
,,	personal	mien⁴ hsieh⁴	謝面
,,	to express	tao⁴ hsieh⁴	謝道
,,	,,	chih⁴ hsieh⁴	謝致
,,	(with a return present)	ta² hsieh⁴	謝答
,,	to you	k'uei¹-liao nin²-na	納您了虧
,,	for your hospitality	yu³ jao³ nin²-na	納您擾有
,,	,, ,, attention	tsao¹ jao³ nin¹-na	納您擾遭
,,	a card of	ling³ hsieh⁴-ti ming² p'ien⁴	片名的謝領
,,	to return, for the loan of anything	tao⁴ shêng¹-shou	受生道
,,	for a loan of money	tao⁴ p'o⁴-fei	費破道
Thanksgiving day		kan³ hsieh⁴ chi⁴ jih⁴	日祭謝感
That,		na⁴-ko	個那
,,		pi³	彼
,,	this and	pi³ tz'ŭ³	此彼

That, in order	i³-wei		以為
„ with the result	i³ chih⁴		以至
„ state	yün² i³		云以 ....
„ year	na⁴ i⁴ nien²		那一年
„ you need not bother about	na⁴-ni pu⁴ yung⁴ kuan³		那你不用管
„ he did not know, it's not	pu⁴-shih pu⁴ chih¹		不是不知
„ it takes to make, the time	tso⁴-ti kung¹-fu		做的工夫
„ I saw him, at the time	wo³ chien⁴-ti shih²-hou 'rh		我見他的時候兒
„ at the time	tang¹ shih²		當時
Thatched cottage, a	ts'ao³ fang²		草房
Thaw, to	hsiao¹-lo		消了
„	hua⁴-lo		化了
The,	na⁴		那
„	chê⁴		道
„	ch'i²		其
„ man but know his name, I never met	êrh³ wên² chi² ming² wei⁴chien⁴ ch'i² jên²		耳聞其名未見其人
Theatre, a	hsi⁴ yüan²-tzŭ		戲園子
„	hsi⁴ kuan³-tzŭ		戲館子
„ an open air	yeh³ t'ai²-tzŭ hsi⁴		野臺子戲
„ to go to a	t'ing¹ hsi⁴		聽戲
„ to engage a box at a	pao¹ hsiang¹		包廂
Theatrical troupe, a	i⁴ pan¹-tzŭ hsi⁴		一班子戲
„ costumes	hsing²-t'ou		行頭
Their,	t'a¹-mên-ti		他們的
„ own	tzŭ⁴-chia-ti		自家的
Theism,	hsin⁴ shên² chiao⁴		信神教
Them,	t'a¹-mên		他們
„ we don't think much of	jo⁴-pei yeh³ suan⁴-pu-liao-shêm mo		若輩也算不了甚麼
Theme, a	t'i²-mu		題目
Themselves,	tzŭ⁴-chi ko³-êrh		自己各兒
Then,	chiu⁴		就
„ I said	wo³-chiu shou¹		我就說
„ I'll go	na⁴-mo-cho wo³ ch'ü⁴		那麼着我去
„ he said he did not want it	hou⁴-lai shou¹ pu⁴ yao⁴		後來說不要
„ it would have been better to buy it	tang¹ shih² mai³-liao chiu⁴ hao³		當時買了就好
„ now and	ou³ êrh³		偶爾
„ at the time	ch'i² shih²		其時

Then	at the time	pi³ shih² 彼時
,,	and there, gave it him	tang¹ ti⁴ chiu⁴ kei³-t'a t'a 當地就給他
,,	after which	jan² hou⁴ 然後
,,	know, you will	ni³ pien⁴ chih¹-tao 你便知到
,,	just	shih⁴ chih² 適值
,,	well, then	chi¹ ju² tz'ŭ³.... 既如此....
,,	since	êrh³ lai² 爾來
,,	understood that the two men were accomplices, they	ta⁴ chia¹ chê⁴ ts'ai² ming⁴ pai² liа³ jên² pi⁴ shih⁴ t'ung¹ ch'i⁴ 'rh 大家才這明白倆人必是通氣兒
Thenceforth,		yu² tz'ŭ³ 由此
,,		ts'ung² tz'ŭ³ 從此
,,		i³ hou⁴ 以後
Thenceforward,		wang³ hou⁴ 往後
Theocracy,		shên² ch'üan² chêng⁴ t'i³ 神權政體
Theodolite, a		ti⁴ p'ing² ch'ih³ 地平尺
Theology,		tao⁴ hsüeh² 道學
,,		t'ien¹ li³ hsüeh² 天理學
,,		shên² hsüeh² 神學
,,	natural	t'ien¹ li³ hsüeh² 天理學
,,	rational	ho² li³ shên² hsüeh² 合理神學
,,	revealed	t'ien¹ ch'i³ shên² hsüeh² 天啓神學
Theorem, binomial		êrh⁴ hsiang⁴ shih⁴ ting⁴ li³ 二項定理
Theoretical,		li³ lun⁴ ti¹ 理論的
,,		hsüeh² li³ ti¹ 學理的
Theories don't always hold good in practice		pi⁴ hu⁴ tsao⁴ ch'ê¹ wei² pi⁴ ch'u¹ mên² ho² chê³ 閉戶造車未必出門合轍
Theorize, to		chih³-shang t'an² ping¹ 紙上談兵
Theorizing, mere		p'ien¹ yü² li³ lun⁴ chih¹ yen² 偏於理論之言
Theory,		li³ lun⁴ 理論
,,	(speculation?)	t'ui¹ li³ 推理
,,	,,	i⁴ tuan⁴ 臆斷
,,	scientific	hsüeh² shuo¹ 學說
,,	but difficult in practice, excellent in	li³ hsiang³ sui¹ mei³ shih² hsing² k'un⁴ nan² 理想雖美實行困難
,,	,, ,, ,, ,,	tsai⁴ li³ lun⁴ shang⁴ shên⁴ wan² shan⁴ 在理論上甚完善
,,	but not in practice, good in	nêng² shuo¹ pu⁴ nêng² hsing² 能說不能行
,,	,, ,, ,, ,,	i⁴ lun⁴ to¹-êrh ch'êng² kung¹ shao³ 議論多而成功少
,,	and practice, fair both in	yü² li³ lun⁴ shih⁴ shih² liang³ tê² ch'i² p'ing² 於理論事實兩得其平
Theosophy,		chieh¹ shên² shu⁴ 接神術

Therapeutics—Thick.

Therapeutics,		chih⁴ liao² hsüeh²	治療學
There,		na⁴-li	那裏
,,		tsai⁴ pi³ ch'u⁴	在彼處
,,		na⁴ 'rh	那兒
,,		na⁴-pien	那邊
,,	is there anyone?	na⁴-li yu³ jên²-mo	那裏有人麼
,,	you've spoilt it!	ni³ ch'iao², kei-nung⁴ huai⁴-lo	你膲給弄壞咯
Thereabouts,		shang⁴ hsia⁴	上下
,,	(more or less)	pu⁴ shên⁴ ch'u¹ ju⁴	不甚出入
Thereafter,		i³ hou⁴	以後
,,		ts'ung² tz'ŭ³	從此
,,		ssŭ⁴ hou⁴	嗣後
Therefore,		shih⁴ i³	是以
Therein,		tz'ŭ³ tien³	此點
Thereupon,		sui⁴ chiu⁴	遂就
Thermal spring		wên¹ ch'üan²	溫泉
Thermometer, a		han² shu³ piao³	寒暑表
,,	(clinical)	t'i³ wên¹ ch'i⁴	體溫器
,,	centigrade	shê⁴ shih⁴ han² shu³ piao³	攝氏寒暑表
,,	fahrenheit	hua² shih⁴ han² shu³ piao³	華氏寒暑表
,,	maximum	tsui⁴ kao¹ han² shu³ piao³	最高寒暑表
,,	minimum	tsui⁴ ti¹ han² shu³ piao³	最低寒暑表
Thesaurus,		wên² tien³	文典
Thesis,		lun⁴ wên²	論文
,,		ts'ê⁴ lun⁴	策論
,,		chieh² t'i²	結題
They,		t'a¹-mên	他們
,,		pi³ têng³	彼等
Thibet,		hsi¹ tsang⁴	西藏
Thick,		hou⁴	厚
,,	(of paste, etc.)	nung²	濃
,,	,, ,, ,,	ch'ou²	稠
,,	crowd, a	jên² yen¹ ch'ou² mi⁴	人烟稠密
,,	muddy	hun²-lo	渾咯
,,	mist, a	wu⁴ hsia⁴-ti ch'ên²	霧下的沈
,,	that's a bit	t'ai⁴ shuo⁴ pu⁴ hsia ch'ü¹	太說不下去
,,	and thin, through	mao⁴ yüeh⁴ chien¹ nan²	冒越艱難
,,	and thin, will stick to you through	hao³ tai³ wo³ li²-pu k'ai¹ ni³	好歹我離不開你
,,	headed	ssŭ³ nao³ mên²-tzŭ	死腦門子
,,	,,	ssŭ³ hsin¹ k'u¹-lung êrh	死心窟窿兒
,,	skinned	lien³ han¹ p'i² hou⁴	臉憨皮厚
,,	(of friendship)	chiao¹-ch'ing hên³ hou⁴	交情很厚

Thick—Third.

Thick of the battle, in the	p'ao⁴ lin² ch'iang¹ yü³ chih¹ chung¹	砲林鎗爾之中
Thicket,	ts'ung¹ lin²	叢林
Thickness,	hou⁴ pao²	厚薄
Thief, a	tsei²	賊
,, (pickpocket), a	hsiao²-li	小綹
,, a petty	mao² chiao³ tsei³	毛脚賊
Thieve, to	shou³-pu wên³	手不穩
,, ,,	shou³ nien²	手黏
Thigh, the	ta⁴ t'ui³	大腿
Thimble, a	ting³-chên 'rh	頂針兒
Thin,	pao²	薄
,, of liquid	hsi¹	稀
,, (rarefied)	hsi¹ pao²	稀薄
,, (of attendance)	hsi-la ma¹ la¹ 'rh-ti	稀拉嗎拉的兒
,, (emaciated)	shou⁴	瘦
,, of hair	t'ou²-fa pao²	頭髮薄
,, pulse	mo⁴ hsi⁴ ju² ssŭ¹	脈細如絲
Things,	tung¹-hsi	東西
,,	wu⁴-chien	物件
,,	wu⁴-êrh	物兒
,, all	wan⁴ wu⁴	萬物
,, state of	chuang⁴ k'uang⁴	狀況
Think, to	hsiang³	想
,, it is so, I	hsiang³-cho shih⁴	想着是
,, of it, did not	mei² hsiang³ tao⁴	沒想到
,, about it, to	chên¹-cho-chên-cho	斟酌斟酌
,, ,, ,, ,,	ssŭ¹-liang	思量
,, I don't know, you	ni³ i³-wei wo³-pu chih¹-tao	你以爲我不知道
,, it will rain, I	p'a⁴ yao⁴ hsia⁴ yü³	怕要下雨
,, of the future, to	lü⁴ hou⁴	慮後
,, of each other, to	hsiang¹ ssŭ¹	相思
,, well of	tso¹ ch'ing	作情
,, ,, ,, him, all	jên² tou¹ yang³ mu⁴	人都仰慕
,, over	ssŭ¹ so³	思索
,, much of so and so	ch'i⁴ chung⁴	器重
Thinking about, not worth	pu⁴ chih²-tê fang⁴-tsai yen³-li	不値得放在眼真
,, about it, no good	mei³ hsiang⁰-t'ou-lo	沒想頭嘍
,, of me, thank you for	to¹ hsieh⁴ hsiang³-cho	多謝想着
,, could not bring him round to my way of	ko¹-po niu³-pu kuo⁴ ta⁴ t'ui³	胳膊扭不過大腿
Thinskinned,	mien⁴ nên⁴	面嫩
Third estate	p'ing² min³	平民

Third—Thoroughly. 914

Third party	ti⁴ san¹ chê³	第三者
„ one	san¹ fên¹ chih¹ i¹	三分之一
Thirst,	k'o³	渴
„ after	k'o³ hsiang³	渴想
„ hunger and	chi¹ k'o³	饑渴
„ parched with	k'o³-ti sang³-tzŭ mao⁴ yen¹-'rh	渴的嗓子冒煙兒
„ feverish	kan¹ k'o³	乾渴
Thirsty,	k'o³-lo	渴咯
Thirteen,	shih² san¹	十三
Thirty,	san¹ shih²	三十
This,	chê⁴-ko	這個
„	tz'ŭ³	此
„ and that	pi³ tz'ŭ³	彼此
„ time, up to	tao⁴ ju² chin¹	到如今
„ „ „	tao⁴ na⁴-ko shih²-hou-rh	到那個時候兒
Thistle, a	ma³ chi⁴	馬薊
Thole pin, a	lu³ chuang¹-tzŭ	櫓樁子
Thong, a	p'i² tai⁴-tzŭ	皮帶子
„	p'i² t'iao²-tzŭ	皮條子
„ of a lash	pien¹-tzŭ shao¹-êrh	鞭子鞘兒
Thorn, a	tz'ŭ⁴	棘
„ bush	chih³-ching	荊枳
„ (fig.)	fan² k'u³	煩苦
Thorny,	tai⁴ tz'ŭ⁴-êrh-ti	帶棘兒的
„ question	nan² wên¹	難問
„ question, to handle a	chê-chien shih⁴-ch'ing cha¹ shou³	這件事情扎手
Thorough,	t'ung¹	通
„	chou¹-ch'üan	周全
„	t'ung¹ t'ou⁴	通透
„	chou¹ tao⁴	周到
„	kên¹ pên³ ti¹	根本的
„ experience	fu¹ yu³ ching¹ yen⁴	富有經驗
„ knowledge	t'ung¹ chih¹	通知
„ good hiding, gave him	t'ung⁴ ta³-liao i² tun⁴	痛打了一頓
„ „ laugh, had a	t'ung⁴ hsiao⁴-liao i⁴ ch'ang²	痛笑了一場
Thoroughbred,	shun² chung³	純種
Thoroughfare, no	lu⁴ pu⁴ t'ung¹ hsing²	路不通行
„ „	tao⁴-êrh pu⁴ t'ung¹	道兒不通
„ an important	t'ung¹ ch'ü¹ ta⁴ lu⁴	通衢大路
Thoroughly, knows it	chih¹-tao-ti t'ou⁴-ch'ê	知道的透澈
„ wet with rain	lün¹ t'ou⁴-lo	淋透咯

Though—Thrashing.

Though, although	sui¹ jan²	雖然
,, it may be he	ching⁴ kuan³ shuo¹-shih t'a¹	竟管是說他
Thought,	i⁴ chien	意見
,, world of	ssŭ hsiang³ chieh⁴	思想界
,, struck him, the brilliant	i⁴ hsiang³ t'ien¹ k'ai¹	異想天開
,, is the loan negotiations, his sole	hsin¹ mu⁴ chien¹ chin³ yu³ chieh⁴ k'uan³ i¹ shih⁴	心目間僅有借欵一事
,, it was he, I	hsiang³-cho-shih t'a¹	想着是他
,, ,, ,,	wo³ tang³-shih t'a¹	我當是他
,, a long time	hsiang³-liao pan⁴ t'ien¹	想了半天
,, anxious	hsüan² hsin¹	懸心
,, to, gave much	fei¹-liao to¹-shao hsin¹	費了多少心
,, of you, often	ch'ang² nien⁴-tao-cho ni³	常念道着你
,, give occasion for	fan⁴ ssŭ¹-liang	犯思量
,, careful	hsi¹ ssŭ¹-liang	細思量
,, of it, had already	i³-ching liao⁴-chao-lo	已竟料着咯
,, didn't give it a	chih²-mei ko¹ hsin¹	直沒擱心
,, lost in	ch'u¹ shên²	出神
Thoughtful,	chu⁴ i⁴	注意
,,	hsin¹-ssŭ hsi⁴	心思細
,,	hsiang³-ti chou¹-tao	想的周到
,, of you, that was	chên¹ t'i¹ wo³ hsiang³-ti chou¹-tao	眞替我想的周到
Thoughtless,	ch'ing¹ ts'u	輕率
,,	i⁴ tien³ 'rh ssŭ¹-hsiang mei² yu³	一點兒思想沒有
,, person, a	wu² hsin¹ jên²	無心人
,, ,,	ts'u¹ hsin¹ jên²	粗心人
Thoughtlessness, only	pu⁴ kuo⁴ ch'u¹-yü wu² hsin¹	不過出於無心
Thoughtreading,	tu² hsin¹ shu⁴	讀心術
Thoughts away in the clouds	ju² tsai⁴ wu³ li³ wu⁴ chung¹	如在五里霧中
,, put it out of his	fu⁴-chih tu⁴ wai⁴	付之度外
,, never out of one's	i² k'o⁴ pu⁴ wang⁴	一刻不忘
,, to collect one's	kou¹ ssŭ¹	搆思
Thousand, a	i⁴ ch'ien¹	一千
,, to one, a	wan¹ i¹	萬一
Thousandth part, a	i⁴ li²	一厘
Thousands daily	jih⁴ i³ ch'ien¹ chi⁴	日以千計
Thrash grain, to	ya⁴ liang²-shih	軋糧食
Thrashing floor	ya⁴ ch'ang²	軋場
(See Threshing.)		

Thrashing—Thrive.   916

Thrashing, give him a	ta³-t'a i² tun⁴	打他一頓
Thread, a	i⁴ kên¹ hsien⁴	一根線
,, ,,	i⁴ t'iao² hsien⁴	一條線
,, of life, a	i hsien⁴ chih¹ ming⁴	一線之命
,, ,,	i¹ hsien⁴ shêng¹ chi¹	一線生機
,, of hope	i¹ hsien⁴ chih¹ lu⁴	一線之路
,, hangs by a	i¹ fa³ ch'ien¹ chin¹	一髮千金
,, cotton	mien² hsien⁴	綿線
,, silk	ssŭ¹ hsien⁴	絲線
,, a needle, to	jên⁴ chên¹	紉針
,, beads, etc., to	ch'uan⁴-shang	串上
,, one's way through, to	ch'uan¹-cho tsou³	穿着走
Threadbare,	mo² chih⁴-lo	磨製咯
Threaten, to	ho⁴-hu	呼嚇
,, ,,	wei¹-pi	威逼
,, ,,	t'ung¹-ho	恫嚇
,, him with dismissal	i³ tz'ŭ² ho⁴-hu-t'a	以辭嚇呼他
,, with dismissal	i³ ko² t'ui⁴ têng³ yü³ k'ung³ ho	以革退等語恐嚇
,, rain	t'ien¹ yu² jan² tso⁴ yün²	天油然作雲
Threatening,	hsieh² po⁴ ti¹	脅迫的
Threats, not afraid of	pu⁴ p'a⁴ ho⁴-hu	不怕呼嚇
Three,	san¹	三
,, times	san¹ tz'ŭ⁴	三次
,, ,, three are nine	san¹ san¹ chien¹ chiu³	三三見九
,, cornered	san¹ chiao³-êrh-ti	三角兒的
,, rule of	pi³ li⁴	比例
Threshing floor, a	ch'ang²-yüan	場院
Threshold, a	mên² k'an³ 'rh	門檻兒
,, (fig.)	ju⁴ mên²	入門
Threw it down	shuai¹-liao-ch'ü	摔了去
Thrift,	ch in² chien³	勤儉
	chien³-shêng	儉省
	chieh² yung⁴	節用
,, habit of	ch'in² chien³ chih¹ fêng¹	勤儉之風
Thriftless,	pu⁴ hui⁴ mou² shêng¹	不會謀生
Thrifty,	hui⁴ chien³-shêng	會儉省
Thrill,	kan³ tung⁴	感動
,, of painful feeling, a	t'ing¹-cho i² chên⁴ cha¹ hsin¹	聽着一陣扎心
,, of pleasurable feeling, a	lo⁴-ti i² chên⁴ tz'ŭ⁴ hsin¹	樂的一陣刺心
Thrilling point of a story	ju⁴ shên²-ti ti⁴-fang-êrh	入神的地方兒
Thrive,	fan² ch'ang¹	繁昌
,,	fa¹ ta²	發達

Thrive, does not well, to | pu⁴ chien⁴ ch'u¹-chang 不見出長
," well, to | hên³ ch'u¹-chang 很出長
Thriving, | ch'u¹-chang-ti hên³ hsiung²-chuang 出長的很雄壯
," | hsing¹-wang 興旺
," business | ch'u¹-chang-ti hên³ hsing¹-wang 出長的很興旺
," ," | ching¹ ying² jih⁴ chia¹ 經營日佳
," trade | tz'ǔ³ yeh⁴ huo⁴ li⁴ shên⁴ hou⁴ 此業獲利甚厚

Throat gullet, the | sang³-tzǔ 嗓子
," ," ," | hou²-lung 喉嚨
," cut his | mo³ po² tzǔ 抹脖子
," neck | po² kêng³-tzǔ 脖頸子
," a sore | sang³-tzǔ t'êng² 嗓子疼
Throated (lusty) | hou²-lung ta⁴-ti 喉嚨大的
Throb, | ch'êng¹ ch'ung 怔忡
," with pain, to | i² chên⁴ i² chên⁴-ti-cha¹-cho t'êng² 一陣一陣的扎着疼

Throes of parturition | lin² ch'an³ fu³ t'ung⁴ 臨產腹痛
," ," | yao¹ fu³ chin³ t'ung⁴ 腰腹緊痛
," of literary composition | mei² wên²-chang tu⁴-tzǔ k'ung¹ cho t'êng² 沒文章肚子空着疼

Throne, a | ti⁴ wei⁴ 帝位
," | pao³ tso⁴ 寶座
," to ascend the | têng¹ wei⁴ 登位
," ," ," | têng¹ chi¹ 登基
," to succeed to the | hsi² wei⁴ 嗣位
," have designs on the | pu⁴ ch'ên² chih¹ mou² 不臣之謀

Throng, a | i⁴ ch'ün² jên² 一群人
," | i⁴ tsui¹ jên² 一堆人
," | i⁴ ch'üan¹-tzǔ jên² 一圈子人
," to | yung³ chi³ pu⁴ tung⁴ 擁擠不動
Throttle, to | ch'ia¹-ssǔ 掐死
Through trade, prosperous | i³ shang¹ fu⁴ 以商富
," fall | p'o⁴ lieh⁴ 破裂
," train | t'ung¹ ch'ê¹ 通車
," to penetrate | t'ung¹-kuo-ch'ü 通過去
," that place, passed | ta³ na⁴ 'rh kuo⁴-lai-ti 打那兒過來的
," my mind, it passed | ta³-wo hsin¹-li i² kuo⁴-êrh 打我心裏一過兒
," him, I saw | wo³ pa⁴-t'a k'an⁴ p'o⁴-lo 我把他看破咯
," my hands, passed | kuo⁴-liao wo³-ti shou³ 過了我的手
," it, cannot see | k'an⁴-cho pu⁴ t'ung¹ liang⁴-êrh 看着不通亮兒

Through—Throw.

Through parliament (as a bill)	t'ung¹ kuo⁴ kuo² hui⁴	通過國會
,, him, bought it	yu² t'a¹ shou³-li mai³-ti	由他手裏買的
,, you, all	ch'üan²-shih yu² ni³	全是由你
,, knew it all	t'ung³ t'ung¹ chih¹-tao-lo	統通知道了
,, with rain, wet	lün² t'ou⁴-lo	淋透咯
,, ,, water ,,	shih¹ t'ou⁴-lo	濕透咯
,, cannot pass it	chi³-pu-kuo ch'ü⁴	擠不過去
,, ,, ,,	ch'uan¹-pu-kuo ch'ü⁴	穿不過去
,, train, a	t'ung¹ hsing²-ti ch'ê¹	通行的車
,, straight	i⁴ chih²-ti	一直的
Throughout,	ts'ung² shih³ chih⁴ chung¹	從始至終
,, ,, one's life	chung¹ shên¹	終身
Throw, to	jêng¹	扔
,, away	jêng¹-lo	扔咯
,, down	jêng³-hsia-ch'ü	扔下去
,, it to him	jêng¹-kei-t'a	扔給他
,, dice, to	chih¹ shai³ tzŭ	擲骰子
,, of the dice, one	i⁴ shai³-êrh chih¹	一骰兒擲
,, over (as in wrestling)	liao⁴ t'ang³-hsia	撂躺下
,, ,, (as a jar)	kuai³ t'ang³-hsia	拐躺下
,, person over for another	pa⁴ wo³ liao⁴-hsia-lo	把我撂下咯
,, ,, ,, ,,	pa⁴ wo³ p'ieh¹-hsia-lo	把我撇下咯
,, ,, ,, ,,	pa⁴ wo³ tiu¹-hsia-lo	把我丟下咯
,, away an opportunity	pa⁴ chi¹-hui ts'o⁴-kuo-ch'ü-lo	把機會錯過去了
,, ,, ,,	shih¹ chi¹-hui	失機會
,, away money	pai² jêng¹ ch'ien²	白扔錢
,, a stone at him	na² shih²-t'ou k'an³-t'a	拿石頭砍他
,, stones	p'ieh³ shih²-t'ou	撇石頭
,, a horse	pan⁴ t'ang³-hsia	絆躺下
,, it into the river	p'ieh³-tsai ho²-li	撇在河裏
,, ,, ,, street	p'ieh³-tsai chieh¹-shang	撇在街上
,, in something to equalize an exchange	t'ieh¹-huan	貼換
,, things about in a fit of temper	tun¹-shuai tung¹-hsi	撉摔東西
,, in two more	to¹ jao²-liang-ke	多饒兩個
,, away life	shê³ ming⁴	捨命
,, off bed-clothes	ch'uai⁴-k'ai-lo	踹開咯
,, back (reverse)	tun⁴ ts'o⁴	頓挫
,, some of the blame on another	fên¹ pang³	分謗
,, money about	hui¹ chin¹ ju² t'u³	揮金如土
,, up one's job	kao¹ tz'ŭ² pu⁴ kan⁴	告辭不幹
,, open a country	k'ai¹ fang⁴	開放

919   Throw—Ticket

Throw out a bill	fou³ chüeh²	決否
Thrown from his horse	ma³ pa⁴-t'a hsien¹-hsia-lai-lo	咯來下掀他把馬
Thrum the guitar, to	t'an² hsien²-tzŭ	子絃彈
Thrush, a	hua⁴-mei	眉畫
Thrust,	t'ui¹ li⁴	力推
,, to	ch'u³	觸
,, it into the breast of his coat	ch'uai¹-tsai huai²-li	裏懷在搋
,, it into my hand	ch'u³-tsai-wo shou³-li	裏手我在觸
,, ,, his pocket	yeh¹-tsai tou¹-tzŭ-li	裏子兜在掖
,, one's self forward	cha¹-tsai t'ou²-li	裏頭在扎
,, a knife into the flesh, to	pa⁴ tao¹-tzŭ ch'o¹-tsai jou⁴-li	把刀子戳在肉裏
,, in your word, don't	pieh² hun⁴ ch'a² tsui³	別混話岔嘴
Thud, fell to the ground with a	p'u¹-ch'ih¹-ti i⁴ shêng¹ tiao⁴-tsai ti⁴ hsia-lo	撲哧的一聲掉在地下了
Thumb, the	ta⁴-mu chih²-t'ou	大拇指頭
,, ring, a	pan¹-chih rh	搬指兒
,, under his	tsai⁴ ch'i² chang³ chung	在其掌中
,, got them under his	tou¹ chiao⁴-t'a-kei na²-hsia ma³-lai-lo	都教他給拿下馬來咯
Thump, to	ts'o⁴	挫
,,	ch'ui²	搥
Thunder,	lei²	雷
,, to	ta³ lei²	打雷
,, a clap of	i² chên⁴ lei²	一陣雷
,, ,,	i²-ko p'i¹ lei²	一個霹雷
Thursday,	li³ pai⁴ ssŭ⁴	禮拜四
,,	hsing¹-ch'i ssŭ⁴	星期四
Thus,	chê⁴-mo	這麼
,,	na⁴-mo	那麼
,,	ju² tz'ŭ³	如此
,, unless we act	yao⁴ shih⁴ pu⁴ chê⁴ yang⁴ tso⁴	要是不這樣做
Thwart,	shih¹ pai⁴	失敗
,, to	ting³-chuang	頂撞
,, ,,	ta³ po²-lan 'rh	打駁攔兒
Thyroid gland	chia³ chuang⁴ ch'üan²	甲狀腺
Tick, a dog	kou³ tou⁴-tzŭ	狗豆子
,, fly a	kou³-ying	狗蠅
,, of a watch or clock, the	ka¹-ta 'rh hsiang³	嘎咑兒響
,, off on a list	kou¹-shang chi⁴ hao⁴	勾上記號
,, don't give	pu⁴ shê¹ chang⁴	不賒賬
Ticket, a	p'iao⁴	票

Ticket—Tide.

Ticket, a pawn	tang⁴ p'iao⁴	當票
,, a railway	ch'ê¹ p'iao⁴	車票
,, of admission	ju⁴ ch'ang² ch'üan⁴	入場券
,, or label, a	ch'ien¹-tzŭ	籤子
,, a lottery	ts'ai³ p'iao⁴	彩票
,, to	hao⁴-shang	號上
,, a price	chia⁴ ma³-êrh ch'ien¹-tzŭ	價碼兒籤子
,, affix a	t'ieh¹-shang ch'ien¹-tzŭ	貼上籤子
,, of admission	ju⁴ ch'ang² chüan⁴	入場券
,, of initation	chao¹ tai⁴ chüan⁴	招待券
,, season	ting⁴ ch'i² ch'ê¹ chüan⁴	定期車券
,, return (Japanese)	wang³ fu⁴ ch'êng² ch'ê¹ chüan⁴	往復乘車券
,, party	t'uan² t'i³ ch'êng² ch'ê¹ chüan⁴	團體乘車券
,, excursion	lin² shih² yu² lan³ ch'êng² ch'ê¹ chüan⁴	臨時游覽乘車券
,, complimentary	yu¹ tai⁴ ch'üan⁴	優待券
Tickle, to	nao²	撓
,,	ko²-chih	隔肢
Tickles, it	yang³-yang	癢癢
,, ,,	chüeh²-cho ch'u¹-liu-tê-huang	覺着出溜得慌
Ticklish,	p'a⁴ ko²-chih	怕隔肢
,,	chin¹-pu chu⁴ ko²-chih	禁不住隔肢
Tide,	ch'ao²	潮
,,	ch'ao² shui³	潮水
,, rising	chang³ ch'ao²	長潮
,, falling	lao⁴ ch'ao²	落潮
,, high	ch'ao² man³-lo	潮滿咯
,, low	lao⁴-liao ch'ao-lo	落了潮咯
,, falling	t'ui⁴ ch'ao²	退潮
,, against the	ting³-cho ch'ao²	頂着潮
,, with the	shun⁴-cho ch'ao²	順着潮
,, over a difficulty	ai²-mo-kuo-ch'ü	挨摸過去
,, over the new year, no means to	wu² i³ tu⁴ sui⁴ chih¹ yü²	無以度歲之虞
,, over the next few months another ten millions are needed, to	jêng² hsü¹ i⁴ ch'ien¹ wan⁴ chih¹ shu⁴ shih³ nêng² fu¹ yen³ shu³ yüeh⁴ chih¹ yung⁴	仍須一千萬之數始能敷衍數月之用
,, (fig.)	ch'ao² liu²	潮流
,, turn of the	yün⁴ chuan³	運轉
,, (tendency)	ch'i⁴ shih⁴	氣勢
,, waiter	shui⁴ kuan¹ chien¹ li⁴	稅關監吏

Tidy—Tile.

Tidy,	ai² ch'iang² k'ao⁴ pan³ 'rh-ti	挨墻靠板兒的
,, up, to	kuei¹-cho kuei¹-cho	歸着歸着
,, ,,	shih²-to shih²-to	拾掇拾掇
,, (shipshape)	ju¹-t'ieh	慰帖
Tie up (as the four corners of a bundle, etc.)	chi⁴-shang	繫上
,, (as a parcel)	k'un³-shang	捆上
,, a knot	chieh²-ko ko¹-ta	結個紇繨
,, ,,	chi⁴-ko ko¹-ta	繫個疙疸
,, up a horse	shuan¹ ma³	拴馬
,, together	k'un³-tsai i² k'uai⁴ 'rh	捆在一塊兒
,, up (as the boughs of a bush)	lung³-ch'i-lai	籠起來
,, my hands, will	k'un³-cho wo³-ti shou³	捆着我的手
,, up the wound	k'un³ cha shang¹ k'ou³	捆紮傷口
,, a (of votes)	t'ung² shu⁴	同數
,, ,,	pu⁴ fên¹ shêng⁴ fu⁴	不分勝負
,, (relationship)	yüan²	緣
,, of duty	i⁴ wu⁴ chih¹ shu⁴ fu	義務之束縛
,, up together	shuan¹ tsai⁴ i¹ k'uai⁴ 'rh	拴在一塊兒
Tiers, in	i⁴ ts'êng²-i ts'êng²-ti	一層一層的
Ties of brotherhood	shou³ tsu²-chih ch'ing	手足之情
,, ,, blood	ku⁴ jou⁴-chih ch'ing²	骨肉之情
,, of duty and admirably loyal, conscious of the	shên¹ ming² ta⁴ i⁴ chung¹ shun¹ k'o³ chia¹	深明大義忠順可嘉
Tiff, they had a	lia³-jên fan⁴ hsiao³ hsing⁴-êrh	倆人犯小性兒
Tiffin,	shang³ fan⁴	晌飯
Tiger, a	i⁴ chih¹ lao²-hu	一隻老虎
Tight,	chin³	緊
,, to draw	la¹ chin³-lo	拉緊了
,, to shut	kuan¹ chu⁴-lo	關住了
,, to sit	tso⁴ chu⁴-lo	坐住了
,, to tie	chieh² chin³-lo	結緊了
,, ,, ,,	chi⁴ chin³-lo	繫緊了
,, my boots are	hsüeh¹-tzŭ chin³-lo	靴子緊了
,, corner, drive into a	pa⁴-t'a chi³-tui-lo	把他擠對了
,, ,, ,, ,,	chi⁰-tsai chin⁰ ka¹ la⁰-êrh	擠在緊旮旯兒
,, money market is	yin² kên¹ chin³ p'o⁴	銀根緊迫
,, ,, ,, ,,	chin¹ jung² shih⁴ ch'ang³ chin³ pi⁴	金融市塲緊閉
Tile, a	i² k'uai⁴ wa³	一塊瓦
,, a flat	p'ien⁴ wa³	片瓦

GG

Tile—Time.		922

Tile, a round	t'ung³-êrh wa³	瓦兒筩
Tiler, a	wa³-chiang	匠瓦
Tiles, to lay	wa⁴ wa³	瓦搋
,, a row of	i⁴ lung³ wa³	瓦隴一
Till,	chi² chih⁴ ...	... 至及
,, my return	i¹ ssŭ⁴ hui² lai² chih¹ hou⁴	後之來回俟一
,, the ground, to	chung¹ ti⁴	地種
,, I come, wait	têng³ wo³ lai²	來我等
,, I come, wait, and then go	têng³-tao wo³ lai² tsai² ch'ü⁴	去再來我到等
,, my letter comes, wait, and then act	têng³-wo-ti hsin⁴ tsai² pan⁴	辦再信的我等
,, evening, wait	têng³ tao⁴ wan³-shang	上晚到等
,, next year, I shall not go	têng³ tao⁴ ming²-nien-wo-ts'ai ch'ü⁴	去纔我年明到等
,, a money	ch'ien² kuei⁴	櫃錢
Tiller, a	to⁴	柁
,, to hold the	chang³ to⁴	柁掌
Tilt to one side, to	wai¹·kuo-lai	來過歪
,, the hat to one side	wai¹ tai⁴-cho mao⁴-tzŭ	子帽着戴歪
,, against him, I dare not run	pu⁴ kan³-kên-t'a ta³ chao⁴ mien⁴ 'rh	兒面照打他跟敢不
,, against me, ran	p'ao³-lo-ko hsiung¹ ssŭ¹ p'ai³	拍斯胸個了跑
Timber,	mu⁴ liao⁴	料木
Time,	shih²-hou 'rh	兒候時
,,	shih²-k'o	刻時
,,	shih² chien	間時
,, in a few days	chi³ t'ien¹-ti kung¹-fu	夫工的天幾
,, have no	mei² yu³ kung¹-fu	夫工有沒
,, to go, it is	shih⁴ shih² hou⁴ 'rh kai¹ tsou³-lo	了走該兒時是
,, is up	shih⁴ shih²-hou 'rh-lo	咯兒候時是
,, is it? what	chi³ tien³ chung¹	鐘點幾
,, will talk about it next	hsia⁴ hui² tsai⁴ shuo¹	說再回下
,, this is the very last	chê⁴-chiu-shih mo⁴-la liao³-êrh i⁴ hui²	回一兒了拉末是就這
,, I saw him, the very last	mo⁴-la liao³-êrh chien⁴-t'a-ti shih²-hou 'rh	兒候時的他見兒了拉末
,, in a very short	i⁴ hui³ 'rh-ti kung¹-fu	夫工的兒會一
,, in a short	pu⁴ ta⁴-ti kung¹-fu	夫工的大不
,, at the	tang¹ shih²	時當
,, keeps coming all the	san¹ t'ien¹ liang³ t'ou²-êrh-ti lai²	來的兒頭兩天三

Time,	in no	tun⁴-jan-chien	間然頓
,,	do not waste	hsi¹ ts'un⁴ yin¹	陰寸惜
,,	is precious	i² ts'un⁴ kuang¹-yin i² ts'un⁴ chin¹	金寸一陰光寸一
,,	death only a matter of	pu⁴ kuo⁴ ai² jih⁴-tzŭ	子日捱過不
,,	take the illness in	ch'ên⁴ tsao³-êrh chih⁴	治兒早趁
,,	thinking of you all the	shuo⁴ hui² ssŭ¹-chih	之思洄溯
,,	to music, to beat	ên⁴ pan³ yen³	眼板摁
,,	in music, out of	pu⁴ ho² pan³ yen³	眼板合不
,,	he was talking, I was there all the	t'a¹ shuo¹ hua⁴-ti shih²-hou 'rh wo³ ch'üan² tsai⁴ na⁴ 'rh	兒那在全我兒候時的話說他
,,	I was there only part of the	wo³ mei² ch'üan² tsai⁴ na⁴ 'rh	兒那在全沒我
,,	I was there most of the	wo³ ta⁴ pan⁴ tsai⁴ na⁴ 'rh-lai-cho	著來兒那在半大我
,,	he was in office, I was there all the	t'a¹-i-ko man³ jên⁴ wo³ tsai⁴ na⁴ 'rh-lai-cho	著來兒那在我任滿個一他
,,	next	hsia⁴ hui²	回下
,,	,,	hsia⁴ tz'ŭ⁴	次下
,,	the first	t'ou² i¹ hui²	回一頭
,,	the last	hsia⁴ mo⁴-êrh	兒末下
,,	,, ,,	shang⁴ hui²	回上
,,	,, ,,	shang⁴ tz'ŭ⁴	次上
,,	approaches, when the	lin² shih²	時臨
,,	has nearly come, the	k'uai⁴ tao⁴ shih²-hou 'rh-lo	咯兒候時到快
,,	in the day	pai²-jih	日白
,,	,, ,,	pai²-t'ien	天白
,,	,, night	yeh⁴-li	裏夜
,,	,, ,,	hei¹-li	裏黑
,,	must be in	pi⁴ tei³ chun³ shih²-hou 'rh lai²	來兒候時準得必
,,	spring	ch'un¹-ching-t'ien 'rh	兒天景春
,,	just the right	chêng⁴-shih shih²-hou 'rh	兒候時是正
,,	during all this	chê⁴-mo shih²-hou 'rh	兒候時麼這
,,	,, ,, ,,	chê⁴ i² hsiang⁴	向一這
,,	(as a train), not in	wu⁴ la tien³	點了誤
,,	flies	kuang¹ yin¹ ssŭ⁴ chien¹	箭似陰光
,,	,,	jih⁴ yüeh⁴ ju² so¹	梭如月日
,,	for it, have no	pu⁴ tê² hsien² 'rh	兒閒得不
,,	it takes, note what	tui⁴ chung¹ tien³ 'rh to¹ ta⁴ kung¹-fu	夫工大多兒點鐘對

Time—Tingle.

Time	of an appointment, change the	no² k'ai¹ chung¹ tien³ 'rh	兒點鐘開挪
,,	alters feelings	shih² kuo⁴ ch'êng² pien⁴	變情過時
,,	(leisure)	hsia⁴	暇
,,	out of	pu⁴ ho² shih² i²	宜時合不
,,	make good use of one's	shan⁴ yung⁴ kuang¹ yin¹	陰光用善
,,	(one's actions), to	ch'ü¹ shih²	時趨
,,	fuse	ting⁴ shih² hsin⁴ kuan³	管信時定
,,	transactions	ting⁴ ch'i² mai³ mai⁴	賣買期定
,,	serve one's full	man³ ch'i² fu² i⁴	役服期滿
,,	expend	ch'i² man³	滿期
,,	honoured	su⁴ fu² chung⁴ wang⁴	望衆孚夙
,,	to attend, find	po¹ jung³ chih⁴ hui⁴	會之冗撥
,,	serving policy	chiang⁴ chi⁴ chiu⁴ chi⁴	計就計將
,,	server, a	yü³ shih⁴ fu² ch'ên²	沈浮世與
,,	servers	sui² po¹ chu⁴ liu²	流逐波隨
,,	table, a	shih² k'o⁴ piao³	表刻時
,,	,,	shih² chien piao³	表間時
,,	not available	chung¹ piao³ pu⁴ nêng² tê² chêng⁴ ch'üeh⁴ piao¹ chun³	準標確正得能不表鐘
Timely rain		ta⁴ yü³ chih¹ fêng² shih²	時逢之雨大
Times, at		huang huang³ 'rh	兒恍恍
,,	spirit of the	shih² tai⁴ ching¹ shên²	神精代時
,,	to move with the	hsiang⁴ shih² êrh² tung⁴	動而時相
,,	does not fit in with the	pu⁴ ho² shih² i²	宜時合不
,,	and seasons	shih²-chi	際時
,,	won't do in these	ju²-chin shih⁴-shang hsing²-pu ch'ü⁴	去行不上世今如
,,	,, ,, ,,	ju²-chin shih⁴-shang hsing¹-pu k'ai¹	開不興上世今如
Timid,		fa¹ ch'ieh⁴	怯發
,,		pi⁴ mao¹ shu³ êrh shih⁴-ti	的似兒鼠貓避
,,		hsin¹ ch'ieh⁴	怯心
,,		tan³ tzŭ hsiao³	小子膽
Tin,		ma³ k'ou³ t'ieh³	鐵口馬
Tinder,		huo³ jung²-tzŭ	子絨火
,, paper spills		chih³ mei²-tzŭ	子煤紙
Tinfoil,		ch'ien¹ p'i²	皮鉛
		wo¹-yen	沿倭
Tinge of yellow, a		tai⁴-i tien³-'rh huang² shai³-'rh	兒色黃兒點一帶
Tingle, to		sha¹-cho t'êng²	疼着煞

Tingle with warmth	hsieh⁴ mo⁴ huo²-tung	血脈活動
Tinker, a	chü¹ wan³-'rh-ti	鋸碗兒的
,,	t'ieh³-chiang	鐵匠
Tinkering policy	mi² fêng ts'ê⁴	彌縫策
Tinkle, to	ting¹ ting¹ tang¹ tang¹-ti hsiang³	叮叮噹噹的響
Tinkling sound, a	k'êng¹ ch'iang¹-ti shêng¹-êrh	鏗鏘的聲兒
Tinsel,	hsü¹ shih¹	虛飾
,,	ta⁴ ch'ih⁴ chin¹	大赤金
,,	chin¹ po²	金箔
,,	yin² po²	銀箔
Tint of red, a	tai⁴ hung² shai³-'rh	帶紅色兒
,, put on a	chia¹ tien³ 'rh hung² shai³-'rh	加點兒紅色兒
Tiny,	i¹ tiu¹ tien³ 'rh	一丟點兒
,,	hsi⁴ wei¹	細微
Tip, the	chien¹-'rh	尖兒
,, ,,	t'on²-êrh	頭兒
,, it up	wai¹-cho tien³-'rh t'i²	歪着點兒提
,, to give a	shang³ chiu³·ch'ien²	賞酒錢
,, (gratuity), a	shang³-ch'ien	賞錢
,, you the wink, I'll	wo³-kei-ni chi³-ko yen³-'rh	我給你個擠眼兒
,, (advice)	chung¹ kao⁴	忠告
Tipple, to	ling²-sui ho¹	零碎喝
Tippler, a	chiu³ mo²	酒魔
Tipsy,	ho¹ tsui⁴-lo	喝醉了
Tiptoe, walk on	tz'ŭ³-cho chiao³-'rh tsou³	跐着脚兒走
Tirade,	chi¹ lun⁴	激論
Tire, a	ch'ê¹ wa³	車瓦
,,	ku¹-lu wa³	軲轆瓦
,, an india-rubber	p'i² tai⁴-tzǔ wa³	皮帶子瓦
,, of it, will soon	k'uai⁴ yao⁴ ni⁴-lo	快要膩咯
Tired,	lei⁴-lo	累咯
,,	t'ui³ suan¹	腿酸
,,	fa²-lo	乏咯
,, dead	lei⁴-ssǔ wo³-lo	累死我咯
,, of him, I am	wo³ ni⁴-t'a-lo	我膩他咯
,, ,, telling you, I'm	wo³ tou¹ shuo¹ ni⁴-fan-lo	我都說煩膩咯
,, ,, sitting	wo³ tso⁴ ni⁴-fan-lo	我坐膩煩咯
,, ,, waiting	têng³ fan²-lo	等煩咯
Tiresome child, a	chê⁴ hai²-tzǔ p'i²-lo	這孩子疲咯
,, how!	chê⁴-ts'ai pu⁴ ts'ou⁴ ch'iao³	這不凑巧

Tissue—To. 926

Tissue,	tsu³ chih¹	織組
,, paper	mien² chih³	紙楮
,, of lies, a	ch'êng² ch'uan⁴-ti huang³ hua⁴ 話謊的串成	
Tit for tat	i³ pao⁴ i⁴ pao⁴	報易報以
,, ,,	i⁴ huan² i² pao⁴-êrh	兒報一還一
Titanic,	li⁴ ti² wun⁴ jên²	人萬敵力
Titbits, pick out the	t'iao¹ k'o³ k'ou³-êrh-ti ch'ih¹ 吃的兒口可挑	
Tithe, a	i⁴ ch'êng²	成一
,,	shih² ch'êng² chih i¹	一之成十
Title,	t'i² mu⁴	目題
,, (appellation)	ming² ch'êng¹	稱名
,, honorific	hui¹ hao⁴	號徽
,, for each reign, a new	i¹ shih⁴ i¹ yüan²	元一世一
,, take a reign	chien⁴ yüan²	元建
,, deeds not in order	ch'i⁴ chih³ pu⁴ ch'ing¹	清不紙契
,, ,, in order	chên¹ shih² ch'i⁴ chü⁴	據契實眞
,, of a book	shu¹ ming²-êrh	兒名書
,, an hereditary	shih⁴ hsi²-ti kuan¹ chüeh²	爵官的襲世
,, bestowed by the sovereign	ch'in¹ tz'ŭ⁴-ti chüeh²	爵的賜欽
,, deed	ch'i⁴ chih³	紙契
,, ,, of a house	fang² ch'i⁴	契房
,, ,, ,, land	ti⁴ ch'i⁴	契地
Titled lady, a	kao⁴-ming fu¹-jên	人夫命誥
Titles, assume plausible	ch'iao³ li⁴ ming² mu⁴	目名立巧
Titbits, amusing	yu³ ch'ü⁴ wei chih¹ hsiao³ p'in³ 品小之味趣有	
Titter, to	yen³ k'ou³-ti hsiao⁴	笑的口掩
Tittle-tattle,	so³ so³ hsi⁴ shih⁴	事細瑣瑣
,, ,,	so³-sui hua⁴	話碎瑣
,, ,,	chia¹ ch'ang² li³ tuan³-'rh 兒短理長家	
,, ,,	so³-sui shih⁴-fei	非是碎瑣
Titular,	shih¹ wei² chê³	者位尸
,, rank (See Brevet.)	hsü¹ hsien²	銜虛
To, reach or come, to	tao⁴	到
,, ,, ,,	chih⁴	至
,, him, give it	kei³ t'a¹	他給
,, him, I said	wo³ kên¹-t'a shuo¹	說他跟我
,, him, you say	ni³ tui⁴-t'a shuo¹	說他對你
,, day	chin¹-t'ien	天今
,, night	chin¹ wan³	晚今
,, ,,	chin¹-'rh wan³-shang	上晚兒今
,, with regard	chih⁴-yü	於至

To the remote, from the near	yu² chin⁴ chi² yüan³	退及近由
Toad, a	lai⁴ ha²-ma	蟆蝦癞
Toadism,	chui¹ ts'ung²	從追
,, despicable	chün³ yung¹ t'ien³ chih⁴ chih¹ ch'ou³ t'ai⁴	態醜之痔舐癰吮
Toadstool, a	ti⁴ chün⁴	菌地
Toady,	p'êng³ ch'ou⁴ chiao³	脚臭捧
Toast,	k'ao³ mien⁴ pao¹	包麵烤
,, to	k'ao³-i k'ao³	烤一烤
,,	chu² tz'ŭ²	辭覷
,, to	chu⁴ pei¹	杯覷
Tobacco,	yen¹	煙
,, leaf	yeh⁴-tzŭ yen¹	煙子葉
,, fine cut	p'i² ssŭ¹ yen¹	煙絲皮
,, plant	yen¹ ts'ao³	草煙
,, to smoke	ch'ou¹ yen¹	煙抽
,, pipe	yen¹ tai⁴	袋煙
,, pouch	yen¹ ho²-pao	包荷煙
To-do,	hsiao³ t'i¹² ta⁴ tso²	作大題小
Toe,	chiao³ chih²-t'ou	頭指脚
,, of a boot	hsieh² chien¹-'rh	兒尖鞋
,, nails	chiao³ chih¹-chia	甲指脚
Together	i² k'uai⁴-'rh	兒塊一
,,	i² ping⁴	並一
,, close	chin³ ai¹-cho	著挨緊
,, consult	hui⁴ shang¹	商會
,, live	t'ung² chü¹	居同
,, collect	ts'ou⁴-ho	合湊
,, assemble	chü-tsai i² k'uai⁴-'rh	兒塊一在聚
,, connected	hsiang¹ lien²-ti	的連相
,, to place (as two tables)	p'in¹-ch'i-lai	來起拚
,, living	p'ing² chü¹ chü⁴ ch'u³	處聚居平
,, points which prevent their coming	pu⁴ nêng² chieh¹ chin⁴ chih¹ tien³	點之近接能不
Toggle, a	pieh²-tzŭ	子癟
,, of a tobacco pouch	yen¹ ho²-po chui⁴-'rh	兒墜包荷煙
Toil,	lao²-k'u	苦勞
,,	hsin¹-k'u	苦辛
,,	lao² lao² lu⁴ lu⁴	碌碌勞勞
,, lead a life of	pên¹ tsou³ fêng¹ ch'en²	塵風走奔
,, ,, ,,	i⁴ t'ien¹ chin³ ku¹-êrh chou¹ mang² tao⁴ wan³	晚到忙呪兒箍緊天一
,, and great desert, great	lao² k'u³ kung¹ kao³	高功苦勞
Toilet, to make one's	shu¹-chuang	裝梳
,, of a woman	shu¹-hsi	洗梳

Toilet—Tone.   928

Toilet box, a	ching⁴ chih¹-'rh	鏡摺兒
,, articles	wên² chü⁴	文具
Token, a	piao³ chi⁴	票記
,,	chêng⁴-chü	證據
,,	chi⁴ nien⁴ wu⁴	紀念物
Tokens, lucky	chin¹ chung¹ yü⁴ ch'ing⁴	金鐘玉磬
Tolerable,	pa⁴-liao	罷了
,,	hai²-tao pa⁴-liao	還倒罷了
Tolerant,	k'uan¹ ta⁴	寬大
Tolerate, to	jung²-jang	容讓
,,	mo⁴ hsü³	默許
,, cannot	jung²-pu hsia⁴	容不下
Toleration, religious	hsin⁴ yang³ tzŭ⁴ yu³	信仰自由
,, the quality of, to possess	yu³ han² yang³	有涵養
Toll,	kuo⁴ lu⁴ ch'ien²	過路錢
,, for ferry	kuo⁴ tu⁴ ch'ien²	過渡錢
,, a bell, to	chuang⁴ chung¹	撞鐘
Tomato,	hsi¹ hung² shih⁴	西紅柿
Tomb, a	i² tso⁴ fên²	一座墳
,,	mu⁴	墓
,,	fên² mu⁴	墳墓
,, an Imperial	ling²	陵
,, stone urns, etc., in front of a	wu³ kung⁴-êrh	五供兒
,, stone men before a	wêng¹ chung⁴	翁仲
,, ,, images before a	shih² kung⁴-hsien	石供獻
Tombstone, in pavilion	shên² tao⁴ pei¹	神道碑
,, a temporary	mu⁴ chieh²	墓碣
,, ,,	mu⁴ chih⁴	墓誌
,, ,,	mu⁴ pei¹	墓碑
To-morrow,	ming²-t'ien	明天
,,	ming²-'rh-ko	明兒個
,, leave Peking	chi² jih⁴ ch'u¹ ching¹	即日出京
Ton, a	i² tun⁴	一頓
Tone,	shêng¹-yin	聲音
,,	yü³ ch'i⁴	語氣
,, down the colour	shao¹ nieh²-i tien³ 'rh	稍浥一點兒
,, ,, or touch up	jun⁴-sê-jun-sê	潤色潤色
,, ,, the meaning	kai³ ch'ing¹ ch'i² i⁴ i⁴	改輕其意義
,, speak in a fierce	ch'ui¹ hu² tsu têng⁴ yen³	吹鬍子瞪眼
,, ,, ,, an angry	shuo¹ hua⁴ pao⁴-tsao	說話暴燥
,, (moral)	ch'i⁴ p'in³	品氣
,, ,,	p'in³ ko²	品格
,, (of society)	ch'i⁴ fêng¹	風氣
,, (,, market)	hsing² k'uang	況形

Tones, the five	wu³ shêng¹	五聲
Tongs, fire	huo³ ch'ien²-tzŭ	火鉗子
,, ,,	huo³ chien³-tzŭ	火剪子
,, ,,	huo³ k'uai⁴-tzŭ	火筷子
Tongue, the	shê²-t'ou	舌頭
,, to put out the	t'u³ shê²-t'ou	吐舌頭
,, ,, ,,	shên¹ shê²-t'ou	伸舌頭
,, of a snake	hsin⁴-tzŭ	信子
,, hold your	pieh² shuo¹ hua⁴	別說話
,, ,, ,,	pieh² yen²-yü	別言語
,, ,, the	chien¹ mo⁴	緘默
,, tied	chin⁴ k'ou³ pu¹ yen²	噤口不言
,, a bitter	ts'u¹-hsi tsui³	促狹嘴
,, ,,	tsui³ sun³	嘴損
,, a sharp	tsui³ kuai¹ ch'iao³	嘴乖巧
,, ,,	tsui³ wa¹-k'o	嘴挖刻
Tonic, a	pu³ yao⁴	補藥
,,	hsing¹ fên⁴ chi⁴	興奮劑
Tonnage,	tun⁴-shu	噸數
,, dues	ch'uan² ch'ao¹	船鈔
,, ,,	tun⁴ shui⁴	噸稅
,, gross	tsung³ tun⁴ shu	總噸數
Tonsil,	pien³ t'ao² ch'üan²	扁桃腺
Tonsorial,	li³ fa³ ti¹	理髮的
Too,	t'ai⁴	太
,,	kuo⁴-yü	過於
,, (also)	yeh³	也
,, (,,)	hai²	還
,, clever by half	lung⁴ ch'iao³ ch'êng² cho¹ chuo	弄巧成拙
,, big for me	wo³ ch'uan¹ tê ta⁴	我穿得大
Tool of so and so, the	chao³ ya²	爪牙
,, ,, ,, ,,	tsou³ kou³	走狗
,, of me, made a	na² wo³ tang¹ k'uei¹ lei³ shua¹	拿我當傀儡耍
,, of him, made a	li⁴ yung⁴ chih¹ i³ wei² ying¹ ch'üan³	利用之以為鷹犬
Tools,	chia¹-huo	傢伙
Tooth, a front (See Teeth)	mên² ya²	門牙
,, a wisdom	ts'ao² ya²	槽牙
,, powder	shua¹ ya² fên³	刷牙粉
,, brush	shu¹ k'ou³ shua¹-tzŭ	漱口刷子
,, pick	ya² ch'ien¹ 'rh	牙籤兒
,, and nail	po⁴ chi⁴ t'u² chih¹	百計圖之
,, ,, ,,	pu¹ i² yü² li⁴	不遺餘力
,, cast in the	fan³ ch'un²	反脣

Tooth—Torpedo.　930

Tooth show one's	chang¹ yu² lou⁴ ch'ih³	齒露牙張
Toothed wheel	ch'ih³ lun²	輪齒
Top, the	t'ou²	頭
,, on the	shang⁴-t'ou	頭上
,, of a tree, the	shu⁴ shao¹-êrh	兒檶樹
,, of the head	t'ou² ting³-êrh	兒頂頭
,, of the water	shui³ mien⁴ 'rh	兒面水
,, to pass out	ch'ü³-tê ti⁴ i¹	一第得取
,, dog, was	tê²-liao shang⁴ fêng¹	鋒上了得
,, a spinning	k'ung¹-chu	竹空
,, to spin a	fang⁴ k'ung¹-chu	竹空放
,, ,, ,, "diavolo"	tou³ k'ung¹-chu	竹空抖
,, a whip	t'o²-lo	螺樗
,, ,, to spin a	ch'ou¹ t'o²-lo	螺樗抽
,, of another, one thing on	kai¹ chi³ ko⁴ ssŭ³ 'rh	兒死個幾該
Top hat,	li³ mao⁴	帽禮
,, ,,	o² kuan¹	冠峩
Topknot headdress	ting³ kuan¹ shu⁴ fa³	髮束冠頂
Topic, a	t'i²-mu	目題
,,	lun⁴ t'i⁵	題論
,, of conversation	shuo¹ hua⁴-ti t'i²-mu	目題的話說
Topographical,	ti⁴ li³	理地
,, history, a	chih⁴ shu¹	書誌
Topography,	ti⁴ hsing² hsüeh²	學形地
,,	ti⁴ shih⁴	勢地
,, to the blind (useless labour), discuss	chü⁴ ch'ün² mang² êrh² yü³ chih¹ t'au² ti⁴ li³	理地談之與而盲羣聚
Topsyturvy,	luan⁴-ch'i pa¹ tsao¹	糟八七亂
,,	tien¹ san¹ tao³ ssŭ⁴-ti	的四倒三顛
,,	tien¹-tao	倒顛
,,	ma³ yang³ jên² fan¹	翻人仰馬
Torch, a	huo²-pa	把火
Torchlight procession	t'i² têng¹ hui⁴	會燈提
Torment,	k'u³ t'ung⁴	痛苦
,, to (as flies do a horse, etc.)	chiao³-ti nan² shou⁴	受難的攪
,, to suffer extreme	k'u³-ti hsiang⁴ hsia⁴ ti⁴ yü⁴-ni	呢獄地下像的苦
Torments of hell, the	shih² pa¹ ts'êng² ti⁴-yü-ti tsui⁴	罪的獄地層八十
Torn (See Tear)	ssŭ¹-lo	咯撕
,,	p'o⁴-lo	咯破
Tornado, a	hsüan⁴ fêng¹-êrh	兒風颶
Torpedo, a	shui³ lei²	雷水

Torpedo—Total.

Torpedo boat, a	shui³ lei² t'ing³	艇雷水
,, flotilla	shui³ lei² t'ing³ tui⁴	隊艇雷水
,, destroyer	shui³ lei² ch'ü¹ chu⁴ hsien⁴	艦逐驅雷水
,, tube	shui³ lei² fa¹ shê⁴ kuan³	管射發雷水
Torpedoes, lay	fu¹ shê⁴ shui³ lei	雷水設敷
Torpid (of hibernating animals or reptiles)	pi⁴ su⁴-lo	咯宿閉
,, ,, ,,	ju⁴ chê²-lo	咯蟄入
Torrent,	chi² liu²	流急
,, a mountain	shan¹ shui³	水山
,, ,,	shan¹ chien⁴	澗山
Torrents of rain	ch'ing¹ p'ên² yü³	雨盆傾
Torrid zone	jo⁴ tai⁴	帶熱
Tortoise, a	kuei¹	龜
,, shell	kuei¹ pan³	板龜
,, ,,	tai⁴-ming	瑇玳
,, ,,	kuei¹ chia³	甲龜
,, ,,	kuei¹ k'o²-êrh	兒殼龜
Tortuous,	wan¹ wan¹ ch'ü¹ ch'ü¹-ti	的曲曲彎彎
,,	ch'ü¹ ch'ü¹ wan¹ wan¹-ti	的彎彎曲曲
Torture, to	nüeh⁴ tai⁴	待虐
,, to apply	yung⁴ ta⁴ hsing²	刑大用
,, ,,	k'ao³ wên⁴	問拷
,, to suffer	shou⁴ ta⁴ hsing²	刑大受
Toss up in the air, to	wang³ shang⁴ jêng³	扔上往
,, away	jêng³-liao-ch'ü	去了扔
,, (as a bull)	ch'o⁴-ch'i-lai	來起觸
,, up (as a coin), to	ts'ai¹ tzŭ⁴-êrh man⁴ 'rh	兒幔兒字猜
,, up for choice, etc.	chua¹ chiu¹-êrh	兒鬮抓
,, up, all a	ch'üan²-shih p'êng⁴ ts'ai³-ch'i-êrh	兒氣彩碰是全
,, from side to side (as a boat)	fan¹ lai² fu⁴ ch'ü⁴	去復來翻
,,	pai³-yao	搖摆
Total, a	tsung³ shu⁴-êrh	兒數總
,.	ho² chi⁴	計合
,, add up the	ho²-ko tsung³ shu⁴-êrh	個合總數兒
,, ,, ,, grand	lung³ la chang⁴	賬了攏
,, what is the?	t'ung¹ kung⁴ to¹ shao³	少多共通
,, of over 100, he sold a	shou⁴ ch'u¹ chê³ yüeh¹ yü³ pao³ yü² chang¹	張餘百有約者出售
,, of 10,000 freight per annum over the Ching Han Railway	i³ ching¹ han⁴ chi⁴ nien² k'o³ chuang¹ i¹ wan⁴ tun⁴	噸萬一裝可年每計漢京以
,, amount	tsung³ ê²	額總
,, loss	ch'üan² sun³	損全

Total—Tout. 932

Total eclipse of moon	yüeh⁴ shih² chih¹ chi	月食之既
Tot homines, quot sententiae	jên² to¹ chu³ chien⁴ to¹	人多見主多
Totter, to	ch'an⁴-wei	顫巍
Tottering gait of old age	ch'an⁴ ch'an⁴ wei¹ wei¹-ti	顫顫巍巍的
,, wall	chiang¹ ch'ing¹ chih¹ yüan²	將傾之垣
Touch at (a port)	chi⁴ hang²	寄航
,, ,, ,,	t'ing² po²	停舶
,, sense of	ch'u¹ chüeh²	觸覺
,, with, keep in	wei² ch'ih² kuan¹ hsi¹	繼持關係
,, upon, to	t'i²	提
,, ,, ,,	t'i² chi²	提及
,, up	jun⁴ shih¹	潤飾
,, (tent)	an⁴ shih⁴	暗示
,, with the fingers, to	ch'o¹	捅
,, to	tung⁴	動
,, it, don't	pieh² tung⁴-t'a	別動他
,, rough to the	mo¹-cho kuai⁴ sê⁴-ti	摸着怪澀的
,, the heart, to	tung⁴ hsin¹	動心
,, ,, ,,	kan³-tung hsin¹	感動心
,, and go	ch'a¹ i⁴ tien³ 'rh-lo	差一點兒咯
,, of silver, the	yin²-tzŭ-ti ch'êng²-sê	銀子成色的
,, hole of a gun, the	huo³ mên²	火門
Touched, these funds can't be	tz'ŭ³ k'uan⁴ k'ung³ nan² kai³ tung⁴	此款恐難改動
Touching story, a	k'an⁴-cho hsin¹ suan¹	看着心酸
Touchstone,	shih⁴ chin¹ shih²	試金石
Touchy,	huo³ hsing⁴	火性
Tough (as meat)	p'i²-p'i-nang-nang-ti chiao²-pu tung⁴	疲疲囊囊的嚼不動
,, (strong)	chieh¹-shih	結實
,, customer, a	kun³ tao¹ chin¹	滾刀筋
Tour (imperial)	hsün² shou⁴	巡狩
,, (of pleasure)	man⁴ yu²	漫遊
,, electioneering	yu² shuo¹	遊說
,, of inspection	hsün² shih⁴	巡視
,, ,, ,,	hsün²-ko wan¹ 'rh	巡個彎兒
,, to make a	kuang⁴-ko chou¹ tsao¹-êrh	逛個週遭兒
Tourist,	yu² li⁴ k'o⁴	遊歷客
Tourniquet, a	chih³ hsüeh³ ch'i⁴	止血器
,,	chieh² hsieh³ tai⁴	截血帶
Tousled,	tz'ŭ¹-p'êng-lo	差蓬咯
Tout, a	p'ao³-wai⁴-ti	跑外的
,,	chang¹-lo mai³-mai-ti	張羅買賣的
,,	sui⁴ ts'ui¹	歲催
,,	hsiao³ p'ao³-êrh	小跑兒

Tow,	oakum	ma²-tao	刀麻
,,	a boat, to	la¹ ch'uan² ch'ien⁴	縴船拉
,,	rope, a	ch'ien⁴ shêng²	繩縴
,,	a vessel behind another, to	wan³-cho	着挽
,,	in	wan³-cho tsou³	走着挽
,,	dragging a	tai⁴ ch'ien⁴	縴帶
Towards,		hsiang⁴	向
,,	one, coming	wang³ ch'ien² lai²	來前往
,,	evening	pang⁴ wan³ 'rh-ti shih²-hou 'rh	兒候時的兒晚傍
,,	to behave	tai⁴	待
,,	,,	hsiang¹ tai⁴	待相
,,	China, policy	tui⁴ hua² fang¹ chên¹	針方華對
,,	foreign powers, policy	tui⁴ tai⁴ ko⁴ kuo² chih¹ fang¹ chên¹	針方之國各待對
Towel, a		i⁴ t'iao² shou³-chin	巾手條一
Tower, a		lou²	樓
,,		kao¹ lou²	樓高
,,	on corner of city walls	chiao³ lou²	樓角
,,	an observation	wang⁴ lou²	樓望
,,	of defence	kan¹ ch'êng²	城干
Town, a walled		ch'êng²	城
,,	,,	ch'êng² shih⁴	市城
,,	a district	hsien⁴ ch'êng²	城縣
,,	a market	chên⁴-tien	店鎮
Towns,		ch'êng² chên⁴	鎮城
,,	large	chü⁴ chên⁴ ta⁴ fou⁴	埠大鎮鉅
Townsman, a		ch'êng²-li-ti jên²	人的裏城
,,	a fellow	t'ung² ch'êng²-ti	的城同
Townspeople,		shih⁴ min²	民市
Toy, a		wan² i⁴-êrh	兒藝玩
Toys,		wan² wu⁴	物玩
,,	to play with	na²-cho wan² 'rh	兒玩着拿
Trace,		hsing² chi⁴	跡形
,,	(chemical)	hên² chi⁴	跡痕
,,	of, not a	pu⁴ chih¹ tsung¹ chi⁴ so⁰ tsai⁴	在所跡踪知不
,,	to (so and so)	sou¹ so³	索搜
,,	of him, no	tsung¹ ying³ ch'üan² wu²	無全影踪
,,	through paper, to	chao⁴-cho miao²	描着照
,,	copies (see traces)	miao² hung² mu²-tzŭ	子摹紅描
Traced,		miao²-ch'u-lai-ti	的來出描
,,	him to Tientsin	kên¹-cho chiao³ tsung¹-êrh tao⁴ t'ien¹-ching	跟着脚踪兒到天津

Traces of him, lost all	k'an⁴-pu chien⁴ t'a ying³-êrh-lo	他 見 不 著
,, of him, no	mei² ying³-êrh-lo	咯 兒 影 沒
,, ,, ,, ,,	lien² ying³-êrh tou¹ mei² yu³	有 沒 都 兒 影 連
,, ,, footsteps	chiao³ yin⁴ 'rh	兒 印 腳
,, ,, a cart	t'ao⁴ shêng²	繩 套
Tracing of a picture	miao²-ti hua⁴-êrh	兒 畫 的 描
Track, of footsteps	chiao³ yin⁴ 'rh	兒 印 腳
,, ,, ,,	tsung¹-chi	跡 踪
,, ,, a cart	ch'ê¹ yin¹ 'rh	兒 印 車
,, follow on his	chui¹-t'a tsung¹-chi	跡 踪 他 追
,, the police are on his	hsün² pu³ ch'a¹ t'a-ti hou⁴ i³-pa 'rh	兒 巴 尾 後 他 插 捕 巡
,, a boat, to	la¹ ch'ien⁴	縴 拉
,, a railway	t'ieh³ tao⁴	道 鐵
Tract,	t'u³ ti⁴	地 土
,, of land, a	i² p'ien⁴ ti⁴	地 片 一
,, ,, water	i² p'ien⁴ shui³	水 片 一
,, ,, country	i² tai⁴ ti⁴-fang	方 地 帶 一
Tractable,	hsün²-liang	馴 良
,,	hsün²-shun	馴 順
,,	hsün⁴-shun	遜 順
Traction engine	i⁴ yin³ chi¹	機 引 曳
Trade,	shang¹ yeh⁴	業 商
,,	mai³ mai⁴	賣 買
,,	shêng¹-i	意 生
,,	mao⁴ i⁴	易 貿
,, international	t'ung¹ shang¹	商 通
,, (calling or profession)	shih⁴-yeh	業 事
,, ,, ,, ,,	ying²-shêng	生 營
,, matters	shang¹ wu⁴	務 商
,, custom of the	hang² kuei¹	規 行
,, in furs, do a	fan⁴ p'i² huo⁴	貨 皮 販
,, mark	shang¹ chi⁴	記 商
,, ,,	shang¹ piao¹	標 商
,, in the	tsai⁴ hang²	行 在
,, coastal	yen² hai³ mao⁴ i⁴	易 貿 海 沿
,, free	tsŭ yu² mao⁴ i⁴	易 貿 由 自
,, wind	mao⁴ i⁴ fêng¹	風 易 貿
Trader, a	shang¹-jên	人 商
,,	fan⁴-jên	人 販
,,	fan⁴-tzŭ	子 販
,,	k'o⁴-jên	客 人
,, a petty	hsiao³ fan⁴-jên	人 販 小

Trades and master of none, jack of all — ts'u¹ chih¹ wan⁴ i⁴ êrh² wu² i¹ i⁴ chih¹ ch'ang² 粗知萬藝而一無之長
Tradition, ch'uan² shuo¹ 傳說
,, oral k'ou³ ch'uan²-ti 口傳的
,, of bygone ages shih⁴ ch'uan²-ti 世傳的
,, family chia¹ ch'uan²-ti 家傳的
Traditional, k'ou³ pei¹ ti¹ 口碑的
Traduce, hui³ shang¹ ming² yü⁴ 毀傷名譽
Traducer, fei³ pang³ chê³ 誹謗者
Traffic, lai² wang³ jên² ma⁸ 來往人馬
,, a centre of t'ung¹ ch'ü¹ ta⁴ lu⁴ 通衢大路
,, passenger hsing² lü³ wang³ lai² 行旅往來
,, goods shang¹ huo⁴ tsai⁴ yün⁴ 商貨載運
,, canal opened to yün⁴ ho² t'ung¹ ch'uan² 運河通船
,, incessant bustle of jang³ wang³ hsi¹ lai² chou⁴ yeh⁴ pu⁴ hsi² 攘往熙來晝夜不息
,, open to k'ai¹ t'ung¹ 開通
,, closed to chê¹ tuan⁴ chiao¹ t'ung¹ 遮斷交通
Tragedy, t'san³ shih⁴ 慘事
,, a k'u³ ch'ing² 苦情
,, theatrical k'u³ hsi⁴ 苦戲
,, a happy feature in the pu⁴ hsing⁴ chung¹ chih¹ hsing⁴ 不幸中之幸
Trail, to la¹-cho 拉着
,, (a path) yang² ch'ang² lu⁴ 羊腸路
,, ,, niao³ tao⁴ 鳥道
Trailing behind la¹-la-cho 拉拉着
,, (of skirts, etc.) t'o¹-lo-cho 脫落着
Train, a railway huo³ ch'ê¹ 火車
,, of pack mules, a i⁴ pang¹ lo² to⁴-tzŭ 一幫騾馱子
,, ,, carts, a i⁴ p'ai² ch'ê¹ 一排車
,, ,, attendants, a i⁴ ch'ün² kên¹ jên² 一羣跟人
,, or break in a horse, to p'ai² ma³ 排馬
,, a child chiao⁴-hsün 教訓
,, an animal p'ai² lien⁴ 排練
,, a gun on an object, to pa⁴ p'ao⁴ tui⁴ chun³ 把砲對準
,, (troops) hsün⁴ lien¹ 訓練
,, (for race) lien⁴ hsi² 練習
,, of applicants, a chieh¹ chung³ lien² mei⁴ k'ung³ hou⁴ chêng¹ hsien¹ 接踵聯袂恐後爭先
,, carriages making up a i¹ lieh⁴ ch'ê¹ so³ kua⁴ ch'ê¹ liang⁴ 一列車所掛車輛
,, of the sovereign lu³ pu⁴ 鹵簿
,, corridor kuan⁴ t'ung¹ shih⁴ lieh⁴ ch'ê¹ 貫通式列車

Train—Transcend. 936

Train, through	t'ung¹ ch'ê¹	通車
,, up	shang⁴ hsing² ch'ê¹	上行車
,, armoured	chuang¹ chia³ lieh⁴ ch'ê¹	裝甲列車
Trained troops	ching¹ ping¹	精兵
Training,	hsiu¹ yeh⁴	修業
,, domestic	chia¹ t'ing¹ chiao⁴ yü⁴	家庭教育
,, intellectual	chih⁴ yü⁴	智育
,, moral	tê² yü⁴	德育
,, ,,	hsiu¹ shên¹	修身
,, ship	lien⁴ hsi² ch'uan²	練習船
Traitor, a	mou² fan³ ta⁴ ni⁴	謀反大逆
,,	chien¹ hsiung²	奸雄
,,	mai⁴ kuo² nu²	賣國奴
,,	kuo² tsei²	國賊
,, to his country	tzŭ¹ wai⁴ shêng¹ ch'êng² kan¹ hsin¹ hsiang⁴ wai⁴	自外生成甘心向外
Trajectory,	p'ao⁴ wu⁴ hsien⁴	拋物線
Tram, electric	tien⁴ ch'ê¹	電車
Trammels,	chü¹ shu⁴	拘束
Tramp, a	fu² lang⁴ chê³	浮浪者
,,	mei² lao⁴-êrh-ti hun⁴-hun 'rh	沒落的混混兒
,,	liu² mang²	流氓
,,	wu² yeh⁴-ti yu² min²	無業的游民
,, along, to	mo²-ts'êng-cho tsou³	蹠著走
Trample on (rights)	jou² lin	蹂躪
,, on, to	ts'ai³	踩
Tramps, a casual ward for	ch'i¹ liu² so³	棲留所
Tramway, a	tien⁴ ch'i¹ t'ieh³ tao⁴	電氣鐵道
,,	hsiao³ t'ieh³ tao⁴-êrh	小鐵道兒
,, car, a	tien⁴-ch'i ch'ê¹	電氣車
Trance,	mêng⁴ chung¹	夢中
,, in a	hun²-ling-êrh ch'u¹ yu³	魂靈兒出遊
,, ,,	chên¹ hun² ch'u¹ ch'iao⁴	眞魂出殼
Tranquil,	an¹ t'ai⁴	安泰
,,	an¹-ching	安靜
,,	p'ing²-an	平安
,,	an¹-ning	安寧
,, in mind	an¹ hsin¹	安心
,, ,, ,,	ching⁴ hsin¹	靜心
,, disposition, a	ping³ hsing⁴ t'ien² tan⁴	禀性恬淡
Transact,	chih³ hsing²	執行
Transactions (of a society)	pao⁴ kao⁴ shu¹	報告書
,, large business	to¹ ê² chih¹ chiao¹ i⁴	多額之交易
Transcend.	ch'o¹ chüeh²	卓絕

Transcendant,	ch'ao¹ yüeh⁴ ti¹	超越的
Transcribe, to	t'êng² hsieh³	謄寫
,,	ch'ao¹ hsieh³	抄寫
,,	ch'ao¹ lu⁴	抄錄
Transfer,	shou⁴ shou⁴	受授
,, to another, to	i²-yü pieh²-jên	移於別人
,, to an account elsewhere	hui⁴-tao pieh²-ch'u chi⁴ ts'un²	匯到別處寄存
,, one's interest or share	t'i² kei³ pieh² jên²	提給別人
,, a telegraphic	tien⁴ hui⁴	電匯
,, to another post	tiao⁴ yung⁴	調用
,, to the control of this board	hua⁴ kuei¹ pên³ pu⁴	畫歸本部
,, to Home Office	chuan³ jên⁴ nei⁴ pu⁴	轉任內部
,, to Paoting (of troops)	tiao⁴ k'ai¹ pao³ fu³	調開保府
,, from one account to another	no² yung⁴	挪用
,, ,, the ministry's funds to meet a payment	po¹ ch'ung¹ tsai⁴ pu⁴ k'uan³ hsiang⁴	撥充在部款項
,, (hand over)	chiao¹ fu⁴	交付
,, to an inferior position	tso³ ch'ien¹	左遷
,, of shares	jang⁴ tu⁴ t'a¹ jên²	讓渡他人
Transfiguration,	hua⁴ shên¹	化身
Transform into	pien⁴-ch'êng	變成
,, ,,	hua⁴-ch'êng	化成
,, to	pien⁴-hua	變化
,, him, cannot	ping³-hsing nan² i²	秉性難移
Transformation,	pien⁴ hsing²	變形
Transformed in appearance	pien⁴-liao yang⁴-êrh-lo	變了樣兒咯
,, in character	shou¹-liao hsin¹-lo	收了心咯
Transgress, to	fan⁴	犯
,, a limit	yüeh⁴ hsien⁴	越限
Transgression,	wei¹ fan⁴	違犯
,, of a regulation	fan⁴ tsê²	犯則
Transgressor, a	tsui⁴ jên²	罪人
Tranship, to	tao³ tsai⁴ pieh²-ti ch'uan²-shang	倒載別的船上
Transient,	i⁴ shih²-ti	一時的
,,	chan⁴ shih²-ti	暫時的
,,	chan⁴ shih³	暫時
,,	wu² ch'ang²	無常
Transit, duty	tzŭ³ k'ou³ shui⁴	子口稅
,, pass	yün⁴ tan¹	運單
,, pass, outwards	san¹ lien² tan¹	三聯單
,, ,, inwards	tzŭ³ k'ou³ tan¹	子口單

Transit—Transplant. 938

Transit (astron.)	chêng¹ kuo⁴	過經
,, goods in	t'ung¹ kuo⁴ huo⁴ wu⁴	物貨過通
,, damaged in	pan⁴ lu⁴-shang tsao¹-t'a-ti	的蹋糟上路半
Transition period	kuo⁴ tu⁴ shih² tai⁴	代時渡過
Transitive,	t'a¹ tung⁴ ti¹	的動他
Transitory (see Transient)		
Translate,	t'ung¹ i⁴	譯通
,, to	fan¹-i	譯繙
,, ,,	fan¹-i-ch'u-lai	來出譯繙
,, into Chinese	i⁴-shang han⁴ wên²	文漢上譯
,, ,, English	i⁴ ch'u¹ ying¹ wên²	文英出譯
Translated from Chinese	ta³ han⁴ wên² i⁴-kuo-lai-ti	的來過譯文漢打
,, into a European paper, suppose it gets	shê¹ huo⁴ i⁴ ju⁴ hsi² pao⁴	報西入譯或設
Translation, literal	chih² i⁴	譯直
,, interlinear	chien⁴ hang² i⁴	譯行間
,, make a	tso⁴-ko i⁴ wên²	文譯個作
Translator,	t'ung¹ i⁴ chê³	者譯通
Transmigration,	t'o¹-shêng¹	生脫
,,	chuan³ shêng¹	生轉
,,	t'ou² shêng¹	生投
,,	chuan⁴ hui²	迴轉
Transmission,	chuan⁴ sung⁴	送轉
,, hereditary	i² ch'uan²	傳遺
Transmit a letter, to	chi⁴-i-fêng hsin⁴	信封一寄
,, a message	ch'uan² hsin⁴	信傳
,, to posterity	ch'uan² shih⁴	世傳
,, ,,	ch'uan² yü² hou⁴ i⁴	裔後於傳
,, money	chi⁴ ch'ien²	錢寄
,, ,, by draft	hui⁴ ch'ien²	錢滙
Transparent,	t'ou⁴-liang-ti	的亮透
,,	kuo⁴ kuang¹-êrh-ti	的兒光過
,, his motives were	so³ t'ou⁴-ch'u shên² lai²-lo	了來神出透所
Transpire, to	lou⁴-ch'u-lai	來出露
,,	hsieh⁴-ch'u-lai	來出洩
,,	fa¹-tso-ch'u-lai	來出作發
,,	hsieh⁴-lou-ch'u-lai	來出漏洩
Transpires, the truth now	hsien⁴ i³ lou⁴ ch'u¹ chên¹ hsiang⁴	相眞出露已現
Transplant, to	i²-ch'u lai² chung⁴	種來出移
,, from the ground into a pot	ch'i³-ch'u-lai shang⁴ p'ên²-li chung⁴	種裏盆上來出起

Transport—Traveller.

Transport, a centre of	chuan⁴ shu¹ chung¹ hsin¹	心中輸轉
,, difficulties of	yün⁴ tao⁴ chih¹ tsu³	阻之道運
,, (vessel)	yün⁴ sung⁴ ch'uan²	船送運
,, capacity	shu¹ sung⁴ li⁴	力送輸
,, goods, to	yün⁴ huo⁴	貨運
,, ,,	pan¹ yün⁴	運搬
,, means of	yün⁴ chiao³	脚運
,, corps	tzŭ¹-churg tui⁴	隊重輜
,, troops	tzŭ¹ chung⁴ ping¹	兵重輜
,, waggon	tzŭ¹-chung ch ê¹	車重輜
Transportation,	liu² tsui⁴	罪流
,,	t'u² tsui⁴	罪徒
,, (of criminal)	liu² hsing²	刑流
Transpose, to	tien¹-tao-kuo-lai	來過倒顛
Transubstantiation,	hua⁴ t'i³	體化
Trap, a	ch'uan¹ t'ao⁴	套圈
,, for him, lay a	na² hua⁴ jao² t'a¹	他遶話拏
,, fell into the	chêng⁴ chung⁴ ch'i² shu⁴	術其中正
,, ,, ,,	shang⁴ la tang⁴	當了上
,, have fallen into a (been imposed upon)	shou⁴-liao-ko kua⁴ lao⁴-êrh	兒落罣個了受
,, gin, a	chia²-tzŭ	子夾
,, box (for rats), a	mu⁴ mao¹	貓木
,, to set a	an¹-ko chia²-tzŭ	子夾個安
,, for you, they have laid a	na⁴ 'rh-kei ni³ hsia¹-cho chia²-tzŭ-ni	呢子夾着下你給兒那
,, ,, ,, ,,	kei³ ni³ shê⁴-liao-ko ch'üan¹-t'ao-êrh	兒套圈個了設你給
Trap-door in the roof, a	t'ien¹ ching³-tzŭ mên² 'rh	兒門子井天
,, in the floor	ching³-tzŭ mên² 'rh	兒門子阱
Trapezium,	pu⁴ p'ing² hsing² ssŭ⁴ chiao³ hsing²	形角四行平不
Trash (of things)	k'ang¹ huo⁴	貨糠
,, (of literature)	wu² yung⁴ i⁴-ti hsia¹ hua⁴	話瞎的意用無
Travail (see throes)	k'u³	苦
,,	lao² k'u³	苦勞
Travel,	lü³ hsing²	行旅
,, to	ch'u¹ yu²	遊出
,, by road	tsou³ han¹ lu⁴	路旱走
,, ,, ,,	yu² han⁴ lu⁴ tsou³	走路旱由
,, ,, water	tsou³ shui³ lu⁴	路水走
Traveller, a	lü³ k'o⁴	客旅
,,	hsing² lü³	旅行
,, a commercial	hui⁴ huo⁴-ti	的貨洄
,, ,,	p'ao³ wai⁴-ti	的外跑

Traveller—Treasurer. 940

Traveller, a commercial	chang¹-lo mai³-mai-ti	的賣買羅張
Travellers, for the comfort of	i³ li⁴ hsing² lü³	旅行利以
Travelling expenses	lü³ fei⁴	費旅
,, ,,	p'an²-fei	費盤
,, ,,	p'an⁴-ch'uan	川盤
,, ,, exhausted	tzǔ¹ fu³ kao⁴ ch'ing⁴	磬告斧資
,, companion, a congenial (as a guide book)	lü³ hsing k'o⁴ chü¹ chih¹ liang² pan⁴ lü³	侶伴良之居客行旅
Travels (book of)	lü³ hsing² chi⁴	記行旅
Traverse,	pien⁴ po²	駁辯
Travesty of the facts	hsü¹ kou⁴ shih⁴ shih²	實事搆虛
Tray, a	t'o¹ p'an²	盤托
Treacherous,	chien	奸
,,	chien¹ cha⁴	詐奸
,, person, a	han⁴ chien¹	奸漢
,, ,,	yeh³ hsin¹ chê³	者心野
,, at heart	shê⁴ hsin¹ hsien³ cha⁴	詐險心設
,, and cunning nations	yin¹ tu² chiao³ hên³ chih¹ kuo²	國之狠狡毒陰
Tread, to	ts'ai³	跴
,, lightly	ch'ing¹ ch'ing¹-êrh-ti ts'ai³	跴的兒輕輕
,, a heavy	chiao³ pu⁴-êrh chung⁴	重兒步脚
,, on my toes	ts'ai³-liao wo i⁴ chiao³	脚一我了跴
,, in his father's footsteps	ts'ai³-t'a fu⁴-ch'in-ti chiao³ tsung¹-êrh	兒踪脚的親父他跴
Treadle, a	chiao³ têng⁴-tzǔ	子鐙脚
Treason,	fan³	反
,, to plot	mou² fan³	反謀
,, high	kuo² shih⁴ fan⁴	犯事國
,, impeach the president for high	tui⁴ yü² ta⁴ tsung³ t'ung³ jên⁴ wei² yu³ mou² p'an⁴ hsing² wei³	爲行叛謀有爲認統總大於對
Treasure, a	pao³ pei⁴	貝寶
,, to	tang⁴-tso pao³ pei⁴	貝寶作當
,, ,,	chên¹ chung⁴	重珍
,, ,, keep as a	tang⁴ pao³ pei⁴ shou¹-cho	着收貝寶當
,, regard as a	chên¹-chung	重珍
,, money, to convey	yün⁴ hsiang	餉運
,, ,, ,,	tsou³ piao¹	標走
,, up (advice)	fu² ying¹	膺服
Treasurer,	ssǔ¹ k'u⁴ chê³	者庫司
,,	kuei⁴ chi⁴ yüan²	員計會
,, provincial (old style)	pu⁴ chêng⁴ ssǔ:	司政布

Treasures, chên¹ pao⁸ 珍寶
Treasury, a k'u⁴ 庫
,, yin² k'u⁴ 銀庫
,, kuo² k'u⁴ 國庫
,, is empty, the fu³ k'u⁴ i³ ch'êng⁴ 府庫已罄
Treat, tai⁴ yü⁴ 待遇
,, to behave towards tai⁴ 待
,, badly tai⁴ pu⁴ chou¹ tao⁴ 待不周到
,, him badly tai⁴-t'a-pu⁴ hao³ 待他不好
,, as a joke, to tang⁴ hsiao⁴-hua 'rh tai⁴ 當笑話兒待
,, a complaint chih⁴ ping⁴ 治病
,, I'll stand wo³ hou⁴-lo 我候咯
,, to hear, a t'ing¹-ti chên¹ t'ung⁴-k'uai 聽的真痛快
,, (a subject) lun⁴ 論
,, with t'an² p'an⁴ 談判
,, it's a shên⁴ yü² k'uai⁴ 甚愉快
Treating of kuan² yü² 關於
Treatise, lun⁴ wên² 論文
Treatment, ch'u³ chih⁴ 處置
,, courteous k'uan³ tai⁴ 款待
,, surgical wai⁴ k'o¹ shou³ shu⁴ 外科手術
,, preferential t'ê⁴ hui⁴ tai⁴ yü⁴ 特惠待遇
,, under medical chiu⁴ i¹ 就醫
Treaty, a t'iao²-yüeh 條約
,, of friendship ho²-yüeh 和約
,, of commerce t'ung¹ shang¹ t'iao²-yüeh 通商條約
,, of alliance mêng² yüeh¹ 盟約
,, conclude a li⁴ t'iao²-yüeh 立條約
,, ,, ting⁴ t'iao²-yüeh 定條約
,, ,, ti⁴ chieh² t'iao² yüeh¹ 締結條約
,, with him, am in wo³ kên¹-t'a ts'o shang¹ 我跟他磋商
,, extradition fan⁴ tsui⁴ jên² yin³ tu⁴ t'iao² yüeh¹ 犯罪人引渡條約
,, ratification of a t'iao² yüeh¹ chih¹ p'i¹ chun³ 條約之批准
,, exchange a chiao¹ huan⁴ t'iao² yüeh¹ 條約換交
,, of amity hsiu¹ hao³ t'iao² yüeh¹ 修好條約
,, of navigation hang¹ hai³ t'iao² yüeh¹ 航海條約
,, peace kou⁴ ho² t'iao² yüeh¹ 媾和條約
,, powers yu³ yüeh¹ chih¹ kuo³ 有約之國
,, exists, a formal tsai⁴ tsai⁴ mêng² fu³ 在在盟府
Treble, san¹ pei⁴ 三倍
,, voice t'ung² tzŭ shêng¹ 'rh 童子聲兒
Tree, a i⁴ k'o¹ shu⁴ 一棵樹

Trees—Trial.

Trees,	shu⁴ mu⁴	樹木
,, boot	hsüan⁴-t'ou	楦頭
Trellis,	hua¹ chang⁴-êrh	花障兒
Tremble,	chên⁴ tung⁴	震動
,, to	ta³ chan⁴ 'rh	打顫兒
,, with cold	lêng³-ti ta³ chan⁴ 'rh	冷的打顫兒
,, ,, excitement, to	chi²-ti ta³ chan⁴ 'rh	急的打顫兒
,, ,, anger	ch'i⁴-ti chih² to¹-so	氣的直哆嗦
Trembling in fear	ching¹ ching¹ yeh⁴ yeh⁴	兢兢業業
Tremendous,	chi²	極
Tremendously fat	p'ang⁴ chih⁴ chih⁴	胖之至
,, large	ta⁴ chi²-lo	大極咯
Tremor, from concussion	chên⁴-ti fa¹ ch'an⁴	震發的顫
,, hand	shou³ chan⁴	手顫
Trench, a	i² tao¹ kou¹-êrh	一道溝兒
,,	ts'ao² êrh	槽兒
,, a military or moat	hao² kou¹	壕溝
,, to dig a	wa¹ kou¹	挖溝
Trenchant,	jui⁴ li⁴	銳利
Trenches (at the front), the	chan⁴ hao²	戰壕
Trend,	chao² liu²	潮流
,, of opinion	i⁴ hsiang⁴	意向
,, ,, circumstance	ta⁴ shih⁴ so⁸ ch'ü¹	大勢所趨
,, ,, men's minds	jên² min² hsin¹ li³ chih¹ ch'ü¹ hsiang	人民心理之趨向
,,	ch'ing¹ hsiang⁴	傾向
Trepidation,	ching¹ pu⁴	驚佈
,, in frantic	p'o⁴ san⁴ hun² fei¹	魄散魂飛
Trespass,	chia¹ chai² ch'in¹ ju⁴	家宅侵入
,, to	yü² yüeh⁴ ti⁴ chieh¹	越地界
,, on your kindness, do not like to	wo³-pu hao³ i⁴-ssŭ tsao¹ jao³ nin²	我不好意思遭擾您
Trespassers not allowed	hsien² jên² mien³ chin⁴	閑人免進
,, will be prosecuted	hsien² jên² ssŭ¹ chin¹ ting⁴ hsing² sung⁴ chiu¹	閑人私進定行送究
Trestle, a	san¹ chiao³-êrh têng⁴-tzŭ	三脚兒凳子
,, for a bed frame	chih¹ ch'uang²-ti san¹ chiao³-êrh têng⁴-tzŭ	支床的三脚兒凳子
Trestles, the horse's fall between the	ch'i² ma³ t'i² hsien¹ ju⁴ ch'iao² pan³ k'ung¹ ch'u⁴	騎馬蹄陷入橋板空處
Trial to make (see try)	shih⁴-i-shih	試一試
,, ,,	shih⁴-yen shih⁴-yen	試驗試驗
,, (law)	shên³ wên⁴	審問
,, (affliction)	k'un⁴ nan²	困難

Trials—Tricks.

Trials, public	shên³ li³ kung¹ k'ai¹	審公理開
,, by courtmartial, commit to	fu⁴ yü² chün¹ fa⁴ hui⁴ i⁴	附於軍法會議
Triangle, a	san¹ chiao³-êrh hsing²	三角兒形
,, acute-angled	jui⁴ chiao³ san¹ chiao³ hsing²	銳角三角形
,, equilateral	têng³ pien¹ san¹ chiao³ hsing²	等邊三角形
,, right-angled	chih² chiao³ san¹ chiao³ hsing²	直角三角形
,, obtuse-angled	tun⁴ chiao³ san¹ chiao³ hsing²	鈍角三角形
,, isosceles	têng³ chiao³ san¹ chiao³ hsing²	等腳三角形
Triangulation,	san¹ chiao³ ts'ê⁴ liang² fa³	三角測量法
Tribe (or clan), a	tsu²	族
,, ,,	tsung¹ tsu²	宗族
,, a Mongol	pu⁴ lo⁴	部落
Tribulation,	chien¹ nan²	艱難
,, suffer great	han² hsin¹ ju² k'u³	含辛茹苦
,, plunged in a sea of	ch'ên² lun² k'u³ hai³	沈淪苦海
Tribunal,	ts'ai² p'an so³	裁判所
,, Higher	shang⁴ chi² ts'ai² p'an⁴ so⁴	上級裁判所
Tribune (rostrum)	yen³ t'an²	演壇
Tributary state, a	shu³ kuo²	屬國
,, ,,	shu³ pang¹	屬邦
,, (river)	chih¹ liu²	枝流
Tribute,	kung⁴	貢
,, to present	chin⁴ kung⁴	進貢
,, to pay	na⁴ kung⁴	納貢
,, articles of	kung⁴ wu⁴	貢物
,, ,,	kung⁴ p'in³	貢品
Trice, in a	i⁴ chan³ yen³ 'rh-ti kung¹-fu	一眨眼兒的工夫
,, ,,	shun⁴-hsi-chih chien¹	瞬息之間
,, up, to	na² shêng²-êrh tiao⁴-ch'i-lai	拿繩兒吊起來
Tricolor,	san¹ sê⁴ ch'i²	三色旗
Trick, a	ch'iao³ fa³ 'rh	巧法兒
,, (dodge)	ch'iao³ fa³ shu⁴	巧法術
,, on a person, play a	shua³-hsi jên²	耍戲人
,, ,, ,, ,,	shua³-nung jên²	耍弄人
Trickle, to	ti¹ ti¹ ta¹ ta¹-ti liu²	滴滴搭搭的流
Tricks, conjuring	hsi¹ fa³-êrh	戲法兒
,, to play crafty	tiao⁴ kuei³	掉鬼

Tricky—Trimming. 944

Tricky,	hsiang³ fa²-tzǔ hu⁴-nung jên² 想法子胡弄人
,,	tsei²-kuei liu¹ hua² 賊鬼溜滑
Trident, a	san¹ ch'a¹ mao² 三义矛
,,	san¹ ch'a¹ ku³ 'rh-ti ch'iang¹ 三义股兒的槍
Triennial,	san¹ nien² i² tz'ǔ⁴ 三年一次
Trifle,	hsi⁴ ku⁴ 細故
,, please accept this	pu⁴ t'ien³ chih¹ i² wang⁴ ch'i³ hsiao⁴ na⁴ 不腆之儀望乞笑納
,, to treat as a	na²-cho tang¹ wan²-i-êrh 拿着當玩意兒
,, just a	pu⁴ tsu² kua³ ch'ih³ 不足掛齒
,, with	hsi⁴-nung 戲弄
,, ,, me, don't	pieh² ch'êng² hsin¹ hsi⁴-nung wo³ 別成心戲弄我
,, (of a present), a mere	hsiao³ i⁴-ssǔ 小意思
,, that's a	na⁴ shih hsiao³ shih⁴ 那是小事
,, for you, I've got a	wo³-chê yu³ tien³ 'rh hsiao³ i⁴-ssǔ sung⁴ nin² 我這兒有點兒小意思送您
Trifles, make a fuss about	hsiao³ t'i² ta⁴ tso⁴ 小題大做
Trifling matter, a	hsieh¹ wei¹-ti hsiao³ shih⁴-êrh 些微的小事兒
,, ,,	hsi¹ sung¹ p'ing² chang²-ti shih⁴ 希鬆平常的事
,, ,,	tou⁴-êrh ta⁴-ti shih⁴ 豆大兒的事
Trigger of a gun, the	chi¹-tzǔ huang² 機子簧
,, ,, ,,	ch'iang¹ shê²-t'ou 槍舌頭
,, to pull the	kou¹ chi¹-tzǔ 拘機子
,, accidentally pull the	wu⁴ p'êng⁴ ch'iang¹ chi¹ 誤碰槍機
Trigonometry,	san¹ chiao³ hsüeh² 三角學
,,	pa² hsien⁴ hsüeh² 八綫學
Trim (between two sides)	sui² fêng¹ tao³ t'o² 隨風倒舵
,, the nails, to	hsiu¹ chih¹-chia 修指甲
,, (as a hedge), to	ta³ ch'i²-chieh-lo 打齊結咯
,, a wick	pa⁴ têng¹ nien³-tzǔ chiao³ ch'i²-lo 把燈撚子鉸齊了
,, sails	tiao⁴ fan¹ 弔帆
,, one's sails to the breeze (fig.)	sui² fêng¹ shih³ fan¹ 隨風使帆
,, up (touch up)	tien³-chui tien³-chui 點綴點綴
,, ,, ,,	tien³-chui-ch'u-lai 點綴出來
Trimmer,	liang³ mien⁴ t'ao³ hao³ 兩面討好
,,	sui² shih² pien⁴ hua⁴ 隨時變化
Trimmers,	ch'i² ch'iang² p'ai⁴ 騎牆派
Trimming of a dress	p'ei⁴-ho 配合

945 Trimming—Triumphant.

Trimming of a dress	t'ao¹-tzŭ	條子
Trinity,	san¹ wei⁴ i t'i³	三位一體
„ the Taoist	san¹ ch'ing¹	三清
„ the doctrine of the (Anglican)	san¹ wei⁴ wei² i⁴ t'ien¹ chu³-chih tao⁴	三位一天主之道
Trinkets,	shou³-shih	首飾
„	chin¹ shou³-shih	金首飾
„	yin² shou³-shih	銀首飾
„	yü⁴ shou³-shih	玉首飾
„	chin¹ yin² shou³-shih	金銀首飾
Trip, to	ta³ lieh⁴ ch'ieh⁴	打趔趄
„ up with a cord or any object, to	pan⁴-chu chiao³-lo	绊住脚咯
„ up over the chairs	pei⁴ i³ p'an⁴ t'ieh¹	被椅绊跌
„ in walking, to	shih¹-lo chiao³-lo	失了脚咯
„ „ „	tz'ŭ¹-lo chiao³-lo	跐了脚咯
„ him up, I'll	wo³ pa⁴-t'a· pan⁴-chu-lo	我把他绊住咯
„ go for a	ch'u¹-ch'ü kuang⁴-kuang	出去逛逛
„ „ „	hsien² yu²	閒遊
Triple,	san¹ pei⁴	三倍
„	san¹ ch'ung²	三重
„ alliance	san¹ lien² hêng²	三連橫
„ „	san¹ kuo² t'ung² mêng²	三國同盟
„ entente	san¹ ho² tsung¹	三合縱
„ expansion engine	san¹ lien² shih⁴ ch'i⁴ kuan⁴	三聯式汽灌
Triplets,	i⁴ t'ai¹ shêng¹ san¹ tzŭ³	一胎生三子
Triplicate,	hsiu¹ shan⁴ san¹ fên⁴	修繕三分
„ copy in	ch'ao¹ san¹ fên⁴ 'rh	抄三分兒
„ make out in	chü⁴ ch'u¹ yüan² pên³ san¹ t'ung¹	具出原本三通
Triply folding	tieh² san¹ tieh² 'rh	疊三疊兒
Tripod, sacrificial urn, a	san¹ tsu² ting³	三足鼎
„ stand, a	san¹ t'iao² t'ui³ 'rh-ti chia⁴ tzŭ	三條腿兒的架子
Trite,	ch'ên² fu³	陳腐
„	ch'ang² t'ao⁴	常套
Triton amongst minnows, a	yang² ch'ün²-li-ti lo⁴-t'o	羊群裏的駱駝
Triumph,	shêng⁴ li⁴	勝利
„ to return in	i¹ chin³ jung² kuei¹	衣錦榮歸
„ „ „	k'ai³ hsüan²	凱旋
„ of victory, the	shêng⁴ chang⁴-chih hsi³	勝仗之喜
„ Pyrrhic	shêng⁴ chung chih¹ pai⁴	勝中之敗
„ an empty	k'ung¹ hsing⁴-t'ou	空興頭
Triumphant,	hsi³ tung⁴ mei² yü³	喜動眉宇
„	ang¹ jan²	昂然

Trivial—Trouble. 946

Trivial,	hsieh¹ wei¹-ti	些微的
,, matter, a	hsieh¹ hsü¹-ti hsiao³ shih⁴	些須細小的事
,, matter as this, such a	chê⁴-mo tie⁻³ 'rh hsiao³ shih⁴	這麼點兒小事
,, ,, of money	ch'ien² ts'ai² hsi⁴ ku⁴	錢財細故
,, remarks, mainly	to¹ pu⁴ kuan¹ t'ung⁴ yang³ chih¹ yü³	多不關痛癢之語
,, the above points are doubtless	ju² shang⁴ so⁴ shu⁴ ming² chih¹ so³ hsieh²	如上所述明知所屑
Trollop, a	la²-t'a lao³-p'o	邋遢老婆
Troop, a	i² tui⁴	一對
,, of people	i⁴ ch'ün² jên²	一羣人
Trooped in	p'ai²-cho tui⁴ chin⁴-lai-lo	排着隊進來嘮
Troops,	chün¹ tui⁴	軍隊
,,	ping¹-ting	兵丁
,,	kuan¹ ping¹	官兵
,, allied	lien² chün¹	聯軍
,, picked	ching¹ ping¹	精兵
,, concentrate	chi² ho² chün¹ tui⁴	集合軍隊
,, entrain	ta¹ tsai⁴ chün¹ tui⁴	搭載軍隊
,, on the march	hsing² chün²	行軍
Trophies of war	tê² shêng⁴ lo³-ti tzŭ¹-chung	得勝的掠的輜重
Trophy,	chan⁴ li⁴ p'in³	戰利品
Tropic of Cancer	hsia⁴ chih⁴ hsien⁴	夏至線
,, ,, Capricorn	tung¹ chih⁴ hsien⁴	冬至線
Tropics, the	jo⁴ tai⁴	熱帶
,, ,,	jo⁴ tu⁴	熱度
Tropical country	huan³ kuo²	暖國
Trot, to	tien¹	顛
Trouble (row)	fên¹ i⁴	紛謠
,, to court	hao⁴-tzŭ t'ien³ mao¹ pi²-tzŭ	耗子舔貓鼻子
,, myself to, would not	wo³ fan⁴-pu chao²	我犯不着
,, don't get other people into	pieh² pa⁴ sung⁴ pin⁴-ti mai⁴-tsai fên²-li	別把送殯的埋在墳裏
,, I am giving you much	lei⁴-k'ên-nin-na	累捯您納
,, to give or cause	fei⁴ shih⁴	費事
,, (mental effort), to cause or apply	fei⁴ hsin¹	費心
,, you (of bodily effort)? may I	lao² nin² chia⁴	勞您駕
,, you (of mental effort)? may I	fei⁴ nin² hsin¹	費您心

Trouble—Truce.

Trouble you to take a message, may I		fan² nin² tai⁴-ko hsin⁴	信個帶您煩
,,	I am giving you a deal of	chiao⁴ nin² fei⁴ shih⁴	事費您敎
,,	,, ,, ,,	chiao⁴ nin² fei⁴ hsin¹	心費您敎
,,	,, ,, ,,	lao²-tung nin²-na	納您動勞
,,	,, ,, ,,	tsao¹ jao³ nin²-na	納您擾遭
,,	caused a lot of	fei⁴-liao nin² to¹-shao shih⁴	事少多您了費
,,	gave his parents much	chiao⁴ fu⁴ mu⁴ t'ao² shên²	神搯母父敎
,,	you to write, I need not	pu² yung⁴ lei⁴ nin³ hsieh³ hsin¹	信寫您累用不
,,	will save	shêng³ shih⁴	事省
,,	your mind about it, don't	pu² yung⁴ kua⁴ hsin¹	心掛用不
,,	(unpleasantness), will avoid	mien³ shih⁴-fei	非是免
,,	they are in great	t'a¹-mên hên³ chao² chi²	急着很們他
,,	over, take immense	sha⁴ fei⁴ k'u³ hsin¹	心苦費煞
,,	for nothing, make	jao⁴ chao³ ma² fan	煩麻找饒
,,	to avoid future	mien³ yu³ hou⁴ huan⁴	患後有免
Troubled you for nothing, sorry to have		k'uang¹-liao chia⁴-lo	咯駕了誑
,,	in mind	hsin¹-li fan²-mên	悶煩裏心
Troubles (anxieties)		hsin¹-li-ti fan²-nan	難煩的裏心
,,	in China	chung¹ kuo² shih⁴ pien⁴	變事國中
Troublesome,		fei⁴ shih⁴	事費
,,		fan² tsa²	雜煩
,,		tsung¹ ts'o	毷毸
,,	child, a	hên³ jang⁴ jên² t'ao² shên²	神搯人讓狠
,,	,,	hên³ chiao⁴ jên² fên¹ hsin¹	心分人敎狠
,,	,,	pu² shou⁴ kuan³	管受不
,,	to deal with	lei²-chui	贅累
Trough, a		ts'ao²-êrh	兒槽
,,	a horse	ma³ ts'ao²	槽馬
Troupe of actors, a		i¹ pan¹-tzŭ ch'ang⁴ hsi⁴-ti	的戲唱子班一
Trousers,		k'u⁴-tzŭ	子褲
,,	a pair of	i⁴ t'iao² k'u⁴-tzŭ	子褲條一
,,	fork of the	k'a³-pa tang¹	襠巴咯
Trousseau, a		chia⁴-chuang	奩嫁
Trowel, a		mo³-tzŭ	子抹
Truant, to play		t'ao² hsüeh¹	學逃
Truce, a		chan⁴ hsing³ t'ing³ chan⁴	戰停行暫
,,	flag of	hsiu¹ chan⁴ ch'i²	旗戰休

Truce—Truss. 948

Truce, flag of	chih³ chan⁴ ch'i²	旗戰止
,, between them, there is	t'a¹-mên³ lia³ t'ing²-liao tsui³ chan⁴	戰嘴了停倆們他
Truck, a hand	yün⁴ huo⁴-ti hsiao³ ch'ê¹ 'rh	兒車小的貨運
,, a railway	huo⁴ ch'ê¹	車貨
Truckle to him, I won't	wo³-pu nêng² hsiang⁴-t'a yao² wei³ ch'i⁸ lien²	憐乞尾搖他向能不我
,, ,, ,,	wo³ pu³ fu³-chiu-t'a	他就俯不我
,, to	ch'ü¹ shên¹ ts'ung² i⁴	意從身屈
Truculent,	ts'an² nüeh⁴ pu¹ jên²	仁不虐殘
,, thief	hên³ hsin¹ tsei²	賊心狠
,, person, a	hêng⁴ jên²	人橫
Trudge along, to	mo²-ts'êng-cho tsou³	走着蹭摩
True,	chên¹	眞
,,	shih²	實
,, of heart	ch'êng² shih²	實誠
,, ,,	chên¹ hsin¹	心眞
,, has come	ying¹-yen-lo	了驗應
,, is it?	tang⁴ chên¹-ti-ma	嗎的眞當
,, perfectly	chên¹ êrh² yu⁴ chên¹	眞有而眞
,, friendship	hsiang¹ chih¹ chih¹ shên¹	深之知相
Trump card, a	hu² t'ou² p'ai²	牌頭胡
,, up, to	nieh¹ tsao⁴	造捏
Trumpery articles	yang⁴-tzŭ huo⁴-êrh	兒貨子樣
Trumpet, a	i⁴ chih¹ la³-pa	叭喇隻一
,,	hao⁴ t'ung³	筒號
,, ear	t'ing¹ yin¹ t'ung³	筒音聽
,, to blow the	ch'ui¹ la³-pa	叭喇吹
,, ,, one's own	tzŭ⁴ k'ua¹	誇自
,, ,, ,, ,,	ching¹ kung¹ tzŭ⁴ fa¹	伐自功矜
Truncheon, a	chih³-hui kun⁴	棍揮指
Trundle a barrow, to	t'ui¹ hsiao³ ch'ê¹ 'rh	兒車小推
,, a hoop, to	ta³ ch'üan¹ 'rh	兒圈打
Trunk, a	hsiang¹-tzŭ	子箱
,, a leather	p'i² hsiang¹-tzŭ	子箱皮
,, of a tree	shu⁴ k'uang¹-tzŭ	子框樹
,, ,, ,,	shu⁴ kan⁴-tzŭ	子幹樹
,, of an elephant	hsiang⁴ pi²-tzŭ	子鼻象
,, line, longitudinal	tsung¹ kuan¹ hsien⁴	線貫縱
,, line, latitudinal	hêng² kuan⁴ hsien⁴	線貫橫
Trunnion of a gun, the	p'ao⁴ êrh³	耳礮
Truss of straw, a	i⁴ k'un³ kan¹ ts'ao³	草乾捆一
,, a surgical	t'o¹ shan⁴-ch'i-ti ch'ia²-tzŭ	子卡的疝疝托

Truss, a surgical	t'o¹ ch'ang² tai⁴	帶腸託	
Trust,	hsin⁴ yung⁴	用信	
,, to	p'ing² hsin⁴	信憑	
,, ,,	hsiang¹ hsin⁴	信相	
,, it entirely to him	ch'üan² k'ao⁴ t'a¹ pan⁴	辦他靠全	
,, buy on	shê¹-cho mai¹	買著賒	
,, him, you can	ni³ k'o-i k'ao⁴-t'a	他靠以可你	
,, him far, cannot	pu⁴-kan³ shên¹ k'ao⁴-t'a	他靠深敢不	
,, him, one cannot	k'ao⁴-pu chu⁴-t'a	他住不靠	
,, in, put	i¹ lai⁴	賴依	
,, property	wei² t'o¹ ch'an³	產托委	
Trustee,	wei² t'o¹ jên²	人托委	
,, (of an institution)	shou⁴ t'o¹ jên²	人託受	
Trusting, too	hsin¹ t'ai⁴ shih²-lo	略實太心	
Trustworthy,	ch'üeh² shih²	實確	
,,	k'o³ k'ao⁴-ti	的靠可	
,,	k'ao⁴-tê chu⁴-ti	的住得靠	
Trusty,	chung¹ shih²	實忠	
Truth, the	shih² hua⁴	話實	
,, ,,	chên¹ hua⁴	話眞	
,, ,,	chên¹ li³	理眞	
,, or false	hsü¹ shih²	實虛	
,, to speak the	shuo¹ shih² hua⁴	話實說	
,, (as a matter of fact), in	ch'i² shih²	實其	
,, come to light	shui³ lo⁴ shih² ch'u¹	出石落水	
Truthful person, a	hao⁴ shuo¹ shih² hua⁴-ti	的話實說好	
Try, to	shih⁴-i-shih	試一試	
,,	shih⁴-shih k'an⁴	看試試	
,, experiment	shih⁴-yen shih⁴-yen	驗試驗試	
,, ,, with	ling³-lüeh ling³-lüeh	略領略領	
,, on clothes	shih⁴-shih i¹-shang	裳衣試試	
,, a case at law	shên³ an⁴	案審	
,, ,, ,,	wên⁴ an⁴	案問	
,, ,, ,,	shên³ hsün⁴	訊審	
,, a prisoner	shên³ wên¹	問審	
,, a case of theft	shên³ tao⁴ an⁴	案盜審	
Trying business, a	nan² k'an¹-ti shih⁴	事的堪難	
,, child, a	chê⁴ hai²-tzŭ nan² k'an¹	堪難子孩這	
,, child! you are a	ni³ chien³ chih²-shih wo³-ti mo²-chang	障麼的我是直簡你	
,, to upset (an arrangement)	hsi¹ t'u² po⁴ huai⁴	壞破圖希	
,, one's eyes	fei⁴ yen³	眼費	
Tu quoque on you, return a ko² hsia	chiang¹ i³ tz'ŭ³ yü³ huan² chih¹	下閣之還諸此以將	

Tub—Turkey.

Tub, a	p'ên²	盆
,,	t'ung³-tzŭ	筒子
Tube, a	kuan³-tzŭ	管子
,, test	t'an⁴ t'ung³	探筒
,, rose	yü⁴ tsan¹ hua¹	玉簪花
Tuberculosis,	chieh² ho² ping⁴	結核病
Tuberculous,	chieh² ho² hsing⁴ ti¹	結核性的
Tuck in, to	yeh¹-ch'i-lai	掖起來
,, in the bedclothes	pa⁴ p'u¹-kai yeh¹-shang	把舖盖掖上
Tuesday,	li³ pai⁴ êrh⁴	禮拜二
,,	hsing¹-ch'i êrh⁴	星期二
Tuft of grass, a	i⁴ tun¹ ts'ao³	一墩草
,, of hair	i⁴ tso¹-êrh t'ou²-fa	一撮兒頭髮
Tug, to	la¹	拉
,,	chiu¹	揪
,, boat, a	t'o¹ tai⁴ ch'uan²	拖帶船
,, of war, a	la¹ shêng²-tzŭ	拉繩子
Tuition,	chiao⁴ shou⁴	教授
Tumble over (of a man), to	tsai¹ kên¹-t'ou	跌跟頭
,, down	shuai¹ t'ang³-hsia	摔躺下
,, ,,	t'ang³-hsia	躺下
,, into the water	tiao⁴-tsai shui³ li³-t'ou	落在水裏頭
,, ,, a comfortable billet	lao⁴-tê shu¹-fu	落得舒服
Tumbler, a	po¹-li pei¹	玻璃杯
,, a toy	pan¹-pu tao³-êrh	搬不倒兒
,, ,,	kên¹-tou jên²-'rh	斗筋人兒
Tumidity,	p'êng² chang	膨脹
Tumour, a	liu²	瘤
Tumult, a	luan⁴	亂
,, in a	hung¹ luan⁴	哄亂
,, ,,	luan⁴ hung-hung¹-ti	亂哄哄的
Tune, a	tiao⁴-êrh	調兒
,, an instrument, to	ting⁴ hsien²	定絃
,, ,, ,,	ho² tiao⁴-êrh	合調兒
,, ,, ,,	ho² kung¹ ch'ê¹	合工尺
Tuner,	chêng³ t'iao² shih¹	整調師
Tunnel, a	sui⁴ tao⁴	隧道
,,	shan¹ tung⁴-tzŭ	山洞子
,, to bore a	ta³ shan¹ tung⁴-tzŭ	打山洞子
Turban, a	ch'an²' t'ou² pu⁴	纏頭布
Turbine wheel, a	p'ing² chih²-ti shui³ ch'ê	平直的水車
Turbulent fellow	ch'iang² pao⁴ chih¹ t'u²	強暴之徒
Turf, a sod of	i⁴ fang¹ ts'ao³ p'i¹	一方草坯
,, a stretch of	i² p'ien⁴ ts'ao³ ti⁴	一片草地

Turgid—Turn.

Turgid,		k'ua¹ chang¹ ti¹	的張誇
Turk, a		t'u³-êrh chi¹ jên²	人其耳土
Turkey,		t'u³-êrh chi¹ kuo²	國其耳土
,,	(bird), a	huo³ chi¹	雞火
Turmoil,		chiao³ jao⁸	攪擾
Turn, to		chuan⁴	轉
,,	revolve	ta³ chuan⁴-'rh	兒轉打
,,	up (as sleeves)	wan³-ch'i-lai	來起挽
,,	back	hui² chuan³-kuo lai²	來過轉回
,,	inside out	fan¹-kuo lai²	來過翻
,,	everything inside out	fan¹ hsiang¹ tao³ kuei⁴	櫃倒箱翻
,,	the trousers up	pa⁴ k'u⁴-tzǔ lo¹-shang-ch'ü	去上擺子褲把
,,	it's your	lun²-tao ni³-lo	了你到掄
,,	of duty, to take one's	shang⁴ pan¹-'rh	兒班上
,,	,, ,, day for ,,	kai¹ pan¹-'rh-ti jih⁴ tzǔ	子日的兒班該
,,	over	fan¹-ko kuo⁴-êrh	兒過個翻
,,	into	pien⁴ ch'êng²	成變
,,	the body round	chuan³ shên¹	身轉
,,	in bed	fan¹ shên¹	身翻
,,	the head	niu³ lien³-'rh	兒臉扭
,,	,, ,,	hui² t'ou²	頭回
,,	over a page	fan¹ p'ien¹-'rh	兒篇翻
,,	,, ,, new leaf	hui²-lo t'ou²-lo	咯頭了回
,,	,, ,, ,, ,,	pai³ tzǔ hui² t'ou²	頭回子敗
,,	,, ,, ,, ,,	kai³ tê² i⁴ hsing⁴	行易德改
,,	,, ,, ,, ,,	yung⁴ hsin¹ wang hao³ li³ tso⁴	作裏好往心用
,,	to advantage	kuei¹-tao wo³-mên p'ien²-i-lo	了宜便們我到歸
,,	a corner	kuai³ wan¹-'rh	兒彎拐
,,	in a lathe	hsüan⁴	鏇
,,	by	lun² liu²-cho	着流輪
,,	a	i⁴ hui²	回一
,,	one's face away	tiao⁴-pei lien³-'rh	兒臉背掉
,,	gave me a	hsia⁴-liao-wo i⁴ chi¹-ling	伶疾一我了嚇
,,	I owe him a good	wo⁰ ch'ien⁴-t'a-ko ch'ing⁰-êrh	兒情個他欠我
,,	him out	pa⁴-t'a nien³-ch'u-ch'ü	去出攆他把
,,	,,	pa⁴-t'a nieh¹-ch'u-ch'ü	去出捏他把
,,	,,	pa⁴-t'a ti¹ liu-ch'u-ch'ü	去出溜提他把
,,	the conversation	pa⁴ hua⁴ ch'a⁴-k'ai-lo	咯開岔話把
,,	off to the south	chê² tao⁴ nan² hsing²	行南道折
,,	a sword against oneself	tao³ ch'ih² li⁴ ch'i⁴	器利持倒
,,	round one's finger	tsai⁴ chang³ wu chung¹	中握掌在

Turn—Twelve. 952

Turn the corner (of a crisis)	yu³ chuan³ chi¹	有轉機
„ „ tables	fan³ pai⁴ wei² shêng⁴	反敗為勝
„ a cold shoulder on	pai² yen³ chia¹ chih¹	白眼加之
„ Moslem	fêng⁴ hui² chiao⁴	奉回教
Turncoat,	pei⁴ tang³ chê³	背黨者
Turned (of milk, etc.)	sou¹-lo	餿咯
Turning out by our education? what kind of citizens are we	wu² kuo²·chiang¹ i³ chiao⁴ yü⁴ tsao⁴ ch'êng² ju² ho² kuo² min² mo	吾國將以教育造成如何國民麼
Turnip, a	pai² lo²-po t'ou²	白蘿蔔頭
Turnkey, a	chien¹ lao²	監牢
„	lao² t'ou²	牢頭
Turns, watch in	lun² liu² k'an¹ shou³	輪流看守
Turpentine,	sung¹ hsiang¹ yu²	松香油
Turquoise,	sung¹-êrh shih²	松兒石
„	lü⁴ sung¹ shih²	綠松石
Turret (warship)	p'ao⁴ chuang¹ t'a³	砲裝塔
Turtle, a	pieh¹	鼈
„	wang²-pa	忘八
„ you! egg of a	wang²-pa tan⁴	忘八蛋
„ you! spawn of a	wang²-pa kao¹-tzŭ	忘八羔子
Tusk, an elephant's	hsiang⁴ ya²	象牙
„ of a boar, etc.	liao² ya²	獠牙
Tutelary deity, the	t'u³ ti⁴ shên²	土地神
„ „ „	t'u³ ti⁴ yeh²	土地爺
„ „ temple to the	t'u³ ti⁴ miao⁴	土地廟
„ spirits of country	shê⁴ chi¹	社稷
Tutor, a	hsien¹-shêng	先生
„	chiao⁴-hsi	教習
„	chiao⁴ yüan²	教員
„	yeh⁴ shih¹	業師
„	shou⁴ yeh⁴ shih¹	受業師
„	hsi¹ hsi²	西席
„ a resident	sh'u² kuan³	塾館
„ Imperial, an	yü⁴ shih¹-fu	御師傅
Twaddle,	la¹ hsi¹-ti hua⁴	拉稀的話
Twang, to talk with a	nang⁴-cho pi²-tzŭ shuo¹ hua⁴	嘡着鼻子說話
„ of a bow string	p'a¹-ti i⁴ shêng¹	啪的一聲
Tweak his nose	nieh¹ t'a¹-ti pi²-tzŭ	捏他的鼻子
„ the ears, to	chiu¹ êrh³-to	揪耳朶
Tweezers,	nieh⁴-tzŭ	鑷子
Twelfth, the	ti⁴-shih êrh⁴-ko	第十二個
„ of the 8th moon, the	pa²-yüeh shih² êrh⁴	八月十二
Twelve,	shih² êrh⁴	十二

Twenty,	êrh⁴ shih²	十二
Twice,	liang³ tz'ŭ¹	次兩
,,	liang³ t'ang⁴	趟兩
,,	liang³ hui²	回兩
,, eight is sixteen	êrh⁴ pa¹ i⁴-shih liu⁴	六十一八二
,, so and so has telegraphed me	liang³ tê² mou³ tieh⁴	電某得兩
Twiddle the thumbs, to	ts'o⁴ shou³-êrh	兒手搓
Twig, a	shu⁴ chih¹-êrh	兒枝樹
Twilight,	i¹ sa¹ hei¹ 'rh	兒黑撒一
,, morning	mêng¹-mêng liang⁴-êrh	兒亮矇矇
,, evening	yen³-ts'a hei¹ 'rh	兒黑擦眼
,, ,,	huang² hun¹-ti shih²-hou rh	兒候時的昏黃
Twill,	nsieh² wên² pu⁴	布紋斜
Twin brothers, the elder of	shuang⁴-shêng-êrh ko¹-ko	哥哥兒生雙
,, thoughts towards	hsin¹ wang³ shên² ch'ih²	馳神往心
,, screw	shuang¹ an⁴ lun²	輪暗雙
Twine,	hsi⁴ shêng²-êrh	兒繩細
,, (as a creeper) to	p'an²-cho chang³	長着盤
Twinge of pain, a	ch'ou¹ lêng³-tzŭ cha¹-cho t'êng²	疼着扎子冷抽
Twinkle (of stars), to	shan³ shuo⁴	爍閃
,, of lights	yao²-tang	蕩搖
,, of the eye, a	yen³ shên² liu²-tung	動流神眼
Twinkling of an eye	i¹ shun⁴ chih¹ chien¹	間之瞬一
,, in a	shun⁴ hsi¹-chih chien¹	間之息瞬
,, ,,	i⁴ chan⁶ yen³ 'rh	兒眼眨一
,, ,,	i⁴-cha yen³ 'rh	兒眼眨一
Twins,	i² tui⁴ shuang⁴-shêng-êrh	兒生雙對一
Twirl, to	lün²	掄
,, the moustache	ning² hu²-tzŭ	子鬍捻
Twist, to	ning²	捽
,, the head, to	niu³ t'ou²-êrh	兒頭扭
,, ,, ,,	pa⁴ t'ou² niu³-kuo-ch'ü	去過扭頭把
,, thread, to	nien³ hsien⁴	綫撚
,, up a paper spill	nien³ ko chih³ nien³ 'rh	兒撚紙個撚
,, thread with a machine	fang³ hsien⁴	綫紡
,, rope	ta³ shêng²-tzŭ	子繩打
,, the moustache	nien³ hu²-tzŭ	子鬍撚

HH

Twit—Tyro.   954

Twit, to	tou⁴	閗
,, one of lying	tsê² jên² yen² yü³ chih¹ miu⁴ wang⁴	
	妄謬之語言人貴	
Twitch(of the muscles,etc.), to	nei⁴ ch'ou¹	抽內
,, ,, ,, ,,	wu³ kuan¹ no² wei⁴	位挪官五
,, for a horse's nose, a	shan⁴-p'i	皮善
,, to put on a	na² shan⁴-p'i ning² pi²-tzǔ	
	子鼻擰皮善拿	
Twitter of swallows, the	ni² nan²	喃呢
,, ,, ,,	ni² nan² yen⁴-tzǔ yü³ liang³ chien¹	
	間樑語子燕喃呢	
,, of birds	chih¹-êrh cha¹-êrh shao⁴	
	哨兒吒兒咭	
Two,	liang³-ko	個兩
,,	êrh⁴	二
,,	lia³	倆
,, places at same time, enter in	shuang¹ fang¹ ping⁴ chin⁴	進並方雙
Tympanum,	ku³ shih⁴	室鼓
Type, metal	ch'ien¹ pan³	板鉛
,, wooden	mu⁴ pan³	板木
,, cutter, a	k'o⁴ tzǔ¹ chiang⁴	匠字刻
,, model, a	piao³-yang	樣表
,, break up the	chiang¹ pan³ hsiao¹ hui³	燬銷版將
,, written	ta³-ti tzǔ¹	字的打
Typewriter, a	ta³ tzǔ⁴-ti chi¹-ch'i	器機的字打
,,	yin⁴ tzǔ⁴ ch'i⁴	器字印
Typical,	t'ê⁴ sê⁴ ti¹	的色特
Typhoon, a	hsüan⁴-fêng-êrh	兒風旋
,,	pao⁴ fêng¹	風暴
Tyrannical,	pao⁴ nüeh⁴	虐暴
,,	ts'an² nüeh⁴	虐殘
,,	ts'an³ tu²	毒慘
,,	pa⁴-tao	道霸
,,	ya¹ chih⁴ ti¹	的制壓
,, officials	k'u¹ li⁴	吏酷
,, (autocratic)	chuan¹ chih⁴ ti¹	的制專
Tyranny (see Tyrannical)		
,, of the mob	pao⁴ min² chêng⁴ chih⁴	治政民暴
,, of minorities	shao³ shu⁴ jên⁴ wu³ tuan⁴ chuan¹ chih⁴	制事斷武人數少
Tyrant (see Tyrannical)	chuan¹ chih⁴ chê³	者制專
Tyro, a	shêng¹ shou³-êrh	兒手生
,,	ch'u¹ hsüeh² chê³	者學初
,,	li⁴-pên 'rh	兒笨力

U

Ubiquitous	p'ien¹ tsai⁴	在偏
,,	fan² shih⁴ tsai⁴ chang³	塲在事凡
,,	wu² so³ pu² chih⁴	至不所無
Udder,	nai³ p'ang¹-tzǔ	子膀奶
Ugliness exists, no definite measure of beauty and	hao³ k'an⁴ yü³ han¹ ch'un yüan² mei² yu³ i¹ ting⁴ ti¹ pi³ li⁴ ch'ih³	尺例比的定一有沒原蠢憨與看好
Ugly,	ch'ou³	醜
,,	han²-ch'ên	蠢憨
,,	ch'ou³ lou⁴	陋醜
Ulcer, an	ch'uang¹	瘡
Ulcerate, to	hui⁴ lan⁴	爛潰
,,	ch'êng²-lo ch'uang¹-lo	咯瘡了成
Ulterior,	wei⁴ lai² ti¹	的來未
,, object	pieh² yu³ yung⁴ i⁴	意用有別
,, ,,	tsui⁴ wêng¹ chih¹ i⁴ pu⁴ tsai⁴ chiu³	酒在不意之翁醉
,, object is, do not know what his	pu⁴ chih¹ t'a¹ hou⁴ lai² tsêm³-mo-ko yung⁴ i⁴	意用麼個怎來後他知不
,, ,, ,, ,,	pu⁴ chih¹ tao⁴ liao³ 'rh t'u² shêm²-mo	麼甚圖兒了到知不
Ultimate,	mo⁴ ch'i² ti¹	的期末
,, result	chieh² chü² ti¹	的局結
,, analysis	chi² chih⁴ chih¹ fên¹ hsi	析分之至極
,, issue will be, do not know what the	chung¹ êrh³ pu⁴ chih¹ tsêm³-mo yang⁴	樣麼怎知不爾終
Ultimately,	tao⁴ liao³-êrh	兒了到
,,	tao⁴ ti³	底到
,, consented, he	chung¹ êrh³ t'a ta¹-ying-lo	了應答他爾終
Ultimatum, an	ai¹ ti¹ mei³ tun¹	敦美的哀
,,	tsui⁴ hou⁴ t'ung¹ tieh²	牒通後最
Ultra,	kuo⁴ tu⁴	度過
Ultra vires,	yüeh⁴ ch'üan²	權越
,, ,,	yü² yüeh⁴ ch'üan² hsien⁴	限權越逾
,, ,,	fên⁴ chih² i³ wai⁴-ti	的外以職分
Ululate, to wail at a funeral	chü³ ai¹	哀舉
Umbilical cord	ch'i² tai⁴-tzǔ	子帶臍
Umbrage to, give	kan¹ fan⁴	犯干
,, at, take	chien⁴ kuai⁴	怪見
Umbrella, an	i⁴ pa³ san³	傘把一
,,	yü³ san³	傘雨

Umbrella—Unbearable. 956

Umbrella, to open an	ta³ san³	打傘
,, ,, shut up an	lao⁴ san³	落傘
,, ,, hold ,,	chih¹ san³	擡傘
Umpire, an	chung⁴ t'sai² jên²	仲裁人
,,	kuan¹ chü²-ti kung¹-chêng jên²	觀局的公證人

Unable (see Able)
Unacceptable (see Acceptable)

Unaccommodating,	t'ai⁴-pu jung²-jang	太沒容讓
Unaccountable,	shih² pu⁴ k'o³ chieh³	實不可解
Unacquainted here, I am	chü³ mu⁴ wu² ch'in¹	舉目無親
Unaffected,	p'u²-shih	樸實
Unaided,	tu² li⁴ pan⁴-ti	獨力辦的

Unalterable (see Alter)

Unanimity,	i¹ chih⁴	一致
,,	ho² t'ung² i¹ chih⁴	合同一致
Unanimous.	man³ ch'ang³ i¹ chih⁴	滿場一致
,,	ho³ i⁴ t'ung² hsin¹	合意同心
,,	jên² jên² t'ung² hsin¹	人人同心
,,	wu² i⁴ tz'ŭ²	無異辭
,,	ta⁴-chia hsü³ k'o³	大家許可
,,	ta⁴-chia jên⁴ k'o³	大家認可
,,	chung⁴ jên² i⁴ hsin¹	衆人一心
,, opinion	wan⁴ k'ou³ t'ung² shêng¹	萬口同聲
Unanimously, the whole meeting approved	ch'üan³ hsi² wei² i¹ chih⁴ chih¹ tsan¹ ch'êng²	全席為一致之贊成
Unanswerable,	wu² so³ k'o³ po²	無所可駁
Unapproachable,	mei² jên² kan³ jo³-t'a	沒人敢惹他
,,	mei² jên² kan³ chin⁴-t'a kên¹ ch'ien³-'rh·ch'ü	沒人敢近他跟前兒去
Unappropriated,	wu² so³ shu³ ti¹	無所屬的
,, funds,	chun³ pei⁴ chin¹	準備金
Unassuming,	ch'ien² hsün⁴	謙遜
Unattached officer, an	kuei¹ san³ ch'ai¹	歸散差
Unattainable by any other business (of huge profits), utterly	tuan⁴ fei¹ t'a¹ chung³ ying² yeh⁴ k'o³ nêng² wang⁴ ch'i² wan⁴ i¹	斷非他種營業可能望其萬一

Unattended (see Attend, Attendant)

Unauthorized,	shan⁴ tzŭ⁴	擅自
Unavailing,	wu² hsiao⁴	無效
Unawares,	pu⁴ i⁴	不意
,,	yü² pu⁴ shih⁴ pu⁴ chih¹ chih¹ chung¹	於不識不知之中
,, took me	i⁴ shih² lou⁴ k'ung⁴	一時漏空
Unbearable,	shou⁴-pu-tê	受不得

Unbearable,	nan² shou⁴	受難
Unbecoming a minister of cabinet, conduct	shu¹ shih¹ ko² yüan² chia¹ chih²	值價員閣失殊
Unbeknown (see Known, Unknown)		
Unbelief (see Believe)	pu⁴ hsin⁴ yang³	仰信不
Unbend a bow, to	hsieh⁴-hsia kung¹ hsien²	絃弓下卸
,, will never	lao³-pu tzŭ⁴-jan	然自不老
Unbending,	kang¹ ying⁴	硬剛
Unblemished,	i⁴ tien² cha³-êrh mei² yu³	有沒兒渣點一
,, reputation, an	shun² hu² wan² pi² wu² i¹ tien³ hsia² tz'ŭ²	疵瑕點一無雙完純
Unblushing,	mei² hsiu¹ mei² sao⁴-ti	的臊沒羞沒
,,	lien³ han¹ p'i² hou⁴-ti	的厚皮憨臉
Unbolt, to	k'ai¹-k'ai ch'a¹-kuan-'rh	兒關插開開
Unbounded,	wu² hsien⁴	限無
,,	wu² yai²	涯無
Unbusiness-like,	pu²-shih tso⁴ mai³-mai-ti kuei¹-chü	矩規的賣買作是不
,,	pu²-shih tso⁴ mai³-mai-ti ch'i⁴-hsiang	象氣的賣買作是不
Uncanny,	tan³-ch'üeh	怯膽
,,	shên⁴-tê-huang	慌得瘆
Unceasing,	la¹ la¹ pu⁴ hsiu¹	休不拉拉
,,	la¹ la¹ pu² tuan⁴	斷不拉拉
,,	li¹ li¹ la¹ la¹-ti	的拉拉灕灕
Unceremonious (rude)	t'ang²-t'u	突唐
Uncertain (see Certain)	mei² chun³ 'rh	兒準沒
,,	wei⁴ ting⁴	定未
Uncertainty,	pan⁴ hsin⁴ pan⁴ i²	疑半信半
,, changed into certainty	shui³ lo⁴ kuei¹ ts'ao²	漕歸落水
,, of tenure of his post	huan⁴ tê² huan⁴ shih¹ chih¹ hsin¹	心之失患得患
Unchanged in all respects	wu² i¹ pu⁴ chao⁴ chiu⁴	舊照不一無
Uncharitable,	chin⁴-hu hsing⁴ tsai¹ lo⁴ huo⁴	禍樂災幸乎近
,,	liang²-po	薄涼
,,	ch'ien³-po	薄淺
Uncivil,	pu² chin⁴ jên² ch'ing²	情人盡不
,,	ch'üeh¹ li³	禮缺
Uncivilized,	yeh³	野
,,	yeh³ man²	蠻野
,,	mei² chiao⁴-hua	化教沒
,,	pu⁴ k'ai¹ t'ung¹	通開不

Uncle—Unconscious. 958

Uncle, father's elder brother	ta⁴-yeh	大爺
,, ,, younger ,,	shu²-shu	叔叔
,, mother's brothers	chiu⁴-chiu	舅舅
,, father's sister's husband	ku¹-yeh	姑爺
,, mother's elder sister's husband	i² ta⁴-yeh	姨大爺
,, ,, younger ,,	i²-fu	姨父
,, wife's father's younger brother	shu² chang⁴	叔丈
,, wife's father's elder brother	ta⁴-yeh chang⁴	大爺丈
,, wife's mother's brothers	chiu⁴ chang⁴	舅丈
,, wife's father's sister's husband	ku¹ yüeh⁴ chang⁴	姑岳丈
Uncoil, to	tou³-lou-k'ai¹	抖摟開
,, of a snake, to	pa⁴ shên¹-tzŭ ta³-k'ai-lo	把身打開咯
Uncomfortable in body (See Comfortable)	hun¹ shên¹ fa¹ chou⁴-pieh	渾身發歡懲
,, from sitting on something hard, etc.	ko⁴-tê-huang	硌得慌
,, in mind	hsin¹-li pu⁴ an¹	心裏不安
Uncommon,	fei¹ fan²	非凡
Uncommonly frightened	hsia⁴ tê² fei¹ t'ung² hsiao³ k'o³	嚇得非同小可
Uncommunicative (See Communicative)	i⁴ chui¹-tzü cha¹-pu-ch'u shêng¹ êrh lai²	一錐子扎不出聲兒來
Uncompromising,	pu⁴ jung²-jang	不容讓
,, character, a man of	tiao⁴ tan⁴	掉蛋
Unconcern,	wu² kuan¹ hsi	無關係
Unconcerned,	mei²-shih jên²-'rh shih⁴-ti	沒事人兒似的
,, look on	hsiu⁴ shou³ p'ang² kuan¹	袖手旁觀
,, ,,	tso⁴ pi² shang⁴ kuan¹	作壁上觀
Unconditional,	wu² t'iao² chien⁴	無條件
,, surrender	wu² t'iao² chien⁴ ti¹ t'ou² hsiang²	無條件的投降
,,	wu² hsien⁴-chih	無限制
Unconnected,	fêng¹ ma³ niu² pu⁴ hsiang¹ chi²	風馬牛不相及
Unconscionable,	pu⁴ t'iao² li³ ti¹	不條理的
,,	li³ ch'ü¹ ti¹	理屈的
Unconscious (see Conscious)	pu² tzŭ⁴ chih¹	不自知
,,	pu⁴ chin¹ pu⁴ yu² ti¹	不經不由的

Unconscious--Undergo.

Unconscious that there had been a change of government, mainly	yü² chêng⁴ chih⁴ kai³ shê⁴ shang⁴ to¹ mang² mei⁴	於政治改設尙多茫昧
Unconsciously,	pu⁴ yu²-ti	不由的
Uncontrollable,	shih⁴ pu⁴ kan¹ hsiu¹	勢不甘休
Uncontrolled (see Control)		
Unconstitutional,	wei¹ hsien⁴ ti¹	違憲的
,, act	hsien¹ fa⁴ wei¹ fan³	憲法違反
Uncover,	t'o¹ mao⁴	脫帽
,, to	hsien¹-k'ai kai⁴-êrh	掀開蓋兒
,, ,,	pa⁴ kai⁴-êrh ta³-k'ai	把蓋兒打開
,, ,,	chieh¹-k'ai kai⁴-êrh	揭開蓋兒
Unction extreme	lin²·chung¹ t'u² yu² shih⁴	臨終塗油式
Unctuous rectitude	p'ien¹ ch'êng² hsin¹	偏誠心
,, words	yu² hua² chih¹ yü³	油滑之語
Uncultivated land	huang¹ ti⁴	荒地
Uncurl, to	san³-k'ai-lo	敨開咯
Undated,	wu² nien² yüeh⁴	無年月
Undeceive him	kei³-t'a shuo¹ p'o⁴-lo	給他說破了
Undecided,	yu² yü⁴-pu ting⁴	猶豫不定
,,	hsin¹-li yu² yü⁴	心裏猶豫
,,	hai² mei² ting⁴-kuei	還沒定歸
Under,	hsia⁴	下
,, (below)	hsia⁴-t'ou	下頭
,, sixty	liu⁴ shih² i³ hsia⁴	六十以下
,, his control	tsai⁴ t'a¹ shou³ hsia⁴-ti	在他手下的
,, ,, jurisdiction	kuei¹ t'a¹ shu³ hsia⁴	歸他屬下
,, ,, ,,	chih⁴ hsia⁴·	治下
,, ,, charge	kuei¹ t'a¹ kuan³	歸他管
,, a year	pu⁴ ch'u¹ i¹ nien²	不出一年
,, investigation	tsai⁴ tiao⁴ ch'a² chung¹	在調査中
,, weigh	chin⁴ hsing²	進行
,, fire	ch'iang¹ lin² tan⁴ yü³ chih¹ chung¹	鎗林彈雨之中
,, the circumstances	yüan² shih⁴ ch'ing² hsing²	緣是情形
Underclothes,	hsiao³ i¹-shang-êrh	小裳衣兒
Undercurrent,	an⁴ ch'ao²	暗潮
Underdone,	hai² pan⁴ shêng¹-êrh-cho-ni	還半生兒着呢
,, (of meat)	jou⁴ chia²-shêng-fo	肉夾生咯
Underestimate,	suan⁴-ti-pu fu⁴	算的不敷
Underfoot, to tread	ts'ai³-tsai chiao³ ti³-hsia	踩在脚底下
Undergo, to	shou⁴	受
,, medical inspection	chien³ i⁴ chung¹	檢疫中
,, examination	ying¹ shih⁴	應試

Undergo—Understudy. 960

Undergo afflictions	li⁴ chin⁴ k'u³ nan²	歷盡苦難
Undergraduate,	ta⁴ hsüeh² shêng¹	大學生
Underground,	ti⁴ ti³-hsia	地底下
,, railway	ti⁴ hsia⁴ t'ieh³ tao⁴	地下鐵道
Underhand,	ssŭ¹ hsia⁴	私下
,,	pei⁴ ti⁴-li	背地裏
,, profit	kan¹ mo⁴	乾沒
Underhung,	tou¹ ch'ih³-tzŭ	兜齒子
Underlet,	chuan⁴ tsu¹	轉租
Underline, to	chia¹ i⁴ lo²	加一勒
,, put red circles against	chia¹ hung² lo²	加紅勒
Underlings, official	ya²-i	衙役
,, ,,	tsao⁴-li	皂隸
Underlying motive	chên¹ i⁴	真意
Undermine (sink a mine), to	tso⁴ ti⁴ tao⁴	作地道
,, by water	ch'ung¹-ch'êng lang⁴ wo¹	冲成浪窩
,, friendship, etc.	mou² li² chien⁴-ti fa²-tzŭ	謀離間的法子
,, ,, ,,	mou² li² chien⁴ chi⁴	謀離間計
,, the constitution, to	t'ao²-lao-ti ch'i⁴ hsieh³ liang³ k'uei¹	掏勞的氣血兩虧
,, ,, ,, ,,	pa⁴ ch'i⁴ hsieh³ hao⁴-san-lo	把氣血耗散了
,, ,, ,, ,,	pa⁴ ch'i⁴ hsieh³ t'ao²-lao-lo	把氣血掏勞咯
Underneath,	ti³-hsia	底下
Under-secretary,	tso³ ch'êng²	左丞
,, ,,	tz'ŭ⁴ chang³	次長
Undersell, to	ting³-cho mai⁴	頂着賣
,,	ch'iang⁴-cho mai⁴	戧着賣
,,	t'ung² hang² shih yüan¹-chia	同行是寃家
Understand, to	tung³-tê	懂得
,,	ming²-pai	明白
,,	wu⁴ hui⁴	悟會
,,	ling³ hui⁴	領會
,,	liao³ chieh³	了解
,,	t'ung¹ hsiao³	通曉
Undertanding,	chih⁴ hui⁴	智慧
,, tacit	mo⁴ no⁴	默諾
,, exists between them, a perfect	ta⁴ yu³ lien² wei² i¹ ch'i⁴ chih¹ shih⁴	大有聯爲一氣之勢
,, fail to arrive at an (entente), powers having an	hsieh² i⁴ wei² ch'êng² hsieh² shang¹ kuo²	協議未成協商國
Understudy,	p'ei⁴ chüeh² êrh²	配角兒

961　Understate—Undutiful.

Understate,	wei⁴ chin⁴ chên¹ shih²	未盡實眞實
,,	pu⁴ shih² pu⁴ chin⁴	不實不盡
Undertake,	tan¹ jên⁴	擔任
,,	yün³ chun³	允准
,, to	ch'êng² pau⁴	承辦
Undertaker's establishment	kang⁴ fang²	槓房
Undertaking,	chi⁴ hua⁴	計畫
,, great	ta⁴ yeh⁴	大業
,, a big	ta⁴ fei⁴ shou³ hsü⁴	大費手續
Undertone, talk in an	ti¹ shêng¹-êrh shuo¹ hua⁴	低聲兒說話
,, ,, ,,	ch'iao¹ ch'iao¹-êrh ti ku¹-nung	悄悄的兒咕噥
Undervalue,	ch'ing¹ mieh⁴	輕蔑
,,	suan⁴ lou⁴-lo	算漏咯
,,	ch'iao² hsiao³-lo	瞧小咯
Underwood, a mass of	shu⁴ mu⁴ ts'ung¹ tsa²	樹木叢雜
Underwrite a loan, to	pao¹ shou⁴ chieh⁴ k'uan³	包受借欵
Underwriter,	yin³ shou⁴ jên²	引受人
Underwriter's commission	pao⁴ pan chung¹ fei⁴	包辦中費
Underwritten,	wei¹ jên² jên⁴ kou⁴	爲人認購
Undeserved,	yüan¹	冤
,, punishment	tsui⁴ shou⁴-ti yüan wang	罪受的冤枉
Undesigned accord	pu⁴ mou² êrh² ho²	不謀而合
Undesirable friend, an	yao⁴-pu-tê-ti p'êng²-yu	不要得的朋友
Undignified,	shih¹-liao t'i³ t'ung³	失了統統
Undischarged bankrupts	p'o⁴ ch'an³ shang⁴ wei⁴ ch'ing¹ chieh²	破產尚未清結
Undisciplined mob	wu¹ ho² chih¹ chung⁴	烏合之衆
Undisguised,	hsien³-êrh i⁴ chien⁴-ti	顯而易見的
,,	i⁴ tien³ 'rh han²-jung tou¹ mei² yu³	一點兒含容都沒有
Undivided attention	chuan¹ hsin¹	專心
Undo,	hui³ mieh⁴	毀滅
,, (ruin)	pai⁴ huai⁴	敗壞
,, a knot, to	chieh³-k'ai ko¹-ta 'rh	解開疙瘩兒
,, the mischief, cannot	wu² fa³ k'o³ chieh³	無法可解
,, ,, ,, ,,	wan³ hui²-pu liao³	挽回不了
,, what's done can't be undone	wang³ chê³ pu⁴ k'o³ chui¹	往者不可追
Undoubted,	hao² wu² i⁴ i²	毫無異疑
Undress, to	t'o¹ i¹-shang	脫衣裳
,, uniform	pan⁴ kuan¹ i¹	半官衣
Undue,	kuo⁴ tang¹	過當
Undulating,	ch'i¹ ch'i¹ ch'ü¹ ch'ü¹-ti	崎崎嶇嶇的
Undutiful,	pu² hsiao⁴-shun	不孝順

Undying—Unfortunate. 962

Undying,	pu⁴ hsiu³	朽不
Unearth,	fa¹ hsien⁴	現發
Unearthly,	pu⁴ k'o³ ssŭ¹ i⁴ ti¹	的議思可不
Uneasy,	pu² fang⁴ hsin¹	心放不
,,	hsin¹ pu⁴ an¹	安不心
,, uncomfortable in body	hun¹ shên¹ fa¹ chou⁴-pieh	憋蹩發身渾
,, night, an	i¹ hsi² shu³ ching¹	驚數夕一
,, (about a person)	hsüan² nien⁴	念懸
Unemployed,	san¹ kung¹ wu² shih⁴	事無工散
Unequal (in size)	ta⁴ hsiao³ pu⁴ t'ung²	同不小大
,, ,,	ta⁴ hsiao³ pu⁴ yün²	匀不小大
,, shares	fên⁴-shu pu⁴ yün²	匀不數分
,, to the task	tso⁴-pu ch'i³	起不做
,, ,, fatigue	ko²-pu-chu lei⁴	累住不擱
,, ,, a post	pu⁴ shêng¹ ch'i² jên⁴	任其勝不
,, division of spoil	fên¹ tsang¹ pu⁴ chün¹	均不臟分
Unequalled,	wu² shuang¹	雙無
,, spectacle, an	wei⁴ yu³ chih¹ chuang⁴ kuan¹	觀壯之有未
Uneven,	pu⁴ p'ing²	平不
,, the road is very	tao⁴ 'rh ching⁴ chuai³-wo	窩踹竟兒道
Unevenness (of surface)	wa¹ ku³	凹凸
Unexampled disaster	ch'ien¹ ku³ wei⁴ yu³ chih¹ ch'i³ huo⁴	禍奇之有未古千
Unexpected,	pu⁴ i⁴	意不
,,	fei¹ shih³ liao⁴ so³ chi²	及所始非
,,	hsiang³-pu tao⁴-ti	的到不想
,,	liao⁴-pu tao⁴-ti	的到不料
Unexpectedly,	hu³-la pan¹ 'rh-ti	的兒巴剌胡
,, easy to arrange	i⁴ wai⁴ i⁴ liao³	了易外意
Unfair (see Fair)	pu⁴ kung¹-tao	道公不
,,	yü² jên² ch'ing² pu⁴ shun⁴	順不情人於
,, suspicions	wang⁴ chia¹ ts'ai² i²	疑猜加妄
Unfashionable,	pu⁴ hsing¹ shih²-ti	的時興不
Unfasten, to	chieh³-k'ai	開解
Unfeeling,	wu² ch'ing²	悄無
Unfinished (see Finish)		
,, purpose,consummate an	chung¹ wei⁴ ching⁴ chih¹ chih⁴	志之竟未終
Unfold, to	ta³-k'ai	開打
Unforeseen,	mei² liao⁴ tao⁴-ti	的到料沒
Unforgiving,	chi⁴ ch'ou²	仇記
,,	pu⁴ jao² jên²	人饒不
Unfortunate,	mei² yu³ yün⁴-ch'i	氣運有沒
,,	pu⁴ ts'ou⁴ ch'iao³	巧湊不

Unfortunately—Union.

Unfortunately,	k'o³-hsi liao⁸-êrh-ti	的兒了惜可
,, no one available	chêng⁴ k'u³ wu² jên²	人無苦正
Unfounded,	wu² kên¹	根無
,, rumours	mei² pien¹'rh-ti yao²-yen	言謠的兒邊沒
Unfrequented,	jên² chi⁴ han³ chih⁴	至罕跡人
Ungainly,	pên⁴	笨
,,	cho¹ pên⁴	笨拙
Ungenerous,	hsiao³-ch'i	器小
Ungovernable,	ên⁴-pu chu⁴-ti	的住不按
,,	ya¹-pu chu⁴-ti	的住不壓
Ungracious,	pu² chin⁴ ch'ing²	情盡不
,,	sang¹-pang	謗喪
Ungrateful for my kind intentions	ku¹-fu wo³ chê⁴ hao³ i⁴	意好這我負辜
Unhappy,	fan² mên⁴	悶煩
,,	yu¹ mên⁴	悶憂
,,	pu⁴ kao¹ hsing⁴	興高不
Unharness the horse	pa⁴ ma³ hsieh⁴-hsia-lai	來下卸馬把
Unheard of	k'ung¹ ch'ien² ti¹	的前空
Uniform, court	ch'ao² i¹	衣朝
,, ,,	kuan¹ i¹	衣官
,, military	chün¹ fu²	服軍
,, of a private soldier	hao⁴ i¹	衣號
,, colour, of	ch'un²-sê⁴-ti	的色純
,, in distribution	chün¹-yün	勻均
Uniformity,	hua⁴ i¹	一畫
,, of coinage	hua i¹ pi⁴ chih⁴	制幣一畫
Unify,	t'ung³ i¹	一統
Unimportant, to regard as	na²-cho pu² tang⁴ shih⁴	事當不着拿
Unimpressionable,	wan² kêng³ pu² hua⁴	化不梗頑
Unincumbered,	wu² ti³ tang	當抵無
Uninhabited island, an	huang¹ tao³	島荒
,, ,, ,,	wu² jên² tao³	島人無
Uninterrupted,	li⁴ lai² mei² tuan⁴	斷沒來歷
,,	chieh¹ lien² pu² tuan⁴-ti	的斷不聯接
Uninvited,	pu⁴ su¹ chih⁴ k'ê⁴	客之速不
Union,	ho² ping⁴	併合
,,	ho² t'i³	體合
,,	lien² ho²	合聯
,,	kung⁴ ho²	和共
,, trades	kung¹ jên² tsu³ ho²	合組人工
,, Postal	wan⁴ kuo² lien² ho² yu² chêng⁴	政郵合聯國萬
,, family	i⁴ chia¹ t'uan² yüan²	圓團家一
,, of national aim, no	min² chih⁴ sha¹ san⁴	散沙志民

Union—Unknown. 964

Union between north and south is difficult	nan² pei³ tung³ i¹ pu⁴ i⁴	南北統一不易
Unionist party	t'ung³ i¹ tang³	統一黨
Unique,	tan¹ tu¹	單獨
,,	wu² êrh⁴	無二
,,	wu² shuang¹	無雙
,,	k'ung¹ ch'ien² chüeh² hou⁴	空前絕後
,, opportunity, a	tu² chi¹-hui	獨機會
,, meeting, a	ch'ien¹ tsai³ i¹ shih² chih¹ hui⁴	千載一時之會
Unit, a	tan¹ wei⁴	單位
,, a nominal gold	hsü¹ chin¹ pên³ wei⁴	虛金本位
Unite, to	lien²-shang	聯上
,,	ho²-shang	合上
,,	ho² ping⁴	合併
United,	t'ung² shêng¹ i¹ ch'i⁴	同聲一氣
,, action	kung⁴ t'ung² tung⁴ tso⁴	共同動作
,, ,,	i¹ chih⁴ hsing² tung⁴	一致行動
,, ,,	i¹ chih⁴ chin⁴ hsing²	一致進行
,, Kingdom	lien² ho² wang² kuo²	聯合王國
,, we stand, divided we fall	ho² tsê² li⁴ ch'iang² fên² tsê² li⁴ jo⁴	合則力強分則力弱
,, States	ho² chung⁴ kuo²	合眾國
Unity, to show complete party	piao³ shih⁴ tang³ yüan² chih¹ shui³ ju³	表示黨員之水乳
,, of the world	ssŭ⁴ hai³ i¹ chia¹ wan⁴ hsing¹ t'ung² hsin¹	四海一家萬姓同心
Universal,	p'u³ t'ung¹-ti	普通的
,,	p'u³ pien⁴-ti	普徧的
,,	ch'üan² t'i³ ti¹	全體的
,,	wan⁴ pan¹	萬般
,, custom,	tao⁴ ch'u⁴ chieh¹ jan²	到處皆然
Universe, the	yü³ chou⁴	宇宙
,,	ch'üan² ch'iu²	全球
,,	liu⁴ ho²	六合
,,	ch'ien² k'un¹	乾坤
University,	ta⁴ hsüeh² hsiao⁴	大學校
Unjust,	pu kung¹-tao	不公道
,, calumnies	wang⁴ chia¹ hui³ pang³	妄加毀謗
Unjustifiable clamour	wu² li³ ch'ü⁴ nao⁴	無理取鬧
Unkempt,	la²-t'a	邋遢
,,	lan¹-san	懶散
Unkind,	pu² chin⁴ ch'ing²	不盡情
Unknown to anyone (secretly)	jên²-pu chih¹ kuei³-pu chiao³-ti	人不知鬼不覺的

Unlawful—Unmindful.

Unlawful,	fan⁴ fa³-ti	犯法的
,,	wei¹ li⁴-ti	違例的
Unless,	t'o¹ fei¹	脫非
,, this be forbidden ...	tz'ŭ³ êrh² pu⁴ chin ...	... 此而不禁
,, the nation had resolution, how ...	ts'o⁴ fei¹ kuo² jên² yu³ chih⁴ ch'i⁴ yen² nêng²	錯非國人有志氣能爲
Unlike (see Like)		
Unlikely,	pu² chih⁴-yü	不至於
,,	pu² hsiang⁴	不像
Unlimited,	wu² hsien⁴	無限
,,	wu² pien	無邊
,,	wu² yai²	無涯
Unload goods, to	hsieh⁴ huo⁴	卸貨
,, from a cart, etc.	pa⁴ tung¹-hsi hsieh⁴-hsia-lai	把東西卸下來
,, a gun, to	pa⁴ ch'iang¹ yü²-tzŭ hsieh¹-hsia-lai	把鎗魚子卸下來
Unlock the door	pa⁴ mên²-shang-ti so³ k'ai¹-k'ai	把門上的鎖開開
Unluckily,	pu² hsing⁴	不幸
,,	pu² ts'ou⁴ ch'iao³	不湊巧
Unlucky,	mei² yün⁴-ch'i	沒運氣
,,	mei² tsao⁴-hua	沒造化
,,	hui⁴-ch'i	晦氣
,,	tao³-lo-yün⁴-lo	倒了運咯
,, devil	tao³ yün⁴ kuei³	倒運鬼
,, day, an	hei¹ tao⁴ jih⁴	黑道日
,, time, born at an	ying⁴ chieh² êrh shêng¹	應刼而生
,, all my life	tzŭ⁴ yu³ shêng¹ i³ lai² tsao¹ fêng² pu⁴ hsing⁴	自有生以來遭逢不幸
Unmanageable (as a ship out of action)	shih¹ ch'i² ts'ao¹ tsung⁴	失其操縱
Unmannerly,	mei² kuei¹-chü	沒規矩
,,	pu⁴ shou³ kuei¹-chü	不守規矩
,,	ts'u¹ yeh³	粗野
Unmarried (of the man)	hai² mei² ting⁴ ch'in¹	還沒定親
,, woman	kuei¹ nü³	閨女
Unman (emasculate)	yen¹ ko¹	閹割
Unmentionable,	shuo¹-pu-tê-ti	說不得的
,,	t'i²-pu tao⁴-ti	提不到的
,,	t'i²-pu-tê-ti	提不得的
,,	chê⁴ tsung¹ shih⁴ chüeh² pu⁴ nêng² na² ch'u¹ lai shuo¹ ti¹	遭宗事決不能拏出來說的
Unmindful of his life	wang⁴ shên¹	忘身

Unmistakable—Unqualified. 966

Unmistakable,	ts'o⁴-pu liao³-ti	不錯了的
,,	ts'o⁴-k'an-pu liao³-ti	不錯看了的
Unnatural,	ni⁴ lun²	逆倫
,,	pu² tsai⁴ lun² ch'ang²-chih nei⁴	不在倫常之內
,,	pei¹ ni⁴ ch'ing² li³	背逆情理
Unnecessary,	pu² yung⁴	不用
,,	pu² pi⁴	不必
Unobjectionable,	mei²-yu-shên-mo-pu k'o³-ti	沒有甚麼不可的
Unobtrusive (see Obtrusive)		
Unoccupied,	hsien²-cho	閒着
,,	hsien²-cho mei² shih⁴	閒着沒事
,, house, an	k'ung⁴ fang²-tzŭ	空房子
,, ,,	hsien² fang²-tzŭ	閒房子
Unofficial,	ssŭ¹	私
,,	pu² fêng⁴ kuan¹-ti	不奉官的
Unpack, to	pa⁴ tung¹-hsi t'ao¹-ch'u-lai	把東西掏出來
Unpaid (secretary)	ming² yü²	名譽
Unparalleled in history	k'uang⁴ tai⁴ so³ wu²	曠代所無
Unpleasant (see Pleasant)	pu⁴ hao³	不好
,, sight, an	pu⁴ hao³ k'an⁴	不好看
,, smell	pu⁴ hao³ wên²	不好聞
Unpopular,	pu⁴ tê² jên² hsin¹	不得人心
Unpractical,	pu⁴ tê² shih² hsing²	不得實行
Unprecedented,	wei⁴ yu³ ch'êng² li⁴	未有成例
Unprejudiced,	pu⁴ p'ien¹ pu² hsiang⁴	不偏不向
,,	mei² ch'êng² chien⁴-ti chu²-i	沒成見的主意
,, eye, to look at with an	lêng³ yen³ 'rh ch'iao²	冷眼兒瞧
Unpretending,	ch'ien¹-kung	謙恭
Unprincipled,	mei² liang²-hsin-ti	沒良心的
,,	pu⁴ t'ung¹ ch'ing² li³	不通情理
,,	mei² jên² lun²-ti	沒人倫的
,, people	li⁴ hsin¹ pu⁴ chêng⁴ chih¹ t'u²	立心不正之徒
Unproductive,	pu⁴ shêng¹ ch'an³ ti¹	不生產的
,,	wu² chieh² kuo³	無結果
,, labour	pu⁴ shêng¹ ch'an³ ti¹ lao² tung⁴	不生產的勞動
Unpromising,	ch'ien² t'u² wu² wang⁴	前途無望
Unprovoked,	wu² ku⁴-ti	無故的
,,	wu² shih⁴ shêng¹ fei¹	無事生非
Unqualified,	wu² t'iao² chien⁴	無條件

Unravel, to	chieh³-k'ai	開解
,,	chieh³ shih⁴	釋解
Unrealizable hopes (the old Bonze inspects the marriage trousseau: that's a pleasure reserved for the next existence!)	lao³ ho² shang⁴ k'an⁴ chia⁴ chuang¹ hsia¹ shih⁴ chien⁴	老和尙看嫁妝下世見
Unreality,	hsü¹ wei⁴	虛偽
Unreasonable,	pu² chin⁴ ch'ing²-li	不近情理
,,	pu⁴ chin⁴ jên² ch'ing²	不近人情
,, request is that..., the reason why I make this	so³ i³ wei⁴ tz'ŭ³ pu⁴ ch'êng² chih¹ ch'ing³ chê³ shih³ i³ ...	所以爲此不成之請者實以...
Unremitting,	pu⁴ hsiu¹	不休
,,	pu⁴ hsi²	不息
Unreserved,	p'i¹ kan¹ li⁹ tan⁸	披肝瀝胆
Unrivalled,	shih⁴ wu² ch'i² p'i⁸	世無其匹
Unroll, to	ta³-k'ai	打開
Unruly,	chuan¹ hêng⁴	專橫
Unsaddle the horse	pa⁴ an¹-tzŭ chieh¹-hsia-lai	把鞍子揭下來
Unsafe,	hsien³	險
,,	wei² hsien³	危險
,, untrustworthy	pu⁴ lao²-k'ao	不牢靠
,, ,,	pu⁴ t'o³	不妥
Unsatisfactory,	pu⁴ man³ i⁴ chih¹ ch'u⁴	不滿意之處
Unsavoury,	yu³ wei⁴-ch'i	有味氣
Unseasonable weather	shih² ling⁴ pu⁴ chêng⁴	時令不正
Unseemly,	pu⁴ t'i³ t'sai	不體裁
,,	pu² hsiang⁴ yang⁴-êrh	不像樣兒
Unselfish,	p'ei² shên¹ hsia⁴ ch'i⁴	賠身下氣
Unsettled weather	ch'ing² yü³ pu⁴ shih²	晴雨不時
,, the weather is	t'ien¹ mei²-yu chun³ 'rh	天沒有準兒
,, (by news, good or bad)	san³-lo shên² 'rh-lo	散了神兒咯
,, state of things	pu⁴ an¹ chih¹ hsiang⁴	不安之象
,, in mind	ên⁴-pu-hsia hsin¹-ch'ü	按不下心去
,, condition of affairs	pu⁴ an⁴ p'ai²-êrh	不按排兒
,, opinions	fan³-fu-pu ting⁴	反復不定
Unsigned (as a scroll)	wu² lao⁴ k'uan⁹	無落欵
,, ,,	wei⁴ shu³ ming²	未署名
Unskilful,	pu⁴ shu²	不熟
,, diplomacy	chê² ch'ung¹ pu⁴ ling²	折衝不靈
Unsociable,	kua³ chiao¹ yu²	寡交游
,,	ko¹ pu⁴ tê² jên²	擱不得人
,, how	to¹ hao⁴ tu¹	多好獨
Unsound (reasoning) (see Sound)	pu⁴ wu² jo⁴ tien³	不無弱點

Unspeakable,	pu⁴ k'o³ ming² chuang⁴	不可名狀
,,	shuo¹-pu lai²-ti	說不來的
,,	shuo¹-pu-ch'u lai²-ti	說不出來的
,, delight	hsi³ pu⁴ shêng¹ yen²	喜不勝言
Unstable,	chü³ ch'i² pu⁴ ting⁴	舉棋不定
,, equilibrium	pu⁴ an¹ ting² p'ing² hêng²	不安定平衡
Unsteady in character	pu² ta⁴ ch'ên²-chung	不大沈重
,, ,, ,,	pu⁴ wên³-tang	不穩當
Unsuccessful,	shih¹ pai⁴	失敗
Unthrifty,	lang⁴ fei⁴	浪費
Untie, to	chieh³-k'ai	解開
Untied, the string is	shêng²-êrh k'ai¹-lo	繩兒開咯
Until (see Till)	tai⁴	迨
,, you obtain a ticket, no admission	ssǔ⁴ tê² p'iao⁴ hou fang¹ k'o³ ju⁴ ch'ang³	俟得票後方可入塲
Untimely death	yao³ wang²	夭亡
Untrue (see True)	hsü¹ wang⁴	虛妄
Untrustworthy,	pu⁴ lao²-k'ao	不牢靠
Unveiling ceremony	ch'u² mu⁴ shih⁴	除幕式
Unversed in	wei⁴ t'ung¹ hsiao³	未通曉
,, ,,	wei⁴ ju⁴ ch'i² mên²	未入其門
Unwarrantable,	wu² li³ yu⁶	無理由
Unwarranted remarks	p'ing² k'ung¹ chieh² chuan⁴-ti hua⁴	憑空捏撰的話
,, ,,	ch'i³ yu³ tz'ǔ³ li³-ti hua⁴	豈有此理的話
Unwelcome guest, an	pu² tai⁴-chien-ti k'o⁴	不待見的客
,, news	pu² ai⁴ t'ing¹-ti hsin¹ wên²	不愛聽的新聞
Unwell,	pu⁴ shih⁴	不適
Unwieldy,	ch'ên² pên⁴	陳笨
,,	cho⁴ pên⁴	拙笨
,,	wei³ ta⁴ pu⁴ tiao⁴	尾大不掉
Unwind, to	sa¹-k'ai	撒開
Unwise,	ssǔ¹-hu pu⁴ t'o³	似乎不妥
,,	yu³ tien³-'rh huang¹-t'ang-pa	有點兒荒唐罷
Unwittingly,	wu²-hsin chung¹	無心中
Unworthy,	wu² chia⁴ chih	無價值
,, of the compliment	pu⁴ kan³ tang¹	不敢當
,, ,, honour	pu² p'ei⁴	不配
Unwritten constitution.	wu² ch'êng² wên² chih² hsien⁴ fa⁴	無成文之憲法
Up,	shang⁴	上
,, to go	shang⁴-ch'ü	上去
,, ,, get	ch'i³-lai	起來

Up,	to bring	yang³-huo	養活
,,	,, vomit	t'u⁴-ch'u-lai	吐出來
,,	,, pick	chien³-ch'i-lai	撿起來
,,	,, sit	tso⁴-ch'i-lai	坐起來
,,	,, catch	kan³-shang	趕上
,,	,, ,,	chui¹-shang	追上
,,	,, draw	p'ai² lieh⁴	排列
,,	time is	chung¹ tien³ i³ tao⁴	鐘點已到
,,	the whole sum has been paid	ch'i² k'uan³ chiu³ i³ fu⁴ ch'ing¹	其欸久已付濟
,,	train	shang⁴ hsing² ch'ê¹	上行車
Upbraid,		ch'ien⁴ tsê²	譴責
,,	to	shu³-lo	數落
Uphill work		ching¹ kuo⁴ to¹ nan²	經過多難
Upon,		shang⁴-t'ou	上頭
,,	the table, put it	ko¹-tsai cho¹-tzŭ shang⁴-t'ou	擱在桌子上頭
,,	hearing this	wo³ i⁴ t'ing¹ chê-ko hua⁴	我一聽這個話
Upper,		shang⁴	上
,,		shang⁴-t'ou	上頭
,,	one, give me the	pa³ fu² t'ou²-êrh-ti kei-wo	把浮頭兒的給我
,,	hand of me, got the	pa⁴ wo³ ya¹-hsia-ch'ü-lo	把我壓下去了
,,	,, ,, ,,	ya¹ wo³ i⁴ t'ou²	壓我一頭
,,	classes	shang⁴ têng³ shê⁴ hui⁴	上等社會
,,	most	tsui⁴ shang⁴	最上
Upright,		chih²	直
,,	put it	ko¹ chou¹-chêng-lo	擱周正咯
,,	bolt	chih²-chüeh chüeh¹-ti	直蹶蹶的
,,	man, an	chêng⁴ chih² jên²	正直人
,,	,, ,,	tuan¹-fang jên²	端方人
,,	and honest	chung² hou⁴ lao³ shih²	忠厚老實
Uprights (of railings, etc.)		lan²-kan chih² kun¹-'rh	欄杆直棍兒
Uprising,		fêng² ch'i³	蜂起
Uproar,		hsüan¹ hua²	喧嘩
,,	there was an	ch'ao³-jang-ch'i-lai-lo	吵嚷起來了
Ups and downs		shêng⁴ shuai¹	盛衰
Upset,		tien¹ fu⁴	顛覆
,,	to	p'êng¹ t'ang³-hsia-lo	碰躺下了
,,	with the arm, etc.	kuai³ t'ang³-hsia-lo	拐躺下了
,,	to push over	t'ui¹ t'ang³-hsia-lo	推躺下了
,,	by bad news	chiao⁴-wo hsin¹-li tu³-tê-huang	教我心裏堵得慌
,,	feelings much	chung¹ ch'ing² chên⁴ po⁴	衷情震迫

Upset oneself about nothing	ta⁴ ching¹ hsiao³ kuai⁴	大驚小怪
,, price	chêng⁴ chia⁴	正價
Upshot,	chieh² chü²	結局
,,	chung¹ chieh²	終結
Upside down, turn everything	fan¹ hsiang¹ tao³ kuei⁴	翻箱倒柜
Upstairs,	lou²-shang	樓上
Upstart,	pao⁴ fa¹ chê³	暴發者
Upward, and	i³ shang⁴	以上
Upwards of two centuries	êrh⁴ pai³ nien² yü³ yü²	二百年有餘
,, as water flows downwards, man aims	jên² wang³ kao¹ ch'u⁴ tsou³ shui³ wang³ ti¹ ch'u⁴ liu²	人往高處走水往低處流
Uranus,	t'ien¹ wang² hsing¹	天王星
Urban,	shih⁴ li⁴ ti¹	市立的
Urbane,	wên³ ho²	穩和
Ureter,	lun² niao⁴ kuan⁸	輪尿管
Urethra,	niao⁴ tao⁴	尿道
Urge, to	ts'ui⁴	催
,,	chiang³ li⁴	獎勵
,,	ch'üan⁴ kao⁴	勸告
Urgency,	chin³ chi²	緊急
,, degree of	huan³ chi²	緩急
,, according to the degree of	an⁴ chao⁴ ch'ing² shih⁴ chih¹ huan³ chi²	按照情勢之緩急
,, extreme	po⁴ pu⁴ chi² tai⁴	迫不及待
,, motion	chin³ chi² tung⁴ i⁴	緊急動議
Urgent demand for funds	ch'ing³ k'uan³ chih¹ chi² ch'ieh¹	請款之急切
Urine,	niao⁴	尿
,,	niao⁴	溺
Urinary organs	pi⁴ niao⁴ ch'i⁴	泌尿器
Uric acid,	niao⁴ suan¹	尿酸
Usage,	kuei¹-chü	規矩
,,	ch'êng² fa³	成法
,,	ch'ang² fa³	常法
,,	ch'ang² li⁴	常例
,,	kuan⁴ li⁴	慣例
,,	hsi² kuan⁴	習慣
Use, to	yung⁴	用
,,	shih³	使
,,	i³	以
,,	shih³ yung⁴	使用
,, actual	shih² yung⁴	實用
,, when required, for	i³ ying¹ pu⁴ shih² chih¹ hsü¹	以應不時之需

Use—Utmost.

Use one's influence with so and so	hsiang⁴ mou³ shuo¹ hsiang⁴	項說某向
,, of the prevailing conditions, make good	yin¹ shih⁴ li⁴ tao³	導利勢因
,, of no	pu⁴ chung¹ yung⁴	用中不
,, ,,	pu² chi⁴ shih⁴	事濟不
,, in, there is no	wu² yung⁴	用無
,, for it, there is no	mei² yu³ yung⁴-ch'u	處用有沒
,, your saying, there is no	ni³ pai⁴ shuo¹	說白你
Used (accustomed), to	kuan⁴-lo	了慣
,, to ride	ts'ung² ch'ien² ch'i² ma³	馬騎前從
Useful,	yu³ yung⁴	用有
Useless territory	shih² t'ien²	田石
,, expectations	yüan² mu⁴ ch'iu² yü²	魚求木緣
Usher,	chao¹ tai⁴ yüan²	員待招
Usual,	t'ung¹ li⁴ ti¹	的例通
,,	p'ing² shêng¹	生平
,, as	chao¹ ch'ang²	常照
,, method, the	hsing² ch'ang² pan⁴ fa³	法辦常行
Usually,	hsing² ch'ang²	常行
,,	hsün² ch'ang²	常尋
Usufruct,	yung⁴ i² ch'üan⁴	權益用
Usurp,	ts'uan⁴ to²	奪篡
,, the throne	ts'uan⁴ wei⁴	位篡
,, the place of a superior, to	luan⁴ shih⁴ wei² wang²	王爲世亂
Usurpation (of throne)	chien⁴ wei⁴	位僭
Usury,	chung⁴ li⁴	利重
Utensil, a	tung¹-hsi	西東
,,	chia¹-huo	伙傢
,,	ch'i⁴-chü	具器
Uterus,	tzŭ³ kung¹	宮子
Uti possidetis,	ko⁴ shou³ chi³ yu³	有己守各
Utilitarian,	shih² li⁴ ti¹	的利實
,,	shih² li⁴ chu³ i⁴	義主利實
Utilitarianism,	kung¹ li⁴ hsüeh²	學利功
Utility,	li⁴ yung⁴	用利
general	kung¹ i²	益公
Utmost,	chi² tuan¹	端極
,, at the	chih⁴ to¹	多至
,, ,,	chih⁴ ta⁴	大至
,, ,, very	chin³ shang⁴	上儘
,, do my	chin⁴ li⁴ êrh² wei³	爲而力盡
,, to maintain the position do his	ch'u¹ ssŭ³ li⁴ i³ ·wei² ch'ih²	持維以力死出

Utter—Vacation. 972

Utter, to	fa¹ yen²	發冒
,, (forged coin)	hsing² shih³	行使
,, rascal, an	ts'ang⁸ tao⁴ t'ou²-êrh-lo	骚到頭兒咯
,, villainy	o⁴ kuan⁴ man³ ying²	惡貫滿盈
Utterly surprised	ch'a⁴ i⁴ chi²-lo	詫異极咯
,, fail to comprehend	man³ pu⁴ tung³	滿不懂
Uttermost, to	tao⁴ t'ou²	到頭
,, ,,	chih⁴ chi²	至極
Uvula	hsiao³ shê²	小舌
,,	hsüan² yung³ ch'ui²	懸雍垂

V

| Vacancies, there are two | yu³ lia³-jên-ti wo¹-êrh | 有倆人的窩兒 |
| ,, from death, desertion, so³ yu³ ssŭ³ tsou³ t'ao² wang² chih¹ |
| and disappearance ch'üeh² ê² i¹ kai¹ pu⁴ pu³ |
will not be filled	所有死走逃亡之缺額一概不補
Vacancy,	ch'üeh¹ hsi²	缺席
,, an official	ch'üeh¹	缺
,, ,,	k'ung⁴ ch'üeh¹	空缺
,, to fill a	pu³ ch'üeh¹	補缺
,, create a	k'ai¹ ch'üeh¹	開缺
,, to stare into	wang⁴ k'ung¹-li tai¹ ch'ou³	望空裏呆瞅
Vacant (room)	hsien² cho	閒着
,, house, a	k'ung⁴ fang²	空房
,, post	k'ung⁴ ch'üeh¹	空缺
,, minded	hsin¹-li k'ung¹-lê'ang-tung tung⁴-ti	心裏空囊洞洞的
,, ,,	hsin¹-li jên⁴ shêm¹-mo yeh³ mei² yu³	心裏任甚麼也沒有
,, indefinitely, the premiership can't remain	tsung³ li³ i¹ hsi¹ wan⁴ nan² chiu³ hsüan²	總理一席萬難久懸
Vacantly,	mêng⁴ chung¹	夢中
Vacate office	t'ui⁴ jên⁴	退任
,, ,,	k'ai¹ ch'üeh¹	開缺
,, ,, for any cause	yin¹ ku⁴ ch'ü⁴ chih²	因故去職
,, a house, to	pa⁴ fang²-tzŭ t'êng² k'ung¹-lo	把房子騰空了
,, ,,	pan¹-ch'u-ch'ü	搬出去
Vacation, a	hsieh¹ fu²	歇伏
,, a summer	fang⁴ shu³ chia⁴	放暑假
,, a winter	fang⁴ nien² chia⁴	放年假
,, time	fang⁴ chia⁴-ti shih²-hou 'rh	放假的時候兒

Vacation time	fang⁴ hsüeh²-ti shih²-hou 'rh	放學的時候兒
Vaccinate, to	chung¹ tou⁴	種痘
,,	chung⁴ niu² tou⁴	種牛痘
Vaccination marks	chung⁴ tou⁴-ti hua¹ ti³-pa 'rh	種痘的花蒂疤兒
Vaccine,	niu² tou⁴	牛痘
Vacillate, to	yin¹ hsün²	因循
,,	shou³ shu² liang³ tuan¹	首鼠兩端
,,	ch'ou² ch'u	躊躇
,,	hsin¹-li yu² yü⁴	心裏猶豫
,,	fan³-fu-pu ting⁴	反復不定
Vacuum,	chên¹ k'ung¹	眞空
Vade mecum,	pan⁴ lü³	伴侶
Vagabond, a	wu²-lai yu¹	無賴遊
Vagrancy,	fu² lang⁴ tsui⁴	浮浪罪
Vagrant, a	mei² lao⁴-êrh-ti jên²	沒落兒的人
,,	wu²-lai yu¹	無賴遊
Vague,	ai⁴ mei⁴	曖昧
,,	miao³ mang²	渺茫
,, too	pao¹ k'uo⁴ kuang³ fa²	包括廣泛
,, talk	hau²-hu hua⁴ 'rh	含糊話兒
,, ,,	mei² kên¹ 'rh-ti hua⁴	沒根兒的話
,, recollection, a	huang¹-huang-hu hu¹-ti chi⁴-tê	恍恍惚惚的記得
,, sort of a knowledge, a	miao³ miao³ mang² mang²-ti chih¹-tao	渺渺茫茫的知道
,, generalities	ch'ang³-cho k'ou³-êrh-ti hua⁴	敞着口兒的話
Vain, in	pai² hsin¹ k'u³	白辛苦
,, all in	wang³ jan²	枉然
,, prove all in	ch'üan² kuei¹ t'u² lao²	全歸徒勞
,, to say in	pai² shuo¹	白說
,, trouble in	t'u² lao²	徒勞
,, hopes	hsü¹ wang⁴	虛望
,, of personal appearance	ku⁴ ying⁴ tzŭ⁴ lien²-ti jên²	顧影自憐的人
,, of learning	hsüeh²-wên tzŭ⁴ man³	學問自滿
,, conceited	tzŭ⁴ tsu²-ti yang⁴-tzŭ	自足的樣子
,, person, a	tzŭ⁴ tsu² jên²	自足人
Valance (round a table)	wei² cho¹	圍桌
,, (,, ,, bed)	ch'uang² i¹-tzŭ	牀衣子
Valedictory words	i² yen²	遺言
Valiant,	hao² shuang³	豪爽
,,	hao²-ch'i	豪氣

Valiant—Vanish. 974

Valiant,	ying¹ hao²	英豪
Valid,	chêng⁴ ch'üeh	正確
,,	yu³ hsiao⁴	有效
,,	ch'üeh⁴ shih²-ti	確實的
,, not	fei⁴-lo-ti	廢了的
,, if signed by me, only	pu⁴ ching¹ pi³ jên² ch'ien¹ tzŭ⁴ chê³ kai⁴ kuei¹ wu² hsiao⁴	不經鄙人簽字者概歸無效
,, between private parties a signed document is evidence, in official documents a seal	ssŭ¹ p'ing² wên² shu¹ kuan¹ p'ing² yin⁴	私憑文書官憑印
Validity,	hsiao⁴ li⁴	效力
,, continues, its	chi⁴ hsü⁴ yu³ hsiao⁴	繼續有效
Valley, a	shan¹ ku³	山谷
,, the Yangtse	ch'ang² chiang¹ liu² yü⁴	長江流域
Valorem, ad	chao⁴ ku¹ chia⁴	照估價
,, ,, duty	ts'ung² chia⁴ shui⁴	從價稅
Valour,	hao²-ch'i	豪氣
Valuable,	chih² ch'ien²-ti	值錢的
,,	chên¹-chung-ti	珍重的
,, advice	chêng⁴-chung hua⁴	鄭重話
Valuation,	ku¹ chia⁴ ê²	估價額
Value, of	kuei⁴ chung⁴ ti¹	貴重的
,, article of	kuei⁴ chung⁴ p'in³	貴重品
,, it highly, I	wo³ hên³ chêng⁴-chung	我很鄭重
,, it, I don't	wo³-pu hsi¹-han	我不希罕
,, good advice	ching¹ pai⁴ chia¹ yen²	敬拜嘉言
,, actual	shih² chia⁴	實價
,, to	ku¹-suan chia⁴-chih	估算價值
,, declared	piao³ ming² chia⁴ ê²	表明價額
,, securities	yu³ chia⁴ chêng⁴ ch'üan⁴	有價證券
,, of bonds, face	ch'üan⁴ mien⁴ chia⁴ ê²	券面價額
,, acquire for	yu³ ch'ang² ch'ü³ tê²	有償取得
,, a thing	k'an⁴ tao⁴ yen³ li³ t'ou²	看到眼裏頭
Valueless,	pu⁴ chih² ch'ien²	不值錢
,,	mei² to¹ ta⁴ i⁴-ch'u	沒多大益處
Valve, a	yen³ shui³ shê²-t'ou	掩水舌頭
,,	pi⁴ shui³ huang²	避水簧
,, safety	an¹ ch'üan² pan⁴	安全瓣
Van (of an army)	ch'ien² chün¹	前軍
,, ,,	hsien¹ fêng¹	先鋒
,, a covered goods	tai⁴ p'êng²-ti huo⁴ ch'ê¹	帶篷的貨車
Vanguard,	ch'ien² wei⁴	前衛
Vanish, to	hsiao¹-jan êrh² ch'ü⁴	逍然而去

Vanish,	hua⁴ wei² huang² hao²	化烏黃鵠
,,	mei² ying³-êrh-lo	沒影兒咯
,, into space	fêng¹ liu² yün² san⁴	風流雲散
Vanity of this world	fu² ch'in²	浮塵
,, ,, vanities, all is	k'ung¹ chih¹ yu⁴ k'ung¹ hsü¹ chih¹ yu⁴ hsü¹	空又之空虛又之虛
Vanquish in argument	pi⁴ k'ou³	閉口
Vapid,	wu² wei⁴	無味
Vapour,	ch'i⁴	氣
Variable,	fan³-fu-pu ting⁴	反復不定
,,	mei² chun³ 'rh	沒準兒
Variance, at	ti³ ch'u¹	抵觸
,, countries at	fên¹ chêng¹ kuo²	紛爭國
,, of opinion with	yu³ i⁴ chien⁴	有意見
,, opinions at	i⁴ chien⁴ pu⁴ t'ung²	意見不同
,, with each other, the men are at	lia³ jên² shên¹ 'rh pu² chien⁴ ch'ên² 'rh	倆人參兒見不兒晨
,, with his statement, at	yü³-t'a¹ so³ shuo¹-ti pu⁴ fu²	與他所說的不符
,, their statements are at	lia³ jên²-ti hua⁴ tzǔ⁴-hsiang mao² tun⁴	倆人的話自相矛盾
,, (as two sets of facts), quite at	ta⁴ hsiang¹ ching⁴ t'ing²	大相徑庭
,, with my original plan, at	yü³ ch'u¹ hsin¹ hsiang¹ tz'ǔ¹ miu⁴	與初心相刺謬
Variation,	pien⁴ hua⁴	變化
,,	tz'ǔ¹ pieh²	差別
Variegated,	tai⁴ ts'ai³ hua¹ 'rh-ti	帶彩花兒的
Variety,	i⁴ t'ung²	異同
,, fond of	hao⁴ hsin¹-hsien	好新鮮
,, every	hao³ chi³ yang⁴-êrh	好幾樣兒
,, ,,	ko⁴ yang⁴-êrh tou¹ yu³	各樣兒都有
Various,	chu¹ pan¹	諸般
,,	tsa² yang⁴-êrh-ti	雜樣兒的
,, matters	tsa²-hsiang shih⁴	雜項事
,, points, start work at	fên¹ t'ou² tung⁴ kung¹	分頭動工
Varnish,	ch'i¹	漆
,,	yu² ch'i¹	油漆
,, to	ts'a¹ ch'i¹	擦漆
Vary, of opinions, to	i¹-chien pu² i⁴	意見不一
,, of temper	p'i²-ch'i pu² i⁴	脾氣不一
,, ,,	mei² chun³ p'i²-ch'i	沒準脾氣
,, in price	chia⁴-ch'ien pu² i⁴	價錢不一
Varying health	san¹ jih⁴ hao³ liang³-jih pu⁴ hao³-ti	三日好兩日不好的

Vase—Vailed. 976

Vase, a	p'ing²	瓶
„ a five-coloured	k'ang¹ hsi¹ wu³ ts'ai³ p'ing²	康熙五彩瓶
Vassal state, a	shu³ kuo²	屬國
„ „	shu³ pang¹	屬邦
Vast,	mo⁴ ta⁴	莫大
„	hung² ta⁴	宏大
„	k'uang⁴ ta⁴	曠大
„ sum	chü⁴ ê²	巨額
„ ambition	yeh³ hsin¹ p'o⁴ p'o⁴	野心勃勃
„ expenditure	yung⁴ tu⁴ hao⁴ fan²	用度浩繁
Vault, a	ti⁴ hsüan⁴	地楦
„	ti⁴ hsüeh⁴	地穴
„ a burial	chun¹ hsi⁴ chiao⁴	窀穸窖
„ „	mu⁴ hsüeh⁴	墓穴
„ over, to	p'ien⁴ lan²-kan 'rh	偏攔干兒
Veal,	hsiao³ niu² 'rh jou⁴	小牛兒肉
Veer (of wind), to	chuan³-liao fêng¹-lo	轉了風咯
„ with the times	sui² shih² êrh² pien⁴	隨時而變
Vega,	chih¹ nü³	織女
Vegetable kingdom	chih² wu⁴ chieh⁴	植物界
Vegetables,	ts'ai⁴	菜
„	ch'ing¹ ts'ai⁴	青菜
„	su⁴ ts'ai⁴	素菜
Vegetarian, a	pu⁴ ju² hun¹	不茹葷
„ diet	ch'ih¹ su⁴-ti	吃素的
„ diet	su⁴ ts'ai⁴	素菜
Vegetate to	wu² so³ shih⁴ shih⁴	無所事事
„	ching⁴ tai¹-cho	竟待着
„	mu⁴ tiao¹ ni² su⁴-ti hsien²chu⁴	木雕泥塑的閒住
Vegetation,	hua¹ ts'ao³-êrh	花草兒
Vehemence,	chi¹ lieh⁴	激烈
„ of language	tz'ŭ⁴ i⁴ chi¹ ang²	詞意激昂
Vehement,	lêng⁴	楞
„ in speech	shuo¹ hua⁴ lêng⁴	說話楞
„ „ „	shuo¹ lêng⁴ hua⁴	說楞話
„ regret, he showed	yu³ kan³ t'an⁴ chih¹ i⁴	有感嘆之意
Vehicle (of disease)	mei² chieh⁴ wu⁴	媒介物
„ for medicine, a	yao⁴ yin³-tzŭ	藥引子
Vehicles,	ch'ê¹ liang⁴	車輛
Veil, a	mêng² mien⁴ sha¹	蒙面紗
„ bridal	kai⁴-t'ou	蓋頭
Veiled language of diplomacy	wai⁴ chiao¹ chia¹ chih¹ shuang¹ kuan¹ yü³	外交家之雙關話

Vein—Vent.

Vein, a	chêng⁴ mo⁴	脈靜
,,	hsi⁴ hsieh³ kuan³-tzŭ wên²	子管血細紋
,, in marble, etc.		
,, to, not in the	pu⁴ kao¹ hsing⁴	興高不
Vellum,	yang² p'i² chih³	紙皮羊
Velocity,	k'uai⁴ man⁴	慢快
,,	su¹-shuai	率速
,, of a projectile	su¹-shuai li⁴	力率速
,, final	chung¹ su¹	速終
,, initial	ch'u¹ su¹	速初
,, remaining	ts'un² su¹	速存
Velvet,	chien³ jung²	絨剪
Velveteen,	hua¹ chien³ jung²	絨剪花
Venal,	hui⁴ mai³ ti¹	的賣賄
,, person, a	mên² k'an³ 'rh ch'ien³	淺兒監門
,, ,,	k'o³ i³ li⁴ tung⁴	動利以可
,, ,,	k'o³ i³ li⁴ yu⁴	誘利以可
Vendor, a	mai⁴ chu³-êrh	兒主賣
Veneer of hard wood, a	pao¹ hsiang¹ ying⁴ mu	木硬鑲包
,, ,, civilization, etc.	hsiao²-ko wai⁴ mien⁴ p'i²-êrh	兒皮面外個學
,, ,, ,, ,,	t'u² shang⁴ p'i²-mao	毛皮尙徒
,, ,, ,, ,,	hsiao²-liao-ko p'i²-mao-êrh	兒毛皮個了學
Venerable,	pei⁴ fên tsui⁴ chang³	長最分輩
,,	lao³ ch'êng² k'o³ ching⁴	敬可成老
Venerate, to	ching¹ yang³	仰敬
Venereal disease	yang² mei² chêng⁴	症梅楊
,, complaint	hua¹ liu² ping⁴	病柳花
Vengeance,	ch'ou²	仇
,, to wreak	pao⁴ ch'ou²	仇報
,, ,, ,,	pao⁴ hên⁴	恨報
Venial,	k'o³ shu⁴-ti	的恕可
,,	k'o³ jao²-ti	的饒可
,,	ch'êng² yu³ k'o³ yüan²	原可有情
Venom,	tu²	毒
Venomous reptile or insect, a	tai⁴ tu²-ti	的毒帶
,, ,, ,,	tu² ch'ung²	蟲毒
,, person	yin¹ tu²-chih jên²	人之毒陰
Vent one's anger, to	ch'u¹-i-ch'u ch'i⁴	氣出一出
,, ,, anger, on someone else	pa⁴ ch'i⁴ fa¹-hsieh-tsai pieh²-jên shên¹-shang	上身人別在洩發氣把
,, ,, ,, ,, ,,	na² pieh² jên² sha¹ ch'i⁴	氣殺人別拿
,, your anger on me, don't	pieh² na² wo³ tang⁴ hsing³ chiu³-êrh t'ang¹	湯兒酒醒當我拿別

Vent—Verdict. 978

Vent of a gun	huo³ mên²	火門
,, hole, a	t'ou⁴ ch'i⁴ yen³	透氣眼
,, peg, a	sai¹-tzŭ	塞子
Vented his rage, nor	jêng² pu⁴ ch'u¹ ch'i⁴	仍不出氣
,, ,, ,,	yü² nu⁴ wei² hsi²	餘怒未息
Ventilate, to	t'ou⁴ chin⁴ k'ung¹ ch'i⁴	透進空氣
,,	t'ung¹-i-t'ung ch'i⁴ êrh	通一通氣兒
,,	ch'u¹-i-ch'u ch'i⁴-êrh	出一出氣兒
,,	t'ou⁴-i-t'ou fêng¹-êrh	透一透風兒
,,	kuo⁴-i-kuo fêng¹-êrh	過一過風兒
,, grievances	tao⁴ ch'u⁴ pao⁴-yüan	到處抱怨
Ventilation not good	pu⁴ hên³-t'ung¹ ch'i⁴-êrh	不很通氣兒
Ventilator, a	ch'i⁴ yen³	氣眼
Ventricle, right	yu⁴ shih⁴	右室
Ventriloquism,	k'ou³ chi⁴	口技
Ventriloquist, a	shua³ k'ou³ chi⁴-ti	耍口技的
,,	shuo¹ hsiang⁴-shêng-êrh-ti	說像聲兒的
Venture, to	kan³	敢
,, won't	pu⁴ kan³	不敢
,, to say something bold I'll	wo³ shuo¹ chü⁴ tou³ tan³ ti¹ hua⁴	我說句斗胆的話
Ventured on, behaviour which even the Manchus would not have	ch'ien² ch'ing¹ shih² tai⁴ so³ pu⁴ kan³ ch'u¹ chih⁴ chü³ tung⁴	前清時代所不敢出之舉動
Venturesome,	mêng³-chuang	猛撞
Venus,	chin¹ hsing¹	金星
Verandah, a	ch'uan¹-lang	穿廊
,,	yu²-lang	遊廊
Verb, a	chu⁴ tung⁴ tz'ŭ²	助動詞
,,	huo² tzŭ⁴ yen³-'rh	活字眼兒
Verbal,	k'ou³ shuo¹-ti	口說的
,, message, a	t'u⁴ yü⁴ k'ou³ hung¹	吐於口中
,, ,, send a	k'ou³ hsin⁴	口信
,, ,, ,,	ch'uan²-ko k'ou³ hsin⁴	傳個口信
,, and written attacks	k'ou³ chu¹ pi³ fa²	口誅筆伐
,, (corrections) (opp. to sense)	wên² tzŭ⁴ shang⁴	文字上
Verbally by letter, either	huo⁴ yung⁴ wên² shu¹ huo⁴ yung k'ou³ shu⁴	述口用或書文或
Verbatim, to copy	tzŭ⁴ tzŭ⁴ hsieh³ ch'u¹	字字寫出
,, ,,	tzŭ⁴ tzŭ⁴ lu⁴ ch'u¹	字字錄出
Verbose,	tsui³ sui⁴	嘴碎
,, ,,	to¹ yen²	多言
Verdict, a	tuan⁴ yü³	斷誤

Verdict, to give a	p'an⁴ tuan⁴	斷判
,, on an official at the triennial scrutiny	k'ao³ yü³	語考
Verdigris,	t'ung² lü⁴	綠銅
Verge, the	pien¹	邊
,, of death	p'in² ssŭ³	死頻
,, of going, on the	chiang¹ yao⁴ ch'ü⁴	去要將
Verify, to	ch'a² tui⁴	對查
,,	ho² tui⁴	對核
,, what I say, he can	t'a¹ nêng² tso⁴-ko tui⁴-chêng	證對個做能他
,, by reference, to	k'an⁴ chên¹-ch'üeh-lo	咯確眞看
Vermicelli,	kua⁴ mien⁴	麪掛
Vermiform appendix	ch'ung² yang⁴ ch'ui¹	垂樣蟲
Vermilion,	yin² chu¹	硃銀
,, minute, the Imperial	chu¹ p'i¹	批硃
Vermin, covered with	ou⁴-ni-ti i⁴ shên¹ shih¹-tzŭ	子虱身一的膩漚
,, room infested with	tsao¹-chien-ti wu¹-li ch'üan² yu³	有全裏屋的賤糟
Vernacular,	t'u³ hua⁴	話土
,,	pên³ kuo² yü³	語國本
Vernal equinox	ch'un¹ fên	分春
Versatile,	ling²-pien	便靈
,,	huo²-p'o	潑活
,,	chi⁴ pien⁴ chih¹ ts'ai³	才之變濟
Verse,	shih¹	詩
,, of poetry, a	i⁴ shou³ shih¹	詩首一
,, ,, ,,	i² chü⁴ shih¹	詩句一
,, to compose	tso⁴ shih¹	詩作
,, ,, ,,	yin² shih¹	詩吟
,, ,, recite	yin² shih¹	詩吟
Versed in	shu²-hsi	習熟
,,	t'ung¹ hsiao³	曉通
Version, the English	ying¹ wên²	文英
,, authorized	ch'in¹ ting⁴ i⁴ wên²	文譯定欽
,, a one-sided	i² mien⁴-chih tz'ŭ⁴	詞之面一
,, of the story, there is another	yu⁴ yu³ i⁴ shuo¹	說一有又
Vertebræ,	chi²-niang ku³	骨樑脊
Vertical,	chêng⁴ chih²-ti	的直正
Vertigo,	hsüan⁴ yün⁴	暈眩
Vertu, objects of	wên² wan²	玩文
Very,	hên³	很
,,	shên⁴	甚

Very—Vibration.

Very, comfortable	shên⁴-chüeh shu¹-t'an	甚覺舒坦
,, many, there are	p'o¹ yu³	頗有
,, much out of the common	chiung³ fei¹ ch'ang² p'in³	迥非常品
Vessel, a chosen	ch'êng² chia¹ ch'i⁴	成佳器
Vessels,	ch'uan² chih¹	船隻
,, coasting	yen² hai³ t'ung¹ hang² ch'uan²	沿海通航船
Vest, a	chin³-tzŭ	緊子
,, him with power	shou⁴ chih¹ i³ ch'üan²	授之以權
Vested rights	chi⁴ tê² ch'üan²	既得權
,, in the nation, the sovereignty is	chu³ ch'üan² shu³ yü² kuo² min² ch'üan² t'i²	主權屬於國民全體
Vestige, a	ying³-êrh	影兒
,,	ying³ hsiang⁴	影像
,, of a soldier to be seen, not the	wu² chih¹ ping¹ p'ien⁴ chia³	無隻兵片甲
Vestment,	li³ fu²	禮服
Vestments (Buddhist), to wear	ta¹ p'ien¹-shên	搭偏身
Veteran, a	lao³ ch'êng² lien⁴ ta²	老成練達
,,	chien⁴-kuo ta⁴ chên⁴-chang-êrh-ti jên²	見過大陣伏兒的人
,, statesman	yüan² lao³	元老
,, ,,	kuo² lao³	國老
,, ,,	lao³ ch'êng² mou² kuo²	老成謀國
Veterinary surgeon, a	shou⁴ i¹	獸醫
Veto, to	po²	駁
,,	fou³ jên⁴ ch'üan²	否認權
,, of measures passed by parliament, in case of (presidential)	tui⁴ yü² i⁴ yüan⁴ i⁴ chüeh² shih⁴ chien⁴ ju² fou³ jên⁴ shih²	對於議院議決事件如否認時
Vexatious,	fan² nan²	煩難
Vexed,	chao² chi²	著急
,,	fan² mên⁴	煩悶
Viâ,	yu²	由
,,	ching¹ yu²	經由
,, Siberia, journeying	tz'ŭ³ hsing² pi⁴ ching¹ hsi¹ po li ya t'ieh³ lu⁴	此行必經西伯利亞鐵路
Viaduct,	chan⁴ tao⁴	棧道
Viands,	shih² wu⁴	食物
,, vegetable	ts'ai⁴-su	菜蔬
,, meat	jou⁴-hsing	肉腥
Vibrate, to	ch'an⁴	顫
,,	yao² tung⁴	搖動
Vibration,	chên⁴	震

Vicarious—Victor.

Vicarious,	wei³ t'o¹	委托
,,	t'i⁴ tai⁴ ti¹	替代的
Vice,	o⁴	惡
,,	o⁴ hsi²	惡習
,, (of society)	o⁴ hai²	惡習
,, (as of drink or opium smoking, etc., etc.)	shih⁴ hao⁴	嗜好
,, a blacksmith's	huang² ch'ien²-tzǔ	簧鉗子
Vice-Admiral,	hai³ chün¹ chung¹ chiang⁴	海軍中將
,, ,,	êrh⁴ têng³ shui³-shih t'i²-tu	二等水師提督
Vice-Chairman,	fu⁴ hui⁴ chang³	副會長
Vice-Minister,	tz'ŭ⁴ chang³	次長
Vice-President,	fu⁴ tsung³ t'ung³	副總統
,, of a Board	shih⁴-lang	侍郎
,, of a meeting, etc.	fu⁴ hui⁴ chang³	副會長
,, (of a parliament)	fu¹ i⁴ chang³	副議長
Viceroy, a	tsung³-tu	總督
Vice versâ,	tao³-huan-cho shuo¹	倒換著說
,, ,,	fan³ êrh² yen² chih¹	反而言之
Vicinity,	tso³ chin⁴	左近
,,	chin³ lin²	緊鄰
,,	fu⁴ chin⁴	附近
Vicious (of a horse)	lieh⁴ hsing⁴	烈性
,, (of a dog)	li⁴-hai	利害
,, habit, a	o⁴ hsi²	惡習
,, custom	lou⁴ hsi²	陋習
,, system	pi⁴ chêng⁴	弊政
Vicissitudes,	pien⁴ ch'ien¹	變遷
,,	fu² ch'ên²	浮沈
,, one has passed through	pei⁴ ch'ang² kan¹ k'u³	備嘗甘苦
,, gone through many	ching¹-kuo to¹ shao³ k'u³ nan⁴	經過多少苦難
,, of fate	shih⁴ yün⁴ chih¹ hsün² huan² pien⁴ ch'ien¹	事運之循環變遷
,, of a nation	kuo² chih¹ hsing¹ pai⁴	國之興敗
,, in the foreign crisis, the rapid	wai⁴ chiao¹ têng¹ yun² shun⁴ hsi² wan⁴ pien⁴	外交雲瞬息萬變
Victim, a sacrificial	hsi¹ shêng¹	犧牲
,, of disaster	tsao¹ nan² chê³	遭難者
,, ,, him, made a	na²-t'a tsa² fa²-tzǔ	拿他砸法子
Victimise me, he will always	lao³ lai² ni⁴ wo³	老來膩我
Victor,	shêng⁴ chê³	勝者
,,	shêng⁴ li⁴ chê³	勝利者
,, to be the	tê² shêng⁴	得勝

Victories—Vignette.

Victories, repeated great	lü³ huo⁴ ta⁴ shêng⁴	屢大獲勝
Victorious,	tê² shêng⁴	得勝
,, always	so³ hsiang⁴ chieh¹ chieh²	所向皆捷
Victory or defeat	shêng⁴ pai²	勝敗
,, news of	chieh² yin¹	捷音
,, after victory	lien² chan⁴ lien² shêng⁴	連戰連勝
,, at the elections	hsüan³ chü³ shêng⁴ li⁴	選舉勝利
,, no certainty of	wu² pi⁴ shêng⁴ chih¹ pa³ wu	無必勝之把握
Victual,	shih² p'in³	食品
Victuals,	ts'ai⁴	菜
,,	huo³-shih	伙食
,, broken	ts'an² fan⁴	殘飯
,, ,,	ts'an² hsi²	殘席
Vie with, to	chêng¹ shêng⁴	爭勝
,, ,,	sai⁴	賽
,, ,,	tui⁴ sai⁴	對賽
,, ,, one another in expenditure, they must	pi⁴ yu³ i¹ chên⁴ sai¹ cho hua¹	必有一陣賽着花
View with indifference	tso⁴ shih⁴	坐視
,, (prospect)	ching³-chih 'rh	景緻兒
,, with pleasure, will not	k'an⁴-cho pu⁴ hsi³ yüeh⁴	看不着悅
,, (opinion)	i⁴ chien⁴	意見
,, in my (see Opinion)	tsai⁴ wo³-ti i⁴ chien⁴	在我的意見
,, to, with a	wei¹ . . . ch'i³ chien⁴	爲起見
,, general	tzŭ⁴ ch'üan² t'i³ kuan¹	自全體觀
,, of situation, a general	tsung³ kuan¹ ta⁴ chü³	總觀大局
,, success in	ch'êng² chü¹ tsai⁴ wang⁴	成局在望
,, of the fact that, in	chi² jan²	既然
,, is . . ., the diplomatic	wai¹ chiao¹ jên² yüan³ chih¹ kuan¹ ch'a²	外交人員之觀察
,, of the friendly relations with the president, in	i³ yü³ tsung³ t'ung³ yu³ i² shang	以與總統友誼上
Views, far reaching	chien¹ ti⁴ hung² yüan³	見地宏遠
,, interchange of	hu⁴ huan⁴ nei⁴ i⁴	互換內意
,, ,,	chiao¹ huan⁴ i⁴ chien	交換意見
,, sound him as to his	t'an⁴ t'a-ti k'ou³-ch'i	探他的口氣
,, ascertain his	t'ao³ t'a-ti k'ou³-ch'i	討他的口氣
Vigil,	shou³ yeh²	守夜
Vigilant,	chu⁴ i⁴	注意
,, to be	fang²-pei	防備
,, must be	tei³ têng⁴ yen³ 'rh k'an¹-cho tien³ 'rh	得瞪眼兒看着點兒
Vignette, half length photograph	pan⁴ shên¹ 'rh hsiang⁴	半身兒像

Vigorous—Violate

Vigorous (of old men)	ch'üeh⁴ shuo⁴	鑠矍
,, action	ch'iang² ying⁴ shou³ tuan⁴	段手硬強
,, action, take	fên³ li⁴ pan⁴	辦力憤
Vigorously	shih³ chin⁴.'rh	兒勁使
,,	cho² li⁴-ti	的力着
Vigour,	yüan² ch'i⁴	氣元
,, full of	hên³ ying⁴-lang	朗硬很
,, ,,	yu³ ching¹-shên	神精有
,, of old age, temporary	lao³ chien⁴ ch'un¹ han² ch'iu¹ hou⁴ jo⁴	熱後秋寒春健老
Vile,	hsia⁴-chien	賤下
,,	pei¹ lou⁴	陋卑
Villa,	pieh² shu⁴	墅別
Village, a	ts'un¹-chuang-êrh	兒莊村
,,	ts'un¹ lo⁴	落村
,,	hsiang¹ ts'un¹ 'rh	兒村鄉
,, hamlet	chuang¹-tzŭ	子莊
Villages, deserted	shih⁴ ching³ wei⁴ hsü¹	墟爲井市
Villain, a	ts'ang³-tzŭ	子駔
,,	o⁴ jên²	人惡
,,	kun⁴ t'u³	徒棍
,,	t'u³ kun⁴	棍土
,, an abominable	tsui⁴ ta⁴ o⁴ chi⁴	極惡大罪
,, in a play	ching⁴	淨
Villainous-looking,	i⁴ lien³-ti o⁴ hsi²	習惡的臉一
Vindicate,	pien⁴ ming²	明辯
,,	pien⁴ hu⁴	護辯
,, the truth	piao³ pai² chên¹ li³	理眞白表
,, a proposition	piao³ shuo¹ ming⁴ t'i²	題命說表
,, (maintain)	chih¹ ch'ih²	持支
,, what I said, will	wo³-ti hua⁴ chê¹.ts'ai tui⁴ ch'a²-êrh-lo	了兒查對纔這話的我
,, ,, ,,	kuo³-jan ying¹-yen-wo-ti hua⁴	話的我驗應然果
Vindication,	piao³ wei² chêng⁴ chih²	直正爲表
Vindictive,	huai² hên⁴	恨懷
,, person, a	chi¹ ch'ou²-ti jên²	人的仇記
,, ,,	ai⁴ tzŭ⁴ pi⁴ pao⁴-ti jên²	人的報必嗜睚
Vine, a grape	p'u²-t'ao chia⁴	架萄葡
Vinegar,	ts'u⁴	醋
Vinegary remarks	k'ai¹ k'ou³ chien¹-tsuan pei⁴	酸尖口開
Violate, to	wei¹-pei	背違
,,	fan⁴	犯
,,	wei¹ fan⁴	犯違

Violate—Vis à vis. 984

Violate (rape)	ch'iang³ chien¹	姦強
Violation of law	wei¹ fa⁴ chih¹ hsing wei²	為行之法違
,, of treaty, obvious	hsien³ wei¹ yüeh¹ chang¹	章約違顯
Violence,	mêng³ lieh⁴	烈猛
,,	pao⁴ luan⁴	亂暴
,, to, do	hsiung¹ ou¹	毆兇
,, to take by	ch'iang³ na²	拿搶
Violent person, a	pao⁴-tsao jên²	人躁暴
,, measures, take	i³ chung⁴ fa³	法重以
,, (language)	chi¹ lieh⁴	烈激
,, (rebel)	ch'ang¹ chüeh²	獗猖
,, excitement	yu³ chi² fêng¹ chüan³ yeh⁴ chih¹ shih⁴	勢之葉捲風急有
,, death	hêng⁴ ssŭ³	死橫
,, ,,	ssŭ³ yü² fei¹ ming⁴	命非於死
Violet, a	êrh⁴ yüeh⁴ lan¹	蘭月二
Violin, a	hu²-ch'in 'rh	兒琴胡
Viper (figurative)	yin¹ tu² kuei³ hsien³ chih¹ jên²	人之險詭毒陰
Virago, a	p'o¹-fu	婦潑
,,	tiao¹ fu⁴	婦刁
Vires, ultra	yüeh⁴ ch'üan²	權越
Virgin, a	kuei¹ nü³	女閨
,,	ch'u³ nü³	女處
,,	t'ung² nü³-êrh	兒女童
,,	huang² hua¹ nü³	女花黃
,, blush of modesty	ch'ao² hung² chang⁴ mien⁴	面漲紅潮
Virginia creeper	p'a² shan¹ hu³-êrh	兒虎山爬
Virility,	kang¹-ch'i	氣剛
Virtually,	shih² chih shang	上質實
,,	pi⁴ ching	竟畢
Virtue,	tê²	德
,,	tê²-hsing	行德
,, (efficiency)	hsiao⁴ nêng²	能效
,, and vice	shan⁴ o⁴	惡善
Virtuous person, a	yu³ tê²-hsing-ti jên²	人的行德有
,, ,,	shan¹-hsing jên²	人行善
Virulent disease	chi¹ chêng⁴	症激
,, methods, truly	ch'i² shou³ tuan⁴ k'o³ wei⁴ tu² la	辣毒謂可段手其
Virus,	ping¹ tu²	毒病
Visa,	ch'a² chêng⁴	證查
Vis à vis ...	tui⁴ yü² ...	... 於對
,, ,,	tui⁴ mien⁴	面對
,, ,,	mien⁴ tui⁴ mien⁴	面對面

Viscera,	ch'ang²-tzŭ	腸子
,,	wu³ tsang⁴	五臟
,,	tsang⁴ fu³	臟腑
Viscous,	nien²-ti	黏的
Vise (see Vice)		
Visé,	chia¹ yin⁴	加印
,, a passport, to	kai⁴ yen⁴ chao⁴ yin⁴	蓋驗照印
Visible,	k'an⁴-tê-ch'u lai⁴-ti	看得出來的
,,	hsien³-ch'u-lai	顯出來
,, come to light	hsien⁴-ch'u-lai	現出來
Vision,	shih⁴ li⁴	視力
,, a	mêng⁴ huan⁴	夢幻
,, sight	yen³ li⁴	眼力
,, ,,	yen³ shên²	眼神
,, ,,	mu⁴ li⁴	目力
Visionary,	huan⁴ hsiang³-ti	幻想的
,,	mêng⁴ hsiang³-ti	夢想的
,, (a.)	mêng⁴ huan⁴ chia¹	夢幻家
,,	k'ung¹ hsiang³ chê³	空想者
,, hopes	ching⁴ hua¹ shui³ yüeh⁴-ti hsiang³-t'ou	鏡花水月的想頭
Visit, to	pai⁴	拜
,,	fang³ wên⁴	訪問
,, (with the intention of going in)	pai⁴ hui⁴	拜會
,, ,, ,, ,,	pai⁴ chien⁴	拜見
,, return a	hui² pai⁴	回拜
,, old scenes	fu⁴ chih⁴ chiu⁴ yu²	復至舊遊
,, one's parents	hsing³ ch'in¹	省親
,, a superior	pai⁴ yeh⁴	拜謁
,, a cemetery	hsing³ mu⁴	省墓
,, it on me	ch'ien³ tsê²-yü wo³	譴責於我
,, (polite)	chan¹ yang³	瞻仰
,, (polite) said by the person visited	wang³ lin² shê⁴ hsia	枉臨舍下
,, to a foreign Court, an official	p'in⁴	聘
,, to Britain, the Russian statesman's	o¹ ta⁴ ch'ên² p'in⁴ ying¹	俄大臣聘英
,, you, give me your address that I may	ch'ing³ shih⁴ chu⁴ chih⁰ i⁰ pien⁴ fêng⁴ fang³	請示住址以便奉訪
,, (sightseeing)	tsung⁴ lan³	縱覽
,, (inspect)	shih⁴ ch'a²	視察
,, ,,	ts'an¹ kuan¹	參觀
,, (to a country, polite)	kuan¹ kuang¹	觀光

Visit—Vocation. 986

Visit (to a country, polite)	lai² yu²	來遊
,, (international law), right of	lin² chien³ ch'üan²	臨檢權
Visitation from heaven, a	t'ien¹ ch'ien³-ti	天譴的
Visiting card	ming² tz'ŭ¹	名刺
Visitor, a	k'o⁴	客
,, (of a college)	shih⁴ ch'a² kuan¹	視察官
Visitor's book, a	mên² pu⁴-tzŭ	門簿子
,, gallery	p'ang² t'ing¹ hsi²	傍聽席
Visits, to pay	pai⁴ k'o⁴	拜客
,, to the legations, paid his official	li⁴ fang³ chu⁴ ching¹ shih³ kuan³	曆訪駐京使館
,, her parents on the 6th day after marriage, the bride	tao¹ liu⁴ t'ien¹ t'ou² 'rh shang hsin¹ jên² hui² i¹ t'ang⁴ mên²	到六天頭上兒新人回一趟門邊
Vis major,	pu⁴ k'o³ k'ang⁴ li⁴	不可抗力
Visual angle,	shih⁴ chiao³ hsien⁴	視角線
Vital,	shêng¹ chi¹ ti¹	生機的
,, part of body	shên¹ chih¹ yao⁴ hai⁴	身之要害
,, powers	ching¹ li⁴	精力
,, question	ssŭ³ huo² wên⁴ t'i²	死活問題
,, principle	shêng¹ li³	生理
Vitality,	shêng¹ ch'i⁴	生氣
,,	shêng¹ chi¹	生機
Vitiate,	shih³ wu² hsiao⁴	使無效
,, the air	sun³ hai⁴ k'ung¹ ch'i⁴	損害空氣
,, (destroy)	hui³ ch'i² kung¹ yung⁴	毀其功用
Vitreous ware	liao⁴ huo⁴	料貨
,,	liao⁴ ch'i⁴	料器
,,	shao¹ liao⁴	燒料
,,	liu²-li huo⁴	琉璃貨
Vitriol, oil of	liu² suan¹	硫酸
Vituperation,	ju⁴ li⁴	辱詈
,,	k'ou³-chüeh	口角
,,	tzŭ¹ ma⁴	訾罵
Vivâ voce examination	hui³ chiang³	回講
,, ,, ,,	k'ou³ shu⁴ k'ao³ shih⁴	口述考試
Vivacious,	ch'ang⁴-k'uai	暢快
Vivid lightning	li⁴ shan³	厲閃
,, colours	yen²-sê hsuan⁴-lan	顏色炫爛
Vivisection,	shêng¹ t'i³ chieh³ p'ou³	生體解剖
Vixen, a	tu² fu⁴	毒婦
Vocabulary, a	tzŭ¹ hui⁴	字彙
Vocation,	shih⁴ yeh⁴	事業
,, for, a	chuan¹ hsin¹-ti shih⁴	專心的事

Vocative—Voluntarily.

Vocative,	hu² ko⁴	呼格
Vogue, in	liu² hsing²	流行
,,	hsing¹	興
,, narrow sleeves are in	hsien⁴ hsing¹ shou⁴ hsiu⁴-êrh	現興瘦袖兒
Voice,	shêng¹-yin	聲音
,, a pleasant	shuo¹ hua⁴ shêng¹-yin hao³ t'ing¹	說話聲音好聽
,, a loud	ta⁴ shêng¹-êrh shuo¹ hua⁴	大聲兒說話
,, in the matter, have no	mei²-yu wo³ shuo¹ hua⁴-ti fên⁴ 'rh	沒有我說話的分兒
,, in the government, refuse a	pu⁴ shih³ jung² hui⁴ yü² chêng⁴ chih⁴	不使容喙於政治
,, to lose one's	sang³-tzǔ shih¹ yin¹	嗓子失音
,, with one	i⁴ k'ou³ t'ung² yin¹	一口同音
Void (invalid)	wu² hsiao⁴	無效
,, ,,	fei⁴-lo	廢咯
,, (empty)	k'ung¹	空
,, ,,	k'ung¹-hsü	空虛
Volatile,	ch'ing¹ k'uai⁴	輕快
Volcano, a	huo³ shan¹	火山
,,	huo³ yen² shan¹	火焰山
,,	p'ên¹ huo³ shan¹	噴火山
,, active	huo² huo³ shan¹	活火山
,, extinct	ssǔ³ huo³ shan¹	死火山
Volition,	chüeh² i⁴ li⁴	決意力
Volley,	lien² fa¹	連發
,,	i¹ ch'i² shê⁴ chi⁴	一齊射擊
,, to fire a	fang⁴ lien²-huan ch'iang¹	放聯環鎗
Volt,	tien⁴ li⁴	電力
Volte face,	fan¹ jan² pien⁴ chi⁴	幡然變計
Volubility,	jao² shê²	饒舌
Voluble,	lien²-t'ang⁴-tzǔ tsui³	聯綢字嘴
,,	shuo¹-ti hsiang⁴ tao³-liao ho²-t'ao ch'ê¹-tzǔ shih⁴-ti	說的像倒了核桃車子似的
Volume, a	i⁰ pu⁴ shu¹	一部書
,,	i⁴ pên³ shu¹	一本書
,, I.	ti⁴ i¹ han²	第一函
,, (of a solid)	li⁴ tang¹ chi¹	立方檟
,, of water, a	i⁴ ku³ shui³	一股水
Voluminous,	hao⁴ ju² yen¹ hai³	浩如煙海
,, writer, a	pi³ ti³-hsia k'uo⁴	筆底下闊
Voluntarily,	jên⁴ i⁴ ti¹	任意的
,, contribute? who will	shui² k'ên³ lo⁴ shu¹	誰肯樂輸

Voluntary—Voucher. 988

Voluntary,	tzŭ⁴ yu²-ti	自由的
,,	tzŭ¹-chi yüan⁴ i⁴	自己願意
,,	tzŭ⁴-chi lo⁴ wei²-ti	自己樂爲的
,, subscription, a	lo⁴ chüan¹	樂捐
,, ,,	lo⁴ shu¹	樂輸
,, movement	sui² i¹ yün⁴ tung⁴	隨意運動
,, service	chih⁴ yüan⁴ fu² i⁴	志願服役
Volunteer soldier, a	i⁴ ping¹	義兵
,, ,,	hsiao⁴ li⁴ ping¹	效力兵
,, fleet	i⁴ yung³ hsien⁴ tui⁴	義勇艦隊
Volunteering for war, bent on	chih⁴ ch'ieh⁴ ch'ing³ ying¹	志切請纓
Voluptuous,	shên²-sê ch'ing¹-t'iao	神色輕佻
,, woman, a	tang⁴ fu⁴	蕩婦
Vomit, to	ou¹ t'u⁴	嘔吐
,, (of animals)	ch'in⁴	呧
,, again (eat one's own words), return to his own	tan⁴ t'u⁴ êrh² mu⁴ shih⁴ chih¹	且吐而暮食之
Voracious appetite, a	tu³-liang ta⁴	肚量大
,, ,,	ch'ih¹-ti lang²-k'ang	吃的狼犺
Vortex of a whirlpool	hsuan¹ wo¹ hsin¹ 'rh	漩渦心兒
Vote, a or to	t'ou² p'iao⁴	投票
,, to elect by	kung¹ chü³	公舉
,, ,,	hsüan³ chü³	選舉
,, right to	hsüan³ chü³ chih¹ ch'üan²	選舉之權
,, put to the	fu⁴ piao³ chüeh²	付表决
,, each member has one	mei³ i⁴ yüan yu³ i¹ piao³ chüeh² ch'üan²	每議員有一表决權
,, by acclamation	fa¹ shêng¹ t'ou² p'iao⁴	發聲投票
,, ,, show of hands	chü³ shou³ t'ou² p'iao⁴	舉手投票
,, ,, rising	ch'i³ li⁴ t'ou² p'iao⁴	起立投票
,, have a casting	yu³ ch'ü³ shê³ ch'üan²	有取拾權
,, take a	ts'ai³ chüeh²	採决
,, not entitled to a	pu² ju⁴ t'ou² p'iao⁴-chih nei⁴	不入投票之内
Voter,	hsüan² chü³ jên²	選舉人
Voting paper, sign one's own	ch'in¹ shu¹ hsüan³ chü³ p'iao⁴	親書選舉票
Votive offering, a	kung⁴-hsien	供獻
,, ,,	huan² yüan⁴-ti kung⁴-hsien	還願的供獻
Vouch for, to	tso⁴ pao³	做保
,, for, I will	wo³ tan¹ pao³	我擔保
,, for the truth of it, I will	chê⁴ hua⁴-shih shih² wo³ tan¹ pao³	這話是實我擔保
Voucher,	chêng⁴ wên²	證文

Voucher,	shou¹ tan¹	單 收
,,	p'ing² tan¹	單 憑
,,	hui² ya¹	押 囘
,,	chang⁴ t'ieh³ 'rh	兒 帖 賬
,, for salary	fêng⁴ ling³-tzǔ	子 領 俸
Vouchsafe to look at it, or see me? will you	ch'iu² nin² fu³ chien⁴	見 俯 您 求
,, to approve	fu⁰ chun³	準 俯
,, ,, inspect	fu³ ch'a²	察 俯
Vow, to make a	fa¹ yüan⁴	願 發
,, ,,	shê⁴ shih⁴	誓 設
,, fulfil a	huan² yüan⁴	願 還
Vowel, a	hou² yin¹	音 喉
,,	mu³ yin¹	音 母
Vows, to renounce priestly	t'iao¹ ch'iang²	牆 跳
,, ,, ,,	hsü⁴ fa³ huan² hsü²	俗 還 髮 蓄
Vox populi vox dei	t'ien¹ t'ing¹ tzǔ⁴ wo³ min² t'ing¹	聽 民 我 自 聽 天
Voyage,	hang² hai³	海 航
,, homeward	kuei¹ hang²	航 歸
,, outward	wang³ hang²	航 往
,, make a sea	tsou³ hai³ lu⁴	路 海 走
,, to India, make a	tsou³ hai³ lu⁴ tao⁴ yin⁴-tu	度 印 到 路 海 走
Vulgar,	hsia⁴ p'in³	品 下
,,	ts'u¹ su²	俗 粗
,, person, a	ts'u¹ su² jên²	人 俗 粗
,, talk	su² li³-chih tz'ǔ⁴	詞 之 俚 俗
,, ,,	ts'u¹-pi hua⁴	話 鄙 粗
,, tongue	su² yü³	語 俗
Vulnerable, spot find a	sou¹-hsün-ko k'ung⁴-tzǔ	子 空 個 尋 搜
Vulva,	yin¹ mên²	門 陰

W

Wad for a gun, a	ch'iang¹ yao⁴ sai¹-êrh	兒 塞 藥 鎗
Wadded clothes	mien² i¹-shang	裳 衣 綿
Wadding,	mien²-hua	花 綿
,, put in	hsü¹ mien²-hua	花 綿 續
Waddle, to	chuai³-yao-cho-tsou	走 着 搖 踹
Wade, to	t'ang¹ shui⁰	水 趟
,, across	t'ang¹-kuo-ch'ü	去 過 趟
Wafer (biscuit, oat cake), a	pao² ts'ui⁴	脆 薄
,, of flour	pao² mien⁴ ping³	餅 麪 薄
,, sacramental	shêng⁴ t'i³	體 聖

Waft—Waiter. 990

Waft, of odours, to	hsiang¹ wei⁴ 'rh p'u¹ pi²-tzǔ	香味兒撲鼻子
,, of sound	shun⁴-cho fêng¹-êrh sung⁴-kuo lai²	順着風兒送過來
Wag, a	ku³ chi¹	滑稽
,,	hao⁴ shuo¹ hsieh⁴-tai hua⁴ 'rh	好說懈怠話兒
,, the tail, to	yao² i³-pa	搖尾巴
Wage war	chan⁴ chêng¹	戰爭
Wager, to	tu³ tung¹-êrh	賭東兒
,,	p'ai¹ tu³	拍賭
Wages, of servants	kung¹-ch'ien	工錢
,, ,, clerks, etc.	hsin¹-shui	薪水
,, ,, ,,	lao²-chin	勞金
,, ,, teachers, etc.	shu⁴-hsiu	束脩
,, ,, ,,	hsiu¹-chin	脩金
,, a day's	jih⁴ chi³	日給
Waggon, a	i² liang⁴ ch'ang³ ch'ê¹	一輛敞車
Waif, a	mei² lao⁴-êrh-ti jên²	沒落兒的人
,,	ta³ yu² fei¹	打遊飛
Wail, at a funeral, to	chü³ ai¹	舉哀
,, of a child	lieh¹-lieh	咧咧
,, of women and children	fu⁴ k'ǔ¹ êrh² t'i² chih¹ shêng¹	婦哭兒啼之聲
Wainscot, a	hu⁴ ch'iang² pan³	護墻板
,,	ch'iang² wei²-tzǔ	墻圍子
Waist, the	yao¹	腰
Waistbelt, a	yao¹ tai⁴	腰帶
Waistcoat, a	k'an³ chien¹-'rh	坎肩兒
,,	pei⁴-hsin 'rh	背心兒
Wait, to	têng³	等
,,	tai⁴	待
,, for	hou⁴	候
,, upon	tz'ǔ¹ hou⁴	伺候
,, a bit	têng³-cho	等着
,, ,,	têng³-i-têng	等一等
,, ,,	tai¹-i-tai	待一待
,, and see, if you don't believe	pu⁴ hsin⁴ ni³ wang hou⁴ k'an⁴	不信你往後看
,, a little while	chan⁴ ch'ieh³ shao³ tai⁴	暫且少待
,, a few days	t'ing¹ liang³ t'ien¹ 'rh	聽兩天兒
,, lie in	tso⁴ mai² fu²	作埋伏
Waited ever so long	lao³ têng³-cho	老等着
Waiter, a	p'ao³ t'ang²-êrh-ti	跑堂兒的
,,	kuo⁴-mai	過賣

Waiting—Wallet.

Waiting maid, a	ya¹-t'ou	丫頭
,, ,,	shih²-nü	使女
,, room	tai⁴ k'o⁴ t'ing¹	待客廳
,, ,,	ying¹ chieh¹ so³	應接所
Waive (as a claim), to	jang⁴-ch'u-ch'ü	讓出去
,, a right	ch'i⁴ ch'üan²	棄權
Wake, to	hsing³-lo	醒咯
,,	shui⁴ hsing³-lo	睡醒咯
,, of a ship, the	liu²-ti shui⁴ liu⁴	留的水溜
,, follow in his	kên¹-cho chiao³ tsung¹-êrh tsou³	跟着腳踪兒走
,, of Egypt, follow in the	pu¹ ai² chi² chih¹ hou⁴ ch'ên²	步埃及之後塵
Walk, to	tsou³	走
,,	pu⁴ hsing²	步行
,, go on foot	pu⁴-hsia tsou³	步下走
,, ,, ,,	pu⁴ hsing²-êrh tsou³	步行兒走
,, go for a	san⁴ pu⁴	散步
,, ,,	ch'u¹-ch'ü tsou³-tsou	出去走走
,, went out for a	ch'u¹ mên² hsien² liu¹ ta	出門閒溜達
,, on tip toe	tz'ŭ³-cho chiao³-êrh tsou³	跐着腳兒走
,, cannot	tsou³-pu tung⁴	走不動
,, any further, cannot	tsou³-pu tung⁴-lo	走不動咯
,, of a horse, to	ta¹-han pu⁴-êrh tsou³	搭赸步兒走
Walking dictionary, a	shu¹ ssŭ⁴	書笥
,, ,,	chih⁴ nang²	智蠹
,, stick	kuai⁴ kun⁴ 'rh	拐棍兒
,, through the snow	t'a⁴-cho hsüeh³ tsou³	踏着雪走
Wall, a	ch'iang²	墻
,,	i⁴ to³ ch'iang²	一朶墻
,,	i² tao⁴ ch'iang²	一道墻
,, a party	ko² pi⁴	隔壁
,, separated by a party	chieh²-cho i² tao⁴ ch'iang²	隔着一道墻
,, a city	ch'êng² ch'iang²	城墻
,, the Great	wan⁴ li³ ch'ang² ch'êng²	萬里長城
,, a surrounding	wei² ch'iang²	圍墻
,, paper	yin²-hua chih³	銀花紙
,, eyed (of a horse)	yüeh¹-hua yen³	月花眼
,, ,, (,, man).	i⁴ chih¹ hu³	一隻虎
,, to stand with face to	mien⁴ pi⁴ li⁴ chêng⁴	面壁立正
,, weakest goes to the	p'o⁴ ku³ luan⁴ jên² ch'ui²	破鼓亂人捶
,, driven to the	wu³ ta⁴ lang² fu² tu² ch'ih¹ yeh³ ssŭ³ pu⁴ ch'ih¹ yeh³ ssŭ³	武大郎服毒吃也死不吃也死
Wallet, a	shao¹ ma³-tzŭ	梢碼子

Wallow—War. 992

Wallow to (of a pig)	ta³ ni⁴	膩打
,, in sloth, to	ch'i³ ni⁴	膩起
Walls,	ch'iang² yüan²	垣墻
Walnut, a	ho²-t'ao	桃核
Wan in face	ch'ing¹-pai lien³-'rh	兒臉白青
Wander, to	ao³ yu²	遊遨
,,	hsien² yu²	遊閒
,, round	hsien² jao⁴ wan¹-'rh	兒彎繞閒
,, ,,	jao⁴-ko hsien² wan¹-'rh	兒彎閒個繞
,, from the subject	yen² pu⁴ tui⁴ t'i²	題對不言
Wandered round looking for you	ko⁴ ch'u⁴ hsüeh²-liao-lo pan¹ t'ien¹	天半略料脫處各
Wanderer on the face of the earth, a	pên¹ tsou³ ssŭ⁴ fang¹	方四走奔
Wandering in the street	chieh¹-shang ta³ liu¹-liu-êrh	兒溜溜打上街
Wane,	shuai¹ t'ui¹	頹衰
,, moon on the	yüeh⁴ kuang¹-êrh k'uei¹-lo	咯虧兒光月
,, influence on the	shih⁴-li k'uei¹ sun³-lo	咯損虧力勢
,, ,, ,,	shih⁴-li hsiao¹-so	索消力勢
Want, to	yao⁴	要
,, to be in	ch'üeh¹ fa²	乏缺
,, ,, ,,	k'un⁴-chu-lo	咯住困
,, ,, supply a	pu³ hsü¹	虛補
,, this supplies a	chê⁴ chiu⁴ pu³-liao ch'üeh¹-lo	咯缺了補就這
,, ,, ,,	chê⁴-chiu pu³-liao pu⁴ tsu²-ti-lo	咯的足不了補就這
Wanting in	yu³ so³ ch'üeh¹	缺所有
,, ,, experience	chien⁴-shih ch'üeh¹	缺識見
,, ,, resolution	chih⁴-ch'i ch'üeh¹	缺氣志
,, still one	hai² ch'üeh¹ i²-ko	個一缺還
Wanton mischief	ch'êng² hsin¹ t'ao² ch'i⁴	氣淘心成
,, ,, to do	shih³ ts'u²-hsi	摖捉使
,, woman, a	tang⁴ fu⁴	婦蕩
,, ,,	yin²-pên wu² ch'ih³-ti	的恥無奔淫
,, with, to	t'iao²-hsi	戲調
,, (without reason)	wu² li³ yu²	由理無
,, destruction	pao⁴ sun³ t'ien¹ wu⁴	物天損暴
War,	chan⁴ chêng¹	爭戰
,, to be at	ta³ chang⁴	仗打
,, ,, ,,	chiao¹ chan⁴	戰交
,, to commence	k'ai¹ chan⁴	戰開
,, ,, declare	t'ou² chan⁴ shu¹	書戰投

War,	Board of	lu⁴ chün¹ pu⁴	陸軍部
,,	the God of	kuan¹-ti	關帝
,,	,, ,,	kuan¹-lao-yeh	關老爺
,,	cry, a	na⁴ han³	吶喊
,,	,, to raise the	chün¹-chung na⁴ han³	軍中吶喊
,,	the arbitrament of	i¹ chüeh² shêng⁴ fu⁴	一決勝負
,,	disaster of	ping¹ lien² huo⁴ chieh²	兵連禍結
,,	council of	chün¹ shih⁴ hui¹ i⁴	軍事會議
,,	state of	chan⁴ shih² chih¹ chuang⁴ t'ai⁴	戰時之狀態
,,	footing	chan⁴ shih² ting⁴ yüan²	戰時定員
,,	correspondent	chün¹ shih⁴ t'ung¹ hsin¹ yüan²	軍事通信員
,,	prisoner of	fu² lu³	俘虜
,,	both sides suffer, in	ping¹ tuan¹ i¹ k'ai¹ liang³ pai⁴ chü¹ shang¹	兵端一開兩敗俱傷
,,	even at the cost of	sui¹ kan¹ ko¹ hsiang¹ chien⁴ yüan⁴ i⁴ ts'ung² shih⁴	雖干戈相見願意從事
,,	as the issue, make up our minds and boldly accept	tuan⁴ jan² kuo³ chüeh² fên⁴ yung³ ying¹ chan⁴	斷然果決奮勇應戰
,,	the nation clamours for	chu³ chan⁴ chih¹ shêng¹ pien¹ yü² ch'uan² kuo⁴	主戰之聲遍於全國
,,	when Greek meets Greek then comes the tug of	chên¹ chien¹-'rh yü⁴-cho mai⁴ mang²-êrh	針尖兒遇著麥芒兒
Warble, to		shao⁴	哨
Ward off trouble		hsien¹ shih⁴ yü⁴ fang²	先事預防
,, ,, a side attack, to		t'ang²-k'ai	搪開
,, ,, a front attack		t'ui¹-k'ai	推開
,, ,, disaster		t'ang² tsai¹	搪災
,, ,, ,,		ch'ung¹-ch'ung tsai¹	冲冲災
,, ,, (in a hospital)		ping⁴ shih⁴	病室
Warden,		hsiao⁴ chang³	校長
Warder, a prison		chien¹ lao²	監牢
,, a female		kuan¹ mei²	官媒
Wardrobe,		i¹ kuei⁴	衣櫃
Warehouse, a		chan⁴ fang²	棧房
,,		tui¹ fang²	堆房
,, a bonded		kuan¹ chan¹	關棧
,, ,,		pao³ shui⁴ ts'ang¹ k'u⁴	保稅倉庫
Wares,		huo⁴-wu	貨物
,, to cry		yao¹-hu tung¹-hsi	吆呼東西
Warfare, guerilla		yu² chi¹ chan⁴	遊擊戰
,, land		lu⁴ chan⁴	陸戰

Warily,	chu⁴ i⁴	注意
,,	chieh⁴ hsin¹	戒心
Warlike preparations	ping¹ pei⁴	兵備
,, operations	chan¹ tou⁴ ti¹ yün⁴ tung⁴	戰鬭的運動
Warm,	nuan³-ho	暖和
,, to	wên¹-i-wên	溫一溫
,, again, get one's hands	pa⁴ shou³ hua⁴ kuo⁴ lai² la	把手化過來了
,, the hands, to	k'ao³-i-k'ao shou³	把手烤一烤
,, ,, ,, as in a muff	pa⁴ shou³ wu⁴-i-wu	把手握一握
,, hearted	jo⁴ hsin¹ jên²	熱心人
,, ,,	su⁴ chü⁴ jo⁴ ch'ang²	素具熱腸
,, friend, a	jo⁴ hsin¹ p'êng²-yu	熱心朋友
,, (of feeling)	chi¹ ang²	激昂
,, feeling, after an ebullition of	yü² jo⁴ tu⁴ fei⁴ t'êng² chih¹ yü²	於熱度沸騰之餘
,, wine, to	t'ang⁴ chiu³	燙酒
,, up cooked food	pa⁴ ts'ai⁴ liu⁴-i-liu	把菜餾一餾
Warming pan, a	t'ang¹ hu²	湯壺
,, ,,	t'ang¹ p'o²-tzŭ	湯婆子
,, a house	ho⁴ hsin¹ fang²	賀新房
Warmly (kindly)	jo⁴ hsin¹	熱心
,, spoke	shuo¹-ti ch'ieh⁴ shih²	說的切實
,, congratulate you	jo⁴ hsin¹ kei-ni tao¹ ho⁴	熱心給你道賀
Warmth,	jo⁴ ch'i⁴ 'rh	熱氣兒
,, for	wei⁴ nuan³-ho	爲暖和
,, degree of	wên² tu⁴	溫度
Warn, to	ching³-chieh	儆戒
,,	ch'uan⁴-chieh	勸戒
,,	chung¹ kao⁴	忠告
,, give notice	chieh¹ shih⁴	揭示
,, solemnly	chun¹ chun¹-ti ching³-chieh	諄諄的警戒
Warned by past events	ch'êng³ fu⁴ chê³	懲覆轍
Warning (example), a	ch'ien² chü¹ shih⁴ chien⁴	前車是鑒
,, for the future, as a	i³ chieh⁴ hsia⁴ tz'ŭ¹	以戒下次
,, (notice)	ching³ pao⁴	警報
,, (diplomatic)	ching³ kao⁴	警告
,, to the rest, punish one as a	ch'êng³ i¹ i³ ching³ pai³	懲一以警百
,, the past is a	ch'ien² shih⁴ k'o³ shih¹	前車可師
,, adopt as a	yin³ wei² chieh⁴ chien⁴	引爲借鑒
,, is near at hand, the	yin¹ chieh⁴ pu⁴ yüan³	殷鑒不遠
,, as a storm	i³ chao¹ chiung³ chieh⁴	以昭炯戒
Warp,	ching¹ hsien⁴	經綫

Warp and woof		ching¹ wei³	經緯
Warped, of wood		ch'iao²-lêng-lo	橋楞咯
,, ,,		pa²-liao fêng⁴-lo	扳了縫咯
,, ,,		tsou³-liao sun³-tzǔ-lo	走了榫子咯
,, of the mind		so³ tsou³-liao sun³-tzǔ-lo	所走了榫子咯
Warrant, a		i⁴ chang¹ p'iao⁴	一張票
,, (legal)		ling⁴ chuang⁴	令狀
,, to attend, a		ch'uan² p'iao⁴	傳票
,, of arrest		tai⁴ pu³ chuang⁴	逮捕狀
,, for arrest, to issue a		ch'u¹ na² jên² p'iao⁴	出拿人票
,, to surrender a		t'ou² p'iao⁴	投票
Warrior,		wu² shih⁴	武士
Wart, a		liou²-tzǔ	瘊子
Wary,		hsin¹-li hên³ chi¹-ling	心裏很機靈
,,		hu² i²	狐疑
Wash, to		hsi³	洗
,, the mouth out		shu⁴ k'ou³	漱口
,, out a saucepan		na² shui³ shua¹ i-shua	拿水刷一刷
,, basin, a		hsi³ lien³ p'ên²	洗臉盆
,, stand, a		lien³-p'ên chia⁴-tzǔ	臉盆架子
,, medicine down with water, to		na² shui³ sung⁴ hsia⁴	拿水送下
,, have a thorough good		ch'ung¹ hsi³ i⁴ hui²	冲洗一回兒
Washer, a		p'i² tien⁴-'rh	皮墊兒
,,		p'i² ch'ien⁴-'rh	皮錢兒
Washerman, a		hsi³ i¹-shang-ti	洗衣裳的
Wasp, a		ma³ fêng¹	螞蜂
,, pupæ		ma³ fêng¹ nao³	螞蜂腦
Waste, to		hao⁴-fei	耗費
,,		lang⁴ fei⁴	浪費
,,		pai² tsao¹-t'a	白蹧蹋
,, paper		fei⁴ chih³	廢紙
,, ,,		lan⁴ chih³	爛紙
,, ,, basket		tzǔ¹ chih³ lou³-tzǔ	字紙簍子
,, one's time		huang¹-fei shih²-k'o	荒廢時刻
,, good food		hao³-ts'ai⁴ tsao¹ hai liao pu⁴ ch'ih¹	好菜蹧害了不吃
,, wanton		pao⁴ t'ien³ t'ien¹ wu⁴	暴殄天物
,, one's energies		hsiao¹ mo ching¹ shên²	消磨精神
,, invisible sources of		wu² hsing² chih¹ lou¹ chih¹	無形之漏卮
,, of time		hsü¹ hao⁴ shih² jih⁴	虛耗時日
,, much discussion		ta⁴ fei⁴ shang¹ liang	大費商量
,, of breath (unless followed by results), advice is mere		ching⁴ ch'üan² shih⁴ pai² jao²	竟勸是白饒

Waste—Water. 996

Waste two or three provinces, lay	mi² lan⁴ san¹ liang³ shêng³	省兩三爛靡
,, of time, senseless	yüan² mu⁴ ch'iu² yü² nan² hu² ch'i² nan² shou³ chuī¹ t'ai⁴ t'u⁴ chung¹ nien² pu⁴ yü⁴	遇不年終兔待株守難乎難魚求木緣
,, of desert, the	sha¹ mo wu² yen²	埏無漠沙
Wasted life	pan⁴ shêng¹ liao⁴ tao³	倒潦生半
,, time	kuang¹-yin hsü¹ tu⁴	度虛陰光
,, his former merit was	ch'ien² kung¹ i³ fei⁴	廢已功前
Watch, a	piao³	表
,, ,,	shih²-ch'ên piao³	表辰時
,, ,, repeating	wên⁴ piao³	表問
,, ,, stop	ch'ia³ ma³ piao³	表馬卡
,, ,, hunter-faced	mên⁴ k'o² 'rh piao³	表兒売悶
,, ,, half hunter	tu⁴ ch'i² 'rh piao³	表兒臍肚
,, an open faced	ch'ang³ lien³ 'rh piao³	表兒臉敞
,, the face of a	piao³ p'an²	盤表
,, the hour hand of a	shih²-ch'ên chên¹	針辰時
,, the minute hand of a	k'o⁴ chên¹	針刻
,, the second hand of a	mang² chên¹ 'rh	兒針忙
,, the work of a	piao³ jang²-tzǔ	子瓤表
,, case of a	piao³ k'o² 'rh	兒売表
,, the main spring of a	fa⁴ t'iao²	條法
,, maker, a	chung¹ piao³ chiang⁴	匠表鐘
,, to	k'an¹	看
,, ,,	k'an¹ shou³	守看
,, for, to	tai¹-cho k'an⁴	看着待
,, on	shou³ wang⁴	望守
,, be on the	ti¹-fang-cho	着防敵
,, the game	kuan¹ chü²	局觀
, his opportunity	tai⁴ shih² êrh² tung⁴	動而時待
,, word	an⁴ hao⁴	號暗
,, of the night, the third	san¹ ching¹ t'ien¹	天更三
,, to go on	hsia⁴ yeh⁴	夜下
Watchman, a	ta³ ching¹-ti	的更打
Watchman's bamboo rattle	pang¹-tzǔ	子梆
Water,	shui³	水
,, soft	t'ien² shui³	水甜
,, hard	k'u³ shui³	水苦
,, rain	yü³ shui³	水雨
,, running	liu² shui³	水流
,, line	ch'ih¹ shui³ hsien⁴	線水吃
,, level	shui³ p'ing² mien⁴	面平水
,, high	ch'ao² man³-lo	潞满潮

Water low	ch'ao² lao⁴-lo	潮落咯
,, sea	hai³ shui³	海水
,, salt	hsien² shui³	鹹水
,, fall, a	pao⁴-pu	瀑布
,, way, a	shui³ tao⁴	水道
,, mill	shui³ mo⁴	水磨
,, wheel	shui³ ch'ê¹	水車
,, works	tzŭ¹ lai⁴ shui³ kung¹ ssŭ¹	自來水公司
,, spout, a	lung² kua⁴	龍掛
,, ,,	lung² hsi¹ shui³	龍吸水
,, tight	pi⁴ shui³-ti	避水的
,, melon	hsi¹-kua	西瓜
,, flowers, to	chiao¹ hua¹ 'rh	澆花兒
,, a horse, to	yin⁴ ma³	飲馬
,, get me into hot	chiao⁴-wo t'ang¹ hun² shui³	叫我趟渾水
,, on your account, get into hot	kên¹ ni³ t'ang¹ cho hun² shui³	跟你趟着渾水
,, makes the eyes	k'an⁴-cho yen³ hua¹-lo	看着眼花咯
,, ,, ,, mouth	k'an⁴-cho tsui³ ch'an²	看着嘴饞
,, to make	chieh¹ shou³-êrh	解手兒
,, ,,	chieh¹-ko hsiao³ shou³-êrh	解個小手兒
,, ,,	ch'u¹ hsiao³ kung¹	出小恭
,, ,,	sa¹ niao⁴	撒尿
,, ,,	hsiao³ pien⁴	小便
,, closet, a	mao² fang²	茅房
,, ,,	niao²-ssŭ	茅厠
,, ,, go to the	têng¹ ssŭ⁴	登厠
,, ,, ,,	ch'u¹ kung¹	出恭
Watering pot, a	p'ên¹ hu²-êrh	噴壺兒
Waters, territorial	ling³ hai³	領海
Wave the hand, to	pai³ shou³-êrh	攤手兒
,, a tidal	hai³ hsiao⁴	海嘯
Waver, began to	yu³-i tien³ 'rh huo²-tung i⁴-ssŭ	有一點兒活動意思
Waves of the sea	hai³ po¹ lang⁴	海波浪
,, in a river, etc.	shui³-po lang⁴-êrh	水波浪兒
,, be fierce	hsieh² lang⁴ ching¹ t'ao¹	駭浪驚濤
Wax works	la⁴ jên² kuan³	蠟人館
,, to	shêng¹ chang⁰	生長
Way! get out of the	to³-k'ai	躲開
,, ,, ,, ,, his	ch'i³ t'a¹ na⁴ 'rh	起他那兒
,, got ,, ,, ,,	to³-liao-t'a-lo	躲了他咯
,, in time, could not get out of	to³ k'ai¹ pu⁴ chi²	躲開不及

Way—Weak.	998		

Way!	let him have his	tsung⁴-jung-t'a	他容從
,,	,, ,, ,,	yu²-cho-t'a	他着由
,,	take to him on the	shun⁴ pien⁴ 'rh tai⁴-kei-t'a	他給帶兒便順
,,	to his house? which is the	shang⁴ t'a¹ na⁴ 'rh ta³ na³-mo tsou³	走麼那打兒那他上
,,	,, ,, ,, ,,	shang⁴ t'a¹-ti fang²-tzǔ na³-ko-shih tao⁴-êrh	兒道是個那子房的他上
,,	to, go out of one's	shê³ chin⁴ chiu⁴ yüan³	遠就近舍
,,	to be friendly, go out of one's	ch'ü¹ chin⁴ mu⁴ i²	誼睦盡曲
,,	in life, make one's	ch'u¹ shih⁴	世出
,,	for a better man, make	jang⁴ hsien² yin³ t'ui⁴	退引賢讓
,,	show the	tai⁴ tao⁴-êrh	兒道帶
,,	right of	t'ung¹ hsing² ch'üan²	權行通
,,	(manner of doing a thing)	fang¹ fa³	法方
,,	(method)	fa²-tzǔ	子法
,,	to do it, don't know the	pu⁴ chih¹ tsêm³-mo-ko tso⁴ fa³	法做個怎麼知不
,,	to do it, show you the	wo³ chiao⁴ kei-ni tso⁴	做你給教我
,,	no other	mei² yu³ pieh⁴-ti fa²-tzǔ	子法的別有沒
,,	to be found, no other	pieh² wu² ti⁴ êrh⁴ t'iao² shêng¹ lu⁴ k'o³ hsün²	尋可路生條二第無別
,,	the only	ch'u²-fei chêm⁴-mo pan⁴ pu⁴ hsing²	行不辦麼這非除
,,	,,	ts'o⁴ tz'ǔ³ pu⁴ hsing²	行不此錯
,,	to encourage national spirit, not the	fei¹ so³ i³ chên⁴ tso⁴ min² ch'i⁴	氣民作振以所非
Ways	of looking at case, two	na⁴ k'o³ tei³ liang³ shuo¹ cho	着說兩得可那
Wayside,		lu⁴ p'ang²	傍路
Wayward,		ni⁴ hsing⁴ ti¹	的性逆
We,		wo³-mên	們我
,,		tsa-mên	們咱
,,	two	tsa²-mên lia³	倆們咱
,,	(editorial)	wu² jên²	人吾
Weak,		juan³	軟
,,		jo⁴	弱
,,		juan³ jo⁴	弱軟
,,		hsü¹ jo⁴	弱虛
,,		mei² chin⁴ 'rh	兒勁沒
,,		ching¹-shên hsü¹ juan³	軟虛神精
,,		ching¹-shên pu⁴ tsu²	足不神精
,,	tea	ch'a² tan⁴-lo	咯淡茶

Weak—Wear.

Weak	wine	chiu³ pao²-lo	酒薄咯
,,	and helpless people	hsiao³ juan³ 'rh	小軟兒
,,	minded, no resolution in mind	chih⁴-liang-êrh hsiao³	志量兒小
,,		ch'üeh¹-ko hsin¹ yen³ 'rh	缺個心眼兒
,,	point, touched him on his	ho²-tsai t'a¹-ti chi¹-shang	合在他的機上
,,	to the wall, the	jo⁴ jou⁴ ch'iang² shih²	弱肉強食
,,	,, ,, ,,	yu¹ shêng⁴ lieh⁴ pai⁴	優勝劣敗
,,	points	jo⁴ tien³	弱點
,,	power and influence	li⁴ pao² shih⁴ ku¹	力薄勢孤
,,	ones, forget one's own strong points and insist on adopting foreigners'	tzǔ⁴ wang⁴ ch'i² mei³ tien³ êrh² ch'iang³ hsiao⁴ wai² jên² chih¹ p'in²	自忘其美點而強效外人之顰
Weal,		hsing⁴ fu²	幸福
,,	the national	kuo² li⁴ min² fu²	國利民福
,,	public	kung¹ i²	公益
,,	a	hsieh³ yün⁴	血暈
Wealth,		ts'ai²	財
,,		ch'ien² ts'ai²	錢財
,,	to amass	chü⁴ lien⁴ ts'ai² huo⁴	聚斂財貨
,,	,,	fa¹ ts'ai²	發財
,,	and poverty, limitations of	p'in² fu⁴ hsien⁴ jên²	貧富限人
Wealthy,		fu⁴ yu³	富有
,,		k'uo⁴	闊
,,		hên³-yu lia³ ch'ien² 'rh	很有倆錢兒
,,	man, a	ts'ai²-chu	財主
,,	families	su⁴ fêng¹ chih¹ chia¹	素封之家
,,	persons, not	fei¹ fu⁴ yu³ chih¹ chia¹	非富有之家
Wean, to		tuan⁴ nai³	斷奶
Weapon (with felonious intent)		hsiung¹ ch'i⁴	兇器
Weapons,		ping¹-ch'i	兵器
Wear, to		ch'uan¹	穿
,,	clothes	ch'uan¹ i¹-shang	穿衣裳
,,	a decoration	p'ei⁴ tai⁴	佩帶
,,	a hat	tai⁴ mao⁴-tzǔ	戴帽子
,,	boots	ch'uan¹ hsüeh¹-tzǔ	穿靴子
,,	out	ch'uan¹ chiu⁴-lo	穿舊咯
,,	,,	ch'uan¹ huai⁴-lo	穿壞咯
,,	out, never	ch'uan¹ pu⁴ liao³	穿不了
,,	well	chin¹ yung⁴	勁用
,,	,,	nai⁴ ch'ang²-êrh	耐長兒
,,	well, not	pu⁴ nai⁴ chiu³	不耐久

Wear—Weather. 1000

Wear	comfortable to	ch'uan¹ shang shu¹ t'an³	坦舒上穿
,,	both kinds of dress (e.g., national and foreign)	liang³ ch'uan¹ cho	着穿刷
,,	off in time, it will	mo²-mo-chiu hao³-lo	咯好就磨磨
,,	and tear, not responsible for ordinary	hsün² ch'ang² mo²-ts'êng pu⁴ kuan³	管不蹭磨常尋
Wearisome,		ni⁴-fan	煩膩
,,		lo²-so	唆囉
,,	talk	shuo¹-ti jn²-t'ung chiao² la⁴	蠟嚼同如的說
Weary,		lei⁴-lo	咯累
,,		chüan⁴-lo	咯倦
,,		p'i² chüan⁴	倦疲
,,	of talking	shuo¹ ni⁴-lo	咯膩說
,,	with talking	shuo¹ lei⁴-lo	咯累說
,,	of it all	to¹-lei²-chui lao³ mei² wan⁴	完沒老贅累多
,,	of waiting	têng³ ni⁴-lo	咯膩等
Weasel, a		huang²-shu lang²	狼鼠黃
Weather,		ch'i⁴ hou⁴	候氣
,,		t'ien¹-ch'i	氣天
,,	genial	fêng¹ jih⁴ ch'ing¹ ho²	和清日風
,,	cold	t'ien²-ch'i lêng³	冷氣天
,,	fine	t'ien¹ hao³	好天
,,	,,	t'ien¹-ch'i hao³	好氣天
,,	,,	ch'ing² t'ien¹	天晴
,,	rainy	yü³ t'ien¹	天雨
,,	,,	hsia⁴ yü³-ti t'ien¹-ch'i	氣天的雨下
,,	side, the	ying² fêng¹ mien⁴ 'rh	兒面風迎
,,	beaten	kua⁴-liao i⁴ lien³-ti fêng¹-shuang	霜風的臉一了掛
,,	depends on the	k'an⁴ t'ien¹-ch'i	氣天看
,,	glass	ch'ing² yü³ chi⁴	計雨晴
,,	forecast	t'ien¹ ch'i⁴ yü⁴ pao⁴	報預氣天
,,	will stand any	shêm²-mo fêng¹ lang⁴ tou¹ chin¹-tê chu⁴	住得勁都浪風麼甚
,,	the difficulty, he will	t'a¹ chin¹-tê chu⁴	住得勁他
,,	even in case of bad	sui¹ yü⁴ yin¹ yü³	雨陰遇雖
,,	notwithstanding	fêng¹ yü³ wu² tsu³	阻無雨風
,,	attend meetings irrespective of	wu² lun⁴ ch'ing² yü³ chao⁴ ch'ang² tao⁴ hui⁴	會到常照雨晴論無
,,	eye open, keep your	na³-pien 'rh fêng¹ chin³ na³-pien 'rh yao⁴ liu² hsin¹	心留要兒邊那緊風兒邊那
,,	stained	kua⁴ shui³ hsiu⁴-lo	咯銹水掛

Weather—Weekly.

Weather to	ti³ k'ang⁴	抵抗
Weave cloth, to	chih¹ pu⁴	織布
,, carpets	tsai¹ t'an³-tzŭ	栽毯子
,, baskets	pien¹ lou³-tzŭ	編簍子
Web, a spider's	chu¹-chu wang³	蜘蛛網
,, footed	ya¹-tzŭ chao³	鴨子爪
,, ,,	ya¹ chang³	鴨掌
Wed,	chieh⁰ hun¹	結婚
Wedded to a view	chü¹ ni²	拘泥
Wedding, a	hsi² shih⁴	喜事
,,	hung² shih⁴	紅事
,,	hun¹ yin¹ ta⁴ shih⁴	婚姻大事
,,	pan⁴ hsi³ shih⁴	辦喜事
,, cards	ch'êng² ch'in¹ hsi³ t'ieh³	成親喜帖
,, chair	hsi³ chiao⁴	喜轎
,, presents	hsi³ ching⁴	喜敬
,, ,,	hua¹ hung² piao³ li³	花紅表禮
,, cup, the	chiao¹-pei chan³	交杯盞
,, furnishers	hsi³ chiao⁴ p'u⁴	喜轎鋪
,, day (of the groom)	shou⁴ shih⁴ chih¹ ch'i²	授室之期
,, gone home for his younger brother's	ch'ü³ hsiung¹ ti⁴ hsi² fu chin¹ hun¹ shih⁴	娶兄弟媳婦
,, golden	chin¹ hun¹ shih⁴	金婚式
,, (funeral, birthday gathering, etc.), he has gone to a	t'a¹ hsing² jên² ch'ing²-ch'ü-lo	他行人情去了
Wedge, a	hsieh¹-tzŭ	楔子
,,	sai¹-êrh	塞兒
,, firmly in	hsüan⁴ tz'ŭ² shih	楦磁實
,, to insert a	tien⁴-shang hsieh¹-tzŭ	墊上楔子
,, drive in a	ting¹-shang-ko hsieh¹-tzŭ	釘上個楔子
,, cut out a	ch'ieh¹-ko ya²-êrh	切個牙兒
,, for cleaving timber, an iron	p'i¹ tao¹	劈刀
Wednesday,	hsing¹-ch'i san¹	星期三
,,	li³ pai⁴ san¹	禮拜三
Weed, to	pa² ts'ao³	拔草
,, out	t'ao⁰ t'ai⁴	陶汰
,, ,,	t'ai⁴ jo⁴ liu² ch'iang²	汰弱留強
Weeds,	huang¹ ts'ao³	荒草
Week, a	i⁴ ko⁴ li² pai⁴	一個禮拜
,,	i² ko⁴ hsing¹-ch'i	一個星期
,,	i¹ chou¹	一週
,, one	i¹ chou¹ chien	一週間
Weekly wages	an⁴ hsing¹-ch'i-ti kung¹-ch'ien	按星期的工錢

Weep, to		k'u¹	哭
,,		liu² lei⁴	淚流
,,		t'i² k'u¹	哭啼
,, silently, to		k'u¹ ch'i⁴	泣哭
Weeping, incessant and noisy		k'u¹ pu⁴ t'ing² shêng¹	聲停不哭
,, willow		ch'ui² yang² liu³	柳楊垂
Weft,		wei³ hsien⁴	綫緯
Weigh, to		yao¹-i yao¹	約一約
,, in the hand		tien¹-i tien¹	掂一掂
,, ,, ,, mind		hsin¹-li tien¹-to tien¹-to	度掂度掂裏心
,, silver		p'ing² yin²-tzŭ	子銀平
,, coal		yao¹ mei²	煤約
,, anchor		ch'i³ mao²	錨起
,, (ponder)		cho² liang	量酌
,, the respective needs of the case		ch'üan² hêng² huan³ chi²	急緩衡權
,, the circumstances		ts'an¹ cho² ch'ing² shih⁴	勢情酌參
,, correctly		ch'êng⁴ chun³ la	了準稱
Weighing machine, a		pêng⁴	磅
,, ,, to put on a		shang⁴ pêng⁴	磅上
Weight,		fên⁴-liang	量分
,, (of a steelyard), a		t'o²	鉈
,, ,, ,,		ch'êng⁴ t'o²	鉈秤
,, ,, ,,		ch'ing¹ chung⁴	重輕
,, as certained by scales		tung⁴ ch'êng⁴ lun⁴ fên⁴	分論稱動
,, gives full		chun³ ch'êng¹	稱準
,, (of purchase, e.g., of coal), deduct five per cent off total		chiu³ wu³ ch'êng⁴	稱五九
,, molecular		fên¹ tzŭ chung⁴	重子分
,, (of a clock, etc.)		chui⁴-tzŭ	子墜
,, ,, ,,		chui⁴ t'ou²	頭墜
,, on the mind, a		hsin¹-li yü⁴-chieh-pu shu¹	舒不結鬱裏心
,, (importance)		chung⁴ yao⁴	要重
Weights,		fa²-ma	碼法
,, and measures		tu⁴ liang⁴ hêng²	衡量度
,, ,, ,, scales of		tu⁴ liang⁴ hêng² chih¹ chun³ tsê²	則準之衡量度
Weighty (man)		ch'ih² chung⁴	重持
Weir, a		shui³ pa⁴	壩水
Weird,		ku³-kuai	怪古
,, uncanny		shên⁴-tê-huang	慌得滲
Welcome, to		chieh¹	接
,,		huan¹ ying²	迎歡

Welcome—Well.

Welcome, address of	huan¹ ying² yen³ shuo¹	歡迎演說
,, guest, a	chia¹ pin¹	嘉賓
,, present, etc., a	hsin¹ ai⁴-ti wu⁴-êrh	心愛的物兒
,, to come and see, you are	wo³ lo⁴ i⁴ chiao⁴-ni lai² k'an⁴	我樂意叫你來看
,, the coming, speed, etc.	sung⁴ wang³ ying² lai²	送往迎來
,, a dinner of	chieh¹ fêng¹	接風
,, feast of	wei⁴ chih¹ hsi² ch'ên²	爲之洗塵
,, (noun)	yu¹ tai⁴	優待
Welcomes advice, a good man	shan⁴ jên² nêng² shou⁴ chin⁴ yen²	善人能受盡言
Weld iron, to	ta³-tsai i² k'uai⁴-êrh chieh¹-shang	打在一塊兒接上
Welfare,	fu²-fên	福分
,,	hsing⁴ fu²	幸福
,, equire after one's, to	ch'ing³ an¹	請安
,, ,, ,, ,,	wên⁴-hou	問候
Well, a	ching³	井
,,	i⁴ yen³ ching³	一眼井
,, sweep, a	chieh¹ kao¹	桔槔
,, are you	nin² hao³-ya	您好哇
,, thanks, very	ch'êng² wên⁴, hao³	承問好
,, again, quite	ta⁴ hao³-lo	大好咯
,, not done very	tso⁴-ti pu² chien⁴ chia¹	做的不見佳
,, all right, very	chiu⁴ shih⁴-lo	就是咯
,, I remember it perfectly	wo³ chi⁴-tê-ti ch'üeh⁴	我記得的確
,, I remember him perfectly	hên³ chi⁴-tê-t'a	很記得他
,, I never!	ch'i³ yu³ tz'ŭ³ li³	豈有此理
,, ,,	chê⁴-hai liao³-tê	這還了得
,, out of it, got	ch'u¹-t'o-ti hao³	出脫的好
,, behaved	kuei¹ kuei¹ chü¹ chü¹-ti	規規矩矩的
,, ,,	hsün² kuei¹ tao⁴ chü³	循規蹈矩
,, brought up	chia¹ kuei¹ hao³	家規好
,, disposed	hao³ i⁴ ti¹	好意的
,, disposed towards you	k'an⁴ ni³ chung⁴	看你重
,, done (of meat)	lan⁴	爛
,, done!	chê⁴ tso⁴-ti hao³	這做得好
,, founded	yu³ kên¹ chü⁴ ti¹	有根據的
,, ,, report	yu³-ko ch'üeh⁴ shih²-ti hsin⁴	有個確實的信
,, known, renowned	yu³ ming²-ti	有名的
,, ,, to all	jên² so³ kung⁴ chih¹	人所共知

Well—What. 1004

Well	dispositioned	hsin¹ ti⁴ pu² huai⁴	壞不地心
,,	meaning	ch'u¹-yü shih² hsin¹	心實於出
,,	met!	chê⁴-shih ch'iao³ yü⁴	遇巧是這
,,	read	po⁴ hsüeh²	學博
,,	,,	po⁴ lan³ ch'ün² shu¹-ti	書羣覽博
,,	spoken	shan⁴ yen² shan⁴ yü³-ti	的善言善
,,	,, of	jên² so³ kung⁴ ch'êng¹	稱共所人
,,	off	chia¹-li hên³ hsia⁴-tê ch'ü⁴	
			去得下很裏家
,,	,,	yin² ch'ien² fu⁴ hou⁴	厚富錢銀
,,	,, doesn't know when	pu⁴ shih² t'ai²-chü	舉抬識不
,,	bred	tung³ tê li³ hsing⁴	性理得懂
,,	built	ssǔ¹ ch'ên	斯陳
,,	born	shên¹ chia¹ ch'ing¹ pai²	白清家身
,,	wisher	tsan⁴ ch'êng¹ chê³	者成贊
Wen, a		liu²-tzǔ	子瘤
,,		jou⁴ liu²-tzǔ	子瘤肉
,,	(see Tumour)	chin¹ ko¹-ta	瘩疙筋
West,		hsi¹	西
,,		hsi¹ fang¹	方西
,,	the	hsi¹ pien¹	邊西
,,	by north	hsi¹ p'ien¹ pei³	北偏西
Western countries		hsi¹ kuo²	國西
Wet,		shih¹-lo	咯濕
,,		chan¹-liao shui³-lo	咯水了沾
,,	day, a	ch'ao² shih¹ t'ien¹	天濕潮
,,	nurse, a	nai³ ma¹-tzǔ	子媽奶
,,	one's whistle, to	jun⁴-i jun⁴ hou²	喉潤一潤
,,	,, ,, ,,	yin¹-i yin¹ sang³-tzǔ	子嗓飲一飲
,,	him all over	chiao¹-liao-t'a i⁴ shên¹ shui³	
			水身一他了澆
Whale, a		ching¹ yü²	魚鯨
,,	bone	ching¹ yü² ku³	骨魚鯨
Wharf, a		ma³-t'ou	頭碼
What?		shêm²-mo	麽甚
,,		ho²	何
,,	time	ho² shíh²	時何
,,	we want is	wo³-mên yao⁴-ti-shih	是的要們我
,,	is the matter?	tsêm³-mo-lo	咯麽怎
,,	,, ,, with you?	ni³ tsêm³-mo-lo	咯麽怎你
,,	about that matter	na⁴ ko shih⁴ ch'ing² tao⁴ ti³ tsêm³	
		mo yang⁴	樣麽怎底到情事個那
,,	rot!	hu² shuo¹	說胡
,,	a pity!	k'o-hsi liao³-êrh-ti	的兒了惜可
,,	is that to you?	yü² ni³ ho² kan¹	干何你於

What state of things will ensure peace today? — hsieu⁴ tsai⁴ ti¹ shih⁴ chieh¹ pi⁴ tsêm³ mo yang⁴ t'sai² nêng² ho² ping² 現在世界怎必樣才能和平
Whatever, none — so³ mei² yu³ 所沒有
,, he says — t'a¹ so³ shuo¹-ti 他所說的
,, ,, — pu² lun⁴ shuo¹ shêm²-mo 不論說甚麼
,, under no circumstances — pu⁴ chü¹ tsêm³-mo yang⁴ 不拘怎麼樣
,, happens, will come — hao³ tai³ chun³ lai² 好歹準來
Wheat, — mai⁴-tzŭ 麥子
Wheedle, to — hung³ 哄
,, — hung³-cho 哄着
Wheel, a — lun²-tzŭ 輪子
,, a cart — ch'ê¹ ku¹-lu 車軲轆
,, a steering — to⁴ lun² 舵輪
,, a barrow, to — t'ui¹ hsiao³ ch'ê¹-tzŭ 推小車子
,, to (as birds in flight) — ta³ p'an²-'rh 打盤兒
,, the hub of a — ch'ê¹ chiao¹-tzŭ 車轇子
,, the spokes of a — fu¹-t'iao kun⁴-'rh 輻條棍兒
,, tire of a — ch'ê¹ wa³ 車瓦
,, driving — tung⁴ lun² 動輪
Wheeze, to — ch'uan³ 喘
Whelp, a — kou³ tsai³-tzŭ 狗崽子
When, — to¹-tsan 多偺
,, — shêm²-mo shih²-hou 'rh 甚麼時候兒
,, will this be? — ho² shih² shih³ jan² 何時始然
,, ,, you come? — ni³ na³-i t'ien¹ lai² 你那一天來
,, he came — t'a¹ lai²-ti-shih-hou 'rh 他來的時候兒
,, he arrived we had gone — kan³ t'a¹ tao⁴-liao wo³-mên tsou³-lo 趕他到了我們走了
,, I come — kan³ tao⁴ wo³ lai² 趕到我來
,, travelling — lü³ hsing chung¹ 旅行中
,, rebellion was raging — k'ou⁴ luan⁴ wei⁴ p'ing² chih¹ chi⁴ 寇亂未平之際
,, (at the time that...) — chi⁴ (at end of sentence) 際
Whence it appears — yu² tz'ŭ³ kuan¹ chih¹ 由此觀之
Whenever ...., — mei³ yu⁴ .... 每遇....
,, I see him — wo mei³-fêng chien¹-t'a 我每逢見他
,, they require to repair their family graves .... — mei³ yin¹ hsiu¹ li⁴ tsu³ mu⁴ .... 每因修理祖墓....
,, the powers recognize (the republic) ambassadors will be appointed — ssŭ⁴ ko⁴ kuo² ho² shih² ch'êng⁴ jên⁴ chi¹ yü² ho² shih² chien³ shou¹ ta⁴ shih³ 俟各國何時承認幾於何時簡授大使
Where, — na³-'rh 那兒

Where,	na³-li	那裏
,,	ho²-ch'u	何處
,, is the difference?	so³ ch'a⁴ tsai⁴ na³'rh	所差在那兒
Whereabouts not known	pu⁴ chih¹ so³ tsai⁴	不知所在
,, I don't know his	pu⁴ chih¹-tao t'a-ti hsia⁴-lo	不知道他的下落
,, is somewhere	tsung³-tsai chê⁴ i² liu⁴-êrh	總在這一溜兒
Whereas,	chi⁴ jan²	既然
,, on the contrary	shu¹-pu chih¹	殊不知
Wherefore, the why and	ch'i² so³ i³ jan²	其所以然
Wherever one goes	pu⁴ chü⁴ shang⁴ na³-'rh	不拘上那兒
,, ,, ,, it's the same	tao⁴ ch'u⁴ tou¹ shih⁴	到處都是
Whereupon,	sui² chiu⁴	遂就
,, he left	t'a¹ sui² chiu⁴ tsou³-lo	他遂就走咯
Whet (a knife, etc.), to	kang⁴ tao¹-tzŭ	鋼刀子
,, the appetite	ch'ung¹ lung³ kou¹-êrh	冲瀧口兒
Whether or	i⁴ huo⁴	抑或
,, it be expedient or not	shih⁴ fou³ yu³ tang¹	是否有當
,, he is going or not, I don't know	t'a¹ ch'ü⁴ pu² ch'ü⁴ wo³ pu⁴ chih¹	他去不去我不知
,, ,, ,, ,,	huo¹ ch'ü⁴ huo¹ pu² ch'ü⁴ wo³ pu⁴ chih¹	或去或不去我不知
,, it is good or not, I don't know	shih⁴ hao³ shih⁴ tai³ wo³ pu⁴ chih¹	是好是歹我不知
Whetstone, a	mo² tao¹ shih²	磨刀石
Which,	na³-ko	那個
,, is which, don't know	pu⁴ chih¹ na³-ko shih⁴ na³-ko	不知那個是那個
,, you heard, the story	ni³ t'ing¹-ti na⁴-ko ku⁴-shih-'rh	你聽的那個故事兒
Whiff, of scent, a	i⁴ ku³ hsiang¹ wei⁴-'rh	一股香味兒
,, ,,	i² chên⁴ hsiang¹ wei⁴-'rh	一陣香味兒
,, of tobacco, take a	hsi¹ i⁴ k'ou³ yên¹	吸一口烟
,, ,, puff out a	p'ên¹ i⁴ k'ou³ yên¹	噴一口烟
While, I was waiting	wo³ têng³-ti shih²-hou 'rh	我等的時候兒
,, wait a	têng³ i⁴ hui³ 'rh	等一會兒
,, in a little	i⁴ hui³ 'rh-ti kung¹-fu	一會兒的工夫
,, ,, ,,	pu² ta⁴-ti kung¹-fu	不大的工夫
,, ,, ,,	hsü¹ yü²-chih chien¹	須臾之間
,, waited a long	têng³-liao pan⁴ t'ien¹	等了半天
,, to buy that, not worth my	pu⁴ chih²-tê mai³ na⁴-ko	不值得買那個

While—Whisper.

While a breath remains	i¹ hsi² shang⁴ tsai⁴	在尚息一
,, travelling	lü³ hsing² chung¹	中行旅
,, talking	t'an² t'zŭ⁴	次談
,, you're about it	chiu⁴ shou³-êrh	兒手就
,, ,, ,,	shun⁴ pieh⁴ 'rh	兒便順
,, away time	hsiao¹ ch'ien³	遣消
,, ,, ennui	chieh³ mên⁴ 'rh	兒悶解
Whimper, to	nang¹-nang	嚢嚢
,,	tsêng¹-tsêng	噌噌
,,	hêng¹-chi	哼哧
Whimsical,	ch'i² i⁴	異奇
,,	mei² chun³ chang¹-ch'êng	程章準沒
,,	mei² chun³ chu²-i	意主準沒
,,	mei² chun³ p'i²-ch'i	氣脾準沒
Whine (a dog), to	tsêng¹-tsêng	噌噌
,, ,,	tzŭ¹-wêng	嗡嗞
,, (of a beggar, etc.)	hêng¹-chi	哼哧
Whip, a	i⁴ pa³ pien¹-tzŭ	子鞭把一
,, to	na² pien¹-tzŭ ch'ou¹	抽子鞭拿
,, (punish), to	pien¹ tsê²	責鞭
,, out	chi² ch'ü³	取急
,, hand, to have the	chan⁴ shang⁴ fêng¹	風上佔
,, (party)	pien¹ ts'ê⁴ chêng⁴ tang³ chê³	者黨政策鞭
,, (to M.P.s), issued a	t'ê⁴ fa¹ t'ung¹ chih¹	知通發特
Whipped up his horses and fled	chia¹ pien¹ chiu⁴ p'ao³	跑就鞭加
Whirl, to	lun²	掄
,, of gaiety, a	i⁴ wo¹ fêng¹-ti jo⁴-nao	鬧熱的窩風一
Whirlpool,	hsüan⁴ wo¹	窩漩
,, of corruption	fu³ pai⁴ ta⁴ hsüan⁴ wo¹	渦漩大敗腐
Whirlwind, a	hsüan⁴ fêng¹-êrh	兒風颱
,,	yang²-chüeh fêng¹	風角羊
Whisk away flies, to	ch'ao¹ ts'ang¹-ying	蠅蒼抄
,, a fly	ts'ang¹-ying shua¹-êrh	兒刷蠅蒼
,, the tail, to	shua¹ i³-pa	巴尾甩
Whiskers and beard	lien² pin⁴ hu²-tzŭ	子鬍鬢髯
Whisky,	wei²-ssŭ-kên 'rh chiu³	酒兒根斯韋
Whisper,	êrh³ yu³	語耳
,, to	ch'iao³-mei shêng¹-êrh-ti shuo¹	說的兒聲沒悄
,,	chi¹-chi ku¹-ku-ti shuo¹	說的咕咕唧唧
,, said in a low	ch'i¹ ch'i¹-ti shuo¹	說的嘁嘁

Whisper—Whole. 1008

Whisper of trouble, at the first	kang¹ yu³ i¹ tien³ fêng¹ shêng¹ 剛一點風聲有
Whispering together	chieh¹ êrh³ chiao¹ t'ou² 接耳交頭
Whistle, a	shao⁴-êrh 哨兒
,, to blow a	ch'ui¹ shao⁴-êrh 吹哨兒
,, with the mouth	ta³ shao⁴-êrh 打哨兒
,, police	ching³ ti² 警笛
,, ! (Railway notice put up on line)	fang⁴ ch'i⁴ hao⁴ 放氣號
White,	pai² 白
,, haired	pai² fa³ ts'ang¹ ts'ang¹ 白髮蒼蒼
,, ,,	ts'an³ pai² t'ou²-fa 鬢白頭髮
,, races	pai² chung³ 白種
,, ,, (not polite)	pi⁴ yen³ tzŭ³ hsü¹ êrh² 碧眼紫鬚兒
,, man	pai² jên² 白人
,, feather, show the	t'ui⁴ so¹ 退縮
Whitewash,	pai² hui¹ 白灰
,, to	shua¹ pai² hui¹ 刷白灰
Whitlow,	shê² t'ou² ting¹ 蛇頭疔
,,	chia³ chü¹ 甲疽
Whittle, to	hsiao¹ 削
Whiz, to	sou¹-ti i⁴ shêng¹ 颼的一聲
Who,	shui² 誰
,,	shên²-mo jên² 甚麽人
,, gave it to you, the man	kei³ ni³-ti na⁴-ko jên² 給你的那個人
,, said it, I don't know	pu⁴ chih¹ shui² shuo¹-ti 不知誰說的
Whoever wants it, give it to	shui² yao¹ kei³ shui² 誰要給誰
,, made this suggestion was a conceited fool	ch'uang¹ i⁴ kuo³ shu³ ho² jên² tang¹ pi⁴ wu² shih⁴ tzŭ⁴ yung⁴ chih¹ t'u² 創議果屬何人當必無識自用之徒
Whole (complete)	ch'üan² 全
,,	ch'üan²-ho 全合
,,	ch'i²-ch'üan 齊全
,, lot, the	i² ta⁴ tui¹ 一大堆
,, ,,	i⁴ wo¹ i⁴ t'o¹-ti 一窩一扡的
,, ,,	ch'i²-ta huo³ 'rh 齊大夥兒
,, bottle, drank a	ho¹-liao i⁴ chêng³ p'ing²-tzŭ 喝了一整瓶子
,, year, the	i¹ nien² tao⁴ t'ou² 一年到頭
,, day, the, or a	chêng³ t'ien¹ 整天
,, ,, ,, ,,	chêng³ t'ien¹ 'rh-ti 整天兒的
,, night	chung¹ yeh⁴ 終夜
,, ground covered with snow, the	man³ ti⁴ shih⁴ hsüeh³ 滿地是雪
,, way followed me the	i² lu⁴-ti kên¹-cho wo 一路的跟著我

Whole of it, I don't want the		wo³ pu⁴ man³ yao⁴	我不滿要
,,	(aggregate)	ch'üan² t'i³	全體
,,	,,	ch'üan² pu⁴	全部
,,	house, committee of the	ch'üan² yüan² wei³ yüan² hui⁴	全院委員會
,,	of their energy, with the	i³ ch'üan³ fu⁴ chih¹ ching¹ shên²	以全副之精神
,,	interests of the nation as a	wei⁴ kuo² chia¹ ch'uan² pu⁴ chi⁴	為國家全部計
,,	heart into it, put one's	chin⁴ hsin¹-ti pan⁴	盡心的辦
,,	,, ,, ,, ,,	chuan¹ hsin¹-ti pan⁴	專心的辦
Wholesale (e.g., slaughter)		pu⁴ fên¹ yü⁴ shih²	不分玉石
,,	to sell	ch'êng² tsung³-êrh-ti mai⁴	成總兒的賣
,,	,,	ch'êng² tun³ 'rh-ti mai⁴	成躉兒的賣
,,	house	p'i¹ fa¹ tien⁴	批發店
Wholesome,		i⁴ yü² wei⁴ shêng¹	宜於衛生
,,	food	ch'ing¹ tan⁴ shih³	清淡食
,,	(to the public mind)	i² min² ti¹	益民的
,,	discipline	ch'ing¹ hsin¹-ti chiao⁴-hsün	清心的教訓
,,	doctrines	shan⁴ tao⁴	善道
Wholly,		i¹ kai⁴	一概
,,		wan² shan	完善
,,	beautiful and good	chin⁴ shan⁴ chin⁴ mei³	盡善盡美
,,	satisfactory, not	wei⁴ chin⁴ ho² i⁴	未盡合意
Whose it is, don't know		pu⁴ chih¹-shih shui²-ti	不知是誰的
,,	hat you took, the man	ni² na²-t'a mao⁴-tzŭ-ti na⁴-ko jên²	你拿他帽子的那個人
Whoremonger,		yeh³ yu² lang²	冶遊郎
Why,		ho² ku⁴	何故
,,		ho² i³	何以
,,		yin¹ ho²	因何
,,		wei⁴ ho²	為何
,,		wei⁴ shêm²-mo	為甚麼
,,	don't know the reason	pu⁴ chih¹ ch'i so³ i³ jan²	不知其所以然
,,	,, ,, ,,	pu⁴ chih¹-ch'i ku⁴	不知其故
,,	I said it, the reason	wo³ shuo¹-ti yüan²-ku	我說的原故
,,	do you do it?	ho² k'u³ lai²	何苦來
,,	,, ,,	ho² k'u³ ju² tz'ŭ³	何苦如此
,,	won't you join?	ho² k'u³ pu⁴ ju⁴	何苦不入
,,	(vulgar)	kan⁴ ma¹	幹嗎
,,	don't you have a try for it?	ho² ch'i³ êrh² t'u² chih¹	何起而圖之
Wick, a lamp		têng¹ nien³-tzŭ	燈撚子
Wicked.		o⁴	惡

Wicked—Wife.

Wicked,	hsieh²	邪
,, behaviour	hu² tso⁴ wang⁴ wei³	胡作妄為
,, design	o⁴ chi⁴	惡計
,, rogue	o⁴ t'u²	惡徒
,, person, a	tai³ jên²	歹人
,, ,,	hsien³ o⁴ jên²	險惡人
,, ,,	jên² hsin¹ hsien³ o⁴	人心險惡
Wicker-work,	liu³ t'iao²-êrh pien¹-ti	柳條兒編的
Wicket gate, a	chiao³ mên² 'rh	角門兒
Wide,	k'uan¹	寬
,,	k'uan¹ ta⁴	寬大
,,	k'uan¹ k'uo⁴	寬闊
,,	kuang³ ta⁴	廣大
,, expanse, a	i² ta⁴ p'ien⁴	一大片
,, mouthed bottle, a	ta⁴ k'ou³-êrh p'ing²-tzŭ	大口兒瓶子
,, difference, a	t'ien¹ ti⁴ hsiang¹ ko²	天地相隔
,, ,,	chiung³-pu hsiang¹ t'ung²	迥不相同
,, ,,	ch'a⁴-ti yüan³	差的遠
,, to open	ta⁴ k'ai¹-lo	大開咯
,, ,, ,, the eyes	chêng¹-ko ta⁴ yen³-ching	睜個大眼睛
,, ,, ,, ,, mouth	chang¹-k'ai i²-ko ta⁴ tsui³	張開一個大嘴
,, of the mark, to talk	hua¹ shuo¹-ti yü²-k'uo	話說的迂闊
Widen,	k'uo⁴ chang¹	擴張
Widespread,	liu² hsing²	流行
,, (of a disease)	wan⁴ yen²	蔓延
Widow, a	kua³-fu	寡婦
,,	shuang¹-fu	孀婦
,,	shuang¹-chü	孀居
Width,	fu² yüan²	幅員
,,	k'uan¹ chai³	寬窄
Wield power	ts'ao¹ ch'üan²	操權
,, the sceptre	ts'ao¹ wu² shang⁴ ch'üan³	操無上權
Wife, a	fu⁴-jên	夫人
,,	hsi²-fu-êrh	媳婦兒
,,	lao³-p'o	老婆
,, my	chien⁴ ching¹	賤荊
,, ,,	chien⁴ nei⁴	賤內
,, ,,	wo³-mên nei⁴-tzŭ	我們內子
,, ,,	wo³-mên nei⁴-jên	我們內人
,, (of an official)	fu⁴ jên²	夫人
,, your	tsun¹ fu¹-jên	尊夫人
,, ,,	sao³-fu-jên	嫂夫人
,, ,,	ling⁴ chêng⁴	令正
,, ,, and family	pao³ chüan⁴	寶眷

Wife—Will.

Wife, his	t'a¹ mên fu¹-jên 'rh	他們夫人兒
,, ,,	t'a¹-mên nei⁴-jên	他們內人
,, to marry a	ch'ü³ hsi²-fu-êrh	娶媳婦兒
,, ,, ,,	ch'êng² chia¹	成家
,, second	hou⁴ ch'i¹	後妻
,, ,,	hsü⁴ hsien²-ti	續絃的
Wifely devotion	hsien² hui⁴	賢惠
Wig, lawyer's	pai² chieh⁴	白紒
,, for women or actors, a	t'ou²-fa wang³-tzŭ	頭髮網子
,, (a false queue)	chia³ pien⁴-tzŭ	假辮子
Wild,	ts'u¹ pao⁴	粗暴
,,	yeh³	野
,, beasts	yeh³ shou⁴	野獸
,, flowers	yeh³ hua¹ 'rh	野花兒
,, ,,	shan¹ hua¹ 'rh	山花兒
Wilderness, a	k'uang⁴ yeh³ ti⁴-fang	曠野地方
,,	ts'ao³ mang³-chih ti⁴	草莽之地
Wildly, to speak	hu² shuo¹	胡說
,, ,,	luan⁴ shuo¹	亂說
Wile,	chien¹ chi⁴	奸計
,, away the time, to	chieh³ mên⁴ 'rh	解悶兒
,, ,, ,,	hsiao¹-ch'ien hsiao¹-ch'ien	消遣消遣
Wiles, full of	kuei³ chi⁴ to¹ tuan¹	詭計多端
Wilful,	ku⁴ i⁴-ti	故意的
,,	t'ê⁴ i⁴-ti	特意的
,,	ch'êng² hsin¹-ti	成心的
,, child, a	na⁴ hai²-tzŭ kuo⁴-yü ch'êng² hsin¹	那孩子過於成心
Will,	i⁴ chih⁴	意志
,,	i⁴ hsiang⁴	意向
,, (the sign of the future)	yao⁴	要
,, of heaven, the	t'ien¹ ming⁴	天命
,, not succeed, do what you will it	jên⁴-p'ing tsêm³-mo pan⁴ hai²-shih pu⁴ ch'êng²	任憑怎麼辦還是不成
,, as you	sui² pien⁴	隨便
,, ,,	sui² i⁴	隨意
,, at	jên⁴ i⁴	仕意
,, all thing at	chü¹ shih⁴ ju² hsin¹	諸事如心
,, go in spite of you, I	wo³ p'ien¹ yao⁴ ch'ü⁴	我偏要去
,, you stop talking!	ni³ hai²-pu chu⁴ tsui³ 'rh ma²	你還不住嘴兒嗎
,, not go, I	wo³ pu² ch'ü⁴	我不去
,, strength of	chih⁴-ch'i	志氣
,, for the deed, take the	hsin¹ tao⁴ shên³ chih¹	心到神知
,, (testament)	i² shu¹	遺書

Will—Wind. 1012

Will of a business, part with the good	chao¹ p'ɛn² ting³ li⁴	招盤頂菅
Willed, strong	kung¹ i⁴	剛毅
Willing.	yüan⁴ i⁴	願意
,,	k'ên³	肯
,,	kan¹ hsin¹	甘心
,,	ch'ing² yüan⁴	情願
Will-o-the-wisp,	kuei²-huo 'rh	鬼火兒
,,	lin² huo³	燐火
Willow tree, a	liu³ shu⁴	柳樹
Wily,	kuei³ cha⁴	詭詐
,,	chiao³ hua²	狡猾
,,	hua²	滑
Win,	shêng⁴ li⁴	勝利
,, to	ying²	贏
,, ,,	tê² shêng⁴	得勝
,, a victory	tê² shêng⁴ chang⁴	得勝仗
,, ,,	ta³ shêng⁴ chang⁴	打勝仗
,, a big prize in a lottery	tê² ta⁴ ts'ai³	得大彩
,, a prize	tê² chiang³ shang³	得獎賞
,, affection	tê² ch'ung³	得寵
,, his suit	shêng⁴ su⁴	勝訴
,, without effort	pu⁴ lao² êrh² huo⁴	不勞而獲
,, back life	ssŭ³ chung¹ ch'iu² huo²	死中求活
Wince, to	fa¹ nui³-ch'i	發餒氣
Winch, a	chiao³ p'an² chi¹-ch'i	絞盤機器
Wind,	fêng¹	風
,, a biting north	shuo⁴ fêng¹ lin³ lin³	朔風凜凜
,, a gust of	i² chên¹ fêng¹	一陣風
,, a high	kua¹ ta⁴ fêng¹	颳大風
,, a gale of	pao⁴ fêng¹	暴風
,, ,,	fêng¹ pao⁴	風暴
,, a strong	k'uang² fêng¹	狂風
,, a puff of	i⁴ p'u¹ ch'ing¹ fêng¹	一撲清風
,, a fair	shun⁴ fêng¹	順風
,, a head	ting³ fêng¹	頂風
,, to go against the	ni⁴ fêng¹ hsing²	逆風行
,, ,, with the	shun⁴ fêng¹ hsing²	順風行
,, is, see what the	ch'iao⁴ na³ mo fêng¹	瞧那麼風
,, blows, see which way the	shih⁴-i-shih fêng¹-t'ou k'an⁴	試一試風頭看
,, and rain, man has his sudden blows and smiles of fortune, heaven has its sudden storms of	t'ien¹ yu³ ch'ou¹ fêng¹ pao⁴ yü³ jên² yu³ tang¹ jih⁴ huo⁴ fu²	天有抽風暴雨人有當日禍福

Wind, has a good (for running)	ch'i⁴ li⁴ 'rh ta⁴	大兒力氣
,, in the stomach	tu⁴-li yu³ lêng³ ch'i⁴	氣冷有裏肚
,, ,, ,,	cho⁴ ch'i⁴ hsia⁴ hsing²	行下氣濁
,, to break	fang⁴ p'i⁴	屁放
,, to	jao⁴	繞
,, up	jao⁴-shang	上繞
,, ,, (a company)	chieh³ san⁴	散解
,, ,, ,,	shou¹ chieh²	結收
,, ,, an undertaking	ching¹ li³ shan⁴ hou⁴ shih⁴ i²	宜事後善理經
,, a clock or watch	shang⁴ hsien²	絃上
Windfall, an unexpected	fei¹ chu¹ kung³ mên²	門鎖豬肥
Windfalls do not benefit the unlucky	wai⁴ ts'ai² pu⁴ fu⁴ ming⁴ ch'iung² jên²	人窮命富不財外
Winding path, a	ch'ü¹ ch'ü¹ wan¹ wan¹-ti yu²-yen tao⁴-êrh	兒道蜒蚰的彎彎曲曲
Windlass, a	lu⁴-lu	轤轆
Windmill,	fêng¹ ch'ê¹	車風
Window, a	ch'uang¹-hu	戶窓
,, standing at the	ch'uang¹-hu yen³ 'rh-shang chan⁴-cho	着站上兒眼戶窓
,, to peep through a hole in a paper	pa¹-cho ch'uang¹-hu yen³ 'rh ch'iao²	瞧兒眼戶窓着扒
Windpipe, the	tsung³ ch'i⁴ kuan³-tzŭ	子管氣總
,, ,,	fei⁴ kuan³-tzŭ	子管肺
Wine,	chiu³	酒
,, bibber, a	ch'ên² mien⁵ pu⁴ fan³	返不湎沈
,, avoid too much	chiu³ yao⁴ shao³ ho¹	喝少要酒
Wing, head under the	wo¹-cho nao³-tai shui⁴	睡袋腦着窩
,, ,, ,,	wo¹ po²-êrh	兒脖窩
,, of an army, the left	tso² i⁴	翼左
Wings,	ch'ih⁴ pang³-êrh	兒膀翅
,,	ch'ih⁴-êrh	兒翅
,, to fold the	min³ ch'ih⁴ pang³-êrh	兒膀翅抿
,, ,, open ,,	chan³-k'ai ch'ih⁴ pang³-êrh	兒呀翅開展
Wink at	mo⁴ hsü³	許默
,, the eyes, to	cha³-pa yen⁵ 'rh	兒眼巴貶
,, give a	chi³-ko yen³ 'rh	兒眼個擠
,, ,,	shih³-ko yen³-sê 'rh	兒色眼個使
,, tip a	fei¹ ko⁴ yen³ sê	色眼個飛
Winner,	shêng⁴ li⁴ chê³	者利勝
Winning post	chüeh² shêng⁴ tien³	點勝決
,, side, like to be on the	ta³ shêng⁴ pu⁴ ta³ pai⁴	敗打不勝打

Winnow—Wish. 1014

Winnow, to	jang² liang²-shih		食糧擴
Winter,	tung¹-t'ien		天冬
,, beginning of	tung¹-ching t'ien¹ 'rh		兒天景冬
,, mid	ch'u¹ tung¹		冬初
,, end of	mêng⁴ tung¹		冬孟
,, lie up for	ts'an² tung¹		冬殘
,, on verge of mid-	ta³ tung¹		冬打
Wintry conditions	shih² po⁴ ch'iung² yin¹		陰窮迫時
Wipe, to	ping¹ t'ien¹ hsüeh³ ti⁴		地雪天冰
,,	ts'a¹		擦
,, away	ts'a¹-mo		抹擦
,, out	mo⁵ tiao⁴-lo		了掉抹
,, ,, disgrace	mo³-ch'ü		去抹
Wire, iron	hsüeh⁴ ch'ih³		恥雪
,, brass	t'ieh³ ssŭ¹-êrh		兒絲鐵
,, insulated	t'ung² ssŭ¹-êrh		兒絲銅
,, entanglement	chüeh² yüan² hsien⁴		線緣絕
,, puller	t'ieh³ t'iao² wang³		網條鐵
Wireless telegraphy	yin¹ mou² chê³		者謀陰
Wisdom,	wu² hsien⁴ tien⁴		電線無
,,	chih⁴		智
,,	chih⁴-shih		識智
,,	chih⁴-hui		慧智
,, out of a fool, you cannot get	chih⁴-chao-êrh		兒著智
,, developed, out of danger a nation is born, out of sorrow is	kou³ tsui³ t'u³-pu-ch'u hsiang⁴ ya² lai²		來牙象出不吐嘴狗
	yin¹ yu¹ so³ i³ ch'i³ shêng⁴ to¹ uan² so³ i³ hsing¹ pang¹		邦興以所難多聖啓以所憂殷
,, tooth, a	ts'ao² ya²		牙槽
Wise man, a	yu³ chih⁴-chao-ti jên²		人的著智有
,, advice	shan¹ ch'üan⁴		勸善
,, hardly	ssŭ⁴-hu ch'ien⁴ tien³ 'rh chih⁴-chao		著智兒點欠乎似
,, you won't go if you are	yu³ tien³ 'rh chih⁴-chao 'rh ni³ pu² ch'ü⁴		去不你兒著智點有
,, words, thought them	i³ wei² chih¹ yen²		言知爲以
Wiseacre, a	tzŭ⁴ tso⁴ ts'ung¹-ming-ti		的明聰做自
Wisely, acted	pan⁴-ti yu³ chao⁴-êrh		兒著有的辦
,, ,,	pan⁴ ti yu³ hsien¹ chien⁴-chih ming²		明之見先有的辦
Wish, a	hsin¹ yüan⁴		願心
,,	ch'ing³ yüan⁴		願請
,, cherished	su⁴ wang⁴		望宿
,, signify one's	hsüan¹ shih⁴ i⁴ chih³		旨意示宣

Wish—With.

Wish,	I	wo³ hsin¹ so³ yüan⁴ i⁴-ti	我心所願意的
,,	as you	sui² ni³	隨你
,,	he would go, I	wo³ yüan⁴-i-t'a tsou³	我意願他走
,,	,, ,, ,,	t'a¹ tsou³-liao ts'ai² hao⁰	他走了纔好
,,	to, had always a	mei³ mei³ yu³ i⁴	每每有意
,,	you would tell him, I	wo³ yüan⁴-i ni³ kao⁴-su-t'a	我願意你告訴他
,,	,, ,, ,: ,,	ni³ kao⁴-su ts'ai² hao⁰	你告訴纔好
,,	you would not talk so much, I	ni³ pieh² na⁴-mo to¹ shuo¹ hua⁴ ts'ai² hao³	你別那麼多說話纔好
,,	I could, I only	na⁴ wo³ ch'iu²-chih-pu tê²-ti	那我求之不得的
,,	you may get it, don't you?	ch'iu²-chih-pu tê²-ti	求之不得的
,,	you a happy new year, I	wo³ chu⁴ nin²-ti hsin¹ hsi³	我祝您的新禧
,,	,, ,, ,, ,,	ho⁴ nin²-ti hsin¹ hsi³	賀您的新禧
,,	you many happy returns of your birthday, I	chu⁴ nin²-ti shou¹ hsi³	祝您的壽禧
,,	you every blessing, I	chu⁴ nin² wan⁴ fu²	祝您萬福
,,	you high promotion, I	wang⁴ nin² kao¹ shêng¹	望您高陞
,,	it is my earnest	wo³ shih² hsin¹-chih wang⁴	我實心之望
Wishing for that, it's no use		na⁴-shih pai² hsiang³-wang	那是白想望
Wishy washy		wu² ch'ü⁴ wei⁴	無趣味
Wistaria,		t'êng²-lo shu⁴	藤蘿樹
Wistful look, to give a		k'an⁴-cho yen³ ch'an²	看着眼饞
,, ,, ,,		k'an⁴-cho yen³ 'rh jo⁴	看着眼兒熱
Wit,		ch'iao³ pien⁴	巧辯
.,	(intellect)	chi¹ chih⁴	機智
Witch, a		ting³ hsiang¹-ti	頂香的
,,		wu¹ p'o²	巫婆
Witchcraft,		hsieh² shu⁴	邪術
,,		ya¹-mo fa³	壓魔法
,,		yao¹ shu⁴ hsieh² fa³	妖術邪法
With me, go		kên¹ wo³ ch'ü⁴	跟我去
,, ,,		t'ung² wo³ ch'ü⁴	同我去
,, ,,		ho² wo³ ch'ü⁴	和我去
,,	him, nothing to do	yü³ t'a¹ pu⁴ hsiang¹ kan¹	與他不相干
,,	a pen, to write	i³ pi³ hsieh²	以筆寫
,,	a stick, to beat	yung⁴ kun⁴-tzŭ ta³	用棍子打
,,	a knife, to cut	na² tao¹-tzŭ la²	拿刀子剌
,,	energy, do it	shih³ chin⁴ pan⁴	使勁辦
,,	this, compare it	na² chê⁴-ko pi³-i pi³	拿這個比一比
,,	regard to	chih⁴ yü²	至於

With—Without. 1016

With the present police force	i³ hsien⁴ shih² hsün² ching³ chih¹ li⁴	力之警巡時現以
Withdraw,	ch'ê⁴ hui²	回撤
,,	t'ui⁴ ch'üeh⁴	却退
,, from a meeting, etc., to	kao⁴ t'ui⁴	退告
,, one's name	pa⁴ ming²-tzŭ ch'ê⁴-hsia-lai	來下撤子名把
,, money	pa⁴ ch'ien² ch'ê⁴-hui-lai	來回撤錢把
,, the hand	pa⁴ shou³ ch'ê⁴-hui-lai	來回撤手把
,, ,,	so¹ shou³	手縮
,, that statement, I	wo³ pa⁴-na hua⁴ la¹-hui-lai	來回拉話那把我
,, from a business, etc.	t'ui⁴-ch'u-ch'ü-lo	了去出退
,, from his bargain	t'ui⁴-liao yüeh¹-lo	咯約了退
,, all one's deposits	so³ yu³ ts'un² k'uan³ i¹ lü⁴ t'i² hui²	回提律一欵存有所
Withe, a	i⁴ kên¹ liu³ t'iao²-tzŭ	子條柳根一
Withered,	nien¹-lo	咯蔫
,,	wei³ pai⁴-lo	咯敗萎
Withers,	ying²-an	鞍迎
Withhold payment	k'ên³ pu⁴ chiao³ chiao¹	交撤不捃
Within,	nei⁴	内
,, five days	wu³ t'ien¹ i³ nei⁴	内以天五
,, 100 days	pu⁴ ch'u¹ pai³ jih⁴ nei⁴	内日百出不
,, one month	i² yüeh⁴-chih nei⁴	内之月一
,, a month	hsien⁴ yü² yüeh⁴ nei⁴	内月於限
,, five dollars	wu³ k'uai⁴ ch'ien² i³ nei⁴	内以錢塊五
,, the limit	tsai⁴ hsien⁴-chih i³-nei	内以制限在
,, from	ts'ung² nei⁴	内從
Without,	wai⁴-t'ou	頭外
,, seen from	ta³ wai⁴-t'ou ch'iao²	瞧頭外打
,, telling me, went	mei² kao⁴-su wo³ chiu⁴ tsou³-lo	咯走就我訴告沒
,, asking leave, don't go	mei² kao⁴ chia⁴ pieh² tsou³	走別假告沒
,, authority, did it	shan⁴ tzŭ⁴ tso⁴-ti	的做自擅
,, a thrashing, won't amend	fei¹ ta³ pu⁴ kai³	改不打非
,, it, can't do	shao³-pu liao³-ti	的了不少
,, my going, he won't agree	fei¹ tei³ wo³ ch'ü⁴ t'a pu⁴ ying¹	應不他去我得非
,, emotion	wu² so³ tung⁴ yü² chung¹	中於動所無
,, due ground	wu² chêng⁴ tang¹ chih¹ li³ yu²	由理之當正無

Without — Wolfish.

Without permission of parliament members may not be arrested	fei¹ tê² i⁴ yüan⁴ hsü³ k'o³ i⁴ yüan² pu⁴ tê² tai⁴ pu³	非得議院許可得議員不得逮捕
,, saying, it goes	pu⁴ yen² êrh² ming²	不言而明
,, money, no one is worth anything	fan³ chêng⁴ ch'u² tiao⁴ la⁴ ch'ien² tzŭ¹ 'rh shui² yeh³ pu⁴ kou⁴ i¹ chü⁴	反正除了掉錢字兒誰也不夠一句
Withstand,	ti³ k'ang⁴	抵抗
,, can	ti²-tê chu⁴	敵得住
,, cannot	ti² pu² chu⁴	敵不住
,, entreaty, cannot	ko²-pu chu⁴ chin³-tzŭ ch'iu²	攔不住緊自求
,, ,, ,,	ko²-pu chu⁴ yang¹-kao	攔不住央告
Witness, a	chêng⁴-chin	證見
,, to be a	tso⁴ chêng⁴-chien	做證見
,, a personal eye	ch'in¹ yen³ tê² chien⁴-ti	親眼得見的
,, an eye	ch'in¹ mu⁴ so³ tu³	親目所睹
,, of this great event, an eye	kung¹ fêng² ch'i² shêng⁴	躬逢其盛
,, a religious war, China will	tsung¹ chiao⁴ chih¹ chan⁴ huo⁴ chiang¹ chien¹ yü² chung¹ kuo²	宗教之戰禍將見於中國
,, thereof, in	li⁴ tz'ŭ wei² chü⁴	立此為據
Witnesses are not complete, the	jên² chêng⁴ pu⁴ ch'i²	人証不齊
Wits to work, set his	chi¹-shang hsin¹ lai²	機上心來
,, frightened me out of my	Lsia⁴-ti-wo shih¹-liao hun²-lo	嚇的我失了魂咯
Witty,	ku³ chi¹ yü³ ch'ü⁴	滑稽有趣
,,	tsui³ nêng² ch'iao³ pien⁴	嘴能巧辯
,,	hua⁴ nêng² ch'iao³ pien⁴	話能巧辯
,, companions	ku³ chi¹ yü² tz'ŭ²	滑稽喻詞
Wizard, a	wu¹-chi	巫覡
,,	ting³ hsiang¹-ti	頂香的
Wizened,	lien³ tou¹ k'u¹-kao-lo	臉都枯槁咯
,,	yen²-sê tou¹ k'u¹-kan-lo	顏色都枯乾咯
Woebegone,	lao⁰-shih lü² lien³-tzŭ kua⁴ ta¹-ti	老是驢臉子掛搭的
Woeful (See above)		
Wolf, a	lang⁴	狼
,, the fabulous	hou³	犼
,, cry	hsü¹ ching¹	虛驚
,, down food, to	lang² t'un¹ hu³ yen⁴	狼吞虎嚥
Wolfish,	lang² hsing⁴	狼性
,, appetite, a	lang² t'un¹ hu³ yen⁴	狼吞虎咽

KK

Woman, a married	i²-ko niang² 'rh-mên	一個娘兒們
,, ,,	nü³-jên	女人
,, ,,	fu⁴-jên	婦人
,, an old	lao³-p'o²-tzŭ	老婆子
,, ,, unmarried	ku¹-niang	姑娘
,, ,, ,,	ch'u³ nü³	處女
,, ,, ,	hsiao³-chieh	小姐
,, ,, ,,	kuei¹-nü	閨女
,, servant, a	shih³-nü	使女
Woman's rights	nü³ ch'üan²	女權
Womanhood,	nü³ hsing⁴	女性
Womanish, old	p'o²-p'o ma ma¹-êrh-ti	婆婆媽媽兒的
Womb, the	tzŭ³ kung¹	子宮
Women,	fu⁴ nü³	婦女
,,	niang² 'rh-mên	娘兒們
,, folk	t'ang²-k'o	堂客
Wonder, to	na⁴ mên⁴ 'rh	納悶兒
,,	na⁴ han³	納罕
,,	ch'a⁴ i⁴	詫異
,,	hsin¹-li ch'a⁴-i	心裏詫異
,, no	kuai⁴-pu-tê	怪不得
,, ,,	mo⁴ kuai⁴ ch'i² jan²	莫怪其然
,, he didn't get killed, it's a	chên¹ hsin¹-hsien hui⁴ mei² ssŭ³	眞新鮮會沒死
,, where he has gone, I	t'a shang⁴ na³ 'rh ch'ü-liao chiao⁴-wo na⁴ mên⁴ 'rh	他上那兒去了叫我納悶兒
,, if I may ask you to take it, I	lei⁴ nin² kei³ tai⁴-ch'ü k'o³-pu k'o³	累您給帶去可不可
,, how he thought of it, I	k'uei¹-t'a tsêm³-mo hsiang³-ti	虧他怎麼想的
Wonderful thing, a	ch'i² shih⁴	奇事
,, ,,	kuai⁴ shih⁴	怪事
,, ,,	han³ shih⁴	罕事
,, learning, a man of	hsüeh²-wên ching¹ jên²	學問驚人
,, recovery, a	ch'üan²-yü-ti chên¹ hsin¹ ch'i²	痊愈的眞新奇
Wont,	hsi² kuan¹	習慣
Woo,	ch'iu² hun¹	求婚
Wood,	mu⁴-t'ou	木頭
,, timber	mu⁴ liao⁴	木料
,, fire	ch'ai²-huo	柴火
,, billets of	p'i³-ch'ai	劈柴
,, a	shu⁴ lin²-tzŭ	樹林子
,, black	tzŭ³ t'an² mu⁴	紫檀木

Wooden,	mu⁴-t'ou-ti	木頭的
,, substance	mu⁴ chih⁴-ti	木實的
,, of composition, etc.	fa¹ pan³	發板
,, headed	mu⁴-t'ou tun¹-tzŭ	木頭墩子
Woodpecker, a	pên¹-tê 'rh mu¹	獑得兒木
Woof,	wei³ hsien⁴	緯綫
Wool, sheep's	yang² mao²	羊毛
,, camel's	t'o² jung¹	駝絨
,, cotton	mien²-hua	棉花
Woolgathering,	mi²-mi têng¹ têng¹-ti	迷迷瞪瞪的
Woollen clothes	jung² i¹·shang	絨衣裳
,, cloth	k'a¹-la ni²	哈喇呢
Word, or words	yen² tz'ŭ²	言詞
,, ,,	ming² tz'ŭ²	名詞
,, a modern	hsin¹ ming² tz'ŭ²	新名詞
,, to go back on one's	shih² yen²	食言
,, ,, ,, ,,	kai³ k'ou³	改口
,, in a	tsung³ shuo¹	總說
,, ,, ,,	tsung³-êrh yen²-chih	總而言之
,, ,, one	i¹ yen² i³ pi⁴ chih¹	一言以敝之
,, ,, common use	k'ou³-t'ou yü³-êrh	口頭語兒
,, ,, reply, not a	wei⁴ chien⁴ p'ien⁴ chih³ chih¹ tzŭ⁴ 未見片紙隻字
,, about, never said a	wei⁴ ch'ang² tao⁴ chi² chih¹ tzŭ⁴ 未嘗道及之隻字
,, for word	chih² i⁴	直譯
,, dropped here and there	san¹ yen² liang³ yü³-ti	三言兩語的
,, with him outside, ask for a	yüeh¹ ch'i² hsiang⁴ wai² pien¹ yu³ hua⁴ shuo¹	約其向外邊有話說
Wording,	wên² t'i³	文體
,, is not very explicit, the	yen² tz'ŭ² pu² ta⁴ hsiang²-hsi	言詞不大詳細
,, discussions as to	tzŭ⁴ chü⁴ chien¹ chih¹ chên¹ cho²	字句間之斟酌
Words betrayed his wrath, his	chi² ch'ieh chien⁴ hu² tz'ŭ²	急切見乎詞
,, in other	huan⁴ yen³	換言
Work,	huo²	活
,,	kung¹-fu	工夫
,, to	tso⁴ huo²	做活
,, ,,	tso⁴ kung¹-fu	做工夫
,, ,,	yung⁴ kung¹	用工
,, hand, or style of	shou³-kung	手工
,, piece	pao¹ kung¹	包工
,, hard, to	yung⁴ kung¹	用功
,, needle	nü³ kung¹	女紅

Work—World. 1020

Work	needle	chên¹-chih	針針
,,	basket, a	huo²-chi p'o³-lo-êrh	兒蘿筐計活
,,	to begin	k'ai¹ kung¹	工開
,, ,,	stop	hsieh¹ kung¹	工歇
,, ,,	,,	t'ing² kung¹	工停
,,	give up (or strike)	pa⁴ kung¹	工罷
,,	that won't	na⁴ pu⁴ hsing²	行不那
,, ,,	,,	na⁴ pu⁴ ch'êng²	成不那
,,	hard	lei⁴ huo² 'rh	兒活累
,,	where do you (to a business man)?	tsai⁴ na³ 'rh fa¹ ts'ai³	財發兒那在
,,	cut out for him, will have his	yeh¹ kou⁴-t'a pan⁴-ti-la	咯的辦他殼也
,,	and rest, intervals of	ch'u⁴ tso⁴ ju⁴ hsi²	息入作出
,,	done, retire with one's	kung¹ ch'êng² shên¹ t'ui⁴	退身成功
,,	(composition)	chu⁴ tso⁴	作著
,,	on, get to	chao² shou³	手着
,,	upon, no way of getting to	wu² ts'ung² hsia⁴ shou³	手下從無
,,	without pay	hsiao¹ fu⁴ ts'ung² kung¹	公從服梢
,,	night and day	chou⁴ yeh⁴ kung¹ tso	作工夜晝
,,	up	yen² chiu¹	究研
,,	with, a difficult man to	nan² yü³ kung⁴ shih⁴	事共與難
,,	out (a problem)	li⁴ tso⁴ ch iu² ch'êng²	成求作力
,,	wonders and even heaven can be bribed, money will	ch'ien² nêng² i⁴ kuei³ shou³ k'o³ t'ung¹ t'ien¹	天通可手鬼役能錢
Workhouse,		yang¹ yü⁴ yüan⁴	院育養
Working (of a machine)		yün⁴ chuan³	轉運
,,	principles	ying¹ yung⁴ fa³	法用應
Workman, a		kung¹-chiang	匠工
,,		tso⁴-kung	工做
Workmanship,		shou³-kung	工手
,,	good	tso⁴-kung hao³	好工做
Workshop,		kung¹ ch'ang³	廠工
World, the		ti⁴ ch'iu²	球地
,, ,,	best in the	t'ien¹-ti-shang tsui⁴ hao³-ti	的好最上地天
,, ,, ,, ,,		shih⁴-chieh-shang mei² yu³ ti⁴ êrh⁴	二第有沒上界世
,,	financial	ching¹ chi⁴ shê⁴ hui⁴	會社濟經
,,	learned	hsüeh² chieh⁴	界學
,,	to him, all the	ming⁴ kên¹ i⁴ pan¹	般一根命
,,	people in the	shih⁴-shang-ti jên²	人的上世
,,	within the	ssǔ¹ hai³-chih nei⁴	內之海四

World, all people in the — wu³ chou¹-chih jên² 五洲之人
  ,, throughout the — p'u³ t'ien¹ hsia⁴ 普天下
  ,, the next — lai² shih⁴ 來世
  ,, gone up in the — pa¹ kao¹ chih¹ 'rh-lo 爬高枝兒咯
  ,, knows the way of the — yü² shih⁴-lu-shang hao³ 於世路上好
  ,, it's the way of the — yeh³-shih shih⁴ t'ai¹-pa-lieh 也是世態罷咧
  ,, politics — shih⁴ chieh¹ ti¹ chêng⁴ ts'ê⁴ 世界的政策
  ,, known all over the — shih⁴ chieh¹ chou¹ chih¹ 世界周知
  ,, famous — ming² tung⁴ ch'uan² ch'iu² 名動全球
  ,, end of — shih⁴ chieh¹ t'a¹ huai⁴ 世界塌壞
  ,, point of view, from the — tzŭ¹ shih⁴ chieh⁴ fang¹ mien⁴ kuan¹ chih¹ 自世界方面觀之
  ,, like being transported to another — tai¹ jo⁴ ko² shih⁴ 殆若隔世
  ,, a woman of the — tang¹ shih⁴ fu⁴ jên² 當世婦人
Worldliness, — fan² hsin¹ 凡心
Worldly wisdom, lack of — ch'üeh¹ fa² shih⁴ chieh¹ ch'ang² shih⁴ 缺乏世界常識
  ,, afresh, begin the — tsai⁴ ch'uang¹ shih⁴ yeh⁴ 再創世業
World's end — t'ien¹ yai² ti⁴ chüeh² 天涯地角
Worlds apart — chü¹ jan² liang³ shih⁴ chieh⁴ 居然兩世界
Worldwide fame — kuan¹ shih¹ chih¹ ming² 冠世之名
Worm, a — ch'ung²-tzŭ 蟲子
  ,, an earth — jou⁴ ch'ung²-tzŭ 肉蟲子
  ,, glow — huo³ ch'ung²-êrh 火蟲兒
  ,, maggot — ch'ü¹ 蛆
  ,, silk — ts'an² 蠶
  ,, tape — hun⁴ shih³ ch'ung² 混屎蟲
  ,, ,, — hui² ch'ung² 蛔蟲
  ,, lumbricoid — ts'un¹ pai² ch'ung² 寸白蟲
  ,, of a screw, the — lo²-ssŭ hsüan² 'rh 螺旋兒
  ,, it out of him — pa⁴ na⁴-chien shih⁴ shui³-ch'u-lai 把那件事甩出來
Worms, to suffer from — nao⁴ ch'ung²-tzŭ 鬧蟲子
Wormeaten, — ching¹ ch'ung² yen³ 蟲眼
Worn, — ch'uan¹-lo-ti 穿了的
  ,, out — ch'uan¹ chiu⁴-lo 穿舊咯
  ,, ,, — ch'uan¹ p'o⁴-lo 穿破咯
  ,, ,, of the thread of a screw — lo²-ssŭ ning² yü⁴-lo 螺絲擰飫咯
  ,, ,, with fatigue — lei⁴-ti ts'ao²-tun-lo 累的糟鈍咯
Worried, — hsin¹ chiao¹ 心焦
  ,, — hsin¹-li p'ang²-huang 心裏徬徨
Worries, domestic — nei⁴ ku⁴-chih yu¹ 內顧之憂

Worry—Worthless.

Worry,	fan² mên⁴	煩悶
,, me, don't	pieh² tsao¹ jao³ wo³	別攪擾我
,, about him	wei⁴ t'a¹ chih² hsüan² hsin¹	爲他直懸心
,, no need to	ho² pi¹ kuo⁴ yu¹	何必過憂
,, yourself, don't	pieh² chao² chi²	別着急
,, ,, ,,	pieh² tan¹ hsin¹	別擔心
,, ,, ,,	pieh² hsin¹ chi²	別心急
,, as a cat a mouse, to	pai³-pu ssŭ³-lo	擺布死咯
Worse than nothing	pi³ mei²-shêm-mo hai² pu⁴ chi²	比沒甚麼還不及
,, than yesterday	pi³ tso²-t'ien¹ pu⁴ chi²	比昨天不及
,, and worse, grows	i⁴ t'ien¹ pi³ i⁴ t'ien¹ chung⁴	一天比一天重
,, ,, ,, ,,	i⁴ t'ien¹ chung⁴ ssŭ¹ i⁴ t'ien¹	一天重似一天
Worship, to	pai⁴	拜
,, the spirits	pai⁴ shên²	拜神
,, ,, ,,	chi⁴ shên²	祭神
,, offer, to ancestors	chi⁴-ssŭ	祭祀
,, ,, ,, images	ch'ung² pai⁴	崇拜
,, Buddha	pai⁴ fo²	拜佛
Worst, the	tsui⁴ pu⁴ hao³-ti	最不好的
,, ,,	chih⁴ pu⁴ hao³-ti	至不好的
,, he is the very	chiu⁴-shih t'a¹ tsui⁴ pu⁴ hao³	就是他最不好
,, possible policy, the	chêng⁴ ts'ê⁴ chung¹ chih¹ tsui⁴ lieh⁴	政策中之最劣
Worsted thread	jung² hsien⁴	絨綫
Worsted in an argument	shuo¹ pai⁴-lo	說敗咯
,, ,, ,, encounter	ta³ pai⁴-lo	打敗咯
Worth,	chia⁴ chih²	價值
,, to be	chih²	值
,, a million, he is	fu⁴ yu³ pai³ wan⁴	富有百萬
,, 100,000, he is	ch'ên⁴ cho² shih² wan⁴	稱着十萬
,, anything, or much, not	pu⁴ chih²-shêm-mo	不值甚麼
,, going to see, not	pu⁴ chih²-tê ch'ü⁴ k'an⁴	不值得去看
,, saying, not	pu⁴ chih² shuo¹	不值說
,, talking about, not	pu⁴ tsu³ kua⁴ ch'ih³	不足掛齒
,, your commendation, not	pu⁴ tsu² kua⁴ ch'ih³	不足掛齒
,, while, not	pu² hsüeh⁴	不屑
,, while for illfeeling to be created between them, not	pi³ tz'ŭ³ yu³ shang¹ kan³ shu¹ wei⁴ pu⁴ chih²	彼此有傷感殊爲不值
Worthless thing, a	fei⁴ wu	廢物

Worthless trouble	pai² hsiao⁴ lao²	白効勞
,, quite	pu⁴ chung¹ yung⁴	不中用
,, person, a	mei² ch'u¹-hsi-êrh	沒出息兒
Worthy, a	ming² shih⁴	名士
,, example	k'o³ fêng¹	可風
,, to be minister abroad	pu⁴ ju⁴ shih³ ming⁴	不辱使命
,, to be compared with Washington	fang¹ chu¹ hua² shêng¹ tun⁴ ho⁴ to¹ jang⁴ yen²	方諸華盛頓何多讓焉
,, rival to so and so	yü³ mou³ wei¹ jan² ping⁴ chih³	與某巍然並峙
,, to call themselves loyal to the Manchu dynasty	pu⁴ k'uei⁴ wei² ch'ing¹ kuo² chih¹ chung¹ ch'ên²	不愧為清國之忠臣
,, to be called a grateful man	pu⁴ shih¹ wei² liang² hsin¹ jên²	不失為良心人
,, of the post, not	pu² p'ei⁴ tang¹ na⁴-ko ch'ai¹-shih	不配當那個差使
,, ,, ,,	tang¹-pu ch'i³	當不起
,, of your compliments, I am not	kuo⁴-chiang	過獎
,, of your thanks, not	pu⁴ tsu² kua⁴ ch'ih³	不足掛齒
,, ,, ,, kindness, not	nin²-ti mei³ i⁴ pu⁴ k'an¹ ch'êng² shou⁴	您的美意不堪承受
,, ,, ,, great kindness, I am not	miu⁴ ch'êng² kuo⁴ ai⁴	謬承過愛
,, ,, the honour, not	tan¹-tai-pu ch'i³	擔待不起
Would, be	chia³ mao⁴ ti¹	假冒的
,, go if I could, but I can't	wo³ nêng² ch'ü⁴ pi⁴ ch'ü⁴ k'o³-shih pu⁴ nêng²	我能去必去可是不能
,, do, that	na⁴ chiu⁴ hao³	那就好
,, you mind putting it there?	lao³ nin² chia⁴ kei³ ko¹-tsai na⁴-li	勞您駕給擱在那裏
,, you mind telling him?	fan² nin² kao⁴-su-t'a	煩您告訴他
,, ,, prefer this way or that?	nin²-shih ai⁴ chêm⁴-mo pan⁴ huo⁴ na⁴-mo pan⁴	您是愛這麼辦或那麼辦
,, be better to tell him direct, it	hai²-shih chih¹ kao⁴-su-t'a hao³	還是直告訴他好
,, be satisfactory	na⁴ chiu⁴ t'o³-lo	那就妥咯
,, necessitate	na⁴ chiu⁴ yao⁴	那就要
Wound, the	shang¹ k'ou³	傷口
,, to	shang¹	傷
,, ,, receive a	shou⁴ shang¹	受傷
,, ,, ,,	ta³ shang¹-lo	打傷了
,, his feelings, that would	na⁴ chiu⁴ ts'ang¹-liao-t'a-ti lien³-lo	就傷了他的臉咯

Wound—Wring. 1024

Wound his feelings, that would	shang¹-liao t'a-ti mien⁴-tzŭ-lo	傷了他的面子咯
Wounded person	fu⁴ shang¹ chê³	負傷者
Wounding, assault and	ou¹ ta³ ch'uang¹ shang¹	毆打創傷
Wraith,	yu¹ ling²	幽靈
Wrangle, to	pan⁴ tsui³	辯嘴
,,	k'ou³ pien⁴	口辯
,,	k'ou³-chüeh	口角
,,	chêng¹ lun⁴	爭論
Wrap up, to	pao¹-ch'i-lai	包起來
,, ,,	pao¹-shang	包上
,, up in rush packing	ta³ p'u² pao¹	打蒲包
Wrapper, a	pu⁴ fu²-tzŭ	布袱子
,, round cotton piece goods, a	pu¹ pao¹-p'i	布包皮
Wrath,	nu⁴	怒
,,	nu⁴-ch'i	怒氣
,,	fên¹ nu⁴	憤怒
Wreak vengeance, to	pao⁴ ch'ou²	報仇
,, ,,	fu⁴ ch'ou²	復讐
,, ,, on so and so	hsiang⁴ mou³ hsün² ch'ou²	向某尋仇
,, one's anger	pao⁴ ch'ou² hsüeh³ hên⁴	報仇雪恨
,, ,, upon him	na² t'a¹ ch'u¹ ch'i⁴	拿他出氣
Wreath, a funeral	ling² hua¹ 'rh ch'üan¹-tzŭ	靈花兒圈子
Wreathed in smiles	man³ mien⁴ hsiao² jung²	滿面笑容
Wreck a	p'o¹-liao-ti ch'uan²	破了的船
,, ,,	ch'o⁴ chiao¹-ti ch'uan²	觸礁的船
,, ,, physical	shuai¹-pai-lo	衰敗咯
Wreckage,	p'iao¹ liu² wu⁴	漂流物
Wrench the arm, to	niu³-liao ko¹-po	扭了胳膊
Wrestle, to	shuai¹ chiao¹	摔跤
Wrestlers (Manchu word), court	pu⁴ k'u	布庫
Wretch, a poverty-stricken	mei² tsao⁴-hua-ti ch'iung² ming⁴ kuei³	沒造化的窮命鬼
Wretched (contemptible)	pi³ chien¹	鄙賤
,, life	pao² ming⁴	薄命
,, about it, am	chê⁴ shih⁴ chên¹ jang⁴ wo³ yen¹ hsin¹	這事真讓我淹心
Wriggle (of a worm), to	pu¹-lêng	撥愣
,, (of a child, etc.)	ta³ ning³-êrh	打擰兒
Wring out, to	ning²	擰
,, ,,	ning²-ch'u-lai	擰出來
,, the water out	ning²-ch'u shui³ lai²	擰出水來

Wring dry, to	ning² kan¹-lo	擰乾了
Wrinkle or two, pick up a	hsüeh²-hsieh kuai¹	學絜乖些
,, the forehead, to	chou⁴ mei²	縐眉
Wrinkled face, a	i⁴ lien³-ti chê³-tzǔ	一臉的摺子
Wrinkles,	shou⁴ wên²	瘦紋
	chou⁴ wên²	縐紋
,, on the brow	t'ai² t'ou² wên²	抬頭紋
Wrist, the	shou³ wan⁴-tzǔ	手腕子
Writ,	ling⁴ chuang⁴	令狀
,, of summons, a	ch'uan² p'iao⁴	傳票
Write, to	hsieh³	寫
,, down	hsieh³ tzǔ⁴	寫字
,,	hsieh³-hsia	寫下
,, out a list	k'ai¹ tan¹	開單
,, ,, ,,	hsieh³-ch'u-lai	寫出來
,, ,, prescription	k'ai¹ yao⁴ fang¹-tzǔ	開藥方子
,, (a book)	tso⁴ shu¹	作書
,, ,,	chu⁴ tso⁴	著作
Writer (of books)	chu⁴ tso⁴ chê³	著作者
,, a	pi³-mo hsien¹-shêng	筆墨先生
Writes, be cautious about what one	hai¹ mo⁴ ju² chin¹	惜墨如金
Writing,	tzǔ⁴	字
,,	shou³ chi⁴	手跡
,, hand	pi³-chi	筆跡
,, good hand	pi³ li⁴ hao³	筆力好
,, ,, ,,	shou³ pi³ hao³	手筆好
,, abbreviated	chien³ hsieh³	減寫
,, ,,	chien³ pi³ hsieh³	減筆寫
,, correct form of	chêng⁴ hsieh³	正寫
,, the grass ,,	ts'ao³ hsieh³	草寫
,, ,, ,, ,,	ts'ao³ shu¹	草書
,, ,, running ,,	hsing² shu¹	行書
,, ,, seal ,,	chuan⁴ shu¹	篆書
,, paper	hsieh³ tzǔ⁴ chih³	寫字紙
,, materials	wên² fang² ssǔ⁴ pao³	文房四寶
,, case, a	wên² chü⁴ hsia² 'rh	文具匣兒
Written examination	pi³ chi⁴ shih⁴ yen⁴	筆記試驗
,, judgment	p'an⁴ chüeh² shu¹	判決書
,, report	pao⁴ kao⁴ shu¹	報告書
,, on lines laid down by his father	i¹ ch'i² fu⁴ hsün⁴ hsia⁴ pi³	依其父訓下筆
,, off the books	kou¹-liao chang⁴-lo	勾了賬咯
Wrong,	ts'o⁴-lo	錯了
,,	pu² tui⁴	不對

Wrong (improper)	tso⁴-ti pu² tang⁴	做的不當
,, about that? what's	na⁴ yu³ shên²-mo ts'o⁴-ch'u	那有甚麽錯處
,, he is in the	t'a¹ shu¹ li³	他輸理
,, character, a	ts'o⁴ tzŭ⁴	錯字
,, incorrect characters, to write	hsieh³ pai² tzŭ⁴	寫白字
,, sense of right and	pieh² shan⁴ o⁴ chin¹	別善惡筋
,, to confuse right and	tien¹ tao³ shih⁴ fei¹	顛倒是非
,, end of stick, get hold of	chih³ ma³ wei⁴ lu⁴	指馬爲鹿
,, conduct, quite	fei¹ li³ chih¹ so³ tang¹	非理之所當
,, train by accident, take the	yao⁴ wang³ chia³ ti⁴ wu⁴ têng¹ i¹ ch'ê¹	要往甲地誤登乙車
,, you've done him a	ni³ wei³-ch'ü-lo t'a	你委屈了他
,, to redress a	shên¹ yüan¹	伸冤
,, ,, ,,	li³ ch'ü¹	理屈
,, and nonplussed, being in the	li³ ch'ü¹ tz'ŭ² ch'iung²	理屈詞窮
,, everything has gone	chu¹ shih¹ tou¹ pieh⁴-niu-lo	諸事都撇忸咯
,, (injury)	sun³ hai⁴	損害
Wronged, he has been	t'a¹ yüan¹-lo	他冤了
Wrongful imprisonment	pu⁴ fa⁴ chien¹ chin⁴	不法監禁
Wrought iron	ta³ t'ieh³	打鐵
Wry face over medicine, etc., to make a	ch'iao²-cho chou⁴ mei²	愀着皺眉

Y

Yam (Chinese sweet potato)	pai² shu³	白薯
Yap, to	tsang¹-tsang	嚌嚌
Yard, a	yüan⁴-tzŭ	院子
,, a wood	mu⁴ ch'ang³-tzŭ	木廠子
,, a goods	chi¹ huo⁴ ch'ang³	積貨廠
,, an English measure	i⁴ ma³	一碼
Yarn, cotton	mien² sha¹	棉紗
,, woollen	jung² hsien⁴	絨綫
Yawn, to	ta³ ha¹-shih	打哈息
Year, a	nien²	年
,,	tsai³	載
,,	sui⁴	歲
,, of age	nien²-sui	年歲
,, ,, ,,	nien²-chi	年紀
,, ,, a horse's age	sui⁴ k'ou³	歲口
,, this	chin¹-nien	今年
,, ,,	pên³ nien²	本年

Year—Yesterday.

Year, next	ming²-nien	明年
,, ,,	kuo⁴-nien	過年
,, after next	hou⁴-nien	後年
,, last	ch'ü⁴-nien	去年
,, before last	ch'ien²-nien	前年
,, a full	chou¹ nien²	周年
,, leap	jun⁴ nien²	閏年
,, close of the	nien² kuan¹ tsai⁴ ĕrh³	邇在關年
,, out, see the old	tz'ŭ² sui⁴	歲辭
,, is dying and the new	ts'an² la⁴ ch'ü⁴ i³ yang² ch'un¹	
year is upon us, the old	lai² i³	矣來舂陽矣去臘殘
Yearly,	an⁴ nien²	按年
,,	nien² nien²	年年
Yearn for him	k'o³ hsiang³ t'a¹	他想渴
,, for so and so	wang⁴ mou³ ju³ wang⁴ sui⁴	歲忍如某望
,, for a sight of	k'o³ hsiang³ chien⁴	見想渴
,, ,, drink	k'o³-liao ching⁴ hsiang³ ho¹	喝想竟了渴
Years, for many	... yu³ nien²	年有...
,, getting up in	shang⁴-liao nien²-chi	紀年了上
Yeast,	ch'i³-tzŭ	子起
,,	mien⁴ fei²	肥麪
,,	yin³-chiao	酵引
,,	ch'ü²-tzŭ	子麯
Yellow	huang²	黃
,,	huang² shai³	色黃
,, Imperial	hsing⁴ huang²	黃杏
,, ,,	o² huang²	黃鵝
,, peril	huang² huo⁴	禍黃
,, race	huang² chung³	種黃
Yelp, to	tsang⁴-tsang	嚷嚷
Yeomen of the guard	yü⁴ lin² chün¹	軍林御
Yeomanry,	i⁴ yung³ ch'i² ping¹	兵騎勇義
Yes,	shih⁴-ti	的是
,,	shih⁴-lo	咯是
,,	shih⁴ na⁴-mo-cho	着麼那是
,,	yu³-ti	的有
,,	pu² ts'o⁴	錯不
,,	tui⁴-lo	咯對
,, to be sure	k'o³-pu-shih-ma	嗎是不可
,, ,, ,,	k'o² shuo¹-ti shih⁴-ni	呢是的說可
,, ,, ,,	k'o⁵ pu¹	不可
Yesterday,	tso²-t'ien	天昨
,,	tso²-jih	日昨
,,	tso²-ĕrh-ko	個兒昨
,, the day before	ch'ien²-t'ien	天前

Yet—Young. 1028

Yet,		jan² êrh²	而然
,,		k'o³-shih	是可
,,	I think of it	wo hai² hsiang³-ni	呢想還我
,,	hasn't he gone?	t'a hai² mei² ch'ü⁴-ma	嗎去沒還他
,,	have not heard, even	tao⁴ ju²-chin hai²-mei t'ing¹-chien shuo¹	說見聽沒還今如到
,,	seen him, have not	shang⁴ wei⁴ chien⁴-chao	着見未尚
,,	up to now	êrh² chin¹	今而
,,	there is something lacking, although it's good of course	ku⁴-jan shih⁴· hao³ êrh k'o³ ch'üeh¹-i tien³ 'rh shêm²-mo	麽甚兒點缺可而好是然固
,,	have you bought it?	ni³ mai³-lai-lo mei²-yu	有沒了來買你
,,	,, ,, seen him?	ni³ hai² chien⁴-chao-t'a-lo-ma	嗎了他著見還你
Yield, to		jang⁴	讓
,,	he won't, though I have urged him to	ch'üan⁴-t'a pan⁴ t'ien¹ hai²-shih pu⁴ jang⁴	讓不是還天半他勸
,,	in war	hsiang² fu²	服降
,,	interest	shêng¹ hsi²	息生
,,	good interest, to	ch'u¹ hao³ li⁴-hsi	息利好出
,,	,, ,, crops	ch'u¹ hao³ chuang¹-chia	稼莊好出
Yielding,		jang⁴ pu⁴	步讓
,,		jung²-jang	讓容
,,	disposition, of a	hsing⁴-ch'ing jung²-jang lien³ juan³	讓容情性 臉軟
Yolk of an egg		chi¹ tan⁴ huang²-êrh	兒黃蛋雞
Yonder,		na⁴-pien 'rh	兒邊那
You,		ni³	你
,, (polite)		ko² hsia	下閣
,, sir		ko²-hsia	下閣
,, ,,		nin²	您
,, ,,		nin²-na	納您
,, ,,		hsien¹-shêng	生先
,, ,,		lao⁸-yeh	爺老
,, ,,		ta⁴ lao⁸-yeh	爺老大
,, ,,		ta⁴-jên	人大
,, what's that to		yü² ni⁸ ho² kan¹	干何你於
Young,		nien² ch'ing¹	輕年
,,		nien² yu⁴-ti	的幼年
,, the		shao⁴ nien²	年少
,, person, a		shao⁴-nien jên²	人年少
,, of a horse		k'ou³ ch'ing¹	輕口
,, ,, dog		hsiao³ kou³-êrh	兒狗小
,, ,, tree		hsiao³ shu⁴ k'o¹-tzŭ	子棵樹小
,, onions		nên⁴ ts'ung¹	蔥嫩

Young Men's Christian Association		ch'ing¹ nien² hui⁴	青年會
,,	but the wicked flourish long, the good die	hao³ jên² ming⁴ pu⁴ ch'ang² huo⁴ hai⁴ l¹ ch'ien¹ nien²	好人命不長壞人害一千年
Younger,	brother	hsiung¹-ti	兄弟
,,	sister	mei⁴-mei	妹妹
,,	of the two brothers	ko¹-êrh lia³-shih t'a¹ hsiao³	哥兒倆是他小
,,	than I	t'a¹ pi³ wo³ hsiao³	他比我小
,,	brother, your	ling⁴ ti⁴	令弟
Youngest,	he is the	t'a¹ shih⁴ tsui⁴ hsiao³-ti	他是最小的
,,	of the family, he is the	t'a¹ chia¹-li-shih t'a¹ ting³ hsiao³	他家裏是他頂小
Your,		ni³-ti	你的
,,		nin²-ti	您的
,,		ling⁴	令
,,		kuei⁴	貴
,,		tsun¹	尊
,,	father	ling⁴ tsun¹	令尊
,,	mother	ling⁴ t'ang³	令堂
,,	elder brother	ling⁴ hsiung¹	令兄
,,	relative	ling⁴ ch'in¹	令親
,,	friend	ling⁴ yu³	令友
,,	wife	ling⁴ chêng⁴	令正
,,	son	ling⁴ lang²	令郎
,,	country	kuei⁴ kuo³	貴國
,,	place	kuei⁴ ch'u⁴	貴處
,,	residence	kuei⁴ yü⁴	貴寓
,,	surname	kuei⁴ hsing⁴	貴姓
,,	age	kuei⁴ kêng¹	貴庚
,,	office	kuei⁴ ya²-mên	貴衙門
,,	firm or shop style	pao³ hao⁴	寶號
,,	style	t'ai² fu³	台甫
,,	Majesty	pi⁴ hsia⁴	陛下
Yourself,		ni³ tzŭ⁴-chi	你自己
,,		nin² tzŭ⁴-chi	您自己
,,	you	nin² tzŭ⁴-chi ko³-êrh	您自己各兒
Youth,	he is still a	t'a¹ hai²-shih-ko hsüeh¹-shêng	他還是個學生
,,	in one's	shao⁴-nien-ti shih²-hou 'rh	少年的時候兒
,, ,, ,,		nien² ch'ing¹-ti shih²-hou 'rh	年輕的時候兒
Youthful appearance, a		chang³-ti shao⁴-hsing	長的少星形

Z

Zeal,	fên⁴ fa¹	發舊
,, a man of	jo⁴-hsin jên	人心熱
,, to work with	tso⁴ shih⁴ ch'in² lao³	勞勤事做
,, ,, ,,	fên⁴ hsin¹ pan⁴	辦心慎
Zealous,	jo⁴ hsin¹	心熱
,, regard for another's interests	tai⁴ mou² chih¹ chung	忠之謀代
Zealously,	jui⁴ i⁴ ti¹	的意銳
Zebra, a	pan¹ ma³	馬斑
Zenith,	t'ien¹ ting³	頂天
,,	cnüeh² ting³	頂絕
,, (fig.), reached the	ta¹ yü² cni² tien³	點極於達
Zero (centigrade)	ping² tien³	點冰
,, ,,	ling² tien³	點零
,, (arith.)	ling² wei⁴	位零
Zest, to eat with	ch'ih¹-ti hsiang¹-t'ien	甜的吃香
,, to work with	pan⁴ ti hsiang¹-t'ien	甜的辦香
Zigzag,	ch'ü¹ chê²	折曲
,,	hui² jao³	繞迴
,,	iung² jao³	繞縈
Zinc,	pai² ch'ien¹	鉛白
Zither, a	i⁴ chang¹ ch'in²	琴張一
Zodiac,	shih² êrh⁴ hsü¹	宿二十
,, the signs of the	huang² tao⁴ shih² êrh⁴ kung¹	宮二十道黃
Zollverein,	kuan¹ shui⁴ t'ung² mêng² hui⁴	會盟同稅關
Zone, a neutral	chung¹ li⁴ ti⁴	地立中
,, fortified	yao¹ sai¹ ti⁴ tai⁴	帶地塞要
,, neutral	chung² li⁴ ti⁴ tai⁴	帶地立中
,, torrid	jê tai⁴	帶熱
,, frigid	han² tai⁴	帶寒
,, temperate	wên¹ tai⁴	帶溫
Zones, the five	wu³ tao⁴	道五
Zoological gardens	wan⁴ shêng¹ yüan²	園生萬
,, ,,	tung⁴ wu⁴ yüan²	園物動
Zoology,	tung⁴ wu⁴ hsüeh²	學物動